中国机械工业年鉴

1994

中国机械工业年鉴编辑委员会　编

机械工业出版社

（京）新登字 054 号

图书在版编目(CIP)数据

中国机械工业年鉴　1994 年／中国机械工业年鉴编辑委员会编. −北京：机械工业出版社，1994.11

ISBN　7-111-04383-9／Z・28

I. 中… Ⅱ.中… Ⅲ.机械工业−中国−年鉴−1994 Ⅳ. F426.4−54

中国版本图书馆 CIP 数据核字（94）第 10886 号

出 版 人　马九荣(北京市百万庄南街 1 号　邮政编码 100037)
机械工业出版社印刷厂印刷・新华书店北京发行所发行
1994 年 11 月第 1 版・1994 年 11 月第 1 次印刷
787mm×1092mm1／16・44.5 印张・18 插页・1660 千字・712 页
0 001—4000 册
国内定价 84.00 元

中国机械工业年鉴编辑委员会

《中国机械工业年鉴》各部门特约编辑

国家教育委员会	王宝山	民用爆破器材行业办公室	马云铃
国家科学技术奖励工作办公室	张　松	包装食品办公室	许占林
公安部	蒋祖泉	冶金工业部	邓臻兴
地质矿产部	关　键	化学工业部	余宝海
建设部	刘秀林	铁道部	金列明
电力工业部	张海清	交通部	王建辉
煤炭工业部	董善宇	邮电部	李　强
机械工业部		水利部	王大迎
办公厅	王立佳	农业部	马孟发
政策法规体改司	郑竞贤	林业部	谢湘京
	田淑坤	国内贸易部	林　西
	李海燕	中国机械进出口总公司	朱晓燕
行业发展司	华征宇	国家统计局	邢俊玲
科技与质量监督司	佟力芹	中国轻工总会	蒋肇庚
	呼淑清	中国纺织总会	尚艳静
	李建林	中国科学院	盛海涛
	徐仕敏	国家技术监督局	戴　莹
经济调节与国有资产监督司	昝福祥	国家建筑材料工业局	张　奇
生产与信息统计司	班如萍	国家医药管理局	卜绮成
国际合作司	罗俊杰	国家海洋局	朱莉莉
教育司	孙长庆	国家地震局	黄宝森
汽车工业司	姜　英	中国航空工业总公司	金　岩
农业装备司	于永波	中国航天工业总公司	朱　岩
重大装备司	韩英俊	中国船舶工业总公司	郭　泽
	陈英汉	中国石油化工总公司	楼嘉昆
	温顺如	中国石油天然气总公司	赵光理
机械基础装备司	李冬茹	中国核工业总公司	杨宝龙
	孙振滨	中国有色金属工业总公司	晏厚庠
	陈铁君	中国机械冶金工会全国委员会	李　烨
经济信息中心	胡慧玲		

《中国机械工业年鉴》各地区特约编辑

北京市机械工业管理局	王京锡
天津市机械工业管理局	张　玲
河北省机械电子工业厅	李春录
山西省机械电子工业厅	谷连云
内蒙古自治区冶金机械工业厅	解双华
辽宁省机械工业厅	冯　颖
大连市机械工业管理局	张成杰
吉林省机械工业厅	翟胜志
黑龙江省机械工业厅	时钟常
	吴　际
上海市机电工业管理局	周鑫宝
江苏省机械工业厅	解　缙
浙江省机械工业厅	孙烈根
	谢国建
安徽省机械工业厅	李戈扬
福建省机械工业厅	严子杰
厦门市经委机械冶金工业处	谢益美
江西省机械工业厅	熊根生
山东省机械工业厅	傅现强
青岛市机械工业管理局	赵胜经
河南省机械电子工业厅	崔安国
湖北省机械工业厅	万建国
湖南省机械工业厅	蓝雪英
广东省机械工业厅	黄润才
广西壮族自治区机械工业厅	吴中杰
	李德厚
海南省机械工业局	韩芹光
四川省机械工业厅	雷永亮
重庆市机械工业管理局	戴安全
贵州省机械工业厅	李江林
云南省机械工业厅	朱国华
陕西省机械工业局	李耀南
甘肃省机械工业总公司	仲　达
青海省机械工业厅	安忠年
宁夏回族自治区重工业厅	张建中
新疆维吾尔自治区机械电子工业厅	董淑芝

* *

《中国机械工业年鉴》编辑出版工作人员

总　编　辑　路继广

编辑部主任　杜焕生

编辑部副主任　张友鹤

责任编辑　王　如　王亚水　邝　鸥　白　萍　申建丽　张友鹤

封面设计　姚　毅

出版负责人　张友鹤

发行负责人　王　如　申建丽

广告负责人　邝　鸥

编辑部地址：北京市西城区阜外百万庄路 22 号

邮　　码：100037

电　　话：8326039，8326677-608、609

参加十年《中国机械工业年鉴》工作
获荣誉证书人员名单

获最高荣誉证书　沈　鸿

获荣誉证书

吕修奎　张德禄　赵光理　金列明　马孟发　张宝义
朱莉莉　戎绍昌　高国才　恩宝贵　孙振滨　朱燧炎
吉　喆　华征宇　洪如娟　杜焕生

1993年度优秀特约编辑
(以姓氏笔画排列)

万建国　马孟发　王大迎　江艺刚　仲　达　吉　喆
李春录　陈家仁　李耀南　张立言　张　玲　郑竞贤
呼淑清　崔安国　韩芹光　傅现强　蒋祖泉

1994年度优秀特约编辑
(以姓氏笔画排列)

王京锡　许伟伦　朱国华　李春录　严子杰　陈铁君
郑竞贤　呼淑清　张成杰　张海清　周鑫宝　徐仕敏
崔安国　黄润才　雷永亮　蒋祖泉

编辑说明

一、《中国机械电子工业年鉴》从1984年创刊，连续出版了三期。1987年根据原国家经委批示，分为《中国机械工业年鉴》和《中国电子工业年鉴》出版。1988年国家机构改革，组建了机械电子工业部，为此，1989年又重新出版《中国机械电子工业年鉴》，分为“机械卷”和“电子卷”两册。1993年，由于成立机械工业部，又更名为《中国机械工业年鉴》，由机械工业部主办，国务院所属有关部门及省市参加编写。

二、本《年鉴》是记述我国机械工业状况的权威性、信息性、史册性、资料性大型年刊。1994年刊主要反映1993年我国机械工业及其各行业的发展情况和所取得的成绩，极其全面地、系统地提供机械工业的经济技术资料和统计数据。

三、本《年鉴》收集资料的范围是全国性的。参加1994年刊撰稿的部门有国家教委、国家科委、电力工业部、煤炭工业部、机械工业部、化学工业部、铁道部、国内贸易部、国家统计局、国家医药管理局、中国机械进出口总公司、中国船舶工业总公司、中国石油化工总公司、中国航空工业总公司、中国轻工总会等，还有29个省、自治区、直辖市和4个计划单列市的机械工业厅、局，共计69个部门和单位。

四、本《年鉴》分为九个栏目。新增加了“计划单列市机械工业发展情况”、“机械工业部系统行业协会名录”等内容，机械工业统计指标均按新规定刊登，还充实了各个栏目的资料和数据，使内容更加详尽、权威和实用，便于读者了解机械工业的信息、积累史料。1994年刊编辑体例与以前基本相同，个别部分稍有调整。

五、本《年鉴》主体为行业概况。为便于读者了解每个行业中各部门的情况，故未对整个行业情况进行汇总，而是按部门分别叙述。

六、本《年鉴》按行业编排。其分类参照国家统计局、国家标准局的国民经济行业分类方法，兼顾当前行政管理体制的现状，划分为70多个行业。

七、本《年鉴》各部分所列数字，因来源和统计口径不同而不尽一致，全面的数字均以国家统计局提供的“机械工业全国统计资料”为准。

八、本《年鉴》各项全国统计数字均不含台湾省。

九、由于时间仓促、水平有限，难免出现错误及疏漏，敬请各界读者批评指正。

第一汽车制造厂建厂四十周年纪念

建设现代化轿车工业基地

江泽民

一九九三年七月十五日

1993 年 7 月 15 日江泽民总书记为一汽建厂 40 周年题词

中国第一汽车集团公司

中国第一汽车集团公司

奥迪轿车总装配线

轻型车（“小解放”）投产剪彩仪式

地址：长春市朝阳区东风大街 63 号

邮码：130011

电话：（0431）5902674、5904149、5905712

电挂：0500

电传：83009

东风汽车公司

东风汽车集团

东风汽车公司总经理、东风汽车集团董事长：马跃

东风汽车公司生产的 ZX 富康轿车

东风新一代 5t 载重车——EQ1092F

地址：湖北省十堰市车城路 1 号　邮码：442001　电挂：0057

电话：（0719）223402、223650　电传：40104　传真：（0719）223201、222918

斯太尔汽车制造技术引进项目全部子项目通过国家验收与预验收（1993 年 4 月 4 日）

中国重型汽车集团公司

总经理：徐仁根

重汽集团引进奥地利斯太尔公司制造技术生产的“斯达—斯太尔”载重汽车

地址：济南市无影山东路 36 号
邮码：250031
电话：（0531）5952530
电挂：3330
电传：39124 CNHTC CN
传真：（0531）5952412

中国最大的摩托车生产企业

中国嘉陵工业股份有限公司（集团）

地址：中国四川重庆双碑　　邮码：630032
电话：（0811）9861991（总机）
传真：（0811）9865845、9860718
电传：62173 CSCSJ CN　电挂：6124

法人代表：郝振堃
公司董事长兼总裁

TA★55

嘉陵 JIALING®

中国嘉陵工业股份有限公司（集团）是中国产量最大的摩托车生产股份制企业、国家一级企业，拥有固定资产 **4** 亿多元，现有员工 **12200** 余人，主要产品有嘉陵牌系列摩托车和 **12** 号塑料壳猎枪弹。

公司开发生产摩托车始于 **1979** 年，至今已累计产销摩托车 **6** 种排量 **19** 个车型共 **300** 多万辆，产销量占全国摩托车总量的 **1/4** 以上，摩托车和猎枪弹出口 **50** 多个国家和地区。目前，具有年产摩托车 **80** 万辆、猎枪弹 **1500** 万发以上的综合生产能力，年产值、销售收入可达 **30** 亿元以上，利税 **7** 亿元以上，自营出口创汇超 **1000** 万美元。

公司产品质量稳定，产品开发、生产、技术实力和经济实力雄厚。拥有数十条国内一流、具有国际先进水平的摩托车、猎枪弹专业化生产线和模具制造、摩托车质量检测中心。嘉陵牌摩托车和猎枪弹是中国名牌产品，嘉陵牌系列摩托车是全国“消费者购物首选优质产品”。公司是全国 **500** 家最大工业企业、最佳经济效益企业之一和全国用户满意企业，在全国各地建立了摩托车经销、维修、零部件供应、信息“四位一体”的营销网站 **200** 多个和 **600** 多个分点。

公司长期坚持“内联外引”和规模经营方针，与日本本田公司进行了十余年的技术经济合作，与日本、美国、泰国、香港等国家和地区的客商创办了 **9** 家合资企业。以公司为核心而组建的中国嘉陵集团，拥有 **24** 个紧密层、半紧密层企业和 **300** 多家产品协作配套企业，是中国摩托车行业最大的企业集团。公司到 **1995** 年将形成年产摩托车 **100** 万辆、到 **2000** 年形成年产 **200** 万辆的生产能力，并实现跨国经营的目标。

公司竭诚欢迎国内外各界朋友来嘉陵参观访问，洽谈投资合作，共同发展。

招商合作范围：引进资金，引进产品开发设计、工艺技术及管理人才，生产工艺、技术及设备，摩托车、汽车及其零部件制造技术合作、合资，产品协作配套企业投资，国外摩托车经销代理等。

②

③

①中国第一重型机械集团公司鸟瞰

②中国第一重型机械集团是国务院批准组建的全国首批试点的55家大型企业集团之一。图为1993年7月28日，机械工业部何光远部长为一重集团成立揭牌

③公司引进日本先进技术合作制造生产的E4S600-MB四点单动及E1S1250-MB单点单动机械压力机获1991年国家银质奖。图为E4D800+500-MB小松型机械压力机生产线

中国第二重型机械集团公司

②

①

①TXB-NCE400 大型数控火焰切割机床
②我国最大的 4200mm 特厚板轧机
③12000t 自由锻造水压机正在锻造核电站实验件
④大型 5m×17m 数控龙门铣镗床正在加工机件
⑤特大型浇注钢水总重量达 419t，三包合浇现场

④

③

⑤

地址：四川省德阳市
邮码：618013
电话：（0838）223909、223919
电挂：6850
电传：610515 SHMP CN
传真：（0838）223292

上海电气联合公司

①1993 年 4 月，李鹏总理视察上海动力基地，听取公司和厂领导的工作汇报

②1993 年，上海电气联合公司承接的巴基斯坦木扎法戈电站 30 万 kW 成套发电设备出口项目已进入实施阶段

③上海电气联合公司为我国第一座秦山核电站提供的 30 万 kW 核能发电机组

④上海电站辅机厂设计、制造的我国第一台超临界 60 万 kW 火电机组高压加热器

⑤1993 年，上海汽轮机厂获国家 GB/T19001—ISO9001 质量体系认可，取得进入国际市场的通行证

⑥1993 年，上海重型机器厂划归公司管理，当年实现扭亏为赢

邮码：200040

地址：上海市延安西路 358 号美丽园大厦 5～9 楼　传真：(021) 2791722

电话：2790520（总机）　电挂：0560　电传：30197 SUEC CN

中国西电集团

中国西电集团是以西安电力机械制造公司（西电公司）为核心企业，以输变电产品经营为主，融科研、开发、生产、贸易、金融为一体的跨地区、跨行业的国家计划单列大型企业集团，是国务院首批核准成立的全国55个企业集团之一。经40年奋斗开拓，实力雄厚，驰名中外，在国家经济特别是电力及铁道、通讯、冶金建设中占有举足轻重的地位。

西电集团拥有100多个大中型独资、中外合资生产性企业，19个科研院所，9个贸易金融性公司，一个送变电工程公司，各种电工检测设备在国内首屈一指，不乏亚洲之最。紧密层企业集中在西安西郊62万m^2区域之内。西电集团以研制生产各种成套高压、超高压输变电设备、通讯电缆、电热电力装置享誉国内外，40年来为电力、交通、邮电、冶金、化工、煤炭等工业部门提供了大量设备，在中国第一条330、550kV输变电线路、第一套±100kV直流输电及葛洲坝、龙羊峡水电站等重点工程项目中作出过重要贡献；在海外已成功承建60多个"交钥匙"变电站，产品出口70多个国家和地区。

近年来，西电集团大力引进日、欧等国家尖端技术，加强中外合资合作，新产品迭出不穷，产品质量稳步提高，技术改造向纵深推进，国际市场迅速扩大。1993年，西电公司产值11.7亿元，1995年经营目标是18亿元，本世纪末突破36亿元！

"西电"信奉的宗旨是：用户是上帝，四海皆兄弟！

"西电"愿竭诚为海内外用户周到服务，携手合作！

东阅秦俑兵马，西望汉家陵阙，人杰地灵，虎踞龙盘，输变电荟萃，精华尽在"西电"，电工城殷切接待各界朋友光临！

中国西电集团公司总经理浦天祥向中外各界朋友致意！

葛洲坝电站

中国工程与农业机械进出口总公司

中国工程与农业机械进出口总公司（CAMC）跨越机电行业第一次向冶金行业提供大型成套设备10万m³和3万m³干式煤气柜国际中标签字仪式在北京举行

地址：北京市阜成路43号
信箱：北京2103号信箱80号分箱
邮码：100037
电话：8410203、8410204
电挂：6361
电传：22467 AMPRC CN
传真：86－01－8410201、
86－01－8410198

▲中国工程与农业机械进出口总公司（CAMC）向阿尔巴尼亚现汇出口2000台拖拉机、配套旋耕机、犁及拖车正在天津港装船待运目的港

▶中国工程与农业机械进出口总公司（CAMC）出口秘鲁2300万美元的拖拉机、农机具在上海港举行装船剪彩仪式。这是中国农业机械出口史上最大的一个出口项目

中国第一拖拉机工程机械公司

中国第一拖拉机工程机械公司
与香港华晨中国汽车控股有限公司
合资合同签字仪式

1002 型履带拖拉机

WY32 型液压挖掘机

地址：河南省洛阳市涧西区建设路 154 号
邮码：471004
电话：（0379）472048　电挂：2151
电传：473004 LOTRA CN
传真：（0379）413228

中国機床總公司

总经理：权义鲁

致　词

我谨向海内外的新老朋友致以亲切地问候！

中国机床总公司是从事机床工具进出口和技术设备成套的专业公司。公司成立十五年来，始终致力于发展与世界各国（地区）的贸易往来与合作。我们与全国机床工具行业和各企业都有密切联系，可以直接向您提供各种机床工具产品和成套设备；我们承担着国家重大基本建设和技术改造项目的设备成套任务，这些项目的实施为进口机床设备提供了重要用戶。我们真诚期望在互惠互利的原则下与各界朋友长期合作、共同发展。

权义鲁

地址：北京市安内方家胡同 19 号　　**邮码：**100007
电话：4032224 转
电传：21008　CNMTC CN　**电挂：**7134　**传真：**4015657

CAEC

中国磨料磨具进出口联营公司

China Abrasives Import & Export Corporation

Introduction of CAEC

CAEC is a professional foreign trade corporation, specializing in the business of abrasives and their realted products. Its head office is located in Zhengzhou, Henan, China. It has branches in ShenZhen, Hainan, Beijing, GuangZhou, QingDao and TianJin. Since its establishment, the corporation has builded up broad trade relations with large number of manufacturers and trade organizations in 60 countries and areas around the world.

Scope of Business

1. *Exporting abrasives materials and finished products including fused alumina, silicon carbide, bauxite, boron carbide, synthetic diamonds, cubic boron nitride and other new type abrasives; grinding tools made from above materials (including grinding wheel, sharpening stone, coated abraives, etc.), cutting tools, SiC heating elements; refractory material and other products.*
2. *Handing material processing or manufacturing according to the designs, drawings, specifications or samples provided by the customers.*
3. *Undertaking import of technology, equipment, and co production, joint venture, compensation trade, economical and technical consultation services, etc.*
4. *Contracting to undertake turn—key projects ranging from design to construction of abrasives and grinding wheel plants, workshops or production lines for customers abroad.*

地址：郑州市中原西路183号
Add：183，Zhongyuan West Road，Zhengzhou，China
电话（Tel）：797305、7447441
电挂（Cable）：2436
电传（Telex）：46051 CAECZ CN
传真（Fax）：7449065
邮码（Post Code）：450006

总经理：陈和生

General Manager：Chen He Sheng

中国磨料磨具进出口联营公司简介

中国磨料磨具进出口联营公司是中国对外经营磨料磨具产品的专业外贸公司。公司总部设在河南省郑州市，在深圳、海南设立了分公司，并在北京、上海、青岛等地设有办事处和经理部，已与世界上60多个国家和地区的生产厂家及客商建立了广泛密切的贸易联系。

本公司经营范围：

1. 磨料磨具产品，包括各种刚玉、碳化硅、矾土、碳化硼、人造金刚石、立方氮化硼和各种新型磨料及用上述材料制成的磨具（包括砂轮、油石、涂附磨具）、刃具、硅碳棒，以及其他制品，耐火材料等各种商品的出口。
2. 接受磨料磨具产品的国外来图、来样、来料加工。
3. 办理有关磨料磨具的技术设备引进、合作生产、合资经营、补偿贸易及咨询服务等事宜。
4. 接受和承包国外客户有关磨料磨具工厂、车间、生产线等项目的设计、施工等成套工程。

中国机械工业技术总公司

地址：北京市万寿路甲 15 号　邮码：100036　电话：8213088、8215342　传真：8215345

①CMTC 全资子公司中业器材供销公司和合资公司克美谐波传动有限责任公司开业暨签约仪式

②CMTC 研制的 GPJ-30、GPJ-80、GPJ-150 管子坡口机，主要用于锅炉、石油、化工、纺织、制冷、煤气等行业中各种管材开坡口、修边、去毛刺及切端面

③CMTC 研制的全系列 CLXZ 型渣浆泵，适用于煤炭、冶金、钢铁、电力、建材等工业部门输送各种高、低磨蚀，高、低浓度的渣浆

①

③

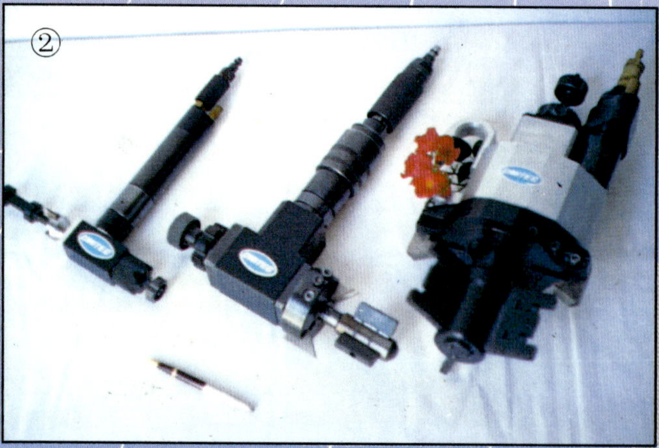
②

厦门工程机械股份有限公司

“厦工牌”获“全国知名品牌”证书、奖杯

总装生产线

出口装载机装船待运

厦门工程机械股份有限公司是国家重点生产轮式装载机、推土机系列产品的大型骨干企业，扩大机电产品出口企业。近几年连续被列入“中国500家最大经营规模企业”和“中国500家最佳经济效益企业”。

厦门工程机械股份有限公司是由厦门工程机械厂于1993年12月改制而成，位于厦门经济特区，占地36.4万m^2，已有43年的创业史。全公司员工近3000人，其中各类专业人员400多人；固定资产达1.39亿元，拥有铸锻、CNC下料、机加工、钢板预处理、表面喷涂处理、CO_2焊接、整机装配完整的生产体系，高、精、尖设备近100台（套），具有年产2400台/3000吨位装载机产品的生产能力。

现生产、销售的产品有“厦工牌”ZL30C至ZL80系列轮式装载机和TL180轮式推土机、ZLD40井下装载机以及相应的夹木、高卸载、侧卸装载机等多功能机型。近年引进了美国卡特彼勒公司技术以及国际先进的制造、检测设备。主导产品ZL40、ZL50装载机获“省优”、“部优”及“全国知名品牌”称号，引进产品ZL80装载机国产化率达70%，具有当代国际水平，取得了美国卡特彼勒公司质量合格证书和生产许可证书。

新创立的厦门工程机械股份有限公司，将以崭新的面貌，生机勃勃，充分利用厦工的地域优势、产品优势、信誉优势，以产品为“龙头”，实施科、工、贸一体化经营战略，依托科技进步，不断推出新产品，向社会提供优质服务，并与各界同仁一道，为振兴、发展我国的工程机械行业作出新贡献。

XIAGONG

董事长：熊光敏　总经理：李荣玉

地址：福建省厦门市厦禾路668号　邮码：361004　电挂：0532

电话：（0592）2031755、2058127、2022574　传真：（0592）2036720

中国轿车进入家庭
天津夏利捷足先登

天津汽

Tianjin Automobile Industry Company is an economic entity performing four functions: production, scientific research, marketing and service, one of the national keyenterprises, the assigned production base for minicar. This Company has more than 50 productive enterprises which make main engines and parts. The company of about 60000 Staff and workers possesses most advanced means of production for automobile and tractor in China and imported advanced technique and equipments in the 1980's. The yearly output ranks this company 4th among 8 key enterprises. It's automotive products enjoy great prestige at home.

The main products of Tianjin Automobile Industry Company include: Huali Brand TJ 1010 (Tianjin Dafa TJ 110) Series minicar; Xiali Brand TJ 7100 (TJ 730) Series car; Sanfeng Brand TJ6481 A (TJ 622) Series wagon; Yanpai Brand TJ1041, TJ 1043 (TJ 133) Series light truck; Tienin Brand 65, 55 tractor and fitting parts for automobile, tractor and combustion engine. It's this company's directive policy to offer users different kinds of automobiles with excellent performance, safety and reliability, beautiful shape and comfortable ride.

According to antional unified programme and aiming at "high starting point, speciality and large output", Tianjin Automobile Industry Company is developing it's products towards seriation, high quality rich assortment. Pursuing scientific control and strengthening technical service, this company conscientiously realizes the policy: user first, quality first and prestige first. Tianjin Automobile Sales Service Divisions and Repair Service Stations all over the country offer users enthusiastic service.

天津汽车工业总公司是生产、科研、销售、服务四位一体的经实体，是国家重点骨干企业之一，是国家定点微型汽车生产基地。司有直属主机、零部件生产企业 50 多个，近 6 万名职工。具有国最先进的汽车、拖拉机生产手段和从国外引进的 80 年代水平的先技术和制造设备。年产量在八大汽车骨干企业中名列第四位，产品国内享有很高声誉。

天津汽车工业总公司　天津汽车工业销售总公司　地址：天津市河西区围堤道 156 号

HIT-MIN®

闽日电动工具

闽日电动工具有限公司

闽东日立电动工具有限公司（简称闽日公司）成立于1984年12月15日，是由福建投资企业公司（华福公司）、闽东电机（集团）股份有限公司、日本国日立工机株式会社、株式会社东荣商行四家共同投资的中日合资企业。注册资金为910万元，中方占70%，日方占30%。

闽日公司是我国电动工具行业中最早的一家中外合资企业，主要生产、经营金工、木工、砂磨、建筑四大类9个品种、19个规格的系列产品，闽日牌电动工具产品符合IEC标准，产品质量在全国行业多次检查评比中名列前茅，1993年被国家统计局列入「中国500家最大机械工业企业」，名列293位，被省政府授予「福建省工业技术开发百强企业」排名第40名等光荣称号。

地址：福州市福马路浦东　　邮码：350014

电话：（0591）3660289　电挂：8874

閩日電動工具有限公司 MINDONG HITACHI POWER TOOLS CO., LTD.

南京高速齿轮箱厂

南京高速齿轮箱厂是机械工业部大型骨干企业，是生产高速重载齿轮箱的专业厂家。现占地面积18万m^2，建筑面积6万m^2，建有3000m^2的大型恒温、恒湿、防震精加工厂房，固定资产1亿多元。拥有30余台（套）国际最先进的齿轮加工设备，其中有德国希斯公司大型透平滚齿机、劳伦兹公司精密插齿机、霍希公司大型数控车床等。还有从德国引进的由计算机控制的ϕ1.5m×4.5m和ϕ2.8m×2m的滴注式渗碳炉各一台，渗碳层深可达5～6mm。工厂建有高速重载齿轮研究所。

主要产品为直径3000mm以下的中硬齿面齿轮和直径2000mm以下的内外硬齿面齿轮，硬齿面齿轮模数高达25。齿轮精度稳定达到JB179—83标准4级（相当于ISO标准4级），线速度高达17m/s，转速66000r/min，齿轮箱传递功率可达4.4万kW。还可按用户的特殊要求设计、制造各种齿轮箱及齿轮备件。

厂址：南京市中华门外小行　　邮码：210012
电话：（025）6625583　传真：（025）2202731
电挂：1643

企业法人代表：章仪谦

市委书记视察工厂

上海第五钢铁厂30万t棒材轧机生产线17台齿轮箱均为该厂制造

首钢弗朗特齿轮箱在装配

为橡胶行业生产制造的密炼机齿轮箱

厂长：张殿桐

北京金环压缩机厂

● 企业的建厂方针是：大型企业的水平、中型企业的规模、小型企业的机构、乡镇企业的机制

北京金环压缩机厂（原北京小型压缩机厂）是1958年成立的集体所有制企业，1970年开始生产、研制微小型空气压缩机，系机械工业部定点生产微小型压缩机的专业厂。现有职工400多人，专业技术人员90人。企业占地面积1.5万m^2，其中建筑面积8000m^2，主要生产设备130台。另有联营厂占地近2万m^2，建筑面积6000m^2。该厂具有小型压缩机设计和生产许可证以及压力容器设计和制造许可证、二级计量合格证，有厂办研究所。现生产有油润滑、全无油润滑空气压缩机系列产品，小型矿用空压机系列产品以及无油润滑片真空压力复合气泵等4个系列、30多个品种规格的产品，排气量0.03～3m^3/min，压力300～1400kPa。能承接国内外用户各种形式空压机的设计和技术服务。

1992年经北京市经委批准实行股份合作制，1993年被评为北京市"双文明单位"和北京市机械工业管理局"明星企业"。各项经济指标在全国同行业和北京市机械工业管理局系统名列前茅。

厂址：北京市广渠门夕照寺中街31号
邮码：100061
电话：7025231、7023229
电挂：3229

厂址：辽宁省瓦房店市新建路11号
邮码：116300
电话：（0411）5614796、5615385
电挂：4905
传真：（0411）5615385

上海南浦大桥电梯国际招标合同签字仪式

KMK

猴王集团 猴王股份有限公司

猴王集团走过了 35 年艰苦创业的道路：1958 年创立，1989 年更名为猴王焊接公司，1992 年创建猴王集团。

猴王集团坚持“一业为主，多业并举，虚实结合，立体发展”的战略方针，除久享盛誉的焊接行业，经营范围遍及船舶、内燃机、柴油机、农用车、改装汽车、玻璃、建筑、房地产、旅游、广告装饰、运输、金融、证券投资、贸易等，并积极开拓高新科技领域。

猴王集团立足本土，大胆参与国际竞争，现有国内外生产厂 60 余家、贸易公司 50 多个。海外企业有叙利亚 CMA 公司、美国易斯特有限公司和香港猴王投资有限公司等，并在新加坡、迪拜、马来西亚、澳大利亚设有办事处；已上市股票的猴王股份有限公司，充分体现了猴王集团多年来可靠的信誉、优质的产品、雄厚的资本和科学的管理。

猴王集团以“创世界一流产品，创世界一流管理，让每位客戶都能在猴王集团得到满意的产品和最佳的服务”为宗旨，不断地搏击于风云变幻的国际市场，为中国经济的发展做出贡献。

KMK

猴王集团

KMK

猴王股份有限公司

猴王集团

地址：湖北省宜昌市夷陵路 344 号　邮码：443003
电话：（0717）551591、551446、551266
电挂：6857　传真：（0717）551835

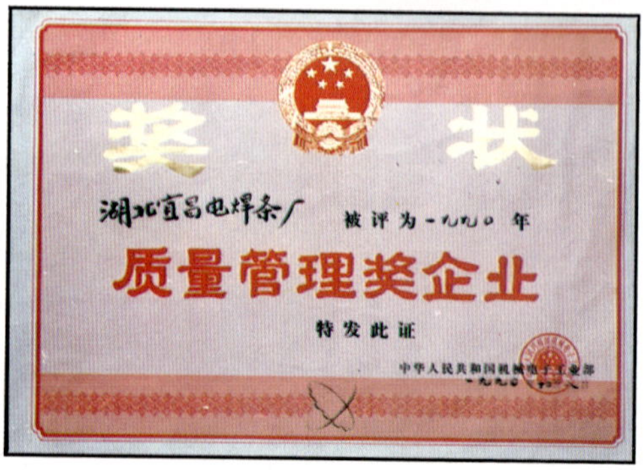

河南省南阳汽车齿轮厂

厂长：马涛

南阳汽车齿轮厂始建于1969年，现为全民所有制中一类企业，东风汽车集团成员厂。工厂占地面积11万m^2，建筑面积为4万m^2，职工1200人，各类专业技术人员134人；拥有固定资产原值2200万元，主要生产设备400余台，设备齐全，检测手段先进。主要生产东风140、东风131、黄河、解放汽车变速箱、后桥齿轮，年生产能力40万件。现主导产品为东风系列140、131汽车变速箱、后桥齿轮，其中东风140后桥螺旋锥齿轮获省优和东风汽车集团产品质量认可。产品除部分供市场维修用外，其余全部供主机厂配套车用。

近年来，该厂多次获“经济效益显著单位”和“先进企业”称号。1993年被河南省机械电子工业厅授予“河南省机械电子行业优秀企业”荣誉称号。厂长马涛被授予“河南省机械电子行业明星厂长”荣誉称号。

厂址：河南省南阳市工业北路　　邮码：473083

厂长：马涛　总工程师：谢勤增　电话：(0377)331141、358714

电挂：7876　　传真：(0377)358714

厂长：程瑞林

新乡市星火机械厂

（新乡星火橡胶机械厂）

该厂是河南省橡胶、塑料机械专业生产厂家，始建于1964年，现有职工400余人，占地面积3万m^2。该厂生产的星火牌橡胶机械于1991年取得化学工业部橡机产品生产许可证书（编号XK13－021－0029）。该厂主要产品有X（S）K－360、X（S）K－400、X（S）K－450型开放式炼胶（塑）机，系列粗破机、粉碎机、精炼机等再生胶设备，QLB－400×400平板硫化机，SCQ－200平板塑料切粒机，最近又开发出XJD－90销钉式冷喂料橡胶单螺杆挤出机、XY－3F1120A三辊压延机等，其中X（S）K－400开放式炼胶机被评为1993年度新乡市市级优秀新产品。该厂连续三年被新乡市重工业局授予“先进企业”称号，1993年被河南省机械电子工业厅授予“河南省机械电子行业优秀企业”荣誉称号，厂长程瑞林被授予“河南省机械电子行业明星厂长”荣誉称号。

厂址：河南省新乡市西干道159号

邮码：453002

电话：（0373）

223390、222025、222030、222040

电挂：2502

①

③

四川江东机械厂

厂长：施继伟

四川江东机械厂位于长江三峡风景区，始建于1937年，现是四川省生产液压机械门类较全、规格品种较多的液压机械专业化国有中型企业，归属于机械工业部。厂区占地面积21.9万m^2，建筑面积7万m^2，职工1000余人，其中工程技术人员115人。主要产品有BY11系列热压机、四柱万能液压机、液压带锯床、平板硫化机、砂轮压机、注塑模具架、JLT3－20t系列植物油精炼成套设备，部分产品销往东南亚及北美地区。

厂址：四川省万县市沱口

邮码：634002

电话：541201、541302、541008

电挂：2894

传真：（0819）541605

成都油缸厂

成都油缸厂是国内大型液压油缸的专业厂，该厂领先采用精密拉拔—强力珩磨等世界上最新综合技术，各关键工序都装备有当代国际上最新的先进设备，以生产高难度的大型、薄壁、多级油缸为专长，并可单独提供精拔管及珩磨管。

产品规格范围：液压油缸总成直径40～360mm、行程≤12m，珩磨管直径40～360mm、长度≤12m，精拔管直径25～250mm、长度≤14m。

厂址：四川省新都县新成路　　**邮码：610500**

电话：（08232）3372911、3372914

电挂：0097　　**传真：（08232）3372565**

BJ2021（切诺基）汽车

（北京汽车工业总公司供稿）

BJ1061CN5K 轻型载货汽车，采用了五十铃的 NPR 宽体驾驶室及国产 4BD1 型发动机、附件、前后桥等主要总成及驾驶室翻转机构、排气制动等先进技术

（北京汽车工业总公司供稿）

沪东造船厂建造的“巴拿马”型散货船

（中国船舶工业总公司供稿）

长春消防器材总厂生产的CP10CA型泡沫消防车，曾获省优、部优称号

（公安部供稿

上海震旦消防设备总厂引进奥地利技术生产的SG120型重型水罐消防车，选用斯太尔汽车底盘，用于扑灭一般物质火灾或向大型泡沫消防车、曲臂车供水

（公安部供稿）

1994年2月23日在北京召开了《中国机械工业年鉴》创刊十周年座谈会，会议由机械工业部办公厅主任贾成炳主持，机械工业部部长何光远作了书面发言，机械工业部科技信息研究院副院长路继广做了工作汇报。图为会议主席台

（《中国机械工业年鉴》编辑部供稿）

第Ⅴ部分 机械工业产品和技术进出口

第Ⅵ部分 机械工业全国统计资料

第Ⅶ部分 1993 年机械工业大事记

第Ⅷ部分 机械工业企业介绍

第Ⅸ部分 机械工业发展预测

附 录

广告目录

1. 中国第一汽车集团公司
2. 东风汽车公司　东风汽车集团
3. 中国重型汽车集团公司
4. 中国嘉陵工业股份有限公司(集团)
5. 中国第一重型机械集团公司
6. 中国第二重型机械集团公司
7. 东北输变电设备集团公司
8. 上海电气联合公司
9. 中国东方电气集团公司
10. 中国西电集团公司
11. 中国工程与农业机械进出口总公司
12. 中国第一拖拉机工程机械公司
13. 中国机床总公司
14. 中国磨料磨具进出口联营公司
15. 中国机械设备进出口总公司
16. 中国机械对外经济技术合作总公司
17. 中国机械工业技术总公司
18. 厦门工程机械股份有限公司
19. 天津汽车工业总公司
20. 福州闽日电动工具公司
21. 南京高速齿轮箱厂
22. 临海海宏实业总公司
23. 北京金环压缩机厂
24. 瓦房店非标准轴承厂
25. 上海三菱电梯有限公司
26. 猴王集团
27. 江苏双良集团
28. 南阳汽车齿轮厂
29. 新乡市星火机械厂
30. 大连电瓷厂
31. 四川江东机械厂
32. 成都油缸厂
33. 国营江阴齿轮箱厂
34. 保定铸造机械厂

目　录

第Ⅳ部分　机械工业发明及优秀科研成果

办好《机械年鉴》为振兴机械工业服务

机械工业部部长　何光远

《中国机械工业年鉴》创刊已经十周年了。《机械年鉴》的编辑出版和发行，为社会留下了完整、准确的珍贵史料，对促进机械工业国内外经济技术的交流和合作，探索未来发展，发挥了提供信息、借鉴、资政的作用。值此，对《机械年鉴》创刊十周年表示热烈祝贺，并向积极支持和参加撰稿、编辑、出版的单位和同志们表示衷心的感谢。

《机械年鉴》是面向机械工业全行业的史册性的大型工具书，出版的意义十分重大。第一，它是综合性信息资料，有很高的实用价值。通过《机械年鉴》，各级机械工业管理部门和企事业单位可以了解本行业的全面发展情况、最新成果和各种信息，有利于掌握经济、技术发展趋势，学习、借鉴先进经验，开阔视野，科学决策。第二，它是展示机械工业的窗口，有利于促进机械工业在国际国内的经济、技术交流与合作。通过《机械年鉴》，可以增进海外厂商和国内其他行业、企业对机械工业全面情况及发展历程的了解，确定投资方向及技术合作项目。第三，它是权威性的历史资料，有很高的收藏价值。横观，可看到各方面的信息和当年的面貌；纵览，可看到历年的状况及演变的过程。将它积累起来，就是一部信息库、资料库，一部机械工业的发展史。第四，编写《机械年鉴》的过程，对各参编单位来说，也是一项十分重要的业务建设，一项有价值的工作总结，有利于指导未来。

《机械年鉴》是专业年鉴中创刊较早的一种，它的编辑出版工作长期以来受到各方面的支持。参加编写的有国务院所属的 30 多个部、委、公司、总局和 29 个省、自治区、直辖市的机械厅、局。得到了中央领导和各部、委领导的亲切关怀。江泽民同志曾为 1985 年《机械年鉴》撰稿，李鹏和薄一波同志为 1987 年《机械年鉴》题词，朱镕基同志为 1985 年《机械年鉴》撰稿，吕东和邹家华同志曾任过《机械年鉴》编委会主任，沈鸿、周建南、王仕元等同志也为《机械年鉴》撰稿，他们的大力支持，使《机械年鉴》熠熠生辉。

《机械年鉴》是一种连续出版物。十年中编辑出版了十期《机械年鉴》中文版，还出版了五期英文版。曾多次参加了国内外大型书展，如北京、法兰克福、东京、新加坡及香港等书展，受到中外人士的热烈欢迎。美国、香港等一些公共图书馆、大学图书馆，都收藏有《机械年鉴》，其影响越来越大，效果越来越显著。今后，希望大家继续关心《机械年鉴》的编辑、出版、发行工作，特别是各省、市、自治区机械厅局、各部门的有关单位、各企事业单位及协会，请继续给予大力支持，帮助《机械年鉴》编辑、出版部门改进缺点和不足，努力提高质量，让它为加快传播信息，为振兴机械工业做出新的贡献。

〔转载自 1994 年 1 月 29 日《机电日报》〕

继往开来，开拓进取，努力办好《机械年鉴》

——《机械年鉴》十年工作情况汇报(摘要)

机械工业部科技信息研究院副院长　路继广

《机械年鉴》从1983年开始筹备，当年7月9日召开了首届编委会，1984年10月出版了第一部《机械年鉴》。十年来，共编辑、出版了十期中文版、五期英文版《机械年鉴》，累计字数1880万字，总计发行了6万多册。由于机械工业管理机构几度变迁，《机械年鉴》主办单位也相应变化，这样《机械年鉴》的名称也随之更改。中文版有：

1984、1985、1986年《中国机械电子工业年鉴》；

1987、1988年《中国机械工业年鉴》；

1989、1990、1991、1992年《中国机械电子工业年鉴(机械卷)》；

1993年《中国机械工业年鉴》。

英文版分别于1985、1987、1988、1989、1991年出版。其名称与中文版相同。

这十期《机械年鉴》连续十年获机械工业部科技信息研究院优秀成果奖，其中一次一等奖、一次二等奖、八次三等奖。并三次获全国书刊印刷优质产品奖，一次获北京市最佳印刷产品第二名。

十年来，《机械年鉴》工作取得了以下成绩：

1. 做到了逐年出版，为机械工业发展作出了贡献

这十年中，《机械年鉴》都是当年组稿、当年编辑加工、当年出版。《机械年鉴》出版的意义十分重大，作用显著，为振兴机械工业起到了积极作用。主要有：第一，为机械工业管理机构了解情况，提供决策依据，具有“资政”作用；第二，为广大读者提供全面的、系统的机械工业信息资料，具有“信息”作用；第三，为总结过去，分析现状，探索未来，提供戒鉴，具有“戒鉴”作用；第四，为对外开放提供信息，有利于国际间经济、技术的合作与交流，具有“窗口”作用；第五，为以后编写机械工业历史积累宝贵资料，具有“存史”作用；第六，为宣传“改革、开放”政策、社会主义建设成就提供翔实资料，具有“宣传”作用。

2. 形成了《机械年鉴》工作的网络系统

《机械年鉴》工作是全行业的工作，主办单位是机械工业部，具体承办单位是科技信息研究院《年鉴》编辑部。参加编纂的有建设部、电力工业部、化学工业部、中国船舶工业总公司、中国石油天然气总公司、国家统计局等38个部、委、公司、总局，还有29个省、自治区、直辖市机械厅、局，共有67个单位，1993年还增加了15个顾问单位。参加编纂的每个单位又有许多司、局，如机械工业部1993年就有18个司、办供稿，组织工作量是庞大的，这是一个巨大的系统工程。十年来，已经组织起来了《机械年鉴》的工作网络系统，这个网络不断变化，不断完善，保证了《机械年鉴》工作顺利进行。

3. 成长、锻炼了编写队伍

《机械年鉴》的内容、体例、要求有自己的特点，通过十年来的工作，有一大批机关工作人员、研究所的专家熟悉了《机械年鉴》编写的各项规定，积极积累资料，高质量地完成编写任务，保证《机械年鉴》及时发稿。

4. 《机械年鉴》的影响不断扩大

《机械年鉴》出版、发行以后，受到中央许多领导和国内外各界人士的重视与欢迎。党和国家领导人江泽民同志、李鹏同志、薄一波同志、朱镕基同志、邹家华同志、李岚清同志等都曾为《机械年鉴》撰写过稿件或题词，他们都十分重视《机械年鉴》，并给予指导。我国中央档案馆收藏了全套《机械年鉴》。美国哈佛大学哈佛–燕京图书馆、加州大学中国研究中心图书馆也收藏了全套《机械年鉴》，还有纽约公共图书馆等6家图书馆收藏了《机械年鉴》。德、日、美、韩等国驻京单位纷纷到编辑部来购买《机械年鉴》。为他们了解中国机械工业生产、市场情况，确定投资方向、开展合作项目提供了实用资料。十年来，《机械年鉴》在传递信息、加强国际合作与交流和积累史料方面起到了积极推动作用。

总之，在机械工业部办公厅领导下和各有关部门的大力支持下，《机械年鉴》取得了一定成绩，但目前仍存在一些困难和问题。

《机械年鉴》工作是全行业的工作，它肩负着宣传成绩、交流信息、积累史料和促进国际经济技术合作与交流的光荣使命，反映了机械工业战线上12万个企业、2000万名职工辛勤劳动的成果。所以，办好《机械年鉴》是很有意义的，要办好《机械年鉴》除了编辑部同志的努力外，还要靠机械工业各级管理部门、企事业单位的大力支持和帮助，特别是机械工业部各司的支持和帮助。

我们一定在这十年工作的基础上，和大家一起努力，齐心协力，继往开来，开拓前进，办好《机械年鉴》，为振兴机械工业做出贡献。

〔此文是作者在1994年2月23日《中国机械工业年鉴》创刊十周年座谈会上的讲话，刊载时做了删简〕

特载

1993年度中国机械工业部系统百家最大工业企业

机械工业部办公厅王宝明副主任在新闻发布会上的讲话（摘要）

(1994年6月14日)

为了充分反映大型机械工业企业在发展和振兴机械工业中的地位和作用，我部决定，从1993年起，在机械工业部系统开展“中国机械工业百家企业评价活动”，并成立了中国机械工业百家企业评价委员会。根据企业和省市机械工业主管部门报送的年终统计数据，经过严格的审议和评价，“1993年度中国机械工业部系统百家最大工业企业”已经于5月30日评出，现予公布，其名单如后。

评价百强企业活动，对于机械工业加强宏观管理，指导和促进企业提高在国际市场的竞争力，适应社会主义市场经济发展的要求，具有十分重要的意义。

首先，开展机械工业百家最大企业评价活动，是新组建的机械工业部加强宏观调控，积极开展信息引导的重大举措。机械工业部肩负着管理我国机械行业的重要使命。加强宏观调控，就是要抓住行业发展的主流和主导力量。只有这样，才能有的放矢地指导行业的发展和振兴。评价百家最大企业，充分反映大型机械企业在机械工业乃至国民经济中的地位和作用，对推动机械企业走向市场，朝着规模经济和集团化方向发展，为振兴机械工业营造一个良好的经济环境具有重要的意义。

其次，开展机械工业百家最大企业评价活动，是机械工业与国际惯例接轨的积极步骤。从国际上来说，美国每年发布“美国500家最大工业公司”和“世界500家最大公司”，我国管理世界中国企业评价中心每年也定期发布“中国500家最大工业企业”。

第三，开展机械工业百家最大企业评价活动，是推动机械企业走质量效益型道路，提高企业国际竞争能力的有效途径。评价最大工业企业，完全不同于以往的企业评优升级活动，排序是根据年报统计资料排出先后次序，不搞层层验收、评比等，具有较强的公正性和客观性。同时，评价最大工业企业，有助于激发企业的责任感和使命感，有助于产业结构和企业组织结构调整，扩大经营规模，提高经济效益。

此次公布的机械工业百家最大企业具有以下几个显著特点:

第一，评出的百家企业在机械工业中占有举足轻重的地位。这百家企业只占机械工业部系统9780家企业的1%，但其销售收入却达到了1621.9亿元，占全系统销售收入的45.5%。实现利税达到172.1亿元，占全系统实现利税的51.4%。由此看出，这百家企业在整个部系统中所占的地位和所起的作用是十分明显的。

第二，这百家企业在社会主义市场经济的新形势下，具有许多共同点。即企业领导具有较强的市场竞争意识，能够积极转换企业经营机制，强化企业内部管理，大力调整企业组织结构，坚持科技是第一生产力和质量第一的思想，努力开发适销对路产品，注重经济效益等。

第三，汽车工业在百家企业中名列前茅，占有显著地位。在百家企业中，汽车企业占23家，销售收入占64.4%，在前十名中汽车企业占了8家。

第四，新组建的集团化工业企业，机械工业的行业排头兵、历史悠久的著名的大中型企业，在百家企业中占有相当比重。

第五，异军突起的乡镇企业和股份制企业在百家企业中占有了一定的地位。如春兰（集团）公司排名第16位，广东科龙电器股份有限公司排名第18位。

我们相信，通过百家企业的评选活动，必将大力推进机械工业的发展和振兴。

中国机械工业百家企业评价委员会公告

(1994 年第 1 号)

根据机械工业部关于开展中国机械工业百家企业评价活动的通知（机械政〔1994〕12 号），本委已经排出 1993 年度机械工业部系统百家最大工业企业，现予公布：

名次	单位名称	销售收入（万元）	实现利税（万元）
1	上海汽车工业总公司	2199823.1	331938.6
2	中国第一汽车集团公司	2047570.0	177645.3
3	东风汽车公司	2004373.1	221227.3
4	天津汽车工业总公司	833877.3	99609.7
5	中国重型汽车集团公司	668897.2	49987.8
6	北京吉普汽车有限公司	330618.9	15326.1
7	上海电气联合公司	315258.4	12130.1
8	金杯汽车股份有限公司	310100.0	36150.0
9	东北输变电设备公司	292273.2	22775.1
10	重庆汽车制造厂(庆铃汽车公司)	282700.0	55885.9
11	南京汽车制造厂	281027.4	9307.0
12	广州标致汽车有限公司	255832.0	30292.0
13	哈尔滨电站设备集团公司	223199.0	16507.6
14	中国第一拖拉机工程机械公司	218968.6	15851.9
15	江铃汽车股份有限公司	209854.0	33605.0
16	春兰(集团)公司	204177.1	34480.2
17	湛江三星汽车制造公司	184033.5	25377.2
18	广东科龙电器股份有限公司	180006.7	21727.3
19	中国东方电气集团	171273.4	9720.8
20	北京轻型汽车有限公司	158406.3	17261.7
21	西安电力机械制造公司	148419.0	1425.0
22	北京汽车摩托车联合制造公司	143652.7	2039.5
23	上海电器股份有限公司	138424.5	15147.6
24	徐州工程机械集团公司	129653.3	7555.7
25	北京内燃机集团公司	127416.7	10499.5
26	中国扬子电气(集团)公司	126899.0	14230.0
27	中国天津奥的斯电梯有限公司	108404.5	15729.4
28	广西玉柴机器股份有限公司	100824.5	38062.6
29	柳工机械股份有限公司	100302.0	30755.7
30	中国长江动力公司(集团)	90144.0	14802.0
31	南京农用车制造厂	90013.0	4250.0
32	中国第一重型机械集团公司	88469.2	3063.2
33	柳州五菱汽车企业集团公司	87310.0	4028.0
34	瓦房店轴承厂	86634.2	9975.2
35	上海柴油机厂	84397.6	18309.0
36	南京东风专用汽车制造总厂	83620.4	5698.0
37	洛阳轴承厂	79073.5	10726.0
38	常州柴油机厂	78948.5	1837.4
39	哈尔滨轴承总厂	78559.9	9829.8
40	上海电缆厂	77077.4	7266.8
41	中国四联仪器仪表集团公司	73539.6	4696.4
42	山东省汽车总公司	73194.7	4547.3
43	上海自动化仪表公司	69850.4	7962.6
44	厦门工程机械厂	67779.8	15538.3
45	湖北专用汽车制造厂	67060.5	7374.6
46	佛斯第摩托车有限公司	62791.3	3980.6

(续)

名　次	单　位　名　称	销售收入（万元）	实现利税（万元）
47	太原重型机械集团公司	62358.5	3057.1
48	湘潭电机厂	59618.4	3741.7
49	长春拖拉机厂	59226.8	−1988.8
50	猴王集团	58948.0	7714.8
51	洛阳矿山机器厂	58794.6	932.6
52	郑州轻型汽车制造厂	58284.9	1251.4
53	沈阳重型机器厂	57773.3	2244.6
54	长春汽油机股份有限公司	56738.0	5791.0
55	河北省石家庄拖拉机厂	56626.2	113.4
56	中国第二重型机械集团公司	56346.9	1604.4
57	上海合众—开利空调设备有限公司	50481.3	24728.3
58	北京第一机床厂	50191.9	13885.6
59	合肥江淮汽车制造厂	49382.9	3007.7
60	丹东汽车制造厂	49253.7	6127.1
61	吴县防爆电机厂	48407.2	940.1
62	扬州柴油机厂	47749.7	4375.6
63	台山市机械厂	46883.0	4638.9
64	山东推土机总厂	46503.2	5398.0
65	云南蓝箭汽车制造厂	46154.4	2965.6
66	武进柴油机厂	45769.3	1032.2
67	江西发动机总厂	45147.0	2915.2
68	韶关铸锻总厂	44431.6	1778.1
69	郑州电缆厂	43696.7	3130.0
70	沈阳第一机床厂	42740.1	4643.8
71	扬州通运集装箱有限公司	42619.0	4159.8
72	长征电器公司	42397.2	4675.1
73	大连起重机器厂	42330.3	1653.5
74	上海轻工机械股份有限公司	41208.7	3994.0
75	济南第二机床厂	41063.9	5139.4
76	四川旅行车制造厂	40876.6	8663.3
77	石家庄市汽车制造厂	40094.0	5016.0
78	湘潭电缆厂	40020.5	3997.6
79	北京巴布科克·威尔科克斯有限公司	39723.2	5407.9
80	潍坊巨力机械总厂	39591.3	1089.7
81	皖南机动车辆厂	39455.0	3842.6
82	上海南洋电缆厂	38939.2	2702.2
83	浙江摩托车厂	38830.3	3282.9
84	无锡威孚股份有限公司	38660.5	5324.9
85	江苏行星机械集团公司	38472.1	122.7
86	襄阳汽车轴承(集团)股份有限公司	38445.4	8918.1
87	安徽省合肥叉车总厂	38237.2	4268.9
88	北京重型电机厂	38172.2	2919.3
89	广州重型机器厂	37900.6	1412.2
90	西北轴承厂	37737.6	5958.0
91	江苏江淮动力机厂	37138.5	500.0
92	山东潍坊拖拉机厂	36414.8	−3199.1
93	甘肃长城电器工业公司	35096.6	3552.0
94	哈尔滨电缆厂	35002.8	4121.4
95	长沙汽车电器厂	34775.6	1996.8
96	武汉锅炉厂	34275.4	1912.7
97	兰州电机厂	34192.4	5157.0
98	上海电焊条总厂	33938.3	1878.7
99	万向集团公司	33915.1	7251.4
100	杭州制氧机集团公司	33468.5	5011.2

〔责任编辑：　申建丽〕

特约顾问单位介绍

《中国机械工业年鉴》是机械工业部主办的，是代表我国机械工业水平的正式出版物，是记载我国机械工业发展情况的大型工具书，肩负着宣传成绩、交流信息、积累史料、加强国际交流的光荣任务，反映我国机械工业战线上12万个企业、2000万名干部、职工辛勤劳动的成果。特别是要反映在机械工业中占有举足轻重地位的、代表我国机械工业水平和发展方向的、为我国经济建设和提高人民生活水平有突出贡献的大型机械工业企业集团和直属公司的发展情况。为此，机械电子工业部政法体改司于1993年3月18日发文"关于在《中国机械工业年鉴》上宣传企业集团、直属公司的通知"，规定从1993年开始，每年在《中国机械工业年鉴》上刊登反映企业集团、直属公司上一年发展情况的文章，宣传取得的成绩，提高知名度，交流信息，将其业绩载入史册。1993年刊《中国机械工业年鉴》上刊登了15篇文章，反映1992年以前的发展情况，得到了各界人士的重视与欢迎。1994年刊《中国机械工业年鉴》继续刊登企业集团、直属公司的发展情况（17篇），重点介绍1993年取得的成绩和达到的水平。

为了更好地开展年鉴工作，我们聘请了一些企业集团和直属公司的负责同志作为《中国机械工业年鉴》的特约顾问，经机械工业部办公厅和政法体改司批准，1994年刊《中国机械工业年鉴》的特约顾问名单如下。

《中国机械工业年鉴》特约顾问

洪性九	中国第一重型机械集团公司总经理	(特约编辑：李葆荃)
华涌欣	中国第二重型机械集团公司总经理	(特约编辑：王　权)
耿昭杰	中国第一汽车集团董事长	(特约编辑：陈继信)
高明祥	东风汽车公司党委副书记	(特约编辑：袁松涛)
徐仁根	中国重型汽车集团公司总经理	(特约编辑：阎瑞林)
赵子木	中国嘉陵工业股份有限公司(集团)常委副书记	(特约编辑：陶正禄)
左长林	东北输变电设备集团公司董事长、总经理	(特约编辑：刘宏珊)
宓麒廷	上海电气联合公司总经理	(特约编辑：许伟伦)
李宗文	中国东方电气集团公司总经理	(特约编辑：郭　凡)
姜承勋	中国工程与农业机械进出口总公司总经理	(特约编辑：车斐娟)
尹家喜	中国第一拖拉机工程机械公司总经理	(特约编辑：陈孝锋)
权义鲁	中国机床总公司总经理	(特约编辑：孙卫国)
陈和生	中国磨料磨具工业公司总经理	(特约编辑：郑保亚)
奚家成	中国机械设备进出口集团理事长	(特约编辑：郝军朋)
张俊贤	中国机械对外经济技术合作总公司总经理	(特约编辑：杨小燕)
陈永革	中国机械工业技术总公司总经理	(特约编辑：李来凤)

本期《中国机械工业年鉴》的特约顾问单位为：

1. 中国第一重型机械集团公司
2. 中国第二重型机械集团公司
3. 中国第一汽车集团
4. 东风汽车公司　东风汽车集团
5. 中国重型汽车集团公司
6. 中国嘉陵工业股份有限公司(集团)
7. 东北输变电设备集团公司
8. 上海电气联合公司
9. 中国东方电气集团公司
10. 中国工程与农业机械进出口总公司
11. 中国第一拖拉机工程机械公司
12. 中国机床总公司
13. 中国磨料磨具工业公司　中国磨料磨具进出口联营公司
14. 中国机械设备进出口集团
15. 中国机械对外经济技术合作总公司
16. 中国机械工业技术总公司
17. 中国电工设备总公司

中国第一重型机械集团公司

集团董事长：洪性九　集团副董事长：刘玉明、黄松涛、姜喜林、邢　友、戴守仁、刘永盛、常守谦、章仪谦

集团公司总经理：洪性九　集团公司副总经理：徐肇源、栾兴家、王明辉、魏玉明、沈宁昌、李叔彦

地址：黑龙江省富拉尔基　邮码：161042

电话：882901～882946　电传：880005　电挂：6580　传真：0452

洪性九（总经理）简介　该同志1964年9月毕业于东北重型机械学院轧钢专业。曾历任设计处副科长、副处长、处长、厂总工程师。1993年7月被国务院任命为中国第一重型机械集团公司总经理。该同志紧紧依靠全公司广大干部和职工，不断转换企业经营机制，努力适应社会主义市场经济的需要，锐意进取，真抓实干，全面完成了1993年生产经营总目标，甩掉了连续亏损的帽子，一举夺取了扭亏为盈的全胜。

公司发展情况　中国第一重型机械集团公司(前身为第一重型机器厂)，是我国第一个五年计划期间156项大型建设项目之一。1956年破土动工，1959年底基本建成，1960年6月经国家正式验收，批准全面投入生产。

该公司是一座制造国民经济建设需要的大型、成套机器产品的全能"母机工厂"，是我国机械制造行业特大型骨干企业，也是国家首批批准试点的55家企业集团之一的核心企业，在国民经济中占有重要地位并发挥着重要作用。公司现有全民职工18000余人，集体职工12000余人，专业技术人员4600余人，其中高级专业技术人员600多人。公司固定资产原值为12.3亿元，净值为5.4亿元。有生产设备3280台，其中精密、大型、稀有设备500多台。

公司的主导产品以冶金、重型锻压、矿山、石化、电站、大型铸锻加工件为主。具有较强的炼钢、铸造、热处理、焊接、机械加工优势和先进技术。近年来，公司积极开发合作产品，发展外向型经济，先后成功地同英国、美国、德国、日本等合作制造了我国第一台3000t立式弯板机、23m^{3}大型矿用挖掘机、宝钢二期工程设备2050mm热连轧机和1900mm板坯连铸机，并且还成功地制造完成国内第一条具有国际先进水平的汽车覆盖件生产线和舞钢1900mm板坯连铸机等产品。30多年来，已为国家经济建设及各行业提供机器产品60多万t，填补国内工业产品技术空白160多项，产品销往全国28个省、自治区、直辖市，有些产品已打入国际市场。公司先后有14项产品被评为国优、部优和省优产品。曾被命名为国家二级企业、国家一级计量企业、"五一"劳动奖状获得单位等多种荣誉称号，为国民经济的发展做出了应有贡献。

1993年发展概况　1993年，是一重公司发展史上极其重要的一年。

首先是经过全体职工的奋力拚搏，全面完成了1993年度生产经营总目标（见表1），从而结束了近年来低速发展的被动局面，一举夺取了扭亏为盈的全胜，并创造了工值、商值的历史新纪录。

表1　1993年主要经济技术指标

项　目	单　位	1993年完成	比上年增长%	项　目	单　位	1993年完成
工业总产值	万元	54524	4.12	年末全部职工人数	人	18431
工业净产值	万元	12493	20.0	年末固定资产原值	万元	122987
工业增加值	万元	11761		年末固定资产净值	万元	53520
销售收入	万元	88469	96.2	产品销售率	%	88.7
销售税金	万元	3041	35.4	资金利税率	%	2.11
利润总额	万元	22		成本利润率	%	0.03
出口额	万美元	1547		全员劳动生产率	元/人·年	29364

1993年，公司扭亏为盈目标的实现是来之不易的。它是治理整顿以来，公司新、老领导班子面对不断变化的市场形势，经过几年努力，进行科学分析和果断决策的结果；是广大职工发扬"团结、拚搏、求实、创新"的一重精神，奋发大干的结果。

年初以来，公司坚持以市场为导向，积极调整经营战略。针对原材料、能源价格上涨，减利因素加大的新变化，公司坚持扭亏为盈目标不动摇，坚持国有资产保值增值不动摇，坚持维护职工的切身利益不动摇，对经营战略进行了果断、有效地调整。一是调高了全年产值、产量指标，确定了走高

效率、多产出的规模经济之路；二是调整了产品结构，加大了高产值、高技术附加值产品的订货比重；三是为进一步加强活化资金工作，组成了“经营、销售和物资采购一条龙”管理领导小组，从而保证了公司产、供、销步入良性循环轨道，并取得了丰硕成果。

公司坚持以生产经营为中心，加强了生产组织管理工作。一年来，公司针对成套产品比重大、生产周期紧等突出矛盾，从强化生产计划和管理入手，认真编制落实季、月生产计划，并加强了对生产计划执行情况的检查与考核，保证了生产的有序进行。同时，在设计、工艺和技术服务等方面，缩短技术准备周期，加强生产技术跟踪服务，从而加快了生产节奏，提高了生产效率。1993 年全年共完成产量 30446t，其中 3 台热壁加氢反应器、4 套中板轧机、3 台电铲和 11 台小松压力机等大型成套设备，以及近 370 万 kW 的电站铸锻件等重点产品全面完成（见表 2）。并且还较好地完成了出口创汇产品任务（见表 3、表 4）。此外，公司坚持两个文明一起抓，大力加强了思想政治工作，广泛开展了生产形势教育，强化了经营目标、产品质量和改革意识教育，并开展多种形式的劳动竞赛，起到激发干劲、凝聚人心和振奋斗志的作用。

表 2 1993 年完成主要产品产量

产品名称	单位	产量	比上年增长%
冶金设备	t	764	−70.9
矿山设备	t	1783	543.7
锻压设备	t	4135	10.9
轧钢设备	t	7704	327.8
电站设备	t	4108	16.5

表 3 1993 年主要产品产量出口情况

出口产品名称	出口产品		出口额(万美元)	比上年增长%
	单位	数量		
工矿配件	t	507.8	38.9	−73.8
轧制设备	t	815.6	211.4	372.9
矿山设备	t	1783.2	1296.7	606.3

表 4 1993 年主要出口国家、地区情况

序号	国家、地区	出口额(万美元)
1	美国	1307.2
2	德国	187.0
3	意大利	24.4
4	台湾	23.0
5	巴基斯坦	5.4

其次是组建企业集团，向现代企业制度迈进。经国家计划委员会、国家经济体制改革委员会和国务院经济贸易办公室审批，同意第一重型机器厂更名为中国第一重型机械集团公司，并以一重集团公司为核心企业组建了中国第一重型机械集团。1993 年 7 月 28 日，召开了成立大会，何光远部长到会并做了重要讲话。该集团是汇集了全国各行业共 26 家优秀企业、科研院所、大专院校组建起来的跨地区、跨行业、跨部门、多功能、多层次，集科、工、贸于一体的大型现代化工业集团。

一重集团的成立是重型机械行业的一件大事，也是我国机械工业的一件大事。该集团将为国民经济各部门提供重大技术装备和优质服务，并不断开拓国际市场，提高出口创汇能力；同时，在集团内部积极推动企业组织结构的调整，生产要素合理流动和优化组合，发展规模经济，形成群体优势和综合功能，使之具有较强的竞争能力和较高的经济效益。自集团成立以来，已为振兴我国重型矿山机械工业做出了积极努力。

科研成果与新产品 1993 年，公司获黑龙江省机械厅和齐齐哈尔市科委科学技术成果奖的科研技术项目有 5 项，即热壁加氢反应器焊接技术消化与应用、210 产品研制、210 产品俯仰部分试验装置、电解加工工艺研究和 300MW 核电反应堆压力容器焊接工艺性能试验研究。

由公司自行研制的电解加工工艺技术，顺利通过了黑龙江省机械厅组织的鉴定。该技术与应用已处于国内领先地位，尤其是利用阳极保护阴极对二次腐蚀现象的有效控制技术，更是在国内、外厂家不多见的。

1993 年，公司共完成新产品设计 10 项，并已全部通过省、市鉴定（见表 5）。其中，63000kN 热模锻压力机，是一重集团公司为第二汽车制造厂开发新车型而研制的成套设备。该压力机具有先进的监控装置和安全保护装置，使用可靠、自动化程度高，在性能上和自动化程度上处于国内领先地位，达到国际先进水平。

技术改造及技术引进 公司积极进行技术改造和设备更新工作。1993 年，围绕汽缸体生产线改造而从国外购置的两台直径 200mm 镗床，年初投入资金，年末就全部完成改造，并投入生产。核电设备所需加热炉、淬火水槽、专用运输车辆以及国内最大的 80t 电炉技改工程已全部完成。围绕轧辊、双程高换热器、板焊结构加氢反应器和船用柴油机曲轴等配套改造项目正在进行。并且有不少项目是当年谈判、当年购置、基础施工和安装调试一气呵成，当年就取得了可观的经济效益。

在对引进技术的消化、吸收、国产化工作中，引进日本、意大利、德国等国家的先进技术 5 项，分别应用于为宝钢生产的 1580mm 热连轧机、包钢大方坯连铸机、攀钢 1220 平整机组、本钢热镀锌机组等产品制造中，并达到了国内先进水平。

深化改革 公司积极转换经营机制，切实贯彻《条例》，坚持不断深化内部改革，促进了企业生产经营工作的发展。一是实行了奖金分配向重点环节、重点岗位和生产一线大幅度倾斜政策，并进一步完善了计件工资管理办法，有效地调动了生产工人的积极性，促进了生产效率的提高。二是通过“四定”和优化劳动组合工作，共精减富余人员 1200 多人，机床开动班次由原来的 610 个提高到

647个，生产一线力量得到了充实。三是全面实施了干部“双聘”制，实行“能者上、庸者让、懒者下”，增强了干部的责任感和广大职工的岗位竞争意识。四是对公司所属的4个单位实行了独立核算、自主经营的试点，并取得了较好的经济效益，为进一步扩大试点单位的范围，向集团化管理、公司化经营过渡积累了经验。五是加强了自揽订货的宏观调控，初步理顺了企业内部的经营秩序。六是公司审时度势，适时向职工出售了公有住房，向住房商品化迈出了实质性步伐。从而使公司呈现出多方位改革、多种经济成份并存、全面协调发展的新格局。

表5 1993年公司有代表性的新产品

序号	名称	组织鉴定单位	效果及水平
1	2350mm中板轧机	齐齐哈尔市科委	达到国际80年代先进水平
2	大型铸管管模	齐齐哈尔市科委	填补国内空白
3	25000kN液压矫平机	黑龙江省经委	填补国内空白，达到国际先进水平
4	热壁加氢精制反应器	黑龙江省经委	填补国内空白，达到国际先进水平
5	63000kN热模锻压力机	黑龙江省机械工业厅	填补国内空白，达到国际先进水平

展望与预测 一重集团公司已经确定了近期的发展思路，这就是以生产经营为中心，以建立现代企业制度为努力方向，以深化企业内部配套改革为动力，不断向集团化管理、公司化经营迈进，使企业运行机制适应市场经济需要。重点是确保国有资产保值增值，在现有生产能力的基础上，要加速发展，到1997年，商品产值、利税总额以1993年为基数，年均增长将有较大幅度提高。同时，确保职工收入也将有较大的提高。

公司全体职工正在奋发努力，开拓进取，加速发展，这一充满希望和挑战的奋斗目标，就一定能够实现。

〔撰稿单位：中国第一重型机械集团公司宣传部〕

中国第二重型机械集团公司

总经理：华涌欣　副总经理：姚正耀（常务）、李家堃、李　平、王义龙、王业坤、王　伟　总工程师：黄亚森　总经济师：王文涌　党委书记：喻明受　党委副书记：安桂芳、鄢化同　工会主席：刘松明

地址：四川省德阳市　邮码：618013

电话：(0838)223909、223919　电挂：6850　电传：610515　SHMP CN　传真：223292

华涌欣（总经理）简介 该同志1938年生于江苏省无锡市，中共党员，1962年毕业于清华大学，高级工程师。历任二重厂车间技术组组长、车间主任、副总动力师、副处长、副总工程师、副厂长、厂长、总经理。曾任四川省动力工程学会第一届理事会副理事长、四川省核学会第四届理事会副理事长、四川省机械工程学会第六届理事会常务理事、四川省企业家研究会第二届常务理事等。曾荣获四川省节能先进厂长、省机械工业安全工作先进个人等称号。先后在有关专业杂志上发表《二重厂能量平衡技术总结》等数篇论文，编写了20余万字的锅炉讲义。在他任职期间，领导和组织完成了集团公司能源供应系统的五项技术改造工程，研制出国家重大技术装备1600、1550、1350mm大型板坯连铸机，2050、1450mm热连轧机，2450、2800、3300mm中厚板轧机，KP12500锻造自动生产线，直径114、177mm精密钢管轧机，年生产20万t氨合成塔等产品。他参与倡导的“团结、勤奋、求精、创新”的二重精神和“严、细、实、快”的二重作风促进了企业的两个文明建设。随着二重集团的成立，华总经理和他的助手们正按照“搞活主体、放开辅助、调整结构、走向世界”的总体战略思路，努力进行经营机制的转换。

发展情况 1993年集团公司全面完成了各项主要经济技术指标和工作任务，经营生产登上了一个新的台阶。全年完成商品产值5.13亿元，比上年增长33.76%；完成机器产品产量2.57万t，比上年增长4.41%；实现销售收入5.5亿元，比上年增长51.1%；经营订货9亿元，比上年增长41.17%。详见表1、表2。尤其是经过激烈的市场竞争，集团公司拿到了国家重点项目宝钢三期工程1580mm热连带钢轧机的合同，这是迄今为止集团公司拿到的最大合同，合同金额将超过2亿元。在广泛收集市场信息，加强市场预测和调研的基础上，密切跟踪国家重点建设，充分发挥集团公司优势，抓好成台、成套、成线项目订货。同时调整产品结构，积极承接附加值高的产品订货。并在经营订货中力求注意生产能力的总体平衡：即大型成台（套）设备与中小设备并重；长线产品和短线产品衔接；热门产品和边缘产品并举；抓好主营产品，组织好联营产品。通过采取一系列有效措施，扭转了前几年生产徘徊不前的局面。集团公司的综合实力得到进一步增强，职工收入也相应有所增加；同时通过建设具有二重特色的企业文化，成功举办了

表 1　1993 年主要经济技术指标

项　目	单　位	1993 年完成	比上年增长%	项　目	单　位	1993 年完成
工业总产值	万元	47742	8.4	年末全部职工人数	人	20250
工业净产值	万元	17533	41.7	年末固定资产原值	万元	72417
工业增加值	万元	15910	34.7	年末固定资产净值	万元	35015
销售收入	万元	56347	54.8	产品销售率	%	99.3
销售税金	万元	1590	41.8	资金利税率	%	1.48
利润总额	万元	15	13.2	成本利润率	%	0.03
出口创汇	万美元	300.5	119.6	全员劳动生产率	元／人·年	24173

建厂以来规模最大、参赛人数最多的第二届职工运动会；争创十佳文明单位、十佳文明职工的“双十佳”等活动的开展，进一步增强了集团公司凝聚力，提高了职工对改革的认识和承受能力，职工精神面貌大为改观。

表 2　1993 年完成主要产品产量

产品名称	单位	产量	比上年增长%
矿山设备	t	1110	215.6
轧钢设备	t	5653	43.4
锻压设备	t	1363	−41.5
工矿配件	t	11822	16.5

外贸情况　1993 年，公司外贸情况详见表 3、表 4。

表 3　1993 年主要产品出口情况

出口产品名称	出口产量		出口额（万美元）	比上年增长%
	单位	数量		
矿山设备	t	672.89	110.1	140.4
工矿配件	t	1156.52	168.0	84.4
轧制设备	t	38.81	22.4	

表 4　1993 年主要出口国家、地区情况

序号	国家、地区	出口额（万美元）
1	美国	84.42
2	澳大利亚	65.00
3	朝鲜	33.60
4	香港	32.22
5	印尼	29.94
6	日本	10.62
7	巴基斯坦	5.32
8	新加坡	4.63

科研成果与新产品　1993 年完成科研课题 3 项：板坯连铸机结晶器钢水液面控制（“七五”部列课题）、300～600MW 火电机组铸锻件情报与标准研究（“八五”部列课题）、压力壳锻件生产制造标准（“八五”部列课题）。1993 年完成鉴定课题 1 项：大型多头圆弧圆柱蜗杆副研制（部“七五”课题）。1993 年完成省、部级新产品 3 项：510mm 冷轧机（四川省级新产品）、KP8000 热模锻压力机（机械工业部新产品）、柳钢 2800mm 轧机（机械工业部新产品）。获奖情况：武钢 4#连铸机获国家科技进步一等奖，引进型 300MW 火电机组成套大型铸锻件获机械工业部一等奖，核电站压力容器用 A508−3 钢材料及焊接工艺试验研究获四川省一等奖，鞍钢 1550mm 板坯连铸机关键设备研制（含板坯连铸机耐热辊材料及热工艺研究）获机械工业部二等奖；还有一批项目获机械工业部三等奖。

技术改造及技术引进　技术改造方面，主要实施了发电设备铸钢件粗加工措施，大型电站设备汽缸体铸钢件紧急措施，“七五”技改基建项目收尾工作，压货挂钩、军转民措施等，共计完成投资额 4300 万元。主要工程项目及设备有：铸钢件清理车间厂房加盖，两个浇注坑改造，抛瓦室改造，75t 行车改造，4.8m×15m 加热炉改造，直径 200mm 数控数显镗床，4.8m×12.8m、2.5m×8m 数控（数显）龙门铣镗床，直径 1m、长 5m 数控卧车的改造等项目。

技术引进方面，“七五”及以前的技术引进项目均已完成，1993 年没有新的引进项目。

深化改革　1993 年，公司加快了深化改革步伐，加大了深化改革的力度，在转换经营机制方面作了大胆的、有益的探索。一是以 8 月 18 日中国第二重型机械集团的成立和第二重型机器厂随之更名为中国第二重型机械集团公司为标志，表明了在集团化、公司化改革方面迈出了坚实的一步。二是继续进行了一系列有益的改革探索，制定了集团化经营管理模式的基本框架，撤处建部，界定了公司直属单位的职责范围，管理职能和作业性能适当分开，投资决策指挥中心、利润中心、成本核算中心“三个中心”的格局初步确立。宏观调控、微观放活的管理体系的雏形已基本形成，为下一步发挥集团优势，走速度效益的发展道路奠定了基础。三是拟定了按岗位业绩系数晋升工资的改革方案并付诸实施，在个别分厂开展了岗位技能工资的试点工作。并且在加大投入的同时，重点向生产一线倾斜，用投入来激励产出，在分配制度改革方面迈出了一大步。四是以经济效益为中心的新的指标考核体系的制定，为逐步从独立核算、自计盈亏走向独立核算、自负盈亏提供了依据。并且，为逐步适应社会主义市场经济体制，建立现代企业制度奠定了基础。五是针对管理的薄弱环节，实施了“职能处室量化指标考核办法”、“厂级领导从严管理考核的管理办法”等一系列措施，在一定程度上使管理的有效性得到了改善和加强。

展望与预测 中短期发展目标：机器产品产量从1994年～2000年递增3600t，到2000年达50000t；商品产值相应增长，产品结构基本保持在6∶4的水平（6∶4是指单件产品的商品产量与成台产品商品产量的比例）。主要围绕国家重点建设项目，重点瞄准冶金、轧钢、锻压、大型发电设备、核电压力容器等五大类产品和模锻的批量产品订货与制造。目前承担的重点产品和项目有：印尼铝板轧机，齐钢114管轧机，武钢2#卷板机，本钢800／650mm轧机，青江、安达两条KP8000t热模锻生产线，柳钢、马钢、营口共3台11辊矫直机、韶关2500mm轧机及宝钢1580mm轧机等。

〔撰稿人：中国第二重型机械集团公司　周南京　审稿人：中国第二重型机械集团公司　王　平〕

中国第一汽车集团公司

中国第一汽车集团董事长：耿昭杰　副董事长：李治国

中国第一汽车集团公司（第一汽车制造厂）总经理兼党委书记：耿昭杰　常务副总经理：李治国、陆林奎　常务副书记：张国庆　副总经理：徐兴尧、马文兴、李启祥、沈凤岐、尹士君、张长根、祝业精、姜殿耀、吴　畏、崔明伟、王镇昆　副书记兼纪委书记：赵　吉　工会主席：赵方宽　总工程师：徐兴尧　总经济师：李启祥

地址：长春市朝阳区东风大街63号　邮码：130011

电话：5902674、5904149、5905712　电挂：0500　电传：83009

公司发展情况 1993年，中国第一汽车集团公司（简称一汽）有全民企业职工99733人，集体企业职工32563人，职工中有干部25401人，其中专业技术干部22554人。下设39个基本生产和辅助生产专业厂，42个职能处室。企业占地面积2127.8万m^2，拥有设备19750台。全年生产汽车175738辆，比上年增长20.8%，其中，中型车110618辆，轻型车21613辆，奥迪矫车17769辆，捷达轿车12117辆，微型车12850辆，客车730辆。实现工业总产值118亿元，比上年增长94.2%；实现销售收入183.3亿元，比上年增长45%；利税总额17.4亿元，比上年增长53.1%；实现利润11.5亿元，比上年增长43%。

中型车发展进入成熟期。经过六年的技术攻关和改进，到1993年底，CA141卡车生产能力已由6.8万辆上升到12万辆。并连续四年保持国优产品称号，平均故障间隔里程已稳定提高到5000km，超过了国优车标准。整车以200～500辆的较大批量出口，全年出口超过1000辆，标志着CA141车已成为市场上的名牌产品。在品种上，解放中型车已形成5、6、8t汽油、柴油并举，长、短轴车并举，基本型和改装车并举，达上百个品种的新格局。在优质高产CA141车的同时。1993年7月一汽又向市场推出了CA141车的换代产品——CA142车，并当年投产、当年达到设计能力。CA142车采用了多项世界90年代先进水平的新技术，如高能无触点点火系统、AP膜片离合器、新型仪表板等，并进一步强化了底盘。经过800辆新车试投放市场的跟踪检测调查和各地用户信息反馈表明，新车在经济性、动力性、可靠性及维修保养等方面均高于CA141车而居国内同类车之首。

轻型车全面产出并走俏市场。一汽的6万辆轻型车基地，是投资超过10亿元的国家“七五”计划重点项目。经过四年多的建设，到1993年底，整个基地已基本建成并达到了年产6万辆的设计纲领目标。拥有骨干专业厂8家，按分工生产零部件的专业厂23个。已制造出1、2t级，单、双排座，轻卡、厢式车等28个品种的轻型车，并能根据需要生产系列化底盘。由于采用了国外先进的488发动机、驾驶室、离合器等关键总成和工艺装备，制造出的轻型车具有性能优越、结构先进、经久可靠及制造成本低等优点，在国内市场上堪称一流并供不应求。

轿车又夺丰硕成果。作为一汽发展轿车战略的第一步先行建设的年产3万辆中高级轿车的先导工程，到1993年底已基本建成，奥迪轿车的年产能力已达3万辆，并累计为国家生产4缸、5缸、C4V6豪华型奥迪轿车45871辆，1993年，由于推行了“龙头业主承包制”和成立了国产化指挥部，奥迪轿车国产化的进度和质量都好于历年，累计国产化率已达42.29%。与德国大众公司合资的15万辆普及型轿车工程的四大主厂房、土建和公用工程已基本结束，全年施工30万m^2，竣工12万m^2。冲压焊装厂房的13条机械化运输链已制造安装完7条，涂装线的6500t设备制造完成3379t。总装线的钢结构已基本制造安装完毕。通过边建设、边生产、边国产化的方式，1993年生产捷达轿车12117辆，国产化率达4.38%。年内，一汽还恢复了高级红旗轿车CA7560、CA770H的生产和开发工作。

深化改革 继续深化企业内部改革。具有一汽特色的奥迪特质量评审办法从整车扩展到全部总成，使产品质量进一步提高。1993年中型车奥迪

特评审缺陷分值由年初的446分下降到346分。轻型车奥迪特评审从年初的3.8级下降到2.6级。奥迪矫车的奥迪特评审从年初的2.6级下降到2.5级。

在推广精益生产方式方面，开办了13期两级领导干部研讨学习班，并进行了全公司职工的全员精益思想教育。年内，精益生产方式推广到一汽所有生产制造、产品开发和销售部门，使整体素质提高一大步，全员劳动生产率110208元／人·年，比上年增长55%；CA141汽油车单车成本扣除物价上涨因素外，每台下降1083元。

集团实力进一步壮大。1993年，一汽无偿兼并了无锡柴油机厂、四川专用汽车厂、成都汽车厂、青岛汽车厂和哈尔滨星光汽车厂。这样，被一汽兼并按直属厂管理的企业就已有8家。到1993年底，被一汽兼并进来成为全资子公司的有8家，一汽集团的控股企业也有8家，整个集团已发展到262家。

1993年7月15日，正值一汽建厂40周年之际，一座镌刻江泽民主席题词“建设现代化轿车工业基地”的丰碑矗立在一汽二厂区，象一幅巨大路标，标志着一汽跨人新时代并完成了以下具有战略意义的三个转变：(1) 形成了中、轻、轿、微、客、重、改装车、专用车系列的产品格局，重点是由中型车向轻型车，特别是轿车的转变。(2) 企业结构由单一工厂体制向集团公司化体制转变。(3) 市场目标由国内一个市场向国内、国际两个市场的转变。从而为本世纪末达到年产百万辆规模，跻身世界强大汽车工业集团之林打下了基础。

〔撰稿人：中国第一汽车集团公司　陈继信〕

东风汽车公司
东风汽车集团

东风汽车集团（原东风汽车工业联营公司）董事长：马　跃　副董事长：孙宏俊、戴保昌、丁宗曾

东风汽车公司（原第二汽车制造厂）总经理：马　跃　副总经理：顾林生、宋延光、张　煜、张世端、沈宁吾、陈世煌　书　记：孙宏俊　副书记：高明祥、张旭东

地址：湖北省十堰市车城路1号　邮码：442001

电话：223402、223650　电挂：0057　电传：40104　传真：(0719)223201、222918

马跃（总经理）简介　该同志现年52岁，浙江省杭州市人，现任东风汽车公司总经理、东风汽车集团董事长。1965年毕业于清华大学汽车、拖拉机专业，留校任内燃机专业助教；1971年调入第二汽车制造厂（简称二汽），先后任二汽发动机厂技术员、副科长、副厂长、厂长，二汽技术中心党委书记，二汽政工口副主任，二汽党委副书记、书记（期间任二汽常务副厂长兼东风汽车工业联营公司副董事长）；1992年二汽更名为东风汽车公司后，任东风汽车公司总经理。

担任总经理后，马跃坚持前几届领导班子改革与发展的企业宗旨。提出了以十堰、襄樊老基地为依托，立足湖北，突破地域界限，规划武汉新基地，并积极向沿海和经济发达地区发展；以汽车产业为主，突破行业壁垒，发展相关产业，实现多角经营；以卡车优势带动轿车和其他车型的发展，突破产品束缚，进一步拓宽品种系列；以市场经济为动力，转换经营机制，加速企业股份制改造，规范公司行为的基本方针。他坚持实事求是，务实创新，不断追求企业的更大发展。他领导的东风汽车公司，现已成为中国经营规模最大的十家大型企业之一。他以企业家的胆识和远见，积极规划和调整公司“八五”乃至更长一个时期的战略目标，提出用15年的时间，使东风汽车集团年产量超百万辆、汽车品种齐全，成为全国支柱产业的支柱性企业和具有国际竞争实力的大型汽车企业集团。

马跃同志先后被选为党的十四大代表和八届全国人大代表；1993年被授予“湖北省优秀企业家”称号；1994年被授予“全国500名企业创业者”称号。

发展情况　东风汽车公司（原中国第二汽车制造厂），位于湖北省十堰市，始建于1969年，是中国自行设计、建设和装备起来的现代化汽车公司，国有一级企业。有37个专业生产厂、40余家子公司，职工9万人，专业技术人员9600余名，其中有高级职称的900余名。工业建筑面积265万m^2，1993年末固定资产（净值）28.8亿元。现有设备2.8万台，650多条生产线，其中自动化流水线157条。目前已建成十堰、襄樊两座汽车生产阵地，年产销东风牌汽车逾18万辆，是我国目前规模最大的汽车工业基地之一。

东风汽车集团是以东风汽车公司为核心，以汽车产品为主业，以资产、经营、生产和技术为主要联结纽带的经济联合组织；是我国汽车工业大型企业集团之一，已被列入国家首批大型企业集团试点单位。1981年4月8日，东风汽车工业联营公司宣告成立。经过12年的发展，目前已成为以东风产品为“龙头”，按专业化分工，形成具有科研、开发、销售、服务、信息、金融、装备、教育、工程设计等多功能为一体的跨地区、跨行业、跨部门的

特大型企业集团。截至1993年底，共有成员企业324家，分布在28个省、自治区、直辖市。集团职工总人数约35万人，拥有固定资产80亿元，主要设备7.5万台，中吨位卡车生产能力22.8万辆，东风乘用车、专用车生产能力11万辆（其中乘用车4万辆）。1993年集团工业总产值达120亿元，实现利税23.3亿元。到1993年底已累计生产东风车145万辆。详见表1、表2。

表1 东风汽车集团1993年主要经济技术指标

项目	单位	1993年完成	比上年增长%
工业总产值(不变价)	万元	1202208	40.2
工业增加值	万元	455943	56.4
销售收入	万元	2004373	103.3
销售税金	万元	71649	52.5
利润总额	万元	149578	28.1
出口创汇	万美元	1132.9	98.4
年末全部职工人数	人	121858	21.0
年末固定资产原值	万元	613630	23.4
年末固定资产净值	万元	309710	4.5
产品销售率	%	99.1	持平
资金利税率	%	20.22	
成本(费用)利润率	%	8.42	
全员劳动生产率	元/人·年	38367	28.8

表2 1993年完成主要产品产量

产品名称	单位	产量	比上年增长%
汽车	辆	227916	31.5
民用改装车	辆	6182	212.4
商品发动机	台	50318	230.9
汽车配件	万元	84691	12.3

目前，东风集团可为用户提供包括EQ1092F(EQ140-2)5t载重车、EQ1118G(EQ145)6t平头载重车、EQ1141G(EQ153)8t平头柴油车、EQ2100F(EQ245)3.5t越野车、EQ2080F(EQ240)2.5t越野车、ZX系列富康轿车等基本车型、152种变型车、170多种改装车和4个系列16种发动机。与法国雪铁龙公司合资生产的神龙富康ZX系列轿车已经批量组装并投放市场，第一期15万辆规模的轿车生产基地已全面开工，预计1996年形成生产能力。目前，东风集团已逐步形成重、中、轻、轿全系列发展的新格局。集团在国内建立了12个销售分公司、4个经贸公司、45个联销公司和327个东风汽车服务网点。在国外，利用集团具有外贸自主权的优势，把触角伸向了东南亚、南北美及欧洲的广阔市场，产品行销60多个国家和地区，并与美国的康明斯、日本的日产柴等300多家企业建立了技术交流和贸易往来。详见表3、表4。

表3 1993年主要产品产量出口情况

出口产品名称	出口产品		出口额(万美元)	比上年增长%
	单位	数量		
汽车	辆	1028	787	145.9
汽车配件			303	134.9
化工产品			43	

表4 1993年主要出口国家、地区情况

序号	国家、地区	出口额(万美元)	序号	国家、地区	出口额(万美元)
1	缅甸	558.3	9	坦桑尼亚	29.4
2	日本	120.5	10	俄罗斯	28.0
3	泰国	109.3	11	沙特阿拉伯	25.7
4	马里	62.7	12	孟加拉国	11.0
5	新加坡	55.1	13	马来西亚	4.2
6	美国	46.1	14	斯里兰卡	2.4
7	香港	42.9	15	菲律宾	2.2
8	德国	35.2			

产品质量稳步提高，主导产品东风EQ140-1整车和EQ6100发动机连续四年保持一等品；新产品EQ153和EQ145整车达到一等品水平。用户赔偿率从1992年的13%下降到5.51%。1993年，东风公司再次被评为全国质量效益型先进企业和全国用户服务先进单位。

1993年公司投入技术开发费9000万元，完成科研项目250项。64项科技成果得到转化和推广应用。在产品开发方面，全年共通过81种车型（含29种底盘）和EQ6100-3汽油发动机等新产品的开发定型工作，完成了3种车型系列的设计工作，进行了22种60辆新产品试制，投放定型试验车型19种56辆，是公司历年来在产品开发方面取得成果最多的一年。

为适应我国社会主义市场经济的要求，真正转换企业经营机制，东风公司已确定通过股份制改组，规范公司行为，实现建设现代企业制度的改革目标。1994年东风公司作为国家正式批准为境外发行股票和上市预选的试点企业，在构造公司型体制框架、界定母子公司产权关系、重塑企业内部管理体制等方面进行了实质性推进工作。随着“股改”的不断深入，东风公司的发展将进入一个新的里程碑。

根据国家汽车工业产业政策的要求，东风集团已着手研究和规划中长期发展战略，即用15年的时间，把东风汽车集团建设成为百万辆级、具有国际竞争力的汽车工业集团，真正成为我国支柱产业中的支柱企业，为中国汽车工业做出更大的贡献。

〔撰稿人：东风汽车公司办公室　袁松涛〕

中国重型汽车集团公司

总经理：徐仁根　常务副总经理：方广文、齐联郡　副总经理：沈善余、张士诚、魏大明、潜学尧、张铁瑛　总会计师：前　进

地址：济南市无影山东路36号　邮码：250031

电话：(0531)5952530　电挂：3330　电传：39124 CNHTC CN　传真：(0531)552412

徐仁根（总经理）简介　该同志祖籍浙江省萧山，1938年10月出生，1960年加入中国共产党，1964年毕业于吉林工业大学汽车专业，同年分配到綦江齿轮厂设计科工作。1967年1月调四川汽车制造厂，历任底盘分厂技术组副组长、总厂中心试验室负责人、汽车运输科党支部副书记、总厂副厂长等职务，自1982年7月起担任四川汽车制造厂厂长。1985年任中国重型汽车集团公司副总经理，兼任四川汽车制造厂厂长。1990年调任中国汽车工业总公司总工程师，后任副总经理，1991年4月起兼任中国重型汽车集团公司党组书记、总经理。

该同志自1977年任四川汽车制造厂副厂长，先后分管生产经营和技术工作，在产品开发和质量控制上做出显著成绩。1982年任厂长后，作出了开发红岩CQ30·290型18t和红岩CQ19·210型10.5t民用重型汽车的重大决策，使该厂从单一产品生产且面临停止订货的困境中奋起，形成多品种生产格局，同时积极组织斯太尔引进项目实施，使工厂具备了专业化发展优势。自1991年担任中国重型汽车集团公司总经理以来，集中精力抓好整个斯太尔项目完善建设和扩大产出批量，突出抓好提高产品质量和提高经济效益，使重汽集团近三年的经济效益以50%以上的速度增长。同时，在坚持专业化发展、加速集团化建设方面做出了突出贡献，为重汽集团建立母子公司体制、形成一个快速发展的体制格局奠定了良好的基础。

经营发展情况　1993年重汽集团生产经营取得较大发展，各项经济指标实现较大幅度增长。详见表1、表2。

表1　1993年主要经济技术指标

项目	单位	1993年完　成	比上年增长%
工业总产值	万元	553620	37.0
工业增加值	万元	132939	
销售收入	万元	666824	57.8
销售税金	万元	17916	20.2
利润总额	万元	30847	70.5
出口创汇	万美元	3204	26.5
年末全部职工人数	人	82552	
年末固定资产原值	万元	333215	25.2
年末固定资产净值	万元	215356	23.7
资金利税率	%	29.65	113.0
成本利润率	%	5.17	19.7
全员劳动生产率	元／人·年	16103	40.5

表2　1993年完成主要产品产量

产品名称	单位	产量	比上年增长%
各种重型汽车	辆	18585	17.8
其中：斯达·斯太尔汽车	辆	3920	77.6
黄河汽车	辆	8032	9.4
红岩汽车	辆	3118	25.5
延安汽车	辆	1792	10.1
太脱拉汽车	辆	802	
专用改装车	辆	2528	49.4
各种柴油发动机	台	31275	31.4
各种汽车配件(产值)	万元	95147	40.9

1993年生产经营取得较好成果的主要经验有以下几点：第一，面向市场，开发产品，提高质量，加强服务。为拓宽市场，扩大销售，提高企业的经济效益，按照市场需求调整生产计划，扩大适销对路品种的生产。同时，抓好提高产品质量的各项措施，强化售后服务工作。依靠提高产品信誉，拓宽市场；贯彻“优质优价”方针，提高经济效益。第二，深化企业内部改革，转换经营机制。年初，集团公司确定了“三五三一”经营目标（即：实现利润3亿元，销售额50亿元，创汇额3000万美元，8万职工人均增加收入1000元），与各厂厂长和经营公司经理签订经营承包任务书，实行奖罚考核，落实责任制。各子企业内部在用工制度、工资制度上加大改革力度，极大地调动了广大职工的积极性，使劳动生产率大为提高。第三，发挥集团财务公司的融资功能，保证了各厂生产经营的运行。在1993年下半年资金紧张的情况下，集团财务公司千方百计筹集流动资金，重点向生产倾斜，优先保证原材料、配套件供应，并筹集外汇保证关键零部件进口。同时，积极争取银行支持。1993年，集团财务公司为各厂累计发放贷款30.4亿元，在资金全面紧张的情况下，集团共取得各级银行贷款4.6亿元，保证了重点任务的完成。

引进项目建设情况　重汽集团组建以来，坚持引进国外先进技术，按专业化分工组织联合改造发展，使所属各厂改变了技术落后、管理差、产品水平低的状况，形成了专业化大生产格局，提高了规模经济效益。斯太尔整车制造技术引进项目设计纲领为年产斯太尔汽车1万辆，商品发动机5000

台。该项目于1986年开始实施，1992年底14个子项通过验收或预验收，生产能力达到4000辆，国产化率达到82.5%。为尽快形成生产能力，较好地发挥投资效益，1993年加快了国产化和生产准备进度，注重抓好提高产品质量、拓宽市场的工作，1993年底累计完成投资10.9亿元，斯太尔汽车达到年产6000辆能力，国产化率达到86.5%。该项目建设使集团各厂工艺水平和管理水平大为提高，实现产品换代。斯太尔项目共新增建筑面积16.8万m^2，已全部竣工投入使用；新增设备5680台，已完成5617台；新增工装22724套，已完成22181套；新增生产线102条，已打通99条。在引进奥地利斯太尔汽车先进技术的同时，还引进了美国伊顿公司的富勒变速器，德国采夫公司的变速器、转向器和转向油泵，美国康明斯公司的柴油机，德国瓦伯克公司的阀和气动元件等世界名牌总成制造技术，还引进了太脱拉T815特种车底盘制造技术。这些先进制造技术以及先进工艺和工艺装备的引进，也使得原有黄河、红岩、延安、太脱拉等重型汽车生产批量扩大、产品水平有了较大改进。目前，重汽集团新老整车生产能力达到2.5万辆，并为今后发展打下良好的基础。

深化改革和发展 中国重型汽车集团公司组建于1983年3月，现已发展成为由26家全资子企业（其中有16家全资生产性企业、10家全资经营性公司）和5家控股子公司为紧密层，46家企业和科研单位为半紧密层或松散层的科工贸一体化的全国性大型企业集团。集团成员单位分布在全国14个省、46个市（县）。

重汽集团自1987年起在国家计划单列，1991年被列为国家试点企业集团。1992年11月，国家批准重汽集团首批实施国有资产授权经营试点，1993年2月授权中国重型汽车集团公司代表国家统一经营和管理紧密层企业的国有资产。在明确产权关系的情况下，集团内部正按照建立现代企业制度的要求，完善集团领导体制，加快对子企业进行公司化改造的步伐。子企业公司化改造，按照三种方式来构造，并结合集团内部产品结构调整来进行。一是广泛吸收省市地方、集团内外法人企业资金或可利用的资产组建股份制子公司；二是吸收国外资金和技术参股，举办中外合资子公司；三是以原企业为基础，按照专业化生产原则，通过产品结构调整和生产要素的优化组合，组建若干个专业性的全资子公司。通过对子企业进行公司化改造，形成规范化的母子公司体制。

“八五”期间，重汽集团坚持“总成专业化、整车系列化”原则，局部引进技术，多渠道筹集资金，拓宽产品系列，扩大专业化生产能力，提高规模经济。到1995年，各种重型汽车产量将达到3万辆，销售收入达到80亿元，实现利税达到10亿元，创汇额达到5000万美元以上，成为在国内和国际上具有一定竞争实力的大型企业集团。

〔撰稿人：中国重型汽车集团公司办公室 阎瑞林〕

嘉陵——中国摩托车工业的排头兵

公司董事长兼总裁：郝振堃
地址：四川省重庆市双碑 邮码：630032
电话：(0811)9861991(总机) 传真：(0811)9865845、9860718
电传：62173 CSCSJ CN 电挂：6124

中国嘉陵工业股份有限公司（集团）（原嘉陵机器厂），是兵器工业大型骨干企业。现有职工12200余人，固定资产4亿多元，主要民品有嘉陵牌系列摩托车和猎枪弹。

该公司自1979年开发生产支柱民品嘉陵牌摩托车以来，摩托车生产持续快速发展。先后开发出6种排量近20个车型，累计生产300多万辆摩托车投放国内外市场，产销量占全国摩托车总量的1／4以上，摩托车和猎枪弹出口到50多个国家和地区。目前，具有年产摩托车80万辆和70～125cm^3摩托车发动机60万台（套）、猎枪弹1500万发以上的综合生产能力，是我国产量最大的摩托车生产企业。年产值、产量、销售收入、产品质量、利税、出口创汇等经济技术指标，在兵器行业和摩托车行业中均居领先地位。在1991年、1992年和1993年的三年中，累计产销摩托车122.23万辆，工业总产值42.73亿元，销售收入47.1亿元，实现利税6.7亿元，分别是“七五”期间总和的1.2倍、3.1倍、2.2倍和2.3倍；三年的产量、产值、销售收入、利税，平均每年分别以40%、88.77%、56%和49.4%的速度递增，生产经营与经济效益高速发展。1993年，产销摩托车59万余辆，工业总产值21.5亿元，销售收入23.8亿元，实现利税3.42亿元，出口创汇5305万美元，分别比上年增长65.8%、89.8%、97.1%和75.3%、160.9%。嘉陵集团公司是我国摩托车工业和兵器工业的重要生产基地，是摩托车行业和兵器行业企业的排头兵，是我国兵器工业和重庆市企业管理的样板企业。

1993年公司的主要经济指标详见表1.

该公司生产经营和企业管理具有以下特点：

1. 贯彻军民结合方针，调整产品结构，率先实现了“军民结合、以民养军”的战略转移，经济效益显著

该公司原是一家产品单一的军工企业，长期依靠军品生产维持生存和发展。1979 年，在国家改革开放和军民结合方针指引下，正确决策，制定了“以军为本、军民结合”的企业发展战略，果断调整产品结构，成功地开发了支柱民品——嘉陵牌摩托车。摩托车生产在短时间内形成了高起点、专业化、大生产、大批量的能力，在国内摩托车生产企业中，年产量率先突破万辆、10 万辆、20 万辆、30 万辆、50 万辆大关，保持了持续高速发展的势头，始终保持摩托车行业的排头兵地位。企业经济效益逐年提高，1981 年实现利税 414 万元，1984 年、1988 年、1990 年和 1993 年，利税相继突破 1000 万元、5000 万元、1 亿元、3 亿元大关。在全国军工企业中，率先实现了“军民结合、以民养军”的战略转移，成为全国军民结合的先进典型，“是兵器行业军民结合做得最好、上缴利税最多、贡献最大的企业”，取得了显著的经济效益。

表 1　1993 年主要经济指标

指标	单位	1993 年	比上年增长%
摩托车产量	万辆	59.0109	65.8
工业总产值	亿元	21.5256	89.8
销售收入	亿元	23.826	97.1
利税总额	亿元	3.4202	75.3
利润总额	亿元	2.8965	82.9
销售税金	亿元	0.5237	42.4
全员劳动生产率	元／人·年	175118	31.8
人均利润率	元／人	23564	30.8
资金周转率	次／年	4.47	22.4

2. 开展横向经济联合，实行集团化规模经营，社会效益显著

嘉陵牌摩托车一投放市场，就成为供不应求的抢手货。嘉陵集团公司为适应市场需要，迅速扩大生产能力，加快摩托车生产发展，打破了传统观念的束缚，选择了走社会化大生产的道路，于 1980 年率先开展横向经济联合，组建了嘉陵牌摩托车经济联合体。联合体以产品为“龙头”，以该公司（原嘉陵厂）为核心，以经济为纽带，实行专业化分工，充分利用各成员企业的资产存量，只增加了少量投资，就形成了合理的规模结构和企业组织结构，使摩托车生产很快形成了经济批量，走出了一条速度快、投入少、产出多、效益好的成功之路。以联合体为核心，辐射全国，组成了有 200 多个企业参加的协作配套网络。通过自我完善和发展，1987 年在嘉陵牌摩托车经济联合体的基础上，组建了以该公司为核心，以产品为“龙头”，以资金为纽带的跨地区、跨部门、跨行业、跨所有制的中国嘉陵集团。1991 年，中国嘉陵集团被列为全国 55 家试点企业集团之一。目前，嘉陵集团已发展成为集科研、开发、生产、经营、外贸于一体，以该公司为核心、以 24 个紧密层和半紧密层企业为主体，联结了全国近 300 家产品协作配套企业的我国摩托车行业和兵器行业最大的企业集团，实现了集团化规模经营。同时，带动了一大批军工和地方企业及乡镇企业、商业企业的发展，取得了显著的社会效益。

3. 开展国际经济技术合作，提高了摩托车生产技术水平，增强了实力，扩大了规模经营

该公司是率先开展国际技术合作的企业之一，1981 年就与日本本田公司建立了技术合作关系，进行了卓有成效的技术合作。为了缩小我国摩托车生产技术和摩托车产品与国际先进水平的差距，该公司先后引进了日本本田公司先进的摩托车生产技术、关键设备、检测手段和 70 型、125 型摩托车，引进了比利时先进的猎枪弹生产技术和设备。其引进的设备、技术和摩托车产品，与国内其他企业引进的同类设备及产品相比，投资最少，见效最快。该公司与日本本田公司进行了长达十余年的技术合作，大大提高了摩托车生产技术水平，提高了产品质量档次。1992 年以来，积极实施“一业为主、多种经营，以厂为主、向外发展”的新的企业经营发展战略，引进国外资金，先后与日本、美国、泰国、香港、台湾等国家和地区的厂商创办了摩托车及零部件生产共 9 家中外合资企业，扩大了合作领域，增强了实力，扩大了经营规模。

4. 依靠技术进步，增强了发展后劲

该公司注重技术进步，坚持内部挖潜和向外引进相结合，走出了一条投资少、速度快、起点高的技术进步路子。在军转民的过程中，极少依赖国家贷款，企业自筹资金进行了大规模的技术改造。引进了国外先进的生产工艺、技术和关键设备，十余年间，投入了数亿元资金用于技术改造，建成了国内一流、具有国际先进水平的摩托车发动机、化油器、磁电机、大型冲压焊接、涂漆、立体总装、工模具制造及猎枪弹等 30 多条专业化生产线和摩托车质量检测中心。到过该公司的国内外同行和参观者的评价是：中国摩托车生产的实力和水平在嘉陵。

嘉陵集团公司重视新产品开发，不断根据市场需要，立足高起点、高档次，利用先进技术，先后开发出了 6 种排量 19 个车型的摩托车，形成了以 50、70、90、125、145 型等中小排量摩托车为主的嘉陵型谱系列，是同行业中车型最多、新产品开发最快的企业，做到了年年出新产品，年年出成果。同时，重视产品国产化水平的提高，50 型摩托车在 1983 年达到国际先进水平，主导产品 JH70 型摩托车已全部实现国产化，JH125、JH145 车国产化率已达 80%以上。由于该公司注重技术进步，企业的生产技术水平和实力不断提高，增强了发展后劲。1991 年，荣获“七五”国家级企业技术进步奖。

5. 依靠管理进步，企业管理达到国内先进水平

为强化企业管理，该公司确立了“‘六五’打基础、‘七五’上水平、‘八五’上台阶”的企业管理发展规划，以企业升级为手段，狠抓综合管理、专业管理和基础管理工作，大力推行现代化管理，突出重点，内抓现场，外抓市场，强化质量管理和安全生产，提高了企业管理水平。

该公司狠抓专业管理、基础管理和标准化管理工作。1989年，为给企业升级工作打基础，全面修订和完善了企业管理和专业管理制度、管理标准、工作标准、各级各类人员的岗位责任制，使企业管理工作走上了规范化、标准化的轨道。1991年，组织专门力量，对专业管理工作进行了全面总结，形成了企业管理专集。同时，该公司突出抓好安全生产和现场管理工作，1991年以来，先后投入600多万元资金开展安全性评价工作，有力地提高了企业安全生产的本质安全度，促进了安全生产。1992年一次性通过了兵器总公司安全性评价验收，并获得最高分值，成为兵器工业首批安全级企业。结合安全性评价工作，对生产现场、库房、办公场地等开展了全方位的定置管理，坚持常抓不懈，使人流、物流、信息流优化运行，现场管理跃上了先进水平。1993年，荣获全国现场管理先进单位称号。

嘉陵集团公司在经营决策上，强化经营，外抓市场，重视营销工作，充分利用产品优势，以市场为导向和依托，以生产为重点，做到了生产适应市场需求。十余年来，由于决策正确，顺利渡过了1983年、1986年和1989年三次市场疲软，一直保持了产销两旺的发展势头。该公司坚持“优、快、新、廉、便”的营销策略，灵活经营，不断拓宽市场。在全国各地建立了销售、维修、配件供应、信息反馈四位一体的特约经销维修站200多个和600多个分点，为产品销往全国各地打开了局面，也为搞好售后服务创造了条件，做到了嘉陵车销到哪里，维修服务工作就做到哪里，从1991年开始，每年开展了“优质服务月活动”，受到了广大用户的欢迎和好评。1993年，荣获“全国用户满意企业”和“全国市场营销优胜单位”称号。该公司充分利用产品和质量优势，巧用价格杠杆，有效地控制和稳定市场；讲求信誉，在货源奇缺、供不应求的情况下，对用户严格执行合同，合同履行率达100%，与用户结成了风雨同舟的命运共同体。该公司还注重对国际市场的开拓，勇于参与国际竞争。1985年，嘉陵牌摩托车和猎枪弹开始打入国际市场，如今，产品出口50多个国家和地区，1992年出口创汇突破2000万美元大关，1993年出口创汇5305万美元。

嘉陵集团公司重视产品质量，坚持“质量第一，用户至上”的经营宗旨，严格质量管理，狠抓产品质量，促进了产品质量的稳定和提高。推行全面质量管理，建立和完善了厂内、厂际和社会质量保证体系，贯彻ISO9000系列国际标准，不断促进产品质量的提高。在质量管理上，将军品质量管理办法移植到民品质量管理上，严格考核，奖惩过硬，实行质量一票否决权制度；对协作配套企业的产品质量实行A、B、C分类考核管理，优胜劣汰，保证了产品质量。嘉陵牌摩托车和猎枪弹成为中国名牌产品，深受用户喜爱，长期供不应求，畅销不衰。CJ50型、JH70型摩托车和12号猎枪弹荣获国优银质奖，是目前我国同类产品中独获此奖的产品。

该公司把推行企业管理现代化作为加强企业管理的重要战略任务来抓。从管理思想、组织、人才、方法和手段五个方面，全面推行管理现代化。结合企业实际，学中有创，形成了《三元动态平衡法》、《思想政治工作TS工作法》、《企业社会质量保证体系》、《方针目标循环滚动》和现场管理《一划四定法》等一批具有特色的管理成果，应用于企业管理和生产经营工作。在管理手段上，大力推广计算机辅助企业管理，微机辅助管理已在产品开发、生产车间、职能处室得到普遍应用，并进行了联网，提高了企业管理水平。目前，该公司的企业管理工作已达到国内领先水平，1991年被评为国家一级企业。

6. 深化企业内部改革，转换经营机制，建立现代企业制度

该公司在我国兵器和摩托车行业企业中，率先实行军转民、开展横向联合、实行集团化经营、开展国际经济技术合作，率先走向市场，企业不断发展和壮大，取得了显著的经济效益和社会效益，走出了一条成功的嘉陵之路，摸索出了经验，这些都是改革的产物和成果。1988年，该公司引入了股份制经营方式，进行了股份制试点。1993年，为适应社会主义市场经济体制，该公司积极探索建立现代企业制度的改革，对工厂进行了公司化改造，实行公司制。目前，已按国际、国内大公司的组织管理体制惯例进行运作，实行模拟式经营管理模式，实行职能部、分公司（事业部）、子公司制，生产与经营、生产经营与生活服务相对分离，转变了领导体制、管理体制和运行机制。为进一步转换企业经营机制，对公司进行了股份制改造，规范了股份制试点。嘉陵集团试点工作，实行管理集团化，理顺了集团内外关系，规范了集团各层次企业的组织结构，逐步对成员企业实行了投资参股，组建有限责任公司，增强了资产（产权）联结纽带，增强了凝聚力。该公司在建立现代企业制度方面，已探索出了较成功的经验。

7. 坚持两个文明建设一起抓，精神文明建设成效显著

嘉陵集团公司坚持两个文明建设一起抓，重视精神文明建设。坚持党的基本路线，坚持改革开放方针，以育人兴厂为目的，紧紧围绕生产经营，加强以人为中心的思想政治工作，充分发挥思想政治工作的作用。调动一切积极因素，加强职工队伍建设，培养造就了一支素质过硬的特别能战斗的“四有”职工队伍。大力加强“艰苦奋斗、勤俭办厂、多作贡献”等系列化教育，形成和发扬了富有嘉陵特色的“团结、创新、求实、求精”的企业精神。该公司重视两级领导班子建设，公司领导层是一个事业心强、勇于开拓、团结协调、配合默契、懂经营、精管理、善决策的坚强的领导班子；在实际工作中，行政（总裁）的中心地位、党委的核心地位、职代会的重心地位"三心合一心"，共同围绕生产经营这个中心，分工合作，以领导群体的智慧和力量，科学决策；中层干部年富力强，敢抓敢管，推动了各项工作的开展。公司的行政工作紧紧依靠职工，加强民主管理，尊重公司党委、职代会（工会）的意见，为精神文明建设提供必要的物质保障。在物质文明和生产经营发展的同时，提高了职工物质文化生活水平，职工收入显著提高，集体福利设施建设明显改善，职工生活基本达到了小康水平，两个文明建设双丰收，成效显著。公司先后被评为"全国思想政治工作优秀企业"、"全国五一劳动奖状"、"全国模范职工之家"和"四川省最佳文明单位"。公司所获主要荣誉称号详见表2。

该公司经过十多年的发展，实现了军民结合型、生产经营型、质量效益型的转变，取得了显著的经济效益和社会效益。企业生产经营持续、快速、健康发展，经济效益不断提高，生产、技术、经济实力和竞争实力不断增强，企业规模由小变大，实力由弱变强，为国防建设和国民经济建设，为发展我国的摩托车工业作出了巨大贡献，创造了巨大财富，得到了党和国家领导人、各级政府和上级主管部门的充分肯定和高度评价。

表2　中国嘉陵工业股份有限公司(集团)获主要荣誉称号

序号	授予时间	荣誉称号	授予单位
1	1991.1	国家一级企业	国务院企业管理指导委员会、生产委员会
2	1990.5	全国思想政治工作先进企业	中宣部、国家计委、全国总工会
3	1988.4	全国"五一"劳动奖状	全国总工会
4	1980	全国模范职工之家	
5	1991.4	"七五"国家级企业技术进步奖	国家级企业技术进步奖评审委员会
6	1990.8	国家节约能源一级企业	机械电子工业部
7	1988	国家计量一级企业	
8	1990.8	全国卫生先进单位	全国爱卫会
9	1990.11	全国讲理想、比贡献竞赛活动先进集体	国家科委、中国科学技术协会
10	1992.2	中国兵器工业总公司安全级企业	中国兵器工业总公司
11	1990.4	JH125摩托车获全国新产品开发"骏马"奖（一等奖）	中国汽车工业总公司
12	1990.11	JH125、145车获第二届国际专利成果展览优秀奖	国家专利局
13	1989.10	中国机械工业企业管理优秀单位	机械电子工业部、中国机械工业企业管理协会
14	1989.12	JH70车荣获国优银质奖	国家质量奖审定委员会
15	1986	CJ50Ⅱ型车荣获国优银质奖	国家质量奖审定委员会
16	1989.7	12号猎枪弹获部级科技进步三等奖	机械电子工业部
17	1989.7	GJ50ZC车获汽车工业科技进步三等奖	中国汽车行业办公室
18	1988	"三线"军工机电产品出口先进单位	国务院机电出口办公室、"三线"规划办公室
19	1989.10	CJ50ZC车获外观专利优秀奖	国家专利局
20	1986	厂际质量保证体系优秀单位	国防科工委
21	1990.4	四川省军民结合先进集体	四川省人民政府
22	1991.10	12号猎枪弹获国优银质奖	
23	1992.2	质量效益型先进企业	中国质量管理协会
24	1991	全国用户满意单位	中国质量管理协会用户委员会
25	1991 1992	利税总额行业排序十强单位	国家统计局
26	1992.10	全国名优产品售后服务最佳企业	
27	1992.10	嘉陵牌摩托车荣获1992年最畅销国产商品——金桥奖	商业部
28	1992.6	全国驰名商标保护组织成员单位	全国驰名商标保护组织
29	1993.4	四川省最佳文明单位	中共四川省委、四川省人民政府
30	1993.1	全国现场管理先进单位	国务院经贸办、国务院企业管理指导委员会

(续)

序号	授予时间	荣誉称号	授予单位
31	1993.7	1992年度中国知名企业百花奖	
32	1993	JH70摩托车荣获全国用户满意产品	中国质量管理协会用户委员会
33	1993	行业50家最佳效益工业企业	国家统计局
34	1993.11	全国市场营销优胜企业	中国市场学会、国务院发展中心
35	1992	全国500家最大工业企业排名第125位	国家统计局

〔撰稿单位：中国嘉陵工业股份有限公司(集团)宣传部〕

东北输变电设备集团公司

总经理：左长林
地址：沈阳市铁西区北二中路18号　邮码：110025
电话：5851243　传真：(024)5851179

概况　东北输变电设备集团公司成立于1985年，随着经济体制改革的深入，经沈阳市、辽宁省和机械工业部推荐，从1990年起集团在国家计划中实行单列，1991年又被国务院选择为第一批55家试点企业集团之一。

公司是一个跨地区、跨行业的经济联合体，经过几年的发展，公司已经形成以东北输变电设备公司为核心企业，沈阳电缆厂、沈阳变压器厂、沈阳高压开关厂、抚顺电瓷厂、锦州电力电容器厂、阜新封闭母线厂6家企业为紧密层和沈阳低压开关厂、沈阳蓄电池厂、大连电瓷厂、沈阳机电设计研究院等20家单位为松散层组成的科、工贸相结合的大型企业集团。与国内同行业相比较，公司拥有现代化生产条件，先进工艺设备和较完善的测试手段，并拥有沈阳变压器研究所、沈阳电器传动研究所、沈阳电工专业设备研究所等行业所，拥有全国最大的输变电设备高压强电流网路合成试验站、超高压试验室、大电流试验室和低压电器试验中心，成为我国最大的跨地区、跨行业的输变电设备制造、科研和出口基地。

目前，公司拥有12个全资子公司（包括公司本部6个子公司)、4个控股公司和3个参股联营公司。公司现有职工33834人，其中工程技术人员3011人，占职工总数的8.9%。主要产品有变压器、互感器、高压断路器、高压隔离开关、电线电缆、高压电瓷、避雷器、电力电容器、封闭母线等190个系列、1310个品种、26220个规格的输变电设备，主导产品水平达到80年代国际水平。主要产品有3个获国优金质奖、4个银质奖，部、省级优质产品25个，产品远销40多个国家和地区。公司现已形成400万kW装机的综合配套生产能力，约占全国装机配套的40%左右，产品成套率、市场覆盖率均在90%以上。根据国家安排，公司还承担了举世瞩目的长江三峡工程输变电设备的研制和生产任务。

公司实行董事会领导下的总经理负责制，实行公司和企业两级法人，各企业实行自主经营、独立核算、照章纳税、自负盈亏。

公司法人代表左长林同志1968年毕业于沈阳工业大学，高级经济师，全国“五一劳动奖章”获得者，国家级有突出贡献的管理专家，中国电工技术学会常务理事，辽宁省政协常委，部、省、市优秀企业家，1994年7月获全国企业家“金球奖”光荣称号。历任沈阳变压器厂技术员、生产组长、工段长、党支部书记、车间主任、党委副书记、副厂长、厂长，现任东北输变电设备集团公司总裁、东北输变电设备股份有限公司董事长兼总经理。

集团公司所属的沈阳变压器厂为国家一级企业，沈阳电缆厂和沈阳高压开关厂为国家二级企业，抚顺电瓷厂、锦州电力电容器厂和阜新封闭母线厂为省优企业，各厂均是国内同行业的排头兵和骨干企业。

新产品开发及技术改造　公司重视新产品的开发，公司除本身有雄厚的科研力量外，还与高等院校、科研机构建立了广泛的联系，其中如清华大学、中国科技大学、中国科学院等有关机构为公司长期合作伙伴，因此，公司的产品一直处于国内先进水平，部分产品达到了国际先进水平。1993年公司开发了50种新产品，新产品所创产值3亿元，占全年总产值的12%。

公司自“六五”后期以来进行了较大的扩建和改造，累计投资达6亿元，改造后现已形成400万kW的年装机配套生产能力。主要改造项目如下：

(1) 引进德国乔格纵横剪切线、瑞士麦克非尔煤油气相干燥设备，可提高变压器制造的工艺水平和生产效率。

(2) 建成氧化锌避雷器生产线，使产品达到国际先进水平，并提高产品质量和经济效益。

(3) 建立、完善110～500kV六氟化硫断路器的生产条件和试验条件，现已形成批量生产能力。

(4) 建成虎石台网络强电流试验站，提高了对变压器突发短路的试验能力。

(5) 引进日本电容器长轴卷制机和瑞典伊萨公司的铆焊设备，提高了专业工艺水平。

1993 年发展情况 1993 年主要经济指标完成情况见表 1、表 2。

表 1 1993 年主要经济指标

项　　目	单位	公司全部累计	其中：紧密层
固定资产原值	亿元	27.5	19.9
固定资产净值	亿元	12	7.5
职工总人数	人	67233	33834
工程技术人员	人	8482	3011
工业总产值	亿元	36	25
出口创汇	万美元	4003	3038
上交利税	亿元	2.4	2.2

公司发展规划 公司的发展战略目标为：继续保持全国输变电设备制造行业规模最大、效益最佳、技术水平最高、综合实力最强的领先地位，积极参加国际市场竞争，努力发展成为输变电设备制造业、金融、通讯、房地产、商饮、进出口等各项业务在内的综合性跨国公司。

在生产经营方面：本着质量第一、效益为本、一行为主、多元经营的原则，加速产品更新换代步伐，缩短产品开发周期，不断提高公司的技术水平。

在技术改造方面：公司将围绕进一步增强科研和新产品的开发能力及提高产品质量和数量，继续进行技术改造，近期内主要是围绕三峡工程提供成套输变电设备开展各项技改工作，使公司成为三峡工程中主要的输变电设备供应商。

表 2 主要产品产量

产品名称	单位	产量
变压器	万 kV·A	1951
高压断路器	台	1490
高压隔离开关	组	16534
互感器	台	2177
避雷器	万只	14.2
电力电容器	万 kvar	340
电力电缆	km	10446
离相封闭母线	套／m	12／4808.9

在内部管理方面：公司将在巩固现有规范化管理成果的基础上，探索高效的集团公司管理决策操作优化模式，推行分层管理授权制，提高决策管理水平，确保公司在激烈的市场竞争中高速、稳步地发展。

公司历年获奖情况详见表 3。

表 3 公司历年获奖情况

获奖产品	获奖称号	获奖时间	颁奖部门
$LCWB_7$-220 电流互感器	部优、省优	1983 年 9 月	机械工业部、辽宁省
$SFPSZ_4$-120000／220 变压器	部优	1985 年 10 月	机械工业部
SGZ-1600／10 干式变压器	国优银质奖	1986 年 12 月	中国质量管理协会
SFP_7-63000／110 变压器	部优	1989 年 12 月	机械电子工业部
KN_4-36 发电机断路器	国优金质奖	1988 年	中国质量管理协会
GW_5-35Ⅱ／630 户外高压隔离开关	部优	1990 年	机械电子工业部
GW_5-63Ⅱ／1250 户外高压隔高开关	部优	1990 年	机械电子工业部
GW_5-110Ⅱ／630 户外高压隔离开关	省优		辽宁省
ZSW_1-110／400 户外耐污棒形支柱瓷绝缘子	部优	1990 年 10 月	机械电子工业部
LW-220 型 SF_6 断路器瓷套	国优银质奖	1990 年 10 月	中国质量管理协会
SW_2-110 户外高压少油断路器	市优		沈阳市
钢芯铝绞线	国优金质奖		中国质量管理协会
不滴流电缆	国优金质奖		中国质量管理协会

〔撰稿人：东北输变电设备集团公司企业部　张晓红〕

上海电气联合公司

总经理：宓麒廷　副总经理：罗关龙、赵祖源、金锛香、周锡生
地址：上海市延安西路 358 号美丽园大厦 5～9 楼　邮码：200040
电话：2790520（总机）　电挂：0560　电传：30197 SUEC CN　传真：(021) 2791722

宓麒廷（总经理）简介　该同志系浙江省慈溪人，1935 年 1 月生，中国共产党党员，高级工程师，1958 年 8 月毕业于清华大学机械制造系，同年分配到上海汽轮机厂工作。历任该厂技术员、工程师、技术组长，曾为我国自力更生制造的第一颗原子弹，研制成功反应堆上急需的一种抗高温、抗强辐射的密封片。1981 年起任锻冶科副科长，1982 年 10 月起担任副厂长、代理厂长、厂长，1985 年 3 月到 1986 年 4 月任上海市机电工业管理局副局长兼上海电气联合公司总经理，1985 年 5 月至今任上海电气联合公司总经理。近十年来，该同志在上海电气联合公司担任总经理期间，不知疲倦、一心扑在事业上。他努力学习邓小平同志关于建设有中国特色的社会主义的理论，认真贯彻执行党的十一届三中全会以来的基本路线和方针政策；为上海电气集团争取实行国家计划单列、国务院 55 家大型企业首批试点，提高上海电气工业在国民经济中的地位，在深化改革、扩大开放，推进企业经营机制转换，把企业推向国内外市场，不断提高企业的产品质量、科学管理水平、社会经济效益，为上海电气工业的腾飞，建成上海工业的支柱产业，跻身于世界大电气集团行列做了很多卓有成效的工作。

发展情况　最近五六年来，邓小平同志每年都到上海，对上海的经济发展作了重要指示，尤其是近两年来，邓小平同志鼓励上海“一年变个样，三年大变样”的讲话，以及 1993 年 4 月中旬，李鹏总理在上海考察工作时到闵行听取了公司汇报并与上海汽轮机厂、上海电机厂、上海锅炉厂、上海电站辅机厂、上海重型机器厂等负责人座谈后做了“加强集团建设，发展生产力，上海电气联合公司应办成大集团”的重要指示，既是希望，又是鼓励、鞭策，促进了上海电气工业在有市场、有质量、有效益的基础上继续保持高速、协调、健康发展的良好势头。1993 年，全年完成工业总产值（1990 年不变价）250873.9 万元，比上年增长 27.3%，其中国有企业完成 242119.6 万元，比上年增长 25.7%；实现工业销售产值（现行价格）297339.4 万元，比上年增长 49.3%，其中国有企业完成 286773.5 万元，比上年增长 47.3%；出口交货值 8277.3 万元，比上年增长 15.8%；工业产品销售率达到 99.5%，比上年提高 2.4 个百分点；实现利税总额 13287.2 万元，比上年增长 33.9%，其中实现利润由上年亏损 444.3 万元，扭亏为盈达到 2864.7 万元，因而在产销同步增长的前提下，确保企业经济效益的稳步提高（详见表 1)。分析其主要特点：一是任务重，有市场。国务院、机械工业部和市委、市府等上级部门对上海电气联合公司倾注了极大的关怀并寄予殷切的期望，多次要求把“蛋糕”做大，扩大生产能力，提高水平，从而把电站设备制造业真正建成上海的第三支柱产业。因而，自 1992 年起，在国家指令性计划安排上，把国家重点建设的 30 万 kW 以上大容量电站机组，由上海电气联合公司各厂定点承制，所接的国内外交货合同已排满到 1997 年，在 1992 年突破成套电站机组产量 250 万 kW 的基础上，1993 年又突破了 300 万 kW 大关，创造了历年来的最高水平；与此同时，公司各厂积极主动与全市 10 万机电大军一起，在开展的重点工程和实事立功竞赛活动中，努力拼搏，为如期和提前超额完成 50 多项重点工程和 12 件与人民生活密切相关的实事做出了贡献。在全市 15 个单位荣获 1993 年度优秀工厂的英雄谱上，公司的上海电机厂、上海锅炉厂、上海电站辅机厂、上海华通开关厂、上海 MWB 互感器有限公司等 5 个单位谱上有名。二是质量优，有信誉。近两年来，公司各厂完善质量体系、加强质量管理，促进产品质量水平的显著提高。因而，公司各厂在市场竞争中以优质取胜，提高了企业信誉和市场占有率。1993 年完成优等品产值（1990 年不变价格）61036.5 万元，比上年增长 110.4%；优等品产值率达到 24.3%，比上年提高 9.6 个百分点。一年来，上海汽轮机厂、上海电机厂和上海电站辅机厂先后通过国际标准化组织发布的 ISO9000 系列标准认证，其中上海汽轮机厂是全国首家通过认证的国有企业，并经上海市和机械工业部推荐为全国产品质量优秀企业；上海电机厂是全国第一家获得华信技术检验有限公司、挪威船级社（DNV）和上海质量体系审核中心三家中外权威机构同时颁发 GB／T19000（ISO9001）质量认证合格证书的国有大型企业。与此同时，上海锅炉厂和上海电站辅机厂都已顺利通过 ASME 换证，加速了企业质量管理和外向型经济的提高和发展。三是主动争，有潜力。在有市场、有信誉的大好形势下，公司所属各厂在“争”字上下功夫，主动“争”挑重担，大挖潜力，掀起生产新高潮。上海电站辅机厂适应市场变化，在计划编制方法上以变应变，变而不乱，在执行计划过程中强化调度，经常深入生产第一线，定期召开现场调度会，及时协调和解决生产上的各种关键问题。如长期来，该厂主导产品电站辅机五大件之一的高压加热器爆炸场地选址在远郊奉贤县进行试验，面临日趋繁重的任

务，经过上下多方努力，1993年顺利迁址到厂附近郊区的江湾进行爆炸试验，既缩短了运输往返路程，更缩短了生产周期，确保了生产任务首季达标、过半双超、全年提前一周超额完成，促进为电站配套的辅机产量达到402.3万kW，及时满足国内外用户的需要。上海电机厂广泛开展全员劳动竞赛，实行了重奖各路英雄，使竞赛推波助澜，生产高速增长。如在配合上海污水处理工程设备安装调试的五个月里（1993年6～11月），该厂派出副总工程师、车间主任、工段长直到工人等百余人次，不辞辛劳地冒着酷暑服务到现场，随时解决新设计中的各种疑难问题，充分发扬该厂的"扁担电机"精神，深受用户感动。上海电瓷厂开展了"超三千"（指工时）竞赛，推动了企业生产水平的不断提高。因而，使1993年公司各厂主要产品产量除个别品种互感器（因上海互感器厂实行中德合资、搬迁分厂等影响产量）外，均比上年有所增长（详见表2）。

表1　1993年主要经济技术指标

项　　目	单位	1993年完成	比上年增长%	项　　目	单位	1993年完成
工业总产值(不变价)	万元	250873.9	27.3	年末全部职工人数	人	41566
工业增加值	万元	74445.5		年末固定资产原值	万元	182313.2
销售收入	万元	322799.2	59.6	年末固定资产净值	万元	91707.6
销售税金	万元	10422.5	11.8	产品销售率	%	99.5
利润总额	万元	2864.7	扭亏为盈	资金利税率	%	3.25
出口创汇	万美元	518.9	385	成本利润率	%	0.94
				全员劳动生产率	元／人・年	17585

注：1. 由于1993年国务院有关部门多次改进工业经济效益评价考核指标，在编制统计年报时，新增工业增加值取代工业净产值指标，故与上年没有对比基础。
2. 出口创汇中不包括上海吴泾热电厂收汇数1223.2万美元。

表2　1991～1993年完成主要产品产量

产品名称	单位	1991年产量	1992年产量	1993年产量	1993年比上年增长%
汽轮发电机	台／万kW	23／238.65	28／253.6	28／300.2	18.4
电站汽轮机	台／万kW	25／245.3	25／242.9	31／329.1	35.5
电站锅炉	台／蒸吨／万kW	16／5960／165.4	17／7770／221.2	27／9085／257.9	16.6
汽轮机辅机	t	6572.8	6683.5	7804.4	16.8
锅炉辅机	t	2180.5	2352.6	2506.8	6.6
交流电动机	万kW	101.94	138.51	178.02	28.5
直流电机	万kW	17.34	22.69	26.12	15.1
高压断路器	台	3357	3437	3572	3.9
互感器	台	73030	141251	106431	−24.7
避雷器	万只	7.42	9.19	11.92	29.7
高压熔断器	万只	8.23	8.93	10.96	22.7
高压开关板	面	1941	1416	1484	4.8
继电保护屏	面	1337	1524	2050	34.5
遥控遥讯及自动化装置	套	171	377	799	111.9
电力电容器	万kvar	52	81.58	235.15	188.2
高压电瓷	t	770.2	1062.1	1309.2	23.3

科研成果与新产品　1993年，公司各厂致力于调整产品结构，坚持新产品开发，进一步发挥上海工业的优势，开拓新的市场，不断提高市场占有率。1993年是技术开发和新产品开发取得重大突破的一年，全年技术课题开发共155项，其中投入生产使用68项，获省、部级奖26项。开发新产品87项，比上年增长18%；新产品鉴定上市率达64%；新产品产值11.3亿元，占工业总产值的45%；其中获得上海市优秀新产品一等奖1项和二等奖1项。上海汽轮机厂与瑞士ABB公司合作的12万kW双轴汽轮机开始制造，又承接了天津杨柳青发电厂的30万kW供热汽轮机。上海电机厂结合新产品的开发研制，完成了汽轮发电机调峰能力分析、成型绝缘水管技术研究、大型汽轮发电机定子扇形片模具等36项科研课题，从而推进了5.5万kW空冷汽轮发电机、30万kWⅡ型双水内冷发电机、60万kW水氢冷发电机等重大新产品的设计开发速度。与此同时，接连顺利地完成了与烟气机配套的YCH系列9000kW异步电动机、900kW电站用立式异步电动机、2500kW大型直

流电机、75／150kW 低惯量轧机用直流电机、120kW 低电压大电流直流电机和大功率整流阀等 13 项新产品的试制任务，并逐步扩大市场占有率。公司 9 家国有大中型企业中，上海汽轮机厂、上海电机厂、上海锅炉厂、上海电站辅机厂、上海华通开关厂、上海继电器厂等 6 家企业由于不断采用新技术、新工艺、新材料和努力开发新产品，先后被上海市科委正式认定为高新技术企业，同时获得高新技术认定证书和铜牌。

技术改造及技术引进　1993 年是“八五”期间技术改造的关键一年。全年技术改造支出 12834 万元、技术引进支出 6603 万元，不仅加速了上述产品的更新换代和新产品的开发，更促进了企业生产、制造和工艺水平的加速提高，增强企业的活力和发展后劲。市经委列入 50 项重点技术改造项目中的上海汽轮机厂“批量生产引进型汽轮机增添设备”和上海电站辅机厂“汽轮机旁路系统国产化改造”分别于年内通过竣工验收，带来了良好的效果。上海汽轮机厂这项技术改造投资 1464 万元的关键设备叶片型面铣，提高工效近 20 倍；上海电站辅机厂这项重大投资 1326 万元的技术改造，使试制的第一套 30 万 kW 旁路阀门已在湖北阳逻发电厂投入良好运行，取得了较大的社会效益。完成技术改造百万元以上的项目有上海电机厂投资 652.6 万元的交直流电机制造装备，使全年交直流电机产量达到 204.14 万 kW，比上年增长 26.6%。上海锅炉厂由国家专项投资 2000 万元和 817 万元引进关键设备、测试仪器等项目，以及上海电站辅机厂投资 245 万元的进口三轴钻床，上海汽轮机厂投资 1190 万元的数控立式车床、投资 326 万元的直径 160mm 数显落地镗床等，新增了生产能力，提高了产品质量水平。上海锅炉厂全年完成优等品产值 33900 万元，比上年增长 276.7%；上海汽轮机厂优等品产值 17500 万元，比上年增长 150%；优等品产值率分别高达 70.58%和 39.97%，按新质量指标综合评价的质量指数年度排名，这两个厂名列公司各厂的前两名。

深化改革　自 1992 年公司所属 4 家发电设备制造厂（即上海汽轮机厂、上海电机厂、上海锅炉厂、上海电站辅机厂）率先列入上海市 19 家企业“转换机制，放开经营”的试点，即推上“仿三资”企业运行的“快车道”，1993 年公司所属 9 家国有大中型企业全部进入转换经营机制的改革，并结合各自的特点，以市场为导向，向纵深发展，取得明显的成效。上海电机厂突出抓经营战略、市场开拓、经营管理、指标考核、产品开发、物资供应、成本核算、质量服务和管理制度等 9 个方面的转轨，开始形成了面向市场的营销机制，因而取得了全面完成 1993 年经营生产任务和实现五个“突破”的好成绩。五个“突破”指：一是突破经销 6 亿元大关，完成工业销售产值（现行价）63339 万元，比上年增长 45.3%；二是突破引进优化型 30 万 kW 汽轮发电机 6 台，比上年增长 50%，创历史最高水平；三是实现利税总额 3605.8 万元，比上年增长 30%；四是新增固定资产 5019 万元，突破 35000 万元的目标；五是全员劳动生产率（以工业总产值计算）突破人均 6 万元，即完成 67068 元／人·年，比上年提高 29.5%。上海华通开关厂在 9 个车间全面开展了“一级法人，相对独立经营；统一领导，分厂自主经营；统负盈亏，独立经济核算；利税承包，实行工效挂钩”的模拟分厂制改革，各车间改制分厂后普遍增强了市场竞争意识和科学管理意识，提高了生产效率和经济效益。该厂由于实行工资奖金包干，并与利税挂钩浮动，因而各分厂敢于在减员上大动“手术”，全年减少 235 人，充分发挥潜在能力，有的分厂厂长顶着烈日到处奔波寻找客户，成交了一笔 40 万美元的出口合同，广泛发动群众努力赶制，仅用一个月时间就干完过去要三个月才能完成的生产任务；大多数职工自觉地与分厂利益捆在一起，遇到突击任务，主动延长时间，实干苦干，主动争挑重担，一人操作两台机床，努力钻研技术，一专多能，促进各分厂生产效率分别比上年提高 11%～75%以上，因而使全年生产效率和经济效益提高，全员劳动生产率（以工业总产值计算）和实现利税总额分别比上年提高 29.5%和 18.8%，职工年平均工资比上年提高 45.9%，人均净增 2387 元，职工收入有了大幅度的提高。上海电站辅机厂按“分权经营、分级管理、分体核算、分担风险”的原则，在铸造分厂、吹灰器分厂、锻热车间三个部门实行委托法人、单列银行帐户、供产销一体化的自负盈亏改革，打破原有全厂一统的格局，提前一周全面超额完成职代会提出的 1993 年“五个”增长目标（即：工业总产值增长 30.6%，销售收入增长 65.1%，利税总额增长 92.2%，电站辅机产量突破 400 万 kW，六大主要产品品种全面增长）和各项主要经济技术指标。

1993 年由市府和市经委作出决定，自 5 月 1 日起把原属上海市机电工业管理局的万人大厂上海重型机器厂划转上海电气联合公司管理，既扩大了电气集团的规模，增加了生产能力，也推动了上海重型机器厂各项改革措施的加速实施，实现了当年扭亏为盈的目标。近几年来，全国重机行业普遍出现亏损企业，上海重型机器厂也接连几年处于亏损状态，1992 年亏损额 1782.2 万元，划转公司管理后的 8 个月，在市经委的关心下，加强领导班子，全厂职工同心协力，紧紧抓住三个环节：一是发展生产，增加收入；二是用好用活产品定价；三是推行劳动人事改革。因而，全年实现利税总额 161.3 万元，达到了当年扭亏为盈的目标，同时大大超额完成了原定“商品产值 4 亿元、销售收入 3.5 亿元”的年度目标，实现了四个“翻一番”（即：全年完成工业销售产值 44600.2 万元，产品销售额 41790 万元，商品产值 41566 万元，销售收入 45974 万元等四项指标均比上年“翻一番”），取得了显著的成就。因而，该厂职工工资也比上年有了较大幅度的提高，年人均增加 3053 元。

1993年，公司抓紧引进外资和建成控股公司两大改革，从整体上转换机制，取得了实质性的进展，达到了预期的目标。一年来，一方面公司各厂在市府、市经委的直接领导下，合资谈判进展顺利，国有中型企业上海互感器厂首先与德国合资，于1993年3月15日正式成立上海MWB互感器有限公司，在公司9家国有大中型企业中迈出了引进外资的第一步；其他各厂在公司合资办公室的组织安排下，于1993年四季度内与美国西屋公司、WH公司、GE公司和瑞士ABB公司等代表们(包括高级领导层)多次在上海商谈合资，取得了共识，为1994年增强上海电站设备制造行业的实力，推进全行业全面对外合资、建立一批中外合资有限公司，做好了各项准备工作。另一方面，为促进内部结构调整，实现资源优化配置，促进电站设备和输配电设备在国内外总承包、总成套能力上一个新的台阶，为理顺内部资产关系和明确资产经营责任，促进经营机制转换，使国有资产得以更好地保值、增值，公司向市国有资产管理委员会提出了进行国有资产授权管理经营改革试点的申请，试点方案于1993年8月27日向市委常委作了汇报后，已经市国有资产管理委员会第二次会议审议批准试点。

展望与预测　预测中短期的各项奋斗目标和重点工作是：

1. 生产经营目标：1994年工业总产值、工业销售产值和主导产品产量电站机组分别比上年增长30%以上，达到32亿元、40亿元和400万kW；利税总额力争比上年增长35%以上，达到2500万元。远期预测：工业销售产值至1997年达到120亿元，2000年达到200亿元；电站机组产量，“八五”的最后一年——1995年达到450万kW，比“七五”的最后一年——1990年的210.15万kW翻一番，1997年达到700万kW，2000年达到800～850万kW。

2. 开拓市场的战略目标：重点之一，是建设资金状况较好的地区和项目，已承接到广东省沙角、中山、台山，山东省石横、青岛、荷泽、威海，河南省巩义和浙江省绍兴等各电厂的大小型机组的成套供货项目。重点之二，是大容量60万kW电站机组，据了解1994年～1998年的五年内，国内需求31套，其中国外进口16套，国内制造15套。至今已有广东省电力局就台山电厂与公司签署合同的2套60万kW机组，电力工业部已同意上海制造2套60万kW机组，同时努力做好上海吴泾热电厂4套60万kW机组工程，并争取其他省的项目，到1998年能制造6套亚临界60万kW机组。重点之三，是电站出口，跻入国际市场，目前首先做好已承制的巴基斯坦32万kW机组、菲律宾2套30万kW燃煤电站和泰国5.5万kW双抽机组等3套海外机组，创出牌子，并争取每年有一套12.5万kW或30万kW机组和若干套小型机组出口，1997年～2000年出口60万kW或100万kW等级机组。五年内在跻身于东南亚市场站稳脚跟后，进而开拓南美市场，十年内跻身于欧美市场，到本世纪末进入世界大电气集团的行列。

3. 几项重点工作：一是以合资为重点，以国有资产授权经营、现代企业制度和股份制改制等四大改革为动力，迅速形成与国际接轨的大企业集团机制。二是努力抓好1994年技术改造投入2.47亿元，基本完成“八五”技改总计划6亿元的目标，确保上海汽轮机厂叶根槽铣床、上海电机厂转子槽铣床、上海锅炉厂大型卷板机和260镗床、上海电站辅机厂多轴钻床等国家重点技术改造专项的按期完成。三是继续狠抓质量，使产品质量上一个新水平。在全行业贯彻ISO9000系列质量标准，建立统一的质量保证体系，全面与国际标准接轨；把巴基斯坦32万kW机组建成在海外的优化样板工程，把国家重点项目外高桥电厂一期4×30万kW机组建成国内优化工程；精心设计、精心制造，使第一套60万kW机组达到国际先进水平；坚持开展优质的售前售后服务，使上海机组成为国内外用户心目中的“放心机”。

〔撰稿人：上海电气联合公司　吴志兴、赵田人〕

前进的东方电气集团公司

总经理：李宗文　董事长：张光纯
地址：成都市一环路西一段115号　邮码：610041
电话：(028) 7766655　电挂：2000　电传：60152 DEC CN　传真：(028) 7769555

1993年是中国东方电气集团公司发展史上继往开来的一年，新的领导班子带领全集团职工进一步解放思想，加大改革力度，加速转换经营机制，遵循“以质量求生存，以跨国求发展，以服务为宗旨，以效益为中心”的公司方针，奋力拼搏，取得了令人瞩目的成绩。1993年集团公司的产品产量、工业总产值、销售收入、实现利税，分别是1984年的2.9倍、5.5倍、7.8倍、4.2倍。完成发电设备325.43万kW，创汇3889.1万美元，均创历史最好水平。

1993年6月，国家国有资产管理局正式授权该集团公司经营管理全集团的国有资产，在集团内部进行建立产权纽带的试点，进一步增强了集团的凝聚力，并跻身于全国19家特大型企业之列。

总承包的孟加拉吉大港电厂工程、胜利油田自备电厂工程相继胜利竣工。原机电部、能源部确定的全国四大电力工程优化项目之一的山东潍坊电厂东方 30 万 kW 机组优化工程提前六个月完成，十项指标位列全国第一，受到电力工业部、机械工业部表彰。巴基斯坦拉克拉工程、河南首阳山电厂工程、海南大广坝水电工程等进展顺利。1993 年先后签定了巴基斯坦卡拉奇污水工程、邹县电厂两台 60 万 kW 机组供货合同，与日本伊藤忠／日立联合中标的日本海外协力基金会贷款的 2×300MW 鄂州电厂汽轮发电机岛。在巴基斯坦建立了电站维修中心，并跻身全国进出口额最大的 500 家企业之列。

集团公司努力拓宽业务范围，财务公司 1993 年又新增了外汇买卖、代理保险、证券交易等业务。各专业公司、地区公司通过不懈地努力，也获得很大发展。集团公司在产品经营的同时不断开拓产权经营新市场。全资子公司东方电机厂控股的东方电机股份有限公司的股票在香港上市，全资子公司东方锅炉厂已批准为公众公司。各骨干厂在合资与股份制改革方面取得了可喜的进展。集团公司在向跨国公司宏伟目标前进的征途上又迈出了坚实的一步。

〔撰稿人：中国东方电气集团公司　郭　凡〕

中国工程与农业机械进出口总公司

总经理：姜承勋　副总经理：江兆荣、侯允超
地址：北京市阜成路 43 号　信箱：北京 2103 号信箱 80 号分箱　邮码：100037
电话：8410203、8410204　电挂：6361　电传：22467　AMPRC CN
传真：(86–01)8410201、(86–01)8410198

姜承勋（总经理）简介　该同志 1961 年毕业于上海社会科学院工业经济系。大学本科毕业后，先后在天津拖拉机厂、农业机械部、第八机械工业部、第一机械工业部从事计划、管理等工作。1979 年 3 月起先后担任农业机械部生产管理局副处长、农业机械部办公厅政策研究室副主任。1982 年 3 月至 1990 年 10 月任中国农业机械进出口公司副总经理。1990 年 10 月任中国工程与农业机械进出口公司总经理兼党委书记。现任技术职务高级经济师。姜承勋同志在担任公司领导职务期间曾赴美国参加过厂长（经理）培训班，不仅具有系统经营管理理论知识，也有多年领导外贸企业全面经营管理的实际经验。他在担任公司总经理职务后，团结公司其他领导带头实干，始终坚持贯彻执行国家的改革开放政策，狠抓基础管理，实行民主决策，完善经营机制，增强企业活力，充分调动广大职工的积极性，使公司年年超额完成国家下达的进出口任务，取得了较好的经济效益。1990 年公司被评为机械电子工业部“百家出口先进企业”之一，并荣获国务院机电产品出口办公室授予的“‘七五’期间全国机电产品出口先进单位”称号，1991 年被批准为国家二级企业。1993 年被国家经贸委、外经贸部评为全国机电产品出口先进企业。

发展情况　1993 年公司全体职工齐心协力超额完成年度经营目标。进出口总额突破 1 亿美元大关，比上年同期增长 34.4%，提前两年实现“八五”规划指标，创造了历史最好水平。1993 年公司人均完成进出口总额 78 万美元，比上年同期增加了 14 万美元，保持了同行业年人均完成进出口总额先进水平。由于坚持完成进出口任务和经济效益并重的方针，实现了超额完成年度盈利目标，是公司成立 11 年来盈利最多的一年。不仅在部属公司中名列前茅，而且在全国工贸、经贸行业中也占领先地位。1993 年主要经济技术指标完成情况见表 1。

进口情况　1993 年共完成进口到货 2434 万美元，比上年同期增长 3.8%。进口的主要内容是为了提高行业工艺制造水平，保证产品质量的造型线、压铸机、热处理炉、熔铝炉、火花塞生产线加工设备、机床等。其次是为我国已引进许可证产品企业能够生产出合格的许可证产品而大批进口拖拉机、联合收割机的关键零配件和附件等以保证产品质量可靠，除满足国内产品急缺外还为出口创造了条件。此外，也有为扩大对独联体国家易货贸易而进口国内所缺的大马力推土机等。1993 年主要产品产量进口情况见表 2。

表 1　1993 年主要经济技术指标

项　　目	单　位	1993 年完成	比上年增长%	项　　目	单　位	1993 年完成
进出口总额	万美元	10013	34.4	年末全部职工人数	人	129
出口创汇	万美元	7579	48.5	年末固定资产原值	万元	1301
进口到货	万美元	2434	3.8	年末固定资产净值	万元	1056
销售收入	万元	51315	6.7	人均进出口总额	万美元／人·年	78
销售税金	万元	187	255.4	人均出口创汇额	万美元／人·年	59
利润总额	万元	2796	37.2	人均进口额	万美元／人·年	19

进口国家、地区共有16个。主要是西方发达国家，占进口总额的68%，其次是前东欧国家等。进口额超过200万美元的有德国、意大利、美国、哈萨克斯坦、香港、日本，这6个国家、地区占进口总额的77.5%，1993年主要进口国家地区情况见表3。

表2 1993年主要产品进口情况

进口产品名称	进口产品		进口额(万美元)	进口产品名称	进口产品		进口额(万美元)
	单位	数量			单位	数量	
软件及技术服务			103.1	起重挖掘机械零件			13.9
汽车及其零件			24.9	推土机	台	511	272.6
拖拉机零件			199.9	土建机械及零件			32.1
联合收割机零件			54.7	其他机械			801.0
固定式柴油机	台	5	3.6	仪器			33.8
内燃机零件			10.9	电焊条	t	25.6	4.5
泵	台	5	1.9	胶制品			88.3
机床	台	23	642.8	化工原料	t	1012.9	109.3
工具			2.7	工业用纸张	t	113	34.4

表3 1993年主要进口国家、地区情况

序号	国家、地区	进口额(万美元)	序号	国家、地区	进口额(万美元)
1	德国	590.2	9	台湾	106.8
2	意大利	301.2	10	英国	80.7
3	美国	296.0	11	乌克兰	50.8
4	哈萨克斯坦	272.6	12	瑞士	44.9
5	香港	214.4	13	瑞典	10.0
6	日本	212.9	14	法国	2.4
7	保加利亚	133.9	15	奥地利	1.2
8	比利时	115.7	16	捷克和斯洛伐克	0.6

1993年新签订技术引进和设备进口合同159个，成交金额3932.6万美元，比上年增长56%。进口合同主要内容是引进斗式提升机制造技术以填补国内无齿滑轮提升机械的技术空白，从而提高产品质量和机械效率；为我国更好地消化吸收已引进的重大工程机械卡特匹勒技术引进项目，而进口大批量机加工设备、测试仪器等以形成生产能力和保证产品质量；为提高行业铸造能力和铸件质量，解决生产中毛坯紧缺的矛盾重点，进口铸造生产线；为提高基础件工艺制造的技术水平，大批量进口橡胶密封件制造设备来解决机械行业长期普遍存在的产品“三漏”问题；无石棉气缸垫制造技术及关键设备；机油泵加工设备；为全国最大的第一拖拉机厂技术改造而进口关键设备等。

出口情况 1993年出口工作由于抓住了秘鲁出口项目、古巴信贷项目、阿尔巴尼亚拖拉机项目和孟加拉泵站等4个主要市场的重点项目，全年共完成出口总额7578.7万美元，比上年增长48.5%，比全国机电产品出口增长速度高32.4个百分点，提前两年实现了“八五”期间到1995年出口总额达到7000万美元的规划目标，创造了历史最好水平。1993年公司人均出口额59万美元，比上年增长了15万美元，保持了同行业年人均出口额先进水平。1993年被国家经委、外经贸部评为全国机电产品先进企业。

出口商品的结构略有改善，除开拓了通用机械、家用电器、轻工业品、电视机及音响设备等产品出口外，工程机械、农业机械出口主渠道的地位得到了进一步加强，其出口金额占全年出口总额的60.1%。尤其是对秘鲁出口项目，共出口拖拉机3000台，总金额2007.3万美元，不仅在数量上而且在出口金额上都是中国农业机械出口史上最大的一次出口项目。据海关统计，1993年全国出口拖拉机总金额为4723万美元，公司当年出口拖拉机的金额占全国的比重为53.1%，超过一半。除拖拉机外，出口增长幅度较大的产品有通用机械、耕作农机具、农业机械零配件、粮油加工机械、轻工业品、革皮服装、其他服装等。但是，也有相当部分产品出口量下降，有的产品下降幅度还相当大。1994年主要产品产量出口情况见表4。

出口业务中投标部分全年共中标12个项目，总金额为763.5万美元，不仅投标面有所扩大，而且中标率也略有提高。

1993年公司产品出口的国家、地区共有66个，其中出口额超过100万美元以上的国家、地区有12个，其出口额占出口总额的84.9%，古巴、阿尔巴尼亚、秘鲁、孟加拉等重点市场的重点项目取得了显著进展。意大利、德国、美国、委内瑞拉等重点市场都得到了稳定。市场多元化有所改善，改变了出口市场过份集中在东南亚的情况，其出口比重下降到30.7%，而远洋市场尤其是拉美市场开拓有很大的进展，出口国家增至14个，其出口比重上升到44%。1993年主要出口国家、地区情况见表5。

表4 1993年主要产品出口情况

出口产品名称	出口产品		出口额	比上年	出口产品名称	出口产品		出口额	比上年
	单位	数量	(万美元)	增长%		单位	数量	(万美元)	增长%
羽绒服装	件	50713	13.8	−28.0	轴承基础件			178.4	19.5
革皮服装	件	117784	198.2	161.0	拖拉机	台	5939	2507.6	1092.4
色织布	万m	48.78	45.3	−23.4	手扶拖拉机	台	364	43.5	−63.0
其他服装			167.9	469.2	耕作农机具			133.4	41.3
轻工业品			123.9	455.6	喷雾(粉)器	台	12233	20.1	−50.9
金属制品			1.6		农业泵及其机组	台	2078	77.0	108.7
小五金			7.0	16.7	喷灌机	台	159	13.0	−61.7
运输工具			82.1	−68.0	收获机械	台	2759	86.5	−95.4
柴油机	kW	26136.7	81.0	−73.8	农业机械零配件			1164.8	143.4
内燃机零配件			13.3	−78.6	船用齿轮箱	台	250	32.3	−28.4
柴油发电机组	kW	5861.5	24.9	−47.8	其他农业机械			69.7	−43.1
一般交流电动机	kW	8214.8	27.8	−30.2	土建机械	台	16	34.5	102.9
其他动力机械	台	60	2.7	−91.2	粮油加工机械			27.0	1245.0
重型矿山机械			193.7	−43.9	其他机械			1942.9	7.8
木工机械	台	80	2.0	−44.0	工农具			169.1	−45.5
通用机械			93.5	48.2					

表5 1993年主要出口国家、地区情况

序号	国家、地区	出口额(万美元)	序号	国家、地区	出口额(万美元)
1	秘鲁	2018.7	17	阿根廷	72.5
2	香港	1287.4	18	印度尼西亚	71.6
3	古巴	953.1	19	菲律宾	66.0
4	阿尔巴尼亚	587.9	20	巴基斯坦	64.0
5	意大利	389.5	21	俄罗斯联邦	61.2
6	美国	218.2	22	巴拿马	55.7
7	委内瑞拉	213.7	23	马来西亚	52.3
8	泰国	191.0	24	土耳其	40.5
9	孟加拉	176.5	25	新西兰	35.1
10	德国	151.7	26	荷兰	34.2
11	澳大利亚	133.6	27	法国	29.5
12	日本	115.6	28	英国	26.7
13	加拿大	83.8	29	乌克兰	24.2
14	新加坡	77.8	30	印度	23.4
15	保加利亚	77.4	31～66	36个国家	172.2
16	韩国	73.6			

深化改革 1993年公司内部改革迈出了新步伐。首先，改革了1992年承包经营形式：取消了经营中的指令性计划，把经营目标作为指导性计划分解下达到各部门；改变了以往只单项考核创汇指标的办法，把效益指标的考核放到了与创汇指标同等的地位；加大了奖励与业绩的挂钩比例；实行资金使用定额控制、重点项目资金统筹调配办法。其次，改革了传统的分配观念，实行了岗位等级工资。在分配上引入了按责任和贡献大小设岗定档并适当向一线人员倾斜的观念，把原工资变成档案工资，从而进一步减少了工资中的“大锅饭”成份。三是实行了全员风险抵押经营，从而把每个人的切身利益与公司经营状况联系在一起，并为公司下一步进行股份制改造打下了基础，积累了经验。四是在人事管理上引入了竞争上岗和中层干部按业绩考核结果决定升、留、降职的办法。制订实施了《员工条例》、《职工考核办法》等。

为保证上述改革的正常进行，公司加强了基础管理工作，建立、健全了民主决策制度，严格了业务工作程序。一是在全面清理公司成立以来的规章制度的基础上修改、补充、建立新的规章制度。二是建立了总经理办公会议制度，凡公司重大决策均通过定期召开的总经理办公会民主决策。三是以立法形式固定了每周一次的公司办公会议，作为上传下达、横向交流的主要渠道和公司决策的辅助形式。四是把职代会作为民主决策和职工参与监督管理的重要形式，凡新出台的改革方案全部都是要通过职代会的反复研究、修改后定型的。五是提高了执行各项制度的严肃性，有突出成绩贡献者，随时表彰、奖励，对违章违纪者及时严肃处理。

通过深化改革，加快了经营机制的转换，调动了职工的积极性，推动了公司各项工作的全面完成。

〔撰稿人：中国工程与农业机械进出口总公司 车斐娟　审稿人：中国工程与农业机械进出口总公司 总经理　姜承勋〕

中国第一拖拉机工程机械公司

总经理：尹家喜

地址：河南省洛阳市涧西区建设路 154 号　邮码：471004

电话：(0379) 472048　电挂：2151　电传：473004　LOTRA CN　传真：(0379) 413228

中国第一拖拉机工程机械公司（简称一拖公司）作为我国最大的拖拉机工程机械制造企业、农机行业唯一的特大型企业，1993 年，按照《全民所有制企业转换经营机制条例》和《中共中央关于建立社会主义经济体制若干规定》的精神和要求，积极进行探索建立现代企业制度的方法和途径，经营机制得到进一步转换，确保了一拖公司 1993 年在市场形势急剧变化、生产经营遇到较大困难的情况下，仍取得了较好的经济效益。在 1993 年农机工业百强企业排序中，销售收入和实现利税分别列第一和第三位。

一、深化改革转机制，适应市场

为适应社会主义市场经济体制，按照国际模式规范化管理企业，参与国际竞争，经国家有关部门批准，自 1993 年 1 月 1 日起，第一拖拉机制造厂正式更名为中国第一拖拉机工程机械公司。从此，一拖公司以建立适应社会主义市场经济体制和现代企业制度的理论为指导，从深层次上积极探索结合一拖公司实际，又有现代企业制度特点的公司化管理模式。

首先，一拖公司在 1993 年本着“理顺关系、提高效率”的原则，在调整部分职能处室的同时，积极推进劳动用工、干部人事、工资分配三项制度的改革，实行岗位合同化管理和技能工资制。并通过定编、定员、定岗，使公司科级机构减少 4%，处室科级领导指数减少 9.2%，处室人员编制减少 9.5%，专业厂非生产人员占生产组织人数的比例下降 2%。为公司化改造迈出了第一步。

其次，积极主动地将专业厂推向市场，并逐步过渡为子公司或分公司。1993 年，一拖公司结合《条例》的贯彻，按照决策层上升、经营层突出、管理层下沉的原则，把专业厂逐步改革成独立经营的实体的思路，首先对 5 个独立性较强的专业厂和供、销、运、配等处（公司）作为放开经营试点单位，使其作为模拟法人，按照市场经济模式运行，并要通过对试点的总结和完善全面推开，把各专业厂和经营性处室改造成面向市场、独立经营、自负盈亏的分公司和子公司。在放开经营试点的同时，一拖公司为加快经营机制的转换，促进公司化改造的进程，走一厂多制的路子。在国际上积极寻求合资伙伴，并经过多方努力，引进外资 2996 万美元，进行工程机械、汽车和柴油机项目的合资经营。从而揭开了一拖公司发展史上新的一页。

三是继续坚持以规模经营参与市场竞争的发展道路。一拖公司为进一步贴进市场，使产品深入市场、占领市场，并靠规模优势参与竞争，继兼并洛阳地区柴油机厂、洛阳自行车厂、洛阳建筑机械厂和许昌通用机械厂之后，1993 年，又兼并了地处郑州的中州煤机厂，作为一拖公司工程机械生产基地和工程机械进入市场、占领市场、参与市场竞争的重要销售服务网点。

二、重质量、重服务、拓展市场

1993 年，一拖公司对内重点是强化质量管理，不断提高产品质量，注重技改、产品开发，不断增强企业后劲；对外，进一步完善销售服务体系，不断巩固和拓展市场。

在质量管理方面，一拖公司抓住《产品质量法》实施之机，配合开展了“质量兴厂、人人有责”的群众性质量活动，进一步提高广大职工的质量意识，树立社会主义市场经济的质量观。同时，加强质量监督、加大质量否决力度，从而保证了一拖公司在主导产品市场急剧下滑、产品结构调整比较大、生产组织难度增大的情况下，仍保持了产品质量的基本稳定。并超额完成了年初制定的主导产品外赔率下降 20%的目标。

为进一步保持在市场竞争中的技术优势和产品优势，一拖公司为增强企业发展后劲，1993 年，在基建技改上，完成了省批的 7 个“八五”规划项目的前期准备工作，其中 6 个项目已开工建设，共完成基建投资 4150 万元；在产品开发上，按照“生产一代、准备一代、研制一代、构思一代”的产品发展思路，组织工艺材料、压实机械、拖拉机汽车研究所和机械工程设计院 4 个研究院所的上千名优秀技术人员进行工程机械、汽车及大功率拖拉机的产品开发，先后研制开发了 WY32 型液压挖掘机、1002／1202 大功率拖拉机、5t 平头柴油车等产品，其中1002／1202大功率拖拉机已正式通过部级鉴定，并进行了小批量生产。重产品、重技术推动了企业的技术进步，使一拖公司在全国100家大企业技术进步排序中名列第12位。为一拖公司开拓国际、国内两个市场奠定了坚实的技术基础。

为巩固和拓展市场，一拖公司坚持以用户满意为宗旨，不断完善销售服务体系，提高服务质量。一是加强市场调研，及时掌握市场信息。一拖公司的市场研究部门和信息收集机构充分利用与国内、国外20多家国营单位、30多家信息机构建有的固定联系和各地销售服务中心的100多名信息员，及时收集反馈的产销衔接、市场需求、产品质量等信息，为指导生产经营和科学决策提供及时、准确的依据。二是进一步拓宽销售主渠道，完善销售服务网络。一拖公司根据农机营销特点，以产销联合、产销平衡为出发点，先后建立了东北、华北、西北、中南四大营销网络，建立了自己的“风险共担、利益均沾”的销售主渠道，把售前、售中、售后“一条龙”统一起来。在全国24个省、市、自治区组建了168个销售服务机构和134个“三包”服务中心，形成了主机销售、配件供应、“三包”服务、产品宣传、信息反馈五位一体的销售服务体系。1993年，一拖公司又在广东、上海、山东、河南等地办起了“工贸联合公司”探索工贸一体的路子，进一步拓宽销售主渠道。为推动“市场国际化”的进程，继在玻利维亚、澳大利亚、韩国和约旦建点派出常驻人员外，1993年，又增加了印尼，进一步拓宽了国际市场的销售渠道。同时，为进一步贴进市场、深入市场、服务市场、完善销售服务网络的功能，一拖公司通过内部公开招聘，先后向柳州、天津、苏州、南京、衡阳等地派出懂业务、通技术的人员，建立了8个技术服务公司，并提出了“48个小时服务到位”的要求。各服务点坚持“三不”的原则，即对用户反映的质量问题不能说不会修，不准说没有备件，服务到位不能超过48小时，为用户提供满意的服务，得到了用户的认可。1993年，一拖公司在全国用户工作会议上被授予“全国用户满意企业”。

三、围绕市场，进行生产经营

1993年，一拖公司根据市场需求变化组织生产，实际运行可分为两个阶段。第一阶段为1～4月份，这一时期一拖公司紧紧抓住产品畅销的大好机遇，生产经营立足于“抢”，尽最大可能增产增收，生产速度逐月加快，1993年前四个月大履带拖拉机月产量稳定在2000台以上（1992年同期月均1865台）；大吨位压路机月产保持在100台以上，最大限度地满足市场急需的履带拖拉机、大吨位压路机、100系列柴油机、汽车等畅销产品的供应。1993年1月至4月工业总产值、销售收入、实现利税累计分别比1992年同期增长25.8%、60.2%和55.1%，各类产品产销率均保持在98%左右，为全年取得较好的经济效益打下了良好的基础。第二阶段是进入5月份后，受宏观经济形势的影响，部分产品市场急剧下滑，资金、材料十分紧张。针对这一严峻形势，一拖公司一方面清仓压库，盘活现有存量，以最低的库存保证生产。同时，在组织生产中，根据市场形势，合理调控，及时采取“增畅、限平、停滞”的果断措施，增加畅销的100系列柴油机、大吨位压路机、汽车、配件等产品；限制大拖、小拖的产量；暂停因价格、运输等因素影响而积压严重的BMX自行车的生产。通过以上措施使部分产品市场下滑的经济损失降至最低点。1993年主要技术经济指标和主要产品完成情况如下：销售收入21.5亿元，实现利税1.6亿元，出口创汇1349.6万美元，履带拖拉机16801台，100系列柴油机8105台，压路机（大吨位）1223台，小型拖拉机40127台。

四、定规划、重振雄风

1993年的市场形势使一拖公司进一步认识到，企业要在市场竞争中站稳脚跟，就必须有一个大发展，而企业的发展关键是产品。一拖公司在认真分析自身实际，预测未来拖拉机、汽车、工程机械市场发展趋势的基础上制定了未来七年发展的规划纲要（简称“73111工程”），规划的指导思想是：按照社会主义市场经济体制的要求，在国家产业政策指导下，以提高企业效益和社会效益为目的，走经营多元化、产品多样化的路子。抓管理、上质量、兴科技，加大产品结构调整力度，加速形成拖拉机、工程机械、汽车三大支柱产品的发展构架。着力转换经营机制，建立现代企业制度，积极引进外资，加速股份制改造，发展企业集团，努力把一拖公司办成面向国内外两个市场，积极参与两个市场竞争的国家一流企业。并确定投资方针为：投放部分增量，调动整个存量，实现资源的最佳配置，创造最大效益。

一拖公司在未来七年的发展中，在产品发展上，一是提高拖拉机产品的档次和水平，发展大功率履带拖拉机和中功率轮式拖拉机，并不断提高生产能力，保持和巩固在国内拖拉机市场的领先地位；二是大力发展工程机械产品，为我国能源、交通、水利、矿山建设的发展，提供多种工程机械产品，扩大市场，进一步提高在国内乃至国外工程机械市场中的地位；三是加快汽车产品的开发和生产，发展中型卡车、重型汽车及各种改装车，尽快使汽车产品成为一拖公司的支柱产品。力争七年内实现销售收入100亿元，创利税10亿元。重振雄风，为国家的经济发展做出应有的贡献，巩固和提高一拖公司在机械行业中应有的地位。

〔撰稿人：中国第一拖拉机工程机械公司办公室 陈孝锋〕

团结奋进中的中国机床总公司

总经理：权义鲁　地址：北京市安内方家胡同19号　邮码：100007
电话：4032224转　电传：21008　CNMTC CN　电挂：7134　传真：4015657

权义鲁总经理简历

1964年毕业于合肥工业大学机械设计与制造专业

1964～1965年任北京第一机床厂工艺科技术员

1965～1969年任第一机械工业部二局援外处技术员

1969～1980年任第一机械工业部机床局处、局负责人

1980～1982年任北京量具刃具厂副厂长

1982～1985年任机械工业部机床局副局长

1985年至今任机械工业部中国机床总公司总经理兼党委书记

其他主要任职：

中国机械工业金属切削刀具技术协会理事长

中国机电产品进出口商会理事

中国机械工程学会高级会员

合肥工业大学客座教授

权义鲁同志是中国机床总公司总经理兼党委书记。1985年以来，他团结党政领导一班人，带领全体职工艰苦创业，开拓前进，不仅甩掉了1985年以前遗留下来的近2000万元的库存积压产品和1.5亿元的经济合同难以执行的包袱，把机床总公司从资不抵债、面临倒闭的困境中挽救过来，而且不断发展壮大。自1990年起连续四年跻身于全国最大的500家外贸企业行列。到1993年，企业净资产超过亿元，累计向国家上缴利税额3000多万元。1993年是公司又一个最好的经济效益年，当年外贸进出口总值达1.3亿美元，比上年增长71%，排当年全国最大的500家外贸企业第188位。全年实现利润3119万元，比上年增长78%。

市场经营方面，权义鲁总经理带领广大职工依靠党的改革开放政策，投身市场经营，勇于开拓前进，逐步改变了公司创业之初一无资金、二无对外贸易权、三无经营经验的状况，在激烈的市场竞争中快速发展，也探索出了一条经营取胜的路子。在经营战略上，实行国际化、集团化和实体化经营。目前机床公司已拥有50多个国内外分支机构，分布于农林生产、机械制造、工业小区房地产开发及国内外贸易等各领域；在经营决策上，以市场为导向，以服务为宗旨，以社会效益和经济效益为目的。近两年，国内外机床市场发生了急剧变化，国内市场蒸蒸日上，需求过热。部分发达国家经济萧条，机床企业纷纷倒闭。原苏联、东欧等国政局动荡，经济萎缩，消费品供应不足。权义鲁总经理以敏锐的眼光，早就洞悉了这一切，果断决策，调整经营重点。一是发动公司上下，全力确保与原苏联、东欧的易货进出口贸易，出口轻、纺产品，进口国内急需的大型数控机床设备。二是开拓新的自由外汇出口市场，实现市场多元化。在力争稳定欧美出口市场的同时，大力开发南美、中东和非洲市场，把贸易的触角伸到了哥伦比亚、沙特、叙利亚、南非等国，使机电产品出口稳中有升。三是根据国内市场需求旺盛的特点，结合成套业务，全面组织好进口工作；在经营方式上，权义鲁同志根据多年的贸易实践，总结出了一套独到的经营之道，并落实到公司全体职员的实际行动中。一是主动做生意，针对原苏联、东欧政体变化和西方某些国家对我国的贸易壁垒，变坐商为行商，加强出国贸易团组，走出国门，广交朋友，以诚待人，以情感人，寻找合作伙伴。二是善于做生意，利用我们工贸公司的优势，将国内成套项目所需大量的进口设备作为与外商谈判的筹码，有进有出，进出结合。三是敢于做生意，改变过去“单打一”的经营方式，一业为主，多种经营，放开手脚，参与竞争，做下了一笔又一笔原先从未做过的生意。

企业管理方面，权义鲁总经理根据现代化管理的要求，在管理基础、动力机制和培养骨干队伍方面做文章。在基础管理方面，一是利用电子计算机等现代化管理手段，做好业务基础数据的收集、整理和统计分析工作。二是在此基础上制订了一系列规章制度。其重要一点就是统一号令，集中管理。独创出以贸卡号为主线贯穿整个业务运转的管理方法：综合部门在购、销合同具备，有关资料齐全条件下，发放贸卡，财务部门见卡付款，储运部门见卡出运，实行无库存经营，降低了经营风险。三是加强监督检查和财经审计，在做好经常性财经内部审计的同时，配合政府有关部门进行重点审计。在动力机制方面，完善内部经营承包办法，逐步走向了全面经济责任制承包。一是实行风险经营承包，处室收入水平与劳动付出相挂钩，与承担经营风险相联系，激励职工从部门整体利益出发为公司多创收入，多创效益。二是由单项利润指标承包，走向全面经济责任承包，不但要包利润指标，还要包劳动生产率指标，资金利润率指标，债权、债务及库存等经济责任指标。三是既有部门的承包指标，又设个人指标。四是“挖渠放水”，把子公司推向市场，自主经营，自我约束，自我发展。通过这些措施，极大地调动了广大职工热情工作、多创效益的积极性，增强了经济责任心和集体荣誉感。与外贸公司纷纷走向“个体户”情形相反，走出了一条集体

承包、共同发展的道路。在建立职工骨干队伍方面，权义鲁总经理善于发现人材，正确评价人材，大胆使用人材，近两年先后提拔了20多名青年同志，充实到中层领导岗位。通过调整结构、充实人员、加强培训教育以及放手实践，建立了一支胜不骄、败不馁、勇于开拓进取、甘于吃苦耐劳、善打硬仗的骨干队伍。1991年前只有1个处室能够承担人均部门利润高指标，1992年发展至3个，1993年又发展到5个，占前方经营人员的一半以上，他们承担着公司主要经营指标，成为职工队伍的中坚，在公司上下起着模范带头作用。

作为党委书记，权义鲁同志始终坚持企业物质文明建设和精神文明建设"两手抓"，并以身作则，作出表率。在思想政治工作方面，他不但要求党政领导同志"一肩两责"，结合经济工作开展党的基本路线教育，宣传邓小平同志建设有中国特色的社会主义理论。还善于利用各种场合和机会，既谈业务，也谈思想，把思想政治工作做到经济工作实处，充分发挥党员的骨干作用和党支部的战斗堡垒作用，为公司经营工作起到了保驾护航作用；在廉政建设方面，他严格要求，并与其他领导一起带头深入实际，把克服官僚主义结合起来抓，使之贯彻到实处。他以身作则，不搞特殊化，不因公司效益好而把自己的子女安排到公司工作，并形成公司的一个制度。公司领导没有一个用公款装修自己的住房，自觉抵制收取各种好处费、回扣费。由于公司干部增强了廉政建设意识，公司每年虽然是上亿美元的运作，但不曾发生过一起大的违纪案件。

权义鲁同志工作繁忙，平时，他的日程表总是排得满满的，自己尽力加快工作节奏，有的工作甚至是在飞机上、汽车里完成的。他几乎没有休息过一个完整的星期天，将所有的节假日和业余时间都用在工作上。即使出国或出差，下了飞机，总是先赶到办公室，解决急办的案头事。职工们风趣地说"权老板希望升出两个太阳，昼夜工作"。

权义鲁同志辛勤工作，得到了机床总公司上下的尊敬，赢得了机床行业的交口称赞，也得到了上级有关部门的肯定和表彰。先后多次被评为机械工业部"优秀领导干部"，部机关党委和中央国家机关工委"优秀共产党员"。1992年被评为机械工业部"有突出贡献专家"，最近又获得"全国优秀企业家(金球奖)"称号。

中国机床总公司经济指标统计表

项目	单位	1990年	1991年	1992年	1993年
固定资产平均净值	万元	1527	1679	1762	1995
进出口总额	万美元	4207	5790	7641	13104
产品销售收入	万元	12666	23704	27667	67225
产品销售利润	万元	618	483	474	1195
利润总额	万元	1231	1249	1749	3119
销售税金	万元	42	86	61	371
流动资金平均余额	万元	1108	1233	1324	1608
技改贷款余额	万元	1100	1400	9040	8030
工资总额	万元	83	123	175	200
职工平均人数	人	205	239	228	252
人均利润	万元	6	5.2	7.6	12.4
资金利税率	%	48	46	58	84
资金周转天数	天	136	90	95	91

中国机床总公司子公司:

中国机床销售与技术服务公司
地址：北京安内方家胡同19号(100007)
电话：4017829、4033415　传真：4015657

中国机床专用技术设备公司
地址：北京安内方家胡同19号(100007)
电话：4011685、4011686　传真：4015657

中国机床锻压铸造设备公司
地址：山东省济南市经十路474号(250022)
电话：(0531)7954180、7963311

华夏(北京)机床模具设备公司
地址：北京前门东大街甲12号(100051)
电话：7033808、7033810　传真：7033808

深圳广源机床工具有限公司
地址：广东省深圳市蛇口兴华路海滨花园商业中心A座3楼S4(518067)
电话：(0755)6691485　传真：(0755)420806

中国机床总公司广州公司
地址：广州市广元中路景泰新村西二巷19号楼201～205号(510405)
电话：(020)6660990　传真：(020)6678822

东风机床公司
地址：湖北省十堰市车城路10号(442000)
电话：(0791)253651

华嘉(北京)机床工具公司
地址：北京市1安定门外安立路8号亚运村汇园公寓J座1216、1217室(100101)
电话：4992208、4992207　传真：4992207

〔撰稿人：中国机床总公司综合处　孙卫国、孙泉　审稿人：中国机床总公司副总经理　巫昌邦〕

中国磨料磨具工业公司
中国磨料磨具进出口联营公司

中国磨料磨具工业公司、中国磨料磨具进出口联营公司总经理：陈和生　副总经理：杜援朝、孟庆功

中国磨料磨具进出口联营公司　张朝乾

地址：郑州市中原西路 183 号　邮码：450006

电话：7973034、7449800　电挂：2436　电传：46051　CAECZ CN　传真：(0371) 7972549

中国磨料磨具工业公司、中国磨料磨具进出口联营公司是隶属于机械工业部的二位一体的磨料磨具专业公司（以下简称为中磨公司），既担负着联营进出口，办理国外来图、来料、来样加工，办理技术引进、合作生产、合资生产、补偿贸易以及接受和承包国外客户有关磨料磨具工厂、车间、生产线的设计、施工等任务，又担负着国内磨料磨具的经销、配套以及技术开发、咨询、服务等任务。

中磨公司总部设在河南省郑州市。十多年来，随着业务的不断发展和扩大，先后在深圳、海南、珠海、上海、青岛、北京、厦门、天津等地设立了分公司和办事处。公司的联营企业已发展到 120 多家。

中磨公司是改革开放的产物，她诞生后，得到了上级领导机关，同行业的工厂、科研、设计单位以及兄弟单位的大力支持和帮助，集工贸结合、技贸结合、进出口结合、内外贸易结合的优势，取得了较快的发展。

中磨公司把出口贸易放在公司业务的主要地位，发展更为迅速，从 80 年代初公司刚成立时的每年 80～90 万美元，发展到 1993 年创造了自公司成立以来创收汇的最高纪录，实现创汇 2363 万美元，收汇 1740 万美元，比 1992 年分别增长 77.2%、44.75%。目前，公司的创汇额已占全国磨料磨具出口创汇总额的 1／5 以上，并荣获国家经贸委、外经贸部颁发的全国机电产品出口先进单位称号。

为了稳定出口货源，保证出口产品质量，中磨公司在积极搞好和同行业的生产、科研单位联营的同时，采用目前国内较先进的设备和工艺，先后建立了自己的刚玉生产和加工基地以及超硬材料制品生产企业。

中磨公司在对外贸易中，广交朋友，先后和 60 多个国家和地区的客商建立了合作关系，产品已出口到 40 多个国家和地区。同时，为了扩大业务，更好地为国外客商做好服务工作，中磨公司与国外客商的第一个合资公司已在天津开业。在意大利成立了合资公司，并正在同美国、泰国等客商洽谈在当地开办合资公司和生产企业。

中磨公司本着“联营、开发、服务”的宗旨，积极为磨料磨具生产企业配套服务工作，组织产品，开展信息和技术交流，受益企业达 500 余家。

中磨公司在十几年的实际工作中，培养造就了一批思想过硬、作风过硬，具有较高专业水准及贸易经验的员工，为公司的继续不断发展打下了良好的基础。同时，为了整个行业的发展，中磨公司积极组织，先后与同行业工厂以及郑州机械专科学校、四川科技大学、广西大学、燕山大学等大专院校合作，创办了本行业的职工大学、职工中专，到目前为止，已为行业培养出 800 多名各层次的专业技术人员，包括磨料磨具专业的本科生和研究生。中磨公司组织和参与编写的 50 多本职工技术培训教材已经出版发行，一部 200 多万字的行业工具书《磨料磨具技术手册》也已出版，并受到各行业的好评。所有这些都为磨料磨具行业的发展起着积极和重要的作用。

中磨公司的发展正是随着我国改革、开放的不断深入而发展的，到目前为止，已经建立了具有一定实力，在国内外有一定影响和知名度的磨料磨具专业公司。中磨公司遵循国家进一步加快改革开放的政策精神，正在推行充分发挥全体员工积极性、智慧和热情为目的的各项管理、人事制度的改革，开拓新的业务，扩大经营品种，建立新的项目，以期促进公司的发展、壮大，并通过各项合作、贸易和服务，努力施惠于广大客户。

主要分支机构：

深圳公司

地址：深圳国际贸易中心大厦十层 179 信箱 (518014)

电话：2252040　传真：(0755)2252041

海南公司

地址：海口市鞍海大厦 5A5、5B5 室(570005)

电话：6777649　传真：(0898)676340

珠海公司

地址：珠海拱北区美景花园 16 幢 2A(519000)

电话：8889362　传真：(0756)8889362

〔撰稿人：中国磨料磨具工业公司办公室　郑保亚〕

中国机械设备进出口集团

CHINA NATIONAL MACHINERY & EQUIPMENT IMPORT & EXPORT CORPORATION (GROUP)

理事长：奚家成　副理事长：胡桂祥、李春兰

常务理事（按姓氏笔划排列）：李春兰、李树智、杨洪年、陈博生、陆秀洲、林　方、张毓霖、胡桂祥、祝惠安、赵风茂、奚家成、强忠诚

地址：北京市六里桥西三环南路6号　邮码：100073

电话：3268157、3268694　电传：22186、222810 EQUIP CN　电挂：0656　传真：3261865、3268203

一、基本概况

中国机械设备进出口集团（中设集团）是以中国机械设备进出口总公司（CMEC）为核心企业，拥有36家紧密层成员单位（包括15家海外企业），41家半紧密层成员单位和140家松散层成员单位的全国最大的机电产品进出口集团之一。

中设集团核心层和紧密层成员单位组成的总资产为42.82亿元人民币，净资产为11.5亿元人民币；1993年进出口总额为6.66亿美元；1994年进出口总额预计可达7.5亿美元，其中出口5亿美元左右。

中设集团核心企业——中国机械设备进出口总公司成立于1978年，是我国第一家工贸结合的专业性大型国际贸易公司。到1993年底，CMEC系统累计出口创汇近100亿美元，出口产品遍及世界五大洲；执行进口合同15000项，成交总额30亿美元。成为在国际上享有一定声誉的、具有雄厚实力的我国机电产品出口主力军之一。见表。

CMEC历年出口额　　（单位：百万美元）

年　份	1979	1980	1981	1982	1983	1984	1985	1986
出口额	150.25	241.34	310.45	296.51	312.32	331.70	266.31	360.51
年　份	1987	1988	1989	1990	1991	1992	1993	
出口额	615.53	844.96	983.94	1260.86	1473.47	1619.63	1657.55	

中设集团立足于发展外向性经济，与世界上140个国家和地区建立了贸易关系，在数十个国家和地区设立了代表处、独资和合资公司，形成了遍及世界五大洲的信息、销售、服务网络。CMEC司徽和有关产品的商品已在世界19个国家和地区注册登记。

成套设备出口是中设集团的优势之一，CMEC自1978年以来共签订和执行成套设备出口合同1000多份，项目800多个，包括能源、电工、重型矿山、通用机械等大型成套项目和交钥匙工程，形成了以火力及水力发电设备、水泥厂、玻璃厂、造纸厂等为主的大、中型成套项目出口系列。自80年代初首次承建大型成套项目至今，已向巴基斯坦、孟加拉、马来西亚、菲律宾、泰国、斯里兰卡、印尼、秘鲁、智利、伯利兹、瑞典、美国、土耳其等国出口了11台火电机组、206套水轮发电机组，共计300多万kW；第一次将我国32万kW火电机组打入国际市场。CMEC在大型成套设备出口方面硕果累累，积累了丰富经验，赢得了很高的声誉。

中设集团坚持技工贸与金融相结合，内外贸共同发展，充分发挥整体优势。集团在深圳、宁波、秦皇岛、厦门、上海等地设有包装储运公司，在海南设有股份有限公司和信托投资公司。机电行业许多骨干生产企业、科研院所都是集团的成员单位，并与上千家生产企业、研究院所建立了经销业务关系，形成了稳定的供货渠道。

中设集团将努力扩大经营规模，增强经济实力，发展海外事业，深化工贸结合，发挥成套优势、开拓进出口业务，在短期内进出口总额达到10亿美元，其中出口6亿美元，进口4亿美元，争取进入全国500家经贸企业的前20名、机电产品出口企业的前5名，真正成为名副其实的外贸企业国家队、机电产品出口的主力军，并向以机电产品进出口贸易为主的综合商社方向发展。

二、集团成员单位

1. 核心企业

中国机械设备进出口总公司（CMEC）

地址：北京市六里桥西三环南路6号　邮码：100073

电话：3268157、3268694　电传：22186、222810 EQUIP CN

电挂：0656 传真：3261865、3268203

部门	电话	部门	电话
总经理办公室	3271881	成套综合部	3261025
综合计划部	3261862	成套一部	3262329
财务部	3268160	成套二部	3268177
人事教育部	3268691	成套三部	3271367
法律咨询部	8034435	成套四部	3262329
市场信息部	3268905	工程劳务部	
海外事业部	3268941	进口部	8343755
国内事业部	3268950	第六业务部	8325382
总务房产部	3281853	储运部	3271376

总公司在世界各地的代表机构

CMEC'S Representative Office in the World

名称	地址 (ADDRESS)	电话 (TEL)	传真 (FAX)
驻法国代表处 CMEC Office in France	22, Rue Saint, Augustin 75002 Paris, France	(33-1)47423633 (33-1)49249484	(33-1)49249446
驻科隆代表处 CMEC Office in Koln, Germany	Schlesierweg 7-13 D-53797 Lohmar Bundesrepublik Deutschland	(02246) 10110、10136	(02246)10128
驻柏林代表处 CMEC Office in Berlin, Germany	Arnold-Zweig-str. 5 D-1100 Berlin, Germany	(49-30)3326494	(49-30)3326574
驻日本代表处 CMEC Office in Japan	204 Okamoto Bldg. 2-8 Yotsuya Shinjuku-ku Tokyo 160 Japan	(81-3)33580581	(81-3)33580583
驻澳大利亚代表处 CMEC Australia Office	179 Homebush Rd. Strathfield N. S. W. 2135 Australia	(61-2)6428962	(61-2)6424283
驻摩洛哥代表处 CMEC Representative Office in Morocco	Bureau de Liaison de CMEC 217,Rue Mostapha EL Manni. Casablanca, Morocco	(212-2)261960	(212-2)272223
驻巴斯基坦代表处 Liaison Office of China National Machinery & Equipment Import & Export Corp. in Pakistan	21, Khayaban-e Janbaz Street, Phrase-V.D.H.S. Karachi, Pakistan	(92-21)571166 (92-2)572823	(92-21)5691458
驻土耳其代表处 Liaison Office of CMEC in Turkey	Yildiz Posta Cad Vafa Bnyiri Sok. Is Bankasi Blokiari Blok A No. 37 Gayrettepe-Istanbul-Turkey	(90-212)2113768	(90-212)2740187
驻比利时代表处 CMEC Representative Office in Belgium	1080 Bruxelles Chaussee de Ninove 378 Belgium	(32-2)5238032	(32-2)5238143
驻伊朗代表处 CMEC Representative Office in Iran (For China National Machiney & Equipment Import &Export Corp.)	No.18, Shahin Alley Tyvanir st. Vallasrave Tehran, Iran	(98-21)682569	(98-21)682569
驻墨西哥代表处 CMEC Representative Office in Mexico	Lomas del Sol No.28,Col,Lomas del Sol CP.52789 Huixquilucan, Edo, Mesico	(52-5)2519836	(52-5)2519748
驻哥伦比亚代表处 CMEC Representative Office in Colombia	CALLE 101 A No.30-39 Bogota Colombia	2571764	

(续)

名 称	地 址 (ADDRESS)	电话 (TEL)	传 真 (FAX)
驻孟加拉代表处 CMEC Representative Office in Bangladesh	SE(A)5,Road No.135,Gulshan Model Town Dhake Bangladesh	(880-2)881982 (880-2)883646	(880-2)883646
驻菲律宾代表处 CMEC Representative Office in Philippines	No.29 Magallanes Avenue Magallanes Village Maketl Metro Manila, the Philippines	(63-2)833-5264	(63-2)833-5264
驻秘鲁代表处 CMEC Representative Office in Peru	Av. Javier Prado Este 1111 Lima Peru	(51-14)359644	(51-14)359644
驻罗马尼亚代表处 CMEC Representative Office in Romania	Bucuresti, Str. Aurel Vliacu No.147, Bloc 20 Scara 2 etaj 9 ap-81 Romania	(40-1)3120656	(40-1)3120656
驻埃及代表处 CMEC Representative Office in Egypt	2th Floor Room No.822, Tara Hussain Str. Zamalek, Cairo, Egypt	(20-2)3403759	(20-2)3403759
驻印度尼西亚代表处 CMEC Representative Office in Indonesia	C.T.C Builiding JI.Kramat Rava 94 / 96 Jakarta Pusat, Indonesia	(62-21)361264 (62-21)6698802	(62-21)6698801
驻莫斯科代表处 CMEC Representative Office in Moscow	125212 Г.Москва.ул Выборская дом 16	(095)150-99-30 / 374-84-93	(7-95)3748493 373-42-96
驻韩国代表处 CMEC Representative Office in Seoul R.O.Korea	KOAMI, NEW Bldg. 13-31, Yoido-Dong Youngdung po-Gu,Seoul,Korea	(02)369-7109	(02)369-7108
驻斯洛文尼亚代表处 CMEC Representative Office in Slovenia			
驻哈萨克斯坦代表处 CMEC Representative Office in Kazakhstan	ПРОСПЕКТ АБАЯ 10-А КОМНАТА 1001 Г.АЛАМАТЫ, КАЗАХСТАН	(7-3272)417386	(7-3272)641983
MECOOPFIN 责任有限公司 Mecoopfin Co.Ltd.	Vulturilor Street No.31 Seit 3. Bucharest, Romania	(40-0)120656	(40-0)120656

2. 集团紧密层成员单位(国内公司)

名 称	地 址	邮 码	电 话	传 真
中设江苏机械设备进出口公司	南京市长江路 190 号	210018	4416688-	(025)4404191
中设苏州机械设备进出口公司	苏州市南门东二路 2 号	215007	2209538	(0512)7271196
中设无锡机械设备进出口公司	无锡市人民路 81 号	214002	2701213	(0512)2700846
中设南通机械设备进出口公司	南通市青年中路 15 号	226006	527295	(0513)511827
宁夏机械设备进出口公司	银川市凤凰北街 46 号	750001	624726	(0951)643884
宁波市机械设备进出口公司	宁波市望京路 14 号	315010	7251546	(0574)7251233
海南中设信托投资公司	海口市国贸大道 CMEC 大厦 16 层	570005	6753890	(0898)6753873
中国机械设备海南股份有限公司	海口市国贸大道 CMEC 大厦	570005	6753926	(0898)6773774
中国机械设备进出口秦皇岛包装储运公司	秦皇岛市红旗路 15 号	066000	335252	(0335)335252
中国机械设备进出口宁波包装储运公司	宁波市江东丹凤新村二村二幢二号	315040	7337867	(0574)7337891

名称	地址	邮码	电话	传真
中国机械设备进出口深圳包装储运公司	深圳市布吉路布吉海关办公楼东侧	518019	5513714	(0755)8871440
厦门西迈克包装储运公司	厦门市长春路 32 号	361009	5083371	(0592)5083371
中国机械设备进出口北京运生贸易公司	北京市丰台区太平桥西里 29 楼 3 层	100073	3284036	3284034
中国机械设备进出口五洲机电公司	北京市太平桥大街学院胡同	100032	6031745	6013684
中设电工仪表进出口公司	北京市六里桥西三环南路 6 号	100073	3268174	3261865
中设重型矿山机械进出口公司	同上	100073	3271371	3261865
中设通用机械进出口公司	同上	100073	3261864	3261791
中设机床工具进出口公司	同上	100073	3271368	3261865
中设拉美进出口公司	同上	100073	3268595	3261865
西迈克国际展览公司	北京市百万庄南街 1 号	100037	8320663	8326523
西迈克(北京)国际经济法律咨询公司	北京复兴门外大街 19 号	100045	8034435	3261865

3. 集团紧密层成员单位（海外公司）
Group close member (Overseas Enterprises)

名称	地址 (ADDRESS)	电话 (TEL)	传真 (FAX)
美国 U.S.A. 华美机械有限公司 Sino-American machinery Corp.	300-3(F)S.Route 17 Suite 6 Lodi, New Jersey. 07644 U.S.A	(1-212)2794298 (1-201)5851000 (1-201)3421962	(1-201)5851044 (1-201)6141045
西麦克美国有限公司 C-MEC America, Inc	10651 Harwin Suite 730 Houston Texas 77036 U.S.A. P.O.Box 773015 Houston TX77215	(1-713)541-5351 (1-713)541-5352 (1-713)541-5353	(1-713)541-4819
德国欧麦克进出口有限公司 Euro M.E.C.GmbH	Schiesier Weg 7 5204 Lohmar Germany	(49-2246)18010	(49-2246)18020
日本 Japan 燕东株式会社 CMEC Yan Dong Compay Ltd.	204 Okamoto Bidg. 2-8 Yotsuya Shinjuku-ku Tokyo 160 Japan	(81-3)-33580581	(81-3)33580583
香港 Hong Kong 华盛昌机械企业有限公司 China Everbest Machinery Enterprises Co.,Ltd.	Rm.301-304,Tower 2 South Seas Centre. TST East Kowloon, Hong Kong	(852)7239228	(852)3690462
香港 Hong Kong 华润机械设备有限公司 China Resources Machinery & Equipment Co.,Ltd.	200F.,China Resources Building 26, Harbour Road,Wanchai,Hong Kong	(852)5937738 (852)5937730	(852)3690462
泰国 Thailand 华隆国际贸易有限公司 Overseas Resources Co.,Ltd	Mahajak Building,4th Fl,46 Sukhumvit soi 3, Na Na Nua, Bangk ok 10110 Thailand	(66-2)2560037 (66-2)2560038 (66-2)2560039	(66-2)2560036
智利 Chile 智利中国机械有限公司 Maquinaria China Ltda.	Condor Nr.1380 Santiago, Chile	(56-2)6965550	(56-2)6724734
澳大利亚 Australia 澳华机械有限公司 Ausino Pty Ltd.	129-131 Mcewan Road W.Heidelberg Meclbourme Vic 3081 Australia	(61-3)4596177 (61-3)4596238	(61-3)4575312

(续)

名　　称	地　址 (ADDRESS)	电话 (TEL)	传　真 (FAX)
阿联酋 U.A.E. 中国机械设备贸易有限公司 China Machinery & Equipment Trading Co.	P.O.Box 8242,Dubai,U.A.E.	(971-4)269801 (971-4)269244	(971-4)269264
意大利 Italy 杰马德机械技术有限公司 Cemate Machinery-Technology S.R.L.	Via Marcello Maipighi No.1,20129 Milano, Italy	(39-2)90376977	(39-2)90376994
新加坡 Singapore 华风企业有限公司 EAST-CMEC Enterprises PTE Ltd.	171 Chin Swee Road,S03-09 san Centre, Singapore 0316	(65)5357972	(65)5350987
哥中机械设备有限公司 Colombia-China Equipag maquinaria Ltda.	Calle 17 No.68D-72, Apartado 82607 Bogota, Colombia	(57-1)4111684	(57-1)4111723
巴西中国机械设备进出口公司 CMEC Do Brasil Lmportacao E Exportacao Ltda.	Av.Republica do Libano,1114 CEP 04502-lbirapuera Sao Paulo,Brasil	(55-011)8859111	(55-011)8856491
西麦克加拿大有限公司 CMEC CANADA LTD.	6760 Davand Drive, Unin 11 Mississauga, Ontaro Canada	(1-416)-670-7665	(1-416)670-5619

4. 集团半紧密层成员单位

名　称	地址	邮　码	电　话	传　真
上海市机械设备进出口公司	上海市西康路 400 号	200040	2552540	(021)3269616
河北省机械设备进出口公司	石家庄市合作路 9 号	050051	7041207	(0311)7046770
山西省机械设备进出口公司	太原市钟楼街通顺巷 1 号楼	030002	4046481	(0351)4043981
内蒙古自治区机械设备进出口公司	呼和浩特市新城区关帝庙街 6 号	010010	623345	(0481)623875
辽宁省机械设备进出口公司	大连市中山区昆明街 42 号	116022	2633824	(0411)2639916
沈阳机械设备进出口公司	沈阳市青年大街 35 号	110014	2724785	(024)2724991
大连机械设备进出口公司	大连市西岗区香炉礁街 46 号	116022	4643859	(0411)4601099
吉林省机械设备进出口公司	长春市建设街 14 号	130061	8986557	(0431)8986947
黑龙江省机械设备进出口公司	哈尔滨市南岗区东大直街 2 号	150009	3647590	(0451)3625089
哈尔滨机械设备进出口公司	哈尔滨市道里区安宁街 37 号	150016	4617757	(0451)417687
浙江省机械设备进出口公司	杭州市解放路 131 号	310009	7021006	(0571)7021050
福建省机械设备进出口公司	福州市王庄一区机械设备外贸大楼	350011	3661160	(0591)3660899
福建省机械设备进出口厦门公司	厦门市镇邦路 62 号	361001	2025217	(0592)2033329
江西省机械设备进出口公司	南昌市北京西路 22 号	330046	64385	224984
河南省机械设备进出口公司	郑州市金水区经五路北段	450003	5955219-320	(0371)5955411
湖北省机械设备进出口公司	武汉市武昌珞喻路 103 号	430070	7816665-4305	(027)7816664
武汉市机械设备进出口公司	武汉市汉口黄石路 1 号汉港大厦 16～17 层	430014	2815302	(027)5815330
湖南省机械设备进出口公司	长沙市鱼塘街 38 号	410005	4443268	(0731)4443159

名称	地址	邮码	电话	传真
广东省机械设备进出口公司	广州市站前街 92 号	510010	6674527	(020)6677080
广州市机械设备进出口公司	广州市东风东路 534 号东风大厦 4 楼	510055	3837567	(020)3808553
中国机械设备进出口深圳公司	深圳市华强南路机械大厦	518032	3368798	(0755)3368728
湖南省机械设备进出口公司	海口市海秀大道华发楼 17 号	570006	6774318	(0898)6773145
广西机械设备进出口公司	南宁市淡村路 3 号	530031	229713	200984
重庆市机械设备进出口公司	重庆市中区西来寺 8 号	630010	3834534	(0811)3850182
贵州省机械设备进出口公司	贵阳市瑞金北路	550003	623821	(0851)625509
云南省机械设备进出口公司	昆明市白塔路 27 号	650011	3167467	3136654
陕西省机械设备进出口公司	西安市东郊长乐中路 29 号	710032	3232058	(029)3235496
西安市机械设备进出口公司	西安市雁塔路北段 44 号	710054	7217551	(029)7219357
甘肃省机械设备进出口公司	兰州市农民巷 105 号	730000	415001 –451	(0931)418472
青海省机械设备进出口公司	西宁市祁连路副 11 号	810006	49784	(0971)49204
新疆机械设备进出口公司	乌鲁木齐市光明路 17 号	830002	225888	(0991)219915
安徽省机械设备进出口公司	合肥市金寨路 166 号省进出口大楼 4 号	230022	3631285	(0551)3632830
中国电气进出口联营公司	北京市永定门外大红门西路甲 16 号	100075	7216666	(01)7214619
中国轴承进出口联营公司	北京市宣武门西大街 127 号	100031	6020781 –48／37	(01)6011375
中国电线电缆进出口联营公司	北京市建国门外郎家园	100026	5063980	(01)582714
中国电瓷进出口联营公司	南京市燕子矶	210038	5501532	(025)5501532
中国磨料磨具进出口联营公司	郑州市中原西路 183 号	450006	7448151	(0371)7972549
中国长江磨床进出口联营公司	上海市军工路 1146 号	200093	5490793	(021)5426752
海南鹿岛房地产开发公司	海口市国贸大道 CMEC 大厦 16 层	570005	6753873	(0898)6753874
海南裕隆实业贸易公司	同上	570005	6753873	(0898)6753874
江门机械设备(轴承)有限公司	广东省江门市郊白石乡	529071		

〔撰稿人：中国机械设备进出口总公司市场信息部　王晓星〕

中国机械对外经济技术合作总公司

总经理：张俊贤　副总经理：周相吉、李蓉庆、康贞昌、李　烽、李孝先

地址：北京市二里沟西苑饭店 2 号楼　邮码：100046

总办电话：8310123　电传：221083　CMICG CN　传真：(86–1) 8310020、8310030

公司概况　中国机械对外经济技术合作总公司(简称 CMIC) 是机械工业部部属唯一的多功能专业化的国际经济技术合作公司。

CMIC 正式成立于 1980 年，在此之前，CMIC 就已经作为原一机部外事局的一部分，具体负责对外经济技术合作业务。60 年代至 70 年代，先后承建了 60 多项整厂成套设备项目，其中有巴基斯坦重型机器厂和铸锻件厂（配备有 3150t 大型压力机、5m 立车、10m 重型机床、加工直径 260mm 的落地镗床和 20t 电炉等整套重型加工设备）、罗马尼亚重型锻压设备项目（配备有 6000t 自由锻造水压机、2500t 水压机、1600t 水压机、3150t 水压机、10t 蒸汽锤等各种设备 58 台）、阿尔巴尼亚科尔察工具厂和斯库台电线电缆厂、朝鲜热工仪表厂及两个轴承厂（平壤及良策年产 500 万套和 200 万套轴承）、熙州油泵油嘴厂的全套设备、罗马尼亚汽车模具厂（配备了先进的 800t 和 1000t 高速冷冲模压力机）。此外，还配合有关部门对外提供了总装机容量为 100 万 kW 的水力和火力发电站 25 座（包括成套输变电设备），年处理原油 300 万 t 的炼油厂 3 座（包括部分石油化工成套设备），年产 10 万 t 至 80 万 t 水泥的成套设

备8座，年产10万t合成氨和尿素的化肥厂成套设备等，总计金额达100亿元人民币。

80年代以后，CMIC先后承建了巴基斯坦古杜电站21万kW火力发电机组成套设备项目，泰国日榨8000t甘蔗的旺巧耐糖厂成套设备项目，并与德国、日本的公司合作承包了我国宝钢二期工程的2050mm热连轧机、1900mm大型板坯连轧机和秦皇岛煤码头二期工程设备的联合设计、合作生产项目，以及鲁布革水电站、天生桥水电站水轮发电机组成套项目，江油电厂汽轮发电机组成套项目等。与此同时，还先后承担了奥地利重型汽车制造技术引进项目，从美国西屋公司、燃烧工程公司等引进30万kW、60万kW汽轮机、电机、锅炉、部分辅机和自控系统等的设计、制造技术等一揽子项目。

目前，引进消化生产的30万kW机组已有3套分别在石横、汉川电厂并网发电，60万kW火力发电机组已有两套在平圩并网发电。CMIC与各有关部门合作在80年代共完成上千项技术引进项目，进口各类机械设备总金额达15亿美元。

进入90年代，CMIC正在努力向实业化、集团化、国际化方向发展，1991年与中国机械设备进出口总公司（CMEC）分别设置以后，已在美国、澳大利亚、墨西哥、越南、俄罗斯、日本、牙买加、香港等国家和地区建立了以实业开发为主，以国际化经营为特色的十余个子公司或代表机构。在上海、河北、广东、南京等15个省市建立了分支机构。

1993年CMIC进出口贸易额为5975万美元，比上年增长3.25倍。其中，出口创汇3282万美元，为上年的2.7倍；进口额2693万美元，为上年的10倍。在国际经济合作方面，完成工程承包项目和成套设备出口成交额3.16亿美元，劳务出口509万美元。

1993年是CMIC继续深化企业内部改革，转换经营管理机制的重要一年。在上年基础上，以二级核算为主要内容的内部目标经营责任制进一步完善，成本核算指标考核体系已趋于完善化和规范化，内部经营市场化的格局基本形成，从而有效地推动了对外经营中技工贸的有机组合和一体化，促进了市场开拓规模的进一步扩大，为实现实业化、集团化、国际化的发展目标，奠定了新的良好基础。

公司机构设置情况 公司总部设在北京，现有职工200余人，下设总经理办公室、综合计划部、人事教育部、财务部、法律咨询部、商情信息部、总务部、工程一部、工程二部、工程三部、第一业务部、第二业务部、进口部、经济合作部、包装储运部。

在国内，公司现有东源国际贸易公司、海南艾希实业开发公司两个全资子公司。在上海、南京、哈尔滨、河北、柳州、广东、深圳、黑龙江、浙江、湖南、吉林、青海、北京设有分公司。

在海外，公司于美国、日本、越南、牙买加设有代表处。在美国、澳大利亚、墨西哥、香港、俄罗斯均办有实业及合资经营的公司。

公司在1992年国务院发展研究中心及《管理世界》中国企业评价中心举办的“1992年度中国500家最大服务企业及行业评价”排序中，在经济合作类公司中位居第八位。

公司主要经营范围

1. 承包工程和与外国公司联合承包工程及成套、单机设备和零配件的出口；
2. 承包工程项目的工程设计及咨询业务；
3. 劳务合作及国内外人才交流业务；
4. 开展与独联体、东欧国家的贸易，与世界各国、各地区的经济技术合作业务；
5. 开展合作生产、合资经营、产品返销及来图来样来料加工业务和补偿贸易；
6. 在海外投资并兴办独资、合资企业；
7. 技术引进，进口成套、单机设备和出口所需配套产品及零配件原材料等；
8. 技术出口项目；
9. 对外经济技术援助项目；
10. 组织对外科技合作和学术交流活动。

公司热诚希望与国内外的公司、企业、集团建立和发展各种形式的经济合作，共同开拓国际市场，扩大经济技术交流和贸易往来，竭诚为世界各国各地区的工商、贸易、科技、金融及其他各界朋友服务，成为你们可信赖的合作伙伴。我们相信，本公司与世界各地的贸易与合作必将更加广泛、更加密切。

国内外分支机构

全资子公司

名称：东源国际贸易公司
China-east Resources International Co. (Cerico)
地址：北京西郊二里沟西苑饭店
ADD: No.2 Xi Yuan Hotel Erligou Beijing, China
邮码（POST CODE）：100046
电话（TEL）：8342144
传真（FAX）：8310020

名称：CMIC海南艾希实业开发公司
CMIC Hai Nan I & C trade / Development Co, Ltd
地址：海口市国贸大道四海花园108室
ADD: Room 108 Sihai Garden International Trade Rood, Haikou city Hainan, China
邮码（POST CODE）：570005

电话（TEL）：(0898)8511528

国内分公司：CMIC' S Branch Companies at Home

名称：CMIC上海分公司
China Machine-buiding International Corp Shanghai Branch
地址：上海市普陀区汉阴路 160 号
ADD：160 Han Yin Road, Shanghai, China
邮码（POST CODE）：200061
电话（TEL）：(021)2140012
传真（FAX）：(021)2149944

名称：CMIC南京分公司
China Machine-Building International Corp Nanjing Branch
地址：南京市百子亭 20 号
ADD：20 Baiziting, Nanjing, China
邮码（POST CODE）：210009
电话（TEL）：(025)3362297
传真（FAX）：(025)7716014

名称：CMIC哈尔滨分公司
China Machine-Building International Corp Harbin Branch
地址：哈尔滨市香坊区中路副 79-4 号 7 楼
ADD：7th F1.No.Fu 79-4 Zhongshan Road, Xiang fang Dist, Harbin, China
邮码（POST CODE）：150036
电话（TEL）：(0451)2314720
传真（FAX）：(0451)2314720、6331776

名称：CMIC河北分公司
China Machine-Building International Corp Hebei Branch
地址：石家庄市新华西路 51 号 2 号楼 207 室
ADD：Room 207, 2/f NO.2 Bldg, 51 West Xin Hua Road, Shijiazhuang Branch, China
邮码（POST CODE）：050051
电话（TEL）：(0311)7055460
传真（FAX）：(86-0311)7055462

名称：CMIC柳州分公司
China Machine-Building International Corp Liuzhou Branch
地址：柳州市潭中大道口岸大楼 5 楼
ADD：No.66 Tan Zhong Road, Liuzhou, China
邮码（POST CODE）：545005
电话（TEL）：(0772)218026
传真（FAX）：(0772)219086

名称：CMIC广东分公司
China Machine-Building International Corp Guangdong Branch
地址：广州市站前路 92 号
ADD：No.92 Zhan Qian Road, GuangZhou, China
邮码（POST CODE）：510010
电话（TEL）：(020)6662579
传真（FAX）：(020)6662579、6677082

名称：CMIC黑龙江分公司
China Machine-Building International Corp HeilongJiang Branch
地址：哈尔滨市南岗区东大直街 98 号
ADD：No.98 Dongdazhi Street, Harbin, China
邮码（POST CODE）：150001
电话（TEL）：(0451)3647401、3658194
传真（FAX）：(0451)3625189、3647381

名称：CMIC浙江分公司
China Machine-Building International Corp Zhejiang Branch
地址：杭州市解放路 131 号
ADD：No.131, Jie Fang Road, Hang Zhou, China
邮码（POST CODE）：310009
电话（TEL）：(0571)7070998
传真（FAX）：(0571)7021045

名称：CMIC湖南分公司
China Machine-Building International Hunan Branch
地址：长沙市蔡锷中路 47 号 3 楼
ADD：No.47 Caie Zhong Road, Changsha Hunan, China
邮码（POST CODE）：410002
电话（TEL）：(0731)2223354、4417934、4417935
传真（FAX）：(0731)4452420

名称：CMIC吉林分公司
China Machine-Building International Corp Jilin Branch
地址：长春市建设街 14 号
ADD：No.14 Jianshe Street, Changchun, China
邮码（POST CODE）：130021
电话（TEL）：(0431)8986562-2019
传真（FAX）：(0086-431)8942045

名称：CMIC西北分公司
China Machine-Building International Corp Xibei Branch

地址：西宁市长江路 389 号副 3 号
ADD: The 6th Floor, Additional No.389 Chang Jiang Road, Xining Qihai
邮码（POST CODE）：810000
电话（TEL）：(0971)36893
传真（FAX）：(0971)36894

名称：CMIC京洋分公司
China Machine-Building International Corp Jingyang Branch
地址：北京市西城区宣武门西大街 127 号
ADD: No.127 West Street Xuan Wu Men, West Dwet, Beijing
邮码（POST CODE）：100031
电话（TEL）：(01)6021030
传真（FAX）：6011375

名称：CMIC深圳分公司
China Machine-Building International Corp Shenzhen Branch
地址：深圳市深南中路82号赤尾大厦1105室
ADD: Room 1105, Chiwei Bldg, 82 Shennan Zhong Lu Road, Shenzhen, China
邮码（POST CODE）：518031
电话（TEL）：(0755)3321297
传真（FAX）：(0755)3321284

国内独资子公司
名称：中都综合服务开发公司
地址：北京市朝阳区潘家窑 9 号
邮码：100021
电话：7712143
传真：7713537

国外代表处 Representative Office
名称：CMIC驻越南代表处
CMIC Representative Office in Vietnam
地址(ADD)：河内黎大行街50A号，西贡陈兴道街 449 号
ADD: 50A Phd Le Dai Hanh, 449 Fo Fran Hung Dao P3-Q3
电话（TEL）：(0084)4259177、(0084)8353413
传真（FAX）：(0084)4226988

名称：CMIC驻日本代表处
CMIC Representative Office in Japan
地址（ADD）：160 东京都新宿区
电话（TEL）：03-3359-7621
传真（FAX）：03-3359-8639

名称：CMIC驻底特律代表处
CMIC Representative Office in Detroit
地址（ADD）：4970 Kebbe, Sterling Heights, MI 48310, U.S.A.
电话（TEL）：(1)313-939-4608
传真（FAX）：(1)313-939-7615

名称：CMIC驻马来西亚代表处
CMIC Representative Office in Malaysia

名称：CMIC驻菲律宾代表处
CMIC Representative Office in Philippines

CMIC 在国外的独资公司
名称：CMIC澳大利亚凯斯恩实业股份有限公司
Cathayan Industries Co. Ltd
地址（ADD): 30 Wjlson St Strathfield N. S. W2135, Australia
电话（TEL）：(02)764-4487
传真（FAX）：(02)764-3809

名称：CMIC美洲公司
CMIC AMERICAINC
地址（ADD): 1631-1639 Elmburst Road, Elk Grove Village, IL 60007, U.S.A.
电话（TEL）：(001-708)8066666、8066690
传真（FAX）：(001-708)8066698

名称：CMIC中美机械技术公司
SAMTEH CORPORATION
地址（ADD): 161 Caroline Road Paramus NJ 07652 U.S.A.
电话（TEL）：(201)265-6628
传真（FAX）：(201)265-6082

名称：华盛昌工程发展有限公司
地址：香港九龙尖沙嘴广东道33号中港城第六座 1506 室
电话：(00852)7360838
传真：(00852)7361103

〔撰稿人：中国机械对外经济技术合作总公司　杨小燕〕

中国机械工业技术总公司

总经理：陈永革
地址：北京市万寿路甲 15 号　邮码：100036
电话：8213088、8215342　传真：8215345

中国机械工业技术总公司（简称 CMTC）是机械工业部直属公司，是经北京市新技术产品开发试验区校定的新技术企业，是机电结合、技贸结合、工贸结合的技术开发先导型经济实体。

CMTC 创建于 1988 年[illegible]月，主要经营重大技术装备国产化和重要新产品研制，科技成果的二次开发与商品化、产业化，承包国内外工程成套项目的技术设计与设备成套业务，新技术及产品的技术转让、联合开发、合作生产、经营销售以及进出口业务，为国内外客户提供技术交流、展览、培训和咨询等服务。

CMTC 在北京、上海、营口、连云港、北海、杭州、广州及无锡等地设有 6 个全资子公司、3 个合资公司和 2 个联营专业厂，并在巴哈马联邦共和国设有中外合资公司。CMTC 总部设在北京。CMTC 的组织机构见表所示。

CMTC 拥有一批专业面较宽的高级技术人员和数十家研究所、高等院校作为技术依托，能有效地沟通机电工业各行业内外的产品及技术需求信息，组织跨部门、跨行业的技术及工程项目。公司还具有甲级机电设备成套资格，可承担国家计划内大、中型基本建设项目和国家限额以上技术改造项目，省重点基本建设和技术改造项目，涉外建设项目等。

近年来，CMTC 不断深化内部改革，完善经营机制，以"高起点技术、上水平产品、多形式经营"为方向，以"全方位开发、多元化发展、国际化经营"为新的格局，努力推进现代化的企业管理方法，不断提高企业素质，向着在国内有实力、国外有影响的全国性、跨国性机械工业高科技集团公司的发展目标而迈进。

我们的口号是"团结、开拓、奋进、奉献"。CMTC 热诚希望与国内外的公司、企业、集团建立和发展各种形式的经济、技术合作，共同开拓国际市场，扩大经济、技术交流和贸易往来，竭诚为世界各国、各地区的工商、贸易、科技、金融及其他各界朋友服务，成为大家可信赖的合作伙伴。

我们愿意在国际国内的合作与竞争中，为中国机械工业健康、稳定地发展作出贡献；我们也相信，本公司与世界各地的贸易与合作必将更加广泛、更加密切。

全资子公司

中连实业总公司　主要从事工业机器人及相关产品的开发和经营，通用机械电子设备、交通运输设备、仪器仪表等产品的开发经营，新型节能电焊机的整机和关键零部件及电子元器件的开发、经营和进口业务，总代理日本英达株式会社电力电子器件产品，组织技术转让、技术咨询、技术承包、技术交流和技术服务，原材料、器件、部件进出口业务等及房地产开发。

总经理（法人代表）：李　伟
注册地址：连云港市经济技术开发区
邮码：222042
电话：312548　传真：（0518）312548
北京办公地址：北京市首体南路 12 号
邮码：100044
电话：8342042　传真：（01）8342042

北方技术贸易总公司　主要从事光机电相结合的新产品开发、成果转让、组装生产和经营销售，承接办公室自动化设备和通讯设备的成套供货、安装调试、人员培训和售后服务，从事五金交电、家用电器、仪器仪表的批发与零售，创建光机电相结合产品以组装生产为主的生产实体，为东北地区的科研院所代办有关科研用元器件、设备仪器等进出口业务。

总经理（法人代表）：包富元
地址：营口市经济技术开发区工业大厦
邮码：115007
电话：251944　传真：（0417）251944

中业器材供销公司　主要经营机电设备、器材、仪器仪表、金属和非金属材料。该公司目前已与国内大型钢铁企业建立了钢材供应渠道，积极联系机械行业企业用户，扩大经营领域和经营范围，以优质、高效的服务，参与市场竞争。同时，经营新技术产品，为部属科研院所、高等院校提供科研器材的供销服务，参与各工业企业的技术改造和设备更新。

总经理（法人代表）：陆君达
副总经理：谢林东
地址：北京市万寿路甲 15 号
邮码：100036
电话：8212988　传真：（01）8215345

北海中机机械工业技术公司　主要从事机电行业各种新技术的技术转让及技术咨询服务等业务。通过边贸进口各种机电产品、建筑材料、金属材料，协助企业提高产品性能与质量所需的关键元器

中国机械工业技术总公司组织机构

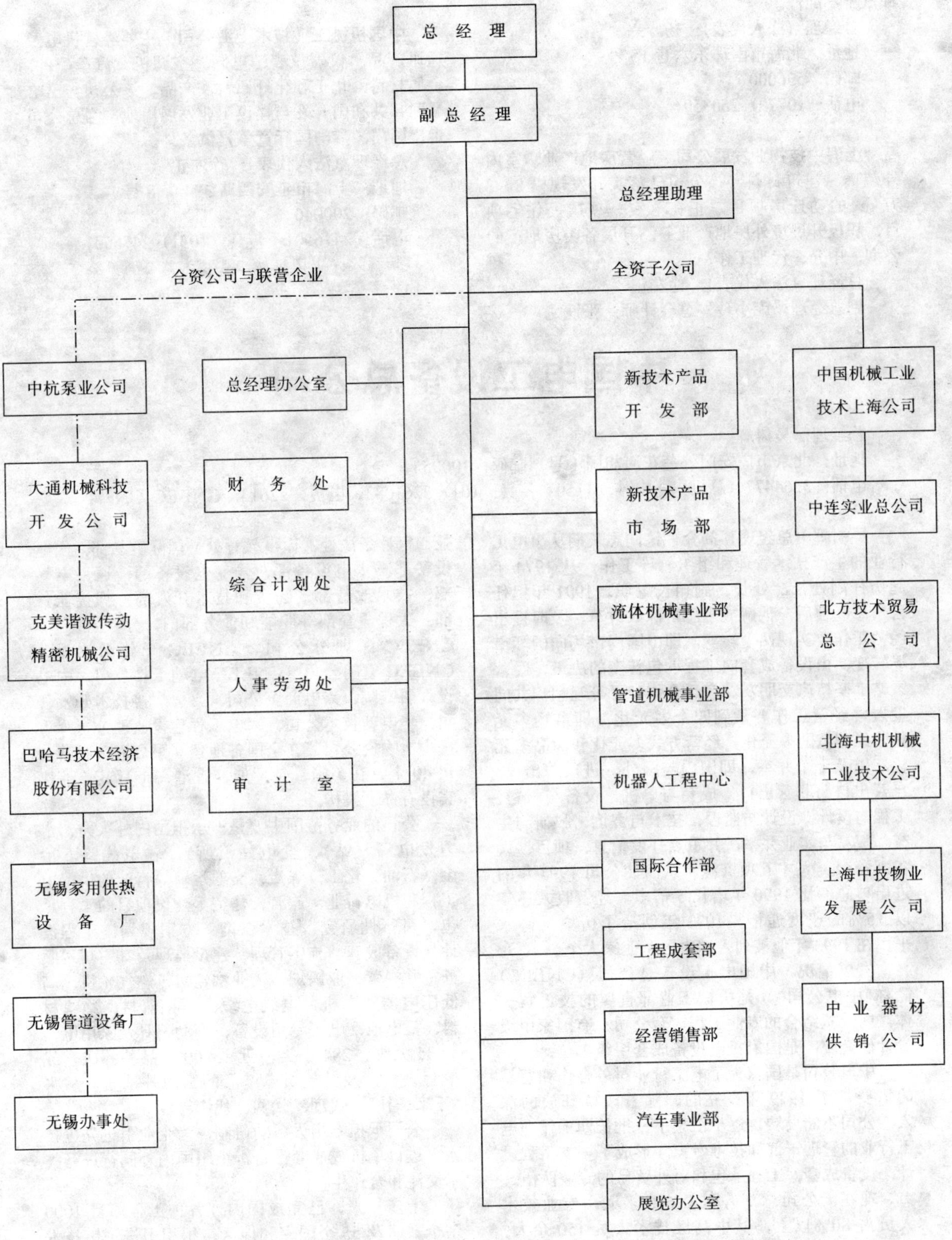

件、原材料及相应的配件，经营办公自动化设备、化工材料、仪器仪表、医疗器械等产品，经营各种进口汽车和国产汽车，并为汽车改装厂配套进口各种汽车零配件。

总经理（法人代表）：杨　兴

地址：北海市南珠东六巷 15 号

邮码：536000

电话：（0779）250359

上海中技物业发展公司　经营房地产业、室内外装璜、建筑材料。该公司已落实开发规模 2～3 万 m^2 的动迁房项目，正在落实一项居民住宅项目，积极开展境外房地产业务，开展各类房地产的咨询、中介、代理工作。

总经理（法人代表）：徐左正

副总经理：庞小玲　总会计师：张铁龙

地址：上海市延安西路 394 弄 8 号

邮码：200040

电话：2476501　传真：（021）2476501

中国机械工业技术上海公司　主要经营机电及通讯产品、仪器仪表、电脑、空调机、汽车配件、金属材料、化工和化纤原料及产品。该公司与巴哈马联邦共和国开发与建设工业发展用地，为总公司走出国门、参与国际竞争提供条件。

总经理（法人代表）：徐左正

地址：上海市延安西路 394 弄 8 号

邮码：200040

电话：2476501　传真：（021）2476501

〔撰稿人：中国机械工业技术总公司办公室　李来凤〕

中国电工设备总公司

总经理：吴树辉

地址：北京市广安门外莲花河胡同 1 号　邮码：100055

电话：3264477（总机）　电挂：1150　传真：（01）3261083　电传：22613　CNEEC CN

吴树辉（总经理）简介　该同志长期从事电工行业的生产技术管理和组织领导工作。从 1974 年起历任副处长、处长、副司长等职。1991 年担任公司总经理后，他解放思想，深入改革，及时提出经营工作要实现两个转变，即由国内市场向国际市场转变、由设备成套向工程承包转变的决策；经营策略上坚持广交朋友、广泛合作、平等互利、共同发展；经营工作要做到四个多元化，即市场多元化、经营范围多元化、经营方式多元化和商品多元化，以及十个并举，即国内与国外、进口与出口、自营出口与联营出口、成套与单机、设备与材料、工程与设计、设计与监理、技术与咨询、科研与生产、贸易与实业并举，并重点开发信息、项目、设备、资金、人才五项资源。从而使公司 1993 年的进出口总额比 1990 年增长 5 倍多，经营收入逐年以 15%的速度递增，1993 年创造了历史最好水平。在 1993 年他被列入《中国企业家大全》。

发展情况　中国电工设备总公司（CNEEC）简称“中电公司”，是机械工业部直属的技工贸一体、内外贸结合的专业工程成套公司，有国家甲级设计研究院，是国家机电设备成套甲级单位。

中电公司是国家为了电工行业对外合作和贸易的需要，于 1979 年设立的。随着改革开放的深入，公司不断发展，逐步汇集了一批长期工作在电工行业的管理干部和技术专家，形成了一支工程设计、设备成套、工程承包和对外贸易的专业队伍。

现在，公司总部有职工 650 多人，专业技术人员占 80%以上，其中高级技术人员 150 余人。设总经理办公室、经营管理部、质量管理处、财务处、审计条法处、人事教育处、国际贸易部、发电设备部、水电设备部、输变电设备部、通用电气部、技术改造部、物资和技术开发部、焊接器材部、工程成套部等职能和业务部门；分支机构有：CNEEC 深圳分公司、CNEEC 无锡分公司、CNEEC 厦门公司、CNEEC 电动工具公司、中电设计研究院、兴电商贸公司、兴电焊接技术开发公司、华电新技术公司、兴电工程建设监理公司、重庆中电物资公司；在全国各地建立了合资、联营公司 40 个；在美国、俄罗斯、香港、土耳其、菲律宾设有办事机构。

公司的业务范围主要是：承担国内外火力、水力发电厂（站）、变电站（所）、输电线路，冶金、石油、化工、煤炭、交通运输等行业的供配电工程和机电行业、旅游、住宅等建设项目的工程承包，可行性研究、技术咨询、方案规划、工程设计、设备成套、施工管理、建设监理及其它技术服务。并经营工业锅炉、工业汽轮机、燃气轮机、高低压电器、电机、电线电缆、焊接器材、绝缘材料、蓄电池、电工专用设备、电动工具及家用电器等 35 大类、284 小类、近 13000 个品种的成套或单台设备，及其他机电产品的国内外销售，从事“三来一补”、代理、代购、代销等业务。

公司承担专用设备的研制，为企业引进先进技术，进口单机或成套设备，组织国内外同行进行技术交流和合作生产。

十多年来，已完成国内外各种工程项目 1000 余个，遍及 55 个国家和地区，组织引进关键技术数十种，设备 1000 余台。1993 年，签约的进出口业务额 3302 万美元，经营收入比上年增长 15.4%，创造了公司历史最高水平。

公司有工程设计和设备成套的整体优势；在发展我国火电、水电、输变电事业，为国家重点工程提供服务和扩大机电产品出口等方面做出了贡献。

有强大的工程设计与咨询能力 公司的中电设计研究院是一个建院 40 余年、列入部设计院序列的、有各类专业技术人员的综合性甲级设计院，并具有甲级工程总承包资格及工程建设监理资格，拥有技术人员 300 人，其中设计大师一名，高级工程师 80 余人。主要承担机械、建筑、电力、轻工、市政、兵器、船舶等行业的工程咨询、设计、工程承包及建设监理任务；并参与国家重大项目，如核电设备，大型水、火电设备包括三峡工程发电设备的制造及其运输方案的评估和论证。公司是 IEC／TC64 中国委员会及全国建筑物电气装置标准化委员会的挂靠单位，负责部分电力设计国家规范的编制、修订和管理。1985 年以来，共完成各类工程咨询及设计项目 600 余项，研制各类专用设备、生产线、自动线 100 余项。获得全国科学大会奖 6 项，科技进步奖 21 项，国家级和省、部级优秀工程设计奖 15 项。

为我国火电、水电及输变电事业贡献力量 在火力发电厂建设方面，公司拥有一批从事锅炉、汽轮机、发电机及电气设备方面的专业技术人员，并与国内外设计研究机构、生产企业有着密切的合作关系，能承担单机 600MW 及以下火力发电厂的设备成套和建设。

多年来，完成了 100 多座不同型式、不同容量电厂的建设和设备成套，有常规电厂、工业自备电厂、热电联产电厂、煤矸石电厂、余热利用电厂、地热电站等；并可承担燃气／蒸汽联合循环发电、风力发电、太阳能发电等新技术电厂的建设和设备成套。还参加了原能源部组织的小热电社会调查，并积极参与发展中型热电联产项目的建设，配合原能源部开展小热电试点工作，组织并参与开发新型小热电机组，简化工程设计，缩短建设周期，节约工程投资，提高能源利用率。

在国家重点工程建设中，受原机械电子工业部的委托，参与组织了 300、600MW 火电机组的主机、辅机的技术引进、消化吸收和技术攻关，并参加安装在山东石横和安徽平圩电厂的成套工作，使我国火电技术提高到一个新的水平。

对水电工程，公司可向国内外用户提供水头在 2～700m 之间的贯流、轴流、混流和冲击式等各种类型，容量为几千瓦至 320MW 的成套水电站设备或其中部分设备，包括水轮机、发电机、调速器、阀门、控制设备、输变电设备、开关站及金属结构等。根据用户需要，可按不同承包方式组织承担机组设计、工程设计、技术咨询、水轮机模型试验和验收试验、设备成套、安装、调试、人员培训以及交钥匙工程。

为开发我国水力资源，公司参与了葛洲坝、水口、鲁布革等数十座大中型水电站的建设和三峡电站等重大工程的前期工作，参与组织三峡机组的技术论证，进行了三峡机组生产技术改造方案的论证，并继续为三峡电站的建设进行工作，是大型水电设备（含三峡机组）生产厂技术改造的设计单位。

输变电工程方面，公司可提供 500kV 及以下各种不同电压等级和用途的输、变、配电设备及配套设施，包括各种高低压电器、开关设备、自动化装置及控制保护设备，也可承担整个工程的建设。

几年来，公司为国内外用户提供了数十座变电站及输电线路工程的成套设备和技术服务，如孟加拉吉大港 230kV 输电线路，上海市区 5 座 110kV、2×31.5MV·A 变电站，上钢三厂 220kV、120MV·A 变电站，贵州铝厂 220kV、52.7MV·A 变压整流机组和 2×20MV·A 变压器及配电系统等。又先后参与或承担了从美国、日本、德国、法国、英国、瑞士等国引进输变电设备的设计、制造技术和生产这些产品的主要加工及试验设备，从而提高了我国输变电设备的制造水平和质量。

为国家重点工程提供成套服务 公司为国内电工行业重点骨干企业的技术改造引进了一批先进装备和技术，如 300、600MW 火电设备的成套技术与关键设备，500kV 输变电措施的部分设备、仪器和材料，大型机床、加工中心、8000t 油压机等，与德国乔格公司合作设计制造的变压器硅钢片横剪切线等。

同时，也为其他行业的重点工程服务。在黑色、有色冶金领域，公司除了为企业承包余热利用等自备电站及变配电设施的建设外，还提供各种成套电气设备，如上海宝山钢铁总厂 2050mm 热轧机、2030mm 冷轧机、直径 140mm 无缝钢管厂和烧结、焦化、动力工程的成套拖动及控制设备等。其中有些设备，如电机、工业汽轮机及控制中心等是与德国、瑞士、挪威、法国等国电气公司合作生产的，并已投入使用，达到了国际水平。在交通运输领域，公司为电气化铁路、港口、码头等提供成套电气设备。如与日本、德国公司合作，为秦皇岛煤码头二、三期工程提供了成套供配电及照明设备。由于为宝钢和秦皇岛煤码头的建设做出了贡献，公司获得了国家重大技术装备成果奖、表彰证书 9 项。

此外，公司还为重点工程和机电行业研制并提供专用设备。如专用焊接设备和特殊焊接材料的研制和生产。为锅炉、压力容器、石化、汽车等行业提供先进实用的成套专用焊接设备和特殊焊接材料。几年来已开发生产了膜式壁焊接、马鞍形焊接等 22 个新品种的焊接设备和 10 条锅炉膜式壁和蛇形管焊接生产线。1992 年又承担了轿车车门焊接生产线。

扩大了机电产品出口 公司遵循平等、互利、协商的原则，努力与国外厂商开展多种形式的技术、经济合作，同50多个国家和地区建立了贸易关系。向土耳其阿迪古泽、卡拉乔伦等20多个国家的水电站和孟加拉吉大港电厂变电站与输电线路以及泰国、菲律宾等国的火电厂提供了成套设备，产品的性能和质量以及技术服务受到用户好评。还承包了巴基斯坦、斯里兰卡、印尼和古巴等国的一批机电工厂的建设任务。

公司坚持“质量第一，用户至上”的宗旨，在公司内部按GB／T19000（ISO9000）系列标准制订并正式颁布、执行了公司的《质量手册》，设置了工程质量管理的专门机构，建立了一整套质量保证体系。在承担工程项目中，从设计、设备选型、订货到安装、调试，都进行严格的质量管理，并经常到现场了解情况，解决问题，不把事故隐患留给用户。对国家重点项目，派技术人员常驻现场服务。工程投产后，进行回访，征求意见，如果发现问题，继续帮助解决。因此，得到用户的好评。

〔撰稿人：中国电工设备总公司办公室　陈维钧〕

〔本部分责任编辑：邝　鸥〕

1993年机械工业部系统大中型企业工业经济效益综合指数指标排序

机械工业部生产与信息统计司根据1993年机械工业部系统2414个大中型企业的年报资料统计，选择100多个小行业，按七项经济效益指标排序，以反映机械工业各行业及较好企业的水平。本《年鉴》选择工业经济效益综合指数（单位：%）排序资料予以刊登。各行业内的企业排序一般列十名，但部分行业企业个数少的，只列前五名或前三名。

工业经济效益综合指数排序　　（单位：%）

排序	名　　称	指数	排序	名　　称	指数
	机械工业部系统企业	102.25	10	天津维克斯滤清器有限公司	203.05
一	**农业机械工业行业**	102.01		**机引耕作农具制造业**	34.51
	大中型拖拉机制造业	55.33	1	山东播种机厂	301.96
1	中国第一拖拉机工程机械公司	122.75	2	徐州农业机械厂	103.06
2	上海拖拉机内燃机公司	73.06	3	北京市顺义县农机修造厂	88.16
3	宁波中华拖拉机汽车股份有限公司	69.98	4	宁夏中卫农牧机械厂	80.34
4	淮阴拖拉机集团公司	50.33	5	保定农业机械厂	60.30
5	天津市拖拉机制造厂	49.54	6	延吉插秧机制造厂	55.72
	小型拖拉机制造业	41.06	7	石家庄市农业机械厂	49.75
1	新乡市第一拖拉机厂	180.03	8	商丘机引农具厂	32.61
2	中山市拖拉机厂	137.96	9	大连农牧机械制造厂	28.54
3	合肥动力机械总厂	128.97	10	公主岭市播种机厂	1.57
4	新会农业机械厂股份有限公司	123.19		**机动植保机械制造业**	87.20
5	南宁手扶拖拉机厂	115.42	1	苏州农业药械厂	118.36
6	福建拖拉机厂	104.33	2	北京市植保机械厂	92.08
7	江西手扶拖拉机厂	103.26	3	金华市农业药械厂	84.30
8	四川岷山机械厂	102.05		**收获机械制造业**	34.33
9	白城机械总厂	96.72	1	舞阳县机械厂	161.87
10	石家庄拖拉机厂	94.66	2	桂林联合收割机总厂	83.43
	内燃机制造业	141.18	3	镇江脱粒机厂	66.21
1	玉柴机器股份有限公司	653.74	4	河北收割机厂	64.77
2	常州柴油机厂	596.62	5	新疆联合收割机厂	61.78
3	柳州市动力机械总厂	458.70		**农副产品加工机械制造业**	132.27
4	湖南动力机厂	448.16	1	郯城农业机械厂	546.16
5	云南内燃机厂	358.59	2	云南茶叶机械厂	179.21
6	新昌柴油机总厂	352.43	3	山东省鱼台县机械制造厂	129.85
7	上海柴油机厂	318.12		**农用运输机械制造业**	133.36
8	朝阳柴油机厂	297.47	1	文登市农用运输车厂	329.14
9	南通柴油机股份有限公司	293.14	2	南京农用车制造厂	283.49
10	扬州柴油机厂	267.68	3	皖南机动车辆厂	225.26
	拖内配件制造业	107.83	4	龙江集团公司	224.23
1	山东九羊企业集团总公司	419.05	5	福建龙马集团公司	210.54
2	安徽省安庆活塞环厂	298.55	6	国营燎原机械厂	204.90
3	成都动力配件股份有限公司	264.25	7	华川轻型汽车厂	176.43
4	浙江油泵油嘴厂	263.46	8	遂宁市机器厂	171.26
5	仪征活塞环厂	253.91	9	潍坊巨力机械总厂	171.20
6	湖北气门厂	232.28	10	仪征车辆厂	171.16
7	无锡威孚股份有限公司	225.35		**畜牧机械制造业**	53.46
8	顺德市农机三厂	222.29	1	上海浦东电工电器公司	91.91
9	南京活塞环厂	210.57	2	山东省五莲县农牧机械厂	91.58

(续)

排序	名　　称	指数	排序	名　　称	指数
3	大同农牧机械厂	64.00	2	徐州工程机械集团公司	127.71
	半机械化农机具制造业	74.75	3	锦州重型机械厂	109.50
1	广平县机械厂	178.46	4	蚌埠起重机厂	92.47
2	鞍山市输送设备总厂	89.46	5	浦沅工程机械总厂	89.08
3	新疆奎屯机械厂	82.77		**叉车制造业**	97.41
	农业泵制造业	138.30	1	靖江叉车总厂	178.85
1	林县机械厂	316.83	2	厦门叉车总厂	145.45
2	诸暨水泵厂	305.95	3	安徽省合肥叉车总厂	134.45
3	石家庄市潜水电泵厂	210.48	4	湖南叉车总厂	116.02
4	杭州水泵总厂	189.04	5	锦州叉车总厂	113.56
5	威海市水泵厂	185.80		**其他建筑机械制造业**	195.14
6	淄博潜水电泵厂	179.32	1	临沂工程机械厂	393.13
7	高邮水泵厂	172.13	2	厦门工程机械股份有限公司	373.63
8	南京古尔莰制泵有限公司	158.42	3	柳工机械股份有限公司（含分厂）	330.95
9	山东省日照水泵厂	137.23	4	山东工程机械厂	234.13
10	鹰潭水泵厂	126.25	5	柳州市建筑机械总厂	194.21
	农机齿轮制造业	106.12	6	宜春工程机械厂	176.56
1	泰县精锻齿轮厂	283.08	7	东台市机械厂	125.55
2	常州齿轮厂	189.33	8	烟台拖拉机配件厂	112.53
3	四川丹棱齿轮厂	178.84	9	河北省新河钻机厂	110.55
4	浙江齿轮厂	177.62	10	成都工程机械企业集团公司	96.23
5	临沂鑫鑫齿轮有限公司	171.58	三	**机床工具工业行业**	104.86
6	兴化齿轮厂	167.68		**金属切削机床制造业**	105.95
7	溧阳齿轮厂	146.36	1	北京第一机床厂	241.21
8	安阳齿轮厂	133.97	2	昆明机床股份有限公司	222.23
9	建瓯齿轮厂	132.76	3	诸暨机床厂	199.28
10	杭州齿轮箱厂	130.26	4	杭州华盛机床有限公司	195.65
	粮食工业专用设备制造业	156.05	5	兰溪市机床厂	183.76
1	赞皇县机械厂	217.05	6	安阳机床厂	179.25
2	南阳光辉机械厂	205.67	7	长春第一机床厂	175.54
3	四川江东机械厂	205.49	8	安徽省皖南机床厂	172.92
	其他农林牧渔业机械制造业	104.95	9	桂林机床股份有限公司	170.74
1	博兴县机械厂	459.35	10	无锡机床股份有限公司	161.85
2	广东省番禺市瑞峰机电总厂	249.20		**锻压设备制造业**	117.83
3	台山市新丰机械厂	137.22	1	内蒙古铸锻厂	466.83
4	泰安试验设备厂	135.47	2	广东锻压机床厂	322.85
5	大安液压件厂	129.14	3	扬州锻压机床厂	215.72
二	**工程机械工业行业**	125.51	4	内江锻压机床厂	184.90
	挖掘机械制造业	102.88	5	辽阳锻压机床厂	178.35
1	贵阳矿山机器厂	142.62	6	合肥锻压机床总厂	163.19
2	合肥矿山机器厂	126.08	7	梧州市锻压机床厂	161.52
3	长江挖掘机厂	102.13	8	湖州机床厂	160.70
	推土机械制造业	115.28	9	浙江锻压机床厂	152.60
1	山东推土机总厂	158.66	10	高密锻压机床厂	150.88
2	鞍山红旗拖拉机制造厂	130.66		**铸造机械制造业**	88.14
3	湖北咸宁工程机械厂	102.50	1	灌南压铸机厂	132.60
4	彭浦机器厂	93.87	2	蚌埠隆华机器厂	112.87
5	河北省宣化工程机械厂	92.59	3	苏州铸造机械厂	100.36
	工程起重机械制造业	99.25		**机床电器制造业**	145.79
1	四平华银股份有限公司	131.47	1	苏州机床电器厂	299.65

(续)

排序	名　　称	指数	排序	名　　称	指数
2	沈阳二一三机床电器厂	176.12	3	广东广液实业股份有限公司	196.00
3	天津市机床电器总厂	158.59	4	栖霞液压件厂	155.50
4	北京机床电器厂	155.10	5	阜新液压件厂	136.16
5	无锡市机床电器厂	142.22	6	韶关液压件厂	135.01
	机床附件制造业	108.26	7	邵阳液压件厂	132.07
1	呼和浩特机床附件厂	132.96	8	大连液压件厂	130.01
2	烟台机床附件厂	128.44	9	北京市液压工业公司	119.36
3	瓦房店机床附件厂	124.10	10	天津液压机械集团公司	118.27
	量具量仪制造业	86.95		**气动元件制造业**	109.61
1	上海机床附件六厂	130.59	1	肇庆气动元件总厂	182.84
2	中原量仪厂	125.84	2	上海液压气动总公司气动成套公司	100.67
3	上海量具刃具厂	122.10	3	无锡市气动集团公司	88.08
4	靖江量具有限公司	109.46		**紧固件制造业**	65.88
5	开封量具刃具厂	99.40	1	上海标准件五厂	183.27
	切削工具制造业	97.24	2	常熟标准件厂	147.89
1	廊坊市工具厂	162.81	3	上海标准件一厂	136.35
2	常熟量具刃具厂	161.97	4	上海标准件材料一厂	135.29
3	上海刃具厂	160.71	5	上海标准件三厂	120.62
4	成都量具刃具股份有限公司	146.38	6	杭州弹簧垫圈厂	119.51
5	韶关工具厂	135.49	7	国营江阴标准件厂	112.29
6	上海工具厂	118.87	8	上海标准件十厂	104.35
7	兰州量具刃具厂	117.86	9	邯郸市标准件厂	80.46
8	无锡市量具刃具厂	117.34	10	靖江标准件总厂	79.32
9	江苏省丹徒县工具厂	115.65		**链条制造业**	75.76
10	山东新汶工具厂	113.26	1	苏州链传动公司	96.62
	磨具磨料制造业	91.15	2	株洲市链条总厂	92.10
1	中国第四砂轮厂	182.21	3	杭州盾牌链传动（集团）公司	90.33
2	新会市砂轮厂	150.81		**粉末冶金制品业**	85.22
3	苏州远东砂轮有限公司	123.77	1	宁波粉末冶金厂	187.56
4	成都砂轮厂	120.83	2	韶关粉末冶金厂	128.76
5	郑州白鸽（集团）股份有限公司	115.51	3	武汉粉末冶金厂	92.83
	机床配件制造业	114.00		**模具制造业**	175.88
1	山东济宁丝杠厂	141.41	1	上海斯米克金刚石工模具有限公司	285.94
2	南京工艺装备制造厂	133.03	2	国营星光工模具厂	258.44
3	汉江机床厂昆山联营厂	123.71	3	北京模具厂	61.90
四	**机械基础件工业行业**	90.52		**其他通用零部件制造业**	122.54
	轴承制造业	89.01	1	国营南通市钢球厂	172.38
1	阳江市阳春轴承厂	190.50	2	焦作市制动器厂	160.11
2	豫西轴承厂	179.49	3	吴县重型机械厂	145.07
3	襄阳汽车轴承（集团）股份有限公司	163.90	**五**	**石油化工通用机械工业行业**	101.25
4	龙溪轴承厂	158.71		**石油设备制造业**	51.77
5	苏州轴承厂	154.46	1	国营金湖机械厂	145.07
6	湘潭轴承厂	145.83	2	东营第一石油机械厂	135.62
7	西北轴承厂	139.38	3	中国通化石油工具股份有限公司	134.25
8	北京轴承厂	137.15	4	大安石油机械厂	109.70
9	郑州轴承厂	133.77	5	张家口市石油机械厂	89.88
10	国营无锡市轴承厂	132.30	6	连云港石油化工机械总厂	86.56
	液压件及液力件制造业	103.32	7	山东省临朐石油机械总厂	84.30
1	青州液压件厂	228.90	8	淄博石油机械制造总厂	81.30
2	南京液压件二厂	200.54	9	新疆石油通用机械厂	78.50

(续)

排序	名　　称	指数	排序	名　　称	指数
10	牡丹江石油机械厂	75.69	6	杭州制氧机集团公司	111.02
	化工与化纤设备制造业	61.10	7	邯郸制氧机厂	109.89
1	昆山东方机器制造公司	114.69	8	柳州第二空压机总厂	109.07
2	广州重型机器厂	93.01	9	无锡压缩机股份有限公司	108.78
3	云南化工机械厂	85.42	10	蚌埠压缩机总厂	104.89
4	昆明人造板机器厂	79.34		**泵制造业**	86.27
5	锦西机械厂	78.05	1	天津市工业泵总厂	174.49
6	北京金属结构厂	74.17	2	昆明市水泵厂	163.14
7	新乡利民机械工业公司	68.33	3	泊头市齿轮泵总厂	149.57
8	苏州化工机械厂	64.82	4	佛山水泵厂	135.41
9	开原化工机械厂	61.88	5	重庆水泵厂	126.99
10	金州重型机器厂	53.94	6	博山水泵厂	115.26
	印刷工业专用设备制造业	153.06	7	锦州市水泵厂	114.60
1	北人集团公司	328.79	8	开平市机械厂	110.86
2	上海亚华印刷机械有限公司	316.05	9	新疆水泵厂	108.70
3	上海申威达机械有限公司	249.52	10	自贡市工业泵厂	107.86
4	广西金牛股份有限公司	241.50		**风机制造业**	119.97
5	威海市印刷机械厂	210.67	1	上海通惠—开利空调设备有限公司	640.84
6	上海紫光机械有限公司	191.71	2	章丘鼓风机厂	285.77
7	玉田印刷机械厂	178.52	3	浙江风冷风机设备公司	256.67
8	江苏泰仪集团公司	164.95	4	天津市鼓风机总厂	171.89
9	上海光华印刷机械有限公司	163.51	5	四平金丰股份有限公司	139.51
10	湖南印刷机器总厂	156.83	6	周口风机厂	131.62
	环境保护机械制造业	69.88	7	石家庄市风机厂	116.67
1	浙江电除尘器总厂	98.28	8	长沙鼓风机厂	110.35
2	唐山市清源环保机械公司	77.74	9	沈阳人民风机厂	107.28
3	湖北除尘设备厂	68.50	10	北京风机二厂	103.89
	冷冻机制造业	164.74		**真空获得及应用设备制造业**	106.80
1	上海合众—开利空调设备有限公司	1407.34	1	广东真空设备厂股份有限公司	292.51
2	揭阳市空调设备厂	361.31	2	锦州真空设备厂	258.47
3	天津市扎努西天津压缩机有限公司	291.99	3	上海真空泵厂	121.85
4	上海第一冷冻机厂	279.93		**橡胶工业专用设备制造业**	78.75
5	上海空调实业有限公司	178.06	1	大连橡胶塑料机械厂	94.17
6	上虞市联丰玻璃钢厂	174.78	2	三明化工机械厂	80.89
7	上海冷气机厂	166.29	3	郑州铝窗厂	71.05
8	烟台冷冻机总厂	165.43		**塑料工业专用设备制造业**	249.02
9	绍兴制冷设备厂	141.70	1	顺德市震德塑料机械厂有限公司	497.01
10	大连第二冷冻机厂	135.49	2	东华机械有限公司	383.31
	气体压缩机制造业	122.11	3	宁波海天机械制造有限公司	370.83
1	上海英格索兰压缩机有限公司	630.38		**高中压阀门制造业**	64.11
2	余姚通用机器厂	334.25	1	上海耐莱斯—詹姆斯阀门有限公司	168.08
3	南京第二压缩机厂	151.67	2	杭州华惠阀门有限公司	112.78
4	南京压缩机股份有限公司	130.84	3	上海良工开维喜阀门有限公司	111.03
5	上海东方压缩机厂	128.91	4	石家庄市阀门二厂	107.30
	气体分离设备制造业	92.60	5	天津市阀门公司	105.31
1	柳州市通用机械总厂	172.49	6	安徽省屯溪高压阀门厂	94.04
2	哈尔滨制氧机厂	146.80	7	开封高压阀门厂	80.36
3	开封空分设备厂	134.17	8	上海良工阀门厂	76.88
4	重庆气体压缩机厂	130.74	9	锦州阀门总厂	76.75
5	柳州压缩机总厂	116.42	10	大连高压阀门厂	76.45

(续)

排序	名　　称	指数	排序	名　　称	指数
	低压阀门制造业	81.23	七	**汽车工业行业**	133.25
1	天津市塘沽阀门厂	131.22		**汽车发动机制造业**	135.68
2	益都阀门厂	122.79	1	大连柴油机厂	340.42
3	安徽省和县阀门总厂	101.33	2	东风汽车联营公司南充内燃机厂	318.69
4	石家庄市阀门一厂	100.90	3	重庆汽车发动机厂	139.14
5	辽宁省铁岭阀门厂	93.74	4	杭州汽车发动机厂	136.47
	其他通用设备制造业	75.33	5	潍坊柴油机厂	119.67
1	江苏泰隆减速机公司	238.69		**载重汽车制造业**	128.91
2	扬州空调净化设备厂	165.96	1	重庆汽车制造厂（庆铃汽车公司）	508.79
3	徐州工程机械桥箱公司	150.14	2	湛江三星汽车制造公司	468.07
4	上海高压容器厂	123.93	3	东风汽车工业联营公司柳州汽车厂	254.20
5	无锡市通用机械厂	121.16	4	湖北专用汽车制造厂	219.73
6	上海轻工机械股份有限公司	109.37	5	东风杭州汽车公司	187.27
7	上海化工机械厂	82.18	6	江西汽车制造厂	182.97
8	吉林市第一机械厂	77.42	7	重庆专用汽车制造厂	176.71
9	湖北省黄冈地区鄂城通用机械厂	66.71	8	北京轻型汽车有限公司	171.10
10	北京空调器厂	64.14	9	天津市汽车制造厂	165.79
六	**重型矿山机械工业行业**	86.75	10	第二汽车制造厂	157.10
	矿山设备制造业	83.48		**客车制造业**	131.36
1	南通市矿山机械厂	400.26	1	四川旅行车制造厂	275.07
2	张家港市机械厂	296.59	2	一汽顺德汽车厂	208.34
3	上海建设一路桥机械设备有限公司	257.10	3	天津三峰客车有限公司	192.01
4	常州矿山机械厂	248.63	4	广州汽车制造厂	113.20
5	浙江矿山机械总厂	246.34	5	北京旅行车股份有限公司	107.92
6	宜春风动工具厂	220.08		**小轿车制造业**	350.83
7	湖北石首市金属支柱厂	218.66	1	上海大众汽车有限公司	618.72
8	桂林矿山机械厂	205.21	2	一汽大众汽车有限公司	478.66
9	四川天力机械集团公司	204.31	3	天津市微型汽车厂	380.51
10	鞍山矿山机械股份有限公司	196.81		**特种车辆及改装汽车制造业**	97.21
	起重运输设备制造业	109.58	1	广东万里企业（集团）公司	551.01
1	常熟市千斤顶厂	333.99	2	海南汽车制造厂	444.92
2	杭州武林机器厂	232.31	3	华北汽车制造厂	418.33
3	重庆手动葫芦厂	227.29	4	扬州扬子旅游车厂	338.04
4	山东起重机厂	217.72	5	石家庄市轻型汽车厂	283.38
5	台山市机械厂	210.71	6	江都汽车总厂	226.38
6	新乡市起重设备厂	202.57	7	徐州工程机械底盘厂	194.73
7	浙江省五一机械厂	185.61	8	南京东风专用汽车制造总厂	176.17
8	百色矿山机械厂	184.08	9	武汉专用汽车厂	157.83
9	杭州电机总厂	170.51	10	山东汽车改装厂	121.63
10	广州起重运输机械实业公司	164.92		**摩托车制造业**	201.70
	减速机械制造业	171.83	1	佛斯弟摩托车有限公司	429.00
1	天津市减速机总厂	234.02	2	浙江摩托车厂	301.10
2	马鞍山市传动机械厂	154.57	3	上海一易初摩托车有限公司	276.97
3	上海减速机械厂	117.75	4	长春汽油机股份有限公司	275.52
	冶金设备制造业	65.88	5	海南新大州摩托车厂	195.19
1	宁波中元机械钢管股份有限公司	198.24		**汽车齿轮制造业**	79.04
2	邯郸轧钢备件厂	132.75	1	山东汽车齿轮总厂	154.90
3	江阴鸿澄机械有限公司	115.05	2	株洲汽车齿轮厂	118.12
4	陕西压延设备厂	100.57	3	湖北汽车齿轮厂	88.43
5	上海东风机器厂	80.61	4	綦江齿轮厂	88.18

(续)

排序	名称	指数	排序	名称	指数
5	青岛精锻齿轮厂	86.14		**微电机制造业**	76.45
	汽车配件制造业	120.07	1	唐山电影机械厂	397.50
1	上海小系车灯有限公司	331.83	2	柳州市微电机总厂	157.58
2	上海汽车齿轮总厂	326.86	3	许昌市微型电机厂	123.34
3	上海纳铁福传动轴有限公司	326.30	4	北京市微电机总厂	104.55
4	郑州车辆厂	235.52	5	鹤山市电机厂	99.28
5	上海实业交通电器有限公司	221.92		**电动工具制造业**	134.20
6	上海易初通用机器有限公司	199.56	1	闽日电动工具有限公司	375.62
7	唐山齿轮厂	198.36	2	上海日立电动工具有限公司	182.81
8	上海新建齿轮厂	191.30	3	成都欧亚电动工具有限公司	81.91
9	湖北汽车车架厂	189.28		**电工专用设备制造业**	64.11
10	温岭汽车配件厂	187.59	1	芜湖电工机械厂	126.24
八	**电工电器工业行业**	90.95	2	上海电工机械厂	122.26
	锅炉制造业	66.67	3	江西车辆开关厂	59.34
1	靖江锅炉厂	795.53		**变压器制造业**	112.78
2	广州劲马锅炉实业有限公司	185.15	1	顺德特种变压器厂	654.31
3	济南锅炉厂	162.51	2	惠州市电器厂	284.35
4	兰州锅炉厂	145.68	3	大连第一互感器厂	274.21
5	汕头市锅炉厂	137.83	4	韶关变压器厂	255.29
6	温州市锅炉厂	130.50	5	三门变压器厂	236.13
7	张家口市锅炉厂	124.08	6	佛山市变压器厂	232.38
8	无锡市工业锅炉厂	122.18	7	江山变压器厂	205.68
9	湘潭锅炉厂	112.90	8	济南志友股份有限公司	171.37
10	北京巴布科克·威尔科克斯有限公司	102.58	9	大连互感器厂	170.21
	汽轮机制造业	64.77	10	南通市变压器厂	164.53
1	青岛捷能动力集团公司	122.23		**电容器制造业**	108.90
2	杭州汽轮机厂	107.83	1	锦州电力电容器总厂	147.90
3	上海汽轮机厂	76.49	2	丹东电力电容器厂	107.76
	发电机制造业	79.18	3	桂林电力电容器总厂	105.30
1	武汉汽轮发电机厂	220.32		**开关控制设备制造业**	82.35
2	福州福发股份有限公司	134.21	1	福州第一开关厂	228.33
3	淄博牵引电机（集团）股份有限公司	115.47	2	顺德开关厂	225.27
4	常州牵引电机厂	115.12	3	上海东屋电器有限公司	173.27
5	东方电机厂	100.15	4	四川电器股份有限公司	152.21
6	汕头市第二电机厂	83.41	5	佛山市电器厂有限公司	147.18
7	潍坊市电机一厂	79.81	6	上海开通数控公司	131.68
8	郑州电气装备总厂	78.56	7	柳州市电器厂	129.85
9	上海电机厂	74.90	8	杭州开关厂	128.80
10	湖北发电机厂	73.48	9	上海电器股份有限公司	109.86
	电动机制造业	106.53	10	长征电器公司	108.90
1	上海人民电机厂	238.32		**高压电器制造业**	129.80
2	江西特种电机股份有限公司	237.99	1	地方国营象山高压电器厂	307.08
3	衡水电机股份有限公司	233.66	2	湖北开关厂	115.96
4	广东省顺德电机厂	229.93	3	潍坊开关厂	111.72
5	湛江电机厂	218.18		**低压电器制造业**	93.98
6	江门电机股份有限公司	217.69	1	广州南洋电器厂	139.53
7	溧阳县电机厂	212.11	2	北京低压电器厂	103.52
8	大连第三电机厂	205.41	3	甘肃长城电器工业公司	93.82
9	大厂回族自治县电机厂	201.84		**电器设备元件制造业**	90.08
10	东莞电机厂	197.29	1	佛山市开关厂	215.68

(续)

排序	名称	指数	排序	名称	指数
2	苏州电器一厂	192.37		**蓄电池制造业**	129.06
3	苏州低压电器厂	143.18	1	广州蓄电池厂	242.14
4	嘉兴电气控制设备厂	121.27	2	绍兴蓄电池制造总公司	195.05
5	天津市电力电子设备公司	118.11	3	重庆万里蓄电池股份有限公司	188.73
	工业用电炉制造业	80.08	4	上海英达尔蓄电池有限公司	154.78
1	上海电炉厂	110.12	5	沈阳蓄电池厂	133.09
2	长春电炉厂	110.11		**电冰箱制造业**	176.81
3	济南电炉厂	99.96	1	广东科龙电器股份有限公司	296.28
	电焊机制造业	107.79	2	中国扬子电气公司冰箱总厂	183.84
1	天津市电焊机总厂	183.68	3	上海市远东冰箱厂	118.51
2	乌鲁木齐电工设备总厂	157.41		**电风扇制造业**	92.39
3	上海电焊机厂	146.73	1	番禺市电机总厂	205.16
	焊条制造业	131.75	2	台山市电热器具厂	141.24
1	宝钢集团深圳大西洋电焊条总厂	585.55	3	吴县防爆电机厂	133.13
2	泰州电焊条厂	200.91		**其他电气机械及器材制造业**	103.84
3	自贡中国电焊条厂	186.53	1	佛山通宝股份有限公司	260.30
4	青岛铜材厂	152.10	2	浙江省新昌制冷配件总厂	177.25
5	青岛电焊条厂	143.01	3	南京高速齿轮箱厂	163.44
6	郑州市电焊条厂	141.74	4	许昌继电器厂	155.24
7	上海电焊条总厂	140.59	5	深圳煤矿机电设备公司	144.31
8	锦州天鹅焊材（集团）股份有限公司	137.89	6	佛山通用电气实业（集团）公司	142.74
9	淄博电焊条厂	136.68	7	苏州合金材料厂	129.85
10	株洲市电焊条总厂	131.83	8	南京调速电机厂	119.43
	电线电缆制造业	94.14	9	阿城继电器厂	115.11
1	深圳太平洋铜材有限公司	410.16	10	奇胜电器（惠州）工业有限公司	109.66
2	佛山电缆厂	369.48	**九**	**仪器仪表工业行业**	99.51
3	烟台铜材厂	335.39		**工业自动化仪表制造业**	87.35
4	佛山市中宝电缆厂	233.29	1	上海福克斯波罗有限公司	303.89
5	马鞍山市电磁线厂	228.99	2	深圳华仪试验测量仪表工业公司	270.59
6	衡阳电缆厂	220.77	3	鞍山热工仪表厂	215.87
7	宝应宝胜电缆厂	209.69	4	成都水表厂	213.62
8	广东电工有限公司	204.39	5	广东仪表厂	136.25
9	南宁电线电缆厂	182.40	6	西安仪表厂	120.60
10	天津市软线总厂	180.11	7	北京远东仪表公司	119.98
	工业陶瓷制造业	96.82	8	丹东热工仪表厂	119.82
1	苏州电瓷厂	170.04	9	湛江仪表厂	116.40
2	个旧市高压电瓷厂	127.04	10	泊头市仪表厂	116.05
3	大连电瓷厂	122.63		**电工仪器仪表制造业**	76.15
4	抚顺电瓷厂	113.15	1	湖北省沙市电工仪器仪表工业公司	142.26
5	阳江市电瓷厂	112.16	2	上海电度表厂	130.29
	电工用碳素制品业	134.84	3	华立电气（集团）公司	128.57
1	东新电碳股份有限公司	194.07	4	黄山仪器仪表公司	125.68
2	上海摩根碳制品有限公司	156.95	5	无锡市电度表厂	123.42
3	哈尔滨电碳厂	66.13	6	杭州仪器仪表集团公司	109.30
	绝缘制品业	47.62	7	苏州仪表总厂	107.86
1	泰州绝缘材料厂	183.34	8	上海第二电表厂	107.29
2	深圳太平洋绝缘材料有限公司	171.20	9	青岛电度表厂	104.45
3	山东淄博电瓷厂	144.97	10	衡阳仪表厂	97.03
4	天津市绝缘材料总厂	100.46		**分析仪器制造业**	86.73
5	上海绝缘材料厂	89.27	1	佛山分析仪器厂	275.56

(续)

排序	名　　称	指数	排序	名　　称	指数
2	南京分析仪器厂	58.18	1	周口包装机械厂	244.35
3	沈阳分析仪器厂	38.35	2	昆明市第三机器厂	233.20
4	北京分析仪器厂	36.53	3	昆明市第二机器厂	193.97
	光学仪器制造业	78.83	4	常德七一机械厂	169.14
1	苏州第一光学仪器厂	179.47	5	昆明市机器厂	149.14
2	北京光学仪器厂	128.77	6	如皋市食品机械厂	123.30
3	上海分析仪器厂	119.24	7	广州市人民机器厂	117.68
4	上海精密科学仪器公司	101.72	8	青岛机床厂	116.02
5	梧州市光学仪器厂	86.00	9	新会市星宇制冷炊具总公司	114.40
6	重庆光电仪器总公司	83.18	10	锦州包装机械厂	103.62
7	上海光学仪器厂	78.66	**十一**	**其他民用机械工业行业**	92.88
8	江南光学仪器厂	77.86		**铸件制造业**	85.48
9	铁岭光学仪器厂	76.22	1	新会铸造厂	141.31
10	北京瑞利分析仪器公司	67.18	2	常州铸造总厂	133.46
	试验机制造业	69.86	3	海门县铸钢厂	130.63
1	上海申克试验机有限公司	167.11	4	韶关铸锻总厂	127.50
2	莱州市试验机厂	117.19	5	莱芜市口镇铸造公司	123.93
3	苏州试验仪器厂	102.74	6	上海重机铸造厂	118.45
	电影机械制造业	43.73	7	上海汽车有色铸造总厂	116.96
1	山东电影机械厂	103.30	8	无锡市铸造厂	112.80
2	保定市电影机械厂	86.60	9	柳州市铸造总厂	99.21
3	南京电影机械厂	73.84	10	徐州铸锻总公司	95.34
	照相机制造业	17.98		**锻件制造业**	88.86
1	北京市照相机总厂	110.59	1	常州锻造总厂	128.91
2	上海照相机总厂	34.75	2	上海汽车锻造总厂	105.68
3	青岛照相机总厂	25.06	3	上海正升锻造有限公司	93.32
	复印机制造业	176.70		**其他民用机械制造业**	91.66
1	上海施乐复印机有限公司	451.80	1	广东威达医疗器械（集团）公司	198.35
2	营口复印机有限公司	306.03	2	日照市五金工业集团公司	127.35
3	上海申贝办公机械公司复印机厂	180.23	3	河北省黄骅工贸合营电焊网厂	100.27
	仪器仪表元件器件制造业	104.73	4	鸡西门窗制造厂	96.67
1	湖北省襄樊市仪表元件厂	202.18	5	达县机械二厂	84.81
2	苏州仪表元件厂	152.47		**其他工业专用设备制造业**	130.14
3	苏州晶体元件厂	140.18	1	定海纺织机械厂	221.08
4	上海合金厂	109.22	2	张家港市华亿集团公司	200.29
5	天津天力有限公司	74.49	3	诸暨链条设备总厂	114.37
十	**食品及包装机械工业行业**	105.09		**其他民用机械修理业**	103.71
	金属包装物品及容器制造业	119.40	1	高要鸿图工业有限公司	238.81
1	肇庆机床厂（包装机械厂）	166.54	2	深圳远东机械有限公司	187.94
2	惠阳机械厂	151.42	3	佛山市北江机械厂	166.83
3	汕头韩江实业（集团）公司	131.06	4	中山市金马游乐设备实业公司	161.42
	食品饮料烟草工业专用设备制造业	102.44	5	浙江省临安县膨润土矿	129.26

〔机械工业部生产与信息统计司供稿〕

〔责任编辑：申建丽〕

机械工业

发展情况

第Ⅰ部分

机 械 工 业

机械工业部行业发展司　黄开亮

1993年，机械工业认真贯彻邓小平同志重要谈话和党的十四大及十四届三中全会精神，贯彻中央加强宏观调控的一系列措施，生产发展，效益提高，全行业继续保持快速发展的势头。

一、生产发展方面

1. 继续在高速发展轨道上运行

机械产品是资本货物，直接受国民经济投资的影响，1993年这方面的反映非常明显。自1992年初至1993年8月，由于国家固定资产投资大幅度增加，机械工业连续20个月以30%以上速度增长；下半年，在中央加强与改善宏观调控方针指导下，收紧投资，机械工业积极主动调整生产发展步伐，平均以每月下降2个百分点左右的幅度缓慢回落，但没有形成大起大落的局面。见表1。

表1　1992～1993年机械工业按月生产增长指数(按可比价与上年同期比较)　(单位：%)

月份	1	2	3	4	5	6	7	8	9	10	11	12
1992年	35.2	34.8	34.4	32.6	30.9	36.1	31.9	32.0	30.3	31.9	32.8	33.8
1993年	20.9	36.0	36.0	35.2	34.9	33.7	33.0	31.0	28.2	26.3	25.1	24.6

1993年，按1990年不变价格计算机械工业部系统完成的工业总产值3113.59亿元，比1992年增长25.14%，仅次于1992年34.46%的速度，是改革开放以来第二个高速年。改革开放15年(1979～1993年)平均年增12.2%。见表2。

全年完成按现价计算的产值为3679.45亿元，比1992年2579.48亿元增长42.64%。

完成工业增加值943.18亿元，比上年的675.98亿元增长39.53%，按可比价计算增长22.41%；工业增加值率为25.63%，比上年的26.21%下降了0.58个百分点。见表3。

完成销售产值3556.18亿元，比上年的

表2　1978年以来机械工业部系统工业产值增长情况

年份	总产值(1990年不变价，亿元)	指数(%) 以上年为100	指数(%) 以1980年为100	部系统在全行业中比重(%)
1978年	556.98			
1979年	608.25	109.22		45.28
1980年	579.18	95.22	100.00	42.13
1981年	497.19	85.84	85.84	37.57
1982年	576.78	116.01	99.59	38.42
1983年	689.31	119.51	119.01	39.05
1984年	838.76	121.71	144.85	38.96
1985年	1038.66	123.80	179.33	38.04
1986年	1088.03	104.75	187.86	37.52
1987年	1242.75	114.20	214.57	37.35
1988年	1486.84	119.64	256.71	33.72
1989年	1582.60	106.44	273.52	33.66
1990年	1562.09	98.70	269.71	32.16
1991年	1850.33	118.45	319.47	32.68
1992年	2488.00	134.46	429.57	33.09
1993年	3113.59	125.14	537.59	
改革开放15年(1979～1993年)平均年增%			12.2	
其中："六五"(1981～1985年)			12.4	
"七五"(1986～1990年)			8.5	
"八五"前三年(1991～1993年)			25.9	

表 3　1986～1993 年机械工业增加值增长情况

年份	机械工业增加值				增加值率(%)	在国内生产总值中比重(%)	在第二产业总值中比重(%)	在工业增加值中比重(%)	附(单位: 亿元)		
	当年价		可比价						国内生产总值	第二产业总值	全部工业增加值
	亿元	为上年%	亿元	为上年%							
1985	299.57		275.27		37.15	3.51	7.75	8.69	8527.4	3866.6	3448.7
1986	298.53	99.65	269.64	97.95	34.74	3.08	6.64	7.53	9687.6	4492.7	3967.0
1987	325.73	109.11	288.54	107.01		2.88	6.20	7.10	11307.1	5251.6	4585.8
1988	401.47	123.25	330.03	114.38	31.12	2.85	6.09	6.95	14074.2	6587.2	5777.2
1989	460.59	115.22	335.08	101.53	29.68	2.89	6.36	7.13	15997.6	7278.0	6484.0
1990	426.00	92.09	317.01	94.61	28.45	2.41	5.52	6.21	17681.3	7717.4	6858.0
1991	505.84	118.74	495.83	156.41	27.89	2.51	5.56	6.25	20188.3	9102.2	8087.1
1992	675.98	133.64	652.01	131.50	26.21	2.81	5.84	6.67	24020.2	11575.2	10128.4
1993	943.18	139.53	798.13	122.41	25.63	3.01					

注：1. 1991年以前工业增加值（当年价）的计算，为工业净产值减支付给非物质生产部门的费用、减利息支出，加固定资产折旧和大修理基金。1992年以后工业增加值为统计部门实际上报数。

2. 以可比价计算的增加值，是征求国家统计局工交司意见按机械工业总产值的当年价与不变价系数推算的，只供参考。

2556.32 亿元增长 39.11%。全年产品销售率为 96.8%，基本上满足了国家经济建设对一般机械产品的需要。

2. 在国民经济中的比重和生产效率有所提高

机械工业增加值在国内生产总值中的比重，1993 年为 3.01%，比 1992 年的 2.81%增加了 0.2 个百分点。

1993 年，机械工业全员劳动生产率，按工业增加值计算为 14284 元／人・年，比上年的 10345 元／人・年增加 3939 元，按可比价折算比上年增长 17.0%，劳动效率有较大的提高。

3. 各行业全面增长

机械工业各行业，除农业机械因受市场影响，在扣除内燃机及拖拉机、内燃机配件后只增长 1.84%（如进一步扣除农用运输车则比上年减少 5.2%）外，其他行业都有一个较高的增长。尤其是仪器仪表（39.65%）、工程机械（37.05%）、汽车（33.99%）和重型矿山机械（30.87%）等行业，都增长 30%以上，这是一个跃进的高速。见表 4。

表 4　1993 年机械工业系统生产各行业分析

行　　业	1993 年		1992 年		1993／1992 (%)
	产值(亿元)	比重(%)	产值(亿元)	比重(%)	
机械工业总计	3113.59	100.00	2488.00	100.00	125.14
1. 农业机械	472.86	15.19	438.72	17.63	107.78
其中：内燃机及拖拖机、内燃机配件	217.58	6.99	188.05	7.56	115.70
农用运输车	68.10	2.19	53.29	2.14	127.79
2. 工程机械	85.16	2.73	62.14	2.50	137.05
3. 仪器仪表	152.29	4.89	109.05	4.38	139.65
4. 石化通用机械	211.66	6.80	163.48	6.57	129.47
5. 重型矿山机械	141.31	4.54	107.98	4.34	130.87
6. 机床工具	178.76	5.74	142.37	5.72	125.56
7. 电工电器	707.20	22.71	569.72	22.90	124.13
8. 机械基础件	150.59	4.84	133.86	5.38	112.50
9. 汽车	952.80	30.60	711.10	28.58	133.99

汽车行业在机械工业中的比重由上年的 28.58%提高至 30.60%，居第一位；电工电器、农业机械工业居二、三位，但比重有所下降。

4. 重点生产、重点任务完成较好

国家产业政策重点扶持的能源、原材料、交通运输等部门所需机械设备增势较大；基本建设大面积的铺开，工程机械、水泥设备、矿山设备、起重设备等热销；企业技术改造的深入，使金属切削机床及高水平的测试仪表供不应求，印刷机械、制冷设备订货饱满；新兴的食品机械、包装机械、环境保护设备等长期畅销不衰，都保持较高增长速度。见表 5。

表 5　1993 年主要机械产品产量表(机械工业部系统)

产品名称	单位	1993 年	1992 年	1993／1992(%)
内燃机(生产量)	MW	174853	122232	143.05
其中：柴油机	MW	109282	60855	179.58
金属切削机床	万台	16.13	14.72	109.58
其中：数控机床	台	6026	4216	142.93
锻压设备	万台	5.22	4.62	112.99
起重设备	万 t	37.04	32.43	114.22
输送机械	万 t	12.01	9.65	124.46
泵	万台	256.89	290.05	88.57
其中：工业泵	万台	48.04	44.88	107.04
滚动轴承	亿套	5.78	6.09	94.91
矿山设备	万 t	25.43	25.88	98.26
冶炼设备	万 t	4.08	1.52	268.42
石油钻采设备	万 t	6.06	8.18	74.08
印刷机械	万 t	7.68	7.44	103.23
大中型拖拉机	万台	4.70	6.72	69.94
小型拖拉机	万台	85.52	136.62	62.60
装载机	台	14138	9204	153.61
叉车	台	22751	23976	94.89
汽车	万辆	110.06	89.20	123.34
其中：轿车	万辆	20.19	15.49	130.34
摩托车	万辆	60.54	36.82	164.42
发电设备	MW	14645	11464	127.75
其中：水电设备	MW	2712	2068	131.4

1993 年，各项重点任务都能较好完成，主要表现在：

(1) 为能源建设做出突出贡献。以电力设备为例，发电设备生产和配合电力工业新增装机所需配套通用设备及输变电设备，双双达到或接近 15000MW。火力发电设备，生产 100MW 以上机组 35 套共 7760MW，占火力发电设备产量的 3／4 以上，其中 300、600MW 机组由上年的 12 套 3600MW 增至 15 套 4800MW。到 1993 年底，引进型 300 和 600MW 机组，已分别投运 13 套和 2 套；国产引进优化型 300MW、600MW 火电主机都已批量生产，已投运 7 台，对出现的问题作了完善改进。这些，标志着我国火力发电设备制造水平正在进行质的飞跃，高参数、大容量、高效率机组的产量已占主导地位；主力机组已经由国内过去设计的 200～300MW 机组向引进优化型 300～600MW 机组转变。水力发电设备，1993 年生产了 100MW 以上特大型机组 7 套 1622.5MW，占水电设备产量的 60%。其中有转轮直径 8m、机组重达 4060t 的广西岩滩 302.5MW 特大型机组，还有隔河岩 300MW 机组、漫湾 250MW 机组、水口 200MW 机组，这些都于 1993 年底前陆续投运。其中岩滩机组是三峡机组建造前的中间试验机组，为三峡机组的研制提供了大量技术依据和制造经验。见表 6。

(2) 为交通运输的汽车生产取得重大进展。全国汽车生产，继 1992 年突破百万辆产量大关后，1993 年更上一层楼达 130 多万辆。比上年增长 23%，超过调整后的“八五”计划 1995 年达到 120 万辆的目标。在总量中，机械工业部系统生产 110.06 万辆，其中载货汽车 52.69 万辆，包括有重型车 1.46 万辆、轻型车 22.26 万辆、微型车 7.9 万

表 6　1993 年特大发电设备分机组生产情况　　(单位：台／MW)

机　组	1993 年	1992 年	机　组	1993 年	1992 年
发电设备总计	15343.0	12970.1	广西岩滩型 302.5MW 机组	1／302.5	1／302.5
其中：特大型机组合计	30／8032.5	28／6782.5	湖北隔河岩型 300MW 机组	1／300.0	—
1. 200MW 以上火电机组	23／6410.0	22／5610.0	云南漫湾型 250MW 机组	2／500.0	1／250.0
600MW 机组	1／600.0	—	福建水口型 200MW 机组	1／200.0	—
300MW 机组	14／4200.0	12／3600.0	陕西安康型 200MW 机组	—	1／200.0
210MW 机组	1／210.0	1／210.0	贵州东风型 170MW 机组	1／170.0	1／170.0
200MW 机组	7／1400.0	9／1800.0	四川铜街子型 150MW 机组	1／150.0	1／150.0
2. 特大型水电机组	7／1622.5	6／1172.5	江西万安型 100MW 机组	—	1／100.0

辆，产量比上年都有较大增长，在载重车中的比重分别为 2.77%、42.25%和 14.99%，轻型车的产量已超过中型车产量（21.00 万辆）。生产轿车 20.19 万辆，比上年 15.49 万辆增长 30.34%，但市场仍供不应求。全国生产摩托车 336.76 万辆，已居世界第一。

(3) 为生产材料提供了一批重大设备。继宝钢二期工程之后，为舞阳、攀枝花钢铁公司制造了 1900、1350mm 大型板坯连铸机，已达到了国际 80 年代末期水平。与德国德马克公司合作制造的 170mm 钢管轧机，90%的重量由国内制造，11 月已顺利投产。

(4) 为建设事业蓬勃发展服务的建筑工程机械加速发展。近年来，由于工程项目施工，高速公路、重点铁路、港口码头建设，房地产开发等建筑施工的蓬勃开展，工程机械异军突起，1992 年产值增长 34.21%，1993 年进一步加快达 37.05%，其发展速度已超过汽车等高速发展行业。1993 年工程机械行业产品高速发展，推土机（增长 84.18%）、汽车起重机（增长 20.7%）的主要生产企业无不满负荷运转。

(5) 机床工具产值继续位居世界前列。1993 年，机械工业部机床产量 16.13 万台中，数控机床 6026 台。按台数计算的数控化率由上年的 2.87%提高到 3.74%；产值达 11.87 亿元，按产值计算的数控化率由上年的 14.73%提高至 16.09%。据美国《机械工程师》杂志提供数据，中国的机床产值继续名列世界第五，仅次于日、德、美、意。

5. 直接为种植业服务的农业机械企业生产萎缩

1993 年，由于农业生产资料价格上涨快，农产品价格上不去，农民收入上不去，减少了农田投入，使直接为农业服务的农机产品市场需求急剧下降，产值比上年减少 5.2%；同时，由于农机产品的长期低价，生产企业几乎无效益可得。这样，使一批农机重点骨干企业处于极端困难之中，如潍坊拖拉机厂年产小拖拉机能力为 10 万台，全年仅生产 4.6 万台，比上年下降 53%；四平联合收割机厂只生产 230 台，相当于过去两个月的产量；第一拖拉机工程机械公司，为农业服务的产值比重由过去的 90%减至 50%；还有相当一部分农机企业处于半停产或停产状态，难以为继，陷入困境。

6. 生产集中度提高

1993 年机械工业部系统前 100 家企业产品销售额 1621.9 亿元，为同期整个部系统产品销售额 3719.85 亿元的 43.60%，比 1992 年（分别为 883.21 亿元和 2511.57 亿元）的 35.17%提高了 8.43 个百分点。

按产品销售收入分析，几个行业的三厂集中度参差不一，虽比上年有提高，但总的看仍偏低。三厂集中度，最高的是汽车制造行业（64.88%），其次为发电设备制造业（47.80%），最低的为重型机械制造业只有 11.93%。见表 7。

按产量分析，以发电设备及汽车为例：

表 7　1993 年按产品销售收入计算的三厂生产集中度

行　业	行业销售收入(亿元)	行业前三厂		行　业	行业销售收入(亿元)	行业前三厂	
		销售收入(亿元)	在行业中比重(%)			销售收入(亿元)	在行业中比重(%)
拖拉机制造业	107.98	39.62	36.69	金属切削机床制造业	105.48	13.40	12.70
内燃机制造业	147.09	31.26	21.25	发电设备制造业	143.14	68.42	47.80
工程机械制造业	122.04	29.78	24.40	轴承制造业	95.82	24.43	25.50
重型机械制造业	175.81	20.97	11.93	汽车制造业	949.23	615.86	64.88

发电设备行业的三厂集中度除电站锅炉只有 49.13%外，水轮发电机组和汽轮发电机组都在 70%以上；五厂集中度除电站锅炉只有 75.11%外，其他两类都近 90%。

汽车行业的三厂集中度 90%以上的有中型载货车一种，80%～90%的有大型和中型客车，70%～80%的有微型客车、重型载货车和轿车三种。五厂集中度 90%以上的有中型载货车、大型客车、中型客车、微型客车四种，80%～90%的有重型载货车、微型载货车和轿车三种。生产集中度最低的是轻型客车和轻型载货车，三厂集中度不到 50%。见表 8。

说明生产集中度有所提高的另一组数据是各行业最大企业的产品销售收入，1993 年比 1992 年一般都有明显增加。见表 9。

7. 按增加值考核机械工业的生产，有些问题须重新认识

(1) 机械工业增加值在国内生产总值、第二产业总值和整个工业增加值中的比重不断降低，这两年略有回升，但均未恢复到 1985 年的水平（见表 3）。

(2) 机械工业的增加值率不断降低，1993 年为 25.63%，比 1985 年的 37.15%下降了 11.52 个百分点，八年来平均每年下降 1.44 个百分点。先进国家的机械工业增加值率约 40%～50%。我国机械工业增加值率如此之低而且连年下降，是极不正常的。

(3) 工业增加值与工业总产值的最大区别在于消除了重复计算，是真正创造的价值。1985 年到 1993 年，机械工业总产值平均年增 14.7%，而工业增加值年均只增加 14.2%。机械工业近年来实际增长的速度略低于按工业总产值计算出来的速

度（见表2、表3）。

工业增加值比较能反映实际小行业位置排序，与按工业总产值计算的机械工业各行业排序有明显的差异。见表10。

二、经济运行方面

1993年，随着我国社会主义市场经济的建立和宏观调控措施的贯彻实施，机械工业经济运行态势良好，在生产取得高增长的同时，机械工业企业

表8　1993年按产量计算的发电设备、汽车行业生产集中度

产　　品	单位	产量总计	三　厂		五　厂	
			产量	集中度(%)	产量	集中度(%)
发电设备						
水轮发电机组	MW	2593.3	1944.8	74.99	2284.8	88.10
汽轮发电机	MW	10186.7	7233.5	71.01	9112.5	89.45
电站锅炉	万蒸吨	53759.6	26413.6	49.13	40378.6	75.11
载货车	万辆	69.39	29.6	42.66	36.25	52.24
重型	万辆	3.58	2.70	75.42	3.09	86.31
中型	万辆	31.69	28.85	91.04	30.66	96.75
轻型	万辆	27.56	12.86	46.66	16.97	61.57
微型	万辆	6.56	3.98	60.67	5.76	87.80
客车	万辆	26.45	7.75	29.30	11.24	42.50
大型	万辆	0.42	0.34	80.95	0.39	92.86
中型	万辆	1.44	1.22	84.72	1.30	90.28
轻型	万辆	17.73	7.35	41.46	9.63	54.21
微型	万辆	6.86	5.21	75.95	6.35	92.57
轿车	万辆	22.52	16.57	73.58	19.63	87.17

表9　机械工业部系统分行业最大企业规模情况

行　　业	1993年		1992年	
	最大企业名称	销售收入(亿元)	最大企业名称	销售收入(亿元)
农业机械	第一拖拉机工程机械公司	21.90	第一拖拉机工程机械公司	19.19
内燃机	北内集团	12.74	北内集团	12.97
工程机械	徐州工程机械厂	12.97	徐州工程机械厂	7.20
石化通用机械	上海合众一开利公司	5.05	上海通用机械公司	10.04
重型机械	第一重机集团公司	8.85	第一重机集团公司	4.51
电工器材	上海电气联合公司	31.53	上海线缆公司	10.81
机床工具	北京一机床厂	5.02	上海机床公司	9.00
基础件	瓦房店轴承厂	8.66	洛阳轴承厂	6.62
仪器仪表	春兰集团	20.42	春兰集团	8.83
汽车	上海汽车公司	219.98	上海汽车公司	155.28

表10　机械工业分行业增加值情况

行　　业	1993年			1992年		
	增加值(亿元)	比重(%)	增加值率(%)	增加值(亿元)	比重(%)	增加值率(%)
机械工业总计	943.18	100.0	25.63	675.98	100.00	26.21
1. 农业机械	121.91	12.93	22.20	97.93	14.49	22.20
2. 工程机械	34.25	3.63	28.22	17.42	2.58	24.83
3. 仪器仪表	41.60	4.41	29.12	32.68	4.83	31.52
4. 石化通用机械	76.17	8.08	31.37	53.68	7.94	32.21
5. 重型矿山机械	40.79	4.32	24.22	26.83	3.97	25.35
6. 机床工具	80.84	8.57	35.90	53.13	7.86	35.65
7. 电工电器	199.29	21.13	25.19	138.01	20.42	24.90
8. 机械基础件	57.96	6.15	33.86	43.10	6.38	34.00
9. 汽车	271.63	28.80	22.83	199.88	29.57	24.72

通过不断深化改革，适应市场机制变化的应变能力增强，产销衔接基本稳定，经营状况好转，经济效益比上年明显提高。但总体上看，机械工业经济发展仍然比较粗放，亏损问题不可忽视，经济效益的取得，不少是依靠生产规模扩大以及涨价的推动。1993年机械工业经济运行特点如下：

1. 工业经济效益综合指数提高

按照6项经济效益指标计算的1993年机械工业经济效益综合指数为102.25%，比1992年的98.90%提高了3.35个百分点；比同期全国工业高2.94个百分点。在构成指数的各项指标中的工业产品销售率、工业资金利税率、成本费用利润率、工业增加值率等指标比上年降低，指数的提高主要是靠工业全员劳动生产率及流动资产周转速度大幅度提高。见表11。

对工业企业经济效益指标的分析如下：

(1) 按机械工业部各行业分析，工程机械行业最高，其次为汽车行业；多数行业比上年有较大幅度提高。见表12。

(2) 按企业经济类型分析，经营机制的作用明显，合资企业最高，国有企业最低，两类企业的6项指标差距都较大。见表13。

(3) 按企业重要性分析，骨干、重点、普通企业依次排列，初步显示了骨干企业在产品水平、规模经营、装备及管理等方面的优势。见表14。

(4) 按企业规模分析，经济效益综合指数基本与规模大小相一致。特大型企业最高为150.33%，小型企业最低只有84.00%；特别是反映在资金利税率（分别为14.62%和7.81%）、工业成本费用利润率（分别为7.12%和3.15%）和全员劳动生产率（分别为31023元/人·年和8785元/人·年）差别明显。

(5) 从地区看，发展不平衡，东部沿海地区高于西部地区。除汽车工业情况反映明显外，综合厅局也是如此。广西（156.82%）、广东（139.32%）、浙江（127.51%）、福建

表11 1993年机械工业企业主要经济效益指标

指标名称	单位	全国工业	机械工业		1993/1992
			1993年	1992年	
工业经济效益综合指数	%	99.31	102.25	98.90	+3.35个百分点
工业产品销售率	%	94.32	96.65	99.10	−2.45个百分点
工业资金利税率(净值)	%	11.48	9.82	10.18	−0.36个百分点
工业增加值率①	%		25.63	26.20	−0.57个百分点
		(26.65)		(27.95)	
工业成本费用利润率	%	5.79	5.40	6.36	−0.96个百分点
工业全员劳动生产率②(增加值)	元/人·年		14284	10345	+27.58%
		(11721)		(11032)	
流动资产周转率	次	1.76	1.51	1.44	加快0.07次

①括号内为工业净产值率。

②括号内为按净产值计算的劳动生产率。

表12 1993年机械工业分行业企业主要经济效益指标

行业	排序		经济效益综合指数(%)		1993/1992
	1993年	1992年	1993年	1992年	
机械工业			102.25	98.90	+3.35个百分点
农业机械	6	4	93.04	94.48	−1.44个百分点
工程机械	1	2	151.26	108.86	+42.40个百分点
仪器仪表	7	10	92.71	67.56	+25.15个百分点
石化通用机械	5	6	95.16	87.38	+7.78个百分点
重型矿山机械	8	9	91.36	75.03	+16.33个百分点
机床	3	5	101.32	88.72	+12.60个百分点
电工	9	8	88.78	81.70	+7.08个百分点
机械基础件	10	7	86.93	82.91	−4.02个百分点
食品包装机械	4	3	98.11	104.87	−6.76个百分点
汽车	2	1	125.23	135.02	−9.79个百分点

表13 1993年国有企业与中外合资企业经济效益指标

指标	单位	国有企业	合资企业
工业经济效益综合指数	%	94.04	263.57
工业产品销售率	%	96.82	98.77
工业资金利税率	%	8.29	23.59
工业增加值率	%	25.21	23.15
工业成本费用利润率	%	4.50	9.72
工业全员劳动生产率	元/人·年	13100	85243
流动资产周转率	次	1.45	2.35

表 14　1993 年按企业重要性分析经济效益指标

指　　标	单位	骨干企业	重点企业	普通企业
工业经济效益综合指数	%	112.91	103.09	93.88
工业产品销售率	%	97.85	96.93	95.22
工业资金利税率	%	10.63	9.55	9.07
工业增加值率	%	25.23	25.44	26.18
工业成本费用利润率	%	6.09	5.66	4.46
工业全员劳动生产率	元/人·年	18970	15373	11058
流动资产周转率	次	1.53	1.48	1.52

(127.49%)、上海（123.79%）、江苏（114.34%）等沿海省、自治区、市居于前列。

2. 亏损问题应引起重视

1993 年，在产销高速发展及实现利润大幅度增长的同时，亏损企业及亏损额也在大幅度扩大。年底亏损企业达 1914 个，比上年同期增加 610 个，增加了 46.8%；亏损面为 19.7%，比上年的 13.1%扩大了 6.6 个百分点。全年亏损企业亏损额 22.61 亿元，比上年增加 10.0 亿元，增加亏损 79.4%，扭亏增盈是机械工业一个长期艰巨任务。见表 15。

表 15　机械工业亏损情况 (单位：亿元)

年份	销售收入	利润总额	亏损企业个数	亏损企业亏损额	亏损面 (%)
1988	1266.9	124.3	606	2.1	6.0
1989	1377.9	120.0	936	4.2	9.0
1990	1334.3	63.4	2291	22.2	22.2
1991	1789.2	78.9	2069	22.3	20.2
1992	2511.6	134.9	1304	12.6	13.1
1993	3569.9	183.3	1914	22.6	19.7

有的行业亏损严重。如农机行业，全行业 22 个小行业有 6 个小行业亏损，占小行业数的四分之一以上，其中拖拉机行业亏 4719 万元、小型拖拉机行业亏 13627 万元、农具行业亏 2960 万元、场上作业机械亏 698 万元、收获机械行业亏 1068 万元、小农具行业亏 141 万元，如果扣除内燃机、内燃机配件、农用运输车和农用水泵后的纯农业机械，共亏 11069 万元，情况非常严重。北京农机、天津农机、上海郊县局的亏损面分别为 22.5%、35.0%和 27.0%，均高于 19.7%的平均水平。沈阳小型拖拉机厂亏 1994 万元，西安农业机械厂亏 890.2 万元，哈尔滨拖拉机厂亏 670 万元。

照相机行业连续两年全行业亏损。1992 年亏损 2389 万元，1993 年亏 345 万元。

化工及化纤机械行业亏损 668 万元。

重型矿山机械行业八大重机厂，经过艰苦努力，1993 年终于全面扭亏，但盈利极为有限，与其巨额的资金和销售收入相比很不相称，盈利的基础极其脆弱。如第一重型机械集团公司，1992 年固定资产原值 9.34 亿元、净值 4.36 亿元，1993 年销售收入 8.85 亿元，而利润总额只有 22.30 万元；第二重型机械集团公司，1992 年固定资产原值 6.76 亿元、净值 3.27 亿元，1993 年销售收入 5.63 亿元，利润总额只有 14.45 万元。八大重机厂固定资产（原值）39.4 亿元，而利润只有 1474 万元，效益情况如此之低，原因是多方面的，国家对这些“国宝”企业的困境应采取支持措施予以改变。见表 16。

从地区看，北部比南部严重，西部比东部严重。东北、西北和华北的河北、山西、内蒙古等地亏损较严重。其中黑龙江省（亏 3094 万元）、青海省（亏 1774 万元）、西安市（亏 2032 万元）、长春市（亏 8273 万元）全行业亏损。东北三省亏损企业亏损额 5.8 亿元，西北的陕西、甘肃、青海三省亏损企业亏损额 2.2 亿元，占全部亏损额的 35.4%，另外，亏损企业亏损额上亿元的还有河北、江苏、山东、湖南省机械厅系统企业。

从计划单列企业集团看，情况较好，但西安电力机械制造公司连年亏损。见表 17。

表 16　八大重机厂 1993 年盈利情况 (单位：万元)

企业名称	利润总额		1993 年销售收入	1992 年末固定资产	
	1993 年	1992 年		原值	净值
八大重机厂合计	1474.32	−5140		394338	162741
1. 第一重型机械集团公司	22.30	−1297	88469.2	93449	43605
2. 第二重型机械集团公司	14.45	13	56346.9	67624	32671
3. 沈阳重型机器厂	65.00	20	57773.3	47073	18357
4. 太原重型机械集团公司	600.00	−963	62358.5	51217	16856
5. 洛阳矿山机器厂	218.00	107	58794.6	42772	11358
6. 上海重型机器厂	7.80	−1988		38186	12934
7. 天津重型机器厂	5.77	−1098		24904	12943
8. 大连重型机器厂	541.00	66	42330.3	29113	14017

表 17　1993 年机械工业计划单列集团公司盈亏情况

	排序		利润总额 (亿元)	
	1993 年	1992 年	1993 年	1992 年
计划单列集团总计			30.78	22.97
1. 东风汽车集团公司	1	1	15.00	11.70
2. 中国第一汽车集团公司	2	2	10.41	7.76
3. 中国重型汽车集团公司	3	3	3.10	1.62
4. 东北输变电设备公司	4	7	0.85	0.16
5. 第一拖拉机工程机械联营公司	5	4	0.69	1.30
6. 哈尔滨电站设备成套公司	6	5	0.38	0.52
7. 中国东方电气集团公司	7	9	0.38	−0.03
8. 上海电气联营公司	8	8	0.21	0.10
9. 中国四联仪器仪表集团公司	9	6	0.04	0.32
10. 西安电力机械制造公司	10	10	−0.28	−0.48

机械工业企业亏损的原因是多方面的，既有外部制约因素的原因，也有企业管理不善的原因，既有企业经营决策的问题，也有体制和企业自身条件的牵制因素。

(1) 生产资料涨价导致成本增加。1993 年，在工业生产和投资高速增长的拉动下，生产资料需求旺盛，从而带动工业品出厂价格大幅度上涨。机械产品旺销的可以提价、预收订货款，得到高额利润，滞销的无法提价严重亏损。原材料、燃料、动力购进价格上涨，企业消化不了，是造成企业亏损的主要原因之一。

(2) 资金占用不合理。1993 年机械工业企业全部流动资金平均余额 2457.12 亿元，比上年的 1746.17 亿元，增加了 710.95 亿元，增长了 40.71%。增加的原因：一是生产的发展，这是必要的；二是"三角债"重来，据调查，机械工业企业债权金额一般比债务金额多三分之一以上，占用了大量资金；三是产成品库存居高不下，1993 年底产成品存货占用流动资金 391.76 亿元，与上年同期 251.5 亿元比，增加了 140.26 亿元，即增长了 55.77%。全年利息支出 103.30 亿元，比上年 82.69 亿元增加 20.61 亿元，增长了 24.92%，利息支出相当于机械工业利润总额 183.3 亿元的 56.4%，影响了机械工业效益的提高和亏损的增加。

(3) 产业结构、产品结构不合理，企业内部经营管理不善是企业亏损的根本原因。1993 年进口的机械设备量很大，说明不是没有市场，由于品种不对路，质量上不去，加上管理方法落后，经营机制僵化，企业很难根据市场情况作出快捷反映，如小拖拉机行业和内燃机行业的小缸径单缸机，产需脱节，企业不能及时调整生产，致使不少企业处于半停产状态。

3. 机械工业经济效益总体水平仍然不高

尽管 1993 年机械工业经济效益比上年有明显提高，但机械工业生产投入产出效益水平依然较低。与改革开放以来各年比较，除物质消耗大幅度降低外，其他指标远低于历史较好水平。见表 18。

4. 经济效益改善带有明显"速度效益型"特征

1993 年在机械工业效益综合指数比上年提高 3.35 个百分点，从构成效益指数的 6 项经济效益

表 18　1980 年以来机械工业主要经济效益指标

年份	资金利税率 (%)	资金利润率 (%)	流动资金周转率 (次)	每万元产值消耗能源 (标煤吨)	每万元产值消耗钢材 (t)
1980	16.5	12.64	1.54	2.36	
1981	10.76	7.73	1.33	2.38	
1982	12.60	8.99	1.59	2.16	
1983	16.7	12.93	1.88	1.92	
1984	20.9	16.04	2.18	1.71	
1985	20.17	18.68	2.35	1.60	0.77
1986	20.51	14.42	2.05	1.53	0.73
1987	19.00	12.73	2.20	1.34	0.70
1988	20.16	12.67	2.52	1.16	0.63
1989	17.17	10.71	2.17	1.05	0.52
1990	9.85	4.85	1.73	1.01	0.48
1991	11.04	5.39	2.07	0.89	0.47
1992	10.18	5.49	1.44	0.72	0.42
1993	9.82	5.46	1.51	0.46	0.34

指标分析，工业产品销售率、工业资金利税率、工业增加值率和工业成本费用利润率等4项反映机械工业企业经营状况和经营成果方面指标是负增长，影响总指数下降；总指数的提高几乎全部是由于劳动生产率大幅度提高的影响。劳动生产率是反映活劳动的利用情况，也体现着生产规模扩大所带来的效益，因此，与生产增长速度的快慢密切相关，生产高速增长必然带动劳动生产率的大幅度提高。

总的看来，1993年机械工业经济效益比上年有明显提高，但要看到这种效益仍是一种粗放经营的效益，依靠速度增加的效益，其基础并不牢固。要力求摆脱长期以来单纯依靠上速度、粗放经营的老路，真正实现机械工业经济发展由粗放型向集约型、由速度型向效益型转变。

三、科学技术进步与产品结构调整方面

1. 新产品开发取得较好成绩，部分品种达到国际先进水平

1993年发展的全国性第一次新品种达2000多项，这些新产品达到国际水平的占90%以上。机械工业部新品种完成情况见表19、表20。

表19　1978年以来机械工业部计划内新品种完成情况

年份	品种数	年份	品种数	年份	品种数	年份	品种数
1978	810	1981	755	1986	1377	1991	761
1979	977	1982	712	1987	1194	1992	572
1980	921	1983	1590	1988	912	1993	
		1984	1695	1989	1178		
		1985	1573	1990	884		
		“六五”合计	6325	“七五”合计	5545		

表20　1989年以来机械工业完成新品种分析

年份	全国性第一次新品种			技术水平			市场目标			
	合计	其中部计划内	其中首次试制的	国际先进	国际水平	国内先进	换代产品	替代进口产品	出口产品	其他
1989	3024	1178		234	1029	1759	987	1065	228	744
1990	1783	884		139	660	964	601	710	138	334
1991	2462	761	794	201	755	1265	876	791	111	684
1992	1651	572	687	286	561	679	326	69	46	
1993										

注：表中“国际先进”、“国际水平”、“国内先进”分别为“90年代”、“80年代中、末期”、“70年代末、80年代初”技术水平。

如机床工具行业开发新产品530多项，其中金属切削机床与锻压机床的新品种占一半以上，而数控机床新品种占其中的70%左右。这些新品种的开发都以市场需求为依据，重点用户为汽车、电站设备、工程机械、冶金设备等行业。新开发的品种有些已达到或接近国际先进水平。例如北京第一机床厂自行研制的XKA2120X60型CNC重型龙门镗铣床，工作台尺寸为2m×2m，工件最大重量可达60t，能完成五面加工，在设计结构与制造工艺上采用了许多新结构与新技术，具有当前国际先进水平，已于1993年12月通过鉴定，并由用户上海宝山钢铁公司验收。天津第一机床厂研制成功XH715GY五轴五联动立式加工中心，工作台400mm×620mm，配SS-8510数控系统，该厂还研制成功TH6340-Ⅱ组合式加工中心，用7台加工中心组成加工轻型车变速箱箱体生产线。天津市磨床总厂试制成功我国第一台GC1000数控磨削中心，最大磨削宽度为1490mm，磨削中心采用模块结构，通过数控操作和工作程序，可配置一个或两个工作台，磨削中心装有万能磨头，磨头角度回转、定位全部自动化，该机床达到了当代先进水平。上海重型机床厂试制成功MK5310型定梁式数控龙门导轨磨床，工作台宽度为1000mm，定梁式数控龙门导轨磨床是我国首次研制成功。北京机床研究所研制成功激光线纹切割机床、精密磁鼓车床，为量具行业、电子行业提供了关键设备。秦川机床厂试制成功YK7432型数控磨齿机，为我国径向剃齿刀精加工提供了关键设备。南通电熔爆机床股份有限公司创造性地研制成功电熔爆数控外圆磨床，该技术是使坯件外缘迅速熔化爆裂进行加工，该机床适用于超硬、超粘、易脆的导电坯件加工，比传统加工技术提高工效5～50倍，降低成本70%以上。营口锻压机床厂试制成功ZS-JG21-100型数控冲压自动线，由1台1000kN高性能固定台式压力机和开卷、数控送料、气动剪板机组成，适用于0.1～0.25mm板料自动冲压，产品达到了国际80年代水平。江都机床总厂试制成功四边折边机，整个循环自动进行，比一般数控折弯机提高效率1～3倍，为计算机、通信设备、开关、电器、仪表等行业制造盒形面板零件的理想设备。黄石锻压机床厂试制成功W67Y800/8000液压板料折弯机，为目前国内单

机折弯最大规格的设备，产品达到国际80年代水平。由清华大学设计、保定铸造机械厂制造的X22416垂直分型无箱射压造型线，已通过厂内鉴定，全线由PC控制，造型能力320型／h。哈尔滨量具刃具厂试制成功太阳镜数显卡尺、中心距卡尺、2224和2205表面粗糙度量仪等。第二砂轮厂试制成功石油钻头磨具、轧辊磨床树脂砂轮、搓丝板砂轮、人造金刚石拉丝模聚晶、80m／s增强树脂切割砂轮等。

工程机械行业开发了一批当前急需的新产品。在工程起重机方面，有北京起重机厂的25t轮胎起重机，采用液压驱动底盘、三节伸缩臂等先进技术；浦沅工程机械厂共开发鉴定了QY50A、QY50B、QY25B、QY35、QY20型汽车起重机及25t、35t工程起重机专用底盘等7种重要新产品。叉车方面，大连叉车总厂开发鉴定了10～40t内燃集装叉车。履带式推土机方面，青海工程机械厂消化吸收美国卡特波勒公司制造技术研制了T165型履带式推土机；国营六一七厂消化提高引进小松技术研制的161.8kW（220马力）推土机通过了鉴定。

机、泵、阀等通用机械行业，为化肥、炼油、乙烯等石油化工和煤化工等大型石油和化工成套项目的流程工艺和大型火力发电、钢铁开发研制了一批重要配套产品。如杭州制氧机厂的3万m^3／h级大型空分设备；沈阳鼓风机厂、沈阳气体压缩机厂等研制成了加氢裂化和加氢精制装置中所需的BCL407型循环氢气压缩机、4M50型往复新氢气压缩机，大型化肥成套设备中的CO_2、N_2、合成气、氨冷冻、空气压缩机等五大机组等，都是石化工业成套装置的关键设备。

汽车行业，1993年共有CA1110K2P型载货汽车等35项新产品通过国家技术鉴定。共有1384种汽车新品种通过鉴定进入年度产品目录，其中载货汽车188种，越野车11种，自卸车119种，牵引车21种，专用车571种，客车355种，轿车5种，挂车114种。

2. 重大技术装备制造取得新进展

(1) 1993年完成了6项重大成套设备研制任务，确保12个重点建设工程和技术改造项目按期投产。

①完成舞阳钢铁公司1900mm板坯连铸机和攀枝花钢铁公司1350mm板坯连铸机的制造、安装和调试任务，确保两个项目一次投产成功。舞阳连铸机配套的过程计算机控制系统，包括硬件和应用软件，也全部由国内自行设计制造。这两套连铸机都是由国内负责总承包的。成套设备达到国际80年代中期技术水平，这标志着大型板坯连铸机已完全可立足国内制造。

攀钢1350mm板坯连铸机，是我国第一套百万吨级国产化板坯连铸成套设备。设备总重6000t。合同单位有重庆钢铁设计研究总院、西安重型机械研究所、第二重型机器厂、大连重型机器厂等14个。1989年8月22日签订总包合同，于1993年10月18日一次投产成功。1994年4月18日通过国家鉴定。认为该套连铸机，其国产化率按设备重量计为95%，按装备投资价格计为80%，尤其在国产化较难的“三电”方面取得了进展。连铸机总体装备达到了80年代世界水平。该套连铸机正常运行半年，已浇钢7万t以上，平均连浇炉数为4.23炉（最高连浇炉数为6～7炉），铸坯综合合格率98%，钢水收得率95%，无清理率大于90%，并已多次在一个班次内实现两次连浇达到班产10炉，具备了达产能力。

②完成了年产80万t加氢裂化和加氢精制成套装备的制造、安装、调试，确保镇海石化总厂、广州石化总厂、石家庄炼油厂、洛阳石化总厂等加氢装置一次投产成功。镇海的加氢装置是我国第一套大型国产化炼油深度加工装备，国产化率90%以上。其中560t和400t加氢反应器、高压分离器、空冷器和换热器、循环氢离心压缩机、新氢往复压缩机、高压进料泵、分馏塔塔底泵等关键设备都是由国内设计制造的。这标志着我国石油加工技术装备水平已进入了世界先进行列。还完成了年产40万t加氢裂化和加氢精制成套装置的制造、安装、调试，确保洛阳炼油厂加氢装置投产。

③完成了年产20万t硫酸成套装置的设计、制造、安装、调试，确保铜陵化工集团公司磷铵厂硫酸装置一次投产成功。这套装置是我国第一套大型国产化硫酸装置，主要技术及设备均立足国内，设备国产化率75%。该装置以硫铁矿为原料，采用干法除尘，酸洗和二转二吸工艺，完全由国内自主设计。装置中的多数设备都由国内制造，特别是沸腾焙烧炉、余热锅炉、电除尘器、电除雾器等关键设备均是国内设计、研制，运行状态良好，完全满足了生产需要。该装置投产运行，标志着我国已具有自行设计、制造大型硫酸装置的能力。

④完成了年产1万t PVC糊树脂装置的研制，确保沈阳化工厂一次投产成功。该套装置从设计软件、生产控制软件到所有设备都实现了国产化，国产化率高达99.93%。

⑤我国第一套万吨级离子膜法烧碱国产化成套装置，于1993年7月在沧州化工厂一次投产成功，国产化率达到90%，结束了长期以来我国离子膜法烧碱生产装置依赖引进国外成套技术和设备的局面，标志着我国氯碱生产工业技术达到了一个新水平。

⑥完成了200MW轴流转桨式水轮发电机组的制造、安装、调试，确保福建水口电站1号和2号机组投入运行。

(2) 完成了24项关键设备的制造和工业试验任务。

大型露天矿方面，完成了国产化率为70%的154t矿用电动轮自卸车在德兴铜矿的工业试验，并通过了技术鉴定。该车经过一年的运行试验，完成了运量123万t，发动机连续运转3008h，运距

37068km，平均完好率为82%。这台车是通过与国外技贸结合、引进技术、合作生产的方式，在重点实现了车架和电传动系统国产化基础上研制成功的。标志着大型电动轮自卸车可基本立足国内，这种车进口一台需100万美元。

大型火电站方面，完成了外高桥、阳逻、妈湾、铁岭、双辽、西柏坡、渭河等7台300MW火电机组关键设备的研制。完成了哈尔滨第三电厂一台600MW火电机组关键设备的研制。300MW机组热耗由8093kJ（1993kcal）/kW·h下降到7955kJ（1900kcal）/kW·h，国产化率达90%～95%。煤耗下降到330g/kW·h以下。这些机组都是在引进美国技术消化吸收的基础上，进行了优化设计后研制成功的，标志着我国大型火电机组的设计和制造水平接近或达到国际先进水平。

大秦线重载列车成套设备方面，完成了山西大同地区装煤系统成套设备的国产化，确保金沙滩、东周窑、新高山煤炭集运站工程建成按期投产。大同地区18个装煤点设备，除了引进2套以外，其余16套都是国内在消化引进的基础上进行研制的(包括定重量装车系统、液压控制系统、取样系统等核心设备)，国产化率达80%以上。

超高压输变电设备方面，完成了500kV全封闭组合电器（GIS）关键设备的制造，并通过了样机鉴定。这套组合电器的国产化率达95%。开关的机械寿命达1万次。产品水平达80年代末国际水平。

大型港口海运设备方面，完成了35000t双桨浅吃水肥大型运煤船为期一年的运营考核，达到了考核目标，通过了技术鉴定。这种船型是根据我国航道吃水浅的条件自行设计和制造的，国产化率达90%以上。上海海运集团公司在一年内完成了58航次，运营率达100%，运煤量201万t，创该公司运煤史上的最新记录。目前，此型船（单桨、双桨）已累计生产了15艘，将成为我国北煤南运的主力船型。

沙漠石油设备方面，完成了6000m机械传动钻机的研制，通过了技术鉴定，国产化率达98%，已累计生产5套，在塔里木沙漠油田和北疆沙漠油田使用，完全适应沙漠腹地苛刻环境，技术性能指标均达到国际先进水平。还完成了105MPa高压单油管采油装置及70MPa双油管采油装置的研制，技术性能及指标达到国际先进水平。

大型乙烯设备方面，完成了燕山14万t聚乙烯成套装置86台设备的研制、安装，目前正在进行单机试验；完成了大庆石化1500m^{3}低温球罐的研制、安装。标志着这些装置可以立足国内制造。

大型化肥设备方面，完成了20万t硫酸装置焙烧工段沸腾焙烧炉、余热锅炉和电除尘器三大关键设备的制造，国产化率100%。这三台关键设备是以自行开发为主并参考引进技术进行设计的，通过设计院、制造厂与建设单位的密切配合，成功地实现了三大关键设备的国产化，为大型硫酸装置的国产化奠定了基础。完成了30万t/年合成氨装置空气、氨冷冻压缩机的制造，已交付使用，国产化率80%。标志着以天然气为原料的30万t/年合成氨装置的空气、氨冷冻压缩机已可立足国内，为30万t/年合成氨装置的国产化奠定了基础。

此外，还有电子工业的空中管制设备，完成了空中管制Ⅰ号、Ⅱ号系统设备的安装调试，并投入试运行，基本性能良好。这套系统是由我国自行设计和制造的。

3. 机械产品国产化率不断提高

(1) 重大装备国产化取得突破性进展

1983年，在总结60和70年代我国发扬自力更生精神，研制成功“九大”设备和其他重大成套设备经验的基础上，国务院作出了《关于抓紧研制重大技术装备的决定》，提出了实现重大技术装备国产化的战略目标。根据国家中长期发展规划，重点在能源、交通、原材料、化工等行业中，先后确定了15个专项的成套设备研制任务。即：大型露天矿，300、600MW火电机组，三峡大型水电机组，大型核电站，超高压输变电，宝钢二期工程，30万t乙烯，大型化肥，大型煤化工，大规模集成电路，大秦重载铁路、港口及海运，北京正负电子对撞机，民航空中交通管制和沙漠石油钻采成套设备。其中，北京正负电子对撞机和宝钢二期工程设备已完成；大规模集成电路、民用飞机和大型核电站成套设备已分别转入电子工业部、原航空航天工业部和国务院核电办归口管理。还有10个专项，除个别项目未最后确定外，其余都在继续进行。

1983年以来，紧密结合能源、交通、原材料工业的发展和重点建设工程的需要，组织了全国上千个企业、事业单位和上万名科技骨干，通过技贸结合、引进技术、消化吸收、合作设计、合作制造以及自主开发的方式，先后对12个重大技术装备项目展开了研制工作，逐步掌握了一批重大技术装备的核心关键技术。

到1993年底，已累计完成了40多项重大成套设备，并在50多个重点建设和技改工程中投产应用。其中15项成套设备基本实现了国产化，并在30多项工程中推广应用，在国民经济建设中发挥着重要作用。如：

①北京正负电子对撞机。几年来运行可靠，是我国科技领域里又一重大突破性成就，得到了国际高能物理界的高度评价，目前已对世界开放，提供各国学者进行高能物理试验。此项成果已获得国家科技进步特等奖。

②大型露天矿设备。年产1000万t级露天矿单斗—汽车工艺成套设备已在南芬铁矿、霍林河煤矿等露天矿推广应用，这项科研成果获得国家科技进步特等奖，并已出口巴基斯坦，提前完成了剥离任务，受到巴方的好评。年产2000万t级露天矿成套设备和半连续、连续工艺成套设备，已取得重

大进展。

③大型火电机组。引进技术、合作制造的300MW火电机组已有13套在石横、汉川、珠江、吴泾、沙角等电厂建成，并网发电，国产化率达90%以上，并已成套出口菲律宾。2套600MW火电机组已在平圩电厂并网发电，国产化率达80%。

④大型冶金设备。六大主体设备中，除冷轧机、热轧机国产化比例较低外，大型板坯连铸机、高炉、烧结机、焦炉均能以我为主独立设计制造。大型板坯连铸机已在宝钢、鞍钢与国外合作设计、制造的基础上，消化吸收日本的日立和神户制钢所的先进技术，并结合我国实际情况，以我为主，独立设计制造了舞钢1900mm板坯连铸机、攀钢1350mm板坯连铸机，这两套设备已分别在舞阳钢厂、攀枝花钢厂一次投产成功，并通过了专家鉴定，达到了当代国际水平，国产化率已达90%，表明我国具备设计、制造具有国际先进水平的大型板坯连铸机的能力；宝钢4063m^2高炉、6m焦炉和450m^2烧结机均以国内为主进行设计和制造，并达到国际水平，高炉国产化率达90%，被评为1992年全国十大科技成就之一。

⑤交通设备。单元重载列车成套设备已在大秦线运行，1993年底已累计运煤1.5亿t以上。

⑥化工设备。年产24万t磷铵装置已在南京等3个化肥厂推广应用。我国第一套以我为主设计、制造的年产20万t合成氨成套设备在四川化工厂投入运行，国产化率达80%以上，吨氨能耗为2826万kJ（675万kcal），达到国际先进水平。7套年产40～80万t加氢精制和加氢裂化装置已在镇海石化总厂等5个厂投运。年产52万t尿素装置在镇海等三个工程中推广使用。年产1.5万t涤纶短纤维装置已有20条国产生产线投产。

⑦超高压输变电设备。500kV输变电成套设备中已有19种、248台（套）在晋京线、葛洲坝等工程中投运。

(2) 汽车国产化率年年提高

主要车型的国产化率不断提高。如桑塔纳车1991年为70.37%、1992年为75.33%、1993年为80.47%，又如北京切诺基车，1991年为44.75%、1992年为57.31%、1993年为60.48%。见表21。

表21 近年主要引进车型国产化情况

序号	产品	生产企业	国产化率(%)		
			1991年	1992年	1993年
1	桑塔纳B_2	上海大众汽车有限公司	70.37	75.33	80.47
2	奥迪100－C3	第一汽车制造厂	21.9	30.7	42.6
3	雪铁龙Zx	神龙汽车有限公司			约4.0
4	捷达	一汽大众汽车有限公司			7.0
5	切诺基	北京吉普汽车有限公司	44.75	57.31	60.48
6	夏利	天津微型汽车厂	45.7	47.4	61.8
7	标致505	广州标致汽车有限公司			
	8座		29.8	51.48	61.74
	5座普通				43.0
	5座豪华				25.0
8	斯太尔	济南、四川、陕西汽车制造厂	67.0	77.5	82.0
9	依维柯	南京汽车制造厂	44.17	51.2	58.0

4. 产品结构趋向合理

以汽车和数控机床为例，产品结构有所调整，趋向合理。

汽车行业，1993年载货汽车与乘用车比例为59∶41，与1991年、1992年的71∶29和65∶35相比，乘用车分别提高了12个百分点和6个百分点，其中主要以轿车增长为主，比1992提高了4个百分点，同时各类载货汽车所占比重呈下降趋势，尤以中型车下降较大。以上变化说明，我国长期以载重汽车为主的汽车产品结构开始向轿车生产为主方向发展，轿车成为汽车工业发展的重点已有了明显效果；在载货汽车中，“缺重少轻”的问题已得到很大缓解。汽油、柴油车比重进一步得到了调整，柴油车占总量的比重由上年的14%提高到20.28%，增长很快；重型载货车柴油化率达79%，中、轻型载货车也分别达到30.45%和33.31%，大型客车柴油化率达95.24%。见表22。

机床行业，近几年来，我国数控机床生产的年增长率基本上保持在20%左右，特别是进入90年代以后，发展速度明显加快，全行业1992年生产7450台，1993年达9478台，比1992年增长27.2%。机床数控化率（按机械工业部系统产量计算）按台数计算由上年的2.87%提高至3.74%，按产值计算由上年的14.73%提高至16.09%。

四、深化体制改革方面

1. 积极进行计划体制改革，推进宏观调控工作

改革规划工作，从传统的分钱、分物、分项目的老套路转向主要搞好预测、引导和服务。机械工

表 22　1993 年全国 72 家重点汽车生产企业产品类别构成　(单位：万辆)

产品类别	总产量		汽油车与柴油车的产量			
			汽油车		柴油车	
	合计	比重 (%)	数量	比重 (%)	数量	比重 (%)
总　计	118.36	100.00	94.35	79.72	24.01	20.28
载货车	69.39	58.63	47.72	68.78	21.67	31.22
其中：重型	3.58		0.74	21.00	2.84	79.00
中型	31.69		22.04	69.55	9.65	30.45
轻型	27.56		18.38	66.69	9.18	33.31
微型	6.56		6.56			
客　车	26.45	22.35	24.11	91.15	2.34	8.85
其中：大型	0.42		0.02	4.76	0.40	95.24
中型	1.44		1.09	75.69	0.35	24.31
轻型	17.73		16.14	91.03	1.59	8.97
微型	6.86		6.86			
轿　车	22.52	19.02	22.52			

业部在 1993 年制订了《支柱产业——机械工业振兴规划纲要》，以此作为对行业发展起导向作用。根据规划纲要确定的发展战略和重点，由机械工业部负责组织编制重点工程项目规划，国家在资金上给予重点支持；另外还要搞好在特定范围内起引导作用的区域规划和分行业规划。通过规划引导、信息发布、改善和加强宏观调控，建立、健全相应的规划审议、咨询、信息、行业协会等支撑机构，为政府和企业提供信息、咨询和培训服务。

制订了机械工业和汽车工业产业政策。汽车工业产业政策已于 1994 年 3 月经国务院颁发全国实施，机械工业产业政策尚在制订完善中。

改革计划体制，指令性计划的范围和数量不断减少。1993 年，机械工业总产值计划 2690 亿元，其中指令性计划 205 亿元、占 7.62%，指导性计划 159 亿元、占 5.91%，两者合计占计划总产值的 13.53%；实际执行结果，在 1993 年完成总产值 3113 亿元中，指令性计划只有 6.6%，指导性计划只有 5.1%，两者合计只有 11.7%。也就是说已有 93.4%或 88.3%（扣除指导性计划）的机械产品完全由企业根据市场情况自主经营；指令性计划产品已经只有大型发电设备和部分汽车产品。

机械产品价格已基本放开。现由国家管理价格的机械产品只有 5 大类，约占机械工业产品销售额的 5%～8%。这 5 大类产品是：(1) 汽车：轿车、军用越野车；(2) 大型农业机械：29.4kW (40 马力）及以上拖拉机、联合收割机、内燃机；(3) 石油机械：1800m 及以上石油钻机；(4) 大型冶金矿山设备；(5) 大型电力设备：100MW 及以上大型火力发电机组及大型水电机组，220kV 及以上大型变压器。

推行按经济规模组织生产。从 1989 年开始，即着手我国机械产品经济规模研究，第一批组织了轿车、中小功率内燃机等 17 项产品经济规模标准的制定工作，并于 1991 年初予以发布。其后，又安排了第二批轮式起重机、铅酸蓄电池等 18 项产品的经济规模标准制定工作。1993 年机械工业部正式公布了以上 35 项产品的经济规模标准，以在宏观调控上促进产品结构和企业组织结构优化。

制定了《关于振兴特定基础机械和基础件若干措施的实施意见》。此件由机械工业部与国家计委联合上报国务院，国务院已批转全国。特定振兴产品包括数控系统、液压件等 16 类产品，并选定了 220 家特定振兴企业。

2. 股份制改革取得进展

作为构建现代企业制度主要内容的股份制改革获得了明显进展。

据不完全统计，至 1993 年底，机械工业至少有股份制企业 149 家，其中股份有限公司 128 家（社会募集型 28 家、定向募集型 100 家），有限责任公司 21 个。股票境外上市的股份公司，除早已上市的金杯汽车公司外，1993 年国务院按规范化要求，首批批准 9 家企业到境外股票上市，取得成功，其中机械工业部系统企业有昆明机床厂、东方电机厂、北京人民机器厂等 3 家企业（另外 6 家企业是上海石化、仪征化纤、青岛啤酒、马钢、广州广船、天津渤海）。据了解，还有地方批准的上海柴油机股份公司、深圳市特力机械股份有限公司、广东顺德科龙公司也已发行 H 股上市。另外，玉林柴油机公司股票即将上市。

股份制机械企业运行情况良好。如广东省机械行业中有 17 家实行了股份制改造，其中已有一家为股票上市公司。这些企业实行股份制改造后，明确了产权关系，企业对资产有了支配权，从而可以对存量资产进行优化组合，改善投资结构，发挥最佳效益。如深圳特力股份有限公司，通过扶优淘劣，对企业生产要素和资源配置进行重新调整，对产品适销对路、经济效益显著的兴龙公司、士达公司进行增资扩股，扩大其生产规模；对经济效益差、产品前景不好的企业进行关、停、并、转，把鹏都公司并入汽测公司、东力公司并入工贸公司。广东真空设备股份有限公司利用不到1000万元的资金，通过控股、参股、联合、兼并等，优化投资结构，从1家企业发展为拥有8家企业的集团公司。广东省17家机械企业通过一年的股份制运作，1993年工业产值、销售收入和实现利税，分别比全行业的平均增长水平高出21.1、26.4和40个百分点。股票已上市的深圳市特力机械股份有限公司的投资回报率达21%。实行股份制改造，企业有了较充裕的发展资金，加大了技改力度。如韶关明珠股份公司的热处理加工中心，技改投资需要2000万元，从1988年立项到1992年资金到位才800万元，实行股票后募集资金6800万元，公司的技改资金全部到位。

又如上海市机电局系统的上海轻工机械股份有限公司和上海电器股份有限公司，它们分别于1991年12月和1992年5月成为股份制公司，其股票先后于1992年8月和1993年1月上市。运行以来成效显著，主要表现在：一是促进了企业转换经营机制和建立现代企业制度，决策者与经营者的市场观念、发展观念、效益观念明显增强，也使企业内部的整体管理沿着科学、规范和国际惯例转换。二是筹集了一笔可观的资金，加快了生产发展和技术改造的步伐。三是提高了企业知名度，增强了凝聚力。四是发展了一业为主，多种经营。但由于配套改革滞后等因素，在股份制上市公司的试点运行中，也还存在一些亟待解决的问题。

3. 组建国家计划单列集团的任务顺利完成

完成第一重型机械、第二重型机械两个集团的组建。至此，机械工业12个国家计划系列集团的组建任务全部完成。这12个集团是：一汽汽车集团、重型汽车集团、东风汽车集团、哈电集团、东电集团、上电集团、西电集团、东北输变电集团、一拖集团、一重集团、二重集团和四联仪表集团。

五、对外经贸工作方面

(一) 进出口贸易

据海关统计，1993年，我国机电产品的进、出口额均有较大增长，速度之快，增幅之大，都是历史上少有的。进出口总额达721.62亿美元，比上年增长32.5%；在我国外贸进出口总额1957.1亿美元中的比重达36.9%，比上年提高4.0个百分点；在工业制成品进出口总额1648.23亿美元中的比重达43.78%，比上年提高3.55个百分点，均居第一位。见表23、表24。

机电产品进出口在全国商品进出口总额的比重上升。全国机电产品出口额与全国商品出口总额的比重由1990年的17.86%上升为24.75%，提高了6.89个百分点；同期，进口额比重由40.17%上升为47.55%，提高了7.38个百分点。可以看出，进口总额和提高幅度大于出口总额。

由于机电产品进口增长速度连年大幅度高于出

表23 按海关统计1980～1993年机电产品进出口情况 (单位：亿美元)

年份	进出口总额		出口额		进口额	
	全国外贸总计	机电产品	全国外贸总计	机电产品	全国外贸总计	机电产品
1980	381.4	70.46	181.2	13.93	200.2	56.53
1981	440.2	81.56	220.1	18.08	220.1	63.48
1982	416.1	55.59	223.2	19.45	192.8	36.14
1983	436.2	66.08	222.3	19.39	213.9	46.69
1984	535.5	104.40	261.4	21.96	274.1	82.44
1985	696.0	199.66	273.5	16.78	422.5	182.88
1986	738.5	218.29	309.4	24.82	429.0	193.47
1987	826.5	212.44	394.4	38.56	432.2	173.88
1988	1027.9	268.57	475.2	61.59	552.8	206.98
1989	1116.8	308.17	525.4	83.18	591.4	224.99
1990	1154.4	325.21	620.9	110.88	533.5	214.33
1991	1357.0	391.68	719.1	141.22	637.9	250.46
1992	1655.6	544.45	849.7	195.52	805.9	348.93
1993	1957.1	721.63	917.6	227.07	1039.5	494.56

表24 按海关统计1992～1993年机电产品进出口在外贸中的位置 (单位：亿美元)

项目	1993年			1992年			1993／1992 (%、百分点)		
	总计	进口	出口	总计	进口	出口	总计	进口	出口
全国外贸总计	1957.1	1039.5	917.6	1655.6	805.9	849.7	118.2	129.0	108.0
其中：工业制成品	1648.2	897.4	750.9	1353.2	672.7	679.5	121.8	133.2	110.5
其中：机电产品	721.6	494.6	227.1	544.4	348.9	195.5	132.5	141.8	116.1
机电产品在全国外贸中比重(%)	36.9	47.6	24.7	32.9	43.3	23.0	4.0	4.3	1.7
机电产品在工业制成品外贸中比重(%)	43.8	55.1	30.2	40.2	51.8	28.8	3.6	3.3	1.4

口的增长速度，进出口逆差不断加大，尤其是1993年逆差竟达267.5亿美元，一年增加了逆差114.1亿美元，比1990年全年逆差103.5亿美元还多。见表25。

表25 按海关统计1980～1993年机电产品进出口分析 (单位：亿美元)

年份	进出口差额(一入超)		机电产品进出口占全国进出口比重(%)
	机电产品	全国外贸	
1980	−19.0	−42.6	18.5
1985	−149.0	−166.1	28.7
1986	−119.6	−168.7	29.6
1987	−37.8	−135.3	25.7
1988	−77.6	−145.4	26.1
1989	−66.0	−141.8	27.6
1990	87.5	−103.5	28.2
1991	81.2	−108.8	28.9
1992	43.8	−153.4	32.9
1993	−121.9	−267.5	36.9

(二) 机电产品的出口

1. 按海关统计分析

1993年全国机电产品出口额首次突破200亿美元，达到227.07亿美元，比上年增加31.55亿美元，增长16.1%，高于全国出口贸易总额增长8%的速度；占全国外贸出口总额的比重达24.75%，比上年提高了1.75个百分点。

自1985年10月国务院确定把机电工业作为重要的长期出口战略产业以来，机电产品出口持续大幅度增长。1993年的出口额为1985年16.78亿美元的13.5倍，远高于同期全国外贸出口额增长2.36倍的水平。1986～1993年平均增速为38.5%，比全国外贸平均增速16.3%高22.2个百分点，但应注意到近年来增速不断减缓。在全国外贸出口总额中的比重：1985年为6.13%，1988年突破10%，1992年突破20%，1993年增至24.75%，近全国外贸出口额的1/4。占全世界机电产品出口额的比重，1985年为0.24%，1991年突破1%，1993年增至1.61%。在全国出口净增额67.65亿美元中，机电产品31.55亿美元占46.2%，净增额和其在全国外贸增额的比重都是历史最好水平。以上说明，1993年机电产品出口增速虽有所减缓，但仍是我国扩大外贸出口的主力军，也推动了我国外贸出口商品结构的改善。见表26。

1993年机电产品出口有以下特点：

表26 1978～1993年按海关统计的中国机电产品的出口情况

年份	世界机电产品出口额①	中国对外贸易出口总额	中国机电产品出口额	占世界机电产品出口额的比重(%)	占中国出口贸易额的比重(%)
1978	4390	97.5	6.59	0.15	6.76
1979	5090	136.58	8.13	0.16	5.95
1980	5930	181.19	13.93	0.23	7.67
1981	6061	220.07	18.08	0.30	8.18
1982	5909	223.21	19.45	0.33	8.71
1983	5953	222.26	19.39	0.33	8.72
1984	6441	261.39	21.96	0.34	8.40
1985	6867	273.50	16.78	0.24	6.13
1986	8278	309.42	24.82	0.30	8.02
1987	9873	394.40	38.56	0.39	9.79
1988	10104.5	475.20	61.59	0.61	12.96
1989	10845.5	525.38	83.18	0.77	15.83
1990	12372.0	620.68	110.88	0.90	17.86
1991	12761.0②	719.10	141.22	1.11	19.64
1992	13400②	849.70	195.52	1.46	23.00
1993	14100②	917.63	227.07	1.61	24.75

①资料来源：GATT（关税与贸易总协定）。

②为推算数。

(1) 出口增长受国内宏观经济环境影响变化比较明显

1993年上半年全国机电产品出口87.7亿美元，仅完成全年争取目标230亿美元的38.1%，比上年同期增长9.3%，增幅比上年同期减少31.3个百分点，大部分省、市出口下降；下半年，中央采取整顿金融秩序、加强宏观调控措施后，国内经济环境逐步好转，机电产品出口增长率逐月回升，年底达到16.1%，基本上完成了年初预定230亿美元的奋斗目标。

1993年，我国机电产品出口面临比较严峻的形势，出现了一些新的制约因素。西方发达国家经济复苏乏力，国际机电市场需求增长缓慢；国内市场需求旺盛，内外销矛盾突出，原材料价格大幅度上涨，资金严重短缺，交通、能源紧张，扶持鼓励出口政策不够落实，虽经各方努力，但增幅仍比上年减少了22.35个百分点。

(2) 出口商品结构继续优化

劳动、材料比较密集的金属制品出口29.5亿美元，比上年增长11.8%，占机电产品出口比重为13%，下降了0.5个百分点；技术比较密集的机电仪产品及设备出口197.5亿美元，比上年增长16.8%，比重为87%，比上年上升了0.5个百分点。一批技术含量较高、出口经济效益较好的大型电站成套设备出口连年大幅度增长，1985年出口210MW、0.76亿美元，1993年签订出口合同2060MW，约9亿美元。见表27、表28。

机电产品出口达到1亿美元以上的重点出口商

表27 按海关统计1993年我国机电产品出口构成情况 (单位：亿美元)

类　　别	1993年	1992年	1993比上年增长%
全国出口总计	917.63	849.98	8.0
其中：工业制成品出口	750.88	679.49	10.5
机电产品出口总计	227.07	195.52	16.1
其中：来料加工装配出口	60.56	55.29	9.5
一、金属制品	29.55	26.43	11.8
二、机电仪产品及设备	197.53	169.09	16.8
1. 机械及设备	42.11	33.68	25.0
2. 电气及电子产品	96.98	81.79	18.6
3. 运输工具	18.11	20.96	−13.6
4. 仪器仪表	10.93	9.00	21.4
5. 其他	29.41	23.70	24.1

表28 按海关统计1993年我国主要机械产品出口情况 (金额单位：万美元)

商品名称	单位	出口量		比上年增长 %	
		数量	金额	数量	金额
1. 金属加工机床(含台钻、砂轮机等)	台	1788355	21865	17	7
其中：数控机床	台	2657	880	722	65
普通车床	台	24131	5628	−6	−6
普通铣床	台	5158	1992	15	26
普通磨床	台	5772	724	311	2
2. 标准紧固件	t	161191	16675	−16	−3
3. 轴承	万套	17275	14636	14	7.6
4. 电动机及发电机			46431		15
5. 发电机组	台	7376	12535	18	294
6. 变压器			27792		64
7. 电线电缆			25909		−38
8. 起重机械	台	41633	7552	−16	−6
9. 建筑工程机械	台	2197	2541	46	12
10. 拖拉机	台	31203	4723	31	27
11. 柴油发动机	台	226455	5343	19	11
12. 照相机	万架	3895	34336	33	21
13. 汽车及零部件			37518		35
其中：汽车(包括整套散件)	辆	9364	14181	87	62
14. 摩托车及零部件			3924		41
其中：摩托车	辆	81175	2520	10	14
15. 船舶			26220		43.8
16. 集装箱	个	88806	26676	−12	−13
17. 飞机及零部件			18221		−50
其中：飞机	架	73	10894	78	−60
18. 自行车及零部件			57574		5
其中：自行车	辆	1033	42065	0	−2
19. 缝纫机及零部件			14453		16
其中：工业缝纫机	台	556673	5273	53	23
普通缝纫机	万台	255	6615	4	20

(续)

商品名称	单位	出口量		比上年增长 %	
		数量	金额	数量	金额
20. 钟表及零部件			150970		11
其中：钟	万只	12774	17974	18	17
机械表	万只	4692	11076	41	26
电子表	万只	54105	67233	5	15
完整表芯	万只	36287	21684	−4	4
完整钟芯	万只	1879	933	−6	26
21. 手工具			41728		9
22. 锁	百万把	629	27132	5	11
23. 干电池	百万个	5258	19639	8	0
24. 家用电冰箱	台	493081	3431	−2	8
空调器及零件			3170		40
电动器具			21506		12
电热器具			15617		3
电风扇	万台	4424	50456	36	37
25. 纺织机械			14880		14

品，比上年增加了医疗器械，累计达到33种。而1985年只有4种（手工具、紧固件、锁、钟表），1988年16种，1990年24种，1991年27种，1992年32种。1993年33种产品的出口额达166.79亿美元，占机电产品出口总额的73.5%；其中机械产品25种的出口额108.77亿美元，占机械产品出口总额的74.6%；其中机械工业部归口产品13种的出口额50.72亿美元，占机械工业部归口产品出口总额53.84亿美元的94.2%。见表29。

(4) 来料加工和进料加工贸易持续增长

1993年，在整个机电工业出口速度相对减缓的情况下，利用国外元件、配件、材料发展机电产品出口，仍取得较好成绩。据海关统计，1993年来料加工装配贸易（由外商提供原材料、零部件、元器件，按对方要求加工或装配，我方只收工缴费）出口为60.56亿美元，增长9.51%，占全国机电产品出口总额的26.67%；进料加工出口（进口原材料或辅料后再加工成品出口）101.85亿美元，增长26.85%，占全国机电产品出口的44.86%。来料加工和进料加工机电产品出口额，由1990年的74.3亿美元，至1993年增至162.40亿美元，净增88.1亿美元；占机电产品出口总额的比重由1990年的66.9%增至71.52%；成为机电产品出口的重要支柱。见表30。

(5) 边境贸易额下降

由于边境双方市场的整理等种种原因，边境贸易额下降。1989年边境机电产品出口1.3亿美元，1990年1.1亿美元，1991年1.5亿美元，1992年1.03亿美元，1993年减至0.58亿美元。

表29　按海关统计1993年出口过亿美元机械产品　(单位：亿美元)

序号	商品名称	出口额	比上年增长%	序号	商品名称	出口额	比上年增长%
	合计	108.77		13	船舶	2.62	−43.8
	其中：机械部归口产品	50.72		14	提升、搬运设备	2.59	43.4
1	钟表及其零件	15.10	11.1	15	金属加工机床	2.19	7.7
2	电工器材	14.45	15.0	16	电动玩具	2.05	22.4
3	家用电器	12.95	26.4	17	原电池	1.96	5.1
4	照明器材	8.79	47.4	18	飞机及零部件	1.82	−50.0
5	电机	7.12	64.0	19	标准紧固件	1.67	5.0
6	自行车	5.76	9.7	20	发动机	1.50	6.4
7	手用或机用工具	5.18	19.8	21	轴承	1.46	7.6
8	照相机及零部件	3.93	18.6	22	缝纫机及零件	1.45	16.3
9	汽车及零配件	3.75	57.7	23	阀门及零件	1.29	18.5
10	仪器仪表	3.63	39.6	24	金属餐具	1.11	9.8
11	锁	2.71	11.2	25	医疗器械	1.04	31.1
12	集装箱	2.67	−17.3				

表 30　来料加工及进料加工出口机电产品情况　(单位：亿美元)

年份	机电产品出口总额	来料加工及进料加工			比重 (%)			比上年增长 %		
		合计	来料加工	进料加工	合计	来料加工	进料加工	合计	来料加工	进料加工
1989	83.18	56.3	26.7	29.6	67.7	32.1	35.6	41.7	31.1	52.8
1990	110.88	74.3	29.9	44.4	66.9	26.9	40.0	32.0	15.8	49.8
1991	141.22	98.5	39.0	59.5	69.75	27.6	42.1	32.6	30.3	34.0
1992	195.52	135.58	55.29	80.29	69.34	28.28	41.06	37.65	41.77	34.94
1993	227.07	162.40	60.56	101.85	71.52	26.67	44.86	19.78	9.51	26.85

(6) 外商投资企业机电产品出口继续高速增长

1993 年，外商投资企业机电产品出口 83.9 亿美元，增长 37.6%，占全国机电产品出口总额的比重从 1992 年的 31.1%上升到 37%，净增 23.03 亿美元，占机电产品出口增量的 73.0%。外商投资企业对全国机电产品出口增长起到举足轻重的作用。“三资”企业出口额，从 1978 年至 1993 年年均增长 60%以上，远高于同期机电产品出口年均增长 34.4%的速度。“三资”企业的出口额占全国机电产品出口总额的比重逐年增加。详见表 31。

表 31　按海关统计“三资”企业机电产品出口增长情况　(单位：亿美元)

年份	机电产品出口总额	其中：“三资”企业出口	比重 (%)
1987	38.56	4.78	12.4
1988	61.59	9.18	14.9
1989	83.18	16.39	19.7
1990	110.88	27.05	24.4
1991	141.22	40.60	28.8
1992	195.52	60.90	31.1
1993	227.07	83.93	37.0

(7) 重点突破和市场多元化战略取得进展

从出口市场结构看，据我国海关按出口消费国统计，1993 年我国机电产品出口上亿美元的国家和地区已有 23 个。详见表 32。

(8) 出口企业结构调整，创汇大户不断增加

出口企业结构向合理方向发展，一批大中型骨干企业继续保持出口大户，其中济南、沈阳的几个机床厂，瓦房店、洛阳轴承厂，郑州、贵州、山东的砂轮厂，一重、二重、太重等重型机器厂的创汇额都达千万美元以上；1993 年新涌现了一批创汇千万美元以上的出口大户，如台山机械厂、常熟千斤顶厂、上海合众开利空调设备公司、浙江东海轴承集团公司、保定电影设备厂等。还有一个特点是具有雄厚实力的创汇集团不断增加，除原有的哈尔滨、上海、东方等电站公司和西安电力机械公司外，又增加了徐州工程机械集团公司、四联仪器仪表集团公司等。

表 32　1993 年我国出口上亿美元的国家和地区统计(海关统计)　(单位：万美元)

序号	国家(地区)名称	出口额	比重 (%)	序号	国家(地区)名称	出口额	比重 (%)
1	香港	595376	26.2	13	澳大利亚	24401	1.1
2	美国	504323	22.2	14	意大利	24397	1.1
3	日本	239961	10.6	15	印度尼西亚	23898	1.1
4	德国	114839	5.1	16	泰国	23300	1.0
5	英国	61468	2.7	17	俄罗斯	21754	1.0
6	新加坡	56248	2.4	18	马来西亚	21449	0.9
7	台湾	51759	2.3	19	伊朗	20923	0.9
8	巴基斯坦	46562	2.1	20	西班牙	20158	0.9
9	荷兰	43093	1.9	21	阿联酋	20153	0.9
10	法国	37186	1.6	22	沙特	12285	0.5
11	加拿大	28984	1.3	23	比利时	10769	0.5
12	韩国	27791	1.2		合计	2031077	89.5

机电产品出口额超过 1000 万美元的企业不断增多。1985 年只有 7 家，1987 年增至 23 家，1988 年 38 家，1990 年 131 家（含“三资”企业 28 家），1991 年达 139 家（含“三资”企业 44 家），1993 年增至 239 家（含“三资”企业 76 家）。

1993 年出口 500 万美元以上企业 514 家 (1991 年为 310 家)，含“三资”企业 144 家 (1991 年为 68 家)。见表 33。

表 33　1993 年出口额 500 万美元以上的企业数

出口额 (亿美元)	机电工业企业合计	其中 (个)	
		“三资”企业数	机械企业数
1 以上	6	76 (1 以上及 0.5～1 合计)	4
0.5～1	16		8
0.1～0.5	217		153
0.05～0.1	275	68	217
合计	514	144	382

1993年，出口1亿美元以上机械工业企业有4家：江苏造船厂（1.23亿美元），佳能大连办公设备公司（1.16亿美元），万宝至马达公司（1.00亿美元），深圳中华自行车公司（1.00亿美元）。出口0.5～1亿美元的机械工业企业有8家：大连斯大精密公司（0.86亿美元），上海太平国际货柜公司（0.86亿美元），扬州通运集装箱公司（0.73亿美元），上海自行车（集团）公司（0.65亿美元），沪东造船厂（0.63亿美元），中国电气进出口联营公司广州公司（0.56亿美元），嘉陵工业公司（0.54亿美元），上海航空工业（集团）公司（0.53亿美元）。

2. 按经贸业务统计分析

1993年全国机电产品出口187.44亿美元，比1992年增长27.1%，高于全国外贸出口增长21.0%的速度。机电产品出口比上年净增39.97亿美元，占全国同期出口净增160.55亿美元的24.9%，比往年占30%左右有所下降。机电产品出口占全国出口总额的比重达到20.22%，比1992年的19.24%只增长0.98个百分点，而1985～1992年平均每年增长2.29个百分点，增长速度明显放慢。见表34。

表34 按经贸业务统计的中国机电产品出口情况 （单位：亿美元）

年份	全国外贸出口	机电产品出口	比重（%）
1985	259.16	14.20	5.50
1986	270.14	22.30	8.25
1987	347.10	32.00	9.22
1988	406.40	48.00	11.81
1989	432.77	61.00	14.10
1990	516.96	81.22	15.71
1991	609.22	109.02	17.90
1992	766.37	147.47	19.24
1993	926.92	187.44	20.22

按经贸业务统计，出口机电产品超亿美元的省份，1985年只有上海、广东和天津三省、市，1990年增到14个，1991年16个，1992年17个，1993年又有广西、云南、江西三省（区）进入出口上亿美元的行列。至此，全国已有20个省、自治区、直辖市机电产品出口过亿美元，这20个省市机电产品出口占全国机电产品出口额的82.9%。

1993年广东、江苏、山东机电产品出口额继续在较高起点上高速增长，三省净增26.39亿美元，占全国机电产品出口净增额39.97亿美元的66.0%。1993年，除黑龙江、内蒙古、四川机电产品出口额比上年下降外，其他省、市都有不同程度的增长。见表35。

广东省，出口额长期持续高速发展，1989年

表35 按经贸业务统计1991～1993年我国机电产品分地区出口统计

类别及地区	位次		出口额（亿美元）			比重（%）		1993／1992（%）
	1993年	1991年	1993年	1992年	1991年	1993年	1991年	
全国外贸出口总额			926.92	766.37	609.22			121.0
其中：机电产品出口合计			187.44	147.47	109.02	100.00	100.00	127.1
一、地方出口			159.32	123.79	89.66	85.00	82.24	128.1
北京	9	9	3.66	3.45	3.68	1.95	2.83	109.5
天津	8	7	4.78	4.36	4.02	2.55	3.87	109.5
河北	16	16	1.67	1.33	1.08	0.89	0.99	125.5
山西	24	24	0.62	0.53	0.39	0.33	0.36	117.0
内蒙古	26	25	0.25	0.43	0.33	0.13	0.30	58.1
辽宁	4	3	9.64	8.54	6.46	5.14	5.93	112.9
其中：沈阳			1.29	1.25	1.03	0.69	0.94	103.3
大连			5.19	3.97	2.90	2.77	2.66	130.9
吉林	22	21	0.80	0.57	0.49	0.43	0.45	140.8
其中：长春			0.07	0.07	0.04	0.04		108.2
黑龙江	17	12	1.59	2.26	1.74	0.85	1.60	70.3
其中：哈尔滨			0.91	1.02	0.62	0.49	0.57	89.7
上海	2	2	14.80	13.20	11.47	7.90	10.52	112.1
江苏	3	4	12.66	9.01	6.02	6.75	5.52	140.5
其中：南京			1.02	0.75	0.45	0.54	0.41	135.2
浙江	7	6	7.08	5.78	4.53	3.78	4.16	122.5
其中：宁波			1.72	1.26	0.89	0.92	0.82	136.5
安徽	15	17	1.68	1.14	0.80	0.90	0.73	147.8
福建	5	5	8.25	6.57	5.32	4.40	4.97	125.5
其中：厦门			4.89	3.79	3.13	2.61	2.87	129.2
江西	20	18	1.09	0.88	0.73	0.58	0.67	123.5

(续)

类别及地区	位次		出口额（亿美元）			比重（%）		1993／1992（%）
	1993年	1991年	1993年	1992年	1991年	1993年	1991年	
山东	6	8	7.28	5.42	3.87	3.88	3.55	134.4
其中：青岛			1.58	1.03	0.61	0.84	0.56	153.1
河南	13	15	2.12	1.75	1.09	1.13	1.00	121.0
湖北	11	11	2.58	2.23	1.83	1.38	0.90	115.5
其中：武汉			1.12	0.86	0.73	0.60	0.67	130.4
湖南	12	14	2.25	1.63	1.38	1.20	1.27	138.4
广东	1	1	66.31	45.43	27.48	25.38	25.21	146.0
其中：广州			7.14	6.49	5.05	3.81	4.63	110.0
深圳			21.06	17.77	12.91	11.24	11.84	118.5
广西	18	20	1.39	0.98	0.63	0.74	1.72	142.0
海南	21	22	0.85	0.69	0.48	0.44	0.44	123.9
四川	10	10	3.36	3.80	3.00	1.79	2.75	88.5
其中：成都			0.37	0.44	0.49	0.20	0.45	84.6
重庆			1.25	1.61	0.80	0.67	0.73	77.8
贵州	23	23	0.65	0.53	0.43	0.35	0.39	121.4
云南	19	19	1.16	0.72	0.63	0.62	0.58	160.8
西藏	30	30	—	—	—	—	—	—
陕西	14	13	2.07	1.99	1.65	1.10	1.51	104.0
其中：西安			0.70	0.76	0.65	0.37	0.60	93.0
甘肃	25	26	0.35	0.30	0.32	0.19	0.29	116.9
青海	29	28	0.08	0.08	0.06	0.04	0.06	109.3
宁夏	28	29	0.10	0.06	0.06	0.05	0.06	161.1
新疆	27	27	0.18	0.12	0.08	0.01	0.07	156.7
二、双轨计划公司			1.91	2.01		1.02		95.3
三、各部所属公司			26.21	21.29		6.36		123.1
其中：设备			2.70	2.52				160.3
工程与农机			0.76	0.51				148.5

14.6亿美元，1990年16.33亿美元，1991年27.48亿美元，1992年45.43亿美元，1993年66.31亿美元，1991～1993年平均年增16.7亿美元、年均增长59.6%，已占全国出口总额的1／3以上，遥遥领先于全国各省、市，居第一位。

上海市，1988年由第一位降到第二位，以后一直保持这个位置。1991年突破10亿美元，达11.47亿美元，1993年近15亿美元。

江苏省，在全国排位几起几落。1990年出口4.43亿美元居第三位；1991年出口额虽达6亿美元，但增长速度比辽宁低13个百分点，与辽宁换位降至第四位；1992年增至9.01亿美元，回升至第三位；1993年继广东、上海之后，机电产品出口12.66亿美元，成为我国第三个机电产品出口超10亿美元的省。

辽宁省，发挥机械工业老基地和大中型骨干企业的潜力和优势，面向两个市场，近年来机电产品出口增长很快，1985年居第八位，1989年居第五位，1990年居四位，1991年一度跃居第三位，1992年回落至第四位，1993年增长1亿余美元达9.64亿美元，仍居第四位。

福建省，1987年出口额1亿美元，1991年5.32亿美元，1993年增至8.25亿美元，长期来居第5位。

3. 特点和方向

(1) 机电产品出口规模仍须继续努力扩大

我国机电产品的出口虽然增长很快，但规模仍然很小，还须继续努力加快发展。

①发展很快。1981～1991年，我国机电产品出口年均增长23.4%，不仅高于全世界机电产品出口总额7.1%的速度，也高于同期增长最快的韩国（21%）、台湾省（18%）和新加坡（17%）。

②占世界机电产品出口总额比重不高。1993年我国机电产品出口总额在世界的比重还只有1.61%（1991年为1.11%）；而1991年美国为15.3%、日本为17.0%、德国15.0%、法国6.3%、英国5.9%、意大利4.9%。1991年我国出口额居世界第20位左右，至1993年虽已进居第16位左右，但仍居台湾省、新加坡、韩国之后。

③占本国外贸比重落后于世界水平。1993年我国机电产品出口占全国外贸出口总额的比重为24.75%，占制成品出口总额的比重为30.24%，分

别远远落后于 1991 年 36.4%和 50.6%的世界水平。

世界出口结构的重要趋势之一是由纺织品向机电产品过渡。纺织品在世界贸易的比重由 1890 年的 50%以上，下降至 1990 年的 6.5%，同期机电产品则由不到 7%上升到 36%，而目前我国机电产品仍落后于纺织和服装。见表 36。

(2) 亟待增加出口后劲

我国机电产品出口增长速度虽快，但后劲不足：

一是机电产品出口额增长速度下降。1986～1992 年平均为 42.0%，1991～1992 年为 32.8%，而 1993 年只有 16.1%，尤其是机械工业部归口产品，1993 年比 1992 年是负增长（−4.32%）。

表 36 按海关统计机电产品在全国出口贸易总额和工业制成品中的比重 (单位：亿美元)

年份	全国出口贸易总额	工业制成品出口总额	机电产品出口额		纺织品出口额	占全国外贸出口比重（%）			占工业制成品比重（%）	
			合计	机械		纺织品	机电产品	机械	机电产品	机械
1986	309.4	196.7	24.8	18.3	82.1	26.7	8.0	5.9	12.6	9.3
1987	394.4	262.1	38.6	26.5	109.9	27.9	9.8	6.7	14.7	10.1
1988	475.2	331.1	61.6	42.4	113.3	23.8	12.9	8.9	18.6	12.8
1989	525.4	374.6	83.2	56.6	131.2	24.9	15.8	10.8	22.2	15.1
1990	620.6	462.1	110.9	76.1	137.7	22.2	17.9	12.3	24.0	16.5
1991	719.1	557.0	141.2	96.6	167.3	23.2	19.6	13.4	25.4	17.3
1992	849.7	679.5	195.5	126.8	212.0	25.0	23.0	14.9	28.8	18.7
1993	917.6	750.9	227.1	145.9	271.0	29.4	24.7	15.9	30.2	19.4

二是从分析 1993 年贸易方式看，与上年比，一般贸易只增长 2.7%，仅占当年机电产品出口总额的 26.1%。而来料加工和进料加工贸易增长了 19.78%，占当年机电产品进口总额的 71.5%。反映我国机电产品实际为国家创汇能力低，来料、进料加工贸易额虽大，但为国家实际创汇不多。

三是“三资”企业出口持续高速增长。“三资”企业出口机电产品比 1992 年增长 38%，其出口额在全国机电产品出口中所占比重越来越大，已超过三分之一。

四是机械类传统大宗出口商品增长缓慢，甚至下降，如 1990 年与 1993 年的出口额，出口机床分别为 2.2 亿美元和 2.19 亿美元，轴承为 1.8 亿美元和 1.34 亿美元，标准紧固件为 1.49 亿美元和 1.67 亿美元，船舶为 2.14 亿美元和 2.35 亿美元，电线电缆为 4.18 亿美元和 2.59 亿美元。而高新技术产品的出口又上不去，如数控机床几年来一直在 1000 万美元以内徘徊。

(3) 建立正常出口秩序工作亟待加强

近年来，中国机电产品进出口商会等有关部门对出口打乱仗问题作了大量协调工作，取得了一定成效，但机电外贸出口秩序仍未根本好转，特别是低价竞销问题突出，不仅严重损害了我国出口经济效益，更严重的是给西方贸易保护主义为对我出口商品的歧视提供了借口。

一是部分机电产品出口价格愈卖愈低。如电线电缆，1990 年出口 9.2 万 t、4.18 亿美元，而到 1993 年出口 12.2 万 t，出口额却下降到 2.59 亿美元；再如轴承 1993 年比 1992 年出口数量增长 14.4%，而金额只增长了 7.6%；电视机包括整套散件出口，1993 年出口 1131 万台（套），金额 7.6 亿美元，比 1992 年数量增加了 20.4%，而金额只增长了 5.8%，类似情况很多。

二是遭国外反倾销的机电产品增加。到目前为止，累计对我国提出反倾销指控已达到 100 多件，其中一半以上发生在 1985 年以后，最近几年特别多，机电产品 1990 年 8 件、1991 年 4 件、1992 年 8 件、1993 年 5 件。美国对我国出口的圆锥滚子轴承（1991 年终裁反倾销税率 0～8.83%）、电风扇（1991 年终裁反倾销税率 0～2.16%）、手工具（1991 年终裁反倾销税率 15.02%～50.81%）、汽车螺母（1991 年终裁反倾销税率 42.42%）、弹簧垫圈（1993 年终裁反倾销税率 69.88%）等实施反倾销；欧共体已对中国的小屏幕彩电（1991 年终裁反倾销税率 15.3%）、一次性打火机（1991 年终裁反倾销税率 16.9%）、自行车（1993 年终裁反倾销税率 30.6%）等实施反倾销。其他如加拿大、土耳其、尼日利亚、墨西哥也分别对来自中国的自行车、电焊条、电池等实施了反倾销措施，严重影响了我机电产品的出口。

(三) 机电产品的进口

1. 进口规模

据海关统计，1993 年进口机电设备 494.56 亿美元（约居世界第七位），是历史上进口设备最多的一年。比上年的 348.93 亿美元净增 145.63 亿美元，增长了 41.7%，增额幅度创近几年最高水平；在全国进口总额中的比重由上年的 43.28%增至 47.58%，机电产品进口已成为进口商品的主要组成部分。

机械产品和机械工业部归口产品进口分别为 388.36 亿美元和 238.00 亿美元，在全国外贸进口总额中的比重分别为 37.34%和 22.88%，都居重要地位。见表 37。

1993 年进口机电产品按人民币计算（考虑关税、增值税及运费等因素，按 1 美元折人民币 12 元左右）的销售额约 6000 亿元，其中机械工业部

表 37　按海关统计历年机电产品进口额　　(单位：亿美元)

年份	进口额				比重 (%)						比上年增长 %		
	全国外贸总计	机电产品	机械产品	机械部产品	机电产品在全国	机械产品 在全国	机械产品 在机电产品中	机械部产品 在全国	机械部产品 在机电产品中	机械部产品 在机械产品中	机电产品	机械产品	机械部产品
1980	200.2	56.53			28.24								
1984	274.1	82.11			29.96								
1985	422.5	182.88			43.28						122.7		
1986	429.0	193.47			45.09						5.79		
1987	432.2	173.88			40.24						−11.0		
1988	552.8	206.98			37.45						19.04		
1989	591.4	224.99			38.04						8.7		
1990	533.5	214.33	163.57	101.04	40.17	30.66	76.32	18.94	47.14	61.77	−5.0		
1991	637.9	250.46	190.91	117.86	39.26	29.93	76.22	18.48	47.06	61.74	16.86	16.71	16.65
1992	805.9	348.93	268.33	167.37	43.28	33.34	76.91	20.77	47.97	62.37	39.30	40.54	42.01
1993	1039.5	494.56	388.36	238.00	47.58	37.34	78.53	22.88	48.12	61.28	41.74	44.73	42.20

产品约 2900 亿元，大约相当国内产品销售额的 80%，而在 1990 年、1991 年只有 40%左右。

在机电设备进口总额中，机械工业各行业产品 388.36 亿美元，占 78.53%。机械工业部归口产品 238.00 亿美元，占机电进口产品的 48.12%，比上年增长 42.20%，较机电产品进口总额增长 41.74%高 0.46 个百分点。在机械工业部各行业进口额中，石化通用机械行业和汽车行业最多，分别为 66.11 亿美元和 54.88 亿美元，其次为电器行业和机床工具行业。见表 38。

2. 主要进口产品

在各类机电产品的进口中，进口量大的为：汽车及其底盘 35.8 亿美元，纺织机械 35.6 亿美元，金属加工机床和飞机各为 19.4 亿美元，橡胶、塑料加工机械 15.8 亿美元，计量检测分析仪器及器具 13.1 亿美元，印刷机及其零件 7.28 亿美元，模具 6.63 亿美元。

与 1992 年比，进口增长最多的为：金属加工机床增长 112.7%，橡胶、塑料加工机械增长 64.3%，汽车及其底盘增长 47.0%，纺织机械增长 39.7%，建筑及采矿机械增长 38.6%，飞机增长 38.5%。

小轿车（包括散件）进口 17.19 万辆（套）、13.93 亿美元，其中德国 3.76 万辆、4.61 亿美元，日本 4.34 万辆、3.08 亿美元，法国 2.44 万辆、2.43 亿美元，美国 1.53 万辆、1.83 亿美元，俄罗斯 3.22 万辆、0.79 亿美元。以上五国共计 15.29 万辆、12.74 亿美元，分别占总进口量的 88.95% 和 91.46%。

数控机床进口 10165 台、5.52 亿美元，其中德国 570 台、1.50 亿美元，日本 2033 台、1.30 亿美元，台湾省 3570 台、0.79 亿美元，美国 476 台、0.60 亿美元，意大利 144 台、0.34 亿美元，以上五国（地区）共计 6793 台、4.53 亿美元，分

表 38　1990～1993 年分行业机械产品进口情况　　(单位：亿美元)

行　业	1990 年	1991 年	1992 年	1993 年	1993／1992 (%)
机械工业全行业产品总计	163.57	190.91	268.33	388.36	144.73
一、机械工业部归口产品合计					
含汽车	101.04	117.86	167.37	238.00	142.20
不含汽车	88.39	99.93	138.50	183.12	132.22
农业机械			6.98	14.71	210.74
工程机械	2.09	2.23	4.10	9.30	226.83
仪器仪表	8.38	9.61	15.65	16.56	105.81
石化通用机械①	38.23	45.36	49.22	66.11	134.32
重型机械	10.23	10.58	11.20	11.32	101.07
机床与工具	5.96	8.05	10.94	22.89	209.23
电工电器	20.10	19.70	30.20	31.93	105.73
机械基础件	3.39	4.39	10.21	10.29	100.78
汽车	12.66	17.93	28.87	54.88	190.09
二、其他部门归口机械产品合计	62.53	73.05	100.96	150.36	148.93

①包括按海关统计的"不可分类机械产品"，可能含一部分其他行业产品。

别占总进口量的66.83%和82.07%。

加工中心进口832台、2.16亿美元，其中德国94台、0.61亿美元，台湾省244台、0.38亿美元，日本125台、0.25亿美元，意大利45台、0.23亿美元，西班牙19台、0.10亿美元，以上五国（地区）共计527台、1.57亿美元，分别占总进口量的63.34%和72.69%。

挖掘机、装载机进口11013台、3.57亿美元，其中日本7115台、2.13亿美元，俄罗斯3140台、1.00亿美元，美国204台、0.16亿美元，韩国194台、0.07亿美元，以上合计10653台、3.36亿美元，分别占进口总量的96.73%和94.12%。

推土机进口6305台、1.47亿美元，其中俄罗斯3770台、0.77亿美元，美国178台、0.29亿美元，日本388台、0.20亿美元，哈萨克斯坦1842台、0.18亿美元，亦虾霞喽178台、1.44亿美元，分别占总进口量的98.00%和97.96%。

3. 主要进口国别（地区）

日本最多，达147.88亿美元，比1992年增长81.4%；其次是美国为66.56亿美元，台湾省63.77亿美元，以下为德国47.23亿美元，香港45.50亿美元，意大利19.49亿美元，俄罗斯16.68亿美元，韩国12.63亿美元，法国12.20亿美元，英国11.44亿美元，瑞士7.5亿美元，瑞典5.6亿美元，以上进口额456.5亿美元，占机电产品进口总额的92.3%。

4. 进口贸易方式

一般贸易进口最多，达165.1亿美元，占进口总量的33.4%。

其次为外商投资企业作为投资进口的设备、物品152.19亿美元，占30.8%；其中，日本最多，为40.58亿美元，其次为台湾35.52亿美元，以下主要的还有美国15.76亿美元，德国14.70亿美元，香港11.57亿美元，意大利10.02亿美元。以上合计128.2亿美元，占总量的84.2%。此外还有法国4.38亿美元、韩国4.30亿美元、英国2.96亿美元、俄罗斯0.67亿美元。

易货贸易主要是在原苏联、东欧各国间进行，在10.41亿美元总量中，俄罗斯最多为8.4亿美元，占80.8%；其次是捷克0.49亿美元，罗马尼亚0.42亿美元，哈萨克斯坦0.41亿美元，波兰0.15亿美元，韩国0.05亿美元。

5. 特点和方向

机电产品进口增长，是我国经济发展的需要，是扩大国际经济技术贸易的需要，反映了我国经济建设的蓬勃发展。当前，我国对外经贸交往和向国际市场开放程度发生了明显变化，各行业迫切要求以先进技术、先进设备进行技术改造，机电产品进口增加是发展中国家前进道路上必经的阶段。问题是目前进口设备的数量和增速似已超出正常范围：一是过高的进口设备增长率；二是机械产品出口未能与进口在高位上同步增长；三是大量的一般低档机械设备进口。

过量进口反映的主要问题：

一是外贸逆差大。1993年全国外贸逆差121.9亿美元，而机电产品出口虽然增长16.1%，但由于进口猛增41.7%，造成高达267.5亿美元的逆差，成为我国外贸逆差的主要因素，使我国的国际收支平衡陷于困境。而其中机械工业逆差问题尤为突出，1993年净增逆差100.93亿美元，比已经增长过快的1992年净增逆差47.22亿美元，增长一倍多。见表39。

表39 1990～1993年我国机械产品进出口逆差情况 （单位：亿美元）

项目	1990年	1991年	1992年	1993年	1993/1992 (%)
机械全行业产品进口总额	163.37	190.91	268.33	388.36	144.73
其中：机械工业部(含汽车)	101.04	117.86	167.37	238.00	142.20
(不含汽车)	88.39	99.93	138.50	183.12	132.22
机械全行业产品出口总额	76.10	96.60	126.80	145.90	115.06
其中：机械工业部(含汽车)	41.75	44.98	56.27	53.84	95.68
(不含汽车)	40.16	42.82	52.07	48.17	92.51
机械全行业产品进出口逆差	87.27	94.31	141.53	242.46	171.31
其中：机械工业部(含汽车)	59.29	72.88	111.14	184.16	165.70
(不含汽车)	48.23	57.09	86.43	134.95	156.14
机械全行业产品进出口名义竞争力	0.47	0.51	0.47	0.38	
其中：机械工业部(含汽车)	0.41	0.38	0.34	0.23	
(不含汽车)	0.45	0.43	0.37	0.26	

二是名义竞争力低。作为提供资本货物的机电工业是顺差还是逆差关系重大，因为这反映出一个国家在重要的技能和技术方面所处的地位。名义竞争力是出口额与进口额之比，是表示一个国家进出口能力平衡，也就是从产业国际化的角度考虑，国内生产满足国家需求能力的标志。

工业发达国家，无不是进口机电设备多的国家，同时也是出口机电设备多的国家，这样的好处是有利于开展国际合作提高技术和经济效益水平。因此多是大出大进，他们的名义竞争力一般为1左右，而我国1993年机电工业为0.46、机械工业为0.38、机械工业部系统为0.23。反映出中国机电工业特别是主要提供资本货物的机械工业部的技术和技能在国际竞争中的劣势地位。

三是重点产品、重大设备的竞争能力低，机械工业面临生存与发展的挑战。

进口激增，已使机电产品自给率迅速下降，初步匡算，机械工业部系统产品的自给率已由过去的80%以上下降至50%～60%，已对某些相关行业形成强冲击。

如机床与锻压设备。据美国《机械师》杂志报道：中国1992年进口机床与锻压设备9.12亿美元，1993年激增至19.4亿美元，比上年增长112.7%。中国从1992年世界第五大机床进口国一跃成为仅次于美国（1993年进口机床与锻压设备21.5亿美元，只比中国多2.1亿美元）的第二大机床进口国。进口量占全国机床与锻压设备消费额30.75亿美元（中国为世界第三大机床消费国，次于美国的47.65亿美元和日本的36.87亿美元）的63.09%，而1992年还只有40%。尤其是数控机床反映更为突出，1993年生产6026台、价值11.87亿元（其他部门生产2000多台、价值3亿元左右），到年底库存2040台；出口2657台、创汇880万美元，而进口则高达10997台、用汇7.68亿美元（含加工中心832台、用汇2.16亿美元），进口金额远大于国内产值（约为7∶1），出口与进口更是无法比。机床、锻压设备行业的这一巨变，令人震惊。

机床工业形势严峻，其他行业也类似。如：

汽车及其底盘，进口用汇35.8亿美元，比上年增长47.0%；国内生产值为645.56亿元（扣除进口零部件组装后只有536.4亿元人民币）。

橡胶塑料机械，进口用汇15.8亿美元，比上年增长64.3%，国内生产值只有13.96亿元，差距极大。

推土机，进口6305台、用汇1.47亿美元，国内生产值为10.48亿元。

挖掘机及装载机，进口11013台、用汇3.57亿美元，国内生产值为27.17亿元。

印刷机及其零件进口用汇7.28亿美元，国内生产只有14.25亿元，差距极大。

模具进口用汇6.63亿美元，机械工业部系统专业厂生产值3亿元，估计全国产值可达100余亿元，但大型、精密、高效模具主要靠进口。

轴承，历来进口甚少，是重要的出口创汇产品，但近年来出口增长甚少，而进口则由1990年的0.38亿美元增至1993年的近1亿美元。

进口量大的还有纺织机械35.6亿美元，计量检测分析仪器及器具13.1亿美元。

中国是世界机械工业产品的重要市场，各工业发达国家莫不想插足乃至占领这个市场。过去，全国建成投产的20套30万t合成氨成套装置中，国内提供的仅一套；建成投产的13套乙烯成套装置，全部进口。现在，三峡工程施工的大型工程机械全买国外的，大型水电机组前12套已确定要买国外的。

从1994年起国家已将一些机械产品关税税率下调。如数控机床及加工中心的关税税率由1993年的15%降为9.7%；数控系统由9%降至5%；小轿车由180%～220%降至110%～150%等。预测恢复我国关贸总协定缔约国地位后，形势将更加严峻。展望未来，中国机械工业面临生存与发展的挑战。

我们认为过多的进口机电产品，主要通过进口方式作为缩小与发达国家差距的办法，成本过高，风险过大，小则影响中国机电工业的发展，大则关系到国民经济装备政策落实的问题，应当引起重视。首先需要在宏观上加强我国产业政策引导，防止重复建设、重复引进，防止“过热”；其次要提高国产机电设备性能、质量、服务水平，增强其国际市场竞争力；再次要加强机电产品进口管理，适当控制配额产品和特定产品的进口总量，等等。

六、中外合资企业方面

1981年12月批准与美商合资经营湖北派克密封件厂、1982年4月批准中美合资的上海福克斯波罗自动化仪表公司项目，这是机械工业最早的合资企业。以后进展很快，尤其1992年以来，在邓小平同志南巡重要谈话精神鼓舞下，机械工业利用外资工作出现了前所未有的大好形势。近年来，机械工业吸收外资工作出现了新的特点，来华投资的国外大企业、知名的跨国公司明显增多，投资规模较大、技术水平较高的投资项目比重上升。据统计，1991年底，机械工业共有合资企业1806个，外商协议投资25.5亿美元。1992年底增至4682家，累计引进技术1400多项，外商协议投资48.1亿美元。1993年兴办“三资”企业数和外商协议投资额又较1992年翻了一番。

“三资”企业已成为我国机械工业引进先进技术的重要窗口。重庆庆铃汽车有限公司是一家“三资”企业，从零配件生产到整车总装都采用日本五十铃的技术和标准，产品的质量和档次都达到了国际水平，据统计，1993年这个公司销售收入28.3亿元，实现利税5.6亿元，成了重庆市的支柱企业。天津电梯生产的崛起也是在外商兴办奥的斯电梯公司后出现的。对电梯生产实行全系列微机控制和更新换代，产品水平跃升到世界先进水平，已作为名牌产品进入国际市场，1993年销售额已达10.8亿元，实现利税1.6亿元。

中外合资企业已成为中国机械工业持续发展的新生长点，以上海市机电工业“三资”企业的发展历程为例。从1982年成立首家合资企业起，至1986年底仍只有3家合资企业。近几年加快与国外厂商合作的步伐，1991年底有“三资”企业29家，1992年底增至60家，1993年底已达100家。1993年，上海市机电局系统合资企业经济指标出现了“三超”，即实现利润超过全民企业16%，发展速度超过全局系统企业平均水平7.6%，出口创汇增长幅度超过全局系统企业平均水平78%；合资企业的人均销售额、人均创利、人均创汇分别为全局平均水平的3.45倍、10.4倍和7.46倍。上海市机电局从合资企业的审批到管理，推出了一系列办法、制度，使之规范化、科学化，利用外资工作渐趋成熟，近年来新办的合资企业基本上实现了“优生优育”。主要表现在：合资伙伴多为国际著名跨国公司，如ABB公司、西门子公司、高斯公司、开利公司、大中株式会社、三菱株式会社、日立株式会社等；“三型”企业，即技术先进型、出口创汇型和管理先进型企业不断涌现。目前，上海机电局系统建立的100家合资企业中，投资额在1000万美元以上的22家，500万美元以上的17家，上海三菱电梯有限公司、中国迅达电梯有限公司上海电梯厂、上海日立电动工具有限公司、上海英达尔蓄电池有限公司等的投资额均超过3000万美元；属技术先进型的19家，出口创汇型的5家。由于企业管理走向规范化，效益良好，增强了外方的投资信心，已有不少合资企业的外方主动提出由部分合资扩大到全厂合资，或由与一厂合资扩大到与多厂合资。又如天津市机械工业大力发展“三资”企业，特别是发展与世界名牌公司合资，对加快发展天津机械工业起了重要作用。他们这一决策出于三点认识，一是世界名牌公司技术高新，资金雄厚，通过合资使自己的优势企业得到超前发展。二是将来“复关”后，中国市场趋于国际化，未来的市场，必将被世界强手所分割。实行强强联手，增强对国际市场的分割能力。三是世界名牌公司一般都是跨国公司，当今世界贸易的三分之一是在跨国公司子公司中进行的，与之合资可以增加出口渠道，扩大产品出口。在上述思想指导下，天津市机械工业合资企业发展很快。1993年底，全行业“三资”企业已达60家，投资总额1.83亿美元，利用外资6366万美元。与世界名牌公司合资的企业已有7家。1984年中美合资的天津奥的斯电梯有限公司，1993年实现利润比合资前增长33倍，电梯产量达3000台。中日合资天津本田摩托有限公司，初期规模年产10万辆摩托车，最终将达30万辆。中意合资的扎努西电气机械天津压缩机有限公司，双方签订了世界最新技术——无氟压缩机技术转让合同，所生产的无氟压缩机约有三分之一返销意大利。1993年，全行业已投产的28家合资企业，产值、销售收入和实现利润都成倍增长，其中实现利润占全行业的46%。中外合资企业已成为天津市机械工业经济新的增长点。再如大连市机械局采取利用外资，“多枝嫁接”，拓宽两个市场的方针发展“三资”企业。1993年，仅1~9月，即新建外商投资企业20家，投资额近5000万美元。1993年底，大连市机械局系统已有外商投资企业45家，这些“三资”企业的产值、利税、销售额均比上年大幅度提高。由大连冷冻机厂、日本三泽电机株式会社、日商岩井株式会社合资合办的大连三泽制冷有限公司，总投资35亿日元，生产当代最先进的制冷设备。率先在我国机械工业中实行“多枝嫁接”的大连液压件厂，如今五大主导产品变成5家中外合资企业。1993年工业产值、利润分别比“嫁接”前增长10多倍和20多倍。大连机械局系统45家“三资”企业，80%以上属“多枝嫁接”。瓦房店轴承厂已建起3个厂内“嫁接”企业。其中，瓦房店海亚特轴承有限公司生产的铁路机车轴承全部销往美国，1993年人均创汇3万多美元，成为机械行业人均创汇额较高的企业。

机械工业的合资企业数量较少，但是涌现出不少技术先进、出口创汇较多、外汇收支平衡、经济效益好，各项重要经济指标在我国同行业中有明显优势的企业。从1988年开始的一年一度的全国十大最佳生产型合资企业评选活动，至今已梅开七度。历届评选活动中，榜上有名的属于机电企业的最多，一般都有8家以上，占绝对优势。上海大众汽车有限公司、上海易初摩托车有限公司、中国迅达电梯有限公司已七届蝉联“十佳”称号。常被评入的还有北京吉普汽车有限公司、上海福克斯波罗有限公司、深圳中华自行车集团股份有限公司等。

第七届当选的“十佳”企业为1993年度合资企业中的佼佼者。他们的经济指标不仅为国内同行业之首，在国际同行业中也有相当竞争力。由于并列第十名，这次有11家当选，其中机电企业8家(机械工业企业6家、电子工业企业2家)。机械工业企业名单见表40。

表40　第七届入选十佳合资企业的机械企业名单

企　业　名　称	投资外方
上海大众汽车有限公司	德　国
深圳中华自行车集团股份有限公司	香　港
上海易初摩托车有限公司	泰　国
中国迅达电梯有限公司	瑞士、香港
江苏春兰制冷设备股份有限公司	香　港
广州美特容器有限公司	美国、香港

机械工业利用外资举办“三资”企业取得很大进展，但也存在一些问题。从整个行业看，步子还不快。机械工业外商直接投资只占全国外商直接投资的4.8%。目前“三资”企业还有相当部分属于低层次的一般厂，平均每个项目利用外资金额只103万美元，高新技术少，项目“小打小闹”多，形不成竞争实力，这些对机械工业“三资”企业的健康发展有一定影响，有待研究解决。

汽 车 工 业

机械工业部汽车工业司

一、汽车工业发展特点

1993 年，全国各类汽车产量达 131 万辆，比上年增长 23%，其中轿车 23 万辆，比上年增长 41.16%，摩托车 330 多万辆，比上年增长 49%。全行业 1103 个企业完成工业总产值（1990 年不变价）1060 亿元，比上年增长 20%。工业增加值 298.52 亿元，比上年增长 44.55%。汽车、摩托车配件产值约 280 亿元，比上年增长 37%。汽车工业总产值约占机械工业总产值的 40%，占全国工业总产值的 4%。1993 年全国汽车生产呈现出以下特点：

1. 产品结构得到改善

1993 年全国 72 家重点汽车生产企业共计生产汽车 118.36 万辆，类别构成见表 1。首先是乘用车与载货车比例有所改善，乘用车占总产量的比重进一步增长；载货车（含越野载货车、自卸车、牵引车及专用车）69.39 万辆，占总产量的 58.63%；客车产量 26.45 万辆，占总产量的 22.35%；轿车 22.52 万辆，占总产量的 19.02%。客车和轿车产量占总产量的比重较上年的 13%、15%分别增长 9 个百分点和 4 个百分点。其次，汽油、柴油汽车比例进一步得到调整，柴油车 24.01 万辆，占总产量的 20.28%，比上年占总产量的 14%又有较大增长；重型载货车柴油化率达 79%；中、轻型载货车柴油化率也分别达到 30.45%和 33.31%；大型客车柴油化率达 95.24%。

表 1　1993 年全国 72 家重点汽车生产企业产品类别构成

产品类别	产量(万辆)		汽油车与柴油车的产量			
	小计	比重(%)	汽油车(万辆)	比重(%)	柴油车(万辆)	比重(%)
总计	118.36	100.00	94.35	79.72	24.01	20.28
载货车	69.39	58.63	47.72	68.78	21.67	31.22
其中：重型	3.58		0.74	21.00	2.84	79.00
中型	31.69		22.04	69.55	9.65	30.45
轻型	27.56		18.38	66.69	9.18	33.31
微型	6.56		6.56			
客车	26.45	22.35	24.11	91.15	2.34	8.85
其中：大型	0.42		0.02	4.76	0.40	95.24
中型	1.44		1.09	75.69	0.35	24.31
轻型	17.73		16.14	91.03	1.59	8.97
微型	6.86		6.86			
轿车	22.52	19.02	22.52			

2. 生产能力有较大增长

1993 年，全国有 16 家企业年产量超过 2 万辆，其中年产 10 万辆以上的有 3 家，年产 5～10 万辆的为 1 家，年产 4～5 万辆有 4 家，年产 2～4 万辆有 8 家，年产 1 万辆以上的有 29 家（1993 年汽车产量前 16 位的企业见表 2）。

表 2　1993 年汽车产量前 16 位的企业

排序	企　业	产量(万辆)	排序	企　业	产量(万辆)
1	东风汽车公司	17.74	9	天津市汽车制造厂	3.75
2	中国第一汽车集团	16.36	10	仪征汽车制造厂	3.36
3	上海大众汽车有限公司	10.00	11	金杯汽车股分有限公司	3.18
4	南京汽车制造厂	6.75	12	柳州汽车厂	2.62
5	天津市微型汽车厂	4.79	13	北京汽车摩托车制造公司	2.53
6	北京吉普汽车有限公司	4.71	14	柳州微型汽车厂	2.42
7	北京轻型汽车有限公司	4.10	15	广州标致汽车有限公司	2.08
8	国营长安机器制造厂	4.08	16	江铃汽车集团公司	2.00

3. 分车型三厂、五厂生产集中度有所提高

按车分三厂集中度为 90%以上的有中型载货车 1 种，集中度为 80%～90%的有大型和中型客车 2 种，集中度为 70%～80%的有微型客车、重型载货车和轿车 3 种。五厂集中度 90%以上的有中型载货车、大型客车、中型客车、微型客车 4 种，集中度为 80%～90%的有重型载货车、微型载货车和轿车 3 种，生产集中度最低的是轻型客车和轻型载货车，轻型载货车、轻型客车的三厂集中度不足 50%。(见表 3)。

表 3　分车型三厂、五厂生产集中度

车型	产量(万辆)	三　厂		五　厂	
		产量(万辆)	集中度(%)	产量(万辆)	集中度(%)
载货车	69.39	29.6	43	36.25	52
重型	3.58	2.70	75	3.09	86
中型	31.69	28.85	91	30.66	97
轻型	27.56	12.86	47	16.97	62
微型	6.56	3.98	61	5.76	88
客车	26.45	7.75	29	11.24	42
大型	0.42	0.34	81	0.39	93
中型	1.44	1.22	85	1.3	90
轻型	17.73	7.35	41	9.63	54
微型	6.86	5.21	76	6.35	93
轿车	22.52	16.57	74	19.63	87

二、轿车工业进展情况

1993 年全国轿车产量达 23 万辆，比上年增长 41.16%。其中：

1. 上海汽车工业总公司的桑塔纳轿车突破 10 万辆，占全国轿车总产量的 45%。“八五”期间，为保证上海轿车工业向经济批量迈进，使上海的汽车零部件工业为全国配套，上海大众汽车有限公司纵向投入 25 亿元，而向横向零部件厂的投入超过 50 亿元，投资比例为 1∶2 左右。除上海大众汽车有限公司外，上海总公司系统还有 5 家配套生产桑塔纳轿车零部件的企业，先后与外国公司合资经营、利用外资达 3.6 亿美元。众多零部件厂的投资力度，少则在 5000 万元以上，多则达 4.5 亿人民币。目前，在为上海大众汽车有限公司批量供货的 132 家桑塔纳定点配套企业中，上海有 73 家，占国产化率的 36.3%，其他省市和部门的 59 家，占国产化率的 34.4%。

2. 一汽大众汽车有限公司生产的捷达轿车产量为 1.2 万辆，产量比上年增长 30%；实现销售收入 15.86 亿元，上缴税金 5.06 亿元，分别比上年增长 75.97%和 69.17%；人均劳动生产率（增加值）达 37 万元。全年完成 14 项计 20 种产品的国产化工作，全年实现国产化率 10%。一汽集团公司 1993 年生产奥迪轿车 1.78 万辆。

3. 神龙汽车公司的轿车项目已进入大规模建设阶段。到年底，轿车项目的 7 个主要车间全部开工建设，其中两个车间已完成主体工程，年内完成富康轿车 0.5 万辆。

4. 北京吉普汽车有限公司“七五”技术改造项目年内通过了北京市组织的竣工验收。在切诺基吉普车的生产过程中，采用了电脑调控点火、多点喷射发动机、动力转向、助力制动、高压气体减震等新技术；铸造车间采用迪砂造型线，冲天炉加料系统采用自动检测和微机优化控制等新工艺。其中油漆车间的阴极厚膜电泳涂漆是国内首家采用，年内共生产切诺基吉普车为 1.38 万辆。

5. 天津市微型汽车制造厂 1993 年产量为 4.79 万辆，相当于前 7 年生产数量的总和。

此外，广州标致汽车有限公司生产的标致 505 轿车 1993 年达到 1.78 万辆；重庆长安机器制造厂生产奥托微型轿车为 1 万辆；西安秦川机器厂生产的奥托微型轿车为 0.2 万辆；航空工业总公司生产的云雀牌微型轿车（原斯巴鲁）为 0.1 万辆。

〔撰稿人：机械工业部汽车工业司　姜　英〕

中国汽车工业协会汽车相关工业协会　成立于 1993 年 8 月，由汽车各相关工业骨干企业组成，是中国汽车工业协会的分支机构之一。

宗旨是：按照国家汽车工业发展总体部署，协助政府做好汽车工业与相关工业之间的协调服务工作，发挥桥梁与纽带作用，以促进同步发展；积极开展咨询服务、传递信息、技术交流、联合科技攻关、人员培训等各种活动。

目前有会员 99 家，现分为塑料、橡胶、胶粘剂、纺织物、摩擦材料、涂料六个专业委员会。

汽车相关工业分会第一届理事会组成：

理事长　周一兵(中国汽车零部件工业联营公司副总经理)

副理事长　常志成（亚大塑料制品有限公司副总经理）

刘福根（上海汽车地毯总厂厂长）

张凤桐（山东化工厂总工程师）

傅国荣（杭城摩擦材料有限公司董事长）

郑石学（沈阳油漆厂厂长）

张　军（中国贵航集团红阳机械厂厂长）

秘书长　李　静（中国汽车工业总公司）

地址：北京市复外大街 16 号　邮码：100860

电话：8596375　传真：3271947

船舶工业

中国船舶工业总公司政策研究室

1993 年，船舶工业总公司生产经营获得较好成绩，主要经济指标均创历史最高水平，实现了总公司第六次工作会议提出的“提前一年实现‘八五’计划的主要指标”的目标。

一、生产获得较快发展

1993 年，总公司各项主要生产指标均较好地完成了年度计划（表 1）。

1993 年，在生产方面有以下显著特点:

表 1　1993 年总公司主要生产指标完成情况

项　目	单位	实际完成	完成计划%	比上年增长%
一、工业总产值（按 1990 年不变价）	亿元	118.27	112.18	16.22
其中: 船舶类产品	亿元	74.47	106.35	16.67
修船	亿元	10.47	137.25	18.98
非船舶产品	亿元	33.32	120.02	14.38
二、船舶产品产量	万 t	133.67	120.48	19.45
其中: 万吨以上船舶	万 t	107.91	—	12.99
出口船舶	万 t	54.3	123.78	-9.65
三、柴油机	台／MW	901／833.4	82.71／111.27	65.02／36.31
四、精密导航仪表	台(套)	436	145.82	62.08

1. 造船生产再创历史最好水平

在 1992 年造船产量首次突破 100 万 t 的基础上，1993 年造船产量又创造了新的历史最好水平。全年各所属企业共交船 207 艘、产量达到 133.67 万 t，分别完成年计划的 199.04%和 121.54%，完工吨位比 1992 年增加 19.45%。其中，3 万 t 以上的大型船舶有 16 艘、96.2 万 t，分别占全年完工量的 7.7%和 72.0%；出口船吨位达 54.3 万 t，占总产量的 40.6%。

1993 年，由于原材料、设备涨价幅度较大，企业资金又紧张，造船生产面临很大的困难。各地区公司及船厂积极采取措施，克服了种种不利因素的影响，使造船生产继续增长。九江公司增势最猛，造船产量完成年计划的 132.64%，比 1992 年增长 38.68%。江南、沪东、大连、广州和大连造船新厂等 5 大船厂造船产量居全国前 5 位，其中江南造船厂产量达 28.39 万 t。

造船周期进一步缩短。部分船厂在船台周期上又创下了新成绩：广州造船厂创造出同一船台一年内下水 4 条 3.5 万吨级船舶的国内最高纪录，并且将 3.8 万 t 散货轮 5 号船的交货期提前了半年；大连造船厂 6 万 t 双壳体油轮 2 号船提前一个季度完工交船；沪东造船厂 6.8 万 t 油轮 4 号船也提前 4 个月完工。与此同时，造船均衡生产也迈出了一大步，基本改变了以往大部分工作量都挤在第四季度甚至最后一个月份的被动状况。前三个季度共完工船舶 85 万 t，比 1992 年同期增加 28 万 t。

船用配套设备生产也取得良好成绩，基本满足了造船生产进度的要求。全年共生产船用柴油机 833.4MW，完成年计划的 111.27%，比 1992 年增长 36.31%；生产精密导航仪表 436 台（套），完成年计划的 145.82%，比 1992 年增加 62.08%。

2. 修船生产登上新台阶

1993 年，总公司修船产值、外轮修理直接创汇、修船吨位等指标均创造了历史最好水平。全年全公司修船共完成 1001 艘，修船综合吨位近 1200 万载重吨，产值达到 10.47 亿元，比 1992 年增长了 18.98%。在外轮修理方面，改变了以往坐等外国船东上门修理的被动经营方式，主动开拓外轮修理市场，全年共承修了挪威、希腊、印度、伊朗、新加坡、俄罗斯、韩国、日本等 18 个国家以及港台等地区的船舶 228 艘，产值 4.6 亿元，比 1992 年增长了 14.14%，占全年修船总产值的 44.27%。其中直接创汇 5008 万美元，比 1992 年增长 21%。

船舶修理逐渐向大型化方向发展。承修单船综合吨位达 1.16 万 t。山海关船厂和澄西船厂相继完成了香港 26 万吨级油轮和 26.5 万吨级散货船的修理，创造了国内修船单船吨位的最高纪录。

骨干修船企业稳步发展。上海、山海关、北海和文冲等 4 个船厂修船产值均在 1 亿元以上。其中上海船厂达 1.46 亿元，比 1992 年增长 43.2%。上海船厂等8个修船骨干企业完成的修船产值占全公司的69.2%。同时，拆船业也有所恢复，全年共拆船20万轻吨。

3. 非船舶产品生产势头良好

1993年，全公司完成非船舶的产品产值33.32亿元，比上年增长14.38%；销售产值实现31.7亿元，比上年增长24.65%，均创历史最好水平。非船产品中，B超诊断仪、脱排油烟机、铁路敞车、汽车蓄电池、复印机、陆用柴油机及柴油发电机组、港口机械、烟草机械、摩托车、铝型材挤压机、液压元件等产品增幅较大，集装箱、电冰箱、煤矿液压支架、清纱器等产品有所下降（表2）。

表2　1993年总公司主要非船舶产品完成情况

产品名称	单位	实际完成	完成年计划%	比上年增长%
医疗机械	台	1182	274.88	81.01
集装箱	只	22510	84.31	−23.97
液压支架	架	288	72.00	−46.07
铁路敞车	辆	2520	114.55	29.56
摩托车	辆	14298	89.36	10.23
复印机	台	4505	150.17	45.23
电冰箱	台	65965	65.96	−6.35
烟草机械(主机)	台(套)	93	102.20	14.81

1993年全公司非船舶产品生产呈现出一些新的特点：一是拳头产品稳步增长，优势明显。汽车蓄电池、铁路车辆、烟草机械、摩托车等产品的产值都在1亿元以上。二是加强了技术开发，开发出了电缆传输数控测井系统、高速卷烟机等一批高技术、高附加值产品。三是积极参与国际经济技术合作，非船舶产品出口又有新的发展。四是船厂的非船舶产品生产取得良好成绩。广州、文冲、江南、沪东及大连造船新厂等骨干船厂的非船舶产品产值均超过了5000万元。

二、市场开发和外贸出口取得新成绩

1993年，全公司承接新船订单129万t，超过了年初工作会议预定的100万t的目标。截止1993年底，累计手持船舶订单达到383万t。在新接的129万t新船订单中，出口船为94万t（包括通过总公司系统外的其他外贸公司承接的订单），中小船达15万t，明显高于往年。少数几个大船厂接单量所占比重较大。广州造船厂已手持18艘船舶订单、40多万t，合同总造价达20多亿元，船舶交货期已安排到1997年6月份。

1993年，总公司所属中国船舶工业贸易公司出口成交约6.5亿美元，实际出口4.4亿美元，这两项指标均创历史最好成绩。其中，民船出口增幅最大。全年出口成交民船31艘、近70万载重吨，成交金额近4.6亿美元。1993年万吨级以上出口船舶完工船如表3所示。

船舶出口市场进一步巩固和扩大。大连造船新厂和新港船厂分别同日本签订了两艘4万吨级货船和两艘1.5万t散货船的出口船合同，首开了中国向第一造船大国日本直接出口万吨级以上船舶的先例。首次出口伊朗的4艘2万吨级散货船合同开始生效。新开发的7万吨级散货船开始进入挪威市场。抛落式救生艇首次进入日本、韩国市场。船用设备的出口量较上年明显增加，舵机、轴系、桨等成套设备头一次打出国门，跻身国际市场。非船舶产品出口有喜有忧。烟草制丝生产线首次实现出口，已同越南签定了出口合同。但是，以往机电产品出口的强项集装箱，却因市场需求变化以及大型集装箱工厂检修，呈现出滑坡趋势。全年非船舶产品出口成交约9000万美元，实际出口约7000万美元，比上年有所减少。

表3　1993年万吨级以上出口船舶完工船统计表

船舶名称	吨位(万t)	艘数	出口国家地区	生产厂
7万t散货船	7	1	香港	沪东造船厂
7万t散货船	7	1	香港	江南造船厂
7.55万t储油轮	7.55	1	日本	江南造船厂
6.85万t原油轮	6.85	2	香港	江南造船厂
6.8万t原油轮	6.8	1	香港	沪东造船厂
6.57万t散货船	6.57	1	香港	江南造船厂
6.5万t散货船	6.5	1	香港	江南造船厂

三、科技进步取得新成果

1993年，总公司有14项科技成果获国家科技进步奖，其中两项获一等奖，两项获二等奖，10项获三等奖。有301项科技成果获部级科技进步奖，其中特等奖1项，一等奖15项，二等奖111项，三等奖174项。

1993年是“八五”科技发展计划全面展开的一年，大多数项目较好地完成了任务或取得了阶段性成果。总公司有三个项目获批准为国家建立企业技术开发中心和工业性试验项目的试点。

在船型开发方面，对引进设计的出口船型组织消化、吸收和开发应用，建立起了2800箱、3500箱集装箱船的技术储备。4800箱船的预研工作也已开始。超大型油轮（VLCC）设计建造攻关已取得阶段性成果。巴拿马型散货船和油船、国家重大技术装备攻关安排的3.5万t沿海浅吃水散货船单桨、双桨两种船型等重要常规船型在不断优化过程中逐步形成了标准船型，并成批建造。国家“八五”重大技术开发项目高速客船设计制造技术开发已通过项目验收，填补了162、250和400客位侧壁式气垫船在船体建造、焊接、涂装技术等方面的国内空白。沪东造船厂完成的散货船总体建造新技术研究通过鉴定。该研究包括DC型总段建造技术、船体船艏阶梯总段建造技术，机舱三甲板全宽型甲板总段建造技术、机舱双层高密集度层式预舾装技术、同步上层建筑整体吊装管理技术和机舱集控室的船台舾装管理技术等新工艺、新技术。

船舶建造取得新成果。1993年8月20日，中国迄今建造的最大吨位船舶——出口比利时的15万t散货船在大连造船新厂下水。该船由大连船舶设计研究所设计，按挪威船级社规范建造。该船型为国际船舶市场的最新设计，总长 270m，宽 44m，深 24m，为无限服务航区，无人机舱操作，驾驶、无线电、机电等设备均具有当代国际先进水平。该船不仅吨位大，而且质量和性能要求相当高，尤其在结构强度、安装精度、焊接、油漆等方面的要求大大超过了以前的出口船。该船顺利下水，标志着中国大吨位船舶建造技术和水平有了新的突破。1993 年 10 月 20 日，中国自行设计的具有 90 年代国际先进水平的海洋地球物理勘探拖缆作业船东方明珠号在上海求新造船厂顺利下水。该船属无限航区，装有双可调螺距螺旋桨，双柴油机，双舵和首侧推。仪器房面积达 107m^2，安装了美国 HGS 公司的物探记录处理设备，形成了完整的海洋物理勘探数据自动采集、分析、处理的技术系统。

在工艺方面，高效焊接比例继续提高，壳舾涂一体化逐步推广，模块化造船取得一定成效。采用国际标准和国外先进标准工作取得显著成绩，标准工作正从单项向系统化、综合化方向发展。在计算机应用方面，计算机辅助造船集成系统二期工程 (CASIS-Ⅱ) 的系统设计已全部完成，计算机辅助海洋工程集成系统 (CAMIS) 已完成几个子系统，计算机辅助造机集成系统 (CADIS) 部分成果已投入使用。用于开发 CAD 应用系统的大型支撑软件计算机图形系统 DPS 系统，在国家科委组织的评测中获同类软件第一名，并被列入国家科委“八五”重点科技项目。

非船舶产品科技开发取得较好成绩。723 所开发的用于癌症治疗的医疗设备 HM-HDR-Ⅰ现代后装治疗机荣获 1993 年中国高技术新产品博览会金奖。该产品是由治疗计算机计划系统、遥控计算机系统和后装治疗机三部分组成的高性能的机电一体化的智能设备，其软件功能先进，防污染性能指标也达到国际先进水平。由上海东海船厂和 704 所联合承担的国际重点企业技术开发项目液压高空作业平台研制成功并通过鉴定，该平台可广泛应用于修造船、建筑、矿山、桥梁、航空等行业的高空作业。

四、企业改革走向深入

1993 年，总公司企业转换机制，走向市场的步伐加快，劳动、人事、分配等三项制度改革继续深化。全公司有 80%的企业推行了上岗合同制，89 个企业继续实行了工效挂钩。完成了保定风帆蓄电池厂等三个企业的清产核资试点，为进一步建立现代企业制度打下了必要的基础。

在股份制试点方面取得突破性进展。经国家体改委批准，中国八大船厂之一的广州造船厂作为首批 9 家国有企业之一直接赴香港上市，1993 年 5 月 28 日以广州造船厂为唯一发起人以发起方式成立广州广船国际股份有限公司，7 月 21 日正式在香港招股（人民币 H 股），招股认购金额达 234.48 亿港币，超额订购倍数为 77 倍。8 月 6 日又在香港联交所正式挂牌上市，成为在香港挂牌上市的第四家中国国有企业。10 月 28 日又在上海证券交易所上市，流通公众股（A 股）持股面额 1.2 亿元。这是中国船舶行业的第一只公众股，该公司也是广东省首批股票在沪上市的企业。广州造船厂的股份制改造，给生产经营注入了强大的动力。1993 年，该公司完工交船 15.52 万 t，创造了该厂历史最好成绩，同时还创造了同一船台一年内下水 4 条 3.5 万吨级船舶的国内最新纪录。

五、重点建设和改造项目完成年度计划

1993 年，全年计划总投资（包括基本建设和改造项目）16.5 亿元，累计完成 17.6 亿元，超过年计划的 6.7%。

基本建设方面，共完成投资 9.4 亿元，占年计划投资的 99%。其中，大中型施工项目 8 个，年计划投资 5.3 亿元，实际完成 5.1 亿元，占年计划投资的 95%。作为国家按合理工期组织施工建设的国家重点工程项目大连造船新厂基建工程全面完成年度计划。其中，20 万吨级船坞工程基础处理全部结束，坞口工程基本完成。

更新改造方面，共完成投资 8.2 亿元，超过年计划的 16.9%，比上年上升 10.7%。列入国家“八五”重点改造项目的五大船厂“八五”技术改造项目全面展开，沪东造船厂一号万吨船台改造工程已基本完成，江南、上船两船厂已完成项目总投资的 57%以上，大连、广州两船厂也完成总投资的 40%以上。

六、存在的主要问题

1993 年，总公司在生产经营方面存在着以下主要问题：

(1) 船舶经营任务艰巨。一方面，国际船舶市场回升缓慢，难有大量订单，船价也不会很快上扬；另一方面中国国内交通部门车船订置费不足，难于承接新船订单，再加上国际造船格局正在发生变化，跨国兼并和联合步伐加快，使竞争对手增多，市场竞争更为激烈等因素，总公司船舶经营形势十分严峻。

(2) 亏损有所增加。由于材料、设备大幅度涨价，造船成本继续升高，加上新老财会制度接轨等因素，企业亏损面有所扩大，共有 16 户企业亏损，亏损金额 1.3 亿元。

(3) 企业流动资金紧张，“三角债”严重。船东欠船厂、船厂欠配套厂的“三角债”，造成设备不能及时到货，材料不能及时进厂，船舶不能按期开工和完工，一些工厂甚至连工资都发不出来。截止 1993 年底，国内船东已拖欠进度款近 10 亿元，加上 1994 年应按合同付给的进度款，将超过 20 亿元，给企业的生产经营带来了很大困难。

（撰稿人：中国船舶工业总公司　范　斌）

航空工业

中国航空工业总公司

1993年，是中国航空工业深化改革、加速发展取得较大进展的一年。根据第八届全国人民代表大会第一次会议决议，按照国务院机构改革的部署，撤销航空航天工业部，组建中国航空工业总公司，进行了航空工业管理体制和运行机制的重大变革，标志着中国航空工业开始进入了一个新的发展阶段。

在这一年里，航空工业广大职工以邓小平同志建设有中国特色的社会主义理论为指导，认真贯彻执行党的十四大精神，不断适应社会主义市场经济体制的要求，以搞好大、中型企业为重点，以提高产品质量和经济效益为中心，进一步解放思想、深化改革、扩大开放，在科研、生产、教育、经营等各方面都取得了较大成绩。

一、型号研制生产

根据重点新机研制计划，全年实现了运七-200A等两种飞机的首飞上天，运七H-500和运八基本型的两机适航取证，一机一弹的设计定型，基本完成了一种飞机的设计定型试飞。这些飞机，有的是全新研制，有的是改进型，有的填补了航空装备的某些空白。其中，运七-200A型旅客机是运七系列支线旅客机中的最新改进型之一，它吸收了国外先进技术，在机翼、机身、发动机、螺旋桨、起落架、机载电子设备等方面进行了多项改进，使飞机的性能进一步提高。改进后的飞机，自重减轻，满载航程增大，油耗降低，起降滑跑距离缩短，可在草地和土、石跑道上起降，在安全性、可靠性、经济性、舒适性等方面都有提高。同时，另一种飞机的首飞成功，对航空重点武器装备发展起到了重要的推动作用。

其他重点型号研制工作也有较大进展。直升机中的直11、直8和直9国产化等新机研制工作基本按计划进行。

航空发动机制造行业取得新的成绩。全年共承担航空发动机型号研制任务20项，其中新机研制9项，预研8项，直升机传动系统研制3项。经过艰苦努力，有些重点型号的航空发动机研制取得重大成果；有3个型号完成了技术评审和技术鉴定；WJ9发动机已完成了大部分飞行科目和适航要求的150h持久试车与超温试验，预计1994年完成定型并取证；Y8飞机螺旋桨获得了中国民用航空总局颁发的适航证；WJ6发动机和WZ8发动机完成了空中启动试验项目。WJ5A-1发动机新研制改进的两种叶片得到了中国民用航空总局适航司的批准。预研关键技术取得了重大突破，为自行研制高性能发动机奠定了基础。开展了民用航空发动机技术的国际合作与技术交流，探讨了新一代民用发动机合作生产与合作发展的可能性。为改善运七飞机发动机的性能和可靠性，与美国GE公司合作改进的WJ5E发动机，继1990年样机研制成功后，又进一步降低燃油消耗率6%，经过进行大量地面试验和空中试飞，于1993年12月经中国民用航空总局批准颁发了型号合格证。该发动机的投入使用，大大降低了运七飞机的运营成本，将产生明显的经济效益和社会效益。

民用飞机和航空发动机批生产任务均超额完成年度计划，全年交付民用飞机53架，比上年增长6%。各种民用飞机生产情况如表1。

表1　1993年民用飞机生产情况（单位：架）

飞机型号	全年计划	实际完成	完成率(%)
运十二（Ⅱ）	20	20	100.0
运八（气密型）	3	3	100.0
运八（出口型）	2	2	100.0
运八（原型机）	1	1	100.0
运八（通用型）	12	12	100.0
农五A	3	3	100.0
MD-82	1	1	100.0
MD-83	1	1	100.0
运七客机	4	4	100.0
运七H型	6	6	100.0
合计	53	53	100.0

二、非航空产品生产开发

1993年民品产销两旺，发展势头很好。各项经济指标都创造了历史最高水平。民品产值完成了110亿元，比1992年增长39.9%，比1991年翻了一番；民品销售收入完成112亿元，比1992年增长43%，比1991年翻了一番。主要民品生产情况如表2。

1. 新产品开发有了较快的发展，重点支持了一批高新技术产品的开发和支柱民品系列化发展。包括北京航空航天大学的光盘、南京航空航天大学的风力发电设备、609所的废旧塑料深制冷装置、

012 基地的粮食小包装机等一批高新技术产品的研制开发工作。

2. 重大产品与外商的合资合作和民品的技术引进工作取得较大进展。实现了南方公司与日本雅马哈公司的合作，4 家微型汽车及发动机制造企业联合引进了日本铃木公司的新型微型车及发动机。

表 2　1993 年航空工业主要民品产量完成情况

产品名称	单位	1993 年计划	实际完成		完成年计划%	为上年%
			1993 年	1992 年		
各种汽车	辆	44620	40968	34070	91.8	120.3
各种摩托车	辆	302800	480482	370313	158.7	129.8
汽车发动机	台	46900	47079	30056	100.4	156.6
摩托车发动机	台	280000	401109	391992	143.3	102.3
空调器	台	164000	110399	74116	67.3	149.0
空调压缩机	台	369500	367613	305313	99.5	120.4
电冰箱压缩机	台	500000	501243	394325	100.3	127.1
液化石油气瓶	个	430000	491066	459022	114.2	107.0
纺织机械	台	1338	1400	1205	104.6	116.2
烟草机械	台	72	249	200	345.8	124.5

3. 军转民技术改造继续保持良好势头。1993 年向国家申报新开发民品技改项目 40 个，有 24 项已获批准，纳入国家计划；在建技改项目 66 个，基本按计划进展；列入国家验收计划的 8 个项目中，有 7 项已竣工验收。通过大力筹资，加快技术改造，重大支柱产品加快了上规模、上水平，各型汽车、摩托车、汽车与摩托车发动机、电冰箱压缩机、空调器、烟草机械、纺织机械等支柱产品的产值、产量、销售额、销售收入均有较大幅度的上升。

作为航空工业新的经济生长点，第三产业迅速兴起，兴建了一批商贸服务中心。集体经济持续发展，全年完成生产总值 18.3 亿元，实现利税 1.5 亿元，安置待业青年和富余人员 6500 人。

1993 年航空工业民品生产出现的新局面，主要是面向国内国外两个市场，大力调整产业结构和产品结构的结果。一方面，全行业对已有的适销对路效益好的重点支柱产品，如新型微型汽车、摩托车及其发动机、空调压缩机、纺织机械、食品及包装机械等，重点进行了上规模、上品种、上质量、上水平，提高竞争力；另一方面，注意发挥航空工业的人才、技术优势，积极引进国外先进技术，大力加强技术改造和新产品开发工作。

三、科研与教育

科研院所认真贯彻《关于航空科研院所深化改革的决定》，按照“加强航空科研一头，放开开发创收一片”的原则，大胆进行“一所两制”和“三项制度”改革等多项试点，积极参与高新技术开发区建设，大大促进了科研成果工程化和商品化，技术水平和经济实力均有较大幅度的提高。

1993 年航空科研任务进展情况良好，绝大多数重点课题均按要求完成任务，并有一批课题取得了阶段性成果。全行业共有 14 项科技成果获国家发明奖，13 项科技成果获国家科技进步奖，306 项科技成果获部级科技成果奖。航空科技国际交流工作继续发展，目前与 8 个国家保持着良好的合作关系。在航空工艺材料方面，与俄罗斯开展了 11 项课题研究合作，并召开了航空工艺材料和航空院校科研工作学术交流会，深入探讨了新一代飞机、发动机的工艺材料及飞行安全问题。中法、中瑞、中德航空科技交流取得可喜成绩。其中，中德航空科技交流完成 10 项课题，气动弹性研究成果已引起国际上的普遍关注，被视为两国科技合作的典范。

航空教育改革成效明显，教育结构调整迈出了新的步伐。根据《中国教育改革发展纲要》的要求，按照“服务航空，扩大面向”的方针，多方筹集资金，扩大院校办学自主权，积极开展联合办学。确定了与中国民用航空总局合办南京航空航天大学，与北京市和中国民用航空总局合办北京航空航天大学，与四川省合办成都航校，促进了高等院校与 15 个企业或企业集团在人才培养、技术进步、产品开发方面的紧密结合。努力增加航空教育投入，1993 年院校投资是“六五”以来最多的一年。人才培养取得了可喜成绩，航空高校在校生规模达到 2.82 万人，比上年增加 27%，向企事业单位输送了大批急需人才。设立了高级专业技术人员研修中心，职业技术教育和“三高”（高级技术人才、高级经营管理人才、高级技术工人）人才培养工作取得了明显成效。航空高校科研工作保持良好势头，在航空预研、国家“863”课题攻关等方面做了大量工作，获国家发明奖 7 项，占全行业获奖总数的 50%，获部级科技成果奖 104 项，占全行业获奖总数的 1 / 3 多。

四、外贸出口与国际经济技术合作

航空工业外贸出口在多年来持续增长的基础上，1993 年又取得显著成绩。全年外贸出口交付 8.7 亿美元，比上年增长 13.9%，其中机电产品（含民用飞机）出口创汇首次突破 5 亿美元大关。全行业进出口总额已突破 10 亿美元。民用飞机出口打开了新局面，累计向 17 个国家交付运七 3 架，运八 9 架，运十二 57 架。航空零部件转包生产克服了许多困难，努力开发新市场，1993年完成3546万美元。目前，全行业转包生产已进入了能够成批生产难度较大、只有少数几个国家才能生产的大中型客机大部件阶段。

1993年中国航空技术进出口总公司不断开拓国际市场，深化企业改革，全面完成了各项外贸计划指标，再创历史最高水平，在全国500家最大外贸企业中名列第15位。全年出口成交4.86亿美元，完成年计划的127.9%；出口交付7.41亿美元，交付出口飞机比上年增长19.1%。为实施中国航空技术进出口总公司集团化、国际化、多元化的战略目标，在其自身发展和与有关企事业单位长期合作的基础上，成立了中航技企业集团，将继续为全行业扩大出口、开展国际合作服务。

出口产品生产体系建设又有新进展，从事出口产品生产的企业不断增加，年创汇额达到500万美元以上的出口大户发展到11个，其中中航技公司深圳工贸中心出口创汇首次突破1亿美元大关。在国家经贸委、外经贸部联合表彰的1993年全国机电产品出口先进单位中，陕西飞机制造公司、西安飞机制造公司、西安航空发动机公司、中国贵航集团西南工具总厂、哈尔滨飞机制造公司、中国贵州航空工业总公司、深圳中航企业集团公司、中国航空技术进出口总公司等22家企业受到表彰，为扩大国家外贸出口、优化出口商品结构做出了新贡献。

技术劳务出口与技术引进工作成果喜人。在航空劳务市场竞争激烈的情况下，开发了新加坡宇航公司和泰国大同公司等市场，先后派出了120多人。另外，以引进合作带动了中美合作生产MD-90大气仪、上海浦东中美合资航空零部件胶接厂、中英合资发动机电调公司等航空实业的开发。

对外经济技术合作与交流进一步扩大。制定了中美合作生产MD-83／90干线飞机项目的生产共同规划，与美国LAE公司基本确定了合作生产发动机的合同条款；中新法合作研制的EC-120直升机项目完成了初步设计评审，签订了液压系统招标合同；K-8飞机已安全飞行180多小时并开始小批量生产。利用外资工作取得了突破性进展，与香港天利公司、安达信公司和瑞士银行共同筹办的“中国航空基金”，首期为航空企业境外筹资近1亿美元，超过了过去多年利用外资的总和，有力地推动了航空工业产品开发生产。与有关单位合作，成功地举办了第五届北京国际航空展览会，来自中国、美国、俄罗斯、德国、台湾、香港等20个国家和地区的厂商参加了本届航空展览。中国航空工业总公司第一次以Aviation Industries of China (AVIC)形象参加国际活动。展出了歼-8Ⅱ、超-7、教-8、歼-7M的军用飞机模型以及发动机、燃气轮机和机载设备，展示了我国航空工业的实力和水平。

五、体制改革与管理工作

根据第八届全国人民代表大会第一次会议批准的国务院机构改革方案，撤销航空航天工业部，成立了中国航空工业总公司，这是航空工业适应社会主义市场经济体制的重大变革，对加快航空工业的发展具有重要意义。按照党中央提出的“转变职能，理顺关系，精兵简政，提高效率”的机构改革指导思想，在上级主管部门的领导下，积极慎重地进行了机关体制改革。经过半年来的紧张工作，完成了中国航空工业总公司的组建工作。在理顺关系、明确职责的基础上，总公司机关认真转变观念、转变职能、转变作风，并开始按照总公司体制运转，实现了部改公司的平稳过渡。通过贯彻落实《全民所有制工业企业转换经营机制条例》和原航空航天工业部、国家体改委、原国务院经贸办联合颁发的航空工业企业《实施办法》，着手理顺了总公司与下属企事业和企业集团的产权关系、事权关系以及利益关系，使企业的各项改革不断深化，企业管理工作得到加强，有力地推进了航空工业企业转换经营机制工作。同时，继续推进中国上海航空工业集团、中国南方动力机械集团、中国西安飞机工业集团、中国贵州航空工业集团等4个国家大型企业集团深化改革的试点工作，取得了新成效、新经验。还形成了一批如金城摩托车集团、庆安集团等以产品为“龙头”，跨行业联合的企业集团。

中国航空工业总公司在成立前后，结合航空工业的发展需要，认真研究了航空工业的发展问题。确定了“突出主体（航空产品），加强两翼（非航空产品和第三产业），发展经济，振兴航空”的总体战略，论证制订了《航空工业腾飞计划纲要》。实施这个《纲要》大约需要10～15年时间甚至更长一些时间，2000年前的总体目标是：初步建立适应社会主义市场经济需要的现代企业制度，基本完成优化航空能力的产业结构调整，把航空工业总公司改组成以国有资产经营和重大产品发展为纽带，联结航空工业企事业和企业集团的全国性特大型工业公司，充分调动广大职工的积极性，齐心协力，艰苦奋斗，推动航空产品更快地跨上技术新台阶，非航空产品更快地跨上规模新台阶，外贸出口更快地跨上创汇新台阶，全行业更快地跨上效益新台阶，职工的收入也要跨上一个新台阶，为下世纪初航空工业的全面振兴奠定牢固基础。为此，要抓好十个方面的发展，实施十项重点工程，落实十大举措。《腾飞计划纲要》是未来10～15年指导我国航空工业发展的纲领性文件，它必将激励全行业职工的斗志，抓住机遇，迎接挑战，明确目标，真抓实干，树立航空工业新形象，实现航空工业的腾飞。

六、主要经济指标

1993年，我国航空工业实现了经济速度的快速增长和经济效益的明显好转，做到了产值、利税的同步增长，民品产销两旺，出口增长较快，进一步缩小了与全国平均水平的差距，经济发展的势头很好。工业总产值比上年增长35.7%，销售收入比上年增长32%，实现利润、税金分别比上年增长17%和25%。工业资金利税率比上年提高1.5个百分点，劳动生产率增长11.4%，流动资金周转加速 5%。总的看，航空工业近年来发展的步子迈得比较大，1993 年工业总产值比 1990 年翻了一番，销售收入比 1991 年翻了一番，利润比 1990 年接近翻了一番。

一些航空企业经济实力明显增强，发展势头很好，出现了一批人均利税超万元的高效益企业。科研院所通过深化改革和加速军工技术向民用转移，创收能力不断增强，其中一些研究所的收入已突破亿元大关，对弥补科研经费的不足、稳定航空队伍起到了重要作用。

七、存在问题

1993 年航空工业总的形势是好的，但也存在一些问题：一是全行业经济效益虽有明显提高，但与全国平均水平相比仍有较大差距，企业活力仍然不强，发展很不平衡，真正高效益的企业不多，一半以上企业处于微利或亏损状态，少数企业亏损相当严重。二是管理基础不牢，质量形势比较严峻，质量事故时有发生，其中部分民品质量一度滑坡，带来了很大的影响和损失。三是航空产品研制生产任务重、难度大、配套困难的状况仍未得到大的改善。四是航空职工队伍青黄不接，后继人才缺乏，人才流失问题比较严重。五是航空工业长期存在的深层次矛盾，诸如高科技产业优势远未充分发挥出来，航空产品研制周期长，民品与外贸发展缺乏后劲，全行业的产品结构与企业组织结构不尽合理，摊子大、力量散，整体优势尚未形成等。这些问题已引起高度重视，正在采取措施切实加以解决。

〔撰稿人：中国航空工业总公司办公厅政策研究室　金　岩　审稿人：中国航空工业总公司办公厅　孙广运〕

航天工业

中国航天工业总公司

1993 年，航天科技工业管理体制发生了重大改革，组建了中国航天工业总公司。在体制变动、任务调整、人员分流的复杂情况下，航天系统全体职工努力奋斗，较好地完成了年初确定的五项重点任务。

一、航天产品

航天型号按计划完成了任务。重点型号研制进展顺利，长征三号甲运载火箭、风云二号卫星的研制工作按计划进行，并即将接受飞行试验的考验。各项大型试验多数取得成功，卫星发射情况见表 1。预先研究取得重大进展，全年共安排预先研究课题 86 项，计划完成率达到 95%，一些重点课题取得了重要进展。全年共获得部级科技进步奖 580 项，其中一等奖 61 项，二等奖 196 项，三等奖 323 项。

表 1　1993 年卫星发射情况

序号	卫星名称	发射时间	运载火箭	发射地点	发射情况
1	返回式遥感卫星	1993.10.8	长征二号丙	酒泉卫星发射中心	卫星未能按计划返回

二、非航天产品

1993 年，非航天产品继续保持稳定发展的势头，产品结构调整取得一定成效，新兴产业占非航天产品总产值的比重达到 21%，是历年来最好水平。在新产品开发、已有产品扩大规模、承揽大型系统工程方面取得了长足进展。卫星应用已从单台(套) 设备向承揽大型系统工程转移；中低档数控系统已经投入批量生产，高档数控装置的开发进入关键阶段；列入国家“八五”重点攻关计划的工业过程控制系统进展较快，集散控制系统已在沧州、洛阳等炼油厂试运行成功，达到实用化的程度；税控收款机系统关键技术已经取得突破，总体技术实力在国内处于领先水平，具备小批量生产的条件；新一代轻型汽车的开发工作接近尾声；轻型客车与国外公司签定了合资合作协议，产品将于 1994 年投放市场；具有国际先进水平的大型机场加油车开发成功，填补了国内空白；部分汽车零部件产品已达到经济规模，稳定地为“三大三小”等国家重点车型配套；烟草机械、包装机械、制药装备、石化装备等成套设备在不断提高产品质量和生产能力的前提下，继续开发新产品，占有稳定的国内市场，享有良好的声誉。1993 年主要非航天产品生产情况见表 2。

三、外贸出口和国际合作

1993 年，航天外贸工作取得突破。从 1985 年我国政府宣布长征系列运载火箭投放国际市场，到澳星 B2 发射任务的完成，我国与外国用户签定的首批发射服务合同全部完成。中国航天技术经过 8 年的努力，成功地进入了国际商业发射服务市场，并在国际市场上已经占有一席之地，同时又签定了新的发射服务合同。机电产品出口呈增长势头。国

表 2　1993 年主要非航天产品生产情况

序号	产品名称	单位	实际完成
1	载货汽车	辆	7858
2	面包车	辆	6330
3	改装车	辆	3485
4	电视机	台	82266
5	其中：彩电	台	40076
6	电冰箱及电冰柜	台	105995
7	电冰箱压缩机	台	205477
8	电风扇	台	61455
9	录音磁带	万盒	934
10	医疗器械	万元	1780
11	单体液压支柱	根	6775
12	卫星地面接收站	套	6616
13	收录机	台	35123
14	空调器	台	5149
15	程控交换机	门	148532
16	吸尘器	台	10811
17	金属软管	根	46832
18	各类集成电路	块	2197241
19	液化石油气瓶	只	152888
20	微特电机	台	557710
21	加油机	台	17720
22	波纹补偿器	套	8306
23	烟草机械	万元	5707

际合作与交流工作有较大进展，进一步加强了与巴西等发展中国家合作，促进与韩国、泰国、印度、巴基斯坦、俄罗斯等周边国家合作，同时开展对美国有关公司的工作。在推进合作的基础上，引进了一些技术项目，组建中外合资企业 55 个，引进外资的数量有较大幅度增长。

四、体制改革

按照党的十四大和八届人大一次会议关于国家机构改革的决定，1993 年完成了中国航天总公司的组建工作，并开始正常运行。全系统科研生产体制改革有了突破性的进展，全部科研事业单位完成了军民分线改革，并通过了验收。大多数企业在进行军民分线改革的同时，努力转变经营机制，全面落实企业的经营自主权。以军民分线改革为突破口，全面推进了各级机关的精简和分流，达到了充实一线、强化管理的效果。劳动、人事、分配三项制度改革也取得了进展，行政后勤改革全面推进，第三产业开始启动并出现了良好的发展势头。

五、经济效益

全年实现工业总产值为年计划的 105%，比上年增长 6%。完成非航天产品产值 42.83 亿元，为年计划的 102%，比上年增长 5%；民品销售收入 37.50 亿元。全员劳动生产率为 32535 元／人·年，比上年同期增加 10%，人均利税 466 元／人·年，比上年下降 68%，资金利税率 0.68% 比上年减少了 2.74 个百分点。全系统亏损企业 28 个，比上年增加了 13 个，亏损面为 29.5%，总的来说，经济效益不高的局面没有根本改善。

〔撰稿人：中国航天工业总公司　王中原　审稿人：中国航天工业总公司　朱　岩〕

乡镇机械电子工业

农业部乡镇企业司

一、基本情况

1. 1993 年乡镇机械电子工业得到迅速发展

全国共有乡、村两级机械电子企业 146804 个，从业人员 714.41 万人，机电工业总产值（1990 年不变价，下同）达到 4130.29 亿元，销售产值为 3797.37 亿元，产销率为 91.84%；乡镇机电工业总产值已占到当年全国乡村工业总产值的 17.62%，占到全国乡镇企业总产值的 13.1%，约占全国机械电子工业总产值的 50%，乡镇机械电子工业已连续多年成为全国乡镇企业各行业中最大的行业，并已成为全国机电行业中一支越来越重要的组成部分。

2. 六大行业情况

1993 年，乡镇机电工业的六大行业都取得了较大的发展，各行业在企业数和从业人数增长幅度不大的情况下，工业总产值却比上年增长 65.9%～102%（见表）。

3. 各经济地带发展状况

乡镇机电工业大部分都集中于东部沿海地区和大中城市周围，中西部地区特别是西部地区发展较慢。1993 年，东部十省市乡镇机电工业总产值达到 3330.57 亿元，占（全国乡镇机电工业总产值，下同）80.63%，中部十省区总产值为 752.49 亿元，占 18.22%，而西部十省区总产值仅为 47.23 亿元，占 1.15%。这两年中部乡镇机电工业奋起直追，基本上保持了与东部同等的发展速度，甚至发展速度有超过东部的趋势，但中部乡镇机电行业不论在行业整体实力上，还是在企业规模、效益上与东部的差距还很大。西部这两年的发展速度相对于东、中部来说显得太慢，与东、中部的差距越来越大。

1993年乡镇机电工业六大行业概况

行业名称	产值(1990年不变价)		企业数		从业人数	
	(亿元)	比上年增长%	个	比上年增长%	万人	比上年增长%
金属制品业	1112.85	79.3	51971	11.2	212.98	12.6
普通机械工业	1708.94	79.9	64478	6.4	332.31	10.0
交通设备制造业	323.38	88.0	9582	17.3	54.14	21.3
电气机械及器材制造业	662.76	65.9	13136	9.2	90.11	9.1
电子及通讯设备制造业	262.53	102.0	5285	16.5	48.28	26.3
仪器仪表及其他计量器具制造业	59.94	67.6	2352	12.0	13.21	4.8

4. 主要省份情况

1993年，江苏、山东、浙江、广东四省仍是全国乡镇机电工业的龙头大省。四省1993年乡镇机电工业总产值已达到2582.36亿元，占全国乡镇机电工业总产值的62.52%。1993年江苏省乡镇机电工业总产值为1210.29亿元，占（全国乡镇机电工业总产值，下同）29.3%，企业23424个，从业人员174.56万人；山东乡镇机电工业总产值为624.1亿元，占15.11%，企业15588个，从业人员84.68万人；浙江省乡镇机电工业总产值为443.89亿元，占10.75%，企业18811个，从业人员88.85万人；广东省乡镇机电工业总产值为304.08亿元，占7.36%，企业10087个，从业人员67.96万人。

5. 主要产品情况

1993年，生产电风扇4503万台，比上年增长40.46%，占全国电风扇产量的74.49%；暖气片17790万片，比上年增长27.07%，占全国同类产品产量的85%；中小农具183608万件，比上年增长62.48%，占全国小农具产量的95%左右。另外，乡镇机电企业还涌现出了一大批具有竞争力的产品，如科龙电器、美的电器、神州电器等，广东蚬华微波制品有限公司1993年生产能力突破100万台，家电产品40万台，微波炉产量占全国的95%，出口量占全国的90%，微波炉取得了16个国际安全及标准认证，产品畅销全球100多个国家和地区。

6. 出口创汇情况

1993年全国乡镇机电企业出口创汇达到250多亿元，占全国机电产品出口额的10%以上，其中乡镇机械产品出口生产总值为182.04亿元，比上年增长96.37%，出口交货值为145.56亿元，比上年增长99.96%，乡镇机械产品出口生产总值和出口交货值连续两年增幅超过80%，成为全国机电产品出口企业中一支重要生力军。

1993年，全国乡镇机电出口企业已近万家，其中北京市通县宁庄铸造总厂等46家企业出口交货值超过500万美元，并被评为全国机电产品出口先进单位，同时，北京市昌平北方企业总公司等64家企业获得了自营进出口权。全国涌现出了一批实力雄厚的乡镇机电出口企业，出口交货值超过1000万美元的已达到15家，其中美的电器股份有限公司的出口交货值超过3000万美元，年产值达到12亿元，成为一家生产空调、电风扇等家用电器的大型企业。万向集团去年出口达到1000多万美元，成为全国汽车零部件行业中最大的出口企业。电风扇、五金工具、标准件、蓄电池、铸铁管、汽车万向节、玻璃钢冷却塔等已在全国同类出口产品中占主要地位。1993年，乡镇机械行业出口交货额前五位的省份是：江苏省66.54亿元，比上年增长108.09%；浙江省20.63亿元，比上年增长116.25%；山东省18.13亿元，比上年增长115.07%；广东省13.92亿元，比上年增长205.26%；辽宁省5.7162亿元，比上年增长71.33%。

7. 企业整体素质不断提高

1993年，乡镇机电行业企业数量增长9.49%，从业人数增长5.80%，而机电工业总产值却增长80.07%，工业总产值的增长速度远远高于企业数量和人数的增长速度。1993年，企业规模不断扩大，企业的平均人数达到48.67人，劳动生产率大幅度提高，全员劳动生产率达到5.78万元/人·年，比1991年提高148.07%，比1992年提高70.1%。这些成绩的取得主要是各企业大力推进科技进步，引进高新技术，不断提高产品质量取得的。

8. 不断深化改革，不断完善经营机制

随着乡镇机电工业的不断发展，企业规模的不断扩大，原有生产经营方式已越来越显得与企业的发展不相适应，为了与国际接轨，不少企业在这方面作了有益的尝试。股份合作制在乡镇机电行业得到大力推广，为改善乡镇机电企业的经营机制，明晰企业产权，使乡镇机电企业逐步适应现代企业制度，股份合作制为乡镇机电企业健康发展提供了一个好的发展方向。在推行股份合作制的同时，不少具有一定规模的企业已开始按正规股份制企业的要求进行改造，如杭州万向集团，在杭州万向节总厂的基础上，通过清产核资，明确股权，成立了杭州钱潮万向股份有限公司，其公司的股票经国家正式批准已在深圳交易所上市。目前，在上海、深圳上市的乡镇机电企业还有上海嘉宝实业股份有限公司、美的电器股份有限公司。

二、存在的问题

乡镇机电企业在 1993 年虽然有了迅速的发展，但在发展中还存在不少问题。企业规模总的来说还较小，企业平均人数只有 48.67 人，企业平均产值只有 281.35 万元，由于量大面广的企业是中小型企业，因而规模效益难以发挥出来，像科龙集团、美的公司、万向集团这样有实力、有规模、有效益的企业总的来说还很少。另外，企业的产品结构不尽合理，技术含量高、附加值高的产品少，长线产品和劳动密集型产品还占有相当数量，而且有不少的重复。同时企业的经营、管理水平、技术水平相对还比较落后，资金投入，特别是技术改造投入严重不足，开发新产品的能力较为薄弱。这些都严重影响了乡镇机电企业的进一步发展，这些问题有待在发展中进一步解决。

〔撰稿人：农业部乡镇企业司　蔡春华〕

机械工业改革向纵深发展的一年

机械工业部政策法规体改司司长　邢玉久

1993 年，随着国家经济体制改革的深化，机械工业的改革不断向纵深发展，取得了较大成绩。

一、企业的改革进入了一个转换经营机制的新阶段

转换经营机制新阶段的主要标志是转换经营机制条例所规定的企业 14 项自主权，除社会配套改革尚不具备条件的个别规定外，大都得到落实。企业已经从过去的不能自主经营，基本上具备了市场主体的各要素条件，尤其是计划体制改革，价格体制改革，税制改革，财务通则和会计准则的实行，把企业从计划经济的体制中解放出来，初步形成了自主经营、自我发展、自负盈亏、自我约束的新体制。在这个基础上，为了深化改革，解决更深层次的问题也提到日程上来，就是产权制度的改革。为此，除国家组织研究外，机械工业联系实际的产权制度改革的研究取得突破性进展，在政府行政管理者功能和所有者"老板"的功能研究方面给全行业产权管理改革指明了方向，各地都结合实际开展研究和试点，对国家计划单列企业集团进行了资产授权管理的试点，中国东方电气集团、中国第一汽车集团、东风汽车集团、中国重型汽车集团公司等都被授权试点，各省、市也有一批试点企业，有的省、市还对机械管理部门进行产权管理和资产运营的试点，这项改革触及深层次，为国有资产的保值增值作了有益的探索。产权制度改革的研究和试点，为从根本上解决政府与企业的关系，解决政企分开问题，为企业的兼并和联合，为企业集团，尤其是"强强"联合的企业集团的发展，指明了前进的方向。

在落实转换企业经营机制条例的基础上，企业的改革深化还体现在股份制的实施上，全行业按照"规范运作、务求实效、分类指导、积极推进"十六字方针，一批企业实施定向募集，职工变成了股东，职工的地位、企业的组织结构、经营机制都发生了很大变化，这是落实转换经营机制条例的深入，是企业现代化建设的起步。一些企业在定向募集的基础上，被批准为公众募集、股票上市，还有被批准为境外上市的试点企业。1993 年境外上市的 9 家试点中，机械系统就有 3 家：东方电机厂、北京人民机器厂、昆明机床厂，而且在试点上市中都取得较好的境外上市效果。1993 年末，国家批准的第二批 22 家境外上市企业中又有机械系统的 4 家：东风汽车集团、哈尔滨电站设备集团、东北输变电集团和庆铃汽车公司。境外上市股票的企业向规模大、向支柱产业倾斜，向企业集团倾斜。股份制，不论是有限责任公司还是股份有限公司的形式，已经在行业中起步，初步的效果是好的、健康的，必将在今后显示出强大生命力。

二、各项配套改革深入发展，为经济体制改革打下了坚实基础

各项配套改革在 1993 年都有了新的展开，不断深入，为全行业的改革创造了良好的条件，为经济体制改革打下了坚实的基础。随着国家计划体制改革的深入，机械工业的计划已从全面计划、全盘计划逐步改为重点计划，以指导代替指令，以政策引导代替了具体计划规定，制订产业政策，发布了不同小行业的经济规模，制订了振兴纲要，行业的计划管理改革已经走上了宏观调控和指导的健康轨道。为了解决投资不足，尽快解决在技术管理水平与世界先进行列接轨，一年多来同国外金融机构和企业的合资合作也有了较快发展，提出了机械行业合资合作指导意见，提出了发电设备行业合资合作的具体意见。按照市场经济的要求，生产计划改变为总量平衡法，代替了过去的一台台、一件件计划调度的模式，并着眼于建立不同模式的机电产品市场，东北市场、华北市场、华东市场等不同市场模式已初具规模。政府调控市场，市场引导企业在各不同模式的市场里有了较好的体现。同时研究国内外两个市场，尤其是“复关”对机械工业的影响，把“复关”的机遇和挑战具体化，在关税减让的情况下分析了对59个小行业的影响，提出了保护和发展并重的方针，让每个行业的企业自己对号，自择出路。

科技体制改革取得显著效果，机械工业部提出了科技的主战场在企业，提出了科技要发挥四个方面的作用，即部属科研单位、地方科研单位、企业科研力量和大专院校的科研力量都要在机械工业科技发展中发挥整体作用，视野变宽，力量变大，在科技成果的转化上下功夫，这一指导方针已初步显出效果。在“抓住一头，放活一片”科技体制改革方针指引下，部分科研院所进入了企业集团，西安重型机械研究所进入了宝钢集团，天津复印技术研究所进入了天津复印集团，继而有北京印刷机械研究所进入北人集团，哈尔滨电站设备成套设计研究所进入哈尔滨电站设备集团。部分科研院所开始兴办科技产业，广州电器所、北京机床所等都属此例。而搞基础科学研究的院所相应得到加强。

价格体制改革除国家规定的少数产业产品外，基本放开了价格。随大型企业集团股票境外上市工作的展开，现在规定的大型产品价格也必然随之放开。

财税体制改革已开始实施，国有资产的管理已经起步。教育体制改革在十分困难、穷国办大教育的情况下艰难深入，招生制度、分配制度已经有重大改革，自费生的比例不断提高，全部自费也在试点，教育院校中的科研力量在面向社会，面向生产的方向上有了较大发展，一大批科研成果转化成生产力。机械工业配套改革的实施，为行业的发展起到了促进和推动作用，为1994年经济体制改革的全面推进、重点突破、打攻坚战打下了良好的坚实基础。

三、机械工业部机关精简机构，转变职能的工作基本完成

机械工业部机关的改革既是政治体制改革的一部分，也是管理体制改革的重要组成部分。政治体制改革、管理体制改革一直伴随经济体制改革不断深化。机关改革的核心问题是职能的转变。首先，通过这次改革机关职能面向到位，即从部门管理、行业管理、大行业管理到全行业管理，作为政府是面向全社会的，政府的一个职能部门就应该面向全行业，应该说部机关职能到位了。第二是从直接管理转变为间接管理，现在直接管理的内容越来越少了，宏观管理、间接管理的内容越来越多，无论是产业政策、经济规模、总量平衡、发展纲要等，都属于宏观管理的范畴。第三是重视软科学的研究，重视决策的科学化和民主化，部机关各司实现了一级管理，各司都增加了软科学研究的职责，并积极开展这方面的工作，已经初见成效。第四是坚持以法行政，普及专业法知识，建立行业法制队伍取得新的成绩。机关的机构和人员大大精简，同原来相比机构精简50%以上，人员精简了60%以上，机关的12个司和380人的编制是历来没有过的。为了实现宏观管理，必须充分发挥中介机构的作用，建立健全各种职能的支撑机构，形成体系。1993年，经济政策研究所与管理科学研究所合并组建政策与管理研究院，作为软科学的支撑机构；机械科技情报研究所改为科技信息研究院，作为科技信息的支撑机构；加强机械院，作为基础科学研究的基地；各种协会、学会、研究会都受到重视，得到充实和加强，作为政府和企业之间的桥梁和纽带，使政府的职能转变有了支撑和保证。

1993年的改革是多方面的、全面的、深入的，是机械行业各项改革深入发展的一年，是经济体制改革中不可缺少的，为机械工业发展成为国民经济的支柱产业起到推动和促进作用。

机械工业股份制步入规范化发展

机械工业部政策法规体改司

党的十四届三中全会制定了我国经济体制改革的总体方案，提出了要按照现代企业制度的规范，对国有大中型企业实行股份制改制的要求，国家还颁布了有关股份制的一系列法规文件，为我国股份制试点明确了方向，也促进了机械工业股份制向着规范化迅速发展。

一、机械工业股份制试点的状况

近两年来，在机械工业部提出的“规范运作、务求实效、分类指导、积极推进”十六字方针指导下，机械工业股份制试点已步入了规范化的发展，积累了经验，取得了初步成效。

据24个省、10个市的机械工业管理部门上报材料的统计，已建成股份制企业267家，其中，定向募集194家、社会募集28家、有限责任公司45家，各占比例为：73.0%、10.0%、17.0%。正筹建之中的股份制企业有48家，其中，定向募集

24家、社会募集9家、有限责任公司15家。

被国家批准在境外上市的第一批试点企业9家，其中机械系统有3家，即昆明机床厂、北京人民机器厂、东方电机厂，目前已在香港上市。被国家批准在境外上市的第二批试点企业22家，其中机械系统有4家，即哈尔滨电站设备集团、东风汽车集团、庆铃汽车股份有限公司和东北输变电集团。

此外，被地方批准的机械系统境外上市股份公司还有22家。

关于股份制公司上市股票的概况详见表1、表2。

二、主要特点和经验

机械工业股份制试点，都是针对国营大中型企业改制股份制企业的特点，并根据国际上通常的做法，严格按照规范化的要求，进行股份制改组。制定其试点方案的共同特点和经验是：

1. 将企业的全部（或主要部分）生产、科研及经营系统划出组建一个符合股票上市要求的股份有限公司，将有经营能力的后勤、生活服务部门改建为经营实体，逐步向有偿服务和自负盈亏过渡，公、检、法系统和教育系统仍保留在原企业内。这种做法是把企业担负社会职能部分分离出去，即面向社会而又不是推向社会不管，还达到了分离出去的职工全部扔掉"铁饭碗"的深化改革目的。

2. 原企业均为新股份公司的发起人，原企业法人地位均保留，并受托管理、经营国有资产，是国有股的持有者。

3. 原企业仍继续执行承包合同，统一对国家承包（含股份公司）。国有股红利由原企业收取，以用于补贴原企业所承担的社会职能部分的开支以及发展其他产业。

4. 股份制企业必须按照国家关于股份制试点工作的部署，严格按规范化程序操作。为此聘请了国内和香港地区的主承销商、律师事务所、会计师事务所、评估事务所等中介机构，进行了资产评估、业绩审计、盈利预测、章程和招股书编制等股份制改制的准备工作。

三、企业股份化改制的主要成效

机械工业股份制试点的实践证明，企业股份制改制加快了企业经营机制的转换，有利于从根本上改革国有企业制度，建立企业新的机制，实现现代企业制度。

1. 促进企业建立了法人产权制度

针对国有大中型企业改制股份制企业的特点，普遍都是用国家授予企业其经营管理的国有资产中的部分生产性及相关的辅助性资产入股，例如：北人集团公司将原7个生产厂中的5个从集团公司分离出来，组建了北人印刷机械股份有限公司，集团作为控股公司，明确了其与新组建的股份有限公司的产权关系。同时，集团公司还把企业担负社会职能部分分离出去，组建了北人实业公司，与股份公司由服务关系改为经济关系，采取有偿服务。而与北人集团公司是母子公司的产权关系。因此，企业通过改制后，产权关系明晰了，也加大了企业的风险和责任，企业的经营观念发生了重大转变，由从"对上级负责"转向"对股东负责"，同时还实现了由只包括产、供、销的生产经营性向包括企业资产筹资、运营、增值、投资回收、再投入的资产经营性转变。从而有助于企业资产经营体系的建立，加速国有资产的迅速增值。

2. 加速企业法人治理制度的建立

按照股份公司的规范意见，普遍成立了股东大会、董事会、监事会、总经理办公会、职代会，确立了股份公司新的领导体制的新模式。股东大会是最高权利机构，董事会是经营决策机构，监事会是监督机构，总经理办公会是办事执行机构，职代会是参政、议政开展民主管理的机构。构建成层次清楚、职责分明，体现了所有权和经营权分离，又具有快速有效的经营决策功能，并由高级职员组成的高效生产经营系统。同时，还较好地处理好新老三会的关系，目前普通做法是采用新三会（股东代表大会、董事会、监事会）与老三会（职工代表大会、党委会、工会）职务互相兼职，既克服了过去中心、核心不清的矛盾，又发挥了党在股份公司中的领导、监督、保证作用。

3. 普遍建立了竞争性的劳动用工制度和现代分配制度，健全了激励机制

在企业内部"三项制度"改革的基础上，继续推行合同制的劳动用工制度，公司内部建立了劳动力市场，对富余人员进行培训、输送和开辟其他就业渠道；对干部实行聘任制，实行"双向选择"，在公司内还实行定岗、定编、定规范、定标准、定待遇，大力精简了机构，并使富余科室人员充实生产第一线。

根据效率优先、兼顾公平的原则，股份公司积极探索在职工收入方面引入竞争机制，打破平均主义，实行多劳多得，建立和健全了激励机制。有些股份公司职工的分配还采用了按资分配和按劳分配相结合，并根据责任轻重、风险大小、劳动强度、劳动环境、技能高低诸因素综合考核，按绩分配。实行了多种方式的工资制，把职工的收入同企业效益增长幅度挂起钩来，最大限度地调动了各级人员的积极性和创造性。

4. 有效利用自有资金，培育自我发展机制

企业通过股份制改制，利用筹集的资金，加大了科研开发的投资比重，研制开发了一批适应市场变化的新产品。如东新电碳股份有限公司研制的M164、M165直径600mm的大型整体碳素密封环，成功地替代了从日本进口的产品。1993年，该公司投资上马了汽车电刷生产线、石墨化生产线、大型制品生产线和人造金刚石用碳片生产线，大大提高了供不应求的优质名牌和高赢利产品的生产能力，迅速地占领了市场，回笼了资金，提高了公司的经济效益。

北人印刷机械股份公司利用筹集的资金，投资到效益高的项目上。投向的原则，一是用于技术引

表 1　机械工业股份制公司股票上市概况(1994.6)

序号	股票名称	上市地区	上市日期	发行价(元)	股本结构(万股)					
					总股本	国家股	法人股	个人股	B(H)股	职工股
1	金杯汽车	沪	1992.7.24	1.00	82892	51762.2	11129.75	20000		
2	深特力	深	1993.6.21	4.18	16688	12090		2180	2000	418
3	甬中元	深	1993.8.6	3.30	5300.4	1132	2810	1206		151.9
4	成量股份	沪	1993.9.24	3.80	10072.2	4282.2	1650	4140		
5	厦门汽车	沪	1993.11.8	2.20	5028.27	2176.87	1432	1440		160
6	东新电碳	沪	1993.11.9		5471.54	1840.19		1800		
7	桂柳工	深	1993.11.19	4.20	20000	15000		4500		500
8	连大冷	深	1993.12.8	3.50	10100	5100	2000	2700		300
9	猴　王	深	1993.11.30	3.80	11248		2915	3000		1075
10	闽闽东	深	1993.11.26	1.68	11000	4429	3217	3019		335
11	豫白鸽	深	1993.12.8	3.50	15000	10500		4150		450
12	闽福发	深	1993.11.30	2.38	5322	3122		2000		200
13	湘火炬	深	1993.12.20	2.28	6800	3400		3060		340
14	昆明机床	沪	1994.1.3	4.43	24500.74	10239.77	1760.97	5340	6500	600
15	厦门工程	沪	1994.1.28	5.00	21963.2	16363.2		5600		
16	上柴股份	沪	1994.3.11	5.20	32942.44	20142.44	1000	1800	10000	
17	重庆万里	沪	1994.3.24	4.00	6200	3410		2790		
18	自仪股份	沪	1994.3.24	3.50	19086.10	16886.10	1000	2200		
19	北人股份	沪	1994.5.	5.30	40000	25000		3500	10000	1500
20	北京北旅	沪	1994.4.25	3.00	16008	209.9	10499.2	4000		1298.9
21	江苏春兰	沪	1994.4.25	8.00	12000		9000	3000		
22	赣江铃	深	1993.12.1	3.60	49400	36793	2807	8800		980
23	鞍山一工	沪	1994.1.14	4.00	21500	6688.6	6511.4	5000		3300
24	蓉动力	深	1993.8.10		5087	2811.4	800	1475.6		
25	冰　箱	沪	1992.11.13	4.80	16991.26	7990.26	3000	1000	5000	
26	二纺机	沪	1992.3.27	3.80	42558.17	19710.17	667.45	4680.55	17500	
27	轻　工	沪	1992.3.27	2.40	17516	15516		2000		
28	中纺机	沪	1992.8.5	3.80	24971	13211	1560	1800	8400	
29	广　船	沪	1993.10.28	6.23	49467.67	21082.01		12647.95	15739.8	
30	上菱电器	沪	1994.2.24	5.80	27365.09	17665.09	900.00	1800	7000	
31	嘉　宝	沪	1992.11.3	5.00	12812.59		2686.44	2000		
32	双　鹿	沪	1993.3.4	5.66	11519.00		4229.90	1000		
33	水　仙	沪	1993.1.6	4.60	11491		2602.44	1595.4		
34	沪凤凰	沪	1993.10.8	6.00	35175.97	22175.97	1000	2000	10000	
35	永久股份	沪	1994.1.28	5.50	231000	14800.82	1000	1300	6000	
36	深中华	深	1993.3.31	10.00	26635	6200		4264		689
37	西安黄河	沪	1994.2.24	4.00	7728.36		410.31	3089.69		

表 2　机械工业企业上市股票情况

序号	公司名称	股票名称	1993 年盈利情况			1994 年股票价格	
			税后利润（万元）	每股盈利（元）	每股净资产（元）	1 月 3 日收盘价（元）	6 月 30 日收盘价（元）
1	沈阳金杯汽车股份有限公司	金杯汽车	16103	0.194	2.06	5.16	1.90
2	深圳特力机械股份有限公司	深特力		0.34	2.24	10.05	3.46
3	宁波中元机械钢管股份有限公司	甬中元		0.77	2.41	7.80	3.29
4	成都量具刃具股份公司	成量股份	2592	0.36	1.25	9.46	2.76
5	厦门汽车股份有限公司	厦门汽车	1429	0.33		10.71	6.68
6	东新电碳股份有限公司	东新电碳	1913	0.35	2.14	9.17	5.00
7	柳州工程机械股份公司	桂柳工		1.02		15.80	6.25
8	大连冷冻机股份有限公司	连大冷		0.275	2.23	6.30	2.99
9	猴王电焊条股份有限公司	猴　王		0.42	2.77	9.30	3.57
10	闽东电机集团股份公司	闽闽东		0.31	1.43	6.05	3.01
11	郑州白鸽(集团)股份公司	豫白鸽		0.27	2.24	6.80	3.08
12	福建福发股份有限公司	闽福发		0.15	1.22	6.45	3.30
13	株洲火炬火花股份公司	湘火炬		0.15	1.99	5.70	2.85
14	昆明机床股份有限公司	昆明机床	2720	0.151	2.47	5.50	2.46
15	厦门工程机械股份公司	厦门工程	10643	0.68	3.21		4.62
16	上海柴油机股份公司	上柴股份	11050	0.40	3.21		6.75
17	重庆万里蓄电池股份公司	重庆万里	1575.71	0.254			8.40
18	上海自动化仪表股份公司	自仪股份	4760	0.183			6.85
19	北人印刷机械股份有限公司	北人股份		0.28	2.10		5.35
20	北京旅行车股份有限公司	北京北旅	1660	0.111	1.98		3.30
21	江苏春兰制冷设备股份公司	江苏春兰	12344.3				10.99
22	江铃汽车股份公司	赣江铃		0.54	1.53	7.20	2.92
23	鞍山第一机械工程股份公司	鞍山一工	5541.3	0.28	2.11		2.19
24	成都动力配件股份公司	蓉动力		0.40	2.23	10.80	4.36
25	上海电冰箱压缩机股份有限公司	冰　箱	5722.2	0.337	2.47	11.66	6.75
26	上海二纺机股份有限公司	二纺机	15896.76	0.37	2.30	8.60	3.88
27	上海轻工机械股份有限公司	轻　工	2568.80	0.15	1.22	6.10	3.30
28	中国纺织机械股份有限公司	中纺机	6997.52	0.28	2.48	6.83	4.00
29	广州广船国际股份有限公司	广　船	11122.05	0.225		7.63	2.36
30	上菱电冰箱股份有限公司	上菱电器	13034.4	0.640	0.526		7.75
31	上海嘉宝实业股份有限公司	嘉　宝	4508.72	0.352	2.00	16.62	8.00
32	上海双鹿电冰箱股份有限公司	双　鹿	39640	0.344	2.90	10.89	5.24
33	上海水仙洗衣机股份有限公司	水　仙	3159.33	0.275	2.21	9.00	6.19
34	上海凤凰自行车股份有限公司	沪凤凰	14833.3	0.422	2.26	11.72	6.77
35	上海永久自行车股份有限公司	永久股份	7349.69	0.318			7.46
36	深圳中华自行车(集团)股份有限公司	深中华		0.74	2.69	11.15	
37	黄河机电股份有限公司	西安黄河	4078	0.53	0.88		6.00

进和科研开发上；二是用于提高产品质量和工艺制造水平上；三是用于更新设备扩大生产能力上；四是补充流动资金。1993年进口加工中心、凸轮磨床、外圆磨床、蜗杆砂轮磨齿机等先进的数控智能设备就投资了1000万美元。为了进一步稳定和发展我国最大的单张纸胶印机生产基地，利用募集资金将建设与胶印机生产相配套的五个基地，从而增强了企业自我发展的能力。

机械工业股份制试点虽然取得了一定成效，加快了企业经营机制的转换，在建立现代企业制度方面进行了有益的探索和创新，增强了企业活力，提高了一定的经济效益。但是，股份制试点仍处于初始发展阶段，由于我国经济体制还处在改革中，市场机制不完善，股票市场不成熟，特别是国有资产管理体系尚未建立起来，一些法规不健全等因素都影响了我国股份制正常健康的发展，以致出现了大部分的股份公司国有股股权代表"缺位"，股份公司主要领导仍由政府任命，未能体现董事会的选举和胜任功能；在外部环境，政府职能转变与企业改革不同步，一些不该管的事，政府仍在继续管理；国有土地使用权作价入股不规范，国家从国有土地资产上分得一大块红利（硬性上交国家财政）影响了企业积极性等，这些问题势必阻碍着股份制试点的发展和企业改革的进一步深化。因此，只有加速我国整体改革的步伐，不断探索，完善各项改革配套措施，有利保证我国股份制能更加迅速得到发展，从而促进企业能较快地步入到自负盈亏、自主经营、自我发展、自我约束的现代企业制度上来，充分发挥其在社会主义市场经济发展中的主体作用，促进我国国民经济的发展和经济效益的提高。

〔撰稿人：机械工业部政策法规体改司体改处 郑竞贤〕

机械工业科技工作

机械工业部科技与质量监督司

一、规划工作

从1992年开始，机械工业部为制订"九五"科技规划，已做了大量调研工作，在集思广益的基础上，1993年完成了《90年代机械工业关键技术》报告。机械工业关键技术是指对机械工业发展起关键作用，属方向性、起带头作用、涉及效果大，涉及面广、综合性强，在近几年能够攻克，并产生重大经济效益的技术。现在抓关键技术研究，主要有三个目的：一是为制定机械工业"九五"科技发展规划和2010年轮廓设想提供依据；二是为国家制定"九五"重大科技攻关计划、重点企业技术开发计划及其他各类国家计划提供备选项目，同时也为各级政府及企业确定技术发展方向和投资重点提供指南；三是为机械工业系统从上到下对今后要抓的重大关键技术取得共识，采取共同行动提供基础。

90年代机械工业关键技术是在考虑了机械工业为国民经济提供装备及不断提高自身水平、取得自身发展的两大任务，针对市场需求而提出的。在研究过程中先从企业需求入手，再应用关键技术选择准则，从中挑选出分属7个领域的37项关键技术：

制造技术——研究提高制造质量、效率、效益的新工艺，以及大型复杂构件的制造工艺技术。

自动化技术——重点研究机械制造过程所需自动化技术和系统，它是高技术和传统技术结合的核心。

专用材料及材料应用技术——研究开发新型机械产品所需关键专用材料及新材料用于机械工业所涉及到的重大技术。

设计技术——为机械产品设计提供数据、设计方法、设计手段和产品试验技术。

测试技术——保证机械产品质量和系统安全运行的测试技术。

现代传动技术——研究传递能量、实现对能量的分配与控制、保证传动精度、提高传动装置效率的技术。

其他——包括不能列入上述六个领域，但十分重要的环境保护技术、生态农业工程技术和生物工程测试技术等。

二、研究开发工作

1."八五"科技攻关工作概况

"八五"期间由机械工业部负责组织实施的国家重点科技攻关项目共六项：电力电子新器件研究、电力电子器件应用技术研究、传感器技术研究、数控技术及装备的开发与研究、大型工业过程自动化技术研究和工业机器人系统的应用技术研究。这六个项目分为两类。后三项是"七五"的延续项目，攻关目标是在"七五"攻关的基础上，优化完善开发具有我国自己版权的技术成果，并使之商品化、产业化。前三项是对国民经济发展具有重要战略意义的产业技术。攻关目标是基本掌握设计、制造应用技术，形成自主开发、应用研究的能力，为工业自动化等领域提供先进产品，为“九五”形成“电力电子”和“传感器”产业奠定技术基础。

近两年主要抓“八五”攻关项目的立项与论证工作。截止到1993年，上述六个项目，共计221个专题，已签定专题攻关合同202个，占全部专题数的91.4%，预算投资中国拨款数额占预算投资的62%。

“八五”国家技术开发重点项目计划共4部分41项，其中，涉及机械工业部的有9项：模具制造技术、机械基础件、激光加工技术、新型风机和工业泵、工业用分析仪器、新型农业机械、工业污水处理设备、可编程序控制器、条码技术。

“八五”国家技术开发重点项目，自1990年下半年以来，逐步展开实施。截至1993年，所有项目已全面进入实施阶段，其中部分项目已取得阶段成果。例如，空气冲击铸造造型线，高效复合离心机，350kW燃气两效溴化锂冷、温水机，高压液压叠加阀新品种开发，32MPa电反馈电液比例阀，透射式电子显微镜，离子色谱仪，蒙乃尔合金材料，条码手持式激光扫描器与光笔，冷冻式压缩空气干燥器等。1992年对这些已完成的项目和阶段成果按合同要求进行了鉴定验收。这些完成项目都全面达到了合同要求的预期目标，对机械行业发展中的一批关键技术的解决起到了促进作用。同时，也为整个“八五”项目的组织实施管理提供了很好的经验。

2. 液压件和密封件技改补充项目

“八五”液压件和密封件技术改造补充专项的项目落实工作，自1992年以来一直在紧张地进行。为配合该项目的实施，安排技术开发项目7项，1992年已完成项目论证3项，签定合同2项。

3. 技术引进与技术改造

国家经贸办（现国家经贸委）为深化企业技术进步工作，通过技术开发、技术引进和技术改造的结合，使一些行业主导产品的关键生产技术上一个新台阶，并在较短时间内形成经济规模生产，进入国内外市场。经与各主管部委协商编制了《“八五”国家重大引进技术消化吸收计划》，共10项。其中由机械工业部为主牵头组织的“新型推土机和装载机关键零部件”一项，主要承担和协作单位47个(其中企业44个、研究院所2个、大学1个)。本项目以引进美国卡特彼勒公司技术的推土机、装载机五种主机产品关键零部件为对象，进行消化吸收。项目完成后产品质量达到80年代世界水平，主机国产化率达80%，零部件国产化率达85%以上。年新增销售收入20亿元，新增利税3亿元，节约外汇2.4亿美元。该项目经过一年多的工作已做到组织落实，已进入全面实施阶段。

三、推进企业技术进步

在企业技术进步方面，两年来主要抓了以下几项工作：

1. 新产品研制工作

机械工业自“六五”以来，针对企业开发新产品中存在的问题制定了一些政策、办法并采取一些措施，主要是：解决新产品开发资金渠道来源，如从销售总额中提取1%资金作为技术开发基金，新产品开发费用摊入成本等措施，规定新产品免税；拟定了促进企业技术进步的政策措施和制定了限制落后、鼓励先进产品的条例；制定了新产品计划管理办法；制定了“机械工业部重大成套设备研制的责任制”和质量保证体系等。这些措施促进了新产品的开发，并使机械工业新产品的技术水平有较大提高。据不完全统计，1993年开发机械工业新产品1800多项，接近1992年的水平。优质产品产值率比上年提高了0.3个百分点。机电产品出口额大幅度增长，达到227亿美元，比1984年提高近10倍。

2. 公布节能产品、淘汰落后产品项目工作

机械工业自1982年以来，共研制开发了3000多种节能新产品，约占这类产品品种总数的20%，节能产品年产值已超过100亿元。为搞好节能产品推广工作，机械电子工业部会同国家计委、能源部、财政部、中国工商银行、国家工商行政管理局等部门，至1993年已联合累计公布了15批816项节能产品和淘汰601项耗能高、性能落后产品，收到良好的经济效益。这两年主要从事了以下四项工作：

一是组织清理了第一至第十批机电工业节能产品项目。这次清理范围是1982～1987年间原公布的第一至第十批节能产品557项和内燃机节能产品，共清理679项，经清理后，符合条件的节能产品共436项，其余243项大都已相对落后，不再列为节能产品，并于1992年9月8日正式公布。

二是组织编印了《节能机电产品推广项目清册》。《清册》中编入了清理后的第一至第十批节能产品436项；第十一至第十五批节能产品推广项目259项；此外，将第一至第十五批淘汰落后产品共计601项也汇编入册，《清册》中还编入了与节能、淘汰有关的管理办法、条例等。

三是组织编制《机械工业“八五”淘汰落后产品规划》，旨在引导广大企业加快淘汰落后产品，推广应用先进产品的步伐，规划共列出“八五”期间计划淘汰的201项（品种或系列）落后产品，其中电工机械行业38项，重型矿山机械行业27项，工程农机行业36项，机械基础件行业17项。机械工业“八五”淘汰落后产品规划已于1992年12月24日印发。

四是联合国家计委、国家经贸委、国家科委于1993年3月在京召开节能产品新闻发布会。这次新闻发布会主要针对第十五批淘汰产品中的重点项目——电动机驱动旋转直流弧焊机全系列更新改造，推广使用相应的节能产品。

3. 产品结构调整

为落实机械工业的三大任务，促进机械工业产品结构调整，机械工业部制订了《加速技术进步，

促进机械工业产品结构调整的意见》，确定了机械工业产品结构调整的原则、重点、目标和保证措施。在此基础上，机械工业部又拟订了各地特色和优势产品目录以及优先支持开发的特定产品目录，这对机械工业产品结构调整有一定指导意义。

4. 建立企业技术中心

支持鼓励大中型企业建立技术中心，提高企业自主开发能力，1993年有13家机械工业企业技术中心被国家经贸委认定为国家级企业技术中心。

5. “工艺突破口”工作

截止到1993年，机械行业共有3240个企业开展了“工艺突破口”工作，占机械工业企业的31%，其中骨干重点企业有1100多家。据1993年第二季度国家对机械产品质量监督性抽查结果统计，机械行业抽查平均合格率为69.43%，而开展“工艺突破口”企业的产品合格率为91.95%，合格率高于机械行业平均水平22.52个百分点。不少开展“工艺突破口”的企业顺利地通过了国外权威机构ISO9000质量管理与质量保证标准认证。

为了继续推动开展“工艺突破口”工作，大力组织工艺技术的研究与推广，近两年来，机械工业部提出了《“八五”期间机械工业工艺工作要点》、《落实“八五”期间机械电子工业企业技术改造工艺与装备政策的意见》和30项重点新工艺成果推广项目目录等文件，从工艺的管理、纪律、技术方面全面布置了“八五”工艺工作任务和目标。同时，加强宣传教育，在1993年与中央电视台首次联合举办电视讲座《企业振兴之路——“工艺突破口”工作》，历时一个月，据不完全统计，国内有14万职工收看，收看率达13%。

四、技术基础工作

技术基础工作是科技工作的“软件”，是除科研规划、计划、管理以外的其他各项科技管理，主要有成果管理、专利管理、标准管理、情报和计量管理等。进入90年代以后，技术管理工作逐步走上法制化、规范化的轨道。

1. 科技成果管理工作

机械工业科技成果管理已经形成比较完整的管理系统，其管理机构和管理法规基本健全，除完成了科技成果的认定、登记、归档、统计、奖励等经常性工作外，在开拓技术市场、编制技术出口控制目录，扩大推广应用方面也进行了积极的探索。据不完全统计，1993年机械行业获国家发明奖25项，其中二等奖1项，三等奖10项，四等奖14项。共有382项科技项目获机械工业部科技进步奖，其中一等奖19项，二等奖127项，三等奖236项。

2. 专利及知识产权管理工作

自1985年我国颁布并实施《专利法》以来，在国家专利局的指导下，结合机械工业特点，逐步建立了机械工业专利工作体系。机械工业部成立了机械知识产权事务中心（原专利服务中心），并在直属研究院所和一些高校、设计院、大中型骨干企业设立了412个专利工作机构，配备了专职或兼职专利工作人员500名，开展了专利管理、专利文献检索、许可证贸易等方面工作。

就整个机械行业来讲，自1985年中国专利法实施以来，设有专利事务所20个，专利代理人334名（其中专职代理人32名，兼职302名）。1993年中国专利局共授理专利申请77276件，其中发明19618件，实用新型47499件，外观设计10159件。机械行业共申请专利19588件，其中发明2901件，实用新型16687件。1993年中国专利局授权专利62167件，其中发明6556件，实用新型46629件，外观设计8982件。中国专利局授权机械行业专利10987件，其中发明1105件，实用新型9882件。

3. 科技统计工作

为了过渡到定量管理，需要建立科技统计资料库，进行年度统计与分析。为此，每年对机械科研统计数据进行了统计分析，写出了机械科研统计分析报告，为优化科研管理，深化科研院所体制改革和加速科技成果产业化提供了大量数据。

4. 标准化管理工作

标准化工作在保证产品质量，提高企业事业单位素质及国际市场接轨方面起重要作用。“八五”期间，机械工业标准化工作继续积极贯彻国际标准和国外先进标准的方针，依据“标准化法”强化管理。

1993年共下达了531项国家标准、行业标准制订、修订任务（其中国标122项，行标389项，行业内部标准20项）。全年办理了267项国家标准报批，并审批发布了850项机械行业标准和40项行业内部标准，截止到1993年底，机械工业标准共计17161个，其中国标3387个，行标8647个，行业内部标准5127个。

按照国家技术监督局会同国家计委和经贸委联合通知要求，组织编制了机械工业“八五”采用国际标准主要产品目录预报表，共列出机械工业主要产品1087种。1993年11月国家经贸委以国经贸(1993) 485号文印发了《全国主要工农业产品目录》，共列出机械工业主要产品约1000种。

5. 情报和计量管理工作

机械行业目前共有全国性科技情报网站166个。其中全国行业情报网123个，共有网员单位2万余个，办有各种网刊、网讯100余种；机械系统地方情报网、站43个，共有职工1500余人，发挥了“耳目、助手、参谋”的作用。

机械计量工作不仅保证了企事业单位计量量值的统一、准确，而且在研究开发高水平的计量测试技术和标准方面取得了较好的成绩。1992年以来，计量工作主要完成了两项工作：一是审批发布机械工业部计量检定规程47项；二是建立专业计量中心站4个。

五、科技体制改革

在“中共中央关于科学技术体制改革的决定”指引下，机械工业科技体制改革工作逐步深入展开，取得了显著成绩。

近两年来，机械工业部认真贯彻国家有关科技体制改革的各项文件和精神，特别是1992年5月国家科委下发的1992～1993年科技体制改革要点和1992年8月国家科委、人事部、财政部、国家税务局下发的“关于分流人才、调整结构，进一步深化科技体制改革的若干意见”，坚持“稳住一头、放开一片”的方针，推动机械工业科技体制向适应社会主义市场经济的方面深入发展。同时，结合机械工业部直属院所具体情况，制定了“关于进一步深化部属机械研究院所科技体制改革的意见”，着重明确了“贯彻整体战略方针，树立深化改革的指导思想”，确定主体模式，适应社会主义市场经济发展，“扩大院所自主权，增强院所活力”，“进一步解放思想，更新观念，转变运行机制”和“开放接轨，走向世界”等五个方面的问题。为贯彻1992年全国科技工作会议精神，1993年在长春、烟台、无锡等地分别召开了不同类型的研究院所领导座谈会。结合结构调整、人才分流、进入企业（集团）和科技产业化及加强科研单位精神文明建设等问题进行认真研究，并就当前产业化发展的紧迫性、面临的形势、条件、优势、难点（如资金来源、技术入股、知识产权、人才流动）等一些共性问题，进行了深入研究和经验交流，为深化机械工业科技体制改革奠定了思想基础。

为推动科技进入经济建设主战场，促进科研机构转轨变型，对双方都有条件的研究所和企业集团，积极推进产品开发研究所进入企业集团，增强企业的技术开发能力。一年多来，部领导直接抓了一个调整跨度大、突破难点多的典型——西安重型机械研究所进入宝钢集团。为转变观念，适应市场经济需要，促进科研与生产更好地结合，增强科研发展后劲，提供了最有说服力的范例。继洛阳矿山机械研究所进入企业后，西安重型机械研究所进入宝钢集团，天津复印技术研究所进入天津复印设备公司，北京印刷机械研究所进入北人集团，洛阳拖拉机研究所进入一拖集团，成为企业的技术开发部，对企业的新产品开发和引进技术的消化吸收，提高企业的技术创新能力，推动企业技术进步起到了重要作用，也为院所的科研条件和科技人员生活待遇的改善，科技人员的业务能力和水平得到发挥和提高创造了较好的条件。

据部属64个研究所统计，1993年总收入20.68亿元，比1990年8.21亿元增长了152%，其中横向收入由1990年的5.18亿元增长到1993年的15.02亿元，增长了190%；横向收入占总收入的比例由1990年的63%增长到1993年的72.6%，纵向收入占总收入的比例，由1990年的17.8%减小到1993年的7.1%，这一收入构成的变化说明研究所基本上不再依赖政府的财政拨款。从1990年到1993年64个研究所的总收入、净总收入分别以年均36%、46%左右的速度增长，1993年人均总收入6万元以上的研究所有10个，3～6万元的有27个，1～3万元的有25个，不足1万元的有2个。以上情况从一侧面表明，机械工业系统大多数研究所已经进入国民经济建设主战场，并且经济实力开始增长。

六、直属研究所管理

机械工业部现有的64个直属科研院所中，属共性技术类型的8个，产品开发类型的49个，公益型的7个。据1993年的数据统计，64个研究院所职工总数为41877人。其中技术人员25746人，占职工总数的61.5%。固定资产总值为17.4亿元，是1990年的1.31倍。

1. 成立工程研究中心（ERC)、工程技术研究中心（ET C)

工程（技术）研究中心是依托于具有一定实力的科研院所的新型科研开发实体。它的任务是探索科研与生产结合的新形式和新机制，加强科研成果向生产转化的薄弱环节。经过前一段时期的努力，机械工业系统已经批准建立的有“制造业自动化”、“精密成型”、“超硬材料及制品”国家工程（技术）研究中心。尚待批准的有“传感器”、“电力电子器件”、“工业过程自动化控制”和“高效优质焊接”国家工程研究中心。这些中心的建成投运不仅促进机械工业科技体系的结构调整，还将在提高机械工业生产技术和竞争能力，促进产业结构调整和产品更新换代，促进高新技术改造传统产业方面起到积极的作用。

2. 中试基地建设

为增强科研后劲，加速科技成果商品化和产业化，1993年机械工业部拟定76项中试基地建设计划，目前正在56个开发类的科研院所实施，有的已初见成效。

3. 获取外贸进出口自营权

依照国家科委与国家对外贸易经济合作部联合发布的《赋予科研院所科技产品进出口权暂行办法》通知的有关精神，1993年机械工业部有9个研究院所经有关部门批准，获取外贸进出口自营权，为扩大机械工业科研与国际市场相接开辟了新的途径。

4. 科研测试基地管理

据对部属313个实（试）验室的统计，机械工业八大行业（电工机械、重型矿山机械、石化通用机械、机床工具、基础产品、仪器仪表、工程农机、共性基础技术行业）测试基地的科研能力情况如下：固定资产（原值）价值量最高的是共性基础技术行业，平均值最高的是石化通用机械行业；具有国际先进水平实（试）验室数量最多的是共性基础技术行业，平均值最高的是石化通用机械行业；具有国际一般水平实（试）验室数量最多的是电工机械行业，平均值最高的是机械基础产品行业；高级工程师数量最多的是电工机械行业，平均值最高的是石化通用机械行业；工程师数量最多的是共性基础技术行业，平均值最高的也是共性基础技术行业。

七、基金工作

按照“八五”发展方针与任务，1993年主要是切实搞好基金工作的整体部署，继续完善和发展了基金工作。据统计，截止到1993年底，按计划基金项目累计应完成1294项，实际完成1059项，为计划数的81.8%，其中1993年当年完成数为94项，有29项获得部科技进步奖。

自1989年设立的，以推动科技成果商品化为目的的基金贷款资助，五年来以低息贷款方式资助了110个项目，截止到1993年底贷款的资金总额达3700万元。另据统计，1992年对30个科技成果商品化项目，予以贷款资助，贷款金额为2615万元，融资3945万元，预计新增产值25784万元，利润4338万元，税金2699万元。这些项目中属《机械工业部部属科研院所“八五”中间试验基地建设计划》的项目有13项，资助金额1020万元，占总资助额的48%。

八、国际科技合作与交流

两年来，机械工业科技领域进一步扩大开放，加强与国际间的科技交流与合作，使这方面工作取得新的进展。据不完全统计，仅1992年通过各个科技合作渠道获得的项目经费就达988万美元及250.39万元人民币，其中联合国援助项目2个、438万美元；德国政府赠款项目2个、550万美元；法国政府（为建重庆职业技术教育师资培训中心）赠款10万美元；国家智力引进办公室批准的引进60名专家拨款70.79万人民币及7项派出人员费用127.60万元；国家科委批准11项双引项目费约22万元。

1993年机械工业科技对外交流与合作仍然保持良好势头，先后与以色列机械工程师学会、韩国无损检测学会、韩国机械学会和法国机械学会签订了双边合作协议。

1993年加强了对港台学术交流活动。组团赴台参加了两岸机械工业研讨会，并与香港蒋氏工业慈善基金会进行合作，组团参加了第二届国际制造科技会议。

〔撰稿人：机械工业部科技与质量监督司　柴青　审稿人：机械工业部科技与质量监督司司长　练元坚〕

机械工业质量工作

机械工业部科技与质量监督司

一、机械产品质量状况的分析和存在的主要问题

1993年，机械行业认真贯彻党的十四大和十四届三中全会精神，广泛宣传贯彻《中华人民共和国产品质量法》和《国务院关于进一步加强质量工作的决定》，在转换企业经营机制、转变质量观念的基础上，为稳定提高产品质量做了大量工作。但是由于部分企业基础管理滑坡的状况尚未得到扭转，机械产品质量仍有较大波动。总的情况是：重点企业、重点产品的质量基本稳定，但有相当一部分中小企业和乡镇企业产品质量问题仍然严重，少数重点骨干企业的部分产品质量也略有下降，质量形势仍然严峻。

1993年机械工业部重点考核的3252种机械产品，年终统计，品种抽查合格率为99.75%，品种一等品率为76.32%，质量稳定提高率为98.34%，比上年度分别提高0.21、3.57、1.18个百分点，说明各级主管部门和企业重点管理的产品，其质量总体上是稳定的。国家监督抽查中，重点骨干企业的产品抽查合格率为85.27%，机械工业部组织的全国统一质量检验中，重点骨干企业的产品统检合格率为94.44%，均保持了较高的合格率。据北京、天津两市机械局上报的材料，两市机械产品出口商检批次合格率分别达到98.94%和99%，继续保持较高的合格率。重点骨干企业更重视贯标，加强管理，截止至1993年底，已有17个企业通过质量体系认证，对加强质量管理、稳定提高产品质量起到了积极作用。这些情况说明重点企业、重点产品的质量是比较稳定的。1993年机械产品各类质量监督抽查结果如表1所示。

另一方面，相当一部分中小企业、乡镇企业的产品质量问题仍然严重，少数重点骨干企业产品质量也有下降趋势。1993年国家监督抽查机械产品质量，全年平均合格率为65.50%，虽比上年度提高5.77个百分点，但总体上看仍徘徊在很低的水平上。1991年以来，各年度重点骨干企业抽查合格率依次为92.22%、90.78%、85.27%，有下降趋势。当前有15%的重点骨干企业，其中一些是行业排头厂，有的产品质量不合格，应引起重视。1993年部组织对10种一等品产品有效期内的检查，虽然达到合格品的占85%，但保持一等品水平的只达到66.67%。另据反映，部分发电设备主机、输变电设备质量问题仍然存在。因此，我们认为，目前产品质量形势仍然严峻，稳定和提高产品质量已成为全行业的一项紧迫任务。

当前质量工作中存在的主要问题是：

1. 部分企业领导质量意识不高，质量法制观念薄弱。

2. 在转换经营机制中，部分企业“以包代管”、“以改代管”的问题很突出，削弱了质量管理、质量检验的职能。

3. 一些中小企业、乡镇企业生产设备落后，基础管理薄弱。有的企业不严格执行工艺，有的不严格执行标准，检验把关不严的问题仍然突出。1993年第三季度国家监督抽查产品不合格的139个企业中，有85%以上的企业存在检验手段不完善、把关不严的问题。抽查生产离心风机的企业中，40%的企业没有试验台位。

表1　1993年机械产品各类质量监督抽查结果汇总表

序号	检查类别	抽查品种数	抽查企业数	检查产品数（规格、台、套）	合格品数（规格、台、套）	合格率（%）	等级品保持数	保持率（%）
1	国家监督抽查	53	1082	1119	733	65.5		
2	行业质量统检	6	825	825	614	74.4		
3	一等品检查	10	164	180	153	85.0	120	66.7
	合计	69	2071	2124	1500	70.6	120	66.7

表2　1993年国家监督抽查机械产品质量结果汇总表

抽查时间	序号	产品名称	抽查企业数（个）	抽查产品数（台、规格）	产品合格数（台、规格）	产品不合格数(台、规格)	产品抽查合格率（%）
一季度	1	JD1系列电磁调速电动机控制装置	15	15	15		100.00
	2	铣床	12	12	11	1	91.67
	3	螺杆泵	11	12	11	1	91.67
	4	户外棒形支柱瓷绝缘子	14	14	12	2	85.71
	5	伺服电动机	13	13	11	2	84.62
	6	单涡轮液力变矩器	6	6	5	1	83.33
	7	工业X射线和磁粉探伤机	15	15	12	3	80.00
	8	高度游标卡尺	10	10	8	2	80.00
	9	热工用模拟量输入数显仪表	28	28	21	7	75.00
	10	仪器仪表支承元件	23	23	17	6	73.91
	11	农机齿轮	18	18	13	5	72.22
	12	板料折弯机	21	21	15	6	71.43
	13	干式拉丝机	20	26	17	9	65.38
	14	精密滚子链	14	14	7	7	50.00
	15	丝锥	20	20	2	18	10.00
	16	低压断路器	11	11	1	10	9.09
		合　　计	251	258	178	80	68.99
二季度	1	单张纸平版胶印机	17	17	15	2	88.24
	2	内燃发电机组	39	39	32	7	82.05
	3	多缸喷油泵总成	25	25	20	5	80.00
	4	钢制法兰	16	39	27	12	69.23
	5	可拆卸板式换热器	20	20	12	8	60.00
	6	中间继电器	30	36	21	15	58.33
	7	液压齿轮泵	19	19	11	8	57.89
	8	棕刚玉磨料	29	29	14	15	48.28

(续)

抽查时间	序号	产品名称	抽查企业数(个)	抽查产品数(台、规格)	产品合格数(台、规格)	产品不合格数(台、规格)	产品抽查合格率(%)
二季度	9	悬吊式铁水浇包	14	14	6	8	42.86
	10	小型制冷压缩机	20	21	8	13	38.10
	11	翻斗矿车	20	20	7	13	35.00
	12	油扩散真空泵	3	3	1	2	33.33
	13	角向磨光机	16	16	0	16	0.00
		合　　计	268	298	174	124	58.39
三季度	1	起动用铅酸蓄电池	29	29	25	4	86.21
	2	铸造用水洗砂	13	13	11	2	84.62
	3	热卷弹簧	30	30	25	5	83.33
	4	高压真空断路器	18	18	15	3	83.33
	5	溢流阀	10	10	8	2	80.00
	6	互感器	19	19	15	4	78.95
	7	饲料粉碎机	26	26	19	7	73.10
	8	联合收割机	17	17	11	6	64.71
	9	农机零配件	30	30	19	11	63.33
	10	Y系列电动机	46	46	25	21	54.35
	11	离心引风机	27	27	13	14	48.19
	12	螺钉	31	31	14	17	45.16
	13	机械密封	35	35	12	23	34.29
	14	电焊机	25	25	6	19	24.00
		合　　计	356	356	218	138	61.24
四季度	1	电机用电刷	15	15	15	0	100.00
	2	截止阀	33	33	30	3	90.90
	3	动力用空气压缩机	21	21	18	3	85.71
	4	电触头	23	23	19	4	82.61
	5	游梁式抽油机	15	15	12	3	80.00
	6	蓄电池叉车	19	19	15	4	78.95
	7	液压机	19	19	14	5	73.68
	8	商品钢球	33	33	23	10	69.70
	9	电阻炉	13	13	9	4	69.23
	10	四轮农用运输车	16	16	8	8	50.00
		合　　计	207	207	163	44	78.74
全年		53种总计	1082	1119	733	386	65.50

4. 少数企业售后服务不及时、不认真，引起用户不满。

5. 部分企业在经济高速发展中忽视质量。油泵油嘴行业近年来产量增长幅度很大，一些企业放松了质量管理，1993年第二季度抽查多缸喷油泵总成时，抽查了8个曾获国、部、省优的产品，结果只有两个保持原有水平，其余6个降等，其中一个降为不合格品。

二、质量工作评述

1. 加强质量意识教育

配合产品质量法的出台，组织开展《产品质量法》演讲活动，大力宣传产品质量法，明确企业的质量职责，提高质量意识。

2. 开展表彰和批评活动

对在监督检查中产品质量达到优等品的产品、机械基础件质量可靠产品、取得质量体系认证证书的企业、质量效益型先进企业等产品质量和质量管理好的企业进行通报表扬，并通过报纸等新闻媒介广泛宣传，向用户推荐。对在抽查中质量差的企业和拒绝抽查的企业，进行通报批评。

3. 质量管理

深入开展全面质量管理和贯彻GB／T19000

《质量管理和质量保证》系列标准工作，举办各类贯标学习班。1993年机械工业部共举办各类学习班7期，有200多人参加了培训。组织编写质量体系审核员培训教材，发行各类培训教材17000多册。

4. 加强质量监督，做好监督检查后处理工作

按照国家技术监督局的统一部署，1993年机械工业部组织了对53种产品进行监督抽查（见表2），对6种产品进行了全国统检（见表3）。根据技术监督局"抽查一类产品，提高一个行业"的要求，对抽查合格率低的产品，分别召开抽查总结会，进行质量分析，宣贯标准，并提出整改要求，提高产品质量。

5. 产品质量等级评定工作

按照《机械产品质量等级评定暂行管理办法及实施细则》的要求，1993年共评定优等品15个，一等品685个。对过去已获得一等品称号的10种产品进行了监督检查，等级品保持率为66.7%（见表4）。

表3　1993年机械产品统检结果汇总表

序号	产品名称	检查业企数	检查产品数	合格产品数	合格率(%)
1	调心滚子轴承	20	20	16	80.0
2	照明配电箱	623	623	498	79.9
3	气动电磁换向阀	42	42	31	73.8
4	内燃机水封	18	18	11	61.1
5	钻床	73	73	44	60.3
6	管道泵	49	49	14	28.6
	合　计	825	825	614	74.4

表4　1993年机械产品一等品检查检测结果汇总表

序号	产品名称	检查企业数(个)	检查产品数(规格、台)	产品合格数(规格、台)	合格率(%)	等级品保持数（规格、台）	等级品保持率(%)
1	绝缘材料	4	11	11	100	11	100
2	光学仪器	3	6	6	100	6	100
3	中小矿山机械	2	3	3	100	3	100
4	手扶拖拉机	12	13	12	92.3	12	92.3
5	农机具	25	25	25	100	22	88.0
6	金属切削机床	21	21	18	85.7	15	71.4
7	磨料磨具	35	35	26	74.3	21	60.0
8	中小变压器	31	31	30	96.8	17	54.8
9	内燃机零部件	20	24	17	70.8	10	41.7
10	刀具	11	11	5	45.5	3	27.3
	合　计	164	180	153	85.0	120	66.7

〔撰稿人：机械工业部科技与质量监督司　李建林〕

机械工业教育工作

机械工业部教育司

1993年机械工业教育工作，继续认真贯彻党的十四届三中全会精神，落实《中国教育改革和发

展纲要》，积极推进机械工业教育体制改革，全面提高教育质量，努力探索在社会主义市场经济体制下机械工业教育发展的新途径，主动为机械工业建成国民经济支柱产业服务，使机械工业教育取得了新的发展。

一、积极推进教育管理体制改革

在当前由计划经济向社会主义市场经济加快转轨的过程中，教育的改革和发展正面临许多新的问题和一些较为突出的困难：一是教育改革的步伐仍然滞后于经济和社会发展的要求。二是教育投入不足与教育事业发展的矛盾日趋尖锐。三是教师待遇仍然偏低，住房的问题长期得不到解决。

机械工业部直属高等院校 20 所，主要以机电专业为特色，面向全国机械行业培养人才。随着经济体制改革和政府的职能转变，再由部继续直接管理这些高校已与社会主义的市场经济体制不相适应。1993 年机械高等教育的管理体制改革区别不同情况，积极推进，取得一定进展。

1. 调整布局，发挥群体优势

机械工业部所属的 20 所院校分布在全国五大区（西南没有）的 16 个大中城市，院校较多的东北和华东地区各有 6 所院校，其中哈尔滨 3 所，上海和合肥各 2 所，形成一地多校的办学格局。这种格局是历史形成的，它的主要问题是：专业重复设置，投资强度不够，办学力量分散，使各校的办学水平和办学效益难以提高；另一方面各校的规模都比较小，平均在校生人数只有 2800 人（国家教委直属院校平均规模为 7800 人）。为提高办学水平和办学效益，必须调整高等教育的布局，合并院校。哈尔滨科技大学、哈尔滨电工学院、哈尔滨机电专科学校地处一市，相距不远，三校联合后，在校生规模 6000 人，硕士点 10 个，年科研经费可达 1500 万元，在“电机”、“机械设计及制造”、“仪器仪表”、“计算机应用”等专业和学科的建设、招生及培养各方面可以取长补短，形成整体实力。合并后的新校将成为哈尔滨地区乃至东北地区的高水平工科大学之一。上海机械学院和上海机械专科学校合并后，两校可取长补短，上海机械学院学科水平高，整体实力强，上海机械专科学校机电学科强，地理位置优越，合并后可大大提高办学水平和办学效益。合肥工业大学和安徽工学院学科专业相近，合并后在校生规模近 1 万人，博士点 4 个，硕士点 40 个，年科研经费可达 5000 万元，在人才培养，科研和产业等方面可以进行合作，优势互补，共同发展。

2. 联合办学逐步转移地方

随着经济体制和机构改革的深入，高等教育将逐步过渡为中央和地方两级办学的体制，中央部门只管理少数行业性强，不便地方管理的学校。应积极探索与地方联合办学的途径与方式，在立足行业的同时，拓宽面向、服务地方，确立“吃百家饭”的意识。

目前已经实行和正在推进机械工业部与地方联合办学的有：沈阳工业大学由部与辽宁省联合办学，东北重机学院南校（燕山大学）由部与河北省联合办学，甘肃工业大学由部与甘肃省联合办学，湖南大学由部与湖南省联合办学等。

联合办学要提倡多种形式，可以是单一的以人才培养为主的联合，也可以是全面的部省联合，共同投资、联合共管。为使联合办学落到实处，管理体制可以突破“一对一”的现状，实行“一校多主”的董事会体制，由机械工业部和有关各方共同组成董事会，并可根据对学校的投入多少来决定对学校的管理权限，有些可以机械工业部管理为主，有些可以地方管理为主。随着各方面条件的成熟，有些学校应逐步增加地方管理的比重，从长远看，部分部属院校将划归地方管理。

除了加强与地方的联合办学外，还要打破部门界限，鼓励一些有条件的院校与有关部门联合办学，机械工业部与电力工业部联合办陕西机械学院水电学院，与交通部联合办吉林工业大学交通学院都取得了很好的效果。

3. 产学合作，企业参与管理

在积极推动与地方（部门）联合办学的同时，要继续努力促进部属院校中规模较小、专业设置比较单一、行业性较强的院校与企业（集团）实行产学合作。

洛阳工学院与洛阳地区的洛阳拖拉机厂、洛阳轴承厂、洛阳矿山机器厂等 10 个企业、科研设计单位共同成立洛阳工学院董事会，正在推进“产学”双方实质性的合作。安徽工学院与全椒柴油机厂、江苏工学院与徐州工程机械集团的“产学”全面合作正在有计划地进行。吉林工业大学是学科比较齐全、与机械行业联系紧密、水平比较高的重点大学，为更好地为机械行业服务，正在酝酿成立由汽车、农机、基础件、工程机械等行业重点骨干企业（集团）参加的吉林工业大学董事会，这一举措将会在行业和教育界产生较大影响。

院校与企业（集团）的产学合作，形式可灵活多样，除目前已采取的产学双方协议性合作和产学双方成立董事会两种形式外，还要积极探索合作办学的其他形式。学校既可与一家也可与多家企业（集团）合作，既可在整体规模上也可在系或专业的规模上实行产学结合。在企业（集团）参与办学的过程中，学校的固定资产所属关系不变，全日制普通高校的性质不变；学校的专业设置、招生计划、毕业生分配等，仍以部管理为主；在经费上，除国家继续下拨的事业费外，不足部分可由企业（集团）投资。

二、深化教育、教学改革，提高办学水平和教育质量

培养社会主义事业的建设者和接班人始终是高等学校的首要任务。为了培养高质量的合格人才，必须不断地提高办学水平，重视德育教育，深化教育教学改革。

建立一个政治坚定、勇于改革、团结协调、实干高效的高校领导班子是完成高校各项任务的关键。1993年从学校的实际出发，机械工业部加强了院校领导班子的思想、组织和作风建设。先后进行了湖南大学、沈阳工业大学等5所院校领导班子换届考核和调整，完成了4所院校的换届考核及6所院校领导班子的补充调整工作，通过领导班子的考核、调整、充实，改善了干部结构，增强了团结，提高了班子的整体水平。为了加强后备干部队伍建设，机械工业部先后举办了两期部属院校中青年后备干部培训班，每期两个月，聘请国内知名专家、学者和有关领导同志，讲授马列主义基本理论、教育管理、经济理论，还组织参观考察经济开发区、工厂企业，效果很好。共培训了58名中青年后备干部，经过培训的学员有的已走上领导岗位。

学位建设是高等学校一项重要的工作，标志着学校的办学水平。1993年国务院学位委员会进行了全国第五次学位申报和评审工作，经过这次申报和评审工作，机械工业部属高校又增加了9个博士点，30个硕士点，新增了28名博士导师，通过率高于全国平均水平，目前机械工业部属院校的博士点增加到39个，硕士点达到225个，并且学位点的门类有所增加，博士导师的平均年龄有所下降，机械工业部属院校的学科水平和整体实力有了较大提高。

为了迎接21世纪的挑战，适应现代化建设的需要，提高我国高等教育质量、科研和管理水平，实现高层次人才的培养立足于国内，增强综合能力和国际竞争能力，国家决定设置“211工程”重点建设项目，即面向21世纪，建设100所左右的高等学校和一批重点学科。机械工业部现有5所全国重点大学，都具备了进入“211工程”的基本条件，按照分期分批滚动实施的办法，机械工业部决定吉林工业大学、湖南大学、合肥工业大学为第一批进入“211工程”的院校。为了促进“211工程”建设，机械工业部决定在“八五”末和“九五”期间拨专款进行重点建设，同时进一步加快教育管理体制的改革，吉林工业大学采取部与吉林省联合办学，成立吉林工业大学董事会，与学校所在地的其他院校联合办学等多种改革措施，提高学校的办学水平和办学效益，湖南大学、合肥工大也都采取与地方联合的方式争取进入“211工程”。

机械工业部5所高等专科学校具有较高的办学水平，尤其是机电学科在全国高等专科中处于领先地位，近几年由于加强管理，教学改革，学校的各项工作进展很快，形成了明显的办学特色。1993年经过国家教委组织专家评审，哈尔滨工业高等专科学校、上海机械高等专科学校和南京机械高等专科学校被批准为国家工程专科专业教学教改试点。通过教学改革和专业建设，机械工业部专科学校有希望步入全国示范性学校行列。

三、以人才市场为导向，加快培养经济建设所需要的人才

社会主义市场经济对高等学校的人才培养提出了更高要求，同时也加剧了高校在人才培养上的竞争，人才培养的质量高低取决于专业结构与需求是否一致，毕业生的能力高低和知识是否宽厚，最终由用人单位来评价。为此高校根据人才市场的需求主动调整专业结构增强经济建设急需专业，扩大专业面向，增强人才培养的适应性。目前部属院校共设置559个专业点，所设专业基本满足了机械工业的需求，形成了以机械、电气、电子、管理为主，其他专业配套齐全的专业结构（见表1）。

为了适应经济建设对各类专门人才的迫切需求，部属院校在1992年增招24%的基础上，继续挖掘潜力，扩大招生，办学规模又有了较大幅度的增加，办学效益进一步提高。1993年共招生35645人，比上一年增加招生8899人，增招幅度为33%，其中普通本专科生增招37%，成人高等教育增招23%。到1993年末在校生共94735人，其中普通本专科66806人，成人高等教育24824人，分别比1992年增加19%、9%（见表2、表3）。

四、科研水平不断提高，校办产业蓬勃发展

1993年我国经济建设和改革开放的新形势对高校科技工作提出新的要求，也提供了进一步发展的机遇。部属院校抓住有利时机，加快高校科技改革与发展的步伐，促进了科技工作的进一步发展。全年科研计划2423项，科研经费实际到款额2.7亿元，比上年增长13%，超过教育事业费15%。有11所院校科研经费超过1000万元，吉林工业大学首次达到4382万元，为各校之首。

为提高科技水平，部属院校都在探索建立主动适应市场经济并符合高校特点的科技工作新体制及相应的运行机制。通过改革，“稳住一头，放开一片”，进一步调动广大教师和科技人员的积极性和创造性，充分发挥学校潜力，使部属院校的科技工作在90年代有较大规模发展，结构更趋合理，水平上一个台阶，效益有明显提高，基本上能够适应经济建设和机械工业发展的需要。

在较好地发挥高校学科齐全、基础雄厚的优势，进一步稳住和加强基础性研究、高技术研究及国家重大科技任务的同时，科技工作要面向市场，大力开展应用研究和技术开发，直接为经济建设服务。在2.7亿元的科研经费中，纵向课题费3745万元，占13.8%，而以应用课题为主的横向课题费1.97亿元，占73%。

在抓好科研工作的同时，各校普遍重视科技成果的推广工作，增强科技成果转化意识，发展技术市场，加强科技成果转化的中间环节，建立了一些不同层次和类型的工程研究中心、技术开发中心和中间试验基地，同时加强与企业的合作，共同转化科技成果。1993年共推广转让成果400余项次，推广转让收入6044万元，比上年有所增长。

1993年共完成科研项目1200项，有209项成果获奖，其中国家级奖10项，省部级奖125项。

表 1　1993 年机械工业部属院校基本情况

院校名称	占地面积(m^2)	建筑面积(m^2)	固定资产(万元)	2万元以上仪器设备费(万元)	教职工人数(人)	中级职称以上教师人数(人)				本科专业点数	专科专业点数	博士点数	硕士点数
						合计	教授	副教授	讲师				
总计	7148470	3142561	112584	24233	32048	8497	723	2879	4895	305	254	39	225
北京机械工业学院	162240	97912	626	189	927	218	20	53	145	10	2		3
太原重型机械学院	206667	116370	3953	549	1222	368	14	100	254	11	15		5
沈阳工业大学	343764	220094	7274	955	1893	595	45	181	369	21	4	1	15
吉林工业大学	740000	323534	15201	6391	3529	923	105	262	556	33	28	12	29
东北重型机械学院	1128000	210506	8905	1162	1980	617	69	214	334	20	29	3	11
哈尔滨电工学院	350000	103022	1270	472	1190	335	24	117	194	14	5		6
哈尔滨科学技术大学	220000	118347	4021	554	1257	409	28	133	248	16	5		8
上海机械学院	313333	148734	5685	1705	1754	416	51	156	209	20	16	4	18
江苏工学院	579170	189815	7171	1259	2162	670	79	240	351	24	21	3	15
合肥工业大学	781994	301555	10903	2723	3037	871	80	367	424	36	28	4	34
安徽工学院	182000	90351	3916	310	1209	285	14	110	161	12	11		6
洛阳工学院	326683	189156	5729	946	1803	362	11	113	238	15	9		9
湖南大学	620000	330664	12417	2927	3124	886	96	345	445	32	8	8	38
陕西机械学院	363815	208138	9296	1818	2134	580	62	253	265	22	10	4	19
甘肃工业大学	297482	127366	5420	1298	1377	330	23	84	223	19	10		9
哈尔滨工业高等专科学校	100000	62704	2274	110	727	109		23	86		14		
上海机械高等专科学校	34040	57068	2275	223	652	113	1	32	80		9		
南京机械高等专科学校	141691	85928	2493	423	695	150		25	125		10		
郑州工业高等专科学校	115391	80814	1778	97	701	122		28	94		9		
湘潭机电高等专科学校	142200	80483	1973	117	675	138	1	43	94		11		

表 2　1993 年机械工业部属院校在校学生情况　(单位：人)

序号	院校名称	合计	普通生				成人教育		
			小计	研究生	本科	专科	小计	函授	夜大学
	总计	94735	69911	3105	48471	18335	24824	16013	8811
1	北京机械工业学院	2274	1960	33	1696	231	314		314
2	太原重型机械学院	3057	2790	33	2319	438	267	65	202
3	沈阳工业大学	8226	4825	102	4080	643	3401	2566	835
4	吉林工业大学	9442	6788	630	5276	882	2654	2104	550
5	东北重型机械学院	5474	4237	183	3199	855	1237	833	404
6	哈尔滨电工学院	4007	2323	107	1866	350	1684	628	1056
7	哈尔滨科学技术大学	3726	2551	105	1991	455	1175	716	459
8	上海机械学院	4978	4227	312	2667	1248	751	172	579
9	江苏工学院	5972	4707	186	3361	1160	1265	1018	247
10	合肥工业大学	8949	6722	400	5147	1175	2227	1417	810
11	安徽工学院	4372	2382	32	1781	569	1990	1825	165
12	洛阳工学院	5295	3727	78	3264	385	1568	1092	476
13	湖南大学	9770	6748	552	5796	400	3022	1834	1188
14	陕西机械学院	6559	4662	288	3616	758	1897	1399	498
15	甘肃工业大学	3479	3071	64	2412	595	408	37	371
16	哈尔滨工业高等专科学校	1574	1432			1432	142		142
17	上海机械高等专科学校	1955	1778			1778	177		177
18	南京机械高等专科学校	1734	1678			1678	56	32	24
19	郑州工业高等专科学校	1454	1454			1454			
20	湘潭机电高等专科学校	2438	1849			1849	589	275	314

陕西机械学院完成的“稀土镁球墨铸铁型材水平连铸”和江苏工学院参加的“喷灌技术研究与推广”获国家科技进步二等奖。为鼓励科技人员勇于攀登科学高峰，机械工业部重奖了9位专家教授，以表彰他们在“七五”以来做出的突出贡献。

利用高校的优势和科技成果发展校办科技产业，是部属高校直接为经济建设服务的重大举措，可以发挥高校的潜力，缓解教育经费不足。校办产业要坚持从实际出发，因地因校制宜，着重发展高新技术产业和与科技进步相关的第三产业。校办产业要突破传统的框框，在管理上借鉴“三资”企业的模式，在经营上借鉴乡镇企业的运行机制，采用“一校两制”的办法，逐步做到自主经营、自负盈亏、自我发展、自我约束。1993年共有各类企业225个，总经营额突破4亿元，上交税金1299万元，税后利润5100万元，从事产业人员8800人，固定资产净值达到1.04亿元（见表4、表5）。部属院校集资兴办的华博机械教育科技开发公司已于1993年正式成立，标志着部属院校的科技开发和产业走上联合的轨道。

表3　1993年机械工业部属院校学生情况

类别	合计	普通生				成人教育		
		小计	研究生	本科生	专科生	小计	函授	夜大学
招生	35645	25757	1201	14337	10219	9888	6466	3422
毕业生	20687	14134	850	10399	2885	6553	3701	2852
在校生	94735	69911	3105	48471	18335	24824	16013	8811

表4　1993年机械工业部属院校科技情况

学校名称	科研项目完成情况			获奖情况			科研经费				效益	
	当年立项计划项目数（项）	当年实际完成项目数（项）	当年鉴定成果数（项）	当年获奖数	其中 国家级	其中 省部级	到款总额（万元）	其中 横纵向	其中 横向	其中 其它	成果推广转让项次数	推广转让收入（万元）
北京机械工业学院	26	22	11	2		2	185.9	17.9	135.4	32.6	8	168.6
太原重型机械学院	13	16	4	6		6	290.9	32.4	258.5		31	
沈阳工业大学	145	59	25	18		10	1489.5	227.3	1262.2		16	69.5
吉林工业大学	324	73	40	6	3	3	4382	507.0	3459.0	416.0	47	143.0
东北重型机械学院	44	8	6	2		2	125.3	81.3	40.5	3.5	4	16.5
燕山大学	98	48	12	11		5	1181.6	59.2	1112.4	10	16	1112.4
哈尔滨电工学院	126	23	14	20		8	1223.6	327.5	896.1		9	323.0
哈尔滨科学技术大学	293	48	38	16		5	1557.2	390.0	1102.9	64.3	11	40.0
上海机械学院	42	43	61	10		40	2241.4	753.7	1385.7	102	5	248.1
江苏工学院	444	250	30	14	1	11	1509.7	59.7	750.6	699.4	10	207.8
合肥工业大学	152	85	45	17	1	16	3857.7	574.6	3283.1		56	1601.8
安徽工学院	96	53	6	4		4	1240.1	145.0	1091	4.1	57	327.3
洛阳工学院	56	40	23	11		4	749.4	62.9	684.5	2.0		1.3
湖南大学	185	99	45	44	4	26	3556.5	276.8	1937.9	1341.8	13	538.3
陕西机械学院	122	257	21	19	1	4	1936.8	73.7	1051.2	811.9	86	1051.2
甘肃工业大学	144	35	16	4		4	456.8	126.6	327.7	2.5	9	30.7
哈尔滨工业高等专科学校	14	6	1				49.0	4.6	44.4			
上海机械高等专科学校	17	30	4	4		4	424.3		420.8	3.5	1	12.0
南京机械高等专科学校	22	11	5	1		1	424.7	11.3	413.4		4	104.5
郑州工业高等专科学校	33	10	1				24.2	4.2	20.0		13	20.0
湘潭机电高等专科学校	27	20	2				122.7		69.0	53.7	4	28.8
合计	2423	1241	412	209	10	125	270293	3735.7	19746.3	3547.3	400	6044.8

表5　1993年机械工业部属院校校办产业情况

学校名称	所在地	校办产业						
		企业总数	经营总额(万元)	上交税金(万元)	税后利润		资产(万元)	
					总额(万元)	其中上交学校(万元)	年末固定资产净值	年末流动资金
北京机械工业学院	北京	7	460.0	19.7	48.2	27.5	191.0	236.0
太原重型机械学院	太原	9	622.3	34.9	80.5	57.2	110.2	473.4
沈阳工业大学	沈阳	18	4446.8	284.0	451.3	123.5	414.2	721.0
吉林工业大学	长春	16	1760.9	38.0	504.0	253.5	990.0	2078.7
东北重型机械学院	齐齐哈尔	1	300.0	17.0	30.0	25.0	100.0	200.0
燕山大学	秦皇岛	8	1371.3	3.4	101.2	47.0	947.7	370.0
哈尔滨电工学院	哈尔滨	4	919.0	0.1	62.0	42.2	353.0	
哈尔滨科学技术大学	哈尔滨	10	1460.0	18.0	180.0	89.0	232.0	329.0
上海机械学院	上海	16	2972.1	83.0	453.1	188.7	994.4	623.1
江苏工学院	镇江	23	5795.6	116.0	449.3	107.5	651.4	80.5
合肥工业大学	合肥	27	3101.0	114.0	422.2	213.9	836.1	2878.9
安徽工学院	合肥	13	1323.1	45.0	169.6	80.0	365.2	794.0
洛阳工学院	洛阳	3	1723.5	56.9	235.9	110.2	606.2	1017.9
湖南大学	长沙	24	6157.4	97.8	783.1	320.9	1221.5	5777.3
陕西机械学院	西安	19	1433.1	19.2	172.2	110.5	871.6	1388.9
甘肃工业大学	兰州	3	2045.9	84.5	291.2	105.4	491.7	645.7
哈尔滨工业高等专科学校	哈尔滨	3	1570.5	118.0	142.0	59.4	95.0	755.0
上海机械高等专科学校	上海	5	665.7	39.9	94.3	68.0	258.6	77.0
南京机械高等专科学校	南京	6	691.4	15.0	189.3	142.7	318.0	729.0
郑州工业高等专科学校	郑州	4	448.7	41.0	38.8	14.6	235.8	608.9
湘潭机电高等专科学校	湘潭	6	1550.3	54.4	126.6	52.5	111.7	256.4
合　计		225	40828	1299.8	5024.8	2239.2	10395.3	20049.0

五、大力开展职工教育和职业技术教育，不断提高企业素质

为了适应经济体制向市场经济接轨和与国际经济接轨的要求，举办了股份制、新财会制度、新税制、关贸总协定、现代企业管理等多种专题短期培训，计有机械企业高层次管理人员912人、企业中层干部31560人、专业管理人员65676人参加培训。1993年由部举办的高层次讲座和培训班共14期。全行业企业领导干部有5544人参加了岗位培训。第一轮车间主任岗位培训基本完成，共培训车间主任60900人，并已颁发证书。与此同时，还全面开展了企业14类专业管理人员的岗位培训，全年共有61596人参加了培训。机械工业部在洛阳工学院举办了厂长（经理）培训试点班，参加学习的厂长（经理）136人。

科技人员的继续工程教育进一步加强。机械工业部同人事部联合举办了工业工程高级研修班，同中央电大联合举办了工程师英语电视讲座。广大科技人员的新理论、新技术、新工艺业务培训人数达5.5万人。

1993年，机械工业部制定下发了《关于深化改革和发展机械工业职工教育的若干意见》，明确了机械工业职工教育的总体目标，主要任务和改革的思路与对策。为落实全国成人教育工作会议精神，拟定了《关于进一步改革和发展部属院校成人教育的意见》。为贯彻国务院《大力发展职业技术教育》的文件精神，结合机械行业中专教育的实际情况，制定下发了《机械工业中等专业学校改革与发展的意见》，积极推动中专机制专业教学改革，并取得阶段性成果。机械工业部与劳动部联合下发了《关于机械类通用技术工种补充新工人要经过职业技术学校培训的通知》，从制度上保障全行业从业人员素质的提高。为促进青年工人学习技术，机械工业部成功地举办了"首届中国青年奥林匹克技能竞赛机械行业车工、钳工、木模工大赛。"

〔撰稿人：机械工业部教育司　孙长庆〕

全国机电产品进出口情况

海关总署综合统计司

一、1993年我国机电产品出口突破200亿美元，创历史最高水平

1993年我国机电产品出口创历史最高水平。据海关统计，1993年我国机电产品出口达227.0亿美元，比上年（下同）增长16.1%，增幅高于我国总出口的增幅，占我国出口总额的比重由上年的23%上升到24.7%。1993年机电产品出口有以下显著特点：

1. 机电仪产品及机械设备出口在机电产品出口中占较大比重

机电仪产品及机械设备出口197.5亿美元，占机电产品出口总额的87%，增幅为16.8%，净增28.4亿美元，占机电产品出口净增总额的90.2%；金属制品出口26.8亿美元，占机电产品出口总额的13%，增幅为11.8%，净增3.1亿美元，占机电产品出口净增总额的9.8%。机电产品出口的商品结构进一步得到调整。

2. “三资”企业机电产品出口继续高速增长

由于“三资”企业的生产原料、成品两头在外，受国内经济环境影响较小。因此，1993年保持了较快的增长速度。全国“三资”企业机电产品出口83.9亿美元，增长37.5%，占机电产品出口总额的36.9%，净增22.9亿美元，占机电产品出口净增总额的73%。“三资”企业在机电产品出口中发挥了重要作用。

3. 加工贸易有较快增长，一般贸易出现徘徊局面

机电产品出口以一般贸易和加工贸易为主。加工贸易继续增长，进料加工出口为101.8亿美元，增长26.9%，比重为44.9%；来料加工为60.6亿美元，增长9.5%，比重为26.7%；一般贸易出口增长缓慢，全年出口59.3亿美元，仅增长2.7%，比重为26.1%；易货贸易出口2.4亿美元。

4. 美国、欧共体、香港、日本等是我国机电产品出口的主要市场

对美国、欧共体、香港、日本出口机电产品合计166.3亿美元，比上年增长6.7%，占机电产品总出口的73%。此外，我国对新加坡出口5.6亿美元，增长78.4%；巴基斯坦4.7亿美元，增长59%；台湾省5.2亿美元，增长2.1倍；韩国2.8亿美元，增长87%；俄罗斯2.2亿美元，增长1.2%；对非洲国家出口合计4.6亿美元，增长4.3%；对拉美国家出口合计5.9亿美元，增长52.8%。

5. 机电产品出口主要商品中，钟表、电视机等上升，船舶、集装箱等下降

出口额比上年有所增长的机电产品主要有：金属加工机床、电动机及发电机、照相机、汽车及零件、电视机、收录音机及组合音响、计算机及部件、电话机、钟表及零件、手工具、电扇、纺织机械等。下降的主要有：电线电缆、船舶、集装箱、飞机、自行车、建筑工程机械等。

6. 广东仍为机电产品出口的主要地区

按经营单位（企业注册地）统计，全年机电产品出口上升的有23个地区。广东省仍居首位，达136.3亿美元，增长18.7%，比重为60%；北京为14.8亿美元，下降3.9%；上海为13.9亿美元，下降6.5%；福建为10.2亿美元，增长30.3%。

从1993年总的情况看，全国出口净增额为68.2亿美元，机电产品出口净增值为31.5亿美元，占出口净增总额的46.2%。也就是说，出口中近一半的增长是机电产品出口带来的，机电产品出口的增长对总出口的增长起到了关键作用。机电产品之所以有较大增长，一是国家的宏观调控取得一定成效。下半年来，一些制约机电产品出口的因素开始减弱，钢材等生产资料国内市场价格开始回落，汇率平稳，有利成交。二是机电产品出口的鼓励性政策、措施得到了较好落实。因此，下半年，特别是9月份以来，机电产品出口连创当年最好水平，保证了全年的增长。

同时我们应当看到，1993年机电产品出口的增幅比上年下降21个百分点，也是近几年增幅最低的一年。机电产品出口增势放缓的主要原因是：(1) 比较的基数增大。机电产品经过几年的高速发展，1992年已达到近200亿美元，根据我国目前机电产品生产状况，在1992年基础上继续保持较大增幅存在一定困难。(2) 受到1993年上半年国内不利经济因素的影响，出口成交下降，虽下半年有所回升，但无力带来全年的大幅度增势。(3) 国营企业出口乏力。机电产品出口中，占比重62%的国营企业产品出口仅增长约6.4%。远远低于“三资”企业37.5%的增速。(4) 加工贸易占很大比重，相当一部分又经香港转口，造成我国出口产品价格很低，大部分利润被中间商赚取。

(5) 我国出口产品的质量、档次不高，制约着机电产品出口的发展。目前，欧美等国经济复苏缓慢，贸易保护主义抬头，反倾销商品增多。因此，提高商品质量、改善商品结构，刻不容缓。

1993年我国机电产品出口按贸易方式、产品类别、出口国别、地区以及按经营管理单位统计的数据分别详见表1、2、3和5。

表1 1993年机电产品进出口分贸易方式统计表

(单位: 万美元)

项 目	出 口	进 口
总值	2270430	4949048
一般贸易	592753	1659716
国家间、国际组织无偿援助和赠送的物资	708	10705
华侨、港澳台同胞、外籍华人捐赠物资		32141
补偿贸易	2095	30088
来料加工装配贸易	605567	391621
进料加工贸易	1018356	622492
寄售代销贸易	96	495
边境小额贸易	5786	460
来料加工装配进口设备		125792
对外承包工程出口货物	11058	
租赁贸易		99338
外商投资企业作为投资进口的设备物品		1521621
外商投资企业进口供加工内销产品的料件		215731
出料加工贸易	550	839
易货贸易	23607	104480
免税外汇		53079
其他	9853	80451

表2 1993年机电产品进出口分产品类别统计表

(单位: 万美元)

产 品 类 别	出 口	进 口
总值	2270430	4949048
金属制品	267911	129730
动力机械及设备	88943	251972
特种工业专用机械	77232	1314557
金工机械	29154	261685
通用工业机械设备及零件	146467	487306
办公机械及自动数据处理设备	164666	159298
电信及声音的录制及重放装置及设备	452169	545371
电力机械、器具及电气零件	397497	600176
陆路车辆	124083	514689
其他运输设备	45932	319804
专业、科学及控制用仪器和装置	46871	151390
摄影器材、光学物品及钟表	204051	147098
杂项制品	225455	65974

表3 1993年机电产品出口分国别、地区统计表

(单位: 万美元)

国别、地区	出 口
总值	2270430
香港	595303
美国	504326
欧共体	324360
其中: 德国	114771
英国	61477
荷兰	43091
日本	240023
新加坡	56249
台湾省	51760
巴基斯坦	46532
韩国	27791
印度尼西亚	23887
泰国	23299
俄罗斯	21754
马来西亚	21437

表4 1993年机电产品进口分国别、地区统计表

(单位: 万美元)

国别、地区	进 口
总值	4949048
日本	1483052
欧共体	1013423
其中: 德国	472378
意大利	194883
法国	122037
英国	114376
美国	665755
台湾省	637659
香港	454046
俄罗斯	166119
韩国	126328
瑞士	75420

二、1993年我国机电产品进口近500亿美元

1993年，我国机电产品进口增幅较大，据海关统计，进口额达494.9亿美元，比上年（下同）增加145.6亿美元，增长41.7%，高于全国进口增长率，所占进口总额的比重由1992年的43.3%上升到47.6%。基本情况如下:

1. 大类机电产品均有不同程度增长

其中，机械及设备和金属制品进口额分别为230.9亿美元和12.9亿美元，分别增长54.5%和44.2%；电器及电子产品127.5亿美元，增长34%；运输工具87.5亿美元，增长39%；仪器仪表23.2亿美元，增长14.6%；其他机电产品13.7美元，增长5.1%。

5 1993年机电产品进出口分经营单位统计表

(单位：万美元)

经营单位(企业注册地)	出口	进口
总值	2270430	4949048
北京	147783	913164
天津	44541	115921
河北	10936	45362
山西	4248	17766
内蒙古	3020	22179
辽宁	77114	166548
吉林	6123	89235
黑龙江	28442	70997
上海	139235	438195
江苏	86082	240470
浙江	68927	114896
安徽	9423	27843
福建	101927	196483
江西	4706	36637
山东	51587	156180
河南	12603	42581
湖北	18939	68910
湖南	15467	37558
广东	1363175	1852957
其中：深圳特区	355258	386468
广西	9773	40288
海南	11036	86310
四川	21255	73023
贵州	3059	8979
云南	12616	18892
西藏	24	4366
陕西	13661	36001
甘肃	1924	8131
青海	349	229
宁夏	487	1518
新疆	1967	17429

2. 进口在1亿美元以上的品种增加较多

进口在1亿美元以上的品种由1992年的67种增加到116种。主要有：具有独立功能的机器及机械器具、15t以上的飞机及航空器、5000门及以上的局用数字式程控电话交换机及电报交换机、排气量在1500～2500ml的小轿车整套散件、橡胶或塑料及其产品的加工机器、数字式程控电话交换机及电报交换机的零件、彩电显象管、汽车零件、大规模单片集成电路（电视、收录音机、组合音响、电子钟表及玩具用）等。

3. 一般贸易进口比重最大，外资企业投资进口的设备成倍增长

一般贸易进口达176.4亿美元（含易货10.4亿美元），增长29.3%，占机电产品进口总额的35.5%；进料加工贸易62.2亿美元，增长33.4%；来料加工贸易51.7亿美元（含设备12.6亿美元），增长6.7%；外资企业投资进口的设备、物品共152.2亿美元，增长101.1%。

4. 日本成为我国最大的机电产品的供货国

我国机电产品分别从世界130余个国家和地区进口。其中，我国从日本进口额达148.3亿美元，增长81.4%，占机电产品进口总额的29.9%。以下依次为美国66.6亿美元、台湾省63.8亿美元、德国47.2亿美元、香港45.4亿美元、意大利19.5亿美元、俄罗斯16.6亿美元、韩国12.6亿美元、法国12.2亿美元、英国11.4亿美元。以上进口额共443.4亿美元，增长39.9%，占机电产品进口总额的89.7%。

5. 广东省机电产品进口额居首位

广东省进口额达185.3亿美元，增长32.3%，占机电产品进口总额的37.5%；各部委进出口总公司次之，进口73.7亿美元；上海居第三位进口43.8亿美元；江苏24.0亿美元。进口超过10亿美元的还有：福建、北京、辽宁、山东、天津、浙江等省市。

6. “三资”企业进口机电产品增长迅猛

“三资”企业进口额为247.8亿美元，增长71.3%，占机电产品进口总额的50%。其中，中外合作、中外合资、独资企业进口额分别为34.8亿美元、161.7亿美元和48.3亿美元，分别增长104.6%、64.6%和72.8%。

1993年我国机电产品进口按贸易方式、产品类别、进口国别、地区以及按经营单位的统计数据详见表1、2、4和5。

〔撰稿人：海关总署综合统计司　金弘蔓　李连贵　审稿人：海关总署综合统计司　于国华〕

〔第Ⅰ部分责任编辑：张友鹤〕

机械工业

省、自治区、直辖市

发展情况

第Ⅱ部分

北京机械工业

北京市机械工业管理局

北京市机械工业系统主要由北京市机械工业管理局、北京市汽车工业总公司、北京市仪器仪表工业总公司、北京市农业机械总公司四个系统所属企事业单位组成。1993 年北京市机械工业系统各局、公司经济概况如表 1（表内数字除各系统所属企业外，还包括归口企业）所示，全系统共有工业企业 257 个；年末职工总数 200852 人；固定资产原值 66.81 亿元，净值 43.29 亿元；工业总产值完成 124.48 亿元，比上年增长 3.4%；销售收入 147.39 亿元，比上年增长 11.6%；实现利税 12.9 亿元，比上年下降 9.6%；全员劳产率 16269 元／人·年。北京市机械工业系统概况详见表 2、表 3。

一、生产发展情况

1993 年，北京的机械工业是在极其困难的条件下发展的。上半年主要原材料短缺，价格大幅度上涨，下半年国内机电产品供求激烈波动，资金极度紧张，给常态下的正常生产经营活动带来很大冲击。加之经济活动中出现的一些新的矛盾和问题，加大了机械工业发展难度。面对市场环境的变化，广大干部职工努力克服了诸多困难，转变观念，把握机遇，真抓实干，推动了经济持续、快速发展。

北京市机械工业管理局系统全年完成工业总产值 36.8 亿元，比上年增长 24.4%，其中，国有预算内企业、预算外企业、集体企业、合资合作企业分别增长 17.2%、37.2%、16%、28.8%，股份制企业完成 1.7 亿元。产品销售收入完成 46.5 亿元，比上年增长 46.6%，其中，国有预算内企业、预算外企业、集体企业、合资合作企业分别增长 32.3%、17.2%、31.3%、140%，股份制企业完成 2.2 亿元。30 种主要产品中，起重设备、氧气瓶、气体压缩机、印刷机械、金属切削机床、液压件、发电设备、变压器、电站锅炉均比上年有较大幅度的增长。其中起重设备、电站锅炉、变压器增长 20%以上，液压件、数控机床、发电设备增长 30%以上，轮胎起重机、汽车起重机、氧气瓶、大型机床增长 40%以上。实现利税完成 5.9 亿元，比上年增长 70.8%，其中国有预算内企业、预算外企业、集体企业、合资合作企业分别增长 46.8%、156.4%、24%、133.2%，股份制企业完成 0.64 亿元。实现利润完成 3.43 亿元，比上年增长 85.9%，其中国有预算内企业、预算外企业、集体企业、合资合作企业分别增长 53.8%、−53.60%、27.4%、105.4%，股份制企业完成 0.5 亿元。工业总产值、产品销售收入超以前最好水平（1992 年）21.6%和 43%；利税超以前最好水平（1986 年）48.3%。

北京汽车工业总公司系统 1993 年面临十分严峻的形势，特别是下半年滑坡现象严重。总公司各级领导带领广大职工奋力拼搏，千方百计搞好生产经营，有力地扭转了被动局面。工业总产值完成 61.1 亿元，比上年下降 8%；汽车产量完成 12.49 万辆，比上年下降 6.4%；销售汽车 12.2 万辆，比上年下降 7.6%，产品销售率为 97.7%；摩托车产量完成 2.08 万辆，比上年增长 4%；配件产值完成 9.4 亿元，比上年下降 1.5%；销售收入完成 75 亿元，比上年增长 1.7%；销售税金完成 2.97 亿元，与上年基本持平；实现利润完成 1.46 亿元，比上年下降 73%。

北京市仪器仪表工业总公司系统把握机遇加速发展，主要经济指标持续、快速增长。全系统完成工业总产值 7.41 亿元，比上年增长 20.4%，其中全民企业完成 5.36 亿元，比上年增长 17.9%；完成产品销售收入 9.95 亿元，比上年增长 26%，其中全民企业完成 5.96 亿元，比上年增长 26.3%；实现利税 1 亿元，比上年增长 11%，其中全民企业完成 6475 万元，比上年增长 9%。全系统工业总产值和销售收入提前两个月、实现利税提前一个月超过了 1992 年水平。

北京市农业机械总公司系统在全国农机工业生产下滑的大环境中努力开展工作，效益指标取得较好成绩。工商企业销售收入 6.43 亿元，比上年增长 21%；实现利税 2528 万元，比上年增长 22.7%；实现利润 1704 万元，比上年增长 20.1%。16 个工商企业无一亏损。农业机械化水平持续增长，拥有农机总动力达到 4510MW，比上年增长 1%；其中大中型拖拉机 12840 台，比上年增长 1.1%；农用汽车 23723 辆，比上年增长 22.1%；联合收割机 3930 台，比上年增长 1.03%；玉米收获机 1226 台，比上年增长 4.2%。平均每万亩耕地拥有农机总动力 7.3MW，居全国领先地位。小麦机耕、机播达到 98%以上，机收达到 96%以上，比上年提高 4 个百分点；玉米精量播种 198 万亩，比上年增长 1.8%；机收 112 万亩，比上年增长 8.1%；小麦、玉米秸杆粉碎 324 万亩，比上年增长 1.1%；机施化肥 402 万亩，比上年增长 4.9%。全面完成对市政府承包的各项经

表1 1993年北京机械工业分属情况

指标名称		单位	合计	机械	汽车	仪器仪表	农机
企业个数		个	257	84	27	106	40
全部职工年末人数		人	200852	95309	64659	23607	17277
工业总产值	当年价	万元	1466031	442011	879123	89409	55488
	1990年不变价	万元	1244817	360281	749503	78630	56403
	比上年增长	%	3.4	21	−4.9	31.4	−3.6
产品销售收入	当年价	万元	1473887	465203	931349	30632	46703
	比上年增长	%	11.6	43	5.8		−3.8
固定资产	原值(年末合计)	万元	668100	270297	317978	44716	35109
	净值(平均余额)	万元	432864	147989	230041	36235	18599
工业增加值		万元	326758	139081	141933	34089	11655
利润总额		万元	64887	34333	22634	6270	1650
产品销售税金及附加		万元	64110	24723	33624	3981	1782
流动资产		万元	1176984	467502	545234	111738	52510
流动负债		万元	930957	372730	425140	87208	45879
所有者权益		万元	752570	291844	370836	61726	28164
全员劳动生产率		元/人·年	16269	14593	21951	14440	6746

表2 1993年北京机械工业系统概况

行业	企业数(个)	全部职工年末人数(人)	工业总产值			工业增加值(万元)	产品销售收入		产品销售税金及附加(万元)
			当年价(万元)	1990年不变价(万元)	比上年增长%		当年价(万元)	比上年增长%	
合计	257	200852	1466031	1244817	3.4	326758	1473887	11.6	64110
农业机械	40	17277	55488	56403	−3.6	11655	46703	−3.8	1782
工程机械	4	8824	47900	35953	25.3	10027	46369	22.0	1654
机床工具	18	21793	91402	70168	30.6	39489	89616	42.2	6342
机械基础件	22	13839	37606	34319	31.0	14293	36384	22.4	2019
石化通用机械	20	17991	94282	83303	55.8	30899	94193	43.9	5227
重型矿山机械	1	929	3554	2760	5.3	1031	4059	34.3	195
汽车	28	66645	890905	759511	−4.5	146087	945170	6.1	34323
电工电器	41	38359	182316	150833	5.4	51179	178898	34.8	9358
仪器仪表	57	12720	45203	40016	16.8	17367	17239	−56.6	2344
食品包装机械	2	814	11928	6560	45.9	3211	11415	105.4	576
其他	24	1661	5447	4991	46.5	1520	3814	4.7	290

行业	利润总额(万元)	年末固定资产		流动资产		流动负债		所有者权益(万元)	全员劳动生产率(元/人·年)
		原值(万元)	净值(万元)	合计(万元)	平均余额(万元)	合计(万元)	平均余额(万元)		
合计	64887	668100	432864	1176984	1070127	930957	819324	752570	16269
农业机械	1650	35109	18599	52510	50786	45879	43946	28164	6746
工程机械	471	16859	7263	44534	44534	37471	32948	13448	11363
机床工具	11834	53236	24711	78360	67470	52609	47170	46210	18120
机械基础件	2145	31329	19315	43925	40347	34474	31750	27822	10328
石化通用机械	14788	86578	57942	97086	98242	67202	58426	132852	17175
重型矿山机械	153	1207	697	2559	2085	1457	1276	1705	11098
汽车	23193	323652	233268	557949	504517	435527	376511	375963	21920
电工电器	6707	90118	47522	221601	197799	197444	172167	77179	13342
仪器仪表	2824	24082	18792	65345	54883	49947	48329	38674	13653
食品包装机械	373	3224	2875	5780	4280	5500	3512	4656	39447
其他	749	2706	1880	5535	5184	3447	3289	5897	9151

表3　1993年北京机械工业系统产品产量

产品名称	单　位	产　量	比上年增长%	产品名称	单　位	产　量	比上年增长%
小型拖拉机	台	3839	−55.9	起重设备	t	15676	26.3
联合收割机	台	350	−47.2	印刷机械	t	10877	13.7
内燃机	万kW	1255.6	−15.5	汽车	辆	129876	−2.7
汽油机	台	39734	−31.9	摩托车	辆	21010	5.1
机动喷雾机	台	9820	−84.1	矿用汽车	辆	282	8.5
农业泵	台	34103	−7	电站锅炉	蒸吨	6695	28
饲料粉碎机	台	10937	−40	发电设备	万kW	133.8	33.1
金属切削机床	台	6117	35.9	交流电动机	万kW	169.5	平
机床电器	万件	236.3	−18.6	变压器	万kV·A	141.7	−2.6
量具	万件	31.8	5.6	高压开关板	面	1973	25.7
工业泵	万台	1.2	−11.8	电力整流器	万kW	173.3	569.1
风机	万台	1.2	−20	工业自动化仪表	万台	52.8	3.1
气体压缩机	台	608	4.6	电工仪器仪表	万台	45.2	−0.2
真空设备	台	183	−89.1	光学仪器	台	22289	18.9
制冷设备	套	1253	−15.8	分析仪器	台	3878	−25.6
标准紧固件	万件	42649	−17.8	实验仪器及装置	台	5017	13.7
轴承	万套	301.8	9.2	照相机及器材	架	357103	2068.6
液压件	万件	14.9	39.3				

济指标。

北京机械工业运行的主要特点是:

1. 提高认识，增强应变能力

面对市场环境的变化，许多企业的领导班子不断加深对市场经济特征的认识，注意收集市场信息，研究市场变化趋势，强化企业销售，集中练好内功，增强了对市场变化的应变能力和承受能力。北京第一机床厂领导班子结合理论学习预测市场变化，把有竞争能力的“大路货”产品安排在市场需求旺盛的上半年生产，把独家生产的“拿手货”安排在需求降温的下半年生产，同时在调动广大职工生产积极性上采取许多行之有效的措施，赢得了主动，全年实现销售收入 5.01 亿元，实现利税 1.4 亿元，分别比上年增长 83.5%和 99.5%。北京市仪器仪表工业总公司系统围绕加速经济发展的任务与工作中面临需要克服的困难，努力学习，推动了全系统进一步解放思想，破除一些单位存在的自我满足与无所作为的思想情绪，调动了干部职工的积极性，上半年实现时间过半任务过半，为完成全年目标奠定了基础。北京市农业机械总公司所属的农机公司和物资公司抓住上半年有利时机，拓宽经销领域，多卖多销，大力创收，虽然下半年有所回落，但全年销售收入和经济效益创历史最高水平。拖拉机公司根据市场需求积极生产双排座、客货两用、简易型等 4 种变型品种，在全国农机市场一露面就获得了 3000 多台的订货任务。

2. 坚持把调整产品结构摆在首位

1993 年，北京市机械工业管理局继续执行“五个一批”的调整计划，“开发一批”中的九个重大项目，除 1992 年八个项目外，新增加了“激光加工技术与装备”项目。“试制一批”完成新产品 187 项，其中近 1/4 达到国际先进水平。“增产一批”的 60 种名特优新产品产量增加，产值占全局系统的 40%。“出口一批”比上年增长 10%。“限制淘汰一批”共淘汰 37 种耗能高、耗材高、性能落后的产品。经过几年不懈的努力，全局产品结构开始出现总体结构的变化，1991 年对 1203 种主要产品从六个标准进行界定，形成 35 个“拳头”产品，这些产品实现产值、利税、出口额分别占全局系统的 45.5%、59.4%和 32.5%，对全局系统经济发展具有举足轻重的作用。北京市汽车工业总公司系统，瞄准市场，努力适应市场变化，一方面抓新产品的开发，一方面大力增产畅销产品，注意采用灵活的价格政策，扩大了市场，提高了市场占有率。

3. 顺应市场经济发展，调整发展思路

市场经济坚持效益优先原则，许多领导同志在竞争中进一步解放思想、拓宽发展思想，通过现有土地资源的再开发，筹集资金，寻求发展。机电研究院同香港宣威集团有限公司联合开发房地产，总投资 1.5 亿美元，加快了向科、工、贸集团方向发展的步伐。北京第一机床厂利用地处建外大街的“黄金地段”，提出“以金包银”的发展思路，对沿东、北交通要道的部分土地进行招商、开发。北京市农业机械总公司为振兴农机工业，制订了“市场导向、调整结构、优二兴三、科技推动、经济规模”的发展战略，通过政企分开，总体调整，配套改革，争取经过 5 年左右的努力，形成 3 个拳头产品，建设 5 个工业基地，开发 2 个商城，建成 2 个小区（简称 3522 工程）的整体综合配套改革方案。市政府已于 11 月第 23 次常务会议批准，得到广大农机职工的拥护和支持。

4. 大力发展第三产业

“优二兴三”的发展战略不仅促进了产品结构向高领域迈进，同时也促进了第三产业的发展。四个局、总公司系统第三产业都在一定程度上得到了较快的发展。北京市机械工业管理局系统“三产”销售收入达到4.6亿元，实现利润2600万元，分别相当于全局工业销售收入和利润总额的10%，成为全局经济工作的重要补充力量。北京市汽车工业总公司“三产”系统新增网点21个，兴办了中外合资的“三产”企业，进行了股份制的试点，“三产”系统全年完成经营收入2.5亿元，实现利润1963万元。北京市农业机械总公司系统通过大办“三产”，对扭亏增盈起了显著作用，现又着手前期开发18万m^2土地，建设德胜商场和燕南购物中心。

二、科技进步与新产品开发

强化科技开发，加快发展高新技术，及时调整产品结构，研制适应市场需求技术含量高、附加值高、耗能低的新产品，提高机械工业产品的总体水平，成为北京机械行业各局、总公司一项重点工作。北京市机械工业管理局系统经过不懈的努力，产品结构已出现总体结构的变化。1993年继续开发研制的九个重大项目进展顺利。北京第一机床厂承担的计算机集成制造系统（CIMS），经过三年的努力，已部分进入实用阶段。过去加工龙门铣床箱体要用80h，现上柔性线加工仅10h，工效提高8倍，且精度一致性好，表面光洁。北京重型电机厂承担的300MW汽轮发电机组国产化项目，共有23项科技攻关项目，累计完成19项，达旗电厂的两套机组已进入组装调试阶段，国产化率由40%提高到70%。北人集团的计算机控制六色胶印机已完成一台样机。北京液压公司的高性能液压阀、比例阀和比例马达泵已完成35个品种的样机试制和六结构变量泵的产品鉴定。北京重型汽车制造厂的矿用自卸车，20t自卸车换代任务已完成样机并通过鉴定，受到用户好评；27t自卸车已小批生产，完成10台。北京电线电缆总厂的光缆项目已完成965km，创产值1697万元，实现利润283万元。北京开关厂的SF_6六氟化硫高压断路器系列产品，罐式已完成样机制造，支柱式加工制造进展良好。北京电机总厂的K系列3.7～55kW交流变频调速装置是消化吸收日本三菱技术的新产品，已投入小批生产，并围绕九个重大项目的开发共完成15个科研攻关课题，试制成功21项新产品，取得明显的阶段性效果。与此同时，全局系统共完成新产品试制187项，其中有45项达到国际先进水平，有142项达到国内先进水平，全局系统74%的企业有新产品。北京第一机床厂研制的XKFA-2420型数控仿形定梁龙门镗铣床性能达到了国际同类机床的当代先进水平，填补了国内空白。北京第一通用机械厂研制的MH-36-2型埋弧钢筋对焊机，代替传统的搭焊工艺，结构轻巧、功效高、节能节材，被国家科委列为全国重点推广项目。北京变压器厂完成的TBBL35-700／50无功补偿滤波装置是我国最大的补偿兼滤波装置，经济效益十分显著。北人集团的四开双色胶印机、北京第二机床厂的RE5020／5立式加工中心、机电研究院引进美国辛辛那提技术试制的“马刀”加工中心、北京第三机床厂的FMC5125柔性制造单元、北京量具刃具厂的精密长光栅测微仪等，也都具有较高的技术水平和较好的经济效益。

北京市汽车工业总公司系统开发新产品和改型产品共计26种，主要有BJ2020S系列轻型越野汽车，BJ1041F可翻驾驶室载货车、BJ1047低货台汽车及改装车、改进型客车底盘、VE泵等。切诺基国产化删除定货率达60.8%，发出删除订货通知率达到71%。BJ1045国产化率达到33%。利用微电子技术改造传统设备35台，重点推广了少无切削、冷挤、变频调速等4项新技术，申报科技成果28项。北京轻型汽车有限公司研制的方向机端间隙预测仪，结束了国内方向机生产延续几十年凭经验装配的历史，该项科研成果目前在国内尚属首创，使产品质量和工效得到很大提高。北京吉普汽车有限公司生产的LX6高档豪华切诺基投放市场，由于采用六缸多点汽油喷射发动机，输出功率大，越野性能强，外表美观，乘坐舒适，平稳可靠，而受到广大汽车用户的青睐。北京华纳有限公司引进美国B—W公司的第一种产品T5变速器已投入生产，其产品采用国际标准，结构紧凑，扭矩容量大，与整车匹配获得良好的行驶性能和节油效果，代表了当前国际先进水平。

北京仪器仪表工业总公司系统，1993年完成并通过鉴定的新产品60项，累计投产180项，新产品销售额和实现利税已占到公司系统总额的23%和40%。在新产品的开发研制中，注重发挥各企业的自身优势，选择高起点、空白点的项目，使产品在市场上具有很强的竞争力。北京光学仪器厂生产的BGSS综合测绘系统，是国内生产测绘仪器厂家中首次推出的综合测绘系统，属国际80年代中后期水平，与瑞士威特GEOMAP系统、瑞士科恩TOPOAM系统、日本索佳SP系统水平相当。该厂90年代已开发新产品140多种，其中正象经纬仪、BGSS综合测绘系统和GBS卫星定位系统等产品标志该厂主导产品进入了光电子为中心的高科技领域。北京整流器厂研制成功HC可逆轧机的全套电器控制系统，该机是我国自行研制的第一台工业应用的新型六辊冷轧带钢轧机，也是国家重点科技攻关项目之一。由于具有有效的控制板型、减少轧制道次、提高成材率、节省能耗等特点，收到明显的经济效益，同时填补了国内目前生产所需高精度优质冷轧薄板设备的空白。

北京市农机总公司系统全年完成科技新产品30项，已通过鉴定15项，推广“四新”成果10项，科技协作13项。北京农机研究所新研制的4JFP-166型秸杆粉碎机，采用往复式切割装置，解决了打竖、打横和降低割茬的难题，专家认为该产品具有国内领先水平。北京联合收割机厂受国家科委和市经委委托开发研制的国家“八五”重点产品4YZ-4型自走式玉米联合收割机，适合我国国情，达到国家规定的标准，填补了我国的一项空白。

三、产品质量

1993年，质量工作紧紧围绕贯彻全国人大常委会通过的《中华人民共和国产品质量法》进行。将产品质量工作进一步纳入到法制管理的轨道。同时，为尽快使各企业的质量管理工作与国际标准和国际惯例接轨，深入贯彻GB／T19000《质量管理和质量保证系列标准》。各局、总公司狠抓各级领导的质量意识和组织落实，各局、总公司相继建立领导小组，明确领导，提出目标、设立日常工作机构。同时，制定规划和工作计划，编制质量《手册》，抓好各项措施的落实，取得一定成效。

1. 质量意识明显提高

通过贯彻GB／T19000系列标准，进一步明确了产品质量和质量管理在市场经济形势下的作用，增强了抓好产品质量的自觉性。

2. 企业质量体系日趋完善

质量体系文件得到充实，从而使企业质量体系从静态设计进入动态运行阶段。有相当一部分企业完成了质量手册的编制工作，从而健全了企业质量体系，为提高产品质量，提供了可靠的保证。

3. 产品实物质量稳定提高

北京市机械工业管理局考核的165种产品、报部的105种产品、报市经委的50种产品抽查率均为100%。局监督抽查合格率为100%，国家监督抽查合格率为97%，高于全国机械行业水平，出口商品批次检验合格率为98.94%。北京市汽车工业总公司系统重点产品质量保持稳定，1993年列入北京市考核目录并在生产的17种产品，质量稳定提高率为100%。国家进行的引进技术生产轿车产品2.5万km可靠性测试中BJ2021汽车名列第一。北京市仪器仪表工业总公司系统经机械工业部、市经委考核的36种重点产品的质量稳定提高率达到100%。机械工业部、北京市及总公司监督抽查39种产品，合格的38种，合格率为97.4%，比1992年同期提高6.5%。

四、运用市场机制，深化改革与管理

1993年各局、总公司在面对社会主义市场经济的探索和实践中，结合自身的特点，加大了改革的力度，呈现出多元化、多层次、多结构、多形式的改革局面，有效地调动了干部职工的积极性。一是完善和发展内部承包，划小核算单位。许多企业针对生产经营中的薄弱环节，特别是抓住科技开发、销售和生产过程的“长脖子”环节，采取了多种形式的但普遍是强化力度的承包。同时有些单位对车间、分厂、部门划小核算单位，实行利润承包，使长期以来企业内部大一统的核算方式，改变成为多个核算系统，模拟市场制度的内部核算办法，从而调动了车间、分厂、部门的积极性。北京水泵厂通过划小核算单位，各分厂成为利润中心，有力地强化了分厂干部群众的质量意识、成本意识和资金占用意识。仅几个月时间，就使该厂生产制造成本下降15%，生产资金占用下降20%。北京汽车摩托车联合制造公司扩大了分厂和专业公司的自主权，对部分单位实行自负盈亏、自计盈亏单位承包等经营责任制；北京齿轮厂实行计件工资，划小核算单位，风险抵押承包等办法。北京离合器厂试行多种经营方式。这些都不同程度地调动了群众的积极性。北京仪器仪表工业总公司积极探索转换经营机制的有效途径。远东公司细化内部经营目标责任制，坚持从严治厂，不断提高企业管理水平。北京仪表机床厂建立分厂管理体制，实行严格的经济核算和经营目标考核制度，北分厂采取内部裂变方式建立企业集团化管理格局，内部的经济往来、人员流动等方面建立市场化的经营管理模式，也都从一定程度上保证了企业取得较好经济成果。二是实行部分职能和人员剥离，改组企业内部组织结构。在深化“三项制度”改革的同时，许多企业把改革的重心转向运用市场机制改组企业内部组织管理。北京机械工业管理局系统1993年已实行将生产、生活后方人员剥离出去的企业有22户，占全局系统企业总数的1／5强，共剥离出4200多人，占这些企业职工总数的11.25%。北京第一机床厂剥离出去的运输公司，运输效率由过去的每月20万t·km提高到40万t·km；北京第二机床厂幼儿园独立核算后，工作人员从49人减到34人，接收幼儿从90人增加到160人，还开办了美术班、英语班、学前班，受到社会的欢迎。这些企业的改革实践，集中地证明了这种做法对解决“企业办社会”，冗员过多，效率低下等“老大难”问题，是一条好的出路。北京市汽车工业总公司在基本完成全员劳动合同制签约鉴证工作的基础上抓了新用工机制的运转，明确了有关标准，建立了规章制度和各种台帐，开展了各种劳动争议的调节和仲裁工作。1993年终止解除劳动合同1474人，优化下岗职工3200人，其中安置到“三产”1115人，筹建了劳动力市场。北京农业机械总公司调整人员组织结构，加强农机化服务体系建设，建成4个县级农机综合服务中心、14个乡级农机维修点和2个农机供油点，服务功能得以增强。三是进行了股份制试点，探索企业产权制度的改革。目前，北京机械工业管理局已有两户股份有限公司（北人印刷机械股份有限公司、中益出租汽车股份有限公司），一户有限责任公司（北京大华储运有限责任公司），三户股份合作企业（北京小型压缩机厂、北京第二风机厂、北京空调器厂）。1993年7月正式成立的北人印刷机械股份有限公司，是国家体改委确定的全国9户试点企业之一。该公司于7月下旬在香港发行H股1亿元，收回资金20800万港元，并在香港挂牌上市交易，1994年初在国内发行A股5000万元，可收回资金2亿元。北京市汽车工业总公司所属北京旅行车股份有限公司，按有关规定进行规范改造，已与北人集团同期被批准股票在国内上市。实行股份制，不仅为企业筹集了资金，更重要的是促进了企业经营机制的转换，向建立现代企业制度迈出了重要的一步。北京市机械工业管理局系统的北京小型压缩机厂实行股份合作制后一星期就收到职工140多条合理化建议，经过全厂职工民主选举厂长，干群关系发生了很大变化，1993年实现销售收入、利税总额分别比上年增长了63.4%和61.3%。北京市汽车工业总公司所属北京天纬油泵油嘴股份有限公司，充分利用股份制的有利机制搞好内部配套改革，产值、产量、销售收入、实现利税都比上年有较大幅度增长，新产品开发和技术改造也取得了显著进展，企业管理水平有较大提高，在市场竞争中显示出了新机制的活力。该公司所属的北京汽车摩托车联合制造公司、北京齿轮厂试行的股份制、北京起动机厂试行的股份合作制，也都促进了企业经营机制的转换和经济效益的提高。四是探索改革内部生产组织方式，适应市场经济效率、效益优先的要求。北京起重机器厂1993年在全国同行业中第一个达到机械工业部规定的起重机生产起始经济规模——年产千台车的目标。其中一个重要原因就是这个厂改变了企业内部的组织结构和生产组织方式，在生产计划管理上，以产品的总装配为出发点和归宿进行计划管理，并建成了同行业中的第一条每天都能产出起重机的装配生产流水线，实现了均衡生产。五是加快机关职能转换。各局、总公司本着适应市场经济的发展，转变职能，理顺关系，精简机构，提高效率，促进机械工业发展的原则，积极研究提出改革方案。

五、技术改造和利用外资

为适应市场经济发展的需要，各局、总公司进一步加大了技术改造和利用外资的力度。

北京市机械工业管理局围绕发展重点行业展开的13项重大技改项目，投资额为2.92亿元。同时，利用外资也取得新的进展，全局系统外商投资签约11项，协议总金额2.5亿美元，其中利用外资1.9亿美元。全年实现创汇4568万美元，比上年增长11.4%。全局系统已有10家企业拥有外贸出口权，这些企业已成为全局系统机电产品出口的主力军，其出口额占全局出口额的80%。

北京市汽车工业总公司全年技改投资完成4.9亿元，比上年增加46%，其中北京轻型汽车有限公司项目完成近2亿元投资，四条冲压线已全面投产，装焊线和车桥线完成了调试。总公司系统全年签订合资意向书12项，批准合资立项10项，合同总金额4.26亿美元，利用外资额1.44亿美元。其中天纬宏运公司已开业，70%的产品出口，加上铸造、弹簧等43项合同总金额5228万美元，利用外资1888万美元。全年出口创汇2500万美元，比上年增长22%。

北京市仪器仪表工业总公司1993年技术改造项目21项，总投资8014万元，计划竣工验收7项，实际完成验收8项，新增固定资产1873万元，比上年增长10%；新增产值8210万元，利税1636万元。北京光学仪器厂引进日本电子经纬仪制造技术，推动了大地测量仪器的变革，大大提高了测量精度和速度。全年共批准开办合资企业15家，是上年的两倍。利用外资839万美元，是上年的4.79倍。北照·宝源公司正式投产后，使该公司具备年产300万架相机的生产能力。北京整流器厂ABB电气传动有限公司投资额1000万美元，提高了北京电气传动及控制系统的工业水平。全年出口创汇1130万美元，比上年增长30%。

北京市农业机械总公司，1993年对市政府承包出口创汇计划指标为65万美元，实际完成135万美元，超承包指标107%，比上年增长27.4%。全市农机行业计划创汇137万美元，实际完成214万美元，超计划56.2%，比上年实际完成118.3万美元，增长95.7%。

六、存在的问题

1. 思想不够解放，改革力度不大。一些企业的领导同志紧迫感、危机感不强，对市场变化不够敏感，计划经济条件下形成的企业内部机制在思想观念上、组织管理上和工作习惯上都还保留着深刻的影响，缺乏对现代市场经济条件下企业经营机制的研究。有少数同志仍把改革与稳定对立起来，表现出胆子不壮、点子不多、步子不大，影响了企业经营机制的转换。

2. 产品结构调整仍不能适应市场多变的要求。新产品开发的速度慢、时间长、自主开发能力较差，不少企业缺乏高附加值和高技术含量的产品，经不起市场环境和宏观经济环境变化的考验。企业之间的经济效益反差也很大，表现出北京机械工业的总体水平和竞争实力还有不少差距，产品结构和企业结构仍然存在的脆弱性。

3. 企业管理工作存在一定的片面性。在转换企业经营机制的过程中，部分企业放松了管理工作，以包代管的情况比较严重，企业基础管理弱，漏洞多、浪费大的现象尚未引起大多数同志的高度重视和认真研究。

〔北京市机械工业管理局、北京市汽车工业总公司、北京市仪器仪表工业总公司、北京市农业机械总公司提供有关资料　撰稿人：北京市机械工业管理局　王京锡　审稿人：北京市机械工业管理局　端木玉林〕

〔责任编辑：张友鹤〕

天津机械工业

天津市机械工业管理局等

天津机械工业系统主要由天津市机械工业管理局、天津市电子仪表局、天津市汽车工业公司、天津市农机局四个系统所属企事业单位组成。1993年，天津机械工业抓住国家固定资产投资大幅度增长的有利时机，紧紧围绕提高企业经济效益这个中心，在扩大对外开放、加快产品结构调整、技术进步等方面取得了长足的进步，主要经济指标大幅度增长且超过了历史最好水平。

1993年，天津市机械工业管理局系统拥有所属工业生产企业305个（其中机械企业198家），其中全民所有制企业101家、集体所有制企业173家、全民集体合营企业7家、股份制企业1家，已投入运营的中外合资、合作或独资企业23家（已注册60家）。全局系统工业企业拥有职工137423人，其中全民所有制职工89558人、集体所有制职工33996人、合资企业职工7558人。全系统固定资产原值314665万元，净值205626万元。1993年，天津机械工业管理局系统把握时机，超前运作，全局完成的主要经济指标连续两年高速增长，增长幅度和绝对值创历史最好水平，并提前两年实现“八五”规划既定目标，全局系统当年完成工业总产值62.5亿元（按1990年不变价57.16亿元），比上年增长32.4%；完成工贸营业额83亿元，比上年增长65%；实现产品销售收入69.68亿元，比上年增长65.73%；实现利税8.03亿元(此数值包括全民、集体企业、“三资”企业、多种经营和第三产业值)，比上年增长66.7%；全员劳动生产率达到3.8万元／人·年，比上年增长29.40%；经济效益综合指数达到73.84%，比上年提高6.09个百分点。

天津普通机械工业

1993年天津市机械工业管理局系统概况和主要产品产量详见表1、表2。

一、生产发展概况

1993年，天津市机械工业管理局全行业快速发展的关键是加快了规模经济的发展步伐，坚持“自我开发、技术引进和发展合资”三条途径并举，加快了产品结构调整。该局提出以加快发展名优产品为“龙头”，依靠提高产品技术附加值和扩大产品市场占有率，提高规模经济效益。围绕这个目标，全行业加速了“四个重点一批”的发展，即加速开发一批重点新产品、加速实施一批重点技术改造项目、大力增产一批适销短线产品、重点发展一批销售过亿元的企业，从而使全局经济运行呈现持续、快速、健康发展的好形势，具体表现在：

1. 一批重点产品步入经济规模。对照机械工业部颁布的《中国机械工业经济规模》标准，电梯、齿轮泵、中小电机、交流接触器、塑壳断路器、蓄电池等六种产品已达到或接近起始经济规模或适度经济规模。1993年，全局短线和名优产品由上年的30种发展到43种，完成工业总产值29.52亿元，比上年增长67.6%，其中重点发展的20种上规模产品完成工业总产值23.96亿元，占全局工业总产值的42%，比上年增长71%。

2. 一批重点企业向规模经济迈进。1993年全局系统销售产值突破亿元的企业由上年的15家发展到21家，增长40%，其中过2亿元的达到7家，全局系统实现利税突破千万元的企业由上年的18家发展到21家，增长16.7%，这些企业累计完成工业总产值41.5亿元，占全局总产值的72.3%。

3. “三资”企业已成为发展经济的重要支柱。1993年全局系统已投入运营生产的“三资”企业完成产值15.68亿元，是上年的2.75倍，占全局总产值的27.6%；完成销售收入18.45亿元，是上年的2.7倍，占全局销售收入总值的30.7%；实现利润2.01亿元，是上年的2.7倍；实现利税总额3.29亿元，占全局利税总额的47.7%。一批与世界著名公司合资的企业对全局经济发展发挥越来越重要的作用，天津奥的斯电梯有限公司当年完成产值突破10亿元，实现利润突破1亿元，并迈入全国规模最大的50家外商投资企业行列。

二、经济效益

1993年天津机械工业管理局把扭亏增盈、努力提高经济效益作为经济工作的中心任务，采取切实有效措施，取得了突出成效。全局系统在全面推行税利分流办法，实行《财务通则》、《会计准则》和各种减利因素增加的情况下，当年实现利润4.39亿元，比上年增长68.36%；企业亏损面下降21.43%，亏损额下降21.76%。

为把扭亏增盈工作抓出成效，全局在继续实行目标责任管理、综合治理企业等措施外，实施了一系列激励机制。

1. 首创实施了“企业厂长（经理）、工资收入与企业经济效益规模挂钩办法”。实施这一办法的

表 1　1993 年天津机械工业系统概况

行　业	企业数（个）	全部职工年末人数（人）	工业总产值			工　业增加值（万元）	产品销售收入		产　品销售税金及附加（万元）
			当年价（万元）	1990 年不变价（万元）	比上年增长%		当年价（万元）	比上年增长%	
一、机械局机械企业	198	118313	503830	443750	26.5	132515	544823	58.8	25891
农业机械	1	4734	22618	18076	74.5	4057	23501	113	464
工程机械	1	793	3929	2437	72.8	680	4668	−4	196
机床工具	31	21461	62106	49404	14.5	21492	66078	52.2	3056
机械基础件	40	16978	34416	30178	13.2	12889	36988	35.8	1681
石化通用机械	28	12837	70800	67474	46.2	23617	81127	89	4356
重型矿山机械	6	12156	51826	38601	20.8	11963	57485	65.7	1401
汽车	2	1390	23489	21363	486.0	3757	24740	394	1110
电工电器	67	42163	221903	205173	17.6	51595	234316	43.5	13201
食品包装机械	1	250	473	390	5.4	218	503	26.4	27
其他	21	5551	12270	10654	0.3	2248	15417	50.4	399
二、汽车工业总公司所属企业	47	56517	765709	726658	36.8	171817	833877.3	54.2	31865.8

行　业	利润总额（万元）	年末固定资产		流动资产		流动负债		所有者权　益（万元）	全员劳动生产率（元／人·年）
		原值（万元）	净值（万元）	合计（万元）	平均余额（万元）	合计（万元）	平均余额（万元）		
一、机械局机械企业	23787	283691	186305	446868	403162	344720	298542	207381	11154
农业机械	7	11711	7010	16276	14347	15632	13058	4840	8598
工程机械	13	2677	2177	4210	4290	4359	4361	1910	8479
机床工具	3633	47887	29051	60948	56344	49666	44630	27043	9937
机械基础件	1441	25056	13097	32977	27298	24850	19572	15966	7683
石化通用机械	7707	43790	20036	68242	61995	40604	34185	42290	18223
重型矿山机械	2375	34622	18535	49631	46996	34952	31760	20060	9754
汽车	−342	8306	10136	15305	14112	14670	11844	14408	27149
电工电器	8931	98257	56151	188361	166711	152121	131170	74562	12217
食品包装机械	32	305	140	187	259	156	156	219	8665
其他	−11	10082	6751	10737	10808	7710	7790	6083	4079
二、汽车工业总公司所属企业	67743.9	147123.3	88242.2	541654	320710	431894.8	350608.6	154548	128469

表 2　1993 年天津机械局系统主要产品产量

产品名称	单　位	产　量	比上年增长%	产品名称	单　位	产　量	比上年增长%
内燃机(柴油机)	台	5957	87.0	电冰箱压缩机	台	637445	90.1
金属切削机床	台	1407	16.9	摩托车	辆	28339	279.8
锻压设备	台	1821	19.5	摩托车发动机	台	15000	−8.3
刃具	万件	1807.9	−1.2	工业锅炉	蒸吨	1001	−1.0
工业泵	台	18847	28.2	发电设备	组	10	25.0
潜油电泵机组	台	500	41.6	交流电机	万 kW	72.14	5.1
风机	台	4626	−5.6	潜水电机	万 kW	22	−8.3
高中压阀门	t	758	−8.4	变压器	万 kV·A	125.99	15.8
中线蝶阀	t	22158	34.9	电力电缆	km	11657	131.5
液压件	件	466641	27.4	钢芯铝绞线	t	2052	60.2
起重设备	台	25107	19.3	控制电缆	km	1322	1.3
叉车	台	623	−34.8	蓄电池	kVA·h	240298	13.0
电梯	台	3179	55.9	电焊机	台	4320	−0.7
装载机	台	122	43.5	电焊条	t	106816	43.9
平地机	台	220	24.3	电炉	台	402	−7.4
搅拌机	台	662	12.5	钢	t	80586.8	21.3
电冰箱	台	2813	−13.9	硬质合金	t	57.19	0.3

宗旨是进一步调动国有企业经营者的积极性，统一经营者责、权、利关系，使经营者取得与工作业绩相应的劳动报酬，促进企业迅速发展规模经济。办法的主要内容是，企业在自愿申请的基础上，保证实现利润和国有资产比上一年有一定幅度增长，按实现利润 100～500 万元以下、500～1000 万元以下、1000～15000 万元以下、1500～2000 万元以下、2000 万元及以上五个档次，确定其厂长（经理）的工资收入可按企业职工年平均工资的 2～6 倍计算发放。1993 年全系统申请试行该办法的 36 户企业，累计实现利润 14586 万元，占全局利润总额的 33.25%。

2. 试行了"企业厂长（经理）完成实现利润工作目标考核办法"。这一办法是对实现利润不足 100 万元和未实行第一种办法的盈利企业，采取按完成局下达实现利润工作目标进行考核。(1) 完成局下达的工作目标，且实现利润值高于上年水平，其厂长（经理）按本企业职工年平均工资水平的 50%给予奖励，并依企业实现利润超过目标部分多少给予一定嘉奖。(2) 完成局下达的工作目标，但实现利润值低于上年水平，其厂长（经理）按本企业职工年平均工资的 20%给予奖励。(3) 未完成局下达目标，其企业厂长（经理）要将超过职工年平均工资多得部分全部退回。1993 年全系统预算内工业企业实现利润比上年增长 6.14%。

3. 试行了"亏损企业扭亏增盈奖励办法"。1993 年全局有 6 户全民企业扭亏为盈，盈亏反差共增利 1280 万元，对这些单位予以奖励。全局系统国有企业亏损户减少到 14 户，亏损额减少到 1550 万元，分别比上年下降 21.43%和 21.76%。其中，连续多年亏损的天津重型机器厂扭亏增利 1000 多万元。

三、深化改革

1993 年天津机械工业管理局不失时机地抓住扩大改革开放的有利时机，把深化企业改革作为促进经济大发展的根本措施来抓。紧紧围绕贯彻《条例》和转换企业经营机制这个中心，在改革的广度、深度和实度上下功夫，使全系统主动改革、自觉改革的意识明显增强，改革的步伐明显加快。

1. 在企业内部以"三项制度"改革为重点，建立企业内部人事、用工、分配新机制。全局 18 个公司、总厂、直属企业大胆实践，试行了厂级行政副职聘任制；34 个企业实行了劳动用工优化组合；21 个单位实行全员劳动合同化管理，其中 12 个单位试行了全员劳动合同制。全局多数公司、总厂精减了机构和干部、精减比例分别为 14%和 12%，并实行了岗位技能工资等改革试点。初步形成企业自主用人、职工自由择业、上岗凭竞争、分配看贡献的局面。配合"三项制度"改革，全局系统 37 个企业建立了劳务调剂机构——厂内劳务市场，局成立了"劳动交流开发中心"。"三项制度"改革较好地调动了广大职工积极性。全系统全员劳动生产率达到 3.8 万元／人·年，按工业增加值计算达到 1.18 万／人·年，比上年提高 34.1%。

2. 加大资产存量调整的力度，实现生产要素的优化配置。根据一些行业的优势，组建了天津机床有限公司、天津工程机械有限公司和天津消防器材装备集团公司、发电设备成套联合公司。为了发展名优产品和规模经济，通过兼并、合并、分立、联营等多种形式，消除了一批亏损企业，兼并了一批困难企业，并利用亏损、困难企业的生产要素发展名优产品。

3. 大胆探索、积极推行经营新机制。全局系统已有 21 户企业实行了股金合作制，19 户企业实行放开经营政策，1 户企业试行股份制，并有 2 家大型国有企业率先试行了投入产出总承包，天津密封件厂和第二起重电机厂作为天津市首家国有民营、公有民营试点企业已经开始运营。通过这些改革措施，进一步激发了企业自主经营、自负盈亏、自我约束和自我发展的主动性，在一定程度上增强了企业活力。

四、出口创汇和利用外资

加快发展外向型经济是天津机械工业实现大发展的重要战略决策。几年来，天津机械工业管理局牢牢抓住机遇，主动出击，特别是坚持把工作重点放在与具有世界先进技术水平、在国际上影响大、知名度高的著名公司合资合作上，有效地带动了全系统外向型经济的迅速发展。

1. 大力引进外资嫁接改造老企业又有新进展。1993 年新建各类"三资"企业 20 家，投资总额达 4532.6 万美元，直接利用外资 923.68 万美元。其中有 3 家合资企业合资伙伴是世界有实力的著名厂商。(1) 天津汤线电池有限公司：该公司合资伙伴是当今世界知名的日本汤线株式会社汤线商事株式会社。天津汤线蓄电池有限公司总投资 360 万美元，利用外资 140.25 万美元。合资企业主要生产销售蓄电池及相关产品，生产规模为年产 40 万只。(2) 天津昭和漆包线有限公司：该公司合资伙伴是日本昭和电线电缆株式会社，属日本东芝集团成员。中方企业天津漆包线厂，是机械工业部重点生产企业，曾先后从意大利、美国、奥地利等国引进先进生产设备及检测仪器，拥有全国唯一的缩醛漆生产设备及其他绝缘漆生产设备。天津昭和漆包线有限公司总投资额达 2543.5 万美元，利用外资 381.5 万美元。合资企业主要生产销售市场上急需的用于电动机、压缩机等方面的漆包线、绕组线、裸铜线及相关产品，预计三年后，年产量将达 4000t 以上，产品出口 40%以上，可供东芝集团在东南亚地区所建的合资、独资企业。(3) 天津昭和电材有限公司。该公司合资伙伴也是日本昭和电线电缆株式会社。总投资额为 521.6 万美元，中外投资比例为 98∶2。合资企业将利用已有的中方先进生产设备和日方的资金及管理技术，生产销售无氧铜杆、漆包线漆、裸铜线等，年产各类产品总量达 17700t。到 1993 年底，天津机械工业管理局系统已有注册"三资"企业 60 家，投资总额达 1.83 亿美元，利用外资6366万美元，其中，与世界著名厂家合资合作企业8家。

2. 外贸出口明显增长。1993年天津机械工业管理局积极调整出口产品结构，狠抓出口产品质量，扶植和发展了一批技术含量高、附加值高的出口产品，使全系统传统出口产品和高新技术出口产品有了较大幅度的增长。全局系统当年产品出口总值完成3.24亿元，比上年增长59.76%。其中，传统的出口产品，电线电缆比上年增长2.4倍，交流电动机比上年增长近1倍，中线蝶阀比上年增长39.86%。同时，一批机电一体化高新技术产品占据出口主导产品地位。如潜油电泵、奥的斯电梯、数控机床、起重设备、锻压设备等增长较大。天津潜油电泵首次打入俄罗斯市场，1993年共出口潜油电泵251台（套），收购值达7090万元，占全系统出口总值的21.8%，使全系统技术密集型产品出口已占出口总值的76%。1993年天津机械系统新批自营出口企业5家，累计达到7家，自营出口总额达2894.5万元，比上年增长2.31倍。其中天津大桥集团公司电焊条出口达到8172t、2329万元，比上年增长3倍。目前，全系统初步形成多窗口、多口岸、多部门、多形式产品出口的格局，出口市场不断扩大，产品出口的国家、地区已发展到80多个。

3. 走出国门，境外建厂有了新进展。利用自身优势，积极走出国门，参与国际市场分工，在境外利用外资组建工贸企业，这是发展外向型经济的重要措施。1993年又有5家企业相继在国外建立，它们是：天津起重设备总厂在新加坡兴建的翊源起重有限公司、在俄罗斯兴办的起重电机公司，天津动力机厂在印尼和澳大利亚兴建的柴油机维修服务中心，天津机电产品经销公司在捷克兴建的机电产品经销公司。到1993年末境外企业已达8家，这些企业由国内提供零部件，在境外组装成整机，利用零部件进口的低关税，提高整机的价格竞争力，取得了较好效果。另外，利用天津市和国家有关优惠政策，在天津开发区兴办企业已达44家，在天津保税区和珠海特区兴办企业7家，这些都为引进外资，扩大出口提供了新的途径和窗口。

1993年天津机械局还积极进行招商引资工作。先后参加了在韩国举办的招商经贸会、北欧四国招商会，并加强了与国外厂商住华机构的联络，一批企业已同外商建立了合资合作关系，有望明年正式签约。全系统共派出国团组270多个、800余人次，出访了20多个国家和地区，同时接待国外180多个团组，550人次。

五、技术进步与新产品开发

1993年，天津机械工业管理局以技术进步为先导加快产品开发，推进产品更新换代步伐，促进了产品、工艺上水平。全系统研制成功新产品320项，完成新产品试制280项；新产品产值达11.5亿元，新产品产值率为20.17%；全年新产品累计实现利润1.3亿元，新产品利润率为29.6%。全系统新产品研制开发取得的成效，具体表现在三个方面。

1. 新产品水平进一步提高，在研制开发的新产品中，有66项达到国际先进水平，有169项达到国内先进水平，分别占新产品总数的20.6%和52.8%；列入机械工业部新产品开发计划的1.8万kW贯流发电机组如期完成，并陆续交货；新产品中达到国际先进水平或填补国内空白的高新技术产品达到29项（详见表3）。天津第一机床厂研制成功的XH715GY五轴五联动加工中心，达到国际先进水平，何光远部长给予了很高的评价。

2. 机床、工程动力和能源电工三大支柱行业实力得到增强。全局系统机床行业共研制开发新产品37项，其中较大的机床主机试制22项，辅机8项；工程动力行业完成新产品开发试制27项，其中较大的主机13项，辅机2项；能源电工行业完成新产品开发试制63项；三个行业完成新产品研制项目共126项，占全局系统新产品总数的近40%。另外，全局系统共完成38种机电一体化及配套产品的开发研制，其中数控机床就有21种。

3. 新产品效益明显提高。由于新产品开发研制速度加快，特别是大、重新产品开发周期由过去2～5年缩短到一年左右，大多数实现当年设计、当年试制，当年投产、当年见效，使新产品效益显著提高。如天津本田摩托车有限公司开发生产的TH90摩托车，当年生产突破2万辆，实现销售收入2.3亿元，实现利税2400万元。另外，全系统新产品免税近1500万元，是上年的1.5倍。

六、技术引进与技术改造

1993年，天津机械工业管理局共组织实施技术改造、基建项目52项，其中包括上年结转项目39项；落实技术改造资金2.25亿元，完成技改、基建投资2.55亿元；完成技术改造项目验收19项；竣工土建面积5万m^2。全局系统技术改造项目投产达产净增产值6.3亿元，净增利税8549万元，其中列入局发展规模经济的10项重点技改投产达产项目净增产值2亿元，净增利税1564万元。

天津机械工业管理局系统围绕行业的发展和促进生产，在资金、物力上对7个重点技改在建项目予以倾斜，使其基本完成，有的当年见效。它们是天津磨床总厂强力数控平磨和磨削中心项目、天津绝缘材料总厂聚酰亚酸薄膜项目、天津工业泵总厂粘油螺杆泵项目、天津工程机械厂平地机械项目、天津数控机床配套公司发展数控机床配套项目、天津起重设备总厂AS电动葫芦项目。围绕发展“拳头”产品，还新开工13项技改新项目，其中有9项是市场急需的短线产品项目，包括大中型水电机组、特异型蝶阀、船用螺杆泵、逆变弧焊机、大规格罗茨鼓风机、环网供电单元、船用曲轴、交流接触器和插装阀等项目。

为促进科技进步和高新技术产品发展，天津机械工业管理局在积极引进国外先进设备（硬件）、先进技术（软件）的同时，还积极引进被称做“活件”的高科技智力人才。全局系统先后从俄罗斯、

表 3　1993 年天津市机械工业管理局系统高技术新产品

序号	产品名称	水平级别	研制单位
1	ZL50C 装载机	国际先进	天津工程机械厂
2	BR200 大型板式换热器	国际先进	天津板式换热器厂
3	XH715A 五轴四联动加工中心	国内首创	天津第一机床总厂
4	XH715GY 五轴五联动加工中心	国际先进	天津第一机床总厂
5	E510 扶梯	国际先进	天津 OTIS 电梯有限公司
6	KD 孔系组合夹具	国内首创	天津市组合夹具厂
7	1kV 辐照交联电缆	国内首创	天津电缆厂
8	TOEC-111 无齿轮高速直流电梯	国际先进	天津 OTIS 电梯有限公司
9	MKL7175 数控成型磨	国内首创	天津磨床厂总厂
10	QYBD120A 系列高寒潜油泵	国际先进	天津电机总厂
11	YLGOZ 型潜油电泵控制柜	国际先进	天津电气控制设备厂
12	SC_{10}-1600／10 树脂浇注干式变压器	国际先进	天津变压器总厂
13	偏心耐磨蚀蝶阀	国内领先	天津塘沽阀门厂
14	双偏心法兰蝶阀	国际先进	天津塘沽阀门厂
15	矿用重型橡套软电缆	国内首创	天津电缆总厂
16	V 型采煤机组屏蔽监视缆	国内首创	天津电缆总厂
17	HBT 防爆葫芦和起重机	国内首创	天津起重设备厂
18	五芯聚氯乙烯电力缆	国内首创	天津电缆总厂
19	TH6340 模块化柔性单元机床	国内首创	天津第一机床总厂
20	MTCNC-14 龙门剪刃磨	国内首创	天津磨床总厂
21	螺旋刀片及模具	国内首创	天津硬质合金厂
22	屏蔽潜水电机	国内首创	天津电机总厂
23	永磁电机	国内首创	天津电机总厂
24	GCJ10120 感应淬火机床	国内领先	天津第九机床厂
25	75160A315A 直流焊机	国内领先	天津焊接研究所
26	JHO 安全气焊机	国内领先	天津仪表紧固件厂
27	6130ZG 柴油机	国内领先	天津动力机厂
28	10t／h 快装锅炉	国内首创	天津锅炉总厂
29	YFD-280 型扶梯电机	国内首创	天津直流电机厂

德国、瑞典等引进有特殊专长的学者、专家共 22 人次，为 9 个高新技术产品，如加工中心、硬质合金及粉末制品生产线等，进行诊断、咨询服务，取得较好的效果。同时结合天津市科技发展规划，组建了食品包装机械研究所、天津市数控及传动技术应用研究所，并通过调整使其成为科研与生产一体化的新型高技术产业实体，在探索科研机构改革、科研与生产相结合方面进行了大胆的尝试。为进一步调动科技人员主动性、创造性，在科技工作中引入了竞争、激励机制，推行了科技工作承包，重奖和破格提拔了一批科技人才。全系统涌现出一批技术尖子和项目带头人。到 1993 年末，全系统拥有国家级中青年专家 4 人，部级专家 12 人；180 人享受政府特殊津贴，24 人成为跨世纪科技带头人，345 人成为行业带头人。

1993 年，国务院转发了国家计委、机械工业部联合制定的《关于振兴特定基础机械和基础件若干措施意见的通知》，并按此通知精神审核批复了全国 220 家集团、公司、企业为特定振兴企业。其中天津机械工业管理局系统有 11 个公司、总厂、企业进入特定振兴企业行列，占全国特定振兴企业数的 5%；国家列为特定基础机械和基础件的产品共有 16 大类，其中天津机械工业管理局系统有 9 类、43 种产品榜上有名（详见表 4）。这对天津机械工业增强竞争实力和发展后劲都具有重要的意义。

七、企业管理

天津机械工业管理局要求企业扎扎实实贯彻 GB／T19000 质量标准体系，以狠抓产品实物质量为重点，加强企业管理。天津塘沽阀门厂、天津奥的斯电梯有限公司分别在全国同行业中率先获得国际第三方认证，取得挪威 DNVI ISO9000 质量标准系列证书；天津电机总厂、天津电缆总厂、天津电线总厂已基本通过 DNVI 国际认证，即将取得证书；天津第一机床总厂、天津大桥集团公司、天津工业泵总厂、天津减速机总厂等 11 个企业也已按照国际质量标准进行管理。

与此同时，全系统进行了“质量法”的学习、贯彻，狠抓质量整改措施的落实，使企业自觉管理、自主管理和质量第一的意识进一步增强，产品实物

表4　天津市机械工业管理局系统被列为国家特定振兴企业名单

特定振兴产品类别	特定振兴企业名单	特定振兴企业产品名单
总计：9类特定振兴产品	11个公司、总厂 24个特定振兴企业	43种特定振兴产品
1. 数控机床，高效、精密、自动、专门化机床	1. 天津第一机床厂	加工中心、数控齿轮加工机床、精密、高速插齿机及弧齿锥齿轮铣齿机
	2. 天津磨床厂	数控成形磨床、高精度平面磨床
2. 数控锻压设备，高效、精密、自动锻压机械	3. 天津锻压机床厂	数控液压机、高速液压机，6300kN以上大型液压机
3. 自动和大型量仪，为数控机床配套的量刃具	4. 天津硬质合金工具厂	精密、可转位硬质合金刀片及刃具
4. 为数控机床及锻压设备配套的新型机床电器	5. 天津机床电器厂	高速切换电磁离合器
5. 高效、精密数控附件、滚动部件、防护部件	6. 天津数控配套公司	
	(1)数控配套公司本部	主轴润滑恒温油箱、数控机床防护装置
	(2)机床光学仪器厂	刀具预调仪
	(3)组合夹具厂	镶钢导轨、精密孔系组合夹具
	(4)机床附件厂	数控刀柄、加工中心刀库及通用部件
	(5)维修丝杠厂	CNC机床主轴单元及精密轴系
6. 铸造、锻造工艺	7. 天津有色金属铸造厂	压铸模机床、液压件、仪表等压铸件
7. 低压电器	8. 天津低压电器公司	
	(1)公司本部	塑壳式断路器
	(2)第二开关厂	交流接触器
	(3)第四开关厂	按钮开关（机床用电器产品）
	(4)第六开关厂	有填料熔断器
	(5)电工合金厂	电器触头合金材料
	9. 天津电力电子设备公司	
	(1)第三开关厂	框架式断路器
	(2)电器控制设备厂	交流接触器（真空型）
8. 液压件、气动件、密封件	10. 天津液压机械集团公司	
	(1)公司本部	中高压齿轮泵、多路阀、液压铸件
	(2)高压泵阀厂	CY柱塞泵、插装阀、叠加阀
	(3)液压件一厂	高压液压阀
	(4)液压件二厂	高压液压阀
	(5)橡胶密封件厂	橡胶密封件
9. 模具	11. 天津电器模具厂	冷冲模架、精密成形模具

质量稳定提高。全局系统有32种产品接受国家质量监督抽查，抽查合格率为84.4%，高于机械工业部平均产品合格率10个百分点；全系统重点产品质量稳定提高率和出口产品商检合格率分别达到98%和99%。天津动力机厂天动牌6130系列柴油机、天津第一机床总厂津一牌系列加工中心、天津软线总厂长颈鹿牌电焊机及矿用阻燃电缆、天津电磁线厂盾牌换位导线、天津绝缘材料总厂天鸣牌6020聚酯薄膜等5种产品达到天津市“产品质量创一流”标准，使全系统进入天津市一流产品数达到19种。

天津机械工业管理局系统积极推行“邯郸钢铁厂目标成本管理”经验，制定并实施了“全局系统工业企业实施目标成本管理工作规程”，取得了一定成绩。全局系统对46种重点产品进行了目标成本动态监控，全年节约1400万元，万元产值能耗比上年下降6.3%，节材创效益达1300万元。

天津机械工业管理局系统紧紧抓住改革开放的有利契机，加强对多种经营、第三产业的管理和统筹规划，最大限度地吸纳富余人员。新建第三产业和多种经营企业是近年来最多一年，并在上规模、上档次、上水平方面取得了明显进步。1993年，全局系统多种经营企业已发展到1213户，累计安置富余职工2.5万人；多种经营企业完成工业总产值1.33亿元，实现销售收入9000万元；完成商业营业额1.03亿元，销售本局系统机电产品5.5亿元；实现利润达3800万元。

天津机械工业管理局系统加强了对职工生活工作的管理，继续按照千方百计、尽心竭力的工作方针，为职工办好事、办实事。共落实八个方面415

个子项工作。全局系统职工人均住房面积比上年有所提高，职工人均年收入比上年增加 18.2%。

八、存在的问题

1. 企业发展速度不平衡，一些企业不适应客观形势变化的要求，发展速度缓慢，甚至出现滑坡，与全系统高速发展态势相差甚远。

2. 产销衔接不平衡，1993 年国家宏观调控措施出台后，少数企业不能及时调整好产销衔接，造成产销率下降、库存加大、资金周转困难局面，使全局系统库存量增长较大。

3. 效益水平不平衡，全系统合资企业平均实现利润值远远高于预算内企业，这说明国有企业经济效益提高速度仍较缓慢，经济运行仍面临较大困难。

4. 在经济生产迅速发展的形势下，个别企业忽视管理、忽视质量的现象仍然存在，有的甚至较严重。

〔撰稿人：天津市机械工业管理局　张　玲　审稿人：天津市机械工业管理局　杨力恒〕

天津汽车工业

一、发展概况

天津汽车工业总公司是我国汽车行业八大骨干企业之一，是国家确定的微型汽车大批量生产基地和轿车生产点之一。公司主要生产微型汽车和轻型汽车两大类别四个车型系列，即夏利轿车、华利(大发）微型汽车、三峰旅行客车和雁牌轻型载重汽车，以及铁牛系列拖拉机，还生产门类比较齐全的汽车配件和拖拉机、内燃机配件。

天津汽车工业有着悠久的历史，是我国汽车工业发祥地之一，早在 1920 年天津就出现了加工生产汽车零部件的手工业作坊，1946 年制造出飞鹰牌三轮汽车。建国初期在重点生产汽车零部件的同时，天津先后生产过多种类型的汽车，诸如 120 型轻型卡车、210 型吉普车、140 型载重汽车、360 型重型汽车、740 型小轿车等。由于体制问题，天津汽车工业长期以来发展缓慢，走过一条漫长而曲折的道路。

1982 年在国家改革开放方针指引下，天津对汽车工业进行了较大的专业化调整，组建了经济实体性质的天津市汽车工业公司，先后引进日本大发株式会社 HIJET 微型汽车（华利微型汽车）和 CHARADE 轿车（夏利轿车）设计制造技术，按照汽车工业发展的规律走高起点、大批量、专业化发展汽车的道路，从此天津汽车工业进入大发展时期。

1993 年 5 月 1 日经市政府批准，天津市汽车工业公司改名为天津汽车工业总公司。1993 年上半年由于受投资规模过大的冲击和国民经济高速发展的推动，全国汽车市场极为活跃，公司主导产品夏利轿车和华利微型汽车供不应求，三峰旅行客车、雁牌轻型载重汽车也很畅销。下半年随着国家各项宏观调控政策的出台及调控力度的加大，全国汽车市场急剧降温，公司生产经营、经济效益受到较大影响。面对市场形势的变化，行业各级领导和全体职工坚持“解放思想、抓住机遇、发挥优势、多创效益、加速改造、占稳市场，为把天津汽车工业建成全市支柱产业打下坚实基础”的指导思想奋力拚搏，取得了较好的成绩。1993 年天津汽车工业概况及产品产量详见表 1 和表 5。

表 5　1993 年天津汽车工业总公司产品产量

产品名称	单位	产　量	比上年增长%
汽车	辆	108052	42.7
改装汽车	辆	1692	−36.1
拖拉机	台	5896	−49.9
内燃机	台	54020	48.6
汽车配件	万元	119787	38.7
拖拉机、内燃机配件	万元	5769	−21.2

注：汽车产量中，包括雁牌TJ1040系列轻型载货汽车 17713 辆，华利 TJ1010 系列微型汽车 30738 辆，夏利 TJ7100 系列小轿车 47850 辆，三峰 TJ6480 系列旅行客车 11751 辆。

二、1993 年的主要工作

1. 以销定产，精心组织生产

1993 年上半年公司抓住市场旺销的机遇，精心组织生产，强化生产调度，在主机厂和总成厂推行“准时化”生产，即准时投入、准时产出，增产增收多创效益。进入下半年汽车销势趋缓，公司全力抓销售，强化市场调研分析，迅速调整产品结构，面向出租汽车市场重点增产三厢式夏利轿车和华利微型汽车，使生产经营保持了持续、稳定发展势头。年终行业综合经济效益水平居全国机械行业前列，在全国同行业中列居第二位。

2. 强化质量管理，组织质量攻关

一年来全行业把提高全员质量意识和提高产品质量水平当作经济工作的核心工作，开展对产品质量“揭短”找差距、搞攻关、创一流产品的活动。实实在在地抓好产品实物质量的巩固和提高。所有企业都以科学的态度、过细的工作对基础工艺按工序逐个进行检查、验证，结合国家颁布的质量管理和质量保证标准，搞好质量监督。对已按标准入库的汽车、发动机等主要产品，公司总经理定期进行抽车检查，并纳入对生产工厂的质量考核。建立激励机制，真正落实质量奖惩制度。通过对整车、整机和零部件进行监督检查，四种汽车、两种发动机、一种拖拉机产品均达到一等品，在天津市重点产品抽查中，夏利轿车在所有检测项目中，包括产品稳定提高率、抽查合格率、一等品率始终是 100%，华利微型汽车和三峰旅行客车也达到一流产品标准。

3. 依靠科技进步，加快新产品研制开发

一年来全行业完成新产品开发项目 47 项，新产品投产 56 项，新产品产值 11.2 亿元，创经济效益 1.1 亿元，提出合理化建议 4.2 万件，创经济效益 2366 万元，完成科技成果 10 项。汽车制造厂模具设计制造中心完善了车身覆盖件计算机辅助设计及加工系统，实现了计算机管理、设计、加工一体化，初步具备了车身换型能力。汽车水泵厂也建立了计算机管理和计算机辅助设计系统，大大提高了工作效率和生产能力。

4. 加快技术改造，实现规模经济

全年技术改造投资达到历史最高水平，共完成财务支出 8.1 亿元，比上年增长 78%。以年产夏利轿车 15 万辆为重点的技术改造项目得到了国务院和市政府的大力支持，为加速天津汽车工业的技术改造提供了有利条件。公司在组织技术改造项目实施中，严格项目责任制、合理交叉、科学施工，保证了工程进度。天津市内燃机厂年产 10 万台夏利轿车发动机改造项目，全年财务支出近 3.07 亿元，完成投资 2.66 亿元，完成联合厂房等土建工程 38564m^2，大部分设备已经安装调试并陆续投入生产，计划 1994 年 6 月份可全部达产。夏利轿车整车改造项目，完成三厢式夏利装焊线、油漆车间土建工程，国内外设备正在陆续安装调试。总公司在抓紧主机技术改造的同时，还相应对零部件项目进行了重点投入。主要是为夏利轿车配套的发电机、起动机、车轮总成、车灯、车锁、水泵等，已实施的 10 个零部件项目总投资 1.5 亿元，相当“六五”、“七五”期间十年投入总和的 1.3 倍。另外实施了汽车模具设计制造中心二期工程，改造纲领为 70 万工时模具制造加工能力。总公司科技开发中心——天津市汽车研究所，其科研试验大楼和配楼已全部竣工交付使用。一年来，行业引进技术消化吸收和国产化工作取得了好成绩。到 1993 年底夏利轿车国产化率达 61.8%。

5. 结合行业实际，加快改革开放步伐

在对外开放方面，为吸引外资加速汽车工业扩建改造，一年来先后与十多家外商公司接触、洽谈。到 1993 年底，公司已有 6 个企业合资成为“三资”企业，投资总额为 46488 万元，吸引外资 16079 万元。行业许多零部件企业积极开拓国际市场，开发出口产品。一年来出口产品品种已增加到 44 种，出口到 11 个国家和地区，创汇 300 万美元，比上年增长 47.1%，创历史最高水平。

在企业内部改革方面，贯彻实施“全民所有制工业企业转换经营机制条例”，加强企业管理，提高企业素质，重点抓了工厂内部“三项制度”的改革，即人事制度、劳动用工制度和分配制度。首先，在改革中坚持稳妥的方针，从企业实际出发，因厂制宜，不搞一刀切，以充分调动职工的生产积极性。同时以提高企业经济效益作为改革的落脚点，坚持从上到下“先挖渠后放水”的原则，以管理基础较好的企业作为改革的试点，深入指导，取得经验，逐步推广，从而带动了全行业“三项制度”改革的健康发展。其次在改革中坚持形式灵活，注重实效。在分配制度改革方面，根据不同岗位，实行不同的分配形式。结合企业实际和工作性质，对一线工人分别实行质量工资、质量奖金、岗位工资、计件工资、计时工资、岗位技能工资等多种形式的分配制度。分配制度的改革打破了分配上的平均主义，体现了分配向一线倾斜、向热、脏、险、重岗位倾斜，向高技能岗位倾斜，从而受到职工的欢迎，调动了职工的积极性。在改革劳动用工制度方面，坚持人尽其才的原则，在一些企业中打破了干部、工人的界限，推行中层干部和一般干部公平招标、竞争上岗的聘任制。在 1993 年中行业中层干部落聘的人数达到 103 人。在改革人事制度方面，针对企业长期以来存在的机构重叠、干部队伍臃肿、办事效率低的现象，企业在定岗、定编、定责、定员的基础上，实事求是，该强化的强化，该精简的精简，该撤消的撤消，做到精简高效。总公司对所属 30 个企业统计，1993 年精简科室 90 个，精简中层干部 55 名，精简一般干部 431 名。在其他配套改革方面，为使改革积极稳妥地深入发展，使富余人员得到妥善安置，各单位大力兴办第三产业，截至 1993 年底全行业兴办多种经营实体 201 个，安置富余职工 4472 人。

〔撰稿人：天津汽车工业总公司　朱联邦　审稿人：天津汽车工业总公司　武在宁〕

〔责任编辑：张友鹤〕

河北机械工业

河北省机械工业厅

生产发展情况　1993 年河北省机械工业发展特点是：

1. 生产保持了持续、稳定发展。1993 年全省机械工业认真贯彻中央关于加强和改善宏观调控的措施，在偏紧的经济环境下，千方百计缓解“瓶颈”制约，使行业经济保持了平稳的发展。全年完成工业总产值 91.06 亿元，比上年增长 7.55%，工业增加值完成 26.54 亿元。

2. 产销协调发展。上半年完成销售产值 518832 万元，比上年同期增长 27.6%，产销率为

94.1%，比上年同期提高 0.56 个百分点。进入下半年，供求关系发生了变化，全行业普遍采取了“限产压库”，以销定产，强化销售措施。全年实现销售收入 106.9 亿元，比上年增长 29.91%。

3. 经济效益上半年大幅度增长，下半年有所回落。上半年实现利税 48910 万元，比上年同期增长 23.52%，高于产值 10.32 个百分点。下半年由于原材料、运输等费用涨价；提高工资，增加成本；以及施行新的财会制度等多种原因，经济效益有所回落，全年实现利税 7.7 亿元，比上年下降 1.9%。

4. 机械产品出口继续保持良好势头。出口交货值全年完成 4.57 亿元，比上年增长 29.8%。出口创汇 7637.7 万美元，高于全省机电产品出口创汇增长速度 0.4 个百分点。

河北省机械工业系统概况及产品产量详见表 1 和表 2。

科技进步 根据冀科年（1993）010 号文件精神，在全行业开展了“1993 科技进步年”活动。

一是抓组织落实，成立了以厅长杜书箱同志为组长的领导小组。根据行业特点分工负责抓落实。同时利用行业工作会议部署科技进步活动工作，并以（1993）冀机技质便字 013 号文，向各地市、重点骨干企业下发了省厅“1993 年科技质量工作要点”。

二是抓新产品开发，优化产品结构。计划开发新产品 300 项，当年完成 200 项。实际完成开发新产品 504 项，占计划指标数的 168%，比 1992 年增加了 2.06 倍；当年共完成 230 项，比计划当年完成 200 项提高了 15%。

三是以“龙虎”计划为重点，加快技术改造。1993 年在资金十分短缺的情况下，千方百计为企业落实资金，全年计划完成省以上投资 23095 万元，实际完成 39826 万元，比原计划提高了

表 1　1993 年河北机械工业系统概况

行业	企业数（个）	全部职工年末人数（人）	工业总产值			工业增加值（万元）	产品销售收入		产品销售税金及附加（万元）
			当年价（万元）	1990 年不变价（万元）	比上年增长%		当年价（万元）	比上年增长%	
合计	515	288221	1064426	910630	7.55	265383	1068976	29.91	34761
农业机械	135	82158	243854	220076	−4.94	54106	266431	23.28	6049
工程机械	10	4878	51528	38722	20.65	15368	49612	48.95	1725
机床工具	35	20236	47457	41138	42.27	12671	44647	50.68	1746
机械基础件	53	23784	53058	44812	4.39	16116	49826	35.33	2447
石化通用机械	40	24276	80837	67502	14.64	24855	79961	39.62	3362
重型矿山机械	30	23182	79684	71586	26.08	17278	81696	56.21	2409
汽车	39	31030	189425	154438	−7.46	47945	182257	−0.71	4252
电工电器	103	50028	242537	203594	16.11	16793	239061	47.14	10011
仪器仪表	18	6705	19294	22750	34.60	5053	21083	66.11	666
食品包装机械	7	4093	14408	13007	34.98	4562	13180	29.01	708
其他	45	12851	42344	33005	23.14	10674	4021	27.40	1386

行业	利润总额（万元）	年末固定资产		流动资产		流动负债		所有者权益（万元）	全员劳动生产率（元／人·年）
		原值（万元）	净值（万元）	合计（万元）	平均余额（万元）	合计（万元）	平均余额（万元）		
合计	42578	469318	329144	911978	822316	820473	711611	349651	9338
农业机械	3116	107398	86496	215604	195121	203359	171254	71160	6618
工程机械	1810	16916	13848	40879	41810	31098	32642	21015	16175
机床工具	1565	24478	16859	44015	41252	42023	36092	14643	6326
机械基础件	1671	29933	19643	56041	48926	48499	43677	19116	7001
石化通用机械	5289	38181	27986	71951	64509	65109	56561	29711	10324
重型矿山机械	867	34198	24898	80329	82113	77302	66534	21543	7537
汽车	12860	91792	52305	161289	130521	140717	113326	70025	15537
电工电器	11640	88633	62684	187437	167492	161580	145490	79194	11592
仪器仪表	1770	10512	7465	17103	15237	13222	13091	9422	7607
食品包装机械	423	9176	4218	10796	1895	10183	4265	4185	11561
其他	1566	18105	12744	26530	25440	27382	23675	11259	8575

表 2　1993 年河北机械工业系统产品产量

产品名称	单位	产量	比上年增长%	产品名称	单位	产量	比上年增长%
小拖拉机	台	72639	−50.17	悬挂输送机	m	140994	13.96
机引犁	台	11281	−12.63	千斤顶	台	592398	24
农用拖车	辆	14229	−30.74	钻孔机	t	3486	77.14
农用运输车	辆	3314	239.90	电动葫芦	台	1367	−28.43
拖拉机、内燃机配件	万元	30375	−16.44	推土机	台	985	20.12
棉花加工机械	台	769	−55.78	粮食加工机械	台	3484	−44.29
割晒机	台	14364	−41.85	油料加工机械	台	1886	−19.54
内燃机	万 kW	47.8	−39.80	食品机械	台	40071	36.52
农业泵	台	80905	−28.15	印刷机械	t	1884	14.11
饲料加工机械	台	4380	−36.76	环保设备	t	3489	14.21
金属切削机床	台	1783	0.06	电机	万 kW	179.3	−13.11
锻压设备	台	2212	97.03	变压器	万 kV·A	1228.3	23.57
铸造机械	台	984	−7.17	工业锅炉	蒸吨	5030	−10.98
砂轮机	台	482275	17.85	分马力电机	万台	31.9	−10.89
磨具	t	1776	−7.02	电焊机	台	7145	32.81
工业泵	台	40797	2.06	钢芯铝绞线	t	1070	40.58
风机	台	12206	−3.1	电磁线	t	7090	−1.34
气体压缩机	台	1062	23.49	电力电缆	km	4925	−23.66
空分设备	套	70	40	布电线	km	24200	−21.38
高中压阀门	t	2416	50.16	高压电瓷	t	7351	31.24
低压阀门	t	4861	−16.78	汽车	辆	22155	−31.53
液压件	台	118346	−16.56	汽车配件	万元	57042	65.01
标准件	万件／t	54434／13607	−21.97／−13.53	工业自动化仪表	万台	25.6	−16.07
轴承	万套	1822	−25.17	电工仪器仪表	万台	2.3	15
带式输送机	m	16063	4.27	光学仪器	台	783	−17

17.3%。

四是强化质量监督，以质量求生存。为提高企业产品竞争能力，保证产品质量，利用各行业质检站的力量，对 436 个企业的 436 项产品，进行了定期监督检验。检验结果：优等品 9 项，占 2.1%；一等品 75 项，占 17.2%；合格品 306 项，占 70.2%；不合格品 46 项，占 10.6%。总计产品检验合格率为 89.2%，比上年下降了 6.7 个百分点。在 436 个企业的产品检验中，部、省骨干重点企业 45 个，抽检产品 45 项，合格率为 100%；小型国营、集体企业产品占 332 项，合格率为 89.7%；乡镇企业 39 个，抽检产品 39 项，合格率为 83%。

五是抓 GB／T19000 系列标准宣传贯彻。从年初开始，省厅把 GB／T19000 系列标准的贯彻作为科技工作的一项重要内容，加强和完善质量保证体系的建设。

规划导向　1993 年河北省机械工业以规划为导向，调整产业、产品结构，调整“八五”计划，制定《河北省振兴机械工业工作纲要（1994～2010 年)》(以下简称《纲要》)，树立战略意识，取得明显效果。

1. 调整“八五”计划。根据全省机械工业发生的新情况、新变化，对“八五”计划进行了调整。年发展速度由 10.8%调整到 16%；产值由 94 亿元，调整到 118.5 亿元；利税由 7 亿元，调整到 9 亿元；出口创汇由 1.2 亿美元，调整到 1.5 亿美元；技改项目由 112 项，调整到 157 项，总投资增加了 12 亿元。

2. 制定《纲要》是为了实现机械工业部、省政府关于把河北省机械工业建成全省经济主导行业的要求，从 1993 年 9 月份开始，经过调查研究，几上几下，进行座谈讨论，交省机械工业行业工作会议讨论、修改，已基本形成。

《纲要》分析了全省机械工业的形势与任务，制定了振兴的目标和基本思路、振兴重点和措施。

目标定为分两步走。到 2000 年为第一阶段，2000～2010 年为第二阶段。第一阶段的目标是:

全省机械工业（大行业）工业总产值达到 500 亿元，年均增速为 15%；工业增加值达到 140 亿元，年均增速为 14%；利税总额达到 43 亿元，年增速为 15%；出口交货值达到 21 亿元，年增速为 20%；固定资产原值达到 264 亿元，年增速为 12%。

系统内机械工业总产值达到 260 亿元（含汽车新车型形成的 60 亿元产值)，年增速为 16%，到2000年工业总产值比1980年翻四番；工业增加值达到75亿元，年增速为16%；利税总额要达到20亿元，年增速为14%；出口交货值要达到13亿元，年增速为20%；固定资产原值达到120亿元，年增速为13%。

重点振兴的行业：以汽车零配件为特色，以载重车、旅行车、轻型车和新型车为主体的汽车工业；电工电器行业和其他为国民经济的发展重点、基础设施提供技术装备的行业；基础机械行业；食品包装机械、印刷机械、环保机械等新兴行业。重点振兴的产品：按照技术含量、经济效益、市场潜力、发展前景，选定80项产品。其中已形成优势、特色的40项产品列为首批振兴重点。重点振兴企业：石家庄内燃机配件总厂、保定变压器厂、石家庄水泵厂等40家企业列为首批重点振兴企业。第二批为30家。

技术改造和技术引进 1993年，把抓紧技术改造、技术引进，作为保障经济生产正常发展，调整产品结构，提高产品质量，增强企业后劲的一项重要措施，积极疏通渠道，千方百计筹措资金。全年技改和技术引进取得好效果。

技术改造工作。全年计划下达97项，总投资48693万元。其中国家项目31项，投资16772万元。省以上项目66项，投资31921万元。全年实际下达110项，总投资75372万元，完成总投资39826万元，比上年的30635万元提高30%。其中国家项目完成投资11533万元，比上年的10318万元提高11.2%。省以上项目完成投资23293万元，比上年的20317万元提高11.46%。

技术引进工作。全年在省政府的领导下，组织了三次经贸洽谈会，4月韩国经贸会，7月香港洽谈会，9月石家庄洽谈会，积极为企业牵线搭桥，广交朋友，宣传了河北省机械工业，签订了项目，引进了外资。全年共签约137项，总投资33729万美元，其中系统内签约32项，投资13766万美元；利用外资13081万美元，其中系统内3615万美元。

调查研究 1993年，加强了调查研究工作。原道谋同志通过调查研究，撰写了《第三产业如何进入市场经济，兼论市场的功能及机理》；杜书箱同志抽出近20天时间，深入到四个地市和多家企业进行调查研究，对“八五”计划调整，扭转生产的被动局面提出了指导性意见。企管处，通过对16个地市，50多个企业，200人次的调查，根据市场经济给企业带来的十个变化，提出了十项对策。6月下旬，省厅组织了四个组，对三个方面14个问题，深入到18个地市机械工业局和多家企业进行调查，给省政府写了《关于对全省机械工业企业进行调查的情况报告》、《关于今年机械行业技术改造项目资金到位情况的报告》、《关于今年机械工业企业生产资金紧张情况的报告》以及10月份完成的《河北省机械工业1994年生产形势预测以及拟采取的对策》的报告，为领导、企业提供了决策依据，加强了宏观调控力度。

为帮助企业建立自我约束机制，使其适应市场经济发展需要，自觉地加强劳动基础管理，省机械行业劳动定额标准化技术委员会和省劳动定额标准化技术委员会，历经近3年时间，通过调查研究，于1992年底完成了《工业企业劳动定额管理规范》(以下简称《规范》)的编写定稿任务。1993年3月11日省劳动厅以冀劳力(93)35号通知向全省印发，决定用三年时间在全省企业单位，特别是国有企业开展《规范》的试行应用。省机械厅采取培训骨干、典型引路等方法开始在企业推广应用。中国劳动学会定员定额委员会载文向全国各行业推荐。全国机械工业劳动定额标准化技术委员会以《规范》为教材，分期举办研讨会培训班。

机电产品出口 1993年河北省机械工业产品出口交货值完成45713万元，比上年增长29.8%。出口创汇额为7637.7万美元，比上年增长25.1%，其中自营出口额为901.1万美元，比上年增长183.8%。主要出口企业及出口产品详见表3、表4。

“三资”企业、扩大机电产品出口企业、自营

表3 出口交货值在1000万元以上企业名单

序号	企业名称	出口交货值(万元)	比上年增长%	出口创汇(万美元)	比上年增长%
1	保定电影机械厂	6101	53.35	1005	58.76
2	天源集团(黄骅)	3184	18.36	779	8.6
3	石家庄市电机厂	4145	19.35	721	14.26
4	河北电机厂	2902	39.5	460	24.22
5	承德千斤顶总厂	2605	33.7	414	16.95
6	华北蓄电池厂	2370	38.1	530	2
7	石家庄拖拉机厂	4926	179.8	352	−29.6
8	唐山冶金矿山机械厂	1770	165.2	210	81.1
9	景县机械厂	1434	57.75	220	33.3
10	宣化电动工具厂	1268	9.3	226	−1.7
	合计	30697		4917	
		占总出口交货值的67.15%		占总创汇额64.37%	

表4　主要出口产品目录表

序号	企业名称	出口交货值(万元)	比上年增长%	出口创汇(万美元)	比上年增长%
1	砂轮机	7369	47.0	1231	37.8
2	交流电机	7046.6	25.6	1188	18.1
3	电焊网、六角网	2914	16.9	831.3	30.8
4	蓄电池	2390	88.1	534	2.0
5	千斤顶支架	2634	8.0	419.8	17.6
6	小拖拉机及配套农具	5123.3	157	386.2	8.0
7	手压泵	1433.9	57.7	220	33.3
8	轴承及钢球	1137.7	-13.7	189.7	-20.6
9	运输设备	1975	233.0	246.7	140.0
10	皮带轮	809	39.1	162	58.8
11	棉花成套设备	732	-12.0	154	-23.0
12	自行车零件	658	44.2	149.7	43.6
13	印刷机械	642	175.1	110.7	162.9
14	制氧成套设备	630	63.3	110	10.0
	合　计	35494.2		5933.1	
		占总出口交货值的77.64%		占总创汇额的77.68%	

出口企业有新增加。“三资”企业发展到67家，扩大机电产品出口企业发展到21家，自营出口企业发展到18家，为机电产品出口创造了条件。

队伍建设　1993年省厅注重了企业家队伍的建设。采取培养、支持、激励的方针，在加快社会主义市场经济体制建设的关键时刻，提倡企业家学习市场经济的理论。对于企业家的工作，要从生活上关心，工作上支持，帮助出主意、想办法，对于行业工作做出贡献的企业家，进行命名表彰。1993年共评选出全省优秀企业家21名，年度的优秀企业家84名，优秀企业管理者63名。对鞠躬尽瘁，以身殉职的香河锅炉厂原厂长裴德山同志的模范事迹进行了宣传，并隆重追授金质奖章一枚，发给其家属两千元扶恤金。在全行业引进了强烈反响。

在职工队伍建设方面，1993年完成了第一轮车间主任的岗位培训，参加并结业2580人。进行了十四类一般管理人员的岗位培训。年内完成了23门课程的培训任务。工程师进修大学，先后招生12585人。到1993年底已取得全科结业的1259人，单科结业的1886人次。为培养复合型人才开展学历教育，在校学生1486人，1993年新招生180人，本科段年底通过全部课程并毕业100人。专科段招生573人。注重技术工人培训，重点抓好职前和岗位培训，使职工队伍素质有了很大提高。

提高经济效益　1993年，原材料价格上涨，农机行业大幅度下滑，为了确保省政府“三增一进”指标的完成，一是抓住125户利税百万元以上的企业和25户亏损50万元以上的企业定为行业增盈和扭亏的重点。建立增盈扭亏重点企业台帐，按月统计，按季通报，进行重点调度，分类排队，分析原因，分类指导，对盈利和亏损大户提出增盈和扭亏目标。各地、市局都有自己的重点，帮助企业解决资金、原材料问题。二是抓节材降耗，将节材任务分解到地、市局和原厅直属企业，全年节约材料和回收利用钢材13728t，有色金属972t，其他原材料回收利用387977t，总价值10794万元。三是抓“促销压库”工作。建立了“促销压库”领导小组，为企业提供信息2万多条，及时通报“压库”情况，进行了两次汇报，同时组织企业参加各种订货会，把产品促销和“限产压库”结合起来。在极其困难的情况下，取得了产值和销售同步增长。

首届河北省青年奥林匹克技能竞赛圆满成功　根据河北省劳动厅等12个部门和机械工业部通知要求，省厅组织了这次比赛。此次比赛有各地市机械局、省国防工办、省技校系统共18个代表队40名选手进行了应知、应会比赛，获得首届河北省青年奥林匹克技能竞赛金质奖、银质奖、铜质奖各3名。

另外，还有7名同志获得车工技术能手荣誉称号，8名同志获得钳工技术能手荣誉称号。在全行业掀起了学先进、立足岗位、苦练基本功，为四化做贡献的热潮。

存在问题　河北省机械工业虽然取得了较好的成绩，但也存在一些问题：

1. 流动资金严重不足。进入1993年原材料价格上涨，原材料预付款增加，“三角债”等问题，占用资金大幅度增加，资金短缺已经制约生产发展。据6月份对63个产品销路好、经济效益好的企业调查，尚缺流动资金36870万元。

2. 原材料短缺。原材料除价格外，品种短缺，不能满足生产需要，有的有价无货，如轴承钢等。

3. 经济效益低。这除结构性、素质性、机制性矛盾影响外，还有农业机械效益滑坡，新会计制度运行增加成本费用等因素的作用。9月份对五个地市和四个原厅直属企业调查，影响利润 5124 万元。到年底粗略计算，影响利税将近 3 亿元；对当年经济效益有所影响。

〔撰稿人：河北省机械工业厅　李春录、周革非
审稿人：河北省机械工业厅　彭光育、张塞外〕
〔责任编辑：张友鹤〕

山西机械工业

山西省机械电子工业厅

一、生产保持稳定增长势头

1993 年山西机械工业在国家建立社会主义市场经济体制、建立现代企业制度的条件下，得到了稳定健康的发展。全行业完成工业总产值 255640 万元，比上年增长 9.72%；销售收入 306064 万元，比上年增长 39.54%；按新的财务制度统计，实现利润 788 万元。详见表 1、表 2。

山西机械工业随着社会主义市场经济的发展，呈现出三大特点：一是生产阶段性变化与全国经济发展趋于一致。1993 年上半年全国经济高速发展，全省机械工业增幅也较大，下半年全国经济发展趋缓，全省机械工业的增幅也逐月下降，但较过去全省机械工业滞后于全国经济发展趋势有了明显的改变。二是企业适应市场的能力有所增强。1993 年，全行业产品库存的增加，远远低于销售收入的增长。全年增长的产品有 1／3 是计划外产品，说明多数企业做到了根据市场变化来安排生产。三是企业的困难程度超过前几年。特别是

表 1　1993 年山西机械工业系统概况

行业	企业数(个)	全部职工年末人数(人)	工业总产值			工业增加值(万元)	产品销售收入		产品销售税金及附加(万元)
			当年价(万元)	1990 年不变价(万元)	比上年增长%		当年价(万元)	比上年增长%	
合计	188	120392	311436	255640	9.7	73702	306064	39.5	13469
农业、工程机械	47	23094	44873	41029	−2.9	8937	53089	42.4	2004
机床工具	15	8196	22343	17679	17.2	6974	20121	22.3	1201
机械基础件	15	15096	32767	29195	14.9	10007	27964	28.3	1311
石化通用机械	12	7133	15271	13095	12.8	4245	115201	38.0	959
重型矿山机械	23	35298	108939	83956	9.9	24977	105764	43.2	4358
汽车	18	6576	20530	14690	20.3	734	21252	78.8	463
电工电器	48	22143	63560	52651	11.4	16896	59251	32.8	2967
仪器仪表	10	2856	3153	3345	19.2	937	3421	42.3	207

行业	利润总额(万元)	年末固定资产		流动资产		流动负债		所有者权益(万元)	全员劳动生产率(元／人·年)
		原值(万元)	净值(万元)	合计(万元)	平均余额(万元)	合计(万元)	平均余额(万元)		
合计	788	242186	122230	354280	314383	335450	293228	98539	21469
农业、工程机械	−156	33048	19996	55416	47122	52337	45023		17888
机床工具	154	13525	7421	26432	20004	19147	15968		21780
机械基础件	927	29482	16008	38644	34869	36887	32075		19798
石化通用机械	545	12589	5864	19240	18387	16115	13949		1883
重型矿山机械	432	99660	35626	124671	112484	129273	115395		23788
汽车	−469	11432	12687	19658	18475	18333	16316		22938
电工电器	665	38474	22961	64368	57538	58349	50113		24121
仪器仪表	−304	3975	1668	5851	5505	5009	4389		11963

表 2 1993 年山西机械工业系统产品产量

产品名称	单 位	产 量	比上年增长%	产品名称	单 位	产 量	比上年增长%
小型拖拉机	台	9849	−35.9	皮带运输机	m／t	43114／5033	20.5／39.3
农用内燃机	台／万 kW	2520／3.11	−69.9／62.8	矿山设备	t	10568	−14.5
机引耕作农具	台	1230	−59.9	冶金设备	t	5261	4.5
农用运输机械	台	6788	24.3	印刷机械	台／t	604／1116	−7.4／−12.4
农业泵	台	36658	−15.6	汽车	辆	918	270.2
拖拉机、内燃机配件	万元	7864	−17.6	汽车配件	万元	22659	51.7
金属切削机床	台	1415	13.6	工矿配件	t	12739	−10.2
锻压设备	台	1536	15.6	工业锅炉	台／蒸吨	719／2119	9.6／17.3
工业泵	台	10027	−19.2	交流电机	万 kW	72.63	1.4
风机	台	2515	47.8	变压器	万 kV·A	267.52	46.6
标准件	万件／t	21462／6647	−33.3／−40.7	互感器	台	3044	−61.0
液压件	件／t	321044／9933	37.3／45.7	电力电缆	km	2133	−22.5
轴承	万套	471.75	−24.2	高压电瓷	t	2726	4.4
起重设备	t	7100	23.2	工业自动化仪表	台	196181	3.2
叉车	台／t	50／110	−66.9／−47.6	电工仪器仪表	台	36394	45.2

1993 年下半年以来，所有的企业都不同程度地受到资金短缺的影响，资金缺口在 3.5 亿元以上。有 60%以上的企业难以维持正常生产，约有 35%的企业发不了工资，拖欠职工工资平均在 2.5 个月左右，这种状况是多年来所没有的。就是在这种困难的条件下，全行业保持了 10%以上的增长速度，其增长百分比见表 3。

表 3 山西机械工业 1993 年各月产值累计增长率

月份	1	2	3	4	5	6	7	8	9	10	11	12
增长%	16.0	29.5	29.0	28.0	21.8	20.5	21.7	19.1	16.4	14.8	12.6	12.4

二、技术进步、技术改造取得新成果

1993 年，全行业全年完成科研新产品 280 多项，可新增产值 25000 万元，新增利税 2300 万元。长治锻压机床厂开发的 DB76CNC 弯管机、太行印刷机器厂开发的六色商标轮转印刷机、太原液压机械厂开发的高精度双筒滤油器、榆次液压件厂开发的工程推土机工作阀等产品在全国处于技术领先水平。列入省重点新产品的 16 项新产品进展顺利，ZL50 装载机、L84 系列罗茨风机等 7 项已圆满完成；重点扶植的 15 项新产品 4800 型金刚石压机、直径 6.5～10mm 大规格电热管系列产品等投产后已取得较突出的经济效益。8t 自卸车、装药车系列产品进入全省十大科技成果行列，荣获 1993 年度全省重大科技成果奖。

抓紧"八五"规划的实施。全年实施技术改造项目 31 个，下达投资计划 16340 万元，完成投资 13366 万元，占计划的 81%；实施基建项目 9 个，下达资金计划 3255 万元，完成投资 3102 万元，占计划的 95%；全年新开项目 5 项，投资规模 7415 万元，落实资金 2580 万元。榆次液压件厂铸造生产线改造、太原矿山机器厂线材轧机改造等项目，领导重视，资金落实好，项目进展快。1993 年共完成竣工验收项目 16 个，完成投资 12672 万元。这批项目的投产可新增产值 30147 万元，新增利税 5027 万元。

1993 年完成重点新产品项目见表 4。

三、认真贯彻国家《质量法》，继续开展贯彻

表 4 1993 年完成重点新产品项目

项 目	生 产 厂 家	项 目	生 产 厂 家
球笼窗口数控磨床	山西省机电设计研究院	8t 系列载重汽车	山西汽车制造厂
400／150／25t 桥式起重机	太原重型机械集团公司	NC40B 数控车床	太原第一机床厂
100／50t 门式起重机	太原重型机械集团公司	CT6250B 马鞍车床	太原第一机床厂
350／75／15t 铸造起重机	太原重型机械集团公司	CT6250A 马鞍车床	太原第一机床厂
31.5MN 钢辊油压机	太原重型机械集团公司	YD(IP44)系列变级多速电机	山西电机厂
16MN 塑料挤压机	太原重型机械集团公司	6mm×4000mm 三辊卷板机	长治锻压机床厂
12.5MN 板冲液压机	太原重型机械集团公司	型材弯曲机	长治锻压机床厂
64／25+25t 板坯夹钻吊	太原重型机械集团公司	1mm×3000mm 弧形下调三辊卷板机	长治锻压机床厂
LG−200 冷轧管机	太原重型机械集团公司	管形测量机	长治锻压机床厂
20／50t 夹钳式起重机	太原重型机械集团公司	商标印刷机	太行印刷机器厂

ISO9000 管理质量保证体系标准，深化全面质量管理工作

1993 年初，省厅以晋机电质（1993）4 号文件下发了《关于 1993 年机械电子工业企业开展质量体系认证工作的通知》，提出以太原重型机械集团公司等 10 个企业列为质量体系认证重点企业。全年重点考核了 30 种产品。考核结果，品种抽查合格率 100%、品种一等品率 73%、质量稳定提高率 100%、铸铁件废品率 7.4%。继续开展以大同齿轮厂、榆次液压件厂、运城拖拉机厂、山西汽车制造厂等有关企业“提高一次投入产出合格率、降低不良品损失活动”，全行业实现降损增效 400 万元以上。

四、以提高经济效益为中心，强化为企业服务意识

1993 年围绕提高经济效益工作主要抓了两项工作：一是全力抓好行业扭亏增盈，重点放在亏损大户；二是强化为企业服务，重点为企业解决流动资金的不足。

1993 年初，厅成立了以厅长为组长的扭亏增盈工作领导小组，制定了扭亏增盈目标，为企业扭亏、减亏创造了外部环境。对亏损企业的扭亏和减亏工作始终坚持了在调查研究的基础上，实现一厂一策、分类指导的工作方法。先后制定了《关于行业重点亏损大户的亏损原因和扭亏、减亏的途径》和《关于当前企业资金紧张原因和对策》两份专题报告。

流动资金紧张，是生产企业的共性问题，贯穿了整个年度，特别是 1993 年后半年更为突出。一年来采取分渠道、保重点、兼顾一般的原则，千方百计为企业解决资金困难。全年通过财政口为企业解决资金 1200 多万元，通过经委、银行为企业申请点贷以及各种类型的流动资金 6200 万元。为一批重点企业的生产启动、提高经济效益起到了关键作用。

五、建立社会主义市场经济体制的第一步

1993 年山西机械工业在建立社会主义市场经济中坚定地迈出了第一步，实行“一厂多制”。“一厂多制”既适应市场经济体制，又从市场经济中得到了发展经济的甜头，从中也深刻地了解到市场经济是发展生产的最大动力。榆次液压件厂是山西液压集团公司的主导企业，该厂为适应市场经济，1993 年在企业内部实行“一厂多制”。在 1992 年各项经济指标翻了一番的基础上，1993 年再创佳绩，全厂完成工业总产值 8669.8 万元，比上年增长 380.1%；全员劳动生产率为 4.6 万元／人·年，比上年增长 100%；实现利税 1060.26 万元，比上年增长 96.25%。

榆次液压件厂下设十个分厂和两个中外合资分厂，1993 年各分厂采取了多种形式的有利于发展生产力的机制，各个分厂、主要处室都有了较大的发展。液压设备分厂是个新组建的分厂，厂里对他们采取“国有民营”的优惠政策，包死基数，超收自留，激励他们到市场经济的大海中求生存、求发展。这个分厂一年创造产值 1500 万元。对靠“吃皇粮”的技术口（设计处、工艺处、总师办），实行了一切费用总承包，对厂内实行技术有偿服务，对外将科技成果变为商品，使之由过去每年花企管费 70 余万元，变为 1993 年创产值 79 万元。对于一些服务型的分厂如工具分厂、机修分厂，原先一直靠为厂服务维持，“吃不饱、饿不死”，榆次液压件厂将其转向生产型，推向市场。1993 年，工具分厂从厂外创产值 277.7 万元，机修分厂从厂外创产值 297.5 万元。榆次液压件厂对销售处实行大承包，制定灵活多变的销售战略，充实销售队伍，加强全国销售网点，按市场供求规律运营。销售处工资可以高于全厂平均工资，超收分成。产品价格全部放开，随行就市，该上浮的就上浮，该下调的不心痛，分别“以质取胜”、“以价格取胜”，技术含量高的产品价格就高，反之，价格就下浮，仅此一项销售处就为企业增收利润 640 多万元。为了将职能部门推向外部市场，参与市场竞争，该厂由基建处牵头成立了房产建筑公司，由三产办牵头成立了三产开发总公司，由供应处牵头筹备成立了物资供应公司。

榆次液压件厂实行“一厂多制”，不仅适应市场经济，把国营企业“小而全、大而全”的特征当成优势来开发，划小核算单位；而且把难调头的大船划成好调头的小船，发挥了国有企业技术雄厚、基础好、设备全的优势。

六、对外开放进一步扩大

1993 年，通过参加“省两会一节”、“1993 年山西韩国出口商品展销及经贸合作洽谈会”等大型经贸洽谈活动，促进了全省机械工业与国外经济技术的交流和发展。全年省厅组织接待来自 20 多个国家和地区的外商 150 余人次，正在洽谈筹办外商投资项目 49 个，项目立项总投资 12.6797 亿元，协议外资 1635.65 万美元。长治矿山机械厂与美国合资组建的“长治太平洋钢管股份有限公司”、榆次液压件厂与香港合资成立的“榆次银安联液压泵有限公司”、定襄变压器厂与台湾合资生产干式变压器系列产品、原平液压机械厂与香港合资组建“中外合资原恒机械有限公司”生产大口径液压油缸等 10 个项目已正式开业，合同外资达 1026 万美元。正在申请的外国政府贷款项目 5 个，申请额 1895 万美元。

根据省政府的要求，完成了《山西出口商品及企业大全—机电分册》的编制，对促进山西机械工业对外合作与交流起到积极的作用。

出口基地建设继续加快。全行业产品年出口创汇 1450 万美元，厅属省机械设备进出口公司创汇 1250 万美元，太原重型机械进出口公司创汇 570 万美元，太原矿山机械厂在获得出口自营权后短短几个月创汇 20 万美元。

七、企业三项制度改革和综合改革试点工作进展顺利

1993年，“三项制度”改革在前两年试点的基础上全面铺开。省政府确定的行业中4户综合改革试点企业的经济效益，绝大多数都有不同程度的提高。省直属榆次液压件集团、大同齿轮厂、侯马亨达内燃机配件公司等6户试点企业实现利税比上年提高12.5%，比行业面上企业高出19.6个百分点。

组建和完善企业集团的工作有了新的进展。汽车集团经多方努力，省政府已正式批准成立。煤机集团实现资产一体化工作正在加紧进行。对企业实行股份制改造进行了认真的探索，开展调查研究，举办了各种形式的座谈会、培训班和讲座，为全行业股份制的顺利推行打下了良好的基础。

八、存在的主要问题

山西机械工业经过“六五”、“七五”和“八五”前三年的技术改造及全面改革开放，行业的实力大大加强。纵向比较取得了很大的成绩，但横向比较同先进的兄弟省市存在着很大差距。主要表现在：一是投资强度弱，改造进度慢；二是产品结构不合理，市场适销率低；三是生产集中度过低，专业化协作配套差；四是技术实力不强，产品开发能力弱；五是企业装备陈旧，生产工艺落后；六是社会环境不利，招商引资困难；七是管理工作滑坡，基础管理薄弱。因此，发展速度缓慢，经济效益低下，在国民经济建设中，还未起到支柱产业应有的作用。

〔撰稿人：山西省机械电子工业厅　谷连云　审稿人：山西省机械电子工业厅厅长　牛建业〕

〔责任编辑：邝　鸥〕

内蒙古机械工业

内蒙古自治区冶金机械工业厅

1993年内蒙古自治区的机械工业在向社会主义市场经济体制过渡中，积极进行探索。各级行政部门转变观念、转换职能，给企业创造宽松的环境，企业的14项经营自主权基本得到落实。自治区的机械工业企业经过“简政放权”、“政企分开”、实行两步“利改税”、“承包经营责任制”以及“转换企业经营机制”等几个改革阶段，企业活力普遍增强。1993年，以产权制度改革为重点，推动企业转机建制，使自治区机械行业的改革进入了一个崭新的发展阶段。一批企业如集宁市电焊条厂、包头变压器厂、通辽变压器厂等已实行了股份制，积极探索走向市场经济的路子。大多数机械企业进行了以分配制度为核心的“三项制度”改革，为建立现代企业制度做好了准备。

生产发展情况　1993年内蒙古自治区机械工业是低速运行，产值、效益与1992年持平。因受地区、产品结构、政策（主要是农机政策）和宏观调控的影响，不同行业的差异较大。机床、汽车配件、变压器、矿山设备等增长较快，而农机行业下降幅度较大，直接影响了自治区机械行业的发展。1993年内蒙古自治区乡镇以上独立核算机械工业企业1703个。完成工业总产值43.47亿元（不变价），工业增加值12.72亿元，实现利税5.05亿元。厅系统内机械工业企业127个，完成工业总产值139874万元（不变价），比上年增长0.41%，利税11809万元，比上年增长1.7%，产品销售收入186031万元（当年价），比上年增长42.7%。详见表1、表2。亏损企业26户，比上年增加6户，亏损额3578万元，比上年增加2190万元，其中仅农机企业就亏损3032万元，这对自治区机械工业影响很大。

科技进步和新产品开发　1993年，厅系统机械工业企业科技开发项目19项，有5项获自治区科技进步奖。开发新产品145个，共投入2600万元资金，可新增产值8780万元，新增利税970万元。1993年新产品开发注重适应市场需求，突出产品结构优化和节能降耗两个重点，促进科技成果尽快转变成生产力，转换成效益，使企业增强了生存能力。呼和浩特市机床附件总厂重视以微电子技术改造现有设备，充分发挥了设备效能，生产效率提高近两倍，产品质量达到国际90年代的水平，1993年创汇511万美元。该厂还成立了卡盘研究中心，不断开发新产品，以适应卡盘制造中心从欧美向中国转移的趋势。包头市链条输送机械制造厂开发出全国最长的大客车生产输送机，整机长198m、宽7m，承载能力达6t，1993年生产了7台，新增产值755万元，新增利税141万元。乌海市内蒙古第一通用机械厂采用新工艺新技术，转产摩托车前叉总成和减振器，质量达到日本产品标准，还能替代进口产品，产品供不应求，1993年纯利达400万元，一举扭转了连续八年亏损的局面。赤峰牧机厂采用螺旋缝双面埋弧焊接钢管技术生产大口径钢管，产品填补了自治区的空白，并新创利税数百万元。

质量和质量管理　1993年，内蒙古机械工业系统把认真贯彻《国务院关于进一步加强质量工作的决定》、《产品质量法》、《计量法》、《标准化

表 1　1993 年内蒙古机械工业系统概况

行　业	企业数(个)	全部职工年末人数(人)	工业总产值 当年价(万元)	工业总产值 1990 年不变价(万元)	工业总产值 比上年增长%	工业增加值(万元)	产品销售收入 当年价(万元)	产品销售收入 比上年增长%	产品销售税金及附加(万元)
合计	127	67443	167215	139874	0.4	44444	186031	42.7	9225
农业机械	36	15641	31547	27892	−12.8	5217	30811	−2.8	986
工程机械	1	176	42	37	−15.9	16	25	−49.0	1
机床工具	11	8002	23224	16542	17.4	8643	18987	38.6	870
机械基础件	15	7098	11493	9826	−13.6	3026	24581	151.9	1212
石化通用机械	8	4688	7452	6001	−3.8	2389	7948	33.3	350
重型矿山机械	4	3600	6927	6392	34.0	3838	6518	40.1	433
汽车	13	7187	13769	11940	49.6	5442	14925	71.3	1010
电工电器	30	17647	65846	56069	−3.0	14609	75221	46.2	4130
食品包装机械	1	537	875	770	19.4	354	819	66.1	46
其他	8	2867	6040	4405	1.2	910	6196	61.1	187

行　业	利润总额(万元)	年末固定资产 原值(万元)	年末固定资产 净值(万元)	流动资产 合计(万元)	流动资产 平均余额(万元)	流动负债 合计(万元)	流动负债 平均余额(万元)	所有者权益(万元)	全员劳动生产率(元／人·年)
合计	2584	89493	64279	173639	155616	158915	149852	65853	6590
农业机械	−1287	19449	14424	38257	31015	43041	40184	10761	3335
工程机械	−13	46	35	33	60	74	65	19	909
机床工具	1263	15396	8827	17316	15075	15435	14251	10840	10801
机械基础件	640	8620	5922	21320	21568	18208	19901	8971	4263
石化通用机械	−157	5094	4365	7480	7313	5918	5977	3915	5096
重型矿山机械	162	2682	2124	5460	4888	5406	5792	1491	10661
汽车	549	6773	4461	10489	9383	8491	7306	2875	7572
电工电器	1321	27880	21870	67691	60755	57270	51736	24769	8278
食品包装机械	39	564	321	1229	1306	1250	1388	470	6592
其他	66	2987	1930	4364	4253	3822	3252	1742	3174

表 2　1993 年内蒙古机械工业系统产品产量

产品名称	单　位	产　量	比上年增长%	产品名称	单　位	产　量	比上年增长%
小型拖拉机	台	3740	−70.8	高中压阀门	t	602	−14.6
内燃机生产量	万 kW	7.9	19.6	起重设备	t	1687	−8.3
机引耙	台	225	−72.8	金属切削机床	台	1584	36.6
机引播种机	台	1821	308.3	工业锅炉	蒸吨	1744.5	−12.0
工业泵	台	2748	−62.3	交流电动机	万 kW	50.5	−9.7
农业泵	台	8924	−81.7	变压器	万 kV·A	167	27.5
风机	台	1759	−61.7	电力电缆	km	2095	−21.2
风力发电机	台	1017	−66.0				

法》，作为振兴自治区机械工业的长期战略任务来抓。各级宏观管理部门也加强了质量监督、服务指导。1993 年，机械厅对 50 多个企业颁发了生产许可证，还举办了两期 GB／T19000（ISO 9000）系列标准培训班，有 70 多个盟、市、企业的 80 多人参加了学习。大多数企业已开始从数量效益型向质量效益型转变。1993 年，自治区机械行业重点考核的 52 种产品，抽查了 38 种，全部合格，产品一等品率 29.3%，比上年提高 1.8%，质量稳定提高率 97.3%。各企业把质量意识真正落实到生产、经营、服务各个环节，并与个人收入挂钩，实行质量一票否决，使质量管理工作有了牢固的群众基础。根据国家《工业产品质量分等导

则》和《内蒙古自治区工业产品质量分等办法》，1993年，完成了全区机械产品等级评定任务。不少企业的生产标准已超过行业标准、国家标准，有的企业已按国际标准组织生产，如呼和浩特市机床附件总厂，从1986年就按国际标准生产，多次获国际质量评比大奖，1993年又获“西班牙国际金星质量大奖”。产品已打入40多个国家和地区，占我国出口卡盘数量的80%，占国内卡盘市场总量的50%以上，产品畅销不衰。包头内燃机配件厂的汽车活塞，在全国五家活塞厂家的激烈竞争中，以质取胜，被一汽确定为解放、奥迪汽车配套的专业厂家。1993年，自治区继续把抓“工艺突破口”作为重要工作来抓，在赤峰、乌海市东西两地分期举办工艺管理讲座，还对8个企业进行咨询诊断，这些都对推动企业进步、产品质量稳定提高，起了很好的作用。

深化改革与企业管理 1993年自治区机械工业在贯彻中共中央《决定》的同时，更深入地贯彻《全民所有制工业企业转换经营机制条例》。大多数企业在劳动、人事、分配三项制度改革上有所突破。并初步进行股份制、股份合作制的改革探索。在全区机械企业内，继续推行企业内部升级活动、促使企业管理水平不断提高。国家二级企业，内蒙古变压器厂厂长王建宣同志还获得第五届全国优秀企业家（金球奖）称号。

抓好技术改造，增强发展后劲 1993年，厅重视抓重点企业和重点项目，大力推进机械工业技术进步。共组织论证可行性研究项目7项，落实新开工项目4项，为续建项目落实资金4500万元。“八五”前三年累计完成可行性论证61项，经委批复立项58项、落实资金项目41项，已经竣工投产的13项，累计投资20959万元。1993年完成技改投资9079万元，自治区机械工业的实力有所增强。现在厅系统内机械企业拥有各种金属加工设备16809台，其中进口设备83台，生产自动线53条，各种计算机、微机144台。部分企业的生产技术水平进入了世界前列。

存在问题 1993年内蒙古自治区机械工业存在的主要问题，一是资金短缺、“三角债”严重。1993年，系统内机械企业支付的贷款利息就达5920万元，几乎是利润的一半。二是产业结构性矛盾突出。自治区的机械企业因规模小、产品附加值少。很难有自我发展的能力，需要有较大的外部投入。三是农机行业受新税制影响较大，该行业又是自治区的优势行业，在全国也占有较大比重，需从改革上、资金上重点扶持。四是自治区的经济滞后于沿海地区，思想解放的程度还远远落后于改革的要求。更新观念，尽快适应市场经济则是内蒙古自治区机械行业干部职工首先必须解决的问题。

〔撰稿人：内蒙古冶金机械厅 王守仁 审稿人：内蒙古冶金机械厅副厅长 解双华〕

〔责任编辑：王 如〕

辽宁机械工业

辽宁省机械工业厅

一、行业概况

辽宁省是全国机械工业的老基地。经过40多年的发展建设，辽宁省机械工业的实力水平有长足的进步。截止到1993年底，省机械厅系统机械工业企业共有852家，其中大中型企业196家；从业职工66万人，工程技术人员4.4万人；固定资产原值164亿元，其中净值88亿元；拥有主要生产设备13万台，其中1990年以后进口的关键设备1024台；全行业拥有各种生产自动线327条。现在全省机械工业可以生产200多个类别，5000多个产品品种及配套件。主导产品的技术水平和生产规模在全国机械工业名列前茅。全省机械工业的重型、矿山、石化、通用行业有很强的制造能力，能生产多种单机和大型成套设备，如年产30万t乙烯装置、50万t尿素装置、500万t炼油装置、大型冷库成套设备、250t桥式起重机、650万t露天煤矿成套设备、1350mm板坯连铸机等600多种主要产品。机床工具行业品种较多，能生产各种普通机床、数控机床、加工中心、锻压设备、铸造机械、木工机械、机床电器等700多种产品。电工电器行业实力和基础雄厚，拥有5000MW大中小型电机和20000MW电力变压器的生产能力，能够为5000MW发电装机容量提供成套输变电设备和产品。农机、汽车行业有较好的基础，能生产各种型号的拖拉机、内燃机、内燃发电机组和农副产品加工机械，能生产2、4、8和68t载重汽车和大、中、小型客车、客货两用车、改型车。仪器仪表行业、基础件行业也有较强的实力，能生产先进的自动化仪表、电工仪表、分析仪器、光学仪器、实验室仪器。以瓦房店轴承厂为核心的轴承行业是全国轴承工业的三大基地之一，能生产10大类、250多个系列、3000多种规格型号的各类工业轴承，具有年产3000万套轴承和钢球、100多万支滚针的生产能力。液压件、标准件行业在全国占有重要地位，能生产各类液压泵、液压阀、液力泵、液力阀、液力偶合器、液力变矩器、液压油缸和各种液压、液力件1000多个品种，各种标准紧固件的生产品种也达1万多个，生产能力达40多亿件。

二、1993年生产运行情况

1993年全省机械工业共完成工业总产值208.65亿元（1990年不变价），按可比口径计算，比上年增长11.2%；完成工业销售产值271.58亿元（现价），比上年增长24.78%；产品销售率达到95.6%。从机械工业内部九大行业情况看，增长幅度最大的是工程机械行业，增幅为25.4%；重型矿山行业为23.1%；九大行业只有汽车行业为负增长，生产下降近6个百分点，详见表1、表2。

表1　1993年辽宁机械工业系统概况

行业	企业数(个)	全部职工年末人数(人)	工业总产值			工业增加值(万元)	产品销售收入		产品销售税金及附加(万元)
			当年价(万元)	1990年不变价(万元)	比上年增长%		当年价(万元)	比上年增长%	
合计	852	664804	2599984	2086762	10.64	720045	2715868	35.44	120329
农业机械	109	71328	229205	188489	7.31	49575	239252	44.41	9108
工程机械	28	30755	145495	107044	50.77	48633	171107	129.18	5287
机床工具	109	81618	251769	190575	10.04	102493	239446	27.67	11795
机械基础件	75	63897	202347	170755	17.30	69835	192910	42.16	9694
石化通用机械	110	88426	279685	245291	8.33	85975	294733	29.77	14773
重型矿山机械	48	64532	250573	201877	16.57	55295	259424	37.89	9413
汽车	43	68462	513293	344673	−7.58	116524	518584	7.89	20350
电工电器	205	151328	641574	557596	15.08	161936	715842	48.72	35315
仪器仪表	86	34357	69021	65320	16.47	25105	68012	23.92	3783
食品包装机械	6	3055	5076	5140	27.10	1405	6358	98.07	419
其他	33	7046	11946	10002	47.98	3271	10200	63.33	392

行业	利润总额(万元)	年末固定资产		流动资产		流动负债		所有者权益(万元)	全员劳动生产率(元/人·年)
		原值(万元)	净值(万元)	合计(万元)	平均余额(万元)	合计(万元)	平均余额(万元)		
合计	105778	1658392	900555	2536784	2338290	2338904	2147996	1108129	10830
农业机械	7778	123908	72746	213060	197503	226634	210107	40936	6950
工程机械	9258	92204	59741	138468	118265	117476	100810	72835	15813
机床工具	10318	176011	84499	262732	238583	243323	223241	85059	12557
机械基础件	9698	137897	63349	162392	145390	132592	119816	81469	10929
石化通用机械	1063	201039	117042	335580	311935	324318	269187	112241	9723
重型矿山机械	3709	270904	142887	281852	266902	312209	292604	130437	8569
汽车	43632	209352	145463	494152	450061	355016	328719	269464	17020
电工电器	14833	392116	184569	557409	529051	542459	529322	277916	10701
仪器仪表	5603	42582	23788	74188	64571	66413	56328	35394	7307
食品包装机械	−177	7343	3643	8449	8237	10808	10454	−299	4599
其他	2	5021	2829	8501	7791	7642	7387	2672	4642

表2　1993年辽宁机械工业系统产品产量

产品名称	单位	产量	比上年增长%	产品名称	单位	产量	比上年增长%
大中型拖拉机	台	583	−51	制冷设备	套	4763	10
小型拖拉机	台	11323	−54	起重设备	t	53617	−4
农用运输车	辆	8555	−25	运输设备	t	30776	31
拖拉机、内燃机配件	万元	26337	38	矿山设备	t	33351	9
金属切削机床	台	19740	12	冶炼设备	t	16719	3
锻压设备	台	1471	−13	石油钻采设备	t	1591	31
工业泵	台	25969	−6	炼油化工设备	t	20049	−2
农业泵	台	31142	−5	复印机	台	2080	17
风机	台	10512	−14	工业自动化仪表	万台(件)	121	−1
气体压缩机	台	9619	31	分析仪器	台	68	−51
高中压阀门	t	8377	−19	试验机	台	13302	1

1993 年全省机械工业生产运行有以下几个特点:

1. 增长速度上半年高，下半年低

机械工业在 1992 年进入高速增长时期。1993 年上半年，在全国固定资产投资高速增长的拉动下，机械工业继续保持很高的发展速度。全省机械工业上半年工业总产值增幅为 21%，销售产值增幅为 38.6%，产销率逐月上升，订货合同比上年同期增长 42%。下半年随着国家宏观调控措施的出台，机械工业的发展速度迅速回落。到年底，累计工业总产值和销售产值增幅比 6 月份分别下降了 9.8%和 14%；下半年完成的工业总产值仅比上年同期增长 1.6%，其中四季度比上年同期下降了 2%。

2. 地区和行业间的差距进一步扩大

全省 16 个市局中，有 11 个市局产值增幅高于行业平均增长水平。金杯汽车公司和沈阳农机局出现了负增长，分别比上年下降 20%和 15%。地区间增长幅度高低相差近 70 个百分点。沈阳机械局、大连机械局、鞍山机械局、丹东机械局和朝阳机械局持续快速增长。

全省的工程机械行业、机械基础件行业、重型矿山行业、仪器仪表行业一直保持较快的发展速度；电工电器行业产值占全省比重达 27%，发展一直比较稳定，对全省机械工业起到了明显的支撑作用；机床行业虽然起落较大，但增幅仍高于行业平均增长水平；汽车行业的增长幅度上半年为 20%，到年底下降 6%，主要是金杯公司汽车销售不畅，年销大幅度滑坡所致；农用机械和石化机械行业一直比较困难，农机行业中除朝阳柴油机厂、大连柴油机厂的汽车内燃机和拖拉机、内燃机配件增长较快外，其他产品生产均大幅度回落。

3. 大中型企业增幅低于全省平均增长水平

在全省 196 户大中型企业中，产销形势好的占 51%，所完成的产值占全省 70%以上，是行业发展的主导力量；有 28%的企业生产效益水平一般；有 21%的企业处于亏损状态。大中型企业的生产增长幅度比全省低近 1 个百分点。这主要是由于大中型企业负担过重，设备更新和改造欠帐太多以及运行机制存在的问题所致。

从总体上看，全省机械工业在 1993 年基本保持了产销协调的发展态势，销售增长幅度一直高于生产增长幅度。

三、经济效益明显提高，实现利税创历史最高水平

在行业产销协调发展的基础上，行业的经济效益有大幅度的增长。1993 年全行业共实现产品销售收入 272 亿元，比上年增长 34.6%；利税 22.61 亿元，其中利润 10.58 亿元，分别比上年增长 48.5%和 108.4%，创历史最高水平，改变了近几年效益增长严重滞后的状况。1993 年行业增支因素较大，其中生产资料价格上涨了 50%，利息支出达 10.5 亿元，加上财会制度改革处理了一些历史遗留问题，能够实现利税大幅度增长是很难得的。

尽管行业总体经济效益有大幅度提高，但经济效益综合指数不高，其中产值利税率为 11%，销售利税率 8.3%，资金利税率 7.2%，均低于历史最好水平。全行业亏损企业多达 265 个，亏损面近 1／3，亏损额 2.6 亿元，比上年增加近一倍。这主要是部分企业自身素质低、产品不过硬、竞争能力差造成的。

四、出口创汇大幅度增长，引进外资步伐加快

1993 年全行业在积极开拓国际市场，增加机电产品出口方面成绩显著。全年共完成出口交货值 14.03 亿元，比上年增长 24.8%。在 80 户“中一”型企业中，出口交货值比上年增长 50%以上的占 1／4。出口交货值超千万元的企业有 29 家，其中金杯公司为 16142 万元，沈阳变压器厂为 10897 万元，瓦房店轴承工业公司为 6894 万元，沈阳电缆厂为 6530 万元，沈阳第一机床厂为 6298 万元，形成了一批有实力的出口产品基地。

全行业引进外资工作在 1993 年取得明显成效。全年开办合资企业 63 户，引进投资 4663 万美元，相当于全行业当年固定资产计划投资额的 1／3。截止到 1993 年末，全行业共有合资企业 170 户，外商投资额达 1.65 亿美元，其中有 73 户已正式投产或营业，年出口创汇额超过 2000 万美元。

五、产品结构调整力度加大，技术改造成效显著

1993 年全省机械工业产销两旺，经济效益大幅度提高，其主要原因是近年来全行业生产经营意识有较大转变，重视以市场需求为导向，积极调整产品结构；紧紧围绕培植新的经济增长点，加强行业的技术改造；形成了一大批具有较高技术水平、经济规模和配套能力的产品生产企业。1993 年全行业进入省级以上的各类新产品开发计划就有 1000 种，当年投入批量生产的新产品达 500 多种。沈阳电缆厂、变压器厂、高压开关厂、重型机器厂、矿山机器厂、风动工具厂，鞍山红旗拖拉机厂、矿山机械厂，丹东汽车厂和营口复印机厂等一大批企业，以自我开发为主，同时大力引进国外先进技术，开发了一大批具有竞争力的高技术、高附加值产品。如新型高效节能锅炉、电站锅炉、胶印机、汽车增压器、重型矿用车、推土机、装载机、500kV 封闭组合电器、大型电力变压器、2050 热联轧机组、FM200 型柔性加工中心、大型锅炉给水泵、透平压缩机等产品在全国都处于领先地位。1993 年全行业新产品产值为 41 亿元，占全部工业总产值的 20%。

辽宁省的老企业较多，要开发高、新技术产品，全面提高行业生产技术水平需要加大技术改造力度。1993 年全行业在资金比较紧张的情况下，完成了技术改造投资 8.4 亿元，有 25 个重点工程项目竣工投产。到 1993 年末，全省机械工业“八五”期间已累计完成固定资产投资 33.5 亿元，其中技术改造投资 27 亿元。

六、在加强企业管理，转换经营机制，建立现代企业制度方面有新的突破

1993年全省机械工业在深化改革，加强企业管理工作方面始终以贯彻落实《条例》为主线，以加快转换企业经营机制为目标，以搞好大中型企业为重点，制定了试行股份制改造一批、引进外资嫁接一批、发展企业集团壮大一批、租赁拍卖转属一批、开发第三产业转向一批的工作目标；在强化企业管理上，以提高经济效益为中心，以提高产品质量、降低产品成本为重点，积极推广各种行之有效的现代管理方法，不断提高企业的整体素质。具体体现在：

1. 股份制试点面进一步扩大

1993年经省体改委批准，又有21个大中型企业经过改组组建成14个股份制有限公司。全行业股份制有限公司总数达到22个，总股本36亿元，其中，国家股26亿元，法人股4.7亿元，个人股5.3亿元。

2. 小企业国有民营迅速铺开

各市局均选择了一些企业进行试点，在资产评估的基础上，公开招聘经营者，签定的租赁合同期一般为3～5年，并按企业资产总值的3%～25%比例交风险抵押金和租赁费。营口变压器厂是全行业第一个国有私营试点企业。为完成合同规定的各项经济指标，该厂在精简机构、工效挂钩等方面进行了一系列内部改革，企业的凝聚力明显增强，各项经济技术指标全面增长，1993年完成工业总产值1914万元，销售收入2440万元，利税285万元，分别比上年增长135.7%、188%和210%。国家多收利税100多万元，企业多留利40多万元，职工收入增加18万元。

3. 企业集团进一步发展壮大

目前全行业共有各类企业集团37个。在运行中以资产联结为纽带的产权制度改革不断深化，使企业集团的凝聚力不断增强，现正朝整体推进，协调发展的方向前进。以大连冷冻机厂为核心组建的大连冰山制冷集团，已由初期的松散联合，协作配套方式，发展成资产相融、集中决策、统筹规划、统一管理的紧密型企业集团。集团的生产、效益居全国同行业之首，产品不仅畅销全国，还远销世界30多个国家和地区。

4. 企业整体素质进一步的提高

1993年省机械厅先后召开了四次全行业企业管理工作会议和企业管理现代化研讨会，举办了价值工程学习班。1993年全行业“从管理要效益”实现的效益额达2.9亿元；有20家企业获省政府颁发的“现场管理百面红旗优胜单位”称号；有20家企业被评为辽宁省机械工业小型巨人企业；全年评选出现代化管理成果64项，创效益额达1.7亿元。

5. 第三产业发展迅速

第三产业迅速发展，为企业改革分流人员及把企业的社会服务功能推向市场开辟了道路。据对13个市局所属企业调查，共开办第三产业经营单位4744个，安排从业人员8.1万人，实现销售收入达30.3亿元，实现利税1.5亿元。沈阳市机械局系统所属企业在1993年共成立第三产业经营单位3300个，安排从业人员5万人，实现销售收入20亿元，利税0.75亿元，消化费用3.6亿元。

七、存在问题

首先，地区间、企业间发展很不平衡，行业总体发展水平与全国先进省市相比也有较大差距。第二，资金紧张的状况已成为制约行业发展的主要矛盾，这里既有国家重点工程资金不到位，拖欠货款的问题，也有产品结构不合理，库存积压和资金使用管理不善的问题。第三，企业包袱太重，难以轻装上阵，参与平等竞争。1993年末，全行业自有流动资金仅有31亿元，占全部流动资金比重的12.6%，流动资产负债率高达87.4%。第四，市场意识有待增强，产品结构和组织结构调整尚需进一步加大力度。很多企业缺乏开拓市场的长远规划和科学运筹，销售管理体系没有根本性变化，有的企业销售力量仍很薄弱，离市场经济的要求相差甚远。全行业仍有相当一部分产品不适应市场需求，产品水平低，质量不过硬。也有很多产品虽然水平较高，市场需要，但迟迟形不成经济批量，不能迅速占领市场。第五，全省大中型企业较多，从总体上看运行机制不适应市场经济要求，缺乏活力。

〔撰稿人：辽宁省机械厅信息中心　陈海波　审稿人：辽宁省机械工业厅信息中心　刘宝林〕

〔责任编辑：张友鹤〕

大连机械工业

大连市机械工业管理局

基本情况　大连市机械工业管理局系统有工业企业138个，比上年减少2个；共有职工148155人（工程技术人员占6.8%），其中全民所有制独立核算企业61个，职工108871人。有大型企业17个，其中大型一档9个，大型二档8个；有中型企业32个，其中中型一档1个，中型二档31

个。有省以上重点企业27个，其中国家骨干企业14个，国家重点企业13个。

生产发展情况 1993年，全局系统工业企业经济实现了持续、快速、健康发展，呈现了经济效益增长幅度大于生产增长幅度的良性发展势头（详见表1）。主要特点是：(1) 生产发展速度较快。全系统工业总产值在“六五”、“七五”和“八五”前两年期间连续递增的基础上，1993年完成500123万元（1990年不变价，现价为626404万元），比上年增长13.9%。其中，工程机械、机械基础件、重型矿山机械、汽车、仪器仪表等行业增长幅度在17%以上（详见表2）。(2) 经济效益大幅度提高。全局实现利税总额59360万元，比上年增长90.6%。其中，实现利润32548万元，增长179.6%；实现税金26812万元，增长37.4%。现价产值利税率9.5%，资金利税率8.7%，分别比上年提高2.0个和0.1个百分点。年末有亏损企业23个，亏损企业亏损额3255万元，其中全民企业12个，亏损额2624万元。按可比口径统计（扣除财会制度改革因素的影响）亏损企业为17户，比上年减少3户，亏损企业亏损额为1735万元，比上年下降13.8%。(3) 产品出口持续增长。全系统机电产品出口在连续八年增长的基础上继续增长。全年完成出口产品供货值43112万元，比上年增长7.8%；出口创汇7212万美元，与上年持平，其中自营出口创汇3291万美元。新增出口产品15种，累计289种。有出口产品的企业52家，其中国务院经贸办赋予外贸经营权的企业13个、出口基地企业9个、扩大机电产品出口企业7个。出口创汇超百万美元的企业16个，其中自营出口创汇超百万美元的企业6个（详见表3）。

科研成果 全局系统认真贯彻以科技为先导，以质量为主线的工作方针，加大科研工作力度，完成部重点科研项目6项。其中，大连电瓷厂进行的提高盘型悬式绝缘子陡冲击波试验性能，通过了由国家电力企业联合会组织国家电力科学院、全国各大电力设计院的专家认定。同时，该厂进行的1200V雷电冲击波及陡波试验装置的研究，获大连

表1 1993年大连市机械工业系统概况

行业	企业数（个）	全部职工年末人数（人）	工业总产值			工业增加值（万元）	产品销售收入		产品销售税金及附加（万元）
			当年价（万元）	1990年不变价（万元）	比上年增长%		当年价（万元）	比上年增长%	
合计	138	148155	626404	500123	13.9	191547	635151	50.6	26812
农业机械	18	10611	28792	25472	3.5	8457	31421	35.1	1139
工程机械	4	2982	17293	13037	18.6	4868	17804	36.9	339
机床工具	13	13763	47795	36187	20.5	21676	46259	45.9	1745
机械基础件	21	38943	147140	120962	17.1	50305	135878	28.5	6453
石化通用机械	21	22025	97367	82541	4.1	27496	102931	28.9	4057
重型矿山机械	6	23865	101444	75283	17.8	20091	109336	42.6	2835
汽车	5	4920	61180	45491	29.4	23826	65809	85.4	4207
电工电器	33	24508	109216	86735	7.0	28508	109549	39.2	5161
仪器仪表	15	5793	14529	12899	19.9	5755	14308	26.7	819
其他	2	758	1648	1516	10.5	566	1856	47.3	57

行业	利润总额（万元）	年末固定资产		流动资产		流动负债		所有者权益（万元）
		原值（万元）	净值（万元）	合计（万元）	平均余额（万元）	合计（万元）	平均余额（万元）	
合计	32548	419724	227538	535751	491680	487022	440969	250705
农业机械	118	16004	9431	23426	24235	23609	23128	10369
工程机械	433	7958	4374	12734	12061	9920	10421	4461
机床工具	2831	43909	24574	36256	35182	37246	35314	23215
机械基础件	8692	98842	50789	107392	94610	81489	73325	66365
石化通用机械	3631	83211	47517	116366	113968	100019	85870	58465
重型矿山机械	1419	80126	41247	106528	104130	117528	113065	21768
汽车	10632	21080	14894	37517	21817	29500	17341	27160
电工电器	4007	55237	27574	76490	68471	72398	68478	29106
仪器仪表	704	11464	6392	17614	16152	14041	12836	9058
其他	81	1165	746	1429	1055	1272	1191	738

表 2　1993 年大连机械工业系统产品产量

产品名称	单　位	产　量	比上年增长%	产品名称	单　位	产　量	比上年增长%
小型拖拉机	台	4207	−32.9	叉车	台	1006	8.9
内燃机	万 kW	319.76	37.3	矿山设备	t	1132.9	13.8
其中：农机内燃机	万 kW	7.86	86.7	工矿配件	t	10692.9	14.0
内燃发电机组	万 kW	0.29	−60.8	冶炼设备	t	16086.1	9.6
机引播种机	台	178	−66.0	金属轧制设备	t	710.5	13.0
拖拉机、内燃机配件	万元	15477	25.8	炼油化工设备	t	12407	3.4
金属切削机床	台	4050	17.5	橡塑加工机械	t	10456.5	5.5
其中：大型机床	台	253	−11.2	食品机械	台(件)	424	4.7
高精度机床	台	30	42.9	包装机械	台(件)	1175	−14.7
锻压设备	台	105	28	印刷机械	t	2498.6	1.4
工业泵	台	4015	−20.9	汽车配件	万元	6183.4	−7.8
农业泵	台	4097	7.8	工业锅炉	蒸吨	669.5	29.7
风机	台	787	−41.5	交流电动机	万 kW	221.68	−2.6
气体压缩机	台	188	18.2	直流电机	万 kW	2.69	−1.5
高中压阀门	t	2089	−15.8	变压器	万 kV・A	94.28	44.2
电站用阀门	t	87	−64.8	互感器	台	81704	−12.6
制冷设备	套	4774	12.0	电力电缆	km	393	32.3
液压件	万件	3.92	30.2	高压电瓷	t	21149	17.0
轴承	万套	2014.75	−15.1	工业自动化仪表	万台(件)	10.72	−5.0
起重设备	t	33587.7	0.5	电工仪器仪表	万台(只)	10.56	−2.6
其中：电动桥式起重机	t	25187.2	12.5	分析仪器	台	18	157.1
运输设备	t	149	−70.9	光学仪器	台	12915	1.7

表 3　1993 年大连机械工业系统出口创汇超百万美元企业　(单位：万美元)

企　业　名　称	出口创汇额	为上年 %	其中：自营出口创汇额
瓦房店轴承厂	1420	103.3	451
大连起重机器厂	917	305.2	143
大连冷冻机厂	641	115.5	128
大连电瓷厂	542	83.6	50
大连重型机器厂	502	108.7	102
大连液压件厂	432	194.6	
大连第二机床厂	314	103.0	81
大连橡胶塑料机械厂	298	75.1	80
大连机床厂	265	159.6	101
大连叉车总厂	255	84.4	19
大连高压阀门厂	242	26.4	2
大连电瓷钢帽厂	232	91.0	
金州重机厂	213	53.1	24
大连电机厂	207	48.9	189
大连机床附件厂	182	99.5	
大连耐酸泵厂	112	112.0	

注：表内未含大连机械设备进出口公司的出口创汇额 1809 万美元。

市科技进步二等奖。瓦房店轴承厂进行的镍基合金压铸轴承保持架研究通过部级鉴定。该项研究成果较好地解决了镍合金代铜问题，并以压铸取代机械加工制造，材料利用率提高到 75%，生产效率提高 2.5 倍，降低成本 40%。全局系统有 49 项科技成果获市级以上科技进步奖。其中部级二等奖 4 项、三等奖 8 项（详见表 4），省级二等奖 2 项、三等奖 1 项，省机械厅一等奖 6 项、二等奖 6 项、三等奖 12 项，市级一等奖 2 项、二等奖 4 项、三等项 4 项。部标准制订修订完成 8 项，采用国际标准验收完成 9 项。

新产品　重点发展节能、节汇、高技术、高附加值和机电一体化产品，不断优化产品结构。全年共开发新产品 311 种，其中完成投产技术鉴定 202

表 4 大连机械工业系统 1993 年获部级科技进步奖项目表

项 目 名 称	项 目 单 位	获奖等级
1. 电解铝多功能起重机	大连起重机器厂	二
2. ZJ-500 型 5000kN 全立式冷室电机转子压铸机	大连电机厂	二
3. JB/T5389—91 滚动轴承轧机用四列圆柱滚子轴承技术条件	瓦房店轴承厂	二
4. ZBK50006-89 高压架空线路绝缘地线用盘形悬式绝缘子	大连电瓷厂	二
5. TH6280 卧式加工中心	大连机床厂	三
6. 四绳抓斗差动控制系统	大连起重机器厂	三
7. 平整机 AEC 液压系统	大连起重机器厂	三
8. 焦炉机械液压系统	大连液压件厂	三
9. 109B 型低温液化气用机械密封	大连耐酸泵厂密封分厂	三
10. 宝钢二期 2050 轧机轴承国产化和提高寿命的关键技术试验	瓦房店轴承厂	三
11. 合金钢内螺纹承插焊闸阀、截止阀	大连高压阀门厂	三
12. JB/T5445～5446-91 中型活塞式单机双级制冷压缩机	大连第一制冷设备厂	三

种，样机技术鉴定 36 种。大连重型机器厂研制的 C 型翻车机卸车系统通过了部级鉴定。该产品采用 PLC 控制，结构合理，效率较高，特别是在工作中对车体保护好，有较好的推广前景。大连机床厂在引进英国 KTM 公司技术的基础上研制开发的 FM200 柔性加工单元，制造精度、重复定位精度等主要技术指标都达到了英国同类产品 80 年代末期水平。大连锅炉厂引进澳大利亚技术分别开发出节能型燃煤锅炉、燃油锅炉和燃气锅炉，比普通锅炉耗能降低 6%。该厂 1991～1993 年三年共生产 45 台这类锅炉，实现新产品产值 4500 万元。大连高压阀门厂围绕国际市场需求开发出 300 磅级铸钢闸阀、截止阀和 150 磅级铸钢截止阀共 18 个规格的出口产品，全年该产品创产值 2800 万元，创利税 197 万元。全局系统当年鉴定投产的 202 种新产品实现产值 20500 万元，占工业总产值的 4.1%，实现利税 2215 万元，占利税总额的 3.7%。1991～1993 年三年中开发的新产品当年实现产值 65500 万元，占工业总产值的 13.1%，实现利税 7500 万元，占利税总额的 12.6%。

质量 全局系统以贯彻《产品质量法》为中心，以贯彻国家 GB/T19000 质量标准为主要内容，加强质量管理工作。当年重点考核的 76 种产品，品种抽查合格率 100%，质量稳定提高率 99.6%，品种一等品率 86%，分别比上年提高 1.4、3.6 和 3.3 个百分点。各级质量监督部门抽查的 70 种产品，合格率为 94.3%。大连重型机器厂成为我国重机行业首家通过质量体系认证的企业。

技术改造和技术引进 局属企业以优化产品结构为目标，加快企业技术改造步伐，在技改专项贷款到位率低、企业自筹资金十分困难的情况下，技术改造的年度计划投资额和实际完成投资额均达到历史上的最高年份。全年共安排技术改造项目 54 项，年度计划投资额 31421 万元。当年完成投资额 24731 万元，比上年增长 25.9%。技改工程竣工 28 项，投产 15 项。1991～1992 年两年技改竣工项目投产达产年内实现产值 18000 万元，利税 2500 万元，创汇 600 万美元。消化吸收国产化项目完成 5 项，当年节汇 400 万美元。引进国外先进技术 10 项，成交额 1200 万美元。应用电子技术改造机床 53 台，累计改造 851 台；安装数显坐标 60 个，累计安装 779 个。完成 CAD 计算机辅助设计项目 5 项。

深化改革及企业管理 企业改革步步深入。全局系统按照大连市深化企业改革的统一部署，统筹规划，分类指导，加大改革力度。这一年，有 6 户企业实行“投入产出总承包”，3 户企业实行中外合资企业管理办法。这两种资产经营形式试点企业累计为 20 户。在 6 个中小企业中进行了国有民营的可行性研究和筹备工作，产权制度改革有了突破。大连冷冻机厂改组为大连冷冻机股份有限公司，是大连市首批两户上市股份有限公司之一。大连重型机器厂改组为大重集团公司（大连），在向现代企业制度过渡中迈出了重要的一步。企业内部经营机制不断转换，“三项制度”改革在试点的基础上已在全局铺开。企业内部初步形成了干部可上可下、职工能进能出、工资有升有降的劳动人事管理体制。

企业管理不断加强。优化现场管理试点扩大到 21 个企业 66 个车间。1993 年，瓦房店轴承厂、大连冷冻机厂、大连第二电机厂、大连橡胶塑料机械厂、大连机床附件厂被评为辽宁省现场管理红旗单位。全系统开展了向管理要效益活动，创效益 7244 万元，万元产值综合能耗 1.14t 标准煤，比上年下降 5%。瓦房店轴承厂、大连重型机器厂被大连市政府命名为“1993 年节能样板企业”。全系统有 38 项现代化管理成果获市级以上成果奖，其中部级 3 项、省级 19 项、市级 16 项。

“三资”企业发展较快。全系统建外商投资企业数在上年实现翻番的基础上，又新建 17 家。协议投资 7462 万美元，注册资本 4484 万美元，其中外方 2339 万美元，占 52.2%。累计建外商投资企业 44 家，总投资 16600 万美元，注册资本 9300 万美元，其中外方 4500 万美元，占 48.4%。在这些企业中，外商的国（地区）别不断增多，达到13个国家（地区）；投资项目规模不断扩大，每项投资由1991年的平均90万美元提高到439万美元；投资领域不断拓宽，除机械行业外，扩展到轻工、化工、房地产、饮食服务等行业。外商投资项目结构不断优化，新建的17家企业中，高新技术项目占70%，出口产品项目占64%。截止到年末，累计正式投产企业9家，试生产9家。正式投产企业当年实现产值12429万元，销售额12925万元，均比上年增长1倍；实现利税1321万元，增长17.9%；出口创汇735.9万美元，增长9.9倍，占全局创汇总额的10.4%，比上年提高3.5个百分点。

主要问题 1993年，大连机械工业生产经营的主要问题是资金占用攀升。年末，全系统三项资金占用239037万元，比上年末增加23.3%。

〔撰稿人：大连市机械工业管理局 张升革 审稿人：大连市机械工业管理局 李学勤〕

〔责任编辑：张友鹤〕

吉林机械工业

吉林省机械工业厅

基本情况 1993年，吉林省机械工业以市场为导向，深化体制改革，坚持科技进步，强化管理，发挥优势产业——汽车工业的拉动作用，使各项主要经济指标均创历史最好水平。全行业有独立核算企业3349户，职工总数641221人，固定资产原值1387460万元，固定资产净值910090万元。全年完成工业总产值2323285万元，销售收入3208912万元，实现利税235652万元，分别比上年增长41.9%、57.1%和27.8%。其中，按新会计制度计算，实现利润111653万元。

省机械工业厅系统，紧紧围绕省政府下达的经济上台阶任务目标，加强行业指导与服务，克服困难，取得了进一步发展。全系统有归口企业267户，职工总数17万人，固定资产原值258905万元，固定资产净值170541万元。全年完成工业总产值382566万元，销售收入503255万元，实现利税25934万元，分别比1992年增长5.4%和41.8%。其中，实现利润4849万元。而按原会计制度计算，实现利润19849万元，比上年增长64%。1993年吉林省机械工业概况及主要产品产量详见表1（按255个企业统计）、表2。

1993年吉林省机械工业行业发展主要有三个特点：

1. 优势产业——汽车工业的拉动作用突出。一是汽车工业的高速增长推进了机械工业的快速发展。1993年，全省汽车工业完成产值155914万元，销售收入161879万元，实现利税12487万元，分别比1992年增长29.9%、66.9%和13.1%。从而确保了全省机械工业这三项指标均比1992年有较大增长。二是汽车工业高速增长为相关配套工业加速发展创造了有利条件。长春、公主岭、吉林化学工业公司的3个橡胶厂为汽车行业生产轮胎所创产值达5亿元以上，比1992年增长35%。浑江、大安、公主岭3个轴承厂生产汽车底盘轴承所创产值1.5亿元，比1992年增长32%。建材、轻工、化工等行业企业，以汽车为市场，配套产值均比1992年增长20%以上。

2. 从年初的高速启动转为下半年的增幅下降。全省机械工业抓住国民经济快速发展的有利时机，从元月始，就以比1992年同期增长25%的高速启动生产。之后，逐月加速。到6月，产值已比1992年同期增长55%，高于全国机械工业平均增长水平20个百分点。而从7月起，由于国家进行宏观调控，银行只收不贷，资金流通阻塞，产品市场急剧疲软，机械工业受到严重冲击。生产增幅每月以3%～4%的速度下降。到年底，产值比1992年增长41.9%，高于全国机械工业平均增长水平。

3. 企业效益两极分化现象加剧。年初，机械工业除农机类产品外，基本呈现卖方市场，70%的企业效益较好，比1992年同期有不同程度的增长。发生亏损企业只占30%左右，且多数是微亏。但从7月起全面推行新会计制度，由于成本核算方法的变化直接影响效益，加之宏观经济环境由过热突变为过冷，致使各企业效益好与坏的差距拉大，向亏损转化的企业日渐增多。不仅原有亏损企业继续增亏，同时又出现了一大批新的亏损户。特别是一些大中型企业，亏损更为严重。如：白云机械厂、长春拖拉机制造厂、四平联合收割机厂等，亏损额都在2000万元以上。盈利企业，大都具备较好的内外部条件。一是有一个好的“当家”产品，适应市场需要，生命周期较长；二是有一名精明干炼的厂长（经理）或领导班子，善于观察分析形势，果断决策；三是具有一定的经济规模，竞争实力较强，且具有后续能力；四是体制改革上路，生产经营机制运转灵活；五是企业管理严格，质量、生产、销售、成本等各项管理有条不紊。这些企业对宏观经济波动应变能力较强，效益不断增长。如：四平鼓风机厂、公主岭轴承厂、长春变压器厂、长春第一机床厂等，利税都在1000万元以上；长春汽油机总厂、长春客车工厂、首钢吉林柴油机厂等，利税都在2000万元以上。这种企业间效益两极分化局面，是综合性因素造成的。

实施行业发展新战略 根据省委、省政府关于全省工业经济上新台阶“落实年”、“建设发达的边疆近海省”的要求，省机械工业厅提出了实施机械工业发展新战略。即：发挥优势（汽车工业），形成支柱；抓增长点，扩大实力；发展“三资”，调整改造；培育市场，搞活行业。本着这一战略，重新修订、完善了全省机械工业“八五”计划和十年发展规划。结合国民经济调整，确定了近期阶段性目标。即：抓好“两个稳定”（针对政府机构改革，稳定机关人心，做好本职工作；针对省里要求，稳定发展机械工业，完成三年上台阶任务），力争“两个赶超”（四平市机械局赶超长春市机械局，白城市机械局赶超通化市机械局），做到“两个恢复”（农机行业、地方军工行业恢复正常生产经营），实现“两个提高”（提高行业后续能力，提高经济效益，增强竞争能力）。这一战略的实施，已初见成效。优势产业——汽车工业产值达155914万元，比1992年增长29.9%，占厅归口企业总产值的33.9%，确立了支柱地位。省政府下达的经济上台阶第二年的产值、工业增加值、资金利税率三项指标，分别予以全面完成。四平市机械局已在实现利税方面，超过了长春市机械局，白城市机械局实现利润超过了通化市机械局。

培育经济增长点 1993年年初，根据经济上台阶的需要，通过调查研究分析，确定了四平、白城为机械工业增长点地区，汽车、机床工具、石化通用为增长点行业，长春电炉厂、四平鼓风机厂等40个企业为增长点企业。在明确分工、落实责任的同时，采取了加速技术改造、实施激励政策、总结典型经验，进行增长点动态调整等措施，发挥重点地区、重点行业、重点企业的作用，确

表1 1993年吉林机械工业系统概况

行业	企业数(个)	全部职工年末人数(人)	工业总产值			工业增加值(万元)	产品销售收入		产品销售税金及附加(万元)
			当年价(万元)	1990年不变价(万元)	比上年增长%		当年价(万元)	比上年增长%	
合计	255	152641	465770	361670	5.6	102951	475838	41.4	18993
农业机械	51	37208	74882	63832	−25.6	12164	110315	31.6	2520
工程机械	4	3196	15910	11150	−10.1	4570	12721	−8.5	539
机床工具	15	11079	27259	21861	7.9	8932	26487	42.2	1882
机械基础件	12	8681	20280	17821	7.6	6943	17981	13.1	1158
石化通用机械	31	18198	35919	29395	3.9	10360	37411	34.3	1934
重型矿山机械	12	7784	19830	17444	12.1	5807	19629	52.9	1022
汽车	46	30127	155914	122461	29.9	30433	161879	66.9	5942
电工电器	56	25559	72554	60429	10.6	18249	72168	38.3	3460
仪器仪表	15	8025	13420	12474	23.0	4171	12451	33.4	568
其他	13	2784	4537	2803	22.6	1323	4797	19.8	165

行业	利润总额(万元)	年末固定资产		流动资产		流动负债		所有者权益(万元)	全员劳动生产率(元/人·年)
		原值(万元)	净值(万元)	合计(万元)	平均余额(万元)	合计(万元)	平均余额(万元)		
合计	5898	219770	142584	462614	427570	409036	365689	126099	6798
农业机械	−5530	59909	33702	125498	128979	95192	86467	22726	3242
工程机械	1293	5518	4035	13485	11266	13725	9748	3088	15183
机床工具	1386	14527	11560	34640	31248	31881	29012	10484	8307
机械基础件	979	13314	9098	24117	20906	20591	16823	6139	8146
石化通用机械	576	20148	15197	44309	39974	42199	38427	15183	5752
重型矿山机械	757	7284	5166	23372	19955	19496	18952	5685	7602
汽车	6545	51263	31710	89521	75589	81485	70263	34199	10221
电工电器	386	35096	23835	86561	81277	85657	76812	22493	7141
仪器仪表	−481	10859	6972	17777	14930	14905	13868	5122	5275
其他	−13	1851	1309	3334	3445	3904	5318	978	4789

表2 1993年吉林机械工业产品产量

产品名称	单位	产量	比上年增长%	产品名称	单位	产量	比上年增长%
大中型拖拉机	台	1293	−52.0	装载机	台	563	18.7
小型拖拉机	台	24550	−55.2	自行车	万辆	8.37	−58.9
内燃机	万kW	1246.83	23.6	印刷专用设备	t	3022	−2.8
机引耕作机械	台	7621	−56.5	汽车	辆	172576	18.9
种植机械	台	9258	−52.9	改装汽车	辆	3263	−54.4
联合收割机	台	230	−74.6	摩托车	辆	85435	58.1
机动脱粒机	台	2933	28.0	工矿电机车	辆	21	−16.0
中小农具	万台	1652	−10.0	民用钢质船舶	艘	43	−37.6
机动饲料粉碎机	台	2110	−7.9	工业锅炉	蒸吨	6897.7	94.0
金属切削机床	台	2305	8.8	交流电机	万kW	74.57	14.5
滚动轴承	万套	1072.28	27.5	变压器	万kV·A	158.6	1.2
泵	万台	5.44	−10.0	电线	万km	33	4.2
风机	万台	0.73	−47.1	钢芯铝绞线	t	1730	−6.8
阀门	t	1690	57.5	电力电缆	km	1994	12.3
起重设备	t	17209	83.0	通讯电缆	km	3524	45.2
矿山设备	t	10973	16.5	蓄电池	万kVA·h	11.5	68.4
工矿设备	t	17888	−10.0	水表	万只	3	−50.0
冶炼设备	t	1249	1.4	煤气表	万只	5	0.0
石油钻采设备	t	11734	35.2	电度表	万只	156.57	8.3
建材机械	t	845	45.9	大型及专用衡器	台	512	−25.5
推土机	台	180	−44.0				

保上台阶指标顺利完成。这种作法，在年度工作中产生了明显效应。特别是40户增长点企业，发展迅速。

加速支柱产业的技术改造 以改装汽车、摩托车、汽车零部件为重点，从资金、立项、政策等方面加大倾斜力度，推进支柱产业的尽快形成。全系统1993年计划安排72个项目，总投资46764万元，其中36个项目和30396万元用于发展汽车工业。全年完成投资额22000万元，其中16000万元为汽车配套项目。

长春汽油机总厂经过改造，摩托车年产能力已达15万辆；白城市汽车电线总厂已成为全国唯一的汽车原线和电线束生产基地；公主岭轴承厂、浑江轴承厂、大安轴承厂的轻型轿车底盘轴承已达到经济批量；白城市齿轮厂已建成汽车变速箱、汽车齿轮和摩托车齿轮生产基地。

发展外向型经济 从务实出发，着重开展三项工作：一是签约项目的履约。对于1992年同外商签订的合资合作项目，通过各种渠道，促进资金、设备尽快到位，已有7户投入生产，创产值1.2亿元。二是突出发展重点合资项目。先后多次组织大中型企业开展招商引资，有12户同外商签订了合资、合作项目合同，进行嫁接改造，总合资额达6496.9万美元。长春电动工具厂当年签约，当年同外商履约，产品当年进入国际市场。三是扩大产品出口。通过帮助企业疏通出口渠道、组织有关企业参加国际性经贸会等办法，把产品推向中东、拉美、东南亚各国。全系统完成出口交货值14127.1万元，比1992年增长77.1%，创历史最好水平。

进行预测指导和分类指导 在预测指导上，做了两件事：第一，指导企业超前采取对策迎接宏观经济调整。年初，根据房地产热、开发区热、农业“白条子”、工业“三角债”等各方面数据资料分析，得出了资金投放不合理现象十分严重的结论，预测到国家将在下半年进行宏观经济调整，机械工业将面临新的冲击。于是，在部署全年工作指导思想上，突出了一个“钱”字。既强调以效益为中心，多创利税，又特别指出注意资金紧缺，防患未然，并组织人员研究解决资金紧缺对策，于2月份以省厅文件形式下发到各企业，引导企业提前做好迎接宏观经济波动的思想准备和工作准备。由于未雨绸缪，多数企业货款提前回笼，及至7月份开始信贷紧缩，生产经营所受影响相对减少，保证了全系统产值的持续稳定发展。第二，指导企业采取措施减少推行新会计制度对效益的影响。通过提前试点，测算出下半年推行新会计制度将对经济效益产生极大影响，导致省厅系统全年亏损2000～4000万元。症结在于新会计制度成本核算方法发生变化。围绕这个关键，引导各企业充分利用上半年产品卖方市场的有利时机，既销现货又销库存；当月发生费用适当摊入成本，减缓新会计制度实施后对企业和行业效益急剧下降的压力。由于预测指导对路，实现利润虽比上年减少，但毕竟遏制住了行业亏损现象的发生。在分类指导上，针对宏观经济调整的到来，摸清企业所受冲击程度的大小，把归口企业分为四类：一类是受冲击不大，产品仍比较畅销的，有 66 户；二类是生产经营基本正常，但效益有所下降的，有 97 户；三类是只能维持职工开工资的，有 76 户；四类是基本开不出工资的，有 45 户。引导一类企业加大产量，增产增收。引导二类企业实行激励政策，扩大产品销路。引导三、四类企业调整产品结构，开展多种经营，进行生产自救。从而，有效地推动了生产发展。

强化企业管理 从提高行业整体素质出发，引导企业加强各项管理。一是开展了“准时化”生产方式的试点。选择了 10 户企业为试点单位。白城市齿轮总厂进展较快，调整了 250 余台设备，组成了 5 条生产线，生产人员减少 20%，生产效率却比过去提高 30%。二是突出了营销管理。在市场骤然萎缩的形势下，组织发动企业实施各种营销策略，保证了省厅系统企业销售收入比 1992 年有较大幅度的增长。三是加强了质量管理。各企业普遍学习贯彻了《产品质量法》，30 户大中型企业和有特色产品企业执行了 GB／T19000《质量管理与质量保证》系列标准。重点考核产品的品种质量，均超额完成了规定指标。四是加速了新产品开发。全系统开发新产品 254 种，投入试生产 324 种。创新产品产值 61500 万元，创利税 8957 万元，分别比 1992 年增长 21.1%和 36%。

深化体制改革 在贯彻落实《条例》的同时，着力于企业管理体制的深化改革。大中型企业普遍进行了以“三项制度”为主要内容的改革，加速了产权制度改革进程。长春汽油机总厂、浑江轴承厂等 8 户企业试行了股份制，辽源市重型机器厂实行了国有民营，辽源市变压器厂实行了国有私营，白城市机床厂试行了全民、集体、个人等多种经济成分并存的体制。由于各企业在所有制上动了较大的手术，相应增强了生产经营活力。

推进“一三四七”工程 “八五”计划实施的“一三四七”工程(“一”是在“八五”期间发展 100 种重点产品，“三”是“三个五”，即建成五个企业集团、五个出口基地和五个生产基地，“四”是对归口企业实行“四个一批”的分类管理，即必保一批、扶持一批、调整一批、自救一批，“七”是厅直属的七家地方军工企业五年实现扭亏为盈）在 1993 年中取得了明显进展。100 种重点发展产品，有 50 种初具经济规模，10 种跃居国内产值、产量前 5 名。三个“五”的建设，已见眉目。五个出口基地，有长春电动工具厂、浑江金刚砂厂、白城市机床厂初步告成；五个生产基地，有长春摩托车、四平改装车、长春试验机、公主岭轴承基本完工；五个企业集团，有吉林汽车工业公司集团、长春电炉设备集团、吉林省机电装备集团相继成立。对于归口企业实施的“必保一批”、“扶持一批”、“调整一批”、“自救一批”的分类指导，已使“必保”企业由 78 户增加到 83 户，“扶持”企业从 86 户增加到 96 户，“调整”企业有 10 户依托汽车工业开发新的主导产品，“自救”企业有 5 户走上联合兼并道路。7 户地方军工企业，已经依靠汽车工业开发出配套新产品。

存在问题 一是地区之间、行业之间发展很不平衡。12 个主管部门中，有 5 个产值增长，7 个产值下降，其中浑江市机械局，产值连续三年下降。9 个行业中，7 个行业增长，2 个行业下降。尤为突出的是农机行业，降幅达 26.1%。二是农机行业产品结构调整进展相当迟缓。在全国占有重要地位的骨干企业——长春拖拉机厂、四平联合收割机厂，不能按市场经济调整产品结构，生产急剧滑坡，亏损严重。龙井手扶拖拉机厂、延边农机厂、省动力机械厂等重点农机企业，也由于产品结构调整迟缓，债台高筑。三是大中型企业历史包袱沉重。厅归口的 82 户大中型企业，历年累计挂帐 63257 万元，潜亏 12678 万元，未弥补亏损总额 13165 万元，每年社会负担 6949 万元。这些包袱，严重制约企业搞活。四是企业生产经营对银行信贷和宏观环境的依附性较强。所有企业均依靠贷款进行生产和技术改造，基本没有自有资金。仅大中型企业的未归还技改和基建贷款本息就高达 94910 万元。在宏观经济波动中，50%的企业生产滑坡，效益下降，乃至亏损。这些问题，很值得认真研究和对待。

〔撰稿人：吉林省机械工业厅　翟胜志、白绪贵
审稿人：吉林省机械工业厅　陶长福〕
〔责任编辑：张友鹤〕

黑龙江机械工业

黑龙江省机械工业厅

1993 年黑龙江省机械工业紧紧围绕年初确定的工作目标，深化改革，狠抓落实，克服资金严重短缺、“瓶颈”制约加剧、减利因素猛增的种种困难，实现了厅领导提出的“八五”前三年“一年好转，两年摆脱困境，三年达到或超过历史最好水平”的奋斗目标。

生产发展情况 1993年全省机械工业系统内的291户企业共完成工业总产值（按1990年不变价）72.5亿元，比上年增长7%；实现销售收入90.6亿元，比上年增长46.5%；实现利税总额4.54亿元，比上年增长10.9%（按财务结算制度改革前的可比口径计算，实现利税总额5.16亿元，比上年增长22.3%），分别超过了历史上的1992年的总产值、销售收入和1989年的利税总额，创历史最好水平，全省机械工业概况详见表1和表2。省厅采取的主要措施是：

1. 狠抓订货，落实生产任务。1993年各企业转变观念，以市场为导向，狠抓销售工作，到10月末，共承接1993年合同任务92.7亿元，从而保证了全年任务的完成。

2. 加强形势分析，随时掌握动态，实行正确导向。为了指导生产，省厅对重点企业和地、市机械局编制下达了1993年度生产计划，并按月和季进行生产形势分析。主要抓好四个环节，一是国家宏观经济环境，社会总需求平衡关系变化对机械工业的影响；二是对投资需求、消费需求、国外需求及其相互影响，作出估量；三是重点研究资金、运输等“瓶颈”制约因素的影响；四是对市场运行的态势进行科学判断，通过月、季形势分析，随时发现生产经营中存在的主要问题，及时向上级反映，寻求解决的途径。1993年3、4月份，很多重点企业因车皮不落实，产品发不出去，发现后及时向部、省汇报，先后为第一重型机器厂、哈尔滨“三大动力厂”、哈尔滨重型机器厂和齐齐哈尔第一、第二机床厂解决了六个半火车专列。

3. 帮助重点企业解决流动资金短缺的问题。1993年初就发现了新“三角债”呈上升趋势，企业流动资金严重短缺，5月份向省政府和机械工业部呈送了《关于急需生产流动资金的紧急报告》，7月在中央整顿金融秩序后，流动资金更加紧张，生产难以为继，省厅先后向省经委提出急需资金清单5份，并按部生产司的要求，组织12户重点企业向部申请资金9.1亿元，对哈尔滨电站设备集团公司、哈尔滨拖拉机厂、哈尔滨电缆厂的资金缺乏问题，分别代省政府起草了向国务院的报告并向机械工业部做了汇报。从9月到11月国家先后三批共向全省机械工业系统注入资金1.84亿元，省政府也在拨给哈、齐、牡、佳、鸡西等五市的资金中带帽给地方机械企业5540万元。11月在国家清欠会议上，国家建设银行给哈尔滨电站设备集团公司偿

表1 1993年黑龙江机械工业系统概况

行业	企业数(个)	全部职工年末人数(人)	工业总产值			工业增加值(万元)	产品销售收入		利税总额(万元)
			当年价(万元)	1990年不变价(万元)	比上年增长%		当年价(万元)	比上年增长%	
合计	291	280532	858206	725244	7.0	241738	906192	46.5	45430
农业机械	45	34548	59795	49824	−18.2	6684	72308	23.2	−7013
机床工具	30	48996	135472	107448	19.5	50553	144346	50.4	11046
机械基础件	16	23760	88526	64658	−9.2	43306	90863	29.5	9643
石化通用机械	21	16587	51764	45726	32.5	16830	50242	48.7	3149
重型矿山机械	10	26491	91984	73676	10.5	17358	122244	104.6	2750
汽车	44	17471	31326	29195	−5.5	7557	38664	34.9	601
电工电器	79	88431	363228	321261	8.5	91072	348439	42.7	26845
仪器仪表	28	15721	23108	22470	18.1	6505	23887	36.3	603
其他	18	8527	13093	10986	28.5	1873	15200	56.5	−2194

行业	利润总额(万元)	年末固定资产		流动资产		流动负债		全员劳动生产率(元/人·年)
		原值(万元)	净值(万元)	合计(万元)	平均余额(万元)	合计(万元)	平均余额(万元)	
合计	−6203	504792	333940	1226709	1158279	1269206	1147742	25852
农业机械	−9052	39960	32573	103934	103771	121245	101380	14422
机床工具	3283	53135	38049	169467	152575	167878	153471	21930
机械基础件	3233	50940	27413	97707	79934	100565	76629	27213
石化通用机械	66	25005	16839	53276	58884	54592	57760	27567
重型矿山机械	−1746	63940	49992	147580	132329	152092	134742	27812
汽车	−1147	216635	135203	550916	532242	43948	38440	16711
电工电器	2981	31414	15734	46045	41599	565239	527157	36321
仪器仪表	−822	14225	10279	35447	35164	37733	32063	14293
其他	−2998	9539	7858	22336	21782	25913	26100	12884

表 2　1993 年黑龙江机械工业系统产品产量表

产品名称	单位	产量	比上年增长%	产品名称	单位	产量	比上年增长%
大中型拖拉机	台	134	−58.3	汽车	辆	17150	27.9
小型拖拉机	台	19193	−29	汽车配件	万元	31044	71.3
农用柴油机	万 kW	3	20	工业锅炉	蒸吨	2590	8.1
机引犁	台	300	−83.5	发电设备	万 kW	371.3	2.3
机引耙	台	1501	−56.6	电站锅炉	蒸吨	9647	−13
机引播种机	台	2233	−41.8	电站汽轮机	万 kW	346	10.8
机动植保机械	台	100	−9.1	交流电动机	万 kW	148.2	7.5
联合收割机	台	337	−43.8	直流电机	万 kW	4.4	46.7
农副产品加工机械	台	957	−45.9	变压器	万 kV·A	236.3	29.4
农用拖车	台	1422	400	高压断路器	台	195	−6.3
拖拉机、内燃机配件	万元	11779	13.1	高压隔离开关	组	972	16.1
木工机械	台	3074	124.2	互感器	台	4397	64.1
金属切削机床	台	3876	3.7	高压开关板	面	919	93.5
锻压设备	台	988	−9.1	低压开关板	面	5488	78.5
金属轧制设备	t	15354	36	继电保护屏	面	7366	37.2
量具	万件	61	17.3	保护及自动化继电器	万件	46	7
刃具	万件	52187	−18.3	裸铝线	t	93	−64.1
磨料磨具	t	8496	1.6	钢芯铝绞线	t	4544	−38.9
工业泵	台	4849	−14.8	裸铜线及电车线	t	91	−66.9
农业泵	台	6047	−21.2	铜排扁线及电刷线	t	2164	−14.6
风机	台	3394	209.4	电磁线	t	2141	−39.8
暖风机	台	893	−47.6	布电线	km	45798	−26.1
高中压阀门	t	2073	−11.3	电力电缆	km	8200	169.5
低压阀门	t	163	−22.3	控制电缆	km	837	−51.8
气体压缩机	台	164	187.7	通讯电缆	km	984	−0.7
制冷设备	t	69	−88.8	绝缘材料	t	3887	−41.1
气体分离及液化设备	套	85	254.2	高压电瓷	t	5514	33.4
液压件	台(件)	79845	72.9	电碳制品	t	1300	41.3
标准紧固件	万件	12051	90.7	工业自动化仪表	万台(件)	22.3	6.1
轴承	万套	4796	−19.9	电工仪器仪表	万台(件)	141.9	−5.2
起重设备	t	5279	135.6	光学仪器	台	23802	10.2
运输设备	t	1429	−30.8	分析仪器	台	91	−52.1
装卸机械	t	10184	60.9	实验室仪器装置	台	118	−49.3
矿山设备	t	2645	445.4	科研办公机械	台	7173	452.2
工矿配件	t	4801	21.4	专用仪器仪表	台	3672	9.7
冶炼设备	t	2155	−49.2	电影放映设备	台	1736	83.1
石油钻采设备	t	12350	162.3	照相机	台	2586	−71.7
炼油化工设备	t	5844	13	电焊条	t	9222	5.7
印刷机械	t	4584	−4.7	铸钢件	t	16758	−1.1
环保设备	t	5112	163.9	锻钢件	t	54825	14.1

还欠款 55950 万元（实际到位 54150 万元），其中：哈尔滨电机厂 9050 万元，哈尔滨锅炉厂 27900 万元，哈尔滨汽轮机厂 19000 万元。

4. 狠抓扭亏增盈工作。省厅对盈亏超百万元的重点户建立卡片，跟踪考核。总结推广了阿城继电器厂盘活资金提高效益等 11 条经验。在 1993 年减利因素高达 13.13 亿元的情况下，依靠挖掘自身潜力，消化了 10.61 亿元，仍有 2.52 亿元无法消化掉。第一重型机器厂和哈尔滨电碳厂在连续多年亏损后，1993 年实现了扭亏为盈。哈尔滨电机厂、哈尔滨电表仪器厂、哈尔滨空调机厂、哈尔滨制氧机厂、阿城继电器厂、齐齐哈尔第一和第二机床厂、牡丹江木工机械厂、佳木斯电机厂等 31 户大中型企业生产经营指标实现了 10%以上的增长，为全省利税创历史最好水平做出了贡献。

外经外贸工作　1993 年出口产品交货值实际完成 5.54 亿元，比上年增长 24.3%；全行业进出口总额达 13062 万美元，比上年增长 23%。

外向型经济的“四主格局”（主力军、主产品、主市场、主渠道）初步形成。在全省机械系统71户大中型企业中，有出口产品的为35户，其中经国家批准的出口基地和扩大机电产品出口企业达26户，这些企业的出口额占全省机械系统的90%以上，形成了主力军。矿山冶金设备、大型发电设备、大型量仪、联合收割机、仪器仪表、起重机械、机床、大型压力机、防爆电机等出口主产品所占比重由1992年的54.6%提高到64%。哈尔滨“三大动力厂”和第一重型机器厂出口比重由1992年占全省机械系统的25.5%提高到1993年的53.1%。包括西欧、南北美、东南亚、南亚、非洲、独联体等国的主市场和主渠道已经打开。省机械系统的一批公司分别在荷兰、美国、阿根廷、委内瑞拉、哥伦比亚、印度尼西亚、香港、巴基斯坦、泰国、尼日利亚和俄罗斯等国家和地区派驻了机构和人员，全球性的销售信息收集、销售服务网络框架初步形成。省内一批机械企业分别与全国几十个外贸公司和口岸建立了出口供货关系。省内一批有外贸经营权的企业开始自营出口，仅据哈尔滨轴承厂、量具刃具厂、第一工具厂统计，自营出口额达650万美元，比1992年增长了36.6%。许多企业贯彻市场多元化的原则，围绕主市场积极开发出口产品。发电设备市场以东南亚、南亚、南美等电力缺乏的发展中国家为重点；中低档农机产品以非洲、南美等发展中国家为重点；木工机械以东南亚、南美、俄罗斯等林业资源较丰富的地方为重点；机床、工具、链条、轴承、电度表等通用性大、适用范围广的产品正在全方位的开拓市场；大型重矿冶金设备则以在国内外利用外贸的招标项目为重点，通过合作生产、联合投标的方式把产品打到国外去。

1993年又有19户独资、合资企业注册登记，外商投资1432万美元。目前省内机械工业系统已有“三资”企业65户，投资总额4995万美元，外方投资占48.5%。

依靠地缘优势，积极发展边境贸易。1993年出口的蓄电池、小型拖拉机、汽车起重机、防爆电机、木工机械等产品主要销往独联体国家。哈尔滨蓄电池厂1993年出口独联体的产值就达2100万元，是工业总产值的1/4。1993年省厅直属的10个公司边贸过货额为3500万瑞士法郎。

科技与质量　1993年依靠改革和市场机制的激励，按照全省产品结构调整的“十个方向”，研制开发了350种新产品，其中属于“四高两低”和“一创三节两保证”产品占67%以上，技术水平达到80年代水平的占70%，有35种新产品达到国际先进水平，有170种新产品达到国内先进水平。在开发的新产品中有一批技术含量高、附加值高的产品，如佳木斯电机厂为出口阿尔及利亚911工程用的PGL50型和PGLQ65型核一级屏蔽电泵、哈尔滨汽轮机厂为哈尔滨第三电厂生产的优化600MW电站汽轮机和哈尔滨锅炉厂开发的600MW亚临界褐煤锅炉、黑龙江锻压机床厂的24工位数控前冲压力机、海伦振动时效设备厂与哈尔滨工业大学联合开发的第六代振动时效装置和与之配套的全自动残余应力测量仪。齐齐哈尔第二机床厂试制成功的FA200镗铣加工中心，单台价值2400万元，机械工业部何光远部长看后，给予充分肯定。

由于新产品开发瞄准了市场，并较快形成了生产能力，大大提高了市场覆盖率。如齐齐哈尔第一机床厂生产的重型数控卧车占全国市场的80%，齐齐哈尔第二机床厂的落地镗铣床占全国市场的60%，牡丹江木工机械厂的四面木工刨床占全国市场的85%。还有一批为国家重点建设项目开发的新产品，如佳木斯电机厂的YB800M 1000kW-4P防爆万伏级三相异步电动机、哈尔滨环保制氢设备公司开发的HLJ6880型袋式除尘器等。这些产品的投产，使牡丹江木工机械厂、齐齐哈尔第二机床厂、佳木斯电机厂、富锦起重设备厂等企业的新产品产值率超过50%。

1993年完成科研与工艺攻关项目48项，其中列入部和省的重点项目有13项。第一重型机器厂承担的核电压力壳用钢A508-Ⅲ新材料，在取得冶炼、铸造、锻造工艺基础上，1993年又完成了焊接的试验研究，现已承接了为巴基斯坦生产核电设备的任务。哈尔滨工业大学和富裕林机厂合作研制成功的非圆行星齿轮传动低速大扭矩液压马达，是具有当代世界先进水平的科研成果。齐齐哈尔第一机床厂完成的重型机床用静压蜗母牙条传动副已用于数控重型机床上。双鸭山锅炉厂与黑龙江大学合作，应用计算机优化锅炉管材下料，使管材利用率从原来的76.9%提高到98%。

1993年由省厅负责纳入省政府新技术推广计划的7项技术，已有6项见到成效，新增产值11050万元、利税1325万元，节约资金1980万元，其中有振动时效技术、高强度低应力铸铁应用技术、应用微电子技术改造老设备、应用计算机辅助设计和计算机优化管材下料等。

1993年为了迎接“复关”，又有66种产品经省技术监督局认证采用了国际标准，全省累计已有1974种产品采用了国际标准。一年中全省举办了8期GB/T19000《质量管理与质量保证系列标准》宣传贯彻学习班，有662人次参加了培训。

1993年通过“产、学、研”工程，为29个项目解决了科技经费2122万元。海伦振动时效设备厂的智能型振动时效装置、齐齐哈尔第二机床厂的FA200落地镗铣加工中心、齐齐哈尔第一机床厂的立式车削加工中心列入了国家级“产、学、研”工程计划，共获得科技贷款240万元，拨款20万元，到1993年末，这三个项目均已完成，等待验收。

1993年全省向机械工业部推荐了9个科技成果项目参加评选；获得省级科技成果奖的有25项，其中一等奖2项，即哈尔滨量具刃具厂的

3006型中规格万能齿轮测量机和哈尔滨工业炉窑制造公司生产的用于300、600MW火电机组的特大型钟罩式退火炉；还有二等奖2项、三等奖8项、四等奖13项。

1993年中国第一部《产品质量法》正式颁布实施，6月份省机械工业系统通过层层选拔共推荐出16名代表参加了质量演讲会，评出一等奖1名，二等奖2名，三等奖4名。还推荐2名同志参加了机械工业部召开的质量演讲会，牡丹江电力电容器厂王基东同志获第三名。

1993年有28个企业的5类（电线电缆、电焊条、工业电表、电力整流器、工业自动化仪表）65种产品申请生产许可证，经审查合格的有19个企业的44种产品，不合格的有5个企业的9种产品，待审查的有4个企业的12种产品。还为9个企业的低压电器换发生产许可证完成了抽样封样。

技术改造、技术引进和发展规模经济 按照“八五”计划，1993年下达年度技改项目68项，投资额2.8亿元，全年到位资金2.62亿元，资金到位率为93.7%。齐齐哈尔第一和第二机床厂、佳木斯联合收割机厂、牡丹江空调机厂被列入省重点考核项目。佳木斯联合收割机厂的亚行贷款155万美元和牡丹江空调机厂的韩国政府贷款620万美元均已落实。1993年实际完成工作量2.56亿元。列入“八五”计划国家专项的齐齐哈尔齿轮厂1993年建成竣工验收，完成投资854万元，新增齿轮键轴生产能力25万件。

1993年技术引进又有新进展。哈尔滨电机厂与日本日立公司在哈尔滨高新技术开发区建立了“哈电、日立电力设备新技术开发有限公司”；齐齐哈尔第二机床厂与德国阿尔夫特公司合作为长春一汽大众汽车配套设备中生产多连杆机械压力机；依靠地缘优势，在对独联体的易货贸易中，引进了航空电刷制造技术、数控激光步冲压力机生产技术、汽车发电机生产技术、工程机械零配件生产技术等。

1993年组织制定了全省机械工业规模经济发展方案，提出了重点发展发电设备、重型机床、汽车、小动力、工程机械“五条龙”和以联合收割机、工业轴承、量刃具、特种电机、电度表为重点发展产品的“五五工程”设想。经过一年实践，规模经济框架已基本形成，一批有优势特色的产品已形成一定经济批量，第一重型机器厂和哈尔滨锅炉厂、汽轮机厂、电机厂、轴承厂产值都在5亿元以上，还有9户企业产值超亿元，这14户企业产值占全系统产值的62.3%，其中利税在5000万元以上的有5户，1000万元以上的有7户，这12户企业利税总额占全系统的90%以上。

深化改革，转化机制，转变职能 1993年是全面落实《全民所有制工业企业转换经营机制条例》和省《实施细则》的一年，《条例》和《细则》赋予企业的14项自主权基本落实，综合到位率为91%。

各项改革工作有新进展。哈尔滨轴承厂与香港新恒基国际（集团）有限公司合资组建了哈尔滨轴承（集团）股份有限公司。齐齐哈尔第一机床厂实行了公司化管理，将全厂分成生产、经营、管理、技术、后勤服务和党群六个部分，实行两级法人管理。以第一重型机器厂为核心联合沈阳重型机器厂、大连重型机器厂、沈阳矿山机械厂和北京钢铁设计研究院等20多家厂、校、院、所组建了跨部门、跨地区的中国第一重型机械集团。机械工业部何光远部长到会祝贺并讲了话。

1993年经省政府批准，由生产部门负责组建和管理的省机电产品市场和部分专业市场正式营运，还成立了以省机械工业供销总公司为核心以贸易为主的东大企业集团。牡丹江市还成立了以牡丹江木工机械厂为核心，吸收本地同行业企业参加的牡丹江木工机械制造集团。

企业内部“三项制度”改革展开。哈尔滨轴承厂、哈尔滨松江电炉厂、齐齐哈尔第一机床厂等一批企业大力精简机构、剥离人员、兴办第三产业，走“一业为主，多种经营，以主带副，以副养主，主业精、副业兴”的路子。据初步统计，全省机械工业系统已兴办第三产业1400多户，从业人员达9万多人，年经营收入达11亿元，创利税1.2亿元。

1993年省机械厅从适应社会主义市场经济的需要出发，按照“精简、统一、效能”的要求，对现有职能进行了梳理，初步明确了13项新的职能，提出了“超前预测、正确导向、深入调研、热情服务、有效监督、高效工作”的工作原则。各地、市机械局也按照《条例》和《细则》的要求，认真转变职能，还权于企业，把工作的重点放到组织、协调、监督、服务上。

存在的主要问题 一是年初对全年机械工业发展形势预测不充分，对困难程度估计不足，特别是对资金、运输等困难以及实施“两则”带来的影响，造成部分企业停产或半停产，效益下降，亏损增加的严重状况估计不足，致使全省机械工业在合同任务较饱满的情况下，仅完成72.5亿元的产值，造成亏损企业增加，亏损额加大，第一次出现了全年全省机械工业系统亏损6203万元的情况。二是技改资金到位严重滞后，8月份前到位技改资金仅1.28亿元，占年计划的48.8%，多数资金都是在10月份以后方陆续到位的，严重影响了工程进度。三是产品质量下降，国家抽查的产品合格率低于1992和1991年。

〔撰稿人：黑龙江省机械工业厅　时钟常　审稿人：黑龙江省机械工业厅　王鸿智〕

〔责任编辑：张友鹤〕

上海机械工业

上海市机电工业管理局

上海机械工业主要由上海市机电工业管理局、上海电气联合公司、上海汽车工业总公司所属企业以及上海市郊县工业管理局、上海市仪表电讯工业局、上海市轻工业局所属部分企业为主构成。由于行政隶属关系和统计口径原因，本文所述上海机电工业，则是上海市机电工业管理局所属企业1993年的概貌。所述各种统计数字，也包括中央其他8个部过去下放地方管理的企业和归口其系统的企业。如：归口建设部的上海建筑机械制造厂、上海工程机械厂、上海三菱电梯有限公司（中日合资）3户，归口原轻工业部的上海食品机械厂、上海饮料机械厂、上海前卫机械厂、上海钟表机械厂、上海电池机械厂、上海火柴机制造厂、上海文教机械厂、上海机械刀片厂、上海第一化工机械厂和上海造纸机械总厂等10户，归口化学工业部的上海橡胶机械厂、上海第一橡胶机械厂、上海轮胎机械厂、上海振兴化工总厂、上海振兴化工二厂等5户，归口国家建材工业局的上海石棉制品厂，归口原能源部的上海石油仪器厂、上海矿用电器厂，归口林业部的上海人造板机器厂，归口地质矿产部的上海探矿机械厂，归口国家医药总局的上海第一制药机械厂等。由于上述企业分散在各行业公司，有些数据不能一一划分清楚。故此文中所述271个企业的数据和表1、表2统计的254个企业的数据有所不同。

1993年，全局所属工业企业271户。其中国有企业185户，股份制企业3户（上海轻工机械股份有限公司、上海电器股份有限公司、上海柴油机股份有限公司），建在上海已开业生产的中外合资企业40户，集体企业43户。根据国家统计局划分标准，有大型一档企业7户，大型二档25户，中型一档17户，中型二档68户，小型企业154户。

全局系统有职工总数261218人。其中，国有企业职工234318人，占全体职工总数的89.7%；集体所有制职工10900人，占职工总数4.2%；中外合资企业职工16000人，占6.1%。

1993年末，全局系统拥有各类专业技术人员53500余人。其中工程技术人员25400余人，经济管理人员12500余人，会计人员4400人，统计人员2500人，以及其他诸如翻译、医生、图书档案等多种专业技术人员。

全局工厂占地面积998.14万m^2，比上年减少83万m^2；建筑面积687.5万m^2，比上年减少17.9万m^2。预算内全民工业企业固定资产原值41.9亿元，净值25.20亿元。股份制企业固定资产原值11.81亿元，净值6.85亿元。

全局拥有主要设备58069台，其中金属切削机床32176台，锻压设备4395台，动力设备4168台，其他设备17330台。到1993年末，全局拥有生产用车4000辆，非生产用车1200辆。

1993年全局职工住宅竣工11.5万m^2。

生产发展情况　1993年，上海机电工业管理局系统的生产在上年创造历史最高水平基础上，得到持续、快速、健康的发展。全局完成工业总产值137.15亿元，比上年增长了22.1%，净增24.86亿元。是二十多年来第二个生产速度增幅超过20%的年份。全局生产主要具有如下特点：一是抓住机遇多增产。纵观全年生产形势是上半年市场需求紧，下半年逐渐趋缓。全局在年前经过战略思考大讨论，正确预测了1993年全年经济走势，果断决策，要求企业抓住机电市场上半年需求旺盛的机遇，全力以赴增产，不受计划指标限制，满足市场的需要。上海探矿机械厂的工程钻机十分热销，全国有百余家企业仿制生产，该厂加紧生产，钻机年产量从上年500台猛增到当年1300台，销售额突破2亿元，该厂三次更改增产计划。原年计划销售1.2亿元，后增至1.4亿元，再增至1.9亿元，最后突破2亿元，在原有人员、设备、场地基础上翻一番多。上海电机（集团）公司、上海通用机械（集团）公司上半年生产都完成年计划60%以上。由于按市场需求确定生产的品种与数量，全局提前两个月完成年度计划。二是三类产品增长快。全局按年初制订的产品结构调整计划，本着“增畅、限平、减滞”的原则，优先发展三大类产品，取得良好效果：发展体现技术进步的产品，比上年增长33.3%；发展适销的“拳头”产品，比上年增长47.6%；发展出口产品，创汇比上年增长22%，均超过了全局平均增长幅度。上海人民电器厂生产的ME型空气开关，是市场热销的“拳头”产品，该厂全力增产，由上年的3850台猛增至8000台，销售额占全厂销售额的45%。三是重点企业上规模。全局要求一些重点、骨干企业在满足市场需求的前提下，扩大规模生产，淡化行政级别，强化政策指导，对年销售额上亿元的企业在资金、材料、信息等方面视同直属企业予以指导，以此激发企业扩大生产的积极性。1992年全局系统亿元企业35户，1993年增至52户，占国有企业户数的四分之一。四是满产满销库存少。全局1993年产销率为99.57%，到年末产成品库存为11.86亿元，其中，有合同待交6.82亿元。库存当量0.82个月，低于机械工业部平均水平。产品基本实现满产满销。各行业具体情况及主要产品产量详见表1、表2。

市场与销售 1993年，机电产品市场销售旺盛，在以销定产、以销促产方针下，全局进一步强化销售，把销售推向第一线。全局承接合同任务140.7亿元，为年计划的113.7%。全局超接的合同为1994年生产早作准备创造了前提条件。全局销售额达到173.9亿元，比上年增长47.1%，工业销售产值136.83亿元，比上年增长22.3%。

受发展速度的推动，全局经济效益稳定提高，职工收入相应增加。据统计，全局完成利税总额20.29亿元，比上年增长66.1%，其中，国有企业7.91亿元，比上年增长41.4%，股份制企业3.75亿元，比上年增长52.8%，合资企业8.47亿元，比上年增长212%，集体企业0.17亿元，比上年下降3.9%。由于效益的提高，全局职工收入相应增加，比上年增长50%，高于全市平均水平。

国外销售 全局努力拓展国际市场，出口创汇继续有较大幅度增长。全年完成出口创汇2.6亿美元，比上年增长22%。其中自营出口5554万美元，比上年增长22.8%。如：上海标准件总公司年创汇1700万美元，其中自营出口1300万美元，自营率达76%。

科研成果 1993年，全局确定了“八五”后三年30项重大科技开发项目。它们是：(1)引进奥钢联数控车床国产化；(2)引进NORTH加工中心国产化；(3)引进德国莱兹(LEITZ)三坐标测量机国产化；(4)单元式列车空调；(5)高效溴化锂吸收式机组；(6)螺杆式制冷机组；(7)热泵制冷机组；(8)替代氟利昂；(9)装载机开发和批产；(10)上海柴油机厂CAT开发和国产化；(11)D6114柴油机批产；(12)交—交传动装置；(13)全数字交直流调速装置；(14)逆变电源；(15)UPS电源；(16)交直流伺服和交流调速电机及成套开发；(17)加速器及辐照技术；(18)大长度铜合金及接触线；(19)稀土铝

表1 1993年上海机械工业系统概况

行业	企业数(个)	全部职工年末人数(人)	工业总产值 当年价(万元)	工业总产值 1990年不变价(万元)	工业总产值 比上年增长%	工业增加值(万元)	产品销售收入 当年价(万元)	产品销售收入 比上年增长%	产品销售税金及附加(万元)
合计	254	212995	1529887	1253402	17.1	472022	1554728	38.1	71740
农业机械	2	11119	88052	51312	15.4	38344	87257	62.3	4491
工程机械	3	4305	29469	20399	22.3	8286	29807	48.2	1046
机床工具	38	33802	164960	119823	24.9	60313	162700	41.2	8204
机械基础件	54	28951	152119	125438	10.8	48665	146899	35.9	10913
石化通用机械	51	41949	347271	276877	51.7	119668	356062	77.8	13852
重型矿山机械	14	11940	82307	62896	−9.4	18499	86769	16.3	2302
电工电器	52	63445	583857	540306	14.8	155414	602248	31.2	27567
仪器仪表	3	1388	10897	8926	5.6	3636	11361	28.9	492
食品包装机械	1	539	1441	1334	53.3	440	1426	68.6	28
其他	36	15557	69514	46091	−32.4	18757	70200	−17.3	2845

行业	利润总额(万元)	年末固定资产 原值(万元)	年末固定资产 净值(万元)	流动资产 合计(万元)	流动资产 平均余额(万元)	流动负债 合计(万元)	流动负债 平均余额(万元)	所有者权益(万元)	全员劳动生产率(元/人·年)
合计	101699	576105	357096	1324040	1094222	1087953	914844	605900	58172
农业机械	14167	68497		88111	37741	28818	27593	103517	
工程机械	556	12897		29290	23488	30503	22370	6714	
机床工具	6630	103666		159814	136650	152278	124026	54146	
机械基础件	3293	57917		114353	101070	100840	88953	49512	
石化通用机械	49539	111970		298540	250237	228851	198051	146337	
重型矿山机械	1790	25404		79966	64100	75066	59394	20167	
电工电器	24159	162143		494798	430020	412706	345856	199251	
仪器仪表	1026	2600		7589	7020	6044	5528	5027	
食品包装机械	15	1565		1905	1527	1513	1191	385	
其他	524	29447		49675	42368	51335	41882	20843	

表2 1993年上海机电管理局系统主要产品产量

产品名称	单 位	产 量	比上年增长%	产品名称	单 位	产 量	比上年增长%
柴油机	台/万kW	21000/274.7	14.8/13.4	石油钻采设备	t	3677.2	−18.7
内燃发电机组	万kW	12.4	51.5	橡胶机械	t	5162.4	−2.2
农业泵	台	225441	20.5	塑料机械	t	9682	19.8
金属切削机床	台	10662	−2.9	推土机	台	715	17.2
大型机床	台	282	28.2	食品机械	台	3187	9.5
高精度机床	台	345	37.5	包装机械	台	1569	−1.1
数控机床	台	600	13.2	造纸机械	台	213	−7.0
锻压设备	台	3135	−11.4	印刷机械	t	15491	29.6
刃具	万件	6922.7	24.0	工业锅炉	蒸吨	6876	−3.9
工业泵	台	26720	10.2	交流电机	万kW	229.7	3.0
风机	台	3510	63.1	直流电机	万kW	29.2	35.2
高中压阀门	t	6146.4	−8.5	变压器	万kV·A	348.8	66.2
低压阀门	t	2547.3	46.5	低压开关板	面	4551	8.9
气体压缩机	台	2120	34.3	电气传动控制屏	面	4916	−12.8
小空压机	台	28291	86.9	低压电器主要元件	万件	268.5	−7.4
离心机	台	113	−9.1	钢芯铝绞线	t	7924	−11.4
制冷设备	台	145151	102.3	电磁线	t	8369	−12.9
真空设备	台	21996	22.8	电力电缆	km	9298	−6.5
液压件	台	239866	−0.3	通讯电缆	km	3246	63.8
标准紧固件	万件/t	776139/48841	−9.1/−10.2	布电线	km	429293	−1.5
轴承	万套	5097.8	1.3	电焊机	台	11689	1.4
微型轴承	万套	2328.8	22.4	电焊条	t	57917	8.1
起重设备	t	15955.1	4.8	电动工具	万台	72.1	33.7
矿山设备	t	27293.2	49.1	铸钢件	t	24853.8	−27.1
综合采煤设备	t	1806.6	−24.6	铸铁件	t	125845.4	7.7
冶炼设备	t	2176.5	13.4	锻钢件	t	44849.3	−20.0

注：本表统计口径为机械工业部归口企业,不包括归口其他部的企业。

导线；(20) 光缆；(21) 辐照技术在线缆行业的应用；(22) 交联电缆及附件；(23) 节能型通轴泵，斜轴泵的研制；(24) 精细空气过滤及模式气源处理装置；(25) 比例技术及元件；(26) 桑塔纳汽车配套轴承；(27) 录象机轴承；(28) 多色胶印机国产化；(29) 德马克注塑机国产化；(30) 立体仓库。

通过30项重大技术的开发和批产，使体现三大技术的产品迅速产业化、商品化。三大技术是：(1) 机电一体化技术产品，包括数控机床、多色胶印机、注塑机、数控系统、数控冷冻机械、以PLC为中心的电控系统、电力电子元件、交直流传动装置、特种电源等182种。1993年实现产值9亿元。1995年拟达到17.5亿元。(2) 节能技术产品，包括节能工业锅炉、工业电炉、柴油机、泵、风机、压缩机、电焊机、冷冻机械、变压器等。1993年产值达7.74亿元，1995年要达到11.5亿元。(3) 高新产业技术产品，包括光缆、辐照设备、离心机、立体仓库、环保机械、激光机械等。1993年产值2.0亿元，1995年要达5.0亿元。

质量 1993年，上海机电工业继续坚持“质量是上海的生命”的观点，推行“一把手到位抓质量”，以质量争市场，向质量要效益，在产品质量、管理质量方面逐步与国际惯例接轨。在质量工作方面实现“四个转移”：(1) 对产品质量的评价从单纯符合标准，转移到市场需求与用户适用。(2) 对产品质量的考核，从增加频次、扩大覆盖面，转移到随机提高其有效性。(3) 对质量管理从单纯符合上级验收要求，转移到与国际惯例接轨，推行ISO9000标准。(4) 从对企业质量工作的过多干预，转移到及时服务与有效指导。筹建“上海机电行业质量监督中心”，对企业进行指导服务，实施检查监督。重点抓好数控机床、关键配套基础件、列车空调三大类产品的质量体系认证。

全局系统产品实物质量进一步稳定提高。从1985年三季度到1993年底，据统计经国家级随机监检抽查产品319种，平均合格率89.6%，高于全国同行业平均水平20个百分点。尤其近三年来，国家级监检合格率：1991年抽查11种产品，合格率100%；1992年抽查31种产品，合格率96.8%；1993年抽查34种产品，合格率94.1%。

全局系统通过转换机制，内部深化改革和中外合资，涌现了一批自觉抓好产品质量的典型。中日合资的上海日立电动工具有限公司、与香港合资的上海建设路桥机械有限公司、上海人民电机厂等企业，经上海市机电局质监部门严格审定，给予产品出厂免于检验两年的荣誉。

技术改造 1993年，全局系统抓紧实施“八五”规划技改项目和浦东建设项目。完成年度技改投资6.83亿元，基建投资0.40亿元。竣工项目59项。“八五”累计完成22亿元占计划30亿元的73%。上海开通数控公司、上海电缆厂、上海柴油机厂等重点技改项目先后竣工。重点推进项目10项，包括电器股份公司、印机公司利用世行贷款改造、录象机轴承、军工轴承、汽车轴承等项目。新开工10个项目，有列车空调、节能焊机、工程钻机等技改项目。全局系统在浦东开发建设项目也有推进。所有技改项目实行“六定”管理，即定目标值、定内容、定负责部门、定负责人（包括检查部门和检查人）、定实施进度、定奖惩考核，做到“授全权、负全责、集全力、夺全胜”。

优化资产存量，全局系统调整企业结构，关停并转企业10户。其中，全民企业6户（上海五洲特种电机厂、上海第一压缩机厂、上海机床附件四厂、上海电磁线一厂、上海裸铜线厂、上海电器电镀厂），集体企业4户（上海工业锅炉修造厂、上海轻机配件四厂、上海轻机配件五厂、上海青锋螺帽厂）。

利用外资 1993年，是全局系统利用外资取得显著成果的一年。全年新办合资企业40家，是历年来创办合资企业最多的一年。1979～1989年10年内共15家，1990年5家，1991年9家，1992年31家。到1993年底止，全局系统在上海累计已创办合资企业计100家，总投资7.3亿美元，另外在深圳、蛇口、珠海特区和美国、泰国、德国等国家创办了一些合资企业。在上海办的100家合资企业中，外方国家和地区14个。其中与香港合资45个，与美国合资20个，与日本合资8个，与新加坡合资6个，与英国合资5个，与瑞典合资4个，与德国合资3个，与韩国合资2个，与澳门合资2个，与澳大利亚、奥地利、加拿大、瑞士、意大利等国各一个。

100个合资企业中，与国际著名大公司合资的有17家，都是有技术、有资金、有市场、有名望的大企业。总投资额1000万美元以上的有23家，体现了一定的规模经济。合资企业为上海机电工业产品上水平、上档次、更新换代、增加竞争力起到了带头作用。已开业的67家合资企业1993年实现销售额49.5亿元，比上年增长109%。实现利润8.47亿元，比上年增长212%，这些企业已成为上海机电工业的“半壁江山”。全员劳动生产率人均35万元／人·年，约是国有企业的7倍。人均创利约6万元／年。

深化改革和企业管理 1993年是确定建立社会主义市场经济体制目标的第一年，是推进改革开放和加快经济发展的关键一年，是执行“八五”规划的第三年。也是上海机电工业把握机遇求发展，真抓实干上台阶奋斗的一年。上海机电工业大力发展社会主义市场经济，企业“下海入市”，行业“破小立大”，改革敢试敢闯，调整动真抓实，质量争上台阶，素质全面提高，效益再上水平，使上海机电工业登上了新的台阶。

深化改革工作，主要体现在以下几方面：一是企业进一步落实国务院《关于贯彻〈全民所有制工业企业转换经营机制条例〉的意见》及其上海市《实施细则》，企业14条自主权基本到位，增强了企业自主经营、自负盈亏、自我发展，自我制约的活力和动力。二是扩大了股份制试点，上海柴油机厂被批准改制为上市股份公司。三是积极组建大集团，组织“联合舰队”。上海东风机械集团公司经反复酝酿，形成了大集团方案报市政府待批。四是筹建多种生产要素市场。在机械工业部和上海市政府的支持下，华东大区级的上海南方机电产品综合市场于10月29日在上海机电贸易大厦正式宣告成立，标志着上海机电工业朝市场经济又迈出了新的一步。人才、劳务市场、咨询信息市场、科研成果市场、房地产等要素市场也已开始筹备，并有了不同程度的进展。五是继续推进国有资产管理试点，形成方案，上报市政府。全局系统已涌现了一批自觉强化内部管理、扎实做好基础管理、集中体现现场管理的典型。上海东风机器厂是一家专业生产冶金设备的中型企业，在投标承接宝钢工程任务和美国钢厂改造任务时，该厂以过硬的现场管理水平，邀请客户代表到厂里实地考察，打消了客户的疑虑，分别从国内外众多竞争者手中争来了合同。上海日用电机厂为桑塔纳轿车配套散热器风扇总成，产品虽小，但每一道工序严把质量关，严格有序的管理，不仅赢得上海大众公司的青睐，而且长春一汽、天津汽车公司也将订单送至该厂，要求提供配套产品。

存在问题 全局系统企业生产发展不平衡。表现为：一是由于种种原因，还有亏损企业9户（其中直属企业1户，公司所属企业8户），亏损额3715万元。二是国有企业盈利水平相差悬殊。年人均创税利最高为5.86万元，最低仅为455元，有相当部分企业处于微利状态。三是投资回报率低。全局系统1993年资金占用31亿元，国有企业资本金利润率仅13.6%，资本金利润率最高的企业达272%，最低的企业仅0.02%。

〔撰稿人：上海市机电工业管理局　周鑫宝　审稿人：上海市机电工业管理局　孙德意〕

〔责任编辑：王　如〕

江苏机械工业

江苏省机械工业厅

生产发展概况 1993年，江苏机械工业呈现出明显的阶段性发展特征。上半年，在国民经济全面高速运行的影响下，市场需求旺盛，生产增势强劲，月最高增幅达到75.54%；下半年，由于贯彻国家宏观调控措施，主动调整生产发展步伐，生产增速有所回落。省厅系统全年共实现产品销售收入361.37亿元，完成工业总产值331.65亿元，分别比1992年增长65.16%和43.63%，且增幅比全国机械工业平均水平高出17.94个和18.77个百分点。详见表1、表2。产销增长已连续24个月保持在38%以上，总量也在1992年过200亿元大关的基础上又有了新的突破。全省机械系统在增本减利因素增多的情况下，全年实现利税25.89亿元，实现利润15.17亿元，分别比1992年增长38.8%和38.47%，再创了历史最好水平。利税超千万元的企业达到了50家，其中春兰（集团）公司和徐

表1 1993年江苏机械工业系统概况

行业	企业数(个)	全部职工年末人数(人)	工业总产值			工业增加值(万元)	产品销售收入		产品销售税金及附加(万元)
			当年价(万元)	1990年不变价(万元)	比上年增长%		当年价(万元)	比上年增长%	
合计	762	517662	3655596	3316496	43.6	883894	3613719	65.2	109464
农业机械	165	131251	866880	770130	23.0	170868	928291	52.3	15263
工程机械	9	17342	163703	126535	61.2	45825	165658	69.4	3354
机床工具	62	55846	259340	223786	38.3	87143	238473	46.7	8741
机械基础件	74	42954	206201	191184	34.4	62192	197880	57.2	7723
石化通用机械	68	45346	225159	212812	47.7	67227	216720	61.7	7655
重型矿山机械	30	21796	194588	178529	46.5	51375	195342	71.7	5281
汽车	47	25820	301910	242661	76.0	52448	292488	95.8	7241
电工电器	151	93274	733527	649613	34.6	177442	707616	62.4	28701
仪器仪表	59	35259	334853	403745	103.8	91530	312748	101.5	15126
食品包装机械	6	3576	22187	20767	43.9	3729	20210	62.4	586
其他	91	45198	347248	296734	44.3	74115	338293	60.8	9793

行业	利润总额(万元)	年末固定资产		流动资产		流动负债		所有者权益(万元)	全员劳动生产率(元/人·年)
		原值(万元)	净值(万元)	合计(万元)	平均余额(万元)	合计(万元)	平均余额(万元)		
合计	151658	1040016	746700	2063497	1769789	1794597	1537289	971838	17074.7
农业机械	27001	238488	203049	453798	396170	414026	348390	195751	13018.4
工程机械	6920	47719	25416	134334	118784	133077	112930	39838	26424.3
机床工具	15908	119149	80549	179341	162519	150869	135653	104939	15604.2
机械基础件	7699	77392	57878	131615	113421	112697	99403	63655	14478.7
石化通用机械	9518	82501	54240	149326	125743	131247	104795	82733	14825.3
重型矿山机械	9684	41282	34697	95192	81002	88249	74279	34236	23570.8
汽车	11484	62799	35868	116173	87380	98026	74592	69201	20312.9
电工电器	24213	212339	148564	448092	406487	373879	338456	226925	19023.7
仪器仪表	26313	66164	41746	153970	125680	120517	109091	59645	25959.3
食品包装机械	313	5318	3517	12121	9684	10386	9374	4692	10427.8
其他	12607	86865	61176	189535	142919	161624	130326	90223	12029.3

表 2　1993 年江苏机械工业系统产品产量

产品名称	单位	产量	比上年增长%	产品名称	单位	产量	比上年增长%
大中型拖拉机	台	1052	−40.5	起重设备	t	75085	33.1
小型拖拉机	台	130888	−18.9	装载机	台	1298	67.9
内燃机	万 kW	2069.2	29.1	叉车	台	2444	−12.4
机引耕作农具	台	6543	−42.3	矿山设备	t	13959	5.8
种植机械	台	499	149.5	工矿配件	t	12554.4	−3.9
收获机械	台	4380	−40.2	石油钻采设备	t	5020.1	44.7
场上作业机械	台	8499	−77.1	塑料加工机械	t	5875	76.5
农用运输车	辆	2616	−78.7	空气调节器	万台	9.9	15.1
农用拖车	辆	17521	−16.7	印刷机械	t	8545.9	44.5
机动三轮车	辆	153093	16.0	环保设备	t	6613.4	56.6
水利排灌机械	台	13231	0	工矿电机车	辆	399	160.8
中小农具	万件	97.7	−37.4	汽车	辆	9647	85.3
饲草(料)加工机械	台	9032	−16.9	改装汽车	辆	16128	61.5
金属切削机床	台	25602	17.3	工业锅炉	蒸吨	8350.5	33.7
锻压设备	台	9375	38.6	发电设备	万 kW	54.3	67.1
量具	万件	34.8	26.1	交流电动机	万 kW	556.6	29.6
泵	台	172727	−10.8	变压器	万 kV·A	1214.1	
风机	台	4763	0.1	电力电缆	km	19990.4	−88.5
低压阀门	t	6257.3	−10.2	控制电缆	km	10436	46.5
高中压阀门	t	5857.8	−17.6	钢芯铝绞线	t	5993	5.9
标准紧固件	万件	431089.1	13.9	工业自动化仪表	万台	205.6	−2.6
轴承	万套	5908.1	4.8	电工仪器仪表	万台	225.6	11.2

州工程机械集团实现利税分别达到 3.23 亿元和 1.32 亿元，无锡威孚股份有限公司、南京东风专用汽车制造总厂、扬州柴油机厂等 8 家企业利税都超过了 3000 万元。全省机械工业的其他效益指标大都完成较好。

外向型经济　1993 年，江苏省机电产品出口继续保持了较高的增长速度，省机械厅系统共完成出口交货值 28.7 亿元，出口创汇 5 亿美元，分别比 1992 年增长 55.25%和 31%。出口大户保持了稳步增势，扬州通运集装箱有限公司、常熟千斤顶厂、常州柴油机厂等 7 家企业出口创汇超过 1000 万美元，特别是常熟千斤顶厂增势迅猛，增幅高达 186.35%，人均出口创汇 3.5 万美元，名列全国同行业第一。一批新的出口增长点正在形成。全系统新办“三资”企业 87 家，总投资 1.8 亿美元，实际利用外资 5500 万美元，外商投资项目规模在 1000 万美元以上的大项目有 6 家。累计举办“三资”企业已达 302 家，利用外资 5.6 亿美元。全系统对外经济技术合作和交流活动蓬勃开展，仅省厅就组织举办了“国际工业机械设备与技术展览会”和国际贸促及交流活动 20 多次，收到了较好效果。

行业结构调整　1993 年，江苏机械行业的结构调整取得了新进展。一是组建了一批企业集团和联合体。全系统新组建市级以上企业集团 15 个，累计 39 个，其中省级企业集团 11 个。各地狠抓了联合、兼并工作。二是发展了一大批技术进步产品和适销对路产品。如宝胜电缆厂的通信电缆，苏州机床电器厂的新型机床电器元件，扬州柴油机厂的车用柴油机，无锡机床厂的三大系列磨床等。全系统完成技术进步产品产值 50.4 亿元，技术进步产品产值占总产值的比重比 1992 年增长 3.1%。三是形成了一大批新的经济增长点和优势企业。省厅系统产值超亿元的企业有 67 家，其产值总量占全系统的 53.3%。其中，徐州工程机械集团的产值为 15.8 亿元，春兰（集团）公司为 28.71 亿元，南京农用车厂超过了 10 亿元，南京工艺装备厂等 17 家企业首次跃过亿元大关。规模经济水平明显提高。四是乡镇机械工业“异军突起”。其生产总量占据全省机械大行业的“半壁江山”，出现了江阴溴化锂制冷设备厂、无锡太湖锅炉厂、南方悬挂输送机厂等一批产值超亿元的骨干企业。

科技进步　1993 年，全省机械系统在推进科技进步方面做了大量工作，取得了显著的成绩。

在新产品开发方面，省厅系统共完成部、省下达的新产品计划 528 项，其中达到国际 80 年代先进水平的有 200 项，填补国内空白的有 140 项；新产品产值率达到 24%，比 1992 年高出 2 个百分点。

在企业技术进步方面，省厅组织力量研究并完成了全行业及机床工具等子行业的产品水平分析课题，配合有关方面组织认定了高新技术企业 40 个，高新技术产品 53 个，还评定出厅科技成果奖 54 项，厅科技进步企业 32 个。

在技术改造方面，1993 年部、省下达机械工业厅系统技改项目计划共 131 个，总投资额为 22.5 亿元，当年计划投资 5.94 亿元，已完成投资额 4.2 亿元，占计划的 70%。已有一大批项目提前竣工投产。

在质量工作方面，省厅系统的产品质量基本稳定。省考核的近 100 项重点产品质量稳定提高率为 95%，品种一等品率为 90.18%，一等品以上产值率达到 35.92%，主要质量指标基本保持了 1992 年水平。列入全省赶超国际先进水平规划中的 30 项机电产品，质量攻关进展顺利；114 项产品进行了一等品的等级评定；近 150 个企业编制了质量手册，常州柴油机厂已通过中国质协组织的质量体系认证。

企业改革 全系统积极推行了以股份制改组为重点的转换企业经营机制的试点工作。据初步统计，已有 19 家企业被省、市政府批准进行股份制试点，南通机床厂等 3 家企业被批准改组为社会募集股份有限公司，南京压缩机厂等 5 家企业改组为定向募集股份有限公司，扬州锻压机床厂等 3 家企业改组为有限责任公司，另有 9 家企业正申请待批股份制试点。此外，全系统继续深化企业内部劳动、人事、分配制度的改革，已有 30%的企业完成了试点。

职工教育 1993 年，江苏机械系统加强了职工教育。基本完成了全行业车间主任岗位培训，累计培训了 3000 余人，占应培人数的 90%；组织选拔了一批青工，参加首届中国青年奥林匹克技能竞赛：车、钳、木模工的大赛，取得了一定成绩；同时，全系统加强了人才的培养、引进和管理。省厅根据全行业人才总体需求状况，制订并实施了委培计划，已与 9 所高校委培了 25 个专业 580 名学生；完成了一批专业技术职务的评审和高级技师的评聘试点，其中评聘省机械行业首批高级技师 9 名，评定行业及直属单位高级工程师 911 人、教授级高工 45 人。省厅还利用机械工业部在宁举办直属院校毕业生市场的有利条件，组织全系统积极引进人才，全年共接收各类毕业生近 3500 人，比 1992 年增长 16%，促进了企业人才结构的改善。

存在问题 一是整个省机械工业的发展仍呈速度效益型的特点，整体水平还不高。由于结构调整缓慢，品种构成不太合理，产品达到国际 80 年代技术水平的仅占 8.34%。经济发展主要是靠外延扩大再生产，产销率低于全国机械工业的标准值。二是企业生产经营困难增多。流动资金严重短缺，仅 1993 年第四季度缺口就达 6 亿元；各种增本减利因素也大大增多，1993 年上半年即高达 14 亿元。三是亏损情况日趋严重。至年底，亏损企业达 109 家，比上年增加 40 家，亏损面达 14.16 %，亏损额达到 1.18 亿元，比 1992 年增长 398%，纯农机产品亏损额占亏损总额的 40%。四是忽视质量、放松管理的倾向有所抬头。1993 年三季度国家和机械工业部对全省机械产品质量监督抽查合格率分别为 47.69%和 41.18%，均低于全国同行业平均水平。特别是部分乡镇机械企业管理混乱，产品质量低劣，拖了整个行业的后腿。

〔撰稿人：江苏省机械厅办公室　解　缙　审稿人：江苏省机械厅厅长　许汉文〕

〔责任编辑：王　如〕

浙江机械工业

浙江省机械工业厅

浙江省机械工业是省重点培育的主导产业。1993 年，浙江机械工业抓住机遇，深化改革，加快发展，各项主要经济指标均提前超额完成了全年计划。全省机械系统 1993 年工业总产值在全国 30 个省（市）中列第七位，利税总额居第七位，实现利润居第四位。总产值和利润在全国的位次，分别比改革开放前的 1978 年提高 10 位和 8 位。

生产发展情况 全省机械系统完成工业总产值 157.06 亿元，比上年增长 34.71%。各主要行业全面增长，石化通用机械增长 50%。全系统全年完成产品销售收入 168.93 亿元，比上年增长 61.37%；利税总额 18.94 亿元，比上年增长 51.40%；利润总额 11.40 亿元，比上年增长 55.73%。详见表 1、表 2。

产品结构调整 1993 年省机械工业以提高技术含量为主攻方向，产品结构调整和优化有了进一步发展。重点抓好的“四个一批”产品（即一批适销对路产品、一批技术进步产品、一批出口创汇产品、一批重点发展产品）取得了新的成效。列入生产适销对路产品的 39 家企业，实现销售收入 49.77 亿元，利税 6.97 亿元，分别占全系统的 30.2%和 35.9%。其中 9 家企业的年销售额收入超过 2 亿元，8 家企业年实现利税在 3000 万元以上。空分设备、机床、电动工具、轴承、汽车配件等 10 种重点出口创汇产品，1993 年完成 1.3 亿美元，占全系统创汇总额的 57%。列入重点开发的 10 种技术进步产品，都按进度要求完成任务，其中 4 项，通过鉴定并投入生产。

新产品开发 1993年新产品开发取得了近几年的最好成绩，全年通过部、厅级鉴定的新产品达184项，其中填补国内空白的有33项。获得机械工业部和省科技进步奖的有24项，其中获得部和省一等奖各1项，二等奖各2项。为努力改变全省机械工业高新技术产品少的落后局面，省厅提出了《浙江省机械行业发展高新技术导向性意见》，以引导全行业加快开发高新技术产品。

表1 1993年浙江机械工业系统概况

行业	企业数(个)	全部职工年末人数(人)	工业总产值			工业增加值(万元)	产品销售收入		产品销售税金及附加(万元)
			当年价(万元)	1990年不变价(万元)	比上年增长%		当年价(万元)	比上年增长%	
合计	609	279563	1739798	1570612	34.7	472645	1689351	61.4	75357
农业机械	113	52522	311577	264676	17.5	77225	302548	42.6	9089
工程机械	4	2655	27628	20661	24.7	6987	26259	46.0	909
机床工具	47	22044	105953	80872	36.1	36837	101351	61.0	5176
机械基础件	55	27877	130619	133441	28.3	41384	117616	47.3	5441
石化通用机械	48	26518	154706	146740	49.6	50800	149263	68.0	8573
重型矿山机械	22	14733	89344	66882	32.4	22362	99829	73.2	4205
汽车	68	35844	288687	260910	41.0	73598	292021	75.8	13084
电工电器	139	59729	470090	440943	42.8	116535	441643	67.1	21879
仪器仪表	77	21483	99728	101521	27.6	29454	96840	59.3	4534
食品包装机械	6	2913	6783	6123	11.5	2259	6462	55.0	340
其他	30	13245	54683	47843	44.3	15206	55518	73.3	2128

行业	利润总额(万元)	年末固定资产		流动资产		流动负债		所有者权益(万元)	全员劳动生产率(元/人·年)
		原值(万元)	净值(万元)	合计(万元)	平均余额(万元)	合计(万元)	平均余额(万元)		
合计	114033	618572	377820	1122904	957104	915341	812313	600404	16907
农业机械	14832	111823	67648	187428	183166	153501	144948	97325	14703
工程机械	1311	11009	7981	13502	16418	11922	18758	5437	26316
机床工具	6785	47200	26586	64707	53143	53689	45212	37764	16710
机械基础件	8505	58634	36758	99191	79213	89648	76084	44698	14845
石化通用机械	16059	59785	33769	118032	102910	99608	87991	61861	19157
重型矿山机械	6397	43075	22929	62187	53905	48733	42633	43142	15178
汽车	23460	90696	56063	183020	133596	135726	103958	110196	20533
电工电器	26031	138629	89845	281685	234808	231367	208278	138306	19511
仪器仪表	6221	33484	21168	70257	61808	55136	50651	38114	13710
食品包装机械	55	3563	2157	5821	5349	5835	5236	1703	7755
其他	4379	20674	12918	37074	32788	30177	28566	21859	11480

表2 1993年浙江机械工业系统产品产量

产品名称	单位	产量	比上年增长%	产品名称	单位	产量	比上年增长%
大中型拖拉机	台	2606	43.0	电除尘器设备	t	13746	15.5
柴油机	万kW	489.1	12.5	汽车	辆	13109	30.7
农业泵	台	362964	32.4	摩托车	辆	53188	112.8
金属切削机床	台	9716	20.0	汽车配件	万元	205657	38.8
空分设备	套	48	45.5	船用齿轮箱	台	23908	27.6
粉末冶金制品	t	3576	60.2	工业锅炉	蒸吨	2897.8	28.7
轴承	万套	7132.7	31.4	工业汽轮机	万kW	26	6.5
叉车	台	2455	16.8	发电设备	万kW	36.7	10.9
千斤顶	台	203012	5.2	电站锅炉	蒸吨	2968	-6.0
手动葫芦	台	304112	0.1	电度表	万只	365.2	33.0
工业链条	t	10779	19.0	水表	万只	137.8	-3.0

质量管理 全年省级质量抽查629批次，合格率89.35%，比上年提高了2.35个百分点。考核的50种工业产品质量稳定提高率为92.78%，部考核的100种产品质量稳定提高率达100%。有7种产品获得省首批“浙江名牌产品”称号。杭州齿轮箱厂、华立集团公司铜箔板厂两家企业通过了ISO9000质量体系认证。

技术改造与技术引进 1993年全系统共安排技改项目55项，当年财务用款3.46亿元，完成投资额1.29亿元，竣工验收21项。因而增强了一批行业排头兵和“小型巨人”企业的发展后劲和竞争优势。全系统全年引进项目签订合同38份，外汇成交额3241万美元，创历史最高水平。

对外开放 到1993年底，全系统共提出100个利用外资的储备项目。围绕利用外资，进一步开展了对外经济贸易与技术合作交流活动，重点是继续开展与台湾机器工业同业公会的合作。经过省厅与萧山市的共同努力，“台湾机械城”最终选址定在萧山经济技术开发区。与日本福井的交流合作也取得了新的进展。1993年全系统出口创汇首次突破2亿美元大关，达到2.29亿美元，比1992年增长30%。全年出口创汇额超过百万美元的企业共47家，其中超过500万美元的企业有13家，超千万美元的企业有5家。这47家企业1993年共创汇1.9323亿美元，占全系统出口创汇总额的84.4%，形成了全省机械系统出口创汇的主力。有21家生产企业获得了对外自营进出口权。

企业股份制改革 全系统产权制度改革有了新突破，1993年新组建6家股份有限责任公司和一批股份合作制企业，有两家股份制企业被批准股票公开上市。全系统已有企业集团16个，其中省批集团7个。

规划和信息导向 根据全省机械工业“八五”计划和“九五”规划的初步设想，全系统对以交通运输机械和工程机械为重点的支柱产业进行了详细认真的调查研究和专题论证，并与东风杭州汽车公司和宁波市有关部门共同研究和完善了他们的汽车发展规划。在系统内召开了全省汽车工业发展研讨会，提出了省汽车工业发展的建议；对以中小企业为主的浙江机械工业如何走“小型巨人”的路子，做了较深入的调研，召开了“小型巨人”的研讨会，总结交流了加快培育和发展“小型巨人”的做法和经验。1993年省有关部门注重对宏观发展走向和经济发展态势的分析和预测，根据市场需求，做出正确决策。利用《浙江机械信息》，定期发布重要信息进行导向，引导和推动企业积极走向市场。

存在问题 目前，全省机械系统内，高新技术产品还相当少。优势企业、优势产品发展不够快。一些企业的内部管理有些放松。亏损企业和亏损额均比上年有所增加。事故死亡人数和重伤人数均比上年增加了50%。整个行业的结构组成、人员素质和机制的矛盾依然存在。

〔撰稿人：浙江省机械厅办公室孙烈根、谢国建
审稿人：浙江省机械厅厅长 金垒允〕

〔责任编辑：王 如〕

安徽机械工业

安徽省机械工业厅

生产和经营 1993年安徽省机械工业取得了生产快速发展，经济效益大幅度提高的好成绩。突出表现是：全系统不仅全面完成了厅长与省政府签订的“三年大发展目标责任书”的任务，而且生产总量提前两年超额完成“八五”规划的目标，在全国机械行业的排序由第十五位上升到第十三位。主要经济指标完成情况：工业总产值860371万元，比上年增长36.5%，比“八五”目标多6亿元；销售收入928984万元，比上年增长61.1%；实现利税60192万元，比上年增长31.4%。19个地市机械工业主管部门和厅属工业公司工业总产值（不变价）和销售总额全面增长。全系统9大行业工业总产值（不变价）和销售总额也全面增长，汽车、电工电器、机床工具、工程机械4大行业继续领先。详见表1。42种考核产品中产量增长的有27种，其中增幅较大的有：汽车、改装汽车、家用电冰箱、农用四轮运输车、气体压缩机等。详见表2。

1993年全系统工业企业全年分别完成商品产值和销售总额971073万元和928984万元，产销率为95.8%，生产和经营呈现三个特点：一是产销同步持续快速增长，且销大于产，全年销售收入的增幅比工业总产值的增幅高25个百分点；二是大中型企业的中坚作用十分显著，仅占全系统工业企业总数24%的大中型企业，产销量却占全系统的70%以上，尤其是省汽车工贸联营集团公司、省叉车集团公司、中国扬子电气集团公司的高速增长显示了大中型企业的活力和重要作用；三是结构调整初见成效，优势特色产品发展较快，这些产品

的产量和销售总额在全系统的产销总量中的比重得到明显提高，不仅在整体上提高了机械工业的市场应变能力和竞争能力，而且也进一步推动了全系统产品的整体技术水平上台阶。

企业改革　1993年安徽省机械系统认真贯彻《全民所有制工业企业转换经营机制条例》和十四届三中全会决定，加快改革步伐，在企业产权制度改革方面，积极推进股份制改制的试点工作，先后进行了省叉车集团公司、省汽车贸易公司和省机床工具联营公司的改制试点。年内省汽车贸易股份有限公司和省机床工具联合有限责任公司已正式挂牌，省叉车集团公司的筹备工作也已完毕，定向募集资金全部到位，并完成了工商注册登记工作。

在企业内部改革方面，进一步完善了承包经营责任制，进行了以干部实行聘用制、工人实行劳动合同制为主要内容的劳动人事制度改革和岗位技能工资制为主要形式的分配制度改革。同时，积极组建和完善企业集团。到1993年底止，全系统已有省汽车工贸集团、省叉车集团、省轴承集团、中国扬子电气集团、万方挖掘机集团、巢湖双发动力集团、皖南飞彩集团、泾县南华电机集团、芜湖万通集团、五河雪松集团等十余个企业集团，这对提高全省机械工业上规模经济、实现企业组织结构和资产存量结构的调整、增强抵御市场风浪的能力都起到了重要作用。

外向型经济　1993年全系统利用外资上了新台阶。当年新办“三资”企业19家，总投资6485万美元，注册资金5227万美元，协议外资1887万美元，创历史最高水平。到年底全系统累计创办“三资”企业48家，已有28家正式投产。技术引进创“八五”以来最好水平，全年用汇3470万美元。其中一些引进技术，如合肥淝河汽车制造厂引进德国的豪华大客车技术、巢湖柴油机厂等单位联合引进美国多缸柴油机技术、芜湖汽配厂引进英国的真

表1　1993年安徽机械工业系统概况

行业	企业数(个)	全部职工年末人数(人)	工业总产值 当年价(万元)	工业总产值 1990年不变价(万元)	工业总产值 比上年增长%	工业增加值(万元)	产品销售收入 当年价(万元)	产品销售收入 比上年增长%	产品销售税金及附加(万元)
合计	356	195913	971073	860371	36.5	203593	928984	61.1	25925
农业机械	118	58536	238402	221965	8.3	40492	229487	28.4	4582
工程机械	4	8251	63426	45143	33.2	11963	61980	46.9	1254
机床工具	34	19009	71674	59566	80.8	23952	63581	81.7	2447
机械基础件	27	14562	38158	32582	3.3	11959	40095	44.5	1867
石化通用机械	23	12861	44081	39731	24.7	13995	37321	31.0	1332
重型矿山机械	14	7865	25687	22811	24.5	6845	26621	68.7	1133
汽车	32	25565	172600	141196	75.0	30266	165824	98.3	3273
电工电器	65	31668	275831	258014	52.1	52714	262223	85.5	8184
仪器仪表	10	5360	18248	18589	44.5	6241	19424	70.2	990
食品包装机械	4	854	764	722	−13.1	147	641	1.3	22
其他	25	11382	22202	20052	59.3	5019	21785	85.7	841

行业	利润总额(万元)	年末固定资产 原值(万元)	年末固定资产 净值(万元)	流动资产 合计(万元)	流动资产 平均余额(万元)	流动负债 合计(万元)	流动负债 平均余额(万元)	所有者权益(万元)	全员劳动生产率(元/人·年)
合计	34268	367122	224484	697984	623367	605434	533848	246042	10541
农业机械	2858	108999	63187	159937	145316	145642	128836	67994	7042
工程机械	5542	19203	9828	49269	36275	38830	29897	20316	14560
机床工具	4258	31990	18249	55969	43072	45018	38099	21149	12800
机械基础件	1996	22875	12411	35358	32071	29535	27204	14449	8294
石化通用机械	1193	21525	12597	39217	35734	30101	27579	14189	10629
重型矿山机械	821	14120	8860	22926	20682	19093	17527	7773	9006
汽车	8226	49590	31369	102288	80462	84696	68251	28123	12051
电工电器	8999	79808	55783	202131	200309	184252	171316	59017	16916
仪器仪表	744	8623	5343	14636	13558	12560	10907	7001	12015
食品包装机械	−197	737	439	1260	1375	1665	1552	−125	1730
其他	−172	9652	6418	14993	14514	14041	12680	6157	4475

表 2　1993 年安徽机械工业系统产品产量

产品名称	单　位	产　量	比上年增长%	产品名称	单　位	产　量	比上年增长%
大中型拖拉机	台	31	−88.9	炼油化工设备	台	5646	−0.1
小四轮拖拉机	台	60971	163.4	单斗挖掘机	t	8565	3.2
手扶拖拉机	台	40931	6.8	食品机械	台	126	−91.2
内燃机	万 kW	270.2	12.4	包装机械	台	1764	20.6
拖内配件	万元	26437.7	−1.2	纺织机械	台	138	−4.2
农副产品加工机械	台	8970	−20.7	家用电冰箱	万台	47	82.2
农用运输车	辆	10351	101.0	电风扇	万台	28.4	−27.4
机动三轮车	辆	136734	6.9	医疗器械	台(件)	4302	51.9
金属切削机床	台	4845	2.4	汽车	辆	24709	122.9
锻压设备	台	1170	17.5	改装汽车	辆	3902	47.9
泵	台	101758	−15.9	汽车配件	万元	61310.3	−4.1
风机	台	4059	7.0	工矿配件	t	10417.4	48.9
气体压缩机	台	1680	29.7	工业锅炉	蒸吨	1290.5	12.9
液压件	台(件)	61224	59.2	交流电动机	万 kW	144.5	20.0
轴承	万套	1400.3	−14.5	分马力电机	万台	81.5	13.8
斗式提升机	台	5664	1048.9	变压器	万 kV·A	330.4	13.3
汽车起重机	台	239	21.9	电力电缆	km	1802.0	19.7
带式运输机	m	8890	−27.4	工业自动化仪表	万台(件)	35.2	37.0
叉车	台	3701	17.6	电工仪器仪表	万台(只)	38.7	−40.3
综采机械设备	t	1304	−47.4	光学仪器	台	1547	−9.1

空助力器和制动泵技术等都具有世界先进水平。通过引进技术、消化吸收和国产化，1993 年全系统新增产值 14 亿元，利税 1.5 亿元，出口创汇 1000 万美元。同时，机电产品出口创汇也大幅度增长，全系统全年共完成出口交货值 34626 万元，比上年增长 55.87%，出口创汇 8232 万美元，比上年增长 30%，其中，安徽省机械设备进出口公司创汇 3965 万美元，在全国各省市区机械设备进出口公司中居第 11 位。

优势特色　1993 年初，省机械厅确定了抓重点带一般的方针，制定并实施“36351”工程，即“八五”期间，投入 30 亿元资金，重点抓 6 个行业，改造 30 个重点企业，建成 50 个合资企业，达到 100 亿元工业总产值，并围绕此目标加大投入。全系统突出重点，全年完成固定资产投入 56878 万元，比上年增长 20%，提高了重点企业的工艺装备水平，有力地促进了重点产品的发展，并形成本省的优势特色。如全年完成汽车 2.5 万辆，比上年增长 1 倍；叉车 3701 台，居全国第一；挖掘机 465 台，居全国第二；电冰箱 47 万台，居全国前列；汽车仪表产值 1 亿多元，名列全国前茅；柴油机 270 万 kW、加工中心和精密机床近 300 台、农用四轮运输车 10045 辆、机动三轮车 13.67 万辆，均比上年有较大幅度的增长。安徽省机械厅重视发展优势特色产品的做法得到了机械部领导的肯定和称赞。

技术进步　1993 年全系统共开发了新产品 390 种，完成批试鉴定的产品有 30 种。在新开发的产品中，属国内首次开发及技术含量高的产品占 30%左右，达到国内先进水平的占 80%以上，达到国际 70 年代末、80 年代初水平的占 50%左右，达到国际 80 年代中期水平的占 10%左右。其中，RPT 快速液压机，单动薄板、双动薄板拉伸液压机，80t 热空压铸机等十几种产品接近当代国际水平。全年新产品产值占全部产品产值的 25%左右，新产品利税占总利税的 30%左右，取得了明显的经济效益。其中，有带动全省乃至全国经济发展的支柱性行业产品，如 6700 轻型客车底盘，D11、D12 大型客车底盘，2t 轻型载货车，10t 重型载货自卸汽车，5～7t 国产化内燃液力传动叉车，490 型柴油机等；有在国内具有较高知名度的优势特色产品，如 900～1250t 冷空压铸机，80t 热空压铸机，YH28-630／1030 型双动薄板拉伸液压机，630A 型矿用真空隔爆馈电开关，315A 真空电磁起动器，12.5t 履带、轮胎液压挖掘机，12m^3 浮选机，海拉克斯汽车仪表和高效斗提机等；有技术含量高的机电一体化产品和其它高新技术产品，如数控车床，数控立式多头镗铣床，DM4500、DM4800 立式加工中心，摩托车电子转速表，厚膜压力传感器，船用电缆，阻燃电缆等；有为农业及国民经济各部门服务的大型、成套设备，如 32t 面粉加工成套设备，15t 精制米加工设备，320kW 柴油发电机组，大型轴流潜水电泵，以及水泥加工成套设备，城市煤气成套设备的关键设备等。以上这些产品都已形成一定的批量，具有较好的经济效益和较广阔的市场前景。

汽车工业　1993 年，作为国民经济支柱产业的汽车工业有了较大发展。全系统完成汽车总产值

17亿元，总产量2.5万辆，其中轻型汽车12143辆，微型汽车10065辆，重型汽车1650辆，扬子汽车1000辆。就生产能力而言，合肥江淮汽车制造厂的轻型汽车已达3万辆，安徽省淮海机械厂的微型汽车已达2万辆，合肥淝河汽车制造厂的重型汽车已达3000辆。

为加快安徽省汽车工业发展，“七五”和“八五”期间，全省汽车工业作了重大战略性结构调整，形成了以大、轻型客车底盘为基础、发展大客、中客、改装车，以客车为主攻方向，加快引进现代国际先进车型，使之处于国内领先地位；保留原有货车生产能力，并带动一大批汽车配件生产企业同步发展的格局。

合肥淝河汽车制造厂吸收消化国外先进技术，推出高水平的大型客车底盘，引起国内客车制造行业的高度重视，省内外汽车制造厂家纷纷前来联营，并很快推出全新的国产双层客车等新品种。1993年初，安徽省和德国凯斯鲍尔公司达成协议，由淝河汽车制造厂引进德国的大客车制造技术，制造目前世界上最高水平的豪华大客车。3～5年内，淝河汽车制造厂不仅生产能力可达到年产凯斯鲍尔客车1000辆，而且还可以用德国的先进客车技术全面优化我国的客车技术。

与此同时，合肥江淮汽车制造厂积极调整产品结构。该厂先后建成18条国内最先进的生产流水线，新一代6600、6700、6650三个系列共20余种新型中客底盘始终在国内市场领先。1993年该厂共销售货车1.2万多辆，实现销售收入5.15亿元，利税3000多万元，在全省机械系统各工业企业中名列前茅。

存在问题 用发展和比较的观点来看，1993年安徽省机械工业还存在一些问题，主要是：(1) 产品结构还不够合理，生产集中度低的状况尚未根本改善，以致经济效益不理想；(2) 产值和效益的增长与先进省市机械工业相比还存在不少差距。

〔撰稿人：安徽省机械工业厅 李戈扬 审稿人：安徽省机械工业厅 张克勤、陈漪文〕

〔责任编辑：王 如〕

福建机械工业

福建省机械工业厅

生产发展概况 1993年，拥有214家企业、97026名职工的福建机械系统出现了连续第三年产值净增超10亿元的好局面。年工业总产值达53.6亿元（不变价），比1992年增长27.6%；完成销售收入65亿元，比上年增长了51.8%；出口创汇1.15亿美元，比上年增长了26.0%；实现利税6.5亿元，比上年增长了52.2%。详情见表1、表2。其主要特点是：(1) 生产规模进一步扩大。福州、南平、宁德、莆田、龙岩、漳州六地市产值增幅均高于全省平均水平。年产值均达5000万元以上的企业有26家，其中超亿元的企业有11家。(2) 支柱行业实力突出。农机和电工电器两大行业产值达37.2亿元（按不变价计），占全系统产值总量的69.4%，其中农用运输车产值达10亿元，约占全系统1/5。(3) 效益增长高于产销增长。实现利润增长81.9%，比产值和销售收入增幅分别高出54.3个百分点和30.1个百分点，利税超300万元的企业有44家，其中利税超1000万元的盈利大户有13家。

科技进步 全年完成科研、新产品开发项目214项，其中，达到国际水平的有66项，属于国内首创的有34项，为国内先进水平的有111项。出现了一批当年立项当年完成，技术含量高，经济效益好，且能成为次年新的经济增长点的好产品。如福州电线厂的Q（ZY/XY）−1.2.3/200漆包圆铜线、龙马工业公司的微型农用车、闽东电机（集团）公司的稀土永磁高效同步电动机、福建机器厂的6170型柴油机、厦门电控厂的MKH−10空气环网柜、福州发电设备厂的多机并联自动化柴油发电机组等。

全系统有20个项目获1993年度福建省政府授予的省科技进步奖，其中二等奖3项，三等奖17项。获二等奖的3项是：闽东电机（集团）公司与西北工业大学合作研究的“空气隔磁系统在永磁电机上的应用”，福建省机械研究院与永泰电机厂联合开发的YDGT$^{132}_{140}$S−20/2干洗机专用多速三相异步电动机，福州锅炉厂研制的SHL20−2.5/400−WⅡ型双横汽包水管链条炉排锅炉。

全系统有11项产品获省政府授予的省优秀新产品奖（1992年度），其中二等奖2项，三等奖9项，南平印刷机械厂的FM600B型复膜机和龙岩拖拉机厂的龙马牌FL1508系列小型农用运输车获二等奖。

全年完成技改投资 2.5 亿元，竣工验收项目 25 项。达产后，可新增产值 5.64 亿元，利税 1.36 亿元，创汇 2000 万美元。

1993 年全系统采用国际标准完成产品 45 项，其中重点产品 7 项，累计完成 447 项，居全省其他系统之首。

为提高产品质量，全系统开展提高关键工序一次合格率，降低不良品损失活动有新发展。据不完全统计，降损效益达 1458 万元，比上年增长 45.8%。

外向型经济 全年完成进出口贸易额 1.62 亿美元，比上年增长了 24.7%，出口创汇 1.15 亿美元，增长了 26%，产品出口到 61 个国家和地区。出口产值完成 5.77 亿元，比上年增长了 17.8%。出口产值占工业总产值的比重（按不变价计）为 10.78%。有 92 家企业承担出口生产任务，占全系统企业总数的 43%。

出口创汇超 50 万美元的产品有 32 种，比上一年增加 5 种。其中 500～1000 万美元以上的产品有 4 种：轴承、电动机、显微镜、灯具；300～500 万美元的产品有 5 种：交流发电机、水表、漆包线、电话机、变压器；100～300 万美元的产品为 12 种：含油粉末冶金轴承、低压电器一般元件、传动件、分马力电机、机床、柴油机、锻压设备、低压电器开关、摩托车刹车蹄块、电动工具、石材制品、高压开关板。

出口创汇达 50 万美元以上的生产企业有 31 家，比 1992 年多 3 家。其中，闽东电机（集团）公司已连续第四年创汇超 1000 万美元。创汇 500～1000 万美元的有 3 家：厦门麦克粤迪光学仪器厂、闽清电瓷厂、福州华光电器有限公司；创汇 300～500 万美元的有 6 家：龙岩粉末冶金厂、福州变压器厂、福州水表厂、福州电线厂、福州鸿迈电子有限公司、南安轴承厂；创汇 100～300 万美元的有 11 家。与 1992 年相比，创汇 300 万美元以上的企业出口创汇额增长了 66.1%。

表 1 1993 年福建机械工业系统概况

行 业	企业数(个)	全部职工年末人数(人)	工业总产值 当年价(万元)	工业总产值 1990年不变价(万元)	工业总产值 比上年增长%	工业增加值(万元)	产品销售收入 当年价(万元)	产品销售收入 比上年增长%	产品销售税金及附加(万元)
合计	214	97026	654757	535615	27.6	161509	650198	51.8	21982
农业机械	69	30375	231338	192054	32.8	39139	229682	52.6	4528
工程机械	6	7025	105550	59068	15.8	30526	100551	53.9	4112
机床工具	18	7364	24236	19215	19.3	8311	23197	33.9	1168
机械基础件	24	9995	34148	34260	11.2	9835	34928	26.0	1866
石化通用机械	12	7397	31448	25484	59.0	9900	28226	65.7	1142
重型矿山机械	6	1974	7024	5863	37.6	2071	7068	74.6	121
汽车	3	616	2036	2231	44.3	538	1678	69.7	97
电工电器	50	26558	202173	180172	28.5	54595	206070	57.1	8186
仪器仪表	20	4467	11943	13033	15.0	4766	13472	32.6	637
食品包装机械	1	90	955	1356	10.6	795	869	37.9	41
其他	5	1165	3906	2879	8.9	1033	4459	30.8	86

行 业	利润总额(万元)	年末固定资产 原值(万元)	年末固定资产 净值(万元)	流动资产 合计(万元)	流动资产 平均余额(万元)	流动负债 合计(万元)	流动负债 平均余额(万元)	所有者权益(万元)	全员劳动生产率(元/人·年)
合计	43252	194035	112069	391011	336083	310149	278872	198417	16731
农业机械	9101	46911	26972	98472	84326	87971	73380	29294	12951
工程机械	14031	25930	13749	55020	47302	28605	30966	56060	43903
机床工具	2232	11264	5799	16880	14334	13558	11619	9489	11419
机械基础件	2028	19846	11274	30716	27556	26758	22840	13630	10061
石化通用机械	1262	11759	5858	26433	19932	22403	19195	9792	13278
重型矿山机械	452	2301	1394	5505	4864	5311	4721	1632	10386
汽车	151	783	447	1119	966	1076	872	483	9012
电工电器	13185	68327	42400	141876	123268	110606	102955	72776	20663
仪器仪表	546	5573	3312	10485	9511	9789	8704	3943	10484
食品包装机械	162	345	265	2169	1991	1907	1838	503	91379
其他	102	996	600	2338	2034	2166	1783	815	8580

表 2　1993 年福建机械工业系统产品产量

产品名称	单位	产量	比上年增长%	产品名称	单位	产量	比上年增长%
小型拖拉机	台	45741	9.1	工业锅炉	蒸吨	1002	31.0
内燃机	万 kW	132	15.6	变压器	万 kV·A	182	4.8
内燃发电机组	万 kW	15.6	50.0	高压隔离开关	组	7321	108.9
农用运输车	辆	49660	53.0	高压开关板	面	4878	28.8
木工机械	台	2264	11.8	电磁线	t	4749	8.6
金属切削机床	台	2144	26.6	电力电缆	km	1790	62.6
锻压设备	台	2332	4.3	布电线	km	120614	17.9
工业轴承	万套	1432	−5.6	电动工具	万台	21.4	48.6
装载机	台	2359	17.5	工业自动化仪表	万台	99.9	3.1
叉车	台	1566	−11.3	光学仪器	台	151503	190.9
矿山设备	t	1477	73.0	交流电动机	万 kW	127.8	5.8
橡胶设备	t	4898	2.5				

“三资”企业继续发展，到 1993 年底共批准 59 家（已清盘 8 家），总投资额 1.99 亿美元，其中外资 9702 万美元。1993 年新增“三资”企业 21 家，总投资 1.57 亿美元，利用外资 7866.6 万美元。已开业投产 42 家。据对 31 家企业统计，共完成产值 2.7 亿元，比上年增长 70.3%，出口产值 1.5 亿元，比上年增长了 62.8%，占全省机械系统出口产值的 26.2%，比上年高 7.7 个百分点，出口创汇 1853.2 万美元，占全省机械系统出口创汇总额的 16.1%。

经济效益　全系统完成利税总额 6.5 亿元，比上年增长 52.2%，实现利润 4.3 亿元，比上年增长 81.9%。电工电器、工程机械和农业机械三个支柱行业发挥了名符其实的支撑作用，三个行业完成利税总额 4.99 亿元，占全省机械系统利税总额的 76.8%，完成利润 3.6 亿元，占全省机械系统的 83.7%，其中，电工电器行业完成利税总额 2.1 亿元，占全系统利税总额的 32.3%，比上年增长了 52.1%；工程机械行业完成利税总额 1.8 亿元，占全系统的 27.7%，比上年增长 116.7%；农机行业完成利税总额 8640 万元，占利税总额的 13.3%，比上年下降 24.7%。工程机械和电工电器两行业利税总额净增 1.7 亿元，占全系统净增总额 2.2 亿元的 77.3%。

由于经济规模的扩大，利税超 300 万元的企业达 44 家。其中利税超 1000 万元的有 13 家。厦门工程机械厂继续保持“龙头”地位，年创利税 1.55 亿元，比上年增长 118.1%，占全省机械系统利税总额的 23.8%。闽东电机（集团）公司超利税 5000 万元，龙马工业公司超利税 3000 万元，龙江集团公司、南平电缆厂、平和农用车厂、福州电线厂 4 家利税均超 2000 万元，闽日电动工具有限公司和福州变压器厂利税则超 1500 万元。福州发电设备厂、福州第一开关厂、厦门叉车总厂、龙溪轴承厂 4 家企业利税超 1000 万元。

扭亏工作不容乐观。亏损企业 19 家，比上年 25 家减少了 24%，但亏损企业亏损额达 1122 万元，比上年增加了 20.5%，个别亏损大户恶性循环，越亏越多。

经济效益综合指数按国家统计局口径为 117%，按机械工业部制定的标准值，则为 127.4%，比上年高出 14.2 个百分点。

企业改革与管理　各级机械工业主管部门和企业都在深入贯彻《条例》以及福建省《实施办法》，以转换经营机制为主要内容的企业改革正在全省机械系统各企业广泛深入地展开，《条例》赋予企业的 14 项自主权进一步落实，从总体上说，企业经营自主权比《条例》颁布前明显提高。股份制改革试点工作成效明显。闽东电机（股份）有限公司、福建福发股份有限公司和厦门工程机械股份有限公司股票已先后公开上市，福州大通机电股份有限公司、福州通用电气股份有限公司以及其他六家企业也已经或正在按规范化要求进行改制。更多的企业把改革的重心放在内部三项制度改革上，从全系统来看，发展并不平衡，不少企业改革缺乏力度。

设备管理工作有一定成绩。从部分骨干重点企业的重点设备检查看，完好率达 91.5%，故障停机率 1.9%。三明市和福州市机械系统设备管理较为制度化、规范化，保障了生产正常运行，效益明显，南平电机厂、三明重机厂、三明化机厂、福州动力机厂、福州机床厂、三明齿轮厂、三明机床厂、永安轴承厂、龙溪轴承厂、福建拖拉机厂等企业设备管理工作抓得较紧，尚未出现滑坡现象。

工艺管理工作立足于重点管理。1993 年着重帮助闽东电机（集团）公司下属的 7 个厂开展这项工作，各厂根据自身的情况、特点，以加强工艺管理、严格工艺纪律为突破口，提高工艺水平，推行全面质量管理，开展了一场立足于提高产品质量的“工艺突破口”工作，企业尝到了甜头，效益十分明显。

职工教育工作　培训各种高级工 261 人，组织 7 个工种 2300 名全省技校机械类毕业生统考，效果较好。数年来已组织 2 万多名技校毕业生统考，保证了质量。龙岩地区重工局组织了1108人、福州市机械局组织了10747人的岗位适应性培训，为增强职工素质打下了良好的基础。1993年全系统五所大中专学校共毕业1171人，其中大专生250人，中专生921人；招收1777人，其中大专生500人，中专生1277人；现在校生共5011人，其中大专生1134人，中专生3877人。

存在问题 （1）市场有待进一步开拓，全系统产销率97.3%，比1992年低3.37个百分点，也低于国家和部提出的97.5%和98.2%的标准值要求。（2）效益状况不容乐观，销售利润率仅6.5%，亏损企业亏损额增加了20.5%，农机企业效益滑坡。（3）新产品开发步伐放慢，1993年鉴定项目比上年减少了16.1%，原有的产品结构小、散、弱、低的痼疾未见根本好转，新开发的产品中水平高、带动性强、附加值高的产品不多。（4）出口产值增速滞后于工业总产值增速。1990年出口产值占出口总产值的13.98%，1993年为10.73%，年均减少一个百分点，因此，发展出口产品生产，开拓国际市场的任务益显艰巨。（5）改革适应性有待加强。六大改革措施出台后，企业如何在深化内部改革的同时迅速适应外部改革环境的问题尚未解决。

〔撰稿人：福建省机械工业厅办公室　严子杰
审稿人：福建省机械工业厅厅长　陈文钊〕

〔责任编辑：王　如〕

厦门机械工业

厦门市经委机械冶金工业处

行业概况 1993年厦门市现有机械部系统的工业企业20个，其中大、中型企业各一个，产品以生产工程机械为主；其他部门大行业的工业企业162个，其中“三资”企业39个。全市机械工业大行业1993年产值11.1亿元（不变价），部系统企业产值7.6亿元。近年创办的“三资”机械工业企业中，有9个企业被市政府有关部门确认为“外商投资先进技术企业”，其中如厦门电器控制设备厂等企业与ABB中国投资有限公司合资经营的厦门ABB开关有限公司，注册资本500万美元，采用ABB集团具有国际先进水平的专利技术制造ZSQ型中压开关柜；再如厦门叉车总厂与美国卡斯卡特总公司合资经营的厦门卡斯卡特公司，采用外方转让的专利技术制造各种性能优良、水平先进的叉车属具。新办的机械“三资”企业中，有一批中外合资的汽车制造企业发展迅速，其中有：厦门金龙联合汽车工业有限公司，引进德国奔驰公司的PAENE型车身制造技术及主要工装设备，生产XMQ系列豪华旅游客车；厦门金龙汽车车身有限公司，引进台湾宝马客货车车身制造技术及全套冲压模具、焊装夹具，生产8座位旅行车和1吨汽车车身总成，年生产能力为3万台（套）车身总成；由台商、日商共同投资1200万美元创建的厦门民兴工业有限公司，采用当代先进设备及先进工艺，生产汽车铝合金轮圈，产品质量达到国际先进水平，产品大部分外销日本、欧美等国家。麦克奥迪光学仪器厂年产5万台显微镜，产品百分之百出口。

生产发展情况 1993年厦门市抓住机遇加快发展，全系统产品产销两旺，经济效益显著提高，各项主要经济技术指标创历史最高水平。机械工业部系统企业完成年产值7.6亿元，比上年增长12%；产品销售收入12.1亿元，比上年增长50.5%；利润总额1.5亿元，比上年增长161%；产品销售税金0.5亿元，比上年增长33%；全员劳动生产率78353元／人·年，比上年提高14%。

生产运行特点：（1）产值、销售、利润同步增长，显示行业企业速度效益型的特点。全年销售增长幅度显著大于产值的增长幅度，利税总额的增长幅度显著大于销售的增长幅度（详见表1、表2）。全系统完成出口交货总值7539万元，比上年增长26%；创汇额1226万美元。（2）生产与销售呈现阶段性发展变化，产成品库存额相应发生较大的波动。上半年市场兴旺，绝大部分机械产品产销两旺，产成品库存基本合理，生产增长速度达26%，尤以装载机产品增幅最大，产量产值均比上年增长35%。1993年6月份以后，由于国家宏观调控，机械产品市场由旺转平，原来供不应求的装载机、叉车等产品逐步由畅转平，甚至出现滞销情况。从7、8月份开始，各厂采取各种行之有效的促销手段，使全系统的产品库存逐月下降。

新产品开发 1993年，厦门机械工业完成部级新产品鉴定项目4项，省级项目2项，市级项目5项。许多企业积极开发适销对路的新产品。其中有：厦门电器控制设备厂开发的QSA隔离开关熔断器组及GZL组合式低压开关柜，厦门叉车总厂开发的CPCD140内燃平衡重式叉车，厦门金龙联

表1　1993年厦门机械工业系统概况

行业	企业数(个)	全部职工年末人数(人)	工业总产值			工业增加值(万元)	产品销售收入		产品销售税金及附加(万元)
			当年价(万元)	1990年不变价(万元)	比上年增长%		当年价(万元)	比上年增长%	
合计	20	9736	124291	76285	12.2	39801	121218	50.5	5503
农业机械	1	400	2021	1135	40.1	206	1905	95.1	29
工程机械	5	4651	93351	50802	11.2	29017	87358	51.1	3852
机床工具	3	1281	6529	4662	14.1	1649	6307	30.3	318
机械基础件	2	1043	5424	5245	-2.6	1539	6427	30.7	683
电工电器	5	1423	12252	9718	12.1	4858	13191	58.9	394
仪器仪表	3	599	3632	4136	23.2	2226	4907	32.5	227
其他	1	339	1082	587	3.1	306	1123	41.6	0

行业	利润总额(万元)	年末固定资产		流动资产		流动负债		所有者权益(万元)	全员劳动生产率(元/人·年)
		原值(万元)	净值(万元)	合计(万元)	平均余额(万元)	合计(万元)	平均余额(万元)		
合计	15405	31541	18196	66790	58027	39861	39999	61174	78353
农业机械	-19	723	545	755	664	979	214	426	28375
工程机械	13708	19701	10794	46308	39843	21353	24077	51694	109228
机床工具	350	2717	1758	3898	3592	3460	3117	2378	36393
机械基础件	74	2652	1651	5334	4813	5020	4740	1564	50287
电工电器	1008	4197	2590	7863	6760	6941	6102	4240	68292
仪器仪表	278	1139	631	2112	1857	1652	1311	647	69048
其他	6	412	227	520	498	456	438	225	31917

表2　1993年厦门机械工业系统产品产量

产品名称	单位	产量	比上年增长%	产品名称	单位	产量	比上年增长%
锻压设备	台	2026	-2.0	低压开关元件	万件	2	0
工业轴承	万套	428	5.4	交流电动机	万kW	25	-8.0
装载机	台	2233	15.2	电焊条	t	5603	34.1
叉车	台	1422	-9.0	工业自动化仪器	万台	26.5	30.5
低压开关板	面	1645	-3.0	光学仪器	台	50820	25.8

合汽车工业有限公司开发的XMQ6390型旅行车分别获得1993年度厦门市优秀新产品一、二、三等奖。

技术改造　1993年更新改造措施项目计划投资3371万元，实际完成1721万元，其中新增固定资产1703万元。技改投资大部分用于购人工程机械产品的增产和提高产品质量方面的设备。

1993年厦门市机械行业抓住市区改造的机遇，规划对6个企业进行大规模的易地改造，并规划在市郊枋湖工业区建立起高水平、高起点的工程机械桥箱厂、数控高速精密压力机厂、电器开关设备厂等5个项目。在易地改造中，重视对老企业的“嫁接”外资改造。如：厦门叉车总厂多方寻求吸引国外先进技术的渠道，与世界最大的叉车制造商德国林德集团公司，创建合资经营企业“林德一厦门叉车有限公司”，计划投资总额14亿元，在厦门生产静压传动叉车、动压传动叉车、电动叉车、仓储设备，2000年达到年产15000台的规模。1993年易地进行技术改造已迈开步伐的企业还有厦门锻压机床总厂、厦门齿轮厂等。1993年厦门工程机械厂技改项目“980S装载机技术改造项目”，总投资4030万元。在机械工业部的指导下，正积极进行各项工作。

深化改革与企业管理　厦门市工业主管部门的机构改革始于1988年末，撤局建处，建立“大服务、小机构”的各行业主管处，一直至今。1993年市机械冶金工业处积极转变机关职能，彻底改变计划经济下的管理模式，积极帮助企业解决困难，指导企业更好更快地发展。1993年，厦门机械工业系统加大改革的力度：一是走科、工、贸相结合发展的道路，已有厦门电机厂、厦门轴承厂等企业相继成立实业总公司，发展“一业为主、多种经营”。

二是积极探索企业产权制度改革之路，开展多种形式的企业转换机制的试点。如：厦门工程机械厂更名为厦门工程机械股份有限公司，进行股份制试点；厦门电机实业总公司实行国有资产委托投资公司经营的试点；厦门轴承实业总公司实行划小核算单位、健全经济责任制的改革试点；对少数劣势企业实行企业兼并。三是改革企业内部机构，建立新的会计制度，积极推进人事、劳动、分配制度的改革，加强企业管理。

存在问题 (1) 厦门市机械工业从整体看基础较差，产品品种少，结构不尽合理，内部发展不平衡。(2) 行业内国有企业生产设备老化，生产工艺及制造技术多数较为落后。(3) 缺乏市场需求的高新技术产品“拳头”产品，全行业普通产品较多。

〔撰稿人：厦门市经济委员会机械冶金工业处副处长　谢益美　审稿人：厦门市经济委员会机械冶金工业处处长　关玉珠〕

〔责任编辑：王　如〕

江西机械工业

江西省机械工业厅

生产发展情况 1993年江西机械工业在外部环境变化大，企业自身负担重的情况下，全行业生产继续保持了较快的发展速度。全系统300家企业完成工业总产值60.16亿元，比上年增长28.2%；产品销售收入74亿元，比上年增长53.38%；实现利税7.02亿元，比上年增长2.3%，其中利润4.2亿元，与上年基本持平；全员劳动生产率6588元／人·年；定额流动资金周转次数1.33次。详见表1。从九大行业、55大类主要产品情况看，石化通用、电工电器、机床工具、工程机械四大行业，内燃发电机组、光学仪器等12大类产品提前一个季度完成了全年计划任务。从企业看，80家骨干重点企业有30家全年利润超100万元，其中江铃汽车股份有限公司、华意电器总公司、宜春工程机械股份有限公司、江西发动机总厂、南昌柴油机厂、富奇汽车厂、江铃底盘股份有限公司、上饶客车厂、江西特种电机股份有限公司等企业利税超1000万元。详见表2。

市场与销售 1993年全省机械工业产品国内销售额68.2亿元，比上年增长37.2%，高于全国机械工业平均增幅1.5个百分点。产品销售总的态势是，上半年增长较快，下半年有所回落。2～7月份主要产品销售的增长幅度都在50%以上。8月份以后增长幅度逐渐回落，在42种主要机械产品的销售中，比上年增长的只有23种，占55%。其中增长100%以上的产品有农业泵、单斗挖掘机、标准紧固件等，增长50%以上的有内燃发电机组、发电设备、变压器、工矿配件、五十铃汽车等。销售上升、库存下降的主要产品有光学仪器、农业泵、风机、高中压阀门、运输设备、高压电瓷、标准紧固件。库存上升、销售下降的主要产品有内燃机（商品量）、工业泵、气压机、印刷机械、矿山设备、装载机、机床、锻压设备、工业锅炉、电动机、钢芯铝绞线、液压件、汽车、食品机械等。

1993年，省厅直属外贸企业出口创汇4818万美元，比上年增长12.8%。

科研成果及新产品 1993年下达科研项目52项，完成18项，占年计划的34%。其中已鉴定的13项成果中：宜春风动工具厂“电动凿岩机内部运动规律动力分析和参数优选——提高效率和零部件寿命研究”获机械工业部1993年度科技进步二等奖；宜春工程机械股份有限公司的T-CYZL40E轮式装载机、江西电炉厂的JL89-50抽油杆热处理机组获机械工业部1993年度科技进步三等奖；江西变压器厂的SZ-15000／33-TH有载调压电力变压器、南昌柴油机厂的X2105B-15柴油机、江东机床厂的X6132B万能升降台（数显）铣床等10项科研成果获江西省1993年度科技进步奖。

1993年安排机械工业新产品开发计划523项，其中新开项目315项，列入部计划的38项，列入省重点项目的7项，列入省厅重点项目的23项。全年实际完成新产品开发305项，占全省工业系统开发完成新产品891项的34%，其中部计划16项，省重点52项，省厅重点12项。在完成项目中有148项达到国内先进水平，其中江西采矿机械厂的KY-150牙轮钻机、江西特种电机股份有限公司的YZTD系列塔吊用起重变极多速三相异步电动机、南昌自动化仪表厂的低温远红外便携式测温仪等10个项目达到国际或国内领先水平。全系统新产品当年产值率达20%。

质量 1993年全系统质量稳定提高率达到83.3%，完成了省政府下达的指标；铸铁件废品率为12.06%，基本达到“八五”实现12%的目标；降

表1　1993年江西机械工业系统概况

行　业	企业数(个)	全部职工年末人数(人)	工业总产值 当年价(万元)	工业总产值 1990年不变价(万元)	工业总产值 比上年增长%	工业增加值(万元)	产品销售收入 当年价(万元)	产品销售收入 比上年增长%	产品销售税金及附加(万元)
合计	300	175910	780278	601887	28.2	115883	740922	50.2	30674
农业机械	108	60724	186136	157224	14.5	30738	163948	26.3	5417
工程机械	5	4804	22917	20828	-7.0	6035	37794	53.5	1320
机床工具	23	13147	29754	23631	30.0	9787	25231	27.4	1303
机械基础件	18	10056	18427	16352	0.6	5093	17936	46.3	950
石化通用机械	21	12165	37025	33043	27.7	12471	39621	71.5	1818
重型矿山机械	12	10827	26463	24402	44.0	6429	24281	49.0	1041
汽车	35	25174	279201	186222	56.0	15844	288537	73.8	12479
电工电器	57	29801	106431	95685	持平	22271	113370	47.7	4972
仪器仪表	8	5632	13543	13681	23.3	2320	14360	59.0	892
其他	13	3580	60378	30190	-46.0	4893	15844	216.0	482

行　业	利润总额(万元)	年末固定资产 原值(万元)	年末固定资产 净值(万元)	流动资产 合计(万元)	流动资产 平均余额(万元)	流动负债 合计(万元)	流动负债 平均余额(万元)	所有者权益(万元)	全员劳动生产率(元/人·年)
合计	42572	284029	178809	596861	500837	518077	459141	257534	6588
农业机械	2996	16922	41988	138552	126977	128699	113592	38837	5061
工程机械	2324	20847	14292	36964	18859	31505	16636	16610	12562
机床工具	1215	18486	11736	25074	22503	21734	20833	8179	7444
机械基础件	590	12442	7813	18354	16900	17274	15398	6704	5064
石化通用机械	844	17342	10785	31696	27425	26046	22701	10128	10251
重型矿山机械	907	14476	7159	22057	20630	19469	18052	9434	5938
汽车	29994	45987	32316	200926	155364	156600	147665	125687	6293
电工电器	2536	45234	27433	89034	79602	82277	71734	24864	7473
仪器仪表	315	12581	9714	13626	12657	16983	15234	5480	4119
其他	850	19789	15573	20578	19920	17489	17294	11609	13667

表2　1993年江西机械工业系统产品产量

产品名称	单　位	产　量	比上年增长%	产品名称	单　位	产　量	比上年增长%
小型拖拉机	台	11488	-38.8	家用冰箱	万台	12	0.8
内燃机	万kW	467	3.3	汽车	辆	23859	-5.7
农用运输车	辆	13800	3.9	工业锅炉	蒸吨	934	34.3
农用拖车	辆	2780	-47.8	发电设备	万kW	11	57.1
拖拉机、内燃机配件	万元	19196	17.1	交流电动机	万kW	71	-25.2
金属切削机床	台	6649	22.0	变压器	万kV·A	284	65.5
泵	台	12652	-48.6	工业自动化仪表	万台	5	-82.0
风机	台	4221	-3.3	光学仪器	台	52985	45.1
轴承	万套	1199	-15.1	照相机	架	131500	-7.4
起重设备	t	1313	-37.9	电工仪器仪表	万台	73	1.8
装载机	台	1348	4.3				

低工序不良品损失额 630.4 万元，比上年增加 217.6 万元；等级评定数完成 25 项（一等品）；质量监督抽查（国、部、省）合格率为 85%；优质产品产值率达到 33.59%，比上年增长 3%。采取的主要措施是：(1) 加强领导，大力宣传《产品质量法》。分省厅、地市机械工业局、有条件的大中型企业三个层次对检验科长、骨干力量进行培训。省厅培训 210 余人次，地市机械工业局及企业培训 1000 余人次。江西特种电机股份有限公司李群同志获机械工业部《产品质量法》演讲大赛三等奖。(2) 抓两头促中间，不断提高管理水平。一头是抓产品质量稳定、管理基础较好的企业，使其更上一层楼。如南昌柴油机厂被省厅授予“1993 年度质量稳定可靠工厂”。另一头抓小型、乡镇企业的咨询服务工作，帮助提高企业质量素质，完善管理体系。如德兴铜材厂、弋阳线材厂等企业顺利通过部许可证验收。(3) 制定了《江西省重点主机生产企业外购外协件厂质量保证基本条件》，并对影响主机质量的铸件、轴承清洁度等基础件组织攻关，使主机产品质量得以保证。(4) 加快 GB／T19000 (ISO9000) 系列标准的贯彻实施。在上年对 40 家企业进行试点的基础上，1993 年全省 30%的机械企业都已认真贯彻 GB／T19000 系列标准。

技术改造与技术引进 1993 年下达技术改造计划项目 85 项，竣工验收 16 项。其中重点项目 12 项，占全省工业重点项目的 26%。系统内共完成技改资金 5.56 亿元，占当年落实资金 7.34 亿元的 75.7%，占当年计划投资 7.6 亿元的 73.2%。全年计划投资规模、落实资金数均创历史最高水平，分别比上年增加 43%、41%。预计已验收的技改项目达产达标后，可新增产值 28618 万元，利税 6396 万元、创汇 108 万美元。

1993 年加快了利用外资工作步伐。全年有 8 个项目完成了签约或审批手续。合同金额 4495 万美元，注册资本 3095 万美元。其中最大的合资项目是江铃集团与日本五十铃自动车株式会社和日本伊藤忠商事株式会社合资生产的日本五十铃 N·TF 系列轻型车，总投资 3000 万美元。

深化改革及企业管理 1993 年全省机械工业在深化企业改革、转变机关职能、促进行业发展等方面取得了较大的进展。主要表现在：(1) 围绕贯彻《条例》，省厅深入到 20 多家企业进行调查总结贯彻《条例》、落实企业经营自主权的经验。重点抓了江西光学仪器总厂等 10 个试点企业，并和地市机械局建立了转换企业经营机制试点的联系制度。先后在宜春地区、南昌市机械工业系统推广了江西特种电机股份有限公司、江西量具刃具厂的典型经验。(2) 大力开展企业、学校、研究院所，各自发挥优势，互相结合共同开发推广的活动，组织“产学研”开发项目 60 项，占全省此类项目的 30%。对技改项目清理排队，确保了重点。采取一切措施使江铃集团、江西发动机总厂、富奇汽车厂等重点技改项目得以顺利进行，把发展汽车、工程机械、电工三大行业放在首位，基本形成了江铃汽车、宜春装载机、萍乡发动机等一批名牌“拳头”产品。(3) 对重点企业和主要产品的产销进行宏观调度，确立了各地市机械局和重点调度企业“限产压库”的促销目标。对光学仪器等有市场竞争能力的产品给予政策倾斜，对起重设备等销售由旺转平、库存增加的产品控制生产，对技术落后、库存严重的产品果断停产。到 1993 年底，全行业产成品资金期末数占年销售收入之比为 12%，产销率达 96%。(4) 省厅、地市机械局和企业建立了三级扭亏增盈责任制，有 7 个工作组实行现场指导和服务，有效地遏制了经济效益严重滑坡的势头，亏损得到控制。到 1993 年底，亏损户比 8 月份减少 20 多户，亏损面降到 16%。(5) 在股份制试点工作中，以理顺产权关系为纽带，按照规范化要求重点抓了江铃汽车股份有限公司等 3 个股份有限公司的试点。1993 年，厅直属单位有两家“三资”企业挂牌运行。

存在问题 1993 年全省机械工业系统存在的主要问题有：一是产值、销售、利税增长比例失调，利税增幅大大低于产值、销售增幅。二是企业对市场适应能力不强，下半年随着国家宏观调控力度的加大，产品库存不断增加，企业利润明显下降，实行“会计准则”、“财务通则”后，部分企业由潜亏转为明亏，加上流动资金紧张，导致一些企业生产难以为继。三是产品结构、组织与规模结构不尽合理，产品品种少，只占全国机械产品的 10% 左右，一般机械和初级机械产品所占比重大，高技术含量、高附加值产品还很少。

〔撰稿人：江西省机械工业厅　熊根生　审稿人：江西省机械工业厅　袁治如〕

〔责任编辑：白　萍〕

山东机械工业

山东省机械工业厅

基本概况 1993年末，山东省机械工业系统共有企业568个，其中，国有企业328个，集体企业216个，股份制企业15个，合资企业9个；有职工379115人，其中，工程技术人员2.66万人，占职工总数的7.02%；拥有固定资产原值81.6亿元，净值55.4亿元，金属切削机床53764台，锻压设备8708台；有出口基地企业8个，扩大机电产品出口企业50个，出口重点企业10个；大型企业27个，中型企业174个；共有20个市、地机械工业局（公司）、12个大行业、100个小行业。

经济运行情况 1993年，山东机械工业系统完成工业总产值154.64亿元，比上年增长16.78%，含汽车行业完成工业总产值201.35亿元，居全国各省、自治区、直辖市机械工业第5位；完成销售产值143.55亿元，含汽车行业完成216.84亿元，居全国第6位；实现产品销售收入165.25亿元，比上年增长41.37%，含汽车行业实现216.15亿元，居全国第5位；实现利税11.05亿元，比上年增长8.3%，其中实现利润4.43亿元，比上年下降17.2%，含汽车行业实现利润6.12亿元，居全国第10位。完成出口交货值10.3亿元，比上年增长56.2%，出口创汇1.4亿美元，比上年增长27%。详见表1、表2。

1993年，山东机械工业系统总产值过亿元的企业有山东推土机总厂、潍坊巨力机械总厂、济南第二机床厂、山东电缆厂、山东潍坊拖拉机厂、济南第一机床厂、莱阳动力机械厂等35个企业，比上年增加9个，占企业总数的6.16%，总产值占全系统总产值的38.25%；销售收入过亿元的企业有山东推土机总厂、济南第二机床厂、潍坊巨力机械总厂、山东潍坊拖拉机厂、莱阳动力机械厂、山东工程机械厂、临沂工程机械厂、山东电缆厂等34个企业，占企业总数的5.99%，实现销售收入占全系统销售收入的41.7%；实现利税过千万元的企业有山东推土机总厂、临沂工程机械厂、济南第二机床厂、中国第四砂轮厂、烟台冷冻机厂、山东工程机械厂、山东电缆厂等29个企业，比上年增加13个，占企业总数的5.1%，实现利税占全系统利税总额的59.2%。

1993年山东机械工业系统经济运行的特点：

1. 市场在资源配置中的作用扩大，企业对市场的适应能力加强。1993年上半年投资类产品高速增长，不少企业生产、效益创出新水平。下半年国家加强宏观调控，市场需求减少，生产增幅逐月回落。由于企业对市场的适应能力增强，全系统没有出现大起大落的现象，继续保持了稳定发展。

2. 产销保持了稳定增长，但销售增长低于生产增长。1993年，工业总产值比上年增长16.78%，而销售产值仅增长10.7%。产品销售率93.25%，比上年下降5个百分点。

3. 投资类产品出现阶段性变化，农机产品生产下滑。上半年，主要为投资服务的行业和产品增势较猛，如工程机械行业增长72%、机床工具行业增长45.2%、重型矿山行业增长35.3%。投资类产品增幅较高，如电力电缆增长1.5倍，装载机、变压器、推土机和金属切削机床增长35%以上。而下半年受国家宏观调控影响，市场趋于平淡。1993年，农机市场总体上一直疲软，主要农机产品除农用运输车和机动三轮车外，全部下降，其中小型拖拉机、机引农具、机动脱粒机、农用拖车等产品下降50%以上。

4. 经济效益有所改善，但增亏减利因素增多。1993年虽然产品销售收入、实现利税都比上年同期增长，但随着市场的回落和增速的减缓，“速度效益”和“价格效益”逐步消失，加之煤、电、油、原材料及配套件大幅度涨价，银行利率上调，各种补贴费用增多及企业会计制度的改革，使企业增支减利因素大大增加，特别是本来微利或无利的农机企业更难以承受。因此造成亏损企业和亏损额大幅度增加，利润大幅度下降，1993年末，实现利润比上年下降23.8%，亏损企业达125户，比上年增加103户，增加4.7倍；亏损额2.83亿元，比上年增加4倍；亏损面达23%，比上年增加17.8%。

5. 出口创汇增长较大，交货值比重提高。随着外贸出口政策的落实，出口企业积极性提高，新的出口企业有所增加，加上“三资”企业的竣工和投产，扩大了出口量。全年完成出口交货值10.3亿元，比上年增长56.2%；出口交货值占总产值的比重为6.67%，比上年增加1.78个百分点。出口创汇比上年增长27%。

产品结构调整 1993年，山东机械工业系统按照省厅制订的《山东省机械工业1992～2000年结构调整实施方案》，确保发展重点，使三大支柱行业（以拖拉机和内燃机为主的农机行业、以数控

表 1　1993 年山东机械工业系统概况

行　业	企业数（个）	全部职工年末人数（人）	工业总产值			工业增加值（万元）	产品销售收入		产品销售税金及附加（万元）
			当年价（万元）	1990 年不变价（万元）	比上年增长%		当年价（万元）	比上年增长%	
合计	568	379115	1766510	1546355	16.8	461789	1652494	41.4	66157
农业机械	213	139665	628157	582600	2.8	114347	622808	28.3	16804
工程机械	9	14039	155685	106985	46.8	45176	147795	84.9	5298
机床工具	56	48670	202435	170081	35.8	73594	178528	45.7	8013
机械基础件	53	33540	95786	89635	14.9	33533	88070	42.9	4640
石化通用机械	27	21850	92943	79392	15.0	27246	94221	38.4	4874
重型矿山机械	14	10303	47167	35858	43.1	11389	48015	92.1	1816
船舶制造	10	5836	22233	21222	27.8	6583	20287	24.9	651
电工电器	112	70347	390582	344621	19.9	109528	333914	41.0	18185
仪器仪表	36	19180	54212	51029	8.0	16788	52361	27.9	2555
食品包装机械	5	1778	6518	6188	22.2	2835	5952	36.6	352
其他	33	13907	70792	58744		20764	60543		2970

行　业	利润总额（万元）	年末固定资产		流动资产		流动负债	所有者权益（万元）	全员劳动生产率（元／人·年）
		原值（万元）	净值（万元）	合计（万元）	平均余额（万元）	合计（万元）		
合计	44305	816011	554455	1230924	1134964	955749	420697	12333
农业机械	−2169	259317	180668	377377	343685	360293	133988	8254
工程机械	8588	51908	37646	97484	66685	88453	30308	33186
机床工具	11911	115322	65849	170851	161808	143785	60424	15436
机械基础件	2776	63951	43693	93743	83154			10046
石化通用机械	5577	61351	41724	65640	62236	54905	44405	12632
重型矿山机械	664	19281	12705	31703	28434	24295	10486	11227
船舶制造	456	12012	7847	24524	21080			11512
电工电器	14190	161254	111168	275609	261464	219577	113244	15822
仪器仪表	619	26786	17311	45276	66746	34805	13782	8755
食品包装机械	204	2561	1364	3952	3580	1663	974	15859
其他	1001	42270	34480	44763	36086	27973	13086	

机床和大型压力机为主的机床工具行业和以推土机、装载机、汽车起重机为主的工程机械行业)、七个优势产品系列（冷冻机、泵类、石油机械、发电和输变电设备、基础零部件、材料试验机和农用运输车）和“四小工程”（“小而专、小而特、小而精、小而高”产品发展工程）中的重点企业和重点产品的生产能力、技术水平有了新的提高，发展后劲进一步增强。同时，许多企业面对激烈的市场竞争和市场变化，积极进行适应性产品结构调整，开发适销对路产品。特别是陷于困境的农机企业，为了找出路、求生存，积极开发第二、三产品，收到了一定的效果。

科研、新产品与产品质量　1993 年山东机械工业系统共完成部、省级以上科研项目 336 项。获省科技进步一等奖 2 项，二等奖 9 项，三等奖 25 项。实际完成新产品开发 618 项，其中达到国际先进水平的 92 项，填补国内空白的 115 项，达到国内先进水平的 342 项。实现新产品产值 30.2 亿元，新产品利税 3.5 亿元，新产品创汇 4570 万美元，新产品产值率 19.6%。产品质量稳定提高。重点企业重点产品质量稳定提高率 95%，国家监督抽查产品合格率 88.89%，省监督抽查产品合格率 100%。在省厅组织的质量抽查中，93%的一等品或省优以上优质产品保持原来等级。

技术改造 1993年，山东机械工业系统共下达技术改造项目78个，投资规模71348万元，比上年增长32.4%。实际完成技改投资5.2亿元，比上年增长7.6%，在1992年创历史最好水平的基础上，又创新的历史最好水平。

1993年，山东省政府提出了关于加强全省大中型企业技术改造工作的"三四三"规划，即到"八五"末，使全省30%的大中型企业得到系统改造，40%的企业得到较系统的改造，30%的企业得到专项改造。在全省"三四三"规划的基础上，省厅制订了山东机械工业系统的"三四三"技术改造规划。该规划（含工程集团）总投资67亿元，130个企业，191个项目。其中，系统改造107个项目，投资51.93亿元；较系统的改造69项，总投资12.67亿元；专项改造15项，总投资2.37亿元。

在全省100个技术改造重点项目中，山东机械工业系统（含工程集团）18个，占18%；投资额12.36亿元，占100个重点项目总投资的23.2%。

1993年省厅修改完善了微电子技术改造传统产业规划，并提出1993年实施的项目和内容。

表2　1993年山东机械工业系统主要产品产量

产品名称	单位	产量	比上年增长%	产品名称	单位	产量	比上年增长%
大中型拖拉机	台	4986	−48.4	运输设备	t	8462	98.8
小型拖拉机	台	130273	−52.9	矿山设备	t	10005	25.3
内燃机	万kW	529	−16.1	石油钻采设备	t	13108	−7.1
拖拉机、内燃机配件	万元	117576	6.2	装载机	台	2400	39.4
机动脱粒机	台	10294	−80.7	推土机	台	630	52.5
农用运输车	辆	12059	169.7	食品加工机械	台	25395	−28.1
农用拖车	辆	3882	−77.3	包装机械	台	877	−8.4
机动三轮车	辆	218874	36.2	工业锅炉	蒸吨	3477	−10.3
农业泵	台	108942	−14.7	发电设备	万kW	64.25	59.0
饲料粉碎机	台	31021	−8.5	交流电机	万kW	350.8	14.3
金属切削机床	台	14255	16.9	变压器	万kV·A	844.2	43.1
锻压设备	台	3802	21.6	钢芯铝绞线	t	2248	−18.6
工业泵	台	46753	16.5	电力电缆	km	21089	97.9
风机	台	11742	32.9	自动化仪表	万台	152.5	26.0
高中压阀门	t	3170	4.0	电工仪表	万台	188.8	6.2
制冷设备	套	2274	−20.0	光学仪器	台	2489	−30.8
标准紧固件	t	9430	−12.7	试验机	台	7554	6.9
轴承	万套	3935.6	−4.7	照相机	架	360311	2.3
起重设备	t	28785	34.3				

存在问题 一是销售率偏低，库存上升过快；二是增支减利因素增多，企业经济效益严重滑坡，亏损加大；三是农机工业困难突出，危机加深；四是发展后劲不足，产品结构调整进展不快，结构性矛盾仍较突出，主导产品优势尚未形成，"拳头"、名牌产品少，企业经营规模小，产品档次低、竞争力差、应变力低的状况没有明显改变。

〔撰稿人：山东省机械工业厅　于光华、傅现强
审稿人：山东省机械工业厅　李润芳〕

〔责任编辑：邝　鸥〕

青岛机械工业

青岛市机械工业局

生产发展情况 1993年，是青岛市机械系统改革开放和经济发展进一步加快的一年，全系统完成工业总产值242534万元，比上年增长23.44%；完成产品销售收入267224万元，比上年增长47.03%；实现利税23585万元，实现利润10821万元，分别比上年增长37.55%和10.42%；

表1　1993年青岛机械工业系统概况

行　业	企业数（个）	全部职工年末人数（人）	工业总产值		工业增加值（万元）	产品销售收入		产品销售税金及附加（万元）
			1990年不变价（万元）	比上年增长%		金额（万元）	比上年增长%	
合计	85	61629	242534	23.4	69446	267224	47.0	12765
农业机械	14	8480	18674	−37.1	5346	21086	−16.8	588
机床工具	8	7753	22793	27.8	7513	27277	46.0	1493
通用基础件	8	6219	10563	−3.3	3523	10691	13.0	553
石化通用机械	5	3099	7611	1.6	1549	7316	9.6	336
重型矿山机械	1	324	1100	37.3	348	1470	129.0	80
汽车	12	9471	54188	62.8	15492	68056	64.2	2804
电工电器	21	17655	90983	16.9	24916	89386	47.2	5552
食品包装机械	2	841	2844	19.9	1311	3143	51.6	204
船舶制造	7	4570	15190	28.9	3832	13765	14.8	504
其他	7	3217	18588	314.5	5616	25034	431.5	651

行　业	利润总额（万元）	年末固定资产		流动资产		流动负债		所有者权益（万元）	全员劳动生产率（元／人·年）
		原值（万元）	净值（万元）	合计（万元）	平均余额（万元）	合计（万元）	平均余额（万元）		
合计	10821	144094	83277	249286	238820	216696	189661	92271	11408
农业机械	−19	10896	6247	20382	19001	20751	19354	7428	6108
机床工具	779	13304	5618	25607	22072	21859	19359	8602	10183
通用基础件	59	8738	4873	18518	15886	15344	14001	3886	5525
石化通用机械	−111	6217	3639	11312	10602	10347	9550	4019	4992
重型矿山机械	39	398	173	1006	809	927	744	305	11447
汽车	4932	30680	16940	51226	38092	39772	27353	20843	17337
电工电器	4530	43409	24460	79455	97764	69041	64262	33202	14198
食品包装机械	155	1640	838	2043	2102	1696	1641	1016	15626
船舶制造	673	8943	4447	17745	16603	17474	15474	5643	8527
其他	−217	19870	16042	21992	15890	19486	17922	7327	17880

完成出口收购额 20877 万元，比上年增长100.75%。详见表1、表2。

1993年，青岛机械系统发展的基本特点：一是生产呈较快速增长；二是经济效益有较明显的提高；三是对外开放进一步扩大，利用外资、出口创汇大幅度增加；四是调整结构步伐进一步加快；五是合资企业、技术改造项目以及新产品开发项目相继投产；为全系统工业生产增添了活力。

强化经营销售，开拓国内外市场　1993年，全系统产品销售收入267224万元，比上年增长47.03%；年末，产成品库存量为33824万元，比上年增加了9898万元，存销比达12.87%，比上年增加了0.23%，接近机械工业部提出的1993年存销比为12%的合理库存指标。市局在1993年的销售工作中，一是重视销售队伍建设，加强销售工作的组织指导，通过各种措施引导企业领导重视加强销售队伍的建设。各企业在健全专业机构的同时，充实经销人员，进一步适应了销售工作的需要。为全面提高销售队伍的政治素质和业务水平，不少企业对本单位的销售人员进行了专业培训。二是强化扩销的措施和手段，全方位开拓市场。各企业领导初步树立起大流通、大市场的观念，高度重视产品销售，在完善经营承包责任制的基础上，积极与经销人员外出调查市场、走访用户、推销产品、落实订货，并主动面向国外市场，不断提高出口产品比重和创汇水平。青岛锅炉厂、青岛通用机械厂等企业1993年首次对外出口，实现了零的突破。与此同时，各企业还大力开展产品销售宣传活动，提高机械系统企业和产品的知名度，抓住1993年"青交会"、国际啤酒节等重大活动的机会，进行一系列较大规模的产品宣传活动，收到较好的效果。年内全系统共举办展销会、订货会和用户座谈会200余次。另外，不少企业在巩固原有销售渠道的同时，注重培育、开发省外市场，扩大市场占有率，1993年，全系统的省外市场占有率比上年提高10%以上，达到省内、省外市场各占一半。

对外开放保持了较好的发展势头 1993年市局抓住机遇，调整加大了对外开放的力度，积极主动出击，实施多元化、全方位对外开放。(1) 年内全系统成交技术引进项目11个，总融资2730万美元，共批准合资项目8个，总投资3172万美元，合同外资1616万美元。到1993年末，全局累计已批准组建合资企业20家，合同总投资11317万美元，已有12家企业资金落实，10家企业投产。(2) 抓紧合资项目的投产达产工作。青岛造船厂与德商合资经营的青岛宇宙集装箱工程有限公司，合资后，经双方共同努力，在较短的时间内生产达到设计能力，自1993年5月达产以来，实现销售额6226万元，出口创汇1069万美元，成为1993年青岛市六个出口创汇过千万美元的"三资"企业中唯一的中外合资企业（其余均为外方独资企业）。年内全局系统合资企业完成销售额28052万元，上交税金1671万元，出口创汇1672万美元。(3) 积极做到技术引进与消化吸收相结合，不断提高机械系统的整体技术水平。年内组织企业对35个引进项目进行了消化、创新，已完成25个，产生了较好的社会效益和经济效益。(4) 主动面向国际市场，不断提高产品创汇水平。年内增加了青岛电站阀门厂为自营出口企业，使全系统达到自营出口企业3个、出口基地和扩大机电产品出口企业3个。

表2 1993年青岛机械工业系统主要产品产量

产品名称	单位	产量	比上年增长%	产品名称	单位	产量	比上年增长%
小型拖拉机	台	4010	−75.5	集装箱 6.096m	只	2982	
拖拉机、内燃机配件	万元	3514	−35.5	12.192m	只	1210	
金属切削机床	台	87	29.9	钢丝绳	t	7245	−20.9
机床电器	万件	18	−14.3	工业锅炉	蒸吨	630	−1.6
锻压设备	台	395	16.2	锅炉辅机	t	2556	−41.8
铸造机械	台	1931	−4.2	锅炉金属结构件	t	9502	20.5
刃具	万件	393	15.6	电站汽轮机	万kW	36	
高中压阀门	t	1090	−17.7	交流电动机	万kW	57	16.3
橡胶密封件	万件	5518	64.8	分马力电机	万kW	3	50.0
标准紧固件	万件	18257	−54.2	变压器	万kV·A	201	40.6
轴承	万套	355	1.8	电力整流器	万kW	2	
工业钢球	万粒	30030	6.4	电力电缆	km	2970	10.1
石油化工设备	t	958	−9.9	钢芯铝绞线	t	1144	−49.1
食品包装机械	台	842	48.2	控制电缆	km	311	−38.9
汽车	辆	4455	48.0	铅酸蓄电池	万kVA·h	24	14.3
改装汽车	辆	771	23.4	电焊条	t	7000	−12.6
汽车配件	万元	16525	22.2				

认真搞好结构调整、推动技术进步 1993年，全系统根据企业实际，紧紧围绕调整产品结构，搞好技术改造，推动技术进步，增强企业发展后劲，取得了一些实际效果。首先把结构调整列入经济工作的"重中之重"，作为主线来抓。组织企业认真实施"八五"期间"重点产品发展规划"和"产品结构调整要点"，努力开发投产适销对路的新产品，进行产品结构调整，使企业走上良性发展的轨道。第二，抓紧指导帮助困难企业进行组织结构调整或其它方式调整，对青岛拖拉机厂、青岛动力机厂、青岛车辆厂这三个困扰该局多年的长期亏损企业，分别采取并入、合资、调整企业领导班子等不同形式进行调整，使这三个企业的亏损问题得到解决。总之，通过这些工作，使全系统调整结构的步伐进一步加快。

在技术改造方面，引导各企业坚持从提高技术水平和经济效益出发，认真修订和完善本单位技术改造的实施规划，抓紧搞好"八五"技改项目的论证和资金落实工作。1993年安排技术改造项目35项，安排年度计划投资18394万元，其中上年结转10988万元。在35个项目中，国家计划项目11项，年度计划投资6873万元。其中，专项贷款4850万元。到年末，全年全系统共完成投资1.2亿元，比上年同期增长10%。

在技术进步方面，积极组织了新产品的研制和投产工作。在抓好部、市重点项目的立项及进度工作的同时，注意选准开发目标，及时召开新产品计划调度会，确保研制和投产进度，协助企业解决产品开发中的困难，并取得一定的进展。1993年全系统有25家企业与大专院校和科研院所进行了技术合作，签订技术协作项目40项。年内共有新产品试制项目145项，其中，列入机械工业部新产品试制计划的有31项。全年完成了新产品试制115项，其中达到国际水平及填补国内空白的产品

92 项，有 28 种新产品获得市级以上科技进步奖或优秀新产品奖。完成新技术推广及“双革”、“四新”项目 548 项。在完成的项目中，有包括国家“八五”科技攻关项目、机械工业部新产品试制计划项目等 18 项，比较重要的有青岛机床厂的 DGP60／12 啤酒灌装压盖机、青岛锻压机械厂的 J55–16 型离合器式螺旋压力机、青岛铸造机械厂的 Q6930 型钢材预处理生产线，这些产品分别达到了国际先进水平，且具有良好的经济效益。

强化各项管理工作 在质量管理工作方面，1993 年，全系统产品质量稳定提高率为 94.38%，质量计划完成率为 95.62%；实行的新质量指标也全面完成，质量指数达 96.88%，产品质量等级系数达 85.8%，工业产品销售率达 101.74%，质量损失率为 1.2%；全系统产品经国家、部、省、市监督抽查合格率均为 100%；年内又有 13 个企业的 19 种产品获得机械工业部颁发的一等品证书。年内认真抓好企业生产许可证的申报工作，重点抓了《产品质量法》和 ISO9000 国际标准的学习、贯彻，推动企业产品尽快与国际水平、国际市场接轨。青岛电站阀门厂按照 ISO9000 的质量保证模式建立了企业的质量体系，获得了国际认证，成为青岛市质量体系认证的三家企业之一。

在企业管理工作方面，重点抓了企业的基础管理工作，按照机械工业部优化生产现场管理六条标准和局制定的百条考核细则，从生产现场管理入手，配合各项专业管理，进行了综合协调，1993 年 10 月组织了一次全面自查。同时，还完善了企业内部经济责任制，体现多劳多得，充分调动了职工的生产积极性。

安全生产指标：负伤频率为 1.8‰，比上级下达的控制数减少 6.12‰；死亡事故为零。节能工作：万元产值能耗降低 16%，节约标准煤 11000 多吨。

全系统广大干部职工在搞好基础管理工作的同时，严格各项规章制度，加强了工艺管理、财务管理、物资能源管理、劳动工资管理等有关工作，人事部门认真搞好各系列职称工作，年内全系统经各级评审委员会评审通过，确定晋升职称的专业技术人员 2521 名，及时进行了聘任，调动了专业技术人员的积极性和创造性。全系统各类各级学校和企业教育部门积极开展了各种教育培训，年内有 2690 名各类干部接受岗位培训，271 人在大专证书班毕业，累计有 632 名初级工、3512 名中级工、368 名高级工培训合格，有 76 名技师参加“四新”培训，有 320 名中专生从青岛市机械局所属学校毕业，160 名机械技校生毕业，提高了各类人员的业务素质和实际操作技能。

深化改革的步伐进一步加快 1993 年，在继续抓好“自主经营、自负盈亏”、“三项制度改革”、投入产出总承包试点的基础上，推动改革向更深层次发展，着重在国有资产经营管理和理顺企业产权关系方面进行了积极的探索，重点采取了“外合内联”方式进行企业产权关系转换，既有“整厂嫁接”，又有“局部嫁接”，这是该局进行企业产权转换的主要方面，在局直属 31 个企业中，青岛电缆厂、青岛动力机厂较顺利地实现了“整厂嫁接”，是青岛市仅有的两户实行“全厂嫁接”的企业，为青岛市进行老企业“整厂嫁接”的探索做出了有益的尝试。“局部嫁接”的企业 13 户。二是在内联方面，探索了挂靠国内财力、技术雄厚的大企业集团进行企业产权关系转换的形式。1993 年 8 月将青岛汽车厂、青岛拖拉机厂并入中国第一汽车集团公司，取得了一汽集团公司对青岛市汽车、汽车配件工业的长期支持。三是组织了股份制试点工作，选择了青岛锻压机械厂为股份制试点单位，对企业改制进行了积极探索。四是通过组织结构调整，组建有实力的企业集团促进企业产权关系的转换。为充分发挥青岛市铸造机械生产的优势，1993 年 10 月组建起青岛铸造机械集团公司，集团的成立，不仅使其成为我国最大的铸造机械集团，而且使集团内的企业产权得到转换，并逐步向股份制集团公司过渡。

与此同时，全局面上的改革工作也在逐步深化，稳步进行。在企业内部继续推行全员劳动合同制、内部分配、干部人事制度改革，年内全局共有 1 万余名职工与企业签订了劳动合同，各企业已聘用干部 3568 名，企业正建立、完善定期考核制度，逐步建立解聘和续聘制度，将其纳入制度化管理轨道，使企业人员真正做到能上能下，能进能出。

努力抓好扭亏增盈工作 首先是加强了对扭亏增盈的指导帮促工作。1993 年，该局多次召开局长办公会、局务会议、经济效益分析会和扭亏工作调度会，及时认真地分析全局的经济效益状况，通过对企业进行分类排队，分别采取“扶持、帮促、调整”等措施。对部分资金困难企业，局有关部门积极协助企业抓紧与金融部门联系，争取银行贷款，先后解决流动资金 2000 余万元，缓解了企业的资金困难，使部分亏损企业摆脱了困难局面。同时，帮促青岛车辆厂、青岛标准件厂、青岛钢球厂等企业通过土地出让、出租等多种形式盘活资产、用活资金，缓解了资金困难，促进了企业发展。其次，进一步强化了扭亏增盈责任制，继续实行了局领导及有关处室包亏损和困难企业责任制，通过召开全局扭亏增盈工作会议，认真安排部署全年任务与措施，将经济目标合同逐项落实到企业，同时制定了奖罚措施，使各项工作落到了实处。经全局上下共同努力，使企业亏损状况得到了较好控制，但是到年末，全系统亏损企业仍有 14 户，亏损额 775 万元，比上年同期分别增加 8 户、268 万元；其中局直属企业亏损 2 户，亏损额 240 万元，比上年同期增加 1 户，亏损额减少 220 万元。

〔撰搞人：青岛市机械工业局　赵胜经　审稿人：青岛市机械工业局局长　高志喜〕

〔责任编辑：邝　鸥〕

河南机械工业

河南省机械电子工业厅

一、发展概况

1993年河南省机械工业完成总产值109.7亿元，比上年增长9.67%；实现销售产值125.41亿元，比上年增长27%；实现利税总额10.4亿元，比上年增长20.64%，具体指标见表1、表2。

1993年河南机械工业总的发展特点是上半年，特别是1～5月份，产值、销售收入、利润呈现出快速发展的趋势，到6月份为止，增幅仍在15.5%。其原因主要是受固定资产投资规模不断扩大的拉动，重型矿山设备、机床、石油化工设备等投资类产品需求强盛。二是企业认真贯彻落实《条例》和《实施办法》,积极推广省厅重点研究成果《企业转换经营机制的途径与方法》，引导企业以提高经济效益为中心，转换机制，调整结构，开发新产品，有效地促进了企业产销利持续、快速增长。下半年，国家实行宏观调控政策，河南机电工业受到了严重影响和冲击，增长幅度月月跌落，11月底增长8.46%，进入谷底。12月由于农机工业开始回升，所以机械工业又呈上升趋势。

二、发展特点

1. 结构调整力度加大，但优先工业在全行业比重仍然较低。

1993年由于全省农机工业受到了严重冲击，小型拖拉机产量下降36%，大中型拖拉机下降24%，农业泵下降65%，大部分农机生产厂家把结构调整摆到了重要议事日程上来，如中国第一拖拉机工程机械集团公司、开封机械厂、新乡第一拖拉机厂等企业，积极筹集资金上工程机械、农用运输车、改装客车等；郑州第一柴油机厂、漯河拖拉机厂等企业上建筑机械；舞阳机械厂上食品机械等，使农机工业内部结构发生了很大变化。虽然农机市场销量下降24%～65%，但产值只下降了5.5%。汽车工业引进外资克服资金困难，取得了突破性进展，汽车工业在全行业的比重由6.2%提高到9%。有的企业如焦作电缆厂、安阳机床厂、开封博达集团等积极引进技术，开发新产品，增加产品附加值，提高了市场占有率。但是横向相比，省内的机械工业结构调整力度还不够，主要是调整太慢，优先工业的比重还很低，例如汽车工业，只占全省机械工业的9%，而全国占30%。

2. 加强政策研究，促进企业“转机”，但多数大中型企业“转机”步伐不快，企业搞得不活。

1992年省机电工业厅组织力量，在总结南阳光辉机械厂、第一拖拉机厂，开封机械厂等100个大中型企业经营经验的基础上，完成了《转换企业经营机制的途径与方法》政策研究课题（该课题1993年获河南省实用社会科学二等奖）。为了促使企业转换经营机制向深层次发展，1993年又组织了以徐燊础为顾问、以孙怀玉为组长的课题组，研究了“企业激励工程”。在对南阳康远机器总厂、安阳机床厂等23个大中型企业调查研究的基础上，撰写了23万字的研究报告（该研究报告已由河南人民出版社正式出版发行）。

这两项成果在厂长工作会、企管办主任会、办公室主任会上分别进行了推广。各市、地主管部门都抓了一些试点企业，成效很好，出现了一批高速发展的冠军企业。如中原内燃机配件厂、开封博达集团、南阳康远机器总厂、信阳内燃机配件厂、许昌继电器厂、郑州白鸽（集团）股份有限公司、许昌汽车传动轴总厂、西峡猎枪厂、鹤壁汽车电器厂等企业，及早地以市场为导向，调整产品结构、推进科技进步，把市场作为企业经营的出发点和落脚点，从而使这些企业连续几年高速发展，在全国同行业中名列前茅。从这些企业的经验中可以看到，不管是生产整机的，还是生产配件的企业，只要产品在全国拿了名次，在全国市场中占有自己的位置，就是市场疲软也仍有较强的竞争力，主宰着整个市场，甚至走出国门，占领国际市场。同时我们还要看到，相当一些大中型企业，企业负担重，机制转换慢，企业活不起来。全省机电行业大中型企业为全行业企业数的20%，但产值却占77%。1993年的增长速度和全省机械工业低速相比，还低4个百分点，只增长5.79%，而全国机械行业大中型企业增长速度是24.87%，比全国机械工业24.46%的增长速度高0.41个百分点，所以从全国来看，大中型企业带动了整个行业的发展，从本省看，大中型企业滞后于行业的发展。

3. 一些企业对外开放加快了步伐，但全行业引资工作步子较慢。

1993年，全省达成利用外资协议18.68亿美元，比上年增长77.6%，其中直接投资2.32亿美元，增长1.2倍。全行业出口创汇1.2281亿美元，比上年增长18.4%。1992年引进外资的企业65个，引进资金8222万美元。1993年加快了引资步伐。中国第一拖拉机工程机械（集团）公司从9月开始，只用两个多月的时间就和外商合资办了

表 1　1993 年河南机械工业系统概况

行　业	企业数(个)	全部职工年末人数(人)	工业总产值			工　业增加值(万元)	产品销售收入		产　品销售税金及附加(万元)
			当年价(万元)	1990 年不变价(万元)	比上年增长%		当年价(万元)	比上年增长%	
合计	477	373430	1299542	1097137	9.9	352760	1239890	31.5	48594
农业机械	183	132933	484044	409616	−3.5	119394	458048	14.6	14676
机床工具	36	30285	88324	72174	16.7	27143	82707	29.8	3635
机械基础件	41	47900	122115	99524	−7.9	42952	123976	27.2	7178
石化通用机械	27	25782	67070	57392	17.2	21911	67311	38.3	2586
重型矿山机械	19	35903	103218	86453	36.5	23841	100351	63.7	2184
汽车	33	22554	120657	98122	59.0	37971	117799	89.5	2651
电工电器	89	57208	267341	229000	19.7	64454	246311	38.9	13614
仪器仪表	17	8823	18182	17695	10.9	5705	18201	37.7	849
食品包装机械	4	2229	6302	5678	4.4	1723	4947	3.0	322
其他	28	9813	22289	21483	27.9	7666	20239	42.1	899

行　业	利润总额(万元)	年末固定资产		流动资产		流动负债		所有者权　益(万元)	全员劳动生产率(元/人·年)
		原值(万元)	净值(万元)	合计(万元)	平均余额	合计(万元)	平均余额		
合计	50867	687528	373138	1119229	983772	1011481	892230	469525	9446
农业机械	13253	243385	125864	338863	308209	296638	267645	166431	8982
机床工具	9177	68813	31570	108165	89470	86061	73198	58994	8963
机械基础件	7480	92017	61576	133789	120705	134926	129724	61362	8967
石化通用机械	3513	47694	27489	66418	57136	63831	57503	39260	8498
重型矿山机械	1533	64298	27698	118089	101959	122106	101466	28192	6640
汽车	4617	30074	22797	91559	68066	71245	54331	21713	16835
电工电器	9136	113680	58190	219486	200293	200024	174908	74329	11267
仪器仪表	506	10636	6476	19426	17441	17502	15347	7823	6466
食品包装机械	373	4227	3179	5727	5286	3606	3459	3459	7730
其他	1280	12704	8298	17706	15208	15542	14648	7962	7812

表 2　1993 年河南机械工业系统主要产品产量

产品名称	单　位	产　量	比上年增长%	产品名称	单　位	产　量	比上年增长%
大中型拖拉机	台	16869	−24.3	矿山设备	t	11768	7.4
小型拖拉机	台	98970	−36.3	汽车	辆	11418	113.2
拖拉机、内燃机配件	万元	50373	4.0	汽车配件	万元	61888	39.0
内燃机(商品量)	万 kW	306	−17.7	工业锅炉	蒸吨	2607	−9.4
金属切削机床	台	2443	4.8	交流电动机	万 kW	264	33.2
磨料磨具	t	51180	−9.2	高压隔离开关	组	5544	54.2
高中压阀门	t	4605	−21.8	变压器	万 kV·A	245	44.2
标准紧固件	万件	36268	−18.1	电力电缆	km	7709	−11.6
轴承	万套	5498	−26.8	电工仪器仪表	万台	97	3.9

4个企业，引进资金达1750万美元。洛阳轴承厂在国外设立销售网点6个，已从维修配件的后市场进入生产供应的前市场。郑州轻型汽车制造厂和日本、泰国等厂商合资兴办企业，引进外资3000多万美元。信阳广播器材厂兴办3个合资企业，引进外资800多万美元。安阳机床厂与台商合资办厂，引进资金724万美元。郑州白鸽（集团）股份有限公司在全省带头进行股份制改造，股票上市筹集资金1亿多元。但还应看到，1993年全省机电企业出口占销售产值的比例只有5.5%，而全国机电工业占8.6%。1993年全国机械工业引进外资15.6亿美元，河南省只占5.2%。省内大多数企业眼睛只盯着国内市场，甚至于省内市场，因此对外开放的步伐就迈的不大。

4. 部分企业技术进步加快，但全行业高附加值产品太少。

进入“八五”以来，省厅和各市、地主管部门认真抓好技术进步工作，努力开发新产品，行业技术落后的面貌有所改观。焦作电缆厂、周口通讯电缆厂、中原内燃机配件厂、焦作制动器厂等在引进技术中瞄准国际先进水平，坚持高起点，使他们的产品一问世就有很强的竞争能力。许昌继电器厂、平顶山高压开关厂、洛阳矿山机器厂、安阳机床厂、信阳木工机械厂、南阳康远机器总厂、南阳光辉机械厂根据市场需要不断开发新产品，增强产品在市场上的竞争能力。南阳康远机器总厂是一个县办农机企业，他们开发出中小型系列的胶合板机，其中6个产品获得国家专利，市场形势看好，产品畅销。1993年实现产值10002万元，创利税1006万元，速度和效益提高5倍以上，这在全省机械行业还是很罕见的。但也有一部分企业，满足现状，坚持十几年甚至几十年一贯制，产品附加值低，加上原材料涨价，产品没有生产出来就已经亏损了，这样的企业在市场经济中就困难重重。

5. 主管部门进一步转变职能，但少数局(办) 仍习惯于等、靠、要。

1993年全省机电工业的主管部门在转变职能中迈开了步子，取得了很好的成绩。如新乡市重工局、平顶山市重工局、焦作市机电局、驻马店市一工局认真转变职能，全心全意为企业服务，在行业发展中发挥了很好的作用。新乡市重工局局长们，与每个科室都有联系点，增强机关工作人员的事业心和责任感，积极为企业服务。平顶山市重工局明确机关职能，实行机构改革，压缩人员编制，从十几个科室变为四室一部，把原来的52人压缩到34人，他们抓点带面、抓联合、抓兼并、抓扭亏、抓帮带，使行业面貌发生了很大变化，各项经济指标大幅度增长，在全市各局、委中被评为第一名。驻马店市1992年全行业16个企业出现8个亏损户。1993年4月调整驻马店市一工局班子后，他们统一思想，转变观念，振奋精神，明确责任，用规划、信息引导企业调整结构走向市场。到7月全行业扭亏，年底产值增长30%，利税增长120%，他们的工作得到了市政府的肯定。但是还有一部分主管部门的工作目前还不适应社会主义市场经济的要求，需努力作好，为企业服务。

6. 市场建设开始起步，但要素市场发展缓慢。

1993年省厅和各市、地都分别建立了机电产品交易市场，这些市场在企业经营中起到了很大的作用。中国郑州农机市场成交额1.8亿元，中原机电市场成交额8000万元，全省建立了不少学会、协会、会计事务所、律师事务所等市场中介组织，也发挥了不少作用。但是应该看到，产品零售没有规模，产品批发、期货市场很薄弱，要素市场发展非常缓慢，没有形成完善的市场经济。

三、存在的问题

1993年全省机电行业存在的主要问题仍然是思想不够解放，观念更新比较慢，还没有真正摆脱计划经济的束缚。在改革上一般指导多，重点抓的少。这些都是1994年要注意解决的问题。

〔撰搞人：河南省机械电子工业厅办公室　崔安国、刘　齐　审稿人：河南省机械电子工业厅办公室　孙怀玉〕

〔责任编辑：白　萍〕

湖北机械工业

湖北省机械工业厅

1993年，湖北机械工业遵循改革开放这一当代中国发展的必由之路，以经济效益为中心，转换机制，开拓市场，取得了较快的发展。为三峡工程、东风汽车公司建设百万辆级汽车集团工程和武汉钢铁公司1000万t钢工程的服务开始起步；汽车工业列为全省经济发展的第一支柱产业，并开始发挥越来越大的作用；转换企业经营机制有了新的突破，企业内部改革继续深入进行；生产经营继续

表1　1993年湖北机械工业系统概况

行业	企业数(个)	全部职工年末人数(人)	工业总产值			工业增加值(万元)	产品销售收入		产品销售税金及附加(万元)
			当年价(万元)	1990年不变价(万元)	比上年增长%		当年价(万元)	比上年增长%	
合计	571	441882	2556369	1996255	25.1	720094	2678175	66.1	104039
总计(不含东汽)	570	352870	1350447	1176055	25.4	360367	1320963	49.8	46974
农业机械	105	49423	130889	121311	2.1	31314	127271	25.7	3552
工程机械	7	3186	15087	10857	18.2	2742	15385	63.2	410
机床工具	52	39654	93160	74845	18.6	27949	88962	32.8	3529
机械基础件	44	30862	72644	59814	1.6	25050	83385	74.2	4785
石化通用机械	40	24609	65043	61043	20.8	18705	62605	37.1	2509
重型矿山机械	26	14808	49771	46190	50.4	12754	47482	78.1	1669
汽车	138	98035	575291	479231	39.9	139008	540121	59.6	17437
电工电器	98	61996	277298	249068	21.9	81556	274542	48.2	10643
仪器仪表	25	18501	45837	50916	39.2	14149	56263	39.9	1394
食品包装机械	3	1041	2031	2045	−29.0	197	2465	−0.1	105
其他	32	10755	23396	20735	4.1	5943	22482	29.2	942

行业	利润总额(万元)	年末固定资产		流动资产		流动负债		所有者权益(万元)	全员劳动生产率(元/人·年)
		原值(万元)	净值(万元)	合计(万元)	平均余额(万元)	合计(万元)	平均余额(万元)		
合计	180435	1204802	726838	1876226	1558118	1583409	1285494	901704	16545
总计(不含东汽)	76956	688125	438842	1130932	973324	929328	794144	439345	10346
农业机械	1164	73961	44523	104252	110621	93167	82326	30205	6351
工程机械	777	5456	3131	11547	9584	9109	8128	3953	8768
机床工具	3692	82204	36683	106895	91241	80165	73231	34577	7142
机械基础件	7092	62791	42875	86408	74245	65773	59800	49858	8134
石化通用机械	1044	36475	21001	64883	58170	52650	45788	17415	7681
重型矿山机械	1182	19483	10828	38900	33796	37728	32912	8146	8751
汽车	37245	222478	162835	307050	261492	250480	206400	134901	14577
电工电器	22988	130173	74789	319898	248696	256404	210633	132937	13273
仪器仪表	1656	40991	33045	72704	69261	66798	60823	19461	7608
食品包装机械	−229	1280	804	2044	2056	2513	2446	356	1859
其他	345	12833	8329	16350	14162	14541	11658	7537	6575

呈现效益增长高于速度增长的好势头。

生产发展情况　全年全系统完成工业总产值1996255万元，比上年增长25.1%。不含东风汽车公司，完成工业总产值1176055万元，比上年增长25.4%；实现销售收入1320963万元，比上年增长49.8%；实现利税123930万元，比上年增长48.12%，其中利润76956万元，比上年增长74.50%。详见表1。上半年，受整个国民经济的拉动，机械工业特别是汽车工业高速增长，1～6月全系统（不含东汽）工业总产值比上年同期增长43.1%，其中汽车行业增长59.0%。下半年，落实中央加强宏观调控的方针，全省机械工业把工作重点放在重点行业、重点企业、重点产品和重点项目中，引导和组织企业在大工程、大项目中争服务、争市场，在宏观调控中多数企业没有出现1989年措手不及的情况，在竞争中求得了相应的发展。湖北开关厂、老河口市变压器厂抓住三峡工程招标的机遇，充分发挥自身优势，参与竞争，一举中标，成为湖北机械工业在三峡工程招标中首批中标的企业。湖北专用汽车制造厂在下半年自卸车形势突变的情况下，着眼于市场，着力于产品，积极调整产品结构，发展加长车、厢式车、油罐车等专用汽车，争得了用户，赢得了市场。下半年全系统（不含东汽）工业总产值增长速度稳中有降，没有出现大的滑坡。

表2　1993年湖北机械工业系统主要产品产量

产品名称	单　位	产　量	比上年增长%
神牛拖拉机	台	1882	−59.1
农用运输车	辆	3403	65.7
农用内燃机	台	158129	−25.9
	万kW	107	−25.2
拖拉机、内燃机配件	万元	6555	−59.0
滚动轴承	万套	3436	−10.9
风机	台	4141	8.9
制冷设备	台	1468	21.5
大型机床	台	167	8.4
锻压设备	台	3045	−2.2
叉车	台	2258	−37.9
汽车	辆	187814	28.5
其中不含东汽	辆	10463	38.5
民用改装车	辆	14672	9.9
汽车配件	万元	384139	32.9
汽轮发电机	万kW	53	−8.1
电站锅炉	台	36	9.1
	蒸吨	7270	14.4
交流电动机	万kW	152	22.9
变压器	万kV·A	209	7.6
高压断路器	台	3461	107.9
高压开关板	面	1502	−6.7
电力电缆	km	3051	−22.1
控制电缆	km	1176	−54.3
船用电缆	km	721	−4.4
通讯电缆	km	820	21.1
电焊条	t	45754	100.0
电工仪器仪表	万只	13	−58.6

从行业看，除食品包装机械生产下降外，各行业都有不同程度的增长。其中，汽车行业发展较快，增幅达39.9%，且在全省机械工业中所占比重最大，拉动着整个行业的快速发展。此外，重型矿山机械、仪器仪表、电工电器、石化通用机械生产增幅均达到20%以上。发展较慢的有，机械基础件仅增长1.6%，农业机械仅增长2.1%。从产品看，在25种重点机械产品中，产量较上年增长的有13种，占52%。见表2。增长较快的产品有，高压断路器（增长107.9%）、电焊条（增长100%）、农用运输车（增长65.7%）。从企业看，生产规模不断扩大，规模效益得到初步体现。1993年全系统（不计东汽公司）产值过亿元企业26家，比1992年增加30%；实现利税过1000万元的企业20家，比1992年增加58.3%，其中湖北专用汽车制造厂产值增长54.7%，利税增长155%。见表3。

表3　1993年产值过亿元企业产值、利税表

企　　业	产　值（万元）	实现利税（万元）
湖北专用汽车制造厂	42779	7375
湖北汽轮发电机厂	42258	11921
猴王集团	40544	7715
武汉锅炉厂	32003	1913
襄阳汽车轴承(集团)股份有限公司	25604	8918
湖北省沙市电工仪器仪表工业公司	20174	2014
湖北省随州汽车改装总厂	16827	1130
十堰市车桥轮毂厂	15021	438
湖北神电汽车电机股份有限公司	14686	1748
十堰市汽车改装厂	14674	2515
武汉汽车配件厂	14461	2233
武汉仪器仪表自动化工业公司	14195	−281
武汉重型机床厂	13580	673
湖北省襄樊车桥厂	13457	1214
湖北红旗电缆厂	13003	1420
湖北华阳企业集团公司	12927	1517
湖北省神鹰专用汽车集团公司	12907	1991
随州市挂车总厂	12802	1017
湖北车桥股份有限公司	11502	1404
武汉电缆(集团)股份有限公司	11459	1844
武汉新世界制冷工业有限公司	11009	722
湖北省谷城县汽车配件厂	10808	1212
汉阳特种汽车制造厂	10731	767
黄石电缆厂	10502	746
湖北汽车电器厂	10053	1969
湖北气门厂	10013	1120

技术改造　1993年国家和省共下达技改计划86项，计划投资96058万元，全省完成技改投资资金69281万元，比上年增长50%。在国家加强宏观调控、资金紧张的情况下，优先安排了国家专项、老工业基地和“小型巨人”振兴项目等“八五”期间重点项目的建设资金。其中，六个限上项目已有四项经国家批准开工建设。如武汉汽车配件厂已完成投资的70%，黄石轴承厂、湖北气门厂完成投资的50%。体现了加强宏观调控，保证国家重点建设项目的需要。

按照国家发展汽车工业的产业政策和省政府关

于支持东风汽车公司发展百万辆级汽车集团的指示精神，机械工业厅提出了“抓住机遇，加快发展湖北汽车工业的意见”，并于9月在省政府召开的专题会议上，汇报了湖北省全面支持东风汽车公司发展百万辆级汽车集团的建议。随后，省政府以鄂政发〔1993〕98号文决定成立振兴湖北汽车产业领导小组，办公室设在机械工业厅。10月，汽车产业领导小组成员随贾志杰省长向国务院、国家计委、经贸委、机械工业部等部门领导汇报了湖北省支持东风汽车公司的规划设想，随即草拟了具体规划。

科技进步与新产品开发 1993年全年完成新产品开发180项，其中已鉴定的有145项。省政府下达机械行业的重大新产品开发项目，已有16项具备小批生产能力并投放市场。这些重大新产品大都具有国际水平或国内先进水平。如黄石锻压机床厂在引进比利时LVD公司液压折弯机、液压剪板机技术的基础上开发的数控折弯机、数控剪板机、双机联动1000t折弯机等几十种产品，技术先进、产品供不应求，经济效益处于全国同行业领先地位。沙市阀门厂开发的金属硬密封阀和3m耐腐衬胶蝶阀分别获冶金工业部和湖北省科技进步奖。1993年湖北机械工业新产品开发是围绕壮大优势产业，特别是围绕壮大汽车产业优势而进行的。在37个重大新产品开发项目中，汽车行业占18项，开始形成湖北汽车工业新的经济生长点，如襄阳汽车轴承（集团）股份有限公司开发的49种五十铃N系列轴承、湖北专用汽车制造厂试制的6～8t专用汽车底盘、沙市仪表公司开发的汽车空调等产品颇受市场欢迎，经济效益可观。

1993年有一批科研项目获得成功。如湖北省机电研究设计院为大亚湾核电站研制的核电站蒸发器和稳压器检测机器人项目，其性能达到法国技术规范要求。湖北汽车电器厂与中国科学院声学研究所研制的汽车喇叭电声性能检测系统在一次额定加载时间（1～3s）内，完成声级、频谱、基频、鸣响延迟时间、加载电压、电流6种参数测量，并储存、打印结果，达到国内领先水平。松滋矿山机械厂与武汉工业大学研制的LM800离心自磨机获国家专利，并列入国家经贸委“产学研”工程计划。

在1993年新技术推广工作中，重点推广了振动时效技术、计算机辅助设计（CAD）技术和树脂砂铸造技术。5月在武汉主持召开了中南六省振动时效技术推广现场会，会后组织专家小分队到企业进行了宣传、演示，30多家企业已得到推广应用。

技术引进与对外合作 1993年省厅组织部分企业与法国波许公司和瓦雷奥公司、韩国大宇公司和双龙公司、日本三菱公司、马来西亚金狮集团等一批国外的公司、财团进行了广泛接触和洽谈，有一批项目成交或达成合作意向。全年兴办合资企业25家，相当于1992年的1.5倍，外商协议资金2929万美元，相当于1992年的3.8倍；有6个项目争得了国际金融组织贷款，贷款额1099万美元，相当于1992年的2倍。1993年又发展了一批新的对外合作项目，如武汉新世界制冷工业有限公司与香港新世界发展有限公司合资经营制冷设备，湖北环宇汽车灯具有限公司与香港中威国际公司合资经营汽车灯具，湖北石首第四汽车配件厂与台湾乔台工业股份有限公司合资经营各类汽车滤清器等。全年成交引进项目24项，成交额4044万美元，比上年增长93.4%，如湖北汽车电机厂利用世界银行贷款引进美国通用公司发电机、起动机关键设备，成交额498万美元；湖北锻造厂以易货贸易方式从俄罗斯引进了12500t摩擦压力机等。

机电产品出口方面，系统内三个工贸公司出口创汇6120万美元，比上年增长6.2%。其中，省机械设备进出口公司创汇3516万美元，比上年增长1.9%；武汉市机械设备进出口公司创汇2288万美元，比上年增长14.3%；中国汽车工业进出口公司武汉公司创汇316万美元，比上年增长1.6%。

质量 1993年质量工作的重点是宣传、贯彻《产品质量法》和国发41号文《国务院关于进一步加强质量工作的决定》。6月召开了全省机械工业质量工作会，动员全省机械工业企业“一把手亲自抓质量”，做到厂长（经理）质量工作“三到位”，即思想到位、工作到位、责任到位。9月，厅组织了旨在宣传《产品质量法》的质量演讲会，并推荐四位代表参加了机械工业部组织的质量演讲活动。同时，开展了质量培训。1993年继续组织了近万人的贯标GB／T19000（ISO9000）系列统考，举办了检验人员培训班。重点企业的质量管理工作也收到一定成效。厅连续几年来坚持的按产品“一条龙”模式，以省专用汽车制造厂为“龙头”，带动零部件厂家上质量、上水平的工作在1993年取得明显成绩。该厂生产的专用汽车底盘在上年评为合格品的基础上，经过质量攻关，1993年又上一等品，一定程度上带动了整个汽车行业产品质量的提高。

1993年度，在湖北省重点产品监督抽查中，全省机械系统18家企业的72个（批）产品受检，合格70个（批），合格率为97.22%，略高于上年同期水平。在湖北省机械行业定期监督检验中，142家企业生产的173个（批）产品受检，合格167个（批），合格率96.53%，略高于上年水平。

企业改革改组 1993年湖北机械工业在企业改革方面进行了一些有益的探索，企业经营机制转换有了新的突破。一是按规范化的要求，组建了一批股份有限公司和有限责任公司。如襄阳汽车轴承集团、湖北车桥厂、湖北汽车活塞厂等企业，改组成为股份有限公司。猴王焊接公司的股票10月在深圳上市，成为湖北机械工业第一家上市的股票。此外，还组建了湖北环宇车灯有限公司、武汉飞亚汽车工程塑料有限公司等10余家有限责任公司。

二是企业间的联合、兼并，作为企业发展的内在要求，随着改革的深入越来越广泛地开展起来。其特点是，大企业利用中小企业的场地、厂房、设备等资源，扩大生产规模，中小企业依托大企业的产品优势、技术优势和管理优势，求得生存和发展，从而打破地区、部门和行业的界限联合起来。如武汉汽车配件厂兼并省汽车配件厂，省属的黄石轴承厂兼并黄石市市属的黄石标准件厂，省专用汽车制造厂兼并省客车厂等。三是企业内部用工、干部、分配“三项制度”改革也在一大批企业中深入开展。如湖北省农机总公司立足于市场，坚定地走改革之路，推动了企业的快速发展。1993 年总公司实施了全员合同化管理，制定了考核责任目标，奖罚兑现，鼓励冒尖，并在用工制度、干部制度、分配制度、内部机构等方面进行了一系列改革，为企业的经营和发展注入了生机和活力。

职工教育 1993 年湖北机械工业职工教育工作成效明显。一是在首届中国青年奥林匹克技能竞赛中，湖北机械行业取得好成绩。参加竞赛的六名选手中有四名分别获得车工第三名，木模工第三名，钳工第四名和车工第八名。六名选手人平均成绩列全国 29 个省、市、自治区代表队之首。二是面向全社会组织了高等教育自学考试。在过去已开考的机制工程（专科）、电气工程（专科）和机电一体化（本科）的基础上，1993 年新开考的 5 个专业累计招生 2431 名，平均结业率 49.4%。三是组织了 14 类管理干部培训。即继续对设备、物资、安技、营销、计划、质量和技检岗位上的专业管理干部进行岗位培训。在以企业为主培训的基础上组织考试，参考 1622 人次，合格率 96.5%。

存在问题 一是长期在传统计划经济模式下形成的旧的思维习惯和思想观念，还不同程度地影响向市场经济体制转换的步伐；二是产品结构、产业结构和企业组织结构还不能较好地适应社会化大生产和市场经济的需要；三是企业管理水平还比较低，企业的经济效益差，严重制约了企业的发展和对市场的适应力。

〔撰稿人：湖北省机械工业厅办公室 万建国、袁宏亮 审稿人：湖北省机械工业厅 邱忠国〕

〔责任编辑：白 萍〕

湖南机械工业

湖南省机械工业厅

生产发展情况 1993 年，湖南机械工业系统抓住机遇、克服困难、扩大生产、适应调整，全年完成工业总产值 75.4 亿元，完成产品销售收入 92.4 亿元，实现利税 6.8 亿元，分别比上年增长 10.4%、40.9%和 13.6%。从地区看，14 个地州市除邵阳市外生产均有不同程度的增长，长沙、衡阳、湘潭、岳阳、怀化、郴州、零陵、湘西土家族苗族自治州、大庸 9 个地州市增幅高于全省平均水平；从行业看，10 大行业中除基础件、汽车行业有所下降外，其他行业均呈增长势头，其中食品包装机械、工程机械、石化通用机械行业增幅在 30%以上（见表 1）。

1993 年，湖南机械工业系统生产的主要特点：(1) 工业产值上半年增长快于下半年增长。上半年继 1992 年继续保持了较高的增长势头，1～6 月全系统工业总产值比上年同期增长 16.4%，下半年受国家宏观调控政策的影响，市场形势急剧变化，全行业自 7 月份开始回落。受影响最大的为汽车行业，1～4 月汽车行业生产增长速度高达 32%，自 5 月份开始逐月回落，至年底反而下降 2.7%。(2) 规模经济得到提高，工业总产值过亿元的企业由 1992 年的 9 家增加到 13 家，占全系统工业总产值的 30.1%；销售收入过亿元的企业 18 家，实现利税过千万元的企业 22 家，分别比 1992 年增加 9 家和 10 家。(3) 产品结构有所改善，在前几年的基础上，全系统加快了产品结构调整步伐，产品技术含量有了提高。大吨位起重机、罗茨风机、大型变压器、发电设备等主要产品产量均比 1992 年有较大幅度的增长（见表 2)。(4) 国家下达的重点任务完成较好，产值完成 2.85 亿元，设备 445 台（套)，完成率达 90.4%。

市场与销售 下半年在市场形势急剧下滑的情况下，湖南省机械工业系统采取了一系列措施：及时调整产品结构，开发新产品，开拓新市场；扩大销售网点，加强销售服务，巩固老市场；调整营销策略，落实销售承包的奖励政策，实行全员销售；适应市场需求，积极筹措资金，调整生产计划，坚持增畅、限平、停滞，搞好销产供综合平衡，使产品库存得到了有限控制。全年完成销售产值（现行价）847853 万元，比上年增长 25.9%，工业总产值（现行价）889038 万元，产销率 95.4%，比上年回落 4.2 个百分点。产品销售额 843791 万元，比上年增长 25.1%。年末库存额 138389 万元，比年初增长 55.3%。全年畅销的主要产品有 6105Q

表1 1993年湖南机械工业系统概况

行业	企业数(个)	全部职工年末人数(人)	工业总产值			工业增加值(万元)	产品销售收入		产品销售税金及附加(万元)
			当年价(万元)	1990年不变价(万元)	比上年增长%		当年价(万元)	比上年增长%	
合计	443	253105	889038	753634	10.4	231771	923953	40.9	43218
农业机械	135	59601	163290	138022	7.1	46480	175302	42.8	6840
工程机械	7	9737	48163	33983	45.5	10091	50711	68.7	2049
机床工具	23	14527	39171	30221	11.0	15044	38523	38.8	2294
机械基础件	36	21920	44880	41096	−5.2	13828	51915	57.0	2953
石化通用机械	30	19350	66663	55833	30.7	16003	61430	44.7	2897
重型矿山机械	15	12643	365275	30475	13.8	9159	39208	51.2	1517
汽车	49	31482	153056	124242	−2.7	32543	155772	18.5	5568
电工电器	112	68259	293724	257623	12.8	74628	306017	44.7	16888
仪器仪表	19	9240	26689	26682	22.6	7423	28441	45.7	1488
食品包装机械	8	3774	10833	10971	44.2	4872	10223	61.1	506
其他	9	2572	6042	4486	−11.6	1700	6411	27.3	218

行业	利润总额(万元)	年末固定资产		流动资产		流动负债		所有者权益(万元)	全员劳动生产率(元/人·年)
		原值(万元)	净值(万元)	合计(万元)	平均余额(万元)	合计(万元)	平均余额(万元)		
合计	24558	472376	260294	766138	664860	665327	602800	289423	9235
农业机械	3760	98568	55398	157513	121193	117492	105007	59617	7954
工程机械	3431	16945	9801	36370	29215	33235	28793	15317	10430
机床工具	1838	27409	11518	33806	32305	27988	26570	14827	10303
机械基础件	19	38419	23365	57336	52586	52891	45538	19892	6311
石化通用机械	2762	39734	20678	58173	55209	43761	38760	30085	8352
重型矿山机械	−935	21830	11523	41084	35667	41375	35519	9911	7346
汽车	3257	64011	35850	103683	92904	90531	78347	41544	10419
电工电器	8038	139363	75682	240384	212386	221929	211798	80286	10982
仪器仪表	1199	14952	10696	25234	21284	23547	20939	10381	7961
食品包装机械	1330	7299	3822	7079	7457	6651	6778	5524	13414
其他	−141	3846	1961	5458	4654	5927	4751	2039	6650

柴油机、罗茨鼓风机、大中型电机、市话电缆、大吨位汽车起重机、四开胶印机等。

全年完成出口产品交货值24725万元，比上年增长20.9%，占总产值3.3%。出口企业68家，主要企业有南方通用电气集团公司、湘潭电缆厂、浦沅工程机械厂、湘潭柴油机厂、衡阳轴承厂，这五家企业出口交货值占全系统的26.5%。出口主要产品有轴承、内燃机、钢芯铝绞线、电力电缆、起重设备等5种产品，占出口交货值的30%。

科技进步 1993年，湖南省机械工业系统坚持科技先行，全年共开发新产品135项，其中50%达到国内先进水平，15项填补国内空白，新产品产值率达14%，新增产值10亿元。全系统共评出15大科技成果，43项获部科技进步奖，28项获省科技进步奖，4项获省星火计划奖。其中154t电动轮自卸车、HD6105Q柴油机、4G27汽油机、CPCD3t防爆叉车、铁路电气化牵引变压器等一批新产品，具有较高的技术含量，可望成为湖南机械工业新的增长点。树脂砂造型、可转位刀具、振动时效、微机改造旧机床、计算机辅助设计和辅助管理等新技术推广达35个厂点。其中振动

表 2　1993 年湖南机械工业系统主要产品产量

产品名称	单　位	产　量	比上年增长%
小型拖拉机	台	16062	−40.6
内燃机生产量总计	万 kW	343	−2.9
其中：农机内燃机	万 kW	188	8.4
汽车内燃机	万 kW	154	−13.9
农用运输车	辆	4207	−9.6
拖拉机、内燃机配件	万元	38552	14.4
金属切削机床	台	3315	5.3
锻压设备	台	1237	41.2
工业泵	台	45281	321.8
农业泵	台	157768	−21.8
风机	台	11010	59.7
其中：罗茨鼓风机	台	2500	38.7
轴承	万套	1754	−26.8
液压件	万件	11	37.1
矿山设备	t	2749	35.4
起重设备	t	22538	11.4
其中：电动桥式起重机	台	286	41.6
龙门式起重机	台	18	−18.2
汽车起重机	台	715	10.9
运输设备	t	2879	−1.8
叉车	台	653	9.0
包装机械	台	667	8.5
印刷机械	t	2738	1.2
铁路车辆	辆	50	0.0
汽车	辆	10216	−39.7
改装汽车	辆	3601	−16.8
汽车配件	万元	65773	66.6
工矿配件	t	5481	−6.1
高中压阀门	t	517	−44.8
发电设备	万 kW	7	88.0
工业锅炉	蒸吨	2784	21.8
交流电动机	万 kW	279	18.5
工矿电机车	辆	304	−46.4
百吨级电动轮自卸车	辆	15	−25.0
变压器	万 kV·A	599	51.9
电气传动控制屏	面	1719	−35.2
钢芯铝绞线	t	4184	−43.2
电力电缆	km	4014	9.7
通讯电缆	km	1921	14.3
高压电瓷	t	5264	32.9
工业自动化仪表	万台(件)	54	−11.0
其中：水表	万台(只)	26	−21.7
电工仪器仪表	万台(只)	181	15.0
其中：电度表	万只	145	19.9
实验仪器及装置	台	11279	−4.1

时效一项推广 21 家，年节煤 6300 t，节电 105 万 kW·h。

质量　1993 年，湖南省机械工业系统质量工作的重点是加强宏观监督管理，宣传贯彻质量法，推动企业贯彻 ISO9000 系列标准。全面完成了省政府下达的目标管理指标：铸件废品率为 12.1%，比上年下降 0.5 个百分点；机加工废品率为 2.4%，比上年上升 0.3 个百分点；重点产品品种一等品率为 88.2%，比上年提高 11.7 个百分点。国家监督抽查 38 个企业 38 种产品，合格率为 63.1%，比上年下降 6.8 个百分点；省级监督抽查 302 个企业 323 种产品，合格率为 92.5%，比上年提高 2.6 个百分点。一批企业通过强化质量意识，加强质量管理，在市场极其困难的条件下产生了显著的经济效益。如醴陵电瓷厂由于采取了有效措施提高产品质量，全年瓷检和全过程合格率等四项质量指标达历史最好水平，提高一次投产合格率创效益 150 万元。湖南动力机厂在产品畅销的形势下，坚持质量第一的经营方针，1993 年工业总产值、销售收入、实现利税均在 1992 年翻番的基础上再度翻番，实现两年翻两番，实现利税名列全行业榜首。

技术改造与技术引进　132 个企业落实技改项目 170 项，下达计划 76334 万元，其中国家贷款 17678 万元，完成投资 65446 万元。在建项目比上年减少 16.3%，完成投资比上年增加 28.4%。当年完成投资 1000 万元以上企业由 1992 年的 13 家上升到 16 家，完成投资 35572 万元，占全系统完成投资 54.4%。在建的 18 个外资项目完成投资 21468 万元，占全系统完成投资 32.8%。落实技术引进、进口设备项目 21 项，落实国拨外汇 2317 万美元，成交设备 89 台（套），成交额达 3278 万美元。衡阳电缆厂投资 3000 万元，从奥地利卢森塔尔和波蒂尔公司、美国康利公司择优引进 90 年代最先进的盘式光缆生产线和全套计算机控制检测仪器及设备，于 11 月建成投产，项目可新增年产值 5000 万元。新批并签约合资项目 16 项，总投资 8310 万美元，注册资本 6053 万美元，外商出资 2424 万美元。全年技改和技术引进工作的主要特点是“四多一少”，即技改计划下达多，国家专项贷款争取多，国拨外汇落实多，重点项目和外资项目完成投资多，低水平的小项目逐步减少。

深化改革与企业管理　认真贯彻《条例》，加快了企业经营机制转换，增强了企业活力。一是股份制改造，株洲火花塞厂和岳阳制冷设备总厂率先进行了股份制改造，分别组建了株洲火炬火花塞股份有限公司和岳阳恒立冷气设备股份有限公司。株洲火花塞厂以净资产折股 3400 万股，向社会公开发行股票，成为全省首批两家上市公司之一。二是兼并联合，以湘潭电机厂为核心，联合省内生产、经营、科研、设计和其它单位共 24 家成员单位组建了南方通用电气集团，该集团目前系全省机械行业最大的跨地区、跨行业、跨所有制的大型企业集团，拥有固定资产原值 3.1 亿元，净值 1.3 亿元，职工 18000 人，其中各类工程技术人员 1600 人。三是划小核算单位，为切实转换企业经营机制，减轻企业负担，一批国有大中型企业划小内部核算单位，剥离后勤服务系统，实行分厂制、多级法人的公司化经营。如衡阳市机械局系统有 1／3 企业的后勤服务部门已经走向社会化经营。

行业管理 省地行业管理部门按照《全民所有制工业企业转换经营机制条例》和省政府制定的《湖南省全民所有制工业企业转换经营机制实施办法》的要求，加快了政府职能的转变，加强了对企业的服务。省厅在企业下半年资金极度紧张的情况下，为缓解资金矛盾，确保全年任务的完成，经多方联系共争取点贷计划六批，解决流动资金 3.2 亿元，94 家企业受益；落实最后一批国家外汇 2397 万美元，争取科技拨款 169 万元、基金 426 万元、贷款 3250 万元；争取免税项目 381 项，3000 多万元。同时，为适应我国恢复关贸总协定缔约国地位、全面参与世界经济竞争的新形势，省厅根据中央有关指示精神和省政府的统一部署，采取举办培训班、研讨班、印发资料等多种形式，在全系统广泛开展了关贸总协定基本知识的宣传学习和"复关"对策研究。省厅成立了以厅领导为首的"复关"对策研究课题组，组织系统内 26 家骨干"龙头"企业和 20 家重点产品企业，分别对我国"复关"后对机械行业和企业的影响和对策进行了广泛深入的调查研究，取得了丰硕的研究成果。省厅课题组研究撰写的行业对策——《"复关"与湖南机械工业对策研究报告》，分析了湖南机械工业的现状和"复关"带来的机遇与挑战，提出了参与国际竞争的有力对策。该成果得到了省政府的肯定，并以优秀成果选送国务院发展研究中心。为更好地发挥这些研究成果的作用，择部分研究成果编印成《"复关"与湖南机械工业·对策集》，发至全行业，成为指导全行业今后发展的重要参考资料，深受企业欢迎。

存在问题 (1) 与国内同行业的发展差距拉大，生产增长低于全国机械工业平均水平；(2) 外向型经济发展慢；(3) 经济效益下降，亏损面扩大，亏损额急剧增加；(4) 技改资金到位难，投资仍然分散，具有竞争规模的规划项目没有实现大的投入。

〔撰稿人：湖南省机械工业厅　蓝雪英、朱建珊
审稿人：湖南省机械工业厅厅长　林国悌〕

〔责任编辑：白　萍〕

广东机械工业

广东省机械工业厅

1993 年，广东机械工业系统企业有 536 家，其中国有企业 392 家，大中型企业 157 家，集体企业 86 家。年末职工人数 236988 人，其中高级技术职称人员 1215 人，中级技术职称人员 6962 人，初级技术职称人员 20913 人。全省机械行业生产经济运行形势，继续保持快速、健康发展的好势头。

一、企业改革进一步深化，转换企业经营机制取得新突破

以"三项制度"改革为重点的综合改革试点经验得到了全面迅速推广。1993 年全省有 220 家企业列入省、市综合改革试点，占全行业 536 家企业的 41%，比上年增加 139 家。这批企业围绕发展社会主义市场经济，大力改革人事、劳动、分配"三项制度"，全面放开生产经营，均取得较好成效。据国有大中型综合改革试点企业统计，1993 年其工业总产值、销售收入、利税总额和利润总额，分别比上年增长 47.96%、49.68%、69.8%和 60.2%，均大大高于全行业的平均增长水平。有些企业，如广州重型机器厂的各项经济技术指标增幅，还创造了历史最好水平。

企业股份制改造，普遍迈上规范化管理新台阶。1993 年广东机械工业按照"规范运作、务求实效、分类指导、积极推进"的方针，继续大力推进企业股份制试点，探索建立现代企业制度。全行业已有 15 家企业完成股份制改造，其中国有企业 12 家，比上年增加 2 倍。有 17 家企业正在筹建股份有限公司，其中国有企业 13 家。据 15 家已完成股份制改造企业统计，1993 年共募集股本资金总额 22.6 亿元，对保障重点项目的建设和企业的生产发挥了积极作用。肇庆市 6 家股份制企业生产发展增速均在 56.75%以上。该市广东真空设备股份有限公司，下属企业已由 3 家发展到 10 家，资产净值已由 1396 万元增至 5500 万元。1993 年产值、销售收入、利税都比上年翻了一番多。韶关市亿能股份公司是发售股份最少的公司，发行量只有 5000 万元，但该公司利用这笔资金进行技术改造，上大型变压器，使企业在短期内得到了迅速发展，1993 年实现利税 1083.1 万元，一跃成为市工业系统的利税大户。据 15 家股份制企业统计，

表1 1993年广东机械工业系统概况

行业	企业数(个)	全部职工年末人数(人)	工业总产值			工业增加值(万元)	产品销售收入		产品销售税金及附加(万元)
			当年价(万元)	1990年不变价(万元)	比上年增长%		当年价(万元)	比上年增长%	
合计	536	236988	2694943	2380740	43	766171	2561560	57	108112
(归口机械工业部企业)	516	223699	2551476	2257894		717235	2413529		105097
农业机械	109	41124	236786	193585	32	62831	225613	49	8283
工程机械	2	1320	10965	6615	16	2530	10279	44	266
机床工具	21	12782	69516	53278	35	26212	68693	57	4115
机械基础件	44	17376	94442	99655	23	35561	88521	41	5372
石化通用机械	34	20816	164100	138707	47	60263	164206	69	6941
重型矿山机械	20	8813	89916	93127	61	17218	92531	112	4870
汽车	51	22254	665970	520550	52	169803	631588	48	19727
电工电器	140	63712	918932	886763	45	254818	819817	57	43439
仪器仪表	27	10518	105781	116018	23	35359	114588	29	4747
食品包装机械	16	8131	50584	46602	26	18412	48859	36	2314
其他	52	16853	144484	102994	46	34228	148834	80	5023

行业	利润总额(万元)	年末固定资产		流动资产		流动负债		所有者权益(万元)	全员劳动生产率(元/人·年)
		原值(万元)	净值(万元)	合计(万元)	平均余额(万元)	合计(万元)	平均余额(万元)		
合计	150902	824916	553025	1940828	1599263	1699224	1395961	779208	32500
(归口机械工业部企业)	141936	791187	530673	1835296	1500839	1604318	1306550	746049	
农业机械	9211	104448	66146	156700	131895	134028	113515	69384	15500
工程机械	381	1840	1228	7386	5918	6930	5977	1345	18600
机床工具	6242	30905	19930	64008	53265	59422	51394	24773	20400
机械基础件	5024	53454	33013	71461	62650	59835	59539	34091	20100
石化通用机械	9353	64573	41464	115936	102873	119018	94681	53351	29100
重型矿山机械	4040	18343	10632	55637	50877	54028	45413	17123	20200
汽车	49122	144143	95905	561466	426410	457209	348755	257684	78200
电工电器	41979	264372	189316	580901	489212	513642	420325	206059	40300
仪器仪表	8190	32217	20935	105247	81179	86512	74758	35052	33500
食品包装机械	2165	18662	11719	35020	34203	28583	28193	13397	22100
其他	6229	58230	40385	81534	62357	85113	64000	33790	20300

1993年完成工业总产值50.7亿元，占全行业的21.2%，比上年增长64.3%；销售收入完成50.85亿元，占全行业的22.1%，比上年增长67.5%；实现利税7.44亿元，占全行业的32.3%，比上年增长80.5%；利润4.72亿元，占全行业的39.3%，比上年增长66.1%。

企业集团有新的增加，规模经济和规模效益有较大提高。1993年全行业新建企业集团12个，总数已达到36个，其中年产值超亿元的有19个，超5亿元的有5个，超10亿元的有3个。企业集团的增加，有力地促进了广东机械工业规模效益的提高。如韶关市机械工业以韶关挖掘机厂、液压件厂和工具厂为核心，带动一批中小型企业组成集团，全市机械工业整体效益大幅度增长，1993年实现销售收入增长58.1%，利润增长115.3%。据全省157家大中型企业统计，1993年其产值、销售收入、利润，分别占全行业的79%、78%和88%，在广东机械工业发展中起着举足轻重的作用。

二、生产持续快速发展，产销较为协调，经济效益同步增长

生产全面增长，增速保持平稳发展格局。1993年上半年，广东机械工业在上年快速增长的基础上继续迅猛发展，增速高达57.13%。下半年虽然增速减缓，但仍保持平稳发展格局。全年完成工业总产值238.07亿元（1990年价），比上年增长43%，净增产值71.96亿元，高于全省工业增长的水平，基本提前两年达到原定"八五"末期工业总产值240亿元的目标。全省8大归口行业全面实现增长，以重型矿山机械和汽车增长最高，达61%和52%。各行业的增幅，除工程机械、机械基础件和仪器仪表行业外，均高于全国同行业平均增长水平（详见表1)。全省20个市，也都全面实现增长，其中增幅高于全行业平均增长水平的有韶关、惠州、中山、江门、佛山、湛江、汕尾、清远8个市；增长30%以上的有广州、佛山、湛江、韶关、江门、惠州、梅州、中山、东莞、肇庆、茂名、清远、珠海、河源、汕尾15个市。广州市完成工业总产值63.27亿元，占全省机械行业总产值的27%；江门市完成24.95亿元，占全省机械行业总产值的10%。两市分别比上年增长31%和48%。全省重点考核的32种主要产品，增产的有24种，占75%，减产的有8种，占25%。其中增产30%以上的有8种，包括分析仪器增56.1%，农用运输车增102.3%，矿山设备增89.3%，变压器增69.8%，起重机械增43.9%，蓄电池增32.3%，电梯及扶梯增73.3%，交流电动机增35.6%（详见表2)。

产销率稳中有升，经济效益增长高于工业产值增长。1993年全行业完成销售产值256.29亿元(现行价)，比上年增长54%，产销率为95%；实现销售税金10.8亿元，比上年增长46%；实现利润15.1亿元，比上年增长70%。其中实现销售税金超亿元的行业有电工电器行业、汽车工业行业；实现利润超5000万元的行业有汽车工业行业、电工电器行业、农机行业、石化通用机械行业和机械基础件行业。特别是电工电器和汽车工业行业，其利润分别达到4.19亿元和4.91亿元。

三、出口进一步扩大，外向型经济继续发展

出口生产体系建设有所加强，出口创汇实力进一步壮大。1993年全行业新增出口基地和扩大机电产品出口企业8家，总数达到52家，占全行业企业总数的10%。目前，全行业承担出口任务的企业有230家，占全行业企业总数的43%，其中年出口交货值超千万元的企业56家，年出口交货值超亿元的企业有广州标致汽车有限公司（29.37亿元），台山机械厂（3.56亿元），新会电机厂(1.95亿元)。全行业有出口任务企业最多的市是江门市，达22家，占全行业承担出口任务企业的9.6%，其中出口基地和扩大机电产品出口权企业6家。1993年该市机械系统出口创汇首次突破亿元大关，达1.18亿美元，比上年增长83.83%。出口产品，年出口创汇300万美元以上的有14种，年出口创汇达千万美元以上的有7种。1993年全行业出口创汇3.14亿美元，比上年增长15%。

表2 1993年广东机械工业系统主要产品产量

产品名称	单位	产量	比上年增长%
小型拖拉机	台	49250	−8.1
内燃机	万kW	100	−18.2
农用运输车	辆	6753	102.3
拖拉机、内燃机配件	万元	25486	4.6
金属切削机床	台	6086	7.8
锻压设备	台	4631	6.9
刃具	万件	1488.9	5.1
泵	台	521095	4.4
风机	台	13781	−37.0
制冷设备	套	8053	−2.0
轴承	万套	2983	−4.0
起重机械	t	46767	43.9
运输设备	t	10297	21.0
电梯及扶梯	t	43189	73.3
矿山设备	t	14228	89.3
炼油化工设备	t	2847	−25.5
食品机械	台	43041	−13.6
包装机械	台	5904	11.5
洗衣机	万台	14	29.8
家用电冰箱	万台	75	15.5
电风扇	万台	542	7.5
汽车	辆	32878	17.9
汽车配件	万元	90206	11.7
发电设备	万kW	9	−15.7
交流电动机	万kW	299	35.6
变压器	万kV·A	1092	69.8
电力电缆	km	7221	15.1
蓄电池	万kVA·h	80	32.3
工业自动化仪器仪表	万台(件)	54	4.7
分析仪器	台	3399	56.1
光学仪器	台	25194	9.2
复印机	台	11208	16.4

出口专贷技改项目大幅度增加，出口产品结构得到有效改善。1993年全行业共安排出口专贷项目12个，已完成投资6430万元。通过技术改造，培植了一批新的出口增长快的产品，如新会电

机厂经过技术改造，其出口产品装饰风扇的质量档次大为提高，取得了美国、法国、荷兰、丹麦等国家的质量认证，1993年出口创汇2100万美元，比上年翻了一番。东莞轴承厂、江门粉末冶金厂通过技术改造，也形成了一批具有自己特色的出口拳头产品，1993年的创汇水平亦分别达到了600万美元和550万美元。

对外经济技术合作再度加强，出口创汇领域有新的拓宽。1993年全行业有“三资”企业41家，完成工业总产值52.8亿元，比上年增长56%，占全行业工业总产值的22%，是广东机械工业的一支重要方面军。1993年外商投资也比上年有所增加，全行业与外商签订经济技术合作项目37项，其中合资合作25项，总投资1.41亿元，直接利用外资3620万美元；技术引进12项，用汇2199万美元。佛山电炉厂利用美国卖方信贷2600万美元，引进双金属片技术和生产设备，是1993年广东机械工业利用外资最大的项目之一。

四、新产品开发和企业技改步伐加快，科技进步成果较好

引进、消化、吸收、创新先进技术的资金投入增多，新产品开发项目发展较快、增长较大。1993年仅省厅编制、上报纳入国家、部和省级计划开发的项目有55项，其中国家级4项、部级23项、省级28项，争取“立项入笼”投入开发资金8507万元，其中银行贷款6020万元。全行业共开发新产品350项，比上年增长16.7%，新产品投产率达100%，新增产值52亿元，占全行业总产值的21.8%。深圳市特力机电股份有限公司1993年开发新产品19种，新增产值1.2亿元、利润2260万元。

新产品开发培植重点突出，高新技术企业和产品有所增加。1993年全行业有高新技术企业9家，比上年新增4家。全行业安排的新产品开发重点项目，已完成187项，比上年增长23%。在这些项目中，大多数属于消化、吸收、创新，而且成套和机电一体化程度高，更新换代的产品，技术含量和档次也较高。其中达到国际80年代末、90年代初水平的占18.18%，达到国内先进水平的占75.4%；获“广东科技进步奖”或“星火奖”的有17项；获“广东优秀新产品奖”和“省机械工业科技进步奖”的各有44项；被列入“科技成果登记”的有58项。汕头超声仪器研究所开发研制的8种新产品，由于性能达到国际同类产品先进水平，使日本日立公司刮目相看，主动要求合作，共同参与国际竞争。鹤山电机厂开发成功的封闭式制冷压缩机电机和空调电机，也同样具有国际同类产品先进水平，广受用户欢迎，1993年已为配套企业供货25万台，市场前景十分广阔。

固定资产投入力度有所增强，一批技改、基建项目规划实施进展顺利。按广东机械工业20年发展规划要求，1993年全行业安排技改、引进和基建项目167项，比上年增加67项，计划投资15.51亿元，已完成9亿元，比上年净增2亿元。其中重点项目中，汽车工业安排21项，投资2.855亿元，完成1.546亿元；佛山电器基地安排17项，投资2.8亿元，完成9150万元；出口基地和扩大机电产品出口企业安排36项，投资5320万元，完成5320万元，按计划全部完成；特色优势产品安排27项，投资1.476亿元，完成9000万元；技改跟踪改造安排45项，投资4.04亿元，完成2.5亿元。全省列入省100家技术跟踪改造22家机械企业，经过技改多数都取得较好的成果，涌现了一批新的“小巨人”、“排头兵”和“明星”企业。如佛山电器厂有限公司1993年实行异地技改，已先后开发出10种新产品，当年企业新增产值达40%。广东科龙电器股份有限公司完成第四期技改工程后，已形成年产电冰箱65万台、空调器20万台的生产能力，1993年产冰箱75万台、空调器10万台，实现产值19.1亿元，产销量居全国同行之首。台山机械厂通过技改不断扩大生产能力，其“拳头”产品千斤顶生产规模及市场占有率居世界第一，1993年出口创汇4538万美元，比上年增长74.5%。佛山通宝股份有限公司引进国外先进工艺、设备生产的温控器，占全国市场的65%，成为名符其实的“小巨人”。

质量监督服务有新进步，产品质量基本稳定。1993年全行业深入贯彻《产品质量法》，继续实施ISO9000质量体系认证制度，产品质量基本稳定，质量定等升级工作取得新进展。品种抽查合格率保持100%，质量稳定提高率保持98%以上。有4种产品被评为优等品，有45种产品被评为一等品。

五、军民结合继续得到落实，农机管理进一步完善

地方军工企业完成工业总产值3.91亿元(1990年价)；民爆器材完成工业总产值1.4亿元，比上年增长37%，全省军品科研、生产保质保量完成了国家指令性计划，民品开发及多种经营发展较快。地方军工企业第二期调整工程进展顺利，其中岭南机械厂收尾工程已经完成，并转入正常技改阶段；明华机械厂所需贷款1550万元已全部落实，搬迁工作可望今年完成。

全省乡镇农机服务站1993年经营服务收入7.91亿元，比上年增加2.91亿元，纯收入9781万元，比上年增加8281万元。培训各类农村技术人员7.5万人，推广各种机具2.5万台（套），完成机耕面积3883.09万亩，比上年增加2248万亩，拖拉机总作业量4.37亿标亩，比上年减少0.73亿标亩。其中农业作业量2.96亿标亩，机械化水平达62.5%，为稳定粮食生产和发展“三高”农业做出了新贡献。

六、机关转变职能取得新进展，行业宏观管理与服务有所加强

1993年省厅对机构改革和转变职能，主要抓了彻底放权，让企业放开经营，稳步调整机构，分流人员，强化宏观职能，弱化微观管理，改进作风，提高效能及服务质量，逐步创造条件办实业，采取措施搞活直属单位等工作。改革方案已上报，保留机构已明确，已办起了国粤实业开发公司和粤机实业开发公司2个实体。1993年省机械工业厅直属10个内贸企业坚持立足为行业发展服务，走经营型与实业型并举的发展道路，完成经营销售额34.8亿元，比上年增长53.7%。2个外贸公司出口创汇1.05亿美元，比上年增长7.9%。

全省20个市主管部门的改革，进展情况不尽相同，但大多数正在按小部门、大集团的思路探索。1993年转变职能较快，成效较好的有广州、韶关、汕头、湛江等市。如韶关市机械工业总公司从1992年开始逐步转变职能，把主要精力放在为企业提供服务上。一方面积极引导企业推行三项制度改革，指导企业技改，帮助企业牵线搭桥发展联合。另一方面积极分流人员，精简机构，抓紧"造船出海"的物质和组织准备。1993年已帮助企业解决技改资金1.52亿元，引进外资1720万美元，开发出高技术含量产品近百种，成立合资合作企业16家。机关本部已分流人员近三分之二，并办起自己的实体——韶关市第一个从行政性公司转变为实体性的"新世纪机械企业集团公司"，成为韶关市在国外（阿联酋）办起的第一家跨国公司。

七、前进中存在的突出问题

1993年广东机械工业发展虽然比较快，但在前进中也存在一些突出问题，如产销率偏低，库存量增多，资金特别是流动资金、出口收购资金紧张，产品质量时有波动现象，个别产品质量有所下降，企业亏损面增加，减亏不多等。1993年全行业产销率比上年下降3.6个百分点，产成品库存比上年上升68%，出口收购资金比计划缺口达3亿元，亏损企业达65户，亏损金额达5906万元，产品一等品率比计划下降6.4个百分点。

〔撰稿人：广东省机械工业厅　黄润才　审稿人：广东省机械工业厅厅长　奚志伟〕

〔责任编辑：白　萍〕

广西机械工业

广西壮族自治区机械工业厅

生产发展情况　1993年广西机械工业全行业有独立核算企业1663个，职工总数21.54万人；拥有固定资产原值46.65亿元，净值32.83亿元；全年完成工业总产值151.20亿元（按1990年不变价计算为116.06亿元），利税总额16.81亿元，全员劳动生产率5.39万元/人·年。

自治区机械工业厅管理的归口企业133个，其中国有企业115个，集体企业11个，股份有限公司5个，合资企业1个。按企业重要性划分：骨干企业7个，重点企业19个，普通企业107个。按企业规模分：大型16个，中型46个，小型71个。大中型企业工业总产值（按不变价）占全系统总产值的88.64%，实现利税占全系统利税的94.11%。全系统职工总数11.8万人，固定资产原值31.15亿元，净值（平均余额）19.03亿元。主要设备拥有量：机床1.86万台，锻压设备3278台，生产自动线72条，大、中、小型计算机51台，微型计算机638台。全系统全年完成工业总产值105.78亿元（按1990年不变价计算为75.42亿元），居全国各省、市、区同行业的第15位，比上年增长42.98%，占广西机械全行业的69.90%；产品销售收入108.27亿元，比上年增长88.62%；利税总额13.79亿元（居全国同行业的第10位），比上年增长121%；产销率为97.63%（居全国同行业的第15位），全员劳动生产率为6.56万元/人·年（按不变价工业总产值计算）。全年工业总产值净增22亿元，全系统产销总值和利税均创历史最高水平。详见表1、表2。

抓技术进步，上水平、上质量、上品种，提高经济效益　1993年广西全行业又涌现一批高水平的产品，全年开发新产品126种，考核的61种主要产品，质量达到稳中有升。全行业在发展机电一体化产品、应用微电子技术、建立CAD专用工作站、推广和采用以数控、数显技术改造老设备等方面，都取得了可喜的进展。现在有25家企业投资采用CAD/CAM，有30家企业在管理方面应用了微电脑。

搞好规划，加快技改步伐　1993年，在搞好行业发展规划时，根据尽快把机械工业办成支柱产业的需要，调整了"八五"计划，制定了"九五"发展规划，加快骨干、重点企业的技改步伐，增强发展后劲。1993年，共完成技改投资9.4亿元，桂林机床厂、桂林量具刃具厂、桂林市电焊条厂、南宁印刷机械厂、南宁电线厂、梧州市锻压机床厂、广西轴承厂等厂的一批技改项目竣工验收，并投产发挥效益。

表1　1993年广西机械工业系统概况

行　业	企业数(个)	全部职工年末人数(人)	工业总产值			工　业增加值(万元)	产品销售收入		产　品销售税金及附加(万元)
			当年价(万元)	1990年不变价(万元)	比上年增长%		当年价(万元)	比上年增长%	
合计	133	117792	1057841	754194	42.9	264366	1082746	88.5	40378
农业机械	31	31175	259844	180542	34.9	87645	273086	91.2	10629
工程机械	3	6859	129104	77475	70.0	43416	128600	134.1	7813
机床工具	13	11362	42613	31343	28.7	12468	41221	60.1	2138
机械基础件	10	6228	18632	14435	27.4	6196	19651	66.2	1056
石化通用机械	10	10519	54060	45373	45.3	14603	53287	52.4	2482
重型矿山机械	9	8604	50403	42547	78.2	10416	54031	117.6	2031
汽车	13	16229	340029	223583	48.0	51402	353738	99.4	7017
电工电器	36	20758	127847	110253	32.6	32242	121710	55.4	5746
仪器仪表	4	3861	25422	22273	24.2	4324	27854	58.0	1106
食品包装机械	2	1047	2224	2039	6.4	538	2240	−3.0	149
其他	2	1150	7663	4331	33.7	1116	7329	99.3	213

行　业	利润总额(万元)	年末固定资产		流动资产		流动负债		所有者权益(万元)	全员劳动生产率(元/人·年)
		原值(万元)	净值(万元)	合计(万元)	平均余额(万元)	合计(万元)	平均余额(万元)		
合计	97549	311481	190305	642147	515736	497592	408266	385988	65562
农业机械	43083	78503	50340	159660	122602	110859	89153	145171	59745
工程机械	26699	21465	10527	84162	70709	53155	40800	57393	114203
机床工具	3250	31799	19373	42669	34057	34733	29704	23283	27734
机械基础件	711	11677	7095	17569	13145	15898	9113	6843	24957
石化通用机械	4445	18978	11524	47961	38658	33240	31324	23044	43898
重型矿山机械	2081	24663	11069	32222	27687	30255	25246	16847	50274
汽车	13484	58087	36587	123684	90420	95243	64962	62134	145439
电工电器	3412	53714	36401	106308	92116	101059	94191	42753	53131
仪器仪表	312	9094	5343	22927	22057	19545	20409	5588	57897
食品包装机械	37	2199	1116	1702	1540	1001	1027	1454	19327
其他	35	1302	931	3284	2746	2605	2338	1480	38422

集中力量，发挥优势　广西自治区将汽车工业作为支柱产业。1993年全区机械工业系统重点发展汽车、工程农机、机床工具、重型通用机械四大行业；重点发展24大类有竞争优势的产品；重点发展"三个梯队"的36家骨干、重点企业。进一步发挥了优势行业、优势产品和优势企业的作用，促进了全区机械工业持续、快速、健康的发展。

深化改革及企业管理　1993年发展中遇到最大的制约因素，就是资金短缺。柳州工程机械厂、玉林柴油机厂等骨干、大型企业采用了股份制和引进外资等办法筹集了技改资金。1993年底，玉林柴油机厂等六家企业已经完成改组为股份制公司，募集增加的资金达8.9亿元，有效地解决了资金不足的问题。1993年9月，机械工业部包叙定副部长在视察全区主要机械企业后，对此给予高度评价：广西机械工业发展依靠改革，改革促进了发展。

1993年，企业在转换经营机制中，积极采取股份制改造。柳州工程机械厂、桂林机床厂、卓力达（原广西琴鸟自行车厂）三家企业，已改组为股份制公司。玉柴、金牛、东方预应力3家公司，在原来基础上，进一步完成了扩股和改组工作。企业的联合兼并有新进展。在桂林，市包装机械厂兼并了液压件厂，威达公司兼并了力车厂，广西第一机床厂兼并了桂林砂轮厂；在梧州，梧州锅炉厂兼并了梧州市炭素厂，梧州市起重机厂兼并了梧州市铸造厂和梧州市通用机械厂；在百色，百色矿山机械厂兼并了田阳汽车配件厂。

企业管理现代化等方面工作，也取得了一定成绩，有9个企业分别获得中国机械工业企业协会、广西自治区经委、广西自治区机械企业协会的管理现代化应用成果奖。

表2 1993年广西机械工业系统主要产品产量

产品名称	单位	产量	比上年增长%	产品名称	单位	产量	比上年增长%
小型拖拉机	台	45472	−17.2	食品机械	台	10	−94.0
内燃机	万kW	674.7	58.0	制糖设备	t	18	−97.4
内燃发电机组	万kW	6	20.0	包装机械	台	623	8.0
拖内配件	万元	14613	70.3	日用电器	万台	6.2	−61.3
农用运输车	辆	5476	110.1	印刷机	t	1455	33.7
谷物联合收割机	台	3162	−52.7	汽车	辆	52023	39.8
农副产品加工机械	台	16604	−3.5	摩托车	辆	1820	−30.6
机动伐木油锯	台	11297	56.9	汽车配件	万元	15853	59.4
金属切削机床	台	5445	20.4	工业锅炉	蒸吨	1552	35.4
锻压设备	台	138	−85.2	发电设备	万kW	9.8	36.1
量具	万件	26	13.0	交流电动机	万kW	85.8	37.3
刃具	万件	77	16.7	变压器	万kV·A	101.6	39.2
磨具	t	151	−69.3	高压断路器	台	6172	29.1
水泵	台	21043	−4.1	高压隔离开关	组	907	−21.5
风机	台	4585	−4.4	互感器	台	92997	1367.3
气体压缩机	台	3534	32.0	高低压开关板	面	3116	−25.5
高中压阀门	t	308.7	−7.9	电力电容器	万kV	325	26.5
标准紧固件	万件	11861	156.6	电焊条	t	16499	26.2
滚动轴承	万套	439	5.8	钢芯铝绞线	t	5342	31.8
起重设备	t	7619	113.5	电磁线	t	776	−34.8
运输设备	t	6174	138.9	铅酸蓄电池	万kVA·h	30.1	43.3
装载机	台	3502	49.0	工业自动化仪表	万台	1.3	−35.0
矿山设备	t	19448	57.8	电工仪器仪表	万台	247.8	15.8
工矿配件	t	4778	18.8	光学仪器	台	14670	28.6
塑料加工机械	t	1696	11.2	放映设备	台	36	−91.4
水泥设备	t	8986	143.0	复印机	台	6074	38.6

组织开展"振兴奖"竞赛和生产经营先进企业评选活动，激励企业努力攀登新台阶 全系统开展上规模、争发展、创效益的"三五一，超三五"工程的"振兴奖"竞赛，1993年又获新成果。桂北磨床厂等32家企业跨入"振兴奖"的行列。现在年工业总产值（不变价）超亿元的企业已增加到18家（1993年新增7家：柳州市汽车发动机厂、柳州市压缩机总厂、柳州市建筑机械总厂、柳州开关厂、柳州市农用车厂、南宁重型机器厂、百色矿山机械厂），而柳州汽车厂、柳州工程机械厂、柳州微型汽车厂、玉林柴油机厂4家企业年销售产值已达到8～25亿元，并均进入"全国500家最大工业企业"和创利税大户的行列。全年度有51家企业发展速度超过20%，产销率达到95%以上，利税与产值同步增长这三个指标达到了要求，被评为1993年度生产经营先进企业。对这些企业，厅都给予一定的奖励。

存在问题 一是生产现场管理有滑坡，1993年厅里对五市44家主要企业的生产现场进行了调查，结果是有进步、有发展的13家（占30%）；处于原地踏步或有一定退坡的22家（占50%）；现场脏、乱、差或严重滑坡的9家（占20%）。特别指出，有一部分曾经在"七五"后期管理已进入先进行列的大中型企业，滑坡比较严重。二是微电子技术应用不够普遍。三是出口交货值较低，1993年全系统出口约占总产值的2%，落后于全国同行业出口占总产值4.9%的平均水平。

〔撰稿人：广西壮族自治区机械工业厅 吴中杰、李德厚 审稿人：广西壮族自治区机械工业厅厅长 董世忠〕

〔责任编辑：邝 鸥〕

海南机械工业

海南省机械工业总公司

1993年，海南省机械工业在省政府和上级主管部门的领导下，生产和经营始终保持持续、稳定、高速发展的好势头，产、销、利同步增长，各项经济指标达到历史最好水平。

一、生产发展情况

全省机械工业企业41个，职工9437人。1993年工业总产值按当年价为112556万元，按1990年不变价为85658万元，比上年增长488%。1993年，工业增加值33836万元，全年产品销售收入103152万元，比上年增长605%。产品销售税金及附加2239万元，全年产品销售额102942万元，产品销售利润16232万元。年末固定资产原值347161万元，净值26302万元，全年利税总额24222万元，其中利润总额21983万元。1993年，全省机械工业累计完成工业销售产值（当年价）96774.8万元，比上年增长172.3%，详见表1、表2。

1993年，全省机械工业亏损企业户数及亏损额进一步减少，由上年的20户减为15户，亏损企业亏损额为278.6万元，比上年减亏227.3万元。

省机械工业总公司直属6家工业企业，共完成工业总产值5949.7万元，比上年增长31.6%，完成全年指标的124.7%；全年完成工业销售产值7649.3万元，比上年增长65%；实现利润467万元，是全年指标的5倍；完成税金额141.3万元，完成全年指标的114%。1993年，省机械工业总公司直属6家工业企业中亏损企业有1家。

1993年，公司直属8家机械供销贸易公司，共同完成商品销售总额51344.3万元，比上年增长18616.7万元。

总的来说，1993年全省机械工业产销协同发展，但主要工业产品年末的增幅减缓，库存回升。全省机械工业产品年初库存为4125万元，年末库存增为18209万元。库存偏高，主要是汽车工业销售减少，其中海南汽车制造厂库存就达12377万元，库存当量为2.28个月。省机械工业总公司直属6家工业企业年末库存就为706.8万元，库存当量为1个月。

二、1993年主要工作

1. 不断深化企业改革，转换企业经营机制

根据实际引导企业进行“三项制度”改革。省齿轮厂、省第一机械厂、省加工厂改革工资制度，拉开分配档次，发挥企业内部潜力。分配系数向技术、效益方向倾斜，向苦、脏、累、危险性大的生产第一线倾斜，建立符合本企业特点的工资奖励制度，充分调动干部、职工的积极性，企业经济效益不断提高。

1993年初为了进一步完善企业承包经营责任制，省机械工业总公司对下属的6家工业企业制定了新的经营承包合同，明确指标，奖罚分明，对领导班子起到了激励作用。为了加强企业对市场的适应能力，强化市场观念和竞争意识。各企业积极调整产品结构，发展适销对路产品。省轴承厂看准市场，新建钢瓶生产线，1993年初，该生产线投入试产。省光华机械厂及时停产没有市场竞争力的老产品，为海南新大洲摩托车股份有限公司生产配套件，企业减亏显著。有的企业由过去单一经营逐步走上“一业为主、多种经营”的轨道，打破行业界限，跳出原有行业圈子求发展。如省第一机械厂、海口市八一手扶拖拉机厂等企业积极开展多种经营，发展第三产业。

继续搞好引资工作，采用合资或入股的方式，扩大企业生产经营范围，努力提高经济效益。

为了进一步贯彻落实《条例》，引入人才竞争机制，拓宽企业管理人才的选拔视野和渠道，促进企业人事制度的改革，进行了全省工业系统范围内公开招聘厂长（法定代表人）的试点工作，并且积极组建有限责任公司，把省齿轮厂改制为有限责任公司，为向股份制过渡创造条件，逐步把企业推向股份制发展道路。

2. 生产经营管理

以统筹规划、信息指导、组织协调、提供服务和监督检查作为行业管理的工作重点。

1993年初下达了全省机械行业各企业的指导性计划。通过召开全省机械工业工作会议，传达贯彻机械工业部的有关精神，总结和部署机械行业工作。

为了加强对生产经营运行的协调服务，领导及有关处室经常与企业领导班子一起研究、分析生产经营情况，每季度召开一次直属工业企业厂级领导生产工作会议，了解和掌握企业资金、材料、电力、运输等企业内外部问题，尽可能地为企业排忧解难。

表 1　1993 年海南机械工业系统概况

行　业	企业数（个）	全部职工年末人数（人）	工业总产值 当年价（万元）	工业总产值 1990 年不变价（万元）	工业总产值 比上年增长%	工业增加值（万元）	产品销售收入 当年价（万元）	产品销售收入 比上年增长%	产品销售税金及附加（万元）
合计	41	9437	112556	85658	488	33836	103152	605	2239
农业机械	17	2586		3126		1171	3207		
机械基础件	4	1328		1672		882	2698		
石化通用机械	1	167		147		19	182		
汽车	4	1777		60713		24278	76492		
电工电器	6	1198		4785		2349	6335		
其他	9	2381		15215		5137	14238		

行　业	利润总额（万元）	年末固定资产 原值（万元）	年末固定资产 净值（万元）	流动资产 合计（万元）	流动资产 平均余额（万元）	流动负债 合计（万元）	流动负债 平均余额（万元）	所有者权益（万元）	全员劳动生产率（元/人·年）
合计	16232	34716	26302	110611	90017	96691	52371	46492	
农业机械	−235	3351	2505	3816	3519				
机械基础件	23	2739	1787	2706	2665				
石化通用机械	−42	140	193	222	222				
汽车	14717	26262	15633	87530	69694				
电工电器	−201	2048	1836	5414	4573				
其他	1970	176	4348	10923	9344				

表 2　1993 年海南机械工业系统主要产品产量

产品名称	单　位	产　量	比上年增长%	产品名称	单　位	产　量	比上年增长%
小型拖拉机	台	434	156.8	工矿配件	t	55	−55.6
拖拉机、内燃机配件	万元	373.4	59.2	橡胶加工机械	t	65	−11.1
工业泵	台	62	−50.8	汽车配件	万元	96	−36.9
农业泵	台	582	−39.4	变压器	万 kV·A	30	62.0
轴承	万套	27	−67.2	钢芯铝绞线	t	591	

开展扭亏增盈和“限产压库”促销工作使 1993 年的扭亏增盈工作取得较显著成效，亏损企业亏损面和亏损额都有很大下降。全省机械行业亏损企业亏损面为 36.5%，比上年下降 11.1 个百分点。

把“限产压库”促销工作作为重点来抓。限制企业长期积压滞销产品的生产，压缩过高的产成品库存，企业坚持以销定产，经销促产的生产经营战略，这是调整结构、提高效益、盘活资金，促进机械工业生产持续、稳定、协调发展的一项重要措施。在生产中，为了加强质量管理，引导企业走质量效益型道路，行业全面推行全员、全过程质量管理、层层落实责任制，及时了解处理质量问题。1993 年 10 月中旬，用户反映：省加工厂的产品质量有些问题，领导指定有关处室深入到工厂生产第一线协助企业分析原因，研究解决方法，督促企业进行产品质量整顿，直到产品质量达标为止。

为进一步了解全省机械工业发展现状，根据省里有关要求，组织进行了全省机械工业产品结构调查工作。通过深入调查，总结归纳，编制出全省机械工业的产品结构调整及水平分析报告。

三、当前机械工业生产存在的问题

流动资金紧张。随着生产规模的扩大及原材料涨价，企业资金需求大大增加，企业货款回收困难，部分企业“三角债”拖欠加剧，加之银行抽资压贷，企业流动资金贷款更为不保。经初步统计，全行业 1994 年需要流动资金额为 4.33 亿元，缺口达 1 亿元。

〔撰稿人：海南省机械工业总公司　韩芹光　审稿人：海南省机械工业总公司总经理　李春甲〕

〔责任编辑：白　萍〕

四川机械工业

四川省机械工业厅

基本情况 1993年，四川省机械工业厅系统共有生产型企业517个。其中，国有企业295个，集体企业206个，股份有限公司11个，其它类型5个。企业职工42.9万人，比上年略有减少。企业年末固定资产原值101.55亿元，净值平均余额50.9亿元，比上年增幅分别为17.9%、25.1%。企业拥有金属切削机床5.5万台，锻压设备8500台。系统全员劳动生产率（按不变价工业总产值计算）38732元/人·年，人均年工资总额为3868元/人·年，分别较上年增长24.6%和28.95%，详见表1、表2。

生产发展 在上年高速发展的基础上，1993年度继续保持产销两旺的发展势头，当年完成工业总产值（不变价）165亿元，完成销售产值（现行价）198.6亿元，分别比上年增长23.8%和52.5%；产品销售率为94.1%，均高于全省工业平均水平。按企业类型看，131个大中型企业完成工业总产值137.28亿元，占系统总值的83.2%，发展速度略快于系统平均水平；分行业看，汽车增长43.4%，工程机械增长31.23%，重型矿山机械增长28.28%，其余行业的发展速度均低于平均水平；从地区看，有11个市、地局或集团公司的发展在厅系统平均水平之上；从企业看，完成产值在5000万元及以上的企业72家，比上年增加14家，其中产值超亿元的企业达39家，重庆汽车制造厂12.85亿元、四川汽车制造厂9.08亿元、四川仪表总厂4.84亿元、中国第二重型机械集团公司4.77亿元、东方锅炉股份有限公司4.53亿元、四川旅行车厂4.44亿元、东方电机厂3.97亿元、东方汽轮机厂3.55亿元、成都三电股份有限公司3亿元，这9家企业的产值超过3亿元。

经济效益 1993年，国家改革财会制度，实施"两则"和整顿金融秩序，企业减利因素及不可比因素增加，生产经营难度加大，但从厅系统整体经济效益看，仍创历史新水平。当年共完成销售收入211.75亿元，较上年增长52.2%。完成销售收入超5000万元的企业增至79家，其中有46家企业的销售收入超过亿元。销售收入超过3亿元的企业有11家，重庆汽车制造厂28.12亿元，四川汽车制造厂11.16亿元，中国第二重型机械集团公司5.63亿元，四川仪表总厂5.38亿元，东方汽轮机厂5.3亿元，东方锅炉股份有限公司4.69亿元，四川旅行车制造厂4.09亿元，东方电机厂3.97亿元，重庆汽车发动机厂3.96亿元，南充内燃机厂3.67亿元，重庆专用汽车制造厂3亿元。当年实现利税总额22.25亿元，其中实现利润13.4亿元，分别较上年增长46.3%和57.4%。实现利税在1000万元以上的企业有37家，其中利润总额在1000万元以上的企业有20家，详见表3。

重点任务 厅系统12个生产企业承担了机械工业部下达的以发电设备为主体的国家重点任务，涉及国内43个重点建设项目。有关企业努力克服资金严重不足、运力和能源紧张等困难。全年共完成278.25万kW发电设备主机的制造任务，实际完成工业产值11.77亿元，确保了国家重点建设的需要。

质量管理 1993年在抓好经常性质量管理工作的基础上，着力狠抓了阶段性重点工作。一是组织63个企业开展ISO9000质量标准培训，有26人被聘为省级质量咨询师，1人被聘为国家级质量认证检查员。二是完成了60个企业123种新产品一等品的检查评定，对40个企业的工作质量管理条件进行了审查。三是组织完成了9个行业42个企业的生产、制造、出口质量许可证的换证、发证等工作和39个企业压力容器设计许可证的申报、审查和发证工作。除此，还通过广泛开展"工艺突破口"等活动，使企业质量管理工作开展得有声有色，整体水平进一步提高。

产品质量 从总体情况看，省内机电产品质量基本稳定。年内国家和部级质量管理部门监督抽查四川机械行业53个企业、54种产品，抽查结果：优等品3种，一等品3种，合格品38种，不合格品10种，品种抽查合格率为81.48%，比上年上升10.57%；省级质量管理部门监督抽查了387个企业的489种机电产品，抽查结果：优等品13种，一等品187种，合格品276种，不合格品13种，品种抽查合格率为97.34%，与上年基本持平。东方电机厂的300MW汽轮发电机，长江挖掘机厂的WY160A型全液压挖掘机，四川内燃机厂的180系列柴油机，成都量具刃具股份有限公司的0～5mm、0～10mm百分表，成都三电股份有限公司的LGJ型钢芯铝绞线系列，自贡中国电焊条厂的CHE422碳钢电焊条等6种产品，被省政府命名为"四川名牌产品"。

表1　1993年四川机械工业系统概况

行业	企业数(个)	全部职工年末人数(人)	工业总产值			工业增加值(万元)	产品销售收入		产品销售税金及附加(万元)
			当年价(万元)	1990年不变价(万元)	比上年增长%		当年价(万元)	比上年增长%	
合计	517	429098	2088282	1650085	23.8	600247	2117624	52.5	91282
农业机械	97	72714	325730	281229	12.9	80529	322311	37.5	10379
工程机械	11	11537	56677	41575	31.2	14602	54080	31.4	2601
机床工具	45	41018	106428	80354	11.1	46484	100735	35.7	6674
机械基础件	44	27154	73110	61289	9.8	22898	77249	47.7	5471
石化通用机械	56	39658	104690	92074	21.6	35769	113065	44.1	6347
重型矿山机械	19	40006	135435	114298	28.3	42113	136919	66.8	4712
汽车	58	50321	671645	455012	43.4	206120	672158	65.7	20910
电工电器	117	110636	482386	407823	20.4	117306	509354	60.9	26691
仪器仪表	34	21049	81431	78039	10.2	21218	82735	27.9	5274
食品包装机械	7	3346	9085	7912	8.5	2300	8865	24.2	485
其他	29	11659	41665	30480	13.9	10908	40153	44.4	1738

行业	利润总额(万元)	年末固定资产		流动资产		流动负债		所有者权益(万元)	全员劳动生产率(元/人·年)
		原值(万元)	净值(万元)	合计(万元)	平均余额(万元)	合计(万元)	平均余额(万元)		
合计	133815	1015517	533413	1765983	1425436	1578161	1273689	773051	38732
农业机械	14136	133700	76924	227810	184176	177314	149248	99783	39550
工程机械	1544	18534	11131	41674	36870	35415	28083	13385	37455
机床工具	8247	68140	32453	84636	87107	62299	56115	47537	18805
机械基础件	1274	55163	26637	68852	64870	65384	60969	26105	22537
石化通用机械	2824	77889	36559	110645	97611	103703	89085	48661	21762
重型矿山机械	1750	110332	52962	137524	123132	139103	125738	41127	29611
汽车	80020	162047	86205	461449	264063	417305	231997	224703	93047
电工电器	21876	302988	154981	523855	468906	473592	439686	216020	37093
仪器仪表	1141	58630	37220	74536	68220	67472	62188	38849	36967
食品包装机械	516	5641	4015	7473	7263	6789	5211	3917	24725
其他	487	22452	14326	27530	23218	29785	25370	12964	27232

注：年末固定资产净值一项为年平均余额。

科技成果　1993年新获国家、部、省和省机械工业科技进步奖48项，其中东方电机厂的30万kW汽轮发电机获国家科技进步二等奖，第二重型机器厂的30万kW火电机组大型成套铸锻件研制、60万kW核电站压力容器用钢（A508-3）及配套焊接材料和工艺研究分别获机械工业部和四川省政府科技进步一等奖。

产品开发　1993年厅系统共完成新产品试制414项，其中达到国际90年代初先进水平的有5项，达到国际80年代水平的121项，具有国内领先水平和填补国内空白的26项，国内先进水平的174项，分别占总数的1.2%、29.2%、6.3%和42.0%。总数中，部、省（单列市）级新产品239项，计划完成率为82.4%，为历年最好水平。新产品经济效益较为明显，当年实现产值16.6亿元，实现利税2.12亿元，分别占产值和利税总额的10.16%和9.75%。

技术改造　为进一步从规模、技术等级和竞争能力上扩大四川发电设备、汽车及农用运输车、大型工程机械等“拳头”产品和行业的优势，全系统狠抓技术改造工作，使当年技术改造和基本建设实施情况好于往年。不含成、渝两市，共实施技改项目108项，完成技改投资4.3亿元，计划完成率达91%，比上年提高8个百分点。实施基建项目106项，实际完成投资3.98亿元，计划完成率达到95%，比上年提高6.1个百分点。

表 2　1993 年四川机械工业系统主要产品产量

产品名称	单位	产量	比上年增长%	产品名称	单位	产量	比上年增长%
小型拖拉机	台	15993	−38.1	建材设备	t	2232	37.3
内燃机生产总量	万 kW	729.4	17.9	装载机	台	1716	40.1
内燃发电机组	万 kW	18.3	39.7	食品机械	台	19053	13.3
机引耕作农具	台	895	−49.9	包装机械	台	14169	127.3
场上作业机械	台	330	−86.7	医疗器械	台	1148	75.8
农副产品加工机械	台	9025	−51.3	环保设备	t	1339.1	−7.6
农用运输车	辆	19172	−5.6	汽车	辆	40254	47.6
农用拖车	台	7258	−28.0	其中：载货汽车	辆	24762	377.8
拖拉机、内燃机配件	万元	33999.5	−19.9	越野汽车	辆	326	
金属切削机床	台	6233	−4.7	自卸汽车	辆	850	−22.8
锻压设备	台	3204	16.5	牵引汽车	辆	180	360.0
铸造机械	台	226	10.8	客车	辆	9374	33.9
泵	台	101993	−20.5	汽车底盘	辆	4061	63.3
气体压缩机	台	1469	18.9	改装汽车	辆	8964	−7.5
气体分离及液化设备	套	55	57.1	汽车配件	万元	108559.6	21.9
高中压阀门	t	4933.3	−8.0	摩托车	辆	1622	41.3
工业钢球	万粒	19555	77.9	工矿配件	t	27493.2	58.3
液压件	台	200117	21.4	工业锅炉	蒸吨	1811	−21.2
密封件	万件	738.4	268.5	工业汽轮机	万 kW	2	0.0
标准紧固件	t	9895	−33.4	电站汽轮机	万 kW	248.9	6.4
模具	套	9399	32.4	电站锅炉	蒸吨	11800	56.1
轴承	万套	1891.3	−35.3	发电设备	万 kW	341.5	14.4
起重设备	t	22646	22.2	交流电动机	万 kW	208.6	9.4
其中：汽车起重机	台	623	45.6	电焊机	台	7549	0.3
塔吊	台	44	76.0	电焊条	t	51260	13.7
运输设备	t	3105	5.0	电力电缆	km	2483	1.3
叉车	台	522	11.3	铅酸蓄电池	万 kVA·h	49.1	−68.0
矿山设备	t	15797	51.7	工业自动化仪表	万台	126.2	4.6
冶炼设备	t	857	−58.1	电工仪器仪表	万台	110.0	−12.4
金属轧制设备	t	7684	22.7	分析仪器	台	1803	16.2
减速机	t	2103	77.4	光学仪器	台	33167	−16.7
锻钢件	t	59736.5	−20.1	试验机	台	12	
石油钻采设备	t	5277	37.6	实验仪器装置	台	46842	−4.1
炼油化工设备	t	2961	−32.2	专用仪器仪表	台	16507	38.7
橡胶加工机械	t	5548	24.1	仪表元件	万件	15770.7	31.9
塑料加工机械	t	835	14.9	仪器仪表材料	t	426.4	−0.1
水泥设备	t	16208	231.3				

对外合作　1993 年，四川机械行业对外合作十分活跃。一是招商引资。按省政府“1993 年要成为机械行业招商引资年”的要求，各市、地局广泛开展招商活动，仅省厅就先后组织 40 多家企业分别参加了十多个国家或地区的经贸和招商洽谈活动，扩大了四川机电产品及企业在国际市场上的影响。二是兴办“三资”企业。经省厅批准新开业“三资”企业 27 家，协议投资 1.47 亿美元，其中外商投资占 28.6%，分别较上年增长了 1.6 倍和 1.8 倍。三是技术及智力引进。新批技术引进项目 19 个，共用汇 8189 万美元；签约项目 20 个，合同金额 2157 万美元；完成 260 万美元的单机或零部件进口合同；实施了 10 个智力引进项目。这些工作促进了企业的技术进步、产品出口和管理经营水平的提高。

产品出口　全系统扭转了上半年出口滑坡势头，又创出口新业绩。全年完成出口交货值 8.4 亿元，实际创汇 1.39 亿美元，分别较上年增长 40.8% 和 25.6%。在 113 个出口生产企业中，9 个出口基地企业完成创汇 5631 万美元，22 个扩大机电产品出口企业创汇 3950 万美元，分别占创汇总额的 40.5% 和 28.4%。出口创汇超百万美元的企业已达 29 个（见表 4）。十五类主要出口产品共完成 1.14 万美元，占创汇总额的 82%。详见表 4。出口国家和地区近 50 个，主要以东南亚、北美、西欧为主，辅以东欧及独联体、中东、非洲、澳大利亚、新西兰等市场。

表 3　1993 年利润超千万元的企业

(单位：万元)

序号	企业名称	实现利润
1	重庆汽车制造厂	46610
2	四川旅行车制造厂	7475
3	南充内燃机厂	7201
4	重庆汽车发动机厂	5004
5	成都内燃机总厂	4098
6	四川汽车制造厂	3594
7	成都量具刃具股份有限公司	3059
8	成都动力配件股份有限公司	2485
9	重庆万里蓄电池股份有限公司	2300
10	重庆专用汽车制造厂	2300
11	成都三电股份有限公司	2295
12	东新电碳股份有限公司	2250
13	东方锅炉股份有限公司	2050
14	自贡中国电焊条厂	1853
15	长征机床股份有限公司	1830
16	四川电器股份有限公司	1805
17	重庆汽车配件厂	1606
18	綦江齿轮厂	1400
19	重庆机床厂	1100
20	四川天力机械集团公司	1030

企业改革　1993 年系统内企业改革迈出一大步，300 余家国有企业以"三项制度"改革为突破口，转换经营机制工作取得新进展；重点抓了 128 家国有大中型企业全面转换经营机制工作，成效明显。系统内股份制企业已达 20 余家，其中 9 家被批准为公众公司，成都量具刃具股份有限公司、成都动力配件股份有限公司、东新电碳制品股份有限公司等 3 家已在年内分别于上海、深圳挂牌上市；采取"利税分流"的有 15 家，"五自主"形式的 18 家，"投入产出总承包"的 4 家，"两保一挂"的 5 家，"三项制度"改革的 66 家；在省政府确定的全省 22 家"探索企业新体制试验"的企业中，成都轴承总厂、东方电工机械厂、德阳东方石化通用设备总厂、东方绝缘材料厂、绵阳新华内燃机总厂、四川内燃机厂、自贡高压阀门厂等 7 家系统内企业进入试验行列。改革使四川机械系统内国有大中型企业的生产力进一步得到解放。

存在问题　1993 年，行业工作出现的问题主要有两方面。一是企业集团建设困难重重。作为农用车集团公司的主体生产厂遂宁机器厂于年内退出集团；石化通用集团公司的两个主体厂四川空气分离设备厂和华西通用机器公司正式与该集团公司脱钩，使已建起的企业集团受到严重考验。二是受新的财务制度的影响，企业亏损额上升。到年底，全系统共有 77 家企业亏损，亏损总额 1.11 亿元，比上年增亏 40.1%。其中亏损额超 50 万元的企业 34 家，仅重庆市就占 16 家，共亏 4887 万元。这也反映出老工业基地重庆的国有企业极待调整改造。

表 4　1993 年创汇超百万美元的企业

(单位：万美元)

序号	企业名称	创汇额
1	东方锅炉股份有限公司	1721
2	重庆汽车制造厂	1385
3	成都三电股份有限公司	915
4	重庆手动葫芦厂	695
5	东方电机厂	604
6	四川汽车制造厂	569
7	成都量具刃具股份有限公司	560
8	四川仪表总厂	552
9	燎原机械厂	479
10	四川内燃机厂	454
11	中国第二重型机械集团公司	300
12	长征机床股份有限公司	239
13	自贡内燃机配件厂	233
14	重庆光学仪器厂	232
15	长江起重机厂	201
16	东方轴承厂	198
17	东方电工机械厂	185
18	自贡中国电焊条厂	169
19	自贡铸钢厂	162
20	重庆工具厂	160
21	重庆机床厂	157
22	新华内燃机厂	142
23	重庆汽车发动机厂	137
24	重庆红岩汽车弹簧厂	137
25	重庆电机厂	131
26	重庆油泵油嘴厂	117
27	自贡高压阀门厂	109
28	綦江齿轮厂	109
29	四川锅炉厂	100

表 5　1993 年十五类主要出口产品情况

(单位：万美元)

产品种类	出口额	产品种类	出口额
汽车	1954	金属切削机床	565
工业锅炉	1721	工业自动化仪表	518
内燃机	1467	工业轴承	460
钢芯铝绞线	915	镀锌环链	233
起重设备	898	光学仪器	232
量具刃具	740	金属轧制设备	207
汽车配件	712	工矿配件	205
发电设备	604		

〔撰稿人：四川省机械工业厅　雷永亮　审稿人：四川省机械工业厅厅长　张世银〕

〔责任编辑：邝　鸥〕

重庆机械工业

重庆市机械工业管理局

改革开放十五年成绩斐然 “改革开放”以来的15年，特别是重庆市实行计划单列和市工业行业管理体制改革试点以来，重庆机械工业保持了持续稳定发展的势头，发展速度与效益同步增长，是重庆机械行业历史上发展最快的时期，全行业面貌发生了深刻的变化。一是经济发展上了一个大台阶。1993年与1978年相比，全系统工业生产总值（按同口径比较）由5.18亿元上升为38.13亿元，增长6.4倍；销售收入由3.58亿元上升为55.92亿元，增长14.6倍；实现利税由8100万元上升为8.17亿元，增长9.1倍；全员劳动生产率由7079元／人·年上升为47101元／人·年，增长5.6倍。二是全系统后劲实力明显增强。1993年与1978年相比，固定资产原值由4.45亿元上升为17.89亿元，增长3倍，高、精、尖设备由420台(套）增加到1300多台（套）。三是职工收入和生活水平明显提高，自1978年到1993年职工人均年工资收入由646元上升为3670元，增长4.7倍，新建的住房比解放后30年建房面积的总和还多，全系统职工家庭人均居住面积达$6m^2$。

15年来，重庆机械工业发展成为以中、轻型机械产品为主体，品种门类齐全，布局基本展开，具有相当规模和技术水平的产业部门。面向市场调整产品结构，为国家重点工程所需的大型成套装备和军工装备提供配套，开发了一批节能降耗产品，为农业、能源、交通、邮电、轻纺等行业提供的产品比重增加，为人民生活提供了更多更好的机电产品。到1993年底全系统拥有产品品种65大类、1139小类、7000多个品种，其中达到国际70年代到80年代技术水平的产品占68%。形成了以五十铃轻型车、滚齿机床、蓄电池、中小型水轮机、电机、内燃发电机组、工业泵、制冷设备、工业电炉、手动葫芦等一批技术水平高、具有较大市场优势的产品和制造企业。坚持“调整加引进，引进促调整”的发展战略思想，全方位扩大对外开放，加快技术引进和利用外资，在经济特区和沿海开放城市兴办企业，积极扩大机电产品出口。到1993年底，全系统通过国外政府贷款及兴办合资企业等已引进外资达9000万美元，引进关键工艺装备1700多台（套)，合资企业已达25个。1993年出口值达2.7亿元，比1978年增长88倍。探索建立社会主义市场经济体制，将国有资产所有权同经营权分离，转换企业经营机制，实行厂长负责制、经营承包责任制、租赁经营、“五自主”和股份制改造试点等系列改革措施。重庆万里蓄电池股份有限公司为全系统首家全民股份制改造企业，重庆电炉厂为首家集体股份合作制企业。

生产发展情况 1993年，重庆机械工业完成工业总产值（不变价）38.13亿元，比上年增长32.5%；工业增加值（现行价）22.3亿元；实现产品销售收入58.88亿元，比上年增长64.5%；实现利税8.17亿元，比上年增长31.36%；实现利润5.77亿元，比上年增长40.79%；完成出口交货值2.7亿元，比上年增长20.52%。详见表1、表2。

1993年全系统深化改革，奋力拼搏，生产、效益同步增长，据机械工业部统计资料表明，全系统主要经济效益指标在全国十五个中心城市机械工业部门中名列前茅。其中，经济效益综合指数为152.3，名列榜首。工业资金利润率、工业增加值率、工业成本费用利润率、流动资产周转率、工业总产值（现行价）增长率和销售收入增长率排列第一位，工业总产值（1990年不变价）和劳动生产率排列第二、三位。

——狠抓结构调整，“压库促销”增效。抓住1993年上半年基本建设回升的势头，促进产品的扩销，全局产销率一直保持在97%左右，尽管三季度开始，销售转平，资金匮乏，库存上升，但积极开拓市场，采取多种方式扩大销售，重点扩大一批适销产品的销售量，使机床、起重设备、柴油发电机组、工业蓄电池、五十铃汽车等销量有较大幅度的增长。此外，前几年的结构调整也逐步见到效果，全局有7户企业年销售收入超亿元，水轮发电机组、滚齿机、大中型电机、五十铃汽车、改装车和蓄电池等已初步形成规模经济。

——加速资金周转，狠抓扭亏增盈。1993年生产资金紧张是近十年来企业所未遇到过的，全系统生产资金按生产正常增长缺口达3.5亿元左右，企业急需流动资金达1.5亿元。新的“三角债”加重，全民企业应收款未收回的达3.58亿元，比上年增长60.54%。企业负债总额55亿元，增长58.59%，其中流动资金负债达40.49亿元，增长57.71%。为此，局里提出抓住资金流动这个“牛鼻子”，加速资金周转。许多企业采取预收货款，派人催款，降低采购成本，控制资金额度，强化资金

表 1　1993 年重庆机械工业系统概况

行　业	企业数(个)	全部职工年末人数(人)	工业总产值			工　业增加值(万元)	产品销售收入		产　品销售税金及附加(万元)
			当年价(万元)	1990 年不变价(万元)	比上年增长%		当年价(万元)	比上年增长%	
合计	149	90239	577722	381268	32.5	204770	588768	64.5	24895
农业机械	9	7712	38060	33591	11.6	8816	42297	42.3	1279
机床工具	19	14229	17960	25569	3.8	18146	34819	32.5	2188
机械基础件	18	9737	18225	15105	14.5	5418	22742	39.1	1999
石化通用机械	25	13916	34456	31986	31.0	12573	38823	52.3	2147
重型矿山机械	9	6267	20808	18816	10.8	7124	20225	35.1	787
汽车	18	9882	329930	170115	65.8	124003	327885	78.7	10594
电工电器	45	26668	94435	82025	14.8	27672	76164	56.3	5754
其他	6	1828	3848	4061	25.4	1018	5813	61.1	147

行　业	利润总额(万元)	年末固定资产		流动资产		流动负债	所有者权益(万元)	全员劳动生产率(元/人·年)
		原值(万元)	净值(万元)	合计(万元)	平均余额(万元)	合计(万元)		
合计	57713	178909	81518	462227	300333	233934	150344	22692
农业机械	786	15082	7175	27222	24665	17199	6493	11432
机床工具	1909	30005	11139	23551	21615	16649	12518	12753
机械基础件	−206	13753	5905	25272	24850	23711	4999	5564
石化通用机械	1033	22770	9556	35540	31081	27196	12007	9035
重型矿山机械	−529	10518	5007	14765	14547	12089	948	11367
汽车	50601	33778	18023	248546	104942	72431	98217	125484
电工电器	4098	50414	23668	84203	75961	64660	15163	10376
其他	21	2589	1045	3128	2672			5569

表 2　1993 年重庆机械工业系统主要产品产量

产品名称	单　位	产　量	比上年增长%	产品名称	单　位	产　量	比上年增长%
内燃机商品量	万 kW	97.79	−5.8	包装机械	台	11831	160.7
内燃发电机组	万 kW	8.71	30.8	汽车	辆	20943	63.9
拖拉机、内燃机配件	万元	3245	6.7	汽车配件	万元	10600	11.3
农用运输车	辆	2413	9.6	工业锅炉	蒸吨	719	7.2
金属切削机床	台	4266	2.2	发电设备	万 kW	15.67	−36.4
锻压设备	台	715	7.4	交流电动机	万 kW	94.91	11.6
工业泵	台	5038	−2.6	直流电机	万 kW	7.58	95.9
风机	台	3757	−25.9	变压器	万 kV・A	149.8	16.9
气体压缩机	台	492	25.2	高压断路器	台	1523	35.9
制冷设备	套	697	1.2	高压隔离开关	组	7306	−26.8
高中压阀门	t	498	−2.5	高压电瓷	t	1078	0.1
标准坚固件	万件	54500	−33.5	互感器	台	32638	35.2
轴承	万套	695	−17.6	钢芯铝绞线	t	629	20.5
起重设备	台	12729	36.3	电力电缆	km	620	−48.8
矿山设备	台	1037	−22.4	钢水	t	10168	20.6
工矿配件	t	2903	5.1				

使用效果等，确保生产的进行，为控制企业亏损，局加强了扭亏工作，除调研、帮促外，在产品结构调整和资金协调上积极开展工作，使一批亏损企业实现扭亏和亏损额降低，全局按同口径比较亏损额有所降低。因贯彻财务《两则》反映出部分潜亏，全系统亏损额有所增大。目前，锅炉厂已当期平过，重庆电机厂、重庆通用机器厂、重庆第二机床厂等亏损大户已转为盈利大户。

——扩大对外开放，加快技术进步。全系统在对外开放上解放思想，加快步伐，引进国外资金和技术，机械产品出口取得好成绩。1993 年引进国外资金 2700 万元，引进技术 3 项，新办合资企业 4 个，机械产品出口比上年有所增长，有 5 户企业年出口创汇达 100 万美元以上，手动葫芦厂被批准为出口基地企业。在技术改造方面，完成投资 3.4 亿元，共有 68 个项目，其中重点项目 33 个。

科技成果与质量管理 1993 年，全局落实科技开发资金 6000 万元，开发新产品 186 项，其中部、市重点新产品 83 项，已投产 60 项；实现新产品产值 3.74 亿元，实现利润 7000 万元；推广和采用新技术 15 项，新增效益 7000 多万元，采用国际标准 20 项；在贯彻《科技进步法》、《标准化法》，推进科技体制改革、培训人才等方面做了大量工作，荣获重庆市科技管理先进单位称号。

1993 年产品质量稳定提高。局以宣传质量法为重点，贯彻 ISO9000 系列标准，提高全员质量第一意识，加强生产过程质量控制和质量改进、质量攻关。不断提高产品质量，保持产品质量基本稳定。产品质量稳定提高率为 98%，品种抽查合格率为 93%，品种一等品率为 80%。

机关职能转变 1993 年，市机械局认真贯彻、落实国务院颁发的《关于转换全民所有制工业企业经营机制条例》，全面落实企业自主权，转变机关职能，为企业进入市场，建立现代企业制度创造条件。

一是简政放权、政企分离。局里除对厂长（经理）的任免外，停止对企业的行政干预和管理。在生产经营方面，企业可根据市场需求自行确定生产计划和经营目标，局各处（室）停止了对企业的各项业务评比、检查；在劳动用工方面，下放了企业招工权、职工调动权、临时工使用权；在分配方面，取消了企业浮动升级审批制度。经省、市人大检查，14 项自主权中凡与主管局有关的均已得到较充分的落实。

二是精简机构，提高效率。为适应行政管理体制和机构改革的需要，局机关本着精简、统一、高效的原则，将局按旧职能设置的 20 余个处（室），以新的职能合并为综合管理、市场发展、资产管理、行业管理、技术监督、统计信息等 11 个部门，实现了职能的转变。

三是加强服务，帮在实处。局建立了信息发布会制度，向企业及时发布上级精神、政策信息、市场信息、行业发展动态、对外开放信息等；对《条例》明确不需局管的事情，但只要企业要求，局里尽力予以帮助或协调；从宏观上指导企业制定发展战略，“穿针引线”帮企业引进外资，建立合资项目等。

〔撰稿人：重庆市机械工业管理局　张　沂、张磊　审稿人：重庆市机械工业管理局　戴安全〕

〔责任编辑：邝　鸥〕

贵州机械工业

贵州省机械工业厅

生产发展情况 1993 年全省机械系统有生产企业 113 家，拥有固定资产原值 15.82 亿元，净值 8.98 亿元，年末职工 72978 人，工程技术人员 6102 人。全年完成现价工业总产值为 221130 万元。详见表 1、表 2。

1993 年全省机械系统生产、经营、效益都取得了较好成绩。

1. 生产、销售、利润保持持续增长的好势头。1993 年，全省机械系统完成工业总产值（1990 年不变价）为 19.63 亿元，比上年增长 13.9%；完成工业增加值 7.14 亿元，比上年增长 39.5%；实现销售收入 22.96 亿元，比上年增长 41.5%；实现利税 1.98 亿元，比上年增长 18.9%，其中实现利润 8036 万元，比上年增长 18%。

2. 调整产品结构，“限产压库”有成效。1993 年下半年全省机械系统各级管理部门、各企业密切注意市场变化，及时采取有效措施，调整产品结构，生产适应市场需要的机电产品，从而使系统中农业机械、机床工具、电工电器等十大行业的生产、销售均有不同程度的增长，增长幅度较大的有农业机械行业，增长率分别为 15.4%、50.6%，机床工具行业分别为 25.9%、82.4%，电工电器行业分别为 13.9%、46.2%，全系统产品销售率仍保持

表 1　1993 年贵州机械工业系统概况

行业	企业数(个)	全部职工年末人数(人)	工业总产值			工业增加值(万元)	产品销售收入		产品销售税金及附加(万元)
			当年价(万元)	1990年不变价(万元)	比上年增长%		当年价(万元)	比上年增长%	
合计	113	72978	221130	196328	13.9	71772	229548	41.5	11810
农业机械	64	15352	30758	25836	15.4	10561	38816	50.6	1437
工程机械	1	5260	24518	19438	2.2	12925	22037	0.6	1340
机床工具	9	13672	45008	43642	25.9	18158	49336	82.4	2823
机械基础件	7	10057	21645	18926	8.1	9092	18500	28.0	1340
石化通用机械	5	1337	3338	2749	2.3	709	3194	21.4	189
重型矿山机械	2	671	1852	1645	75.9	465	1962	105.9	119
汽车	4	5168	15850	14746	6.3	1975	17703	32.6	753
电工电器	13	12623	62701	54944	13.9	13727	63628	46.2	3085
仪器仪表	4	7553	11144	10759	13.5	3124	9779	11.9	477
食品包装机械	3	1227	4035	3418	0.5	982	4256	14.1	229
其他	1	58	281	225	66.7	54	337	195.6	18

行业	利润总额(万元)	年末固定资产		流动资产		流动负债		所有者权益(万元)	全员劳动生产率(元/人·年)
		原值(万元)	净值(万元)	合计(万元)	平均余额(万元)	合计(万元)	平均余额(万元)		
合计	8036	158196	89763	223641	203441	200876	175198	98623	9815
农业机械	−65	26454	16844	35201	31600	32597	24785	12437	6893
工程机械	2284	16154	5645	20014	19555	17428	17253	13717	25170
机床工具	2903	40900	25618	56893	52917	51429	48467	21849	13373
机械基础件	377	23596	12452	26587	21724	24523	20372	12150	8966
石化通用机械	56	1077	568	2120	1993	1339	1541	1008	5339
重型矿山机械	88	846	484	1102	1095	1031	1002	604	7078
汽车	−292	8072	4487	17122	14337	17458	14339	3068	3809
电工电器	3459	26820	15794	46763	44486	40708	36220	22879	10744
仪器仪表	−546	12223	6378	13922	12207	10488	9451	7133	4056
食品包装机械	−247	2013	1474	3799	3433	3839	1753	3714	7843
其他	19	41	19	118	94	36	15	64	9310

表 2　1993 年贵州机械工业系统主要产品产量

产品名称	单位	产量	比上年增长%	产品名称	单位	产量	比上年增长%
小型拖拉机	台	4530	−61.5	轴承	万套	1799.4	10.3
柴油机	万 kW	58.32	30.9	挖掘机	台	630	−11.4
汽油机	万 kW	69.15	10.6	载重汽车	辆	4594	−16.6
内燃发电机组	万 kW	6.95	55.5	民用改装车	辆	3186	−33.3
金属切削机床	台	1132	7.1	工业锅炉	蒸吨	199	17.2
锻压设备	台	337	−14.9	交流电动机	万 kW	10.1	6.2
磨料	t	82890	10.0	变压器	万 kV·A	77.63	47.1
泵	台	23002	−13.4	工业自动化仪表	万台(件)	21.16	17.6
工业泵	台	983	25.4	电工仪器仪表	万台(件)	100.19	10.4
农业泵	台	22019	−14.5	光学仪器	台	1006	−47.3
风机	台	2702	−13.5				

在 90%以上。

3. 机电产品出口创汇持续上升。1993 年全省机电产品出口创汇 6454 万美元，占全省出口创汇总额的 26.6%，比上年增长 21.4%。全省机械系统出口创汇 2939 万美元，占全省机电产品出口创汇总额的 45.5%，比上年增长 38.2%。厅属三个外贸公司共完成出口创汇 2759 万美元，比上年增长 17.6%。其中，省机械设备进出口公司出口创汇突破千万美元，比上年增长 8.1%；中国汽车工业进出口贵州公司、第七砂轮厂进出口公司分别比上年增长 13.9%、7.0%。第七砂轮厂是全省出口创汇大户，产品畅销 30 多个国家和地区，全年出口创汇 1545 万美元，比上年增长 54.5%。险峰机床厂、贵阳矿山机器厂出口起步晚，但发展快，1993 年两厂出口创汇分别为 80 多万美元和 65.7 万美元。

科研成果 1993 年，省厅列人国家、部、省级技术开发项目共 98 项，其中，国家经贸委项目 3 项，机械工业部项目 30 项，列入 1993 年计划开发项目 50 项，实际完成省、部开发项目 39 项，当年完成率为 78%。

1993 年获贵州省科技进步奖的项目有 7 项，其中三等奖 3 项、四等奖 4 项。获省经委优秀新产品奖的 29 项，其中，一等奖 4 项、二等奖 9 项、三等奖 16 项，已申报待评定部级科技进步奖的有 9 项。

1993 年列入国家级重点新产品开发项目有 6 项，新天精密光学仪器公司研制的火花型光电直读光谱仪已完成，长征电器公司 3 项，险峰机床厂、东方机床厂各 1 项正在研制之中。

质量管理 厅系统各级质量管理部门通过学习和贯彻 GB／T19000 标准及产品质量法，进一步提高了质量意识，树立了以质量兴厂，以质量取胜的信心。1993 年厅系统考核 49 种产品，质量稳定提高率为 97.95%，品种抽查合格率为 100%，品种一等品率为 46.93%。

基本建设及技术改造 1993 年，基本建设计划投资额 854 万元，当年实际完成投资额 854 万元。其中，生产性建设投资 571 万元，占投资的 66.9%；非生产性建设投资 283 万元，占投资的 33.1%。在投资中，建筑工程投资占 89%。

1993 年，更新改造措施项目 22 项，计划投资额 12157 万元，当年实际完成投资额 7168 万元，为计划的 59%。其中，国家计划项目 15 项，计划投资额为 9641 万元，当年实际完成投资 5456 万元，为计划投资的 56.6%；地方计划项目 7 项，计划投资 2516 万元，当年实际完成 1712 万元，为计划投资的 68%。从当年完成的更新改造投资结构看，属生产性建设投资占 98.8%。其中，增产方面占 36.9%，节能方面占 11.6%，增加品种方面占 33.8%，提高产品质量方面占 13.7%。从更新措施竣工项目的技术经济效益看，计划总投资 7734 万元，当年完成投资 897 万元，累计完成投资 6352 万元。改造后，预计可新增产值 19509 万元，新增利税 3138 万元，创汇 80 万元。

深化改革及企业管理 1993 年厅系统继续推进《全民所有制工业企业转换经营机制条例》的贯彻落实。《条例》赋予企业的 14 项经营权大部分得到落实，企业在责、权、利及转换经营机制方面取得一定进展。对旧体制下所设置的一些不适应市场经济需要的职能机构进行了精减、撤并，对人事、劳动、工资分配制度以及医疗、房改、社会保险制度进行了改革，保证了生产经营顺利进行。同时，在加强企业间优势互补、联合生产经营、合理配置资源、调整企业组织结构等方面也采取了一些积极有效措施。如险峰机床厂与黔光铝制品厂合并，组建了贵州险峰实业总公司；长征电器公司兼并遵义变压器厂和电子仪器厂；贵阳鼓风机厂与贵州第一鼓风机厂合并组建贵州鼓风机总厂；贵州永安电机厂兼并沙冲电机厂成立贵州永安电机总厂；第七砂轮厂兼并清镇磨具厂、清镇砂轮厂两个集体企业等。在推进资源合理流动，形成规模经济，转换经营机制，进行企业股份制改造方面，第七砂轮厂经省体改委批准为第一批进行股份制试点企业，该厂四分厂同省电力局、第六砂轮厂共同发起，于 1993 年 11 月正式成立了贵州中国第七砂轮厂股份有限公司。东方机床厂、险峰机床厂、长征电器公司、贵阳矿山机器厂、贵州柴油机总厂等也在酝酿走股份制之路，并作积极准备。

1993 年各企业在深化内部改革和转换经营机制的同时，认真开展现场管理、基础管理工作。如贵阳轴承厂重点抓了标准化和计量管理工作，贵阳矿山机器厂、贵州柴油机总厂着重抓了劳动整顿工作。在质量管理方面，各企业从加强质量意识教育抓起，再度修改“质量管理制度”，加强充实检查人员，将质量指标与经济效益挂钩，降低了废品率和杜绝质量事故的发生。

存在问题 1993 年上半年机电产品市场回升迅猛，各企业抓住机遇，产销增长很快，经济效益大幅度提高，下半年在国家加强宏观调整、控制规模投资、收紧银根的情况下，由于企业及各管理部门思想准备不充分，应变力差，因而产生了一些问题。主要表现在：(1) 生产流动资金周转困难，有的产品虽有市场，但无资金购进原材料，不能维持正常生产。(2) 部分产品在上半年销售高潮之后，下半年销售不断下滑，回落到低谷，库存上升，造成较大积压，产销率徘徊在 80%～90%之间。(3) 亏损扩大，亏损金额增多。全系统 113 户企业，有 33 户亏损，比上年增加 12 户，亏损面由上年的 19.1%上升为 29.2%；亏损金额由上年的 1842 万元增加到 3754 万元，增高一倍多。亏损 200 万元以上的企业有 6 户，亏损最高的贵阳红星拖拉机厂亏损额接近千万元。(4) 1993 年全系统综合经济效益指数为 75%，低于全国、全省 20 多个百分点，六项检查的综合经济效益指标仅有工业增加值率、全员劳动生产率两项达到国家标准，其它四项均低于国家标准值。

〔撰稿人：贵州省机械工业厅　李江林　审稿人：贵州省机械工业厅厅长　沈连生〕

〔责任编辑：邝　鸥〕

云南机械工业

云南省机械工业厅

生产发展情况　1993 年是云南机械工业继续深化改革，扩大开放，持续、快速、健康发展的一年。1993 年全行业完成工业总产值 66 亿元，比上年增长 20%。省机械厅系统全年完成工业总产值 47.3 亿元（现价），按可比口径比上年增长 22.7%；销售收入完成 46.3 亿元，比上年增长 50.7%。在生产、销售大幅度增长的同时，经济效益也大幅度增长。省机械厅系统全年实现利润 2.56 亿元，完成销售税金 1.8 亿元，与上年相比，分别增长 69.5%和 5.9%。1993 年云南机械工业生产发展速度高于全省工业增长 11 个百分点，销售高于 36.6 个百分点。详见表 1、表 2。

表 1　1993 年云南机械工业系统概况

行业	企业数（个）	全部职工年末人数（人）	工业总产值 当年价（万元）	工业总产值 1990 年不变价（万元）	工业总产值 比上年增长%	工业增加值（万元）	产品销售收入 当年价（万元）	产品销售收入 比上年增长%	产品销售税金及附加（万元）
合计	225	89567	473380	372753	22.6	109182	463324	50.7	18110
农业机械	98	18740	82312	71194	10.1	18235	85771	31.1	1899
机床工具	13	14984	56344	38474	28.6	25008	48786	42.4	2841
机械基础件	10	4922	10374	8185	−6.6	3505	11931	36.0	524
石化通用机械	12	5188	17184	12669	24.8	6744	16202	59.2	633
重型矿山机械	6	6743	19723	15864	4.4	4592	22806	107.7	1047
汽车	27	12976	154288	110599	61.0	20869	146549	87.0	2986
电工电器	38	16387	99272	85859	7.2	19942	97036	32.7	6555
仪器仪表	4	1959	5012	4286	20.2	1409	4703	20.5	278
食品包装机械	7	4624	19973	19809	22.7	7051	20124	34.0	997
其他	10	3044	8898	5814	−14.0	1830	9417	27.4	351

行业	利润总额（万元）	年末固定资产 原值（万元）	年末固定资产 净值（万元）	流动资产 合计（万元）	流动资产 平均余额（万元）	流动负债 合计（万元）	流动负债 平均余额（万元）	所有者权益（万元）	全员劳动生产率（元／人·年）
合计	25577	203309	127409	377060	292635	268879	239289	246890	41260
农业机械	4138	39818	23990	51482	43695	37132	33247	36993	38396
机床工具	6512	40249	22915	89210	39373	33277	31114	86371	25267
机械基础件	297	8500	5152	11011	9786	8808	7529	6221	16276
石化通用机械	596	9525	6165	14397	12868	12956	12196	6314	23877
重型矿山机械	462	14942	6401	24885	28995	23522	23757	8917	22751
汽车	6803	32312	24005	93397	78289	75779	63717	46359	85524
电工电器	4323	38745	27091	63099	53359	53370	46661	36248	51741
仪器仪表	140	3417	2005	5623	4123	3946	3361	3213	22093
食品包装机械	3117	11712	7567	19245	18090	15968	14315	13281	42183
其他	114	4088	2119	4686	4032	4111	3392	2946	21088

注：年末固定资产净值一项为年平均余额，全员劳动生产率按 1990 年不变价工业总产值计算。

表2　1993年云南机械工业系统产品产量

产品名称	单 位	产 量	比上年增长%	产品名称	单 位	产 量	比上年增长%
小型拖拉机	台	18203	−22.0	工矿配件	t	2416.3	19.7
内燃机生产总量	万 kW	150.1	51.3	金属轧制设备	t	873.7	36.7
农用运输车	辆	2450	15.3	汽车	辆	21845	32.9
茶叶加工机械	台	1464	−0.7	工业锅炉	蒸吨	306	40.4
金属切削机床	台	8239	14.8	发电设备	万 kW	5.1	34.2
工业泵	台	5059	23.8	交流电动机	万 kW	83.7	13.4
起重设备	t	3411.9	21.7	变压器	万 kV·A	229	44.4
矿山设备	t	6888.3	13.2	电工仪器仪表	万只	64	8.5

市场与销售　1993年全省机电产品出口突破1亿美元，按外贸业务统计，1993年全省机电产品出口额达到10275万美元，比上年增长42%，增长幅度高于全国机电产品出口增长的速度。机电产品出口创汇在全省外贸出口中的比重，已由上年的13.9%上升到19.6%。出口交货值仅省机械厅系统的企业就达到3.54亿元，比上年增长57%。由于出口总额突破1亿美元，机电产品继烟草之后，已成为云南第二个出口创汇超过1亿美元的产品。在出口产品结构上，有较高技术含量和较高附加值的产品所占比重上升到55%，成套设备出口的项目也比上年有明显增加。1993年出口创汇额达到100万美元以上的企业有17户，达到50万美元以上（100万美元以下）的企业有13户。

云南机床厂全年出口机床1400台，比上年增长76%；出口额达到908万美元，比上年增长78%；出口覆盖面达32个国家和地区，在全省机械行业出口创汇中高居榜首。近几年来，云南机床厂一直坚持面向国际、国内两个市场，交叉互补、滚动发展的营销战略，把出口与产品结构调整、提高企业整体素质密切结合起来，不仅扩大了国际市场，增加了机床出口，而且为工厂自身发展争取到了更大的生存空间。在不断扩大国际市场和机床出口中，云南机床厂不断开发适销对路的好产品。原来该厂主要以CY系列基型优质车床为出口主导产品，按照“用户需要什么就生产什么，市场需要什么就开发什么”的做法，按不同国家、地区的习惯，在制式、电压、操纵方式、油漆等方面作了几十种改进，又派生了几个机种，增强了产品的适应性。形成出口创汇的“龙头”产品后，云南机床厂又抓住市场契机，打破“大而全、小而全”的封闭生产模式，走社会化大生产的路子，扩大了生产规模，促进了出口创汇的增长。

在积极培育机电产品市场中，云南机械工业重视流通环节的建设，不断改革和完善商品流通体系，推进流通企业和生产企业的联合与合作。省机械厅系统8个经营公司全年实现销售额26.61亿元，比上年增长45.4%，其中云南省汽车工业总公司和云南省农机总公司的销售额都突破10亿元。流通环节得到加强，发挥了“蓄水池”的功能，在促进行业生产中起到了极为重要的作用。1993年机械行业的一些企业生产经营比较困难，由于流通企业的帮助，减轻了压力，克服了困难。例如在扩大机电产品出口过程中遇到很多困难，云南省机械设备进出口公司主动为企业服务，开展多种贸易方式，狠抓重点项目和成套设备出口的落实，全年出口创汇额达到4014.4万美元，比上年增长81.8%，为全省机电产品出口突破1亿美元做出了重要贡献。

继续推进科技进步　云南机械工业在建设开放式、外向型支柱产业的过程中，通过制定和落实支柱产业规划等工作，继续推进了全省机械工业的科技进步。1993年完成重点新产品146种，投入试制的新产品达到400种。在完成的新产品中，多数达到国内先进水平或填补了国内空白。组织了近50项“火炬”计划和科技攻关、技术开发、“星火”计划的实施。还组织了《机电工业“复关”对策研究》、《中型汽车发展战略》、《云南省汽车工业发展态势及对策研究》、《新形势下云南机械工业发展战略问题研究》等软课题研究。云南变压器厂、云南内燃机厂等一批企业在坚持科技进步，实施“星火”计划、“火炬”计划、开发新产品等方面，创造出新的经验和路子，收到了明显的效果。同时还以技术改造、技术引进为主要内容，抓了一批重大项目的前期工作，“八五”计划已批准立项71项，投资总规模达到23.4亿元，用汇6405万美元。

规划与结构调整　1993年云南机械行业按照省政府“把机械工业办成云南经济的支柱产业”的战略部署，初步制定了支柱产业规划。规划确定了60个支柱企业和12大类、90项支柱产品。支柱企业中，目前列入A类企业（年总产值在6亿元及以上）的有4个；列入B类企业（年产值在2亿元到6亿元）的有8个；列入C类企业（年产值在1亿元到2亿元）的有18个；例入D类企业（年产值在5000万元到1亿元）的有30个。在支柱产品中，具有较大经济规模和出口创汇兼顾的项目有62项，特色产品有28项。

云南机械工业在近几年来不断进行结构调整的基础上，1993年结构调整又取得了进展，主要表现为产业集中度又有了提高。汽车、机床、农机、电器等 4 个行业，1993 年完成的工业总产值，在全省机械厅系统中的比重已达到 81.98%。另据对完成工业总产值、完成销售收入和实现利润各单项前十名企业的统计，这些企业在全省机械厅系统工业总产值的比重达到 51%、销售收入的比重达到 54.5%、利润的比重达到 55.2%。产业集中度的提高，说明通过调整，多年来不断解决的分散问题又有了新的改变。

深化改革及企业管理 1993 年云南机械系统的改革，主要在企业机制转换、股份制试点、政府机关职能转变、科技体制和教育体制改革等方面做了一些工作，有了一些进展。1992 年全省确定的 105 户试点企业中的 22 户机械企业，1993 年在落实经营自主权、进行内部“三项制度”改革等方面都取得了不同程度的进展。在联营、兼并、合并和引进外资方面也有一些新的突破。云南机床厂在深化企业“三项制度”改革中，打破干部和工人界限，采取上岗实行“双向选择”等措施，收到了较好的效果。不少企业加大了在内部以分配制度为主的综合配套改革，还有些企业自主设计、自主推进各项改革，分配上长期以来存在的问题有了较大突破。有条件的企业和车间，普遍进行全额计件工资制的探索。还有一部分企业已开始实施全员劳动合同制。

省机械工业厅作为省人民政府管理全省机械行业的职能部门，按照转变职能和建立社会主义市场经济体制的要求，认真进行了机构改革的准备工作。特别是认真进行了职能分析，明确了下放或取消、转移的职能。同时强化了对全行业实施调控和提供服务的职能，强化培育、发展、调控机电市场以及对全行业发展进行统筹规划和协调的职能。省机械厅所属的科研院所和学校，也按照科技体制和教育体制改革的要求，做了大量的工作，并取得了成效。

在深化改革中，云南机械行业对股份制进行了积极的探索。经省政府批准，用股份制形式组建了云南机械工业（集团）有限总公司。总公司和所属的云南省机电工业工程总承包有限公司、中机浦发云南有限公司、云南机电设备租赁有限公司和云南机械工业综合经营公司等 4 个子公司于 1993 年 8 月 6 日同时宣告成立。总公司在组建过程中，坚持改革创新，不走老路。首先是不搞“翻牌公司”，完全用股份制形式组建，股东不分行业内外，也不分内资外资。公司完全用经济手段，由出资认股单位组成股东大会，由股东产生董事会，再由董事会产生董事长、副董事长，聘任总经理、副总经理。其次是不用行政手段，不搞“拉郎配”。企业是否认股，认股金额多少，由企业自主、自愿决定。再是新组建的总公司不与企业“争饭吃”，而是针对云南机械工业的薄弱环节和空白，进行新的开拓。总公司的成立有利于有效地组织全行业和社会力量，发挥云南机械工业的优势，进行资源开发、科技开发、市场开发，为国民经济提供先进适用的装备，扶持县、乡企业发展。同时有利于积极和国际经济接轨，大力开发国内外市场，促进云南机械工业尽快建成为云南经济的新的支柱产业。总公司和 4 个子公司投入运行后，在短短五个月的时间里就取得了较好的效益。1993 年昆明机床厂股份制规范化试点取得圆满成功，于 11 月 1 日宣告成立昆明机床股份有限公司和昆明昆机集团公司。昆明机床厂是 1992 年 9 月经国家体改委确定为全国股份制规范化试点的九个企业之一。昆明机床厂试点成功，标志着在转换企业经营机制中，这个老牌的国有企业完成了对自身的初步改造，转变为一个以公有制为主体、各种经济成份并存的规范化的大型股份制企业。在试点过程中，昆明机床厂进行了企业重组，即按规范化和国际惯例，把工厂的生产经营职能和社会服务职能进行分离，以生产、科研和经营管理系统为基础，由昆明机床厂独家发起设立昆明机床股份有限公司；以流通企业等生产经营实体和教育、医疗卫生、集体福利、保卫等系统为基础，设立昆明昆机集团公司。公司完成第一步改造后，根据国家体改委的要求和公司既定目标，开展了股票上市的各项工作，于 1993 年 12 月份在香港顺利发行 H 股股票，并被评为“香港 1993 年十大最佳新股”之一。同时在内地发行了 A 股股票，从而全面完成了股票发行工作。由于政策迈出了较大的步子，经济效益有了进一步提高，企业实力明显增强。1993 年完成工业总产值 15972 万元，实现销售收入 14295 万元，实现利润 3680 万元，上缴利税 4759 万元，与上年相比，分别增长 63%、29%、738%和 200%。

首届昆交会机械工业成果显著 由西南“五省两市”于 1993 年 8 月 8 日～18 日联合举办的“首届中国昆明出口商品交易会”，云南机械工业有 60 多家企业参展，成交出口额达 4000 多万美元，内销额近 7000 万元，取得了较好的成果。昆交会期间，中共云南省委书记普朝柱 8 月 13 日、14 日连续两次到机械展馆观看机械展品，并在参观后当场与省机械厅的领导和昆明机床厂、昆明重型机器厂、云南机床厂、昆明铣床厂、昆明电机厂、南天电子集团等企业的厂长、经理们座谈，鼓励大家抓住机遇，抓住市场，发挥优势，开创新的局面。

〔撰稿人：云南省机械工业厅　朱国华　审稿人：云南省机械工业厅厅长　杨树蔚〕

〔责任编辑：邝　鸥〕

陕西机械工业

陕西省机械工业局

生产发展情况 1993年，陕西机械工业系统全年保持了较高的发展速度，特别是在下半年国家加强宏观调控，企业资金普遍紧缺的条件下，生产稳定运行，产销协调发展。其特点：一是坚持以销售为“龙头”，注重营销策略，加强市场调研，实行目标责任，强化售后服务，多形式、多渠道的不断开拓国内外两个市场。二是按照市场需求，适时调整产品结构，加快新品开发，强化生产调度，用多品种产品，提高市场竞争力和占有率。三是以提高效益为中心，严格财务管理，健全成本核算，降低各类消耗，挖掘节约潜力，多方筹措资金，保证生产经营正常运行。四是采取多种措施抓扭亏增盈。各企业以转换机制入手，划小核算单位，推行利润承包；各主管部门以扭亏增盈为重点，实行扭亏责任制，积极搞好支、帮、促，促进经济效益明显好转。1993年，全省机械工业系统完成工业总产值50.9亿元（1990年不变价），比上年增长21.3%，提前两年实现了原定“八五”末期产值46亿元的规划目标，比1980年翻了近两番半；实现销售产值47.47亿元、现价55.22亿元，分别比上年增长15.4%和33.96%，产销率为95.5%。十个行业中，除农机、基础件、食品包装机械有所下降外，其它七个行业均实现了产销同步增长；其中，西安电力机械制造公司、铜川电力电器公司、黄河工程机械厂、陕西压延设备厂、秦川机床厂、陕西汽车厂、陕西汽车齿轮厂等一批重点、骨干企业产销增长均远高于全系统平均增长水平。重点考核的54种产品，有30种比上年产量增长，其中增幅在30%以上的有15种。对外出口方面，全系统结束了三年徘徊的局面，当年完成出口交货值3.3亿元，实现出口创汇5607万美元，比上年增长15.2%。其中，西安电力机械制造公司出口创汇2281万美元，局属企业出口创汇1350万美元，分别占40.7%和24%。全系统1993年实现销售收入58.45亿元，比上年增长48.3%；实现利税总额2.26亿元，比上年增长9.7%，其中实现利润3115万元，下降20.8%。详见表1、表2。

省机械局属企业1993年完成工业总产值19.1亿元，实现销售收入21.15亿元，比上年分别增长31.4%和48.2%；实现利税1.26亿元，其中实现利润6510万元，比上年增长16.2%；并提前6天超额4.4%完成了当年上交财政2661万元的任务，比上年增长10%。所属陕西机械设备进出口公司，1993年完成进出口总额7288万美元，实现出口创汇5222万美元，分别比上年增长40.8%和11.9%，跃入全国机械系统省市出口公司前十位，获省、局1993年出口先进单位称号。陕西省机械设备进出口公司入选外经贸部1993年大经贸行业最杰出企业金榜，省出口创汇十佳企业。

科技进步成果 1993年，西安电力电容器厂、电力电容器研究所的电压互感器研究项目获机械工业部科技进步一等奖；西安仪表厂的两项管理成果分获全国现代化创新成果二等奖和机械工业部一等奖。1993年，投入各项技术开发经费29996万元，当年实际支出27832万元。完成开发新产品200余种，一大批重点新产品面世。其中，数控大平面砂轮磨齿机、数控卧式车床、数控模切机、激光全息图象压印机、轮式液压挖掘机、10t液力叉车、AV50和AV56轴流压缩机、全封闭组合电器、卧式加工中心、快走丝线切割机床、可编程控制碟型砂轮磨齿机、S系列仪表、大型数控吹塑中空成形机、ZL50和ZL40轮式装载机、SF_6罐式断路器和支柱式断路器等，已达到先进水平。陕西重型机器厂与西安重型机械研究所合作，试制出国内首台轴承加工用多向液压机，在瓦房店轴承厂一次试车成功。西安仪表厂、秦川机床厂与西北工业大学、西安交通大学联合攻关研制的加工中心数控系统，可望1994年年中联调鉴定。

全系统高起点、高技术、高附加值的“三高”产品已初具规模，产品结构调整以多层次、阶梯式滚动发展。机床行业已形成普通、精密、高精度、数控与加工中心的产品发展格局；工程机械已形成推土机、装载机、挖掘机、混凝土摊铺机的多品种系列；叉车在引进消化吸收的基础上，已开发了10t和20t以下系列产品，30t级的集装箱叉车已着手研制；仪器仪表行业已形成多品种、系列化、数字化、智能化，产品市场占有具国内领先地位；重型汽车在扩大主车的同时，大力发展扶植派生车辆和大客车底盘；轴承行业以复杂、异型、特种、专用轴承为优势，向汽车、铁路用轴承市场打入；通用机械行业继续向高效、节能、节材型产品领域发展。全系统发展高新技术产品和机电一体化产品已成为多数企业产品结构调整的方向和重点。1993年，推广了计算机辅助设计、辅助制造、变频调速技术、浸渗技术、均衡凝固技术、可编程技术、窄口切断刀、防锈除锈漆等新技术、新工艺、表彰了

111项工艺成果；有13个骨干企业、8个重点企业达到了“工艺突破口”初见成效要求；组织对90个高、低压开关柜生产企业进行整顿、检查，核发合格证；帮助全省7个农用运输车企业整顿验收，取得生产、销售资格；西安仪表厂被国家经贸委列入“建立技术中心”科技开发项目中；省厅组织企业参加了陕西第三届科技成果交易洽谈会，获13项金牌、5项银牌，陕西省机械厅获优秀组织奖。

产品质量与管理 1993年，陕西机械工业系统通过宣传贯彻《产品质量法》和国务院《关于进一步加强质量工作的决定》，7月在全系统开展了以“三查”（查质量意识、实物质量和用户服务）为主要内容的“质量月”活动，产品质量稳定提高。列入机械工业部重点考核产品的三项主要质量指标：质量稳定提高率达到99.5%，品种一等品率达到88.9%，品种抽查合格率达到100%，均超过了原定计划目标。省级以上监督抽查的72种产品合格率为94.4%，其中国家监督抽查的17种产品合格率为76.5%，比全国平均水平高出约10个百分点。为推进产品质量上等级，对30种产品进行了质量一等品评定，全系统1993年优等品产值达到2.92亿元。

为加强产品质量管理工作，西安仪表厂、汉川机床厂等14户企业贯彻GB／T19000(ISO9000)质量管理和质量保证系列标准，试点工作取得实质性进展；参加各级培训的64名质量管理工作骨干，有61名取得合格证书，其中2人取得英国PE公司ISO9000主任评审员证书；在29户企业推行了新质量指标体系统计考核，并举办了60人参加的质量成本培训班，促进了质量管理与国际标准的接轨。全系统组织陕西通宇电器公司、泾阳吉元公司等10户企业申报生产许可证；黄河工程机械厂、汉江工具厂等4户企业取得了出口产品许可证；陕西重型机器厂、陕西压延设备厂、陕西鼓风机厂等8户企业取得压力容器设计资格证书；西安冶金机械厂等8户企业取得压力容器制造资格证书。西安仪表厂被评为全国“质量效益型先进企业”。西安仪表厂、陕西机床厂的主导产品获西班牙马德里第21届国际质量奖。

表1 1993年陕西机械工业系统概况

行业	企业数(个)	全部职工年末人数(人)	工业总产值			工业增加值(万元)	产品销售收入		产品销售税金及附加(万元)
			当年价(万元)	1990年不变价(万元)	比上年增长%		当年价(万元)	比上年增长%	
合计	214	181983	578065	508950	21.3	139488	554814	48.3	19482
农业机械	49	26826	47976	44207	−7.5	10668	49089	17.0	1646
工程机械	3	7603	36777	27676	32.6	8179	40141	69.9	981
机床工具	26	28671	92024	72289	21.3	28361	77347	25.8	3454
机械基础件	11	8746	13816	14379	−2.5	4309	14236	20.8	637
石化通用机械	21	15868	30570	26143	17.1	9475	33004	44.5	1559
重型矿山机械	9	12974	31707	25236	13.5	7537	32651	51.6	823
汽车	21	16828	84567	77291	53.3	14338	80097	69.2	1366
电工电器	48	51980	199175	181718	23.8	44942	215745	64.3	7143
仪器仪表	15	10071	36716	35943	15.8	10583	37031	30.4	1609
食品包装机械	2	386	1264	987	−16.2	103	1128	−18.6	62
其他	9	2030	3473	3081	20.2	993	4045	69.2	201

行业	利润总额(万元)	年末固定资产		流动资产		流动负债		所有者权益(万元)	全员劳动生产率(元／人·年)
		原值(万元)	净值(万元)	合计(万元)	平均余额(万元)	合计(万元)	平均余额(万元)		
合计	3115	278020	210723	600366	523683	544496	491984	169693	7774
农业机械	−1765	24917	16420	55645	52753	59417	55773	9844	4045
工程机械	1112	14517	9908	30617	26441	21450	25119	10510	11090
机床工具	2787	40968	29301	96066	85053	79098	74819	32594	9976
机械基础件	−281	10113	9619	17683	15037	15778	9221	9621	5066
石化通用机械	−437	17019	13369	41642	33872	36852	30917	13756	6004
重型矿山机械	−759	15841	14255	35641	37608	40282	40082	11616	5801
汽车	1222	45618	36692	68941	57072	75529	62697	13207	8569
电工电器	−2227	90812	71481	221014	184148	233350	208209	45687	8830
仪器仪表	3293	15892	11670	28381	26968	25700	25372	20698	10513
食品包装机械	120	754	743	677	666	745	732	421	516
其他	51	1569	1265	4059	4065	3119	2663	1739	37331

表 2　1993 年陕西机械工业系统产品产量

产品名称	单　位	产　量	比上年增长%	产品名称	单　位	产　量	比上年增长%
小型拖拉机	台	10208	−38	叉车	台	1678	13.0
内燃机	万 kW	53.2	−7	矿山设备	t	357.8	−50.8
内燃机发电机组	万 kW	2.2	22.2	工矿配件	t	3410.4	39.6
种植机械	台	500	−58.3	冶炼设备	t	151.3	915.4
农副加工机械	台	3617	−10	金属轧制设备	t	3995	134.8
农用运输车	辆	3006	9.6	炼油化工设备	t	1554	114.3
农用拖车	辆	1607	−60.2	塑料加工机械	t	144	−28.3
拖内配件	万元	9740.7	−0.6	食品机械	台	1694	85.7
人造板设备	t	1625	5.9	家用洗衣机	万台	22.7	45.5
金属切削机床	台	4624	8.5	印刷机械	t	1653	−17.0
其中: 大型机床	台	244	8	汽车	辆	2662	40.0
高精度机床	台	65	−52.6	汽车配件	万元	26344	50.8
数控机床	台	147	27.8	工业锅炉	蒸吨	1028.5	50.4
加工中心	台	12	33.3	交流电动机	万 kW	170.7	49.9
锻压设备	台	680	−0.6	直流电动机	万 kW	14	−48.0
刃具	万件	1476.6	19.4	电力整流器	万 kW	55.2	48.8
磨料	t	64		电力电容器	万 k var	278.4	4.3
泵	台	31465	0.6	变压器	万 kV·A	1072.7	40.4
风机	台	6204	−18.5	高压断路器	台	2391	−9.0
气体压缩机	台	1200	24.4	互感器	台	26035	−9.6
制冷设备	t	86	−20.4	高压隔离开关	组	4076	40.6
高中压阀门	t	791	−17.3	高压电瓷	t	4388	12.6
液压件	台	66709	63.9	电力电缆	km	395.9	0.6
标准紧固件	万件	10993	−29.6	通讯电缆	km	4926	−37.4
轴承	万套	673	−14.7	绝缘材料	t	3660	5.0
起重设备	t	2198	−41.1	自动化仪表	万台	221.8	17.9
运输设备	t	755	−6.6	电工仪表	万台	13	9.2
减速机(器)	t	992	−6.9	光学仪器	台	2387	−4.6
推土机	台	311	42.0	钢	t	56154	1.4

技术改造　1993 年，陕西机械工业系统的技改工作是项目开工最多、资金投入最高、完成任务最好的一年。列入“八五”规划的 103 个项目（未含西安市），1993 年末累计已有 81 个开工实施，共投资 8.7 亿元，分别占项目总数和投资总数的 78.7%和 79.3%。其中，属国家专项和“兴陕工程”的 33 个项目已全部开工，共计投资 6.39 亿元。1993 年末累计已完成 25 项，完成投资 8439 万元，其中属原国家专项和“兴陕工程”的有 4 项。西安仪表厂、海红轴承厂、黄河工程机械厂、秦川机床厂、汉川机床厂、汉江机床厂、陕西机床厂、宝鸡叉车公司和宝鸡机床厂等 9 户企业的 11 个重点基建、技改项目进度加快。当年全系统共完成基建投资 1.32 亿元、技改投资 2.57 亿元，总计 3.89 亿元，创历史最高水平。另外，1993 年安排出口补充技改项目 5 个，投资规模 1000 万元，其中国家专项贷款 720 万元，当年均已开始实施。1993 年，黄河工程机械厂等 4 户出口企业技改项目完成验收，共完成投资 1600 万元，扩大了出口能力。全省汽车行业，1993 年有 6 户企业的重点项目，计划投资 1.2 亿元，当年完成 6400 万元，为年计划的 52%。1993 年，全系统在抓住机遇、突出重点、调整结构、改善环境的工作思路下，按国家计委、机械工业部、省政府的要求，与有关部门合作，对陕西机械工业“八五”规划项目做了适时调整，草拟了《陕西省机械支柱产业发展规划纲要》，编报了《陕西省汽车工业“八五”计划调整方案及“九五”规划初步设想》，按照发展“一重两微加大客”的基本框架，编制了《陕西省汽车工业支柱产业发展纲要》，为全省机械、汽车“八五”规划实施和“九五”时期发展，做了必要的准备工作。

企业改革与管理　1993 年，陕西机械工业系统围绕落实《条例》和转换企业经营机制。有步骤、有重点地推进各项工作。企业管理思想上出现“三个转变”，即由重产值、产量增长的观念，转向维系企业生存的市场观念、投入产出的效益观念、优胜劣汰的竞争观念和奠定企业根本优势的人才观念；由生产第一转向经营、开发第一；由只注重各项专业管理，转向适应市场经济要求的经营战略、决策的全方位管理。在管理组织形式上出现“四化趋势”：一是所有制结构多元化。经陕西省政府批准已组建西安仪表集团、西仪股份有限公司，正在筹组的有省机械设备进出口股份有限公司。二是资产经营形式多样化。部分企业内部实行了集体抵押承包、个人租赁承包等资产经营形式。三是经营范围扩大化。向高新技术领域发展，向主导产品两头延伸领域发展，向第三产业和跨行业领域发展。四是营销战略多角化。由过去单一销售向合作生产、联网销售、技工贸结合等多功能发展。企业“三项制度”改革有新突破，干部聘任制得到普遍实行，全员劳动合同制进入试行阶段，部分重点骨干企业推行了岗位技能工资制，其中秦川机床厂、西安仪表厂、汉江机床厂、汉川机床厂、汉江工具厂、汉江油泵油嘴厂等6户企业已通过验收。职工人均收入较快增长，其中局属企业职工人均年工资收入达到3659.3元，比上年增长26.3%。企业全面贯彻了《企业财务通则》和《企业会计准则》，清产核资试点工作稳步推进。黄河工程机械厂获全国清产核资试点先进单位，受到财政部表彰。秦川机床厂、西安仪表集团等大中型企业有计划、有步骤地把后勤保障系统逐步推向社会，已取得初步成效。陕西压延设备厂狠抓内部改革与管理，实现扭亏增盈成果显著，当年利税总额达到1030万元，成为局属企业中仅次于西安仪表厂、黄河工程机械厂的利税大户。

机关转变职能　1993年，为全面落实《条例》规定，陕西省机械局机关清理废止了25个不符合《条例》精神的文件，取消了27项限制企业自主权的业务职能；帮助企业融通流动资金、技改资金1亿多元，协助企业承担生产任务3.9亿元，为企业57种新产品争取到减免税1174万元。采取多种形式培训职工2万余人次，为2600多名各类人员评定了专业职称，协助企业接收了549名大专毕业生。机关主要职能转向客观管理和监督服务。1993年11月18日省政府批准了《陕西省机械工业局“三定”方案》，原省机械工业厅改为省机械工业局，由省政府工作部门改为政府所属机构，内部机构设置由原15个处室调减为9个，即办公室、行业发展处、科技质量处、经贸信息处、经济调节处、劳资教育处、汽车工业处（对外为陕西省汽车工业管理办公室）、法规体改处、政治处，派驻单位4个，即纪检组、监察室、审计处、机械工会，共有行政编制和全额拨款事业编制85人。1994年元月底重组的陕西省机械工业局已按新机构正式运行。

先进企业及个人　1993年，陕西机械工业系统各项工作都取得较好成绩，先后获部、省级以上奖励30余项。除前面所述之外，还有西安仪表厂获全国“五一劳动奖状”、“陕西省经济明星企业”称号；陕西压延设备厂的刘文金、陕西省机械工人技校王云峰获全国优秀教师称号；陕西压延设备厂工人王淑华获全国优秀女职工称号；省机械局获全国内审工作先进集体；省机械工会女工委员会获全国总工会先进集体等。省机械局也表彰了24家科技、质量、安全、节约、销售、出口创汇和企业管理等方面1993年做出优异成绩的企业单位。

存在问题　陕西机械工业由于改革开放步伐较慢，结构调整力度不够，相当一部分大中型企业活力不足，经济效益不高，市场竞争力不强，综合经济效益继续处于底谷。尤其是农机企业亏损大、包袱重，举步维艰。全系统的亏损企业从上年的44户增至61户，亏损面达到28.5%，亏损额上升到1.09亿元，比上年高出了22.14%，其中农机全行业亏损1765万元，产成品库存年末达到8.37亿元，比年初净增2.14亿元，上升了40.9%。

〔撰稿人：陕西省机械工业局　李耀南　审稿人：陕西省机械工业局副局长　杜克俊〕

〔责任编辑：王亚水〕

甘肃机械工业

甘肃机械集团公司

生产发展情况　1993年全省机械工业系统共有归口工业企业225户，其中大中型工业企业35户；全部职工12.71万人，其中工程技术人员9000人；固定资产原值23亿元，固定资产净值13.9亿元；拥有各类主要加工设备26347台，其中，金属切削机床11810台，锻压设备2524台。

工业生产与销售　1993年上半年，在全国经济高速发展的推动下，全省机械工业平均月增长速度达12%。三季度，由于国家金融政策的调整，宏观经济运行形势偏紧，全系统增长速度也在逐月回落。截止至1993年底，实现工业总产值（1990不变价）31.75亿元，比上年增长9.39%，以现行价计算的工业总产值为36.66亿元，增长速度达到24.65%。在不变价产值中，电工电器与机床工具行业的增长速度分别达到24.69%和31.61%。农业机械行业基本与上年持平。而石化通用机械、仪器仪表、汽车、机械基础件行业出现了负增长。其中占全省机械行业产值比重较大的石化通用机械、机械基础件行业分别下滑 1.54%和 14.6%，对全局影响很大。全系统工业增加值仅比上年增长 4.95%。详见表 1。

表 1　1993 年甘肃机械工业系统概况

行　业	企业数(个)	全部职工年末人数(人)	工业总产值			工业增加值(万元)	产品销售收入		产品销售税金及附加(万元)
			当年价(万元)	1990 年不变价(万元)	比上年增长%		当年价(万元)	比上年增长%	
合计	225	127089	366639	317547	9.4	86527	382414	41.9	16117
农业机械	86	22262	52707	47099	0.2	10401	54908	34.7	1383
工程机械	2	3404	9144	6826	17.5	1404	10685	74.3	271
机床工具	8	8563	30004	22853	31.6	9650	28387	61.3	1630
机械基础件	15	12131	18187	16823	−14.6	4835	25965	70.5	995
石化通用机械	19	26703	63531	56218	−1.5	12551	69617	25.4	2358
重型矿山机械	4	1744	4516	3703	26.2	1981	4438	50.4	178
食品及包装机械	5	1631	7467	7374	33.2	1786	5547	54.0	226
汽车	14	8416	19659	15422	−15.1	4988	22872	21.4	940
电工电器	39	28741	141760	123449	24.7	36789	136301	48.4	7741
仪器仪表	6	9420	12257	11436	−1.9	−55	15687	45.2	−2
其他	27	4074	7407	6344	5.3	2197	8003	30.3	398

行　业	利润总额(万元)	年末固定资产		流动资产		流动负债		所有者权益(万元)	全员劳动生产率(元/人·年)
		原值(万元)	净值(万元)	合计(万元)	平均余额(万元)	合计(万元)	平均余额(万元)		
合计	5852	229930	138936	391293	374373	352282	341384	154406	6851
农业机械	−514	28546	17647	57571	51955	51395	46010	20521	4717
工程机械	1074	6444	3919	8048	8033	6690	6765	5383	4267
机床工具	1805	16462	10173	25723	24513	19458	18732	13454	11507
机械基础件	−687	15709	10870	30927	29980	31071	29916	9819	4033
石化通用机械	−1051	68309	35433	91968	92453	89093	89455	35488	4668
重型矿山机械	343	2488	1727	4003	3714	3026	2921	2723	11332
食品及包装机械	154	2524	1649	3874	3462	2704	2299	1817	10962
汽车	−857	13797	8426	23458	22396	22075	21170	10877	5886
电工电器	6911	55746	37463	110919	102842	92545	91967	48253	12959
仪器仪表	−1540	16264	9064	28376	28975	28659	26969	3433	−58
其他	213	3635	2560	6423	6046	5561	5175	2634	5347

注：全员劳动生产率按工业增加值计算。

1993 年，全系统销售产值（当年价）为 35.71 亿元，比上年增长 24.72%，产品销售率为 97.4%，产销基本衔接。库存总额 8.25 亿元，比上年增长 31.34%；库存当量（库存总额／月平均销售额）为 2.83 个月。

占全系统不变价工业总产值比重 86%的 115 种主要产品中，产量（实物量）与上年相比增长和持平的有 71 种，下降的有 44 种，总产值（1990 年不变价）比上年增长了 7.54%。农产品资金不到位，农民负担过重，影响了农机产品的需求量。主要的 24 个类种的农机产品中，除农用机动三轮车、农用运输车、拖内配件等四类产品比上年有所增长外，其余产品均有不同程度的下降。电工电器行业是产品结构调整比较成功的行业，其产品中，交流电动机增长 19.7%，交流发电机增长 33.53%。金属切削机床、机床电器的产量分别增长了 12.84%和 64.1%。照相机产量下降了 34.70%。轴承产量下降 26.31%。石油钻采设备下降了 40.23%。汽车行业产品中，改装汽车下降幅度达 51.71%，而汽车配件则增长 35.81%。详见表 2。

表2 1993年甘肃机械工业系统主要产品产量、销量

产品名称	单位	产量	比上年增长%	销量	比上年增长%
小型拖拉机	台	6099	−58.2	7315	−47.6
内燃机生产总量	万kW	8.3	−60.9	8.2	−61.9
农用运输车	辆	531	206.9	489	279.1
机动三轮车	辆	32006	39.8	33681	63.2
拖拉机、内燃机配件	万元	8121.9	9.6	7845.6	23.9
金属切削机床	台	923	12.8	745	−14.4
锻压设备	台	422	17.9	402	−0.9
机床电器	万件	183.3	64.1	156	40.0
高中压阀门	t	3176	7.1	3065	11.4
真空设备	台	328	9.4	322	3.5
矿山设备	t	1717.9	48.2	1654.3	32.0
风动工具	台	31383	50.9	29354	18.9
石油钻采设备	t	13358.6	−40.2	15804.5	−20.5
轴承	万套	706.4	−26.3	708.4	−26.2
汽车	辆	56	366.7	28	75.0
改装汽车	辆	762	−51.7	638	−57.5
汽车配件	万元	8040.2	35.8	10079.1	65.6
一般交流发电机	万kW	154.9	33.5	151.3	38.3
交流电动机	万kW	79.6	19.7	75.2	6.8
变压器	万kV·A	24.2	−23.2	22.5	−19.6
高压断路器	台	6057	42.4	5767	25.8
高压隔离开关	组	3383	100.8	3164	104.0
高压开关板	面	4058	19.6	4185	−15.5
试验机	台	788	−22.2	1159	−6.8
电工仪器仪表	万台	61.8	−9.5	58.7	−21.3
照相机	架	66620	−34.7	109830	8.6

产品出口 1993年，全系统出口交货值为11838万元，基本与上年持平，出口创汇折合1981.56万美元，比上年下降8.16%。全系统出口企业21户，产品出口到美国、香港、东南亚、西欧等30多个国家和地区。从出口产品结构来看，出口交货值（现价人民币）中机床类产品出口占23.14%，轴承占10.09%，电机占15.88%，石油钻采设备占15.68%。这四大类产品占全部出口额的70%以上。

新产品开发及产品结构调整 1993年甘肃机械工业系统开发了一批技术水平高、经济效益好的产品，如天水风动工具厂生产的TROC712HC−01履带式液压露天钻车，天水锻压机床厂生产的W67YK−100/3200、800/10000数控板料折弯机、Q12YK−6×3200数控液压剪板机，甘肃长城电器工业公司生产的JYN□−10/630～1000、10/1250～3000间隔型金属封闭开关和CJ20−200、600、630交流接触器，兰州石油化工机器总厂生产的JY4800金刚石压机，平凉印刷机械厂生产的QZK130微机控制切纸机等。有一些新产品已大量投入生产，如兰州手扶拖拉机厂生产的2815四轮运输车、天水长城开关厂生产的F−C回路开关柜、天水二一三机床电器公司生产的交直流接触器等。

产品结构调整方面，涌现出一些工作做得较好，成效比较显著的企业，如兰州手扶拖拉机厂、天水二一三机床电器公司、兰州真空设备厂、甘肃长城电器工业公司、兰州电机厂、天水锻压机床厂、天水风动工具厂等。1993年，全系统开发性调整完成70项，实现工业总产值（1990年不变价）12144万元，比上年增长11.8%；适应性调整完成92项，实现产值64402万元，增长36.29%；外向型调整创汇1148万美元，折合人民币6653万元。

产品质量 1993年全系统企业产品质量基本稳定。全年实查考核65个品种，全部合格，其中一等品45种。全年省级监督抽查119种产品，不合格品14种，占11.76%，主要集中在地、县企业，其主管部门正在积极组织整改、整顿。

由于引导企业贯彻GB/T19000（ISO9000）系列质量管理标准，并通过示范作用和产品质量监督取得了很好的效果。国家产品抽查合格率为100%。1993年中国质量管理协会组织的全国用户满意产品百家企业评选中，兰州手扶拖拉机厂的兰驼牌农用运输车榜上有名。兰州电机厂生产的 LD 牌 1FT5 系列交流伺服电机、LD 牌 TZH 系列三相交流发电机、LD 牌 TFX-H 系列船用三相交流发电机，天水二一三机床电器公司生产的石林牌 CJX4-09／12N 机械联锁交流接触器，天水长城低压电器公司生产的环宇牌 CJ20-16 交流接触器，天水风动工具厂生产的燎原牌 S60 型气动砂轮等 6 项产品获甘肃省实物质量赶超国际先进水平奖。天水海林轴承厂生产的海林牌 7308E、7508E、7510E 圆锥滚子轴承等 10 类产品获甘肃省实物质量赶超国内先进水平奖。兰州电机厂、天水长城开关厂被评为甘肃省质量效益型企业。

技术改造及技术引进 1993 年甘肃机械工业围绕着产品结构调整和技术进步，在资金非常困难的情况下，坚持技术改造，全年完成更新改造投资 11345 万元，比上年增长 15.54%。全年列入国家和地方更新改造措施计划项目有 20 项，计划投资额 10345 万元，实际完成投资 6296 万元，占年计划的 60.86%，项目计划资金自筹率为 26.6%。

全省全年技术改造中的引进设备项目主要集中在甘肃机械集团公司。共完成 7 个项目，总计 312.36 万美元。主要有兰州通用机器厂的涡旋压缩机技术改造项目，兰州电机厂交流伺服及主轴电机的技术改造工程，甘肃长城电器工业公司、天水二一三机床电器公司引进的气体保护自动焊机、热固注射机等“八五”技改项目关键设备，天水锻压机床厂的大型落地铣床等。这些关键技术设备的引进成为增强企业发展后劲，提高企业技术水平和产品竞争力的有效措施。

引进外资 1993 年全系统共建成 4 个合资企业，均由甘肃机械集团公司成员单位组建，总投资 246.1 万美元，其中吸引外资 118 万美元。属于机械工业的企业有 3 个，分别是甘肃光学仪器工业公司与香港合资的深圳金达电器金属制品有限公司、甘肃光学仪器工业公司与美国合资成立的金威电器有限公司、天水轴承仪器厂与香港合资的天水兴田橡塑机械有限公司。

深化改革与企业管理 1993 年甘肃机械集团公司做的主要工作有:

一是按照《全民所有制工业企业转换经营机制条例》要求和省政府《实施办法》，积极放权于企业，并指导企业用好自主权，转机制，抓管理，练内功，增效益。集团公司坚持对企业抓好领导班子建设、经济合同书的落实、企业产品结构及组织结构调整、基础管理与科学管理四件大事。

二是抓两头、抓调整，求得集团公司经济的整体发展。鼓励经营形势好的企业抓住机遇加快发展，开拓市场，多超多留，为集团公司整体发展做出贡献。奋力减亏扭亏是全年的工作重点。集团公司通过多种方式进行企业组织结构调整，大胆探索帮助部分亏损企业摆脱困境的有效途径。在 1993 年将甘肃省筑路机械厂成功地并入兰州手扶拖拉机厂之后，又将甘肃省电影机械厂整体划归兰州油泵油嘴总厂；将天水长城电工仪器厂与天水二一三机床电器厂合并成立天水二一三机床电器公司；帮助兰州柴油机厂缩小生产规模，向兰州电机厂、兰州手扶拖拉机厂、兰州真空设备厂分流人员；支持天水长城精密电表厂、甘肃光学仪器工业公司迅速进行转换内部经营机制的试验。这些改革措施有的获得成功，有的已初见效果，对促进生产要素的合理流动、壮大优势企业实力起了积极的作用。

三是以保值增殖为目的，完善运行机制，加强国有资产管理。集团公司为确保财政上交，制定了国有资产在价值形态上的考核办法，全面推行工效挂钩，提高整体效益，并制定了《防止国有资产流失，加强干部廉洁自律的有关规定》和《关于企业经营活动中几个值得注意的问题的通知》，帮助企业在发展“三产”、开展多种经营的过程中划清资产界限和经营责任，确保国有资产和企业利益不受损害。

四是狠抓基础管理和科学管理工作。从全国范围来看，在给企业放权后，不少企业以包代管、以改代管，出现了管理滑坡的现象。在这种情况下，甘肃机械集团公司部分企业仍自觉地抓住管理工作不放松，形成了各自的管理特色和管理优势。甘肃长城工业公司所属的天水长城开关厂、天水长城控制电器厂以其过硬的基础管理工作受到机械工业部领导的高度赞扬，并在全行业推广。

五是集团公司本部新办经济实体起步运行，顺应了改革的潮流。继 1992 年兴办十个实体公司后，又成立了经营部，利用集团公司的营业执照合法创收。通过一年多的经营实践，集团公司大部分实体公司基本运转正常。

经济效益 1993 年甘肃省机械工业总公司领导及全系统广大干部职工虽然在扭亏增盈上做了很多工作，也取得了一定的效果。但仍未彻底扭转经济效益下滑的局面。1993 年底全系统销售收入达 38.2 亿元，比上年增长 41.92%，但其中应收帐款为 6.7 亿元，占全部销售收入的 17.52%。百元销售收入成本费用含量达到 91.4 元。经济效益发展很不平衡。全系统盈利企业 171 户，盈利额 14405 万元，比上年增长 20%。兰州电机厂、甘肃长城电器工业公司、天水风动工具厂实现利润都逾千万元，占全省盈利企业盈利额的 42.61%。全省利税总额 21970 万元，比上年增长 7%，其中实现利润为 5852 万元，比上年下降 20.83%。全省全年亏损企业 54 户，比上年增加 23 户，亏损额达 8553 万元，比上年增长 92.07%。从投资者投资收益角度来看，全系统投资收益率（税后利润／资本金×100%）仅为 0.45%，大大低于当年存款利息水平。盈利企业的投资收益率也只有 8.56%。

从资产负债状况来看，全系统流动资产占用额达到 39.1 亿元；存货为 23.8 亿元，存货周转率为 160.46%；产成品存货为 7.2 亿元，资产负债率高达 73.82%。全系统有近 1／3 的企业处于资本金亏空状态（即所有者权益小于资本金），资本金亏空15209万元，其中有4户企业出现了资不抵债(即所有者权益小于0)。

存在的困难与问题　(1) 资金紧张。1993年下半年，由于全局性的资金紧缩，加之上半年生产资料价格总水平很高，资金紧张成为企业最突出的矛盾。部分市场需求形势好、产品利润率较高的企业由于缺乏资金购买原材料，处于停产、半停产状态。资金紧张造成了一部分企业出现了非正常亏损。例如，轴承生产企业，1993年轴承市场虽然旺销，但上半年特钢厂减少轴承钢的生产，企业买不来原材料，下半年轴承钢供给虽有缓解，但企业贷不到款，无力购买。以致于基础件行业不能形成正常的生产经营循环，出现了全行业亏损。(2) 成本费用高。1993年全系统百元销售收入成本费用（指财务费用、管理费用）含量比1986年高出13元。成本费用上升的主要原因是企业变动成本上升很快，原材料价格一涨再涨。1993年以来，轴承钢涨价80%以上，电费上涨60%，银行贷款利率两次上调。企业难以承受。成本费用上升对农机行业冲击尤为明显。由于农村市场承受能力低，长期以来农机产品一直处于保本微利状态，天水拖拉机厂生产的11kW（15hp）四轮拖拉机售价仅6000多元，和1t钢材价格差不多。全省大部分机械产品处于买方市场，市场竞争激烈，价格效益低。成本费用大幅度上升，而产品价格却不能相应上涨，超过了企业消化吸收能力，侵蚀了利润。(3) 亏损局面相当严峻。1993年底全系统企业亏损面为24%，亏损额为8553万元，比上年增长92.07%。全年农业机械、仪器仪表、石化通用机械、机械基础件、汽车等五大行业已出现全行业性亏损。(4) 资产增量投入严重不足，企业“造血”功能不强，市场应变能力低。长期以来，全省机械工业系统企业固定资产更新改造投入严重不足，相当一部分企业设备状况老化、技术水平低。全省机械工业系统企业中约有半数人均固定资产净值不足6000元。“八五”期间，很多技改、基建项目急需进行，而资金到位率却很低。(5) 行业的结构性矛盾进一步明显和加剧。

〔撰稿人：甘肃机械集团公司　仲　达　审稿人：甘肃机械集团公司副总经理　杨书昌〕

〔责任编辑：王亚水〕

青海机械工业

青海省机械工业厅

生产发展情况　1993年末，青海机械工业50个归口企业拥有固定资产原值90465万元，净值54614万元，共有职工38453人，其中厅直属23个企业拥有固定资产原值83941万元，净值51158万元，有职工33284人。1993年内，青海机械工业以发展为前提，以市场为导向，以经济效益为中心，上规模、上水平、上速度、上效益，克服近年来少有的资金紧张、材料涨价、供电不足、市场不稳等实际困难，实现了生产、销售和经济效益的三个同步增长。(1) 生产持续增长。全省50个归口机械工业企业全年共完成工业总产值90635万元(1990年不变价，下同)，比上年增长14.8%。在工业总产值中，全民所有制企业完成87135万元，比上年增长14.7%；集体所有制企业完成3500万元，比上年增长17.6%。厅直属23个企业完成工业总产值82764万元，比上年增长14.9%。全员劳动生产率，50个归口机械企业为23500元／人·年，比上年增长16.2%；厅直属23个企业为24866元／人·年，比上年增长22.9%。(2) 产品销售保持旺盛势头。50个归口机械企业实现销售收入122415万元，比上年增长54.7%；厅直属23个企业实现销售收入114209万元，比上年增长56.9%，产品销售率达97%。(3) 经济效益有所好转。全省50个归口企业1993年盈亏相抵后净亏损额为1772万元，比上年减亏30%；厅直属23个企业盈亏相抵后净亏损1228万元；比上年减亏52.1%。50个归口企业全年实现销售税金6363万元，比上年增长48.94%；厅直属23个企业实现销售税金5834万元，比上年增长51.2%。(4) 出口取得显著成绩。50个归口企业1993年完成出口交货值17020万元，比上年增长64.31%，其中硅铁出口15000万元，比上年增长83%，机械产品出口2000万元。详见表1、表2。

产品结构调整　1993年，青海省机械工业系统产品结构调整步伐加快，后继支柱产品逐步形成。全年共下达新产品计划79项，至年底，已完成新产品49项，其中通过部、省鉴定的42项，通过企业鉴定的7项。在49项新产品中，有3项产品获机械工业部科技进步三等奖，即青海第二机床厂的螺杆铣床、青海齿轮厂的D65A／Z-8推土机变速箱、青海量具刃具厂的0～100mm电子数显千分尺；有21种产品被评为青海省优秀新产品，有18种产品的技术水平达到国际80年代水平。其中青海重型机床厂的 C84100B 轧辊车床，技术达到国际先进水平，青海第一机床厂生产的 W2140 卧式加工中心和青海第二机床厂生产的转子加工成套设备技术也达到国际 80 年代中期水平。青海重型机床厂生产的 SX-275 氧气瓶收口机还填补了国内空白。

表 1　1993 年青海机械工业系统概况

行　业	企业数(个)	全部职工年末人数(人)	工业总产值			工业增加值(万元)	产品销售收入		产品销售税金及附加(万元)
			当年价(万元)	1990 年不变价(万元)	比上年增长%		当年价(万元)	比上年增长%	
合计	50	38453	115310	90635	14.8	30150	122415	54.7	6363
农业机械	8	2264	4673	4471	38.1	1538	4368	69.9	154
工程机械	6	10371	37394	27569	16.4	9361	40016	60.6	1604
机床工具	7	12313	43023	34227	19.0	13468	49148	73.6	3335
机械基础件	5	1850	2225	1557	−28.8	843	2240	44.4	204
重型矿山机械	2	1463	1714	1552	37.7	306	2148	124.9	108
汽车	10	5851	18306	14130	3.0	2488	16752	13.8	463
电工电器	8	3573	6760	6095	15.9	1796	6746	30.6	445
仪器仪表	3	632	1185	1014	10.4	344	974	10.1	49
其他	1	136	30	20	−50	3	23	−55.8	1

行　业	利润总额(万元)	年末固定资产		流动资产		流动负债		所有者权益(万元)	全员劳动生产率(元／人·年)
		原值(万元)	净值(万元)	合计(万元)	平均余额(万元)	合计(万元)	平均余额(万元)		
合计	−1772	90465	54614	137354	129916	136379	124596	45710	23596
农业机械	−91	4189	2800	6604	6435	6302	5532	1760	20203
工程机械	−18	31972	20581	42584	41173	40232	36846	19499	26527
机床工具	397	33428	19251	47189	42301	43065	39502	17050	27701
机械基础件	−328	2711	1319	3967	3831	4268	4093	1203	8403
重型矿山机械	−339	2899	1332	4467	4470	5868	4230	874	10522
汽车	−864	8921	5346	20717	20124	24832	23397	1428	24320
电工电器	−541	5613	3564	10656	10477	11041	10254	3242	17218
仪器仪表	13	669	407	1025	960	633	611	652	16019
其他	−1	63	14	145	145	138	131	2	1449

表 2　1993 年青海机械工业系统产品产量

产品名称	单　位	产　量	比上年增长%	产品名称	单　位	产　量	比上年增长%
内燃机	台	284	−43.2	汽车	辆	907	15.1
	万 kW	0.30	−93.4	民用改装车	辆	1073	−12.7
拖内配件	万元	4726.31	4.4	汽车配件	万元	7127.54	19.1
农用小拖车	辆	2069	−34.9	工业锅炉	台	33	−41.1
网围栏	万 m	63.47	−70.7		蒸吨	96	−14.3
农业泵	台	696	−15.4	交流电动机	万 kW	0.43	53.6
牛奶分离器	台	10840	36.5	分马力电机	万台	3.10	−40.0
金属切削机床	台	1129	4.3	变压器	万 kV·A	23.90	58.6
量具	万件	14.47	16.2	布电线	km	17619.80	15.9
刃具	万件	1618.95	18.5	电动工具	万台	7.14	9.9
标准紧固件	万件	4225.92	−48.9	锻钢件	t	10622.68	−20.3
工业轴承	万套	257.94	28.2	铸铁件	t	16179.56	19.7
工矿配件	t	1526.48	34.9	铸钢件	t	899.33	−38.0
推土机	台	330	29.9	钢	t	3352.29	−18.9

同时，在应用新技术方面也取得了突破。列入青海省攻关项目的机械CAD已有4个子项通过省级鉴定。青海第一机床厂、青海量具刃具厂和青海锻造厂的CAD工作站达到了国内同行业先进水平。

产品质量 根据青海机械工业1993年重点考核产品质量指标计划，省厅对行业内20个重点骨干企业、45种重点产品进行了抽查考核，考核的企业和产品工业总产值为74823.49万元，占全系统工业总产值的82.6%。考核结果为：品种抽查合格率为97.78%，比上年提高了0.28%；产品品种一等品率为51.11%；质量稳定提高率为97.78%，比上年提高了0.26%；产品综合废品损失率为1.42%，比上年下降了0.28%。考核的45种产品中，质量提高的有3种，占6.7%；质量稳定的有41种，占91.11%；质量下降的有1种，占2.2%。合格品44种，一等品23种，优等品1种。

技术改造 “八五”计划期间，青海机械工业系统技术改造立项共28项。固定资产计划总投资3.88亿元。截至1993年底止，已有2户企业的2个项目竣工投产，即青海山川机床铸造厂树脂砂项目和青海变压器厂的大容量变压器项目。其中大容量变压器项目已于1993年12月23日经省验收合格，成为青海省机械工业“八五”技改项目竣工验收的第一个项目。该项目的完成将使变压器电压等级从35kV提高到110kV，单台容量由1600kV提高到31500kV。1993年，全系统围绕产品开发、提高工艺装备水平、提高质量和增加出口以及形成经济规模等方面，共有16户企业18个技术改造项目（总投资1.43亿元）全面组织实施。青海工具厂的技改项目从立项到可行性研究报告论证、实施方案审查批准以及全部资金到位仅用3个多月时间，这在青海机械工业技术改造工作中是少见的。

深化改革与企业管理 1993年，青海省机械工业系统以转换企业经营机制为重点，在加快改革步伐，提高企业适应市场能力等方面主要抓了4项工作：

一是推动企业进入市场，积极参与市场竞争，提高适应能力，青海省机械工业企业在国家几次经济调整中，受的冲击是较大的，几次出现生产的大起大落。形势逼迫企业必须解放思想，转变观念，率先进入市场参与竞争。因此，在收集信息、预测市场、开拓市场和加强销售等工作上都取得可喜的成绩。截止至1993年底，各企业在外省、自治区、直辖市的产品销售点已有近80个，常驻外地销售人员近400人。仅1993年一年，各企业在外地设销售点就达49个，派出的销售和催款人员达4000多人（次），极大地促进了企业的生产经营。1993年下半年，在国家采取宏观调控政策，紧缩银根，机电产品需求相对减少的情况下，青海机械工业企业生产之所以没出现大起大落，一个主要原因就是企业提高了市场的竞争和适应能力。

二是狠抓企业组织结构调整，组建企业集团。经青海省计划委员会、青海省财政经济委员会、青海省体制改革办公室和青海省劳动人事厅批准，以青海工程机械厂、青海齿轮厂、青海锻造厂、青海铸造厂、青海柴油机厂、青海工具厂、青海矿山机械厂、青海机床锻造厂和西宁高原工程机械研究所为基础组建了青海工程机械集团。该集团是生产、开发、经营、服务一体化的经济实体，是自愿结合的多层次的法人联合体。集团内部按照平等、自愿、互利互惠及利益共享、风险共担的原则，通过经济合同、协议处理成员单位之间的经济关系。集团在青海省计划单列，行业管理归青海省机械工业厅。同时，数控机床集团、汽车集团、硅铁集团也在积极酝酿成立。

三是深化企业内部改革。按照国务院“继续推行和完善承包经营责任制”的指示精神，1993年，省厅又与没有实行承包经营的3户企业即一汽青海汽车厂、青海汽车改装厂、青海汽车车桥厂签定了承包经营合同，与4户承包到期的企业续签了新一轮承包合同。至此，厅直属23户生产企业和2户流通企业普遍实行了承包经营责任制。其中有4户企业在1993年与青海省政府签定了“双保一挂”责任制。同时，省厅在企业分配上，采取了两种办法。有条件的全部实行工效挂钩，目前全厅已有23户企业实行了工效挂钩，工效挂钩面已达85%。对不具备条件的，实行工资总额包干。初步解决了国家与企业利益的分配关系。在内部分配上，省厅积极推行了岗位技能工资制度。在1992年4户企业实行岗位技能工资的基础上，1993年又有8户企业开展了此项工作，其中有3户企业，即青海山川机床铸造厂、青海工具厂、青海农牧机械总公司，经过考试考核，也于年底通过省劳动人事厅组织的验收。

四是进行了现代企业制度试点。按照《中共中央关于建立社会主义市场经济体制若干问题的决定》精神，首先在青海工程机械厂实行了清产核资的试点。为企业1994年全面开展清产核资工作积累了经验，为企业明晰产权关系，建立现代企业制度创造了条件。并发文推荐了青海第一机床厂和青海山川机床铸造厂参加全国100户现代企业制度试点。

职工教育培训 1993年进行了科技人员机电一体化的继续教育；开展了车间主任岗位培训，共培训了207名车间主任；抓了等级工人培训，其中培训中级工988人，高级工776人，并都已取得证书；考聘了14个企业的206名工人为工人技师。

存在问题 （1）技术改造资金和生产流动资金严重不足，影响了技术改造周期和生产发展速度；（2）主导产品工程机械、机床、汽车、轴承、微电机、电动工具、变压器和石油机械产品的经济规模上不去，制约了整个行业的发展，影响“开发大西北”战略的实施；（3）企业管理严重滑坡，不少企业基础工作、现场管理、安全生产又陷入混乱状况，一些标准、定额和各项规章制度执行不严，企业领导班子素质下降；(4) 产品质量不稳定。国家抽查4种产品，有2种产品不合格，2种产品由省优产品降为合格品。重点产品质量虽有上升，但非重点产品质量下降严重。

〔撰稿人：青海省机械工业厅　安忠年　审稿人：青海省机械工业厅副厅长　陈利恒〕

〔责任编辑：王亚水〕

宁夏机械工业

宁夏回族自治区重工业厅

生产发展情况　1993年，宁夏机械工业在上年较高速增长的基础上，又有了新的发展。工业总产值、销售收入、实现利税和利润总额增幅分别高出全区预算内工业企业8.04、22.2、44.38、153.02个百分点。主要经济指标完成情况是历史上最好的一年。宁夏重工业厅被自治区人民政府评为“创效益先进单位”。

1993年，宁夏机械工业乡及乡以上独立核算工业企业346个。职工总数66453人，全年完成工业总产值140338.9万元，实现销售收入199469.7万元，按可比口径计算，分别比上年增长−2.6%和46.36%。机械工业系统内29个工业企业，全年累计完成工业总产值90920万元，实现销售收入124676万元，实现利税12951万元，实现利润8418万元，其中厅直属15个机械工业企业全年完成工业总产值83004万元，实现销售收入114376万元，实现利税11967万元，利润总额7926万元，分别比上年增长23.8%、71.2%、83.8%和179%。

各项主要经济指标见表1，主要产品产量见表2。

表1　1993年宁夏机械工业系统概况

行业	企业数(个)	职工人数(人)	工业总产值 当年价(万元)	工业总产值 1990年不变价(万元)	工业总产值 比上年增长%	工业增加值(万元)	产品销售收入 当年价(万元)	产品销售收入 比上年增长%	产品销售税金及附加(万元)	利润总额(万元)
合计	29	28933	120532	90920	20.9	33997	124676	65.4	4533	8418
农业机械	8	4584	13355	12575	−6.9	2454	15042	19.3	506	−260
机床工具	3	6523	28459	21670	28.1	8434	29308	64.5	1068	1793
机械基础件	4	6982	40336	26182	39.1	11685	39907	98.5	962	5086
石化通用机械	2	562	1256	1216	22.7	457	1559	54.5	76	104
重型矿山机械	1	2433	12930	10730	31.5	3979	17391	181.7	570	802
电工电器	6	3099	12593	9687	15.6	2998	11712	37.6	697	672
仪器仪表	5	4750	11603	8860	5.3	3990	9757	6.3	653	221

行业	年末固定资产 原值(万元)	年末固定资产 净值(万元)	流动资产 合计(万元)	流动资产 平均余额(万元)	流动负债 合计(万元)	流动负债 平均余额(万元)	所有者权益(万元)	全员劳动生产率(元/人·年)
合计	69208	39293	128655	111001	121114	112645	52807	11750
农业机械	7657	4646	14688	13384	13916	13657	6732	5353
机床工具	16649	8550	28677	25980	27244	26150	11985	12929
机械基础件	20068	10634	33290	27336	29505	29061	14752	16735
石化通用机械	596	391	1396	933	1071	982	748	8131
重型矿山机械	6893	4312	21067	17250	22251	19832	4972	16354
电工电器	7605	4575	13639	12591	12228	10277	5721	9674
仪器仪表	9741	6185	15898	13527	14900	12686	7896	8400

注：固定资产净值是按平均余额统计的。

表2　1993年宁夏机械工业系统产品产量

产品名称	单位	产量	比上年增长%	产品名称	单位	产量	比上年增长%
小型拖拉机	台	7924	−33.1	工矿配件	t	307.2	31.8
内燃机	万kW	29.0	16.1	减速机	t	2559.0	51.3
机引耕作农具	台	119		水泥设备	t	705.0	66.3
场上作业机械	台	15		交流电动机	万kW	14.7	23.1
农用拖车	辆	2145		变压器	万kV·A	25.8	
渔业机械	台	360		电焊条	t	5289.0	
拖拉机、内燃机配件	万元	4903.4	13.9	裸铝线	t	32.2	
金属切削机床	台	2205	26.4	钢芯铝绞线	t	687.5	−23.4
机床配件	万件	6.2	−20.6	布电线	km	15164.0	23.3
泵	台	5038	403.8	工业自动化仪表	万台	2.3	9.3
低压阀门	t	644.0		电工仪器仪表	万台	16.6	−47.4
轴承	万套	197.0	14.9	材料试验机	台	1426	28.1
标准紧固件	t	2270.0	13.5	汽车配件	万元	419.4	61.1
起重机械	t	8961.0	29.9	铸铁件	t	17450.0	
矿山设备	t	1516.5	279.3	铸钢件	t	2399.0	

销售　1993年，宁夏机械工业系统内29个企业实现产品销售收入124677万元，利税总额12951万元，分别比上年增长65.4%和73%。产品出口40多个国家和地区，共创汇470.3万美元，比上年增长32.3%。

新产品　1993年，全厅共完成新产品开发项目132项，投产新产品187种，创产值12800万元，创利税1200万元，新产品产值率14.8%。从完成的23项新产品来看，达到70年代末、80年代初水平的有8种，占35%；机电一体化产品9种。占39%。吴忠配件厂开发的CAT柴油机活塞、长城机床厂开发的盘类数控车床、大河机床厂开发的振动钻削立式钻床、吴忠仪表厂开发的气动蝶阀和电磁阀等新产品都具有较高的技术水平和广阔的市场领域。通过努力，大部分企业产品结构不合理的矛盾得到了一定程度的改善。

质量　在生产快速发展的情况下，产品质量稳定。重点考核产品品种抽查合格率为100%，品种一等品率为78%，质量稳定提高率为100%。西北轴承厂被中国质量管理协会、国家技术监督局评为“全国质量效益型企业”。

技术改造与技术进步　1993年，宁夏重工业厅系统工业企业共完成基建、技术改造投资11109万元，是历年来完成最多的一年。有7个企业引进国外生产线和先进设备29台（套）。其中，长城机器制造厂引进树脂砂铸造生产线一条，投产后可形成1万t的生产规模，使树脂砂铸造生产的总能力达1.3万t；西北轴承厂引进铁路轴承热处理生产线，铁路轴承的生产能力可由目前的年产8万套提高到20万套；吴忠仪表厂、吴忠配件厂、长城机床厂、大河机床厂也引进了日本VRH水玻璃真空吹气硬化造型工艺生产线和其它一批加工设备。这些设备的引进大大提高了企业的技术装备水平和工艺水平，增强了企业的发展后劲。

深化改革及企业管理　1993年，宁夏机械工业企业在转换企业经营机制，增加企业活力方面主要做了四方面的工作。一是完善企业经营形式。在银川起重机厂等两个企业进行了有限责任公司的试点，西北轴承厂、吴忠仪表厂、长城机器制造厂正在着手实行股份制改造的前期准备工作。西北轴承厂还被列入全国百家现代企业制度改革试点单位。二是落实企业自主权。按照《条例》清理整顿了厅发文件，凡是涉及企业14项权力，一律还给企业。支持、指导企业依据《条例》精神，争取各项权力的落实，较好地解决了部分企业自主权难以用足的问题。三是在分配制度方面，重点抓了岗位技能工资试点的推广工作。有10家企业通过了岗位技能工资制的验收，实行岗位技能工资制的职工人数占厅直企业职工总数的71.9%。较好地解决了企业长期存在的一线工人倒流和内部分配不合理的问题，调动了科技人员和一线工人的积极性。四是全面推进财会制度改革，较好地完成了新旧财会制度的衔接、转轨。

存在问题　(1) 部分企业老产品滞销，新产品开发缓慢，发展步履维艰，与全国同行业的差距拉大；(2) 企业自有资金少，资产负债率达78%，资金紧张是生产经营的主要矛盾；(3) 产成品库存比上年增长95.3%，产销率下降；(4) 农机行业、试验机行业、电子应用仪器仪表行业调整产品结构矛盾突出。

〔撰稿人：宁夏回族自治区重工业厅　张建中
审稿人：宁夏回族自治区重工业厅厅长　陈德祥〕

〔责任编辑：王亚水〕

新疆机械工业

新疆维吾尔自治区机械电子工业厅

生产情况 1993年，新疆机械工业计划管理内的114家企业完成工业总产值171697万元，与上年相比基本持平，销售收入235009万元，较上年增长23.9%。年末全部职工人数48778人，其中工程技术人员4015人，实现利税11436万元。从行业来看，农机行业产值比上年下降18.8%，汽车行业产值比上年下降0.5%，电工电器行业产值比上年增长10.1%。支油机电产品完成2.4亿元，较上年下降4%。详见表1、表2。

表1 1993年新疆机械工业系统概况

行业	企业数(个)	全部职工年末人数(人)	工业总产值			工业增加值(万元)	产品销售收入		产品销售税金及附加(万元)
			当年价(万元)	1990年不变价(万元)	比上年增长%		当年价(万元)	比上年增长%	
合计	114	48778	229638	171697	−0.5	48649	235509	23.9	9128
农业机械	31	16250	44565	38337	−18.8	7784	48328	12.1	1362
工程机械	2	2138	7707	4739	16.3	2493	6792	41.5	3291
机床工具	3	1638	3828	3157	55.2	1429	3345	37.2	168
机械基础件	4	2205	4853	3736	8.9	1254	4456	30.7	292
石化通用机械	6	2702	9330	7943	22.9	3883	10734	68.5	424
重型矿山机械	4	1355	3311	2778	33.8	788	3378	71.8	212
汽车	24	15209	85619	56357	−0.5	13902	86379	14.0	2984
电工电器	20	9229	46952	35797	10.1	12262	47017	44.4	1904
仪器仪表	1	88	188	188	−6.5	24	225	−19.5	19
食品包装机械	2	509	1432	1432	99.2	249	1641	76.6	59
其他	17	12080	21853	17233	0.2	4582	23216	25.9	1376

行业	利润总额(万元)	年末固定资产		流动资产		流动负债		所有者权益(万元)	全员劳动生产率(元/人·年)
		原值(万元)	净值(万元)	合计(万元)	平均余额(万元)	合计(万元)	平均余额(万元)		
合计	2309	140146	80782	200017	158837	167519	136624	96100	8409
农业机械	−309	31094	22698	45098	41899	36922	35207	19727	4706
工程机械	297	4009	2786	4023	3499	2398	1756	3117	11554
机床工具	−185	3846	2517	3818	3469	2855	2647	2551	8706
机械基础件	136	4344	1778	6328	5612	5694	5157	2249	5717
石化通用机械	492	6779	4570	7363	6897	6275	5989	4139	14260
重型矿山机械	−99	2119	1282	2659	2620	2173	2056	1534	5787
汽车	857	34987	19016	65508	53031	56725	49889	21892	9027
电工电器	3439	22544	18999	41447	38177	31595	30989	21292	13152
仪器仪表	3	91	62	157	166	61	198	257	2640
食品包装机械	37	850	5708	1028	992	907	650	428	5032
其他	−2359	294819	1366	22588	2474	21915	2087	18914	3782

注：年末固定资产净值是按平均余额计算的。

表2　1993年新疆机械工业系统产品产量

产品名称	单　位	产　量	比上年增长%	产品名称	单　位	产　量	比上年增长%
大中型拖拉机	台	141	131.2	铅酸蓄电池	万kVA·h	18.06	25.0
小型拖拉机	台	15516	-30.7	自行车	辆	35066	-48.3
种植机械	台	2484	-6.6	汽车	辆	1565	-43.6
收获机械	台	201	-19.9	改装汽车	辆	5880	-0.2
农用运输车	辆	646	3.5	自卸改装汽车	辆	2772	15.1
农用拖车	辆	2661	-53.0	客车(改装)	辆	402	-26.5
拖拉机、内燃机配件	万元	1288.35	-11.7	轻型双排客货两用改装车	辆	610	6.3
金属切削机床	台	374	24.2				
工业泵	台	4873	-18.4	微型双排客货两用改装车	辆	18	1700
农业泵	台	3199	-12.6				
风机	台	2401	-5.7	汽车配件	万元	9650.68	30.2
标准紧固件	万件	9130.89	-33.5	液化气罐	个	202149	0.7
轴承	万套	100.71	2.6	铵锑炸药	t	14496.29	-7.8
起重设备	t	1853.20	91.9	煤矿炸药	t	8549.30	0.5
石油机械配件	t	1246.39	-4.1	岩石炸药	t	4222.60	-28.0
石油钻采设备	t	856.50	-6.8	铵油炸药	t	2747.08	5.3
工业锅炉	蒸吨	2093.50	-5.0	工程雷管	万发	1539.30	10.5
交流电动机	万kW	19.31	6.5	火雷管	万发	279.50	20.6
变压器	万kV·A	97.65	50.9	瞬发电雷管	万发	1239.10	6.7
低压开关板	面	2453	-30.0	震源药柱	t	2770.00	84.7
电焊条	t	12314.20	102.6	高密度药柱	t	985.00	153.9
钢芯铝铰线	t	840.00	-55.3	低密度药柱	t	1785.00	60.5
布电线	km	24554.00	23.4	石油射孔弹	万发	2.56	88.2

销售　全年完成工业销售收入235509万元，较上年增长23.9%。

对外销售及边贸　1993年产品出口计划为1000万美元，后调整为1200万美元，实际完成为1804.31万美元，比上年增长56.7%。主要出口产品有：石棉板80t，一般交流发电机1600kW，高中压电瓷71.28t，千斤顶300台，工业泵263台，工业轴承30250套，滚动轴承43649套，手动喷雾（粉）器804台，磨粉机329台，花腮钳2100打，管子钳12564把，水泵钳3000把，活络扳手350打，钢锉1339打，砌砖刀500打，手扳锯6618把，锁类9975打，家用缝纫机697架，榨油机2台，多功能缝纫机254台，蓄电池6898.5kVA·h，绝缘油漆45.2t，叉车6台，锻压设备12台，机械压力机2台，液压机10台，旅行车34辆，彩色电视机2016台，黑白电视机8800台，录音机100台，收录两用机56台。

1993年批准成立了新疆中软新技术有限公司、新疆海豚装饰有限公司、新疆羚羊—华远装饰公司3家境内合资企业和境外独资公司。

全年共派出41个团组分赴独联体各国、日本、新加坡、阿拉伯联合酋长国、德国、巴基斯坦等国进行了考察、访问和洽谈。接待了德国、美国、英国、韩国、马来西亚、土耳其、独联体各国的近20个国外团组。

乌洽会期间，对外经贸成交4000万美元，比上年增长50%。签订对外经贸合同和经济技术合作项目合同31份，其中对外经贸合同29份，合同金额为1202.74万美元。对外经济技术合作项目合同2份，合同金额为2166.67万美元。

科研成果　1993年，达到国内先进水平的科研成果有：新疆联合收割机厂营房车计算机辅助设计，新疆机械科研所浮漂（反溢）地漏、番茄酱打酱机，新疆农业机械化研究所草原松土补播机，新疆工学院盘式无级调速电动机设计与研究，新疆石油学院BQB250型、BQB150型半球摇摆转子泵，一汽集团新疆汽车公司专用汽车厂汽车后桥壳生产线，新疆交通科研所机动车安全超会车自控仪。

1993年，新疆机械研究所共承担自治区经委、科委纵向科研、横向技术开发、技术转让、技术服务项目58项，按计划完成41项，课题完成率81%。全年共签订各类横向技术合同37项，合同金额为396.87万元。该所浓缩果汁生产线成套设备获国家科技进步三等奖，新疆机械研究所改革实践与发展研究、PSC-1A啤酒花快速水份测定仪获自治区科技进步三等奖，浮漂式地漏获实用新型专利，关于电动机的无功就地补偿研究、用同包铁水获得不同铸态金相组织铸铁的探讨获得自治区第二届优秀学术论文三等奖，有4项课题通过了自治区的科技成果鉴定。

主要成果有：(1) 浓缩果汁生产线加工成套设备，是在消化国外先进设备的基础上，由新疆机械研究所自行设计研制，实现了全套设备国产化，为提高全区果汁加工机械设计制造水平和使用国产设备替代进口设备起到了重要作用，该项目于1989年12月通过自治区经委组织的鉴定，1992年获自治区科技进步二等奖，1993年又获国家科技进步三等奖，是国家科技重点推荐采用的“星火”技术装备。(2) PSC-1A啤酒花快速水份测定仪，是我国首次研制成功专用于测定啤酒花烘干、回潮、打包、收购时水份含量的仪器。该仪器具有快速、准确、易于操作、使用方便等优点，其主要技术参数为：测量范围5%～15%RH，测量精度±1.5%RH（与烘干法对照），重量精度±0.5RH（绝对误差），测试时间<1min。该仪器于1989年12月通过自治区机械电子工业厅组织的科技成果鉴定，1993年获自治区科技进步三等奖。(3) 浮漂式地漏项目，由新疆机械研究所中心试验室开发研制，该地漏仅由壳体、封口、浮球及箅子组成，构思巧妙，设计新颖，能做到水流大小都畅通，便于清洗易维修。该项目符合Q/JY-006-92标准，填补了自治区空白，可作为扣碗式地漏的换代产品。此项目于1993年2月通过自治区科委组织的鉴定，1994年1月2日又通过国家专利局审查，被授予实用新型专利。(4) 铸态中锰抗磨球铸铁的研究，是自治区科委1991年1月下达的自治区自然科学基金资助项目。新疆机械研究所经过三年的努力，研究成功具有高冲击韧度的铸态中锰球铁和GMC型铸态中锰球铁变质剂，经变质后中锰球铁铸态金相组织的球化率提高，索氏体量减少，显著增加奥氏体与马氏体量，有效地提高了中锰球铁件的冲击韧度、抗磨性和使用寿命，为扩大中锰球铁的应用范围创造了十分有利的条件。1993年7月通过由自治区科委组织的科技成果鉴定。该所选用碱金属化合物作为变质剂主要成份，用于中锰球铁，构思新颖，属国内首创，技术居国内领先水平，同时变质处理工艺简便易行，便于推广，应用价值大。(5) 硬质合金可转位刀具推广应用，是国家“八五”重点新技术推广项目，1991年由自治区科委列入自治区重点科技成果推广计划。该项目由新疆机械研究所承担，通过三年的推广工作，已有点30多个，可转位刀具用户500多家，使全自治区金属切削用硬质合金中，可转位刀具比例达到65%。1991～1993年间，通过推广该项目共节约工时262.6万h，节约钢材267t，节约刀具费用239万元，三项合计3000万元。1993年12月通过自治区科委组织的验收鉴定。(6) 电动机无功就地补偿技术及装置的开发推广应用，是国家科委在全国推广的节电新技术，由新疆机械研究所等三个单位在全疆推广二次开发节电新产品。电动机无功就地补偿技术对提高电动机的功率因数、减少线路损耗、增加供电设备带负荷能力有明显效果，该项目在当前我国能源十分紧张的情况下，特别是在解决农村抗旱缺电和大中型企业节能降耗上发挥了巨大作用。该项目在两年推广过程中共完成就地补偿技术8.23kvar，为用户节电1581.0万kW·h，节约电费316.2万元。此外，举办现场推广会和学习班19期，培训技术骨干1204人。并且二次开发了GBZI型无功就地补偿装置。JQIC系列节能型自耦减压起动箱和ZDQ-AC3系列自补减压起动箱电工节能新产品，达到国内先进水平。该项目于1993年5月通过由自治区科委组织的专家鉴定，在研制、推广应用的过程中将科研成果投入技术市场取得了显著的社会效益和经济效益。

新产品 1993年，计划开发新产品60项，实际完成68项，占计划的113%，达到国内先进水平和填补自治区空白的有：新疆重汽集团天山汽车厂的FD-TSQ2815基本型农用运输车、FD-TSQ2815-1型一排半农用运输车，FD-TSQ2810-W型双排座运输车、FD-TSQ2815D型单排自卸农用车、FD-TSQ2815D-1型一排半自卸车、FD-TSQ2810M型双排自卸车，新疆博湖电线厂的LQJ16/3-70/10钢芯铝绞线，新疆第四机床厂IBQ2-2.6型圆盘耙、18型抽油机减速器，新疆潜水泵厂200QJ32和250QJ50系列潜水泵、G70-2单螺杆泵、200RS72型热水循环泵、DG48-30多级锅炉给水泵、IS型单级单吸清水离心泵，新疆牧业机械厂92YG1.5型圆草捆机、92YZ600型圆草捆装卸机、软轴式剪羊毛机，新疆巴音郭楞自治州拖拉机厂FY-2815农用三轮运输车，新疆汽车改装厂XJG-89031团体客车和XJG1022、2031双排轻型载货车，新疆水泵厂IS150-125-315、IS50-32-200单级单吸清水离心泵、DG25多级清水锅炉离心给水泵、IR65-40-200和IR50-32-200单级单吸热水离心泵，新疆燎原机器厂LMX-1型手提式干粉灭火器，新疆十月拖拉机厂无门电子保险柜，新疆第三机床厂CYTY14-5.5-89抽油机，新疆红星器件厂LHL高效节能茶水炉，新疆玛纳斯农机厂7CBY3液压后向自卸农用半挂车，新疆汽车厂XQD3140G6D自卸车、EQZ1106DG沙漠越野车、9t半挂牵引车，新疆阿克陶县农机厂6MZR-250型棉籽脱绒机，中国人民解放军七四三八工厂TL6480型轻型客车、TL5480XJH救护车、TL5480XQC囚车、TL5480XYC和TL5430XYC运钞车、TL5430JL草原监理车、TL5430XXJ石油巡井车、TL1020SY双排座载货车，新疆天山锅炉辅机厂多管道消烟除尘器，新疆农业机械化研究所甜菜育苗成套设备，新疆昌吉回族自治州农机厂甜菜移栽机具成套设备，新疆高压开关厂JYN2-10型交流金属封闭开关柜，一汽集团新疆汽车公司专用汽车厂

XZ3160J 自卸汽车、XZC5160GSN 气卸散装水泥车、XZC3093J 自卸汽车、XZC3094J 自卸车，新疆生产建设兵团农四师 71 团修造厂 5HTL-6 型谷物干燥机。

质量管理 由新疆机械电子工业厅机械产品质量检测站和新疆农牧机械实验鉴定站组织专家组对 15 家企业的八类产品进行了外观质量调查，协助国家技术监督局委托的检测单位，对新疆 36 家生产"三箱"产品的企业进行了全国统检抽样，有 10 家企业的产品不合格，合格率居西北地区中上水平。

完成了新疆天山锅炉辅机厂、乌鲁木齐市电器仪表公司、新疆半导体厂三个单位自动化仪表申证抽样工作。并协助完成了新疆电线厂、新疆博湖电线厂、新疆呼图壁 654 电线厂、中国人民解放军 36300 部队开关厂，乌鲁木齐水磨沟电器厂、乌鲁木齐电器元件厂、新疆湖光粮油机械厂、新疆潜水泵厂、乌鲁木齐市低压锅炉厂等 19 个申证单位工厂条件审查、抽样、申报、复查、取证等工作。

举办了质量检验人员及质量检验科长培训班，发放了由机械工业部统一印制的培训结业证书 1300 多个。根据机械工业部理化协作要求和安排，从 90 年代起重点抓了上岗培训取证工作，四年来共培训理化计量人员 450 人，占重点机械行业应持证人员的 90%以上。

1993 年抓了宣传贯彻 GB／T19000"质量管理和质量保证"系列标准工作，12 月初在新疆天山锅炉厂召开了现场会，编制好质量手册，到会的有 46 家企业 61 名代表。12 月中旬召开了宣贯新质量指标体系试点工作总结表彰大会，总结了两年的宣贯工作，表彰了新疆煤矿化工厂等 6 个先进单位，评出了 16 位煤化质量统计员先进个人。举办了 1 期小型企业新质量指标体系培训班，使新质量指标体系宣贯面由原来重点考核的 47 家企业，扩大到 80 家企业。

技术改造 1993 安排建设项目 25 项，实际完成投资 6142 万元，其中基建完成 1673 万元，技术改造完成 4469 万元。

节能降耗 1993 年 40 家重点企业万元产值综合能耗 1.22t 标准煤，与上年相比，节能率上升 6.4%，能耗比上年增长 1.18%，总产值比上年下降 3.87%，1993 年节能率比上年高。用增加值比，1993 年万元增加值综合能耗 3.98t 标准煤，比上年节能率下降 22.4%。

经济协作 组织中小企业一行 6 人前往山东、广东、深圳等地考察、调研、与内地兄弟厂家达成 4 项协议。(1) 山东巨力机械厂与新疆阜康市机械厂合作组装三轮农用运输厂。(2) 山东青州工程机械厂与新疆第二运输公司修理厂达成协议，先后在乌鲁木齐建立销售服务中心，发展联合组装工程机械维修点。(3) 山东济宁市车轮厂与新疆生产建设兵团农六师 111 团钢卷厂技术合作，支持新疆生产小四轮及各种汽车钢卷。(4) 广东顺德中外合资挂车厂与新疆挂车厂技术合作提供先进型号图纸生产挂车。

支油产品 1993 年全区有 53 家企业生产支油产品，共提供了支油产品产值 2.4 亿元，比上年下降了 4%。其中销售产值超过千万元的企业有 6 家，比 1992 年增加了两家，这些企业是：新疆联合收割机厂 5181.85 万元，东风汽车公司新疆汽车厂 3499.3 万元，一汽集团新疆汽车公司新疆专用汽车厂 1569.28 万元，新疆红旗机器厂 1173.7 万元，一汽集团新疆汽车公司新疆第一汽车厂 1154.5 万元，新疆电机电器制造公司 1010.2 万元。支油产品产值 500～1000 万元的企业有 10 家。以上 16 家企业的支油产品产值约占全行业支油产值的 76%。按产品分，支油产值比重较大的是汽车和野营房，全年向油田提供各种汽车 807 辆，野营房 964 幢，产品产值占行业支油总产值的 50%；电工电器类产品产值占行业支油总产值的 20%；石油通用机械及工具类产品占行业支油总产值的 20%；压力容器、结构件、标准件等产品占行业支油总产值的 10%。1993 年行业企业开发出 4.5 吨级沙漠越野汽车、钻井泥浆净化装置、抽油机用减速器，钻井节能电机，重油螺杆泵等新产品。

存在问题 一是观念陈旧，改革步子迈得不大。二是机电行业原来核定的定额流动资金低，自有资金少，原材料上涨，近几年来生产规模扩大，资金一直偏紧；铁路运输紧张，出疆产品和急需的材料不能及时运出运进。三是产品结构不合理，产品单一，物耗、能耗高，产品成本高，产品缺乏竞争力，"三角债"的困境继续存在。四是技术装备落后，缺乏自我开发新产品的能力。

〔撰稿人：新疆维吾尔自治区机械电子工业厅 董淑芝 审稿人：新疆维吾尔自治区机械电子工业厅厅长 莫罕买提·马木提〕

〔责任编辑：王亚水〕

台湾机电工业

中国社会科学院台湾研究所

一、总述

1993年，台湾经济发展处于低谷阶段，经济增长率为6.0%，低于原计划7%的目标。这一增长率远高于发达国家1.1%增长速度，在亚洲“四小龙”中仅次于新加坡。

1993年，工业生产仍以较低的速度增长，工业生产产值突破5万亿元台币，计50744.55亿元台币，较上年增长4.68%。其中制造业产值为45841.24亿元台币，较上年增长3.04%。制造业产值按美元计算为1736亿美元，较上年下降1.9%。

1993年机电工业产值为14574.42亿元台币，较上年增长1.88%。其中，精密机械工业产值为399.58亿元台币，较上年大幅衰退11.60%；电机电子器材业产值为8519.27亿台币，较上年大幅增长10.33%；一般机械业和运输工具业产值分别为1907.68亿元台币与3747.89亿元台币，较上年分别增长4.89%和3.89%，保持中速增长。

1993年机电工业登记工厂数为2553家，占制造业工厂登记数的38.0%，机电工业登记工厂资本额为352亿元台币，占制造业登记工厂总资本额846亿元台币的40.8%；机电工业增资工厂数为2061家，占制造业增资工厂总数的33.8%，机电工业增资工厂资本额1508亿元台币，占制造业增资工厂总资本额的26.4%（见表1）。

机电工业在台湾制造业中的地位持续小幅提高。1993年，台湾机电工业产值占制造业总产值的比重从上年的29.01%上升为29.68%，其中电机电子器材业占18.17%，运输工具业占6.49%，一般机械业占3.90%，精密机械业占1.12%（见表2）。

表1　1993年台湾机电工业结构　　(单位：亿元台币)

行　业	登记工厂		增资工厂	
	工厂数	资本额	工厂数	资本额
整个制造业	6718	864	6098	5713
机电工业合计	2553(38.0)	352(40.8)	2061(33.8)	1508(26.4)
一般机械	1082(16.1)	100(11.6)	793(13.0)	417 (7.3)
电机及电器	1034(15.4)	180(20.8)	866(14.2)	480 (8.4)
运输工具	336 (5.0)	62 (7.2)	311 (5.1)	600(10.5)
精密机械	101 (1.5)	10 (1.2)	91 (1.5)	11 (0.2)

注：括号内数字为占整个制造业的百分比。

表2　1990～1993年台湾机电工业产值占制造业总产值的比重　　(单位：%)

年　份	合　计	一般机械	电机电子器材	运输工具	精密机械
1990	27.91	3.78	16.41	6.33	1.39
1991	28.47	3.77	16.79	6.56	1.35
1992	29.01	3.91	17.08	6.74	1.28
1993	29.68	3.90	18.17	6.49	1.12

1993年，在机电产品对外贸易方面，如按行业分类，机电工业产品进出口贸易总额达572.5亿美元，较上年下降2.02%，其中出口314.4亿美元，较上年下降7.4%；进口258.1亿美元，较上年增长5.4%（见表3）。如按台湾商品标准分类，台湾机械电子工业产品进出口总额为732.4亿美元，较上年增长9.62%，其中出口401.6亿美元，较上年增长11.2%；进口330.8亿美元，较上年增长7.7%（见表4）。其中，大陆成为台湾机械产品的最大出口市场。据台湾《经济日报》（1993年3月15日）报道，1993年，台湾机械业出口额为1755亿元台币。其中出口到香港（主要转口到大陆）的机械产品为646亿元台币，较1992年增加了246亿元台币。如果不计算大陆市场，台湾机

械出口金额仅较1992年增加34亿元台币，增长率只有3%左右，美国则从居台湾机械产品出口的第一位降为第二位，1993年对美出口额为301亿元台币；对泰国与日本分别为97亿元台币与93亿元台币，分属第三、四位。

机械业中，出口值最高的是金属加工机，出口值为197亿元台币，较上年增长18%。居出口值第一位；其次为缝纫机，出口值为154亿元台币，较上年增长5%；塑料橡胶机械取代木工机械成为第三位出口机械产品，出口值为142亿元台币，较上年增长45%。

二、一般机械制造业

1993年，台湾一般机械业仍维持中速增长，年增长率为4.89%，低于上年的5.72%，居机电工业增长率的第二位。其中增幅较大的有塑料橡胶机械(18.82%)、金属成形工具机械(17.46%)、食品机械(15.84%)与运输机械设备(14.16%)，其余皆不超过7%。纺织成衣机械降幅较大，增长率为负的7.55%，这同台湾纺织业的大量外移有重大关系(详见表5)。

在主要工具机生产方面，钻床产量持续增长，仍居各工具机（床）产量第一位，1993年年产量达63.5万台。其它工作母机产量在1993年突破6万台（60590台），跃居第二位。锯床产量略有下降，为5.4万台，降为第三位。其它工具机（床）产量较小，均不超过1万台，其中刨床产量最少，1993年只有105台（详见表6）。

1993年全年，工具机产值近300亿元台币。据美国机械杂志调查，台湾工具机产值超越英国，在世界排名也晋升一级，成为世界第七大工具机生产地区。

表3　1993年台湾机械电子工业产品进出口贸易情况

(按行业分类)　　(单位：亿美元)

行业	1993年				1992年				出口增长率(%)	进口增长率(%)
	出口额	比重(%)	进口额	比重(%)	出口额	比重(%)	进口额	比重(%)		
一般机械	62.3	19.8	68.5	26.5	57.3	16.9	69.9	28.5	8.7	−2.0
电机及电器	190.4	60.6	106.2	41.4	222.3	65.5	93.3	38.1	−14.3	13.8
运输工具	43.9	14.0	62.9	24.4	40.5	11.9	60.2	24.6	8.4	4.5
精密机械	17.8	5.6	20.5	7.9	19.3	5.7	21.5	8.8	−7.8	−4.7
合计	314.4	100.0	258.1	100.0	339.4	100.0	244.9	100.0	−7.4	5.4

资料来源：台湾《进出口贸易统计月报》1994年1月。

表4　1993年台湾机械电子工业产品进出口贸易情况

(按台湾商品标准分类)　　(单位：亿美元)

产品项目	1992年				1993年				出口增长率(%)	进口增长率(%)
	出口	比重(%)	进口	比重(%)	出口	比重(%)	进口	比重(%)		
1.机械及电机设备	297.0	36.4	223.5	31.0	333.2	39.2	241.2	31.3	12.2	7.9
(1)电子产品	86.9	10.7	90.5	12.6	102.1	12.0	103.3	13.4	17.5	14.1
(2)机械	75.4	9.2	72.9	10.1	70.5	8.3	74.6	9.7	6.5	2.3
(3)电机产品	27.8	3.4	20.9	2.9	32.1	3.8	25.7	3.3	15.5	23.0
(4)资讯与通信产品	64.4	7.9	19.2	2.7	64.0	7.5	17.2	2.2	−0.6	−10.4
(5)家用电器	10.3	1.3	5.6	0.8	8.7	1.0	5.7	0.7	−15.5	1.8
2.车辆、航空器、船舶及其他运输设备	42.0	5.2	60.5	8.4	46.8	5.5	63.2	8.2	11.4	4.5
3.精密仪器、钟表、乐器	22.0	2.7	23.1	3.2	21.6	2.5	26.4	3.4	−1.8	14.3
(1)光学、照相、计量、医疗等产品	10.8	1.3	16.1	2.2	10.5	1.2	18.9	2.5	−2.8	17.4
(2)钟表	4.9	0.6	3.1	0.4	4.6	0.5	3.2	0.4	−6.1	3.2
合计	361	44.3	307.1	42.6	401.6	47.3	330.8	38.9	11.2	7.7

资料来源：台湾《进出口贸易统计月报》1994年1月。

表 5　1993 年一般机械制造业产值与增长率

(单位：亿元台币)

行　业	1992 年		1993 年	
	产　值	增长率 (%)	产　值	增长率 (%)
动力机械	58.13	24.61	61.57	5.92
农业及园艺机械	36.96	−7.44	36.15	−2.19
金属切削工具	149.46	0.56	158.20	5.85
金属成形工具机械	54.94	27.09	64.53	17.46
纺织及成衣机械	327.11	−4.19	302.41	−7.55
食品机械	38.51	1.88	44.61	15.84
化工机械	101.84	18.87	99.14	−2.65
塑料橡胶机械	118.52	12.29	140.83	18.82
造纸印刷机械	56.25	−23.21	52.98	−5.81
木工机械	95.52	22.87	101.11	5.85
建筑机械设备	1.37	−8.05	1.32	−3.65
运输机械设备	172.53	13.88	196.96	14.16
办公机械	28.94	49.02	30.19	4.32
其他机械修造	578.63	5.58	617.69	6.75
合　计	1818.73	5.72	1907.68	4.89

表 6　1993 年台湾主要工具机(床)产销统计

(单位：台)

产　品	1992 年		1993 年	
	生产量	销售量	生产量	销售量
一般机床	10631	11057	8931	9279
钻床	605168	605569	634795	635271
铣床	7265	7763	8138	8180
磨床	3946	4424	4474	4959
锯床	58598	57750	53666	54429
刨床	159	162	105	103
NC 车床	2007	2041	2268	2338
综合切削中心机	2135	2066	2129	2157
其他 NC 工具机	1225	1278	684	761
压床	2874	2830	2608	2661
其他工作母机	54553	56874	60590	61721

三、电机电子器材业

电机电子器材业是目前台湾最大的制造业，且在 1993 年增长超过 10%，其产值达到 8519.27 亿元台币（约 340 亿美元），占制造业总产值的 18.17%，即接近 1/5，占机电工业总产值的 64.34%，其产值增长率达 10.33%，这在台湾整体制造业低速增长中是一枝独秀。主要原因是通信器材业增长率从上年大幅下降 15.55%转为大幅增长 31.89%，电线及电缆业从上年下降 8.09%转为增长 25.28%所致。另外，电子零组件与资料处理设备年增长率也分别达 14.39%与 11.21%。

在电机电子器材业中，目前仅有照明设备、电子产品与家用电器设备的持续下降（见表 7）。

在主要电机产品生产方面，电力开关、断路器与电动机产量最大，分别为 580 万台、570 万台与 403 万台。其中，断路器产量增幅最大，从上年的 485 万台增至 570 万台；电动机也突破了 400 万台。不过电力开关、高低压电盘、电力整流器、电力电容器产量则有不同程度的下降（见表 8）。

表 7　1993 年台湾电机电子器材制造业产值与增长率

(单位：亿元台币)

行　业	1992 年		1993 年	
	产　值	增长率 (%)	产　值	增长率 (%)
发电输配机械	283.86	13.16	309.15	8.91
家用电器	713.20	−1.74	703.07	−1.45
电线及电缆	559.03	−8.09	700.37	25.28
照明设备	145.04	−19.54	121.25	−16.40
电工器材	363.88	5.47	376.00	3.33
资料处理设备	2029.03	12.31	2256.46	11.21
电子产品	748.42	−11.80	695.82	−7.03
电子零组件	2422.23	5.64	2770.82	14.39
通信器材	399.35	−15.55	526.72	31.89
电池	57.22	14.03	59.61	4.18
合计	7721.47	1.84	8519.27	10.33

表 8　1993 年台湾主要电机产品产销统计

(单位：台)

产　品	1992 年		1993 年	
	生产量	销售量	生产量	销售量
发电机	7560	7220	8377	8505
电动机	3955520	3839092	4033651	3887641
电力变压器	78059	78019	86394	85533
电力电容器	52778	52882	42956	43056
电力整流器	17160	16980	14325	14566
高低压电盘	26841	25623	26696	26619
断路器	4858700	4627699	5698826	5818274
电力开关	6419907	6591659	5805803	6095630

在家用电器生产方面，其总产值仍为负增长。1993 年，产量有所增加的产品主要有冷暖气机、电冰箱、电饭锅、微波炉、烤面包机、洗衣机、家用抽通风机等。衰退较大的有电熨斗（从上年的 176 万台降至 50 万台）、吹风机（从上年 14 万台降至不足 6 万台）、电风扇（从上年的 1643 万台降至 1190 万台）（见表 9）。

1993 年，台湾电线电缆业产值大幅度增长。其主要产品除电子线产量略有下降外，其余产品都有不同程度的增加。其中，裸铜线从上年 28.4 万 t 增至 38.5 万 t，纱漆包线从 5.6 万 t 增至 6.6 万 t，通讯用电线及电缆从 4.4 万 t 增至 5.6 万 t（见表 10）。

表 9　1993 年台湾主要家电产品产销统计

(单位：台)

产　品	1992 年		1993 年	
	生产量	销售量	生产量	销售量
冷暖气机	1107240	1143684	1175687	1240991
车用冷暖气机	187373	181221	159826	154837
电冰箱	395536	453922	459807	500930
电饭锅	359395	347043	380677	342498
电子锅	159290	145764	144921	135630
微波炉	200417	192085	222322	220660
烤面包机	1586341	1582033	2056792	2046280
饮水机、开饮机	138925	139879	136852	139485
电熨斗	1761919	1726596	499821	526637
吹风机	141587	658993	58059	542279
烘衣机	136139	135932	113486	111729
洗衣机	279282	320738	313640	348573
电风扇	16431795	16544680	11902543	11975544
家用抽、通风机	467041	470481	522020	526944
排油烟机	388406	399520	466271	484962
果汁机	916869	909540	922879	938517

表 10　1993 年台湾电线电缆产销统计

(单位：t)

产　品	1992 年		1993 年	
	生产量	销售量	生产量	销售量
裸铜线	284102	245359	385224	269111
纱漆包线	56398	60200	65627	66214
电子线	38074	39338	36625	37639
电力用电线及电缆	210487	219643	220126	229397
通讯用电线及电缆	43884	49397	55816	56717
线圈(千只)	1567001	1541020	1593716	1601678

1993 年，台湾资讯工业发展取得可喜成绩。为整顿资讯工业资源、强化产业秩序，台北市电脑商业同业公会（TCA）决定推动成立台湾电脑商业公会联合会及台湾区资讯工业同业公会。特别是台湾制订了推动软件工业五年发展计划，包括四大软件工业发展策略：(1) 扎根岛内软件市场；(2) 积极开拓软件市场；(3) 以软件驱动硬件；(4) 全力辅导软件厂商。未来五年，将从产品、技术、人才与环境等多方面推动软件工业发展。其中，五年内将投入 7.2 亿元台币的补助开发经费，每年辅导 10 家厂商，筛选 9～20 项软件产品，全力推动软件工业，预定 1997 年产业规模为 875 亿元台币，占世界软件市场的 0.8%，内外销比例为 4∶1。

1993 年，台湾资讯硬件产值达 96.93 亿美元，较 1992 年增长 15.5%。其中，监视器、个人电脑及主机板为台湾资讯硬件产品主力，三项产品占资讯硬件产值的比例从上年的 67%进一步上升为 71%。

1993 年，监视器总产量达 1217.3 万台，较上年增长 6.6%，产值增长 48%。

据市场调查，1993 年，台湾个人电脑产量达 58.4 万台，较上年增长 28%；产值为 28.16 亿美元，较上年增长 30%。其在世界市场的占有率约达 10%，其中笔记型电脑占有率已占 22%，超越日本，成为全球第二大生产地。

1993 年，主机板产量达 913 万片，较上年增长了 53%；但产值仅为 9 亿美元，较上年下降 13%。

台湾终端机市场趋于饱和，产品成熟，利润下滑，多数厂商将产品转至监视器生产而退出该行业，目前主要厂商为 DEC、慧智、大同等，产业集中度非常高。1993 年，终端机产量为 122.9 万台，较上年下降 13.2%；产值为 3.41 亿美元，较上年增长 9%，但未来增长有限。

网路产品是 1993 年热门产品，产值达到 2.7 亿美元，较上年增长 30%。其中网路卡为主力产品，产值接近 2 亿美元。

1993 年，彩色电视机、黑白电视机、录放象(影) 机、电唱机、电子（电视）游戏机等产品产量有较大幅度下降。详见表 11。

四、运输工具制造业

1993 年，运输工具制造业产值为 3747.89 亿台币，较上年增长 3.89%，是近年来增长最低的一年。除其他运输工具及零件产值大幅下降外，产值最大的汽车产值下降 2.07%，汽车零件产值仅增长 1.78%，这是造成全年运输工具制造业总体产值下降的主要原因（详况见表 12）。

汽车市场出现两极化发展。一是 3.5t 以下的小车市场（如轿车、商用车）不甚如意，1993 年 1～11 月，自产轿车较上年同期衰退 6.46%；自产 3.5t 以下商用车仅增长 0.51%；进口轿车增长 8.56%，三者合计总销量为 497053 辆，较 1992 年同期的 503823 辆减少 1.34%，为近三年来所少见的衰退。

二是 3.5t 以上的大车市场表现良好。国瑞、中华汽车公司汽车销量占前十位，达 17776 辆，较 1992 年同期增长 1.05 倍，占进口大车市场近 80%的日本大车上半年销量达 12463 辆，较上年同期增长 74.23%（见表 13）。

五、精密机械制造业

1993 年，台湾精密机械制造业仍持续衰退，全年产值为 399.58 亿美元，较上年下降 11.6%。

除科学度量及控制设备行业产值有较大增长(8.95%）外，其余行业几乎全部下降，其中工业标准工具从上年的大幅增长 41.17%转为 1993 年下降 22.73%（见表 14）。

在产品方面，除电表、吉他、电子琴等产品产量有不同程度增加外，照相机产量下降 32.39%，电子石英表产量下降 39.10%，电子石英钟产量下降 24.47%（见表 15）。

表11　1993年台湾主要电子产品及其零组件产销统计

产　品	单　位	1992年		1993年	
		生产量	销售量	生产量	销售量
微型电脑	台	3265437	3157324	3774842	3716607
软式磁盘(碟)机	台	44330	43754	22	—
监视器	台	11424047	11449198	12172698	12205849
电脑终端机	台	1415824	1383899	1228827	1134003
印表机	台	13648	13550	3883	3655
电子计算机	台	16153304	16459615	11533134	11599827
彩色电视机	台	1738975	1901344	1419614	1508217
黑白电视机	台	883671	1188807	675015	1148162
录放象(影)机	台	759347	800707	595284	606185
伴唱机	台	18603	18950	67425	63688
电唱机	台	1407252	1168188	1241985	1078735
电子(电视)游戏机	台	3680189	3693282	2801482	2823430
显(映)象管	千只	15491	15596	16071	16181
集成(体)电路	千只	3693508	3723324	4176475	4318442
电晶体	千只	1615886	1475786	1713960	1602283
电子电容器	千只	26212587	26698516	30206401	32227463
电子变压器	千只	246526	329053	182020	275472
电阻器	千只	39494677	40026675	44785983	48247005
微型马达(3W以下)	千只	343840	361509	265168	281936
二极体(含发光二极体)	千只	12600637	12074210	15025307	14683726
液晶显示器	千只	197391	179666	182627	174853
电话机	台	9775179	10303052	7946651	8190169
交换机	门	3175285	3213035	6466245	6252710
对讲机	台	699694	678540	408593	496854
干电池	千只	154203	151790	126859	130665

表12　1993年台湾运输工具制造业产值与增长率　　(单位：亿元台币)

行　业	1992年		1993年	
	产　值	增长率(%)	产　值	增长率(%)
船舶建造修配	160.97	−10.38	188.03	16.81
船舶零件	16.86	−37.30	20.41	21.06
铁路车辆修造	—	−100.00	—	—
汽车	1479.87	17.42	1449.21	−2.07
汽车零件	746.10	13.59	759.38	1.78
摩托车	399.83	17.99	468.80	17.25
摩托车零件	302.91	12.02	332.53	9.78
自行车	204.16	−23.15	222.76	9.11
自行车零件	219.93	−11.08	239.13	8.73
其他运输工具及零件	76.86	14.89	67.63	−12.01
合计	3607.48	8.86	3747.89	3.89

表 13　1993 年台湾交通运输设备产销统计

产　品	单　位	1992 年		1993 年	
		生产量	销售量	生产量	销售量
大汽车	辆	7855	7833	7095	6973
小汽车	辆	429208	418349	391772	396879
摩托车	辆	1345041	1345874	1487098	1486440
自行车	辆	5988590	6004838	5830861	5907982
集装箱船	载重吨(D.W.T)	7294	7294	166078	166078
游船	艘	427	459	264	285
其他船舶	载重吨(D.W.T)	1334724	1334724	849398	849398

表 14　1993 年台湾精密机械制造业产值与增长率　(单位: 亿元台币)

行　业	1992 年		1993 年	
	产　值	增长率(%)	产　值	增长率(%)
科学度量及控制设备	68.81	16.31	74.97	8.95
光学仪器材	220.10	−9.38	181.11	−17.72
工业标准工具	17.42	41.17	13.46	−22.73
钟表	112.55	0.70	97.00	−13.82
医疗器械设备	17.03	12.86	16.88	−0.88
其他精密机械	16.11	−8.57	16.16	0.31
合计	451.91	−1.49	399.58	−11.60

表 15　1993 年台湾主要精密机械产品产销统计

产　品	单　位	1992 年		1993 年	
		生产量	销售量	生产量	销售量
电表	只	2121331	2191549	2398220	2390844
水表	只	601255	674601	577283	607558
照相机	台	10242841	9921278	6925642	6856747
电子石英表	只	3903977	4052703	2378426	2461252
电子石英钟	只	24928295	24834702	18827112	18429410
钢琴	台	16491	16616	14024	13915
吉他	支	605621	637709	633249	694454
电子琴	台	5613	7383	7834	8137

〔撰稿人: 中国社会科学院台湾研究所　王建民〕

〔责任编辑: 王亚水〕

机械工业

行业概况

第Ⅲ部分

农业机械

〔机械工业部〕

生产发展情况 1993年机械工业部系统有农机制造企业1488个，完成工业总产值405.03亿元，比上年增长5.3%，比机械工业总产值平均增长速度低，且排在机械工业部九大行业之末位。

1993年底机械工业部生产月报统计的11种主要农机产品中，增长的只有农机内燃机、内燃发电机组、农用运输车、拖拉机及内燃机配件4种；而拖拉机、小型拖拉机、机引播种机、联合收割机、割晒机、农用大拖车、农用水泵这7种产品中，除农用水泵只下降13.1%外，其余6种产品下降了30%～57%。

一批主要为农村种植业服务的大中型农机企业生产下滑尤为严重，且下滑幅度之大也是过去所少见的。如长春、潍坊、石家庄、邢台等拖拉机厂，哈尔滨、大连、西安、保定农机厂，四平、佳木斯、北京联合收割机总厂相继处于半停产或停产状态。长春拖拉机厂年计划生产小四轮拖拉机50000台，到年底只生产了23729台，减产近2.7万台，下降约53%。有10万台小四轮拖拉机生产能力的山东潍坊拖拉机厂，全年只生产了45991台，减产51304台，下降约53%。四平、佳木斯、北京联合收割机总厂全年分别生产联合收割机230台、337台、350台，比上年分别下降74.7%、、67.7%和44.3%。

面对严峻的生产和经济形势，各生产企业和农机工业主管部门，为摆脱困境作了大量工作。机械工业部农业装备司多次派调查组到企业了解情况，帮助企业渡过难关。各生产企业积极调整产品结构，发展多品种生产和扩大产品出口，收到了一些积极效果，减少了亏损。如第一拖拉机厂、石家庄农机厂和连云港旋耕机厂都在这方面迈出了可喜的步伐。

新技术与科研成果 1993年农机、内燃机等行业共安排科研项目69项。评出科技进步奖项目27项（部级），其中一等奖1项，二等奖10项，三等奖14项。

由中国农业机械化科学研究院申报的贴片光弹性系统在工程农机中的研究和应用被评为部级科技进步一等奖。该项目把微型计算机等新技术和现代光测法一体化，解决了国外同类设备不能实现的动态同步、自动跟踪、相位调节、自动连续摄象等重要功能的问题，建立了智能化的周期动态全域应力测量系统。该成果应用于工程农业机械、飞机、采煤机械、水轮机、生物力学等行业，解决了各种应用中的加载、减少初始应力等实测关键技术，有很好的工程实用价值和显著的经济效益，也填补了我国在该技术领域中的空白。

新产品 1993年，农机、内燃机等行业共安排新产品试制项目260项。

73.5kW（100马力）和88.2kW（120马力）履带式拖拉机以及11.02～16.17kW（15～22马力）轮式拖拉机等重大新产品通过了部级鉴定。73.5kW和88.2kW履带式拖拉机的问世，填补了我国大功率履带拖拉机的空白。

行业管理 调查研究农机行业在实行社会主义市场经济中遇到的新情况、新问题，机械工业部农业装备司提出了《关于发展农机工业的意见》，对于帮助企业克服困难，逐步走向社会主义市场经济，起了积极的指导作用。同时，积极向国家有关部门反映农机产品的特殊性，争取国家对农机产品实行低税率的建议获得通过。经1993年11月26日国务院第十次常务会议批准，拖拉机、土壤耕整机械、种植机械、收获机械、植保机械等大部分农机产品享受13%的增值税率；另有内燃机、水泵、农用运输车、拖拉机及内燃机配件等产品被定为17%的增值税率。

针对农用运输车市场需求较旺，生产企业存在一哄而起的现象，加强了对农用运输车产品生产的管理工作，并初步建立了农用运输车行业管理体系。由机械工业部和公安部联合，公布了“三轮运输车生产企业及产品目录”、“四轮农用运输车生产企业及产品目录”、“农用运输车系列型谱”。会同公安部完成了“农用运输车安全基准”，并由公安部发布实施，同时举办了“农用运输车安全基准”宣传贯彻学习班，使农用运输车正式列入公安部管理的四大类机动车辆范围内。

完成了增压器、机油泵、“三滤”（机油、柴油、空气滤清器）等内燃机配、附件产品系列型谱工作，并以机电农[1993] 8号通知向农机行业发出了实施管理办法。

组织了小缸径多缸机技术考察和论证，为“八五”后期和“九五”期间小缸径多缸机的行业发展编制可行性研究报告作了准备。

质量及质量管理 1993年，在洛阳召开了农机质量管理工作会议。会上提出对农机质量工作在观念上要来一个大的转变，即由原来以检测为主的“符合型”质量转变为市场、用户认可的现实性质量。会议认为农机产品质量工作的重点仍然是抓好“跑、冒、滴、漏”、锈蚀及装配质量问题。

机械工业部农机系统1993年组织了油泵油嘴、内燃机配件、小功率多缸机和单缸柴油机4类产品可靠性工作的验收和保证工作，并对部分四轮农用运输车产品质量进行了监督性抽查。完成了农机、内燃机国际和专业标准的清理整顿工作。确定强制标准18项，其中国际标准7项、专业标准11项，其他为推荐性标准。

技术改造及技术引进 1993年农机行业共安排基建、技改项目85个，其中技改项目62个，投资2.64亿元；基建项目23个，投资4100万元。

我国引进美国John·迪尔公司大中马力轮式拖拉机项目最后一次联合会议于1993年10月3日～16日分别在美国的沃特卢市和德国的曼海姆市举行。该技术引进项目合同历时十年，已经执行完毕，将予以终结。会上对合同执行情况进行了回顾，对继续进行贸易和合资事宜进行了探讨。

1993年5月26日～27日，在中国农机研究院举行了“日本多功能小型拖拉机演示会”。这是一种由日本设计、美国生产的摩托车式新型拖拉机，该机型体积小，重量轻，驾驶灵活，越野性能好，是一种能适用于各种气候、各种地势条件下作业的机型，配带相应的机具，可以从事运输、耕地、播种、施肥、割草、喷撒农药、清扫道路，并可在果园、蔬菜大棚内作业。来自全国的100多名专家与日本、美国专家进行了技术座谈和交流。与会代表对此种产品产生了极大的兴趣。

与联合国亚太农机网的合作继续得到加强。1993年12月6日～12日，机械工业部派团出席了在印度尼西亚雅加达召开的亚太农机网政府委员会和技术委员会年会。并参加了该组织在雅加达举办的农机博览会。广东新会农机厂、常州柴油机厂等29个农机企业参展。

市场及销售 1993年机械工业部系统农机行业完成销售产值（现行价）533.96亿元，比上年增长23.64%；全年完成销售收入506.7亿元，比上年增长34.62%。

1993年农机产品出口2.2亿美元，比1992年增长33.3%。

1993年农机行业实现利润15.83亿元，比上年增长7.0%。

虽然从统计数据看，1993年农机行业无论在工业总产值、销售收入和实现利润方面均比上年有所增长，有的增长幅度还较大，但从实际情况看，1993年农机行业仍是陷入困境的一年。主要是一些重要农机产品，特别是直接为种植业服务的产品，市场疲软，产销大幅度下滑，企业亏损严重。在中国农机总公司销售月报1993年12月底统计的23种农机产品中，有17种下降，其中，大中型拖拉机、小型拖拉机、手扶拖拉机、大中型机引犁、机引耙、大中型播种机、机动植保机械、大中型联合收割机、喷灌机械分别比上年下降26.6%、29.7%、19.4%、42.6%、43.7%、38.4%、46.5%、30.8%、34.7%。

列入1993年销售收入百强和利税百强的农机企业，直接生产田间种植业机械的企业除少数几个拖拉机厂外，都不在其列。并且这几家拖拉机厂，也主要是靠农用运输车或其他非农机产品的拉动。

分析1993年农机市场疲软的原因，主要有以下几条：一是用于购买农业机械的农贷资金紧张。据调查，不少地方将大部分农贷资金投向了开发区、房地产及其他产业，使得能用于购买农机的贷款大量减少，而这又是农民购买农机资金的主要来源。二是近几年农民实际收入下降，加之1992年不少地方“白条”现象严重，农民无钱买机。三是一些地方的农民种粮积极性下降，加之各种费用和摊派使农机户养机费用太高，难以承受，也影响了农民买机、用机的积极性。

1993年，国产拖拉机首次批量打入国际市场。由长春拖拉机厂和石家庄拖拉机厂生产的2000台小四轮拖拉机于1993年11月19日正式装船运往阿尔巴尼亚。秘鲁政府向中国采购的3000台上海50型拖拉机也于1993年10月13日开始分批发货。

〔撰稿人：机械工业部农业装备司　于永波　审稿人：机械工业部农业装备司　李金生〕

〔农业部〕

生产发展情况 1993年，农业部农垦系统从事农业机械生产的企业有97个，与上年企业数相同；共完成工业总产值9.2亿元（1990年不变价）基本与上年持平；完成利润总额2902万元，比上年下降38.7%，上交利润、税金7024万元，比上年增长10.6%。1993年农业机械生产的特点是：各生产企业在1991年、1992年农业机械产品销售的启动下，大力调整产品结构，市场趋于平稳。1993年上半年农业机械市场看好，下半年市场发生变化，全年主要大型农机具产品四大类出现负增长，与上年相比下降10%以上，但农业运输机械在连续两年负增长的情况下，1993年开始回升，且增长幅度较大，特别是手推胶轮车底盘增加较快，畜牧机械、排灌机械和拖拉机、内燃机、农机具配件均有增长，增长幅度在20%以上，详见表1。

表1　各类农业机械增长情况

项　目	单位	产量	比上年增长%
耕作机械	台	7919	−11.3
植保机械	台	800	−21.9
收获机械	台	5458	−13.5
运输机械	台	55861	144.1
农副产品加工机械	台	681	−12.0
排灌机械	台	12764	27.7
畜牧机械	台	14083	68.9
拖拉机、内燃机、农机具配件	万件	4100	32.9

新疆生产建设兵团、黑龙江省国营农场管理总局生产的农业机械，主要为农场服务，全面亏损，新疆亏损554万元，黑龙江省亏损1801万元，这是历史上亏损最严重的一年。1993年农垦系统农业机械全行业亏损企业由1992年的10个企业增长到21个企业，年末产品库存增加。

新技术与科研成果 1993年，农垦系统科研成果主要有：（1）上海向明机械厂研制的5XF-3.0型风筛清选机，通过专家鉴定，认为“整机的总体技术指标达到国内先进水平，并通过新产品样机鉴定，建议尽快投入小批量生产，并在生产中进一步完善技术文件及工艺工装。”（2）新疆生产建设兵团所属新疆农垦科学院农机所和新疆五五农机厂联合研制成功的ILZ-5.4型联合整地机，经过一年春秋两季3000亩播种前整地作业实验，效果良好。该机与东方红802型、75型拖拉机配套作业。特点是：多种工序作业一起进行，形成耙地、碎土、松土、平地、压实等“一条龙”作业，减少了作业工序，提高了作业质量和工作效率，使平整后的土地形成上虚下实的理想种床，能适应棉花地、麦茬地、赤灌地等多种土壤条件下作业，每个班次可作业300亩，每亩节约成本费2.29元，是整地机具的理想换代产品。（3）新疆生产建设兵团农二师通达食品厂采用新技术、新工艺改造啤酒花烘干设备，提高烘干啤酒花的质量，使啤酒花甲酸含量尽量少损失。过去采用人工木桶翻滚工艺，现改为全部机械化操作“一条龙”工艺，保证了啤酒花质量，提高了经济效益，减轻了劳动强度，这项新技术、新工艺的运用，为企业带来了上万元的经济效益，同时社会效益亦是可观的。（4）黑龙江省国营农场管理总局云山农场引进消化原苏联ДТ-75（МП）农用履带拖拉机，在作业过程中正常发挥作用并取得显著成效。我国的东方红-802型、75型农用履带拖拉机采用摩擦式转向机构，而ДТ-75（МП）农用履带拖拉机采用了有单级行星齿轮机构的转向机构，这项技术是世界农业机械化组织1973年首先提出来的，1978年原苏联首先在该机上采用。这项技术我国的拖拉机手不熟悉，在使用前期故障85%都是发生在转向机构上。该场认真研究、消化该机单级行星齿轮转向机构传递动力的原理及维护、调整方法，使该拖拉机在作业中得以正常发挥作用，作业故障率明显下降。（5）黑龙江省兴凯湖机械厂为适应农作物种子药剂包衣的需要，经过几年研制，不断改进，使5BY-4.0型种子包衣拌药机在生产中得以推广。该机可加工谷物、甜菜、蔬菜、牧草、林木、花卉等种子，适应范围广，加工谷物能力可达3～5t／h。（6）新疆农垦科学院农机所与新疆五五农机厂联合研制4SM-2型地膜回收机获得成功，该机主要由茎秆切碎机和地膜回收机组成，采用甩刀旋转、犁铲耕地、联合收割捡拾原理，联合作业，可一次完成棉秆切碎、地膜回收、自动装卸等。每亩回收地膜2.6kg以上，亩回收率74.3%～80%，每班次工作效率达50～80亩。

新产品 1993年，农垦系统农业机械制造行业共开发新产品132种，比上年增加28种，其中开发20种以上的有：内蒙古、黑龙江、湖南、新疆等4省、区；开发5种新产品以上的有：吉林、江西、广州等3省、市，这些新产品绝大部分为企业带来了较好的经济效益。1993年新疆生产建设兵团农业机械制造行业已通过各级主管部门、专家等鉴定的新产品见表2。石河子柴油机厂试制成功DQT-250型打瓜取籽机，与小四轮拖拉机配套使用，生产效率为300kg／h，清净率大于95%，深受广大农户的欢迎。

表2 1993年新疆生产建设兵团开发的主要新产品

新产品名称	生产单位
JL1100-89型抽油机减速器	石河子第四机床厂
JL650-18型抽油机减速器	石河子第四机床厂
QG-07型汽车全挂车	石河子柴油机厂
G70-2型单螺杆泵	新疆潜水泵厂
GA141前花脸	新疆汽车改装厂
BJ212百叶窗	新疆汽车改装厂
EQ140百叶窗	新疆汽车改装厂
EQ140前面罩	新疆汽车改装厂
挡泥板系列产品	新疆汽车改装厂

行业管理 1993年，农垦系统生产农业机械的企业，全部面向市场。同时各主管部门认真贯彻《条例》，转换经营机制。新疆生产建设兵团、黑龙江省农场管理总局安排农业机械产品的生产指导计划，全部改为市场计划，垦区主管部门亦相应地向公司、集团过渡。新疆生产建设兵团工交局主管农垦机械工业的部门已完成过渡，现为新疆农垦机械工业公司。黑龙江省农场管理总局生产农业机械的企业和主管部门已于1992年组建了黑龙江省农场管理总局农业机械工业（集团）公司。1993年全行业主要贯彻转换经营机制，引入乡镇企业的激励、风险、竞争、监督机制，对一些小型农业机械企业进行拍卖、租赁等，生产效益较好的企业，兼并较差的企业。黑龙江省白桦清选机厂兼并八五二机械厂。原八五二机械厂1956年建厂，一直在计划经济体制下进行生产，为大农业服务，缺乏竞争意识，又缺少与市场经济相适应的经营措施，连年亏损，濒临破产。被兼并后，更名为白桦耕作机械厂，将其直接推向市场，总场给一些宽松政策，财务单独核算，给一定资金注入，独立经营，扩大自主权，生产出适销对路的产品，很快使该厂“活”了起来。白桦清选机厂在1993年农机行业全面滞销的情况下，由于经营机制灵活，对市场风险适应性强，在厂内实行风险抵押，并对仓贮设备分厂进行新体制过渡，利用社会闲散资金成立仓贮设备股份有限责任公司。由于白桦清选机厂采取了较好的经营机制，使企业1993年完成工业总产值3783万元，实现利润604万元，再创历史最好水平。

1993年6月3日～4日在北京召开第二届二次中国农机工业协会种子加工及粮食处理设备分会常务理事会，会议主要研究、分析种子加工及粮食处理设备生产形势，引导企业进入市场，研究制定行业标准计划，抓好产品质量，使种子加工机械设备上一个新的台阶。为企业提供服务，指导、推动企业走集团化、公司化道路，在分会的积极努力下成立北京方联工程公司，集科研、设计、生产为一体，积极实施全国科协推荐提倡的"金桥计划"。

质量及质量管理 1993年农垦系统农业机械行业为提高产品质量，狠抓设备完好率，聘请设备监督员，消除"带病"作业设备。据对97个生产企业统计，设备完好率达到87.6%，与上年相比提高1.2个百分点；机械加工废品率为2.16%，比上年下降0.24个百分点；铸件废品率为10.2%，基本与上年相当。三项技术指标达到或超过全行业平均先进水平的有：河北、江西、浙江和湖北等4省，这些省设备完好率高，其机械加工件成品率相对较高，废品率亦低，详见表3。

表3 1993年农垦系统三项技术指标情况

省 别	设备完好率(%)	铸件废品率(%)	机械加工废品率(%)
全系统水平	87.6	10.2	2.2
河北	91.7	10.0	2.1
江西	89.5	7.4	2.1
浙江	87.8	7.0	2.1
湖北	93.8	6.32	0.83

成都液氮容器厂是生产低温真空液氮生物容器产品的专业厂，1992年该厂生产许可证到期，进行换证。由于标准GB5458《液氮生物容器》向国际标准靠拢，技术指标均有较大的调整和提高。工厂成立群众性的QC小组，采用系统工程法，经6次PDCA循环、协调，全厂职工上下协力运作，于1993年3月一次通过国家许可证办公室专家组的检验、验收，如期实现产品生产许可证复查换证工作。

技术改造及技术引进 1993年，农垦系统农业机械行业共完成固定资产投资12135万元，比上年增长39.9%，其中：基本建设投资6364万元，技术更新改造投资5951万元。完成固定资产投资100万元以上的省市有10个，详见表4。

列入1993年国家技术更新改造的重点企业有5家：黑龙江省白桦清选机厂，主要是增加烤漆生产线，更新冲压、焊接、金属切削成套加工设备，建设半成品库；黑龙江省兴凯湖机械厂，主要是更新静电烤漆生产线，检测仪器、成型设备；浙江省萧山磁钢厂，主要是引进日本隧道式磁场热处理设备、检测设备；江西省气门芯厂主要是改造生产车间，增加生产进口车气门芯组装生产线设备；广州市白云钢板弹簧厂，主要是扩建厂房、购置滚压机、换热器、回火炉、电阻炉、淬火炉、冷却系统等设备。5个企业共投入技术改造资金4125万元，已累计完成2180万元，除兴凯湖机械厂已完成技术更新改造项目投资外，其他4个厂还要延续到1994年后。这5个重点企业技术更新改造项目完成后，可形成新增工业产值9650万元，新增利税2153万元。列入国家技术更新改造的5家企业总投资占1993年全行业固定资产投资的33.5%。

表4 1993年农垦系统完成百万元以上固定资产投资情况

(单位：万元)

地 区	基本建设投资	技术更新改造投资
全系统合计	6364	5951
内蒙古		380
黑龙江	187	300
江苏	257	
江西	774	515
安徽		406
浙江	1873	1500
湖南		346
湖北	719	
广州	1162	710
四川		631
新疆建设兵团	1220	702

市场及销售 1993年农垦系统农业机械产品销售收入总金额10.2亿元，比上年增长15.1%；年末库存产品总金额1.95亿元，比上年上升0.35亿元。

1993年农垦系统农业机械产品对外出口总金额1635.9万元，比上年增长178.4%；实际出口创汇159.3万美元，比上年增长59.8%。出口产品主要是农业机械配件，创汇金额占40%以上，其次是畜牧机械和农业用水泵。出口产品分别是内蒙古自治区巴彦淖尔盟齿轮厂生产的农机配件、广州市农垦管理局畜牧机械厂生产的养鸡设备、新疆生产建设兵团新疆潜水泵厂生产的潜水泵、广州市白云配件公司生产的钢板弹簧等。

〔撰稿人：农业部农垦司 马孟发 审稿单位：农业部农垦司工业处〕

〔责任编辑：邝 鸥〕

热带作物机械

〔农业部〕

生产发展情况 1993年，农垦系统生产热带作物机械产品的企业有20个，完成工业总产值2.3亿元（1990年不变价），比上年增长53.3%；完成利润总额1954万元，比上年增长93.3%；上交税金747万元，比上年增长25.3%。完成产品产量1746台，比上年增长−20.6%，其中：种植管理机械41台，橡胶初加工机械1124台，剑麻加工机械464台，其他热带作物机械117台。热带作物机械三大类产品（种植管理、橡胶初加工、剑麻加工机械）产量全部为负增长，主要是橡胶、剑麻生产在加工工艺上没有新的突破，各农场橡胶、剑麻加工厂资金紧张，无法更换陈旧设备，使各机械制造企业产品产量逐年下降，只得将生产能力转向其他产品，积极调整产品结构，以适应市场需要。有些生产热带作物机械的主要厂家不是以橡胶初加工机械为主导产品，而是以生产市场上需要的汽车配件、通用机械、冶炼硅材料、修理汽车等为主，从而使这些企业开拓了市场，走出了困境。同时，由于各企业不断调整产品结构，重视质量，重视用户，相对的一些橡胶初加工机械产品集中到某一、两个企业来生产，如海南农垦营根机械厂，已成为橡胶初加工机械行业批量最大、专业化程度最高的生产厂家，其他一些厂只有少量产品；剑麻加工机械设备，集中到广东湛江农垦第二机械厂、广西热带作物机械厂生产，其他生产厂形不成批量。

热带作物机械厂主要集中在广东、海南、云南、广西4个省、自治区，热带作物种植也集中在这4个省、自治区，市场需要面较窄。在过去计划经济体制下，热带作物机械生产能力过剩，近年各生产企业积极调整产品结构、转换经营机制，尽管热带作物机械产品需要量减少，但整个热带作物机械制造行业拓宽市场，还是取得了较好的成绩。1993年完成工业总产值、利润、上交税金均有增加，与上年相比分别增长 53.3%、93.3%、25.3%。

热带作物机械行业1992年只有1个企业亏损，1993年增至3个企业亏损，亏损金额111.9万元。

新技术与科研成果 1993年热带作物机械行业研制并经过各级鉴定的新技术及科研成果主要有以下几项：(1) 由云南省热带作物机械厂和国营大渡岗茶场共同承担研制的年产25万kgCTC红碎茶成套机械设备，通过农业部科技成果鉴定。到会专家认为：该套设备总体设计能满足CTC红碎茶加工工艺要求，生产出的红碎茶产品质量符合国家标准，该套设备达到80年代国际先进水平，小型化填补了国内CTC红碎茶加工成套设备的空白。(2) 由广东省湛江农垦第二机械厂研制的FL-16型剑麻纺纱机，通过专家评议鉴定。鉴定委员会的结论是：该机“结构紧凑、设计合理、技术资料齐全、生产率和产品质量达到设计任务书要求，在同等条件下，比同类剑麻纺纱机产量高，产品不匀率低，机器性能稳定，操作方便，维修简便，安全性好，其技术经济性能在国内剑麻纺纱同类机型中属于领先水平。”(3) 海南省农垦海口机械厂研制生产的YZP-60型免烧砖配套生产线，经过近年不断改进产品质量，进一步提高配套生产线的性能。同时，研制不同原料的先进配方、不同原料最佳配方及成套工艺，其产品经过质量监督检验部门严格检验，质量超过一级火烧砖的标准，达到国内先进水平，并在我国举办的第二届国际专利及新技术、新产品展览会上获优秀项目奖。这项新技术、新产品成套设备已走俏海南、广东、广西、山西、江西、新疆等省、区，产生了明显的经济效益和社会效益。(4) 天然橡胶标准胶乳清循环使用后废水处理技术研究，于1993年9月在晨星农场的鉴定会上通过了海南省农垦总局的鉴定。

新产品 1993年热带作物机械行业共开发新产品21种，其中广东省开发新产品11种，海南省8种，广西自治区、云南省各1种。海南省农垦海口机械厂注重新产品开发，加强科学研究，随时注意观察市场动态，使其产品适应市场变化，利润连年翻番，1993年利润达到823万元，比上年翻了一番。详见表1。

广东省湛江农垦第二机械厂根据市场变化情况，开发3种新产品，有三号恒定制绳机、七号恒定制绳机、石料切片机；完善、改进并将投入批量生产的新产品有NL-16型捻线机。同时，该厂改造的老产品有：双锭纺纱机，二号立式制绳机，二、三、四、五号转锭制绳机。使产品在市场竞争中提高了信誉。云南热带作物机械厂为昆明电冰箱厂的协作配套厂，该厂不断研究配套件的工艺，提高产品质量，为兰花牌电冰箱配套生产的主副冷凝器，经过一年的努力，研制成功丝网式“邦迪”管冷凝器，并批量投入生产，使兰花牌电冰箱质量进一步提高。

表1 海南省农垦海口机械厂经济效益增长情况

(单位：万元)

项　目	1990年	1991年	1992年	1993年
工业总产值	1228	1826	4079	9208
利润	116	298	413	823
税金	41	104	150	183

行业管理 1993年热带作物机械行业贯彻《条例》，转换经营机制。据不完全统计，80%的企业都对厂级领导部门进行精简、缩编，划小核算单位，建立灵活的管理经营机制。如海南省农垦营根机械厂转换经营机制，认真落实《条例》，使工厂生机勃勃。他们的具体措施是调整产品结构、开拓销售渠道，以供销科为基础成立供销公司，由职工福利服务部成立商贸公司，由招待所、职工食堂等成立服务公司，使厂部机关干部减少33.4%。海南农垦金鼎实业发展总公司，原来以生产乳胶容器罐产品为主，他们认真贯彻《条例》，制定了“一业为主、多种经营”发展方针，兴建了金鼎大厦，发展旅游业；设立分厂、下放权利，建立工贸商场；实行“一厂两制”的用工制度。现在已发展成为集制造、旅游、金融、房地产等为一体的实业公司，包括农具厂、环保厂、门窗厂、金鼎大厦等十个部门（均为经济实体，具独立法人地位的企业）。广东省湛江农垦第二机械厂将原有的12个科室精简、缩编为3个科室，4个车间划分为3个制

造分厂，并成立3个公司（捷利物资公司、供销公司、服务公司），机关干部大幅度减少，比原来减少57.5%。

质量及质量管理 1993年，热带作物机械行业继续抓好企业计量定级、升级和设备管理工作。1993年全行业计量定级已达到90%。全行业设备完好率达到88.4%，比上年提高5.9个百分点；铸件废品率达到7.1%，比上年上升1.18个百分点；机械加工件废品率达到2.3%，比上年下降0.35个百分点。

农业部热带作物机械产品检测中心（筹建）对全行业生产热带作物机械产品的6个主要厂家的产品进行全行业监督检测，检测结果，除广东省湛江农垦第一机械厂热机产品全部符合标准外，其他各厂生产的主要产品质量严重下降，全行业产品合格率仅为23.1%。这引起各厂的注意，纷纷行动起来，制定措施，限期达到质量标准要求。广东省湛江农垦第一机械厂由于被检产品全部达到质量标准，受到全行业好评，该厂还被湛江市经委、市质量管理协会授予"质量效益型先进企业"称号。

1993年由热带作物机械技术委员会主持审定了剑麻制股机、剑麻并条机、剑麻纤维压水机行业标准。在标准的制定、审定中，广东省湛江农垦第二机械厂取得较好的成绩，近年陆续完成企业管理标准62个、工作标准81个、技术标准29个，使企业标准化覆盖率达到100%。

技术改造及技术引进 1993年，热带作物机械行业共完成固定资产投资2064万元，比上年增长210.7%，其中，基本建设投资1211万元，比上年增长153.3%；技术更新改造投资853万元，亦比上年有较大幅度的增长。各省、区完成投资总额数见表2。

表2 1993年热带作物机械行业固定资产投资情况

（单位：万元）

地区	基本建设投资额		
	1992年	1993年	比上年增长%
广东	368	638.5	73.8
海南	14	430	较大
云南	47	91	93.6
广西	49	51.5	5.1
小计	478	1211	153.3

地区	技术更新改造投资额		
	1992年	1993年	比上年增长%
广东	35.2	620	较大
海南	33	185	较大
云南	4.8		
广西	49	48	持平
小计	122	853	较大

1993年列入国家技术更新改造的企业主要有两家，广东省湛江农垦第一机械厂主要是改造冲压车间，增加点焊机、双动液压机、双点压力机，改造喷漆生产线，此项改造完成后年新增工业产值1000万元，利税210万元；海南省农垦营根机械厂主要是改造铸造车间，将手工造型改为机械辅助造型，新建两座冲天炉，购置化验、检测设备，此项目完成技术改造后，年新增工业产值224万元，新增利税91万元。

市场及销售 1993年，热带作物机械行业销售收入总金额29626万元，比上年增长120.2%；年末库存产品金额2465万元，比上年增加207万元，上升9.2%，属于正常增加；创汇66.8万美元，比上年下降52.7%。下降幅度较大的是云南省德宏农垦机械厂，下降57.8%。出口较多的是海南省海口农垦营根机械厂（出口橡胶初加工机械）、云南省德宏农垦机械厂（出口硅材料）、云南省热带作物机械厂（出口消防工具箱、橡胶初加工机械五合一压片机）。

〔撰稿人：农业部农垦司 马孟发 审稿单位：农业部农垦司工业处〕

〔责任编辑：邝 鸥〕

畜 牧 机 械

〔机械工业部〕

生产发展情况 1993年末，机械系统从事畜牧及饲料加工机械的主要生产企业有76家，职工人数25326人，固定资产净值平均余额为25078万元，金属切削设备拥有量4482台，锻压设备942台；全行业完成工业总产值74010万元，工业销售产值71279万元，利税总额3701万元，利润总额1194万元。产品产量为：草原建设机械4台，比上年减少96.04%，其中，网围栏设备完成113.2万m、比上年减少55.4%，牧草收获机械1350台、比上年减少78.3%；饲（草）料加工机械136985台（套），比上年减少22.62%，其中，大中型饲料加工成套设备274套、比上年增长17.09%，小型饲料加工机组2164套、比上年增长8.91%，饲料粉碎机生产117765台、比上年减少26.05%；畜禽饲养机械生产量为38222组，比上年减少6.2%，其中养鸡场成套设备156套、比上年减少54.12%，农户养鸡设备33740组、比上年减少1.98%，液氮容器生产1597台、比上年减少4.31%；畜产品采集加工机械生产13430台（套），比上年增加66.5%，但剪羊毛机组只生产42台，比上年减少12.5%。1993年由于钢材价格大幅度上涨，工厂资金短缺，市场滑坡，给全行业的生产、销售、货款回收等方面都带来很大困难，有些工厂认为1993年是十几年来经营最为艰难的一年。整个行业产品产量比上年减少17.82%。但是，在广大干部、职工的共同努力下，使畜牧机械的生产形势和经济效益仍保持在一个比较稳定的基础上。

科研成果与新产品 1993年畜牧及饲料机械行业有部级科研和新产品项目共7项，这7项都在年内完成任务，其中：科研项目2项，新产品项目5项。地方级新产品开发、鉴定、投产的有14项、19个规格，其中新疆畜牧机械厂1993年完成的95MR-76.2A型软轴式剪羊毛机通过了国家级新产品鉴定，并由国家科委、国家技术监督局等6单位颁发了国家重点新产品证书（号码为2650890660136）。

节能产品的推广也取得较好成绩，由中国农机院畜禽机械研究所设计的新系列（9FZ、9FQ、9FJ系列）饲料粉碎机比普通机型节能30%左右，1993年该产品已推广到20多个生产企业，3个系列的12个机型都已在全国进行生产、推广、使用。这项成果的推广，将为我国饲料工业更新老设备，提供高效、节能的新产品做出贡献。

行业管理 1993年机械工业部农业装备司与全国饲料办公室一起编写了《改造与改革相结合，加速发展饲料加工机械——兼谈"中国动物饲料行业"》的调研报告，为发展我国饲料工业，积极争取世界银行贷款提供了决策依据。并组织推荐了争取世界银行贷款、改造饲料加工机械的有关项目。

质量及质量管理 1993年第三季度，国家技术监督局组织机械工业部对畜牧及饲料机械行业的饲料粉碎机以及配件进行了监督抽查，共抽查了26个企业的26个规格的产品，合格19个，抽样合格率为73.1%；锤片的抽查合格率为71.3%；筛片产品的抽查合格率为50%。饲料粉碎机的抽查结果：广西横县农机修造厂、青岛大华机器厂、连云港市农机厂、信阳牧业机械厂等19个企业为合格产品，其中青岛大华机器厂生产的产品是国优产品，在历次抽查中都达到合格品以上水平。四川蓬安天府机器厂生产的天府牌9FQ-40型粉碎机经国家农机具产品质量检测中心和四川省农机质量鉴定站抽查，获得一等品称号，继续保持了部、省"双优"称号。经抽查，生产不合格产品的企业和设备有：江西省吉水县农机修造二厂生产的宇峰牌9FC-40BC粉碎机，山东省滕州市机电设备厂生产的彤辉牌9FQ40型粉碎机，广西灵山县农机修造厂生产的灵山牌9F-37-2型粉碎机，山东省海阳县电磁水泵厂生产的利民牌310型粉碎机，广西来宾县机械工业公司生产的9F37-1型粉碎机，山东省即墨市营上新兴机械配件厂生产的9FQ-40型粉碎机，淮阳县农机修造厂生产的双叶牌风雷-Ⅱ型粉碎机等。这些不合格产品都是一些小型企业生产的，管理水平低，设备工装陈旧，检具不全，产品转子平衡达不到要求，企业甚至没有平衡试验装置，生产条件欠缺。

市场及销售 1993年畜牧及饲料加工机械行业的销售市场从整体上看是比较好的，全年产品销售额为68210万元，比上年增长45.7%；产品销售收入67008万元，比上年增长50.6%。但从产品销售上看，其销售市场极不平衡。牧草收获机械：1993年产品销售额只有6882万元，产品销售收入5551.3万元。畜禽饲养机械：1993年工业总产值为7858万元，全年销售额8928.3万元，销售收入完成11258.7万元。1993年是饲养机械近几年来产值、产量、销售额较低的一年，其原因是：(1)生产养鸡机械的生产企业过多，竞争激烈，保有量增加过快，养鸡市场趋于饱和；(2)国内与国外企业合作、合资引进产品冲击国内市场；(3)国内畜牧业的发展目标近几年来已转移到不与人争粮食的食草牲畜为重点发展对象，国家在现有养鸡水平的基础上发展速度已明显放慢；(4)规模饲养投资过大，经济不发达或经济较贫困的地区需要发展而无力发展。饲料加工机械：1993年饲料加工机械发展形势很好，市场稳定，饲料加工机械市场供求关系发生变化，大中型饲料机械成套设备需求增加，过去年班产2～3万吨级的成套设备无人问津，而1993年辽宁阜新市牧业机械厂、北京燕京牧机公司、大同农牧机械厂、广东华达机器厂等都有2～3万吨级大型成套设备的销售市场，而单机设备，特别是饲料粉碎机产量和销售量都出现负增长。这说明，我国的饲料工业正朝着大型化、现代化、优质化方向发展。

1993年畜牧及饲料机械行业产品出口交货额为4096万元，其中，牧草收获机械出口1553台，创汇203799美元；挤奶机201台，创汇64972美元；乳品加工机械19台，创汇98241美元；孵化机、育雏器10台，创汇41623美元；养鸡机械208组，创汇186976美元；饲料粉碎机25755台，出口额1566.2万元；其他还有部分剪羊毛机组以及剪羊毛机刀片等。主要出口国家和地区为美国、东南亚、非洲、独联体、澳大利亚、新西兰等。出口量较大的有青岛大华机器厂、新疆畜牧机械厂、海拉尔牧机厂等。

〔撰稿人：中国农牧业机械公司 姚修伟 审稿人：中国农牧业机械公司 李贤光〕

附：风力机械

生产发展情况 1993年全国生产风力发电机组6100台，比上年增长10.17%；生产风力提水机组110台，比上年增长50%。1993年风力机械行业完成工业总产值890.4万元，比上年增长13.7%，到1993年底全国风力发电机组的保有量已达13.5万台，风力提水机达1600台。蓄电池的质量和价格仍是影响小型风力发电机组产量的重要原因，已引起各级政府的注意，有关部门正在积极着手研究，寻找有效的解决办法；风力提水机组推广应用范围小的问题仍没有得到解决。

科研成果与新产品 1993年国家计委下达了210万元的科研攻关经费。"八五"风能科技攻关项目安排的国产大中型风力发电场系统技术及设备的研制课题，其第一批项目签订合同的各个子专题，正在按计划开展工作，其中，55kW风力发电机组完善项目的5台机组，已于1993年7月在内蒙古商都县大山湾风场安装调试完毕，目前正在运行考核。

技术改造及技术引进 1993年国家经贸委在农村能源技术改造贷款项目计划中，批准了湖南益阳电机厂和湖北襄樊电机厂两个企业的技术改造项目。贷款总投资为700万元，当年投资300万元，其中贴息贷款200万元，企业自筹100万元。

"八五"风能科技攻关的重点项目250kW风力发电机组的研制，根据合同要求，决定引进国外技术，通过国家计委和机械工业部组织有关厂家到国外考查后，与德国Kroger兄弟股份有限公司胡苏姆造船厂签订了合作生产200台风力发电机组的协议，合作生产前的有关具体准备工作正在进行中。连云港风力提水机系统示范试验工程项目，由荷兰提供的5台3.5kW的电泵已在现场安装调试完毕，两台小发电机已发电，配套的两台国产风力提水机组也安装完毕，该项目正在按计划进行。

市场及销售 1993年我国风力机械的产量和销售量比上年有所好转，5kW以下的小型风力发电机组和风力提水机组，在上年的基础上有所增长，但增长的幅度不大。近几年来，国内已先后建立了十几个规模不等的大中型风力发电试验场。到1993年底共安装了55～250kW大中型风力发电机组97台，总装机容量为1.34万kW。在已安装的大中型风力发电机组中，国产机组只占10%，其余都是从国外进口的机组。

我国小型风力发电机组的生产技术成熟，产品质量可靠，已引起世界许多国家的注意，产品已开始打入国际市场。我国小型风力发电机组的出口工作，正处在起步阶段，因此，国内外贸易公司探询问价的较多，成交的较少。

〔撰稿人：中国农牧业机械总公司　毕月娥　审稿人：中国农牧业机械总公司　李德孚〕

〔责任编辑：邝　鸥〕

营林机械

〔林业部〕

生产发展情况 1993年营林机械制造企业数为5个，比上年减少4个，主要是各企业调整产品结构，以适应市场经济的结果。

1993年营林机械行业完成工业总产值26162万元（1990年不变价），比上年增长62.1%；实现利润1775万元；产量28520台，比上年增长5.3%。营林机械行业各单项指标前两名企业见表（工业总产值按1990年不变价）。

1993年营林机械行业各单项指标前两名企业

企业名称	工业总产值(万元)	实现利润(万元)	全员劳动生产率(元/人·年)
泰州林业机械厂	20151	1459	159800
西北林业机械厂	3268	183	23962

桂林林机厂是生产营林机械的主要厂家之一，1993年完成工业总产值1310万元，比上年增加769.32万元，增长率为142.3%，是该厂建厂21年来取得成绩最大的一年。

新技术与科研成果 1993年营林机械行业共安排弥雾喷粉机，杨树、泡桐优良单株组培工厂化生产技术的研究，落叶松容器苗工厂化生产技术的研究，容器苗栽植机的推广等20项科研项目，主要由哈尔滨林机所、泰州林机厂、镇江林机厂等单位承担，目前项目正在进行中。

1993年营林机械行业获林业部科技进步二等奖1项，即林业机械系统的研究，该项目是由北京林业大学、哈尔滨林机所、东北林业大学、黑龙江木材采运研究所等单位负责的。三等奖两项：南京林业大学、江苏丹阳市长龄林机厂、江苏金湖刀具厂研制的5XY-5型液压剪枝机和湖南省林业工业研究所研制的ZQT-50起苗机。

新产品 1993年营林机械行业共有6项新产品通过鉴定。由牡丹江林业科学研究所设计、大海林林业局机器厂制造的4YK型床座苗木移植机，湖南省林业工业研究所研制的ZQT-50起苗机，辽宁省清原林机厂和辽宁省森防站共同研制的6HPD-10型多功能喷药机，北京林业大学和北京车辆制造厂研制的BFC804型多功能履带式森林消防车、6MX系列车载可卸式森林灭火装置和福建省林科所研制的2RZ-160型多用途振动机等。

湖南省林业工业研究所研制的ZQT-50起苗机是一种新型的苗木移植机械，填补了国内带土起苗机械的空白，主要用于起带土绿化珍贵大苗、花卉和苗木移植以及四旁绿化、造林挖坑。配上其他机具时，可喷药、洒水、运输，一机多用。该机动力8.82kW（随直径改变而改变），最大地径8cm，单株纯起苗时间60s。

6HPD-10型多功能喷药机是在风力灭火机的基础上进行研制的，采用便携式，可喷粉、喷雾及喷烟。风力灭火机配上喷药机具，总重量11.5kg。喷粉时，水平射程在35m以上；喷雾时，水平射程在30m以上，垂直射程在17m以上。可广泛用于林木、果树及各种农作物。

技术改造及技术引进 1993年林业部投资2000万元，对泰州林业机械厂便携式林业机械与摩托车发动机进行技术引进及改造。该厂利用技改投资，进行了技术设备的引进，为提高生产率、减轻劳动强度和提高产品质量提供了保证。

1993年该厂与意大利阿尔培纳公司签订的引进油锯生产技术的合同，已就设备引进进行了实质性洽谈，并洽谈了合作生产油锯的合同，目前正抓紧技术及产品的引进工作，从而对工厂生产制造水平的提高创造了有利条件。

1993年营林机械行业合资、合作工作出现了新局面。年初泰州林业机械厂与台湾一厂家合资，成立了江苏林庆动力机械有限公司，与澳门一厂家合资的江苏林海奔腾动力有限公司也已开张，这些合资企业的成立，为提高工厂的技术制造水平和产品质量起到了积极的推动作用。

市场及销售 1993年营林机械行业销售收入24250万元，比上年增长40%。出口营林机械2011台，创汇27.2万美元。产品远销欧美、东南亚和香港地区。

〔撰稿人：中国林业机械协会 谢湘京 审稿人：中国林业机械协会 陈达文〕

〔责任编辑：邝 鸥〕

木材工业机械

〔林业部〕

生产发展情况 1993年木材工业机械行业有生产企业37个，职工总人数36499人；完成工业总产值190376万元（按1990年不变价），比上年增长9.9%；产量212535台，比上年增长59.6%。1993年木材工业机械行业各单项指标较好的前五名企业见表1。

表1 1993年木材工业机械行业各单项指标较好的前五名企业

企业名称	工业总产值（万元）	企业名称	实现利润（万元）	企业名称	全员劳动生产率（元／人·年）
常州林业机械厂	39529	常州林业机械厂	3500	常州林业机械厂	160802
威海木工机械厂	29200	威海木工机械厂	960	威海木工机械厂	86000
柳州机械厂	16084	柳州机械厂	670	苏州林业机械厂	67674
苏州林业机械厂	9294	苏州林业机械厂	641	镇江林业机械厂	53137
上海人造板机器厂	9853	信阳木工机械厂	442	青岛木工机械厂	40369

新技术与科研成果 1993年木材工业机械行业共安排科研项目33项，主要有：BBP系列环式剥皮机、拼板机的研制，减振消音器锯片，BQ1821无卡轴旋切机等。

1993年木材工业机械行业获林业部科技成果三等奖两项：485QN型柴油机的研制，该项目是由苏州林业机械厂负责研制的；CLZ型木材干燥室的研制，该项目是由东北林业大学等单位承担的。

新产品 1993年木材工业机械行业共有8项新产品通过鉴定。常州林机厂研制的ZLM-40轮式木材装载机、ZLM50B轮式木材装载机，都江木工机械厂研制的四面多轴刨床、靠模仿形铣床，哈尔滨林机所研制的BBPI-21-Y小径木剥皮机，天津林业工具厂研制的MF2840万能木工刀具磨床、MRJ11消音减振硬质合金锯片、木工硬质合金直刃镂铣刀等。

常州林机厂研制的ZLM-40轮式装载机是在消化吸收该厂与日本小松制作所合作制造的产品WA300-1型装载机先进技术基础上，结合该厂多年生产的经验，为林业和其他部门开发的又一种新型装载机。该机采用了S6D105新型柴油机、三元件单级单相变矩器、前四后四定轴式动力换档变速箱、带内置湿式制动器的驱动桥、由负荷传感全液压转向器和优先阀组成的转向系统，电子显示监控随时可以掌握油、水、气等情况。该机目前在我国同类装载机中处于领先地位，部分参数和性能达到国际同类产品水平。

都江木工机械厂研制的MB4516型四面多轴刨床，可以同时刨削木材的四个平面，能一次性加工完成包括异型的各种木材木制品工件。其最小刨削长度300mm、宽度20～160mm、厚度10～80mm，无级送料4～24m／min，平、压刨电机功率4kW，立刨3kW，刀轴转速5100r／min。

行业管理 为了扩大林业及木工机械产品的国际市场和宣传中国产品，中国林业机械协会积极组织行业厂赴越南胡志明市、德国汉诺威等参加国际林业及木工机械展览会，并与香港汇显展览公司共同举办了第三届国际林业及木材加工机械技术交流展览会，为开展对外贸易、扩大产品出口起到很大的推动作用。

1993年经外经贸部批准，授予中国林业机械总公司外贸进出口权。

技术改造及技术引进 1993年林业部共安排木材工业机械行业技术改造投资5972万元，其中新开工项目两项：镇江林机厂的刀片技改和常州林机厂提高外观质量技改。续建项目8项：(1)天津林业工具厂木工刀具技改，(2)镇江林机厂长材刨片机技改，(3)常州林机厂W470装载机技改，(4)苏州林机厂485Q柴油机技改，(5)牡丹江木工机械厂木工机械技改，(6)昆明板机厂刨花板设备工艺技改，(7)齐齐哈尔林机厂木片输送设备技改，(8)漯河林机厂人造板辅机技改。这些技改资金的投入，使企业增添了设备，提高了工艺技术水平和产品质量档次，扩大了厂房，使整个工厂面貌焕然一新。如常州林业机械厂用技改投资，引进一批先进设备，不仅保证了制造质量，还大大提高了劳动效率。该厂从瑞典引进的加工中心，加工一台Z50变速箱体仅需4h，比普通机床提高工效9.5倍。苏州林机厂485Q柴油机技改项目1993年底竣工，当年达到月产1000台的能力，为全年年产1万台打下了基础，使该厂年增产值1500万元、新增利税330万元。齐齐哈尔林机厂木片输送设备技改，主要改造木片输送设备生产工艺，增添CO_2气体保护焊设备，使人造板辅机制造质量得到提高，并使该厂能够年增产值500万元、新增利税120万元。

市场及销售 1993年木材工业机械行业销售收入183051万元，比上年增长13.4%。主要销售产品为木材采运机械35742台，比上年增长50.4%；木材加工机械174039台，比上年增长62%；人造板设备2410台，比上年增长34.3%。

1993年木材工业机械行业出口创汇1122.13万美元，比上年增长11.2%。主要为木材装载机、木工机床、人造板设备等。产品销往欧美、东南亚及香港地区。

〔撰稿人：中国林业机械协会 谢湘京 审稿人：中国林业机械协会 陈达文〕

〔机械工业部〕

生产发展情况 1993年从事木材加工机械生产的归口企业75家（包括机械工业部定点厂、轻工业部定点厂和其他部门的厂家），职工人数37028人，共完成工业总产值125850万元，比上年增长16.36%，其中，木工机床总产值101555万元，比上年增长65.02%；木工刀具总产值24295万元，比上年增长343.66%。木工机床总产量407518万台，比上年增长7.97%。1993年主要木材加工机械产品有12大类，其分类产量见表2。在1992年通用木工机床386个品种的基础上，1993年新开发木工机床38种，其中带锯机3种，木工刨床1种，木工车床2种，木工铣床11种，开榫机1种，木工钻床1种，榫槽机1种，砂光机10种，木工辅机4种，多用木工机床3种，其他1种。1993年新开发木工刀具3种。

表2 1993年木材加工机械分类产量表

(单位：台)

产品	产量	比重%	比上年增长%
圆锯机	4208	1.03	−7.6
带锯机	6809	1.67	21.6
木工刨床	7734	1.90	−5.4
木工车床	140	0.03	−33.6
木工铣床	686	0.17	−51.1
开榫机	180	0.04	−45.9
木工钻床	85	0.02	−22.7
榫槽机	914	0.22	−28.8
砂光机	226	0.06	30.6
封边机	15	0.01	114.3
木工辅机	5476	1.34	−9.1
多用木工机床	379952	93.24	10.9
其他	1093	0.27	−84.2
合计	407518	100.00	7.9

从表2中可以看出，多用木工机床占总产量的93.24%，产量比上年增长10.9%。主机方面，封边机增长比例最大，砂光机第二，带锯机第三，其他主机、辅机均下降，下降幅度最大的是木工铣床，以下是开榫机、木工车床、榫槽机、木工钻床、木工辅机、圆锯机、木工刨床。

1993年按工业总产值、实现利润、全员劳动生产率等方面技术经济指标分别衡量，木材加工机械行业各个单项指标居前五名的企业见表3。

从表3可以看出，威海木工机械厂、威海通用机械总厂、乳山木工机械厂分别居单项指标的第一位，其中前两个厂总产值均突破两亿元大关，全员劳动生产率最高的5个企业，多数是生产多用木工机床为主的乡镇企业。

表3 1993年机械工业部归口企业木材加工机械行业单项指标前五名企业

企业名称	工业总产值(万元)	企业名称	实现利润(万元)	企业名称	全员劳动生产率(元/人·年)
威海木工机械厂	29200	威海通用机械总厂	983	乳山木工机械厂	176000
威海通用机械总厂	22543	威海木工机械厂	960	威海通用机械总厂	103000
牡丹江木工机械厂	8077	信阳木工机械厂	441	威海木工机械厂	86000
信阳木工机械厂	6310	上海北桥轻工机械厂	415	上海北桥轻工机械厂	77461
金华木工机床厂	3823	牡丹江木工机械厂	403	鄞县电动工具机械厂	52865

新技术与科研成果 1993年木材加工机械行业取得科技成果20项。青岛木工机械厂研制的MM5613R、MM5613RP型双砂架双面宽带砂光机，消化吸收了国外先进工业国家的技术，两个砂架上下对置，可完成定厚及精砂加工，这两种砂光机为重型设计，机座十分刚固，加工速度高，砂削误差小，砂削表面质量优良，达到了80年代末、90年代初国外同类产品水平。福州木工机床研究所研制了MM7010型立式气鼓曲面砂光机、MM7110型卧式双侧气鼓曲面砂光机、MM7210型卧式单侧气鼓曲面砂光机等系列产品，其特点是采用空心的气鼓砂光辊，用自行车打气筒充气后成鼓形，有弹性，可以加工各种形状的曲面，达到了国外同类产品80年代水平。

新产品 1993年木材加工机械行业共开发新产品38种，其中有都江木工机床厂的MB441型四面成型刨床、MD3812型双头直榫开榫机、MX7520型双轴四边仿形铣床、D-MX006A型立木地板块成型铣床，泊头木工机械厂的MFX7512-4型木工四轴铣床，哈尔滨木工机械厂的MM514型宽带地板块磨光机，芜湖通用机械厂的MJ319-1型木工带锯机，牡丹江木工机械厂的BSG2403A型下砂式砂光机，信阳木工机械厂的BM1230型仿形磨刀机、MD8201型地板块双头铣床，青岛木工机械厂的MM5613R型、MM5613RP型双砂架双面宽带砂光机和SY130R型、SY80R型宽带砂光机，南通木工机械厂的MJ329S型跑车，东台东方机械厂的MK512型榫槽机，威海木工机械厂的MX601型卧式单轴木工铣床、BQB5114A型镂铣机、MS3413A型涂胶机，威海通用机械总厂的MCF3015型木工仿形车床、MLQ232B型轻型平刨联合机床、MZ511型立式单轴木工钻床，牟平轻工机械厂的MC9018型木工圆棒机、MX411型木线铣床、MX5018型木线铣床、MM415型砂带磨光机，文登春华木工机械厂的ML392型平压多用刨床，东台家具机械厂的MX401型成型铣床，银川纺织机械厂的MQ421BW型多用木工机床，临安木工机械厂的MJ347SH-28型细木工带锯机、YT-48A型和MT-285B型磨锯机，任丘永茂机械厂的MX101A型木线铣床，天津林业工具厂的MF2840型万能木工刀具磨床。

1993年木工刀具新产品试制鉴定3项，包括天津林业工具厂的消音减振硬质合金圆锯片、硬质合金镂铣刀，哈尔滨第二工具厂的木工整体成型铣刀。

行业管理 1993年，经外经贸部批准，牡丹江木工机械厂、信阳木工机械厂成为扩大机电产品出口企业和进出口自营权企业。

青岛木工机械厂经青岛市经委、体改委批准组建股份合作制的"青岛木工机械制造总公司"，1993年12月完成417名股东的招股工作，1994年初正式成立总公司。

牡丹江木工机械厂于1993年7月26日联合11家企业组建牡丹江木工机械制造集团公司，1993年该厂被国家统计局列入"全国500家最大机械工业企业"。

威海木工机械厂于1993年成立"威木集团"，威海通用机械总厂于1993年成立"工友集团"。

山西太行锯条厂1988年联合109家单位组建"海鸥锯业集团"，1993年与香港汇迈公司合资兴办"山西利达锯业有限公司"，注册资金300万元，每年出口交货695万元。

萧山之江工具厂 1993年 12月与美国SYGMA公司合资成为中外合资企业，同时与其他企业联合组建"浙江力利工具集团"，成员有7个企业。

中国机床工具工业协会木工机床分会与中国家具协会、香港华进公司联合在上海举办"首届国际木工机床、家具及制造设备展览会"，国内有19家成员单位，海外有德国、意大利、法国及港台地区几十家企业参展，为开展对外贸易，引进先进技术和扩大木工机床出口，开辟了新的途径。

质量及质量管理 1993年机械工业部木工机床检测中心完成了对威海木工机械厂等5个企业9个产品的出口质量许可证检测和MB103A单面刨床生产许可证的验收，还承担了14家企业24个产品的型式试验工作。

全国木工机床与刀具标准化技术委员会先后完成了《木工机床术语、基本术语》等两项国家标准和10项木工机床行业标准的制订，同时结合贯彻《质量法》，对近百个产品的型号进行了审查、转化与确认。

技术改造及技术引进 1993年全行业共投入基建资金6315.42万元和措施费9596.23万元进行技术改造。威海木工机械厂投资2905万元进行基本建设，添置精密加工设备，扩大生产能力，还投入措施费3570万元，进行技术改造和金属切削机床的生产，提高产品的档次和质量，已形成金属切削与木工机床各占产值一半的能力。牡丹江木工机械厂投入更新改造资金1357万元，铸造车间已完成树脂砂工艺的改造，提高产品的外观质量，完成了轴类工件成组加工工艺生产，购置了68台关键设备及6台微机，完成了成组工艺的软件开发，改造了变电所。威海通用机械总厂投资583万元进行基本建设，增添设备和仪器，使生产能力扩大20%。上海木工机械厂投入基建资金456万元，进行新厂房的建设，为迁厂做好各项准备，生产能力可以提高一倍。临安木工机械厂投入基建资金257万元和技术改造资金250万元，建设新厂房，购置设备和仪器，提高产品质量，扩大生产能力一倍。上海北桥轻工机械厂投入基本建设资金698.39万元和措施费171.73万元进行技术改造，添置设备，扩大生产能力，新增产量和品种比上年有较大提高。金华木工机床厂投资350万元扩大生产规模，创办了江南分厂，扩建了一条年产3万台木工机床的生产流水线。牡丹江二轻机械厂投入技术改造资金 311 万元，增添精密加工设备，使产品质量有较大提高。任丘永茂机械厂投入基建资金 300 万元和措施费 110 万元，扩大企业规模，增添加工设备，开发了多种新产品，生产能力也有较大提高。哈尔滨第二工具厂投入措施费 155 万元，继续完成精密复杂木工刀具技术改造项目，引进台湾数控万能工具磨床等设备，提高了开发刀具新品种的能力。太行锯条厂投入基建资金 314 万元和措施费用 1050 万元，进行技术改造，完成了热处理盐浴炉及水槽研磨机等项目，使上年开发的冶金切割锯片、薄型高速钢圆锯片、金刚石单晶体等新产品形成批量生产能力，1993 年新增产值 800 多万元。中外合资杭州之江工具有限公司投入基建资金 250 万元进行扩建，改进加工工艺，增加产品品种，使木工钻头出口额大幅度增加。

技术引进方面，哈尔滨第二工具厂从德国引进数控成型磨刀机，从台湾引进数控工具磨床，提高产品的精度，填补了国内缺门。威海木工机械厂从美国引进带式砂光机、截锯机、平刨、压刨、台式圆锯机等 5 种样机，从新加坡引进金属切削加工中心，提高了精密加工能力。

市场及销售　1993 年国内木工机床销售额 71067 万元，比上年增长 35.16%，具体分类构成见表 4。国内销售额中，多用木工机床占 69.84%，居首位，其次是带锯机，以下是圆锯机、砂光机、木工辅机、木工刨床，其余品种只占很小比例。

表 4　1993 年木工机床国内外销售额分类构成

产品名称	国内销售额(万元)	出口量(台)	出口额(万美元)	出口额比上年增长%
圆锯机	3395	205	34	−71.9
带锯机	7853	1595	178	118.2
木工刨床	1268	623	113	−36.9
木工车床	85	2	0.3	
木工铣床	690	456	27	0.5
开榫机	383	1	0.16	−98.5
木工钻床	86	38	3	200.0
榫槽机	80	330	16	1500.0
砂光机	2492	10	8	60.0
封边机	42			
木工辅机	1401	242	18	63.6
多用木工机床	49632	4806	112	65.2
其它	3660	36	99	50.0
合计	71067	8344	608	

1993 年木材加工机械销售量居前列的五个企业见表 5。

1993 年木工刀具 8 个企业的国内销售额为 12382.3 万元，比上年增长 110.86%，木工刀具销售额居前列的五个企业是太行锯条厂（3844 万元）、天津林业工具厂（2580 万元）、淮阴机械刀片厂（2230 万元）、杭州之江工具有限公司（1748 万元）、上海机械刀片厂（1032 万元）。

表 5　1993 年木材加工机械行业国内销售额前五名企业排序

名次	企业名称	销售额(万元)
1	威海通用机械总厂	18628
2	威海木工机械厂	15817
3	乳山木工机械厂	4697
4	牡丹江木工机械厂	4397
5	金华木工机床厂	2685

1993 年木工机床出口额 4845.56 万元，创汇 608 万美元，比 1992 年减少 28.18%，其分类构成见表 4。木工机床出口产品中，榫槽机增长最大，木工钻床次之。下降最多的是开榫机，圆锯机次之。出口创汇较多的企业是牡丹江木工机械厂（115 万美元）、信阳木工机械厂（87 万美元）、鲁东机械厂（51.6 万美元）、东台木工机械厂（51.37 万美元、临安木工机械厂（46 万美元）。

1993 年木工刀具出口创汇 774.76 万美元，比 1992 年增长 363.59%，首次超过木工机床出口额。出口创汇较多的企业是杭州之江工具有限公司（304.53 万美元）、杭州木钻厂（242.92 万美元）、太行锯条厂（115.8 万美元）、哈尔滨第二工具厂（81.3 万美元）。

〔撰稿人：福州木工机床研究所　卢镇华　审稿人：福州木工机床研究所　何海翔〕

〔责任编辑：邝　鸥〕

金属切削机床

〔机械工业部〕

生产发展情况　1993 年全国共有县以上金属切削机床（以下简称机床）生产企业 805 个，实现工业总产值 178.75 亿元，实现利税 235352 万元。

1993 年机械工业部系统机床产量 16.23 万台，构成比为：车床 44%，铣床 12.1%，插刨床 2.5%，钻床 12.4%，拉床 0.07%，镗床 1.7%，磨床 10.6%，切断机床 4.1%，电加工机床 0.86% 等。

新技术与科研成果　1993 年全行业共完成部级以上科研成果 30 项。北京机床研究所完成的刀具管理系统的研制是国家“863”项目，经机械工业部鉴定，认为该系统实用性强、使用方便，满足了FMS的需要，比国外同类系统功能更完善，适用我国国情，为国内先进水平。该所完成的电气比例阀系列研制课题，是国家“八五”项目，具有结构简单紧凑、工作稳定可靠、线性度好、响应快、寿命长等特点，相当于国外80年代末期同类产品水平，填补了国内空白。大连组合机床研究所完成了斯太尔缸体多工位高压清洗机项目，该项目是国家正式确定的重点建设项目——期太尔工程配套重要设备之一，整机是涉及多学科的综合性系统，可实现对各种大中型发动机缸体、缸盖及其他箱体类零件的高清洁度清洗，产品属国内首创。上海机床厂完成了新型圆度仪数据处理系统研究，该项技术将圆度仪所具有的功能全部通过计算机操作来完成，并已在该厂的圆度仪产品上获得应用。齐齐哈尔第二机床厂完成了产品图样应用计算机辅助设计(CAD)、工装应用计算机辅助设计（CAD)、盘套类齿轮的辅助工艺设计（CAPP）等成果，这些成果能够实现该厂产品——图库的计算机管理、工艺图形的计算机管理以及对盘套类圆柱齿轮单件和小批量生产企业工艺卡片的编制。重庆机床厂完成了滚齿机结构动力参数改进的研究，该课题利用模态分析原理对滚齿机新旧产品进行动态动画及数据显示，通过它可以确定新旧产品的薄弱部位，然后对其部位进行结构动力参数的修改。齐齐哈尔第一机床厂的D系列重型车床已采用了模块化设计，最大工件回转直径范围1250～5000mm，最大工件重量25～250t，模块化设计降低成本，提高质量，缩短供货周期。

新产品　加工中心　1993年机械工业部系统共生产加工中心590台。青海第一机床厂研制成功W2-140型卧式加工中心，工作台面积1200mm×1200mm，是国内大型规格的加工中心。大连组合机床所ZHS-K63型加工中心是引进英国KTM公司的技术，经转化后生产的许可证产品。长征机床股份有限公司的XHK718型立式加工中心，采用FAGOR8025控制系统，三轴三联动，链式刀库容量30把。南通机床股份有限公司（集团）的XH714型立式加工中心配用FANUC-OMC数控系统，具有三轴三联动功能，如用户配用数控转台，可实现四坐标联动控制，能加工各种曲面零件。

车床　1993年机械工业部系统共生产车床71017台。济南第一机床厂研制的CKT9520型活塞车床，可加工直径200mm、活塞圆度≤0.008mm的活塞，主轴转速2000、1300、1000r/min，加工精度为：圆度0.005mm，重复定位精度±0.001mm，活塞裙部轮廓精度径向值精度±0.01mm、轴向值≤0.01mm，工件粗糙度为R_a1.6μm，填补了国内空白。该厂研制的CH6150型车削中心，主轴采用智能化主轴电机拖动（26～3500r/min)，采用AC伺服进给系统，并且具有C轴功能，加工45$^{\#}$钢圆度0.002mm，表面粗糙度R_a1.6μm，C轴控制精度0.001°。南通机床股份有限公司采用了整体床脚、D型凸轮锁紧联结等先进技术设计制造了CM6246型车床，结构紧凑，造型美观，精度高。上海重型机床厂开发的CK61125A型数控车床，带有八工位回转自动刀架和带先进消振镗杆的镗刀座，采用SINUMERIK数控系统。宁江机床厂引进英国BEAVER公司的技术研制出车削中心系列，型号分别为CH6132、CH6140、CH6150，配龙门式上料架、自动门和零件输送器即成为柔性车削单元。齐齐哈尔第一机床厂的CH5112C×12/1型立式车削阀门加工中心，除具有一般立式车削中心的功能外，还可对阀门体进行一次装夹，自动实现对其全部表面的加工。武汉重型机床厂和日本金属工业股份公司合作生产的12TACB单柱定梁立式车削柔性加工单元，最大车削直径1600mm，该机可高效、快速、准确地车削内外圆柱面、圆锥面、平面、沟槽、螺纹和各种旋转曲面体工件，具有自动换刀及刀库装置、自动交换工作台和自动排屑装置，产品已返销日本。

铣床　1993年机械工业部系统共生产各种铣床19576台。北京第一机床厂与国外合作生产的XKA2120×60型龙门镗铣床结构性能好，自动化程度高，采用了多头泵式静压导轨、静压蜗杆、横梁自动调平等具有当代国际同类机床先进水平的技术。该厂还开发了XKFA2420型数控仿形定梁龙门镗铣床，该产品采用了多种先进技术，配置了FIDIA Compact 10数控仿形系统和P5平行仿形仪，具有数控、仿形、数字化等功能。武汉重型机床厂自行开发的XK2120A型数控龙门镗铣床，工作台面积为2000mm×6000mm，该机床采用静压导轨、滚珠丝杆、静压蜗母传动副、横梁辅助卸荷梁等先进技术。青海第二机床厂开发的SB6332×7m半自动螺杆铣床，采用液压阻尼装置、磁性排屑系统等先进结构，技术性能达到德国GF32N螺杆铣床水平，填补了国内空白。长征机床股份有限公司开发的CX-033型数控刀具沟槽铣床，是一种经济型数控机床，可实现X、Y、A三轴联动，实现了各种刀具沟槽加工的自动化，填补了我国经济型卧式数控铣床的空白。

磨床　1993年机械工业部系统共生产磨床17212台。宁江机床厂开发的MK2945C型连续轨迹数控坐标磨床是在该厂B系列产品的基础上发展的换代产品，工作台尺寸450mm×800mm，磨头转速4500～180000r/min，六轴三联动，定位精度0.007mm。上海机床厂开发的H197/2/3/4/5系列数控曲轴主轴颈磨床，加工长度1500mm，回转半径320mm，采用OKUMAOSP-5000RG-G系统，并用交流伺服系统控制工作台移动、头架变速及准停，能自动对刀、自动测量；采用机械卸荷提高砂轮架进给灵敏度而不易振动；纵磨和切入磨相结合，一次装夹可磨不同宽窄的主轴颈；砂轮两端面开槽，辅之高压冲洗，避免端面烧伤。险峰机床厂开发的MK8463型数控轧辊磨床为砂轮架移动式，采用TH-I PC工业控制机与PLC可编程序控制器联机组成的专用数控系统。加工工件直径630mm、长3000（4000、5000）mm，加工工件圆度0.002～0.005mm，圆柱度1000∶0.002～0.005mm，中高对称度100∶0.002～100∶0.05mm，表面粗糙度R_a0.01μm。上海重型机床厂开发的SN2060型数控龙门导轨磨床工作台，采用矩形、闭式静压导轨，从而可靠地控制工作台的起浮量，具有高刚度和高精度；磨头在横梁上的水平移动采用静压导轨，横梁用电子水平仪控制，进行自动调平，砂轮采用高精度的液力平衡装置，平衡精度<0.1μm，数控系统采用七轴控制。

钻床 1993年机械工业部系统共生产钻床20117台。常州机床厂开发的ZK5140／1型经济型数控立式钻床的工作台底座改成固定式，坐标行程和工作台台面尺寸有所增加，使机床刚性加强，适应范围扩大，三轴控制二轴联动。该厂开发的ZH5340型钻削中心的主轴头采用含有6根主轴的转塔结构，6根主轴自动转换定位，四轴控制三轴联动。中捷友谊厂研制的ZK3450／1型数控坐标钻床是在普通摇臂钻床的基础上增设数控工作台和辅助立柱，并将主轴改为数控进给，具有直线三坐标曲线二坐标联动的功能，可进行插补运算；定位精度X、Y坐标轴全行程±0.05mm，Z轴0.18mm。德州机床厂研制的ZP2104型深孔钻床采用PC控制，机床加工排屑为BTA方式，钻孔直径20～40mm，加工深度500mm。

镗床 1993年机械工业部系统共生产镗床2707台。武汉重型机床厂根据市场需要研制的TKA6916型数控落地铣镗床镗轴直径160mm，与回转工作台组合使用，可一次装夹进行五面加工。中捷友谊厂开发的TK54160型数控立式铣镗床采用三坐标联动加工曲面，适用于中小型箱体、模具和凸轮的精密加工，定位精度X、Y轴0.04mm，Z轴0.035mm，工作台尺寸1600mm×2000mm。齐齐哈尔第二机床厂和意大利茵塞公司合作完成了FA-B200型落地式镗铣加工中心的研制，该机镗轴直径200mm，可多坐标联动，具有数控回转工作台，6台附件小车，刀库容量60把刀，可自动换刀、半自动换附件，填补了国内空白，具有国际先进水平。

切断机床 1993年机械工业部系统共生产切断机床6585台。湖南机床厂开发的GZ4050卧式带锯床采用PC程序控制，主传动采用变速轴承（摆线针轮），工作平稳可靠，切削进给速度可任意调节，并采用了新型的排屑装置，最大锯料直径500mm。该厂研制的G4080、G40100型卧式带锯床是国内最大规格的带锯床，最大切割直径分别为800mm、1000mm，最大切割方料800mm×800mm、1000mm×1000mm，锯带无级变速。

齿轮及螺纹加工机床 1993年机械工业部系统共生产齿轮及螺纹加工机床6821台。重庆机床厂开发的YKT4220型数控径向剃齿机采用径向剃齿法加工圆柱齿轮、鼓形齿轮及小锥度齿轮，具有粗—精剃齿、微量回程、CRT显示、主轴变速及径向进给量设定无级调速等功能，其规格为直径200mm，模数4；该厂还开发了Y9420型齿轮倒棱机，采用PC控制，适用于汽车、拖拉机、机床行业大批量对各种齿轮倒棱去毛刺，可同时加工两个齿轮，单件工时15s。

电加工机床 1993年机械工业部系统共生产电加工机床1391台。北京机床研究所开发的DMK7150型精密数控电火花成型机实现了机电一体化，占地面积小，结构刚性高，实现了四轴三联动控制、C轴控制和自动交换电极装置。苏州电加工机床研究所研制生产的D125F超声抛光机采用超声波和电火花复合加工，使硬质的表面得以快速打磨，可抛光狭缝、深槽和各种异形面，获国家发明专利。

其他机床 大连组合机床研究所完成了ZHS-KHC03型摩托车车架弧焊机器人工作单元，可焊接薄壁型摩托车左、右壳体的立体空间曲线焊缝。东方机床厂开发的LGK-Ⅰ、Ⅱ型数控火焰、等离子切割机，是在原数控火焰切割机的基础上增加了逆变式等离子切割装置，具有等离子切割和火焰切割两种功能，分为单边、双边两种驱动方式。等离子装置与主机联机可靠，切割稳定，可在空气和水下对不锈钢、铜、铝等金属板材进行平面内任意曲线的切割。

技术改造及技术引进 1993年机床行业共引进技术15项。北京机床研究所与俄罗斯机床工具学院签订的多任务实时监控器和分布式模块、外壳软件、通道软件、多用户实时数据库管理系统、ISO七位程序仿真系统、FOCON软件工具、GRAFCON软件工具和光纤维通道软件等八个软件已全部到位，这些软件的二次开发，其工作量和难度很大。济南第二机床厂同法国BMO公司签订了全面合作生产数控机床的协议，合作范围有数控龙门镗铣床、数控落地式铣镗床、数控立车等。其中第一台MAJORMILL240型定梁、移动龙门框架式数控镗铣床（床身尺寸6000mm×2115mm，主轴功率32kW，数控系统NUM1060）现已安装完毕，在BMO专家指导下进行调试，BMO专家认为主要技术指标已达到BMO验收标准。汉川机床厂引进意大利NOVAR公司CENTER 900K2000万能型加工中心制造技术，该机具有KAR-Z专利主轴技术，可立卧两用，五面加工，六轴四联动。济南第一机床厂与德国MAHO公司联合生产J_1-MH800W、J_1-800M万能数控镗铣床和J_1-MH800E数控镗铣加工中心，其中，J_1-MH800W、J_1-MH800E均能进行五面加工。湖南机床厂引进了第二条双金属锯带生产线，已全部开工。东方机床厂在80年代后期引进德国梅萨公司大型数控切割机制造技术的基础上，于1993年又引进该公司两种类型的新的专用系统，即具有90年代初世界先进水平的G125E30C和价格适中的12SE30A，分别配置在该厂产品OMNIMAT系列高档数控切割机和QGK系列中档数控切割机上。上海重型机床厂与意大利TECCMU公司合作生产T10数控镗铣床，开发龙门加工中心；和日本丸福铁工所合作开发DP150S型龙门镗铣床。中捷友谊厂引进日本大隈（OKUMA）公司龙门五面加工中心制造技术，引进产品型号为MCR-R、MCR-B2-R系列。沈阳第三机床厂引进日本大隈（OKUMA）公司车削中心制造技术等正在执行之中。

质量及质量管理 济南第一机床厂的数控卧式车床采用了JB4369—86标准（等效采用ISO/TC39/SC2655），卧式车床采用GB4020或GB4021（参照采用ISO1708—83）。长征机床厂专用产品已按国家规定全部采用9项国家标准，通用产品中有必须采用的16个国际标准已全部执行。宁江机床厂、上海重型机床厂、中捷友谊厂等机床厂的主要产品均已采用了相关的ISO标准。北京第一机床厂的数控龙门镗铣床采用德国瓦德里希—科堡公司标准。

〔撰稿人：机械工业部北京机床研究所 王惠芳 审稿人：机械工业部机械基础装备司 恩宝贵、李冬茹〕

〔责任编辑：邝 鸥〕

锻 压 机 械

〔机械工业部〕

生产发展情况 1993年，机械工业部系统锻压机械行业共有企业102个，完成工业总产值233549万元，比上年增长22.6%；实现销售收入295557万元，比上年增长54.5%；利润总额20417万元，比上年增长92.5%；完成产品产量49969台，比上年增长24.6%。但因受国家宏观调控、压缩信贷的影响，市场由强劲逐渐变为疲软，特别是1993年9月份以后，不少企业出现了销售不畅，库存增多，贷款回收困难，效益回落。而少数重点、骨干、名牌厂由于质量好、信誉高，订货仍维持平稳上升势头，尤其是一些大、重型产品的开发生产略有增加。特别是一些骨干企业完成许多重大生产任务，取得了较好的经济效益和社会效益。如济南第二机床厂为汽车行业完成的J36-3000、J39-400、J39-500大型压力机等，产量完成170台，比上年增长51.7%，产值完成30068万元（按1990年不变价计算），比上年增长110%。齐齐哈尔第二机床厂生产的大型机械压力机比上年增长38%，为汽车等重点行业提供了8000kN和4000kN闭式四点压力机大型设备。上海第二锻压机床厂产值比上年增长20%。据21个重点、骨干企业报表统计，1993年共完成产品产量13420台，比上年增长1.5%，产值共完成185493万元（按现行价计算），比上年增长68%。

据对锻压机械行业70个企业的报表统计，1993年完成各类产品产量情况见表。

1993年锻压机械行业各类产品产量

产品类别	产量(台)	比重(%)	比上年增长%
机械压力机	23303	59.00	−13.0
液压机	5028	13.00	7.3
自动锻压机	735	1.90	−35.0
锤	537	1.40	−18.4
锻机	9	0.02	−55.0
剪切机	5363	13.60	23.5
弯曲校正机	3738	9.50	16.9
数控锻压机	100	0.25	−40.0

新技术与科研成果 1993年济南铸造锻压机械研究所完成的重大成果有高压水射流技术研究，其高压水切割设备主要用于无粉尘切割金属及非金属材料，其水压可达400MPa，压力机CAD系统开发应用的研究和大型数控精密辗环机的研制获机械工业部科技进步三等奖，此外还有液压动力头，用于蒸空锻锤技术改造的研究，节能率高达97%以上；径向锻机结构新原理的研究，属国内首创。齐齐哈尔第二机床厂研制的QZZJ-800型数控激光切割机，采用国产激光发生器和数控系统，切割板厚达6mm，切缝不大于0.2mm；研究应用监控系统在设计、制造冷镦机上取得了突破，在大型机械压力机设计中全部采用了多连杆技术；在生产工艺上推广应用大直径可转位刀盘，应用CAPP计算机辅助工艺实现齿轮和盘类零件的制造；新材料上研制了无镍高锰铝青铜代替有镍多元铝青铜材料，用于高速精密压力机衬套，延长使用寿命，降低了成本。徐州锻压设备制造厂自行设计制造了砂带磨床、深孔钻床及中频淬火机床等重大工艺装备，有力地推动了工厂的生产发展和经济效益的提高，使工厂的生产规模和经济效益居于江苏省锻压机械行业之首。

新产品 1993年锻压机械行业70个厂共完成新产品试制鉴定124个，其中通过部、省级鉴定的重大新产品共50项。如北京机电研究所与青岛锻压机械集团公司共同研制开发的J55-1600型16000kN高能螺旋压力机（也叫离合器式螺旋压力机），是我国自行开发研制的第一台用离合器控制的螺旋压力机，从而摆脱了依靠国外进口的局面。这种产品最早是由德国在80年代研制发展的一种新型模锻设备，该产品在结构、控制上有新的突破，整机的操纵与应急处理、故障诊断均由计算机控制。其主要特点是飞轮连续同方向旋转，仅在打击时降速、输出能量，因此工作时对电网冲击小，提高了输出能量和工作效率。有很长的圆柱导向，抗偏载能力强，可以多工位锻打。打击速度高而均匀，回程系统缩短了热接触时间，提高了模具寿命，是一种机电液一体化的精锻、模锻设备。其主要技术参数：名义公称力16000kN，最大允许力20000kN，最大工件变形能560kJ，滑块速度500mm／s，装模空间 800mm，主电机功率75kW，工作台尺寸1000mm×1250mm。

由机械工业部济南铸锻机械研究所、江都机床总厂和俄罗斯锻压机械科研生产联合公司、俄罗斯列宁格勒电子机械厂共同研制生产的数控板材四面折边单元于1993年10月通过部级鉴定。该单元主要用于板料加工成箱形件，其特点是与现有工艺设备相比，生产率提高4倍。采用先进的KM计算机控制系统（CNC）可实现全自动化的程序控制和人机对话，填补了国内空白。该机主要技术参数：可加工板材厚度0.5～2mm、长度480～2000mm，宽度480～1200mm，折弯角5°～120°，折出棱边高度最小为板厚的6倍、最大为160mm，最小折弯半径1.25倍板厚，折弯梁运动精度±0.01mm，操作机运动精度为±0.1mm。

由机械工业部济南铸锻机械研究所研究开发的C84－50型50kJ液压动力头，于1993年12月通过部级鉴定。该产品主要用于常用蒸空锻锤的技术改造，采用了独特的进油打击原理，气垫回程，节能率达到97.8%，具有装机功率小、速度高、频次高、灵活可靠、操作轻便、不闷模、不漏油等特点，主要技术指标均处于90年代初世界先进水平。该动力头是在湖南省石门连杆厂的原2t蒸空模锻锤基础上改造成电液锤的，经生产验证，年节标煤980t，年节水5000t，打出的锻件质量好，模具寿命高，每年可节约10多万元，同时还改善了工人的劳动条件，避免了烟尘对环境的污染，解决了煤的运输和水资源不足的问题，社会效益显著。主要技术参数为打击能量50kJ，装机功率2×22kW，锤头行程800mm，每分钟打击次数：全行程68次，短行程120次。由机械工业部济南铸锻机械研究所开发研制的CNC激光切割——机械冲孔压力机，已于1993年通过部级鉴定。该机是一种具有数控激光切割和机械冲孔两用的新型板材加工设备，可以在同一设备上实现复合加工工艺，主要用于金属板料的复杂、异形、多孔精密切割和冲孔。其主要特点是没有剧烈的振动和噪声，不需要特殊规格、尺寸的异形模具，激光切割缝隙小，节约材料，切口光洁，不需后序加工处理，能加工锐角、窄缝等特殊形状，生产效率高，设备费用低廉。主要技术参数为公称力300kN，加工板材尺寸1000mm×2000mm，最大加工板厚6mm，滑块行程次数270次／min，激光输入功率600～1500W，冲孔间距精度±0.15mm，控制轴数3，最小设定单位 0.01mm，最大进给速度40m／min。此外徐州锻压设备制造厂试制完成了国内最大的薄板双动拉伸液压机，YX28－800／1300型液压机的拉伸力8000kN，总压力13000kN；YX78－1600型16000kN砂轮成形液压机配有辅机，可实现全自动砂轮成形工艺；还有YX27－2500型25000kN单动冲压液压机及YX32－2000型20000kN四柱液压机。上海第二锻压机床厂试制完成了RVDS100－1180型1000kN高速精密压力机，每台可节约外汇60万马克。该厂还完成了SD_2ACHILLES 302型300kN数控冲模回转头压力机，工作精度±0.10mm，工具有自动分度系统。

行业管理 1993年共对7家工厂发放了13个出口许可证，绝大部分企业对“工艺突破口”工作非常重视，都建立、健全了相应的组织机构，制订了相应的规章制度，收到了较好的效果。

为了加强行业管理工作，机械工业部于1993年10月21日以机械政〔1993〕562号文，印发了《关于加强机械工业行业协会建设的意见》的通知，明确部委托行业协会承担的15项任务。锻压机械分会是中国机床工具工业协会下属的一个分支机构，根据部和总会的意见与计划安排，锻压机械分会在1992年10月换届工作完成之后，新一届的分会理事会和常务理事会于1993年5月和10月分别召开了全体理事会和常务理事会，研究议定锻压机械行业有关发展的一系列大事。对整个锻压机械行业生产、技术管理、经营、价格等各方面交流了经验，制订了发展战略，很好地起到了“桥梁”和“纽带”的作用。为此，锻压机械分会还分别对量大面广的产品如开式压力机、液压机、剪切折弯机等分类小行业召开了针对性较强的市场价格信息研讨会，交流了市场信息和经销策略，协调了行业价格，受到生产企业的欢迎。

在1993年内经上级有关部门批准建立股份制和企业集团的企业共有11家，如扬州锻压机床厂改建为扬州锻压机械股份有限公司，还有诸城锻压机械股份有限公司、安阳锻压机械股份有限公司及青岛锻压机械集团公司、江苏亚威机床集团公司等。这些股份制公司或集团公司都是1993年初步建立的，尚未公开挂牌上市，或是以一主导厂为主、以分厂为骨干成立的集团，尚处于探索经验、不断完善的阶段。

为了加强信息传递交流和协调工作，中国机床工具工业协会新成立了计算机应用推广工作委员会，对锻压机械行业加速现代化管理起到积极地指导和推动作用，沈阳锻压机床厂首批接受了指导。

质量及质量管理 1993年锻压机械行业对11个厂开展了行业贯彻系列标准GB／T19000（ISO9000）建立体系咨询工作，并于1993年11月14日至17日在重庆市召开了全国锻压机械生产企业贯彻 GB/T19000 质量管理、质量保证系列标准研讨会，会议的目的是通过交流经验的形式，加速锻压机械生产企业贯标的步伐，以适应国内外市场的新要求。共有 44 个企业、60 多名代表参加。为配合贯标和建立体系工作更深入、扎实的进行，国家铸锻机械质量监督检测中心还专门撰写、出版了《企业如何贯彻 GB/T19000 (ISO9000) 系列标准，建立建全质量体系》一书。

1993 年锻压机械行业质量监督抽查工作，前后两次共对 40 个工厂（其中板料折弯机生产厂 21 家、液压机生产厂 19 家）的 40 个产品进行了抽查，结果为 29 个合格、11 个不合格（其中板料折弯机 15 个合格，6 个不合格；液压机有 14 个合格，5 个不合格）。

技术改造及技术引进 1993 年锻压机械行业这 70 个厂共投入技术改造资金 33360 万元，列入国家重点技术改造项目共 12 项，主要是国家计委、机械工业部公布的振兴特定产品的特定振兴企业，这些企业技改投向重点是增添关键、大型、精密、高效加工设备和检测仪器仪表以及建立开发 CAD、CAPP 现代化管理设施。许多企业针对制造锻压设备的工艺特点，购置了加工中心、大型落地镗铣床、数控机床等，不仅提高了生产能力，而且稳定地保证了制造、装配质量，提高了全行业工艺装备水平，为"九五"锻压机械行业的快速发展、增加出口创汇实力打下了较为坚实的基础。

1993 年技术引进项目共 12 项，其中大部分已消化吸收完毕并投入新产品的生产，国产化率达到 90%以上。

锻压机械行业现有"三资"企业共 4 家，最大的是天津市南德压力机有限公司，是与德国著名的 SMG 公司合资的，主要生产大型液压机，现已建成，投入正常生产，产品开始出口。

市场及销售 1993 年锻压机械市场情况是上半年继 1992 年经济高速增长之后，市场继续兴旺，订货情况良好，但从 6 月份开始，特别是 8 月到 9 月份市场就出现了明显的下滑，已订合同的要求退货或暂缓发货，已交货的企业，资金回收出现困难，库存量增加较多。据对 70 个锻压机械生产厂报表资料统计分析，普通、常规产品需要量下降，而一些大、重型产品和专用产品略有增加。1993 年 70 个厂共实现销售收入 262852 万元，液压机、剪切机、弯曲校正机三大类产品销售较上年略有增加，其余各类均呈下降趋势。据《中国机床工具报》1994 年第 4 期 4 版刊登的 1993 年中国机床进出口统计表统计，锻压机床在 1993 年共进口 4.12 万台，金额为 6.35 亿美元，而出口仅 2.01 万台，金额 0.35 亿美元。从上述数字可以看出我国锻压机械出口台数为进口台数的 50%，而出口金额仅占进口金额的 5.5%。说明我国出口的锻压机械都是低水平、低档次、小规格的产品，而进口的锻压机械则是大型、数控、高档产品。

〔撰稿人：机械工业部济南铸造锻压机械研究所 罗加运　审稿人：机械工业部机械基础装备司　恩宝贵〕

〔责任编辑：邝　鸥〕

铸 造 机 械

〔机械工业部〕

生产发展情况 1993 年铸造机械行业归口生产企业有 30 个，拥有职工 18658 人，其中工程技术人员 1924 人，占职工总数的 10.3%；行业 6 个重点、骨干企业拥有职工 7661 人，占统计生产企业职工人数的 41.1%。

1993 年 30 个生产企业共完成工业总产值（当年价格）65651 万元，与上年统计的 26 个企业相比，工业总产值增长了 94.4%。6 个重点骨干企业 1993 年完成工业总产值（当年价格）17855 万元。1993 年归口企业铸造机械产量达到 8491 台，比上年增长了 83.1%。详见表 1。行业 30 个企业 1993 年产品销售收入达到 60996 万元，比上年增长 83.1%，说明 1993 年铸造机械生产销售形势较好。6 个重点骨干企业 1993 年生产铸造机械 2241 台，产品销售收入为 17966 万元，产品销售税金及附加为 1045 万元，利润总额为 172 万元，全员劳动生产率为 23185 元/人·年。

表 1　1993 年铸造机械行业归口企业产品产量分类情况

产品名称	产量(台)	比上年增长%
砂处理设备	3809	205.2
造型、制芯设备	1029	-19.9
落砂设备	442	531.4
清理设备	2333	83.3
金属型设备	878	15.1

新技术与科研成果 1993 年，由济南铸造锻压机械研究所完成的 800mm×630mm 气流冲击造型机机组的研究，在机组的主机——气流冲击造型机的关键结构方面做了重大改进，如新设计的气冲阀提高了气冲效果，明显降低了噪声，达到 78.7dB(A)，也提高了整机刚性和砂型型腔的精度。该机组由气冲造型机、内壁清扫机、翻转机、铣浇口机、输送滚道、PC 控制系统、液压气动系统等组成，布局合理、紧凑，操作方便，投资较低，是目前我国第一个投产并稳定运行的气流冲击造型机机组。由济南铸造锻压机械研究所、重庆铸

造机械厂、江阴铸造机械厂共同研制的旧砂（水玻璃砂）再生设备，旧砂中含水量2.4%～2.8%，调试生产造型后，再生砂单一砂造型浇注效果、抗压强度等都能满足生产要求，而且再生砂浇注后落砂性能还优于新砂，再生脱膜率达32%～40%，抗压强度2.5～3.0MPa。由济南铸造锻压机械研究所完成的真空压实造型技术研究项目，已通过了鉴定，该项技术可保证砂型硬度高，而且分布均匀，回弹小，铸型精度高，能满足工艺要求，是一种新的低噪声、工艺适用范围广的造型方法。由济南铸造锻压机械研究所完成的铝合金槽筒铸造生产研究，铝合金槽筒的金属型铸造工艺先进、合理、可靠，产品质量好，使用寿命长，主要技术性能优于胶木槽筒。

另外，铸造机械行业1993年在“八五”机械工业科技攻关项目方面也取得了一定进展。如大型自动卧式冷室压铸机研制，已完成液压驱动曲拐机械扩力合型机构的综合结构分析、新型超大流量快压射阀的试验装置制造和原理验证试验、大行程耐冲击高速位移速度检测系统、自动辅机的部分结构原理试验（主要是自动定量浇注机的自动定量原理验证试验）。大型砂处理成套设备的研制，已完成对2500mm大型混砂机的测试；研制了型砂性能自动检控仪，并对旧砂冷却及增湿控制技术和大型筛分设备进行了研究。造型线可靠性技术研究，已完成对主要应用行业汽车、拖拉机、发动机、机车、纺织机械等的调查，为进一步进行可靠性摸底调查提供了线索。铸造机械发展战略的研究，已完成我国铸造机械行业实力发展和近十年进口设备引进技术的研究、国内外铸造机械技术发展趋势及其政策措施的研究。消失模铸造工艺及设备的研究，已进行了气化模成型技术研究、高透气耐火涂料的研制、薄壁进气管造型浇注试验等。完成金属型铸造成套设备研究，主要包括：气缸盖金属型铸造机、自动浇注机和自动取件机械手三部分。完成机械及气压式浇注机的研制。机械式浇注机可实现随时调速的倾转浇注，同时还具有水平方向横向、纵向的移动，并可升降。气压式浇注机已完成图样设计工作。

新产品 由青岛铸造机械厂完成的2500mm转子混砂机，盘径2500mm，生产率80～100t／h，采用SR-20型可编程序控制器。由青岛第二铸造机械厂完成的S1618行星转子混砂机，盘径1800mm，一次加料量800～900kg，生产率25～30t／h。该机采用既有公转又有自转的高效混合机构，对型砂具有强烈的混合搅拌作用；传动机构采用双输出轴，提高了传动效率。由保定铸造机械厂研制的20t／h树脂砂成套设备，包括20t／h再生成套设备和30t／h混砂机，再生回收率>90%，混砂均匀性精度为±10%，噪声≤75dB(A)。由保定铸造机械厂、清华大学、北京玛钢厂共同研制的XZZ416垂直分型无箱射压造型线，砂型尺寸600mm×480mm×（120～330）mm，生产率240型／h。该线主机电气控制系统采用进口可编程序控制器，取消了机械式控制机构，采用新型组合油缸；夹持式铸型输送器采用液压驱动，易于控制输送力和输送速度，为实现合型输送同步控制提供了条件；平移式下芯机采用转臂滑块平移机构和可调节缓冲机构，实现了芯框的快速移动和精确平稳定位。由漯河铸造机械厂研制的L3126型滚筒冷却落砂机，滚筒内径为2600mm（大端），生产率为砂25～30t／h、铸件5～6t／h，该机可实现落砂、碎型砂、冷却与除尘，一机多用，噪声低，可实现无尘作业。由山东省诸城市铸锻机械厂和济南铸锻机械研究所共同研制的Q341A型吊钩转盘式抛丸清理机，吊钩负荷100kg，共有吊钩5个，清理1钩需用时间3～6min，适用于薄壁易损工件的清理。由青岛第三铸造机械厂研制的QXY3000钢板型材表面自动预处理线，处理钢板尺寸：宽度1000～3000mm，厚度6～160mm，长度2400～12000mm；型材最大断面尺寸300mm×1000mm，长度2400～12000mm，该线主要用于钢板、型材表面的强化、除锈和喷漆等。由上海压铸机厂研制的J1180A型卧式冷室压铸机，合型力达到8000kN，压射力750kN，最大金属浇注量15kg，一次空循环周期15s。由灌南压铸机厂研制的J1180型卧式冷室压铸机，合型力8000kN，压射力300～750kN，该机采用可编程序控制器，液压驱动，由主机和自动喷涂、自动浇注、自动取件等辅机组成。由灌南压铸机厂和济南铸造锻压机械研究所共同研制的J339型气缸盖金属型铸造机，型板尺寸为900mm×320mm，合型力269kN，该机生产的铸件最小壁厚仅为3mm。该机可实现对模具垂直浇注、水平充型，并设有自动浇注、自动取件机构。

行业管理 1993年，随着改革的不断深入，为企业注入了新的活力，也促进了企业的迅速发展。如上海压铸机厂通过实行职、权、利相结合，保证了企业总目标的完成，通过精简机构和优化现场管理，提高了效率。青岛第三铸造机械厂通过改革劳动、人事制度和分配制度，引人竞争机制，创造了良好的平等竞争机会。灌南压铸机厂通过抓技术改造，促进了新产品的开发，增强了企业的竞争能力，提高了企业的经济效益。行业中自1992年临海铸造机械厂实行股份制以来，1993年又有诸城市铸造机械厂、青岛铸造机械厂和青岛第一铸造机械厂实行了股份制。通过实行股份制，增强了职工的凝聚力，激发了职工的劳动积极性，职工也增加了收入。为了发挥企业集团的优势，以便更好地组织科研、生产、销售和服务，经过充分酝酿，1993年成立了青岛铸造机械集团公司，其中紧密型企业有青岛铸造机械厂和青岛第二铸造机械厂。集团公司成员中的企业隶属关系不变。

技术改造及技术引进 1993年行业30个企业共完成固定资产投资7136万元，比上年增长68.9%，其中灌南压铸机厂1087万元，青岛铸造机械厂 842 万元，上海压铸机厂 796 万元，青岛第三铸造机械厂 683 万元，苏州铸造机械厂 648 万元，青岛第二铸造机械厂 630 万元。

1993 年技术引进项目有 6 项，详见表 2。

表 2　1993 年技术引进及消化吸收情况

序号	引进项目名称	转让方国别	转让方公司名称	国产化情况 (形成产品数、批量生产能力、国产化率等)	接受单位
1	树脂砂芯砂高速混砂机	美国	B&P 公司	树脂砂芯砂混砂机国产化已进入试生产阶段，国产化率为 100%	苏州铸造机械厂
2	G1 三乙胺发生器	德国	Laempor 公司	(1)G1 三乙胺发生器国产化已设计完成，进入试生产阶段，主要元器件均为国产元件或该厂自制。 (2)在消化吸收 Laempor 公司 G1 三乙胺发生器技术和国产化的基础上，已完成 $G1\frac{1}{2}$ 三乙胺发生器的设计，即将投产	苏州铸造机械厂
3	11000kN 卧式冷室压铸机图样	意大利	特里乌齐 (Triulzi) 公司	尚在消化吸收阶段	上海压铸机厂
4	高速混砂机系列 (16～300kg)	美国	B&P 公司	其中 15032H、1520H 翻转起模机图样转化完毕	漯河铸造机械厂
5	翻转起模机系列 (227kg～12t)	美国	B&P 公司		
6	TDC350A 卧式压铸机	韩国	Tae Svivg Machine Coy	计划于 1994 年进行消化吸收工作	阜新压铸机厂

市场及销售　1993 年总的说来国内市场形势较好，特别是 9 月份以前市场回升较快，但从 10 月份开始市场有些下滑。据统计 1993 年国内铸造机械产品销售收入已达 60996 万元，比上年增长 83.1%。按各类产品分析，其中增长最多的是砂处理设备、落砂设备和清理设备。1993 年国外市场也有所增长，据统计 1993 年共出口铸造机械 103 台、36.5 万美元，其中砂处理设备 1 台、3.5 万美元，造型制芯设备 90 台（套）、18.74 万美元，清理设备 6 台、6 万美元，金属型设备 6 台、8.26 万美元。由于市场形势较好，行业 30 个企业 1993 年产品销售税金及附加达到 2817 万元，实现利润总额 3783 万元。

〔撰稿人：机械工业部济南铸造锻压机械研究所　王作礼　审稿人：机械工业部机械基础装备司　恩宝贵〕

〔责任编辑：邝　鸥〕

量具刃具

〔机械工业部〕

生产发展情况　1993 年工具行业生产在上年全面回升的基础上继续高速增长，尽管下半年行业经济状况出现滑坡，增长速度放慢，但全年工业总产值、产品销售收入、实现利润总额等主要经济指标仍较上年有较大增长，企业经济效益全面提高，职工收入大幅度增加。

24 家重点骨干企业 1993 年工业总产值（不变价）136605 万元，比上年增长 15.2%，其中工业增加值 75405 万元；工具产品总产量 22942 万件，比上年增长 6.2%；实现利润总额 6506 万元，比上年翻了一番；人均创利1207元/人，增长105%；按工业增加值计算的全员劳动生产率为12600元/人·年；职工人均年收入4679元，增长幅度达35%。

新技术与科研成果 1993年成都工具研究所共有9项科研成果分别获得国家、机械工业部和地方的科技进步奖和优秀火炬项目奖，其中，涂层硬质合金刀片成套技术及装备研究获国家科技进步三等奖；复杂刀具CAD软件系统获机械工业部科技进步二等奖，该系统经多次修改完善已达到实用程度，它由一个刀具设计图形数据库和一批常用复杂刀具CAD应用软件组成，可在微机CAD系统上完成40余个品种、上百种结构型式的复杂刀具设计全过程，完成一种非标复杂刀具全部设计过程仅需20～60min，比传统手工设计提高工效20～50倍；宝钢用硬质合金螺纹梳刀的研究开发及国产化项目获四川省科技进步一等奖，通过技术攻关，在梳刀的基础材质、刀具齿形结构、加工工艺及涂层处理上取得了重大突破，经过多层涂层（4涂层、7涂层）和表面硬化处理的梳刀寿命提高2倍以上，性能达到国外同类产品先进水平，目前国内市场占有率达95%；硬质合金镜面刀具研究、硬化膜刀具涂层技术与专用设备、开关触发式三维传感系统（标准）、双频激光干涉仪（标准）4项成果获机械工业部科技进步三等奖；国家级火炬计划项目高效精密硬质合金螺纹刀具和双频激光干涉仪系列产品分别被评为国家科委和成都市优秀火炬项目。

上海量具刃具厂改革传统的卡尺装配工艺，新建成国内首条数显卡尺装配流水线，通过分解工序和配备先进的工装和检测手段，提高了装配精度和工作效率，该流水线每月可创利2.6万元，投产7个月即可收回全部投资；青海量具刃具厂开发的千分尺CAD技术，可对千分尺的结构、形状、受力受热变形等进行科学分析和最佳设计；哈尔滨第一工具厂通过工艺分析和研究，解决了大拉刀淬火后出现后柄裂纹、制造杆类刀具时高速钢与结构钢对焊出现环状裂纹等工艺难题，提高了产品合格率，降低了制造成本；哈尔滨量具刃具厂研制的HL600、HL600A型数控刀具检测装置，为数控刀具的生产提供了新的检测手段。

新产品 工具行业1993年共开发各类新产品176种，其中刃具108种、量具42种、量仪26种。

刃具 孔加工工具：上海工具厂开发的镶硬质合金锪槽刀可用于冰箱压缩机生产流水线及多工位机床，是集锪孔、铰孔、倒角、割槽为一体的新型组合刀具。四平工具厂开发的硬质合金复合铰刀用于加工冰箱压缩机端盖、缸体，其小端直径2.5～8.5mm，大端直径5～12mm。太原工具厂新开发了硬质合金可转位钻—扩、钻—铰复合刀具。

铣削刀具：关中工具厂开发的模块式45°、60°、75°、90°系列面铣刀，规格100～160mm，可通过变换刀片座模块获得加工所需主偏角结构，减少了用刀数量，铣削速度120～150m/min，每齿走刀量0.15～0.2mm，铣削厚度8～10mm；该厂开发的规格为直径22～50mm的粗精切复合立铣刀，集粗、精切为一体，铣削厚度为普通高速钢立铣刀的1.5倍，进给速度提高20%，被加工表面粗糙度可达R_a6.3mm；该厂开发的可转位帽盖式密齿面铣刀直径315～500mm，精铣加工工件表面粗糙度可达R_a1.6mm，平面度误差≤0.05mm。上海工具厂开发的硬质合金可转位螺旋齿立铣刀直径63mm，适于加工工件侧面凹槽，切削效率比高速钢刀具提高3～5倍，是加工中心必备刀具。衡阳量具刃具总厂开发的X217阶梯式面铣刀可满足机床功率不足、加工系统刚性差等条件下的大切深加工，刀具齿数10～30，阶梯圈数2～5，阶梯增量2.5～5。其他较具代表性的铣削刀具新产品还有：成都量具刃具股份有限公司的直径160～500mm可转位模块面铣刀、密齿面铣刀、螺旋齿直柄立铣刀，哈尔滨量具刃具厂的硬质合金可转位三刃立铣刀，哈尔滨第一工具厂的可转位螺杆泵铣刀和组合圆柱铣刀，汉江工具厂的螺杆转子精铣刀，贵阳工具厂的套式波刃铣刀，太原工具厂的硬质合金模块式面铣刀和斜齿立铣刀，哈尔滨第二工具厂的木工整体成型铣刀等。

复杂刀具：洛阳硬质合金工具厂开发的可转位大模数齿轮铣刀适用于重机行业大模数（m13～30）齿轮加工，切削效率较高速钢滚刀提高3～5倍。重庆工具厂开发的带倒角齿键槽拉刀，加工带孔零件键槽时可同时对圆孔与键槽交界处倒角，主要用于汽车齿轮加工。哈尔滨第一工具厂为加工汽车发动机内表面开发的专用成套拉刀，可代替同类进口刀具。汉江工具厂的硬质合金平面拉刀是用于加工汽车发动机箱体结合面的成组成型刀具，其精度、性能和寿命均达到日本同类拉削刀具水平；该厂还开发了M30钴高工钢焊接式镶片齿轮滚刀和直径320mm大型盘形剃齿刀。

数控工具系统及刀具：威海精密机床附件厂等5家单位联合设计制造的TMG28模块式镗铣类数控工具系统是为国产数控机床配套的新型工具系统，每级模块接口重复精度≤5μm，达到国外80年代同类产品水平。上海机床附件一厂开发的CS40车削类数控工具系统可用于车削加工中心和数控车床，分固定型和驱动型两类，固定型有纵、横向，左、右切，正、反切刀杆、莫氏柄刀杆、镗刀杆等；驱动型有弹簧夹头刀杆和直角型弹簧夹头；该厂向瑞典SANDVIK公司引进生产许可证生产的TMG50、TMG53型模块式工具，适用于在加工中心和数控机床上夹持钻、镗、铣、攻丝等多种刀具，可根据不同工件和工序在长度、直径和功能上利用模块任意组合。广州工具厂开发的CABS-VDF可调双刃精镗刀，切削直径196～401mm，可与同类进口刀具互换组合使用；该厂的CABS-FF横向微调镗刀分6种规格，切削直径 39～199mm，微调精度 0.01mm／10 格，刀片采用 C 级精度，刀头有喷射冷却液孔，该刀可与 KOMET 产品互换使用。成都量具刃具股份有限公司新开发了 TMG21 自动换刀工具锥柄模块、带扁尾莫氏圆锥孔刀柄、7∶24 快换夹头刀柄和单刃、双刃可转位镗刀模块等数控工具模块。

其他刀具：上海工具厂开发的直径 570mm 镶硬质合金圆锯片，是切割锰钢坯料的高效刀具；该厂研制的磨齿搓丝板，加工普通螺钉和高强度螺钉，可大大提高生产效率和加工精度，使用寿命较普通搓丝板延长 1.5～2 倍。四川工具厂的滚珠螺纹拉削丝锥加工精度≤0.05mm，工效较车、铣削加工提高 3～4 倍。

量具 电子数显量具仍是 1993 年量具新产品的开发重点，共有 11 家企业的 16 种电子数显量具新产品投产。上海量具刃具厂研制的电子中心距卡尺可用于工件及模具的中心距测量、两轴及齿轮间装配中心测量、高精度划线校准等，具有内、外侧距与中心距自动换算功能，测量范围 5.5～80mm，示值误差 0.03mm，分辨率与测量重复性均为 0.01mm；该厂开发的电子数显量角器采用容栅式角度传感器，液晶显示，测量范围 0°～360°，示值误差 0.2°，分辨率与测量重复性 0.1°。无锡量具刃具厂开发的电子量规测量范围 0.2mm，最高分辨率 1μm，示值误差≤满刻度 1%，示值稳定性≤1μm／10 次。青海量具刃具厂开发的多用大尺寸电子数显量具，内、外测量范围分别为 400～2000mm 和 375～1975mm，数显读数头行程 100mm，分辨率 0.01mm。桂林量具刃具厂研制的 DJCI-RS232 接口器和 DW01 数据处理打印机，可与容栅式电子数显量具配套使用，进行数据处理和打印输出，并具有统计、绘制直方图等多种功能。专用量具新产品主要有：哈尔滨量具刃具厂的线径千分尺、石油抽油杆螺纹量规，武进刃量具厂的 WYG 圆弧焊接万用量规，金华量具厂的 ZK150 型活塞专用卡尺等。成都量具刃具股份有限公司开发了直径 42mm 百分比较仪、直径 58mm 千分小比较仪、组合镗缸表、英制内径表、英制刀口千分尺等量具新产品。

量仪 专业量仪生产厂中原量仪厂 1993 年为汽车制造业研制开发了 4 种专用系列量仪：CHL-1 型前轮壳综合测量机和 CQL-1 型后轮壳综合测量机分别用于检测汽车车体前后轮壳，测量效率 16s／件，示值稳定性≤2μm／10 次；CJS-1 型主减速器综合测量机和 CCS-1、CCS-2 型差速器综合测量机用于检测汽车主减速器和差速器，测量误差分别小于 1／4～1／10δ 和 1／3δ（δ 为被测件公差）。作为工具行业大型精密量仪生产基地的哈尔滨量具刃具厂充分发挥在表面粗糙度量仪方面的技术优势，新推出了 2223 型轴承滚道表面粗糙度测量仪、2224 型齿面粗糙度测量仪及 2205 型表面粗糙度测量仪，其中 2205 型可测表面粗糙度参数达 23 种，分辨率达 1nm；为满足日益增多的数控机床配套需要，该厂新推出 1606 型、1607 型刀具预调测量仪系列产品，其中 1607 型径向和轴向最大量程分别为 200mm 和 500mm，可测刀具最大直径 400mm，光栅坐标系统分辨率 1μm。成都量具刃具股份有限公司研制的 SSX-12810 型三坐标划线机，1993 年通过了厂级鉴定，该机可用于汽车、模具、冶金等行业在生产现场对复杂铸件、模具壳体等进行三维空间划线与测量，其垂直（Z）、水平（Y）、纵向（X）行程分别为 1000mm、800mm、1100mm，数显系统分辨率为 5μm；该厂新开发的键槽对称度测量仪和北京量具刃具厂开发的 XJ-20、XJ-30 型轴键槽对称度测量仪，为解决长期困扰电机制造和其他行业用户的键槽对称度测量难题提供了新的手段。

行业管理 1993 年中国机床工具协会工具分会举行了第四次会员大会，进行换届选举，成立了由 41 个理事单位组成的第二届理事会，通过了重新修订的分会章程及管理条例。机械工业部在“关于振兴特定基础机械和基础件若干措施的实施意见”中，选定工具行业 15 家企业为特定振兴企业，并确定了各厂的特定振兴产品。由成都工具研究所组织行业 30 余家企业参与起草的“工具行业产品结构调整方案”正式向全行业发布。

在工具行业大型骨干企业中率先进行股份制改造的成都量具刃具股份有限公司（原成都量具刃具总厂），1993 年 3 月经国家体改委批准确认为向社会公众发行股票的公众公司，1993 年 9 月该公司 1800 万元社会个人股票在上海证券交易所公开上市挂牌交易。

质量及质量管理 1993 年，国家刀具质量监督检验测试中心完成刀具产品出口质量许可证检验 41 项，发放出口质量许可证 18 份；承担丝锥产品国家质量监督抽查，共检验 21 家企业产品，合格率仅为 9.5%，为历年最低水平。机械工业部量具量仪产品质量检测中心，1993 年完成 16 种产品的出口质量许可证产品检测和 8 种产品的工厂考核工作，发放了电子数显卡尺等 10 种量具产品的出口质量许可证；承担高度游标卡尺产品国家质量监督抽查，共检验 10 家企业产品，抽查结果一等品率 40%，合格品率 40%，不合格品率 20%。

技术改造及技术引进 工具行业 1993 年技术改造项目共 27 项，计划投资额约 7000 万元，当年内完成验收的技改项目共 10 项。

金刚石圆锯片是一种极具市场潜力的高效切割工具，继 1992 年山西太行锯条厂的金刚石圆锯片生产线上马后，1993 年工具行业又有哈尔滨第三工具厂、山东工具厂、桂林工具厂、丹徒工具厂、常熟轻工刃具厂 5 家企业的金刚石圆锯片技改项目分别立项，投资金额 1197 万元。其中，哈尔滨第三工具厂和山东工具厂已于当年完成项目投资，分别形成年产 3000 片和 4000 片金刚石圆锯片的生产能力，哈尔滨第三工具厂直径 110mm 湿式金刚石锯片的质量已接近日本同类产品水平，年创利

43万元。由工具行业多家企业分别承担的“八五”数控机床国产化专项技术改造进展顺利，其中哈尔滨量具刃具厂进口设备17台，用汇323万美元，1993年已完成土建工程5100m^2，进入内部装修阶段；哈尔滨第一工具厂该项目新建厂房主体框架施工已全部完成，购置设备大部分到位，配套工程基本完成；威海精密机床附件厂1993年进口瑞士Voumard Type 5A型内圆磨床2台、Fischer中心孔磨床1台；衡阳量具刃具总厂的发展数控、硬质合金可转位刀具技术改造项目完成后，预计数控刀具由年产2.3万件增至10.2万件，硬质合金可转位刀具由6.3万件增至13.34万件，刀片由170万片增至289万片。

1993年工具行业从国外引进（包括到货）各类生产设备及仪器108台（套），用汇1633万美元。

上海机床附件一厂利用世界银行贷款，以许可证生产方式向瑞典SANDVIK公司引进加工中心用模块工具Varilock工具系统的制造及测量技术，该项目1993年已通过SANDVIK公司验收及国内鉴定，产品已达到SANDVIK各项技术指标。汉江工具厂利用外资250万美元从西班牙引进圆磨法滚刀生产技术及关键设备项目1993年通过了双方初步验收并投入试生产，年产圆磨法滚刀200把。上海刃具厂投资120万美元从瑞典引进全套设备（加工设备39台、测试及配套仪器13台）用于生产螺纹量规及光滑量规，已安装调试完毕投入批量试生产。湖南钻石硬质合金工具有限公司投资313万美元从德国Guehring公司引进数控磨削中心等10台（套）设备及量仪，用于生产各类整体及焊接硬质合金孔加工刀具、铣削刀具等。

市场及销售　1993年国内工具市场状况受整个国民经济形势的影响呈“先起后落”的走势。上半年市场活跃，产品旺销，企业销售收入大幅度增长，资金回笼顺畅；下半年市场明显转疲，销售清淡，产品库存上升，货款回收困难。由成都量具刃具所统计工具行业126家企业全年共销售工具产品46439万件，其中刃具42177万件、量具4257万件、量仪51807台（件）；共实现销售产值256072万元，其中刃具208783万元、量具41813万元、量仪5476万元。24家重点骨干企业产品销售收入167094万元，比上年增长40%；工业销售产值（不变价）134169万元，较上年增长2.8%；产品销售率97%，较上年减少7.5个百分点。

1993年工具产品出口量为15494万件，其中刃具13279万件、量具2215万件、量仪27台；出口交货值44840万元，其中刃具28682万元、量具15908万元、量仪250万元；创汇额7296.3万美元，其中刃具4660.6万美元、量具2586.3万美元、量仪49.4万美元。

〔撰稿人：机械工业部成都工具研究所　张　宪
审稿人：机械工业部成都工具研究所　陈　昆〕

〔责任编辑：邝　鸥〕

磨料磨具

〔机械工业部〕

生产发展情况　1993年磨料磨具行业总的来说，较上年有较大发展，产值、产量、实现利税总额、销售收入等主要技术经济指标较上年有较大幅度的增长。工业总产值按不变价计增长8.1%，按现价计增长14.7%，实现利税总额增长20%。从产量上看普通磨料磨具的生产较平稳，普通磨料、普通磨具、涂附磨具产量增长速度与上年基本持平，分别为7.8%、4.9%和5.7%。超硬材料及其制品增长较快，约为20%。据统计，到1993年底，全国拥有金刚石合成压机约为3500～4000台，生产能力70000～80000kg，实际生产能力约为40000kg，据分析，1993年全国人造金刚石产量约30000kg以上。但是，受市场影响，上半年超常规发展，下半年（7月份以后）有所缓慢，价格开始回落。总的来说，磨料磨具行业1993年前快后慢，下半年销售趋紧，资金紧张，增长速度有所放慢。流动资产较上年增加15%，年末库存较上年同期增长64%。

新技术与科研成果　1993年磨料磨具行业完成科研成果26项。其中，郑州磨料磨具磨削研究所的高光泽度抛光磨石的研究项目，采用特殊工艺方法，解决了石材加工普遍存在的石材表面光泽发乌及不清晰的关键问题，抛光花岗石板材的光泽度在100度以上，板材单价可提高30～50元。石材上光剂的研究项目——GS-1型石材上光剂，是针对难加工不易上光的石材，提高石材光泽度及旧板复光。使用该上光剂后，石材光泽度可提高到90～100度以上。新型隧道窑及低蓄热窑车的研究设计及应用课题，结合具体情况，围绕节能问题，在窑体结构方面做了较大改进，选用了性能领先的高速烧嘴，高保温性能的轻质耐高温材料，低蓄热耐火物及高强度氮化硅窑具等，对行业隧道窑在节能、装窑密度、降低窑内温度等方面均有重要意义。其主要技术指标为：节能10%，提高装窑量10%，预热带温差降至40℃以下，烧成带温差在±5℃以内，燃料消耗达国外先进水平，该项目适于年产量2000t的中型厂家使用，其产量可增加30%，节能20%左右。研制中高速砂轮回转检验设备项目的主要技术指标为：无级调速，数字显示转速，预置调整转速，主轴径向跳动≤0.03mm，转速调整精度为3%。磨具自动化成型工艺及装备的研究采用模具小车往复式三工位结构，可完成外径250～400mm、厚度16～150mm范围内各种规格陶瓷和树脂砂轮成型全过程的自动化生产。

在超硬材料方面，冶金工业部长沙矿冶研究院的粗颗粒、高强度金刚石研究——直径23mm腔体合成工艺已通过部级鉴定，该课题实现了50／60目以粗金刚石单次产量在4×10^{-4}kg以上的目标，抗压强度≥20kg，合成时间不超过15min，合成的金刚石在产量、粒度、强度上都有显著提高，经济效益增加75%以上。国营二三三厂的人造金刚石和触媒的快速分离与制板研究项目，包括合成物料的预处理与电解两部分，通过预处理清除石墨，提高电解速度和电解金属质量。第六砂轮厂的高耐磨耐热金刚石聚晶的研究，耐磨性达10万次以上，单粒磨耗比不低于平均值的60%，高于平均值的粒数不低于40%，耐热性1200～1250℃（在H_2或N_2气氛中）。

在提高磨料产品质量、增加附加值方面，浑江市金刚砂厂自行研究设计的MZ型磨料整形机，生产能力为0.4～1.0t／h，经整形加工的磨料堆积密度可提高6%～12%，等积形颗粒由70%～85%提高到98%，该机性能基本达到国际同类产品水平。该机的应用，可提高我国磨料产品档次，提高竞争力，扩大出口，带来巨大的经济效益。

新产品 1993年磨料磨具行业各厂家为适应市场发展需要，积极开拓产品应用领域，新产品普遍技术水平较高，经济效益显著，量大面广、效益好的产品被各厂家所注目。

普通磨料 郑州磨料磨具厂的高铝钢玉1993年通过冶金工业部技术鉴定和验收，Al_2O_3≥98.5%，TiO_2≤0.8%，Fe_2O_3≤0.1%，粉化率≤1%，C≤0.15%，显气孔率≤4%，真密度≥3.9g／cm^3，该产品可代替白刚玉和致密刚玉用于高档耐火材料中，成本可降低40%，在宝钢4063m^3高炉作铁沟试验，一次通铁量54993t，比老产品提高80%，目前已有80%产品出口。梅河口砂轮厂板状氧化铝为“八五”技术攻关项目，1993年完成中试投入批量生产。伊川中原金刚砂厂的亚白刚玉为适应国外耐火材料的需求，现已大批量出口。

固结磨具 郑州磨料磨具磨削研究所和中南粉末冶金制品厂以及第三砂轮厂的80m／s重负荷磨钢坯砂轮，使用负荷4000～10000N，磨削比24～38.9，磨削效率350～500kg／h，已逐步形成批量生产能力，可用于各大钢厂，达国内先进水平。天津砂轮厂80m／s丝锥开槽砂轮，加工精度及耐用度均达美国诺顿公司同类产品水平。郑州白鸽（集团）股份有限公司（第二砂轮厂）的3项新产品都通过了部、省级鉴定，高速强力磨立铣刀树脂砂轮达到了高速强力成型磨削的工艺要求，使工件无烧伤、无振纹；滚珠丝杠柔性抛光砂轮采用柔性抛光砂轮对轧制滚珠丝杠的滚道底部和内外侧同时进行抛光，被抛光的螺纹滚道部分的精度、尺寸和截面形状符合技术要求，滚道表面粗糙度能够从原来的$R_a0.4\mu m$提高到$R_a0.2\mu m$，用其抛光滚珠丝杠的生产效率比原来提高了4倍；60m／s大直径孔径补强陶瓷磨曲轴砂轮，具有结构合理、产品加工几何精度高，补强部分成型料与磨削部分成型料结合牢固，砂轮破裂速度≥1.8倍工作速度，磨削性能达到进口砂轮磨削效果，可实现引进数控高速曲轴磨床配套砂轮的国产化。山东泰山磨料磨具股份有限公司（第四砂轮厂）的80m／s树脂砂轮（直径300～620mm）达到JB4175—86标准，切割率高，切割时间短。

超硬材料及其制品 第六砂轮厂作为超硬材料的大型生产厂家，1993年又推出了整体磨制超硬高速钢微型立铣刀、麻花钻用CBN砂轮，该砂轮每修正一次，加工工件费用是进口砂轮的1／10，使用性能和经济效益远远超过国外进口同类产品。研制的5种立方氮化硼复合聚晶车刀，车削T10A淬硬工具钢（62～65HRC），切削量$V=60$～70m／mm，ap≤0.2mm，f≤0.1～0.2mm／s，当切削路程为6000m、刀具磨损$V_B=0.3$mm时，表面粗糙度达$R_a1.6$～$0.4\mu m$。长沙矿冶研究院超硬材料厂的直径105mm齿形干（湿）式切割锯片，可广泛适用于花岗石、大理石、混凝土、水泥块、瓷砖及其他各种石材的切割，尤其适用于现场施工。此外，浑江市金刚砂厂的氮化硅结合碳化硅制品的主要技术性能为体积密度≥2.5g／cm^3，显气孔率18%～20%，高温（1250℃）抗折强度≥45MPa，热膨胀系数4.5×10^{-6}，常温耐压120～150MPa，常温抗折强度35～40MPa，最高工作温度1600℃。第五砂轮厂的二硅化钼发热体是由粉末冶金方法制成的一种高温发热元件，该产品使用温度≤1700℃，抗折强度≥100MPa，发热部和冷端部电阻比≥8。

行业管理 1993年第二砂轮厂、第四砂轮厂、第七砂轮厂先后进行了股份制改造的尝试，建立现代企业制度。第二砂轮厂改制为郑州白鸽（集团）股份有限公司，是磨料磨具行业中第一家股票向社会公开发行和上市的公司，成为磨料磨具行业第一家规范化的股份制企业。1993年10月25日到11月23日，第二砂轮厂向社会公开发行股票4050万股，同时向内部职工发行股票450万股，并于1993年12月1日召开了首次股东大会，自此，郑州白鸽（集团）股份有限公司正式成立。1993年12月8日“豫白鸽A”股票在深圳交易所上市交易。

郑州白鸽（集团）股份有限公司的成立，使我国最大的磨料磨具综合企业由单一的国有企业变成了多种利益为主体的股份制企业。为使企业抓住契机，逐步转化为多元化、国际化的大型企业集团，白鸽公司对原来的组织结构和生产经营管理方法做了重大调整，把重点放在组建分公司和进一步“精兵简政”上，通过利润与工资总额挂钩承包经营，模拟市场，构架新型的内部组织结构，形成新的经济关系，实现总体规划与控制下的微观搞活。

1993年12月国家科委批复在机械工业部郑州

磨料磨具磨削研究所建立“国家超硬材料及制品工程技术研究发展中心”，以促进我国超硬材料工业的发展。

质量及质量管理　1993 年磨料磨具产品监督抽检平均合格率仅为 39.4%，大大低于全国监督抽查的平均合格率。

1993 年质量监督部门分别对全国 29 个企业的 29 种棕刚玉磨料进行了监督抽查，合格率为 48.3%。对 5 个企业的 5 种白刚玉、碳化硅磨料进行监督，抽查合格率为零。对 5 个企业的 5 种砂轮进行抽查，合格率为 20%。在对全国 35 个企业的 35 种磨料磨具一等品进行的复查中，达到合格的有 26 种产品，为复查总数的 74.3%。其中，保持一等品的有 21 个，占 60%，且有 9 种产品降为不合格品，质量的差距是显而易见的。在“质量就是效益”的今天，如不及时扭转这种局面，各方面因素将会对行业厂家产生更大冲击，特别是在行业中占较大比重的乡镇企业，由于产品合格率低，直接影响行业的产品质量。

相比之下，国有大中型企业的产品质量一直比较稳定，如第七砂轮厂、第三砂轮厂的棕刚玉磨料，第二砂轮厂的单线精密磨螺纹砂轮，第四砂轮厂的白刚玉磨料等。内江磨料厂等企业由于认真加强质量管理，严把质量关，抽检的产品质量水平较高。

1993 年起草了 13 项标准，其中国家标准 6 项，行业标准 7 项，全年共收到 ISO（国标标准组织）文件 11 份，其中要求投票表决的 1 项。

市场及销售　1993 年磨料磨具市场总的来说增长比较平稳，上半年比下半年形势要好，销售收入比上年增长近 20%。普通磨料积压有所缓解，非磨削用途用量增加，中间粒度继续看好，微粉用量在增加。磨具的订货量下降，但多批次、小批量的增加，特、异型产品的需求增大。尽管金刚石价格从 1993 年 7～8 月开始回落，但其市场容量仍相当大，特别是锯片用金刚石继续走俏。

出口情况：普遍磨料出口 265541t，比上年增长 29.1%；出口总额为 7693 万美元，比上年增长 22.4%。其中刚玉出口 133975t，增长 36.4%，出口额 3641 万美元，增长 29.0%；碳化硅出口 131566t，增长 23.7%，出口额 4052 万美元，增长 17.0%。出口量的增长幅度仍大于出口额的增长，出口比价（出口额比出口量）进一步下降。

普通固结磨具出口 16623t，比上年增长 14.6%；出口额为 1196 万美元，增长 10.7%。普通固结磨具的出口主要是油石，约占出口量的 65%。

涂附磨具的出口有较大幅度的增长，出口额为 2024 万美元，比上年增长 20.6%。其中砂布产品首次突破千万美元大关，达到 1079 万美元，比上年增长 22.5%；砂纸出口 679 万美元，增长 13.5%。

据海关统计，金刚石的出口锐减，只有 62.6 万美元，减少 89.4%，其中工业金刚石仅出口 22.9 万美元。金刚石制品出口增长幅度较大，出口额为 431 万美元，增长 34.5%。

磨料磨具的出口市场变化不大，主要有日本、香港、欧洲、美国及东南亚地区。刚玉出口主要有日本（占刚玉出口额的 33.9%）、美国（占 16.6%）、韩国（占 9.2%）、香港（占 8.23%）、台湾（占 5.2%）、比利时（占 5.1%）、德国（占 4.9%）、泰国（占 2.75%）。碳化硅出口主要有美国 1942 万美元（约占 47.9%）、日本（占 30.3%）、韩国（占 6.3%）、台湾（占 3.6%）。

此外，天然磨料出口量为 44224t，出口额 1091 万美元。

进口情况：1993 年全年进口额为 3144 万美元，比上年下降 21.3%。普通磨料进口增长幅度大，为 196.7%，但数量相对较小，全年进口只有 35.9 万美元。砂轮、油石的进口比上年减少约 28.2%，进口额为 874 万美元。涂附磨具进口在前两年较高的基数上又有较大增长，且增长幅度大大超过出口的增长幅度，其进口额为 1170 万美元，增长 38.4%，其中砂布增长 54.7%。

金刚石制品进口额为 727 万美元，比上年增长 60.0%。海关统计金刚石进口只有 336.6 万美元，比上年统计减少 77%。但从国内市场看，远远不只这个数字。据有关方面估计，美国 GE 公司对我国出口约为 1500 万美元，De Beers 公司大体相当，另外再加上韩国、意大利、温特公司的金刚石，估计 1993 年进入中国市场的金刚石约为 3000～3500 万美元。这说明海关统计的数字只占少数，大部分通过民间边贸进入我国市场。

普通磨料的进口主要有日本、香港、台湾、新加坡和德国等 11 个国家和地区。砂轮主要有日本(约占砂轮进口的 33%)、美国（占 17.9%）、台湾（占 17.3%）、香港（占 8.5%）、德国（占 7.7%）等 22 个国家和地区。砂布的进口主要有台湾（占 58.8%）、香港（占 12.3%）、日本（占 12.2%）、新加坡（占 5.5%）等 20 个国家和地区。金刚石制品主要有日本（占 43.9%）、台湾（占 16.2%）、美国（占 15.1%）、意大利（占 10.5%）、香港（占 6.5%）、德国（占 3%）等 28 个国家和地区。

〔撰稿人：机械工业部郑州磨料磨具磨削研究所　瞿光辉、杨　波　审稿人：机械工业部机械基础装备司　李冬茹〕

〔中国核工业总公司〕

生产发展情况　1993 年是中国核工业总公司人造金刚石生产大发展的一年，除原有天津人造金刚石厂、湖南飞蝶超硬材料机械总厂（原南方机械厂）、南昌地质机械厂生产人造金刚石外，还有三〇二厂、三〇三厂、三〇四厂、三〇七厂、二六一厂、二六五厂等 6 个人造金刚石厂，到 1993 年底，拥有人造金刚石压机 118 台，比上年增加 43

台。产品品种有人造金刚石单晶、聚晶、微粉及其制品，如各类砂轮（平行、杯形、单面、碟形和碗形砂轮等），主要规格为直径50～400mm，各类圆锯片（直径300～1600mm系列）、磨头、扩孔器、地质钻头、拉丝模、工程钻头、人造金刚石六面顶压机和金刚石强度仪。1993年产品产量、质量和经济效益同步上升，产销两旺，生产人造金刚石单晶1729.4kg，比上年增长64.6%；拉丝模6.65万粒，比上年增长24.8%；工程钻头1018个，比上年增长80%；六面顶压机120台，比上年增长93.5%。1993年实现工业总产值8769万元，比上年增长37.9%；全员劳动生产率为55338元／人·年；利润1852.1万元，比上年增长80.4%。湖南飞蝶超硬材料机械总厂紧紧抓住全国金刚石市场发展的大好时机，广泛地开展了社会主义劳动竞赛，极大地调动了全厂职工建设社会主义的积极性，挖掘内部潜力，尽量多生产人造金刚石单晶及其制品和人造金刚石压机，实现工业总产值4699万元，比上年增长44.4%；销售收入5454万元，比上年增长91.97%；利润1349万元，比上年增长118.63%；人均创利税21586元，比上年增长108%；全员劳动生产率73636元／人·年，比上年增长44%，企业经济效益创历史最好水平。

新技术与科研成果 三〇四超硬材料厂研制出压机加热装置——可控硅恒功器并小批量投放市场，该装置能提高压机加热的均匀性和稳定性，从而提高金刚石单晶的品质；南昌地质机械厂在金刚石合成棒电解工艺处理中，经过反复试验研究，采用浸泡法代替人工烘烤除锰，减轻了工人的劳动强度，大大延长了钛兰使用寿命，同时又回收了MnO_2中的金刚石（一年可回收金刚石2kg，价值3万元）；三〇三超硬材料厂和江西金鼎钻石总公司对部分4800t压机进行了23腔体的试验，提高了金刚石单产产量，单产由原来18腔体的9×10^{-4}kg提高到$1.3\times10^{-3}\sim1.6\times10^{-3}$kg，从而使生产成本降低，效益提高，1994年将扩大23腔体的试验并逐步推广；湖南飞蝶超硬材料机械总厂研制的人造金刚石快速电解与制板新工艺获第二届中国青年科技博览会金奖。

新产品 湖南飞蝶超硬材料机械总厂的立方氮化硼（CBN）在小批量生产中，注重了新产品的开发，在生产黑色CBN的基础上，1993年研制并生产琥珀色CBN，抗压强度达2.8kg／mm^2以上，该产品很受用户的欢迎。

行业管理 人造金刚石是核工业总公司的优势项目，为此，总公司有关主管部门进一步加强了对金刚石生产厂家的管理，将原以南昌地质机械厂为核心的南昌金刚石联合体组建成真正的经济实体，即江西金鼎钻石总公司，该公司实行董事会领导下的总经理负责制，已于1993年注册，正式营业。

质量及质量管理 1993年，天津人造金刚石厂、湖南飞蝶超硬材料机械总厂和南昌地质机械厂继续以贯彻《质量管理与质量保证》系列国家标准为中心，认真开展质量管理工作，进一步健全了从市场调研、产品开发、原材料及元器件采购、生产制造到售后服务的质量保证体系，建立健全产品质量考核制度，加强了生产现场和重点工作的质量监督，认真执行厂的《质量手册》，产品质量有了提高。1993年湖南省和长沙市标准局对湖南飞蝶超硬材料机械总厂的金刚石制品质量进行检查，检查结果为合格。1993年外经贸部以对外贸易政审函字1651号文赋予湖南飞蝶超硬材料机械总厂经营进出口业务权。

技术改造及技术引进 1993年，经国家经贸委批准湖南飞蝶超硬材料机械总厂和江西金鼎钻石总公司人造金刚石技改项目列入国家军民结合重点技改项目，两项目计划固定资产总投资5992万元，其中银行贷款5300万元，设计生产能力为年产金刚石单晶5510kg，产值为11400万元，利税2000万元，计划两年建成。1993年国家批准贷款指标为3250万元，实际只到位2250万元，但由于企业对技改工作抓得很紧，千方百计筹措资金，技改工作进展良好，1993年增加人造金刚石压机60台，这些压机都已相继投产并取得了一定的经济效益。计划整个技改工作将于1994年底完成，届时这两个金刚石生产企业将拥有人造金刚石压机160台，成为国内两个较大型的金刚石生产企业。湖南飞蝶超硬材料机械总厂的CBN国家军民结合重点技改项目，固定资产总投资1100万元，工程于1993年8月22日竣工，已投入试生产。

市场及销售 1993年产品销售收入9733.4万元，比上年增长81.3%。1993年上半年全国金刚石销售市场顺畅，产品曾一度出现供不应求的局面，下半年由于国家加强宏观调控，基本建设规模压缩，人造金刚石的销售受到较大影响，但通过总公司各生产金刚石厂家职工的多方努力，仍取得了较好的经济效益。由于国内销售资金回收快且价格较好，因此人造金刚石单晶及其制品出口不多，全年出口人造金刚石单晶和立方氮化硼(CBN)单晶共81.61kg，创汇18.2万美元。

〔撰稿人：中国核工业总公司　张伯初　审稿人：中国核工业总公司　杨宝龙〕

〔责任编辑：邝　鸥〕

通 用 机 械

〔机械工业部〕

生产发展情况 1993年，机械工业部系统通用机械行业（包括工业泵、风机、压缩机、阀门、制冷与空调设备、真空获得及应用设备、分离机械、减速机及其它通用设备）共有企业 569 个，1993 年完成工业总产值（1990 年不变价）1363185 万元，工业销售产值（1990 年不变价）1313933 万元，分别比上年增长 32.3%和 29.6%；产品销售收入为 1586172 万元，实现利税 169059 万元（其中利润总额 89526 万元），分别比上年增长 54.6%和 44%。工业总产值、工业销售产值、销售收入、实现利税都比上年有较大幅度的增长。其中通用机械 79 个重点骨干企业，1993 年实现工业总产值 522968 万元，占通用机械行业的 38.4%，比上年增长 24%，其中 66 个重点骨干企业比上年有不同程度增长，13 个企业有所下降；工业销售产值 599131 万元，占通用机械行业的 45.6%，比上年增长 39.7%，其中 69 个企业比上年有不同程度增长，10 个企业有所下降。通用机械行业重点骨干企业产值、销售产值情况见表 1。1993 年 79 个重点骨干企业完成产品销售收入 615666 万元、占通用机械行业的 38.8%，比上年增长 47.3%，其中 7 个企业有所下降；实现利润总额 27592 万元，占通用机械行业的 30.8%，比上年增长 38.7%，其中 47 个企业比上年有不同幅度增长或持平，22 个企业有所下降，10 个企业亏损，比上年增加亏损额 2118 万元。详见表 2。

表 1　1993 年通用机械行业重点骨干企业产值完成情况　（单位：万元）

序号	行业名称	企业数	工业总产值(不变价)			工业销售产值(现行价)			
			全年完成	上年完成	为上年%	全年完成	其中：出口交货值	上年完成	为上年%
	合计	79	522968	421492	124	599131	30303	428775	139.7
1	风机	10	70894	48474	146	78996	748	47984	165
2	工业泵	19	118184	103709	114	133124	7132	103959	128
3	压缩机	14	132030	103949	127	153574	2026	110113	139
4	空分设备	6	76991	45789	168	90061	8079	47491	190
5	阀门	17	71567	73849	97	78677	10825	69344	113
6	真空设备	5	16593	12805	130	19316	420	13763	115
7	分离机械	3	9020	8686	104	10106	9	9548	106
8	减速机及其他	5	27689	24231	114	35277	1073	26573	133

表 2　1993 年通用机械行业重点骨干企业主要经济指标完成情况　（单位：万元）

序号	行业名称	企业数	销售收入		销售成本		利润总额	
			全年完成	为上年%	全年完成	为上年%	全年完成	为上年%
	合计	79	615666	147.3	438856	128	27592	138.7
1	风机	10	86707	181	61362	161	2768	100
2	工业泵	19	137296	131	97023	118	6019	93
3	压缩机	14	151617	143	114057	127	6336	168
4	空分设备	6	95930	192	62237	156	9123	298
5	阀门	17	76922	121	55467	105	1617	85
6	真空设备	5	19492	159	11996	130	1062	118
7	分离机械	3	11201	118	8241	108	-582	
8	减速机及其他	5	36501	153	28473	131	1249	141

科研成果与新产品　1993 年通用机械行业列入部科研计划项目 31 项，应完成 16 项，实际完成 8 项；列入部新产品计划 181 项，应完成 159 项，实际完成 93 项。

合肥通用机械研究所完成了对 3、6、9m^3／min 动力用空气压缩机系列的更新设计，该系列设计对 60 年代初联合设计的原系列机型进行了改造。这次系列更新设计，对功率匹配、压力比的合理分配、提高中冷效果和气阀设计等做了不少有成效的工作，机组设计成无基础并设计和配备了较高水平的自控和自动保护装置，使机器有较高的技术性能和可靠性，运转平稳，达到了当代国际先进水平。其主要技术指标为：型号 V-3／7、VF-3／7、V-6／7、VF-6／7、VF-9／7，排气压力为 7 bar，比功率为 5.7～6.2kW／m^3·min，配用功率为 18.5、37.55kW。

完成了混合工质 R22／$R14_{2b}$ 在压缩式制冷系统中的应用研究，该攻关成果的目的是在小型压缩式制冷系统中，以混合工质 R22／$R14_{2b}$ 替代 R12。该项目主要取得了如下成果：(1) 确定了 R22／$R14_{2b}$ 混合工质的最佳配比，预测了该配比下的热力性质，并通过在双门冰箱制冷系统中的试验与分析研究，证明混合工质用于小型压缩式制冷系统替代 R12 是可行的。(2) 对压缩机改为二次进气，冰箱采用双回路系统进行了新的尝试，探讨了在冰箱上节能的途径，取得了比单回路系统节能的效果。该项目的完成，推动了我国CFCS替代研究工作的深入发展，促进了国内制冷行业与国际上CFCS替代应用的接轨。

在重大技术装备科研攻关方面：由合肥通用所承担的“七五”国家重大技术装备乙烯专项科技攻关项目“大直径搅拌釜机械密封研究”，于1993年4月8日组织了专家鉴定。该成果研制的机械密封，主要用于轴径>150mm的大型反应釜、搅拌机等关键设备。该项目的研制成功，使我国大直径的釜用机械密封生产、制造及试验水平达到了国外同类产品水平，为我国自行生产的大型搅拌釜的配套，为引进的大型成套装置中的搅拌釜用的机械密封国产化做出了贡献。目前已用于扬子石化公司，效果良好。其主要技术参数是：轴径≤240mm，介质压力≤5.0MPa，介质温度≤195℃，转速<200r/min，适用介质为高温醋酸，对二甲苯、乙烯及聚合物等，寿命≥8000h，成本<50%进口件。

在重大技术装备国产化方面，1993年取得了突出成绩，国家重点工程镇海加氢裂化装置，1993年9月取得了一次试车成功，国产化率达90%以上。其中由沈阳鼓风机厂生产的循环氢离心压缩机，沈阳气体压缩机厂提供的新氢往复压缩机，沈阳水泵厂提供的高压进料泵等关键设备，均由国内设计制造，产品的技术水平达到了国际80年代末先进水平。这些设备都要求在高温、高压、耐腐蚀工况下长期稳定运行，对产品的技术性能、质量、可靠性要求极高，它的国产化，标志着我国通用机械关键技术产品的设计制造达到了一个新的水平。

在利用外资建设的国家重点工程项目中，1993年实现了众多关键设备的反承包。沈阳鼓风机厂与意大利新比隆公司合作生产，为利用法国政府贷款建设的锦西、涪陵年产30万t合成氨项目，提供了氨冷冻机组、合成气压缩机组，并于1993年一次试车成功。同年，在内蒙古年产30万t合成氨、52万t尿素装置中，沈阳鼓风机厂再次与意大利新比隆公司合作生产，实现了二氧化碳压缩机组的反承包任务。截止到1993年底，大化肥装置中的心脏设备即原料气压缩机、合成气压缩机、氨冷冻机、二氧化碳压缩机等五大压缩机组，均在利用外资项目中，实现了设备的反承包，从此，结束了我国大化肥装置中离心压缩机组长期依赖进口的局面，促进了大化肥装置的国产化。

行业管理 1993年，泵行业协会为推动贯彻《条例》，华北分部和华东分部分别召开了搞活经营走向市场的研讨会，经过交流经验，收到了良好的效果。阀门行业协会翻译出版了《BSI英国标准学会认证体系和认证方法》、日本VPN《产品设计规范》、《核电用阀标准》等。为了推动ISO 9000系列标准国际认证工作，中国通用机械工业协会还邀请了挪威DNV工业服务有限公司华北公司代表做了关于在国内开展ISO 9000系列标准国际认证的讲座。1993年，通用机械行业国际认证工作取得了很大成绩，开封高压阀门厂为了产品尽早打入国际市场，从1992年起向国际石油机械权威机构——美国石油协会API总部申请认证，全厂经过一年的努力，API总部于1993年12月15日～16日派专家到厂，对工厂进行了深入细致的审查，并确认达标。其达标产品为该厂生产的管线阀门，品种为闸阀、球阀、止回阀，压力为667～11121N（150～2500磅级），口径为50～1500mm（2～60英寸），以上产品出厂均可使用API标记，为进入国际市场获得了通行证。1993年，取得ISO 9000标准国际认证的单位有：天津塘沽阀门厂、上海N.J阀门有限公司、青岛电站阀门厂共3家企业；取得美国石油协会API6D认证的单位有：开封高压阀门厂、自贡高压阀门厂两家企业；已取得到期换证的单位有：苏州阀门厂、上海阀门厂、上海良工阀门厂、上海阀门二厂、大连高压阀门厂等。通过国际认证工作，为我国产品出口，打入国际市场奠定了基础。

市场及销售 1993年，通用机械行业重点骨干企业销售量为587300万元，销售率为97.9%。行业出口额为18488万美元，其中阀门10270万美元，工业泵5886万美元，风机1023万美元，压缩机111万美元，真空获得及应用设备698万美元，分离机械236万美元，干燥设备264万美元，出口工作取得了很大成绩。

〔撰稿人：机械工业部重大装备司 温顺如〕

〔电力工业部〕

生产发展情况 1993年电力工业部系统制造通用机械的企业共12家。生产发展的特点是——生产大幅度增长，工业总产值按不变价格计算比上年增长了27.6%，按现行价格计算增长了52.6%；资金严重紧张是另一个特点，由于许多工程资金不到位，拖欠设备款的现象日益严重，迫使企业借贷款垫付到生产中，流动资金1993年高达8.7亿元，比上年增长62.3%。

1993年电力工业部系统完成的主要通用机械产品有：泵类完成了573台(套)、772t，电站专用风机共完成188台、2417t，电站阀门完成了12941台、1638t。

西安电力机械厂1993年为国家级重点工程常熟、铁岭、阳逻、妈湾、华鲁等19个电站，29项工程共提供了设备近600台、3100t。

成都电力机械厂在使进口机组配件国产化生产方面，为元宝山电厂600MW机组生产了直径4400mm×3500mm的风机叶轮。

扬州电力设备修造厂完成电厂备品配件合同率达98%以上，主导产品阀门电动装置总产量达11000台以上，年产首次突破万台，比上年增长70.6%。

哈尔滨电力设备制造厂 1993 年开发了 200MW、300MW 电站机组阀门，彻底改变了过去以备件为主的生产结构、产品结构，实现利税196 万元，甩掉了多年亏损的包袱。该厂采取的重大措施是企业内部激励机制，对单项重点工作采取单项承包；注重开发新产品，形成本企业的“拳头”产品；引进德国苏尔达公司最先进技术进行合作，现已签订了意向书。

湖南电力设备总厂瞄准能源工业发展趋势，着重抓住新产品的开发和完善，改进老产品，使企业获得了较好的社会效益和经济效益。该厂生产的油隔离泵产品系列的完善改造，针对活塞系统，阀座系统及冲次等进行了改进，增大了泵的流量和远距离输送能力，解决了油耗高、易损件寿命低、检修频繁等问题。此改进型的油隔离活塞泵系列已获国家专利。

新技术与科研成果 通用机械行业 1993 年在新技术和科研成果方面是“丰收年”，主要成果有：

上海电力修造总厂设计的 YOT56 型液力偶合器适用于 50MW 机组锅炉给水泵，1994 年将出样机，崇明电厂等用户订购；GT968Y-360／200 型给水泵调节阀是配 300MW 机组锅炉给水用，可替代进口、节约外汇；GT968Y-250／100 型给水调节阀具有调节性能好、抗汽蚀、噪音低、节约用电等新技术特性。

哈尔滨电力设备制造厂开发了 300MW 和 600MW 机组的旁路系统，其产品技术水平达到国际水平。

常州电力机械厂生产的恒力吊架是根据 GB10181 国家标准设计的新产品，它是火电管道的主要支承装置，能有效地防止管道因热位移而造成的破坏。国际恒力吊架是原 JBZ658 恒力吊架的替代产品，其主要性能指标达到国外先进国家(美、日）的标准，而且体积更小。该厂通过了设计试制，各项指标全部达到了标准要求，已开始了小批量的试制，在渭河电厂上得到了较好应用。

扬州电力设备修造厂为满足石油、化工等特殊情况下使用的要求，开发了隔爆型阀门电动装置，样机已经有关单位完成防爆试验，取得了防爆合格证，现场工业试验正在进行。该厂的主导系列产品——阀门电动装置的部分零件，采用新型耐磨材料，提高质量、降低成本取得明显效果。

郑州电力机械厂关于“锅炉引风机叶片表面喷焊耐冲蚀层试验研究”课题成果，已由河南省计划经济委员会组织的技术鉴定会评审通过，这给该厂 SAF28-18-1 型叶片的研制提供了防叶片冲蚀防磨的有效措施，扩大了金属粉末喷熔金属表面防磨处理的应用领域。

北京电力设备总厂 1993 年共有新技术开发项目 22 项，其中，用于新产品的 11 项、新技术的 8 项、新工艺 2 项、新材料 1 项，投入经费 2000 万元，实现产值 3000 万元，实现利润 200 万元。

上海电力机械厂制造的 300MW 机组电动旁路装置完成了热态试验，性能达到了国外同类设备的水平，9 月 17 日通过了部级鉴定，得到了国务院重大技术装备办公室领导的好评。

成都电力机械厂的风机系列耐磨试验研究列入了国家“八五”重大科技攻关项目。他们组织人员在国内进行了广泛调研，提出了以高能离子喷涂技术为主导，其它热喷涂方法配合进行风机叶轮表面处理的可行性报告和实施报告，完成了部分工艺性试验。经与有关科研院所和电厂合作，在电厂引、排风机上较成功地应用该课题实施方案进行了叶轮、机壳内壁的局部表面处理，经耐磨处理过的叶轮运行寿命普遍提高 1～3 倍。

西安电力机械厂共有 3 项新技术和科研成果完成：(1)高碳中铬钢代替了衬板原材质 ZGMn13，其特点是整体硬度高、耐磨性好、强度大、不变形，经韩城电厂、宝鸡电厂上机试验已取得成效，使用寿命可提高 1 倍，拟 1994 年进行鉴定。(2) 动静压润滑轴承新技术，该技术是国际 80 年代在钢球磨上采用的一项先进的轴承润滑技术，它可减轻主轴承的摩擦阻力，大幅度降低起动力矩，减少以前常发生的烧瓦事故。该技术的采用，可提高产品的可靠度，降低维修费用，尤其避免了由于主轴承烧瓦而引起的停发电事故。(3) 研制的超高锰合金钢既有良好的韧性，又有较高的耐磨性，极适于做冲击板材料，经试验比现用的 50MnZ 冲击板使用寿命提高一倍左右。

新产品 1993 年经部级鉴定的通用机械产品共 17 项。主要的有：哈尔滨电力设备制造厂、上海电力机械厂、秦川电站仪表厂 3 个厂分别研制的 300MW 和 600MW 机组旁路系统，在闵行、铁岭电厂运行正常，1993 年 9 月 17 日通过了部级鉴定，其主要技术参数如表 3。该产品的社会效益及企业效益都是较高的。

表 3

型号	牌号	名称	额定出力
GY963Y-P_{54}17V	3HPS200／500-00	高压蒸汽转换阀	350t／h
GT963-35I	3HPW80-00	高压喷水调节阀	72t／h
J961-35I	3HPJ80／00	高压减温水隔离阀	72t／h
DY963Y-P_{54}4V	3LPS400／600	低压蒸汽转换阀	430t／h
DT963Y-2.5C	3LPW100-00	低压喷水调节阀	140t／h
DL961Y-2.5C	3LPW50-00	二级低压喷水阀	50t／h

常州电力机械厂生产的充氮灭火装置，于1993年4月通过了部级鉴定。该产品是与华北电力设计院合作开发的DDM型新产品，它能防止变压器因内部故障而引起的火灾事故，能在1分钟内迅速自动扑灭火灾，并能有效地防止二次复燃，使损失减少到最低限度。该产品在国内首创，价格仅是进口的一半，在鉴定会上得到专家的一致好评。

上海电力修造总厂制造的DG600-240型锅炉给水泵、YOT51型液力偶合器均为国家重大技术装备"八五"科技攻关专题项目，1993年12月通过部级鉴定，并获1993年度国家级重大新产品证书。

郑州电力机械厂自行研制的与德国锅炉引风机相匹配的SAF28-16-1型风机动叶片，通过了新产品鉴定。该产品通过在山东邹县电厂和广州黄埔电厂的长时间运行实践证明，安装方便、互换性好、运行稳定、调节灵活，其耐磨性、可靠性达到了国外同类产品水平，属国内首家研制。

行业管理 1993年电力工业部所属五大电网局——华北、东北、华中、华东、西北在国家计划单列，所属的通用机械企业都归于五大电力集团公司的紧密层，这无疑是对企业的经营、走出去到市场上竞争创造了外部环境。

湖南电力设备总厂在华中网局的试点要求下，搞了"三项制度"改革，经过四定双考、岗位测评、组合上岗等工作，1993年8月份经上级主管部门组织的考评，以886分成绩获得通过。科室由13个精减到9个，管理人员由113人减到60人，生产一线工人由487人增加到501人，实现了人员的合理流动。

哈尔滨电力设备制造厂在企业内部实行公有民营试点，收到良好效果；该厂取得了Ⅰ、Ⅱ类容器制造许可证。

质量及质量管理 1993年该行业狠抓了"质量法"的贯彻、宣传，继续ISO 9000系列标准的教育，使质量意识普遍提高。

西安电力机械厂全体职工1731人中，参加中央电视台举办的《全面质量管理基本知识》学习的就有1711人，占总数的98.8%；在QC小组管理上取得好成绩；国家先进QC小组一个，省优秀QC小组10个，部优秀QC小组11个，陕西西北电管局优秀QC小组25个。

成都电力机械厂引进德国KKK公司AN轴流风机制造技术生产的AN风机，1993年获四川省重点产品赶超国外先进水平证书。

郑州电力机械厂在国家质量监督抽查产品中锅炉给水泵按PB/TQ406—85分级规定，性能参数达到一级品要求。

常州电力机械厂在机电研究所质检站对该厂主导产品水汽取样装置进行2次质量监督检查，全部评为一等品，质量稳定提高率为100%。

上海电力修造总厂严格工艺纪律，降低废品率，坚持生产过程中按产品图样、工艺文件组织生产，在职工中开展"三有"、"三自"和"三检"活动，建立车间工艺纪律自查台帐和专职检验员巡检抽查制度，在各车间内设立了不合格品的隔离区域及废品箱，防止不合格品流入下道工序或出厂。

哈尔滨电力设备制造厂1993年被电力工业部列为质量体系认证试点企业之一，产品一次交检合格率100%。该厂在制造300MW机组35%旁路系统装置设计中，参照采用了美国ANSIB16.34和ASME、苏联ГОСТ等国际标准。

技术改造及技术引进 1993年电力工业部通用机械行业固定资产投资共7640万元，用于技术改造的投资6497万元，占总投资的85%。

湖南电力设备总厂投资332万元对轧钢车间进行改造，新建2207m^{2}厂房，轧制的直径10～20mm圆钢，其质量经有关权威部门鉴定为一等品。

北京电力设备总厂用于技术改造总投资为3375万元，项目13个，其中10个项目已完工，新增产值320万元，利润29万元。

西安电力机械厂投资40万元对5m立车、6m龙门刨进行改造，提高了产品加工精度，效果良好。

郑州电力机械厂更新改造了X5032立铣2台，提高了水泵轴加工能力；改造了3t×4m悬臂吊车1台，解决了大件毛坯的起吊。

常州电力机械厂生产的支吊架出口量逐年增加，已成为全国最大的生产厂家，为扩大国内外市场，1993年投入150万元改造了主厂房，使产品质量提高，受到外商好评。

市场及销售 1993年该行业共创销售收入6.1亿元，销售税金2357万元，实现利润989万元，出口金额35万美元。

常州电力机械厂支吊架销往日本创汇13万美元，水汽取样装置销往巴基斯坦创汇8万美元。

成都电力机械厂生产的风机销往印度尼西亚，创汇2万美元。

〔撰稿人：电力工业部电力机械局 张海清 审稿人：电力工业部电力机械局 韩亦仁〕

〔责任编辑：白 萍〕

气体分离及液化设备

〔机械工业部〕

生产发展情况 1993年，气体分离及液化设备行业据8个空分企业统计共有职工22261人，其中，生产工人10704人，工程技术人员2429

人。年末固定资产净值平均余额22718万元，流动资产平均余额102960万元。工资总额10318万元。

1993年，气体分离及液化设备行业共完成工业总产值按1990年不变价计为87228万元，按现行价计为101274万元，分别比上年增长54.80%和78.29%；工业增加值36548万元；商品产值96800万元，比上年增长82.14%；产品销售收入110482万元，比上年增长93.27%；实现利润总额8843万元，比上年增长129.63%；全员劳动生产率为16458元／人·年。同1992年比，全行业生产效益大幅度增长。

1993年，气体分离及液化设备行业共生产成套气体分离及液化设备399套，其中，大中型空分设备31套，小型空分设备282套，制氮设备29套，液氮设备34套，制氩设备23套，水电解制氢设备25套。主要产品产量35655t。

哈尔滨制氧机厂1993年经济效益创历史最好水平，完成大中小型空分设备及制氮设备共计72套，实现工业总产值按1990年不变价和现行价计分别为11058万元和12368万元，比上年增长191%和224.11%。实现利润总额1737万元，实现利税2682万元。工业经济效益综合指数和人均利税位居行业第一。

开封空分设备厂1993年生产超常发展，产销两旺，完成大中型空分设备及制氮设备20套，实现工业总产值按不变价和现行价计分别为14038万元和18150万元，比上年增长106.20%和131.24%，实现利润除弥补1991年亏损的716万元外为2470万元，比上年增长了143倍。利税总额3071万元，比上年增长了3倍。工业经济效益综合指数和人均利税位居行业第二。

杭州制氧机集团公司1993年实施"超常规、跳跃式"发展取得初步成效，完成成套空分设备及液化设备112套，实现工业总产值按不变价和现行价计分别为27251万元和29380万元，比上年增长56.38%和63.04%，实现利润总额2759万元，利税5011万元，分别比上年增长9.05%和31.21%。工业经济效益综合指数和人均利税位居行业第三。

邯郸制氧机厂1993年生产经营效益创历史最好水平，实现利润总额721万元，比上年增长200.42%，利税1154万元，比上年增长125.83%。工业经济效益综合指数位居行业第四。

新技术与科研成果　1993年杭州制氧机集团公司自行设计的迄今国产最大的分子筛净化增压膨胀流程和采用DCS控制系统制造的14000m^3／h空分设备在湘潭钢铁公司一次开车成功，并通过考核，还完成冶金型30000m^3／h空分设备的设计并部分投产。该公司在推进主导产品大型空分设备上等级的同时，努力开发新产品，1993年已投入生产10个新产品，包括采用分子筛净化增压膨胀的空分设备和按ASME规范设计制造的真空钎接铝制板翅式换热器。杭州制氧机集团公司继开发新流程的6000m^3／h空分设备后，已将该新技术先后成功地移植到1000、3200、4500、10000(11000)、14000m^3／h空分设备上，到1993年，已对现有系列大中型空分设备完成了更新换代，为国家节约了大量的能源，创造了可观的经济效益。

开封空分设备厂运用分子筛净化增压膨胀流程这一新技术对已成熟产品1500及3200m^3／h空分设备进行变型设计，同时将分子筛流程技术用于3000m^3／h制氮设备。1993年采用新技术的产品占总量的45%。该厂采用分子筛流程的新产品50m^3／h制氮设备已通过河南省计经委鉴定。设计制造的首套6000m^3／h空分设备已于1993年5月1日调试出氧，产品产量和纯度均达到设计要求。

哈尔滨制氧机厂自行设计制造的第二套6000m^3／h空分设备于1993年8月通过考核。该设备采用板翅式换热器可逆流程。它的试制成功，标志着该厂设计制造大型空分设备的能力又有了提高。该厂继开发采用全低压流程的350m^3／h空分设备后，又开发了80m^3／h空分设备和300m^3／h制氮设备，已使小型空分设备和制氮设备系列化。

四川空分设备厂开发了2000m^3／h制氮设备。该厂又开发了1100m^3／h变压吸附制氧设备，电耗为0.45kW·h／m^3，运转周期7500h。该厂还开发了200m^{3}低温液氮球形贮罐。

苏州制氧机厂开发了100m^3／h制氮设备。

杭州制氧机研究所根据市场需要开发了新型液氧、液氮设备，采用低压流程、无油螺杆空压机和透平膨胀机、铜铝结构、板翅式换热器，可满足低温冷源以及需要液氧、液氮工程单位的需要。开发的另一种带液氧泵的小型空分设备，可满足医用氧和贯彻国家标准的需求。

杭州制氧机集团公司的真空钎接炉及板式换热器试钎产品系列已通过省级鉴定。按美国ASME规范生产检验的首批两只板式换热器已出口美国，这是国产板翅式换热器首次进入国际市场。

杭州制氧机集团公司研制生产的直径360mm透平膨胀机铝制钎接叶轮、透平压缩机钢制叶轮，采用金基和铜基钎料保护钎焊工艺试生产成功，在产品叶轮新材料应用方面取得了经验。大型锥体板边和火焰切割焊剂口设备等新工艺装备已试制完毕。以铸代锻的W4D16球铁曲轴，在安阳钢铁公司氧压机上通过了500小时工业性试运行。它的成功为16吨级以内的运动机构采用球铁提供了依据，为节约材料降低成本创造了条件。

自贡市机械一厂研制开发的5m^3／h碳分子筛变压吸附制氮设备，具有启动快、计控精确、自动化程度高、操作简便、运行平稳等特点，已通过机械工业部和四川省机械工业厅鉴定。该厂研制的Z-1.34／25型乙炔压缩机获四川省机械工业科技进步一等奖。

邯郸制氧机厂研制的WX-7／18型涡旋式压缩机，具有结构简单、体积小、重量轻、可靠性高、振动和噪声低、平衡性好等特点，已通过国家教委和河北省科委鉴定。获1993年深圳国际高科技产品交流展览会银奖。该厂设计生产的GZ-40／25-1型高压乙炔干燥器具有结构简单、布置紧凑、耐压强度高、安全性能好、能耗低、油水集中排放、对环境污染少，且能回收乙炔等特点，已通过省级鉴定，填补了国内空白。该厂设计生产的HXC_2H_2-80／0.065型纯化器具有体积小、重量轻、操作方便、高效节能等特点，填补了小型乙炔净化设备的一项空白，已通过省级鉴定。

新产品 1993年，气体分离及液化设备行业共试制新产品24种，其中有3套通过国家或部级鉴定。

行业管理 1993年，气体分离及液化设备行业的各厂普遍进行了经营机制转变和“三项制度”改革，都取得了成效。

杭州制氧机集团公司建立和健全以“事业部制”为基础的总厂管理模式，理顺了内部管理关系，加快了工作节奏，提高了分厂的生产经营积极性，促进了生产的发展。同时，联合22家企业组建成立了杭州制氧机集团，对原杭州制氧机厂实施公司化改造，改组为杭州制氧机集团公司，把所属的各分厂、车间更名为专业厂，并实施第二步扩权。该集团的成立，发挥了群体优势，形成规模效益，将会进一步开拓国内外市场，向技、工、贸结合和多元化、全方位经营方向发展。

开封空分设备厂在深化改革、转换经营机制的基础上，本着求实、精简、高效的原则，精减机构，压缩编制、削减人员，并对分配制度进行了改革，推行岗位技能工资、计件工资制。在工程技术人员中实行项目负责制，设立了科技进步奖励资金，并尽力改善工程技术人员的工作条件和生活条件，增强了新产品开发能力，提高了工作效率和责任心。

哈尔滨制氧机厂全力加强对市场的技术预测，重视新产品的开发，使KDON-350／700型空分设备成为该厂的又一名牌产品。同时，该厂注意企业外部环境的研究，根据国内外需求趋势，做出了研制“集装箱”型$50m^3$／h空分设备的决策。新产品的开发，不断地提高了该厂的经济效益。该厂在技术管理上，运用成组技术，将三种小型空分设备进行模块化设计，形成批量生产，减少工装费用。

开封空分设备厂经国家对外贸易合作部批准，拥有进出口自营权。止此，行业已有两家企业拥有进出口自营权。

到1993年，经机械工业部审查批准，全行业已有8家单位获准设计制造三类压力容器，它们是中国空分设备公司、邯郸制氧机厂、哈尔滨制氧机厂、苏州制氧机厂、杭州制氧机集团公司、江西制氧机厂、四川空分设备厂和自贡市机械一厂。

开封空分设备厂被开封市批准为无主管部门企业。

气体分离及液化设备行业努力推进行业技术进步，通过召开大型空分设备新技术研讨会，使制造厂和用户供需见面，用户可根据配套工程的需求，对空分设备运行中的安全、可靠、高效等技术性能提出具体要求，为制造厂提供了设计制造的依据和今后攻关的方向。

质量及质量管理 1993年，气体分离设备行业厂以质量为主线，贯彻ISO9000标准，逐步建立和完善质量管理体系。

1993年，杭州制氧机集团公司、开封空分设备厂和哈尔滨制氧机厂荣获省级质量管理奖。全行业拥有国优产品4个，部优产品6个，省优产品8个。开封空分设备厂的KDON-3200／3200型空分设备、KDON-1500／1500型空分设备及KDN-1000型制氮设备获省优一等品。

气体分离设备行业组织编写了空分设备及氩提取设备等8项标准的宣贯资料，为空分设备的设计制造、安装、使用和科研、教育等单位提供了技术依据。

杭州制氧机集团公司主导产品大型空分设备采用国际标准率达100%，配套产品BCK3.3-4400／7型铝制板翅式换热器采用林德公司LS216—3、LS216—5标准，真空钎接铝制板翅式换热器按美国ASME规范制造检验。四川空分设备厂合作生产的大型空分设备项目均按美国ASME规范进行。

技术改造及技术引进 1993年，气体分离及液化设备行业完成技术改造投资7006万元。其中，杭州制氧机集团公司的大型真空钎接炉已验收投入生产；数控龙门镗铣床已完成安装调试，预计1994年6月竣工验收。四川空分设备厂“八五”技改项目容器车间及探伤室主体工程等已完工。开封空分设备厂用于二金工数控加工装备、计算机中心、焊接实验室等方面综合改造费用达1550万元。

1993年，气体分离及液化设备行业技术引进用外汇330.45万美元。杭州制氧机集团公司引进五轴联动加工中心1台及CAD工作站3台等设备。四川空分设备厂引进的高压带液透平膨胀机NREC软件已安排验收，并准备去美国培训；引进的高压大流量液氧泵ARIES软件等正准备安装培训。

市场及销售 1993年，空分设备市场活跃，产销两旺，达到了历史上最好水平。产品对内销售收入110482万元，比上年增长93.27%；产品对外销售收入1486万美元和222万人民币，比上年增长109.59%。出口$1200m^3$／h空分设备1套，由哈尔滨制氧机厂提供给印度尼西亚。出口$300m^3$／h空分设备2套，由邯郸制氧机厂提供给越南。出口$150m^3$／h空分设备5套，由杭州制氧机集团公司、苏州制氧机厂分别提供给孟加拉国、斯里兰卡、伊朗、越南和尼日利亚。出口$50m^3$／h空分设备7套，由四川空分设备厂、哈尔滨制氧机厂、邯郸制氧机厂和苏州制氧机厂分别提供给尼日利亚、伊朗、叙利亚、菲律宾、加纳。

杭州制氧机集团公司1993年产品对内销售收入33469万元，比上年增长92.78%，产品对外销售收入901万美元，比上年增长466.67%，荣获1993年度杭州市出口创汇先进企业金龙奖。

开封空分设备厂出口印度尼西亚的1000m³/h空分设备已开车成功，继而又签订了两套1000m³/h空分设备的出口合同。

哈尔滨制氧机厂1993年产品对内销售收入14455万元，比上年增长232.83%，产品对外销售收入达88万美元，比上年增长了183.87%。1200m³/h空分设备的出口为该厂大中型空分设备进入国际市场打下了基础。

〔撰稿人：中国通用机械气体分离设备行业协会 陈允恺、赵小莹　审稿人：机械工业部科学技术委员会　朱燧炎〕

〔责任编辑：白　萍〕

机械通用零部件

〔机械工业部〕

生产发展情况　1993年机械工业部系统的机械通用零部件行业（包括液压、液力、气动、密封、粉末冶金制品、紧固件、链条、弹簧8个小行业）共有企业475个，全行业实现工业总产值（1990年不变价）571868万元，比1992年增加25.5%，1993年各类产品产量分别为：液压件405万台，液力件24330台，气动元件161.5万件，密封件17613万件，粉末冶金制品21030t，标准紧固件2410833万件，链条29963t，弹簧22901万件，

1993年是机械通用零部件行业又一个快速发展年，由于1993年下半年国家对国民经济进行宏观调控，使行业的生产发展受到一定影响，但全年工业生产仍取得了比上年增长25.5%的好成绩。

1993年机械通用零部件行业在为国家重大技术装备配套工作中取得较大进展，攀枝花钢厂1350mm板坯连铸机列入国家重大技术装备项目，是国产第一台大型连铸设备，1993年顺利通过工业考核，验收合格，该设备中的液压系统及油缸由机械工业部机械基础产品司组织统一攻关供货，该系统51套液压泵站、阀站由榆次液压件厂承制，387根冶金液压油缸由韶关液压件厂承制，该项工程配套得到攀枝花钢铁公司好评，基础产品司还组织榆次液压件厂完成东周窑煤矿装车系统中的快速装车液压系统，为太原重型机器厂主机配套，现已投入运行，效果良好。

榆次液压集团是全国液压元件、液压系统及液压机械的重要生产基地之一，于1993年跻身于全国500家最大机械行业企业之列，全年工业总产值1.62亿元，比1992年增长51.9%。上海标准件公司作为零部件行业的创汇大户之一，1993年又完成1791万美元的出口任务，比1992年增长15%，其中自营出口创汇1325万美元。

新技术、新产品与科研成果　1993年机械通用零部件行业共完成部级新产品43项，科研成果7项，这些项目大部分具有先进的技术水平，大大地促进了行业的产品更新换代和企业的技术进步，也为主机国产化率的提高做出了重要贡献。

大连液压件厂为成都无缝钢管厂研制了大型圆坯连铸机液压系统DY9029，该液压系统由17个子系统组成，采用了先进的液压比例技术和伺服控制技术，是国内生产的第一台同类产品，该液压系统的研制成功，为成都无缝钢管厂日产管材1400t创造了有利的条件。大连液压件厂为南京钢铁厂研制的高速线材轧机液压系统DY8921-00是我国自行研制的第一台国产化设备，该高速线材轧机液压系统由5个子液压站组成，该液压系统的研制成功，改变了以往高速线材轧机液压系统主要依赖进口的局面。四川省机械设计研究院密封技术研究所研制的耐高温抗疲劳波纹管机械密封，解决了国内波纹管密封外观质量差、高温下易疲劳失弹这一难题，其主要性能指标：温度≤400℃，压力≤1MPa，泄漏量≤3～5ml/h，该产品的研制成功为我国石化工业中大量引进的设备解决了部分密封件配件。无锡气动集团公司等有关单位联合研制的不供油滑柱式电气换向阀，紧跟国际先进水平，采用无隔套和长断面浮动式自润滑密封等新结构，并采用气压力和弹簧力混合复位方式，集不供油润滑，低功率和微型化为一体，流通阻力小，换向灵敏度高，是老式换向阀的更新换代产品。其主要性能指标（以6通径为例）：最高切换频率12Hz，有效截面积5mm²，换向时间40ms，控制功率<3W，耐久性1000万次，工作压力0.15～1MPa。该产品经过无锡市第七纺织机械厂使用表明，其性能稳定，质量可靠，深受用户欢迎。

1993年机械通用零部件行业共获部级科技进步奖23项：其中由浙江省机电设计研究院等单位承担的等接触应力凸轮式低速大扭矩柱塞液压马达的设计理论项目获一等奖；由北京液压件厂承担的32MPa电反馈电液比例阀，榆次液压件厂和大连组合机床所承担的高压液压叠加阀新品种开发，天津市克兰密封有限公司等单位承担的高参数密封试验台，合肥通用所和慈溪密封材料厂等单位承担的柔性石墨密封复合材料，北京起重所等单位承担的典型叉车液压系统攻关研究，吉林工大和杭州链条总厂及沈阳链条厂承担的滚子链和套筒滚子链链段疲劳性能试验方法共6项科研成果获二等奖；其余16项获三等奖，这批成果部分已在行业中推广应用，推动了行业的技术进步。

行业管理　1993年机械通用零部件行业围绕国办发〔1992〕55号文《国务院办公厅转发国家计委、机电部关于振兴特定基础机械和基础件若干意见的通知》和机械计〔1993〕376号文《印发〈关于振兴特定基础机械和基础件若干措施的实施意见〉的通知》的精神要求开展工作，针对通用零部件行业的现状，面临的形势及在国民经济中的重要作用，明确提出了液、气、密行业特定产品技术水平发展目标以及基础件特定振兴企业和产品名单，同时淘汰落后的机械基础件产品17项，使行业向组织结构和产品结构趋于合理的方向发展。

紧固件行业1993年10月召开了第五届技术交流会，会上介绍了近年来在开发新产品、新设备、新材料等方面的情况，会议收到论文45篇，经专家评定出一等奖1篇，二等奖8篇，三等奖17篇；弹簧行业于1993年5月和8月先后召开了技术交流会和科技情报工作交流会，为推动行业的技术进步做出了贡献。

中国液、气、密工业协会第二次会员会议和二届一次理事会暨行业特定振兴工作会议于1993年10月在北京召开，会上包叙定副部长就振兴机械工业使之成为国民经济支柱产业的基本思路和目标，基础件工业承担的责任及加强行业协会工作做了重要指示，张志英司长在会上作了题为‘把握机遇，迎接挑战，振兴液压、气动、密封工作’的报告，报告中就行业面临着发展的机遇，增强行业发展的紧迫感和行业发展的若干政策以及加强行业协会工作等问题进行了阐述，练元坚司长就推进技术进步等有关问题作了讲话，政策法规体改司何大为副司长在讲话中强调了加强行业协会工作，充分发挥行业协会助手作用的重要性。

由机械工业部主办，德国机械制造商协会流体动力协会和中国液、气、密工业协会协办的中国北京1993年国际动力传动与控制技术展览会于1993年10月举行，有来自世界各国和地区的174家著名企业参展。

1993年，迁西县链条厂被批准为国家第12批机电产品出口基地企业；沈阳链条厂、江淮动力机厂、奉化液压机械厂、广州市标准件工业公司、杭州西湖标准件厂、萧山链条厂、海盐县海塘标准件厂共7家企业被批准为国家第12批扩大机电产品出口企业，为稳定行业出口工作，增加创汇提供了良好的条件。

质量及质量管理　继续贯彻质量管理和质量保证GB／T19000标准，紧固件行业于1993年3月在国家技术监督局的指导下，召开了紧固件行业贯彻国家新标准的协调订货会，有73家紧固件企业、86家用户参加了会议，为紧固件行业贯彻新标准创造了良好的内部和外部环境。机械工业部基础产品司在1992年开展液压溢流阀和电磁换向阀重点产品质量攻关的基础上，1993年把质量攻关的重点放在攻关键、抓落实、保持久、上台阶上，重点解决‘两阀’的可靠性问题，使参加‘两阀’攻关企业产品质量可靠性大为提高，基本实现了不漏，清洁度比原定指标提高了五倍。为攀钢1350mm连铸机提供的130t重的成套液压系统，渗漏、清洁度等指标均符合要求，用户一次验收合格，并对外观质量表示满意。为满足重点工程、重点主机配套及出口任务的需要，对部分专用液压件开展了‘质量可靠产品推荐’工作，公布了第二批机床、注塑机用液压元件可靠产品名单。见下表。1993年机械工业部对部分气动产品进行了行业统检，检查了42家气动电磁换向阀生产企业的42个规格的产品，合格31个，合格率为73.8%，合格企业名单如下：上海新益气动元件有限公司、上海气动成套公司、华能济南气动元器件公司、奉化第二气动元件厂、靖江自动化器件厂、丹阳气动元件厂、无锡县气动元件厂、重庆气动元件厂、肇庆气动元件厂、太仓自动化元件厂、青岛气动元件厂、上海合益气动元件厂一分厂、奉化电磁阀厂、济南铸锻机械研究所气动元件厂、乐清气动元件厂、重庆山城仪表厂、天津气动元件厂、阜新气动元件厂、宁波甬新气动元件厂、重庆嘉陵气动元件厂、武进第二气动元件厂、丹阳液压气动元件厂、丹阳云阳气动元件厂、温州气动元件厂、温州自动化控制元件厂、石塘湾气动元件厂、丹阳电磁阀厂、常州曙光电气控制设备厂、浙江富阳电磁阀厂、丹阳气动成套厂。

机床、注塑机用液压元件可靠产品第二批推荐名单

企业名称	项数	产品名称
榆次液压件厂	3	DE4V-3电磁换向阀，ECT、ECG系列溢流阀
上海立新液压件厂	5	WE、WEH系列电磁换向阀，DB、DBD、DBW系列溢流阀
北京液压件厂	2	WE、WEH系列电磁换向阀
上海液压件一厂	2	DG4V-3 2(3)位4通，H10-B系列电磁换向阀
上海高行液压件厂	1	GE系列方向阀
沈阳液压件厂	3	WE系列电磁换向阀，HED系列压力继电器，M3系列压力开关

1993年，弹簧分会邀请美国喷丸专家举办喷丸技术讲座，为提高弹簧行业质量起到积极的推动作用，受到企业热烈欢迎。

1993年9月下旬，机械工业部批准发布了《液压测试技术通则》等63个机械行业标准。

徐州液压件厂、徐州液压附件厂、常州弹簧总厂、太原液压机械厂、长治液压件厂荣获机械行业1993年安全级企业称号。

技术改造及技术引进　1993年国家重点技术改造项目21项，年度投资总额为1.287亿元，预计可新增工业总产值2亿元，新增利税0.4亿元。其中液压行业技术改造7项，投资6630万元；气动行业4项，投资2500万元；密封行业4项，投资2070万元。国家重点支持的'液压件与密封件'"八五"补充专项总投资5.8150亿元，共9个项目，1993年已全部批复并开始实施，年度投资1.446亿元，国家结存外汇4016万美元，补充专项对几个重点产品强化了技改投入，对加速液压行业的发展将会起到重要的推动作用。

1993年是液压行业对外合资合作的又一个高峰年，榆次液压件厂与香港一家公司合资成立山西榆次银安液压泵有限公司，注册资本750万美元；济宁液压件厂与美国伊顿公司合资成立济宁伊顿液压有限公司，该公司合资投资640万美元，生产摆线液压马达和摆线全液压转向器，两项合资项目的顺利签约，对推动液压行业齿轮泵和转向器产品升级换代，利用国外先进的管理技术和对我国液压行业的振兴会产生积极的推动作用。

〔撰稿人：机械工业部规划研究院 杨国威 审稿人：机械工业部机械基础装备司 杨尔庄、陈寿德〕

〔责任编辑：白 萍〕

轴 承

〔机械工业部〕

生产发展情况 1993年轴承行业再度经受了严峻考验，遇到了建国以来少有的困难和压力，除了能源提价、运输紧张因素外，更突出的是轴承钢奇缺和价格暴涨。6月份轴承钢平均价格涨到5500元／t以上，超出上年3600元／t价格的50%，同时全国轴承钢产量减少，供应缺口在30%以上，使得轴承钢有行无市，许多轴承企业的生产受到严重影响，甚至陷入了停工待料的困境。如洛阳轴承厂1~7月份订购钢材合同3.1万t，实际到货才1.3万t，只够企业几个月的用钢。另外由于国民经济增长速度居高不下，国内轴承市场需求较旺，价格提幅较大（小型球轴承提价30%，大中型轴承50%左右），进一步扩大了国内外销售的差价，增加了轴承出口的难度。

鉴于轴承行业多方组织进口钢材，国家也为此采取了一些相应措施，使轴承钢材价格开始回落趋于稳定，但供应仍然较为紧张。一些骨干企业9月份得到了国家的点贷资金，流动资金得以缓和，迅速启动了生产。行业通过努力，逐渐走出了低谷，全年完成轴承产量5.777亿套。详见表1。虽然较上年减少8.43%，但产值、销售收入仍有增长，取得了减产不减收的成绩。

表1 1993年轴承行业生产经营情况

项 目	单位	完成额	增长%
轴承产量	亿套	5.777	−4.4
总产值(1990年价)	亿元	83.466	13.5
(现价)	亿元	95.244	28.6
销售产值(1990年价)	亿元	77.630	0.9
(现价)	亿元	90.377	23.8
销售收入	亿元	95.819	42.2
销售税金及附加	亿元	5.154	31.2
利润总额	亿元	4.467	10.2
成品库存	亿套	2.359	10.2

行业63家骨干重点企业为适应市场变化，产品结构有不同程度地朝大中型轴承方向调整，产值大于产量的增长。轴承价格的上调，反映在现行价产值和不变价产值的增长比例关系上。销售收入比上年有较大幅度增长，产值销售率为94.7%，低于上年水平。产成品库存量又增加17.7%，占当年生产量35.3%，库存额达到12.8亿元，增长37.6%，占当年产值20.4%，说明小型、中小型轴承库存仍在上升。下半年开始实行的新财会制度，不仅与国际通行的财务核算方法相一致，而且也使企业多年隐含的问题得以暴露，实现的利润并没有跟着价格和销售的速度增长，销售利润率下降至6.5%，经济效益仍然不佳。

骨干重点企业1993年销售收入增长超过66%的有北京人民、山西、湘潭、西北、新昌、襄阳、黄石、无锡、上海滚动轴承厂和石家庄轴承专用设备厂。销售收入超过1亿元的轴承厂有11家：瓦房店8.66亿元，洛阳7.91亿元，哈尔滨7.88亿元，襄阳5.67亿元，西北3.77亿元，新昌1.47亿元，上海滚动1.34亿元，无锡1.23亿元，成都1.20亿元，红星1.03亿元，石家庄轴承专用设备厂1.00亿元。利润总额增长超过50%的轴承厂有湘潭、上海微型、襄阳、黄石、邯郸、北京人民、瓦房店和阳春轴承厂。

新技术与科研成果 洛阳轴承研究所1993年安排科研课题115项，完成鉴定27项，其中气象卫星扫描辐射计用固体润滑轴承，整套陀螺仪轴承、钢球自动计数分装机、液氢高速轴承试验机及其电主轴研究等21项成果水平较高，社会与经济效益较大，已推广应用于生产。4项课题当年获得各级成果奖，其中东风型号超高速高温轴承试验机研制课题获部级科技进步一等奖，新型调心滚子轴承研究和液体火箭发动机轴承改型延寿研究课题获部级科技进步二等奖。杭州轴承试验中心完成了机械工业部滚动轴承疲劳寿命强化试验机及试验方法研究课题，开发出新一代的疲劳寿命强化试验机。

洛阳轴承厂完成了包括海红型号等为国防尖端工程配套轴承试制在内的多项课题，还承担了为80t大型船门配套的外径5.4m重11.8t的我国最大轴承的生产任务，填补了国内空白。瓦房店轴承厂承担的圆柱滚子轴承组合保持架关键技术和精密钢球精研板研制课题通过了部级鉴定，试制成功的轿车前后轮毂轴承、等速万向节系列和轧机轴承新产品，均已达到国际80年代末水平。上海轴承公司研制桑塔纳轿车轴承工作进展很快，在已开发的26个品种中有13个工装样品被认可，全年生产桑塔纳轿车、摩托车、铁路、冶金和关节轴承928万套，产值2.3亿元，分别占公司产量和产值的20%和40%。另外行业还开发推广锌基合金轴承保持架、稀土钢轴承和铁基含油轴承等特种产品，拓宽了新材料的应用领域。

新产品　1993年行业试制及鉴定的新产品有：洛阳轴承研究所为替代德国进口研制的四系列大型圆锥轧机轴承等115种，洛阳轴承厂为小浪底工程、宝钢三期工程试制的配套轴承109种，瓦房店轴承厂研制的BJBO大型球笼式等速万向节，浑江轴承厂研制的4KT3501等13种汽车轴承，南通钢球厂研制的G3级精密轴承钢球，新昌轴承总厂研制的WIB163098多种水泵轴承以及无锡轴承厂42312E轴承等。

一些具有行业先进水平的轴承专用设备和仪器开发成功，并通过了鉴定。其中有中山轴承总厂与机械工业部第十设计院合作研制的我国第一条先进精密钢球生产线，烟台轴承厂研制的可达到Ⅱ级精度的圆锥凸度滚子磨加工生产线，合肥轴承厂的金属超低温处理机，江苏吴江轴承厂的2M8163单面平面研磨机，瓦房店轴承厂的铁路轴承专用磨床，洛阳轴承研究所的3MB3010超精机，洛阳轴承厂的LBZG7000型圆锥滚子半自动装配机，上海中国轴承厂的CM-1型浪型保持架自动插铆钉机以及成都轴承厂的仿形锻工艺和砂轮动态平衡仪等。

行业管理　为了落实国务院《关于振兴特定基础机械和基础件若干措施的意见》的精神，机械工业部机械基础装备司按照振兴特定产品的范围，在行业中择优选择了31家生产特定产品的企业为特定企业，并着手研究指导特定企业在品种发展、提高质量、固定资产投资以及提高企业素质等方面的十年规划及其实施方案。轴承的特定振兴产品是为重点工程配套的专用轴承、铁路轴承、精密轴承、汽车轴承、低噪音密封轴承、滚动体及轴承毛坯和轴承专用设备。规划在1995年以前的第一阶段，特定产品的质量、品种和水平要明显提高，80%的品种要达到国际80年代水平，在1996～2000年的第二阶段，要全部达到90年代和当代国际水平。

中国轴承工业协会积极抓好行业管理工作，1993年举办了6次技术交流会议，针对一些中小企业生产中存在的关键技术问题列出攻关计划，以推动企业的技术进步。为扼制行业经济效益的急剧下降，协会组织不同产品类型不同规模的价格协调会共8次，在取得共识的基础上适度地上调了轴承产品价格，缓解了企业的压力。还组织了有20家企业参加的行业首届大规模磨工技术比赛，对提高行业职工素质做了有益的工作。

拥有3万多名职工的襄阳汽车轴承（集团）公司5月成立股份有限公司，成为行业中首家实行股份制的大型企业，除在内部定向募集股票和向社会公开发行股票外，还计划在深圳上市。哈尔滨轴承股份有限公司于11月挂牌成立，总股本3亿股，面值1元，按1∶1.5募集。哈尔滨轴承集团用原四分之一现有生产性国有资产入股，占总股份33.4%，内部职工股占15%，哈尔滨新恒基发展有限公司占10%，社会法人股由哈尔滨新恒利发展有限公司持有，占41.6%，实际上香港新恒基国际（集团）有限公司拥有51.6%股份。1994年初资金全部到位，并争取办理内部职工股上市。

洛阳轴承（集团）公司的成立经过近三年的筹备，11月获得批准。现拥有成员单位51家，其中紧密层企业18家，半紧密层企业2家，松散层单位32家，集团内有轴承、轴承仪器、机床、电器、钢铁、商贸等行业企业以及科研设计院所和大专院校，初步实现了集团功能多元化、经营多角化。集团现有固定资产17.5亿元，职工7.9万人，年销售额23亿元，利税4亿元，出口创汇3000万美元。按照集团公司体制的要求，努力探索优化结构的有效途径，形成以（集团）公司本部为投资决策中心，以参股公司、控股子公司和全资子公司为骨干的利润责任中心，以专业化公司和生产专业厂为成本责任中心，以科研、技术、质量、工艺装备开发为技术中心的公司型体制和运行机制，逐步建成一个集科、工、贸、金融、服务等为一体的多元化跨国集团。

质量及质量管理　在全国开展“’93质量万里行”之际，机械工业部于6月发出产品质量通报，要求企业抓好质量意识教育，认真贯彻产品质量法，加速GB／T19000（ISO9000）系列标准的贯彻，重点解决突出的质量问题。为鼓励优质产品，特通报表彰一批企业和产品，其中轴承行业有以下5家企业及其产品：瓦房店轴承厂197726、42726QT铁路轴承、672730K轧机轴承，西北轴承厂197726铁路轴承，湘潭轴承厂8342328EHT铁路轴承，洛阳轴承厂42724QT铁路轴承，哈尔滨轴承厂2312Z1Y系列电机轴承。同时，机械基础产品司向广大用户推荐了由12家轴承企业生产的铁路客货车轴承、机车轴承、机床主轴轴承、轧机轴承等33种质量可靠产品。

国家轴承质量监督检验中心1993年度对行业81家骨干重点企业进行产品质量抽查。抽查轴承230个型号，钢球23个规格，结果是：轴承优等品率55.7%，一等品率84%，合格品率99.1%；钢球优等品率69.6%，一等品率78.3%，合格品率100%。虽然产品的合格率较高，但是去掉其中二次取样检查的比例，则轴承合格率为87.8%，钢球为82.6%，表明企业产品的一次投入产出成功率并不高。检测中心第四季度对国内专业生产钢球的33家企业进行了一次产品质量突击性监督抽查，判定产品合格率：全民企业为72.7%，集体和乡镇企业63.2%，“三资”企业100%，合计合格率为69.7%。主要暴露出规值超差、精度等级高标、表面烧伤严重等问题。检测中心还承担了“3”类球面滚子轴承质量的全国统一检查工作。

技术改造及技术引进 1993年列入国家重点技术改造项目11项，安排投资1.05亿元，主要项目为黄石轴承厂、西北轴承厂、贵州轴承公司和石家庄专用设备厂等，至年底行业中国家重点技改项目有11项已经竣工，但洛阳、瓦房店、哈尔滨、成都轴承厂和湖南轴承公司大型技改项目仍然没有启动。年内瓦房店轴承厂用汇475万美元引进5台轴承大型磨床，洛阳轴承厂引进8台铁路轴承专用磨床，苏州轴承厂引进1台200万美元多工位压力机，黄石轴承厂引进日本高速铸锻机及精密碾扩设备，提高了行业关键工序的制造水平。

1993年行业又诞生了许多家“三资”企业，除哈尔滨轴承厂与香港新恒基国际集团成立总投资为3亿元的哈尔滨轴承股份有限公司外，还有洛阳轴承厂与香港西堤轴承有限公司合资组建洛阳东升轴承有限公司，注册资本500万美元，总投资980万美元，其中洛阳轴承厂占有75%股份，在3600m^{2}空调厂房内安装4条日本自动生产线，两班工人30名，年产圆锥滚子轴承500万套；山西轴承厂与台商合资180万元组建科泰轴承有限公司，生产汽车轴承；湖南衡阳轴承厂和港商合资的华阳轴承有限公司，生产圆锥滚子轴承100万套；扬州轴承厂组建通利轴承有限公司；公主岭轴承厂与美国IBR公司、省机械进出口公司共同投入220万元注册资本组建公主岭银龙轴承有限公司，生产100万套轴承，内外销各半。

市场及销售 1993年国内轴承市场总供给仍然大于总需求，结构性和品种性矛盾突出，竞争激烈。随着市场机制作用的发挥，各主机厂家都从提高自身产品质量出发，进一步要求配套轴承提高质量。质量问题已成为轴承产品走向市场的关键。质量要求高、工艺复杂的高档次轴承和特殊规格的新型轴承，市场上较为紧俏，大型圆锥轴承、中型球轴承、特大型“3”类球面轴承需求强劲，铁路轴承市场前景尚好，“两车一机”轴承潜在市场广阔。引进的设备不少进入维修期，可替代进口的产品市场也很畅销。相反小向心、小圆锥轴承供过于求，推销难度较大。从国际市场来看，欧美发达国家近几年经济逐渐复苏，产业结构和产品结构调整较为迅速，轴承市场容量呈扩大趋势，给属于中低档产品的我国轴承出口提供了良好机遇。欧美轴承行业的经营形势逐渐出现好转，轴承大国日本也积极开办海外工厂，产量增长迅速。

轴承企业在销售经营方面，根据市场需求大力调整产品结构，上短线产品产量，增加经营收入，同时有针对性地推销长线产品，减少库存，回收货款。行业全年销售收入比上年增长42.18%，销售产值率为94.7%，并且产品的出口已成为行业的一条重要出路。

但是由于轴承内销活跃，原材料短缺及价格猛涨，加之外销价格低于内销等因素，1993年轴承行业出口受到影响，创汇额比上年有所减少。行业出口基地洛阳轴承厂当年创汇1266万美元，瓦房店轴承厂1420万，新昌轴承总厂1040万，上海轴承公司1167万，有30家企业出口交货值超过了1000万元。

据海关统计，1993年轴承产品出口17315万套，占总产量33%，创汇14751万美元，比上年减少2.3%，基本持平。出口产品构成见表2。

表2 1993年轴承出口情况

产品类型	出口量（万套）	增长%	创汇额（万美元）	增长%
合　计	17315	100.0	14751	100.0
球轴承	16040	92.6	12045	81.7
圆锥滚子轴承	605	3.5	604	4.1
球面滚子轴承	70	0.4	108	0.7
滚针轴承	105	0.6	121	0.8
圆柱滚子轴承	134	0.3	184	1.2
其它轴承	308	1.8	434	2.8
带座轴承	53	0.3	115	0.8
轴承零件			1140	7.8

主要出口的地区及数量为亚洲6835万套、5454万美元，欧洲2420万套、2889万美元，北美洲7151万套、5351万美元。出口超千万美元的地区和国家有香港3311万套、2649万美元，美国7008万套、5339万美元，俄罗斯50万套、1063万美元。同期进口10443万套，用汇9893万美元，比上年减少2.6%。货源主要来自香港、日本、台湾、德国、法国、瑞典和美国，这些地区和国家占进口总量的94.5%。

〔撰稿人：机械工业部第十设计研究院　姚　信　审稿人：机械工业部机械基础装备司　孙振滨、王　起〕

〔责任编辑：白　萍〕

起重运输机械

〔机械工业部〕

生产发展情况 1993年，机械工业部系统起重运输机械行业拥有205个企业。全部职工年末人数161362人，拥有固定资产原值32.31亿元，固定资产净值 17.86 亿元。实现工业总产值 70.42 亿元（按 1990 年不变价计算），实现利税总额 58267 万元，其中利润总额 29052 万元，比上年增长 49.58%，生产持续上升，经济效益进一步提高。

继 1992 年起重运输机械产量全面增长后，1993 年除叉车外，产量全部增长。其中，起重机生产 57841 台，增幅最大，比上年增长 210.2%；输送机械生产 120116t，比上年增长 19.7%；装卸机械生产 24301t，比上年增长 12.9%；叉车生产 22751 台，比上年减少 5.1%。

新技术与科研成果 1993 年，起重运输机械行业获机械工业部科学技术进步奖 8 项，其中，二等奖 3 项，即上海感光胶片总厂片基涂布物流系统、电解铝多功能起重机、典型叉车液压系统攻关研究；三等奖 5 项，即北京吉普汽车有限公司物料搬运及回转装置研制、吊索具系列、四绳抓斗差动控制系统、ZBJ81007-89《带式输送机用 NF 型逆止器》、CDA_4-F15 多路换向阀。

1993 年完成的科研项目主要有以下几项：

（1）由北京起重运输机械研究所完成的 CZX-1 叉车载重显示及报警装置。该装置的工作原理是根据叉车在起升静止时，作用在货叉上的货物重量与起升油缸内压力成一次函数关系，通过在油缸出口处安装一个油压传感器，经信号放大，由显示器显示货物重量。该装置的特点是将载重量显示和报警合成一体。该装置结构简单、安装方便、成本低廉、使用可靠，已获国家专利。

(2) 由北京起重运输机械研究所完成的Ⅱ-012 巷道堆垛机下降限速器研究。下降限速器主要由限速器、制动夹紧装置两个主要部件和滑轮、钢丝绳连杆等组成。该下降限速器适用于起升速度 10～45m／min 的有轨巷道堆垛机，其反应时间不大于 0.5s，确保制动夹紧装置动作和电机断电，其结构尺寸、安装方式符合堆垛机的要求，符合 GB5319.2—91《有轨巷道堆垛起重机安全规范》的要求。

(3) 由唐山冶金矿山机械厂完成的防爆型胶带机自动张紧装置及控制系统。该装置是一个专门对输送机的胶带张力进行自动监测和调整的装置，能保证带式输送机在负载变化及制动时仍能保持适当的张力，保证输送机正常运转，延长胶带寿命。它可作为独立的张紧装置，对长距离带式输送机进行自动监测，并调整胶带张力，也可作为带式输送机监控系统的子系统（传感器）。该装置由应力变送器、控制机、速度传感器、电源继电器箱、磁力起动器、张紧机构、行程开关、转换开关、防爆按钮等组成。随着长距离带式输送机的广泛使用，该种装置具有很高的推广使用价值。

新产品 1993 年，起重运输机械行业列入机械工业部新产品试制计划的有 41 项。由部组织并通过鉴定的新产品有 5 项：(1) 北京起重运输机械研究所研究设计、大连起重机器厂制造的 QT800·30 滚筒式混匀取料机。该机由传动机构（行走机构、滚筒传动机构、滚筒胶带机、料耙往返机构和俯仰机构）、金属结构（门架、滚筒、料耙及料耙车）、辅助装置（电缆卷筒、集中润滑站和操纵室等）和电控系统组成，平均取料能力 800t／h，跨度 30m，装机功率 260kW。该机已于 1993 年 9 月通过技术鉴定。专家们一致认为，该机填补了国内空白，性能指标达到了国际 80 年代水平。(2) 北京起重运输机械研究所研究设计、大连起重机器厂制造的 HD1000·24 单臂回转式混匀堆料机。其平均堆料能力 1000t／h（$\rho=1.8t/m^3$），臂架回转半径 24m，回转角度±90°，采用大车连续走行，“人”字型堆料的布料方式，料堆为三角形断面，堆高 11m。由大车往复走行、臂架俯仰、臂架回转等机构组成，并设有自动检测、工业电视、通讯设备、安全保护装置和信号系统及中继通讯设备，具有全自动运行的能力，有机上手动、地面遥控等控制方式。(3) 由太原重型机器厂完成的 125／30t 吊钩回转式铸造起重机，其主要技术参数为：额定起重量 125t（主）、30t（副），起升高度 27m（主）、30m（副），起升速度 7.2m／min（主）、8.7m／min（副），跨度 15.5m，运行速度 35.5m／min（主小车）、43.2m／min（副主车）、90.3m／min（大车），吊钩每分钟回转 360°。该机的主要特点是：整机设计合理，桥架主梁采用了 T 形钢全偏轨箱型结构；车轮装置采用了定位准确、安装维修方便的环形轴承箱 45°剖分式结构；主起升机构采用了两套独立的全封闭三支点中硬齿面减速器，与焊接卷筒之间用滚珠式联轴器联接，并具新型回转式吊具装置。回转式吊具装置结构紧凑，型式新颖，设有两套驱动机构，并在国内首次采用以变频调速装置为中央功率单元的角度随动控制系统和一套确保安全吊运的备用系统，从而保证了钢水包水平回转 90°，定位准确，安全可靠。该机经专家鉴定认为属国内首创，达到了国际 80 年代末同类产品先进水平。(4) 由芜湖起重运输机器厂完成的 THG400 圆环链高效斗式提升机，其主要性能参数为斗宽 400mm，斗容 16L，料斗运行速度 1.15m／s，输送量 118～158m^3／h，最大提升高度 60m。专家鉴定认为该机填补了国内空白，其主要性能指标达到国外 80 年代后期先进水平。(5) 由第二重型机械集团公司研制的 8#、16#起重吊钩和由上海八一铸锻厂研制的 4#、10#起重吊钩，系在国内首批采用模锻（4#、8#、16#）和胎模锻（10#）工艺生产的，具有产品质量好、大量节约材料、生产效率高、节约能源及降低成本的优点；其材料化学成份、力学性能及吊钩的尺寸和技术性能指标达到了 GB10051《起重吊钩》的要求。经专家鉴定认为这两个厂研制的 4#、8#、10#、16#起重吊钩是成功的，达到了国际同类产品先进水平，有批量生产和推广应用价值。

行业管理 1993 年，起重运输机械行业有 11

个企业获 26 张生产许可证，有 9 个企业获 33 张出口许可证。到 1993 年底，已有 396 个企业获 1304 张生产许可证，117 个企业获 276 张出口许可证，详见表 1。

表 1　起重运输机械行业获生产许可证、出口许可证情况

产品名称	生产许可证				出口许可证			
	企业数		获证数		企业数		获证数	
	1993 年	累计	1993 年	累计	1993 年	累计	1993 年	累计
手拉葫芦		33		300	7	32	28	89
千斤顶	6	68	14	359	2	85	5	187
电动葫芦	1	40	6	217				
电动单梁起重机		112		221				
起重滑车	2	45	4	97				
带式输送机	2	98	2	110				
合计	11	396	26	1304	9	117	33	276

1993 年，起重运输机械行业获进出口经营权的企业有：承德市悬挂输送机厂、天津市叉车总厂、宝鸡叉车厂（原宝鸡叉车四厂）。

1993 年，起重运输机械行业继续围绕产品质量，致力于“工艺突破口”工作。如沈阳矿山机器厂根据该厂企业大、法人多的实际情况，主要抓了以下工作：(1) 抓工艺管理，严格工艺纪律，严格实行“三按”、“五不准”，并制订相应的考核办法，强制执行；(2) 在生产过程中，实行质量跟踪管理，对工序间质量情况，可通过质量跟踪记录和在产品件上的校验记录查到；(3) 对重要零部件落实质量责任者；(4) 对配套件一律实行质量保证能力认证制度，从而使“工艺突破口”工作外延到配套件厂，以保证主机质量。承德输送机总厂重点抓材料定额、工时定额等基础工作，定期召开大型质量分析会，落实责任，奖惩到位；同时，提高工艺手段，投产使用 6 台自行设计制造的专机，并通过攻克工艺关键问题，提高工艺水平。湖北宜都运输机械厂实行总工程师、工艺副所长、车间专职工艺员三级工艺管理制度，工艺人员占职工总数的 3%；主导产品图样及工艺文件正确率达 95%，完整率达 90%，技术标准、设计图样、工艺文件有关的技术要求统一率达 90%；95%以上的生产工人坚持按技术标准、按设计图样、按工艺文件进行操作，坚持文明生产；企业严格执行定人、定机、定工种；技术文件的审批、修改均按规定的程序进行。

质量及质量管理　1993 年，国家客运架空索道安全监督检验中心按照规定的程序对北京、甘肃、福建、山东、辽宁、河北六省、市的 20 条客运架空索道进行了安全检验，其中，北京香山索道、北京慕田峪长城索道、山东泰安市泰山索道等 15 条索道通过验收，并将获得劳动部颁发的《客运架空索道安全使用许可证》。

1993 年，起重运输机械行业制、修订完成或上报的产品标准 16 项，其中 2 项参照国际标准，10 项等效或参照国外先进标准。

技术改造及技术引进　据对 22 个企业的调查统计，1993 年完成技术改造投资 5776.52 万元，主要有沈阳矿山机器厂的减速机、托辊生产厂技术改造，四川自贡运输机械总厂的 NF 型逆止器技术改造，朝阳振动机械厂的大重型输送、给料、破碎、筛分设备生产线技术改造，大连起重机器厂的引进树脂砂造型生产线和 CAD、MIS 系统技术改造，承德输送机总厂的链式输送机技术改造，广东省台山市机械厂的千斤顶扩产技术改造项目等。这些改造项目的完成，必将促进起重运输机械生产工艺水平和产品质量的提高。

1993 年 11 月，芜湖起重运输机器厂引进大型环链式斗式提升机（斗宽 160～1600mm，输送量 60～1500t／h，提升高度 Max55m）制造技术的合同正式签订，该厂将引进全部图纸和技术资料。

湖北宜都运输机械厂对引进的大输送量埋刮板输送机专有技术进行认真消化、吸收、国产化工作，现国产化率达 100%，并形成 100 台／年的生产能力。

市场及销售　1993 年，起重运输机械行业工业产品销售率为 97.72%，高于机械工业平均水平。其中，销售起重设备 367555.8t，运输设备 121817.8t，与上年基本持平。

1993 年出口起重设备 101883.83t、14127.54 万美元，运输设备 12404.50t、1709.75 万美元，出口量分别比上年增长 70.01%和 54.08%，出口额分别比上年增长 53.43%和 133.89%。其中，起重设备出口额在整个机械工业中仅低于金属切削机床，位居第二。起重设备和运输设备出口额之和占整个重型矿山机械行业出口额的 80.93%，占机械工业出口总额的 5.73%。其出口国家和地区主要有德国、美国、泰国、新加坡、孟加拉国、印度、意大利等。

〔撰稿人：北京起重运输机械研究所　王学红
审稿人：机械工业部重大装备司　赵秀奇〕

〔交通部〕

生产发展情况 1993年从事港口装卸机械制造和部分兼营港口装卸机械修理的企业共有48个，其中年产值在500万元以上的骨干企业18个。这18个企业拥有固定资产原值3.57亿元，职工13462人，实现工业总产值6.4亿元（当年价格），全员劳动生产率达47793元／人·年，实现利税总额3971万元，其中利润总额1194万元，比上年下降145%。出现这种情况的原因是由于1993年原材料价格上涨幅度较大，加之有些企业为适应市场需要，调整产品结构，加大了开发新产品的投入。如南京港口机械厂1993年度完成工业总产值3248万元（当年价格），产品销售收入2937万元，分别比上年增长139%、140%，但利润总额为-48.64万元。该厂原以生产中小型浮吊为主，1993年开发的新产品有2000kg、3500kg牵引车，10t-30m（Ⅱ）型、16t-30m门座起重机，40t台架起重机。行业主要产品结构见表2。

表2 交通部系统起重运输机械行业1993年主要产品结构

产品类别	产量(台、套)	比上年增长%
起重机械	250	5.9
流动机械	430	4.4
散货专用机械	53	-39.6
集装箱装卸机械	429	-179.0
专用工属具等	3569	-52.4

1993年生产发展还出现一些新情况，一些大中型企业为了扩大其生产规模，通过合资、合作、办分厂等方式与外资和一批乡镇企业联营，取得了较好的效果。如上海港口机械制造厂工业总产值达34609万元，比上年增长128%，全员劳动生产率为54409元／人·年，比上年增长39%。上海港机厂配套件分厂，现有职工250人，工业总产值达3500万元，全员劳动生产率140000元／人·年。

新技术与科研成果 由上海港口机械制造厂和交通部水运科学研究所共同承担的国家重点技术开发项目斗轮式矿石卸船机研制进展顺利，已通过中评估，1993年底完成厂内部件安装。川江港机厂采用四川泸州市工程塑料厂研制成功的达到世界先进水平的MC尼龙材料，试制成功港口机械用滑轮。据估算，一台FQD 5t-25m浮式起重机上如全部采用尼龙滑轮，每装卸100万t货物，减少230个维修日，增加38个工作日，可节省维修材料费4.2万元，其经济效益十分可观。近年来，由上海起帆科技开发公司发明创造的各类新型抓斗、工属具推广到全国200多个单位使用，并已批量进入国际市场，创效益4亿多元。先后获得国家发明奖3项，获得部、市级科技进步奖7项，获得日内瓦、巴黎、匹兹堡、尤里卡、北京等国际发明展览会金奖、银奖12项，并有6项技术获得国家专利，多项技术已被列入国家和交通部“八五”重点新技术推广项目。

1993年武汉交通科技大学研制的门座起重机微机CAD系统通过部级鉴定。

新产品 上海华通装卸机具修造厂生产的DP系列超低型平板车，具有结构合理、承载能力强、通用性好、维修保养方便等优点。产品规格有5、10、20、25、40t，它们适用于国际标准集装箱和长大件及其他各类货种在码头、货场、仓库的水平运输。由交通部水运科学研究所、广州港口机械制造厂、武汉港务局联合研制的ST400正面吊运机，性能先进、工作可靠、操作方便、机动灵活、耗油量低，国产化率达92%，投产一年多来，已装卸国际标准箱7000余TEU。上海港口机械制造厂生产的M2200型16t带斗门机1993年7月通过市级鉴定，并被列为上海市1993年新产品；该厂还首次向冶金行业提供重型冶金行车，向日本提供一台600t／h波纹挡边连续卸船机，这是我国首次出口日本的大型机械。由长江船舶设计院设计、葛洲坝工程局机械制造厂制造的40t／25t-19m／25m台架起重机通过技术鉴定，该机具有结构紧凑、总体布局合理、自重轻、造价低、稳定性好等优点，适用于沿海、内河直立式码头重件及集装箱装卸作业。镇江黄墟锚链厂生产的双幅板压制滑轮，具有自重轻、强度好、精度高等优点，并能提高钢丝绳的使用寿命。该滑轮无需进行金属切削加工和焊接连接，可满足钢丝绳中心线与滑轮槽中心线交角在15°内的工作要求。

行业管理 南京港口机械厂先后改革了劳动用工制度，签订了全员劳动合同。1993年又推行了主要车间全员收入浮动的承包方案，使工人生产积极性提高，圆满完成了全年生产任务。经江苏省武进县批准，原上海港机厂制动器分厂改名为上海港机厂配套件分厂。该厂为了扩大生产能力兼并了武进县汽车篷垫厂，并以其为首成立了武进东方港口机械实业总公司。

1993年3月交通部为上海港机械修造厂发放了门座起重机生产许可证。

质量及质量管理 由广州港口机械制造厂生产的JP系列集装箱半挂车被评为部优质产品，其中JP40、41型集装箱半挂车被国家技术监督局评为国优产品。红光港口机械制造厂生产的QL1613轮胎起重机，上海港机械修造厂生产的力达牌DLQ81型电动轮胎起重机，上海港口机械制造厂生产的M16-33型港口门座起重机、M2200型16t带斗门座起重机、JS8型港口门座起重机通用司机室等产品被评为部优质产品。随着出口产品逐年增加，企业在不断完善质保体系质量责任制的基础上，积极推行国际公认的ISO 9000《质量管理和质量保证系列标准》。1993年经专家审定的国家标准有《岸边集装箱起重机技术条件》、《岸边集装箱起重机试验方法》、《轮胎式集装箱门式起重机试验方法》。行业标准有《集装箱大型起重机械检测规范》、《大型造船机械修理》等标准。这些标准在广泛收集国内制造厂的企业标准、行业标准的基础上，积极参照国际先进标准编制，达到国际同类产品标准水平。

技术改造及技术引进 1993年18个骨干企业固定资产投资额为2965万元，比上年减少33%，其中技术更新改造投资额为1396万元，比上年增加18%。南京港口机械厂为开发新产品需要，自行研制了一台100t龙门起重机。为扩大生产能力，上海港机厂配套件分厂扩建抓斗车间 $2200m^2$，扩建厂房 $1500m^2$，总投资900万元。

1993年上海港口机械制造厂从瑞典ABB公司引进抓斗卸船机电气配套件、控制柜和PLC系统，分别从瑞典黑格公司和美国BELT·WALL公司引进斗轮卸船机的斗轮驱动装置所需的大扭矩液压马达及提升系统所需的波纹挡边皮带。

市场及销售 1993年主要企业产品销售额8.3亿元，比上年增长64%，出口创汇238万美元。主要产品有5t–40m门座起重机、600t／h卸船机、JP系列集装箱半挂车及港口起重机配件。加拿大温哥华港1991年底向我国订购一台50长吨超巴拿马型岸边集装箱起重机，1993年初正式投入生产。用户认为质量优良、操作平稳、被誉为“北美最好的起重机之一”，并决定再向我国采购第二台超巴拿马型岸边集装箱起重机。

〔撰稿人：交通部水运科学研究所 范翠玉 审稿人：交通部科学技术司 王建辉〕

〔责任编辑：邝 鸥〕

地质勘探设备

〔地质矿产部〕

生产发展情况 1993年地质矿产部系统有地质机械工具制造等专业厂38个，拥有职工2.4万人；固定资产原值4.7亿元，净值2.6亿元。企业按行业划分：钻探设备制造厂7个，实验室选矿设备制造厂7个，地质工具厂3个，地质机械修造厂21个；企业按规模划分：大二型企业2个，中型企业11个，其余均为小型企业；国家骨干企业4个，重点企业7个。

1993年地质勘探设备行业完成工业总产值79416.7万元，比上年增长67.5%；实现销售收入106822.8万元，比上年增长86.2%；实现利润8406.5万元，比上年大幅度增长。呈现产销两旺、利润同步增长的大好局面。

在计划经济向市场经济的转变中，随着改革的深化，地质企业无论是市场观念、竞争意识，还是应变能力、承受能力都得到了增强与提高。国民经济的腾飞、基本建设的发展给钻机和金刚石市场带来空前繁荣。企业不失时机地抓住了这个大好机遇，以市场为导向，及时调整产品结构，扩大生产规模，取得了显著的经济效益。仅张家口、衡阳、重庆、西北、天津、上海、无锡7个钻探设备制造厂，就完成工业总产值75858万元，销售收入72568.3万元，创利税10326.4万元，其中工业总产值比上年增长106%；生产各类钻机4776台，比上年增加3407台；金刚石压机完成513台，比上年增加264台，增长106.0%。其中地处甘肃省大山深处的西北探矿机械厂抓住机遇，认真组织生产，挖掘一切潜力，生产GQ–12型工程钻机204台，比上年增长38.8%，单项产品工业总产值达1841万元，占该厂工业总产值的68.8%，成为创利的主导产品；生产XY–42型钻机55台，比上年净增40台，产品销售率为95.4%。全员劳动生产率达14495元／人·年。

目前，全行业能满足地质、水文、工程、石油等各类地质调查和矿产资源勘探及各类建设工程的广泛需要。可生产供应的钻探、坑探设备主要有：地质岩芯、地热、水文水井、取样、工程地质、工程施工和物探爆震等8大类50多个品种的钻机、钻塔；实验室选矿设备有10大类120多个品种，并开始向矿山选矿设备方向发展；地质钻探工具有9大类800多个品种。在研磨材料方面，是国内生产人造金刚石压机、人造金刚石、人造金刚石聚晶、复合片、金刚石钻头及扩孔器以及其他金刚石制品的主要行业。

新技术与新产品 1993年，据13个大中型企业技术开发资料统计，全年实施技术开发项目67个，完成鉴定项目33个，投产项目13个；支出技术开发费1869万元，其中用于开发新产品的经费760万元，占技术开发费支出总额的40.7%；新产品实现的销售收入1.8亿元，占全部产品销售收入的16.85%。张家口探矿机械厂开发成功的大吨位、大腔体人造金刚石压机（6×6000kN、6×8000kN、6×1200kN）已形成系列产品，其产量及地域覆盖面约占我国超硬材料制造业的1／2。天津探矿机械厂研制的TGS–1型散装工程钻机性能好，质量可靠，深受用户青睐，1993年生产100台，尽产尽销，经济效益喜人。

重庆地质仪器厂1993年研制成功并批量生产投放市场的数控四轴平行绕线机，是为适应我国多种行业的需要而设计的。可同时绕制4个线圈，采用先进的微机技术，自动化程度高，操作简便，性能可靠。该机绕线速度可达500r／min，可无级调速，圈数控制精度为±5圈，适用线径0.08~0.30mm，具有断线报警及断线记忆功能，是当前国内先进的机电一体化优质产品。

技术改造及技术引进 1993年地质勘探设备

制造企业完成固定资产投资 4869 万元，其中更新改造完成投资 1672 万元，比上年增长 23.2%。改造项目主要有纳入国家计划的续建项目 8 个；新开项目 2 个；完成项目 1 个，即无锡钻探工具厂的硬质合金钎头、钎具、人造金刚石及金刚石制品车间的改造，此项工程的完成将会大大提高硬质合金钎头、钎具、金刚石及金刚石制品的质量，有利于产品结构的调整，进一步增强市场竞争能力。

行业管理 1993 年，经国家经贸委批准，正式组建了中地装备工程集团。中国地质机械仪器工业总公司成为“中地集团”的核心企业。

质量及质量管理 1993 年加强行业产品质量管理，强化企业的质量意识，以公司直属企业为重点逐步建立和完善质量保证体系，在大中型企业中宣贯 ISO9000《质量管理和质量保证系列标准》，认真做好质量管理基础工作。上海探矿机械厂是国家二级企业，也是国家重点企业，他们坚持走质量效益型的道路，一手抓扩充规模，形成综合生产能力，充分发挥 GPS-15 型工程钻机优势，带动其他产品；一手抓全面质量管理，建立以质量为导向的技术进步机制，以提高产品质量标准。规模效益与质量效益齐头并进，市场占有率稳中见长，经受住了市场变化快、起伏大的考验。1993 年生产钻机 867 台，比上年增长 136.9%；产品销售率达 98.99%；完成销售收入 2.8 亿元，实现利税 7724 万元，劳动生产率达到 70415 元／人·年。上海探矿机械厂以质量求生存、求发展，向质量要效益，一跃成为上海市机电行业的排头兵。

市场及销售 改革开放给地质工业企业带来了机遇，增加了活力，地质机械出口产品逐年增多。目前品种多达上千个，主要销往美国、南非、澳大利亚、马来西亚、伊朗、越南等国家。成都探矿机械厂生产的硬质合金钎头、钎具多年来主要用于出口，且市场稳定。张家口探矿机械厂的金刚石压机及金刚石制品与美国、俄罗斯的合作有新的进展。

随着国家基本建设、固定资产长期投资的适当调控，钻机市场已开始萎缩，部分产品销路不畅，库存增加。作为行业主管部门要适时地对没有销路的产品采取坚决措施，合理调整产品结构，以地专产品为本，发展多种经营。进一步加强销售力量，实施沿江、沿海布点计划，扩大国内市场，加强合资、合作，积极开拓国际市场，巩固市场占有率，抓住机遇，再上台阶。

〔撰稿人：中国地质机械仪器工业总公司 王占芬 审稿人：中国地质机械仪器工业总公司总经理 卢 环〕

〔中国有色金属工业总公司〕

生产发展情况 中国有色地质勘探行业现有 12 个局属机械（金刚石）厂，其中有生产人造金刚石的企业 6 个，分别是：营口鑫利金刚石工业有限公司、桂林金刚石工业公司、宝鸡金刚石厂、广东花县金刚石厂、南京金刚石厂、四平金刚石厂。局属厂拥有职工 3000 多人，固定资产原值 6913.46 万元，比上年增长了 39%；1993 年创产值 9947.70 万元，比上年增长 75%；创利 414.68 万元，比上年增长 36%，创历史最好水平。

根据有色地质行业产业结构调整的需要，1993 年重点抓了金刚石生产，以六大金刚石厂为主体，适当地选择几个勘探队做为分厂，这样一方面扩大了生产能力，另一方面可促进基层队的多种经营发展，1993 年地质系统拥有六面顶压机近百台，生产人造金刚石单晶 1223.46kg，现已成为国内几大生产基地之一。

当国内金刚石压机供不应求的时候，总公司抓住这个机遇，采用了社会化大生产方式，很快地设计生产出 6×800t、6×1200t 级压机 100 多台，一方面满足了自己生产的需要，另一方面也给各企业带来可观的效益，仅制造一项，1993 年多增产值 3000 万元。从用户反映的意见来看，设计的压机有特色，具有结构简单、运行准确可靠、匹配合理、成本低廉等特点，在同类产品中，单价最低，因而在市场竞争中具有较强的竞争能力。

新技术与科研成果 以科研为先导，狠抓设备挖潜工作。1993 年在金刚石生产方面主要做了扩大腔体工作。在较短的时间内，成功地推行了直径 23mm 腔体工艺，使金刚石单产达到 $1.8\times10^{-3}\sim2\times10^{-3}$kg，比过去提高了 1 倍，一机变两机。目前正在试验直径 25mm 腔体，可望在 1994 年年底成功，效益会更可观。

技术改造及技术引进 1993 年狠抓了企业的技术改造。虽然国家事业费紧缺，但还是想尽办法多渠道筹款，以积极吸收个人集资等方式，1993 年固定资产投入为 1500 万元，其中技改投入近 600 万元。以营口鑫利金刚石工业公司为例，1993 年他们没有停产，用了一年的时间全部完成搬迁任务；在设备方面，淘汰了老型压机 6×3600t 压机，现在全部使用的是 6×800t、6×1200t 压机，共计 20 多台，已成为国内北方最大的金刚石厂，深受国内外用户赞赏。

〔撰稿人：中国有色金属工业总公司 杨万忠〕

〔电力工业部〕

生产发展情况 杭州钻探机械制造厂是电力工业部专门从事水电工程建设钻灌设备及配套机具生产的唯一厂家。该厂由于不断开发产品市场，挖掘企业内部潜力，调整产品结构，注重产品质量，从而使生产规模逐年扩大，产品生产稳步上升。1993 年工业总产值完成 1380 万元，比上年增长 18.25%；生产各种型号钻机 252 台，比上年增长 37.3%；实现利税 177 万元；全员劳动生产率为 11563 元／人·年，工业增加值率为 41.34%，均高于全国平均值。经济效益处于国内较好水平，其综合指数为 95.4%。该厂在 1993 年实现了速度与效益同步增长。

市场及销售 1993 年该厂完成销售收入 1827

万元，比上年增长 40.5%，产品销售率为 104.7%。出口 14t 钻机、泵、高速制浆机等系列产品，出口交货值为 33 万元，创汇 4 万美元，产品销往印度尼西亚、伊朗等国家。

〔撰稿人：电力工业部电力机械局　单　伟　审稿人：电力工业部电力机械局　张海清〕

〔责任编辑：邝　鸥〕

~~~~~~~~~~~~~~~~~~~~~~~~

矿山及煤矿机械

~~~~~~~~~~~~~~~~~~~~~~~~

〔机械工业部〕

生产发展情况　1993 年机械工业部系统矿山机械制造企业共有 124 家，职工 169060 人，完成工业总产值 506283 万元，比上年增长 37.3%。

据对 41 家矿山机械制造企业的函调统计，1993 年是矿山机械制造行业近几年来在生产、销售、完成利税、企业效益各方面取得最好成绩的一年，也是企业经营机制转换较快的一年。41 家企业完成的各项指标见表 1。

1993 年，机械工业部系统 124 家企业生产各种矿山机械 249586t，比上年增长 3.48%。1993 年 41 家矿山机械制造企业共生产各类矿山机械产品 12872 台、109816t，详见表 2。

1993 年矿山机械行业生产发展的特点：受国家基建投资规模增长的牵动，以及国家向能源、交通、原材料行业采取经济倾斜政策，致使为这些部门提供成套装备的矿山机械制造行业产量大幅度上升，尤以破碎磨矿机械产品及其备件增幅最大。

1993 年，由于原材料价格大幅度上升，对于以消耗材料为主的矿山机械行业冲击很大。但是，由于矿山机械行业积极开发新产品，狠抓质量，大力挖潜，并及时调整产品价格，使矿山机械行业的工业总产值、产品销售收入、交付利税和利润等几项指标都完成的较好，全员劳动生产率接近 3 万元／人·年。

表 1　1993 年 41 家矿山机械制造企业完成各项指标情况　　(单位：万元)

年份	统计企业数	职工人数		固定资产		工业总产值	销售收入	利润总额	已交利税	全员劳动生产率(元／人·年)
		总人数	技术人员	原值	净值					
1991	57	144525	15737	319398	138276	256330	254079	4505	10642	17736
1992	55	149410	13465	348595	154142	309512	327396	4593	9412	20715
1993	41	89778	7505	220843	123650	265493	306252	7397	12484	29569

表 2　1993 年 41 家矿山机械企业生产各类产品产量

产品类别	产量(台／t)	比重(吨位，%)
总产量	12872／109816	100.0
采掘机械	138／2344	2.1
提升机械	4708／11653	10.7
破碎磨矿机械	5886／59198	53.9
选煤机械	264／1381	1.3
选矿机械	1180／6129	5.6
筛分机械	696／4339	3.9
矿山机械备件	／24772	22.5

1993 年，企业经济效益普遍较好，41 家企业利润总额为 7396.74 万元。亏损额和亏损企业大幅降低，只有 3 家亏损企业，亏损额为 2123 万元。41 家企业中全员劳动生产率超过 4 万元／人·年的 14 家企业情况见表 3。

1993 年困扰矿山机械行业最突出的问题是资金短缺、流动资金不足。据对 41 家企业的统计，截止到 1993 年底，贷款总额达 50223.8 万元。企业间的“三角债”虽有缓解，但 41 家企业中仍有 18 家企业不同程度地存在“三角债”，债权额为 43050.9 万元，债务额为 27019.9 万元。

新技术与科研成果　1993 年，洛阳矿山机械研究所的 JTB1.6×1.2m 泵控防爆绞车获机械工业部科技进步二等奖。

1993 年完成的科研项目主要有如下几项：(1) 三峡升船机关键技术试验研究。该项目任务来源于水利部和电力工业部，由洛阳矿山机械研究所承担。三峡升船机是三峡工程施工通航和永久通航的关键设备，其船厢侧总载荷 11800t，提升力为 600t，提升高度 113m，提升速度 0.2m／s，总制动力 2750t。该试验研究完成了卷扬提升系统及同步轴静动态应力分布规律、大载荷卷筒应力的分布规律、大扭矩减速器结构强度优选、大型制动系统方案的比选、卷扬机构及平衡系统布置的优化，以及主拖动调速及动均衡和自动控制系统等关键技术研究。该研究成果于 1993 年 7 月 6 日通过鉴定。(2) KTJC 型矿井提升机智能监控装置研究。该项目系机械工业部下达，由洛阳矿山机械研究所承担。该装置采用 STD 总线工业控制计算机为主机，配高分辨率彩色显示系统及 9 针打印机，可实现多彩色图表、汉字画面实时显示及打印、语言实时预报及报警。该装置功能强，适应范围广，抗干扰能力强，为提升机安全可靠、高效运行提供了保证。该装置具有矿井提升信号系统、故障自诊断、综合后备保护、机械式深度指示器及监控器、运行状况及事故过程记录、初步管理系统等六个方面的功能。该装置主参数为：显示井深 1000m，显示速度 99.99m／s，度分辨率＜1cm，装置供电为 220V／2A；耐压强度符合 GB3797—83，抗振能力 0.76mm／10Hz。该研究课题已于 1993 年 9 月通过鉴定。

在加工工艺方面，上海重型机器厂完成了筒体精锻工艺及三点砧结构研究，600 及 300MW 核电超大封头、封夹模具加工攻关及核电材料大容量切削研究，等壁厚锻件封头工艺及装备结构研究等。

新产品 1993 年，列入机械工业部新产品试制计划的有 26 项，加上省、市计划及企业自主开发的新产品，共完成 87 项。有代表性的新产品见表 4。

表 3 1993 年人均产值超过 4 万元／人·年的 14 家企业情况 (单位：万元)

序号	企业名称	全员劳动生产率(元／人·年)	工业总产值	产品销售收入	产品销售税金	利润总额	已交利税	固定资产	
								原值	净值
1	上海多灵—沃森公司	457882	6182	6150	300	1008	434	360	204
2	桂林矿山机械厂	57294	5723	5208	141	353	297	2265	1625
3	南通市矿山机械厂	53937	6677	13432	828	1596	743	2777	2308
4	山东博山矿机厂	53900	2304	2104	101	95	101	716	581
5	兴化矿山机械厂	53058	5003	6894	73	505	73	850	670
6	鞍山矿山机械厂	51760	6501	6495	283	1001	472	4947	3060
7	唐山市矿山机械厂	50000	3120	3030	99	254	145	850	640
8	浙江矿山机械厂	49989	3204	4006	248	209	248	1021	479
9	柳州高压电器厂	46434	1602	1580	539	10	127	7043	543
10	山东矿山机械厂	45796	5006	5499	301	345	336	2244	1608
11	沈阳电力机械厂	44521	4835	5536	191	25	250	8337	5949
12	徐州通域集团公司	42680	7333	6018	236	102	338	2059	1316
13	武汉通用机械厂	42119	5029	5426		141		1789	474
14	北京人民矿山机械厂	41422	2038	2112	94	70	131	1190	766

注：全员劳动生产率为工业总产值与职工人数之比。

表 4 1993 年矿山机械行业有代表性的新产品

序号	产品型号、名称	研制单位	鉴定情况
1	75、120t／h 成套破碎筛分厂	上海多灵—沃森公司	
2	6、8、10、12t 装药车	长治矿山机械厂	✓
3	JS1830 焦炭筛	鞍山矿山机械股份有限公司	✓
4	PGYX600 辊盘式破碎机	鞍山矿山机械股份有限公司	✓
5	RT−30 乳化沥青稀浆封层摊铺机	洛阳矿山机械研究所	✓
6	GZY−3000 工程钻机	洛阳矿山机械研究所	✓
7	PGC−1370 破碎机	洛阳矿山机械研究所	✓
8	直径 3.95m、长 150m 回转窑	洛阳矿山机械研究所	✓
9	PTH1250(2)焊接齿轮减速器	洛阳矿山机械研究所	✓
10	TD5 减速器	洛阳矿山机械研究所	✓
11	KY−150 牙轮钻机	江西采矿机械厂	✓
12	KBY−120 边坡钻机	江西采矿机械厂	✓
13	KQ−150 潜孔钻机	江西矿山机械厂	
14	Lu−1000／50 履带电缆车	昆明重型机器厂	✓
15	VABE550 斗轮挖掘机	昆明重型机器厂	✓
16	ZSD−2000A 转载机	昆明重型机器厂	✓
17	JZM−40／1600 凿井绞车	济南重型机械集团	
18	WiD−1.5 井下电动铲运机	济南重型机械集团	✓
19	大型露天矿连续开采工艺成套设备：①分流站，②移动式胶带机，③卸料车	沈阳矿山机器厂	

(续)

序号	产品型号、名称	研制单位	鉴定情况
20	低矮型反井钻机	山东矿山机械厂	
21	QLM-200 对撞式气流磨	焦作群英机械厂	✓
22	PES250×400 颚式破碎机	石家庄矿山机械研究所	
23	FG-10 螺旋分级机	石家庄矿山机械研究所	
24	2MGZ-400 振动磨	石家庄矿山机械研究所	
25	PCC16/18 冲击锤式破碎机	朝阳振动机械厂	

注：表中✓者为通过鉴定

表 5　1993 年组建或参加集团公司情况

序号	集团公司名称	企业名称	方　式
1	徐州通域集团公司	徐州矿山设备厂	以徐矿为主组建
2	济南重机集团公司	济南重机厂	以济重为主组建
3	东北电力集团	沈阳电力机械厂	沈电进入东电
4	中国国际信托投资公司	洛阳矿山机器厂	洛矿进入中信
5	鞍山矿山机械股份有限公司	鞍山矿山机械厂	以鞍矿为主组建
6	山西煤机集团	原平矿山机械厂	原矿进入山西煤机
7	承德输送机集团公司	承德矿山机械厂	以承矿为主组建
8	上海电气联合公司	上海重型机器厂	上重进入上电
9	山西科泰工程机械有限公司	原平矿山机械厂部分车间	中外合资
10	沈阳施道克电力设备有限公司	沈阳电力机械厂	与美国施道克公司合资

行业管理　根据国家技术监督局的计划安排，由国家级矿山机械质量监督检测中心对调度绞车生产许可证发放进行了抽检。全国共抽检 48 个企业、69 台产品，经检测和复检，送检产品的企业全部获得生产许可证，产品全部合格。

中国重型机械工业协会矿山机械分会组织会员单位举办科技研讨会，进行新产品开发，修订矿山机械产品价格目录，并向会员单位提供技术、经济、价格信息等一系列行业服务。

1993 年也是矿山机械行业结构调整较快的一年。大企业，如沈阳矿山机器厂、昆明重型机器厂等采取划小核算单位、经营单位的办法，加强内部经营管理，亦是取得较好经济效益的有效措施之一。也有 10 个企业采取组建集团公司，或加入某一集团公司，或与外资合资组建合资企业等方法，从而取得明显的经济效益。1993 年组建集团情况见表 5。

此外，中国第一重型机械集团、中国第二重型机械集团相继于 1993 年 7 月、8 月成立，很多矿山机械制造企业成为这两大集团的成员。

1993 年以“工艺突破口”为重点，加强基础建设。如被列为“工艺突破口”重点样板厂的昆明重型机器厂，两次修订“冷工艺管理制度”、“严格工艺纪律的规定实施细则”、“热加工管理制度及工艺纪律”；制订了“工艺责任制”、“定置管理检查验收标准”等。计算机管理系统中也列入了工艺管理内容，取得了较好的效果。

质量及质量管理　1993 年质量管理以贯彻 ISO9000 标准为主，严肃质量管理。矿山机械行业中很多厂家都积极采用 ISO 9000 标准，举办 ISO 9000 标准培训班，建立 ISO 9000 质量保证体系等。

在采用国外先进标准方面也有较大的进展，如上海重型机器厂 MW 碗型磨煤机采用美国 EC 标准，给煤机采用美国 STOCK 标准，大型铸锻件采用日本制钢所室兰标准，对提高产品质量起到有益的作用。

技术改造及技术引进　据对 41 家企业的统计，1993 年共投入固定资产投资 17777.87 万元，其中用于工厂生产的技术改造投资为 10651.37 万元，其余用于职工住房建设。1993 年固定资产投资总额超过 500 万元的企业有 9 家，详见表 6。

表 6　1993 年固定资产投资总额超过 500 万元的企业

(单位：万元)

序号	企业名称	固定资产投资总额
1	山东新泰矿山机械厂	3500
2	洛阳矿山机器厂	1896
3	上海多灵—沃森机械公司	1790
4	承德输送机总厂	1743
5	南通矿山机械厂	1480
6	济南重型机械集团	1450
7	焦作矿山机械厂	1337
8	桂林矿山机械厂	1150
9	鞍山矿山机械股份有限公司	540

1993 年技术引进项目有以下几项：徐州通域集团公司从意大利引进全自动汽车清洗机技术，上海重型机器厂引进 Hp 磨煤机联合齿轮箱（系列）技术，昆明重型机器厂的井式可控气氛渗碳炉、计算机辅助设计系统、炉前钢水快速分析仪（DV-5 直读光谱仪），承德输送机总厂的物料输送系统专有技术等。

市场及销售 1993 年矿山机械行业销售形势较好，据对 41 家矿山机械制造企业的统计，计划销售收入为 267739 万元，实际销售收入 306252.36 万元，超额 38513.36 万元，是几年来最好的一年。

外销出口形势也比较好，出口总额为 1466.9 万美元。外销面有新的突破，出口地区除传统的东南亚地区外，欧美地区、大洋洲也有外贸出口。出口额超过百万美元的企业有：承德输送机总厂（258 万美元）、洛阳矿山机器厂（722.31 万美元）、焦作矿山机器厂（185 万美元）。

〔撰稿人：机械工业部洛阳矿山机械研究所　康继尧　审稿人：机械工业部重大装备司　陈英汉〕

〔煤炭工业部〕

生产发展情况 1993 年中国煤矿工程机械装备集团公司生产煤矿机械产品的厂家有 123 个，据初步统计完成产品产量 21.47 万 t。其中，30 个骨干、重点煤机企业完成产品产量 15.5 万 t，完成工业总产值 162976 万元。

1993 年煤机行业遇到了前所未有的原材料价格并轨及大幅度涨价等问题，企业流动资金大量被发出商品占压，许多企业处于停产、半停产状态，同时煤机市场疲软。各煤机企业主管部门落实企业自主权，改变单纯生产煤机产品和品种单一的观念，采取积极措施调整产品结构，增强应变能力。在稳定国内煤机市场的同时积极开拓国际市场，在满足煤炭生产机械化所需装备的前提下，努力开发非煤机产品，向多角化经营方向发展。如淮南煤机厂的管状带式输送机，在消化吸收引进技术的基础上，样机已经问世，市场前景很好，成套水泥设备及通用性大型皮带输送机已形成“拳头”产品。张家口煤机厂的水泥链条、套筒滚子链条生产已形成一定规模。石家庄煤机厂的金刚石压机、换热器、随车吊、工程钻机等非煤机产品已占全厂总产值的 85%以上。湖北煤机厂的汽车车箱、旋压皮带轮、钢柱等产品的产值，已占总产值的 60%以上。

新技术与科研成果 北京煤矿机械厂在新技术、新工艺、新材料方面取得如下成果：(1) BMJ-11 型电液控制系统通过鉴定，技术水平属国内领先。(2) 碾环工艺的研究与应用已达到国内先进水平。(3) 深孔镗滚复合加工滚头结构新颖，设计合理，减少了进给力，提高了滚压质量和支承刚性，使切削平稳，有利于提高表面质量。(4) 聚乙二醇火液代替油淬火液完成了工艺性实验，即将推广应用。

张家口煤矿机械厂在刮板输送机中部槽上应用高强度耐磨钢板，大大提高了中部槽的使用寿命。推广工装新材料，使联接环模具寿命提高 4 倍。西北煤矿机械总厂完成带哑铃整体槽帮熔模铸造及强度中板焊接工艺的试验。西北煤机一厂与煤科院上海分院联合开发成功的拖钩刨煤机属国内首次研制，该产品体积小、结构简单、效率高、产块煤率高、粉尘小、投资少。佳木斯煤矿机械厂完成了国家“八五”期间重点科技项目 EBJ-160 掘进机的试制。泰安煤矿机械厂同美国卡那瓦度量衡系统公司合作，共同开发成功了世界上最大原煤装车站。该站可同时装两列万吨列车，每个定量仓装煤 7500t／h，装两列万吨列车只需 1.5～2h。

新产品 北京煤矿机械厂完成 ZYY4100／18／32 型掩护式三软液压支架及 ZZ5200／19.5／42 型支撑掩护式液压支架两种新产品的设计和制造任务，经部级鉴定的 ZZP4400／17／35 型支撑掩护式铺网液压支架、ZYY4410／23／42 型掩护式液压支架，达到国内先进水平。张家口煤矿机械厂推广整体铸造槽帮钢刮板机，新开发了铸石刮板输送机和料液搅拌罐，完成输送机变型产品 36 种，非煤专产品完成 19 种，用于急倾斜煤层的 SGB-764／160 刮板机通过部级鉴定。淮南煤矿机械厂完成国家“八五”重点攻关项目 EBH-132 型掘进机的研究试制，研制成功管状带式输送机，填补了国内空白。郑州煤机厂完成晋城薄煤层支架 6 种样机的鉴定。平顶山矿务局用支架样机在国内首家成功通过万次压架新标准试验。西北煤矿机械总厂完成 10 项新产品：(1) WG900×1800 离心脱水机，(2) SPZ880／(2～3)×400 重叠槽交叉侧卸式刮板输送机，(3) SZZ1100／220 顺槽刮板转载机，(4) LPS200 破碎机，(5) BT30／24132 刨煤机，(6) SQD-550 上运大倾角带式输送机，(7) STJ-800／155 上运带式输送机，(8) SSJ1200／2×200 可伸缩带式输送机，(9) STJ1200／2×160S 固定上运带式输送机，(10) STJ800／250S 上运带式输送机。鸡西煤矿机械厂完成了 MG463DW 电牵引采煤机、MG200QW 大倾角采煤机、MG2×300GW 厚煤层采煤机工业性试验，MG375BW 大功率薄煤层采煤机已完成试制任务，现正在井下进行工业性试验。辽源煤矿机械厂研制开发 MC350-P1D 型电牵引采煤机、XMS-300 双斜盘轴向定量马达、ZB10-2×125 型整体机壳斜轴式变量双联泵、ZMS-40（ZM50-40）斜轴式定量马达和 BM-E630 摆线马达 5 种新产品。湘潭煤矿机械厂开发了防爆电器和建筑机械等系列新产品 11 种。浙江小浦煤机厂成功地开发了两套年产 9 万 t 级 NH 型五级旋风预热器干法回转窑等水泥生产设备，填补了浙江省的空白。山东煤矿莱芜机械厂与煤科院唐山分院合作研制成功的 GPJ60m^2 加压过滤机通过了出厂评议，该机是我国“八五”期间重大高科技产品，用于浮选精煤固液分离，较目前普遍采用的真空过滤机具有很大优点。该机采用新技术、新工艺和新材料，关键的密封技术已获国家专利。

行业管理 为了进一步加强行业管理，充分发挥中国煤炭机械工业协会的桥梁和纽带作用，切实为企业服务，按协会章程的规定，经民政部批准，按煤矿机械产品类型先后成立了14个专业委员会，分别是：矿灯及井下照明、矿用防爆电动机、采掘机械、液压支架、轻型刮板机、煤矿专用设备、井下电机车、煤矿安全仪器、煤矿电器电控设备、皮带输送机、煤炭洗选加工设备、重型刮板输送机、单体液压支柱、辅助运输机械专业委员会。这些委员会根据市场调查结果，协调产品价格，举办了产品标准化学习班，开展了技术交流和管理活动，维护了会员的利益，为更好地参与市场竞争起到了促进作用。

1993年11月25日，经国家经济贸易委员会批准组建的中国煤矿工程机械装备集团（简称中矿机集团），按国家工商行政管理局（93）工商企集字第30号〈核准通知〉同意将中国煤矿机械装备公司更名为中国煤矿工程机械集团公司并登记注册，成员单位现有60家，其中紧密层成员15家，半紧密层成员5家。

质量及质量管理 各煤机企业继续狠抓质量上台阶工程，取得了明显进展。提高刮板输送机寿命及可靠性的工作，已初见成效，经过改进的40T、150C均已下井试验，改进后的SGZ764／264、SGZ764／320已下井试验，初步证明达到了要求。"八五"国家"一条龙"项目——日产万吨综采设备的开发和研制按进度实施，"八五"国家企业重点开发项目也进展顺利。

为了认真贯彻《中华人民共和国质量法》和GB／T19000《质量管理和质量保证》系列标准，强化全员质量意识，北京、张家口、郑州、淮南、辽源等煤机厂，通过广播、板报、电视等多种形式向职工进行广泛宣传，鸡西煤机厂还印制500册《质量法》单行本，下发到基层单位供职工学习。北京、郑州煤机厂编写《质量手册》，对质量管理人员进行培训。张家口煤机厂狠抓了产品质量审核和检验系统的完善。郑州煤机厂颁布了质量奖惩、质量事故和质量信息管理标准，开展了支架产品设计文件标准化工作，加工件标准化率达40%，结构件标准化率达20%。鸡西煤机厂组织职能部门对100余份产品档案进行了全面整顿，结合收集到的厂内外质量信息46条，认真处理落实。还针对产品质量上存在的薄弱环节狠抓了关键件质量分等和质量审核、质量分析工作，确定要在提高零件加工质量和整机可靠性上下功夫。还针对提高三大机壳加工质量制订实施了《三大机壳机械加工质量分等办法》，使壳体质量有所提高，为提高全厂职工和质检人员素质，举办三期专业培训班，培训20余人次。为加强对外协、外购原材料、配套件的检验，进一步健全了专检、抽检记录，使质量事故与责任者利益挂钩，较好地落实了质量否决权，保证了产品质量的稳定提高，产品性能合格率达到100%，成台产品项目合格率达到96%。北京煤矿机械厂产品出厂合格率100%，产品主要性能抽查合格率100%，产品一次交检合格率100%。鸡西煤矿专用设备厂强化了质量监督工作，定期开展大检查，坚决实行质量否决权，促进了产品质量的稳步提高，保证了产品出厂合格率为100%，单体液压支柱国家监督抽查检验合格。辽源煤机厂采煤机液压泵马达整机出厂抽检合格率为100%，该厂获部级质量管理奖，1993年经国家液压泵马达质量监督检验测试中心对125EV油泵、125EX马达进行监督检测，检测结果全部达到出厂技术要求。吉林省技术监督局对125EV油泵125EX马达进行了质量抽查，经检查全部检测项目合格，并被列为吉林省免检产品。鸡西煤机厂从狠抓经营管理入手，广泛开展技术革新、提合理化建议、"双增双节"活动。据统计1993年共实现技术革新28项，创造价值162万元；征集合理化建议1054条，共采纳655条，已经实施227条，有力地保证了产品质量和经济效益的进一步提高。

技术改造及技术引进 1993年煤机行业对外开放也有新的进展。经国家有关部门批准，通过技贸结合方式合作制造重型刮板输送机及采煤机的合同均已签订。一批合资企业的意向也已签订。

哈尔滨煤矿机械厂从意大利茹麦卡公司引进托辊制造技术，消化吸收后生产出产品，从而淘汰了使用十几年的铸铁轴承座，并结束了购买冲压托辊的历史。

泰安煤矿机械厂引进美国技术制造了洗煤厂钢结构厂房，引进德国KHD公司技术为内蒙古准格尔露天煤矿洗煤厂制造了具有国际先进水平的巴达克跳汰机。目前已开发生产的洗选设备达12种，规格有54种。最近与英国MMD公司签订了合作生产矿石、岩石、煤炭破碎机钻的合同。该厂实施"生产一代、开发一代、设想一代"的生产经营战略后，产品由原来的37种发展到现在的120多种。

市场及销售 据统计1993年30个骨干、重点煤矿机械厂完成销售收入312034万元。目前企业面对煤机市场疲软，积极采取措施，强化售前和售后服务工作。

鸡西煤矿机械厂领导带队深入到全国各矿务局访矿60人次，累计派出销售人员220多人次，人均在外时间长达半年以上。在加强产品售后服务上，做到产品售出后，服务队伍立即组织技术人员、服务人员，随机为用户服务，协助用户完成地面调试、试车，还提前为用户培训采煤机司机、维检人员和管理人员，掌握采煤机的使用性能、操作方法和维修保养等知识，为采煤机在井下正常使用打好基础。据统计鸡西煤机厂1993年共派出服务人员95组、186人次，帮助用户安装、调试采煤机，还在厂内组织技术培训班两期，到井下现场办培训班3次，义务培训采煤机司机、维检人员210余人，该厂这种做法受到用户好评。

为适应市场变化的需求，各企业在积极开发新产品的同时，正在努力开拓国际市场，寻找合作伙伴。在部领导的支持下，装备集团公司已与俄罗斯萨哈林矿区签订了供应三机的意向，向印度两个煤炭公司出口综采设备，正进行商务谈判。在土耳其综采设备国际招标中已中标，正在进行最后的商务谈判。总之，在国际市场开拓和对外开放方面亦取得了可喜的成绩。

〔撰稿人：中国煤矿工程机械装备集团公司　董善宇　审稿人：中国煤矿工程机械装备集团公司　薛际贵〕

〔电力工业部〕

生产发展情况　1993年电力工业部系统从事矿山及煤矿机械生产的企业共6个。受基本建设压缩影响，生产情况较1992年在产量上多数有不同程度的降低。但各厂仍下气力“增产挖潜”找效益，使工业总产值完成了4.8亿元，比上年增长41%，全员劳动生产率达到46977元／人·年，比上年增长了158.5%。为满足电力工业生产大容量、大机组的发展，各厂在产品结构上有所调整，也是影响1993年产量的一个因素。

北京电力设备总厂承担的国家重点工程21台机组、530万kW的辅机制造任务，于1993年7月前已全部供货，满足了电力投产的需要。上海电力机械厂克服了任务重、产品品种多、批量少的不利因素，完成产量4000t，为闵行电厂、湖北电建二公司电站安装，按时提供了设备。长春发电设备总厂遇到了建厂以来最为艰难的情况：生产任务工期紧、资金短缺、原材料配套价格暴涨，在这种情况下，该厂不得不采取特殊举措，职工集资，共筹集了500多万元，用于生产，完成了国家重点工程——双辽电厂、妈湾电厂风扇磨煤机等生产制造的重大任务。上海水工机械厂1993年已形成4大类近百种系列产品，为淮阴、威海电厂制造了6t、16t桥式卸船机多台。

新技术与科研成果　武汉电力设备厂根据用户要求，完成了振动煤篦和固定式切割破碎机的制造任务，安装在西柏坡电厂，解决了煤块下落不畅问题，缩短了翻车机运转周期，每年可节约费用50万元。上海水工机械厂镍硬铸铁E型磨环获电力工业部科技进步一等奖，为电厂大修改装、改造做出了贡献。沈阳电力机械总厂有5项成果获部、局级技术进步奖和新成果奖。其中，环锤式碎煤机，其风量调节和除铁室结构装置达国际领先水平；上传动叶轮给煤机，获电力工业部科技进步四等奖；BBC控制插件开发，技术水平达到引进水平，获收入32万元；计量式胶带给煤机、链式输粉机技术水平在国内领先。1993年该厂还研制了循环硫化床锅炉燃烧系统，立式细碎机已试制1台样机。长春发电设备总厂在应用新材料方面有突破，FM340风扇磨煤机是引进国际先进技术生产的，其打击轮、前后盘、联接梁材质要求是ZG17CrMo55，经过两年试制现已冶炼成功，该材质在国内尚属领先地位；该厂在大型斗轮堆取机回转机构部套的制造上，一改其他厂家生产的回转轨道和多用方钢经机加工而制成的传统工艺，自行研制、设计工装设备，采用冷弯铁道钢一次成型的新工艺，在国内尚属首家，经现场运行和专家鉴定，满足产品设计的生产要求。北京电力设备总厂在新材料、新技术、新工艺方面开发22个项目，1993年已完成课题3项，投入经费2000万元，实现产值3000万元，实现利润200万元。

新产品　1993年，电力工业部共鉴定了6项矿山机械新产品，性能上力求和国际先进水平看齐，并坚持“开发—研制—再开发”的良性循环。

北京电力设备总厂的技术开发项目共22项，其中有11项是用于新产品，创利税553万元。长春发电设备总厂共开发了3项新产品：(1) FM340-1600型风扇磨煤机，是目前国内生产出力最大的电厂锅炉制粉设备，额定出力57t／h，通风量120000m^3／h，提升压头2400Pa，主电机功率1250kW，打击轮直径3400mm，打击轮厚度1060mm，该机的研制成功，解决了300MW机组辅机配套问题；(2) DQ16035斗轮堆取料机，该项目列为吉林省级重点产品试制计划，1993年试制成功后，在双辽电厂投入使用，该机堆料出力1600t／h，取料出力1600t／h，回转半径35m，堆料高度12.5m，轨下取料1.5m，经运转达到设计要求，效果良好；(3) DQ10045长悬臂斗轮堆取料机，是为重点工程妈湾电厂研制的，在国内尚属首台，机悬臂长度45m，是国内最长悬臂的斗轮堆取料机，堆料出力1500t／h，取料出力1000t／h，该机试制成功，填补了国内一项空白，在国际上处于90年代初水平。

沈阳电力机械总厂共有3项产品通过部级鉴定，(1) NJG耐压式计量给煤机，1993年8月23日通过部级鉴定，技术水平处于国内领先，现已投入生产，该产品能连续均匀地给煤，并进行动态称量、数字显示瞬时给煤量和累计给煤量，根据反馈信号自动调节给煤量。主要技术参数是：生产能力6～120t／h，给煤距离1500～3500mm，控制精度±1%，机体耐压3.5kg／cm^2。(2)ZMG中双链铸石埋刮板给煤机，1993年8月12日通过部级鉴定，确认技术水平为90年代初国内先进水平。该产品采用中双链布置结构，箱体镶有铸石板，有生产能力大、不断链、不漂链和耐磨、耐腐蚀及长距离输送物料等特性，主要技术参数：生产能力400～1600t／h，输送距离3～160m，刮板寿命5000h。(3) 变角式旋转滤网，1993年8月通过部级鉴定，确认技术水平国内领先，该产品型号为XWB无框架变角滤网和XKB框架式变角滤网。

武汉电力设备厂研制的537耐热腐蚀铸造镍高温合金燃气轮机涡轮叶片，1993年6月通过电力工业部、冶金工业部的鉴定，该产品达到国际先进水平，创经济效益92万元，新增利税37万元。

行业管理 1993年是改革步伐加快的一年，电力工业部华北、东北、华东、西北、华中五大网局计划单列，使制造矿山及煤矿机械的电力企业纷纷进入这几大电力集团公司的紧密层，形成既独立经营闯市场，又为电力工业切实服务的新形势，一改过去吃电管局老本，“等、靠、要”的依赖局面，这对电力机械企业走向市场、参与竞争创造了客观条件。

质量及质量管理 各厂在1993年都加强了质量否决权的力度，提出“凡事有人负责、凡事有人监督、凡事有章可循、凡事有据可循”的质量工作方针，并认真贯彻GB／T19000（ISO 9000）标准，以适应国际接轨的需要。

武汉电力设备厂对指令性产品质量考核采取PQC考核法实行质量奖惩；并培训60多人次为贯彻系列标准培养骨干，被电力工业部列为质量体系认证单位。沈阳电力机械总厂一级品率由1992年的87%上升到88%，一次装配合格率达100%。长春发电设备总厂坚持“质量为本”方针，以贯彻GB／T19000（ISO9000）系列标准为主线，以厂内质量审核为重点，从产品入库、包装、发运着手，完善管理程序和标准，保证了产品质量。该厂制造的DQ8030斗轮堆取料机，采用日本三井三池工场GS—04—（11）—85标准生产，1993年通过了吉林省标准计量局的复查。

技术改造及技术引进 1993年电力工业部系统矿山及煤矿机械行业共完成固定资产投资6731万元，其中技术更新改造完成4274万元，占总投资额的63%。

北京电力设备总厂用于技术改造资金3375万元，新增效益320万元，新增利润29万元。

长春发电设备总厂在吉林电力局的支持下，共同投资400万元建成了1620m^2的风扇磨试运厂房，并配有30t吊车和全部试运设施，使过去露天作业改为全天候试运，为提高产品质量和经济效益创造了条件。沈阳电力机械总厂完成了涂装生产线的技改，并于1993年9月和美国合资成立了沈阳施道克电力设备有限公司，到1993年12月订货额已达638万元。武汉电力设备厂引进法国90年代最新技术对翻车机进行研制，准备1995年在贵州安顺电厂投入使用，预计1995年、1996年产量可达5～8台，国产化元件比重达100%，该技术制造的翻车机为具有全液压夹车、液压靠车梁等优点的新型产品。

市场及销售 1993年各企业普遍注重抓市场，6家企业销售收入达42584万元，产品销售税金创1595万元，并注意做好售后服务。

武汉电力设备厂从合同上分析产品结构上的变化，确定电厂采用船用卸煤机械呈增长销售趋势，对港口机械发展在产品结构上予以调整，这是该厂利用销售反馈信息，确定企业发展战略的科学明智之举。

沈阳电力机械总厂抓住输煤机械需求量大增的时机，在电力系统内销售收入5212万元，比重为94%，产销率达96%。

长春发电设备总厂积极走向市场，承揽了辅机7963万元，销售收入7081万元，创该厂最高水平，并为1994年生产经营打下了良好基础。

〔撰稿人：电力工业部电力机械局　张海清　审稿人：电力工业部电力机械局　韩亦仁〕

〔中国有色金属工业总公司〕

生产发展情况 1993年中国有色金属矿山机械行业4个独立机械厂，完成机械产品总产量9996万t，比上年增长3.1%；工业总产值7968万元，比上年增长38%；实现利税−1198.6万元，比上年增亏1009.6万元。

1993年有色金属矿山机械行业生产的主要成台设备有：YZ−55牙轮钻机4台、YZ−35牙轮钻机6台、铲运机2台、破碎机412台、球磨机51台、管磨机1台、水泥磨58台、分级机4台、浮选机81台、浓密机1台、真空过滤机6台、皮带运输机29台、翻车机3台、高效节能风机422台、排风机2台、杂质泵15台、污水泵22台。

莲花山冶金机械厂较好地完成了1993年生产和经营计划，完成工业总产值3911.7万元，产量2647t，分别比上年增长17.3%、36.5%；实现利税739万元、利润508万元，分别比上年增长63.85%、128%；全员劳动生产率39042元／人·年，比上年增长15.07%；出口创汇163万元，比上年增长19.8%。赣州有色冶金机械厂继续加大改革步伐，主动面向市场，生产经营工作出现了新局面。全年完成商品产值4600.74万元，完成产品总产量6094.37t，实现利税总额157万元，全员劳动生产率16841元／人·年，分别比上年增长64.46%、25.84%、59.55%、47.93%。西华山钨矿机械厂转变观念，调整产品结构，瞄准市场，大力发展适销对路的工程机械产品，把破碎机作为主导产品成批投入生产，产量由每月3～5台提高到30台左右，形成了以250×400型破碎机为主、其他型号为辅的破碎机生产线。1993年完成产量693.926t，产值656.6964万元，实现销售收入448.9929万元。与上年相比，产量增长377%，产值增长451%，销售收入增长319%。

新技术与科研成果 1993年有一批成果获国家和总公司科技进步奖，如白钨精矿与黑白混合钨矿碱分解法及设备获国家发明二等奖，高浓度全尾沙胶结充填新工艺和装备的研究获国家科技进步三等奖，小铁山矿胶结充填采矿法和充填料长距离管道输送技术研究、Z89（含Z65、Z60、Z55、Z43B、Z40B）球齿钎头的设计研制和推广应用、海南南滨砂矿2000t／d船采船选工艺及设备研究、ZXF−260选金机组研制获总公司科技进步二等奖。

新产品 LHDE-A型电动铲运机自动监控安全供电装置、YQ-100G型潜孔钻机、SDX-1500筛板式电选机、三层洗涤浓密机等一批产品获得总公司嘉奖。

长沙矿山研究院与湘潭电子设备厂、大连普兰六一九厂合作研制的WLZ-1型微机测控乳化炸药连续乳化设备，由立式动静可逆复合叶轮结构乳化器、薄壁环旋式冷却器和交流变频调速技术与微型计算机巡回检测组成闭环控制装置，在乳化炸药生产领域中属国内首创，具有国际先进水平。该设备设计新颖，技术先进，机械化自动化程度高，无三废污染，经济效益好。中南工业大学、柿竹园有色金属矿等单位研制的YSL-30A型液压落锤式碎石机，采用液压控制、落锤式冲击、悬臂式结构、固定式安装的结构形式，具有整体设计合理、结构紧凑、工作可靠、操作维修简便等特点。该设备与同级别的其他类型碎石机相比，能耗低，造价约为同级别液压碎石机的1/3。与二次爆破法或人工破碎法相比，可降低生产成本50%，提高格筛通过能力10%以上。北京矿冶研究院、江西银山铅锌矿、江苏溧阳矿机厂研制的XCF型吸浆式充气机械搅拌浮选机，采用了一种既能循环槽内矿浆和分散由鼓风机供给的低压空气，又能从槽外部吸入给矿和中矿泡沫的双重作用叶轮，与开式定子、无叶片盖板及进浆装置组成叶轮—定子机构。该机具有良好的选别作用，又具有足够的吸浆能力，在条件相同的情况下，同6A浮选机相比，铅回收率提高0.67%，锌回收率提高1.94%，节能23.1%。

行业管理 为进一步深化经济体制改革，发展社会生产力，加快经济建设，按照资产合理流动和生产要素优化组合的原则，1993年昆明冶金机械厂被昆明钢铁公司成建制兼并。

质量及质量管理 莲花山冶金机械厂结合质量法的实施，开展了质量法的学习和宣传活动，举办了厂领导、中层干部、工程技术人员、质量人员参加的学习班，组织了各单位领导和管理干部参加的质量知识竞赛，提高了全厂职工质量意识。凿岩中心在强化质量管理、落实质量责任中，制造标准瞄准了Secoma水平。在转换管理机制，落实质量责任后，强化了质监科的监督职能，把产品工序检查划归车间领导管理，同时运用经济杠杆的作用，采用质量奖惩的实施办法。

技术改造及技术引进 赣州有色冶金机械厂“八五”重大技改项目——磁选机生产系统及铸造车间技术改造项目已通过赣州地区建设银行的经济效益评估。该技改项目的实施，将有力地推动该厂产品结构的调整，提高产品的质量，增强企业的竞争能力、应变能力和发展能力。

莲花山有色冶金机械厂引进消化芬兰“赫拉索”热镶技术后，实现了固齿工艺的重大改革。由过去冷压固齿改为世界先进的热镶固齿工艺，使柱齿钎头实物质量提高了一大步。采用辉光离子氮化工艺处理液压凿岩机缸体，提高了缸体表面的硬度和耐磨度。

市场及销售 1993年有色金属矿山机械行业4个独立机械厂国内销售收入13346万元，比上年增长145%。赣州有色冶金机械厂坚持以市场为导向，对市场进行了广泛地调查研究，根据市场需求，及时调整产品结构，确定了以建材机械、破碎机械、轧材、锻材、钢材、斗齿等效益好、资金回笼快的产品为全年生产经营的主攻方向。同时转变销售作风，加强产品售后服务，维护用户利益，巩固、扩大新老用户，全年共派出237人次为用户进行售后服务，赢得了用户的信赖和好评，取得了较好的经济效益，取得了市场的主动权。1993年产品销售收入4576万元，比上年提高86%。莲花山冶金机械厂全方位地开放了市场营销工作，营销工作的各项指标全部超额完成，创造了该厂国内凿岩钎具市场营销中各项主要指标的历史最好水平。货款回收达到3200万元，片状钎头订货达到129万支，重型钎杆订货110万元，发出商品产值3020万元。在销售管理上根据市场和环境的变化，及时推行A、B、C、D分户管理办法和开发新产品的订货市场，1993年该厂向世界27个国家和地区提供了批量产品，实际订货额176万美元，共回收货款975万元。先后接待了五个国家的团组来访，派出两个赴澳小组进行售后服务和市场开发。

〔撰稿人：中国有色金属工业总公司企业部 韩招群、王璞 审稿人：中国有色金属工业总公司企业部 晏厚庠〕

〔责任编辑：邝鸥〕

重型机械

〔机械工业部〕

生产发展情况 1993年度，重型机械行业归口管理企业单位，因大部分国有大型企事业单位组建或加盟大型企业集团发生了较大变化，以具有法人代表资格为条件统计，归口管理企事业单位共69个。1993年度，重型机械行业生产发展的外部条件很困难，各企事业单位面对资金紧张、原材料不足、能源和运输紧张等重压，集中力量转换经营机制，大力开拓市场，强化内部管理，挖掘内部潜力，取得了可喜成就。主要产品产量方面，冶炼机械全年完成3.23万t，与上年基本持平；轧制机械全年完成5.34万t，比上年增长37.5%；发电机、汽轮机电站大型铸锻件共完成1734.64万kW，其中发电机锻件完成845.69万kW（水电为211.54万kW、火电为634.15万kW），比上年增长

4.4%；工业总产值（1990年不变价）比上年提高近30%；全员劳动生产率按总产值计算超过上年，有近50%的企业达2.8万元／人·年以上。更为可喜的是全行业实现了全面扭亏，亏损企业大幅度减少，一些大型企业扭亏为盈。如中国第一重型机械集团公司1993年产值达7亿元，比上年增长49%，实现了扭亏为盈。又如太原重型机器厂把新产品开发作为企业生存和发展的战略手段来抓，紧紧围绕市场需求，不断调整产品结构，开发适销对路和主机配套产品，并充分发挥火车轴生产线作用，1993年实现利税2300万元（利润600万元，消化潜亏400万元），一举扭转了连续三年亏损的局面。再如陕西压延设备厂积极与外商合作，1993年创利润666.80万元，也一举摘掉了亏损的帽子。一些特大型企业和大型企业能够在1993年度内实现扭亏为盈，确是可喜的成绩。

行业结构和生产企业，1993年发生了重大变化。据统计，行业内有19个大中型骨干企业组建或加盟大型企业集团，既有成为集团核心企业的，也有成为紧密层成员的，还有属松散层的。由于进入集团，不少企业已改为公司，其内部组织相应亦有了变化。

新技术、科研成果与新产品 1993年度重型机械行业共获机械工业部科技进步奖16项，其中，一等奖4项、二等奖7项、三等奖5项。详见表所示。

1993年度重型机械行业获机械工业部科技进步奖项目

获奖项目名称	获奖等级	主要完成单位
引进型300MW火电机组成套大型铸锻件的研制	一	中国第一、第二重型机械集团公司
2030mm板坯连铸机关键技术攻关	一	西安重型机械研究所、上海重型矿山机械公司等
20辊森吉米尔轧机板形仪研制及工业试验研究	一	东北重机学院、武钢
450m² 烧结系统大型电除尘器	一	西安重型机械研究所、上海冶金矿山机械厂
大型机械参数综合检测分析的研究	二	中国第一重型机械集团公司、燕山大学
高水基液及油液通用型液压阀及其系统	二	西安重型机械研究所、西安交通大学等
NAD、NBD、NCD行星齿轮减速器	二	西安重型机械研究所等
鞍钢1550mm板坯连铸机关键设备研制	二	中国第二重型机械集团公司
机械新产品开发指南	二	机械科学研究院、西安重型机械研究所等
GB9147—88、JB5558—91《圆弧圆柱蜗杆减速器系列》标准	二	西安重型机械研究所等
大型汽轮机转子锻造过程模拟技术研究	二	北京机电研究所、中国第一重型机械集团公司等
现代技术改造修理万吨水压机科研攻关	三	上海重型机器厂
1000kN试模油压机	三	陕西压延设备厂
直径50mm三辊联合穿轧无缝钢管轧机研制	三	太原重型机械学院
特大型球墨铸铁中锑的作用凝固模拟研究	三	中国第一重型机械集团公司、清华大学
ZBJ19012～19014—89《鼓形齿式联轴器》	三	西安重型机械研究所、中国第二重型机械集团公司

1993年度，重大技术装备研制取得的重大进展有：继宝钢二期工程后，全面完成了舞阳钢铁公司1900mm大型板坯连铸机的制造、安装、调试任务，于1993年5月6日一次热负荷试车成功，确保其按期投产，该机配套的过程计算机控制系统（包括硬件和应用软件）也全部由国内设计制造；全面完成了攀枝花钢铁公司1350mm板坯连铸机的制造、安装、调试任务，于1993年10月18日热负荷试车一次成功，该设备由电子计算机自动控制，从转炉冶炼钢水，运送、处理钢水（吹氩气、加保护材料），直至铸坯及其输送均按生产要求进行操作，安全顺利地浇铸出第一批品质优良的连铸坯（厚200mm、宽1050mm），该成套设备总重近万吨，从意大利等国仅引进了结晶器、切割机和“三电”中的部分软硬件（以重量计为2.5%），所以国产化程度是目前最高的，标志着我国研制该类型产品又上了一个新台阶；完成了与德国德马克公司联合设计、合作制造供大冶钢厂的直径为170mm无缝钢管三辊热轧机生产线，经联机负荷试车于1993年8月3日进入试生产阶段，前半个月生产轧出合格钢管500t以上，1993年11月28日竣工剪彩，已顺利投产，年产10万t各种规格无缝钢管（高精度轴承钢管和各种机械加工用管）的该热轧线成套设备总重量1900t，国产化率达95%以上，该生产线不但自动化程度高，而且采用了许多当前世界上的先进技术（如12架二辊减径机等），可实现全浮芯棒轧制、半浮芯棒轧制、回退芯棒轧制，这三种轧制方式在同一设备上实现在世界上属首次。

重大技术装备研制的其他进展是：具有发展方向的薄板坯连铸机样机安装已近尾声；为宝钢三期工程提供的重大技术装备正在积极安排落实之中，其中1580mm热连轧板机项目，1993年10月26日已由中国—日本三菱联合体中标，该联合体由中国重型机械总公司、上海冶金炉子公司、日本三菱商事三家组成，中国重型机械总公司承担的合作制造机械设备总重量为17052t（包括日方供货的1518t产品）、总价约5亿元，将由中国第一、第二重型机械集团公司等9家单位完成，上海冶金炉子公司承担设备制造量为2422t，两者合计中方合作制造设备量为19474t，占全工程项目总量的72%（其余由日方承担），中标后的落实安排工作正加紧进行；供上海第三钢铁厂的300mm×2000mm大型板坯连铸机的设计合同于1993年5月在上海市签订，这套设备总承包单位为上海重型矿山机械公司，设计由西安重型机械研究所负责，这套由钢包回转台、中间罐车、结晶器、二冷段等80多部（套）组成的设备，全长320m，是我国铸坯断面最大、技术最先进的大型板坯连铸机，整套设备制造周期为18个月，要求1995年3月底完工，有关设备制造合同签约也已进行；供酒泉钢铁公司的1350mm板坯连铸机研制任务也已敲定。

1993年度有许多填补国内空白的新产品投入使用或通过鉴定，具代表性的产品有：

为秦川机械厂设计成套的1400mm铝板横切机组，于1993年6月14日在用户厂通过验收，该机组采用旋转式飞剪、气垫式垛板机、开卷机自动对中装置、带材连续矫直和张力微机控制等先进技术，确保了机组设备的先进性，验收前经半年试生产，证明完全达到设计技术性能，定尺精度达±1mm。

为瓦房店轴承厂研究设计的我国第一条大型轴承环锻造生产线，于1993年7月15日通过机械工业部和大连市的联合验收，该生产线的主成形设备为16MN多工位锻造液压机和轧环机，其上下料及成形配有操作机械手，整个生产线由工业计算机控制，实现了从加热炉装料到压机制坯、轧环机轧制的全部自动化生产，这条能生产直径800mm以内、重150kg以下轴承环的锻造生产线的研制成功，使我国在这方面跨入了世界先进行列。

为成都飞机制造公司设计制造的10／15MN双动薄板冲压试模液压机，于1993年4月16日通过天津市机械工业管理局和用户组织的验收，该产品主要用于冲压模具的研配及试冲，亦适用于薄板零件拉伸、弯曲、冲裁、成形，该产品由工业控制机控制，对行程、压力、速度、位置都能进行数字预选与控制，其行程重复控制精度为±0.1mm，主要性能指标达世界同类产品先进水平。

为宝钢冷轧厂研制的年包装量为45万t钢板的钢卷包装线，于1993年5月调试成功投产，该包装线包括鞍座、钢卷车、钢卷运输车、步进梁、手动打捆机等，可包装最大钢卷重量15t，其钢卷直径为900～1600mm、钢卷宽度为900～1850mm，钢卷输出量为15卷／h，与外商合作生产的这套设备是国内第一条钢卷包装线。

与德国格尔玛尼厂合作生产的我国首台4DM型直径4m加压气化炉，于1993年4月7日试制成功，经德国专家检查，确认该产品质量完全达到德国有关标准要求。该气化炉工作压力3MPa，炉体内径为3700mm、外径为4000mm，炉的气化强度为3500m^3／m^2·h，灰渣含碳量为5%～10%，设备总高28.3m，重量205t。该产品与常压煤气炉相比具有能气化劣质煤、气化强度高、气化效率高等优点，与同类加压气化炉相比，在延长炉体寿命、便于维修、操作安全等方面也有独到之处。该产品的开发成功为以煤为原料制取城市煤气和化工原料气提供了先进技术装备。

为南通特钢厂设计、制造的LG200型冷轧管机于1993年7月制成，交付使用厂安装投产，该产品是国产第二台，首台1965年提供成都无缝钢管厂，这台在性能与技术水平上均有较大幅度提高。该产品用于生产直径125～200mm、壁厚3.5～22mm的精密无缝钢管和各种有色金属管，轧辊直径为760mm，最大轧制压力6500kN，机架工作行程1076mm，工作行程次数45～70次／min，管坯送进量为2～15mm，管坯回转角度40°，机组宽11m、长52m，主电机功率500kW，机械设备总重330t；该机组采用可控硅供电和PC控制，整个机组可手动、半自动、全自动控制操作。

1830mm开卷落料堆垛自动生产线于1993年9月在沈阳通过部级鉴定。该产品是现代汽车生产、特别是轿车生产必不可少的工艺装备，其功能是将钢卷展开、清洗、校平、冲裁板坯或定尺剪切板材、板坯码垛后供冲压成形。其主要技术参数为：受料钢卷外径760～1830mm、板厚0.5～2.6mm、卷重大于20t，送料长度100～3500mm，送料精度±0.5mm，两个堆垛机板垛长度分别为100～2400mm、100～3500mm，落料压力机公称压力4MN，滑块行程250mm，工作台面尺寸3700mm×2150mm，全线占地面积37000mm×1000mm。该生产线功能齐全，生产效率高，整个生产过程是自动进行的，鉴定专家一致认为：该自动生产线填补了国内空白，达到了国际80年代末期先进水平。

改造美国中兴钢厂2032mm大型板坯连铸机关键技术攻关成果1993年1月通过机械工业部组织的鉴定，这些成果（共14项，详见1993年《年鉴》）经现场近一年应用考核证明是成功的。鉴定会认为：结晶器振动装置中在线快速调幅方式等4项技术有创新，达国际先进水平；电镀结晶器铜板等9项技术均属国内外先进技术并达到国际先进水平等。上述技术首次在国外成功应用，为国内外大型板坯连铸机的设计和技术改造提供了宝贵经验。该项目已被机械工业部评定为1993年度科技进步一等奖。

发电机护环外补液胀形生产工艺研究于1993年8月20日在秦皇岛市通过部级鉴定。该项目是“七五”重大技术装备攻关项目300～600MW火电铸锻件课题中的一个子项，1988年立项，经五年努力，设计制造出国内首台70MN框架式护环压机，并用外补液胀形强化方式生产发电机护环200余件。鉴定会认为：外补液胀形工艺是一项优质、高效、节能的护环制造新技术，它的研制成功是护环胀形工艺的重大突破，为我国大型发电机护环生产开辟了一条新的切实可行的途径，这种外补液胀形装置属国内外首创。

宝钢2030mm冷连轧板机平整机压下缸国产化于1993年8月4日通过验收，该产品于1992年10月安装在宝钢2030mm冷连轧板上进行了连续10个月的运行考核，达到了德国SMS公司水平，其中最低启动压力、摩擦力、内泄漏量优于SMS公司的压下缸，以半年计平均收得率提高0.14%，平均小时产量提高17.46t，半年增产钢板226806t，为新建、改造轧机创造了条件。

行业管理 1993年，重型机械行业企、事业单位联合改组有了突破性进展，最重要的进展是中国第一、第二重型机械集团宣告成立。

国家计委、国家经贸委、国家体改委于1993年3月6日联合行文批准第一重型机器厂和第二重型机器厂更名为中国第一重型机械集团公司和中国第二重型机械集团公司，并以中国第一、第二重型机械集团公司为核心企业分别组建中国第一、第二重型机械集团，组建的集团在国家计划中实行单列，接受机械工业部实行行业归口管理。

中国第一重型机械集团，于1993年7月28日在黑龙江省富拉尔基原第一重型机器厂举行大会宣告成立，机械工业部部长何光远到会祝贺并讲话。该集团的紧密层成员单位共4个，为东北重型矿山机械联合企业集团、齐齐哈尔重型机械研究所、齐齐哈尔机床电气传动设备厂、富拉尔基电控设备厂；半紧密层成员企业共9家，为沈阳重型机器厂、大连重型机器厂、沈阳矿山机器厂、上海冶金矿山机械厂、上海东风机器厂等；另有北京钢铁设计研究总院等12个单位为松散层成员。

中国第二重型机械集团于1993年8月18日在四川省德阳市宣告成立，邹家华副总理为集团成立题词："为国民经济建设提供重大装备再立新功"，机械工业部副部长孙昌基与会并讲话，该集团由跨地区、跨部门、跨行业的41个企事业单位组成，内含14个科研院所、3所高等院校，大中型骨干企业有太原重型机器厂、洛阳矿山机器厂、太原矿山机器厂、陕西压延设备厂、陕西重型机器厂、唐山冶金矿山机器厂、长沙重型机器厂、福建三明重型机器厂、上海电机厂、湘潭电机厂等。

企事业单位联合改组，除成立中国第一、第二重型机械集团外，尚有：上海重型机器厂于1993年5月划转上海电气联合公司；洛阳矿山机器厂1993年12月13日正式并入中国国际信托公司，成为其第26个子公司，定名为"中信重型机械公司"；机械工业部西安重型机械研究所于1993年10月18日正式加盟宝钢集团，该所因成为宝钢集团紧密层成员单位又添了一个新所名——宝钢集团西安重型机械研究所。

1993年中国重型机械工业协会及其分会配合部专业司在行业管理方面做了许多工作：1993年5月根据国内市场原材料价格浮动的情况，组织会员企业调整了价格本，拟定了最低限价；1993年6月为推动各企业的体制改革步伐，召开了主要企业体制改革经验研讨会；为推动行业技术进步于1993年12月召开了主要企业参加的"九五"计划工作座谈会。协会分会重型行业信息网还组织了一些技术交流会，如重型锻压机械分会于1993年12月中旬主持召开了机械工业部高节能产品电液锤第二次技术交流会，为筹备此次会议年初专门安排西安重型机械研究所开展了"电液锤开发应用情况"专项调研，此外还召开了新型齿轮加工技术交流会、轧制设备在线自动化仪表技术交流会等，协会、信息网开展上述工作，在企业、政府间起到了良好的纽带、桥梁作用。

对"工艺突破口"工作，各企业在通过达标验收后突出重点管理，进一步加强工艺管理，严格工艺纪律，绝大多数企业经评价达到了初见成效要求；为对大型企业加强管理，进行了重新认定，机械工业部1993年11月公布重型机械行业18户为大型企业，其中中国第一重型机械集团公司为特大型企业，中国第二重型机械集团公司、太原重型机器厂等10户为大型一档企业，唐山冶金矿山机械厂、长沙重型机器厂、昆明重型机器厂等7户为大型二档企业；因国家机关精简机构，重型机械行业管理转归机械工业部重大装备司管理也是一大变化。

质量及质量管理 1993年行业各企、事业单位质量管理方面的主要新举措有：把质量工作纳入法制化轨道，在贯彻《产品质量法》的过程中，依法提高质量、依法管理质量；把产品质量与经济责任制挂钩，在生产中坚定不移地行使质量否决权，把质量好坏与职工劳动分配紧密挂钩；为向国际标准靠拢，一些大中型骨干、重点企业已开始试行GB／T19000（ISO9000）《质量管理与质量保证系列》标准。1993年在实施ISO9000《质量管理与质量保证系列》标准中，大连重型机器厂取得了突出成绩，已通过国家级认证，企业全部产品全过程采用国际标准，不仅在大连市是第一家，也是目前我国重型机械行业唯一的一家。

在加强质量监督检测方面，国家冶金重型机械质量检测中心在上年基础上继续对国家重大技术装备——1350mm板坯连铸机设备的制造质量进行质量跟踪检查，使存在问题及时获得解决；参与了国务院重大装备办公室组织的高炉和连铸机的质量调研活动。

技术改造及技术引进 1993年，重型机械行业基建、技改投资额低于上年，因资金紧张许多企业投资甚微，如陕西重机厂无技改项目，基建也只有热加工调整，投资仅14万元；长沙重机厂技改亦无项目，基建只投资30万元；陕西压延设备厂只技改项目投资40万元。

1993年比较重大的技改举措是批准一些企业新上马一些技术改造和基建项目，如昆明重机厂拟在"八五"期间组建国家精密压延设备生产基地和云南省工程机械生产基地，这"两基"技改项目已于1993年1月11日通过云南省工程咨询公司组织的评估，云南省计委于1993年2月18日批准，这次技改投资额高，被称为是昆重厂二次创业标志。技改将增加一批以加工中心为代表的高、精、尖关键装备及检测设备，企业的工艺水平和生产能力将显著提高，计划1997年达产，其机器产品产量将达1.88万t、商品铸锻件达1万t，1993年该厂技改投资为1276万元，已购磨齿机、计算机等设备32台（套），另该厂的3t(蒸)—空锻锤已改造成电液锤。又如上海重型机器厂的"八五"发电设备铸钢件粗加工基建项目，1993年批准上马，总投资为2970万元，要求四年竣工，质量达到美国西屋公司认可，形成引进型300MW发电设备铸钢件2500MW的能力。还完成了中国第二重型机械集团公司"七五"计划技改、基建项目的预验收和验收工作以及对西安重型机械研究所的"八五"基地建设规划予以批复等。

关于技术引进及消化吸收，1993年主要类别产品无项目引进，而消化吸收成效显著。前述一些重大技术装备研制及新产品开发，不少是消化吸收国外著名公司设计制造技术的结果，如供舞阳钢铁公司的1900mm大型板坯连铸机，国产化率达90%以上；供攀枝花钢铁公司的1350mm大型板坯连铸机，国产化率达97.5%；供大冶钢厂的直径170mm三辊轧管热轧生产线，国产化率达95%以上；对于"七五"计划及以前引进的技术，绝大部分国产化率达90%以上，并已有按产品系列生产并开发出新品种的项目，引进日本小松制作所的板料冲压机械压力机设计制造技术而研制生产与开发的产品就属此类，鉴于其产品性能、质量水平达80年代中后期国际水平，是适销对路产品，形成小批量生产，所以不仅取代了原有系列产品，满足了用户需求，而且也为研制单位如中国第一重型机械集团公司带来了显著的经济效益。技术引进及消化吸收，1993年有一项产品返销国外的项目，即1993年8月签约生效、引进了日本国日立公司的RKⅣ1600HC热轧机辅机，有效期为一年，确定国产化率90%，制成后返销日本。

〔撰稿人：西安重型机械研究所　任建勋　审稿人：机械工业部　汪建业〕

〔中国有色金属工业总公司〕

生产发展情况　1993年，对中国有色金属工业总公司系统重型机械行业21个企业统计，完成机械产品总产量81105t，实现利税3357万元。其中5个独立机械厂完成机械产品总产量46746t，比上年增长12.2%；工业总产值63653万元，比上年增长48.2%；实现利税2782万元，比上年增长138.1%。

1993年有色金属重型机械行业生产的主要设备有：连铸机3513.63t、轧机1240t、压力机17.07t、烧结机448t、转炉396.4t、磨煤机564t、焙烧多功能天车2台、真空炉4台、钼丝炉14台。

衡阳有色冶金机械总厂1993年实现利税1449万元，其中利润249万元；产值突破2.1亿元，比上年增长31%；全员劳动生产率达23492元／人·年，比上年提高30.6%。沈阳有色冶金机械总厂1993年实现工业总产值17138万元，比上年增长12%；完成工业总产量15895t，比上年增长5%；全员劳动生产率实现24172元／人·年，比上年增长18%；实现销售收入30363万元，比上年增长74%；实现利润总额518万元，比上年增长142%；利税总额达1557万元，比上年增长55%。

新技术与科研成果　1993年荣获国家和总公司科技进步奖的有：还原蒸馏联合法制取海绵钛工艺与设备获国家科技进步二等奖，6000kW流化旋涡综合燃烧余热电站技术、2800mm双机架热轧新技术开发获总公司科技进步一等奖，高压压榨全自动过滤机、刚性滑道鼓风烧结机、大型预焙槽自适应控制及新型风动下料装置、毛细铜管连续光亮电镀锡生产设备及工艺、铸锭平面铣床改造、改进连续铸轧机列的研究、金属氢化物压缩机−25K制冷装置、ZF−KZ1700转鼓封式飞剪等获总公司科技进步二等奖。

衡阳有色冶金机械总厂投入大量技术力量，大力推广运用新工艺、新材料、新技术：将砂带磨削技术运用于齿轮加工，提高旋转表面的加工效率及精度；采用刀片焊接新工艺，对脱落刀片进行处理；扩大不重磨刀具使用面，降低刀具消耗；推广数控技术，提高加工精度，改善机床功能；采用中铬钢、高铬钢，提高产品使用寿命；改进工艺手段，运用精密表面涂膜保护技术等。这不仅很大程度改善了该厂的生产状况，而且进一步增强了市场竞争能力。沈阳有色冶金机械总厂计划开发6项新产品，其中SGMB120／4隔膜泵、阳极焙烧多功能机组、大型无键联接油膜轴承等为国内首次生产的新产品，并发往用户进行安装调试或进行工业性试验。开发研制成功的高炉纯铜冷却板、贯流式双室风口套的质量有了较大提高，成品率稳定在95%以上。西北有色冶金机械厂1993年引进了法国道尔公司技术，为平果铝厂制造了沉降槽，并经过法国专家验收，已发运现场。山东铝业公司机械厂制造的国内最大的直径5m、长125m水泥熟料窑，通过16个月的制造安装试车，已于1993年8月投产使用；新型40m^{2}推动箅式冷却机设计研制成功，于1993年9月在水泥厂投产使用，设备性能良好，运行正常可靠，满足了水泥生产的要求；国家"八五"重点开发项目，385m^{2}大型叶滤机，于1993年7月在公司氧化铝厂烧结法生产流程中安装调试一次投料试车成功，该机全部采用液压传动，自动化程度高，密闭性和连锁性能强，安全可靠，结构简单，操作灵活，维修简便，1993 年 12 月通过了总公司鉴定。铜陵有色金属公司机械厂与山东工业大学合作研制成功新型材料 SR 复合强化耐磨铸钢，其耐磨性较 8CrMnB 提高 1～4 倍，铸件寿命延长 1～4 倍，降低成本 5%～30%；采用国内先进的薄膜式干燥脱气工艺研制成功 8Y-10A 真空滤油机，主要用于变压器油过滤，是一般中型企业必备的维修设备；研制成功的 DG260 型多功能割管机，用于切割金属管和水泥管，适用于给排水、石油、矿山、化工等制造业的管口施工。

新产品 衡阳有色冶金机械总厂根据市场需求，大力开发一些立足点高、技术含量高、附加值高的新产品。如该厂与英国 SAS 公司合作开发生产的涂层机组，独立研制的铝板卷筒，通过学习转化生产的冷轧卷取机，消化引进技术开发生产的 $110m^2$ 烧结机、方坯四偏心振动台以及与美国 BE 公司合作生产的 395B 电铲等；该厂已具备了连铸机系列、牙轮钻机系列、烧结机系列、回转选破系列、大型电铲系列等一批具有国内外先进水平的台套系列生产能力。西北有色冶金机械厂为金川有色金属公司制造的无轨服务车通过了部级鉴定。揭阳有色冶金机械厂通过部、省级技术鉴定的高铬耐磨铸铁和二相流杂质泵，1993 年又分别荣获省、市、县新产品和技术进步奖，并被国家科委、计委、经贸委列入“八五”节能科技成果重点推广项目。

质量及质量管理 衡阳有色冶金机械总厂严格贯彻执行 GB／T19000 系列国家标准，同时还参照标准将产品质量形成的全过程，划分为市场调研、设计、规划的编制、产品研制、采购、工艺准备、生产制造、检验试机、包装贮存、销售发运、安装运行、技术服务等十个阶段，进一步整顿和健全了质量保证体系。同时，该厂还狠抓了质量否决权考核，强化了产品质量审核、信息反馈及为用户服务等工作，加大质量考核力度，建立起以质量为“轴线”的分配机制，加强现场巡回检查和技术指导，从而促进了广大职工质量意识的增强，由过去只重数量转变到既重数量更重质量上来。1993 年全厂产品综合合格率达 99.4%，产品一级品率达 70.1%，主要产品质量稳定提高率达 90%。1993 年，该厂与美国合作生产的 5 台 395B1 电铲一次检验合格，顺利交付使用，美国公司对此给予了较高的评价。

中日涿神有色金属加工专用设备有限公司通过日本专家来访指导，严格加强对出口设备的质量检查，学习日方的先进技术。1993 年还贯彻宣传了《产品质量法》、ISO9000 系列和新颁布的国际标准。

技术改造及技术引进 衡阳有色冶金机械总厂为增强企业发展后劲狠抓技术改造。该厂在资金极度短缺的困难情况下，1993 年仍完成了技术改造投资 2763 万元，先后完成了采选冶设备车间的改扩建、煤气工程 $15000m^3$ 气柜的建设、动力锅炉改双层燃烧、蒸气锤改电液锤、燃气发生炉余热利用、轧钢工程的配套完善、扩建乙炔灌瓶工程等，为该厂增强了发展后劲。沈阳有色冶金机械总厂于 1986 年开始兴建的投资近 5000 万元、面积为 2.5 万 m^2 的大型机械加工车间全部竣工；进口的 10m、8m 立式车床，直径 200mm、250mm 大型落地镗铣床，以及 8m、12m 卧式车床等具有现代水平的各种设备已安装完毕，开始投入生产，初步形成年产 3000t 的生产能力。将为企业走向市场，提高竞争能力发挥巨大作用。西北有色冶金机械厂全年完成技改项目 43 项，为企业增加了后劲。

市场及销售 1993 年 5 个独立机械厂国内销售收入 70706 万元，比上年增长 61%。沈阳有色冶金机械总厂实现销售收入 3.03 亿元，比上年增长 74%。衡阳有色冶金机械总厂实现销售收入 3.1 亿元，比上年增长 68%；经过十多年的努力，该厂已由过去的零配件出口发展到整机出口，年出口创汇由几十万美元发展到 1993 年的近 500 万美元；随着国际市场的不断拓展，该厂的产品得到了越来越多的国家和地区的青睐，国际上一些知名的公司纷纷前往考察，美国 BE 公司、加拿大诺兰达公司以及韩国、西班牙的一些公司都先后与该厂达成了合作、合资意向；与美国 BE 公司合作生产的 395B1 大型电铲已在准格尔煤矿使用；1993 年，国家外经贸部根据该厂的实力，已正式授予了该厂进出口自营权。西北有色冶金机械厂实现销售收入 7724 万元，比上年增加 2430 万元，该厂为巴基斯坦山达克铜金工程制造的 $39m^3$ 浮选机已发运到现场，正在安装。揭阳有色冶金机械厂销售产品 676.63 万元，销售收入 711.5 万元，分别比上年增长 21.4%、29%。山东铝业公司机械厂除完成重点工程和非标设备制造外，还为有色金属总公司和全国 126 家兄弟厂矿企业，提供各种优质备件 5000t 以上，同时继续向日本三菱重工下关造船所和法国 CFBK 公司出口船用甲板机械零件和矿山破碎机械备件 163t，产品打入国际市场。

〔撰稿人：中国有色金属工业总公司企业部 王璞、韩招群 审稿人：中国有色金属工业总公司企业部 晏厚庠〕

〔责任编辑：邝 鸥〕

石油化工设备

〔机械工业部〕

生产发展情况 1993 年，机械工业部系统生产石油化工设备的企业有 96 个，专业研究所 4 个，企业职工人数 88456 人，其中工程技术人员 6636 人，完成产品产量 135500t，比上年下降 7.6%，其中石油钻采设备 60628t，炼油设备及机械 31134t，化工设备及机械 38330t，小化肥专用设备 5408t。

石油化工设备行业各企业在任务不足、资金短缺的情况下，克服重重困难，大多数企业都按时完成了任务。为我国石油的勘探开发提供了很多重要装备，如：兰州石油化工机器厂在短短的 10 个月内生产了 10 台大型钻机，为新疆石油管理局的原油生产做出了贡献。

各企业除保证为石油及石油化工工业服务的生产任务外，为了弥补任务不足，扩大服务领域，开拓了其他产品，如：兰州石油化工机器厂、江苏如东石油机械一厂还生产了工程钻机，兰州石油化工机器厂和四川钻采设备厂生产了六面顶金刚石压机等。

新技术与科研成果 石油化工设备行业两个归口研究所——兰州石油机械研究所和合肥通用机械研究所一方面以提高经济效益为中心，扩大产业规模为重点，加快研究所的发展进度；另一方面克服重重困难，稳定科研队伍，发挥科研优势，努力完成科研任务。

兰州石油机械研究所 1993 年科研项目计划安排 88 项，当年完成 52 项，终止 9 项，结转到 1994 年 27 项。该所承担了“八五”国家重大技术装备沙漠石油成套设备中的 4 项任务，其中沙漠环境对石油设备的要求及验收规范研究已按时完成，并已通过验收。其他 3 项正在按计划进行。甘肃省科委下达的热电厂干式空冷技术研究和硼铜复合渗及其有关的物化性能研究均已按期完成。压力容器设计单位换证工作，所里按照“严格要求，狠抓整改”的精神，做了大量工作。设计管理体系达到了规范、合理、完善的要求，顺利地通过了机械部审查组对一、二、三类压力容器设计证的复查。

合肥通用机械研究所 1993 年科研计划共安排项目 99 项，其中，国家科委项目 2 项，国家重大技术装备项目 9 项，基金项目 8 项，军工项目 15 项，一般三项费用和劳动部等项目 15 项，标准项目 38 项，所级项目 12 项。到 1993 年底止，按计划完成各类课题 31 项。其中国家和部级科研课题 12 项，标准课题 13 项，所级课题 6 项。该所获机械工业部 1993 年科技进步奖共 13 项，其中二等奖 8 项，三等奖 5 项，详见表 1。该所发挥多专业综合性优势，成立了石化设备成套总公司，并先后取得机电设备成套乙级资格证书和工程设计乙级资格证书，为承接重大成套工程项目奠定了基础。该所继为岳阳巴陵公司提供了 3 台 1000m^3 丙烯球罐成套设备后，1993 年又承接了吉林化学工业公司 30 万 t／年乙烯工程中的 6 台 1500m^3 大型球罐成套项目，合同金额达 1600 万元。另外，还承接了上海“三联供”成套换热设备、制冷空调成套试验装置、中小化肥厂成套用泵等。该所为用户提供的大型球罐就是“六五”、“七五”期间研究的 CF62 钢的应用，使研究成果进一步得到完善、推广。

表 1 合肥通用所 1993 年获机械工业部科技进步奖项目表

序号	项 目 名 称	获奖等级
1	粘流体液体塑瓶自动灌装线研制及试验研究	二
2	复肥工程用隔膜阀的研制	二
3	螺杆压缩机新齿形及单机配用微处理器研究	二
4	3 万 t／年腈纶装置用屏蔽泵研制	二
5	在役压力容器声发射检测技术的推广应用	二
6	年产 5 万 t 丙烯腈装置国产化可行性研究报告	二
7	柔性石墨密封复合材料	二
8	舰船用高压水射流技术的研究 (3GQ-2／70 型高压清洗机)	二
9	汽车空调性能试验装置	三
10	淀粉用螺旋卸料离心机研制	三
11	JB／T5296《通用阀门流量系数和流阻系数试验方法》	三
12	JB5439～JB5422—91《压缩机重要零件的无损探伤》	三
13	舰船用高纤复合密封缸垫开发研究	三

新产品 1993 年石油化工设备行业完成的主要新产品详见表 2。

市场及销售 1993 年石油化工设备行业实现销售收入 289008 万元。

近几年，国内任务不足，一些企业把目光转向国外，但由于国外石油工业亦不景气，出口也十分困难。兰州石油化工机器厂和兰州通用机器厂经过大量艰苦工作完成了出口任务，出口产品情况详见表 3。

表 2　1993 年石油化工设备行业新产品情况

序号	新产品名称	主要性能及技术参数	研制单位
1	ZJ32ZY 石油钻机	钻深 3200m,采用正车箱、窄 V 型联组胶带并车传动	兰州石油化工机器厂
2	GMB200/2.5 隔膜泵	排量 $200m^3/h$,压力 2.5MPa	兰州石油化工机器厂
3	CYJ10-4.2-53HB 抽油机	采用导向曲柄结构,节省能源	兰州石油化工机器厂
4	ZJ20 钻机	钻深 2000m	兰州石油化工机器厂
5	热洗清腊车	排量 $8.17\sim25.56m^3/h$,压力 6.8～19.6MPa,排出介质温度＞80℃	兰州通用机器厂
6	混砂车	清水流量 $9.5m^3/min$,排出压力 $6kg/cm^2$	兰州通用机器厂
7	电脑加油机	公称流量 60L/min,准确度±0.3%	嘉兴石油机械厂
8	单螺杆抽油泵	扬程 1200～1500m,最大流量 $40m^3/d$	嘉兴石油机械厂
9	GZJ-10 型工程钻机	钻孔直径 1m,钻深 50m	如东石油机械一厂
10	GZJ-15 型工程钻机	钻孔直径 1.5m,钻深 50m	如东石油机械一厂
11	SZJ 水井钻机	钻孔直径 0.5m,钻深 300m	如东石油机械一厂
12	YSC-15 型运砂车	砂罐最大容积 $7m^3$,载重量 15t,能自动调节出砂量并自动卸砂	四川钻采设备厂
13	QT263 塔式起重机	最大起重力矩 63t·m,最大起重量 6t,最大起升高度: 独式 41m、附着式 101m	四川钻采设备厂
14	KL60/65 井口装置	井口通径 $2^9/_{16}''$ (65mm),井口压力 60MPa	四川钻采设备厂
15	YSC-6 运酸车	罐体容量 $6m^3$,装载介质 30%稀盐酸	四川钻采设备厂
16	气井套管头	表层套管壳体承受压力 21MPa,套管四周四通承受压力 79MPa	四川钻采设备厂
17	套管头	表层套管壳体承受压力 35MPa,套管四通承受压力 70MPa	四川钻采设备厂
18	LZC/3 立杆打孔车	吊钩起重量 30kN,起升高度 9m,孔径 0.45m,孔深 4.5m	四川钻采设备厂
19	XJ-150 修井机	大钩公称负荷 25t,最大负荷 50t,井架高度 18m	四川钻采设备厂
20	XJ-250 修井机	大钩公称负荷 40t,最大负荷 70t,井架高度 18m	四川钻采设备厂
21	QGC-13 气动下灰车	固倾卧式罐 $13m^3$,额定载重 13t	四川钻采设备厂
22	CYJ 长冲程游梁式抽油机	最大冲程 3m,最小冲次 3 冲/min	四川钻采设备厂
23	机械采油井口装置	工作压力 21MPa,工作通径 $2^9/_{16}''$ (65mm)	四川钻采设备厂
24	抽稠防气泵	排量 $138\sim328m^3/d$,试验压力 17～12MPa	大安液压件厂
25	钻井泥浆振动筛	筛网面积 $2\times1630\times1120mm^2$,处理量 50L/s	临朐石油机械厂
26	油田用稠油输送泵	流量 $51.26m^3/h$,压力 3.27MPa	合肥通用机械研究所
27	PDJ-1 型固井水泥破袋机	切割分选固井水泥率 30t/h,分离后包装纸袋剩灰率≯1%,除灰效率 99%	兰州石油机械研究所
28	MP2 型三牙轮钻头	直径 $8^1/_2''$ (216mm),平均进尺＞396.26m/只,平均纯钻时＞21.39h,平均钻速 18.04m/h	兰州石油机械研究所

表3 1993年兰州石油化工机器厂、兰州通用机器厂出口产品情况表

序号	产品名称	数量	出口国别	创汇(美元)	生产厂
1	抽油机	20台	美　国	452926	兰州石油化工机器厂
2	压力容器	218t	意大利	891600	兰州石油化工机器厂
3	铸锻件	57t	美　国	110633	兰州石油化工机器厂
4	其他石油机械	34t	印度等	1179803	兰州石油化工机器厂
	兰州石油化工机器厂合计			263.5万	
5	C160D-173-86型抽油机	28台	印　度	285600	兰州通用机器厂
6	C228D-213-100型抽油机	40台	印　度	516000	兰州通用机器厂
7	C320D-213-120型抽油机	9台	印　度	141075	兰州通用机器厂
8	抽油机-4561减速器	15套	印　度	146520	兰州通用机器厂
9	LTJ5152TQL6型清蜡车	6台	罗马尼亚	335124	兰州通用机器厂
	兰州通用机器厂合计			179.11万	

〔撰稿人：机械工业部重大装备司　于黛印〕

〔中国石油天然气总公司〕

生产发展情况　1993年中国石油天然气总公司系统生产石油化工设备的企业共有25个，拥有职工52443人；完成工业总产值165156万元，比上年下降4.5%；平均全员劳动生产率10385元／人·年，比上年增长24.1%。

1993年完成石油化工设备14.42万t，比上年减少1.1%。主要产品有地震钻机134台，钻机井架62套，钻机底座23套，抽油机3842台，抽油杆332.4万m，抽油泵25487台，石油工程车585辆，石油备品配件13931t。

随着经济体制改革的深入，面对石油工业发展资金不足的现实，近两年石油设备的需求量趋于稳定，由于前一阶段各方面竞相发展石油设备的生产，造成生产能力过剩，专业生产厂任务不足，经济效益低，处境极为困难。为谋求生存，一些石油设备的专业厂开始生产部分非石油产品，并积极扩大出口，打入国际市场。

新技术与科研成果　1993年中国石油天然气总公司共完成科技成果45项，获总公司级石油装备科技进步一等奖的4项，二等奖的9项，三等奖的19项。华北第一石油机械厂的CYJ10-5-48HB异型游梁式抽油机获总公司科技进步一等奖，微机控制半自动化设备润滑管理系统、XJ100修井机等项目获总公司科技进步二等奖。

1993年，“八五”国家重大技术装备石油专项组织中评估会议，对“八五”沙漠和海上石油专项的14个课题进行评估，会议认为：已经取得阶段成果208项，其中攻关成果192项，产品16项。

新产品　浅海移动式石油试验平台是胜利油田承担的“八五”科技攻关项目，已于1992年6月建造完成，同年11月在埕北油田151号井安装投产，截至1993年10月底止，生产原油1.1万t，已收回全部投资并盈利200多万元，该项目已于1993年11月通过总公司级鉴定。江汉机械所与大港机械厂、大港采油一厂共同研制开发的ZJ20注聚合物装置，1991年底投入工业性试验，根据现场试验测定，1t聚合物粉可换取200t原油，产出投入比近20倍。第四石油机械厂研制的100t修井机，在向修井设备系列化方面迈进了一步，为用户拓宽了修井设备的选用范围。四川钻采所等单位已完成多种配方制成的70MPa液压防喷器的环形闸板胶芯，其主要密封性能指标均达到API标准，接近或达到美国先进产品水平，自1991年以来，在6个油田推广使用环形胶芯已达200只以上，闸板胶芯已达750副以上，这一成果解决了塔里木等油田高压油气勘探开发的需要。辽河钻采院和中国科学院沈阳金属所研制成功国产无磁钻链，经下井使用后全面检测，其各项机械、物理、耐应力腐蚀性能等均已达到API标准要求。

〔撰稿人：中国石油天然气总公司重大办　赵光理　审稿人：中国石油天然气总公司重大办　陈家巽〕

〔化学工业部〕

生产发展情况　1993年，中国化工装备协会归口化工机械企业（包括化学工业部、机械工业部、轻工总会、石化总公司、劳动部、航天工业总公司等系统的企业）共有250家，其中，从事化工机械生产的企业126家，从事搪玻璃设备生产的企业104家，从事配件及仪表生产的企业20家。

1993年，化学工业部生产化工机械企业按工业总产值排序的前10名企业情况见表4，生产搪玻璃设备的主要企业情况见表5。

新技术与科研成果　1993年化学工业部化工机械系统获得国家级优秀科研成果奖共2项。由四川化工总厂、化学工业部第八设计院、锦西化工

表 4　1993 年化工机械行业工业总产值前 10 名企业主要经济指标

序号	企业名称	工业总产值(万元)	工业销售产值(万元)	产品销售收入(万元)	利润总额(万元)	流动资产平均余额(万元)	固定资产净值(万元)	全部职工平均人数(人)	全员劳动生产率(元／人·年)
1	锦西化工机械厂	17901	13395	23319	52.5	21178	13502	6014	8719
2	南京化学工业(集团)公司化工机械厂	14648	13925	16347	−232.8	16678	5572	4030	10695
3	金州重型机器厂	14035	14178	14972	63	16705	6331	4013	8465
4	北京化工机械厂	11044	7616	8258	71.1	12393	6247	2838	8279
5	吉林化学工业公司机械厂	9573	8659	10442	353	9942	2152	2889	12752
6	四川化工机械厂	7174	7458	7842	−613	7554	3837	3204	1979
7	湘东化工机械厂	7148	6671	6562	−947.3	8958	4495	2772	6597
8	北京金属结构厂	6084	5761	7103	29.1	5902	10902	1797	15723
9	南京第二化工机械厂	5690	4549	5166	−451	8421	1898	1540	4883
10	三门峡化工机械厂	5337	5009	4064	29.7	7208	2794	2506	7965

注：1. 工业总产值和工业销售产值按 1990 年不变价计算。
2. 全员劳动生产率按工业总产值计算。

表 5　1993 年化学工业搪玻璃设备企业经济指标汇总表

序号	指标名称	计算单位	1993 年实际	备注
1	工业总产值	万元／厂家	70705.01／28	1990 年不变价
2	其中：搪玻璃产品产值	万元／厂家	40427.78／28	
3	搪玻璃产品产量	t／厂家	41019.47／26	
4	产品销售收入	万元／厂家	63363.54／26	
5	其中：搪玻璃销售收入	万元／厂家	34775.97／26	
6	实现利税	万元／厂家	6546.57／27	
7	其中：搪玻璃实现利税	万元／厂家	4141.77／26	

注：此表是根据同行业 28 个厂家填报的 1993 年度本企业各项指标完成情况汇总。

机械厂、南京化学工业（集团）公司化工机械厂和四川化工机械厂等单位共同完成的四川化工总厂年产 20 万 t 合成氨国产化装置，获国家科委科技进步一等奖。由山东临忻化工机械厂、杭州龙山化工厂、江苏省化工机械研究所共同完成的新型纯碱蒸汽煅烧炉及其系统设备获国家科委科技进步三等奖。

1993 年，我国氯碱工业成套装置国产化工作取得重大进展。在国家经贸委、化学工业部共同领导下，由中国化工装备总公司组织具体实施的我国第一套国产化（1 万 t／年）离子膜法烧碱装置于 1993 年 7 月 27 日在河北省沧州市化工厂建成，一次开车投产成功，9 月 8 日通过了化学工业部组织的专家鉴定。该套装置运行平稳可靠，具有产品纯度高、节能、高效、无环境污染等特点，主要技术性能指标达到引进装置水平。该套装置实现了全流程国产化，即设计国产化（由天津大沽化工厂设计所承担），设备国产化（主要设备离子膜电解槽由北京化工机械厂设计并制造，DCS 控制系统由化学工业部兰州自动化研究所完成，其他专用设备、材料、仪表和阀门等分别由国内各有关厂家配套协作），化工原辅料国产化。除离子膜外，整套装置国产化率达 90%以上。该套装置在广泛消化吸收国内外先进技术基础上，进行了改进和创新：(1) 电解槽的氯气出口压力和氢气出口压力改传统的仪表阀门自控为水封自控，简化了控制程序；(2) 降低了槽内阴阳极压差，由原来的 14709.98 Pa 降为 4903.33Pa，以利于电解槽的维护，减少泄漏，保护离子膜片；(3) 降低阴阳板液循环量为 $80 \pm 5m^3/h$；(4) 采用杜帮的 nafion—966 离子交换膜；(5) 采用了国产计算机集散控制 (DCS 系统，达到了 80 年代国际水平。该套装置的建设成功，结束了我国离子膜法烧碱生产装置依赖进口的局面，将有力地推动我国氯碱工业的技术进步和发展，并使我国开始跻身于世界离子膜法烧碱成套装置制造大国行列。

我国第一套国产化（1万t／年）离子膜法烧碱装置具体技术指标：(1) 烧碱日产量（NaOH 100%）：31.06t／d（设计值≥30t／d），(2) 直流电耗：2234.98kW·h／t NaOH（设计值≤2300kWh／t NaOH），(3) 电流效率：96.88%（设计值≥95%），(4) 烧碱浓度：32%wt（设计值≥30%wt），(5) Cl_2↑纯度：98.42%（设计值≥96%），(6) H_2↑纯度：99.33%（设计值≥99%）。

新产品 天津大学、唐山化工机械厂、天津东风化工厂共同研制的NYY−7.5／$5m^2$旋叶压滤机是80年代初出现的一种采用动态过滤技术的新型过滤机，目前只有美国及日本两家公司有这种产品。该机适用于可压缩、高粘度、高分散等难过滤物料的过滤，可广泛应用于化工、轻工、食品、制药、工业废水处理等行业。该机用以连续过滤分离立德粉物料，当立德粉进料固液比＞15%时，过滤后回液比可达50%以上，其过滤能力相当于同样过滤面积板框过滤机的6倍以上，即一台$7.5m^2$旋叶压滤机每年处理立德粉大于5000t，可达6880t。该产品主要技术参数已达到80年代中期国际水平。化学工业部化工机械研究院研制的JZK型机械式振动保护开关，依据一个力平衡式加速度传感器，传感器用来感应机器的振动加速度所产生的惯性力，从而可以灵敏地检测出机械设备的异常振动，防止机械设备的损坏。这种保护开关，其振动测量范围为0～4.5g、0～39996.6Pa，设定范围为0～4.5g，精度（全量程）为±5%，复位线圈电压AC220V，环境温度≤95℃，外形尺寸为136mm×96mm×78mm，安装地点为室内外无易燃易爆气体。该项目填补了国内一项空白，获得了国家专利，达到了国外同类产品80年代末先进水平。中国蓝星化学清洗总公司经过多年努力，成功地研制出LX9−001多用固体酸洗缓蚀剂，其用量小、成本低、缓蚀率高、毒性小，经实验对比测试和工业实际实用，各方面指标均已达到国际先进水平。该产品外观状态为黄色固体，pH值为中性，燃烧性属不燃，爆炸性为不爆，毒性为2319.74mg／kg，存放期＞1年，水中溶解度呈乳状液，推荐用量为0.25‰～1‰。

行业管理 编写下达了化学工业部1993年机械产品生产计划，完成了化工装备行业“九五”发展规划和化工装备专业“九五”科技进步规划初稿。

1993年出口基地建设继续巩固和发展，延吉石油化工机械厂作为化工机械行业出口基地，正在发挥重要作用。南京化学工业（集团公司）化工机械厂、宁波化工机械总厂、三明化工机械厂和金州重型机器厂已成为扩大机电产品出口企业。

在1993年完成的第三类压力容器制造单位换证审查工作中，化学工业部化工机械系统共有24家企业通过审查，取得了新的第三类压力容器制造许可证，新增辽阳化工机械有限公司为第三类压力容器制造许可证企业。

化学工业部化工机械系统第三类压力容器设计单位换证、增类审查工作经过三年的努力，于1993年顺利结束，沧州化工机械厂、广州化工机械厂、佛山化工机械厂、广东省石油化工专用设备公司开平机械厂和四会机械厂、江苏省化工设备制造安装公司、西南化机股份有限公司7家应换证企业和四川化工机械厂、内蒙古化工机械厂、桂林化工机械厂、新疆石油化工机械厂、杭州化工机械厂、三明化工机械厂、重庆化工机械厂、成都市化工压力容器厂、新乡石油化工机械厂、吉林化学工业公司机械厂、山东临沂化工机械厂、湖北化工机械厂、南通市化工机械厂、苏州制冷设备厂等15家增类企业全部通过审查，取得了新的第三类压力容器设计许可证书。

1993年化学工业部化工装备系统共发布行业标准29项，其中强制性行业标准2项。采用国际标准18项，采标率为62%。在采用的18项国际标准中，达到国际先进水平的1项，国际一般水平17项，国内先进水平11项。

1993年无锡化工机械厂实行了国有民营，原福建省三明市化工设备厂改组为中外合资企业，山东潍坊化工阀门厂被建材行业兼并。

质量及质量管理 1993年，针对行业少数企业出现质量工作失控问题，下发了《关于严禁撤消质量检验机构和下放质量检验人员的通知》，要求企业领导要支持保证质量检验部门能够独立地、公正地行使质量监督检验职能，凡已撤销质量检验机构、下放质量检验人员的单位必须立即恢复机构，收回人员。

为了加强对化工机械制造企业压力容器设计单位的管理，确保压力容器设计质量，1993年制订并颁发了《化工机械制造企业压力容器设计管理制度》。通过组织化工机械制造企业压力容器制造单位设计审批人员培训考核，共有259名人员取得了压力容器设计审批资格。

技术改造及技术引进 1993年，江苏宜兴非金属化工机械厂、宁波化工机械厂完成技术改造。

〔撰稿人：中国化工装备总公司 万 戈 审稿人：中国化工装备总公司 余宝海〕

〔中国石油化工总公司〕

生产发展情况 1993年，中国石油化工总公司系统机械（含仪表）制造企业有26个，固定资产原值达98422万元，净值为67799.5万元；全年完成工业总产值97993.7万元，比上年增长45.85%；职工总人数为26608人，其中科技人员数为4180人，占总职工人数的15.71%；平均全员劳动生产率为36828元／人·年，比上年增长36.62%。1993年，为了适应发展社会主义市场经济的需要，原属总公司二级企业的机械（含仪表）制造厂纷纷被剥离出来，成为独立经营、自负盈亏的法人企业。由于内部机制转换较慢，加上产品结构不合理，因此经济效益不太乐观，尤其是重点企业和骨干企业，出现亏损。

1993 年，共完成石油化工机械设备产品、备品配件产量 51065t，比上年增长 21.84%；仪表产品产量 3432 台（件），比上年下降 77.87%。

新技术与科研成果 1993 年，中国石油化工总公司系统机械（含仪表）制造企业获得总公司级科技进步奖的石油化工机械、仪表项目共有 5 项，其中，二等奖 1 项，即大庆石油化工总厂机械厂研制的 NCB 型泵系列产品，这是一种内啮合齿轮泵，可为国家节约外汇；其余 4 项均为三等奖，它们是：兰州炼油化工总厂仪表厂研制的 FC 系列电容式中差压中压力流量变送器、茂名石油化工公司机械厂研制的高铬镍合金裂解炉管、上海石化机械制造公司（原名上海石油化工总厂机修厂）研制的 LCF635×1732−N 型离心机和天津石油化工公司机械厂的带压注入密封剂对法兰螺栓附加应力分析。这些新产品和新技术，经生产实践中运行考核证明，其性能稳定、可靠，各项指标均达到设计要求，能满足石油化工生产的需要，达到或超过国内同类产品先进水平。

行业管理 天津石油化工公司机械厂在继兰州化学工业公司机械厂、燕山石油化工公司机械厂、上海石化机械制造公司、巴陵石油化工公司岳化总厂机械厂、齐鲁石油化工公司机械厂、辽阳石油化纤公司机械厂之后，于 1993 年 4 月成为中国石油化工总公司系统第七个取得美国机械工程师协会（ASME）制造许可证的机械制造厂，取得了 U、U_1 钢印。

技术改造及技术引进 天津石油化工公司机械厂根据石化总公司石油化工生产的需要，从德国 SAKAPHEN 公司全套引进年产涂层面积为 15000m^2 的防腐涂料换热器生产线，1993 年 4 月通过了中国石油化工总公司组织的技改验收工作，并投入生产，为石油化工工业提供了一种新型的防腐技术。

〔撰稿人：中国石油化工总公司物资装备公司 楼嘉昆 审稿人：中国石油化工总公司物资装备公司 王廷俊〕

〔责任编辑：邝 鸥〕

橡胶、塑料机械

〔机械工业部〕

生产发展情况 1993 年塑料机械中塑料注射成型机产量仍占首位，年产 3 万余台。广东东华机械有限公司、上海亿利达塑料机械有限公司、宁波海天机械制造有限公司、浙江震达机械有限公司、无锡格兰机械有限公司等均以新的机型自成系列，控制系统采用先进的专用电脑和比例液压技术。广东东华机械有限公司、北京泰坦机械设备有限公司、无锡格兰机械有限公司等制造了一次注射量为万克以上的大型注塑机，加上原有生产过万克大型机的上海亿利达塑料机械有限公司、四川华西通用机器公司、东北塑料机械总厂，已经有 6 家工厂能生产万克以上大型注塑机。塑料双螺杆挤出机组发展得很快，有三四十家制造厂，从用于造粒混料，发展到能成型管、板及大量用于门窗的异型材。

1993 年产值超过亿元的企业有：山东塑料橡胶机械总厂、广东震德塑料机械厂有限公司、广东东华机械有限公司、大连橡胶塑料机械厂、宁波海天机械制造有限公司、烟台市塑料机械厂等。

新技术与科研成果 华南理工大学研制开发的塑料电磁动态塑化挤出设备于 1993 年 11 月通过了技术鉴定。经鉴定认为：该设备采用直接的电磁换能方式，将振动场引入塑料挤出成型的全过程，方法新颖独特，是一项新发明，是塑料加工工业中挤出方法及设备的一项重大突破，具有很高的理论价值，处于国际领先水平。该设备具有广阔的应用前景，将产生巨大的经济效益。它与传统的螺杆挤出机相比，能量消耗降低约 50%，体积重量减少约 70%，制造成本降低约 50%，噪声降低约 8dB，可达 77dB 以下，无油污染，能适应多种物料加工。

新产品 广东东华机械有限公司设计制造的 TT1−2500 型全自动螺杆直射注塑机，经机械工业部塑料机械产品质量检测中心检测，由广东省机械工业厅组织通过了技术鉴定。其主要技术参数为：注射容积 20000cm^3，合模力 25000kN，塑化能力 247.6g／s，注射压力 130.2MPa，注射速率 1811.1g／s。控制系统：专用电脑具有彩色显示文字、图表及图象，中、英、法等多种文字选择，故障自动跟踪诊断等功能。液压系统采用比例式压力、流量和反馈控制技术。经鉴定各项性能参数与尺寸达到行业标准的指标，具有 90 年代初国际同类机水平，填补了我国大型机的一个规格空白，为我国的汽车、造船、家电等工业提供了先进装备。

中国航天工业总公司第 11 研究所设计制造的 SHT_2−150 聚丙烯造粒机组是一条完整的从料配制混合起到粒料计量包装为止的自动化造粒生产线，年生产能力为 5000t。SHT_2−150 是目前我国螺杆直径最大的双螺杆挤出造粒机组，螺杆直径 150mm，长径比 L／D＝25∶1，其挤出机设有备用加料口、滤网快换、真空排气和水下热切粒等装置。该机组测控系统先进，自动化程度高，对整条生产线能实现程序控制，填补了国内空白，达到了 80 年代国外同类机组的先进水平。

行业管理 1993 年 6 月在大连成立了中国塑料机械工业协会，会员单位 195 个。机械工业部副部长陆燕荪被聘为协会名誉理事长，大连橡胶塑料机械厂王义丰厂长为协会理事长，上海亿利达塑料机械有限公司耿雄虎副总经理、山东塑料橡胶机械总厂王士范厂长、宁波海天机械制造有限公司张静章总经理为协会副理事长。协会秘书处设在北京市月坛南街26号。

质量及质量管理 1993年12月，广东东华机械有限公司经审核评定，质量体系符合GB/T19001（ISO9001）系列标准相应的质量保证模式标准（体系覆盖产品：TT1系列塑料注射成型机），成为国内塑料机械行业首家获得ISO9001质量体系认证合格企业。

1993年，在塑料注射成型机制造企业之间进行了产品质量评比活动，经机械工业部塑料机械产品质量检测中心检测、专家评议，苏州长风机械总厂注塑机分厂、上海塑料机械厂、宁波海天机械制造有限公司等单位名列前茅。

技术改造及技术引进 浙江申达和香港震雄合资组成了震达机械有限公司，用3379万元投资，引进了德国弗瑞茨·维纳公司的一条柔性加工系统（FMS）生产线，由3台加工中心、两个装卸站、15个托盘缓冲站和运输车辆等组成。还引进了两台吉尔德玛斯特公司的车削中心。

四川华西通用机器公司引进意大利特里乌兹公司的大型注塑机，上海塑料机械厂和上海第一塑料机械厂联合引进德国德马克公司D系列注塑机，已试制了样机；上海第一塑料机械厂引进意大利特里乌兹公司的热固性注塑机，大连橡胶塑料机械厂引进德国雷芬豪赛公司、武汉塑料机械总厂引进奥地利辛辛纳蒂公司的平行双螺杆挤出机，上海挤出机械厂引进德国韦伯公司的锥形双螺杆挤出机，山东塑料橡胶总厂引进美国休皮瑞尔公司的三层共挤复合膜生产线和流延法复合膜生产线，均已批量生产；武汉塑料机械总厂引进德国巴登弗尔德·菲歇尔公司大型中空成型机，武汉轻工机械厂引进德国EMB公司的聚氨脂高压反应注射成型机，均已进行许可证生产。

塑料机械有15家合资企业，其中与香港合资的有12家，与台湾合资的有两家，与美国合资的1家。这些企业合资生产注塑机的有10家，生产中空吹塑成型机的有4家，生产双螺杆挤出机的有1家。浙江震达机械有限公司合资后推出最新ZM系列注塑机，其锁模力400～8000kN，注射容积63～4000cm^3，控制系统采用专用电脑，具有多种文字显示功能。无锡格兰机械有限公司设计开发了Cosmos牌SZK系列专用电脑注塑机，锁模力由630～50000kN共19个规格。上海亿利达塑料机械有限公司合资后，一方面生产亿利达E系列注塑机产品，一方面重点消化吸收从德国Demag公司引进的D系列NCⅡ技术，并设计开发采用专用电脑比例液压控制的先进SD系列注塑机，其锁模力800～16000kN，注射容积100～15600cm^3。张家港华丰塑料机械有限公司合资后，已能生产0.1～200L中空吹瓶吹桶成型机。

市场及销售 1993年全国注塑机总产值约14亿元，成交额在13.5亿元左右。锁模力1000t以上的大型注塑机及精密注塑机仍供不应求。挤出机及其辅机的市场销售量呈上升趋势，1992年订货会成交额为4950万元，1993年翻了一番，达到10180万元。双螺杆挤出机占较大比重，销售形势看好。

〔撰稿人：中国塑料机械工业协会副秘书长　陈伟大　审稿人：中国塑料机械工业协会副秘书长　翟广树〕

〔中国轻工总会〕

生产发展情况 1993年中国轻工总会系统统计生产塑料机械的企业有76家，其中18家是中外合资企业、乡镇企业和民营企业。职工44450人，完成工业总产值20.1亿元；全员劳动生产率4.5万元/人·年（按工业总产值计算）。据对51家企业统计，按同比口径与上年比较：产品产量为84622t，比上年的74017t增长14.3%；产品台（套）数为28690台，比上年的26230台（套）增长9.4%。主要产品数量为：塑料注射成型机9172台，挤出机3967台，挤出机成型生产及挤出成型辅机2825台，中空成型机199台，圆织机899台，压延机5台，聚氨酯高压反应注射机组2套。

1993年塑料机械生产具有以下特点：一是塑料机械经过连续几年高速增长以后，增长速度开始回落。中国轻工业机械总公司主持召开的全国性的塑料机械订货会议，1993年成交金额49181万元，比上年下降了27.3%。二是产品结构性矛盾仍很突出。如档次低的中小型注射机滞销积压，大中型注射机和精密注机仍然是供不应求。据海关统计，1993年上半年共进口注射机7165台，用汇15823万美元。三是挤出机及其辅机增长速度快，仅以全国订货会的数字为例：以1991年订货数为100，1992年为162，1993年达到332。双螺杆挤出机已由3家企业开发生产发展到1993年有29家企业生产，规格达25种，数量达855台。四是在市场竞争的推动下，有些企业走合资生产和合作生产的路子，以提高本企业的竞争能力；有些企业走专业化联合的路子，实行以专主业，多元化经营，以提高市场占有率和经济效益；有些企业实行专业生产，规模经营，为全社会配套服务。这个趋势推动了塑料机械产业的改组。五是塑料机械企业出口意识有所增强，产品出口有所增长，仅统计定点企业出口创汇1676万美元。

1993年塑料机械行业存在的主要问题有：（1）普通型中小型注射机、圆织机生产厂点多，产品供大于求，企业生产难以为计；（2）产品质量、品种、配套水平和技术水平与国外同类产品比较有差距，特别是整机控制水平差距更大；（3）产品标准化管理和生产发展规划管理有待加强。

新技术与科研成果 截止到1993年底，中国轻工总会系统列入“八五”计划国家级科技攻关项目的塑料机械项目有1项，名称是农用塑料制品的研究开发（含装备4个子项）。其中，宽幅三层共挤复合膜全线联控生产线一个子项已由山东塑料橡胶机械总厂完成。

行业管理 1993年11月塑料机械专业委员会在南京召开了行业会议。会议的主要内容有1993年工作总结及1994年工作安排、换届选举。

1993年5月，轻工业部技术装备司、中国轻工业机械总公司与加拿大HUS-KEY公司共同举办了大型注射机技术交流会，为促进行业了解国外先进技术、填补国内空白提供了条件。

1993年11月中国轻工业机械总公司接待了德国机械设备制造协会率领的由4个生产塑料机械的德国公司组成的代表团，邀请了国内8个塑料机械生产企业就技术引进、技术合作等问题进行了洽谈。部分德国客商还参观了有关企业。

1993年11月在南京组织了有120余家厂商参加、占地近6000m^2的1993国际橡胶塑料机械展览会，展出了130多台（套）产品。参展单位涉及到轻工、机械、电子、农业、化工和建材等部门的重点企业。包括了国营、集体、合资、乡镇、民营性质的企业，是国内有史以来规模最大的一次橡胶工业专业性展览会。展示了国内塑料机械行业发展现状与水平。

换届选举工作，1993年行业会上塑料机械专业委员会进行了换届选举。第二届塑料机械专业委员会委员单位共有25个。秘书处设在中国轻工业机械总公司。

技术改造及技术引进 1993年列入中国轻工总会技术改造投资计划的共有9项，投资总规模14982万元，其中专项贷款总额8932万元。到1992年底累计完成投资7412万元，其中专项贷款4180万元。1993年完成投资6672万元，其中专项贷款4752万元。这9个项目到1993年底资金已全部按计划到位。

这9个项目的承担单位是：北京塑料机械厂、抚顺轻工机械制造总厂、阜新红旗塑料机械厂、宁波塑料机械总厂、新乡塑料机械厂、湖北省轻工业机械厂、柳州塑料机械总厂、武汉塑料机械厂、武汉轻工业机械厂。

1993年中国轻工总会系统引进塑料机械技术的项目有：武汉轻工业机械厂从德国BASF集团EMB公司引进的具有当今国际先进水平的1.5～150L／min聚氨酯高压反应注射机设计制造技术，已通过了德国质量认证并开始批量生产，投放市场，每台可节省80多万美元；山东塑料橡胶机械总厂从日本普克公司引进300L塑料中空成型机设计制造技术，计划于1994年四季度完成；武汉塑料机械厂从德国BATTENFELD公司引进200L塑料中空成型机设计制造技术，计划于1994年6月完成；湖北省轻工业机械厂从西班牙COEMTER公司引进下刀150～300次／min塑料制袋机设计制造技术，正在消化试制中。

有些企业与港、台地区企业合资、合作生产以后，引进了技术，使产品升级换代。无锡塑料机械厂与香港厂商合资后成立的无锡格兰机械有限公司生产的锁模力为630～50000kN的注射系列产品，经检测为国内唯一突破国标的系列产品。柳州开元企业集团公司，以车间一部分场地与台湾厂商组建了华德塑胶机电设备有限公司，计划开拓发展UN系列热塑性和热固性两大系列、17个品种、53个规格的塑料注射成型机产品，最大射出容积为13578cm^3，最大锁模力16800 kN。1993年首批试制完成7个品种，已为用户全面检测验收。

市场及销售 1993年产品销售收入为174916万元，销售收入低于总产值。主要原因是1993年下半年国家金融政策调整后，注射机大量积压。从中国轻工业机械总公司举办的全国订货会上成交额可以看出这一点：1993年春季订货会的成交额是上年同期的147.8%，是上年秋季的92.2%；1993年秋季订货会的成交额仅是上年同期的26%，其中注射类产品大幅度下降；挤出类产品不仅没有下降，反而比上年同期增长83%。

出口方面与往年相比其特点是：机组、生产线的出口比例在上升。1993年出口总额为1676万美元。

〔撰稿人：中国轻工业机械总公司　王燕华　审稿人：中国轻工业机械总公司　许正仓〕

〔化学工业部〕

生产发展情况 1993年，据中国化工装备协会统计，生产橡胶、塑料机械的归口企业（包括化学工业部、机械工业部、轻工总会等系统的企业）共有65家。

1993年，化学工业部系统生产橡胶机械的企业，按工业总产值排序的前10名企业情况见表。

新产品 盘锦橡胶塑料机械厂和西北橡胶机械厂共同研制的GBT-24胶管编织机主要由传动部分、转子组成部分、牵引部分、计量润滑与电气控制系统及吸音罩等组成。该机锭子转速最高为37.5r／min，锭子放线张力16～135N任调，牵引速度为40.3～220m／h，编织直径8～95mm，编织角度54°44′，容线量9kg，驱动功率11kW，润滑自动并计量。该机主要技术指标达到国际80年代末水平。

行业管理 1993年，大连橡胶塑料机械厂作为橡胶塑料机械行业出口基地，正在发挥重要作用，沈阳橡胶机械厂、益阳橡胶机械厂已成为扩大机电产品出口企业。

质量及质量管理 1993年一季度国家质量监督管理局抽查了轮胎、力车胎气门嘴、气门芯等产品的质量，针对检查中合格率较低的问题，化工装备系统举办了有关企业质量人员学习班，分析了原因，采取了改进刀具等工艺措施，基本扭转了质量滑坡现象。

表　1993年橡胶机械行业工业总产值前10名企业主要经济指标

序号	企业名称	工　业总产值(万元)	工业销售产值(万元)	产品销售收入(万元)	利润总额(万元)	流动资产平均余额(万元)	固定资产净值(万元)	全部职工平均人数(人)	全员劳动生产率(元/人·年)
1	大连橡胶塑料机械厂	16007	15492	19452	361.3	15841	7808	3478	20594
2	益阳橡胶机械厂	8088	7364	9425	13.7	8007	3456	2537	11065
3	桂林橡胶机械厂	5884	5561	10677	433.5	8308	1767	1971	14059
4	沈阳橡胶机械厂	5668	4784	7861	126.6	6370	2955	2000	13581
5	广东湛江机械厂	4731	4320	5162	439	9691	1535	1207	14027
6	上海橡胶机械厂	2765	2796	4254	381.5	1944	475	437	11164
7	天津化工机械厂	2076	1759	2438	0	1050	355	832	6452
8	天津橡胶机械厂	1790	1747	2356	−134.9	1834	263	562	12923
9	呼和浩特市橡胶机械厂	1663	1512	2339	76	4162	430	1439	1967
10	上海橡胶机械一厂	1573	1553	2068	3.8	1596	282	398	22369

注：1. 工业总产值和工业销售产值按1990年不变价计算。
2. 全员劳动生产率按工业总产值计算。

技术改造及技术引进　1993年，烟台橡胶机械厂、天津化工机械厂、化学工业部北京橡胶工业设计研究院、化学工业部桂林橡胶工业设计研究院、广东湛江机械厂、沈阳医药器械厂、化学工业部625所等7个单位的技术改造项目开工。

〔撰稿人：中国化工装备总公司　万　戈　审稿人：中国化工装备总公司　余宝海〕

〔责任编辑：邝　鸥〕

建筑材料机械

〔国家建材局〕

生产发展情况　1993年，建筑材料机械行业的生产创造了历史最好水平，建材市场非常活跃。尤其是水泥设备生产满足不了市场的需求，供需矛盾十分突出。据对全行业73个重点企业的统计，全年共完成建材机械产品产值370963万元（按现价），完成产品产量356559t，比上年增长45%；实现销售收入351851万元（按现价），其中出口产品收入为9364.8万元，比上年增长168%。

在完成的产品产量中，水泥设备为169121t，玻璃设备为2902t，墙体设备为27296t，新型建材设备为2433t，水泥制品设备为3437t。

1993年，水泥机械企业为国家及地方重点工程北京水泥厂、双阳水泥厂等18个项目提供了成套设备及售后服务，保证了重点工程的建设。重点项目双阳水泥厂、琉璃河水泥厂、大同水泥厂、邯郸水泥厂的点火投产，形成生产能力230万t。其中双阳水泥厂全套采用了“日产2000t水泥熟料消化吸收项目”的成果，工厂设备运转良好。它的建成投产，标志着我国水泥工业已经迈进世界先进技术行列。即将建设的冀东水泥厂二线工程，标志着我国水泥生产设备向大型化发展迈出了关键一步。1993年也是我国水泥工业设备打入国际市场的丰收年，继1992年出口马来西亚2000t/d生产线合同顺利实施后，1993年又相继签订了向巴基斯坦出口3条2000t/d水泥生产线、向伊朗出口21条200t/d水泥生产线合同，同时也向越南等国家出口了一些小型机械化立窑水泥生产设备。我国水泥工厂成套设备出口局面已经打开。

1993年墙体材料等建材设备正朝着加强原料处理、真空挤出、节土节能、利废、减轻劳动强度、提高生产工艺线整体技术水平等方向发展。为适应城市建设及墙体材料改革的要求，新型轻体墙体材料及装备也在不断开发研制并投放市场，一年来，共完成了自法国引进的煤矸石空心制品生产装备主机的消化吸收；完成了年产10万m^2钛白板工艺装备的设计、制造、安装并正常运转；玻璃机械QH3000强制式混合机，在通辽玻璃厂使用，并通过了部级鉴定；玻璃纤维机械“八五”攻关项目之一的熔窑热交换器完成了自行设计、制造、使用，并通过了技术鉴定。

1993年，建材机械行业虽然取得了很大发展，但也遇到了很多困难。一方面由于钢材和配套机电产品价格的不断上调，使得生产企业的利润大幅度转移，尽管生产任务量很大，但企业的利税与之很不相称。另一方面，三、四季度的银根紧缩，使得企业的生产受到影响，尤其是墙体设备生产企业出现了产品积压、任务不足的情况。

新技术与科研成果 1993年，建材机械行业有6项新设备通过了技术鉴定：(1) 朝阳重型机器厂的RBH700型反吹风袋式收尘器；(2) 海安建材机械总厂的新型高效造粉机；(3) 黑龙江双鸭山空心砖厂的JZK75／70−28型双级真空挤砖机；(4) 山东龙口研磨体集团的贝氏体球墨铸铁铸球；(5) 四川绵阳通用机械厂的MYF型挤压机；(6) 上海玻璃陶瓷机械厂的QH3000强制式混合机。

行业管理 为加强管理，提高建材机械行业发展水平，中国建材机械工业协会于1993年5月份召开了全国建材机械行业转换经营机制经验交流会。会议结合建材机械行业的特点，探讨了企业转变观念，在市场经济大潮中求生存求发展的新思路。会议还就加强企业管理、推进企业"三项制度"改革进行了探讨，并交流了质量管理方面的经验。

为理顺产品价格水平，中国建材机械工业协会根据市场发展形势，先后召开了水泥机械产品价格会议和墙体材料机械产品价格会议，并与机械工业部有关部门就水泥机械价格进行了协调，统一了价格水平。出版了由建筑材料机械协会组织编写的建材机械产品价格目录（水泥机械部分），并于1993年7月1日起通知各厂执行。其他建材机械产品价格也相应作了调整。

质量及质量管理 1993年由于建材机械行业生产压力很大，产品供不应求，因而有部分产品靠扩散外协来完成，重进度、轻质量的情况时有发生。有关行业主管部门进行了多次协调，收到了一定效果。

1993年，由国家建材局标准化技术委员会制定并审议了18项建材机械产品的生产质量标准，为行业产品标准化工作的发展奠定了基础。

为了加强对国家重点建设项目成套设备的管理，保证重点建设项目的设备质量，由中国建材技术装备总公司组织设计院、建设单位、安装单位、设备生产单位对回转窑、球磨机、冷却机等18项重点设备建立专项档案，进行设备出厂前的质量检查。

技术改造及技术进步 1993年建筑材料机械行业共计划投资17893万元，其中基本建设745万元、技术改造15753万元、技术开发1395万元。投资计划完成11100万元，占年度计划的62%。

1993年建材机械行业投资的重点是唐山水泥机械厂、朝阳重型机器厂、沈阳水泥机械厂、上海新建机器厂、延河水泥机械厂等16个国家"八五"重点项目"日产4000t水泥熟料新干法装备消化吸收项目"的承办厂；其次为一般小型续建项目，如洛阳建材机械厂、上海玻璃陶瓷机械厂、哈尔滨建材机械厂、南昌建材轴瓦厂等单位。

〔撰稿人：中国建材技术装备总公司　张　奇
审稿人：中国建材技术装备总公司　黄成通〕

〔责任编辑：王　如〕

建筑工程机械

〔机械工业部〕

生产发展情况 1993年，我国工程机械行业的生产创造了历史最好水平。机械工业系统，工程机械行业138家重点骨干企业实现工业总产值（按1990年不变价）87.06亿元，按现行价计算为124.45亿元，分别比1992年增长了34.08%、76.7%；全行业主要产品产量：汽车起重机5224台，轮式装载机14362台，推土机4283台，叉车23242台。分别比上年增长了22.51%、42.1%、10.73%、1.87%。企业经济效益明显提高。

新技术与科研成果 1993年，通过鉴定，投入批量生产的主要产品有：北京起重机器厂的25t轮胎起重机、浦沅工程机械厂的50t汽车起重机、柳州工程机械厂的1.6m^3液压挖掘机、东台机械厂的2.5t液压打桩机等。正进行中的重大新产品开发项目有：国家"八五"攻关课题滑模式水泥混凝土摊铺设备研制，160t特大型全路面汽车起重机CAD／CAM，桥梁检修车研制，"八五"国家重点企业技术开发项目80t汽车起重机研制及关键技术研究等。这批项目是"八五"期间工程机械行业具有代表性意义的课题，现正处于关键阶段，并取得了阶段性成果，将于1994年完成。

行业管理 1993年工程机械行业管理工作的重点是，深化体制改革，继续抓好行业结构、生产布局和产品结构的调整。随着体制改革的深入发展，工程机械行业部分骨干企业成立了跨地区、跨行业的股份制公司。1993年，成立股份制公司的有：徐州天地工程机械股份有限公司、鞍山第一工程机械股份有限公司、柳州工程机械股份有限公司、厦门工程机械股份有限公司、宜春工程机械股份有限公司，以及山东推土机股份有限公司等。

技术改造及技术引进 1993年工程机械行业续建与新开技术改造和基本建设项目共32个，总投资为35996万元。其中，国家重点技术改造专项贷款项目10个，下达投资计划6005万元；基本建设项目7个，投资金额为6431万元；新型推土机和装载机关键零部件技术改造项目15个，投资总额为23560万元。1993年是工程机械行业固定资产投资力度最大的一年，资金到位及时，地方支持有力，保证了技术改造方案的顺利完成。

全行业继续消化、吸收，引进的国外先进技术。联合引进美国卡特彼勒公司工程机械技术，实现国产化是消化吸收工作的重点。D6G、D7G型履带式推土机、936E、966E、980S型轮式装载机已经鉴定并具小批量生产能力。1993年共生产引进产品143台，且已投放市场。

1993年，新型推土机和装载机关键零部件项目共下达结存外汇计划2686万美元，购买了焊接机器人柔性生产系统、数控加工中心、板材加工中心、三坐标测量机、热处理设备和齿轮加工机床等关键设备、仪器51台（套）。上述合同于当年全部签约生效。

1993年，工程机械行业在吸引和利用外资方面取得了很大进展。合肥叉车总厂与日本东洋运搬株式会社建立了合资企业，厦门叉车总厂与德国林德公司共同投资1.8亿马克，建立年产静液压叉车、电动叉车15000台的叉车制造厂，成为机械工业系统合资规模最大的合资企业之一。

市场及销售 1993年工程机械行业虽然受到国家宏观调控、控制固定资产投资规模的影响，但产品销售状况仍十分喜人。全行业138家重点、骨干企业销售产值达113.6亿元，比上年度增长了54.49%，高出机械工业增长率38.53%近16个百分点，成为机械工业发展最快的行业。产品出口创汇额达2亿美元，全行业出口创汇额超过500万美元的有3家，其中，徐州工程机械集团公司出口创汇3000万美元，山东推土机总厂出口创汇826万美元，合肥叉车总厂出口创汇562万美元。

〔撰稿人：机械工业部　李玉琢　王　莉　审稿人：机械工业部　冯宝珊〕

附：1993年工程机械行业最佳生产企业排序表

工程机械行业协会公布1993年各小行业最佳企业排序（按销售收入排序，单位万元）如下：

一、装载机行业（前10名）

1. 柳州工程机械厂	100302
2. 厦门工程机械厂	67779.8
3. 常州林业机械厂	35690
4. 徐州装载机厂	27161.3
5. 成都工程机械总厂	27122.3
6. 山东工程机械厂	26504
7. 临沂工程机械厂	25298
8. 郑州工程机械厂	20089
9. 宜春工程机械厂	20030
10. 天津工程机械厂	13507.6

二、工程起重机行业（前6名）

1. 徐州重型机器厂	48419.8
2. 北京起重机器厂	27536.6
3. 浦沅工程机械总厂	27402.2
4. 泰安汽车起重机总厂	23694.1
5. 长江起重机厂	20551.7
6. 锦州重型机械股份公司	19508

三、道路工程机械行业（前6名）

1. 徐州工程机械厂	42897.7
2. 洛阳建筑机械厂	21008.7
3. 江麓机械厂	19531
4. 三明重型机器厂	13193
5. 上海工程机械厂	9614.8
6. 浙江公路机械厂	5063.4

四、推土机行业（前5名）

1. 鞍山第一工程机械股份有限公司	107313
2. 山东推土机总厂	46503.2
3. 宣化工程机械厂	28412
4. 彭浦工程机械厂	25950
5. 黄河工程机械厂	22429

五、工程挖掘机械行业（前5名）

1. 抚顺挖掘机厂	26914
2. 贵阳矿山机器厂	22036.6
3. 合肥矿山机器厂	16938
4. 长江挖掘机厂	15091
5. 上海建筑机械厂	13190

六、叉车行业（前5名）

1. 合肥叉车总厂	38237.2
2. 宝鸡叉车制造公司	16671.4
3. 杭州叉车总厂	14903.2
4. 大连叉车总厂	13681.5
5. 厦门叉车总厂	13288.9

七、凿岩机械气动工具行业（前5名）

1. 沈阳风动工具厂	14893
2. 天水风动工具厂	10568
3. 衢州凿岩机厂	9818
4. 衢州煤矿机械厂	8487
5. 南京工程机械厂	6651

八、电站专用工程机械行业（前4名）

1. 鞍山铁塔制造厂	19556
2. 郑州水工机械厂	7398
3. 吉林水工机械厂	6633
4. 富春江水电设备厂	6216

〔交通部〕

生产发展情况 1993年是建筑养路机械行业快速发展的一年，据交通系统35家生产筑养路机械的厂家统计：共有职工19811人，工业总产值82607万元，利润6597万元，平均劳动生产率41697元／人·年，所列经济项目，各为上年的37.9%、28.2%、37.8%。全系统生产路面施工机械4565台，其中，用于高等级公路施工的大中型机械400多台。公路养护机械10200台，其中，用于高等级公路养护的近百台。公路桥梁机械及装置2330台（套）。公路路政管理设备1643台。公路工程检测仪器 2250 台（套）。

整个行业的特点：《中国机械工业年鉴》以前指出的主要经济指标每年都有较大幅度增长；用于高等级公路施工和养护机械供不应求；国产机械开始每年有少量稳定出口，出口的厂家在逐年增加；国内市场产品除竞争激烈之外，还有以下发展趋势：

(1) 国内路面机械主要工厂——交通部部属工厂进行产品结构调整，高等级公路施工急需的沥青混合料搅拌设备系列，沥青混合料摊铺机系列，稳定土路拌（厂拌）系列，沥青洒布、运输车系列，桥梁机械及附属设备系列等产品立足于国内生产，减少进口。为使产品质量达到国外的要求，部系统拟对工厂进行技术改造，将配备数控激光切割机、钢材预处理机、加工中心和自动焊接机械手等进行技术改造，并使产品形成批量生产能力。各省厅局工厂根据各自的条件，为开发新产品，提高产品质量，形成批量生产能力也对工厂进行了一定的技术改造。

(2) 经过"七五"、"八五"期间的产品开发，高等级公路施工和养护的主要机械品种已基本齐全。为保证工程质量、工程进度和施工效益，还需要进一步完备机械化施工配套的机械设备，今后将重点开发这些机械。

(3) 目前生产的路面施工机械比重已大于路面养护机械，大型机械的产量和产值正在大幅度提高。

(4) 生产运料车、小翻斗、小四轮、牵引车等养护机械厂已有多家转产，逐渐向生产条件好、质量高、批量大的厂家集中。交通系统 1993 年生产运料车 15284 辆，大部分作为农用车供应农村。

(5) 一部分生产养护机械的工厂，正逐步调整产品结构，生产刚兴起的交通工程等有关产品，如交通标号志、防撞钢护栏和施工、养护工艺需要的配套机械。

(6) 随着修筑水泥路面的增多，开发大型水泥路面铺筑机械和施工配套的机械设备，小型水泥路面铺筑机具等产品发展很快。

新产品与科研成果 筑养路机械行业 1993 年有 43 个新产品通过技术鉴定，有 1／4 是国内首次开发的新产品，其中有"八五"国家攻关课题：RT－30 型乳化沥青稀浆封层机，120t／h 联合碎石设备，高等级公路施工用的大型 LQB1200 型（120t／h）沥青混合料搅拌设备，XA5320GLQ043 型（罐容量 18t）液态沥青运输车，YGJ5130GSSCA 型（罐容量 7700m^3）多功能工程洒水车，NHB300 型（300t／h）碾压砼厂拌设备等；新开发的具有代表性的产品有：LTY4500 型沥青混合料摊铺机，HT－120 型水泥砼摊铺机，YPS70 型移动式破碎筛分机，PF－4C 型喷粉桩机，RF－40 型热熔型道路划线机，桥梁缆索挤紧机等；公路工程检测仪器有：激光道面弯沉测试车，TSC－920 临界含水量测定仪，自动马歇尔仪，沥青抽提筛分仪，RSM 系列基桩动测仪等。

"七五"期间，国家和各部门安排了一批高等级公路施工与养护急需的机械设备。这批设备经鉴定和在工程中实践考验，性能优良，其中一部分获 1993 年交通部科技进步奖。获二等奖的项目有：LB1000 型沥青混合料搅拌设备、LTY8 型沥青混合料摊铺机、WB230 型轮胎式稳定土拌和机；获三等奖的项目有：DHNB63 型滚筒式沥青混合料搅拌设备、YZZD8 型组合式振荡压路机、SC－4500 型轨道式水泥混凝土路面铺筑设备。

行业管理 交通部除有专门机构对行业进行管理外，还由协会和学会对行业的发展进行宏观指导。当前主要是指导企业开发公路部门需要的适销对路产品，逐步实现机械化施工与养护需要的配套机械，防止一哄而上，一垮而散，大起大落，给企业和国家造成损失。为此，协会和学会经常进行如：高等级公路路面机械发展系列研讨会及各种专业性会议，帮助、指导企业开发产品，发展生产。

质量及质量管理 1993 年交通部批准颁布了《履带式稳定土拌和机技术条件》、《轮胎式稳定土拌和机技术条件》、《稳定土厂拌设备技术条件》和《沥青泵》4 个行业标准，并在全行业贯彻有关质量的国际标准系列和国家及行业标准，使企业对质量的意识不断巩固和提高。1993 年，筑养路机械行业有了很大的发展，大型设备的生产已起主导作用，国内产品的质量保持较好水平并逐步占领市场。

技术改造及技术引进 1993 年，交通系统固定资产投资 7018 万元，比上年增长 9.5%，其中用于技术更新改造项目 4644 万元，比上年增加 12.9%。交通部三个部属工厂承担"八五"国家重大引进技术消化吸收和攻关项目，计划技术改造投资 4700 万元，1993 年完成 1508 万元，技术改造计划的完成，将使三个厂的生产条件和工艺手段达到较高水平，并使高等级公路急需的大型沥青砼搅拌设备、沥青和砼摊铺机、公路桥梁机械形成批量生产能力。重庆渝州汽车总厂 1993 年投资 2031 万元进行技术改造，扩大改装公路专用车辆的生产能力和改装专用车辆的范围，供应各部门用户需要。

1993 年，西安筑路机械厂引进英国 Parker 公司的 M3000 型移动式强制间歇拌和沥青混合料搅拌设备，配备布袋除尘、导热油加热、计算机全自动控制，使生产能力达到 240t／h；郴州筑路机械厂引进美国 Power Curbers 公司的 8700 型路缘铺筑机，该机还具有铺筑 2.5m～5m 的水泥混凝土路面等多种功能；新津筑路机械厂以技贸结合方式引进德国毛勒公司桥梁伸缩缝装置的制造技术。上述三厂引进的产品，都是高等级公路沥青路面关键施工设备的国家重大引进技术消化吸收项目，产品的开发将填补国内空白，并为用户提供急需的关键设备。

市场及销售 1993年，筑养路机械产品销售收入82411万元，比上年增长37.4%。主要机械和适销对路的产品供不应求，下半年国家宏观经济调控措施出台后，稍受些影响，至1993年底没有库存积压。产品销售的情况是：沥青混合料搅拌设备231台，其中大中型设备23台；沥青混合料摊铺机205台，其中大型设备21台；稳定土拌和机和厂拌设备分别为44台和56套，其中大型设备分别为21台和25套；沥青运输车、工程洒水车、水泥路面摊铺机和小型修筑机具、桥梁支座、桥梁伸缩缝装置、桥梁基础钻机和公路管理专用车辆等有较大幅度增长。养护机械中的沥青洒布机、小型碎石机、小型翻斗车、牵引车、小四轮等需要量继续下降。公路养护运料车产量有较大增加，但作为公路养护用需要量也在下降；公路路政管理设备中的道路路面划线机，交通工程设施中的交通标号志，防撞钢护栏等销路较好。桥梁机械中的装配式钢桥、万能杆件、桥梁支座、桥梁伸缩缝装置、预应力张拉设备等销路旺盛。公路工程检测仪器需求迫切，1993年仍有进口，一般材料检测仪器销路下降，其他产品销路正常。

1993年，西安筑路机械厂生产的LB30型沥青混合料搅拌设备3套、LT6B型和LTU4型沥青混合料摊铺机6台，出口韩国、印度尼西亚和巴基斯坦，获汇37万美元；郴州筑路机械厂生产的DHHB25型、DHNB40型沥青混合料搅拌机6台，出口也门、印度尼西亚，获汇24万美元；公路一局施工机械厂生产的工程洒水车4辆出口马来西亚，获汇16万美元，山东公路机械厂、四川公路机械修配厂，各生产压路机8台、2台，出口老挝等国家，获汇32万美元；四川公路机械厂生产ZL401型多功能工程机20台及散件，出口澳大利亚、孟加拉国和返销德国，获汇150万美元。

〔撰稿人：交通部公路管理司　黄家德　审稿人：交通部公路管理司　钟良锜〕

〔电力工业部〕

生产发展情况 电力工业部从事该行业的企业共6个，1993年共完成工业总产值44891万元，全员劳动生产率达到61808元／人·年，是电力工业部中劳动效率较高的一个行业。1993年由于原材料价格涨幅较大，生产经营资金严重短缺，因此对建筑工程机械行业的影响也是较大的，出现了生产工期紧、任务重、资金不到位的困难局面。

鞍山铁塔制造总厂为保国家重点工程铁岭电厂按期投产，及时生产交货了125t·m的塔式起重机。陕西水利机械厂生产的路面机械广泛用于高速公路、铁路、水坝、机场、电站、港口等大方量的土石方施工工程，国内市场占有率达70%，并销往东南亚，1993年生产创历史最高水平，共完成振动压路机141台，比1992年增长了45.3%。四川夹江水工机械厂注意产品结构的调整，大力发展适销对路产品，参与完成了东风、二滩、太平驿、五强溪等国家重点水利水电工程中承担的任务，取得了良好的社会效益。上海电力机械厂克服了产品品种多、批量少的不利因素，对4台FZQ-1250吊车生产任务相对集中情况，及时调整资金和劳动力，按时交付用户产品。河南三门峡水工机械厂1993年完成了三门峡西火电厂和渭河电厂钢结构两项重大生产任务。

新技术与科研成果 夹江水工机械厂研制的HB50-16砼泵，是目前国内出口压力最大、扬程最高的设备，最大输送压力16MPa，最大理论输送垂直高度250m。

上海水工机械厂生产的堆取料设备，形成300～1900t／h、臂长18～37m系列产品，这些产品由于采用了变频调速系统、PC程控等先进技术，在国内处于领先水平。

陕西水利机械厂开发了自重从8t至18t七种规格14种型号的YZT8（K）～YZT18（K）拖式系列振动压路机，获国家级专利6项，其中1项获得发明奖；该厂对科技人员实行收入同科技成果挂钩的办法，充分调动了科技人员积极性，1993年试制成功了6种新产品，其中YZT14H型粉煤灰拖式振动压路机，为火电厂粉煤灰贮存碾压解决了难题，在渭河电厂施工中受到用户好评。

新产品 1993年有3项产品通过部级新产品鉴定。其中DBQ4000t·m塔式起重机是目前国内电站吊装施工最大的起重设备，1993年12月通过部级鉴定，该设备是由吉林水工机械厂研制的。

陕西水利机械厂试制的新产品YZC10型自行式振动压路机，具有双钢轮、双驱动、全液压、双振幅的特点，振幅、液压系统采用西德和法国元件，今后将进一步国产化、系列化。

行业管理 1993年电力工业全行业进入市场，随着华北、华东、东北、西北、华中五大电网计划单列，电力工业部建筑工程机械企业也都成为电力集团公司中紧密层企业，这给企业参与竞争、尽快摆脱依赖性创造了外部条件。鞍山铁塔制造总厂1993年被国家批准为扩大机电产品出口企业。

质量及质量管理 1993年全行业坚持质量第一，形成全面质量管理体系，认真贯彻GB／T19000标准，以适应企业管理与国际接轨的需要。

陕西水利机械厂YZT18型拖式振动压路机，经国家建设机械检测中心检测，达到国家一等品水平，该厂压路机械1993年还荣获了陕西省第三届技术成果交易洽谈会金奖。夹江水工机械厂的缆索起重机、砼泵采用了美国、德国、日本先进国家的相关标准进行生产。夹江水工机械厂制造的带电作业工程车在水电总局的行业评比中获优质产品称号。三门峡水工机械厂所有产品1993年均保持了优质产品称号，并全部采用国际或国内同行业先进标准。

技术改造及技术引进 1993年共完成投资2905万元，其中技术改造资金1638万元，占总投资的56%，大大增加了企业后劲。

夹江水工机械厂完成了砼车间、金工车间、140kW台车式热处理炉三项技术改造，从而使该厂砼泵的生产能力显著提高，并减轻了工人的劳动强度；1993年还新增了数控火焰切割机等设备54台（套）。

市场及销售 1993年建筑工程机械行业共完成销售收入4.2亿元，销售税金2358万元。陕西水利机械厂在分配上面向三个第一线：即销售第一线、科技第一线、生产第一线，销售放在第一位并制定销售包干承包办法，大大提高了销售人员的积极性，使该厂销售旺季来得早、起势猛，全年销售收入2700万元，其中压路机械2023万元，占75%。三门峡水工机械厂1993年完成销售收入4801万元，比1992年增长93%。夹江水工机械厂充分利用自己的产品优势、质量优势、价格优势，积极参与国内大、中型水电站设备的投标竞争，1993年新签订合同1.5亿元。

〔撰稿人：电力工业部　张海清　审稿人：电力工业部　韩亦仁〕

〔责任编辑：王　如〕

粮油机械

〔机械工业部〕

生产发展情况 1993年机械工业部系统归口粮油加工机械生产企业120个，职工38000人，固定资产原值4.3亿元，拥有金属切削机床6700台，锻压设备1300台，1993年完成工业总产值6.7亿元，完成产品产量（97个企业）24.4万台。根据统计的97个企业数据分析，生产发展的主要特点是：(1) 1993年粮油机械总产量24.4万台，比上年相应企业的总产量下降8%，但碾米机械产量略有上升。1993年生产碾米机械114755台，比上年增长3.74%。由于人民生活水平的不断提高，粮油精加工设备，如精制米加工设备、等级粉加工设备的产量比重逐渐增加。(2) 1993年生产面粉加工机械45238台，比上年下降25.7%，重点企业的产品产量有升有降，有些企业还开发了多品种产品，工业总产值和经济效益都较好，例如河北赞皇机械厂1993年生产面粉加工成套设备1150套，工业总产值完成3700万元，比上年增长11.5%，利税总额达500万元，比上年增长2.5%；南阳光辉机械厂开发了多用节能炉，年产量达17947台，生产面粉机单机2782台，面粉加工成套设备240套，工业总产值达4042万元，比上年增长54.4%，利税达403万元，比上年增长22.8%；安徽五河机械厂1993年生产面粉加工成套设备642套，工业总产值完成3418.8万元，比上年增长7.9%，完成利税435.69万元，比上年增长36.81%；山东面粉机械厂1993年生产面粉加工成套设备371套，比上年增长15%，完成工业总产值3174万元，比上年增长50%，完成利税总额149万元，比上年增长19.20%。(3) 生产企业普遍反映资金紧张，影响生产。如碾米机械行业市场看好，但因缺乏资金而影响生产。有的企业则自行筹资，发展生产，如广西博白机械厂在职工中集资50万元，利用各种渠道借款30万元，保证了生产正常进行，当年完成工业总产值1270万元，比上年增长20%，销售收入完成1685万元，比上年增长65%，利润总额完成70万元，比上年增长49%。(4) 为了增强市场竞争能力，有些企业开始向集团化发展，例如安徽五河机械厂1993年12月18日联合五河粮油机械厂、合肥风机厂、山东省农机研究所、安徽省农业大学等14个单位组成"安徽雪松集团"，该集团集科研设计、产品开发、生产配套、经营销售为一体，由核心层、半紧密层和协约层组成一个多层次、跨地区、跨行业、多法人的经济联合体，拥有固定资产7000万元，年产值可达2亿元，预计利税可达1700万元。

新产品 列入机械工业部1993年新产品试制计划的粮油机械项目有3项，已全部试制完成。湖南省农业机械研究所完成了6JMCH-30型精制米加工成套设备，生产效率1250kg/h；四川南充机器厂和湖南省农机所联合完成了6JMCH-12型精制米加工成套设备，生产效率500kg/h，以上两种设备都可以加工特级米，碎米率<15%；安徽五河机械厂和南京农机化所联合完成了5XFY-10型清粮机试制项目。

各生产企业还研制成功一批新产品。广西博白机械厂开发的NZJ-150/100型砻碾组合米机开始小批量生产；山东鱼台机械厂开发了SBJ-20A型精米（免淘米）加工成套设备，还开发了LM24-2C型胶辊砻谷机，当年出口2150台，完善了SB-15/15型成砻碾米设备，解决了加工长粒米的困难问题；河北赞皇机械厂开发了6FTS-15DB型多用小麦制粉成套设备以及6F2235、6F1825型两种复式磨粉机；南阳光辉机械厂开发了大中型面粉厂使用的日处理小麦40～150t的高精度等级粉成套设备；安徽五河机器厂开发的6FTD-32型等级面粉加工机组，增设了微型喂料斗，可加各种添加剂，以改善面粉的精度和品质。

行业管理 1993年4月9日中国农机协会在湖北武汉召开了中国农机协会农副产品加工机械分会第四次年会，会议总结了上一年的工作，安排了1994年度的工作计划，交流了工作经验，对分会和行业组领导成员进行了换届选举。

1993年吸收了山东平阴橡胶厂和安徽巢湖市东亚粮机厂加入农副产品加工机械分会，并编入碾米机械行业组，该组成员厂已达到22个，面粉机行业组成员厂为17个，油料加工机械行业组成员厂为14个。

质量及质量管理 根据机械工业部对产品质量工作的要求，生产企业进一步加强了质量管理工作，产品质量稳定提高。广西博白机械厂坚持出厂产品逐台试验制度，当年国内外销售的产品没有出现质量问题；山东鱼台机械厂产品出厂合格率达100%；河北赞皇机械厂产品质量保持了优等品水平，1993年被河北省标准计量局批准为"河北省首批免检产品"；河南南阳光辉机械厂的产品由国家质量监督局抽查综合评定仍为一等品；安徽五河机械厂重视质量工作，1993年3月该厂与国家农机具质量监督检查测试中心达成监制协议，定期对该厂产品主要零部件制造质量和整机性能进行测试；四川青江机器厂的产品在日内瓦获得国际质量奖。

市场及销售 1993年，碾米机械市场继续看好，主要销售砻碾组合米机和小型碾米成套设备，例如山东鱼台机械厂1993年生产碾米机械8276台，其中砻碾组合米机占7000台，比上年增长105%，销售额完成3080万元，比上年增长130%，利润总额252万元，比上年增长两倍，创历史最好水平；广西博白机械厂1993年生产各种碾米机械16331台，高于上年水平，该厂加强了国内市场的开发，还开拓了国际市场，全年完成销售收入1685万元，比上年增长65%，利润总额完成70万元，比上年增长49%。面粉加工机械中成套设备销售量继续增加，据河北赞皇机械厂、安徽五河机械厂和山东面粉机械厂等三个主要生产厂统计，1993年销售2163套，比上年增长10.13%。油料加工机械市场持平，但名优产品的油料加工机械市场看好，例如四川青江机器厂1993年生产螺旋榨油机2232台，销售收入完成1828.97万元，比上年增长70.9%，利税总额完成166.14万元，比上年增长28.8%；油脂浸出设备市场持平，三门峡油脂机械总厂当年销售浸出设备13套，国内累计销售100套，1993年销售额完成1509万元，比上年增长1%。

国外市场也较好，主要出口产品仍以碾米机械为大宗。山东鱼台机械厂出口碾米机4391台，出口交货值1800万元，占该厂销售额的58.4%，比上年增长1.5倍，该厂产品出口地区主要有东南亚、南美洲、非洲等43个国家和地区；广西博白机械厂出口碾米机6876台，比上年增长6倍，出口交货值650万元，占该厂销售额的38.6%，比上年增长8倍，是历年来出口最多的一年，该厂产品出口地区主要有意大利、马来西亚、新加坡、尼日利亚等；锦州凌河农机厂1993年向苏丹出口6NS-33型碾米机286台，交货值28.6万元。面粉加工机械继1992年开拓了国际市场后，1993年仍有少量产品出口，河北赞皇机械厂主要出口面粉加工成套设备，出口交货值57.6万元，比上年略有增长，主要销往埃塞俄比亚、布隆迪、蒙古等5个国家；河南南阳光辉机械厂主要出口面粉加工单机，出口产品310台，交货值110万元，主要销往罗马尼亚、阿联酋、埃塞俄比亚、苏丹、俄罗斯、丹麦、巴基斯坦、越南、马来西亚等国家；四川青江机器厂的制油设备出口前景看好，1993年出口榨油机40台、滤油机91台、平炒锅1台，出口交货值94.61万元，主要销往乌干达、坦桑尼亚、苏丹、阿联酋、埃塞俄比亚等国家；河南三门峡油脂机械总厂1993年出口孟加拉一套油脂浸出设备，创汇27万美元。

〔撰稿人：中国农牧业机械总公司　朱家骅　审稿人：中国农牧业机械总公司　高国才〕

食品机械

〔机械工业部〕

生产发展情况 1993年底，机械工业系统归口的生产企业有1000余家，科研单位60个，科技人员3000多人，职工人数达10万余人，工业总产值38亿元，全员劳动生产率为3.6万元/人·年。全行业产值比上年增长30%，其中，中小型啤酒、饮料灌装成套设备、方便食品加工成套设备增长率超过40%。有6个企业产值超过5000万元、利润超过500万元，其中广州人民机器厂产值达1亿元以上，成为"小巨人"企业。

现选择不同类型的5个机械系统的食品机械定点企业进行统计，见表1、表2。从表中可看出1993年工业总产值比上年增长42.3%，工业销售产值比上年增长52.6%。从产量看，虽然台数比上年减少13.3%，但从重量上看比上年增长103.3%，从金额上看，比上年增长62.0%。

新产品 1993年机械工业部系统完成食品机械新产品开发项目30项。其中青岛机床厂完成的60头啤酒灌装机，技术水平属国内领先。昆明市机器厂生产的6500支/min卷接机组，廊坊锻压机床厂生产的扎啤机都获得了成功。株洲机电总厂生产的1000型滚切饼干成套设备，广州人民机器厂生产的5万包/班方便面（也能改造生产碗状方便面）生产线等均填补了国内空白。

行业管理 1993年2月，机械工业部包装食品机械行业办公室向全行业发布了行业经济形势信息，提出了当前食品机械畅销产品。为满足一些企业调整产品结构的需求，组织编写了《100项包装食品机械新产品开发和技术转让指南》，同时编辑出版了《中国包装食品机械十年》一书，介绍了食品机械行业十年来的发展成就。1993年11月3日在青岛召开了机械部包装食品机械行业规划座谈

表 1　5 家食品机械定点企业产值表

企业名称	工业总产值			工业销售产值			出口交货值	
	当年价(万元)	1990 年不变价(万元)	比上年增长%	当年价(万元)	1990 年不变价(万元)	比上年增长%	当年价(万元)	比上年增长%
合计	22977	21105	42.3	22395	20382	52.6	610	46.6
广州人民机器厂	10054	9011	8.6	9850	8646	69.3	476	67.0
广东珠海机电总厂	3000	3008	38.4	2930	2960	23.5	66	
四川东华机械厂	2005	1663	8.4	1928	1607	34.5	68	−47.9
昆明市机器厂	4583	4511	26.7	4219	4123			
昆明市第三机器厂	3335	2912	42.3	3468	3046	55.6		

表 2　5 家食品机械定点企业产品、产量表

企业名称及产品名称	产品数量		产品重量		产值	
	台	比上年增长%	t	比上年增长%	万元	比上年增长%
广州人民机器厂合计	212	128.0	5374.9	135.7	8679	151.8
3t 波纹面生产线	155	82.4	3720	82.4	5425	82.4
5t 波纹面生产线	46	475.0	1380	475.0	2714	475.0
河粉机生产线	7		32.9		56	
挂面生产线	2		106		240	
豆奶生产线	2		136		164	
零配件					80	
广东珠海机电总厂合计	137	−36.9	580	23.4	2960	23.5
四川东华机械厂合计	70	−35.2	191.6	−44.9		
昆明机器厂合计	149	−56.3			4506	9.3
烟草机械	75	−10.7			3011	10.7
烟草机械装修	34	70.0			551	88.1
其他烟机	40	−83.1			471	−38.3
配件					473	36.3
昆明市第三机器厂合计	322	20.6	566.6	45.9	1949	9.9
食品包装机械	191	−12.0	149.8	−12.1		
烟草机械	131	162.0	416.8	91.4		
总计	890	−13.3	6133.1	103.3	15134	62.0

会，会议讨论了“八五”以来食品机械发展形势，提出“九五”规划和 2010 年设想的基本思路，对今后七年包装食品机械的发展总目标、重点产品发展目标以及政策措施进行了较详细的讨论，同时根据中央提出的发展市场经济的精神提出了培育、引导、发展市场、促进行业发展的初步设想，提出了关于加强宏观指导、组织行业、指导行业、服务行业的若干意见等。同年 12 月，相继成立了全国食品工业与包装工业信息网和全国包装机械与食品机械信息网，现有网员 600 多家。

质量及质量管理　1993 年机械工业部该行业质量检测工作完成 5 项，可靠性考核完成 1 项。

技术改造及技术引进　“八五”列入部技术改造项目、计划已全部下达，实施已基本完成，食品机械项目投资 3000 万元，新增产值 1.1 亿元，投入产出比为 1∶3.7。

1993 年技术专项投资一项，用于研究超滤技术、真空冷冻技术和果品加工技术。

〔撰稿人：机械工业部包装食品机械行业办公室　李　树　审稿人：机械工业部包装食品机械行业办公室　许占林〕

〔中国轻工总会〕

生产发展情况

制糖机械　1993 年该行业企业数为 14 个，统计企业 8 个，完成工业总产值 10968 万元，工业增加值2033万元，产品销售收入11267万元，产品销售税金为382万元，利润总额112万元。主要产品有结晶罐、甘蔗压榨机、压滤机等。

1993年制糖行业利润额较大的企业是昆明轻工业机械厂（为267万元），亏损额最大的企业达314万元，多数企业利润很低。

制盐机械 1993年该行业企业数仍为5个，完成工业总产值3699万元，工业增加值为1089万元，产品销售收入4082万元，产品销售税金为205万元，亏损685万元。

近几年来，制盐行业各企业利润普遍很低，亏损企业逐年增加。1993年盈利企业仅有一家盈110万元，其余全部为亏损企业，亏损面上升80%，亏损额最大的为465万元。

酿酒机械 1993年该行业企业数为18个，统计企业数为12个，完成工业总产值55581万元，工业增加值15738万元，产品销售收入53958万元，产品税金2441万元，利润总额2961万元。主要产品为糖化设备、发酵设备、过滤设备、洗瓶、灌装、杀菌、贴标设备等。

1993年酿酒机械行业生产继续增长，利润额较大的企业有南京轻工业机械厂（1041万元），广东轻工业机械厂（630万元）。1993年亏损企业只有1个，亏损额44万元，其原因是内部管理不善所致。

饮料机械 1993年该行业企业数为12个，统计企业10个，工业总产值16783万元，工业增加值5830万元，产品销售收入16594万元，产品销售税金644万元，利润总额996万元。主要产品为混合机、不含气的液体饮料灌装线、高压均质机、水果压榨机、果汁灌装线等。

1993年饮料机械行业生产仍有较大的增长，经济效益普遍提高，利润总额较大的企业有上海饮料机械厂（420万元）、安丘轻工机械厂（369万元）。亏损企业两个，微利企业占50%。

罐头机械 1993年该行业企业数为10个、统计企业7个，工业总产值为18537万元（在统计不完全的情况下比上年仍有较大增长），工业增加值5858万元，产品销售收入20971万元，产品销售税金1194万元，利润总额698万元。主要产品有电阻焊制罐机、高温杀菌机、自动封罐机等。

1993年罐头机械行业生产发展很不均衡，罐头生产的长期不景气影响了机械企业的发展，而新兴的制罐企业（三片罐、两片罐等）又带动了相应机械企业的进步。该行业利润总额最高的企业为汕头轻工业机械厂，利润总额944万元，亏损企业两个，亏损额最高为239万元。

乳品机械 1993年该行业企业数为8个、统计企业5个，工业总产值18834万元，工业增加值5551万元，产品销售收入17733万元，产品销售税金891万元，利润总额1506万元。主要产品为双效降膜式蒸发器，高温瞬时灭菌机等。

1993年乳品机械行业的生产趋势是平稳上升。利润总额较大的企业有上海星火机械厂（865万元）、上海前卫机械厂（290万元），该行业没有亏损企业。

糕点、糖果、速冻食品及其他食品机械 1993年该行业企业数12个，统计企业8个。完成工业总产值16485万元，工业增加值4920万元，产品销售收入15871万元，产品销售税金716万元，利润总额811万元。主要产品有饼干生产线、巧克力生产线、方便面生产线、食品速冻生产线、多功能冰淇淋生产线、枕式糖果包装机、离心机等。

1993年该行业生产发展很不均衡，老式的饼干、糖果、糕点设备已无人问津，多数厂家纷纷转向方便食品机械、速冻食品机械和新式食品包装设备。该行业中利润总额较大的企业为上海食品工业机械厂（370万元）、上海食品机械厂（224万元）。亏损企业1个，亏损额为53万元。

新技术与科研成果 1993年荣获中国轻工业科技进步二等奖的项目是广东省糖业机械制造厂的啤酒桶装生产线，其灌装能力为每小时60桶。获三等奖的项目有：徐州轻工机械厂的啤酒酵母综合回收成套设备，新乡市轻工机械制造厂的JYP60步移式喷淋杀菌机，轻工业部广州设计院和遂溪城月糖厂、江门甘化厂的糖厂结晶罐过饱和度检测和控制系统，轻工业部食品发酵工业科学研究所与原航空航天工业部第625研究所的无菌大袋包装设备与工艺的开发研制，轻工业部甜菜糖业科学研究所的3000t／d菜丝预热烫器，轻工业部杭州轻工机械设计研究所与四川永平机械厂及烟台罐头厂共同研制的GT4B22异型自动封罐机，轻工业部广州轻工机械设计研究所与中国计量科学院、青岛轻工机械厂共同研制的JGN5高浓度啤酒稀释水处理系统，轻工业部西安轻工机械设计研究所的YQ-PJ-3型数字式啤酒浊度计。

以上这些产品达到了80年代国际先进水平，填补了国内空白。其中一些设备除部分关键零部件和电控元件及液压件尚需进口外，国产化率都在80%以上。

新产品 1993年通过中国轻工总会鉴定的新产品有：广东轻工业机械厂的LORDVB500K码箱垛机、LORDVE500卸箱垛机，中国轻工业机械总公司九江罐头机械销售技术服务中心研制的YL11A1皇冠盖生产成套设备，原轻工业部广州设计院和广东华达实业集团公司研制的酒精差压蒸馏工艺及设备，山东诸城市轻工机械厂生产的JT2000型微机控制鸡肉加工成套设备，原轻工业部家用电器研究所生产的ST-100型速冷鲜啤酒销售机，广东汕头轻工业机械厂生产的FALCONEF-300全自动电阻焊罐身生产线，原轻工业部造纸工业设计研究所、连云港纸浆厂共同试制与生产的啤酒过滤纸板，北京元亨理化高科技公司的物理法促熟酒技术及CSY设备，西安轻工机械设计研究所生产的QSHJ-D型汽水混合机，北京长润机电有限公司生产的桶装啤酒桶口阀（酒矛）等。

技术改造及技术引进 1993年列入中国轻工总会技术改造投资计划的食品机械项目有11项，他们是：广东轻工业机械厂的建立CAD／CAPP／CAM系统，总投资额920万元；南京轻工业机械厂的液体灌装线部分设备，总投资额1450万元；汕头轻工机械厂的150罐／min空罐自动生产线技术改造，总投资额1095万元；合肥轻工业机械厂的液体灌装线部分设备，总投资额800万元；黑龙江制糖机械厂的消化吸收大型制糖设备，总投资额300万元；肥城轻工机械厂的酒精糟处理成套设备，总投资额200万元；扬州轻工机械厂的建立锥环式无级变速器生产线，总投资额550万元；江西轻工机械厂的消化吸收食品罐头生产成套设备，总投资额500万元；泰安轻工机械厂的1.5万t酒精成套设备，总投资额430万元；通化水处理设备厂的反渗透超滤水处理设备改造，总投资额1000万元；重庆轻工业机械厂的卧式板框及立式圆盘硅藻土过滤机，总投资额1000万元。中国轻工业机械总公司自1991年起，以技贸结合的方式，先后同日本国三菱重工、德国ST-ROTER公司、KRONES公司、KHS公司及意大利SACMI公司、英国EJ公司等签订了引进36000瓶／h、48000瓶／h饮料灌装生产线，36000瓶／h啤酒灌装生产线，容积30L、每小时60桶啤酒半自动桶装线以及皇冠盖生产线，啤酒酵母压榨机、输瓶系统减速机等设备的设计制造技术。1993年中国轻工业机械总公司继续开展技贸结合工作，引进技术，并由广东轻工业机械厂、南京轻工业机械厂、合肥轻工业机械厂、广东省糖业机械制造厂、江西轻工机械厂、扬州轻工机械厂、徐州轻工机械厂和杭州半山金属制作厂等8个企业组织消化吸收和试制工作。昆明轻工业机械厂自行引进德国BMA公司流化床干燥冷却机制造技术和英国FS公司汤加撕裂机制造技术，1993年已开始样机的试生产。

行业管理 1993年，新成立的中国轻工总会取代已撤消的轻工业部，试行新的行业管理机制。原轻工业部技术装备司撤消，由中国轻工机械协会负责编制行业规划，制定行业政策、标准和质量监督、检测等有关行业管理工作。

1993年食品机械行业协会管理工作主要有以下几个方面：(1) 协助中国轻工总会编制1994年投资计划，主要是“扩大轻工机械出口专项规划”编制“1994～1995年轻工机械新产品开发指南”和“1994～1995年科技发展项目指南”。(2) 与中国轻工总会共同召开轻机质量监督检测工作会议，总结1992年7个质量监督检测中心的工作，研究制定1993年质量分等检测计划。(3) 组织技术服务和技术培训，并组织企业参加国际国内有关展览活动。协会的酿酒饮料机械专业委员会与德国KRONES公司、KHS公司和澳大利亚的APV公司合作，分别在北京举办了三次啤酒、饮料、果汁设备技术交流会。参加技术交流的单位共190家，近400人。协会的罐头机械专业委员会与依托单位结合，组织推广皇冠盖固体滴塑和液体模塑两种机型的新技术。协会的乳品机械专业委员会与依托单位合作多次，举办乳品机械技术研讨会。协会的制糖机械专业委员会配合广州轻工机械研究所，开展了散装圆筒糖仓的可行性研究和强制循环结晶罐的技术推广，同时进行对糖厂新技术水平的查询、咨询和评价工作。该委员会组织了昆明轻工业机械厂与英国FS公司和国内制糖业进行技术交流，帮助企业拓宽市场。(4) 继续推进试点企业开展“工艺突破口”工作。在广州召开了“工艺突破口”工作及现代化管理会议，会上广东轻工业机械集团公司介绍了开发应用CAD／CAM集成系统的情况，并由唐山轻工机械厂等单位介绍开展“工艺突破口”工作的经验。

质量及质量管理 1993年轻工机械标准化技术委员会组织了两次“等同采用ISO9000系列标准的国家标准”宣传贯彻学习班，参加学习的有行业重点企业主管标准的领导和有关技术人员共120多人。会议结合轻机行业的情况进行讨论并研究了贯彻国家新标准的途径和方法。

为了搞好质量管理，加强检测手段，特制定了如下行业标准：

乳品机械 QB1823—93《乳品机械型号编制方法》，QB／T1824—93《盘管间歇式蒸发器》QB／T1825—93《双套盘管超高温灭菌机》。

酿酒机械 QB／T1846—93《糖化锅》，QB／T1847—93《煮沸锅》，QB／T1848—93《锥形发酵罐》，QB／T1850—93《旋流沉清槽》。

制糖机械 QB／T1849—93《双螺旋甜菜连续渗出器》。

其他食品机械 QB／T1826—93《离心式卫生泵》，QB／T1827—93《自动回转式塑杯灌装机》，QB／T1828—93《单效外循环列管式真空蒸发器》，QB／T1926—93《GT6J型300L夹层锅》，QB／T1699—93《球形转子泵》，QB／T1700—93《高压均质泵》，QB／T1701—93《灌酱机》，QB／T1702.1—93《12t／d蕃茄酱成套设备》，QB／T1702.2—93《括板升运机》，QB／T1702.3—93《浮选机》，QB／T1702.4—93《去籽机》，QB／T1702.5—93《预热机》，QB／T1702.6—93《三道打浆机》，QB／T1702.7—93《双效真空浓缩锅》，QB／T1702.8—93《杀菌器》。

〔撰稿人：中国轻工机械协会　何维实　审稿人：中国轻工机械协会　蒋肇庚〕

〔中国船舶工业总公司〕

生产发展情况 1993年，中国船舶工业总公司有5家烟草机械企业，职工6807人，拥有固定资产21988万元。1993年完成工业总产值23715

万元，比上年增长17.9%。生产各种烟草机械1221台，比上年减少15.4%。生产发展有四个特点：一是产品技术水平进一步提高，不仅单机性能保持稳定，而且成套匹配性进一步提高；二是市场占有率比较高，在巩固国内市场基础上，烟草制丝生产线已出口越南；三是生产和效益同步增长；四是大力开发其他烟草机械设备和塑料机械。

新技术与科研成果 1993年，SP65-1000型PVC吹塑薄膜机组获中国船舶工业总公司科技进步二等奖。全年实施的技术开发项目19项，完成12项，通过鉴定4项，投产11项。这些开发项目中，属于烟草制丝设备有10项，烟草卷制设备2项，塑料和其他机械行业7项。列入国家重点开发的高速卷接机组，已完成设计，正进入样机试制阶段。研制成功的主要新产品有：云南曙光机械厂的YG7506型叶丝膨胀机，能力为1800kg／h，出料含水率23%，可增加烟丝的弹性和填充力；西南高峰机械厂的YA2804A切尖解把机，能力为3000kg／h，可用于回潮后切尖解把；西南电子设备厂的YT77、YT78型烘叶丝机电控柜，该产品采用西门子135L可编程序控制器为核心，电控功能完备，性能稳定可靠；ICSPC电皮带秤，能连续自动地显示通用物料的瞬间流量及累计质量，计量精度为0.5%，控制精度为1%。

质量及质量管理 总公司5个厂成品交验一次合格率都在90%以上，平均为95.4%，比上年下降1.62个百分点；主要零部件一级品率98.2%，比上年上升8.5个百分点；质量损失率为0.19%，比上年下降0.4个百分点，共减少经济损失80.5万元。

技术改造及技术引进 1993年5个厂进行搬迁建设，除个别设备进行更新外，没有进行技术改造。全年完成更新改造投资592万元，仅为上年的42.6%，全部为生产性投资。其中增产和增加品种投资259万元，占总投资的43.7%，提高产品质量投资137万元，占23.1%。

市场及销售 1993年销售收入31615万元，比上年增长64.5%；销售利润8420万元，比上年增长174.3%；利润总额4858万元，比上年增长82%；销售税金589万元，比上年减少57.9%。利润总额5446万元，比上年增长33%。工业资金利税率为10.76%，比上年提高0.2个百分点。

〔撰稿人：中国船舶工业总公司综合计划局　郭莲英〕

〔农业部〕

生产发展情况 1993年，农垦系统食品机械厂共7家，年末职工1371人，固定资产净值778万元，固定资产原值1197万元，金属切削机床拥有量176台，锻压设备拥有量62台；完成工业总产值3915万元（1990年不变价），比上年增长4.1%；利润总额241万元，比上年增长-38.3%；上交税金182万元，基本与上年持平。完成产品产量3109台，比上年产量有所下降，其主要原因是市场发生变化，制冷设备下降较快，但奶粉加工设备有所回升。生产夹层蒸汽锅581台，奶车73台，贮奶罐60台等。

新产品 1993年农垦系统共开发新产品14种，比上年增加2种。主要有：黑龙江省连珠山机械厂开发的新产品“三效”降膜式蒸发器，上海乳品机械厂开发的道管式挤奶器，西安市畜牧机械厂开发的5t直立式冷贮罐等。

市场与销售 1993年，农垦系统食品机械销售总收入为4349万元，比上年增长7.1%；年末库存总金额989万元，比上年上升19.7%。

〔撰稿人：农业部农垦司　马孟发　审稿单位：农业部农垦司工业处〕

〔责任编辑：王　如〕

包 装 机 械

〔机械工业部〕

生产发展情况 1993年底，由机械工业部系统归口的包装机械生产企业有700余家，科研单位30个，科技人员2000人，职工人数6万余人，工业总产值达23亿元，全员劳动生产率为3.8万元／人·年，产值增长速度超过30%，其中瓦楞纸板、制箱（盒）、印刷横切成套设备，医药包装机械，小袋包装机，金属制罐设备等增长速度比较突出。7个企业产值达5000万元，利润500万元，为“八五”期间发展规模经济，创建一批“双五”企业，做出了贡献。

现选择机械系统10个包装机械定点企业进行统计，如表1、表2。从表中可看出，1993年工业总产值比上年增长25.4%，工业销售产值增长15.6%。从产量台数看，比上年略有减少，但产量重量比上年增长40.4%。

新产品 1993年，机械部系统完成包装机械新产品开发项目20项。其中青岛机床厂完成的18头贴标机，技术水平属国内领先。青岛锻压机械厂开发的易拉盖制盖生产线、珠海机电总厂开发的饼干包装机填补了国内空白。

1993年，桂林包装机械厂生产改型产品15种，试制成功新产品6种。如将BZ-801A枕形自动包装机改装为冰棒包装机、饼干包装机、酸奶包装机，还配备了PC电脑，提高了成品性能、精度。将BZ-802A高速自动包装机由包香烟改装成包扑克牌、药品、香料等，形成系列产品，试用效果良好，1994年将成批生产。YB-62硬条盒机、YB-92硬条透包机1993年通过了烟草机械公司鉴

表 1　10 家包装机械定点企业 1993 年产值表

企业名称	工业总产值			工业销售产值			出口交货值	
	现行价(万元)	1990 年不变价(万元)	比上年增长%	现行价(万元)	1990 年不变价(万元)	比上年增长%	现行价(万元)	比上年增长%
合计	31051	26527	25.4	25798	22218	15.6	725	380.1
廊坊锻压机床厂	3690	2971	8.9	3090	2512	−10.5		
锦州包装机械厂	3142	3520	23.1	2750	3093	12.5	119	395.8
大连包装机械厂	3810	3258	85.0	3501	2960	84.5	120	
青岛包装机械厂	4387	3186	43.9	2237	1833	11.4		
青岛包装设备厂	1460	1201	19.8					
广东肇庆机床厂	6774	5238	74.5	6564	5071	79.8		
广东惠阳机械厂	2326	2079	0.7	2746	2316	19.4	426	235.4
桂林包装机械厂	1770	1600	−8.9	1757	1473	−18.8	60	
四川南浦机械厂	1746	1721	−20.2	1488	1463	−30.8		
贵州红星机床厂	1946	1753	9.5	1665	1497	−13.6		

表 2　10 家包装机械定点企业产量表

企业名称	数　量		重　量		产　值	
	台	比上年增长%	t	比上年增长%	万元	比上年增长%
合计	5623	−4.8	7018.8	40.4		
廊房锻压机床厂	355	54.7	580.3	20.8	1758	30.0
锦州包装机械厂	364	0	140.7	10.7	3520	23.9
大连包装机械厂	1175	−14.7	1673.0	1.1		
青岛包装机械厂	62	34.8	428	50.7		
青岛包装设备厂	41	28.1	169.2	146.8		
广东肇庆机床厂	487	45.8	3533.5	116.5		
广东惠阳机械厂	743	−8.0	325.8	−5.9		
桂林包装机械厂	323	−6.1	293.1	−20.1		
四川南浦机械厂	1250	−19.4	620	−16.2		
贵州红星机床厂	823	0	303.2	6.0	587	−7.9

定，已投入批量生产。试制成功的粉状包装机市场前途广阔。

行业管理　1993 年 2 月，机械工业部包装食品机械行业办公室向全行业发布了行业经济形势信息，提出了当前包装机械畅销产品。为了满足一些企业调整产品结构的要求，组织有关单位编写了《100 项包装食品机械新产品开发和技术转让指南》，同时编辑出版了《中国包装食品机械十年》一书，介绍了包装机械行业十年来的发展成就。1993 年 11 月 3 日，在青岛召开了机械工业部包装食品机械行业规划座谈会，会议讨论了"八五"以来包装机械发展情况，提出了"九五"规划和 2010 年设想的基本思路，对今后七年包装机械的发展总目标、重点产品发展目标以及政策措施做了较详细的讨论，同时根据中央提出的发展市场经济的精神，提出了培育、引导、发展市场，促进行业发展的初步设想，提出了关于加强宏观指导，组织行业、指导行业，服务行业的若干意见等，同年 12 月，相继成立了全国食品工业与包装工业信息网和全国包装机械与食品机械信息网，现有网员 600 多家。该行业于 1993 年 11 月 3 日～6 日在北京国际展览中心举办了中国国际食品加工和包装机械博览会。

质量及质量管理　1993 年机械工业部包装机械行业质量检测工作完成 7 项，可靠性考核完成 2 项。

技术改造及技术引进　1993 年"八五"期间包

装机械列入部技术改造项目、计划已全部下达，实施已基本完成，包装机械项目投资2800万元，新增产值1亿元，投入产出比为1∶3.6。

〔撰稿人：机械工业部包装食品机械行业办公室 李 树 审稿人：机械工业部包装食品机械行业办公室 许占林〕

〔责任编辑：王 如〕

纺织机械

〔中国纺织总会〕

生产发展情况 1993年是纺织机械行业加速改革开放的一年，纺织机械企业大力调整行业产品结构，引进国外先进技术，增大技术改造和技术进步的投入，加快技改步伐，取得了一定的成绩。

1993年纺织机械行业完成产量38.78万t，实现工业总产值67.55亿元，分别比上年增长6.1%和16.3%，其中，国家合同定购完成7.32万t、产值13.49亿元。全年共为纺织工业提供精梳机组230套、棉细纱机403台、气流纺纱机140台、无梭织机2078台（其中，剑杆织机840台、喷水织机1137台、喷气织机101台）、自动缫丝机265台、圆网印花机49台等较高水平的装备，为满足纺织工业发展需要做出了贡献。

新技术与科研成果 "自动络筒机、无梭织机引进技术消化吸收国产化专项"是国家的重大项目。该项目1993年实施进展得很顺利，由20个企业承担，总投资14.26亿元，外汇1.65亿美元，已签订对外引进合同。1993年几个主机项目大部分完成了图纸转换和人员培训工作，各企业的基建工程、技术改造都在加紧实施，预计1994年底可初步形成规模生产能力。该项目由上海第二纺织机械股份有限公司承担了自动络筒机专项，1993年已完成散件组装20台，销售18台；咸阳纺织机械厂已完成ZA205I型喷气织机全机图纸转换工作，1993年已有20台产品供应用户，累计已签销售合同298台；南昌飞机制造公司已基本翻译完毕P7100型片梭织机图纸和工艺文件，1993年底全部安装调试完毕进口及国内订购的设备，并准备投入生产；郑州纺织机械厂承担的清梳联、上海中国纺织机械股份有限公司承担的喷气织机、青岛纺织机械厂继续消化吸收萨维奥自动络筒机等子项均进展顺利。该项目的完成将大大改善我国纺织工业技术装备生产的落后局面，使我国纺织技术装备产品达到国际80年代末的水平。

新产品 1993年纺织机械器材行业完成新品试制，并鉴定投产42项，主要产品有：

(1) FA303A－ϕ230、ϕ250型并条机，由湖北天门纺织机械厂及中国纺织总会纺织机电研究所设计制造。该机继承FA303A型的优点，采用获得国家专利的"防积尘压力棒"牵伸形式，并开发独特的机前压缩上增容装置和自动换筒。它与头距120mm转杯纺纱机配套使用，属国内领先技术水平。新机比FA272C型并条机的车速提高25%～40%，增加出条筒容量50%左右，配台数比老机少15%左右。机器的成纱条干不匀率（CV）%，达到1989年乌斯特公报25%水平，满筒棉条切断率100%，新机车速120～250m／min，喂入并合根数6～8根，喂入条ϕ400mm×900mm或ϕ400mm×1100mm，输出条筒ϕ230mm×900mm或ϕ250mm×900mm，牵伸型压力棒典线牵伸、眼数2、眼距550mm，主电机1.8／0.5kW，主机占地面积（长×宽）5380mm×2000mm。

(2) CGFA255型精梳机，由常德纺织机械厂设计制造。该机是在FA251系列精梳机的基础上，吸取了国外同类设备的优点，研制的机型具有整体结构刚性好，高速运行中隔距稳定，分离运动、梳理运动计算机优化，排除短绒、结杂梳理效果好，分离加压摇架加压准确、定位可靠，最高钳次速度达230钳次／min。在自行设计的国产精梳中居技术领先水平。

(3) SGA211型高速整经机，由江苏省射阳纺织机械厂和上海纺织科学研究院设计制造。该机采用直流电机双闭环无级调速直接驱动经轴、恒线速卷绕、PC程控、双栏圆盘式张力器以及门式集体换筒等工艺和装备，与无梭织机配套使用。机器幅宽1600～1800mm，车速200～600m／min，筒子架容量672锭，筒子架锭距240mm×240mm，经轴：边盘直径800mm。

(4) FB401型毛纺悬锭粗纱机，由天津纺织机械厂设计制造。该机车头结构采用框架式，传动部分的差速箱、换向箱、滑轮箱等三个齿轮箱采用油浴并集中在车头内，锭翼系悬吊式结构，使回转平稳，锭端振动小，落纱不需拨下锭翼，适应高速大卷装。该机设置满纱自动控制装置，采用八组红外光自停装置，分别用以控制机前（两排）粗纱断头自停，机后毛条断条自停，起降部分安排两组，为防止因误插管造成损坏筒管或顶弯锭杆，车前三组防止人身事故的安全光电装置，为改善粗纱的重量不匀设张力微调及防细节装置。

(5) KV731型纺丝牵伸机，由上海第二纺织机械股份有限公司设计制造。该机将聚酯切片熔融纺丝、再牵伸、高速卷绕成涤纶全牵伸丝筒子。产品适纺范围50～120旦，生产能力1000t／台·年，纺丝位距1100mm，纺丝部位数8,每部位喷头头数8,每部位热辊数4，每部位卷绕头数2，卷绕速度6000m／min，工艺卷绕速度5200m／min，产品外型尺寸长12.6m、高9.175m、宽6.36m，采用了SIEMENS变频器，全机的技术水平相当于国际80年代末同类产品先进水平。

(6) KV571牵伸加捻机，由山西经纬纺织机械厂设计制造。该机采用微机控制系统、整机控制、工艺调整方便可靠，主机选用变频电机拖动，装卷成形良好。该机型式为双面式、双区牵伸，适纺丝密度4.95～16.5tex，锭数144锭/台，锭距170mm，牵伸倍数1～5，出速度300～1200m/min，锭速最高1200r/min，卷装重量2.8kg。

行业管理 根据深化改革的需要，1993年经国务院批准撤消纺织工业部，成立中国纺织总会。中国纺织总会组建后，下设10个内部机构中的技术装备部作为全国纺织机械器材工业的行业管理部门也开始运作。根据国务院文件精神和发展市场经济的需要，经总会领导同意，实行了技术装备部与中国纺织机械器材工业协会合署办公，纺织机械器材行业的管理进入了一个新时期。

技术装备部及协会的主要职责和工作是搞好行业规划，推动行业结构调整，并组织协调列入国家计划的重大技术装备项目的引进和国产化工作；积极推动纺织机械和器材市场体系的建立和完善；加强信息的导向功能，完善信息网络体系；贯彻质量法，坚持不懈地抓好提高产品质量，还负责纺机及器材的产品质量监督和纺织机械进出口管理工作。

质量及质量管理 1993年全行业大张旗鼓地宣传、贯彻“质量法”，树立和提高各企业广大职工的质量法意识。从思想上牢固树立质量第一的观念。

1993年纺织机械行业共确定52项标准修订计划，实际完成47项。1993年试行了出口质量许可证，主要是棉细纱机试行发证工作，对江阴动力机厂、上海第二纺织机械股份有限公司、山西经纬纺织机械厂按规定进行检查，经认真评审认为上述三个单位均符合颁发出口质量许可证条件，并上报国家商检局统一发证。1993年国家技术监督局对梳棉机、棉纺锭子、织针、纱管四种纺机和器材进行了抽查，纺织机械行业对横机进行了质量复查，推动了纺织机械和器材行业产品的质量监督工作。

市场及销售 1993年上半年，纺机产销形势较好，特别是绢纺和毛纺设备。下半年纺机的产销形势急转直下，不少企业销售不畅。全年纺织机械销售额、利税总额比上年有所下降，出口形势较好。

据对纺织机械行业312个企业的统计，1993年纺织机械产品销售收入91.39亿元，利税总额8.87亿元。利润总额5.91亿元。全年纺织机械出口创汇1.58亿美元。

〔撰稿人：中国纺织总会技术装备部　尚艳静
审稿人：中国纺织总会技术装备部　柳仁德〕

〔中国航空工业总公司〕

生产发展情况 中国航空工业总公司从1981年起，开发、研制、生产纺织机械，经过13年的发展，已具有一定的规模。1993年航空工业系统有62个企事业单位，共开发生产了纺织机械主机及纺织电器、纺织仪器、纺织机械专用器材126项。产品如自动络筒机、片梭织机、剑杆织机、喷水织机、喷气织机、并条机、转杯纺纱机、精密络筒机、编丝机、橡胶丝高速包纱机、水下切粒机、圆织机、双辊热轧机、以及储纬器、摇架、剑杆头、槽筒、罗拉、离合器、调速器、纺纱器、电子秤、电子清纱器、纱锭测振仪、条干均匀度测试仪、纺粘法非织造布冷却牵伸摆丝装置和辅助设备系统等。其中，中频转杯纺纱机、纱锭测振仪、气动摇架都已成为专利产品，填补了国内、外空白，并从仅可提供单机发展到由集团公司组织的棉纺成套设备、塑料编织成套设备、无纺布成套设备、喷胶棉成套设备、粘胶长丝压洗成套设备的交钥匙工程。这些高技术、高水平的纺织机械，为纺织工业的技术进步、设备更新起了巨大的作用。

1993年航空工业总公司完成纺织机械产品工业总产值21734万元，其中，棉纺织设备、丝纺织设备、合成纤维设备、仪器仪表电器、附属通用设备、纺机专配件产量分别达到347台/1130t、188台/442t、835台/2944t、4168只/84t、27台/1.4t、262734台/288t。目前已累计销售剑杆织机588台、喷水织机657台、转杯纺纱机236台。售出的纺织机械已供给全国20多个省、市的纺织企业使用，纺织机械专用器材已成为航空工业总公司的重要民品之一。

新产品 1993年通过鉴定的主要新产品项目有：

(1) 华燕仪表厂消化吸收研究制造的SK-60编丝机是对真丝等纤维深加工的一种新型设备，利用此设备生产的产品是一种特殊的新型编丝线。该丝线专用于织造各种富于立体感和具有良好弹性的高档华丽面料及服装。该机于1993年3月26日通过新产品鉴定，其核心部分达到了国际80年代末、90年代初先进水平，填补了国内空白。适编纤维有桑蚕丝、柞蚕丝、人造丝和绢丝等多个品种。整机60锭、适编纤维纤度22～150旦、编丝头转速1000～1600r/min(连续可调)、编丝头针数1～4、编丝速度1.3～3m/min、锭子转速1000～1800r/min(连续可调)、钢领直径140mm、整机功率9.5kW。SK-60编丝机为丝的深加工开辟了一条新路，增强了我国纺织服装出口的竞争力。

(2) 沈阳航空发动机研究所研制的双辊热轧机作为纺粘非织造布生产线的关键设备，是“七五”国家重点科技攻关项目(75-43-02-04)中的一个子项，该机于1993年3月11日通过科学技术成果鉴定。它的研制成功将使我国纺织工业的产品发生很大变化，是纺织工业又一新成果。投产以来，证明轧机、主机、加热、润滑、液压和电控系统等设计是成功的，达到国外80年代同类热轧机水平，填补了国内一项空白。该机的主要技术指标：

轧机工作宽度 2700mm、轧辊直径 450mm、轧辊线速度 4～60m／min、轧辊线压力≤100kg／cm、轧辊表面温度≤265℃、轧辊表面温度差≤±0.5℃。

(3) 沈阳航空发动机研究所研制的"丙纶纺粘非织造布生产用冷却牵伸及摆丝设备"，是丙纶纺粘法非织造布的重要专用设备之一。其设备功能是把牵伸风的压力势能转化为动能作为动力源，将骤冷风及丝束吸入喷嘴，并在射流混合通道内利用相对速度差的气动力，把丝束进一步牵伸。在流出喷嘴后，气流的剩余能量借助于摆丝滚的导向，将丝束铺到网帘上。该设备于 1993 年 3 月 11 日通过科学技术成果鉴定。新产品达到了 80 年代国外同类设备的水平，填补了国内空白。该设备主要工艺参数：骤冷风温度≤8℃，骤冷风流量 8000～10000m^3／h，牵伸风温度 20℃，牵伸纤维旦数 3～10，摆丝器频率 50～200 次／min。

(4) 沈阳航空发动机研究所研制的"纺粘法非织造布辅助设备系统"是为满足丙纶非织布产品的主生产线要求，而设计制造的。该辅助设备系统于 1993 年 3 月 11 日通过科学技术成果鉴定。全套设备工作可靠，国内配套，可全面满足纺粘法生产线的工艺要求。主要工艺参数：空调温度 25℃，空调风流量 120000m^3／h，骤冷风温度≤8℃，骤冷风流量 8000～10000m^3／h，牵伸风温度 20℃，牵伸风流量＜15000m^3／h，全套设备功率 600kW。

质量及质量管理 为了切实提高航空工业总公司纺织机械可靠性水平，该公司制订了《航空工业总公司纺织机械产品可靠性管理办法》、《纺织机械产品外购外协件质量和可靠性控制要求与办法》、《纺织机械产品成附件可靠性验收准则》和《纺织机械产品可靠性关键件和重要件确定原则及方法》四份文件。纺织机械产品各生产企业建立了可靠性工作组织机构，并组建了纺织机械产品的质量和可靠性信息网络。根据航空工业总公司 1993 年纺织机械产品可靠性工作计划的安排，西安航空发动机公司在江苏泰县胜利布厂的密切配合下，于 1993 年 8 月至 11 月开展了为期 3 个月对 GA731 型挠性剑杆织机可靠性摸底试验。试验其投入 GA731 型挠性剑杆织机 6 台，对比机 SM92 6 台。试验结束后，找到了影响 GA731 型织机可靠性水平的主要问题，从而为提高 GA731 型织机可靠性水平打下了基础。

技术改造及技术引进 "八五"期间航空工业总公司安排纺织机械技术改造项目 9 项，总投资 29437 万元，其中在建 4 项，待开工 5 项。投资主要用于国家纺机专项、增添测试手段和提高机电一体化的产品开发和研制的能力，以提高产品的稳定性、一致性、可靠性和在市场上的竞争能力。

南昌飞机制造公司与瑞士苏尔寿兄弟有限公司签署的 P7100 型片梭织机许可证转让合同，经双方共同努力，片梭织机专项工程取得较大进展。完成了厂房建设，技术资料翻译消化吸收，国内外设备订购，配套件择优定点以及培训等大量的艰苦工作。虽然片梭织机技术难度大，工程进度紧，南飞公司决心圆满完成国家重点专项——片梭织机任务!

市场及销售 全国纺织机械的产销形势 1993 年下半年急转直下，不少企业产品销售中畅，但航空工业总公司生产的新型纺织机械主机销售看好，棉纺织设备、丝纺织设备、合成纤维设备共 1370 台以及仪器、仪表、电器、纺机专配件等基本售出。如宝成通用电子公司生产的宝花牌 FA311 高速并条机，由于质量好，产品畅销全国 23 个省、市、自治区的 82 个大中型棉纺织厂，是用户信得过产品，获一致好评。

〔撰稿人：中国航空工业总公司经贸局　董　圭　审稿人：中国航空工业总公司经贸局　阚立群〕

〔责任编辑：王　如〕

轻工机械

〔中国轻工总会〕

生产发展情况 1993 年,轻工机械全行业生产企业约 700 个，职工约 30 万人，完成工业总产值约 90 亿元，完成产品产量约 50 万 t。

1993 年，据对 253 个轻工机械定点企业的统计，共完成工业总产值 57.33 亿元，按现价计算为 65.97 亿元，实现产品销售额 63.78 亿元，完成产品产量 37.79 万 t，实现利税 6 亿元，其中税金 2.64 亿元，利润总额 3.36 亿元，亏损企业有 41 个，亏损额为 5910 万元。

1993 年，据轻工机械部分企业统计，出口交货值 24331 万元，另据国家海关总署统计 1993 年全国轻工机械产品出口值为 6734 万美元。

全年工业总产值超过亿元的企业有 9 家，依次为上海轻工机械股份有限公司 (3.16 亿元)、山东塑料橡胶机械总厂 (2.31 亿元)、湖北省第一轻工包装机械公司 (2.01 亿元)、唐山轻工业机械厂 (1.73 亿元)、广东轻工业机械厂 (1.52 亿元) 柳州开元企业集团公司 (1.51 亿元)、上海造纸机械总厂 (1.44 亿元)、上海江湾机械厂 (1.16 亿元)、南京轻工业机械厂 (1.04 亿元)。

1993 年轻工机械生产的特点，一是上半年增长速度较高，有些机械行业产品出现过热现象，而下半年随着国家对金融宏观调控措施的逐步贯彻，增长速度回落，库存增加，资金和市场开始同时成为企业的两大难题；二是轻工机械各行业发展不平衡，21 大类机械与上年比较，增长的有 12 大类，减少的有 9 类。增幅最大的有自行车及缝纫机加工机械、灯泡机械、日用玻璃机械和陶瓷机械等。以下除塑料机械、食品机械行业单列之外，将轻工机械其它各行业按分行业情况列举如下。

造纸机械　1993年，据对35个企业统计，完成工业总产值79133万元，实现工业销售产值74162万元，其中出口交货值2660万元，工业增加值22527万元，完成产品销售收入97912万元，实现利税5377万元，完成产品产量为67236t。

1993年，造纸机械行业利润总额完成较多的企业有：上海造纸机械总厂（928万元）、西安造纸机械厂（316万元）、沙市轻工机械总厂（292万元）、长春纸张试验机厂（262万元）。亏损企业7个，亏损面为20%，亏损总额达1618万元。

1993年，该行业生产的主要造纸机械产品包括：长网多缸造纸机、4m叠网纸机、直径450mm盘磨机、3520纸机、圆筒卷纸机、压光机、复卷机、刮刀涂布机、分切机等。

皮革加工机械　1993年，据对22个企业统计，完成工业总产值34417万元，实现工业销售产值31325万元，其中出口交货值2349万元，工业增加值11256万元，完成产品销售收入40703万元，实现利税3555万元，完成产品产量24840t。

1993年，皮革加工机械行业利润总额完成较多的企业有：盐城轻工业机械厂（388万元）、连云港皮革机械厂（289万元）、烟台皮革机械厂（230万元）、大连红旗机械厂（188万元）。亏损企业3个，亏损面为13.64%，亏损总额达186万元。

1993年，该行业生产的主要皮革加工机械产品包括：系列片皮机、削匀机、去肉机、皮革转鼓、带刀片皮机、双排拉软机、磨革机、绷前后帮机、真空干燥机、龙门下料机等。

日用陶瓷机械　1993年，据9个企业统计完成工业总产值40799万元，实现工业销售产值41089万元，其中出口交货值84万元，工业增加值12684万元，完成产品销售收入55475万元，实现利税4149万元，完成产品产量50004t。

1993年，日用陶瓷机械行业利润总额完成较多的企业有：唐山轻工业机械厂（1050万元）、湖南轻工业机械厂（594万元）、石湾陶瓷机械厂（404万元）、湖南醴陵陶瓷机械厂（171万元）。亏损企业1个，亏损面为11.1%，亏损总额达28万元。

1993年，该行业生产的主要日用陶瓷机械产品包括：2.5t球磨机、辊道窑、真空炼泥机、压滤机、搅拌机、液压成型机、湿式磁选机、振动筛、压力式喷雾干燥机等。

日用玻璃机械　1993年，据全行业9个企业统计完成工业总产值18998万元，实现工业销售产值15871万元，其中出口交货值1526万元，工业增加值6231万元，实现产品销售收入18711万元，产品销售税金1048万元，利润亏损总额302万元，完成产品产量9659t。

1993年，日用玻璃机械行业利润总额完成较大的企业有：潍坊第一轻机厂（50万元）、威海轻工机械厂（35万元）、南通轻工机械厂（22万元）。亏损企业1个，亏损面12.5%，亏损总额达442万元。

1993年，该行业生产的主要日用玻璃机械产品包括：六组（八组）双滴料行列式制瓶机、滴料压饼式吹泡机、碾式混料机、磨花机、供料机、退火炉、加料机等。

自行车、缝纫机加工机械　1993年，据行业2个企业统计，完成工业总产值8642万元，实现工业销售产值8250万元，其中出口交货值为158万元，完成工业增加值2344万元，产品销售收入10262万元，实现利税1507万元，完成产品产量3761t。

1993年，自行车、缝纫机加工机械行业利润总额完成较多的企业为南京轻工机械厂（1041万元）。

灯泡机械　1993年，据行业3个企业统计，完成工业总产值2770万元，实现工业销售产值2315万元，其中出口交货值11万元，完成工业增加值1152万元，产品销售收入2285万元，实现产品利税275万元，完成产品产量1694t。

1993年，灯泡机械行业利润总额完成较大的企业有：福州市轻工业机械厂（93万元）、新乡电光机械厂（32万元）。

日用轻化工机械　1993年，据行业6个企业（含肥皂机械、牙膏机械、油墨机械、电池机械）统计完成工业总产值4068万元，实现工业销售产值4087万元，其中出口交货值327万元，完成工业增加值1146万元，产品销售收入5198万元，实现产品利税573万元，完成产品产量2422t。

1990年，日用轻化工机械行业利润总额完成较多的企业有：上海第一化工机械厂（251万元）、上海电池机械厂（145万元）、兰州轻工机械厂（120万元）。

家具机械　1993年，据行业13个企业统计完成工业总产值9664万元，实现工业销售产值8545万元，其中出口交货值280万元，完成工业增加值7704万元，产品销售收入12734万元，实现产品利税659万元，完成产品产量7592t。

1993年，家具机械行业利润总额完成较多的企业有：青岛木工机械厂（257万元）、南通木工机械厂（57万元）。亏损企业6个，亏损面为46.15%，亏损总额达236万元。

1993年，该行业生产的主要家具机械产品包括：单面及双面宽带砂光机、木工跑车带锯机、精密裁板锯、直线封边机、多轴钻、四面刨床、冷压机、高速单轴木工铣床、磨锯机等。

服装加工机械　1993年，据行业8个企业统计完成工业总产值26935万元，实现工业销售产值26265万元，其中出口交货值3240万元，完成工业增加值10415万元，产品销售收入31125万元，实现产品利税2678万元，完成产品产量12680t。

1993年，服装加工机械行业利润总额完成较多的企业有：上海江湾机械厂（616万元）、大连服装机械厂（402万元）、上海黎明服装机械厂（307万元）、乳山工业缝纫机厂（188万元）。亏损企业有2个，亏损面25%，亏损总额达86万元。

1993年，该行业生产的主要服装机械产品包括：双角牌高速平缝机、平头锁眼机、直刀裁剪机、工业用蒸气熨斗、工业洗衣机、带刀裁剪机、干洗机、热熔粘合机、圆领机、平型压领机、领角定型机等。

五金加工机械 1993年，行业统计12个企业完成工业总产值23689万元，实现工业销售产值22325万元，其中出口交货值3268万元，完成工业增加值10070万元，产品销售收入24731万元，实现产品利税2183万元，完成产品产量18372t。

1993年，五金加工机械行业利润总额完成较多的企业有：大丰轻工机械厂（660万元）、无锡拉丝机厂（117万元）、嘉兴轻工机械厂（116万元）、烟台轻工机械厂（112万元）。

工艺美术机械 1993年，行业统计2个企业完成工业总产值2261万元，实现工业销售产值2026万元，完成工业增加值1193万元，产品销售收入1061万元，实现产品利税190万元，完成产品产量3177t。

其他轻工机械 1993年，行业统计44个企业完成工业总产值122298万元，实现工业销售产值160687万元，其中出口交货值7524万元，完成工业增加值46016万元，产品销售收入126623万元，实现产品利税15771万元，完成产品产量为73323t。

1993年，其他轻工机械行业利润总额完成较多的企业有：京山轻工机械厂(4027万元)、泰安锅炉厂(1001万元)、上海轻工机械厂(425万元)、江阴轻工机械厂(407万元)、天津包装机械厂(281万元)、宁波轻工机械厂(230万元)等。

新技术与科研成果 1993年轻工机械行业中评选出一批科研成果获部级科技进步奖，主要获奖项目如下：

造纸机械 1760m／m长网带K型迭网多缸纸板机（上海造纸机械总厂）、ZYH-50型造纸蒸煮余热回收设备（山东省泰安市轻工机械厂）、WBY型柔性压光机（山东潍坊造纸机械厂）均获三等奖。

皮革加工机械 XJ6E1／J型前帮修整机（青岛胶南轻工机械厂）获三等奖。

日用玻璃机械 MB-108玻璃直线磨边机（沈阳轻工设计研究所）获三等奖。

其他轻工机械 WJ150-2200重型瓦楞纸板生产线（湖北京山轻工机械厂）、C型系列标准化工流程泵（烟台市耐腐蚀泵厂）、紫外线光固化自动喷涂生产线（山东威海东华工业集团公司东华机械厂）均获二等奖，ZXC型纸浆模塑蛋托生产线（南京纸浆包装工程技术公司）获三等奖。

新产品 1993年通过部鉴定的主要新产品共21项，其中有：

造纸机械 (1) 湖北省沙市轻工机械总厂研制出1760mm气浮式涂布机,该机采用了气浮干燥器、鹰嘴式气刀涂布器、气料分离器、磁粉张力控制器、水份在线检测装置、水平式气动卷纸机等先进技术，最高工作车速180m／min，气浮式干燥器的最高风速每秒30～40m，主要用于造纸行业生产涂布加工纸。(2) 西北轻工业学院研制出ZQ8型300mm试验纸机预制浆造纸实验室配套设备，该机主要技术指标是纸幅抄宽300mm、单元网、双缸轨距450mm，用于造纸实验室，摸索抄纸工艺的专用配套设备。(3) 安徽特酒总厂和解放军四八一九厂研制出LWD430型离心机，该机采用了顺逆流可选、转速可调及限矩型扭矩过载保护装置，其主要技术指标是：转鼓直径430mm，长径比3.7，转鼓转速320～3200r／min可调，分离因数为(max) 2465，差转率0.31%、0.63%、0.94%可调，液层深度58.2～90.7mm可调。可用于造纸、发酵、化工、制药及非金属矿、固液分离等方面。

皮革加工机械 (1) 江苏省盐城市轻工机械厂研制出XJ1A3.2-30液压平面下料机，该机具有冲裁力大、定位精度高、劳动强度低、生产效率高、耗能少、噪音低等特点，最大冲裁力300kN，工作台面积1200mm×800mm，行程调节范围10～100mm，电机功率2.2kW。用于成型刀模对皮革、橡胶、尼龙及合成纤维等非金属材料的冲裁落料。(2) 该厂研制出GSB-2／16液压摆臂下料机，该机采用液压系统和电气控制，裁料定位精度高，噪音低，能耗少，技术性能达到国际先进水平，填补了国内空白。冲裁压力160kN，冲程调节范围5～75mm，电机功率1.5kW。主要用于鞋帽、服装等行业利用成型刀模对皮革、橡胶、塑料、棉纺织品等软质材料的冲裁落料。(3) 该厂研制出GSB-2／20液压摆臂下料机，该机具有结构合理、工作面宽、冲裁力大、裁料定位精度高、噪音低、效率高、使用安全可靠，达到80年代国际先进水平。其冲裁力200kN，冲程调节范围5～75mm，冲裁速度0.08m／s。适用于成型刀模冲裁各种鞋面、鞋底、皮革、人造革、化纤及棉织制品等。(4) 该厂研制出XT1D1吸尘圆刀片皮机，该机吸尘效果好，技术性能稳定、安全可靠、噪音低，片削可调速度0.28～0.6m／s，电机功率0.55kW。主要用来对皮革、塑料、粘呢等片削坡口或削匀。(5) 该厂研制出XJ12K2-9烫印机，该机工作压力0～0.6MPa，工作时间0～60s可调，电机功率0.6kW。主要用于鞋类、文具用品、箱包及各行业产品上的商标和图案烫印，同时也适用于真皮、人造革材料上凹凸图纹的烙印。(6) 该厂研制出XJ13B2系列开放式配底流水线，该机采用无级调速电机传动，电机功率25.4kW，鞋斗运行速度0.18～1.8m／s，烘室温度达到65℃可调。适用于各种批量和不同规格品种的皮鞋加工。(7) 青岛胶南轻工机械厂研制出XJ6C1／2型后跟座鞋整形机，该机工作压力0.4～0.6MPa，电机功率0.37kW，生产效率2000双／班。适用于皮鞋跟座整形工序。(8) 该厂研制出XJ7E2／J型侧缝机，该机适用于皮鞋、旅行鞋内外底的缝制工序，生产效率是手工缝制的30倍，针挺行程60mm，缝纫牛皮厚度8mm，电机功率1.1kW，各项技术指标均达到国外先进水平。(9) 该厂研制出XJ1A2／Y-160型液压龙门裁断机，该机采用工作压力25MPa，压板至工作面活动范围150mm，压板线速度70m／s，工作台有效宽度1600mm，电机功率3kW。适用于布料、塑料、橡胶等材料的下料工序。(10) 该厂研制出XJ6E1／J型前帮修整机，该机主轴转速2780r／min，电机功率1.5kW，生产效率1200双／班。适用于皮鞋的前掌、尖及腰窝部分的修整工序。(11) 该厂研制出XJ8A2／YQ型墙式压合机，该机采用油缸压力3.5MPa，油缸行程130mm，气缸压力0.6MPa，电机功率1.5kW，生产效率可达1500双／班，主要用于胶鞋、旅行鞋的压合工序。

服装加工机械　(1) 中国人民解放军第三六〇四工厂研制出GC_25-12GC5-1型双杆针送平缝机，该机最高缝速3000针／min，最大线迹长度：顺缝6mm、倒缝4mm，属国际先进水平。适用于衬衣、针织内衣、薄料、大衣等装饰缝纫。(2) 无锡市服装机械厂研制出LTJ-1型立体整烫机，该机是集温度、压力、时间于一体的整烫设备。由于蒸汽温度高，能耗低，大大缩短了熨烫时间。(3) 上海缝纫机器厂研制出GN26型系列高速包缝机，该机缝纫速度1000针／min，并使缝纫速度为6000针／min的噪声指标达80dB (A)以下，产品达到国际同机种的先进水平。(4) 上海江湾机械厂研制出GC0S01型高速双针平缝机，该机最高缝速4500针／min，最大线迹距4mm，压脚提升高度6～10mm，缝料厚度5.5mm，双针针距：常用6.4mm、最大为38.1mm、最小为3.2mm，电机功率370W，产品性能达到国内领先水平，具有80年代中期国际水平。(5) 苏州市工艺美术研究所、苏州市工艺机械厂研制出DH-25电脑绗缝机，该机采用单头单针，最大工作范围2500mm×8200mm，针速1000～2000针／min (可调)，针距2～6mm (可预置)，绗缝最大厚度为300g／m²，机器占地面积6m×3m (包绗缝工件的两倍)。(6) 西北轻工业学院研制出高速平缝机装配自动输送线，该线主要设备采用PC机程序控制，技术先进，是机、电、液、气一体化的装配线，在技术上属80年代中期国际先进水平。(7) 中国航天工业总公司第二研究院204所研制出GY型电脑控制系统——彩色屏幕显示式电脑刺绣机，该机具有很强的兼容性、可维护性和可扩展性，整机运行平稳、噪音小、具有针迹度自动处理功能，该系统达到90年代初国际先进水平。

日用化工机械　(1) 上海电池机械厂研制出DZJR-012正极环成型机，该机具有压力高、自动化程度高、生产的正极环质量稳定等优点。生产能力达180只／min，工作盘15等分，工作盘转速12r／min，最大压力8t，电机功率2.2kW。(2) 天津市第三轻工机械厂研制出DCB-K20纸板电池生产线，该线生产能力达115～120只／min，压缩空气压力0.8MPa，压缩空气用量97m³／t，生产线长度约21m，电机总功率34kW，该线填补了国内空白。

行业管理　1993年2月和9月，中国轻工机械协会召开了第一届常设机构第九次、第十次工作会议。9月，还召开了协会第一届常务理事会第四次工作会议。三个会议都是以总结协会第一届理事会工作为第一主题；同时讨论研究了行业工作、协会工作及中国轻工机械协会同地区性行业协会之间的组织联系、经济联系和工作联系办法，为协会换届做好了各项准备。

1993年初，原轻工业部撤消了技术装备公司，该司主管的轻工机械行业管理，如编制规划、提出政策性建议以及产品开发、标准、质量监督等工作，交由中国轻工机械协会协助中国轻工总会办理。

1993年，协会继续开展了前四年已经铺开的工作，如：统计、信息工作；举办和参加举办了4个展览会（南京1993国际橡胶、塑料机械展览会、北京1993国际林业制浆造纸设备展览会、天津第三届亚洲机械五金展览会和上海第四届中国自行车展览会)、活跃产供销市场；组织了六次中外技术交流活动，促进国内外技术交流与合作；继续推进45个试点企业开展“工艺突破口”工作；以及在行业内交流开展思想政治工作的经验等。

1993年，协会13个专业分支机构和依托单位结合，主要围绕活跃市场和推进技术进步两个方面开展信息、经验交流、技术合作、价格协调等多功能、全方位的服务工作。

1993年协会出版的报刊有：《轻工机械通讯》6期、《轻机政工》4期、《轻工机械报》50期，《塑料新闻》、《信息参考》、《皮革机械简讯》、《服装机械简讯》、《糖酒食品机械简讯》各12期，《家具机械简讯》16期，《乳品机械》4期。前三种报刊由协会常设机构主办，后七种刊物由协会有关专业委员会主办。

1993年，经国务院机电产品出口办公室和对外经济贸易部批准了第二批出口基地和扩大机电产品出口基地企业。天津轻工业机械厂被批准为机电产品出口基地企业；浙江省绍兴文教用品机械厂为扩大机电产品出口生产企业。截至 1993 年底，轻工机械行业共有机电产品出口基地企业 4 个，扩大机电产品出口生产企业 11 个。

1993 年 2 月中国轻工机械协会获得国家民政部正式颁发的社会团体登记证。

中国轻工业装备集团是经原国务院生产办公室批准，于 1992 年 10 月成立。该集团是以全民所有制的轻工机械、衡器、轻工模具制造企业和科研设计单位为主体，由众多具有内在经济、生产、技术纽带相联结的大中型企业为骨干组成的跨地区、跨行业、跨部门、多层次的法人联合体。中国轻工业装备集团有 92 个成员单位，其中：核心企业 1 个，紧密层企业 28 个，半紧密层企业 47 个，松散层企业 16 个。核心企业中国轻工业机械总公司是经国务院批准于 1980 年 3 月成立的科工贸相结合的国有大型企业，隶属于中国轻工总会。

质量及质量管理 1993 年 3 月，协会与部质量标准司在北京共同组织召开了轻机产品质量检测工作会议。研究制订了 1993 年轻机产品质量分级检测项目 40 项。

协会对轻工机械重点企业开展质量统计工作，及时反馈质量信息，促进企业提高质量意识。

1993 年，全国轻工机械标准化技术委员会组织了两次"等同采用 ISO90000 系列标准的国家标准"宣贯学习班，参加学习的有轻机重点企业主管标准的领导和有关技术人员 100 多人次，会议结合轻机行业的情况进行讨论和研究贯彻新国家标准的途径和方法。

截至 1992 年底，轻工机械标准共有 347 项，其中国家标准 31 项，行业标准 316 项。1993 年制订发布轻工机械行业标准 67 项，其中技术标准 13 项，产品标准 54 项。按行业机械分类具体情况如下。

造纸机械 完成行业标准 9 项。(1) QB／T 1693—93《制浆造纸机械设备术语》；(2) QB／T 1697—93《离心纸浆泵》；(3) QB／T1698—93《纸浆泵试验方法》；(4) QB／T1754—93《立式离心筛》；(5) QB／T1755—93《压力洗浆泵》；(6) QB／T1756—93《湍流式中浓度浆泵》；(7) QB／T1757—93《横管连续蒸煮器》；(8) QB／T1851—93《蒸煮锅》；(9) QB／T1926—93《GT6J 型 300L 夹层锅》。

皮革加工机械 完成行业标准 9 项。(1) QB／T1761—93《通过式挤水机》；(2) QB／T 1762—93《胶粘压合机》；(3) QB／T1831—93《底工传送线》；(4) QB／T1832—93《往复式磨革机》；(5) QB／T1833—93《轻革平展挤水机》；(6) QB／T1834—93《辊式压花机》；(7) QB／T 1835—93《辊熨机》；(8) QB／T1836—93《通道式控温挂凉干燥机》；(9) QB／T1837—93《裁沿条机》。

日用陶瓷机械 完成行业标准 4 项。(1) QB／T1703—93《日用陶瓷火焰隧道窑等级评定办法与评定标准》；(2) QB／T1763—93《日用陶瓷机械产品型号编制方法》；(3) QB／T1764—93《湿式磁选机》；(4) QB／T1765—93《液压自动压铸机》。

日用化工机械 完成行业标准 7 项。(1) QB／T1694—93《电池机械产品型号编制方法》；(2) QB／T1695—93《真空制膏机》；(3) QB／T 1758—93《R6 电池贴标、套管热缩机》；(4) QB／T1759—93《扣式电池组装线》；(5) QB／T 1819—93《R6 纸板电池生产线》；(6) QB／T 1820—93《调粉机》；(7) QB／T1822—93《软管螺纹机》。

家具机械 完成行业标准 5 项。(1) QB／T 1932—93《精密裁板圆锯机》；(2) QB ／T1933—93《齐边机》；(3) QB／T1935—93《木工硬质合金圆锯片》；(4) QB／T1934—93《木工硬质合金圆锯片锯盘》；(5) QB／T1936—93《木工硬质合金圆锯片质量检测方法》。

服装加工机械 完成行业标准 3 项。(1) QB／T 1696—93《工业用蒸汽熨斗》；(2) QB／T 1760—93《羽绒预分机》；(3) QB／T1830—93《羽绒洗脱机》。

轻工机械通用技术标准 完成标准 6 项。(1) QB／T1753.1—93《轻机产品图样及设计文件规定术语》；(2) QB／T1753.2—93《轻机产品图样及设计文件规定 工作图样基本要求》；(3) QB／T 1753.3—93《轻机产品图样及设计文件规定格式及填写要求》；(4) QB／T1753.4—93《轻机产品图样及设计文件规定 编号原则》；(5) QB／T 1753.5—93《轻机产品图样及设计文件规定完整性》；(6) QB／T1753.6—93《轻机产品图样及设计文件规定 更改办法》。

1993 年轻工机械产品质量指标总的呈下降趋势，少数单位有所提高。据对 72 家轻机企业质量指标统计报表分析，这些企业工业总产值约占定点统计企业的 40%，产品质量等级品率平均指标为 82%，比 1992 年下降了 2.64 个百分点；优质新产品产值率平均指标为 32.7%，比 1992 年下降了 3.9 个百分点，质量损失率平均指标为 0.68，比 1992 年增加了 38.8%，损失总金额达 2028 万元。

技术改造及技术引进 1993 年列入中国轻工总会技术改造投资计划的轻工机械项目有 37 项（含塑料机械和食品机械），投资总规模 64109 万元，其中专项贷款总额 38540 万元；至 1992 年底累计完成投资 32812 万元，其中专项贷款 16957 万元；1993 年完成投资 27123 万元，其中专项贷款 17778 万元，这批技改项目都是 3000 万元以下的技改投资项目。到 1993 年底，累计完成额 59935 万元，其中专项贷款 34735 万元，分别完成计划的 93.5%和 90.1%。分项目统计，全部资金已到位的有 27 项，其余 10 项按进度安排在 1994 年完成。总的来看，1993 年轻工机械技术改造项目在国家资金匮乏的情况下，技改资金到位的情况是比较好的，但是由于资金到位较晚，影响了部分技改项目的进度，另外由于设备、材料和劳务费用上扬幅度较大，这些技改项目在“八五”初期定的投资数，实际上完不成原定的工程计划，多数技改项目都采取了相应削减部分工程内容，以资金修订工程计划，影响了原定的经济效益的发挥。

1993 年，轻工机械行业共安排技术改造项目有 20 项，其中有：(1) 天津轻工机械厂低能耗蒸煮设备和热回收设备的技术改造，该项目总投资 2936 万元，预计每年新增产值 5026 万元，利税 1256 万元；(2) 辽阳造纸机械厂铆焊、铸造、机加工、重型车间、变电所的综合技术改造，形成综合生产造纸机能力 2000t，总投资 2820 万元，新增产值 3300 万元，利税 968 万元；(3) 抚顺轻工机械制造总厂研制开发八梭圆织机，总投资 1000 万元，新增产量 100 台，产值 1700 万元，利税 644 万元；(4) 沈阳造纸机械厂罗茨真空泵技术改造，总投资 550 万元，新增产值 1120 万元，利税 67 万元，可创汇 12 万美元；(5) 西安造纸机械厂的造纸烘缸、辊类及流浆箱生产线技术改造，总投资 2200 万元，新增产值达 11217 万元，利税 2720 万元，可创汇 550 万美元；(6) 大连轻工机械厂生产 50t／d 非木材纤维碱回收喷射炉，形成 10 台／年生产能力，总投资 1000 万元，新增产值 2000 万元，利税 300 万元；(7) 大连红旗机械厂以 X8 系列剖层机为“龙头”的去肉机、削匀机设备的技术改造，总投资 2940 万元，新增产值 2800 万元，利税 600 万元，创汇 500 万美元；(8) 沈阳皮革机械厂引进铆刀片和样机的技术改造，总投资 900 万元，新增产值 1320 万元，利税 336 万元；(9) 大连服装机械厂生产的 2000 针／min 圆头钮孔缝纫机的技术改造，总投资 1050 万元，新增产值 1200 万元，利税 300 万元，可创汇 800 万美元；(10) 扬州轻工机械厂的高速切纸机的技术改造，总投资 1500 万元，新增产值 2500 万元，利税 530 万元；(11) 大丰县轻工机械厂扩大空压机生产的技术改造，总投资 1500 万元，新增产值 2500 万元，利税为 530 万元；(12) 镇江轻工机械厂研制的新型鼓式真空洗浆机的技术改造，总投资 1200 万元，新增产值 1500 万元，利税 300 万元；(13) 江苏泰兴轴承厂改造四条轴承生产线，总投资 960 万元，新增产值 1032 万元，利税 350 万元；(14) 江西轻工机械厂精密切板机及空缸设备生产线改造，总投资 2790 万元，新增产值 1700 万元，利税 500 万元，创汇 100 万美元；(15) 烟台皮革机械厂 3m 精密片皮机及熨平机、挤水伸展机等设备的技术改造，总投资 1338 万元，新增产值 2250 万元，利税 500 万元，创汇 300 万美元；(16) 青岛胶南轻机厂消化吸收出口皮鞋生产技术改造，总投资 1500 万元，新增产值 2250 万元，利税 500 万元，创汇 300 万美元；(17) 青岛木工机械厂引进木工机械制造技术的改造，总投资 1200 万元，新增产值 3524 万元；(18) 湖南醴陵陶瓷机械厂陶瓷成型联动生产线的技术改造，总投资 1244 万元，新增产值 1050 万元，利税 257 万元；(19) 四川省自贡市轻工机械厂生产 100t／d 的非木浆碱回收炉设备的技术改造，总投资 2124 万元，新增产值 2100 万元，利税 650 万元；(20) 唐山轻工机械厂消化吸收辊道窑、二段煤气发生炉的技术改造，总投资 1890 万元，新增产值 7400 万元，利税 300 万元。

1993 年轻工机械行业引进技术不多（不含塑料机械和食品机械行业），主要有：

烟台皮革机械厂以技贸结合方式从意大利波莱托公司引进 RA 系列削匀机设计制造技术（工作宽度为 1800、2000、2400mm），合同于 1993 年 3 月生效，正在组织试制。

湖北沙市第一轻工机械厂从奥地利 VOITH 公司引进刮刀涂布机设计制造技术，幅宽 3600mm 以下、车速 700m／min，合同于 1993 年 3 月生效，现正在结合用户要求组织试制。

扬州皮革机械厂与香港三裕公司合作并组建了中外合资“杨宝制革机械有限公司”，采用意大利“3P”公司的专有技术、质量标准和加工工艺，生产 H・F 系列液压去肉机，T／30 型液压通过式挤水机系列，H・F 系列削匀机，900-2P 型通过式双排震荡拉软机和 D・C 双色系列辊印涂饰机等产品，1993 年 3 月合同生效，有效期为 30 年。1993 年研制的上述产品已投放市场，当年企业创产值达 2000 万元。

市场及销售 1993 年全国轻机市场从整体上看呈稳定增长趋势，上半年增长速度较快，下半年，由于国家实行宏观调控，市场急剧变化，除陶瓷机械、玻璃机械、自行车及缝纫机加工机械、灯泡机械有较大幅度增长外，其余行业均有大幅度下降，虽然总的趋势还是稳定增长的，但发展极不平衡。

〔撰稿人：中国轻工机械协会　李增泰　审稿人：中国轻工机械协会　李寿仁〕

〔责任编辑：白　萍〕

日 用 机 械

一、自 行 车

〔中国自行车协会〕

生产发展情况 1993 年，国内自行车市场稳中有升，出口增长幅度下降，自行车产量维持在 1992 年水平，但品种、款式变化较大。据国家统计局统计，1993年我国自行车总产量4175.17万辆，比上年增长2.2%；（其中，轻工系统生产3690.29万辆，比上年增长1.3%）。轻工系统自行车零部件商品量完成30.81亿元，比上年增长28.7%；轻工系统按独立核算企业统计自行车行业完成工业总产值135.49亿元（按1990年不变价），实现利税11.56亿元，比上年下降10.8%。

1993年各地区自行车产量增减变化情况较大，自行车产量超过100万辆的地区为上海市（916.78万辆，比上年增长12.1%）、广东省（599.95万辆，比上年增长1.4%）、江苏省（555.54万辆，比上年增长3.7%）、浙江省（520.48万辆，比上年增长39%）、天津市（353.81万辆，比上年下降22.6%）、辽宁省（195.35万辆，比上年增长55.2%）、河南省（185.03万辆，比上年增长33.4%）、湖北省（171.61万辆，比上年下降11.7%）、广西省（115.44万辆，比上年下降13.3%）、山东省（132.01万辆，比上年下降6%）、安徽省（117.98万辆，比上年增长1.1%）、福建省（104.89万辆，比上年增长5.9%）。据中国自行车协会统计，1993年实现利税超过1000万元的自行车整车生产企业的产量、销售额及实现利税情况见表1。

1993年，自行车行业经济效益显著提高，据中国自行车协会对59家主要自行车整车企业统计，其中36家盈利，盈利企业比上年增加7家；实现利税123056.39万元，比上年增加47500万元；盈亏相抵盈利40872.58万元，比上年的3700万元增加11倍。

表1　主要自行车企业1993年产量、销售、利税情况

序号	企业名称	产量（万辆）	销售收入（万元）	实现利税（万元）
1	上海凤凰自行车股份有限公司	521.31	155364.20	27386.00
2	深圳中华自行车(集团)股份有限公司	184.00	180529.00	19000.00
3	上海永久自行车股份有限公司	350.00	105792.74	13577.91
4	鞍山自行车总公司	143.18	58389.00	8729.00
5	常州金狮自行车集团公司	232.60	108465.00	7444.00
6	广州五羊自行车公司	224.67	185084.00	7068.00
7	浙江菲利普自行车集团公司	129.31	45899.85	5842.26
8	安阳飞鹰工业总公司	161.40	67464.00	4985.00
9	杭州安琪儿置业股份有限公司	110.10	34693.00	4335.00
10	天津自行车厂	205.64	74169.80	3755.50
11	凤凰自行车鲁南股份有限公司	100.09	32172.10	3459.80
12	浙江海尔曼斯自行车有限公司	108.02	37502.20	3122.20
13	广东肇庆南华自行车公司	54.75	22842.00	2246.00
14	永久自行车合肥股份有限公司	82.01	21474.60	2101.30
15	广西玉林自行车总厂	56.11	14655.00	1913.40
16	天津斯普瑞克自行车公司	34.31	12660.80	1260.10
17	无锡市自行车二厂	39.49	14294.32	1236.25
18	湖北枣阳自行车厂	71.63	19026.00	1106.70
19	永久自行车苏州股份有限公司	68.12	17917.67	1071.22
20	国营连胜自行车厂	60.00	17862.00	1004.00

1993年自行车企业普遍注重市场变化，产品结构有了较大幅度调整，据中国自行车协会对59家自行车厂统计，山地车、运动车、多速车的产量完成837.56万辆，占总产量的22.19%。但各厂之间的差距较大，如鞍山自行车总公司的山地车、运动车、多速车产量已占58.32%，常州金狮自行车集团公司占42%，广州五羊自行车公司占37.95%，深圳中华自行车（集团）股份有限公司占100%，上海凤凰自行车股份有限公司占11.90%，上海永久自行车股份有限公司占12.86%。

新产品与科研成果　1993年，电脉冲氩弧焊接工艺已在行业中广泛采用，提高了车架、前叉的焊接质量；油漆的湿喷湿工艺解决了“流疤”，并在行业中广泛采用，使油漆的色彩更加丰富，一批新的色彩，如：红云飞、黑红五、冰凌红、贵妃云、迷彩粉红、荧光三色、理石、镭射等色彩，使油漆质量大幅度提高；上海凤凰自行车股份有限公司研制成功车圈一次冲孔机；苏州车铃总厂研制成功刹车联动车铃；高强度铝合金银钎焊车架、前叉研制成功；一种三档十八速的多功能档内行星齿轮变速、加椭圆链轮传动省力机构研制成功；自行车鞍座减振器、车把减振器研制成功；注塑整体成型车圈研制成功并投入批量生产；双人骑自行车、多功能健身自行车、液压式自行车闸研制成功；铬钼钢前后避振山地车，铬钼钢 ATB 全地形车投入小批量生产。

行业管理 1993 年我国助力自行车发展迅速，中国轻工总会重申助力自行车由中国轻工总会归口管理，并于 1993 年 10 月 14 至 16 日在江苏省无锡市召开了全国助力自行车行业工作会议，会议研究制订了交通管理和行业管理的办法，研究提高产品质量、加强产品质量监督和筹备成立全国助力自行车专业委员会。

1993 年，企业改组联合的情况如下：上海自行车三厂兼并上海自行车二厂、联合上海自行车四厂，成立上海凤凰自行车股份有限公司，并由上海证券交易所向社会公开发行 A、B 股票；上海自行车厂实行股份制并成立了上海永久自行车股份有限公司，向社会公开发行 A、B 股票；杭州自行车厂改称杭州安琪儿置业股份有限公司；浙江兰溪自行车零件厂改称浙江轮峰股份有限公司；广西玉林自行车总厂与上海凤凰自行车股份有限公司合营改称凤凰自行车玉林股份有限公司；山东烟台自行车厂因资不抵债，于 1993 年 4 月 23 日宣布破产，成为我国第一家正式宣布破产的自行车整车厂；黄石自行车总厂宣布破产倒闭；西安自行车厂改称西安诺克实业总公司；上海自行车飞轮厂同泰国合资改称上海万国车辆配件有限公司；唐山自行车总厂被唐山钢铁公司兼并改称唐山钢铁（集团）公司自行车厂；青岛自行车工业公司被青岛钢铁公司兼并；绍兴自行车总厂改称浙江海尔曼斯自行车有限公司。

1993 年，取得自行车生产许可证的企业有：广东南海南威运动自行车有限公司、深圳银海自行车有限公司、江苏南通通捷自行车有限公司、浙江兰溪市小轮车厂、浙江绍兴自行车零件二厂、北京华联自行车有限公司、苏州市爱利达车业有限公司、江苏省自行车公司、湖北普西菲自行车有限公司、苏州大华自行车有限公司、深圳仲正机械有限公司、北京欧森自行车有限公司、天津协华自行车有限公司、浙江萧山市小轮车厂、杭州捷必达小轮车有限公司、浙江磐安小轮车总厂 16 家企业，截止到 1993 年底，自行车产品生产许可证已发到 117 号。

1993 年，自行车行业向国外投资合作建厂发展较快，杭州安琪儿置业股份有限公司与波兰什切青斯特纳自行车公司合作，共同出资 120 万美元（中方占 62.5%），在波兰成立斯特纳安琪儿自行车（波兰）有限公司；湖北省轻型摩托车厂与阿尔及利亚西格玛公司合资在阿尔及利亚建自行车组装厂；湖北枣阳自行车厂在坦桑尼亚合资办厂；湖南衡阳自行车总厂在阿联酋独资办自行车组装厂；常州金狮自行车集团公司在巴西成立（巴西）金狮自行车有限公司并已正式开业；上海凤凰自行车股份有限公司，在加纳投资 402 万元，成立上海凤凰自行车加纳有限公司。

1993 年，合资、独资自行车企业又有新的发展，据中国自行车协会统计，截止到 1993 年底，已有合资、独资自行车及自行车零件生产企业 165 家，整车生产能力近 1500 万辆。其中独资自行车企业 62 家，合资自行车企业 103 家。1993 年，小型组装企业发展很快，据统计到 1993 年底已有 149 家，主要分布在天津市（65 家）、江苏省（18 家）、广东省（23 家）、浙江省（24 家）。

质量及质量管理 1993 年，经国家技术监督局批准的国家标准有：GB／T3564—93《自行车部件分类、名称和主要术语》、GB3565—93《自行车安全要求》、GB／T3566—93《自行车装配要求》；1993 年，经中国轻工总会批准的行业标准有：《自行车命名的型号编制方法》、《自行车车把》、《自行车链条》、《自行车鞍座》、《自行车普通前后闸》、《自行车钳形闸》、《自行车涨闸》、《自行车链罩》、《自行车泥板》、《自行车车铃》、《自行车保险叉》、《自行车轮辋》、《汽油机助力自行车》、《自行车车架》、《自行车前叉》、《自行车前叉合件》、《自行车普通前轴和后轴》、《自行车中轴》、《自行车链轮和曲柄》、《自行车脚蹬》、《自行车飞轮》、《自行车辐条和条母》、《自行车前触闸》、《自行车脚闸》、《自行车抱闸》、《自行车衣架》、《自行车支架》、《自行车钢球》、《自行车拨链器》、《自行车粉末涂装技术条件》。

1993 年，由全国 48 家大型百货商场推荐、《消费时报》第 9 次产品质量民意评价下列 6 种自行车为最受消费者欢迎的轻工产品，它们是上海凤凰自行车股份有限公司的凤凰牌、上海永久自行车股份有限公司的永久牌、常州金狮自行车集团公司的金狮牌、广州五羊自行车公司的五羊牌、安阳飞鹰工业总公司的三枪牌、天津自行车厂的飞鸽牌自行车。

全国自行车质量监督检验测试中心进行了两次整车质量检测。第一次抽查了 68 个企业，按国家标准《自行车安全要求》检测，合格率为 91.2%，第二次抽查了 115 家企业，按行业标准《自行车产品质量分等规定》检测，其中单辆包装车共检测 105 个产品，一等品 6 个，合格品 64 个，不合格品 35 个，合格品占 66.7%；散件装车检测 10 个产品，合格品 6 个，不合格品 4 个，合格品占 60%。不合格品中大多为新组建的组装型自行车厂生产，同时自行车零件的质量下降，影响了整车质量。

为保护消费者利益，明确生产、销售和维修自行车的企业对自行车产品要实行包修、包换、包退的责任制，中国自行车协会组织修订了《自行车产品“三包”责任规定实施细则》。

市场及销售 1993年，国内城镇市场山地自行车及多速车走俏，农村市场对自行车的需求仍以名牌普通车为主，但对多速车的需求不断增加。据商业部统计，1993年全国社会商业系统共购进自行车2326.62万辆，比上年减少8.8%；商业销售自行车2277.18万辆，比上年减少2.5%；1993年末商业库存自行车715.17万辆，比上年减少23%。

1993年自行车销售价格有所提高，名牌普通车的价格增加15%，名牌车与非名牌车价格差距拉大。1993年自行车生产企业自销数量增大，企业在各地设立的自行车销售公司、门市部大量出现。

商业部依据商品的销售量、质量、覆盖面及消费者的意见，评出下列自行车为1993年国内最受消费者欢迎的自行车，它们是上海永久自行车股份有限公司的永久牌、常州金狮自行车集团公司的金狮牌、天津自行车厂的飞鸽牌、安阳飞鹰工业总公司的三枪牌、广州五羊自行车工业公司的五羊牌、鞍山自行车总公司的斯波兹曼牌、上海凤凰自行车股份有限公司的凤凰牌、杭州安琪儿置业股份有限公司的安琪儿牌、天津斯普瑞克自行车公司的斯普瑞克牌。

另外，据海关统计，1993年我国共出口自行车1033万辆，比上年增长1%；创汇42065万美元，比上年下降2%。自行车零部件出口创汇15599万美元，比上年增长49.34%。整车、零部件合计创汇57574万美元，比上年增长8.2%。1993年自行车出口到亚洲2380151辆，非洲579946辆，欧洲1068252辆，北美洲3966890辆，拉丁美洲1782416辆；出口运动车及赛车486498辆，出口山地车1699123辆，出口其它自行车8145970辆。

欧共体对中国自行车倾销案，作出最后裁定：从1993年9月11日起，对中国大陆出口到欧共体各国的普通自行车，征收30.60%的倾销惩罚税。加上原税率17%，我国出口到欧共体的税率高达47.60%。墨西哥从1993年对我国出口自行车征144%的反倾销税。

中国自行车协会三届二次常务理事会于1993年6月在江西省弋阳召开，吸收14个新会员，确定协会的工作重点是:协调行业力量，迎接来自国外反倾销、国内原辅材料涨价、竞争激烈等各方面的挑战。

由中国自行车协会主办的第四届上海国际自行车展览会于1993年9月8至12日在上海国际展览中心举行。这届展览会规模为历届最大，展出面积12000m^2，设530多个摊位。6个国家和地区的300多家厂商参展，其中日本9家，摊位15个；香港1家，摊位1个；德国1家，摊位1个；印度1家，摊位1个；台湾地区23家，摊位37个；国内企业240多家，摊位290多个。在为期五天的展出中，观众达5万多人次，日本自行车振兴协会组织了100多人的参展、贸易考察团，台湾地区的同行组织了庞大的参展贸易洽谈团。展览会期间还组织了招待会，中日、海峡两岸同行交流会，反倾销策略研讨会等活动。

1993年中国自行车协会组织了25个企业的厂长经理赴美培训班；组织11人的赴日本自行车考察团，参观了第四届东京国际自行车展览会；组织了日本自行车专家在济南进行中日自行车油漆、外变速系统技术交流活动；召开了飞轮、链条等10个零部件专业委员会主任、秘书长会议和协会信息中心、标准中心、检测中心工作会议；组织了计算机CAD设计学习班和自行车工业造型设计学习班。

〔撰稿人：中国自行车协会　邱伯新　审稿人：中国自行车协会　刘素文〕

二、缝　纫　机

〔中国缝纫机协会〕

生产发展情况 据国家统计局资料，1993年全国缝纫机总产量为787.63万架，比上年的83.2万架下降5.47%。另据中国缝纫机协会对全行业63个整机和51个零部件生产企业统计，1993年工业用缝纫机产量为230.47万架，比上年的161.3万架增长42.9%；家用缝纫机产量为557.3万架，比上年的672.0万架下降17.1%；完成工业总产值58.1亿元，比上年的31.7亿元增长83.3%；实现利税总额4.2亿元，比上年的3.1亿元增长35.5%。

1993年上半年工业用缝纫机市场紧俏，工业缝纫机生产企业相应增加生产，较上年产量增长较快的企业有：天津天工缝纫机公司、上海工业缝纫机公司、上海江湾机械厂、华南缝制设备集团公司、中国标准缝纫机集团公司和浙江飞跃缝纫机工业公司6个生产企业，其产量占全国工业缝纫机总产量的47.8%。详见表2。

蝴蝶、飞人、华南3个名牌家用缝纫机在生产上仍占据全国家用缝纫机总产量的64.4%。

新产品 为调整产品结构，适应服装加工市场需求，1993年经正式鉴定通过的新产品有25种，其中属机电一体化的新产品有4种。主要有：国营第四二三厂开发的GC11-2型微电脑高速平缝机、上海惠工缝纫机二厂开发的标准牌GYD电脑多头绣花机、浙江诸暨市缝制设备厂开发的GG705-106型六头单针电脑绣花机、华南缝制设备集团公司开发的GL2101-1型筒式暗缝机、上海江湾机械厂开发的GC0501型高速双针平缝机、上海缝纫机四厂开发的GK型裤带环缝纫机等。

表2　1993年6家工业用缝纫机生产企业产值、产量增长情况表

企业名称	工业总产值(万元)			总产量(万架)		
	1992年	1993年	增长率(%)	1992年	1993年	增长率(%)
天津天工缝纫机公司	15898	19663	23.7	9.4	11.4	21.6
上海工业缝纫机公司	39196	69665	77.7	26.6	38.0	42.9
上海江湾机械厂	13500	18500	37.0	6.0	10.0	66.7
华南缝制设备集团公司	42294	67458	59.5	15.3	23.6	54.2
中国标准缝纫机公司	20156	27215	35.0	13.2	16.0	20.8
浙江飞跃缝纫机工业公司	4360	11258	158.2	8.3	11.2	36.0
合　计	135404	213759	57.9	78.8	110.2	39.9

行业管理　1993年缝纫机行业在转换经营机制，企业联合改组，推进企业集团的实体化等方面取得进展。

(1) 1993年12月10日上海工业缝纫机集团公司改制为上海工业缝纫机股份有限公司，这是我国缝纫机行业首家改制的上市股份制公司。公司发行人民币普通股2200万股，其中：社会个人股1200万股（含公司职工股240万股），社会法人股1000万股，每股面值1元，发行价为每股人民币5.80元。

(2) 华南企业集团公司、华南缝制设备集团公司于1993年7月15日成立。华南企业集团公司是以华南缝制设备集团公司为核心，由国有企业、集体所有制和合资合作企业，以及生产协作单位和挂牌经销单位组成的多层次、多种经济联合体，成为我国缝制设备制造业中规模最大的集团公司之一。

(3) 原上海缝纫机一厂于1993年9月28日改制为上海飞人机械总公司。总公司由8个分厂和5个专业公司组成。总公司成立后将在三年内投入2～3亿元，对工业用缝纫机、汽油发动机等系列产品进行较大规模的技术改造和引进工作，形成新的经济增长点。

质量与质量管理　1993年国家缝纫机质量监督检测中心首次进行国家级包缝机质量监督抽查，抽查7个省、市40个企业的40种中、高速包缝机产品，占全国缝纫机生产企业的42%和生产GN型包缝机企业的75%。检测结果：38种产品合格，合格率为95%。同时，还对涉及人身安全的产品——家用缝纫机电机进行检测，受检企业23家，抽检12种规格的23种型号产品，检测结果：合格率为100%。

技术改造及技术引进　1993年我国缝纫机行业在引进技术、合资合作方面又有新进展。

(1) 1993年10月20日中国标准缝纫机集团公司和日本兄弟工业株式会社在西安市高科技工业开发区合资共建西安兄弟标准工业有限公司。双方投资3000万美元，其中中方出资40%，日方出资60%。合资企业占地面积3.3万m^2，建造1.1万m^2生产大楼，预定1995年1月投入生产。主要生产平缝机种，年产量约7.5万台，其中80%的工业缝纫机零件由国内提供配套。

(2) 1993年2月8日，上海东沪机械厂与香港港源水利电力工程有限公司在上海浦东合资成立上海准工机械制造有限公司，主要生产准工牌GN型中速包缝机、GN6型高速包缝机和GK31018型高速绷缝机等，现已批量投入市场。

(3) 上海工业缝纫机股份有限公司所属上海工业缝纫机厂引进日本重机（JUKI）株式会社DDL5550型系列高速平缝机生产技术和设备项目的签字仪式于1993年7月17日在上海举行，总投资2亿元。公司将在一年半内开发并形成两大类6个品种的硬件和软件的生产技术，年产量突破10万台。

1993年全国缝纫机行业有出口基地企业9家，扩大机电产品出口企业12家，已取得进出口自主经营权的企业9家。出口创汇在1000万美元以上的企业有3家:上海协昌缝纫机厂、上海工业缝纫机股份有限公司、华南缝制设备集团公司。详见表3。

据海关统计，1993年我国缝纫机行业出口各类缝纫机310万架，比上年增长11.1%，其中普通家用缝纫机出口255万架，比上年增长4.6%；工业用缝纫机出口55万架，比上年增长51.8%。创汇14460.6万美元，其中普通家用缝纫机创汇6625万美元，比上年增长20.6%；工业用缝纫机创汇5271万美元，比上年增长23.1%；零部件出口创汇2564.6万美元，比上年增长42.5%。

由中国缝纫机协会与中国轻工业对外经济技术合作公司联合组织的中国缝纫机展团，参加了1993年9月在德国科隆市举办的IMB国际缝纫机械交易会。有21个单位44名人员携带77台(套）样机参加了展出。展览会上成交了150万美元，签订合同意向500万美元，十几个企业同外

商谈了合作意向，取得了较大的收获。

表 3　1993 年 7 家缝纫机出口基地企业出口及创汇情况

名次	企业名称	出口量(万架)	出口创汇(万美元)
1	上海协昌缝纫机厂	57.2	2010
2	华南缝制设备集团公司	49.0	1633
3	上海工业缝纫机公司	6.6	1207
4	上海飞人机械总公司	24.5	903
5	浙江飞跃缝纫机工业公司	7.7	863
6	中国标准缝纫机集团公司	5.7	619
7	上海江湾机械厂	2.3	412
	合　计	153.0	7647

市场与销售　1993 年缝纫机国内市场出现较大的变化，总的情况是：上半年工业用缝纫机市场紧俏，各生产企业加班加点增加生产；下半年工业平缝机和包缝机市场逐渐出现滞销，进入第四季度后各工业用缝纫机生产厂家开始减产，个别企业出现半停工状态，这是近几年来工业用缝纫机市场出现的一次最严重的冲击。出现这种情况的原因，一是国家加强宏观调控，整顿金融秩序；二是企业扩大生产规模和投入，超过了目前国内市场的需求总量；三是年初销售网点剧增，商业进货量增加，一时出现紧销。但特种工业用缝纫机由于生产批量少，仍处于旺销。家用缝纫机上半年市场较平，下半年开始出现转机，销售旺盛，销售价格逐步回升到位。

〔撰稿人：中国缝纫机协会　邹　云〕

三、钟　表

〔中国钟表协会〕

生产发展情况　1993 年全国手表产量为 15118.55 万只，比上年增长 75.6%，其中轻工系统内生产 4550.4 万只，比上年增长 9.1%。1993 年全国时钟总产量约为 3293.69 万只，比上年下降 18%；其中轻工系统内时钟产量 2289.9 万只，比上年下降 16.3%。1993 年全国定时器产量为 1423.7 万只，比上年下降 10.8%，是近几年下降幅度最大的一年。

1993 年全国钟表产量与 1992 年大体持平，销售市场有所回升，其中手表情况要好于时钟，出口外销继续增长，全行业的严峻形势得到一定的遏制。主要企业情况见表 4。

新产品　由丹东手表工业公司、青岛钟表总公司、聊城手表厂、扬州手表总厂 4 家历时两年的 SL2G 薄型多功能机械男表联合设计工作，于 1993 年 4 月在扬州通过了部级技术鉴定。目前正在抓紧万只批量试生产，并组织联合转产。该产品为全摆单向自动双历机械男表，除显示时、分、秒外，还具有日历、星期、月份、自动上条、停秒、快速调整日历、周历等附加功能，可以分别生产九个品种的系列产品。

行业管理　1993 年的主要工作：(1) 贯彻落实国务院经贸办等 7 个部委联合签发的国经贸调 49 号文，对新增钟表生产及组装点的建设项目进行审查、批复，加强了对钟表组装业的管理。(2) 受中国轻工总会委托，承担并组织部分专家参加国家级《轻工产品发展指南》钟表部分的编写工作，并配合总会科技司，召开了行业有关专家座谈会及论证会。(3) 组织力量对福建漳州地区的石英钟表产销情况进行了调查，为行业管理提供了信息。

组织会员单位参加了 1993 年 4 月的第三届北京国际博览会。并于 10 月份在北京与眼镜协会联合举办了第三届国际钟表眼镜工业展览会，钟表工业参展厂家 78 个，其中国内厂家 35 家。展览期间，协会接待了香港表厂商会和台湾钟表业同业公会代表团，相互间进行了贸易洽谈和技术交流。10 月下旬协会在北京、上海接待了以新加坡议会议长陈树群为团长的新加坡钟表业公会考察团，双方增进了了解，加强了友谊。组织会员单位参观了 4 月份的巴塞尔、9 月份的香港国际钟表展览会，考察了当地钟表工业情况，洽谈了合作事宜。

表 4　1993 年手表行业主要企业情况

企业名称	总产值(万元)	利税额(万元)	创汇额(万美元)
上海手表厂	20519.0	1066.0	401.0
上海钻石手表厂	15999.4	453.2	349.2
上海海达计时公司	15549.5	2022.0	141.6
天津手表厂	14443.0	2560.0	554.0
上海手表二厂	11122.7	2052.3	122.1
青岛钟表总公司	9874.0	957.0	322.0
广州明珠表业公司	6000.0	523.5	277.7

1993 年中国钟表协会培训中心举办了 6 个标准的宣贯学习班，积极推进标准的宣传和执行。委托天津第二手表厂举办了石英表维修培训班，并为培训合格人员发了上岗合格证。

质量及质量管理　石英表质量攻关工作告一段落。在原轻工业部质量标准司和科技司的大力支持下，进行了两年多的攻关工作，取得了较大的成绩，经部石英表攻关领导小组研究决定，攻关工作暂做小结。同时要求各厂在总结前一段攻关工作的基础上，认真总结经验，进一步采取措施，提高石英表的质量。

国家钟表质检中心于 1993 年 3 月通过了国家复查，并被国家技术监督局授权为钟表专用仪器检测单位。1993 年该中心配合地方市场产品质量监督部门积极开展检验市场，为企业、为社会提供公正的产品质量数据，维护消费者的利益，打击了假冒伪劣产品。

1993年11月召开了全国钟表标准化技术委员会一届四次会议，会议审议通过了标委会秘书处1993年度工作总结，同时审定通过了7个产品标准。1993年国家钟表标准化中心开展标准修订项目共18项，完成报批标准13项。ISO／TC114的归口工作，从1992年10月至1993年10月共收到TC114文件30份计363页。

市场与销售 据中国钟表协会信息中心综合统计，1993年手表全国社会销售量约为4810万只，比1992年销售量增长8.6%；国内贸易部系统共销售各类手表2265.9万只，比1992年增长3.3%。时钟全国社会销量约为2000万只，与1992年相比略有下降，其中轻工系统的内销时钟为1169.37万只，比上年下降11.0%。定时器1993年全国销售量为1059.80万只，比上年下降7.6%，统计表明，应继续抓紧产品结构、档次的调整，以满足不同层次的需求，开拓新的市场。

1993年轻工系统手表出口外销继续保持增长势头。1993年手表出口2355万只，比上年增长13.2%。其中机械表出口比上年下降了31%，石英表出口大幅度上升，增加了1.17倍。1993年时钟出口量为1097.06万只，比上年增长了3.5%，其中石英钟出口比上年增长幅度达140%，为历史最好水平。

〔撰稿人：中国钟表协会　杨金况〕

〔责任编辑：白　萍〕

家用电器

〔中国家电协会〕

生产发展情况 1993年，轻工业系统（独立核算）家用电器生产企业587个，其中洗衣机企业31个，电冰箱企业49个，电风扇企业98个，空调器企业29个。轻工业系统全部家用电器生产企业年末职工24.52万人，其中洗衣机企业3.66万人，电冰箱企业5.34万人，电风扇企业4.36万人，空调器企业2.16万人。

1993年轻工业系统（独立核算）家用电器生产企业完成工业总产值（1990年不变价）283.3亿元，其中洗衣机完成52亿元，电冰箱完成90亿元，电风扇完成36.7亿元，空调器完成52.5亿元。

1993年轻工系统家用电器（独立核算）生产企业实现利税23.4亿元，比1992年12.6亿元增长82.8%，其中电冰箱企业实现利税8.3亿元，比1992年4.5亿元增长84.4%；洗衣机企业实现利税4.8亿元，比1992年1.9亿元增长152.6%。

1993年家用电器产品产、销两旺，是1988年以来最好的一年。主要产品电冰箱、空调器、冷冻箱、电饭锅大幅度增长，吸尘器仍保持较好的增长势头。电风扇产品比上年略有下降。

1993年，在国民经济快速发展的大环境下，家用电器工业呈现良好发展态势。家用电器工业企业适应市场变化，调整产品结构，增加新款式新品种，提高产品质量，强化售后服务，较好地满足了市场需求。在市场机制作用下，企业市场意识更加强化，在进入成熟期的产品中（如电冰箱、洗衣机）名牌产品主导市场已成定势，洗衣机、电冰箱（含电冰柜）总产量的74.12%～76.24%集中在产量为20万台以上的十几家名牌产品企业中，如：容声、海尔、美菱、上菱、扬子、万宝、香雪海、西泠、新飞、中意、华凌等牌号的电冰箱；小天鹅、威力、水仙、红星、荣事达、金羚、三峡、金鱼、海棠、天洋等牌号的洗衣机。空调器产品处于成长期，产量大幅度增长，市场竞争激烈。由于这一产品在短期内上马企业多、投入相对较大，产品的水平、档次都提高很快，部分规格产品的质量和档次已达到或超过进口同类产品。

家用电冰箱 全行业完成598.51万台，比1992年485.76万台增长23.2%，其中轻工系统完成341.61万台。

冷冻箱 全行业完成206.88万台，比1992年136.75万台增长51.3%，其中轻工系统完成129.35万台。

家用电冰箱压缩机 全行业完成526.66万台，比1992年增长37.1%，其中轻工系统完成338.19万台。

房间空调器 全行业完成346.84万台，比1992年157.9万台增长119.6%，其中轻工系统完成133.3万台。

家用洗衣机 全行业完成888.39万台，比1992年707.9万台增长25.5%，其中轻工系统完成769.6万台。

电风扇 全行业完成7387.27万台，比1992年6837.5万台增长8%，其中轻工系统完成1776.6万台。

吸尘器（交流电式） 全行业完成148.23万台，比1992年112.9万台增长31.3%，其中轻工系统完成114.07万台。

电饭锅 全行业完成2347.58万个，比1992年1238.08万个增长89.6%，其中轻工系统完成517.8万个。

电烤箱 全行业完成53.6万个。

电灶 全行业完成127.69万台，比1992年增长37.2%，其中轻工系统完成35.23万台。

排油烟机 全行业完成428.53万台，比1992年232.41万台增长84.4%，其中轻工系统完成230.07万台。

电熨斗 全行业完成2204.48万个，比1992

年 1722.25 万个增长 28%（轻工系统完成 638 万个），其中，蒸气喷雾型电熨斗完成 285.95 万个，比 1992 年 211.26 万个增长 35.4%。

新技术与科研成果 1993 年，家用电器产品的开发突出了科技的先导作用，家用制冷行业在开发低氟产品、减少氟里昂使用方面做出了许多积极的努力，在国际组织的支援下，广州万宝电器集团公司、青岛海尔电器（股份）有限公司、长岭电器（集团）股份有限公司、华意电器公司等纷纷推出低氟电冰箱产品。有更多的企业着手采用新工艺、新配方，生产“绿色”标志电冰箱。

家用电器产品档次的提高集中表现在控制水平和材料的应用上。电脑技术的广泛应用使产品的功能强化、操作简单。1993 年，以模拟人脑控制的模糊逻辑洗衣机、电饭煲推向市场，无线遥控技术除应用在视听产品上，空调器采用也愈加普遍。装饰性很强的彩色钢板被应用在冰箱、洗衣机等产品上，并投放市场。小家电产品，如：电饭锅、电熨斗、烤箱、排油烟机等更广泛地应用了多种内层涂料和耐高温材料，使产品外观和使用性能（不粘底层）得到了很大的改善。

行业管理 1993 年 11 月 2 日中国家用电器协会在北京成功地举办了“北京国际家用电器产品及技术装备展览会”。这次展览会有国内 18 个省、市的 200 多个企业参加，日本、韩国、西欧、香港等 8 个国家和地区的 20 多个生产企业参展。展览会对国内家电企业开拓思路，增强市场意识，对沟通国内外家电企业之间的联系，加强经贸合作，开拓家电产品出口渠道，促进我国家电市场与世界统一大市场接轨，起到了推动作用。也为与国外同行的技术交流提供了良好的机会。展览会期间共签意向合作项目 80 多个，家电产品各项成交额近亿元。

1993 年初，中国家用电器协会组团赴德国考察了国际家用电器及厨房用具博览会，了解了国际家用电器产品的发展趋势、新产品、新技术和市场需求，为更好地引导国内企业进入国际市场，进行了一次十分有益的探索。

市场及销售 受宏观经济影响，1993 年家用电器市场一波三折，出现年初平、一季度末转旺，二季度全面热销，三季度骤然降温，四季度再度旺销的大波动。这一方面是由于国家经济环境的影响，另一方面是由于部分产品受气候、季节作用明显，由于夏季出现少有的“凉夏”，空调器出现较大库存，而空调器市场占有率的扩大，也部分地影响了电风扇的销售。

(1) 国内销售情况

电冰箱 1993 年电冰箱市场转旺，产量比 1992 年增长 30.9%，从品种结构上看，小容积冰箱、冰柜的比重有所下降，大容积冰箱比重上升，主要原因是出口亏损、国内宾馆配套减少。据国家统计局统计，1993 年社会商业纯购进电冰箱 456.1 万台，比 1992 年社会商业纯购进 375.7 万台增长 20.4%，1993 年社会商业化销售 418.3 万台，比 1992 年 337.7 万台增长 23.9%，1993 年在冰箱市场热中，出现名牌产品脱销现象，而非名牌产品仍然滞销，且产品需求仍向大容积发展。

电冰柜仍然产销两旺，但增速将趋于平稳。据轻工系统统计，1986 年生产 2.03 万台，1989 年生产 24.39 万台，1992 年生产 147.8 万台，1993 年生产 188.97 万台。近几年，由于第三产业的迅速发展，刺激了冰柜生产的迅速发展，预计“三产”发展趋于平稳，对冰柜要求将呈稳定增长趋势。

洗衣机 全国现在洗衣机生产厂家 65 家，生产能力达 1600 万台左右，1993 年计划 650 万台，实际完成 876.28 万台。近年来，国内部分洗衣机厂引进国外技术，搞技术合作，积极发展全自动洗衣机的生产，目前全国能生产全自动洗衣机的厂家达 30 家，总产量稳中有升。大中城市热销全自动洗衣机，1990 年 23 万台，1991 年 40 万台，1992 年 60 万台，1993 年约 150 万台。双桶洗衣机普遍进入农村，品种、规格、牌号相对集中，普遍追求大容量、新水流、名牌产品。1993 年社会商业纯购进洗衣机 677.3 万台，比 1992 年社会商业纯购进 577.1 万台增长 17.4%；1993 年社会商业纯销售洗衣机 591.4 万台，比 1992 年社会商业纯销售 454.2 万台增加 22.1%。

空调器 1993 年空调器生产仍以较高的速度发展，产量达 291.84 万台，比 1992 年 157.9 万台增长 92%。产品结构也发生了较大的变化，窗式机比重减少，分体式和柜式机比重增加。据有关方面统计 1993 年 1～8 月份，窗式机的产量比 1992 年同期下降了 27.4%，而分体机比上年同期增加 18.5%，柜机比上年同期增加 8.9%。据国内贸易部对 35 个大型百货商场统计，上半年销售空调器 2.3 万台，比上年同期增长 82.8%。据轻工总会经济贸易部统计，国内 29 家空调器生产企业，1993 年 1～8 月份生产 208.6 万台，销售达 199.8 万台，产销率为 95.79%，销售比上年同期增长 119.7%，高于轻工行业全国平均产销率。1993 年生产 291.84 万台，销售达 250 万台。广东是生产空调器的大户，占全国产量的 71.7%。全国厂家达数十家，平均产销率为 90.6%，其中 8 家主要生产企业的产销率在 96%以上。

小家电商品 随着人民生活由温饱型向小康型的转化，用的商品进一步向多层次多样化发展，小家电商品潜力很大，销售倍增，为近年来少有的。从需求上看，主要侧重于现代化电热用品及娱乐用品，如电饭煲、电热水瓶、电热淋浴器、消毒碗柜、电热水煲、电暖炉、电热毯、电子游戏机、卡拉 OK 机、排油烟机等。小家电商品前景广阔，关键是提高产品质量、稳定价格、加强维修保养。

(2) 出口情况

我国家电出口贸易日渐活跃，近年来出现了令人鼓舞的可喜现象，已成为我国机电出口的重要组成部分。主要特点是发展速度快、创汇增幅大。据

《国际商报》介绍，我国家电出口增长速度超过了世界家电产品贸易的增长速度，而且也高于我国整个外贸出口的增长速度，发销地已从香港、东南亚等地区逐步扩展到中东、澳洲、北美、西欧、南美一带。全国家电行业有出口基地企业和扩大机电产品出口企业上百家，具有进出口经营权企业30多家。1980年家电出口额仅2794万美元，1986年超亿美元，1992年出口额达58587万美元。据海关统计，1993年出口额12.22亿美元，比上年增长158.1%，其中电冰箱出口37.32万台，创汇2545.3万美元，比1992年略有减少；洗衣机出口19.93万台，创汇1563.8万美元；空调器出口9.3万台，创汇2547.3万美元；电风扇出口在连续三年创汇超过3亿美元以后，首次突破5亿美元，1993年出口4424.72万台，创汇5.11亿美元，分别比1992年出口2450万台和3.245亿美元增长80%和57.5%。我国已是电风扇第一生产大国，出口量占世界出口量的三分之一。小家电出口空前活跃，七种产品的出口创汇值在5000万美元以上。

〔撰稿人：中国家用电器协会　侯桂良〕

〔机械工业部〕

生产发展情况　1993年机械系统家用电器生产厂在完善内部运行机制，适应社会主义市场经济，调整产品结构，提高产品质量，开拓市场等方面取得了显著的成绩。据57家企业的统计数据，完成工业总产值150亿元，比上年增长65.8%，实现利润7.35亿元，比上年增长53%。主要经济指标见表1。

表1　抽样的57家企业1993年完成的经济技术指标

项　目	单位	数量
工业总产值：当年价	万元	1504002
1990年不变价	万元	1607640
比上年增长	%	65.8
产品销售收入	万元	1265267
产品销售税金	万元	46255
利润总额	万元	73554
年末固定资产：原值	万元	355531
净值	万元	252867
定额流动资金：年末占用数	万元	374402
平均余额	万元	353237
销售利税率	%	6.2
资金利税率	%	10.6
平均职工人数	人	94371
全员劳动生产率	元/人·年	170353

1993年机电系统主要家电产品生产情况如下：

电冰箱　据机械系统14家电冰箱生产企业的统计数字，1993年完成工业总产值59亿元，比上年增长96%，生产电冰箱2444479台，比上年增长47.5%，产品销售收入55.9亿元，比上年增长109%。其中广东科龙电器股份有限公司生产电冰箱75万台，比上年增长14.6%，完成工业总产值19.1亿元，比上年增长86.5%，产品销售收入18亿元，居全国同行之首；扬子电气（集团）公司生产电冰箱47万台，比上年增长83.1%，完成工业总产值12.5亿元，比上年增长126.3%，产品销售收入12.7亿元；长岭（集团）股份有限公司生产电冰箱40万台，比上年增长53%，完成工业总产值8.5亿元，比上年增长56%，产品销售收入8.47亿元。从以上数字看，1993年是电冰箱行业生产大发展的一年，各企业坚持以市场为导向，生产适销对路的产品，市场兴旺。1993年冰箱生产的特点依然是：产量相对集中在几个名牌厂家，如科龙75万台，扬子47万台，长岭40万台，华意15万台，远东12万台。从品种结构上分析，小容量冰箱比重有所下降，主要原因是出口亏损，国内宾馆配套减少；大容积冰箱比重上升。

洗衣机　据8家企业的统计数据，1993年机械系统生产洗衣机894728台，比上年增长174.5%，1993年完成产值8.6亿元，比上年增长1.2倍，完成产品销售收入7亿元，比上年增长89.2%。产量超过10万台的有兰州长风机器厂(25万台，其中大容量洗衣机6.3万台)、陕西洗衣机厂（22.7万台）、广州凤凰电器工业公司(13.5万台)、上海新江机器厂（10.5万台）。1993年洗衣机行业生产的特点是：全自动洗衣机产量呈上升趋势，容量也从3kg向3.8、4.2、5.5kg等大容量发展，外观造型也由普通型向圆弧型、流线型方向发展，控制方式向超静音、模糊控制方向发展。广州凤凰电器工业公司1993年抓住洗衣机正处在更新换代的时机，在提高原有产品质量的同时，积极开发静音型、带浸泡型、大容量型多种系列的新产品，使企业在市场竞争中处于优势，1993年创产值1亿元，比上年增长19%，被国家统计局列入“中国500家最大电器机械及器材制造企业”的行列。

电风扇　据15家企业的统计数据，1993年机械系统生产电风扇13818347台，比上年增长11.3%，实现产值8.9亿元，比上年下降10%，完成产品销售收入10.4亿元，比上年下降10%。1993年电风扇市场竞争更加激烈，企业继续面临原材料价格急剧上涨的困扰，导致利润较上年下降86.7%，并且随着乡镇企业的崛起，致使国有企业至少有1/3以上面临关、停、并、转的困境。1993年机械系统风扇企业约有一半厂家减产。1993年风扇市场结构大致是：吊扇仍唱“主角”，型号以1400mm和1200mm的为主，台扇、落地扇继续下降，鸿运扇、壁扇、微型吊扇销售呈上升趋势。

空调器 1993年机械系统从事空调器生产的企业共14家。据9家企业的统计数据，1993年完成产值62亿元，比上年增加63.9%，生产家用空调器1183299台，比上年增长63.9%，完成产品销售收入45.6亿元，比上年增长86%。1993年机械系统空调器生产的特点是：生产仍以较高的速度发展，1992年产量71.8万台，是1991年的4.5倍，1993年产量118.3万台，比1992年增长64.5%。由于各企业认为空调器市场前景好，经济效益高，一哄而上的势头未止。1993年空调器生产的产品结构发生了较大变化，特点是：窗式机比重减小，分体式和柜式机比重增加。1.125～1.875kW产品产量下降，2.25kW以上产品产量比重增加，小于0.75kW产品比重变化不大。江苏春兰制冷设备有限公司1993年实现产值22亿元，是1992年的2倍，生产空调器43.6万台，是1992年的2.2倍，完成产品销售收入20.4亿元，是1992年的2.6倍，实现全员劳动生产率716200元；其次广东华宝空调器厂1993年生产空调器30万台，美的集团公司22万台，格力公司12万台，江南公司11万台，科龙公司10万台。

电热器具 据11家企业的统计数据，1993年机械系统电热器具生产企业完成产值11.7亿元，比上年增长98.3%，生产电饭锅433.3万只、电炒锅109.9万只、电热锅94.5万只、电火锅13.4万只、电水壶69.3万只、电热杯1.5万只、电烤箱13.2万台、微波炉4万台、电热水器4万台、电暖器34.2万台、电熨斗42.4万只、消毒碗柜0.82万台。

新技术与科研成果 1993年在采用新技术方面，广东科龙电器股份有限公司应用故障树分析冰箱的可靠性，并采取改进措施，使产品质量与可靠性均居同行之首。此项可靠性技术成果在BCD-165型冰箱上的应用，使其达到国内先进水平，并通过了机械工业部产品可靠性考核验收。四川长庆机器厂采用电脑控制电冰箱，实现高低压电压起动保护、开门报警、上下温度控制。常熟制冷设备厂的“制冷压缩机电机参数新设计”提高了压缩机低压起动性能（165V可起动三次）。在采用新工艺方面，广东科龙电器股份有限公司采用（1）空调器零部件阴级电泳漆工艺，极大地提高了零部件涂层的防腐性能，并且无溶剂挥发，利用率高，工艺性好，每台节约成本3元，1993年获益42万元。（2）注塑件型内热转印工艺，使空调装饰板内腔型内热转印成品率达到95%，满足大批量生产的要求，产品外观大大改善。（3）高浓度色母料着色新工艺，该新工艺替代色粉着色工艺，颜色分散均匀，产品每批之间的色差现象基本消除。该工艺操作方便，可实现自动连续加料、颜色转换快，可消除色粉工艺的粉尘污染，改善劳动环境，减轻劳动强度，有较好的经济效益。常熟制冷设备厂与有关研究所共同研制的新型清洗剂，并改进清洗工艺，大大提高了压缩机清洁度，使整机杂质小于30mg。在采用新材料方面，广东科龙电器股份有限公司用HFC-134a替代CFC-12制冷工质及降低50%CFC-11发泡剂的应用研究，已进行了样机试制和小批试制。经测试，达到A级水平。该项研究对我国冰箱行业CFC替代进程将起推动作用。在新产品开发方面，景德镇华意电器总公司在国内率先引进美国、澳大利亚的无氟制冷技术，推出了一种完全无氟里昂的全新产品——无氟双绿色电冰箱，并通过ISO标准的鉴定，这在我国尚属首家。这种新型电冰箱的制冷技术采用国际公认的氟里昂最佳替代工质，匹配专用的无氟制冷压缩机。按照国际环保惯例，制冷剂和发泡剂都不再含有氟里昂这种有害物质，就可以使用两个绿色标志，以示环保产品。为此，华意公司还被联合国环保机构选定为新工质示范生产线，得到国际环保基金组织800万美元的专项赠款。无氟双绿色电冰箱不仅保持了华意—阿里斯顿冰箱的原有特色，而且还具有无环境污染、不腐蚀、使用寿命长、高效节能、制冷量提高10%以上等优点。四川长庆机器厂着力于调整产品结构，在冰箱的款式、功能上做文章，推出的BCD-188A双门冰箱，在国内率先采用微电脑作为控制系统，功能齐全、外型美观、性能更加稳定、可靠，该产品已申请国家专利。广东科龙电器股份有限公司研制的科龙牌KF—25GW分体式房间空调器，系引进日本夏普公司全部技术软件和主要工装，由科龙与日本共同试制，该空调器采用了液晶显示的微电脑全功能无线遥控技术，新型高效换热器，超静运转风扇，高效旋转式压缩机，圆弧型全塑室内机外壳，自动风向调节和多角度定向送风，12小时程序定时器，微电脑控制除湿、设定温度、自动运转、睡眠经济运行及滤尘网清扫指示。该产品在1993年全国空调器质量检测中名列榜首，产品的性能系数（能效比）高、噪音低，主要性能指标已达到80年代末国际同类产品水平。常熟制冷设备厂开发的白雪牌QD、QG系列全封闭压缩机，主要性能指标达到国内先进水平，其低压起动、噪声等指标处国内领先水平。其中QD62、QG45、QG59、QG75压缩机填补了国内空白，除此之外还研制有白雪牌HCL-830商用冷藏陈列柜，该产品可将小包装冷藏入柜展示，完全符合储藏、展示、销售要求，深受商业单位用户欢迎。

此外，广州电器科学研究所为企业的技术进步提供了可靠的产品检测手段。1993年由广州电器科学研究所设计建造的KL空调器出厂检测道主要用于2.2kW（3hp）以下的分体式、单元式空调器出厂检测试验，每条检测量可达20万台，为空调器出厂的电气性能、制冷性能和制热能力检测提供了一个可靠稳定和准确的温度环境，有效地保证了空调器的出厂质量。另含差法空调器试验室、空调器热交换器检漏及亲水膜处理生产线的建成，使我国热交换器亲水膜处理技术进入实用阶段，为提高空调器的技术性能、寿命和节省能源与材料起了很大的促进作用，填补了国内空白。此外，还设计制造了空调器安全参数测试台、滚筒洗衣机出厂检验自动检测线、台风扇自动测试装置、消毒碗柜检测设备等。

行业管理 1993年国家进行宏观调控，为企业深化改革，加快转轨变型，建立现代企业制度创造了良好的外部环境。机械系统家用电器生产企业在极积探索新的经营形式的改革中，股份制企业在不断规范中发展。广东美的集团股份有限公司1992年5月经广东省企业股份制试点联审小组和广东省经济体制改革委员会批准，正式成立广东美的集团股份有限公司，1993年10月经有关部门批准，新发行面值为1元的人民币普通股2277万股，新增发行股票由深圳证券交易所批准，于1993年11月12日在深圳证券交易所挂牌交易，开盘价为18元。美的股本结构为：法人股4781.7万股，占52.5%（其中发起人股4031.7万股）；内部职工股2049.3万股，占22.5%；社会公众股2277.0万股，占25.0%；共9108万股。国家一级企业，原广东珠江冰箱厂于1992年8月经广东省企业股份制试点联审小组、广东省经济体制改革委员会批准及广东省人民政府以粤股审（1992）29号文批准，同意将工厂改造，组建广东科龙电器股份有限公司，并于1992年11月20日正式成立。公司为法人和自然人混合持股公司，采取定向募集方式设立。首期定向募集股份422394694股（总股本），每股面值人民币1元，均为记名式普通股。其中法人股337915755股，占80%，由顺德市容奇镇经济发展总公司持有；自然人股84478939股，占20%，只限于向原广东珠江冰箱厂内部职工发售。从公司运作一年以来的实绩来看，股份制赋于企业强大的生命力，目前公司正努力争取成为国内外（香港）股票上市公司。长岭（集团）股份有限公司成立于1992年8月19日，1992年9月1日开始运作，到1993年底运行了1年零4个月，经济效益大增，各项管理工作不断向规范化迈进，发行股票16964万股，其中国家股5964万股，社会法人股2450万股，个人股8550万股。1993年12月向社会公开发行了5000万股，计划1994年2月在深圳上市。广东鹰牌集团股份有限公司1992年12月7日以粤股审（1992）135号文正式批准为股份制企业，该公司根据实际情况，目前暂缓发行股票。厦门龙舟实业股份有限公司于1992年5月经厦门市体改委批准，由原厦门市电气设备厂、厦门搪瓷厂正式改制成为股份有限公司，也是厦门市首批向社会发行股票规范化的股份制企业之一。企业主要生产龙舟牌CS系列电热水器、自动电开水器、调压器等几十个系列300多种产品。

1993年机械系统家用电器行业组建企业集团又有新进展，如原常熟白雪制冷设备（集团）公司1993年6月由江苏省体改委批准升格为东方机电集团。该集团由26家企、事业单位组成，其中有紧密层7家，半紧密层4家，配套协作15家。主导产品为电冰箱用全封闭制冷压缩机及冰箱、冰柜。广东鹰牌集团股份有限公司于1992年初经广东省人民政府批准，并在广东省工商行政管理局注册登记，是以生产家用电器系列产品为主的集科、工、贸于一体的大型企业集团公司。核心企业是全国500家最大企业之一的广东鹰牌风扇厂，集团公司下属包括顺德市新升风扇厂等6家分厂。其“龙头”产品是电风扇。自组建以来，电风扇产品各种类规格齐全，技术力量日渐雄厚，设备更加精良，产品质量更臻上乘，并在国际市场竞争中初显雄风，出口创汇成倍增长：1991年303万美元，1992年603万美元，1993年1003万美元。另外，集团公司还根据国外市场需求情况，生产国外市场急需的产品，如多士炉、电烘箱、暖风机等满足市场的需要。中山市明天（集团）公司成立于1993年12月，核心企业为中山小榄开关总厂，下属包括11家企业，公司现主要生产琴健开关和驱蚊药片，成立集团公司后，实现了人、财、物、产、供、销统一领导，增强了企业的实力。

1993年机械系统各企业进一步加强了“工艺突破口”工作，如上海远东冰箱厂加强了现场工艺管理，生产过程的中间环节增加了货架、转运车，做到了在制品不着地，加强了定置管理，设置了中间（半成品）仓库，做到了均衡生产。白雪制冷设备集团公司以白雪牌冰柜及制冷压缩机向中国产品认证委员会审报安全认证为契机，进一步加强“工艺突破口”工作，改进工艺布局，调整工序流程，采用新技术、新工艺，同时采用定置管理形式，加强了现场管理，目前公司两大主要产品的安全认证均已通过国家认证，产品质量进一步提高，冰柜开箱合格率达99%。柳州龙城电热器厂认真学习“机械电子工业工艺管理评价细则”，并对照检查，找出差距及问题，制订出各部门的整改工作计划，将任务落实到部门及各人，1993年11月上级进行全面检查时得了96分，达到了预期目标。上海无线电十八厂以“工艺突破口”为先导，重点抓企业生产现场管理，严格工序质量管理，现已通过国家质量方圆标志及上海地区质量标准认定工作。

质量及质量管理 机械工业部广州日用电器研究所在征求企业意见的基础上，陆续申报了四批电冰箱可靠性考核产品。首批通过考核验收的电冰箱有：黄河机电股份有限公司的黄河牌BCD−185型、宁波凤凰电器制冷工业公司的凤凰牌BCD−190型、白云家用电器总厂的白云牌BCD−180A型、景德镇华意电器总公司的华意牌BCD−185型、广东科龙电器股份有限公司的容声牌BCD−165型、上海远东冰箱厂的远东牌BCD−185型和BCD−220A型、中国扬子电气（集团）公司电冰箱总厂的BCD−188A型。机械工业部将根据企业的要求，按照自愿的原则，对达到可靠性考核要求的企业予以公布，对可靠型好的产品予以推荐，以便为企业创造一个公平竞争的良好环境。

根据国家技术监督检查处的工作安排，国家日用电器质量监督检验测试中心于1993年第一季度，对全国21家电饭锅企业进行了质量监督抽查，合格的19家，合格率为90%，全部项目都合格的有7家，占33%。抽查结果表明电饭锅产品质量较1991年有所提高（1991年抽样合格率为72%）。机械系统企业广东电饭锅厂爱华牌CFXB40-70型700W电饭锅、贵州电器厂玉兰牌CFXB-40型650W电饭锅、台山电热器具厂富华牌CFXB40-3型700W电饭锅均合格，其中爱华牌电饭锅35项检测项目一次检测全部合格。

国家家用电器质量监督检验测试中心和国家日用电器质量监督检验测试中心共同承担了1993年第三季度房间空调器产品质量国家监督抽查任务。对47个企业的47组产品进行了监督抽查，合格率为93.6%，较1992年的82.3%有所提高。其中机械系统企业的10个产品均合格，它们是：春兰牌KFR-20GW空调器、科龙牌KF-25GW空调器、格力牌KF-20GW空调器、华宝牌KF-27GW2空调器、胜风牌KC-22空调器、扬子牌KC-20空调器、天鹅牌KC-20空调器、南风牌KY-16A空调器、康吉尔牌KC-20空调器、华意牌KC-22B空调器。其中科龙、华宝、格力各项指标均达到和超过国家标准要求，这与企业重视消化吸收国外先进技术，加强企业的质量管理，增强质量意识是分不开的。

1993年机电系统各企业充分认识到：质量第一是机电工业的生命线，提高产品质量是市场竞争的需要，更是我国"复关"后参与国际竞争的需要。长岭（集团）股份有限公司继续完善质量保证体系，积极宣传贯彻"质量法"，1993年冰箱一次交验合格率达90.1%，直通率达80.1%，长岭系列电冰箱再获"1993年全国畅销国产商品"金奖和中国消费者协会"1994年度推荐产品"，质量稳定提高率达88.2%，优质产品产值率完成31.8%，优质品产值达26581万元，比1992年增长了4046万元，在"1993年全国质量万里行活动"中被评为"产品质量优秀企业"。

技术改造及技术引进 1993年计划固定资产投资额为102021.9万元，其中基本建设投资42020.7万元；技术改造投资60001.2万元。1993年机械系统各企业在转换企业机制的同时，加大了技术改造的投入，1993年各企业用于技术改造项目的资金为69486万元，技改项目近40项。如广东台山电热器具厂投资400万元，增加暖风机生产线设备，经技改后可年产暖风机100万台，目标市场主要是欧洲和美国；上海无线电十八厂1993年3月投资200万元自行设计安装了镇流器加工流水线两条，并配备相应的测试仪器等，1993年12月建成竣工，正式投产，达到年产240万套镇流器的生产能力，产品全部外销；长岭（集团）股份有限公司投资900万元，进行电冰箱质量检测线厂房、电冰箱生产线改扩建工程、空调器生产线改扩建工程的建设，为企业发展奠定了可靠的物质和技术基础；广东科龙电器股份有限公司1993年先后组织了全厂范围的生产能力调查和生产节拍调整的方案设计，1993年3月完成，实现了冰箱生产节拍从原来的45秒／台降低到36秒／台，1993年冰箱产量比上年提高15.2%，新增产值约1.6亿元。

1993年企业在引进技术、技贸结合方面也取得了一些成绩。珠海格力集团电器公司从美国引进了空调器热交换制造技术，在引进生产设备的同时，吸收消化了热交换器改造技术，并结合我国的具体情况，制定工艺并精心设计工装，使之充分发挥了原有设备的能力，广东科龙电器股份有限公司引进日本夏普公司KF-25GW房间空调器全部技术软件和主要工装，并共同试制，经消化吸收，掌握其技术关键使产品很快投入批量生产，1993年年产10万台，创产值5.34亿元；兰州长风机器厂从日本引进东芝公司90年代新技术，建成的年生产能力20万台双桶大容量洗衣机生产线，首批生产的新一代长风牌XPB45-8S超豪华大容量双桶洗衣机容量为4.5kg，制动性能好，外型美观，色泽柔和，结构先进；上海无线电十八厂抽出部分工程技术人员组成飞跃科技开发公司，技贸结合，1993年全年总营业额达300万元，利润率约7.3%。

市场及销售 据57家企业的统计，1993年机械系统几种主要家用电器国内销售收入为129亿元。其中电冰箱为55.9亿元，占44%；洗衣机为7亿元，占5.4%；电风扇为10.4亿元，占6.1%；空调器为45.6亿元，占36.5%，电热器具为10.2亿元，占8%。几种家电产品电冰箱、洗衣机、空调器的销售收入增幅依次为1992年的109%、89.2%、86%，电风扇销售收入比1992年下降10%。1993年四种主要家电外销情况见表2。

表2 57家企业1993年四种主要家电出口情况

主要类别产品	出口数量(台)	比1992年增长%	出口金额(万美元)	占总出口金额%
电冰箱	125373	232.9	2928.94	41.5
洗衣机	12393	1.3	49.80	0.7
电风扇	3102462	−1.0	3580.04	50.7
空调器	16006	−55.5	496.95	7.1

从表2中可见家电产品的外销量电冰箱较1992年增幅为232.9%，洗衣机增幅为1.3%，电风扇较1992年下降1%，空调器降幅为55.5%。1993年，中国雪柜实业有限公司向香港、埃及、越南出口冰箱49922台，创汇1496万美元；科龙公司向东南亚出口冰箱39800台，创汇806万美元；长风机器厂出口冰箱7975台，比上年增加

6.5%，出口洗衣机 9602 台，比上年增加 17.3%，共创汇 134 万美元；美的集团公司向欧美、香港、东南亚等地区出口电风扇 158 万台、空调器 1562 台，共创汇 3083 万美元；广东鹰牌公司向中东、南美、澳洲、东南亚出口风扇 59.5 万台，创汇 1003 万美元。

〔撰稿人：机械工业部广州电器科学研究所　耿悦　审稿人：机械工业部广州电器科学研究所　赵世杰　机械工业部　强培生〕

〔中国航空工业总公司〕

生产发展情况　中国航空工业总公司从事家电（含电子）产品生产的企业共有 32 个，职工近 6 万人。1993 年家电产品的生产产值和销售产值均首次突破 20 亿元，是多年来生产及效益最好的一年。全年完成工业产值 21.3 亿元，完成销售收入 20.5 亿元，创利税 3.41 亿元，出口创汇达 5400 万美元，与 1992 年相比，产值增长了 37%，利税增长了 36%，出口创汇增长了 29%。

家电产品以电冰箱、空调器为“龙头”产品，主要配套件有冰箱压缩机、温控器、PTC 起动器、保护器、空调压缩机、蒸发器、冷凝器等。1993 年完成产值 17.8 亿元。航空工业总公司有江淮空调器公司和宝成通用电子公司两个空调器厂，生产天鹅牌和宝花牌窗式、分体式、柜式、单元式、落地式、挂壁式等十个系列 51 个品种。1993 年共生产了 9.56 万台，比上年增长 35%，其中天鹅牌生产了 6.52 万台，产值 2.85 亿元；宝花牌生产了 3.04 万台，产值 1.55 亿元。由于重视产品质量，重视售后服务工作，天鹅和宝花牌空调器 1993 年均被全国消费者协会评为“全国用户满意产品”，工厂被评为“全国用户满意企业”，荣登“1994 年中国消费者协会推荐商品”和“轻工总会中国家电协会特别推荐商品”榜。两个空调器压缩机生产厂共生产压缩机 38.9 万台，比 1992 年增长 27%。其中庆安宇航设备公司空调压缩机生产线经“六五”、“七五”两期改造后，生产、质保、销售服务等各项工作进入良性循环，产量、产值不断上升，年销售收入从 1985 年的 3903 万元增加到 1993 年的 39346 万元，年均增长率为 33.5%。1993 年生产空调压缩机 34.5 万台，累计生产 115 万台，是国内最大的空调压缩机生产厂家，并且经国家计委、经贸委、轻工业部等部门批复，同意该公司 1993 年开始进行压缩机生产线三期技术改造，1994 年完成，总投资 1.96 亿元，将达到年产 100 万台空调压缩机的生产能力。为空调器配套的蒸发器、冷凝器合计完成了 35 万台，产值 7200 万元；空调电机 16 万台，产值 3300 万元；北京青云航空仪表公司生产的风机盘管和空气处理机，1993 年共生产了约 3 万台，产值 5980 万元，其中风机盘管 1993 年荣获中国制冷学会和中国消费者协会颁发的“信得过产品证书”。

此外，航空工业总公司成都双燕冰箱总厂设有配套的冰箱压缩机、温控器、保护器等四个生产厂，1993 年生产双燕牌冰箱 6.18 万台，比上年减少 4%；远东机械设备公司是冰箱压缩机生产厂，1993 年生产冰箱压缩机 49.2 万台，比上年增长 11%，并根据市场对压缩机小型、高效及无氟的要求，于 1993 年 6 月研制出新一代“F”系列冰箱压缩机，经与长岭—阿里斯顿冰箱配套联试，各项指标均符合国家标准；温控器、起动保护器、化霜定时器、压缩机电机等配套产品 1993 年共生产了近 200 余万台，产值 8800 万元。

此外，还生产电动牙刷、电子秤、煤气电子打火器、电子石英钟、石英电子表、各种电子传感器等，1993 年共生产各种电子产品 200 万台（件），产值 3.5 亿元，比上年有较大幅度的增长，其中电连接器产量 22 万台，产值 1448 万元。太行仪表厂生产的商用电子秤产量 6500 台，产值 1100 万元；成都仪表厂等单位生产的家用煤气电子打火器产量 51 万套，产值 1500 万元，电动牙刷产量 10.2 万套（件），产值 1200 万元；苏州长风机械总厂和华南动力机械研究所生产的石英电子钟系列产品，1993 年共生产了 30 万台，产值 1350 万元，深圳飞亚达计时工业总公司生产的飞亚达钟表系列，需求量不断增加，1993 年产量达 5.8 万块，产值 1.55 亿元，创利税 1800 万元；洛阳光电发展中心生产的激光照排机产量 45 台，产值 380 万元；其它产品如矿用通风参数检测仪、电子水平仪、漏电保护开关、光电位置传感器、锅炉水位示控装置等，产量为 10 万余套，产值 1200 万元。另外武汉仪表厂生产的轻便式家用矿泉水器产量 4500 台，产值 1800 万元；各种规格的液化石油气钢瓶约 45 万个，产值 3500 万元。

1993 年共出口创汇 5400 万美元，比上年增长 29%，出口的主要产品有飞亚达手表，创汇 1500 万美元。庆安宇航设备公司空调压缩机出口 3.2 万台，创汇 315 万美元；远东机械制造公司冰箱压缩机出口创汇 162 万美元；风雷军械厂生产的皇冠牌不粘锅出口创汇 120 万美元；长空精密机械制造公司生产的电动牙刷及其配件出口创汇 250 万美元。

〔撰稿人：中国航空工业总公司经贸局　王平书　审稿人：中国航空工业总公司经贸局　李玉玫〕

〔责任编辑：白　萍〕

印 刷 机 械

〔机械工业部〕

生产发展情况　根据国家信息中心提供的数

据，1992年我国的印刷机械厂有237家、职工68800人、产量7.23万t、工业总产值17.87亿元、销售收入19.12亿元、利润总额2.02亿元、利税总额3.23亿元、劳动生产率为25000元／人·年（按工业总产值计算，下同）。另根据印机行业协会提供的数据，1992年机械工业部系统的印刷机械厂56家，工业总产值10.8亿元、销售收入13亿元、利税总额2.2亿元，劳动生产率为21000元／人·年。1993年机械工业部系统55厂印刷机械厂统计工业总产值16亿元、销售收入18.8亿元、利税总额3.7亿元、劳动生产率为36800元／人·年。

新技术与科研成果 1993年印刷机械重要的科研成果之一是奥尔球铁在印刷机械上得到应用，这种材料具有极好的综合机械性能，尤其具有独特的耐磨机理，具有贝氏体的耐磨特性，表层基体的奥氏体发生冷作硬化和形态效应，使工作表面产生优异的耐磨效果，很适合作为胶印机凸轮的材料。

美国HP公司在90年代初推出DJ500Q首台汉字喷墨打印机、墨水从喷嘴中以每秒5000次的高频射出，达到了300dpi（每英寸300点），而两针式打印机分辨率仅为180dpi。我国联想集团也以自己的技术实力开发了高质量汉字喷墨系统，和与之配套的中文文字处理软件。

江苏镇江震坤全息纸塑制品公司引进法国HOLOPRESS公司技术生产的激光全息产品流水线，生产的产品具有可靠的防伪功能，能体现物体的三维特性，而且能将人的走动、头的转动、以及人手的各种动作、眼睛视线的移动等特点全部再现出来，它还可根据用户要求，将防伪标识直接压印到软塑包装袋或纸质包装盒上。

新产品 1993年印机行业完成新产品试制50项，其中已鉴定项目18项，主要的新产品情况如下：

(1) 上海紫光机械有限公司（原上海订书机械厂）设计试制的SXB430型半自动锁线机，已通过技术鉴定。该机与原来生产的BSX03型相比，有下列优点：①整机凸轮曲线经计算机优化、数控机床加工，提高了装订质量，噪音下降3dB；②主电机采用电磁调速电机，调速方便、稳定、可靠；③采用单片离合器，装配方便、制动性能良好、寿命相对延长；④打帖轮变速机构采用调压调速电机，使变速一次到位，使用可靠。

(2) 上海紫光机械有限公司试制成功SXZ4408型自动锁线机。通过技术鉴定，认为该机是一种高效率的自动锁线机，装订幅面大、搭页机能同时搭数页，书帖有长边均可应用，适合于综合性印刷厂、装订专业厂锁线装订书芯，该机各部件具有以下特点：①锁线机采用打帖轮装置向送书架运送，打帖轮无级调速，有缓冲定位装置确保书帖定位正确。②搭页机采用增强机械手刚性，使之动作可靠，改用夹紧力较大的咬牙，使书帖运送平稳，分纸钩采用滚筒式结构，动作配合协调。③电器控制以PLC可编程序控制系统完成翻页、打孔、割线及漏帖检查等自动控制程序。

(3) 湖南印刷机械厂研制的PZF2660型可翻转印刷四开双色胶印机，通过部级鉴定，确认该机在PZ2660型机的基础上增加了功能，能单面印双色，经过变换进行双面各印一色，适用于印刷各种彩色画片。检测结果说明设计先进、结构紧凑、外形美观、时代感强、性能稳定、自动化程度高、操作维修方便。

(4) 机械工业部北京印刷机械研究所试制的八开台式晒版机，采用台式箱体结构，上置式光源，具有体积小、自动化程度高、外形美观、使用维修方便、价格便宜、可自动控制或手动控制等优点，已通过所级鉴定。

(5) 汕头通用机械厂研制出AY-620型凹印机。该机采用机械同步、气动联动控制方式，最大印刷宽度620mm，印刷速度60m／min，具有精粗调功能，可同时套印6种不同颜色，套印精度达0.1mm，适用于各种塑料薄膜、玻璃纸、蜡纸及其他卷筒材料的印刷。

(6) 由机械工业部北京印刷机械研究所设计，江苏省泰兴市印刷机械厂试制的卡片纸胶印机，通过省级鉴定，认为该机结构紧凑、操作灵活、印刷速度高、自动化程度高，适合于高档名片、请柬，及各种卡片的印刷。

(7) 北大方正推出920A系统，至此，北大方正已拥有从彩色激光照排、高档轻印刷、办公排版到汉卡的整套系列产品。这套系统能编排文字、花边、底纹、图形、表格、数学公式，能实现中西文混排、繁简字混排、横竖混排等。

(8) 北京东城区邮电局和邮电部3所联合研制的“邮资已付”签印机最近研制成功，该机将“邮资已付”戳记滚印在不干胶条上，滚印速度为150枚／min，滚印数量可由预置器自动控制，效率显著提高。

(9) 中外合资北京智凯公司研制生产出RICH票据打印机，该机适用于金融、邮政、商业等行业中的凭条、税单、货票、帐页等打印，还可打印不同厚度的单页纸、连续纸、信封、明信片及多份拷贝。

(10) 中外合资重庆华蜀激光打印机有限公司的汉字激光打印机已批量生产，它集加拿大控制器技术，中国汉字处理技术和日本激光引擎技术于一体，成为现代化办公设备。

(11) 由北人集团公司自行研制的第一台PZ6920-01型对开六色胶印机在河北邢台罗兰公司所属印刷二厂投入使用，该机采用倍径大滚筒、墨色控制、变频调速、联机上光等国外及国内先进技术，是集机、电、光、声、液、气于一体的高档多色印刷机。

(12) 湖北宜昌印刷机械厂研制生产的ZBSY-500液体成光树脂版制版机，通过省级鉴定。该机设计合理、自动化程度高、树脂铺滚、树脂回收机构设计新颖、动作可靠、操作方便，该机可与激光照排技术相配套，形成新的制版工艺，充分发挥现有铅印设备的能力，提高印刷设备利用率，替代铅版，排除铅污染，有利于环境保护，降低劳动强度并提高工效。

(13) 江苏省如皋印刷机械厂开发出 YPSIAI 型对开单色双面胶印机，采用大直径四滚筒对称排列形式，结构紧凑。该机具有双墨路系统可进行单面印刷，又可进行双面印刷，其凸轮设计有独创性，已取得国家专利，采用无极调速可以在 400～4000／h 印张范围内选用。

(14) 山西太行印刷机械厂自行研制设计的 YT5200 型五色商标印刷机通过了省级鉴定。该机是一种卷筒纸的高档商标柔性印刷机，结构紧凑，占地面积小。具有高速、五色印刷、三个标切工位、分切、卷废、复卷、自动烘干等多种功能。用该机印刷的不干胶商标墨量恒定，色质不变。

行业管理 1993 年印刷机械的行业管理工作仍由机械工业部第三装备司直接领导，由北京印刷机械研究所和印刷机械行业协会具体承担。主要工作有:

(1) 加强企业集团的建设。印刷机械行业以北京人民机器厂为“龙头”的北人集团已建成。北人集团的结构分为三个层次：第一层为北人集团的全资附属公司，包括 7 个制造厂及印刷机械研究中心。第二层由北人集团独资和控股的独立法人企业组成，从事各种业务，包括产品进出口。第三层次由北人集团的 44 个参股联营企业及 30 个协作配套企业组成，从事各项业务。此外，以哈尔滨印机厂为首的哈印集团、以玉田印机厂为首的玉田集团、以太行印机厂为首的太行集团、以泰兴仪器厂为首的泰兴集团等也相继成立，并逐渐显示出他们的活力。

(2) 加快“三资”企业的建立。为了加速印刷机械的发展，利用外资引进先进的加工设备和先进技术及管理方法，1993 年上海订书机械厂、咸阳铸字机厂、宜昌印刷机械厂、上海人民机器厂、上海第二和第三印刷机械厂也相继成立合资企业。这些企业不断提高产品的质量与等级，使产品水平不断翻新。在巩固原有的东南亚市场的基础上，进一步拓宽出口，产品销往北美、欧洲市场。

(3) 进一步发挥行业协会的作用。①在广州举办了印刷机械产品展销会，成交额达 7000 万元。②行业质量管理委员会在瑞安召开了会议，对印机产品提出了新的要求。机械工业部陆燕荪副部长还为会议提词“质量是企业的生命”。③信息中心编写了包装印机厂目录。④教育委员会为培养工厂技术人材举办了各种培训班。⑤在西安举办了特种印刷设备展销会和培训班。⑥技术协调委员会出版了《第三届北京国际印刷技术展览会产品水平评估》一书。

(4) 由行业出版的《今日印刷》、《印刷文摘》以及《印刷机械动态》和《印刷机械标准化通讯》杂志，在 1993 年印刷质量和文字内容都有了显著的提高。

质量及质量管理 1993 年印刷机械热销，一些名牌产品供不应求，甚至中小型企业生产的 J2101S 型对开平版单张纸胶印机也大量畅销。行业协会的质量管理委员会仍多次进行认真的质量检测和调研工作，并将质量检评数据反馈给生产厂家。二季度，国家印刷机械产品质量监督检验中心受国家技术监督局的委托，对部分印刷机械厂生产的单、双色平版胶印机进行了质量抽查。从突击抽查的近 20 家生产厂来看，一些大中型国营企业已经把产品质量提到有关企业兴衰的高度来认识，但有些企业尚未具备生产条件，就急于上马，只注重抢市场、出产品、争效益，而把产品质量、用户利益置之度外，对印机行业造成不良影响。通过评比与抽查，促使各厂加强对质量的重视，在许多方面得到了统一的认识。

1993 年完成了 10 项印刷机械行业标准的修订工作。

技术改造及技术引进 1993 年机械工业部共安排技术改造总投资 11285 万元，主要用于增添关键加工机床、完善检测手段，增添检测仪器等。

其中上海亚华印机有限公司已经完成“八五”技改项目。

〔撰稿人：机械工业部北京印刷机械研究所　张诚文〕

〔责任编辑：白　萍〕

医疗器械

〔国家医药管理局〕

生产发展情况 1993 年医疗器械工业仍然保持较好的发展势头，全年生产总值比 1992 年增长 33.4%，达到 46 亿元。工业销售产值为 42.7 亿元，比上年增长 33%，产销率达到 92.8%。其中，浙江省、山西省、山东省、江西省的医疗器械工业总产值的增长率超过 50%。

主要品种产量，手术器械完成 3743 万件，比上年增长 1.81%；X 线设备完成 9194 台，比上年减少 11.11%。

汕头超声仪器研究所从 80 年代末 90 年代初引进的日本超声诊断仪器生产技术和生产装备已全面投入正常运行，由于坚持在引进技术装备的同时，采取先进的生产管理经验，使研究所的超声显象诊断仪的产品整体性能和产品质量均有较大幅度提高。1993 年全年生产各种规格超声显象诊断仪 1131 台，销售产值达到 4099 万元，完成利税 451

万元。

新产品 1993年国家医药管理局组织鉴定的新产品有76项（见表1）。有5项医疗器械新产品获得国家医药管理局1993年科技进步奖：SCH64XK-3.5线阵探头（上海医用电子仪器厂）、SC-5电动呼吸机（上海医院设备厂）、XG1·P脉动真空灭菌器（山东新华医疗器械厂）、多功能安瓿灭菌器（山东新华医疗器械厂）、SCE-1、SCE-2肾移植手术器械（上海手术器械厂）。

表1 1993年通过国家医药管理局鉴定的新产品

序号	产品名称	完成单位
1	CWL-10型 CO_2 激光治疗仪	武汉楚天激光股份有限公司
2	YY100型YAG激光治疗仪	武汉楚天激光股份有限公司
3	便携式WLM-5型波导 CO_2 激光治疗机	厦门大学新技术开发研究所
4	SDJ系列多功能 CO_2 激光治疗仪	中国科技大学科技开发总公司
5	JY800型 CO_2 激光治疗器	上海医用激光仪器厂
6	QF58型便携式 CO_2 激光治疗机	国营前锋无线电仪器厂
7	LCT-1型激光治疗机	山东省枣庄市激光医疗器械厂
8	HJK-15A型 CO_2 激光治疗机	华昌激光技术应用开发公司
9	SA-88P便携式超声诊断仪	上海麦迪逊医疗器械有限公司
10	SJN2032型便携式B型超声诊断仪	江苏雷声电子设备厂
11	US-1010型B型超声波显象仪	深圳大康医用电子有限公司
12	SC-200型B型超声显象仪	天津市医疗电子仪器公司
13	CSBS-9C型超声显象仪	国营涪江有线电厂
14	CSBT-11型超声显象仪	国营涪江有线电厂
15	CSBT-21型超声显象仪	国营涪江有线电厂
16	CSBT-51型超声显象仪	国营涪江有线电厂
17	ZPRT-1前列腺射频治疗仪	北京中科电气高技术公司
18	前列腺射频治疗仪	北京恒星医疗器械有限公司
19	MT-205N型微波前列腺治疗仪	北京燕山科学仪器联合开发公司
20	ZAG-06A前列腺微波治疗仪	北京亚泰医疗设备有限公司
21	PRT前列腺射频热疗仪	北京市康联医学工程公司
22	WE7565射频前列腺热疗仪	山东威海经济技术开发区为尔福电子公司
23	BYS-26A心脏除颤监护仪	北京医用电子仪器厂
24	GD-Ⅲ型多种血流型人工心肺机	广州制药厂东方红医疗器械分厂
25	厦门视明人工晶体	厦门视明人工晶体有限公司

(续)

序号	产品名称	完成单位
26	眼内人工晶体	河南宇宙眼内人工晶体研制中心
27	SC-6电动呼吸机	上海医疗设备厂
28	NDS-F型微电脑麻醉呼吸机	南京电子设备厂
29	S900微电脑多功能高频电刀	苏州康迪电子有限公司
30	DGD-300系列医用电脑高频手术器	北京贝林电子有限公司
31	YS-A型体外碎石机	中国航天工业总公司二院二部
32	医用可吸收缝合线	无锡县万利医用缝合线厂
33	医用可吸收生物材料缝合线	中外合资陕西宝泰医用制品有限公司
34	医用几丁质可吸收缝合线	浙江嘉兴米克罗医用生物材料有限公司
35	SCH960Y-7.5浅表小脏器探头	上海医用电子仪器厂
36	喷雾型(PW)快速止血医用胶	广州市白云新技术开发公司
37	快速系列医用胶	深圳南长医用胶有限公司
38	自动加压接骨螺钉	天津开发区美信生物医学工程联合公司
39	自动加压接骨板	天津开发区美信生物医学工程联合公司
40	ASA-601S高精度脑立体定向仪	深圳安科高技术有限公司
41	OM型变压吸附式医用氧气发生装置	中国通用石化机械工程总公司
42	ZEP系列诱发电位仪	北京中科电气高技术公司
43	BJ-6B医用电子加速器	北京医疗器械研究所
44	WDVE-6医用电子直线加速器	广东威达医疗器械集团公司
45	WS-2型微波治疗仪	连云港开发区永业医疗器械有限公司
46	ZLY电化学治疗肿瘤仪	西安富达电子设备厂
47	WD-HDR18近距离遥控后装机	广东威达医疗器械集团公司
48	西京-90型鼓泡式氧合器	西安市西京医疗器械厂
49	B-1型微电脑婴儿培养箱	装甲兵工程学院
50	EY-202型超声扇形扫描实时成象仪	武汉市医疗器械研究所

(续)

序号	产品名称	完成单位
51	一次性使用输液器(4项)	云南医用高分子器材厂、丰润县联营医疗器械厂、安徽省界首市医疗器材厂、徐州庆安医用塑胶制品有限公司
52	一次性使用无菌注射器(7项)	山东新华医疗器械厂、沈阳华源医疗器材有限公司、宝应县医疗卫生用品厂、成都市双流输液器厂、广州石井卫生保健用品厂、哈尔滨伟建医塑有限公司、烟台永利医疗器械有限公司
53	一次性使用胰岛素注射器	浙江省黄岩市岩光医疗器具厂
54	一次性使用输液器用药液过滤器(4项)	连云港江苏医疗器材实业公司、山东侨联医院高青医用器材厂、江苏省常熟市医用器材厂、安徽省天长县注射用品厂
55	一次性使用静脉输液针(6项)	浙江省德清县医疗器械厂、连云港江苏医疗器材实业公司、常州市鹤寿医用器材厂、沈阳华源医疗器材有限公司、德清新市医用器械厂、山东侨联医院高青医用器材厂
56	一次性使用输血器(2项)	德清新市医用器械厂、常州市鹤寿医用器材厂
57	一次性使用滴定管式输液器	浙江省德清县医疗器械厂
58	一次性使用无菌注射器用橡胶活塞	山东东大化学工业集团公司

行业管理 1991年开始实施《医疗器械管理暂行办法》，至1992年底，已对医用超声诊断治疗仪器、医用X线设备、呼吸麻醉仪器设备，体外震波碎石机、埋藏式心脏起搏器和医用高压氧舱6类产品发放生产准许证。1993年，全面铺开医疗器械生产企业的资格审查工作，对手术器械（基础外科、骨科、儿科、计划生育、注射穿刺器械)、医用电子仪器（急救类、结构复杂的电生理仪器)、医用光学仪器（内窥镜)、医用激光仪器(强激光治疗、激光诊断)、医用高频仪器（高频手术设备、微波诊断治疗设备)、物理治疗设备(射频仪器)、医用高能设备（加速器、模拟定位机)、医用核素设备（治疗设备、诊断设备)、临床检验仪器（综合型临床检验仪器)、体外循环设备（血液净化器具、设备、人工心肺设备)、人工脏器（心脏瓣膜、人工器官)、口腔科材料、医用缝合、粘合材料（缝合线、医用粘合剂)、医用高分子材料及制品（导管、输血输液器具)、医用橡胶制品（植入型硅橡胶制品）等15个门类35个小类产品发放生产准许证。

截止到1993年底，已对274个生产企业发放了第一类生产准许证。除上海市外，省、市医药局在1993年也已将准许证发放工作全面铺开，在国家医药管理局备案的第二类生产准许证已有334个。

质量及质量管理 1993年抽查了13种256批医疗器械和1种制药机械产品，涉及208个企业，平均合格率为59.7%，比上年有所提高。其中一次性使用输液器合格率为86.3%，比1992年提高了44个百分点。说明通过监督抽查，企业增强了质量意识，改进了生产条件，在执行产品标准的生产程序质量控制等方面加强了监督管理，使产品质量有了较大提高。

销售 1993年医疗器械销售状况总体上比较好，销售额增幅虽有所下降，但销售比较稳定，其中大型装备的销售略有下降，常规品种销售上升。春季博览会成交额为8.7亿元，秋季博览会成交额为8.3亿元，两次博览会成交总额基本上与1992年持平。详见表2。增幅下降的原因，一是国家银根紧缩，企业和卫生单位在资金使用上较前慎重；二是“三角债”仍然困扰生产企业，新产品开发和老产品改造的资金短缺；三是国家加强对社会集资控制，集资购置医疗装备热降温。两次博览会上几个主要医疗器械品种的成交情况见表2。

汕头超声仪器研究所的产品不仅在国内市场受到青睐，而且开始小批量出口。研究所为进一步将超声显象诊断仪打入国际市场，解决好在国外服役的产品的售后技术服务问题，1993年该所接受了

2名美国技术人员到研究所进行产品维修服务培训。

表 2 (单位: 台)

时间	X线机	救护车	B型超声仪	心电图机
春季博览会	1597	1640	1245	1529
秋季博览会	1730	2621	1145	2006

〔撰稿人: 国家医药管理局 陈思超等 审稿人: 国家医药管理局 卜绮成〕

〔责任编辑: 白 萍〕

制药机械

〔国家医药管理局〕

生产发展情况 1993年上半年制药机械工业形势较好，出现了各类产品全面增长的局面。仅1993全国制药机械春季展销会成交额就达5亿元。但下半年形势却急转直下，1993全国制药机械秋季展销会成交额只有2亿元。尽管如此，1993年仍然保持了较高的增长速度。根据73家重点药机企业统计，全年完成工业总产值81500万元，比上年增长28%；产品销售收入完成75056万元，比上年增长13.2%；实现利润总额10396万元，比上年增长24%；全员劳动生产率28378元／人·年，比上年增长24%。八大类药机产品中，原料药机械与设备、制剂机械及药用包装机械增长速度领先，片剂、水针、口服液、胶囊剂及泡罩式铝塑包装机、小袋包装机等产品，增长势头尤其显著。随着制药企业的质量，效率、G.M.P.意识的不断增强，高效、节能、机电一体化、符合G.M.P.要求的制药机械与设备的推广应用日益广泛。这类产品，因技术先进、自动化程度高，属技术密集型产品，对材质、加工精度、加工手段、安装、调试及企业的技术与管理水平等要求严格，与传统产品相比价格悬殊，因此，高效、节能、机电一体化、符合G.M.P.要求的产品需求量的不断增加，必然导致药机工业的产值与效益的增长。

新产品 HFZ300抗生素粉针生产联动线、CR2540／90型水浴式灭菌柜、ZJT-40型全自动胶囊充填机、SHK250型湿法混合颗粒机、SJ-1型半自动栓剂灌装机、DWJ-1型全自动无缝软胶丸机、DSP-1型塑料瓶成型灌装包装机、粉体物性检测仪、医药灭菌器等10项科研成果通过鉴定。

中国航空工业总公司哈尔滨飞机制造公司，生产的HFZ300型抗生素粉针生产联动线，由CHXP300超声波洗瓶机、SXH300隧道消毒烘干箱、FZH320分装机、ZHG320轧盖机、TQ400贴签机、半成品检查台及缓冲盘等组成。联动线的最大生产能力为320瓶／min。经华北制药厂生产考核、专家评议，该联动线设计合理，运行情况良好，能满足生产工艺要求，符合G.M.P.规定，具有国际水平。

抗生素粉针生产线国产化研制工作，自1989年开始，历时四年。这样一个具有世界先进水平的机电一体化系列工程，鉴于我国工业基础的现状，能在四年时间里研制出接近样机水平产品，确实是一个很大的成绩和突破。

中国航天工业总公司一院15所研制的DWJ-1全自动无缝软胶丸机，经用户全面考核，专家评议，确认该机技术先进、设计合理、结构简单、性能稳定、操作与维修方便，物耗低、收率高，制丸质量、装量误差远远低于中华人民共和国药典以及日本、意大利、英国、荷兰等国同类产品的水平，是机电一体化、符合G.M.P.要求、具有80年代末国际先进水平的制药设备。

日本软胶丸机是当今世界比较先进的滴丸设备。DWJ-1型全自动无缝软胶丸机与其相比具有明显的优势。(1)胶丸在机内冷却，凝固时间长，不但简化了胶丸后处理的工艺过程，而且提高了胶丸质量；(2)进油方式先进，石腊油流动稳定，不堵塞，胶丸成型好；(3)由于采用了交流三相四线380V供电方式，不仅节省了一个大变压器，而且使用方便；(4)采用多圈电位器调整频率，调整精度高，装量稳定。

DWJ-1型全自动无缝软胶丸机应用计算机技术严格控制明胶、冷却用油的温度和供药量，在瞬间完成胶丸的成型、填料和封口，并在循环的冷却液中进一步冷却成具有一定硬度的胶丸排出机外。主要技术参数如下：药泵转速0～37.5r／min，循环泵流量16L／min，胶丸装量规格为10～200mg，生产能力为43200～21600丸／h，总耗电量1.5～4kW，压缩机功率0.735kW，整机外形尺寸1040mm×800mm×2040mm。

由锦州包装机械总厂研制的DSP型塑料瓶成型灌封包装机，是一种新型的液态药品、食品、化妆品的包装机械。该机从PVC成型到封口，共22个工位，全部由电脑控制，自动化程度高，生产效率高，与传统的玻璃瓶包装相比具有明显的优越性：(1)自动化水平高，割除了传统工艺的洗瓶、干燥杀菌工序，简化了生产工艺，达到了降低劳动强度、节能、提高生产效率的目的；(2)对药液的污染机会极少，确保生产过程符合G.M.P.要求，有利于提高产品质量；(3)生产过程不会出现破瓶和药液流失，因而改善了生产环境，提高了药液的利用率，也增强了人们用药的安全感；(4) 各工位采用程序控制，有利于企业的现代化管理；(5) 产品便于贮存和运输，使用和携带方便。(6) 包装成本低，以10ml口服液为例，一支瓶可降低成本6～7分钱，年产1万支的口服液厂，一年可节约包装材料费60～70万元（不足10个月可收回设备费）。

DSP型塑料成型灌封包装机主要参数：灌装效率10～20次／min（10支／板），灌装容量10～20ml，最大间距120mm，最小间距90mm，包装材料最大宽度300mm，薄膜辊的最大外径350mm，辊蕊内径70～76mm，消耗功率10kW，耗水量280L／h，压缩空气压力0.6MPa，外形尺寸3870mm×1780mm×1850mm，净重3400kg。有关专家确认，该机技术先进、设计合理、结构简单、操作方便，是机电仪一体化、符合G.M.P.要求，具有国际水平的产品，该机的研制成功填补了我国包装机械的一项空白，为改革液态药品包装工艺创造了条件。

重庆制药机械厂研制开发的SR2540／90型水浴式灭菌柜，是采用去离子水为加热介质，通过高温将药液中的微生物杀死，克服了传统灭菌方法的缺陷，灭菌温度均匀，升温、降温快，实现了全过程自动控制，是输液和针剂药品的理想设备。该产品的研制成功，为我国淘汰蒸汽灭菌柜创造了条件。

SR2540／90型水浴式灭菌柜，由主机、辅机、自控装置三部分组成。主要技术参数：生产能力2540瓶／次，设计压力0.3MPa，设计温度150℃，最高工作压力0.27MPa，工作温度115℃，蒸汽压力0.4～0.7MPa，蒸汽耗量850kg／h，耗电12kW，柜体尺寸为4200mm×900mm×1450mm，外形尺寸为4600mm×4800mm×2500mm。

本设备具有以下优点：(1) 灭菌过程采用独立的循环软水，不仅达到了对药液的灭菌要求，也保证了包装容器的卫生要求。(2) 自动化程度高。采用微机控制，四通道记录仪，显示各技术参数，智能打印机打出产品生产日期、产品编号、灭菌流程中的温度、压力、恒温时间、F_0值；灭菌结束时讯响器发出信号，整个灭菌过程全部自动化。(3) 温度均匀（温差0.5℃），测温真实，灭菌彻底，没有死角。(4) 药液温度变化率较均衡，不会产生玻璃瓶爆炸，因冷却速度快，高温阶段短，大大降低5—羟甲基糠醛的杂质吸收度。(5) 灭菌质量好。水浴式灭菌柜除了用温度和时间来控制灭菌质量之外，还采用F_0值进一步保证灭菌质量。

黑龙江省制药机械厂研制的ST-1型半自动栓剂灌装机，填补了我国栓剂自动设备的空白。

惠阳机械厂研制的ZJT40型全自动胶囊充填机，采用电脑控制，中央回转机构分为12个工作站，自动完成播囊、分囊、充填、废胶囊剔除、销囊、成品排出等工作，生产能力4.8万粒／h，装量误差小于5%，成品合格率达98%以上，整机采用全密封装置，符合G.M.P.要求。

YMJ-KA型医药灭菌器是清华大学与黑龙江佳海高科技开发有限公司共同开发研制的。该产品利用臭氧强氧化性达到杀灭微生物的目的。臭氧与微生物细胞中多种成份产生不可逆反应，通过破坏核糖核酸或脱氧核糖核酸达到杀灭病毒的目的。杀灭细菌、霉菌类等微生物则是臭氧首先作用于细胞膜，使膜构成成份受到损伤，导致新陈代谢障碍并抑制其生长，臭氧继续渗透破坏膜内组织，直致杀死。

该机对细菌、霉菌、病毒等微生物都具有很强的杀灭力。对金黄色葡萄菌、枯草杆菌、大肠杆菌、流感和肝炎病毒等，皆可在较短时间内全部杀灭。用于药厂车间灭菌，在300m^{3}内能达到G.M.P.规定的万级洁净区菌落数要求，在100m^{3}内可达到百级菌落数要求，并且有较大的滞后效应，关机后持续灭菌时间为2～4小时。由于可自动开机、自动关机，多余的臭氧会较快分解为氧气，因此不会产生残余污染。关机后2～4小时后，人即可进入工作间。

JMY-KA型医药灭菌器与传统的紫外线照射等灭菌方法比较，具有灭菌效果好、适用范围广、使用安全简便、可靠性强等特点。主要技术指标为：臭氧产量3g／h，适用空间：$\leqslant$300m^3，灭菌效果：300m^{3}内菌落数$\leqslant$3、100m^{3}菌落数$\leqslant$1，使用温度-20～30℃，使用湿度$\geqslant$RH50%。有关专家确认，该产品为国内首创，技术先进，具有国际先进水平。

行业管理　熔封式安瓿灌封机（简称熔封机）不仅不符合G.M.P.要求，而且效率低、能耗大、产品质量差、生产环境坏、劳动强度大。然而，却因使用历史久、量大面广，虽是淘汰设备，但在用机数量和范围仍然不小。为配合国药企字（93）第158号文的贯彻实施，从根本上改变针剂包装的落后面貌，提高包装水平，国家医药管理局制药机械行业办公室委托中国制药装备行业协会，对在用熔封机进行了普查，并组织专业技术力量将其改造成为拉丝封口机，结束了我国使用熔封机的历史。

国家医药管理局制药机械行业办公室组织制药机械企业参加了由中国医药对外贸易总公司在印度尼西亚雅加达举办的'93中国医药装备及医药产品展览会，取得丰硕成果。参展的24家制药机械企业、51人，来自全国13个省、市。参展的样机有原料药机械与设备、制剂机械、包装机械、中药浓缩提取设备、药用粉碎设备、制瓶机械等34台（套），共占24个展台。

展览会期间，各企业领导和工程技术人员，热情接待了16个国家和地区的外商，共计8019人次。售出样机26台（套），占参展样机的76%，销售额46万美元。期货61台（套），金额达150多万美元，通过1992泰国、1993印尼两次中国制药装备国外展览，药机企业不仅增长了见识，了解了信息，促进了友谊，还为参与国际市场竞争，尤其是为开辟制药机械在东南亚地区的市场闯出了新路。

随着国家产业政策和价格政策的逐步调整与放开，工业原材料、能源、配合机件的价格及各种生产费用持续上涨，企业产品成本支出不断增加，尽管企业采取各种措施，挖掘潜力，努力在内部消化涨价因素，但持续涨价的压力仍不能承受。为避免亏损，维护企业正常生产，一些企业对价格进行了调整。然而，由于各企业性质及所处地区不同，在原材料采购、能源价格、产品订货量、企业负担及享受政策优惠程度、税收等方面地位的不一致，出现了产品价格不一，加之报价方式的不统一和少数企业采用不正当的销售手段，使药机市场价格出现混乱，尤其是出口价格，甚至出现行业内部互相压价，自相“残杀”现象，影响了企业的经济效益，对用户利益也造成了损害。企业要求政府部门，采取积极措施，统一协调价格的呼声强烈。

质量及质量管理 1993年8月27日国家医药管理局以国药质字（93）第311号文发布了9项制药机械行业标准。详细标准如下：

标准号	标准名称
YY0132—93	崩解仪
YY／TO133—93	离心薄膜蒸发器
YY／TO134—93	双锥形回转真空干燥机
YY／TO135—93	胶囊、药片印字机
YY／TO136—93	脱皮机
YY／TO137—93	洗药机
YY／TO138—93	结晶器
YY／TO139—93	铝塑泡罩包装机
YY／TO140—93	旋转式切药机

〔撰稿人：国家医药管理局制药机械行业办公室 石 青 审稿人：国家医药管理局制药机械行业办公室 徐虹〕

〔责任编辑：白 萍〕

商业机械

〔国内贸易部〕

生产发展情况 1993年全国商业机械制造工业企业共634个，其中亏损企业87个。全部职工年末人数83304人。固定资产原值合计150915万元，固定资产净值合计110205万元，固定资产净值年平均余额96190万元。工业总产量443147台、160508t。工业总产值按1990年不变价格为311891万元，按现行价格为350847万元。利润净额15286万元，利税总额29266万元。出口创汇总额813万美元。

商业机械行业分为粮油机械、商用机械、供销机械三大部分，其中粮油机械制造企业和部直属口岸船厂、洛阳制冷机械厂生产发展情况偏好。1993年全国粮油机械工业企业222个，全部职工年末人数41742人，固定资产原值合计78507万元，固定资产净值合计55256万元。工业总产量140406台、105538t。工业总产值按1990年不变价格为179525万元，按现行价格为207003万元，利润净额10372万元，利税总额16706万元。

新技术与科研成果 各机械制造企业注意与部属大专院校、部属科研所合作，共同开发新产品，实现技术进步。1993年荣获内贸部科技进步奖共34项，其中粮食机械21项，商业专用机械7项，供销机械6项。

行业管理 商业部商办工业管理司于1993年初整建制转入新成立的中商华天实业公司，在继续做好行业管理工作的同时，开展了公司组建、经营创收等业务工作。

根据国务院国家机构改革方案的要求，由原商业部、物资部合并组建了国内贸易部。根据工业司行业管理的现状和发展需要，提出了主要职能，处室设置和人员编制方案，顺利地完成了新机构的组建工作。目前新的工业司人员已全部到位，各项工作步入正常轨道。

工业司的职能是：开发调查研究，做好宏观协调、监督和管理工作，为企业转换经营机制服务，引导商办工业由产品经济模式向市场经济过渡。

处室分为：商业工业处、粮油工业处、供销工业处、饲料工业处、机械处、综合处和办公室。

1993年共发布商业机械行业标准22个。

技术改造及技术引进 1993年利用国家专项贷款，重点扶持了一批骨干企业，通过技术改造进一步发展适销对路、出口创汇产品，提倡“雪中送炭”，不搞“锦上添花”。1993年共安排，国家专项技改贷款2420万元，技改项目17个。

1993年，我国最大的制粉机械企业——无锡粮食机械厂与国际上最大的制粉机械生产企业——瑞士布勒公司的合资工作基本完成，即将合资成为无锡—布勒机械制造有限公司。

〔撰稿人：国内贸易部工业司 林 西〕

〔责任编辑：白 萍〕

环境保护设备

〔机械工业部〕

生产发展情况 1993年，据机械工业部系统环境保护机械设备制造行业 43 个企业统计，共完成各类环境保护机械设备产品产量 66682t，比上年增加 27.8%，其中：机械除尘设备 12473t，电除尘设备 36134t，污水处理设备 12832t，气体净化设备 4152t，噪声控制设备 797t；在电除尘设备的产量中按引进技术制造的产品 11754t，比上年增加 73.4%；工业总产值（1990 年不变价）64484 万元，比上年增加 41.4%；工业增加值 20234 万元，比上年增加 49.2%；利润总额 1785 万元，比上年增加 11.3%。

1993 年，机械系统环境保护设备产量最高的企业还是浙江电除尘器总厂，全年共完成电除尘器 39 台、11609t，比上年增加 2.4%；气力输灰设备 1 套；工业总产值（1990 年不变价）8238 万元，比上年增加 36.2%；利润总额 700 万元，比上年增加 10.1%；产品销售产值 7253 万元（1990 年不变价），比上年增加 30.1%；全员劳动生产率达到 63962 元／人・年，比上年增加 38.1%。

1993 年，环境保护设备制造行业生产的重点产品主要有：浙江电除尘器总厂为 600MW 燃煤机组、浙江嘉兴电厂为 300MW 燃煤机组配套的 F384−5 型智能化大型电除尘器、F220−3 型电除尘器，为 50MW 燃煤机组配套的正压浓相气力输灰设备等；哈尔滨环保制氢设备工业公司为哈尔滨第三发电厂、陕西省渭河化肥厂配套的 HJD228 型 $72m^2$ 电除尘器，为首都钢铁公司配套的 $18200m^2$ 大型袋式除尘器和为巴基斯坦拉克拉电站 50MW 燃煤机组配套的大型扁袋除尘器等；湖北除尘设备厂为首都钢铁公司 3# 高炉大修设备更新生产了 LFSF−10000 型负压反吹风布袋除尘器两台，该产品有效过滤面积 $10000m^2$，处理烟气量 $600000m^3/h$，过滤速度 0.8～1.0m／min，设备阻力 1765～1961Pa，入口含尘浓度＜$3g/Nm^3$，入口烟气温度＜130℃，除尘效率 99%以上，安装高度 42m，单台设备重量达 450t；武汉阀门厂生产了刮液机、清污机、搅拌机、启闭机、闸门、拍门等污水处理机械设备 149 台（套）；无锡市通用机械厂完成刮泥机 4 台、格栅 30 台。

新技术与科研成果　机械工业部设计研究院环境保护技术研究所完成了 QD 型、DX 型多管旋风除尘器、XQW／LG 型高效单筒旋风除尘器、含砂废水处理工艺及设备、大中型电弧炉排烟净化系统及配套设备、WLXS 型文丘里麻石水膜除尘器、沸腾床锅炉烟尘治理技术、FP／I 型旁插式扁袋除尘器、LFF 型回转反吹扁袋除尘器、GQZF 系列高气密性曲面自适应反吹转换阀和液膜技术处理高浓度含酚废水等 13 项课题的研究。其中液膜技术处理高浓度含酚废水研究项目，通过对处理工艺、设备的研究和小试，成功地应用到青海制药厂利凡诺车间高浓度含酚废水处理工程中。该厂含酚废水排放量每日大约平均 $20m^3$，含酚量平均 30000mg／L。经该法处理后，出水含酚浓度小于 0.5mg／L，达到国家规定的排放标准。苯酚的回收率大于 90%，回收的苯酚纯度大于 95%，每处理 $1m^3$ 这种高浓度含酚废水，可回收 27kg 苯酚。经现场应用证明，该技术具有分离速度快、选择性好、效率高、设备简单、占地面积小、经济合理等优点，有显著的环境效益、经济效益和社会效益，已通过部级专家鉴定；QD 型多管旋风除尘器，旋风子采用 45° 倾斜布置，结构紧凑，占地面积小，气流分布合理，对细粉尘捕集能力强，切割粒径 $dc50=2.9\mu m$，具有除尘效率高（$\eta>95\%$）、阻力较低（$\Delta P=901Pa$）、钢耗低（含灰斗、支架等时，$G=127kg/1000m^3/h$）等特点，主要用于层燃机烧锅炉的烟气净化，已通过部级鉴定。机械工业部机械工业环境保护技术研究所和唐山市第一机床厂完成了污泥脱水成套设备研制工作。该项目包括污泥脱水的工艺、设备、仪表和控制系统等内容，主要研制开发了带增稠器的 DY−2000B 型带式压滤机、J300 型药剂定量泵、ZSR−Ⅱ型絮凝剂速溶机和用于在线测量的 US−1 型超声波污泥浓度计、投药自控系统等设备、仪器、并将其组成一个单元系统，在唐山市西郊污水处理厂作工业性试验，运行情况良好，已通过了部级鉴定。西安重型机械研究所研究和开发出用机械加工方法处理回收废旧电线电缆的技术及设备，解决了市场上对废旧电线电缆处理回收技术的难题。该项技术及设备对小断面室内电话线和大断面多股海底电缆、地下电缆都可进行金属和覆盖物的分离和回收，其金属的回收率和纯度都可达到 99%以上，生产过程在无污染的条件下进行，全部工艺设备可用一台 PC 机自动控制。对断面直径在 10mm 以上的大断面电缆采用剪切（成段）—剥皮工艺，用夹送辊将电缆送到特殊的切刀上，将电缆表皮沿其轴线方向切开，在塑胶等覆盖物的弹力作用下，使金属导线与外表皮分离，这种工艺适用于海底电缆和地下电缆的处理；对于断面较小的电线、电缆，采用粉碎（成粒）—分选的工艺，导线通过切断机、粉碎机的剪切，变成一定尺寸的颗粒，使导线中的金属和表皮脱离，然后将已成粒状的金属和表皮送到振动分选机上将两者分离，以便回收金属。该所还根据冶金工厂烧结机机尾排放的废气具有烟气量大、含尘浓度高、含铁量高、粉尘啄磨性大、粘附性强、比电阻大等特点，研制开发了 GD 型管极式三电极电除尘器。该产品具有收尘效率高、适用比电阻范围广（$10^3\sim10^{12}\Omega\cdot cm$）、放电特性好、集尘面积大、抗热变形性能好、气流分布均匀、耐腐蚀性能好、制造方便、安装和调整容易、作业率高、可靠性高、维修量小、造价低等优点，如在安阳钢铁公司 5 号烧结机尾用的 GD35 型管极式电除尘器，在只开两电场的情况下，进口烟气含尘浓度为 $11206mg/Nm^3$，经除尘后其出口排放浓度为 $91mg/Nm^3$，除尘效率达 99.2%，不仅有很好的环境效益，而且还有很好的经济效益。哈尔滨环保制氢设备工业公司设计研制了 LZ485C 型电除尘器阳极板轧机，产品质量达到设计要求，并通过了专家鉴定。武汉阀门厂对 ZSB 型清污机的滤网和运行的安全性作了改进。

新产品 1992 年研制的新产品主要有：浙江电除尘器总厂完成的 F47A-3、F109-2、F220-3 型电除尘器，这三种产品的放电极均采用新型阴极线。其中 F47A-3 型电除尘器为日产 600t 水泥生产线回转窑配套，三电场，烟气流通截面积 48.6m^2，总集尘面积 2632.5m^2，处理烟气量 120000m^3／h，正常运行温度＜170℃，设计除尘效率≥99.8%；F109-2 型电除尘器是为燃用水煤浆的 50MW 火电机组锅炉配套的，双室二电场，烟气流通截面积 108.8m^2，总集尘面积 3264m^2，处理烟气量 385200m^3／h，烟气温度 165℃，设计除尘效率≥96%。湖北除尘设备厂完成了 CD-5425 型长袋低压除尘器、CXS-Z-12 型顺流式玻纤袋除尘器和 PPCS 型气箱脉冲袋式除尘器等三种新产品。其中 CD-5425 型除尘器用于广西平果铝厂，其过滤面积 5425m^2，处理烟气量 500000～600000m^3／h，单台设备重量 152t。云南大理通用机械厂为该省通海县玛钢厂退火炉设计研制了一套除尘机组，经试用检测，排放烟气含尘浓度符合 GB9078—88 工业炉窑烟尘排放标准。该产品是为玛钢厂退火炉烟气含尘浓度大、温度高的特点专门设计的，采用封闭式负压系统，旋风除尘加脉冲布袋除尘工艺。机械工业部第七设计研究院开发研制了 QY-YB 型废水处理设备，并获国家发明专利(专利号为 86106448.8)。该设备的废水处理多项技术组合在一个净化器内，具有运行稳定可靠、操作方便、能耗低、效率高、占地少、经济实用等优点，经过试用后通过了鉴定。该产品有四个规格，可分别处理废水 5～20t／h，适用于金属冶炼、合金制造、电镀、蓄电池、电瓷、有机合成等工业废水的治理，对含有铜、镍、汞、锌、镉、铅、砷、锰等多种金属离子和氰化物、氟化物、油类、悬浮物、泥沙、电泳漆废水和不溶解染料等有害物质的混合废水，经该设备处理后，可达到国家规定的排放标准，对处理后产生的污泥，可进行回收或无害化处理。该装置也可对地面水、洗煤废水、泥浆废水等进行净化处理。唐山清源环保机械公司完成了 LGS2.5 型高链格栅除污机、BQS1／3.4 型曝气转刷、CG14D 型自动提耙刮泥机，S774-（八）型加速澄清池刮泥机、HXX-24 型虹吸式刮泥机、D120-61 型进气节流电控调节离心鼓风机等 9 种新产品。其中 LGS2.5 型高链格栅除污机栅条宽度 10mm，栅条间隙 25mm，栅耙行走速度 7.72m／min，格栅倾角 75°，格栅宽度 2500mm；BQS1／3.4 型曝气转刷的转刷直径 1000mm，转刷宽度 3400mm，转刷转速 72r／min，充氧能力 36kg／h，配套电机功率 18.5kW；CG14D 型自动提耙刮泥机刮泥耙线速度 2.48m／min，升降高度 300mm，运行一周时间 15min；S774-（八）型加速澄清池刮泥机的搅拌机叶轮直径 4500mm，开度 0～410mm，刮泥机刮臂直径 17000mm，池深 8000mm，池径 29000mm，公称处理水量 1800m^3／h；D120-61 型曝气离心鼓风机，可通过电控调节进气量来调节曝气充氧量，流量调节范围 100～120m^3／min，风压 0.5MPa。无锡市通用机械厂完成了 CF 型超效浮选装置、刮沫吸泥机等新产品。

行业管理 1993 年 5 月，由浙江电除尘器总厂、中国通用石化机械工程公司和杭州市古荡镇古荡村三家投资联合组建的杭州永衡环境工程公司成立，该公司位于杭州市高新技术开发区；同年 12 月，由浙江电除尘器总厂职工集资成立了诸暨环境工程公司。该公司是股份制企业，注册资金 1000 万元。经国家经济贸易委员会、对外贸易合作部批准，浙江电除尘器总厂为扩大机电产品出口企业。

1993 年，唐山清源环保机械公司实行企业内部“超前型决策管理”，推行了全员劳动合同制，实行了岗位技能工资制度，并通过划小核算单位，实行不同形式的承包经营，把职工的劳动报酬和劳动责任及贡献联系起来，调动了广大职工的积极性、创造性和劳动责任感，使公司凝聚成一个团结奋进的大集体。这些举措的出台，深化了企业内部改革，理顺了企业经营机制，大大促进了公司整体效益的提高。

1993 年，机械工业部规划研究院完成了《环境保护机械设备“九五”规划前期研究》课题，为编制“九五”行业规划打下了良好的基础。完成了《行车式提板刮沫刮泥机》行业标准，该标准由武汉阀门厂负责起草、机械工业部机械工业环境保护技术研究所参加。

质量及质量管理 浙江电除尘器总厂为上海宝钢二期工程烧结系统配套的电除尘器被评为 1993 年度机械工业部科技进步一等奖。机械工业部设计研究院环保技术研究所完成的 QD 型多管旋风除尘器、XQW／LG 型高效单筒旋风除尘器、含砂废水处理工艺及设备、大中型电弧炉排烟净化系统及设备、WLXS 型文丘里麻石水膜除尘器、沸腾床锅炉烟尘治理技术及设备、DX 型多管旋风除尘器、FP／Ⅰ型旁插扁袋除尘器、LFF 型回转反吹扁袋除尘器、GQZF 系列高气密性曲面自适应反吹转换阀和液膜技术处理高浓度含酚废水技术和设备等 13 项科研成果，被机械部批准为该所的专有技术并发了相应的证书，其中 DX 型多管旋风除尘器、FP／Ⅰ型旁插扁袋除尘器和 XQW／LG 型高效单筒旋风除尘器经国家环保局组织的专家评审，被推荐为国家环境保护最佳实用技术并发有证书。

为了适应建立社会主义市场经济体制和我国即将恢复关税与贸易总协定缔约国地位的需要，推进企业进入国际市场，浙江电除尘器总厂专门成立了贯彻 GB／T19000 标准办公室，以宣传贯彻 GB／T19000 质量管理和质量保证系列标准，并组织有关人员编写企业《质量手册》，有效地促进了企业职工质量意识的提高。在此基础上又组织职工进行产品质量自我检查活动，开展以学《产品质量法》、查质量意识、查产品质量和服务质量、查对用户意见的态度、查质量管理机构和质量管理规章制度是否健全的“一学”、“四查”活动，提高了职工的全面质量意识，健全了质量管理机构和规章制度，消除了质量事故隐患，促进了企业产品（服务）质量的提高。该厂还在抓生产的同时，时刻不忘抓管理，开展了安全、质量、经济责任制考核、内部组织机构改革等一系列有效的管理工作，举办操作工人安全知识考试，组织“百日安全无事故”竞赛活动，切实抓好安全整改工作，完成6台行车斜梯改造和两台露天行车改造，使重大伤亡事故、火灾爆炸事故和重大设备事故均为零；完善三级质量管理网络，严格执行质量否决权，使产品质量稳步提高。如为宝钢二期工程配套的电除尘器产品进行A检，100%达到规定的质量要求。全年产品成品部件合格率也达到100%，其他质量指标也均达到或超过规定要求。工厂在深化内部组织机构改革方面跨出了坚实的一步，精简了组织机构，进行了优化组合，定编、定岗、定员、定职，合理分流人员。在定岗定员的基础上，进行全员劳动合同和岗位聘用签约，完善了管理、用工、分配机制。

技术改造及技术引进 据对6个主要环境保护设备生产企业统计，1993年共完成基建技改投资1400万元，比上年增加21%，其中基建508万元，技改892万元。完成投资额最多的企业是无锡通用机械厂，共完成投资888万元，主要用于改造铆焊车间，增加关键设备。该项目已经完成并投入使用，大大提高了该厂城市污水处理设备制造工艺水平和生产能力。哈尔滨环保制氢设备工业公司完成投资112万元，主要用于龙门吊基础和大型喷丸处理设备及安装工程。此外，完成100万元以上投资的还有唐山清源环保机械公司、浙江电除尘器总厂和湖北除尘设备厂等，主要增加关键加工设备、铆焊设备等。

1993年，机械系统环境保护设备制造行业共引进技术两项：浙江电除尘器总厂与美国空气动力公司（Air dynamic inc.）于12月签订了合同，引进该公司的气力输灰系统设计制造技术；武汉鼓风机厂与日本藤井公司签订了协议，引进该公司特殊类型消声器设计制造技术，共包括四个品种：(1) 耐高温、高压消声器（气流温度≤540℃，压力≤14MPa）；(2) 耐大气及化学腐蚀消声器；(3) 含水气流消声器（气流相对湿度≤95%，温度≤50℃）；(4) 含尘气流消声器（气流含尘浓度≤350mg／Nm^3，温度≤350℃）。预计1995年，各类特殊消声器的年生产能力将达到300台。

市场及销售 据对43个生产环保机械设备企业的统计，1993年，全年共销售环保机械设备68842t，为当年产量的103.2%；全年工业销售产值（1990年不变价）58826万元，比上年增加41.1%，为当年工业总产值的91.2%；全年销售额54631万元（现行价），为工业总产值的83.1%，比上年增加38.8%；全年产品销售收入60920万元，为工业总产值的92.7%，为工业销售产值的101.9%，比上年增加54.1%；年末库存额10143万元，比年初增加41.8%。

我国环保机械设备绝大部分还是内销，主要销往电力、冶金、建材和城建等部门和地方的使用单位，出口量很少。1993年出口产值1065万元，只占工业总产值的1.6%。主要是哈尔滨环保制氢设备工业公司，向巴基斯坦拉克拉电站出口扁袋除尘器1套，销售价为人民币74万元；唐山清源环境机械公司出口污水处理设备12台，销售价为人民币157万元。

〔撰稿人：机械工业部规划研究院 郑良清〕

〔电力工业部〕

生产发展情况 电力工业部生产环境保护设备的企业共10个，1993年生产发展的特点是：市场竞争激烈，交货周期趋短，生产环保设备的领域更为广阔，但原材料、活劳动价值上涨使成本上升，而利润大减。全年共完成工业总产值3.7亿元，比上年增长21.3%。为国家重点工程常熟、铁岭、阳逻、潍坊、西柏坡、华鲁电厂配套的环保设备1000多台（套）、8000多t，受到用户好评。各厂在生产经营中采取的措施是：抓投入、保产出，保证生产经营安全、稳步、正点运转。

新技术与科研成果 西安电力机械厂研制出了压力35MPa、600MW中压凝结水处理设备，充分利用国外先进技术，在哈尔滨第三热电厂工程中运用，填补了国内空白，一套设备可节约160万美元、1993年创产值171万元。

浙江电力修造厂的DK400-11型不锈钢冲灰泵获浙江省科技成果三等奖。

云南电力修造厂根据用户需要，在扩宽清污机系列方面，先后完成了CZB-4000型和ZSB-4000型超宽型清污机的设计、试制、生产，并被电厂选用，实现产值139万元。该产品拓宽了产品的使用范围和匹配能力。

长春发电设备总厂自行设计开发的IPQ40型自动控制移动耙斗式清污机，自动化程度高、运行平稳、维修方便，1993年一季度已在湛江电厂投入使用，反应很好。

新产品 1993年该行业有3项通过部级新产品鉴定。(1) DC243 2／3宽极距静电除尘器，是国内首台为300MW机组配套的大型环保设备，处理烟量917000m^3／h，除尘效率99.5%，该设备已在双辽电厂投入使用，满足了国家重点工程的需要，此设备是由长春发电设备总厂自行研制的。(2) 华东电力设备制造厂开发的工业吸尘车，厂用电快速切换装置，1993年通过部级鉴定。(3) 山西电力建设修造厂为了电厂需要，设计部门将老式水膜除尘器改为新型电除尘器，在丰镇、榆社、霍州电厂运行，反应很好。

质量及质量管理 1993年各环保设备制造厂

坚持“质量为本”，强化质量控制，并贯彻GB／T19000（ISO9000）系列标准。

上海电力机械厂焊工徐强同志在电力工业部组织的全国焊工技术比武及全国工程建设焊接比赛中均获第一名。

华东电力设备制造厂主导产品消声器采用国际标准生产，采标工作经江苏省标准局验收合格。

河北电力设备厂确保出厂产品合格率为100%。

西安电力机械厂水处理设备参照美国ASME《锅炉与压力容器》和GB2932—86《水处理设备制造技术条件》等相关标准生产，此类标准相当于国际80年代末水平。

技术改造及技术引进 全行业1993年完成投资5202万元，其中技改投资2282万元，大大增强了企业后劲。

浙江电力修造厂引进德国除灰先进技术，预计1994年装备在嘉兴电厂1#炉上。

市场及销售 1993年这10个环保企业共创造销售收入3.9亿元，产品销售税金1335万元。环境保护设备的销售领域是很大的，特别在电力系统，销售环节更为重要。

西安电力机械厂加强售后服务，上门安装，将他们的化水设备推到了全国18个省、市、创收入2381万元。

长春发电设备总厂坚持“整机与备品配件并重，制造与安装并举”方针，走向市场，1993年销售收入7081万元，创该厂历史最高水平。

山西电力建设修造厂扩大销售，加速资金周转，对所订合同及时收取备料款，及时结算，为下一个重点工程打下好基础。

河北电力设备厂领导带头，主动上门，开拓市场，争取订货，率领营销人员到有关电力设计院、科研单位、用户联系销售工作，到1993年10月底已争取到1994年订货2071万元。

浙江电力修造厂从产品结构分析入手，做好销售工作，他们看到新建电厂除灰设备需求量增大，立即加大这方面销售力度，共创收入1267万元，占全部销售收入62%。

〔撰稿人：电力工业部　张海清　审稿人：电力工业部　韩亦仁〕

〔责任编辑：白　萍〕

消防设备及器材

〔公安部〕

生产发展情况 1993年，公安部直属、定点消防企业的生产，在1992年大幅度增长的基础上，上半年继续保持较好的增长势头，下半年，部分企业受国家宏观调控措施影响，销售锐减，合同兑现率下降，但整个生产继续保持了较好的发展势头，各项经济指标继续得到大幅度的增长。据33家直属、定点企业统计，共完成工业总产值（按1990年不变价）12.29亿元，其中消防设备及器材产值5.58亿元。生产各种消防车1466辆，消防机动泵1933台（组），泡沫灭火设备12425台（只），火灾自动报警设备175874套，自动灭火设备3456套，灭火器75.59万具，灭火剂3159t（kL）。从7个部属消防企业看，全年完成工业总产值1.75亿元，比上年增长9.4%；产品销售收入2.59亿元，比上年增长50.8%；产品销售税金1080万元，比上年增长30%，利润总额1091万元，比上年增长16.9%，劳动生产率36000元／人·年，比上年提高8.4%，实现了生产经营的全面增长，完成了上交承包任务。

新技术与科研成果 在多年开发新产品的基础上，宝鸡消防器材总厂的BX5170GXF40型干粉消防车和长春消防器材总厂的蛭石防火门被评为1993年局级科技成果一等奖，并推荐为参加部级科技成果奖的评审。

新产品 1993年，完成并通过鉴定的部计划新产品开发项目共6项，这些项目是：(1) 震旦消防设备总厂的ZDX5260GXFPM120重型泡沫消防车和ZDX5170GXFPF45泡沫干粉联用消防车；(2) 长春消防器材总厂的CX5170GXFPP65泡沫消防车；(3) 四川消防机械总厂的ZSJ2A水流指示器和ZSFZ-100（150）湿式报警阀；(4) 沈阳市科技开发公司的HDM-5型防火涂料。

其中，震旦消防设备总厂引进国外技术生产的重型泡沫消防车，其整车性能处于国内领先水平，综合消防性能达到国外工业发达国家80年代末的水平。

另有21项部计划外的新产品开发项目也分别完成并通过了鉴定。

行业管理 1993年，公安部消防器材管理办公室对其管理的部分定点企业进行了调整，经调整后的部属、定点企业共37家，包括部属企业8家：北京消防器材厂、天津消防器材总厂、上海消防器材总厂、上海震旦消防设备总厂、长春消防器材总厂、宝鸡消防器材总厂、四川消防机械总厂和上海·格拉曼国际消防装备集团公司，定点企业29家：天津市消防设备总厂、天津市中华消防器材厂、哈尔滨市消防器材厂、沈阳市消防器材厂、沈阳市消防器材二厂、浙江消防器材总厂、芜湖市消防器材厂、黄山市屯溪消防器材厂、江西消防车辆制造厂、湖北省消防器材厂、湖南省消防器材总厂、广州市消防器材厂、沈阳市消防车厂、沈阳市于洪消防器材厂、浙江省东阳化工厂、上海消防药剂厂、山东临沂生建机械厂、河南新乡消防机械厂、伊春市消防器材厂、牡丹江特种汽车改装厂、青岛专用汽车制造厂、国营庆岩机械厂、营口报警设备总厂、陕西省国营二六二厂、佳木斯市消防水带总厂、江苏省海门消防水带总厂、长沙光华织带总厂、广东佛山市织带厂、武汉消防器材厂。部分地区的行业结构也进行了调整，如天津市成立了天津市消防器材装备集团。

1993年，为适应市场经济的需要，经国家物价局同意，在1992年放开大部分消防产品定价权的基础上，继续对消防车、泵的定价权放开，至此，我国所有消防产品的定价已全部放开，均由企业根据原材料价格和市场供需状况自行定价。对灭火器在香港销售中的注册事宜，与香港消防处进行了协调。在削减哈龙、保护臭氧层工作上，公安部哈龙转轨领导小组委托公安部消防器材管理办公室分别在北京、杭州、广州举办了三期中美哈龙回收培训班，接受了美方赠送的23台回收设备，150人接受了培训，协调了北京消防器材厂、浙江消防器材厂与世界银行的卤代烷替代项目签字、招标工作；在世界银行专家指导下，对我国第三批卤代烷替代项目进行了初评；组织了保护臭氧层削减哈龙考察组对丹麦、英国、比利时进行了考察；出席了美国1993CFC和哈龙替代技术国际会议，并就中美合作事宜与美国环保局进行了会谈。出席了美国国际消防官员协会会议及大型消防产品博览会。

正式发布了《关于公安部所属消防企业实施〈全民所有制工业企业转换经营机制条例〉的意见》。在生产许可证管理上，召开了第一次全国消防产品生产许可证工作会议，对1985年以来的生产许可证工作进行了总结、交流；对全国140个企业发放了第一批防火门产品生产许可证171张；还继续发放了13张接口、消火栓、水泵接合器，83张水枪，7张消防水带，21张手提式灭火器，22张推车式灭火器的产品生产许可证。

先后召开了对《供水消防车通用技术条件》、《供液消防车通用技术条件》、《消防车产品型号编制方法》三个行业标准的征求意见处理讨论会。出版发行了《中国消防产品目录》，完成了《中国消防车史》的编辑工作，为方便用户了解掌握产品结构、性能、使用方法、维修和保养知识，组织并完成了《消防车》系列录相带摄制工作。

质量及质量管理　在质量管理工作上，召开了第四届全国消防行业质量管理小组成果发布会，编辑了QC小组成果汇编；向部属企业下发了质量先进工作者评比条件，并由中国质量协会评出两名同志为全国优秀质量管理先进个人。发布了行业标准《消火栓、接口生产企业计量器具配备规范》，完成了行业标准《灭火器维修与报废》送审稿和《消火栓质量分等》、《接口质量分等》、《消防水带生产企业计量器具配备规范》报批稿。

1993年1～11月部属消防企业产品一次装配合格率情况如下：消防车为97.2%，灭火器为98.9%，消防泵为99.7%，消火栓为100%，泡沫灭火设备为100%，洒水喷头为99.9%，雨喷淋装置为100%。

1993年国家质量监督抽查消防产品情况：

第一季度抽查了11个省、自治区、直辖市的15家企业生产的18种防火涂料产品和9个省、自治区、直辖市40家企业生产的40种手提式灭火器产品，抽查结果，18种防火涂料的产品抽查合格率和检验项目合格率均为100%；手提式灭火器26家企业的26种产品合格，13家企业的13种产品不合格，1家企业未按时送样品，以不合格论处，抽查合格率仅达65%。第二季度抽查了7省、市10家企业生产的10种水罐、泵浦消防车和5省、市5家企业生产的自动喷水灭火系统湿式报警阀产品。抽查结果，水罐、泵浦消防车有8家企业的8种产品合格，2家企业的2种产品不合格，产品抽查合格率为80%；湿式报警阀有4家企业的产品合格，1家企业由于使用了不符合要求的螺丝造成渗漏，被判为不合格，产品抽查合格率为80%，检验项目合格率为94.5%。第三季度共抽查了15省、市22家企业生产的69种消防接口、20省、市39家企业的碳酸氢钠干粉灭火剂、8省、市11家企业的14种钢结构防火涂料产品。抽查结果，14家企业的55种消防接口产品合格，产品抽查合格率为79.7%；31家企业的碳酸氢钠干粉灭火剂产品合格，产品抽查合格率为79.6%；钢结构防火涂料的产品抽查合格率为78.6%。第四季度共抽查了5省、市7家企业生产的7种泡沫消防车产品和6省、市9家企业生产的9种自动喷水灭火系统洒水头产品，抽查结果，产品抽查合格率：泡沫消防车为85.7%，自动喷水灭火系统洒水头为88.9%。

技术改造及技术引进　1993年共安排技改项目10个，总投资额1487万元，其中，贴息贷款620万元，专项贷款605万元，企业自筹262万元。实际完成项目3个，总投资额800万元，为年度计划投资额的47%。这三个项目是：上海消防器材总厂的3mm水喷淋生产工艺改造项目，总投资额为500万元；天津消防器材总厂的低压CO_2灭火系统生产工艺改造项目，总投资额为250万元；宝鸡消防器材总厂的飞机用“1301”自动灭火装置生产工艺改造项目，总投资额为50万元。

〔撰稿人：公安部消防器材管理办公室　蒋祖泉
审稿人：公安部消防器材管理办公室　高五平〕

〔责任编辑：白　萍〕

邮 政 设 备

〔邮电部〕

生产发展情况　1993年，邮电部所属邮政设备生产厂抓住机遇，深化改革，大力调整产品结构，在激烈的市场竞争中，加快发展。

邮电部直属工厂中涉及机械行业生产的有6家，1993年完成工业总产值21869.3万元（1990年不变价）、24722.3万元（现行价），完成工业销售产值20795.1万元（1990年不变价）、24061.3万元（现行价），实现利润454.6万元，完成销售收入25136.7万元。

邮政设备生产厂主要生产邮政汽车、摩托车、邮政机械、邮政用品及部分民用产品等。邮电全系统包括邮电部直属工厂及各省、自治区、直辖市邮电管理局所属工厂1993年完成邮政机械5395部(台)，其中部直属厂341部（台），比上年降低16.6%；省属工厂及科研等单位完成5054部(台)。其中主要产品皮带机4台（部属厂完成)、链板机8台（部属厂完成)、中高速分拣机1台(部属厂完成)、粗分机3台（部属厂完成)、推挂机6套（部属厂完成)、推挂机电控7台（部属厂完成)、捆扎机1321台（部属厂完成312台，省属厂及其它单位完成1009台)、电子包裹收寄机237台（省属厂完成)、电动日戳1058台（省属厂及其它单位完成)、包裹吸尘开拆台3台（省属厂完成)、条码挂号登单机1套（省属厂完成)、挂号函件自动登单机148台（科研院所等单位完成)。邮电直属工厂1993年完成邮袋356万条，比上年增长16.7%；完成邮政车辆11114辆，比上年降低6.1%，其中：摩托车7885辆，比上年增长7.5%。

新产品 1993年积极开发新产品，部直属工厂通过部级生产定型鉴定的新产品有7项：邮电部天津通信设备厂的YDT5450XYZ邮政汽车、YDT5450X厢式车，邮电部偃师摩托车厂HH70两轮摩托车、HH90两轮摩托车、HH100两轮摩托车、HH147FM-70发动机、HH147FM-90发动机。通过中国邮电工业总公司新产品初步定型鉴定的1项，即邮电部贵阳通信机械厂的YFS01型印刷品分拣机；通过中国邮电工业总公司生产定型鉴定的有2项，即邮电部偃师摩托车厂的HH100ZK三轮摩托车、邮电部南昌鸿雁摩托车厂的XS250B型边三轮摩托车。获邮电部科技进步三等奖的科研成果1项，即邮电部天津通信设备厂的YDT4020型牵引车。

邮政设备生产行业属微利行业，多数工厂效益不好，要从根本上改变这种局面，还需各方面积极努力。

〔撰稿人：中国邮电工业总公司　李　强　审稿人：中国邮电工业总公司　李长清〕

〔责任编辑：白　萍〕

铁路机车车辆

〔中国铁路机车车辆工业总公司〕

生产发展情况 1993年，中国铁路机车车辆工业总公司（中车公司，以下简称总公司）根据铁道部关于机车车辆工业在铁路内部要率先走向市场，分步走、加快走的部署，从转换企业经营机制入手，克服困难，改革、生产、经营都取得了可喜的进步，全面完成了总公司对铁道部经营承包的各项任务。

电力机车 1993年，制造电力机车220台，比上年增长10.0%。其中，SS_3型、SS_4型和SS_{4B}型分别为70台、60台和40台，同上年相比，SS_3型减少80台，SS_4型和SS_{4B}型合计增加一倍。

内燃机车 制造内燃机车670台，比上年增长19.0%。其中: DF_{4B}型389台、DF_{4C}型30台，分别比上年增长8.7%和持平；还有DF_5型81台、DF_7型15台、DF_{7B}型67台、DF_{7C}型10台、DF_8型16台、DF_{11}型1台、DFH_5型5台、DFH_{5B}型7台，北京型2台，GK_1型15台，GK_{1B}型6台、GK_0型12台、GK_5型1台，其它内燃机车13台。

客车 1993年制造客车1847辆，比上年增长11.8%。使用耐候钢制造客车1820辆，达制造总数的98.5%，具有空调设备的客车930辆，达制造总数的51.1%。在制造客车总量中，有RW_{25B}型软卧车57辆、RW_{25G}型软卧车32辆、RZ_{25}型软座车46辆、其它米轨软座车6辆、YW_{22B}型硬卧车287辆、YW_{25B}型硬卧车96辆、YW_{25G}型硬卧车211辆、YZ_{22B}型硬座车406辆、YZ_{25B}型硬座车94辆、YZ_{25G}型硬座车152辆、YZ_{31}型市郊车12辆、其它米轨硬座车49辆、XL_{22B}型行李车80辆、C_{A18}型餐车8辆、C_{A23}型餐车15辆、C_{A25B}型餐车3辆、C_{A25G}型餐车23辆、FD型发电车5辆、KD型空调发电车31辆、双层软座车30辆、双层硬座车120辆、双层发电车14辆、准高速一等软座车10辆、准高速二等软座车12辆、准高速二等软座行李车3辆、准高速餐车3辆、准高速双层一等软座车9辆、准高速发电车3辆、SY型试验车2辆和DJ型轨道检查车10辆。上述产品同1992年相比，空调车显著增加，双层客车继续发展，准高速客车开始批量生产。

货车 制造货车28968辆，比上年增长33.9%，其中，使用各型耐候钢制造的货车21067，达总量的72.7%，使用滚动轴承的货车28354辆，达总产量的97.9%，比上年分别增长

6.2个百分点和0.4个百分点。在货车总产量中：有敞车16827辆，占总产量的58.1%，比上年增加5398辆，其中有C_{16}型敞车200辆、C_{31}型(米轨)敞车100辆、C_{62A}型敞车1181辆、$C_{62A(N)}$型敞车7736辆、C_{63A}型敞车700辆、C_{64}型敞车8710辆；$P_{62(N)}$型棚车3262辆，占总产量的11.3%；平车1950辆，占总产量的6.7%，比上年增加428辆，其中有N_{17}型平车60辆、N_{17A}型平车1165辆、N_{17C}型平车12辆、X型集装箱平车500辆、其它米轨平车96辆、其它平车114辆，D_2型大平车3辆；罐车3498辆，占总产量的12.1%，比上年增加423辆，其中有G_{17}型车831辆、G_{60}型车2191辆、G_{11}型车10辆、GS型车76辆、GF型车39辆、U_{60}型水泥罐车257辆、其它米轨罐车90辆、其它罐车2辆；有冰保、机保温车340辆，比上年增加39辆，其中有B_6型冰保车310辆、B_{22}型和B_{23}型机保车各20辆；还有BSY型冷板车8辆、石碴车256辆、PJ_2型家禽车55辆、军工货车1辆、T11A型长钢轨运输车68辆，各型货车底架895辆。

蒸汽机车和轨道吊车 制造供国内工矿部门使用的上游型蒸汽机车32台。制造蒸汽和内燃轨道吊车34台，其中：15t蒸汽吊车17台、15t内燃吊车11台、100t内燃吊车3台、100t液压吊车2台、16t液压吊车1台。

机车车辆修理 1993年，为保证铁路运输的正常进行，总公司全面完成了国家铁路机车、客车和货车的修理任务。其中：修理电力机车61台，比上年增加15台；内燃机车727台，比上年增加80台；蒸汽机车1594台，比上年减少255台；客车2898辆，比上年增加105辆；货车50686辆，由于产品制造采用新材料、产品质量提高、使用周期延长等因素，使得修车数比上年减少。修理蒸汽吊车和内燃轨道吊车40台。

机车车辆配套产品 1993年，为保证全行业制造和修理机车车辆主机（整车）产品的需要，生产各型柴油机105台，其中16V240型柴油机94台，12V180ZL型柴油机7台，8L240型柴油机2台，12V180Z型和12V240型柴油机各1台，供厂际协作配套；生产各型硅整流柜98台，各型硅机组241组，各型电机4230台，各型电控384组。另外，还生产非主机配套件各型增压器1016台，闸瓦间隙调整器26419套，客车滚动轴承24018个，197726型货车滚动轴承146291个，万能杆件2436t，电瓶叉车86台，钢水31.37万t。

1993年铁道部为弥补原材料、能源涨价造成的政策性亏损，给总公司上调产品价格21.2亿元，其中机车车辆制造产品16.7亿元，修理产品4.0596亿元，机车车辆配件4397万元，分别占78.98%、18.97%和2.05%。总公司完成工业总产值（不变价）836441.6万元，产品销售收入1381347万元，分别比上年增长25.6%和67.8%；实现利润总额31974万元，比上年增长1.66倍；全员劳动生产率31409元／人·年，比上年增长27.2%；总公司资产负债率45.03%，流动比率1.22，速动比率0.36，应收帐款周转率23.36次，存货周转天数90天，存货周转率3.47次，成本费用利润率1.56%，资金利润率2.77%，销售利税率4.17%。

1993年底，总公司共有职工26.7万人，其中工程技术人员2.7万人；拥有各类设备80518台，其中金切设备20121台；固定资产原值89.21亿元，净值62.16亿元。

新产品与科研成果 1993年，为适应铁路“重载、高速”运输的需要，保证广深铁路准高速运输用车，中车公司较好地完成了新产品研制、试验计划。其中，机车方面主要有：

(1) DF_{11}型客运内燃机车。该机车由戚墅堰机车车辆工厂研制，是国家“八五”重点科技攻关项目，继1992年试制出首台之后，1993年又生产出第2台，实现了铁道部关于1993年底前造出2台准高速内燃机车的计划。首台机车顺利完成了环行铁道线的综合试验，最高时速达到167km，并通过了其它线路、桥梁、道岔、噪音等综合试验，并已在广深线担任客运任务，完成试运3万km，情况良好。

(2) DF_{4B}型重联机车。该机车由大连机车车辆厂承担研制，是干线重载货运机车，双机重联可牵引5000t列车，现首组重联机车已在沪宁线上试运。

(3) SS_4改进型电力机车。该机车是由株洲电力机车厂在原SS_4型电力机车的基础上，针对存在的质量等问题，改进设计而研制的。它采用了三段桥顺序控制、加馈电阻制动、功率因数补偿、斜率引拉杆等新技术，性能良好，现已生产出40台，可满足重载运输的要求。同时，对前几年生产的98台SS_4型电力机车存在的主要质量问题，进行了系统的研究、改进，目前，质量已趋稳定。

(4) SS_8型准高速客运电力机车和适用于全国铁路主要干线客运时速提高到140km的内燃机车，正在加紧设计研制中。

在客、货车辆方面，研制准高速旅客列车、通用型大轴重货车、低动力作用大型货车等，是国家重点科技攻关项目。

准高速客车是由多个品种构成的新产品，由四方机车车辆厂、南京浦镇车辆厂和长春客车厂各制造一列，供广深线开行客运列车使用。其品种和列车构成如下：

(1) 四方机车车辆厂的准高速列车，共有6个品种14辆组成：

名称	型号	规格	数量
1. 一等软座车	RZ1	10637—10641	5辆
2. 二等软座车	RZ2	10631—10635	5辆
3. 二等软座播音车	RZ2	10636	1辆
4.二等行李合造车	RZXL2	1200	1辆
5. 餐车	CA	92055	1辆
6. 发电车	KD	97755	1辆

这 14 辆车都是自行设计制造的。

该列车大量采用新结构、新技术、新材料，使我国的铁路客车向国际先进技术靠近了一步，为我国铁路旅客列车向高速化、轻量化发展创造了条件，积累了经验。

该列车技术特点：

① 性能优良的高速转向架。转向架采用焊接构架、无摇动台、旁承支重，轴箱弹簧为钢簧，摇枕弹簧为空气弹簧的两系弹簧系统，具有外侧悬挂之优点。结构简单，安全可靠，具有提高速度的可能和潜力。

② 适应准高速列车的制动系统。制动系统为 F8 分配阀加 F8 电空阀式电空制动机，采用盘形制动加踏面单侧闸瓦辅助制动，并装设德国进口的 MSG1.20 型防滑器。

③ 轻量化无中梁薄壁筒体整体承载车体钢结构。车顶为不锈钢制成，以车顶纵向压筋取代纵向梁，墙板、地板的钢板厚度均明显减薄，重量轻，结构合理。

④ 舒适、美观、豪华的内部设施。车内顶板采用铝合金板压型明缝结构，并配以铝合金型材特制的喷塑窗帘盒，结构新颖，造型美观，尽量减少压条和外露螺钉，两条沿车体纵向布置的日光灯带把客室内顶上的空调送风顶板（中顶板）与侧顶板隔开，使内顶、照明、风道等与车内上下配合协调，自然大方，浑然一体，获得宽敞明亮、豪华整洁、舒适雅静的效果。

一等软座车定员 76 人，设可旋转可躺式座椅，折叠式小茶桌设于座椅靠背后部。二等软座车定员 96 人，设对坐式固定座椅，车窗下沿设固定茶桌。二等播音／车长席车定员 88 人，设有播音室、车长办公席和旅客电话间。二等行李合造车定员 56 人，设有行李室、行李员室、检车员室、运转车长办公席等。一、二等车两端还设有电茶炉室、配电室、储藏室、乘务员室、洗脸室、洁具室、厕所等。餐车设餐厅和酒吧间，餐厅定员 32 人，酒吧定员 4 人。

⑤ 厕所采用引进的集便装置。

⑥ 各车均装有车顶单元式空调机组，以保证车内恒温恒湿和清洁度之要求。

(2) 长春客车厂的 25.5m 型准高速空调旅客列车，由一等座车、二等座车、二等播音座车、二等座席行李合造车、餐车共 13 辆组成。

客车车体为高强度耐大气腐蚀钢制造的整体承载结构，客车使用寿命为 30 年。

走行装置采用 CW-2 型转向架，H 型钢板焊接构架，装有迷宫式轴箱，转臂式无磨耗轴箱定位装置。二系弹簧为空气弹簧。

各车种采用整体铝合金车窗。

车内设施齐全，装有单元式空调机组、自动电茶炉、整体玻璃钢洗面室、厕所、信息显示装置、阅读灯、可躺可回转式座椅、卡拉 OK 音响系统、有线和无线电话系统等。

各车种内部布置新颖、色调柔和，为广大旅客提供乘座舒适的旅行环境。

客车大量采用了新结构、新工艺、新材料，增强了防腐、隔热、阻燃、密封、隔音、减振性能，提高了客车的综合技术指标。

该类客车主要技术指标：

构造速度	160km／h
最高试验速度	180km／h
平稳性指标	$\omega \leqslant 2.5$
制动装置	自动式电空制动装置，盘形制动，电子防滑器
空调装置	(车顶)单元式空调机组
供电装置	预留 3000V 机车供电可能性

该类客车运行安全可靠，是我国目前运行速度最高（160～200km／h）的理想的铁路旅客列车。

(3) 南京浦镇工厂的准高速双层客车，由 11 辆软席座车及软席包房车、软席行李车和餐车各 2 辆共 17 辆车组成。其中双层餐车和软座包房车均为我国首次制造，除用于广深线外，亦可用于其它线路旅客运输。

车种：① 双层软席座车，定员 108 人（上层 52 人，中层 8 人，下层 48 人）。② 双层软席（包房）车，定员 92 人，上层 36 人（包房），中层 8 人，下层 48 人。③ 双层软席（行李）车，定员 66 人（上层 34 人，下层 32 人）。④ 双层餐车，定员 60 人（上层餐厅 32 人，下层餐厅 24 人，酒吧 4 人）。

各品种的车体为鱼腹形无中梁整体承载薄壁筒体轻型钢结构，为减少空气阻力，采用底架包板和裙板。内装修为少木结构，其内墙板和设备等均采用国产配件。为克服上、下层客室层间高的局限，进行了精心设计，使客室简洁、明亮、舒适、大方，车辆维修方便。

采用全年空气调节方式：车顶两端各装一台单元式空调机组，能自动和手动调节。

采用 209HS 新型转向架，它是在 209 型转向架基础上研制的，还采用了以下新技术：① 将摇枕弹簧改为空气弹簧；② 增设抗侧滚稳定器；③ 摇枕上设有高度阀和差压阀；④ 采用无磨耗橡胶定位装置及长大吊杆的弹性枕吊装置；⑤ 采用球面旁承支重方式；⑥ 增加轴箱减振器；⑦ 采用槽型焊接构架。

制动装置为 104 型自动式电空制动机。采用盘形制动和踏面制动复合制动，装有空重车阀和微电子处理的防滑装置。

低动力作用大型货车、新型重载单元列车敞车、X6B 型集装箱平车、新型米轨棚车、低动力作用转向架和新 2D 轴货车转向架等，均已试制出样车，国产化 B_{23} 型机械冷藏车取得了国外合格证书。

1993 年有 81 项科研成果通过总公司鉴定，其中较重大的项目有 100t 伸缩臂起重机、180 球铁活塞、TCC1 系列直流电磁接触器、TSG 型单臂受电弓、电力机车车顶磁瓶、电力机车避雷器、电力机车受电弓滑板，泰山型工矿内燃机车、ZTP-62L型机车电阻制动通风机电机、GFA玻璃钢罐车、G_{11}J型液碱罐车、货车焊接转向架、120货车分配阀、客货车车轴型式尺寸研究、带锈底漆技术鉴定、竹编板用于货车技术、乳化沥青浆技术等。

推广了一批新技术、新产品，其中主要有：钢顶铝裙活塞、ZN290增压器、牵引齿轮和轴箱轴承润滑脂、低镍电热合金、机车励磁系统改进、空气滤清器、G型连杆、SS_{3B}型电力机车改进设计、C级钢车钩、板材型钢预处理线等。

1993年，中车公司有14项科研项目获铁道部科技进步奖，其中，以总公司独立完成或牵头组织有关单位参加完成的项目11项，参与同其它单位一起共同完成的项目3项。获二等奖5项；有戚墅堰机车车辆工艺研究所的大功率内燃机车（ND_5型）缸套制造技术开发研究及推广，株洲电力机车研究所等单位的电力机车三相交流传动800～1000kW机组地面试验，齐齐哈尔车辆厂的C_{64}型（新4D轴通用）敞车，大连机车车辆厂和株洲电力机车厂等单位的机车车辆零部件常用材料浅裂纹扩展的研究，唐山机车车辆厂等单位的客车防火、阻燃材料的研究及推广应用。获三等奖的3项，有戚墅堰机车车辆工艺研究所等单位的等离子喷涂陶瓷热障涂层技术的研究、北京二七车辆厂的SQ1型运输小汽车双层平车，四方车辆研究所等单位的客货车转向架承载构件载荷谱的研究。获四等奖有6项：戚墅堰机车车辆工艺研究所的大功率内燃机车（ND_5型）牵引齿轮制造技术开发研究，西安车辆厂的GL型沥青车、C-1型智能在线控制仪，四方车辆研究所等单位的客车轴箱密封改进（客车轴箱橡胶密封装置），北京二七车辆厂的承载鞍流水线控制系统微机改进，大连机车车辆厂的ZTP-82型机车空压机电机等。

行业管理　1993年，总公司按照铁道部关于机车车辆工业要率先走向市场，分步走、加快走的要求，从转换企业经营机制入手，积极主动地克服各种困难，使改革和发展都取得了可喜的进步。

1. 总公司对铁道部、各工厂对总公司实行“八五”后三年经营承包。总公司对部实行六包：(1)包实现利润和税费上交。总公司实现利润以所得税形式向部上交33%，其余留下自主使用。(2)包产品产量、品种和配件。即保证每年完成铁道部下达的指令性计划产品。(3)包产品质量。杜绝机车车辆出厂后批量返厂修理，因产品质量造成的重大、大行车事故发生率低于2.2件／年。(4)包安全生产。工伤负伤率低于6‰，死亡率低于0.05‰；(5)包新产品开发。即完成铁道部下达的科技开发计划，特别是适应铁路重载、高速运输需要的产品开发任务。(6)包基本建设。按铁道部批准的建设项目、拨付的基建投资，包建设任务的完成、投产和达到生产纲领的期限。在三年承包期内，逐年合理调整产品价格，原材料、能源涨价引起的成本上升部分由部和总公司分别承担90%和10%，并对指令性计划以外，国家铁路运输急需的产品实行超产加价。基建项目由于原材料涨价引起投资概算的增加部分，由部和总公司分别承担90%和10%；部决定的调整产品结构、企业转产，由部拨给转产补贴，1993年补贴2.235亿元。总公司按照这些规定，层层落实承包任务，取得了初战告捷。

2. 稳步推进三项制度和其他各项改革。1993年，有8个工厂经部批准，进行劳动工资综合改革扩大试点。同时，总公司按照“统筹规划、分步实施”的原则，在16个工厂进行了部分车间、处室的劳动工资综合改革试点工作。试点工厂普遍实行了合同化管理，有的工厂实行了合同制试点，一些工厂进行了分配方式和厂内机构的改革，职工总量控制较好，年末职工人数比上年减少3500人，住房制度改革推进较快，医疗制度改革正在进行。

3. 产品价格实行调放结合办法。部对机车车辆产品价格实行部定价、指导价、放开价三个层次管理，对部定价格的产品，因原材料、能源、国家新出台的政策性因素引起的成本增加部分中，由铁道部承担的部分，通过有计划地调整价格予以解决，补偿数额与产品实际成本脱钩，强化了激励和约束机制，建立起合理的价格补偿机制。

4. 顺利实现了新旧财会制度的转换。总公司在全系统采取多种形式，对有关领导干部和全体财会人员进行培训，组织力量对实行新制度后企业财务评价、财务预测、财务计划、财务分析等重要问题提出切实可行的衔接办法，保证各下属单位实现了新旧会计制度的平稳转换。随着多种经营企业的数量显著增加，经营规模日渐扩大。到1993年底，全行业累计兴办多种经营企业429个，比上年增加267个，其中有中外合资、合作企业30个，比上年增加14个，合作伙伴发展到12个国家和地区；从事多种经营工作的职工增加到9500人；多种经营企业开发的产品达18大类共800多种；销售收入达6.04亿元，实现利润5634万元，厂内统一核算的非机车车辆产品实现销售收入2.98亿元，实现利润2930万元。

质量及质量管理　1993年，总公司根据铁道部关于增加机车车辆，满足铁路运输急需扩大能力的要求，千方百计加强对机车车辆修理生产的计划与管理，缩短修理周期，减少在厂日数，保证其充分发挥作用，取得一定的效果，机客货车修理周期详见表1。

总公司加强质量管理，促进产品质量稳定提高。采取的主要措施，一是，在全行业深入贯彻落实国务院《关于进一步加强质量工作的决定》和《质量管理和质量保证》国家标准(GB／T19000)，大力开展“质量月”活动，增强全员质量意识；二是，以保证机车车辆走行部质量为重点，强化重点和关键工序质量保证体系，围绕

"防烧轴、防切轴、防制动零部件脱落、防裂断"等惯性质量问题，开展"一次交检、一次交验、一次投入产出合格"的提质降耗活动，健全质量责任制，质量与经济利益挂钩，严格质量指标考核；三是，对重大惯性质量问题开展技术攻关和综合治理，使80系列增压器故障和DF_4型机车无压无流无功率输出等故障显著减少；四是，加强对扩散生产产品的质量管理，制定并实行机车车辆配件扩散产品质量管理办法和扩散生产质量认证标准，对达不到质量要求的扩散配件，承制单位可终止订货；五是，对质量不够稳定的工厂加强质量监督检查和抽查，开展企业之间的质量抽查观摩评比，奖优罚劣；六是，大张旗鼓地处理质量事故，对有些重大的险性事故，即使尚未造成重大经济损失，也抓住不放，在一定范围内通报处理，以利于汲取教训。通过采取这些措施，取得较好的效果，全年未发生行车重大质量责任事故，完成机车车辆制造和修理质量指标及铸件质量和能耗指标有新的进步（见表2.3.4）。全行业评选出一批优秀质量管理成果，其中一等2个，二等28个，三等24个。有些成绩突出的企业受到表彰：大连机车车辆厂和株洲车辆厂被国家技术监督局和中国质量协会授予"全国降损先进单位"称号，株洲车辆厂被评为"全国质量效益型企业"。

表1　机客货车修理周期

项目名称	实际完成	与上年比较%
修理电力机车在厂日数(天)	73.6	−0.4
修理内燃机车在厂日数(天)	42.6	−9.0
修理客车在厂日数(天)	46.3	−2.7
修理货车在厂日数(天)	18.9	−4.4
修理电力机车在修日数(天)	58.2	−0.3
修理内燃机车在修日数(天)	32.8	−6.1
修理客车在修日数(天)	34.2	−2.8
修理货车在修日数(天)	11.3	

表2　机车及配件生产质量指标完成表

产品	类别	一等品率(%)		返工率(%)		一次点火或水阻(次／台)		一次试车(次／台)		一次试验(%)	
		计划	实际	计划	实际	计划	实际	计划	实际	计划	实际
蒸汽机车	修	88	93.92	8.5	5.26	1.14	1.1	1.18	1.13	—	—
内燃机车	造	97	100	8	3.97	1.1	1.04	1.16	1.12	—	—
内燃机车	修	93	100	9	4.05	1.08	1.02	1.14	1.06	—	—
电力机车	造	97	100	8	5.06	—	—	1.4	1.51	—	—
电力机车	修	—	—	15	12.24	—	—	1.4	1.35	—	—
内电配件	造	97	99.39	0.1	0.07	—	—	—	—	85	93.1

表3　客车货车造修质量指标完成表

产品	修造类别	一等品率(%)		返工率(%)		热轴发生率(%)	
		计划	实际	计划	实际	1992年	1993年
客车	造	93	100	0.7	0	—	—
客车	修	83	95.74	0.9	0.03	—	—
货车	造	93	97.86	0.25	0	—	—
货车	修	86.5	94.36	0.45	0.02	10.25	9.05

技术改造及技术引进　1993年，总公司根据铁路运输扩大能力和发展重载、高速运输的需要，加强统筹规划和协调组织，突出在建工程收尾销号、货车制造上能力和提高产品质量三个重点，加快建设进度。在建的大中型和重点小型项目各16个，已收尾销号11个。其他项目的进度基本与资金到位同步，年末完成大中型项目投资3.3亿元，小型项目投资3.97亿元。济南和铜陵两个机车厂转产改造为车辆厂，且进展很快。到年底，济南车辆厂已生产货车227辆，铜陵车辆厂已生产平车545辆，日产达到2.5辆的水平，两个工厂的改造实现了当年投资、当年转产、当年见效。

1993年，完成了引进德国冷藏车技术项目，武昌和石家庄两个车辆厂试制出B_{23}型冷藏车一列，通过验证合格。另外，还完成24kW柴油发电机组、国际客车用分配阀及双层准高速客车用配件等8项进口任务，进口额202.5万美元。

市场及销售　多种经营和发展铁路外部市场产品。1993年，在铁道部对机车车辆工业仍然实行以指令性计划为主的体制下，总公司大力发展铁路外部的市场产品，在完成铁道部指令性计划任务的同时，增加机车车辆产品向铁路外部市场销售的数量，其中有：内燃机车105台，占铁道部指令性计划的18.75%；电力机车20台，占指令性计划的 10%；客车 172 辆，货车 5531 辆，分别占指令性计划的 10.26%和 23.8%。

表 4 铸造产品质量和能耗指标

项 目	单位	实际完成	与上年相比%
铸钢件成品率	%	62.86	+0.62
铸铁件成品率	%	70.29	−0.82
铸钢件废品率	%	4.23	+0.37
铸铁件废品率	%	7.61	−3.51
电炉钢耗电量	kW·h	726	−1.26
化铁炉焦铁比	t/t	7.25	+0.55
每万元不变价产值耗标准煤	t	1.7	−15.4

1993 年，全行业完成产品销售收入 1381347 万元，比上年增长 80.1%。按照销售对象分：销往铁路内部 1254114 万元、铁路外部 127233 万元，分别占销售收入的 90.79%和 9.21%。销售到铁路外部的产品有：内燃机车 23729 万元，蒸汽机车 3012 万元，客车 12587 万元，货车 81158 万元，轨道吊车 1497 万元，修理产品 5250 万元。各类产品销售情况见表 5。

表 5 主要产品销售情况

产品名称	销售收入(万元)	比重(%)	比上年增长%
制造产品	910709	65.93	82.59
电力机车	95911	6.94	50.44
内燃机车	203627	14.74	55.73
蒸汽机车	3012	0.22	8
客车	171011	12.38	70.24
货车	434766	31.48	119.50
轨道吊车	2382	0.17	−19.06
修理产品	257479	18.64	38.12
电力机车	7914	0.57	31.79
内燃机车	58764	4.26	45.15
蒸汽机车	32620	2.36	18.43
客车	42302	3.06	39.19
货车	115624	8.37	42.42
轨道吊车	255	0.02	−68.20
其他产品	213159	15.43	54.97

产品出口工作有了新的发展。1992 年末国家授予总公司自营进出口权以后，为总公司进入国际市场创造了有利条件，产品出口明显增加，出口成交额 7072 万美元，收汇额 3046 万美元，比上年分别增长 70%和 14%。主要出口产品有内燃机车 6 台、客车 23 辆、货车 550 多辆。

〔撰稿人：中车公司办公室　金列明　审稿人：中车公司副总经理　王志泉〕

〔电力工业部〕

生产发展情况 宝鸡车辆设备厂是电力工业部唯一生产铁路机车车辆的企业。1993 年全厂开展了“双增双节”活动，一举扭亏为盈，从 1992 年亏损 513 万元，变为 1993 年盈利 11 万元，使生产经营走出了低谷。本年生产特点是：高产出、生产增幅大、扭转亏损局面。全年完成工业总产值 2758 万元，比 1992 年增长了 97%；制造煤炭漏斗车 138 辆，为 1992 年 116 辆的 119%；改造车辆 117 辆，比 1992 年增长 43%；圆满完成了年初订的生产任务计划数。

新产品 该厂研制了锅炉等离子点火器、热管换热器几种新产品，但目前未形成生产规模，如形成批量，对厂里产品结构的调整，合理安排劳动力，均衡生产都是有利的。

市场及销售 1993 年产品销售收入完成了 2452 万元，为上年的 178%，产品销售税金和利润为 68 万元，比 1992 年亏损的 513 万元增盈 524 万元，其主要措施是：加快存货资金周转天数，1992 年是 238 天，1993 年为 62 天，加速了 176 天。该厂销售煤炭斗漏车 111 辆，占了绝对比重；该厂对售出的车辆还跟踪服务，受到用户好评。

〔撰稿人：电力工业部　张海清　审稿人：电力工业部　韩亦仁〕

〔责任编辑：王　如〕

汽　　车

〔中国汽车工业总公司〕

生产发展情况 1993 年是汽车工业生产、销售出现较大波动的一年。全年生产形势呈现出以下特点：

(1) 上半年生产过猛，下半年落幅较大。上半年在过旺的市场需求推动下，汽车生产企业超负荷生产，从而使上半年汽车产量和销量分别达到 61.89 万辆和 59.26 万辆，比上年同期分别增长 43.68%和 38.54%，各月产销量均为历史最大值。下半年国家宏观经济调控政策出台后，汽车产销量逐月下降，库存呈上升趋势。到年底产销量开始平稳回升。1993 年全国汽车产量为 129.36 万辆，比上年增长 21.98%，超过调整后“八五”计划中 1995 年达到 120 万辆的目标。其中载货汽车（含越野车、自卸车、牵引车、汽车底盘、货厢式专用车）为 77 万辆，比上年增长 21.27%；客车（含客厢式、客车底盘）29 万辆，比上年增长 11.56%；轿车 23 万辆，比上年增长 41.16%；汽车工业主要企业完成改装车 6 万辆，商品发动机完成 4618 万 kW，比上年增长 30.05%；汽车配件产值 250.09 亿元，比上年增长 31.30%。从车型看，在载货车中，生产重型车 3.38 万辆，中型车 33.23 万辆，轻型车 32.79 万辆，微型车 7.58 万辆，乘用车 51 万辆。

(2) 产品结构进一步调整。到1993年末，各类车型所占比重：重型载货车由上年的2.67%上升为3.03%，中型载货车由25.79%上升为26.77%，轻型载货车由24.96%下降为23.78%，微型载货汽车由6.58%下降为5.55%。在乘用车中，客车由24.17%下降为22.35%，轿车由16.33%上升为19.02%。在汽车生产总量中，载货汽车与乘用汽车的比例为5.9∶4.0；在乘用汽车中，客车与轿车的比例为5.6∶4.4。

(3) 企业经济效益得到改善，劳动生产率进一步提高，1993年汽车行业261家主要企业共完成工业增加值（1990年不变价）207.48亿元，实现利税139.8亿元，其中实现利润85.5亿元，比上年增长15.5%。全员劳动生产率为23386元/人·年。

新产品与科研成果 1993年共有CA1110K2P型载货汽车等35项新产品通过国家技术鉴定；共有1363种汽车新品种通过鉴定，进入年度产品目录，其中载货汽车188种，越野车11种，自卸车119种，牵引车21种，专用车571种，客车355种，轿车5种，挂车114种。1993年共有46项科研项目获得汽车工业科技进步奖，其中一等奖1项，二等奖6项，三等奖36项，四等奖3项；完成发动机进气调节系统、发动机试验测试仪器设备研制等科研成果共22项；行业内下达了汽车工业中长期战略研究首批课题，即《中国汽车市场需求预测》、《汽车工业成为支柱产业的条件分析》、《汽车工业成为支柱产业的标志和目标》。

行业管理 1993年的主要工作有：(1) 在体制改革方面，按照政企分开的原则，1993年10月国务院147号文将原授权中国汽车工业总公司的汽车行业管理职能收归新组建的机械工业部，并将原由中国汽车工业总公司管理的中国汽车工程学会、中国汽车工业协会挂靠在机械工业部。中国汽车工业总公司名称保持不变，视同一汽集团、东风集团，仍在国家计划中实行单列。为此，机械工业部于12月组建了汽车工业司，行使政府对汽车工业的行业管理职能。主要包括：制订行业（含摩托车）发展战略、布局、产业政策及中长期发展规划，编制中长期发展对相关工业需求规划，组织编制年度生产计划，对重点基建、技改、引进、利用外资项目进行审查，编制行业产品试制、科研年度计划，组织制订汽车行业技术标准、质量标准，组织审定并颁发汽车、改装车、摩托车等产品目录，组织制订各种技术法规并实施，对汽车产品质量进行监督管理等。

(2) 为了做好汽车安全带的生产、安装管理工作，1993年中国汽车工业总公司发出通告：经与公安部商定，由中国汽车工业总公司负责统一对全国汽车安全带生产企业工厂条件和生产的安全带进行审查鉴定认可，发放合格标记。并和公安部定期联合发布鉴定合格的汽车安全带生产企业及进口安全带经销单位和产品目录。决定对审查鉴定合格的安全带生产企业及进口安全带经销单位使用的合格标记实行代号管理。今后凡没有合格标记代号与通告公布的生产企业、经营单位合格标记代号不一致的安全带产品，一律不准装车使用。

(3) 为使生产许可证制度适应社会主义市场经济的要求，经国家经贸委和国家技术监督局与有关部门协商，决定对实施发证的载货汽车、微型汽车、长途客车、城市客车、救护车、漏水车、吸粪车、垃圾车、畜禽防疫车和汽车挂车等10种汽车产品取消生产许可证的管理。

(4) 为统一轿车的几大总成和国产化率的统计范围，中国汽车工业总公司对发动机、变速器、前后桥、车身和空调总成所包含的主要部件，附件做了统一规定，并在行业内发布。1993年中国汽车工业总公司还发布了《汽车用水暖式暖风装置技术条件》等73项行业标准。

为支持轿车工业的发展，1993年底，财政部发出通知，决定取消实行多年的购买轿车的控购审批。旅行车、越野车和工具车也不再办理控购审批手续。

技术改造及技术引进 1993年国家下达给汽车行业的基本建设、技术改造项目共计161项，其中技术改造105项；计划总投资81.60亿元，其中技术改造投资43.19亿元。到1993年底，共完成32.63亿元，有40个项目竣工，新增固定资产约70亿元。

1993年通过技术引进、许可证、设备进口等方式共引进国外各类先进技术57项。从“八五”开始，零部件的技术改造、技术引进重点转向为轿车配套的项目，到目前已引进的汽车零部件产品技术约70多种，如等速万向节、盘式制动、液压挺杆、定速调节器等产品在原来的卡车制造中是很少采用的，这些产品的引进不仅满足了轿车配套的要求，而且可以为卡车配套，并使我国汽车产品的水平从整体上达到国际80年代的水平。1993年共抽查了15个企业的客车和轻型车的汽车产品，其中客车合格率为100%，轻型车合格率为75%。

几种引进产品的国产化率继续提高。其中桑塔纳轿车为80.47%，切诺基吉普车为60.48%，夏利微型轿车为61.8%，标致505 8座轿车为61.7%，标致505普通型轿车为43%，奥迪轿车为44.51%，捷达轿车为10%，富康轿车为3.66%，奥拓微型轿车为13.68%，云雀微型轿车为35%，依维柯轻型客车为65.91%，斯太尔重型汽车为86.54%，江西、重庆五十铃轻型车均超过60%。

销售 1993年全国销售各类汽车129万辆，比1992年106万辆增长21.69%。从汽车产品销售结构来看，1993年汽车销售量大于汽车生产量，产销总量的增长基本同步。在销售总量中，载货汽车销售增长高于乘用车。1993年全国载货汽车销售78.46万辆，比上年的63.33万辆增长23.89%，其中重型车为5.1万辆，中型车为33.1

万辆，轻型车为 32.6 万辆，微型车为 7.5 万辆。1993 年全国乘用汽车销售 51 万辆，比上年的 41.96 万辆增长 21.65%。在乘用汽车中，客车销售 28.42 万辆，比上年 25.29 万辆增长了 10.63%；轿车销售 22.6 万辆，比上年增长 39%。

按海关口径统计：1993 年全行业出口创汇额为 3.45 亿美元，其中整车出口 11441 辆，创汇 1.5 亿美元；摩托车出口 81174 辆，创汇 2519.5 万美元；零部件创汇 1.7 亿美元。

〔撰稿人：机械工业部汽车工业司　姜　英〕

〔交通部〕

生产发展情况　1993 年列入公路交通工业生产计划的主要产品有：公路客车、汽车挂车以及客、挂车配套件等。

1993 年交通部下达公路客车生产计划 18190 辆（其中，指令性计划 3630 辆）、汽车挂车 9825 辆（其中，半挂车 4007 辆）。由于 1993 年下半年以来，国家宏观调控措施收到积极成效，过热的汽车市场开始降温，汽车销售由连续 30 个月上升转为下降。据统计，1993 年交通部系统公路客车生产实际完成 16570 辆，仅为上年的 75.08%；全年销售客车 15543 辆，为上年的 71.92%。1993 年该部系统汽车挂车实际完成 9725 辆，是上年的 93.2%；全年销售汽车挂车 8249 辆，为上年的 80.82%。近年来，随着运输市场的开放和公路货运装备水平的提高，全挂车生产逐年萎缩，半挂车在挂车产、销量中的比重逐年增加，1993 年已占总产量的 50%左右。

由于市场机制的作用明显增强，促使工业企业进一步转换经营机制和走向市场。1993 年国家进一步减少了工业指令性生产计划的范围和数量，指令性计划的产值比重由上年的 11.6%下降到 6.8%，而实际执行结果不足 6%。该部的指令性计划仅完成了 1／3，其主要原因：一是底盘生产厂供货较晚，二是计划内底盘价格偏高，这也影响执行指令性计划。

1993 年完成生产计划较好的客车厂有：扬州客车制造总厂、聊城客车厂、甘肃驼铃客车厂、广西南宁客车厂、北京交通客车制造厂等。其中，扬州客车制造总厂和北京交通客车制造厂，不但超额完成了当年的生产计划，较上年有较大增长，而且经济效益十分显著。1993 年完成生产计划较好的汽车挂车厂有：江苏淮阴汽车改装厂、河北汽车修配厂、天津车辆改装厂、上海交通汽车修配厂、浙江临海挂车厂、山东泰安交通车辆厂等。其中，江苏淮阴汽车改装厂、山东泰安交通车辆厂、浙江临海挂车厂的产量较上年增加了 20%以上。

1993 年计划生产各种专用车 23955 辆，全部为指导性计划。产品包括：交通管理车、公路运料车、零担运输车、集装箱运输车等。全年实际完成 24807 辆，是上年的 110.92%。

由于公路客车产量下降，底盘、原材料价格大幅度上涨，直接影响到客车生产企业的经济效益。据统计，1993 年公路客车生产企业实现利润较上年减少 54.38%，有 12 家企业亏损，只有扬州客车制造总厂、北京交通客车制造厂、桂林客车厂、上海旅游客车厂、南宁客车厂、贵州客车厂等 6 家企业的利润是正增长，其余全部是负增长，这说明客车企业 1993 年经济效益呈现出整体下滑的局面；汽车挂车企业由于产品结构有较大改变，半挂车比重上升，产品销售收入比上年增加 38%，整体经济效益好于上年，利润总额较上年增长 10 倍，但亏损面较大，特别是以全挂车为主导产品的企业大多亏损。在挂车行业中，山东泰安交通车辆厂实现利税等几项指标均呈上升趋势。

新产品　1993 年该部以交科（1993）310 号文下达公路车辆新产品开发项目 20 项。其中，公路客车 7 项、挂车及专用车 5 项、零部件及工艺装备 8 项，当年完成 18 项。其中，黑龙江汽车制造厂生产的 HQ6113B27 型三类客车底盘，后置 X6130Q1 型柴油发动机，提高了底盘的动力性；扬州客车制造总厂生产的 JS6971 型前置发动机、前开门客车及底盘以及 JS6971 型旅游客车及底盘，长沙客车厂的 CK6892 型公路客车，云南客车厂的 YK6700H 型后置发动机轻型客车系列等在车身生产工艺及配套件使用方面都有新的突破；江苏淮阴汽车改装厂、浙江金华汽车修造厂、山西大同汽车制造厂、山东博山汽车挂车制造厂、上海交通装卸机械厂等生产的小型车辆运输车、散装水泥运输车、集装式液罐半挂车等挂车及专用车，是根据市场的需求特点开发的新产品；江苏邗江交通机械厂、内蒙古交通汽车总厂、江苏淮安长途客车附件厂生产的客车传动轴总成、8 吨级客车底盘专用后桥以及汽车安全带，为公路客车生产提供了新型配套件；大连奥托技术公司研制的 CZD-1 型客车侧蒙皮自动点焊机和 JDH-1 型矩型管对焊机，为客车生产提供了先进的工艺装备；江苏淮阴末广交通安全设施有限公司生产的公路诱导灯、闪光背心和高速公路回转警告灯，适用于公路建设及养护施工使用。

另外，辽宁抚顺客车厂生产的 FS5090XDS 电视转播车外观设计获国家专利；由中国公路车辆机械公司、山东交通工业集团总公司、中信机电制造公司、交通部重庆公路科研所和山东聊城客车厂联合开发的国家“七五”科技攻关成果 JT6120 大客车系列产品——JT6120A 及 JT6120B 型大客车和底盘于 1993 年 4 月 20 日通过了部级鉴定。JT6120A 型大客车和底盘选用捷克生产的 LIAZM637 水冷增压柴油机（额定功率 176kW、2100r／min）、双片离合器，使用陕西齿轮厂生产的 6J90T1 六档全同步器变速箱。JT6120B 型大客车和底盘除上述传动系统与 A 型相同外，还采用了少片变截面板簧悬架和横向稳定杆。上述两种客车在整车动力性、经济性、可靠性等方面与 JT6120 大客车相当。

行业管理 中国公路车辆机械公司受该部委托，于1993年2月16～18日在广州市召开了“1993年公路交通工业产品排产分配会议”。

1993年4月27日国家经济贸易委员会以国经贸（1993）35号文批准同意成立中通车辆机械集团。6月30日召开成立大会。该集团以中国公路车辆机械公司为核心企业，中国公路车辆机械公司及其7个直属企业，江苏扬州客车制造总厂等10个企业为紧密层企业，湖北客车厂等15个半紧密层企业，交通部重庆公路科研所等90个联营层企（事）业，按照企业集团组建原则组成，共计123个单位。它是以社会主义公有制为基础，跨地区、跨行业、跨所有制，以公路客车挂车生产为主，综合经营的大型经济组织和法人联合体。

质量管理 据该部下达计划，由中国公路车辆机械公司负责制订的《客车空调系统技术条件》，已于1993年1月8日完成征求意见稿，11月完成报批稿，拟在1994年初出台。

技术改造及技术引进 1993年国家下达交通部重点交通工业企业专项贷款改造项目32个，当年投资25497万元。其中，安排专项贷款14185万元，占当年投资的55.6%。上述项目中，跨年续建项目18个，当年新开工项目14个。

到1993年底止，合肥客车厂、山东聊城客车厂、四川雅安通工汽车厂、郑州客车厂等项目建成投产。其中，合肥客车厂投资2958万元，建成1.5万m^2的综合生产车间，客车生产能力达到1100辆，新增产值5500万元，新增利税600万元。山东聊城客车厂投资1500万元，重点改造喷漆生产线，生产能力达到2000辆，新增产值1200万元，新增利税130万元。四川雅安通工汽车厂投资1630万元，对专用车生产线进行技术改造，新建厂房6000m^2，建成汽车检测线及计算机站，新增产值3600万元，新增利税400万元。郑州客车厂投资1480万元，对客车生产线进行改造，使产品质量有了明显提高，新增产值3800万元，新增利税290万元。

此外，黑龙江汽车改装厂投资55万元，对客车喷漆生产线进行技术改造，于1993年1月份投入使用。

由北京交通客车制造厂和新加坡八达国际私人有限公司合资建立的京达汽车制造工业有限公司，于1993年5月7日在人民大会堂举行了签约仪式。新加坡副总理王鼎昌和北京市常务副市长张百发以及交通部副部长郑光迪等出席签字仪式。

1993年11月6日黑龙江客车厂与日本日野自动车工业株式会社和三井物产株式会社合资的龙日客车有限公司正式开业。

市场及销售 辽宁抚顺客车厂1993年向蒙古提供100辆客车散装件。长沙客车厂1993年向斯里兰卡出口CK6892R型大客车400辆。

〔撰稿人：交通部综合计划司 顾 霞 审稿人：交通部科学技术司 王建辉〕

〔建设部〕

生产发展情况 1993年，国家加强了对国民经济的宏观调控，受宏观调控影响，汽车市场起伏很大。上半年城市车辆行业产销两旺，下半年市场出现疲软，企业的库存量增加，经济效益下降。城市车辆行业生产企业，根据市场变化；及时调整产品结构，深化企业改革，加强内部管理，努力生产适销对路的城市车辆产品。1993年建设部行业归口管理的城市客车生产厂35家，职工总数39163人，生产各种型号的城市客车（城市公共汽车、城郊公共汽车、团体客车、游览客车和特种客车）共计15374辆，全年完成工业总产值141275万元）城建专用车生产厂17家，生产各种专用车2577辆，全年完成工业总产值35791万元。

国内客车行业骨干企业，中国城市车辆总公司常州客车厂连续第三年保持强劲的发展势头，规模经济上了新台阶，实现“八五”计划三年内完成目标，全年生产各种客车1339辆，经营收入达2.5亿元，总产值达1.6亿元，实现利税1200万元，比1992年增长46%，在国内500百家最大交通运输设备制造企业中，已排在第174位；广州客车厂全年生产各种客车1355辆，总产值12185万元；上海客车厂生产各种客车1018辆，总产值10426万元；北京客车总厂生产各种客车2949辆，总产值28454万元。

城建专用车生产企业、北京市政汽车改装厂生产各种城建专用车298辆，完成工业总产值2795万元；广州环卫机械厂生产各种城建专用车398辆、完成工业总产值3450万元。

新技术与科研成果 为展示城市车辆行业生产企业的生产能力和产品技术质量水平，推动新产品开发和技术进步。建设部综合计划财务司和中国城市车辆总公司在上海成功地举办了第二届全国城市车辆展览会。共有80多家生产厂的120辆各种型号城市车辆参加了展览。在展览会上，对参展的产品进行了优秀产品评审，共评出一等奖6名，二等奖9名，三等奖12名。荣获第二届全国城市车辆展览会一等奖的企业及产品是：常州客车制造厂的CJ6922团体客车，广州客车厂的CJK6100ED旅游客车，厦门金龙联合汽车工业有限公司的XMQ6700轻型客车，北京客车总厂的BK6180公共汽车，北京市政汽车改装厂的SZQ5100GSS洒水车，广州市环境卫生机械设备厂的GH5200ZLJY后装压缩垃圾车。

新产品 城市客车生产厂根据市场需求，开发大型化、系列化、高档化和高附加值的城市客车新产品。如高档游览客车、卧铺客车、无人售票城市公共汽车，双层公共汽车等。1993年列入建设部新产品开发计划的产品有：(1)广州客车厂研制开发的GZK6120FCS1双层客车，(2)上海客车厂研制开发的SK6173N铰接式公共汽车，(3)中国城市车辆总公司常州客车厂研制开发的

CJ6120TCHKX 大型客车、CJ6120WCHKX 卧铺客车，(4) 中国福莱西宝车辆有限公司研制开发的 CFC6120T、CFC61110G、CFC6990T 客车。受建设部委托，中国城市车辆总公司主持了上述产品的鉴定工作。

行业管理 受建设部委托，中国城市车辆总公司根据国家有关产业政策和技术政策，及市场预测、可行性分析，编制了《城市车辆新产品和技术开发指南》，确定了城市车辆行业中、长期新产品和新技术开发项目，推动行业技术进步，使我国的城市车辆有目标，有步骤地缩小与国外先进水平的差距，满足国内对城市车辆产品的要求，并为城市车辆产品进一步推向国际市场做好充分的技术准备。

中国城市车辆总公司、中国城市车辆总公司常州客车厂和美国福莱西宝车辆有限公司，三方共投资 3000 万美元合资组建了我国客车行业第一家中外合资企业中国福莱西宝车辆有限公司，并于 1993 年 3 月正式成立开业。其生产规模为年产中、高档城市客车 2000 辆。经过半年多时间的运转，已试制出具有国内领先水平的中、高档大客车，于年底通过了建设部的部级鉴定。现已少批量投产。

市场及销售 汽车市场的波动，对城市车辆产品销售有一定的影响。1993 年建设部城市车辆行业共销售城市客车 18000 多辆，城市专用车 4800 多辆。其中中国城市车辆总公司及各公司全年销售总额为 6.16 亿元，供应城市车辆生产所需的汽车底盘 5000 多辆，经营额为 2.5 亿元。

〔撰稿人：中国城市车辆总公司　叶东强　审稿人：中国城市车辆总公司　李世豪〕

〔中国有色金属工业总公司〕

生产发展情况 1993 年，中国有色金属工业总公司汽车行业所属 4 个独立机械厂，完成工业总产值 15624 万元（当年价），比上年增长 40.8%；实现利税 383.7 万元，比上年降低 42.7%。

生产的主要产品有：自卸汽车 1198 辆、载重汽车 62 辆、挂车 1 辆、净化车 4 辆、铝厂专用车 18 辆。

柳州特种汽车厂围绕“加快技术改造，扩大经营规模”的方针，积极开展工作。1993 年改装汽车 1220 辆，比上年增加 37.7%。华山有色冶金机械厂深入进行企业经营机制的转换和产品结构的调整，企业的生产经营形势有了较大改善和提高。完成工业总产值 1476.71 万元，比上年提高 18%；全员劳动生产率 11562 元／人·年，比上年提高 11%。

新技术与科研成果 柳州特种汽车厂为适应当前公路运输高速发展及铝工业电解铝厂和井下开采专用车辆的需要。1993 年完成了 LZT9150TJZ 型箱货两用半挂车、LZT9151 型半挂车、LZT4091K8 型半挂牵引车、CA1091K8L4R5 型卧铺载货汽车等 4 个新产品的试制开发工作，并通过了省级鉴定。LZT5080 型（红岩底盘）铝水抬包车、PT50C 型井下服务车已试验完毕。在原产品自卸汽车、载货汽车上试加装空调获得成功，大大提高了司机驾驶时的舒适性，特别适合南方用户的需求，它为 1994 年大批量改装各种汽车，加装空调器打下了良好的基础。华山有色冶金机械厂开发研制了 SX3190 自卸车、SX360E 自卸车和汽车压缩气泵。

新产品 柳州特种汽车厂研制的 CA1091K8 (CA141K8) 型柴油载货汽车是以解放 CA1091 (CA141) 型底盘为基础，采用了从日本日野公司引进的六档同步变速器，英国 AP 公司的 AP 膜片弹簧单片离合器的先进技术和双回路制动系统，以及全景曲面风窗玻璃、可调座椅、软化内饰等而进行设计制造的。其动力是引进了西德曼海姆公司先进技术而制造的 6105QB 柴油发动机。经长春汽车研究所进行 10000km 可靠性试验和定型试验，证明该车动力性能好、马力大、车速高、耗油低、载荷能力强、操作灵活、维修方便、造型美观大方，特别是整车的平顺性、爬坡能力以及在沙地、泥泞路、冰雪路的通过性能都优于国外同类车的水平，是国内理想、先进的中吨位载货柴油运输车辆。该车获总公司 1993 年科技进步三等奖。沈阳铝镁设计院与丹东市专用汽车厂研制的 DZQ5151GHF 气卸散装罐车，主要用于输送铝厂的散装氧化铝，建筑行业的散装水泥，其它介质相近的散装粉料（如粉煤灰、硅藻土、耐火土、高炉灰、氧化锌、谷物等）。该车的主要技术指标为：额定载重 7500kg；输送距离垂直 35m，水平 100～250m；残存量 $<0.3\%$（规定 0.5%）。DZQ5151GHF 气卸散装罐车与同类车相比，具有残存量低、粉料输送时间短、能耗小、可远距离输送等特点，达到了国内同类产品的先进水平，填补了我国散装氧化铝气力输送专用车的空白，获总公司 1993 年科技进步三等奖。

企业管理 为了利于企业生存和发展，经总公司批准柳州特种汽车厂并入中国第一汽车集团。

质量及质量管理 柳州特种汽车厂为加强产品质量管理，适应大批量生产的需要。质检部门除总结以往行之有效的质量管理方法及检测手段外，重点抓了机加工件、铆焊结构件的首检、中检、巡检制度，防止了批量零件的报废，使全年机加工合格率达 99.77%，铆焊结构件合格率达 91.84%。装配线重点抓了工序检查，特别是关键工序检查，使产品装配优良率比往年有较大的提高。为了进一步提高整车产品质量，该厂技改投资 86.5 万元，装备了一条整车汽车专用检测线，使整车出厂质量得到更可靠的保证。华山有色冶金机械厂把产品的质量意识贯穿于产品的设计、制造、销售的全过程，建立了产品质量跟踪卡，使产品质量具有可查性。

技术改造及技术引进 柳州特种汽车厂的有色金属矿山、工厂专用车辆生产设施技改项目，总投资 1100 万元，已完成 470 万元投资。完成项目有铆焊、液压车间两个厂房的各联跨厂房建设，建筑面积合计 2650m^2，总装车辆检测线及建筑面积(650m^2)，购置了 30 多台（套）设备，为实现“八五”技改规划生产各种改装车辆 1600 台的规划打下了良好的基础。

销售 1993 年有色金属汽车行业国内销售收入为 15247.2 万元，比上年增长 34.5%。柳州特种汽车厂在产品销售方面，已逐步形成了各省、市、地区的代理商及自销的多种渠道形式，销售各种系列改装汽车产品，使生产的产品一经出厂，即通过销售网很快的将产品销往各地。同时通过这些销售网点了解市场信息，有组织、有计划的安排生产。1993 年产品销售收入实现 12611 万元，比上年增长 36.7%。

〔撰稿人：中国有色金属工业总公司企业部 王璞、韩招群 审稿人：中国有色金属工业总公司企业部 晏厚庠〕

〔电力工业部〕

生产发展情况 1993 年电力工业部生产挂车和专用工程车的企业是上海水工机械厂和宝鸡电力设备厂。两厂职工为 2066 人，工程技术人员 192 人，工业总产值 7565 万元，全员劳动生产率 36617 元／人·年，特别是宝鸡电力设备厂一举扭亏为盈，使企业走出困境。

新技术与科研成果 上海水工机械厂生产各类挂车已有 30 年历史，现已能批量生产 20～400t 系列挂车。1993 年研制成功的纵横拼接式 400t 液压全挂车是目前国产最大吨位的全挂车。

行业管理 1993 年随着电力工业组建 5 个集团公司，两个企业分别加入到华东电力企业集团公司和西北集团公司中，成为紧密层企业，这为企业主动参与市场竞争创造了外部条件。

质量及质量管理 1993 年两厂坚持用户至上，质量第一方针，满足了用户的质量要求，并认真贯彻 GB／T19000 标准，以适应企业管理与国际接轨的需要。

上海水工机械厂生产的 60～200t 液压全挂车曾于 1988 年获国家质量银奖，1993 年该厂继续保持较高的质量水平，使产品主要质量指标已达到或优于国外同类产品的水平。

技术改造及技术引进 1993 年两个企业完成技改投资 236 万元。

市场及销售 1993 年完成销售收入 8631 万元，产品销售税金 382 万元。宝鸡电力设备厂为扭转亏损 512 万元局面，在销售上下功夫，使存货资金周转天数由 1992 年的 238 天下降到 1993 年的 62 天，加速了 176 天，大大提高了资金的使用效率。

〔撰稿人：电力工业部 张海清 审稿人：电力工业部 韩亦仁〕

〔责任编辑 王 如〕

摩 托 车

〔机械工业部〕

生产发展情况 1993 年我国生产摩托车 367 万辆，比 1992 年的 198 万辆增长 85.35%。我国已成为世界摩托车生产大国。

产品销售形势大好，共销出 365 万辆，产销率为 99.46%。中国摩托车的市场主要在中、小城市和农村。

1993 年全国摩托车行业工业总产值（1990 年不变价）为 184 亿元。实现利税 20.6 亿元，创历史最好水平。其中：25 个定点企业实现利税 19.65 亿元，比 1992 年增长 85.72%。全行业还有 25 家企业亏损。

生产形势主要特点：

1. 摩托车骨干生产企业已形成了一定规模，逐步向大批量生产方向发展。前十名企业产量合计为 271 万辆，占全行业产量的 73.68%。前三名企业的产量已经超过 50 万辆，嘉陵机器厂生产 59 万辆、建设机床厂生产 58.8 万辆、济南轻骑摩托车总厂为 50.2 万辆。另有 6 家企业年产量超过 10 万辆，上海一易初摩托车有限公司 23.6 万辆，金城机械厂 19 万辆，南方动力机械公司 17.7 万辆，北方易初 16.6 万辆，长春汽油机厂 10.8 万辆，广州五羊摩托车厂 10 万辆。

2. 整车生产厂点增加较快。到 1993 年末已达到 155 个生产厂点。

3. 长期以来零部件跟不上整车发展的矛盾有所缓解。现已涌现出一批技术水平高、质量好的零部件生产企业及产品。

新产品 1993 年度有 8 种摩托车发动机新产品通过鉴定。其中，50、90mL 强制风冷发动机已批量生产，满足了部分座式摩托车的配套需要。同时有 166 种摩托车整车通过鉴定，投放市场。新开发的车型主要集中在 50、100、125mL 三个排量。我国座式摩托车发展前景较为广阔，因此，舒适的座式车和电起动的车将陆续问世。

质量及质量管理 根据国家和行业摩托车质量监督检测单位对部分摩托车、发动机和主要零部件产品进行检测结果表明，产品质量普遍好于往年。

1993 年国家抽查了九个摩托车企业生产的 9 种摩托车（含轻便摩托车），产品合格率为 100%，样品合格率为 88.89%，其中，优等品 1 种，一等品 7 种，合格品 1 种。

1993 年该行业抽查了 54 个摩托车企业生产的 57 种摩托车，产品合格率为 98.25%，其中，优等品 14 种，一等品 29 种，合格品 13 种，不合格品

1种。

1993年行业抽查了21个摩托车发动机企业生产的21种发动机，其中，优等品5种，一等品13种，合格品有3种。

1993年行业对摩托车主要零部件也进行了抽查，质量明显优于往年。

技术引进及合资 目前我国摩托车合资企业已有十几家。在合资企业中，有的正在建设中，有的已建成或部分建成。

技术引进与合资并进，引进先进技术、设备及成套的生产线，相继建成投产并已开始释放出它的能量。1993年推出了建设150、太阳100、速飞乐80等一批产品，促进了摩托车产品的技术进步。

产品出口创汇 1993年摩托车全行业有十多个企业共出口各种型号摩托车14万辆，创汇6760万美元。出口产品主要销往南美、南非和东南亚地区。一些企业在上述地区除建立维修服务中心外，还建立了摩托车散件组装生产线，促进国际经贸合作。

存在问题 (1) 设计开发能力较弱，还不能独立开发先进车型。科研开发费用少、分散，互相封锁，没有统一的研究开发机构。各企业的主要精力都放在生产上，各企业已有的研究开发机构专业性不强，经费不足，现有状况很难使我国摩托车工业上水平、上档次。

(2) 摩托车零部件生产近几年来虽有所好转，但总的还是跟不上整车的发展需要，摩托车零部件生产企业需要引进技术、需要有一定的投资来改善生产条件和提高产品水平。

(3) 摩托车热已持续了几年，要上摩托车项目的企业很多，要合资、引进项目的企业有增无减，存在着拼装摩托车和摩托车发动机的现象。

(4) 多年来厂点多、批量小的状况仍然存在。据134个企业统计，1993年年产量小于一万辆的企业有94家，占统计数的70.15%。摩托车行业还存在其他一些问题，如发动机生产能力不足、水平较低等，这需要在发展中逐步加以解决。

〔撰稿单位：机械部汽车工业司 摩托车处 审稿单位：机械部汽车工业司〕

〔中国航空工业总公司〕

生产发展情况 1993年航空工业摩托车生产向集团化、集约化、专业化方向发展，摩托车生产和销售均有大幅度提高，共生产48万辆，销售48.5万辆，产销比为1∶1.01，达到和超过机械行业规定的1∶0.97的指标。摩托车的产值已占总公司民品产值的1/4。产品已形成8个系列30多个品种。

南方动力机械公司完成17万辆，产值11亿元，分别为上年度的1.6倍、1.5倍。

南京金城机械厂完成19万辆，产值11亿元，分别比上年增长1.1倍和1.4倍。流动资金周转天数为36天。

新技术与科研成果 1993年总公司共完成10种摩托车和发动机的鉴定，即：南方动力机械公司的NF50座式摩托车及发动机、NF90座式摩托车、NF125-2C摩托车和NF150D型电起动摩托车及发动机，南京金城机械厂的JC90四冲程摩托车和JC70C、JC100摩托车，南昌飞机制造公司的90座式摩托车、125-Ⅱ四冲程发动机，兰翔机械厂的50座式摩托车及发动机等。

工艺技术有新的发展，完成喷镀黑色涂料的研制并用于生产；一些零件采用冷挤压提高生产效率；完成轮毂低压铸造的工艺试验并用于成批生产。

质量及质量管理 随着新型摩托车品种不断增加，当前影响摩托车质量的主要原因是附配件质量不过关，突出表现是可靠性差。经总公司有关单位调查、试验、分析，目前最好的国产摩托车（非进口组装件）首次平均故障里程（MTTF）、平均故障间隔里程（MTBF）仅为发达国家摩托车的1/3左右，这就加大消费者的经济负担。针对这一情况，近两年该公司把质量工作的重点，转向提高产品可靠性，其主要工作是：(1) 按ISO9000的要求重新考核筛选附配件生产厂；(2) 分解整车可靠性指标，落实到发动机、附配件厂，帮助这些企业尽快达到指标要求；(3) 附配件达不到可靠性指标的主车厂应从国外进口。

技术改造及技术引进 经国家和机械工业部批准，南方动力机械公司、南京金城机械厂、南昌飞机制造公司、黎明发动机制造公司、兰翔机械厂的摩托车或发动机的技术改造已纳入国家"八五"规划，技改后生产能力为100万辆。目前技改工作正在顺利实施，截止1993年底，共投入技改资金2.2亿元。技术改造取得了明显效果，专机、专线、柔性单元比例提高，引进设备有大幅度的增长。

1993年南方动力机械公司与日本雅马哈发动机株式会社签订125mL座式摩托车技术引进合同，同时签订投资6000万美元，在株洲建立摩托车合资企业合同，经批准已在运作。

金城机械厂也与香港、马来西亚的有关公司签订摩托车合资企业合同。

市场及销售 1993年共销售各类摩托车48.5万辆，发动机7.2万台，总销售额26亿元。为加强销售工作，总公司建立了两级销售体系，即中国航空工业供销总公司及下属分公司，它覆盖东北、华北、华东、中南、西北、西南、京沪等地区，并建立了销售和服务网络；同时由生产企业通过国家或省市地区的物资、机电、商业等部门销售。为了搞好售后服务工作，中国航空工业供销公司将航空工业摩托车生产企业组成售后服务集团，管理服务工作。1993年共出口564万美元的摩托车。

展望 根据国家"八五"规划和即将出台的"汽车工业产业政策"的要求。总公司又重新修订"八五"规划。"八五"期间航空工业将形成南方动力机械公司、金城机械厂两大摩托车企业集团。集团中的主要企业以相互参股的方式联系在一起，实现生产的集约化、专业化。同时加速摩托车企业与国外合资合作的步伐，以适应市场经济条件下摩托车产销激烈竞争的要求。

〔撰稿人：中国航空工业总公司经贸局　张德全　审稿人：中国航空工业总公司经贸局　阚立群〕

〔责任编辑：王　如〕

船　舶

〔中国船舶工业总公司〕

生产发展情况　1993年底，中国船舶工业总公司共有直属船舶及配套企业80个，职工23.93万人，比上年减少1.6%；固定资产78.82亿元，比上年增长9.4%。全年完成工业总产值112.43亿元，比上年增长16.3%，其中船舶制造产值59.13亿元，比上年增长17.1%；修船产值10.47亿元，比上年增长19%；船舶配套产值15.09亿元，比上年增长15.7%；非船舶产品产值27.74亿元，比上年增长14.2%。生产结构同上年相比，船舶制造比重上升0.4个百分点，配套设备比重上升0.7个百分点，修船和非船比重稍有下降，但总的结构没有重大变化。工业增加值按不变价计完成28.97亿元，比上年增长21.6%，比总产值增长率高5.3个百分点。全员劳动生产率按总产值计为46971元／人·年，按增加值计为12105元／人·年，分别比上年增长15.6%、20.8%。

造、修船厂26家，职工13.41万人，比上年减少2.1%；固定资产48.85亿元，比上年增长10.8%，这是改革开放以来增长率最高的一年，是“七五”末、“八五”初期增加投人的结果。全年完成产值80.36亿元，比上年增长15.3%。其中造、修船产值69.37亿元，比上年增长17.6%，非船舶产品产值9.46亿元，仅增长3.9%。完成工业增加值19.04亿元，比上年增长22.4%，比总产值增长率高7.1个百分点，按增加值计全员劳动生产率为14093元／人·年，比上年增长21.5%。完工船舶207艘、133.7万综合吨，分别比上年增长52.2%、19.48%。其中，交通部门船舶28艘、72.4万综合吨，分别比上年增长7.7%、62.9%。出口船舶70艘、54.3万综合吨，分别为上年的200%、90.3%。完工船舶中，万吨级以上船舶13种、26艘、117万t，分别为上年的86.6%、113%、122.5%。其中出口万吨级船舶8艘、46.7万t，分别为上年的88.9%、88.4%。完工的主要万吨轮有：7万t散货轮2艘、6.57万t散货轮1艘、3.8万t浅吃水散货轮4艘、3.5万t肥大型散货轮1艘、2.9万t散货轮1艘、6.8万t原油轮2艘、6.2万t双壳原油轮3艘、7.55万t浮式生产储油轮1艘。修船完工1001艘、1184万t，分别为上年的96.1%、108%。其中外轮修理完工228艘、458万t，为上年的89.8%、90.2%；国内远洋船完工127艘、274万t，分别为上年的83%、96.8%。

船舶配套厂36个，职工8.2万人，固定资产23.37亿元，比上年增长7.3%。完成工业总产值24.43亿元，比上年增长24.8%，其中船舶配套产值12.07亿元，比上年增长23.3%，非船舶产品产值12.36亿元，比上年增长28.9%。完成工业增加值7.29亿元，比上年增长26.6%，比总产值增长率高1.8个百分点，增加值劳动生产率9239元／人·年，比上年增长25.1%。完成柴油机907台、83.8万kW，分别比上年增长65.2%，37.2%。其中引进技术生产的柴油机687台、58.7万kW，分别比上年增长64%、30.5%，分别占柴油机总产量的75.7%、70%。在柴油机中，低速大马力柴油机40台、30.3kW，分别比上年增长17.6%、18.5%，其中引进技术生产的柴油机37台、29.7kW，分别占该类柴油机的92.5%、98%。船用配套辅机1996台，比上年减少14.3%；船用螺旋桨1664只，为上年的103.5%；锚链24170t，比上年增长20.8%；铁路货车2520辆，比上年增长29.6%。

船用导航仪表厂18家，有职工2.31万人，比上年减少4.5%，固定资产5.94亿元，比上年增长5.5%。完成工业总产值7.65亿元，比上年增长4.4%。其中船用配套产品产值1.72亿元，比上年增长1.2%。非船舶产品产值5.93亿元，比上年增长5.3%。完成工业增加值2.64亿元，比上年增长4.6%，与工业总产值增长同步。增加值劳动生产率为10428元／人·年，比上年增长6.9%，完成主要导航仪表3476台，比上年增长43.8%，其中精密导航仪表436台，比上年增长62%。

1993年生产经营主要特点：(1) 任务承接出现困难。全年仅承接129万综合吨任务，比全年完工量还少4.7万t，造成1994年部分企业开工量不足，如渤海造船厂仅有1艘船的开工量，大连造船厂、江南造船厂也仅有3艘船的开工量。(2) 生产继续保持较高的发展势头，而且造船、修船和非船产品增长比较均衡，说明生产结构已处于相对稳定状态。(3) 造船周期缩短比较明显。据完工的23艘万吨船舶统计，建造总周期498天，比上年缩短14.7%，即缩短了86天，比水平较高的1991年还缩短了25天。从具有关键意义的船台周期看，广州广船国际股份有限公司已达到一个船台年产4艘3.5万t货轮的水平，江南造船厂达到年产3.5艘7万t货轮的水平，沪东造船厂达到年产3.3艘7万t货轮的水平。从分阶段周期看，除船台前周期比上年延长42天，延长了31.3%外，其他都比上年有较多的缩短，见下表。(4) 修船连

造船周期比较表

项　　目	1991	1992	1993	1993 比 1991 缩短		1993 比 1992 缩短	
				天数	%	天数	%
完工万吨级船舶艘数	14	23	23	—	—	—	—
船台前周期(天)	134	177	176	1	0.6	-42	-31.3
船台周期(天)	179	200	144	35	19.6	56	28.0
船台后周期(天)	210	207	178	32	15.2	29	14.0
生产总周期(天)	523	584	498	25	4.8	86	14.7

续七年增产，但亿元产值厂比上年少了一个。(5) 非船舶产品虽然总量增长，但内部发展很不平衡，有的取得了长足的发展，如铁路敞车产量在上年增长 29.7%的基础上，1993 年又比上年增长将近 30%，医用 B 超诊断仪增长了 74%，比上年增长还高 19 个百分点。也有部分产品市场占有率下降，盈利水平大幅度降低，甚至亏损，如复印机和制版机近几年由于限产等原因，产量一直徘徊在 3100～4500 台，但由于成本上升，销价下降，已无利可图；电冰箱 1992 年比 1991 年下降 18.8%，1993 年又比 1992 年下降 6.4%，1993 年产量仅为生产能力的 66%，出现连年亏损。

新技术与科研成果　全系统 1993 年度获国家科技进步奖 14 项，其中一等奖 2 项、二等奖 3 项、三等 9 项，国家发明三等奖 2 项；获中国船舶工业总公司科技进步奖 301 项，其中特等奖 1 项、一等奖 15 项、二等奖 111 项、三等 174 项；全年通过厅局级以上单位鉴定的成果项目 254 项，其中民品项目 99 项。

"船舶优化设计及关键技术研究"是国家"八五"重点科技(攻关)项目，已取得阶段化成果。该项目由 8 个课题、31 个专题、135 个子专项组成，有 17 个科研院所、高等院校和企业参加。到 1993 年底已突破多项关键技术，完成了 340 项阶段性成果，其中有 80 项成果已在新船型设计和生产中应用。1993 年完成了对该项目的中期评估，其中有 22 个专题的综合执行情况被评为 A 级，8 个专题被评为 B 级，这说明该项目总的执行情况优异。

国家重点开发项目取得了较大的进展。4000～10000m^3 半冷半压液化气船的研究开发，已成功地建造了两艘 4200m^3 液化气船。高速客船研究，完成了双体侧壁式气垫船的水动力性能、铝合金结构及加工工艺等研究，自行设计建造南方型 162 客位侧壁式气垫船已交付使用，北方型 250 客位侧壁式和 70 客位全垫升气垫船已投入建造。改进优化标准船型研究方面，3.5 万 t 浅吃水肥大型散货船已通过国家鉴定，并已批量投产；1.2 万 t 以下浅吃水江海直达船已通过国家中期评估，并已投产，其中 2000t、4000t、1 万 t、1.2 万 t 货轮和 200TEU 集装箱货轮均已完成或已下水；5～10 万 t 大型运煤船研制已开始实施。重点设备开发方面，对提高造、修船涂装作业效率、保障安全有显著效益的自行式液压高空作业平台已完成产品鉴定；机械压力式燃烧器、船用惰性气体发生装置已投入小批量生产；计算机辅助造船集成系统部分子系统已用于 6.4 万 t、7 万 t 船的设计，提高功率 70%；柴油机 CAD 系统中的设计信息管理分系统已投入应用，缩短了造机技术准备周期半个月。

工艺和技术基础方面，应用成组技术和生产设计方法取得新进展，高效焊接技术应用比例平均达到 62%，大中型船厂最高已达 87%。船舶设备分段预舾装率平均达 40%，大中型船厂最高达 70%。经国家经贸委批准，在江南造船厂和昆明设备集团公司各建立一个技术中心，现正进行建设。1993 年船舶行业批准发布国家标准 48 项，行业标准 84 项。

新产品　1993 年完成的主要新船有：(1) 江南造船厂、沪东造船厂联合设计、分别建造的 7 万 t 散货轮，主尺度 225m×32.2m×18.7m×13.6m，无人机仓，航速 14.4n mile，主机采用 6S60 型柴油机 1 台、12240kW，是世界上最新的巴拿马型散装货轮。(2) 中国船舶及海洋工程设计研究院、江南造船厂联合设计、江南造船厂建造的 7.55 万 t 浮式生产储油轮，主尺度 218m×32.8m×18.2m×11.7m，用于海上油田分离水、油、气，并可储装原油 5.76 万 t。(3) 中国船舶及海洋工程设计研究院设计、中华造船厂建造的 1500 方耙吸式挖泥船，主尺度 73.8m×14m×5m×4m，采用新型结构设计，机仓和泵仓合一，结构紧凑，适合航道挖泥。

完成的主要船用配套新产品有：(1) 大连船用柴油机厂引进技术生产的 6S70MC 型船用柴油机，最大功率 16860kW，缸径 700mm，行程 2292mm，燃油耗率 166g／kW·h，用于 15 万 t 散货轮主机。(2) 沪东造船厂引进技术生产的 6S60MC 型船用柴油机，缸径 600mm，行程 2292mm，最大功率 12240kW，燃油耗率 166g／kW·h 用于 7 万 t 散货轮主机。(3) 四川柴油机厂引进技术生产的 12V20／27 型船用柴油机，缸径 200mm，行程 270mm，功率 1200kW，燃油耗率 209g／kW·h。(4) 大连船用推进器厂生产的 15 万 t 轮螺旋桨，直径 7.73m，五叶、镍铝青铜合金，净重 30.1t，这是我国生产的最大的船舶推进装置。(5) 武汉船用机械厂引进技术生产的可调螺距侧向推进器，直径 1100mm，电液遥控，可提高船舶航行速度一倍。(6) 江西航海仪器厂生产的 JZ 型均质机，对燃油进行细化、均质、乳化，降低粘度，可提高燃油效率，对燃油锅炉的节能和降污染具有显著作用。(7) 青岛北海船厂设计生产的 BH-7A 型玻璃钢救生艇，属全封闭、耐水、耐火喷水艇，适于油轮配备。该厂的 BH-5 型和 BH-10 型玻璃钢救生艇被列为"1993 年国家级重点新产品"，BH-5 是我国最小型，而 BH-10 型为亚洲最大型的全封闭救生艇，产品大部分用于出口。

非船舶用新产品主要有：(1) 四川齿轮箱厂设计生产的 JSX-1300B 型磨机减速机，减速转换范围 740～16.4r/min，传递功率 2500kW，短时尖峰负荷达 200%～250%，用于日产 2000t 的水泥生产线，可替代进口。(2) 广州文冲船厂设计生产的 12.5MN 铝型材挤压机，液压传动，PLC 可编程控制，具有效率高、能耗低、重量轻的特点，可替代进口。(3) 江苏雷声电子设备厂设计生产的 SN2035 型医用 B 超诊断仪，探测深度大于 170mm，并具有轨迹测量和穿刺导向功能。

行业管理 为适应建立社会主义市场经济体制的需要，搞好船舶行业管理工作，促进船舶工业加快发展，由江苏、浙江、福建、安徽、山东、广东、九江、上海等八省市船舶工业公司倡议，经原机电部于 1992 年批准，中国船舶工业行业协会筹备工作正抓紧进行。中国船舶工业总公司成立了船舶工业行业协会筹备组，江苏、福建、浙江等省的船舶行业协会筹备联络组亦先后建立。至 1993 年底止，发起单位已达 200 余家。上海是我国船舶科研、生产、经营集中地，是我国船舶生产和出口的主要基地，经批准，上海船舶工业行业协会已于 1993 年 12 月 10 日成立，成员单位 83 家，约占上海市船舶行业企事业单位的 70%。该协会除承担协助上海市政府搞好行业规划、实施行业政策、进行行业指导、为企业提供服务的任务之外，还负责中国船舶工业行业协会筹建的联络和组织工作。

为建立现代企业制度，经批准，广州造船厂进行了股份制公司的改造，于 1993 年 5 月 28 日成立广州广船国际股份有限公司，总股本 4.94 亿股，其中国家股 2.1 亿股，社会公众股 1.27 亿股，外资 1.57 亿股。社会股、外资股均发售成功，并已分别在上海和香港上市。

至 1993 年底止，中国船舶工业总公司共有出口基地和扩大机电产品出口企业 23 个，1993 年出口产值 25.4 亿元，比上年增长 1.2%，出口比重为 34.3%，比上年下降了 3.6 个百分点。其中出口基地企业 7 个，出口产值 11.2 亿元，比上年增长 3.7%，比重为 43.2%，比上年下降了 1.4 个百分点。扩大机电产品出口企业 16 个，出口产值 14.2 亿元，比上年下降 0.6%，比重为 29.5%，比上年下降了 4.5 个百分点。

企业改组联合方面，1993 年成立的主要联营企业有：(1) 北方水电开发公司，由大连船舶工业公司与哈尔滨电机厂合资经营国内外大型水电设备制造和改造工程，大件可由海运至各大港口。(2) 葫芦岛万吨级油港，由渤海造船厂同江苏江阴化轻总公司、锦西炼油化工厂总厂合资，共同兴建万吨级码头、储油罐、油管输送工程，最终将形成年运输汽油、柴油、重油 125 万 t 的管输和码头装运能力。(3) 上海联谊实业公司，由上海航海仪器总厂同中国高科技集团公司合作组建，是一个集科工贸为一体的高技术集团公司，经营船舶仪表、设备和电子技术。

质量及质量管理 1993 年，产品质量继续保持稳定。从 5 项质量指标看，船舶焊接 X 光一次合格率、评级项目一级品率、船舶产品一次交验合格率，主要（关键）零部件一级品率均有提高，但非船舶产品一次交验合格率有下降。

质量管理工作继续围绕走质量效益型道路而展开，主要工作有：(1) 颁布《中国船舶工业总公司厂（院、所）长质量职责暂行规定》，制定《船舶工业产品质量分等办法（试行）》。(2) 继续对军工产品承制单位进行质量保证体系考核，全年完成了 5 个企业的质保体系考核工作。(3) 开展产品质量监督抽查方面，19 家船厂船舶 X 光探伤抽查，全部合格；中国船舶工业总公司技术检测中心对 14 家企业 19 项产品进行抽查，全部合格；国家技术监督部门质量抽查 4 家企业 6 项产品，其中 2 家企业 3 项产品合格，另 2 家企业 3 项产品抽查不合格，经整改后复查，均已合格。(4) 加强联营企业质量管理，通过召开联营企业工作研究会，开办产品质量统计分析培训班、GB/T19000 系列标准学习班等活动，把联营企业质量纳入总公司质量管理网络。对 6 家联营企业 7 项产品进行质量监督抽查，全部合格。(5) 完善船舶工业质量指标体系工作，在制定船舶工业产品质量分等办法的基础上，确定了 1994 年进行质量分等统计的产品清单，在全系统范围内进行质量损失率统计。(6) 1993 年一季度，适合于 3000t 以上大中型船舶建造的《中国造船质量标准》，通过了审定。该标准各项技术指标达到国际主要造船国家同类标准的先进水平，符合国际船级社的有关规定。同年，又对 6 家生产船用阀门和船用锚链产品的企业进行了生产许可检查，均合格，并发给了产品生产许可证。

此外，在全系统内召开了质量工作会议，开展了"质量宣传月"，对直属企业质量工作及质量事故情况进行调查等活动。通过这些活动，对提高职工的质量意识，走质量效益型道路，稳定和提高产品质量起了重要作用。

技术改造及技术引进 全年完成技术改造投资 8.05 亿元，比上年增长 43.5%，扣除物价因素，比上年增长 16.9%。其中造修船厂 6.17 亿元，比上年增长 53.5%，配套设备厂 1.72 亿元，比上年增长 22.8%，仪表厂 0.16 亿元，比上年减少 15.8%。五大船厂技术改造进入施工高峰期，全年完成 4.18 亿元，比上年增加了 6.6%。四川柴油机厂斯太尔柴油机改造工程完成 1808 万元，为年计划的 84.4%，除两台进口设备未到外，其他项目均已完工，已进行了预验收。武汉重型铸锻厂电站用厚壁管技术改造工程，完成 1183 万元，仅为计划的 46.4%，主要是贷款到位晚，影响了施工进度。澄西船厂 10 万 t 浮船坞改造完成 4889 万元，为年计划的 83%，由于浮坞定位问题未落实，错过了水工建筑最佳枯水期，影响了总进度。全年施工技改单项工程 427 个，其中船厂 218 个、配套设备厂190个、仪表厂19个，1993年投产单项284个，其中船厂151个、配套设备厂124个、仪表厂9个，竣工率分别为66.5%、69.3%、65.3%和47.4%。在完成的技术改造投资中，设备类投资4.51亿元，占技改总投资的56%。用于增加生产投资5.76亿元，占技改总投资的71.6%，比上年提高5.1个百分点；用于增加各种投资0.74亿元，占技改总投资的9.2%，比上年减少5.3个百分点；用于提高产品质量投资0.65亿元，占总投资的8.1%，比上年下降1.1个百分点。技术改造存在的主要问题是自筹资金周转困难，专项贷款到位较晚，影响施工进度；重点技术改造投资超支严重。

技术引进取得了新进展。主要是从独联体国家引进技术有了良好的开端。全年签约引进软件技术6项，其中4项是从独联体国家引进。引进的主要内容有调距桨、齿轮箱制造技术，流体动力与强度结构技术，电焊条药芯焊丝生产线及技术。

市场及销售 1993年国际船舶市场的特点是：(1) 船舶完工量大，1991年船价较高时接的船舶已进入交船高峰期，全年完工达3000万载重吨，创1978年以来的最高水平。(2) 船价进一步下跌，出现相对活跃的订船高潮。1993年4～30万t双壳油船单价比1991年下降10%以上，比上年平均下降7%，3～15万t散货船比1991年下降10%左右，虽维持了上年水平，但因美元贬值，实际船价仍有下降。1992年海运量增长5.5%，推动了船东订船的积极性。在日元升值、韩元贬值的情况下，日本船价缺乏竞争力，而韩国则利用这一有利时机大量接船。全年世界新承接的船舶2354万总吨，比上年增长84%。其中韩国达889万总吨，占37.8%，日本仅760万总吨，占32.3%，首次低于韩国。(3) 独联体国家以低于世界船价10%以上的竞争价进入世界船舶市场。仅乌克兰1993年底就已手持订单52万总吨，已占世界第16位。在国内船舶市场上，由于交通部门购船资金未到位，造成国内船成交甚少。这样中国船舶工业总公司在承接国际船舶上缺乏竞争力，国内市场又无资金购船的两面夹击下，全年新承接订单比上年减少26.3%，其中国内船仅35万t，减少了72.4%，这已对1994年开工量造成了相当影响。

全年实现销售收入126.9亿元，比上年增长46.6%，其中船厂86.8亿元，比上年增长44.8%；配套设备厂32.6亿元，比上年增长54%；仪表厂7.6亿元，比上年增长38.9%。实现利润总额4.97亿元，比上年增长7.58%，产品销售税金及附加2.9亿元，比上年增长28.89%。利税总额7.87亿元，比上年增长14.56%，比销售收入低32个百分点。其中船厂利税总额5.6亿元，比上年增长19.1%；配套设备厂1.97亿元，比上年增长27.9%，仪表厂0.29亿元，比上年下降54%，其原因主要是电冰箱、复印机利润下降甚至亏损造成的。工业资金利税率3.69%，比上年下降了0.53个百分点。总体经济效益呈下降趋势，主要是由于：(1) 成本费用上升，仅1993年购进价提高比上年多支出16亿元，其中40%进入了成本，达6.4亿元。(2) 由于利改税，1993年成为利润承包最后一年，企业将预提费用、专用费用等转入利润，造成利润总额“虚增”现象。即使这样，利润总额增幅仍然偏小。(3) 结构性亏损进一步扩大。全年亏损企业仍达12家，亏损面占13.8%，比上年仅下降1.1个百分点。1993年亏损企业有4个扭亏为盈，但新增亏损企业3个。全年共亏损11623万元，比上年增亏25.4%，其中9个老亏损企业共亏损9801万元，比上年增亏41.7%。这些亏损厂中，生产中小型船舶企业4个，共亏损6814万元，比上年增亏51.9%，占亏损总额69.5%；尚未有支柱民品的军工配套企业4个，亏损1451万元，比上年增亏39.8%，占亏损总额的14.8%。(4) 资金占用增加过多，工业资金占用达213.3亿元，比上年增加29.7%，其中流动资产达161.67亿元，比上年增加37.3%，超过工业总产值增长率21个百分点。流动资产周转次数为0.78次，仅比上年提高0.04次，即加速了28天。

〔撰稿人：中国船舶工业总公司综合计划局 郭泽 审稿人：中国船舶工业总公司综合计划局 范有年〕

〔责任编辑：王 如〕

救捞潜水设备

〔交通部〕

生产发展情况 1993年是救捞潜水设备行业改革全面展开的一年。广大职工努力克服各种困难，改变了上半年疲软的被动局面，适应了市场经济的进程，使全行业经济效益持续、稳步地发展。

1993年保温救生服的市场需求量仍然呈现锐减的趋势，其它不少主要产品也出现负增长。为了摆脱困境，全行业重点抓了正压式空气呼吸器、TF型重装潜水衣帽、轻潜水装具、潜水衣及医用高压氧舱等产品的生产和销售。其中上海潜水装备厂生产正压式呼吸器和保温救生服各800套，各类潜水服481套，轻潜水装具753套；芜湖潜水装备厂生产医用高压氧舱15套，TF型重装潜水衣和帽分别为1815件及582顶，QDS潜水对讲机599台等。全年创收2000多万元。

救捞潜水设备的主要用户为海军，其需求量在总额中占有相当比例，此外还拥有一批相对稳定的老客户。在此基础上，工厂又以烟台、湛江为南北两点，建立了稳定的供需关系。

上海救捞局的科研所1993年调整了产业结构，从单纯的科研型转向科研经营型。1993年该单位在浦东新区联营建立了浦新特种焊条厂，它不仅能满足水下焊接的需要，同时也能满足各类特种产品的需要，在投产后，已生产销售了焊条60t。全所总收入达200多万元，比上年增长42.72%。

新产品 1993年，全行业共承担新产品新技术课题16项，其中国家级下达6项，开发项目1项，已完成课题8项。高压舱室的照明系统于下半年完成技术鉴定，并直接安装在上海同仁医院的高压氧舱上；钢丝绳铝合金压制接头的开发不仅产生了极大的经济效益，还挽救了一家濒临倒闭的福利工厂；气量可调节单管咬嘴呼吸器将于1994年上半年鉴定并投入生产。

行业管理 全行业以坚持深化改革、促进生产发展为指导思想，在用工、分配、发展三产方面进行了一系列的探索和实践。全行业以上岗合同制的形式，进行了劳动用工制度的探索改革，基本执行定岗、定编、定额的标准，在企业内部初步形成了“上岗靠竞争、收入凭贡献”的激励机制。行业中还有一套完善的考核制度，全方位执行分级考核和条块相结合的考核。

质量及质量管理 1993年，各类潜水器材、救生设备及防护装具的出厂合格率达到100%。同时，还完成了船用产品工厂认可证书换证审查及一、二、三类压力容器设计换证准备工作，取得了液化气站设计资格证书。

市场及销售 全行业主要销售产品为69-Ⅲ型潜水装具、BJ-1型保温救生服、HK型消防空气呼吸器、TF型重潜水衣和帽、医用高压氧舱等。正压式空气呼吸器全年生产销售800套，产值达180万元，比上年翻了一番。销售渠道比以前又有所拓宽，并在营销策略、方式、服务等方面开创了销售工作的新局面。全行业共创年产值220多万元，比上年增长20%。

〔撰稿人：上海救捞局　李景龙　审稿人：交通部科学技术司　郭琦贵〕

〔责任编辑：王　如〕

工业锅炉

〔机械工业部〕

生产发展情况 我国工业锅炉生产在改革开放和经济不断发展的形势下，形势很好，1993年工业锅炉全国总产量82238蒸吨，与上年基本持平。其中机械工业系统锅炉产量为62701蒸吨，比1992年增加8.23%。

根据对全国100多家工业锅炉企业的调查统计，与上年相比，1993年主要变化趋势是：产量基本持平，总产值增加约29%（不变价）及61%（当年价），利润总额增加约65%，全员劳动生产率和实物劳动生产率均有增加，其中重点骨干企业产量增加约12.2%，总产值增加约24.8%（不变价）及60.3%（当年价），利润总额增加约91.8%。1993年工业锅炉产量超过1000蒸吨的有上海四方、上海工业、广州、长春、江西、无锡太湖（洛社）、无锡太湖（南泉）、南京、泰安、杭州、南通、芜湖、济南、长沙、天山、梧州、湘潭、无锡、太原、常州、福州、无锡工业、营口、东丰、沈阳工业锅炉总厂等30家锅炉制造企业，而1992年为20家。1993年全行业中产量增加的企业占67%，利润总额上升者占63%，有37%的企业效益与1992年持平或下降。与往年相比，重点骨干企业效益有所改善，只有个别企业继续亏损，大部分企业扭转了效益持续下降的局面（全行业主要经济指标完成情况见表1）。

表1　1993年工业锅炉行业情况

项　目	单　位	全行业	其中重点骨干企业
企业数	个	205	23
职工总数	万人	13.10	3.63
工业锅炉产量	万蒸吨	8.22	3.39
工业总产值	亿元	49.06	15.29
销售收入	亿元	60.75	19.66
利润总额	亿元	1.78	0.57
全员劳动生产率	元／人·年	37450	42128
实物劳动生产率	蒸吨／人·年	0.62	0.93

从表1看出，重点骨干企业仍在行业中发挥着重要作用，厂点数仅占全行业的11%，总人数占28%，而产量占41%，总产值占31%，利润总额占32%。同时也看到，除重点骨干企业外，一些乡镇、集体企业在激烈的市场竞争中，显示出活力，得到进一步发展，产量增加，销售额上升。如无锡的南泉镇和洛社镇的两个厂、太湖锅炉厂，每厂产量均超过2000蒸吨，销售额突破1亿元。

从工业锅炉全行业来看，由于几年来钢材价格的持续上涨，致使不少企业亏损。1993年各地方采取了措施，使一些亏损企业扭亏为盈，行业的整体效益有所提高。

1993年，工业锅炉生产和销售在全国各地区也不平衡，东南沿海地区增长较大，江苏产量增长28%，广东增长17%，广西增长29%，其他地区增长较少或持平。

新技术与科研成果 上海四方锅炉厂承担的角管式锅炉消化吸收及系列化开发研究课题已经通过上海市科委的鉴定，课题包括：螺旋肋片管束传热及阻力特性研究、分离式热管试验研究、角管式锅炉旗式受热面汽水分层及安全水速研究、角管式锅炉二次风的冷、热态试验研究和角管式锅炉炉内脱硫试验研究。该项目的完成，对管式锅炉自行开发起到了重要的作用，成果可用于其他各型工业锅炉上，特别是在层燃链条锅炉上实现炉内脱硫，国内尚属首创，其炉内烟气脱硫率可达60%左右，脱硫成本仅为0.43元／kg·SO_x。

工业锅炉燃煤成型和预处理技术受到环保部门、用户、锅炉厂重视，不少厂家、研究部门均作了系统的研究，炉前成型设备已研制成功。例如石家庄市华兴金属结构厂开发的GY型炉前成型机在上海通过鉴定。该产品是中小型工业锅炉改燃型煤的专用机械，可满足单台和多台锅炉燃用型煤的需要。

新产品 1993年工业锅炉行业在产品开发方面继续取得新的进展，组装、快装水管锅炉继续完善提高，水火管锅炉得到进一步改进和完善。

长沙锅炉厂设计制造的DZL8、DZL10快装螺纹烟管链条炉排锅炉通过省级鉴定。该产品设计合理、结构紧凑，采用“水滴式”省煤器、八字形水冷壁、螺纹烟管等先进技术，金属耗量低、锅筒下部绝热，消除了锅筒底部易鼓泡的隐患，两种锅炉平均热效率分别达到80.5%和79.4%，具有良好的效益。

SZS20-1.25-Y自动燃油锅炉由重庆锅炉总厂研制成功，该产品采用轻型炉墙结构，水冷壁用焊接式鳍片管。

上海四方锅炉厂在消化吸收丹麦角管式锅炉技术的基础上，自行开发了角管式锅炉系列，其中DZL20-1.25-AⅢ角管式锅炉通过了鉴定，热效率达82.80%，达到国际同类产品的水平。

行业管理 1992年成立的中国工业锅炉行业协会，1993年展开大量工作，其中有：(1)与中国贸促会上海展览中心和香港雅式国际展览服务有限公司在上海共同主办了1993年上海国际工业锅炉、辅机及工艺装备展览会；(2)组建了中国工业锅炉行业协会价格委员会，制定委员会章程和管理细则，在行业协会内部制定了工业锅炉主要产品第一次最低价，为行业产品价格的正常化奠定了基础。

根据国务院发布的《锅炉压力容器安全监察暂行条例》及《条例》实施细则的规定，机械工业部和劳动部对工业锅炉制造许可证进行换证检查，1993年又公布了一批，加上1992年公布的名单，目前全国有C级（压力≤2.5MPa）制造许可证35家，D级（压力＜1.6MPa）152家，合计187家，吊销锅炉制造许可证8家。

联合国全球环境保护基金会（GEF）关于中国工业锅炉现状调查的工作继续进行。中国专家组经过深入调查，取得了丰富资料和准确数据，客观地分析了中国工业锅炉的现状、差距和存在的问题，提出了我国工业锅炉行业应采取的措施，这项工作1994年继续做工作。

市场及销售 1993年工业锅炉销售总额60.75亿元，销售收入比上年增加55.2%，年末库存18300蒸吨，库存当量2.67个月。

1993年工业锅炉出口共计2224.3蒸吨，创汇3469.9万美元，出口产品中绝大多数是燃油锅炉，比1992年有较大增长。

〔撰稿人：机械工业部第二设计研究院 张素刚、黄学成 审稿人：机械工业部科技与质量监督司 吴明时〕

附：余热锅炉

〔机械工业部〕

生产发展情况 1993年生产各种类型余热锅炉262台，计2156蒸吨，实现产值11466万元。这些余热锅炉全部投入运行，相当于年回收利用192万t标准煤。与1992年相比生产的余热锅炉台数下降3.3%，蒸吨上升30.5%，产值增长26.2%。生产的余热锅炉主要用于冶金、石油、化工和轻工等部门的工业炉窑余热回收。例如黑色冶金系统的转炉余热锅炉、平炉余热锅炉、轧钢加热炉余热锅炉；化工系统的硫铁矿制酸余热锅炉、低热值尾气余热锅炉、小化肥造气余热锅炉；轻工造纸行业的黑液碱回收余热锅炉等（表2）。其中低热值尾气余热锅炉已从化工部门广泛回收炭黑尾气余热扩展到冶金系统的高炉煤气余热产汽。氧气转炉余热锅炉生产取得较大的增长。

1993年生产余热锅炉的主要制造厂家列于表3。杭州锅炉厂是全国余热锅炉的主要生产厂，该厂生产余热锅炉73台、计670蒸吨，产值达4077万元，无论是生产的数量、蒸吨数、产值均列全国前列。鞍山锅炉厂在开发余热锅炉新产品方面取得显著成果，该厂不但在设计制造水泥窑余热锅炉享有较高的声誉外，还开发研制多种有色冶金余热锅炉。沙洲船用锅炉厂在承制余热锅炉生产上有飞速的增长，余热锅炉年产量达614蒸吨，产值2068万元，居全国第二位。该厂在批量生产各种船用余热锅炉产品的基础上，发展生产氧气转炉余热锅炉、硫酸余热锅炉，大大提高经济效益。哈尔滨锅炉厂设计制造的HG-F1400-1水泥窑余热锅炉、东方锅炉厂生产的自然循环硫酸余热锅炉都具有良好的技术性能，受到用户的好评。上海四方锅炉厂、邯郸市锅炉厂、盐城市锅炉厂和杭州锅炉厂均为全国小化肥节能技术改造批量生产造气余热锅炉取得显著的社会效益。

新产品、新技术与科研成果 1993年余热锅炉主要新产品有杭州锅炉厂生产的NG-220／9.8-Q高炉煤气余热锅炉、QCF50／925-30-3.82／450硫酸余热锅炉、QCF51／1350-35-5.88／450蒸馏锌残渣旋涡余热锅炉，武汉锅炉厂生产的WGZ50／3.82黑液碱回收余热锅炉，东方锅炉厂生产的DG8／3.82-2硫

表 2　1993 年与 1992 年余热锅炉生产情况对比表

余热锅炉类别	1992 年		1993 年		主要生产厂家
	台数	蒸吨	台数	蒸吨	
轧钢加热炉余热锅炉	9	45	11	63	杭州锅炉厂、鞍山锅炉厂、东方锅炉厂、沙洲船用锅炉厂
氧气转炉余热锅炉	5	90	18	495	沙洲船用锅炉厂、本溪锅炉厂
炼钢平炉余热锅炉	3	58	2	27	杭州锅炉厂、鞍山锅炉厂
低热值尾气余热锅炉	11	140	7	290	杭州锅炉厂
硫铁矿制酸余热锅炉	16	98	12	88	杭州锅炉厂、鞍山锅炉厂、沙洲船用锅炉厂、东方锅炉厂
玻璃窑余热锅炉	3	8.5	25	59	杭州锅炉厂、鞍山锅炉厂
有色冶金余热锅炉	8	53	12	144	杭州锅炉厂、鞍山锅炉厂、柳州锅炉总厂、沙洲船用锅炉厂
造纸黑液碱回收余热锅炉	9	78.5	6	116	武汉锅炉厂、自贡市轻工机械厂
炼油催化余热锅炉	2	19	7	116	杭州锅炉厂、无锡锅炉厂、沙洲船用锅炉厂、哈尔滨锅炉厂
小化肥造气余热锅炉	162	809	109	578	杭州锅炉厂、上海四方锅炉厂、邯郸市锅炉厂、盐城市锅炉厂
水泥窑余热锅炉	9	145.3	7	109	鞍山锅炉厂、哈尔滨锅炉厂、无锡锅炉厂
燃气轮机余热锅炉	1	40			杭州锅炉厂、哈尔滨锅炉厂
船用余热锅炉			43	60	沙洲船用锅炉厂
其他余热锅炉	33	67.7	3	11	各余热锅炉制造厂

酸余热锅炉、DG11／1.27−2 加热炉余热锅炉，鞍山锅炉厂生产的 SH900−1.25／350 水泥窑余热锅炉（获辽宁省机械厅新产品三等奖）、1972−2.5／400 水泥窑余热锅炉（获辽宁省节能奖）、QC60／1700−25−0.6 平炉余热锅炉，沙洲船用锅炉厂生产的 Q30／700−10−0.7 加热炉余热锅炉、ICR75−3 汽化冷却烟道转炉余热锅炉、FR−4T−4／390−450 硫酸余热锅炉，哈尔滨锅炉厂生产的 HG−F140−1 水泥窑余热锅炉，无锡锅炉厂生产的 Q126／1000−40／70−3.82／450 水泥窑余热锅炉，邯郸市锅炉厂生产的 Q12／925−6−1.25／310 小化肥造气余热锅炉（获河北省科技进步二等奖），上海四方锅炉厂生产的 QC11／900−6.5−13／350 组装式余热锅炉，盐城市锅炉厂生产的 Q18／900−6−1.25／250 小化肥吹风气余热锅炉等。其中杭州锅炉厂生产的新型大容量 QCF30／900−14−3.83／450 硫酸余热锅炉、QCF30／900−30−3.82／450 硫酸余热锅炉、Q318／460−40−20／395 燃气轮机余热锅炉相继投入正常运行，更大容量的 40t／h 硫酸余热锅炉与芬兰 AHLSTROM 公司联合设计已基本完成，特别是目前最大容量的 NG−220／9.8−Q 高炉煤气余热锅炉即将安装完毕，这些大容量高参数余热锅炉设计制造，能投入正常运行充分显示了杭州余热锅炉研究所、杭州锅炉厂在开发研制大容量高参数余热锅炉产品中提高了设计制造能力，推进了我国余热锅炉技术发展。

表 3　1993 年余热锅炉主要制造厂生产情况

制造厂家	产量		产值（万元）
	台数	蒸吨	
杭州锅炉厂	73	670	4077
沙洲船用锅炉厂	77	614	2068
鞍山锅炉厂	20	155	564
武汉锅炉厂	5	114	1520
哈尔滨锅炉厂	1	12.5	118
东方锅炉厂	8	62	550
无锡锅炉厂	2	90	533
上海四方锅炉厂	13	85	330
邯郸市锅炉厂	27	100	388
盐城市锅炉厂	28	164	768
本溪锅炉厂	2	35	355
柳州锅炉厂	4	44	168

行业管理　1993 年 7 月杭州余热锅炉研究所负责筹划组织，由余热锅炉与余热利用设备科技情报网主办在江苏省张家港市召开第一届全国余热锅炉技术交流大会，来自全国大专院校、设计研究院所、余热锅炉制造厂和使用企业共 73 个单位 97 位代表参加会议。通过论文宣讲、专题讲座、学术讨论和现场观摩，使全体代表了解国内外余热锅炉技术发展情况、加强了余热锅炉设计、制造、使用三方面的技术交流和协作，推动余热锅炉更广泛应用。余热锅炉与余热利用科技情报网进一步扩大网员单位，新增浙江大学、化学工业部第三设计院、绍兴钢铁总厂等单位，共计有 84 家网员单位。杭

州余热锅炉研究所任网长，按期出版网刊《余热锅炉》，共4期，发行量达700份。由杭州余热锅炉研究所、北京钢铁设计研究院、马鞍山钢铁设计研究院负责编写《烟道式余热锅炉设计导则》标准，现已完成报送审批。

技术改造及技术引进 1993年余热锅炉制造厂先后进行了不同程度的技术改造和设备更新，共完成技术改造投资9842万元。其中杭州锅炉厂完成新建计算机站；武汉锅炉厂进行大型卷板机(2400kN×4000mm)、中频弯管机（直径419mm×30mm）等设备技术改造；鞍山锅炉厂建成年加工能力为2000t钢管的蛇形管生产线；沙洲船用锅炉厂完成环形锻件深加工技改项目；长沙锅炉厂对容器车间、32t门吊和自动弯管设备进行技术改造，均有力地提高了自身开发研制余热锅炉新产品的能力，增强制造装备力量。

市场及销售 1993年销售余热锅炉262台，计2156蒸吨，销售产值11466万元。

〔撰稿人：杭州余热锅炉研究所　金永高　审稿人：杭州余热锅炉研究所　汤厥松　机械工业部科技与质量监督司　吴明时〕

〔责任编辑：张友鹤〕

工业燃气轮机

〔机械工业部〕

生产发展情况 由南京汽轮电机厂和美国GE公司合作生产的两台PG6531型3.6万kW和一台PG6541B型3.7万kW燃气轮机发电机组，分别于1991年和1992年在深圳地区相继投入运行，截止1993年12月27日统计，第一台机组已投运9101.8h，发电量为26395.22万kW·h；第二台机组已投运5791.14h，发电量为17124.23万kW·h；第三台机组已投运4998h，发电量为15071.72万kW·h。1993年三台机组平均每天调峰运行16h，年平均运行在5000h以上。

另外，由南京汽轮电机厂和美国GE公司合作生产的第四台燃气轮机发电机组（PG6541B型3.7万kW），已于1993年12月20日通过了工厂性能试验，可以交付使用。

利用燃气轮机排气余热，通过余热锅炉产生蒸汽，带动汽轮机发电机组，组成燃气轮机和蒸汽轮机联合循环发电装置，不但可以增加发电量，充分利用能源降低能耗，提高热效率，而且减少环境污染。深圳金岗电力有限公司金岗燃机电厂1991年11月与杭州锅炉厂签订了合同，由杭州锅炉厂提供自行设计制造的余热锅炉与引进的PG5301型2.3MW燃气轮机发电机组和由南京某电厂提供的一台旧汽轮机发电机组相配套，组成燃气—蒸汽联合循环发电装置。杭州锅炉厂于1992年5月交货，7月开始安装，两个月后整体水压试验一次合格。汽轮机发电机组于1993年4月安装基本结束。1993年5月初锅炉开始煮炉、吹管及72h试运行，然后正式投运。根据72h连续运行及正式投运后每天启停的运行情况表明：锅炉完全达到各项设计参数，最大出力超过40t／h（设计值），汽轮机出力最大达7.5MW，填补了我国国产燃气—蒸汽联合循环装置中余热锅炉空白。仅此每年从一台PG5301型燃气轮机排气余热中回收热能，增加发电量在2730万kW·h以上，按当地电价计，年增加发电收入1774.5万元。

南京汽轮电机厂为深圳金岗燃机电厂正在投运的国产PG6541B型3.7MW燃气轮机发电机组配置一台15MW的汽轮机发电机组；余热锅炉由杭州锅炉厂设计制造，组成国产燃气轮机联合循环发电装置，预计1994年投运，从而开创我国国产燃气轮机联合循环发电装置运行发电的历史，为今后设计制造更先进的燃气轮机联合循环发电装置积累经验。

上海汽轮机厂近年来为冶金部门先后设计制造了3种12套高效节能机组，其中MPT-0.103／45-2型高炉煤气膨胀透平发电装置2套，安装在上海梅山冶金公司；Z-3650-5.2型轴流压气机4套，安装在四川攀枝花钢铁公司；Z-2000-3.6型轴流压气机6套：4套安装在天津铁厂、2套安装在鄂城钢厂。高炉煤气膨胀透平发电装置是利用高炉炉顶余压来发电，每台年发电量1400万kW·h，直接供电收入700万元；轴流压气机系用作为替代产品，总计年节约标准煤4.3万t，约合人民币1300多万元。

新技术与科研成果 北京燕山石化公司炼油厂的燃气-蒸汽联合循环热电并供试验装置，是我国首套排气全燃型联合循环装置，经三次并网试验考核，累计运行270h以上，发电量约为77万kW·h，其中运行时间最长一次为1993年12月22日至27日连续五昼夜。并网连续运行考核证明：机组起动可靠、运行平稳、各监测参数正常。按计划在进一步完善有关辅助系统后，将投入更长时间连续考核运行。

为满足新产品开发对材料的需求，以南京汽轮电机厂为负责单位，上海第五钢铁厂、北京科技大学、中国科学院沈阳金属研究所和中国科学院合肥固体物理研究所为参加单位，共同进行的YT5800机组用直径1250mm GH132高温合金盘件的研制科研项目，在完成冶炼、产品试制、运行试验和解剖分析及深入研究等各个阶段工作后，1993年完成了预审工作，并将于1994年10月进行部级鉴定。

质量与质量管理 1993年机械工业部已完成《燃气轮机辅助设备通用技术要求》国家标准草案报批稿和《锁紧型钢丝螺套》行业标准草案报批稿。

〔撰稿人：南京燃气轮机研究所　刘家清　审稿人：南京燃气轮机研究所　冯明之　机械工业部科技与质量监督司　呼淑清〕

〔中国航空工业总公司〕

生产发展情况　1993年中国轻型燃气轮机开发中心归口的各企业开发的燃气轮机发电机组（包括深圳福田电站）共运行了11.7万h，发电5.475亿kW·h。其中深圳福田电站发电2.48亿kW·h，年运行超过5000h，电站可用性达96.8%。

为满足海南省南山地区的电力需要，1993年由海南省电力局、中国航空发动机总公司等单位共同发起成立了海南省南山电力股份有限公司，该公司首期任务是在一年内建成100MW的备用电站，以满足凤凰国际机场用电及三亚市和海南省南部地区的调峰用电，经过对多种方案进行技术、经济分析、比较后，选定建设周期短、起动快的轻型燃气轮机发电机组，并委托中国航空技术进出口公司工业及船用燃气轮机分部与美国T.P.M公司在1993年7月签订了引进100MW两套FT8轻型燃气轮机双联发电机组的合同，合同中规定两套机组分别于1994年2月及5月投入运行。为了保证第一套机组按时发电，自1993年12月机组运到后，海南省电力公司、航空工业总公司所属的燃气轮机开发中心、黎明公司、第四规划设计院和深圳福田电站等单位的干部职工大力协同，紧密配合，团结奋战，仅用了183天时间出色完成了任务。1994年2月15日首台FT8双联发电机组在海南省三亚市按期投运成功，2月17日并网运行。这是继首台FT8燃气轮机在中国（深圳福田电站）发电运行两年后又一台FT8燃气轮机电站发电成功，它不仅创造了建设燃气轮机电厂速度的新纪录，同时积累了高效、快速建设电厂的好经验。

十几年来南方动力机械公司生产成套的25套涡桨六改系列燃气轮机发电机组，分别在山东胜利油田、广东省湛江东兴炼厂、辽宁省铁岭焦化厂、拉萨火电厂、长庆油田等正常运行，取得较好的经济效益。该公司在近几年里积累了以焦化厂焦炉煤气为燃气轮机燃料的燃烧技术及成套经验，1993年与陕西省焦化厂签订了提供两套燃焦炉煤气的燃气轮机发电机组合同，这一技术的推广将为燃气轮机燃中热值燃料的工程技术实际应用开创新局面。

1993年成都发动机公司研制生产的FT8燃气轮机进入了关键阶段，动力涡轮部件的63项零组件研制攻关工作全面铺开。1993年FT8燃气轮机产值及创汇分别为350万美元及260万美元。

沈阳黎明燃气轮机公司大力开发技术服务市场，先后承揽了我国目前引进的功率最大、技术最先进的燃气轮机工程的技术服务，如为深圳南山热电公司安装调试引进的重型燃气轮机发电机组工期比国外成套公司安装时间缩短4周，且一次点火并网成功，各项技术指标都达到标准，质量和速度都创造了最佳记录。

哈尔滨东安发动机公司研制发展的涡桨五甲Ⅰ改Ⅱ燃气轮机在厂内完成改装设计、加工、试验的基础上，于1993年安装在大庆南压QD13发电机组上进行工业性试验。经过2000h的累计运行表明，性能达到设计要求，待运行4000h后进行阶段性鉴定。

新技术与科研成果　由无锡614研究所成套研制的以天然气为工质的螺杆压缩机增压装置于1991年通过部级鉴定，1992年获得航空航天工业部科技进步二等奖。为了满足市场需求，1993年又将该产品进行改进，开发了变流量增压装置，并探讨扩大在石化系统、煤炭系统、冶金系统等领域的应用研究。现该产品除可用天然气（或伴生气）为工质外，还可用炼油厂的炼厂气、煤矿的瓦斯气及炼焦厂的焦炉煤气作工质进行增压。1992～1993年有7套增压装置分别在山东省胜南电厂、齐鲁石化公司、广州石化公司、大庆南压电站投入运行，1993年又与广州石化公司及新疆石油管理局签订5套产品合同。

1993年燃气轮机可靠性领导小组根据“八五”提高燃气轮机可靠性计划进行了以提高涡桨六改系列产品可靠性为主的研究工作，开展了燃气轮机燃用煤制气替代燃料（主要是焦炉煤气、半水煤气）的抗腐涂层及适用性研究。具体开展了涡桨六改Ⅰ型燃机弹性轴改进、游星齿轮轴承保持架加强及其压气机叶片抗盐雾涂层、涡轮叶片防腐涂层改进试验、燃气轮机改用通用机械牌号滑油试验；抗腐蚀涂层工作是以化肥厂半水煤气为燃料进行了500h单管燃烧时进行观察分析，对涡轮导叶加涂层和不加涂层的热腐蚀对比试验。

质量及质量管理　1993年轻型燃气轮机标准体系中又增加了以下4项标准：《轻型燃气轮机气体燃料使用规范》、《轻型燃气轮机成套设备进气过滤装置技术要求》、《轻型燃气轮机成套设备产品标准编写的基本要求》、《轻型燃气轮机成套设备进气过滤试验方法》。

〔撰稿人：中国轻型燃气轮机开发中心　李怀悌　审稿人：中国轻型燃气轮机开发中心　杨廉政〕

〔责任编辑：张友鹤〕

发电设备

〔机械工业部〕

一、大型水电设备

生产发展情况　改革开放以来，大型水电设备生产厂家，特别是国家重点骨干企业通过引进国外先进技术、先进设备以及采取合作生产的形式，企业自身发展得到了明显提高，使得主导产品的技术及质量达到了国际先进水平，产品的更新换代进入了稳步发展阶段。

1993年水电设备行业厂家在国家加快了电力工业的发展速度，发电设备的需求量不断增加的形势下，生产任务重，产品生产周期短，材料供应不足，资金紧张，以及生产能力不足等内外部不利条件，给企业造成一定困难，但行业各厂家在转换经营机制，深化企业内部配套改革，继续开展双增双节运动，深入挖掘企业内部潜力，克服了种种外部经济环境和内部经济活动中的困难，生产形势仍保持上升趋势。1993年大型水电设备产量为2185.5MW／33套，与上年相比增长20.3%，产值为58592.22万元，比上年增长44.24%。1993年大中型水电设备行业完成工业总产值162405万元，比上年增长61%，实现全员劳动生产率38580.59元／人·年，比上年增长28.8%。

1993年生产单机容量10MW以上的大中型水电设备制造厂家有9个，各厂的水电机组产量产值如表1所示。国家重点骨干企业的哈尔滨电机厂1993年完成工业总产值50592万元，比上年增长25.7%，水电机组完成802.5MW／3套，比上年增长23.2%，全年实现销售收入4.5亿元，为上年的135.4%，实现利税4247万元，为上年的146.8%。东方电机厂1993年完成工业总产值39742.7万元，水电机组851.8MW／13套，销售收入45451万元，出口创汇604万美元。天津发电设备总厂1993年完成工业总产值12600万元，比上年增长49.96%，水电机组完成290.5MW／10套，比上年增长50.52%，销售收入完成13494.6万元，比去年同期增长53.38%，全员劳动生产率实现33726元／人·年，比上年同期增长43.54%。

新技术与科研成果 1993年大中型水电设备行业厂家，在开发的新产品中采用的新技术、新工艺、新材料主要有：哈尔滨电机厂水口水轮机叶片轴颈精车及叶片、转臂键槽的加工工艺。刘家峡水轮机顶盖、底环抗磨板加工工艺、导水机构预装，玛卡古瓦水轮机预模拟电站装配、控制环大小耳孔加工、轴承体16只顶孔加工工艺。玛卡古瓦水轮机导水机构在厂内模拟电站装配，要求在无座环、无底环的情况下进行，采用传统工艺满足不了要求，采用油压接力器及电动泵装置操作控制环，实现了模拟电站在无负荷工况下的导水机构装配操作试验，满足了日立工厂的技术要求，达到了国际标准。五强溪水轮机座环的采用，五强溪水轮机座环是引进德国Voith公司的大型机组中主要部件之一，总体尺寸高4.66m，直径12.9m，总重209t，为钢板焊接结构，与他种座环不同点是由四瓣整体组合，无把合法兰，四瓣合缝处不能错牙，焊后到工地组合加工。采用了单瓣起吊组合找正加工新工艺，达到了预期效果。天生桥水轮机底环、座环、蝴蝶阀的修复工艺。水口水轮发电机推力轴承为日立结构，推力负荷41MN，是我国目前已运行机组中推力负荷最大的一个，生产中采用了许多新工艺，如采用吊车运行空中翻身工艺，解决了推力轴承翻身问题，采用了反复精加工工艺方法，达到了高精度要求。刘家峡水轮机下环采用不同厚度0Cr13Ni5Mo不锈钢板组合焊新工艺，仅节约不锈钢材料一项就达14万元。水口水轮发电机推力轴承弹性支撑是日立结构，日立工厂用SNC439，而哈尔滨电机厂用34CrNi3Mo，化学成分和力学性能与日立工厂的基本一样，经采用高频淬火，控制硬度完全满足要求。东方电机厂的混流式水轮机转轮计算机辅助水力设计集成系统，该系统是水轮机转轮水力设计的CAD集成系统，是

表1 1993年大中型水电设备行业厂家水电机组产量产值表

企业名称	产量（MW／套）		产值（万元）	
	1992年	1993年	1992年	1993年
东方电机厂	780／6	810／7	17331.25	17545.48
哈尔滨电机厂	651／4	802.5／3	12842.00	26479.00
天津发电设备总厂	93／8	275.5／5	6036.20	7270.04
杭州发电设备厂	75／3	93／5	2787.60	2798.90
重庆水轮机厂	195／13	100／8	1622.50	1601.80
湖南零陵水电设备总厂	—	60／3	—	1128.00
南宁发电设备总厂	—	25／2	—	870.00
南平电机厂	—	20／1	—	513.00
韶关水轮机厂	12.5／-1	12.5／1	—	386.00
合计	1794／34	2198.5／37	40619.55	58592.22

注：栏内有“—”号为当年不生产。

以近代流体力学理论为基础，在微机系统上开发的混流式转轮设计软件，成功地应用于多个水头项目及丹江、三峡工程的计算中并开发了十三陵尾水管计算程序、应用程序。南平电机厂采用了高精度深孔套位精加工工艺，此外这个厂还采用了钢背复合瓦新材料。湖南零陵水电设备总厂工件采用时效振动工艺，代替退火工艺，减轻了污染，降低了成本。南宁发电设备总厂电机高压定子线圈采用F级绝缘材料。杭州发电设备厂试制成功了发电机弹性金属塑料瓦。这个厂还设计出大角度可调工作台，水轮机底环及顶盖镗导叶孔采用可调定位装置，提高了效率，保证了质量。

此外，我国自70年代中期在水轮机上开始使用计算机辅助设计以来，近年来有更大发展，行业各企业不断开发和移植了一些软件，不仅应用于科研设计部门，还广泛应用于生产管理与企业管理等部门，收益很大。它的应用加快了大型水电设备行业的科技现代化和企业管理现代化的步伐，给企业带来了巨大的经济效益。

为使我国大型水电机组设计理论与方法、制造技术与工艺水平、机组整体性能上尽快达到世界先进水平，1993年国家重点骨干企业加快了三峡机组的科研进程，以三峡工程为目标展开了大量科研工作。哈尔滨电机厂完成了三峡推力瓦支撑结构、冷却方式、轴瓦新材料和水轮发电机塑料瓦的研究工作，为三峡电站推力轴承的研制打下了良好的基础。哈尔滨大电机研究所为国家“八五”重点工程黄河小浪底电站设计的140m水头抗磨水轮机转轮，填补了国内空白，转轮效率达92%，抗泥沙磨损强度比普通转轮提高一倍，还做了水轮机圆筒阀动水关闭试验研究，模型水轮机转轮径向力试验方法研究，隔河岩电站水轮机导叶摩擦装置试验研究，高硬度不锈钢带极堆焊材料的研制及工艺试验研究和冲击式水轮机水斗数控加工程序研究等。东方电机厂500MW水轮机的研制，500MW水轮发电机的研制，500MW机组稳定性和真机实测，大型水电机组调速器的研制，大型水电机组励磁系统的研制，大型水电基础自动化主件研制，大型混流可逆式水泵—水轮机关键技术研究，大型发电机—电动机关键技术研究。天津发电设备总厂太平驿电厂水轮机用材抗泥沙磨损试验，采用了旋转圆盘式材质抗磨性能对比试验、旋转喷射式材质抗磨性能对比试验，贯流式水轮发电机组刚度、强度稳定性的分析研究。杭州发电设备厂开发了冲击式水轮机新结构。

新产品 1993年大中型水电设备行业厂家生产的新产品有：东方电机厂试制完成的HLD126-LJ-107、SF8400-10／2600、伯利兹8.4MW水电机组以及HLD54-LJ-180、SF20-12／3500江西龙潭20MW水电机组。哈尔滨电机厂完成的水口200MW水电机组、清江300MW水电机组。天津发电设备总厂完成的东风170MW混流式机组，机组采用国产化转轮，水轮机型号HLTF12-LJ-140，主轴布置型式立式，转轮直径 D_1 4173mm，水头132m，最小水头95m，最大水头123m，额定出力172.94MW，额定流量160.5m^3／s，额定转速187.5r／min；水轮发电机型号SF170-32／8900，型式立轴半伞式，双路密闭自循环通风冷却，额定容量200MV·A／170MW，额定电压13.8kV，额定电流8367A，额定频率50Hz，相数3相，额定转数187.5r／min，飞逸转速851r／min。太平驿65MW混流式水电机组，水轮机型号HLTF13-LJ-292，发电机型号SF65-24／640。漠武15MW贯流式水电机组2套。水轮机型号GZTF01-WP-550，主轴布置型式灯泡贯流转桨式，转轮直径 $D_1$5.5m，最大水头9.7m，最小水头5.14m，平均水头7.63m，额定出力15.54MW，额定流量22.6m^3／s，额定转速88.2r／min。发电机型号SFWG15-65／6400，额定容量15000kW／16.67MV·A，额定电压6300V，额定电流1527A，额定功率因数0.9（滞后），额定频率50Hz，相数3相，额定转速88.2r／min，飞逸转速222r／min。杭州发电设备厂完成的福建龙岩万安溪15MW-14P水电机组两套，广西昭平21MW-48P水电机组一套。南宁发电设备总厂完成的叶茂水电站12.5MW水电机组两套，水轮机型号为ZZ580-HL-340，发电机型号为SF12.5-32／5100。南平电机厂完成的HLA153-LJ-100，SF-K-5000-10／2600，10MW水电机组两套，尤溪水东电站20MW水电机组1套，这3套机组已通过了省级鉴定。

行业管理 1993年大中型水电设备行业以建立现代企业制度为目标，深化企业内部改革，继续推行人事、劳动用工、分配三项制度改革，推行全员劳动合同制，实行岗位技能工资制，结合定员、定岗、定编工作，逐步完善各类人员的工作标准与考核标准。在分配制度方面普遍实行向一线倾斜，对关键工种、关键设备、关键岗位实行特殊奖励制度，调动了职工的积极性。积极进行现代企业制度的研究，做好股份制的前期准备工作以及公司化的探索工作。

东方电机厂发挥国有大型企业的带动作用，支持地方经济发展，与广汉市建立了协作关系。在人员、科技等方面支持广汉乡镇企业，广汉市为这个厂提供优惠的税收、土地等政策，达到以大带小，以小补大，厂地结合，共同发展的目的。南平电机厂1993年兼并了南平市水控厂、南平市通用电器厂和闽北电机厂等，除扩大了企业生产规模和加强了水电机组配套能力外，还开发了柴油发电机和家用电器等产品。

韶关水轮机厂是韶关市股份制试点单位，预计1994年开始实行。东方电机厂1993年按股份制规范化的要求积极做好了股票上市前的各项准备工作。

哈尔滨电机厂与大连船舶工业集团公司共同建

立北方水电开发公司，承接国内外大型水电设备的制造和电站的技术改造工程等，实现由生产厂到电站江海直接运输。天津发电设备总厂牵头，天津重型机器厂、天津市化工石油设备总厂等单位联合成立了天津发电设备成套联合公司，共同承担水电设备的制造任务。以韶关水轮机厂为核心，由韶关机械厂、韶关仪表厂、深圳市韶深机械制造联合公司等十几个单位成立了广东康立通用电气集团公司。这是一个跨地区、跨行业的企业集团，隶属于韶关市机械工业总公司。

为了进一步巩固和继续深化“工艺突破口”工作，1993 年大型水电设备行业各厂家仍以“机电工业企业管理规定”为准绳，认真贯彻落实“工艺工作管理细则”和 GB／T10300 标准。强化了工艺管理及工艺基础工作，严格了工艺纪律，建立健全了工艺体系，完善了各项工艺文件和工艺管理的规章制度，工艺水平得到不断提高。东方电机厂以科技进步为中心，围绕“大容量、高参数”加强了新产品的开发及工艺攻关，并开展了全厂性的以“加强工位科学管理、消除因工艺纪律不严，工位科学适应度不当而引起的产品（工作）质量问题”为内容的工位优化达标活动。哈尔滨电机厂对下属 10 个分厂进行了工艺大检查。由工艺处长、副总工艺师带队，工艺、设备、工装、计量等单位的专业人员参加对 10 个分厂的工艺文件、技术通知单的“三性”，现场“三定”，计量器具的周检，工具、工位器具的帐、卡、物的一致性等进行了全面检查，发现问题当场确定整改方案，从而推动了这个厂的工艺突破口工作进一步深入开展。

1993 年四川省机械厅对东方电机厂压力容器设计制造进行了审查，认为该厂具备了所申请的第一、二类压力容器设计制造换证资格、重新取得了设计制造许可证。重庆水轮机厂也取得了压力容器设计制造许可证。

质量及质量管理　1993 年大中型水电设备行业厂家在企业向市场经济过渡过程中，狠抓了产品实物质量，开展了多种形式的质量教育，强化了职工质量意识，提高了职工的质量素质。认真做好从产品科研、设计、生产制造、安装调试到售后服务全过程的质量保证工作。(1) 开展了多种形式的宣传贯彻《产品质量法》和质量教育，组织了 1993 年质量宣传月及征文活动，《产品质量法》知识问答、知识竞赛，举行学习贯彻质量法学习班、研讨会，通过厂闭路电视定期播放录象，专题采访，开设了企业报刊专栏宣传，开展征集“春兰杯质量格言”及开展质量宣传画专栏等活动，有力地推动了企业《产品质量法》的贯彻与落实。(2) 开展了贯彻 ISO9000 系列国际标准工作，使质量管理工作逐步与国际标准接轨，为最终取得国际质量认证做好准备。哈尔滨电机厂积极贯彻 GB／T19000 国家标准工作，编制了体系认证检查表，充分做好质量认证的准备工作，并按照国际质量管理、质量保证系列标准规定，修制订了《质量信息管理标准》、《质量事故管理标准》、《哈尔滨电机厂质量保证大纲》等具有本企业特色的质量及质量管理文件，确保产品质量稳定提高。(3) 强化现场管理，狠抓产品实物质量。哈尔滨电机厂结合贯彻国务院关于加强质量工作的决定和产品质量法，集中力量抓了产品质量突出的问题，避免了重复发生已往发生过的问题。南宁发电设备总厂坚持每日召开一次质量例会，通报上级质量政策、法规，通报生产现场质量问题，提出具体处理意见、措施和办法，指导各部门的质量工作，对产品质量的提高，防止产品出现质量事故起到了良好的作用。(4) 依靠科技进步，抓重点产品质量攻关工作，带动其他产品质量的提高。天津发电设备总厂为东风水电站设计制造的 170MW 水电机组是国家重点项目。为达到机组创一流产品，这个厂组织了设计、工艺和生产骨干力量，开展了多次技术质量攻关，保证了产品质量。(5) 抓改进、攻难关，降低废品损失。东方电机厂 1993 年线圈破压率、机械加工废品率，综合废品率分别比上年下降 0.02%条／0.07%圈、0.08%和 0.01%。湖南零陵水电设备总厂 1993 年铸铁件综合废品率为 6.5%，机加工综合废品率为 1.28%，线圈废品率为 0.132%，主要项次抽查合格率为 92.12%，成品抽查合格率 100%，品种合格率 100%，质量稳定提高率为 42.88%，质量损失率 1.63%，均达到计划要求。

东方电机厂研制的 320MW 龙羊峡水电机组继荣获省科技进步特等奖、国家优质产品金奖、国家科技进步一等奖之后，今年又获中国电工科学技术基金会和中国电工技术协会颁发的“全国电工新产品开发奖的创新奖”二等奖。哈尔滨电机厂生产的刘家峡 2 号机转轮为国内第二大转轮，客户按“验收检验标准”对转轮几何尺寸进行全面检查，主要指标均达到并部分超过国际 IEC 通流部件技术标准，客户对检验结果非常满意。

行业厂家普遍把采用国际标准和国外先进工业国家标准作为推动本企业技术进步和提高产品质量的一项重要措施来抓，在采用国际标准方面做了大量工作。哈尔滨大电机研究所 1993 年为行业修订制订标准四项，复审标准两项：大型立式电机推力轴承用冷却器，水轮机通流部件技术条件，水轮机模型验收试验规程，电工术语，水轮机、水泵水轮机和蓄能泵。水轮发电机组安装技术规范，水轮机调速器与油压装置技术条件。哈尔滨电机厂到 1993 年底共收集到美国标准 2866 项，原西德标准 1169 项，日本标准 1001 项，原苏联标准 365 项，英国标准 81 项，法国标准 50 项，ISO 标准 446 项，IEC 标准 332 项。这些标准的掌握，为这个厂深入了解国际及国外先进国家标准情况，为找出该厂产品标准与 IEC 标准和国外先进国家标准的差距创造了条件。东方电机厂在主导产品的设计与生产中均采用了国际 IEC 通用标准，经检测产品实物指标已达到或超过国际标准水平。

技术改造及技术引进　为了适应国家电力建设和国内外市场发展需要，本着上品种，增加产量的要求，大中型水电设备行业厂家1993年围绕"八五"水电设备技术改造，多方筹集资金，新增了部分先进设备，改造了一些原有的加工设备，还根据企业发展需要，逐步而有计划地扩大了生产面积，提高了企业加工能力，扩大了企业生产实力。1993年大中型水电设备行业固定资产投资19107万元，其中基本建设投资为9789万元，技术更新改造投资为9318万元。哈尔滨电机厂动力车间建造了600m^{2}厂房，新增1台300m^{3}制氧机，热力车间新增了3台锅炉，以及完成水电、控制、热加工厂房的改造进度计划。杭州发电设备厂"八五"一期技改工程总投资为1231万元，于11月全面竣工。湖南零陵水电设备总厂"八五"一期技改工程全面竣工，完成了一栋大型加工装配车间3080m^2，购置了2MN油压机、俄罗斯8m立式车床、直径1600～8000mm卧车、75t行车、直径220mm落地镗铣床、自动切割机等大型设备，使生产能力由单机容量8MW上升到50MW。东方电机厂1993年的国家重大技术装备国产化技改项目，除与德国席思公司签订购买1台5坐标数控镗铣床的合同外，其他项目正在进行中，完成了64%的水轮机试验室改造，对砂型烘炉、铸件热处理炉进行了增容改造。南宁发电设备总厂建成5716m^{2}的重型装配车间，购置安装了100t桥式吊车1台，直径12.5m立车1台，OQ6125×14卧车1台，W11-50×3000滚板机1台，5MN单臂油压机1台，"八五"技改的轻金工车间的扩建工程正在进行中。南平电机厂完成铸造分厂小铸件生产技术改造。韶关水轮机厂完成水电技改项目2项，其中开发贯流水电机组技改项目1项，投资2890万元。天津发电设备总厂完成12.5m立车及CJ5212型双柱垫块式简易立车的数控改造。重庆水轮机厂完成冲击式试验台改造任务，从德国进口SKODAW250G直径250mm落地镗铣床，SKOASIU250／1000型10m重型卧车，S100C旋转工作台。

在满足国内市场需要的同时，本着平等互利的原则，积极与国外厂商合作，扩大对外经济联系，开辟广阔经济领域。东方电机厂与叙利亚签订了6×105MW水轮发电机组供货合同，引进了大型贯流式水轮机转轮技术。杭州发电设备厂请德国专家Voith总工程师来厂技术交流，承接向美国出口10MW轴流式水电机组。

哈尔滨电机厂和日立公司成立"哈电日立电力设备新技术开发有限公司"。该中外合资项目1993年11月签约，中日双方以美元现汇形式出资，注册资金100万美元，经营项目为抽水蓄能、贯流、高水头冲击等水电机组新产品的开发。

市场及销售　1993年大中型水电设备行业厂家根据市场的变化，抓好产品开发，努力拓宽经济领域，1993年国内外销售收入虽略低于1992年，但随着改革的深入发展，水电设备产品需求量的增加，可望1994年的国内销售收入会好于1993年。1993年大型水电设备产品国内销售收入48305.84万元，国外销售收入1502.73万美元，出口216.8MW／3套，产品销往巴基斯坦、越南、印度尼西亚等国（表2）。

表2　1993年大中型水电设备行业厂家水电设备产品国内外销售收入

企业名称	国内销售收入(万元)		国外销售收入(万美元)	
	1992年	1993年	1992年	1993年
东方电机厂	35701.60	17334.95	430.00	633.73
哈尔滨电机厂	7510.00	17258.00	1352.00	869.00
天津发电设备总厂	5712.90	7270.06		
杭州发电设备厂	2724.00	2673.40		
重庆水轮机厂	1622.50	1601.80		
湖南零陵水电设备总厂		1210.00		
南平电机厂		484.80		
韶关水轮机厂		304.00		
南宁发电设备总厂		168.83		
合　计	53271.00	48305.84	1782.00	1502.73

〔撰稿人：哈尔滨大电机研究所　崔恩林　审稿人：哈尔滨大电机研究所　傅宪章、李朝东　机械工业部重大装备司　张昌柱〕

二、火电设备

生产发展情况　1993年我国火电设备生产发展趋势是从以生产200～300MW机组为主向生产300～600MW机组过渡，并已确定将生产600MW机组作为主攻方向。上海集团决定以1993年为起点，在超临界技术方面跃上一个新台阶。三家未曾生产过600MW电站锅炉的制造厂都已决定上600MW。但各具特色，东方锅炉厂将采用亚临界自然循环四角切向燃烧烟煤炉型，并以自行研制为主；上海锅炉厂将采用亚临界控制循环四角切向燃烟煤锅炉，它是在引进美国CE公司技术基础上的国产化优化设计，北京巴威公司将采用亚临界自然循环对冲燃烧烟煤锅炉。1993年各主要企业生产状况如表3所示。

表3 1993年主要锅炉企业的生产状况

企业名称	工业总产值（万元）	出口产品总产值（万元）	产品销售收入（万元）	利润总额（万元）	产量（台／蒸吨）
哈尔滨锅炉厂	72967	9453	76496	3456	27／9647
东方锅炉厂	45335	7565	46876	2050	14／7700
武汉锅炉厂	32003	990	34275	1247	36／7270
上海锅炉厂	48028	2670	78858	21	27／9085

哈尔滨汽轮机厂生产15台3460MW，其中600MW1台、300MW6台。东汽厂26台2479MW。上汽厂31台3291MW。1993年全国共生产发电设备15340MW，其中火力发电设备为10190MW。

新技术与科研成果 1993年生产火电设备的主要企业在科研方面取得的重要成果约60余项，获得部科技进步奖一、二、三等奖各1项。一等奖为第一重型机器厂和第二重型机器厂完成的“300MW大型铸锻件研制”，二等奖为北京机电研究所和第一重型机器厂完成的“大型汽轮机转子锻造过程模拟技术研究”，三等奖为上海发电设备成套设计研究所和哈尔滨汽轮机厂、南京燃气轮机研究所合作完成的“300MW、600MW汽轮机高中压转子材料30CrMo1V钢应用性能研究”。其他的成果为：哈尔滨锅炉厂锅炉研究所为适用国内煤种而研制的大容量燃烧器的试验研究获得了成功。该所在哈尔滨第三电厂2号炉等处进行的研究证实，因解决了煤的燃烧特性与结构的关系以及劣质煤的稳燃技术等关键问题，故采用该燃烧器可提高锅炉效率1～1.5个百分点，每年可节煤7000多吨。

哈尔滨汽轮机厂为了优化600MW汽轮机，确保机组运行可靠性，在第一重型机器厂内进行了1000mm和900mm叶片全尺寸叶根拉断试验。试验证实，这两种叶片均具有足够的静载荷强度。

由上海发电设备成套所和上海汽轮机厂合作进行的300MW、600MW汽轮机低压缸和中压缸直叶片改扭叶片的气动试验取得显著成效。用S7600－1和S7600－2新叶型替代7600老叶型，可使低压缸和中压缸效率分别提高0.4和0.5个百分点，其气动性能达到国际先进水平。此外，在高压缸中分面螺栓国产化课题上也取得了成果，用抗应力腐蚀能力强、工艺性好的钛铌硼合金或C422合金替代以往进口的WR26，每台300MW汽轮机可节约材料费120万元。

上海锅炉厂经过3年攻关，于1993年完成了由机械部下达的大型火电机组攻关项目——炉膛燃烧监视电视装置。首台样机已在上海石洞口电厂进行了半年多热态考核运行并通过了部级鉴定，认为性能和质量已达到了进口同类装置的水平。

上海汽轮机厂完成了引进型300MW汽轮机末级静叶以铸代锻课题，使生产周期缩短约3个季度，节省加工费用19.8万元。

东方汽轮机厂研制成功851叶片防水蚀高频淬火新工艺。利用200～260kHz的交变磁场感应加热进汽道，使之达到1000℃±20℃之后空冷淬火。其淬硬层深为1.5±0.5mm，表面硬度为38～45HRC。采用新工艺对108片851叶片进行了试生产，经检验，全部达到技术要求。采用新工艺处理的叶片，每台份可降低成本约20万元。

我国能源开发和环境保护的重点科研项目，旋转喷雾法脱硫工业试验合作项目于1993年5月12日在山东黄岛发电厂开始实施。这个合作项目日方投资36.5亿日元，中方投资1.5亿人民币，整个试验计划用8年时间。1993～1994年为设备安装和调试阶段。

新产品 1993年较为引人注目的新产品是空冷机组和流化床锅炉。

由哈尔滨汽轮机厂生产的国产首台采用海勒系统大容量间接空冷200MW机组于1993年6月在内蒙丰镇电厂（3号）投运。型号为NK200－12.7／535／535℃，国产化率达98%。

东方汽轮机厂的新产品是200MW空冷抽汽式汽轮机。型号为KC200／150－12.7 535／535℃。此系热电联供机组，以供热为主，以热定电，特别适用于缺水地区。

武汉锅炉厂和中国科学院工程热物理研究所共同开发的国内同类型最大容量220t／h循环流化床锅炉问世。参数为9.8MPa、540℃，热效率90%，脱硫率大于85%，NO_x排放率小于250ppm。

梧州锅炉总厂与清华大学共同研制的WZ－65／3.82型65t／h内循环流化床锅炉在桂林电厂并网发电，该锅炉采用清华大学具有国际先进水平的旋涡内分离循环床燃烧技术专利。据测定，烧劣质煤时，燃烧效率95%，热效率85%左右，已达到部颁标准的优等品指标，排放烟尘浓度等都达国家标准。该产品于1993年4月在广东中山通过由煤炭工业部、机械电子工业部等专家组成的鉴定委员会鉴定，认为产品达到了国际80年代末同类产品的先进水平。

于1992年末投运的济南锅炉厂产75t／h次高压循环流化床锅炉在1993年4月21日在烟台通过了国家级鉴定。该锅炉在国内首创了复合惯性分离器和双旋风筒高温分离的两级分离器。测试表明，在燃用褐煤和泥煤时，燃烧效率均在98%以上。额定负荷下热效率为90.02%。

作为火电厂重要装置或辅机方面也有不少新产品，主要有：国内首台200MW机组煤粉锅炉热管空气预热器在重庆发电站投运，与普通空气预热器相比，能明显提高锅炉热效率。据测算，每日可节约标煤约6000t、节电400万kW·h，直接经济效益140万元。该装置由东方集团制造。东方锅炉厂于1993年6月试制成功了300MW机组合体低压加热器，长15m，直径1.8m，是迄今我国同类产品中技术领先的最大装置。

行业管理 到1993年，我国发电设备行业大型企业经全国划分企业类型领导小组审批，已发展至30户，其中大型一档为12户，大型二档为18户。大型一档企业为：北京重型电机厂、哈尔滨电机厂、哈尔滨锅炉厂、哈尔滨汽轮机厂、武汉锅炉厂、上海电机厂、上海锅炉厂、上海汽轮机厂、上海电站辅机厂、东方电机厂、东方锅炉厂、东方汽轮机厂。

1993年哈尔滨电站设备集团公司还被国家经贸委、对外经贸部批准为第12批机电产品出口企业的72家之一。

哈尔滨电站设备集团公司、上海电气联合公司、华北电力设备成套公司还被国家计委、物资部、机电部认证为第二批具有甲级资格的机电设备成套单位。

上海电站辅机厂经上海市批准为高新技术企业，并于1993年9月正式挂牌。

为增强上海大型电站基地的实力，在有关领导和相关行业的支持下，拥有我国华东地区最大铸锻能力和全世界最大电渣重熔炉（从原材料进厂到冶炼、铸造、锻压、精加工、直至装配出成品能力）的上海重型机器厂已正式加盟电站制造行业。

各企业在1993年都加快了改革步伐。

哈尔滨电站设备集团公司1993年开始有了大动作。2月即开始实行“二分四自”综合改革，即政企职责分开，所有权与经营权适当分离，实行自主经营、自负盈亏、自我约束、自我发展。核心内容是其直接对市政府实行承包经营，从1993～2000年，一定8年不变。产值力争翻两番。

东方汽轮机厂实施了新的经济责任制，也是改革开放以来实行的第三轮承包。与前二轮的主要区别，一是实行承包利益直接与完成的实物量挂钩，二是进一步实行按劳分配原则，奖金上不封顶、下不保底。

上海汽轮机厂着眼于形成竞争激励机制，以激发下岗人员积极性和主观能动性为出发点，促进人员合理流动，采取多渠道安排，逐步消化的办法，来理顺企业内部管理，取得了较好效果，并荣获上海市工业系统转换机制先进企业称号。

质量及质量管理 我国发电设备制造行业为了迎接“复关”，在质量管理及保证体系方面加速与世界“接轨”。从1993年3月1日起已统一采用GB／T19000标准。上海汽轮机厂率先行动并取得成效。该厂于6月11日获得了我国自“质量法”公布后由上海质量体系审核中心实施颁发的我国第一张质量体系认证合格证书，证书注册编号为0193A001。这也是我国发电设备制造行业中唯一获得该证书的制造厂家。

上海电站辅机厂生产的23台热交换器获美国ASME认可，其产品档案被存放ASME总部。这也是上海压力容器产品质量首次得到国际市场认可。

上海电机厂1993年不仅获得上海市质量体系审核中心授予的合格证书，同时还获得了挪威船级社、华信技术经验有限公司授予的合格证书，从而成为全国首家同时获得三张ISO9001质量认证合格证书的国有大中型企业。这标志着该厂整体素质、企业质量管理和保证体系上了一个新台阶。

由于质量保证体系的不断完善及质量管理措施的加强，火电产品的质量有了较大提高。尤其是按机械、能源两部要求而搞的3个300MW机组优化工程到1993年已结硕果。东方集团公司选定的山东潍坊电厂，经过2年多优化措施，于1993年9月23日顺利投运。上海集团公司选在吴泾电厂的2台机组，经测试其实际性能已超过当年国际招标标书的要求，也超过宝钢自备电厂的三菱机组。其热耗率约为7993kJ／kW·h，低于8001kJ／kW·h保证热耗率。哈尔滨集团选在铁岭电厂1号机，也于1993年3月投入正常运行。上述机组的优良性能受到用户的广泛赞誉。此外，哈尔滨电机厂生产的首台引进优化型600MW汽轮发电机已于1993年6月试制成功，10月通过了鉴定。国产化率达到95%。凡此种种，标志着我国火电设备的设计制造水平开始进入世界先进水平行列。

但是，质量方面仍存在着不少问题。一些常见病、多发病还时有出现。汽轮机——200MW机组低压缸刚度不足，现在又在盘县1号、黄桷庄1号上再次暴露。另外汽缸体裂纹也在铁岭、阳逻1号、潍坊1号、秦皇岛2号、常熟1号等多台机组上出现。发电机——有好几台出现定子电位外移，如丰镇3号。锅炉——过热器、再热器两侧汽温偏差大，爆管及焊口泄漏等时有出现。如妈湾1号、玛纳斯5号等。

技术改造及技术引进 1993年火电产品技术改造的重点是200MW机组。该汽轮机设计、生产较早，但经济性较差。其低压缸效率尤低，与世界先进水平相比要低8%～10%。每年每台机组为此要多耗标准煤16000t。而目前我国有此类机组120多台，浪费的能源数量可想而知。为了节约全球能源，联合国开发计划署投资援助190万美元，我国投资800万元人民币，对200MW汽轮机低压缸进行改造。由东方汽轮机生产的四川内江发电总厂三排汽的1号机低压缸被选为首台全面改造目标。1993年9月有关部套已送往东方汽轮机厂实施改造。预计改造后该机组可增加出力约4000kW，降低热耗率167.4～209.4kJ／kW·h。

哈尔滨锅炉厂在100MW高压加热器的改造方面取得了成效。该厂在不改变换热机理和换热面积的基础上，改变主要零部件的结构和数量，改变产品的整体结构，使一套高压加热器的原材料节约7.2t，降低成本2.7万元。

1993年6月，哈尔滨电机厂引进优化型600MW汽轮发电机试制完毕。型号为QFSN-600-2YH，10月通过了由电力部、机械部有关专家组成的厂内性能试验评审。结论是主要性能和技术经济指标均达到和超过了原设计要求，属当代国际水平，其国产化率达95%以上。

东方集团公司负责研制的邹县电厂三期工程2×600MW机组的供货合同于1993年9月正式签约。汽轮发电机组与日本日立公司合作设计、生产。锅炉是引进美国福斯特惠勒公司技术并合作生产。第一台机组将于1995年供货。

1993年企业设备的技改或结合引进改造的主要项目如下。

无锡叶片厂通过考察、比较，最后选定引进德国哈森克勒瓦公司生产的112MN离合器式螺旋压力机。该设备投资1290万美元，工程已于1993年5月29日开工，预计1995年可全面投产。届时该厂可形成年产汽轮机叶片8.2万片的生产能力，其中包括500mm及以上的精锻叶片2.5万片，可满足200～600MW汽轮机用大叶片的需要(按预计2000年产量计)。

杭州锅炉厂"八五"技改项目加快了步伐，引进法国德拉斯公司先进技术筹建的300MW高压加热器制造车间已进入准生产阶段。同时还用外汇45.5万美元从英国购置了科宝公司生产的一台4m×3m×1.1m的数控深孔钻床。该车间正式投产后，年产值将占厂全年总产值的1/4，成为我国高压加热器生产的主要厂家之一。

上海汽轮机厂为解决汽轮机生产能力的瓶颈，自行组织了纵树型叶根槽铣床研制，年内已安装完毕。该设备所有主件均为国产。在松开、分度、压紧等自控装置，简易数控循环及数显监视行程距离等方面的分度误差均属国内先进技术，其自动化水平已接近进口机床。

武汉锅炉厂在弯管装备方面取得了进展，研制了重大装备250kW中频弯管机和CNC蛇形管弯管线主机。前者可弯制直径159～419mm的碳钢、合金钢管弯头，最大弯曲半径2m，角度0°～130°。该机年创经济效益可达约60万元。后者为生产300MW、600MW锅炉的蛇形管而研制，可弯制直径25mm×1.5mm～直径76mm×12.5mm的平面和任意角度的立体弯头，经济效益明显。

哈尔滨汽轮厂在数控镗铣床刀具国产化方面取得显著成功。这是加工300MW、600MW汽缸不可缺少的刀具。以前几乎全部依靠进口，其价格为国产刀具的3～10倍。1993年该厂经试验后已为这些机床配备了23种101个规格的国产刀具。仅此，该厂每年支付的刀具费用可节约100多万元。

市场及销售 1993年火电成套设备无论国内或是国际市场继续看好。由于300MW机组优化工程的成功，技术水平及性能的提高，大大开拓了国内市场。尤其上海集团公司，到1993年3季末，已接受订货13000MW，其中出口1000MW，生产任务已安排到1996年。如上海汽轮机厂1993年8月31日与天津杨柳青电厂签订了两台300MW抽汽供热汽轮机的订货合同。这是国外目前最大的抽汽机组。它是在引进型300MW机组3次优化改进的基础上设计制造的，并决定与美国西屋公司合作。其中高中压转子等主要部件由西屋公司生产。型号为C300/250-16.7/0.343/538/538。型式为单轴、双缸双排汽、高中压合缸、低压缸双流程。该厂还与广东台山电厂首次签订了两台引进型600MW亚临界汽轮机订货合同，汽轮机的型号为N600-16.7/538/538。

国际市场也成绩斐然。包括前几年在内，到1993年底大型火电成套设备出口已达10台，装机容量2210MW。其中9台210MW已有5台投运，2台进入安装高潮，2台正在制造，还有一台320MW机组正在制造中。共为国家创汇8亿多美元。4台出口巴基斯坦的210MW机组受到巴方赞扬。

据测，今后15年内东南亚地区各国需新增1亿kW火电设备。我国的机组由于性能好，价格合理，向这些国家出口火电成套设备前景看好，潜力很大。

〔撰稿人：上海发电设备成套设计研究所　乐如良　审稿人：机械工业部　强培生〕

三、内燃发电设备

生产发展情况 1993年生产的内燃发电设备功率范围0.5～5000kW，以汽油机和柴油机为原动机。伴随着近年来产品功率范围向外扩展，相邻功率等级差值减小的趋势，1993年各产品类别的内燃发电设备的功率等级都有所增加。一些生产企业的产品范围在原有的功率范围基础上扩展，如1992年无锡电机厂产品最大功率700kW，红岩机器厂产品最大功率800kW，1993年均生产了1000kW柴油发电机组。1992年生产的内燃发电设备最大功率为3200kW，1993年达到5000kW。5000kW机组系陕西柴油机厂用该厂引进法国S.E.M.T.Pielstick技术生产的12PC2-5V型柴油机成套的中速大功率柴油发电机组。1993年，1000kW以上的大功率柴油发电机组产量较大，如无锡柴油机厂1250kW机组生产20台，其中出口1台；陕西柴油机厂2500kW机组投入生产12台，5000kW机组投入生产20台。自动化发电机组的生产较为集中，主要生产企业有：福州发电设备厂、无锡动力机厂、闽东电机四厂、天津发电设备总厂、红岩机器厂等。由发动机制造厂和发电机制造厂生产的内燃发电设备大多以本厂生产的机型为配件，功率范围一般局限在某一区段，而组装厂生产的内燃发电设备因其发动机及发电机均外购，生产的产品功率范围较宽，配套较为灵活。

新技术与科研成果 引进型柴油机广泛用作发电机组动力的有：重庆汽车发动机厂引进美国Cummins公司技术生产的N、K系列柴油机，配200～1000kW发电机组；石家庄建筑机械厂引进德国Deutz公司技术生产的F3L913、F4L913型柴油机，配20～30kW发电机组；河南柴油机厂引进德国Deutz MWM公司技术生产的D234系列柴油机，配90～250kW发电机组。上述这三家企业1993年以这些机型组装的发电机组分别为363台／97450kW、318台／9108kW、181台／43780kW，此外还为其他厂提供配套动力。此外，镇江船用柴油机厂引进MAN B&W公司技术生产的6L23／30柴油机配套664kW船用发电机组，1992年生产1台，1993年生产6台。新中动力机厂引进MAN B&W公司技术生产的20／27系列柴油机配套船用发电机组，1990年以4L、6L、9L20／27柴油机配套300、400、450、900kW机组，共生产23台／11250kW，1993年以5L、6L、7L20／27柴油机配套346、440、520、556kW机组，共生产21台／9894kW。新中动力机厂1988年与芬兰Wärtsilä公司合作生产22、32、46三个系列柴油机，1992年首批向用户提交4R22／26柴油机配套的507kW船用发电机组，1993年又继续生产了3台。陕西柴油机厂引进日本大发（DAIHATSU）技术生产的DS系列柴油机配套船用发电机组，1992年生产500、630kW共18台／9390kW，1993年生产630kW共3台／1890kW。陕西柴油机厂引进法国S.E.M.T. Pielstick技术生产的PA、PC系列柴油机配套的陆用发电机组，1992年生产1500、2500、3000kW共24台／61000kW，1993年生产2500、5000kW共32台／130000kW。

引进型发电机广泛用于发电机组的有：无锡电机厂1980年和1986年引进德国Siemens公司1FC5、1FC6系列船用三相无刷同步发电机，可达功率范围160～2760kV·A和18.5～2020kV·A，较多应用的功率范围从200～700kW扩展到20～1200kW，1993年生产了1909台／575180kW(其中本厂组装发电机组195台／64580kW)；兰州电机厂1986年引进德国AEG公司的DKBH系列船用三相无刷同步发电机，可达功率范围12～1250kV·A（1500r／min）和190～910kV·A（1000r／min），较多应用功率范围为80～500kV·A，1993年生产了482台／165796kW；福州发电设备厂1987年引进英国Petbow公司的E系列小型无刷同步发电机，功率范围17～245kW，经消化吸收后形成TFE系列。此外，湘潭电机厂1985年引进英国Brush公司BJS系列三相交流同步发电机，可达功率范围538～2400kV·A，已生产产品功率范围720kW左右；闽东电机公司引进日本西芝公司FAG系列船用三相无刷同步发电机，可达功率范围24～600kW，已生产产品功率范围24～280kW，也已得到一定程度的应用。

可编程序控制器由于其编程容易，现场程序修改方便，硬件线路设计简单，抗干扰能力强，可靠性高等特点，因此在自动化发电机组上得到广泛应用，除单机自动化外，并应用到多机并联系统。已生产采用可编程序控制器的自动化发电机组的企业有：郑州电气装备总厂、无锡动力机厂、闽东电机四厂、红岩机器厂、福州发电设备厂、济南柴油机厂等。

成都仪表厂1985年引进了德国海因茨曼(Heinzman）公司E型电子调速器在柴油发电机组上获得了一定程度的应用。E型调速器是采用比例—积分—微分（PID）调节的双闭环调速系统，通过控制柴油机的供油量，使发电机组获得较好的频率特性。为了适应燃气轮机和汽油机的工作特点及机组并联运行状态，设有燃气增益调节、不均匀可调环节以及负荷分配器、同步器、加速率限制器、负荷预置器等附件接口，从而组成复合调节系统。E型调速器配发电机组达到的指标为：稳态频率调整率0或1%～8%可调，瞬态频率调整率2%～5%，并机有功负载分配差度5%。发电机组曾用E型调速器的企业（括号内为与发电机组所用配套的柴油机型号）有：北京内燃发电设备厂(6135、12V135)、上海柴油机厂（6135)、贵州柴油机厂（6135A、8V135）、济南柴油机厂(12V190、8V190）北京二七机车车辆厂(12V240)、天津动力机厂（6130）等。

可燃用重油的发电机组有以引进型柴油机组装的，功率范围300～700kW的船用发电机组，如1992年四川柴油机厂以引进MAN B&W公司7L20／27柴油机配套并出口的4台648kW船用发电机组；1993年新中动力机厂以引进MAN B&W公司5L、6L、7L20／27柴油机配套的3台346kW、9台440kW、6台556kW、3台520kW船用发电机组（均燃用380cst50℃重油）和引进芬兰Wärtsilä公司的4L22／26型柴油机配套的3台507kW船用发电机组（燃用700cst50℃重油)。及以国产柴油机配套的陆用发电机组，如1993年红岩机器厂出口菲律宾的3台300GF16A型柴油发电机组。

大型发电机组余热回收技术有了新的进展。机械工业部开能新技术公司根据广东地区大型柴油发电机组盛行、余热浪费严重的情况进行了中温余热利用研究，实施了东莞生明电厂余热发电综合改造工程。据统计余热电站运行仅5个月就产生经济效益190万元。1993年完成了样板工程的调试、运行和技术鉴定。韶关电厂、莲花山电厂、东华电厂的工程正在实施中。

新产品 郑州电气装备总厂研制了80GQ1型80kW电源车作为DF-31系统的配套设备。电源车采用轿式屏蔽车厢，内装两台 40kW 柴油发电机组，用 B 机组作为 A 机组的热备份方案，可自动切换。机组间备有加温器装置，并采用大容量蓄电池，能保证在低温环境下的可靠起动。机组采用北京内燃机总厂引进型 F6L912 风冷柴油机、TFW40 整体凸极式无刷发电机、S5-115U 可编程序控制器、电子调速器，具有保护、故障记忆和通讯功能。1991 年 12 月 22 日经航空航天工业部一院 15 所出厂评审，1993 年生产了 1 台。

郑州电气装备总厂研制了 12kW 风冷高速柴油发电机组作为 DF-31 系统的车载电源。机组选用石家庄市柴油机厂从德国 Deutz 公司引进的 F2L511 型风冷柴油机和苏北电机厂生产的 3000r／min 高速发电机。电机通过连接圈两端的止口与发动机固定在一起，由爪式联轴器接受发动机传递过来的转动力。具有低温起动性能好，油耗低、体积小、质量轻的优点。1992 年 4 月 14 日一台初样经航空航天工业部一院 15 所出厂验收，1993 年完成两台试样研制，增加了降噪、防尘、防雨、发电机无刷等要求。

无锡电机厂和铁道部四方机车车辆工厂共同中标为印度尼西亚 P.T. KAYA YAMA UNGGVL 公司研制了 4 台 1000kW 自起动高速柴油发电机组。机组采用四方机车车辆工厂的 12V180ZBD 柴油机和无锡电机厂引进型 1FC5-562-4TA42 型三相无刷同步发电机。发电机的另一输出端带有一个 110V 直流电起动装置。机组备用功率 1000kW，额定功率 910kW，电压 400V，频率 50Hz，功率因数 0.8（滞后）。转速 1500r／min，是同等功率中转速较高的一种机型。机组具有自起动、自动电压调整功能，可并联运行。机组按 GB2820—90《工频柴油发电机组通用技术条件》和试验大纲要求进行了 14 项试验，经订货方验收于 1993 年 7 月 7 日从上海港装船出口。

无锡柴油机厂和沈阳飞机制造公司汽车厂共同研制了 75kW 影视用低噪声电源车。无锡柴油机厂承担装于电源车上的 75kW 低噪声柴油发电机组的开发与研制，机组采用该厂 X6125D1A 柴油机，发电机采用无锡电机厂引进型 1FC6 系列 75kW 三相无刷同步发电机。机组设有自保护装置，实现油压、水温、绕组温度的报警和指示；设有供油操纵系统，实现远控调速及保护停机。机组设计了 3 个并列排气管和 3 个以串、并联组合的消声器，噪声≤70dB（A）。沈阳飞机制造公司汽车厂承担电源车的设计与总装。电源车分隔成三个单元，一是操作监视舱，二是机组主体密封舱，三是冷却系统舱。电源车冷却系统布置合理，设计了低噪声的轴流风机。经总成套试验和在沈阳飞机制造公司机场进行现场模拟试验，各项性能指标均达到技术规范，能适应影视摄制同期录音作业需要，于 1993 年 10 月 23 日通过长春电影制片厂评审验收。

郑州电气装备总厂研制的 64GF54 型 64kW 柴油发电机组于 1993 年 2 月 15 日通过了由河南省机械电子工业厅组织的鉴定。该机组装备于武昌车辆厂按引进技术生产的铁路运输冷藏车。机组采用 6135D 柴油机、TZH64 发电机，具有水温高、油温高、油压低保护功能及声光报警，油压低立即停机，水温高、油温高延时 1min 停机。机组的电压及频率指标达到了 GB2819—81Ⅲ类电站标准。

兰州电源车辆研究所、金华汽车修造厂、交通部公路科学研究所等单位联合研制的 40GF81 型汽油转子发电机组于 1993 年 4 月 21 日～23 日在兰州通过了由机械工业部军工司主持的技术鉴定。该机组以金华汽车修造厂通过部级鉴定的、装车进行过 10 万 km 路试和 1000h 全速试验的 JZ211C 型水冷汽油三角活塞（俗称“转子”）车用发动机为原型机，在此基础上研制了供装配机组的变型机 JZ211E；配用兰州电机厂 TZH-200M2 型相变励同步发电机和 YEX 控制屏；配用兰州电源车辆研究所 DT-30 电子调速器。机组额定功率 40kW，额定电压 400V，额定频率 50Hz，额定转速 3000r／min。转子发动机是一种工作过程不同于往复式内燃机的发动机，它的最主要的优点是体积小、质量轻。该功率等级的汽油转子发电机组在国内尚属首例。机组在研制过程中解决的主要问题有：电子调速器为适应转子机的动态特性进行了改进；更换了机油散热器，解决了发动机的动态热负荷问题；设计了非标准圆柱形联轴器弹性圈，能满足高速、长时间传递扭矩的性能要求；设计了较为合理的汽化器与执行器之间的连接机构，使驱动力和移动距离均能满足使用要求；机组设有水温高、转速高、油压低保护装置；消声器设计成微穿孔结构，阻力小、且消声效果好；机组通过 500h 运行考核，技术指标全部达到设计技术条件要求。鉴定会认为此次开发性试验研究是成功的，建议继续改进，进一步提高可靠性及经济性，以形成产品。随后于 1993 年 6 月开始产品化工作，产品化的转子汽油发电机组的功率从 40kW 提高到 50kW，型号为 50GF142。发动机仍为 JZ211E 型，但在水箱结构、机油散热器型号和分电器位置上都作了变动。发电机改为兰州电机厂引进型 DKBH 系列 2 极、无刷励磁、F 级绝缘、薄板外壳结构的 50kW 发电机。电子调速器的电源从 24V 改为 12V，以适应发动机点火系统 12V 电源要求。50GF142 的体积与质量相当于同容量柴油（往复式）发电机组的 40%左右。

无锡电机厂等单位制造的特种船舶电站系统于 1993 年 4 月在浙江省建德市通过了由海军装备技术部、中国船舶工业总公司主持的鉴定审查。该电站系统由两台 150kW、一台 200kW 柴油发电机组组成。该机采用河南柴油机厂引进德国 Deutz MWM 技术生产的 HND-MWM TBD234V6 型（150、200kW 机组）柴油机、无锡电机厂按西门子公司许可证改进的 TFC6 286- 4SA95-JH 型（150kW 机组）、TFC6 352- 4SA95- JH 型

(200kW 机组) 发电机，中国船舶工业总公司 711 所研制的高弹性橡胶联轴器、德国海因茨曼电子调速器、中国船舶工业总公司 704 所研制的超速保护继电器。该套电站系统在无锡电机厂陆上调试中共进行了 23 项型式试验、17 项出厂试验。自 1990 年装上特种船舶后，又进行了码头试验、系泊试验、航行试验及振动冲击强烈环境下的考验，总运行时间达 1200h。该套电站系统可单机或任意双机并联运行，技术先进，运行稳定性能好，保护功能齐全，自动化程度高，电气性能指标优良。

福州发电设备厂承担的福建省重点技术开发项目——多机并联自动化柴油发电站和 TFE3 三相同步无刷发电机于 1993 年 12 月 10 日在福州通过了由福建省机械工业厅主持的鉴定。这是该厂继与第二炮兵工程设计研究所、第二炮兵第一研究所共同研制的，1988 年 8 月 12 日在福州通过部级技术鉴定，以 Z80 微机作为控制系统的 3×200kW 自动化柴油发电机组 (以 200GF20 组成的微机控制 3×200kW 自动化柴油发电机组获 1992 年度机械电子工业部科学技术进步三等奖) 之后，在柴油发电机组自动化并联技术研究方面的又一进展。多机并联自动化电站于 1992 年 1 月开始研制，控制系统采用可编程序控制器实现 2～8 台 200～1000kW 柴油发电机组的自动并联运行控制。控制系统由一个系统控制屏和若干个发电机控制屏 (发电机控制屏的个数为并联机组的个数) 组成基本控制系统，再根据具体柴油机型号的控制特点和用户要求，配上相应的外部辅助控制装置。柴油机选用国产 135 系列柴油机和重庆汽车发动机厂引进型 N 系列、K 系列柴油机。国产 135 系列柴油机的调速器为机械离心式，调速性能差异大，影响多机并联运行的稳定性，因而采用电子调速器进行改装。发电机采用福州发电设备厂生产的 TFE 系列无刷三相同步发电机，由于其独特的励磁调差电路，保证了多机并联运行的无功功率均衡。多机并联自动化柴油发电站的功能包括：市电自动检测、自起动、自投入、自切换、自停机；自动整步、并联合闸，且可实现不同容量机组的自动并联运行；自动调频调载，输出频率稳定在 50～50.5Hz，功率分配差度小于 10%；自动均衡各台机组累积运行时间；可根据负载大小自动调整并联运行机组台数，使运行机组工作于经济负载区；对超速，低油压，高水温，电压、频率异常，逆功率，过流短路等故障自动保护以及起动失败报警。提交评定会议的样机是经第二炮兵工程设计研究所试验验收的一套 4×350kW 机组和一套 5×250kW 机组。经与会专家评定，该产品主要性能指标达到 80 年代末期国际同类产品先进水平，可以投入批量生产。TFE3 无刷发电机于 1991 年 5 月开始研制，应用 CAD 技术进行电磁参数优化设计；采用少切削无切削的先进加工工艺，定转子冲片均采用硅钢片套裁；整体凸极式转子并经 F 级绝缘处理；罩式钢板焊接机座；发电机均取相近的同步电抗值和埋置全阻尼绕组，使发电机并联运行性能良好；脉宽调制功率三极管开关电路的励磁控制系统，使发电机能稳定运行在有可控硅之类的非线性负载场合，尤其适应于邮电通讯等部门。与会专家认为：发电机的稳态电压调整率、电压波形畸变率、瞬态电压调整率、效率等主要技术指标均达到 80 年代末期国际同类产品先进水平，可以投入批量生产。

兰州电源车辆研究所研制的 75PQ4、50PQ4A 型越野式交直流两用航空电源车于 1993 年 12 月 13 日在保定某部机场通过了由国家航空产品定型委员会委托组织的二类产品设计定型。75PQ4、50PQ4A 型航空电源车由 75kW、50kW 三相中频发电机组和大容量整流装置分别构成电源车的交直流供电系统。交流电压 200V／115V，频率 400Hz；直流电压 28.5V。柴油机选用潍坊柴油机厂引进型斯太尔 WD615.00D、北京内燃机总厂引进型 Deutz F6L913D，发电机选用兰州电机厂的 TFPZW75-TH、TFPZW50-TH 型。各种电气、机械保护电路齐全。电源车的运载车辆为越野汽车底盘，电缆收放采用可旋转悬臂式电缆架结构。电源车严格按照有关国家军用标准设计和考核，所有技术指标经国家内燃机发电机组质量监督检验中心检验，全部合格。

无锡动力机厂研制、生产的 120GFZ27、200GFZ31、250GFZ11 三种型号的自动化柴油发电机组于 1993 年 12 月 26 日通过无锡市机械工业局组织的技术鉴定。这是继该厂与邮电设计院共同研制的、1985 年 12 月 22 日～24 日通过鉴定的、以 Intel 公司 MCS-48 系列 8039 单片微机为控制系统的 200GFZ11 自动化柴油发电机组之后，在自动化机组方面的新进展。机组采用该厂生产的 12V135D、12V135ZD、12V135AZD 型柴油机和无锡电机厂、兰州电机厂生产的无刷励磁同步发电机。控制系统采用无锡华光电子工业公司生产的 SR-10 可编程序控制器，能实现转速信号的检测和整机的自动控制。机组具有自起动、自投入、自切换、自充电及水油温越值声光报警，过载、短路、超速、油压低自动停机，起动失败信号转移等功能。经国家内燃机发电机组质量监督检验中心测试，产品的各项性能指标全部符合 GB2820—90《工频柴油发电机组通用技术条件》Ⅲ类指标要求。

行业管理 由兰州电源车辆研究所制订与修订的国家军用标准 GJB204A—92《军用交流移动电站额定功率、电压及转速》1992 年 7 月 18 日发布，1993 年 3 月 1 日实施；国家军用标准 GJB1488—92《军用内燃机电站通用试验方法》1992 年 10 月 28 日发布，1993 年 6 月 1 日实施；国家推荐性标准 GB／T14024—92《内燃机电站无线电干扰的测量方法及允许值 传导干扰》1992 年 12 月 28 日发布，1993 年 8 月 1 日实施；机械工业部推荐性标准 JB／T6776—93《工频汽油发电机组额定功率、电压及转速》1993 年 8 月 21 日发布，1993年10月1日实施。此外由兰州电源车辆研究所制订的国家军用标准GJB1777—93《军用专用汽车通用规范》和国家军用标准GJB1778—93《军用起重汽车通用规范》也于1993年发布。

设在兰州电源车辆研究所的机械工业内燃机电站行业科技信息网和机械工业内燃机电站行业标准信息网围绕其中心工作出版网刊。科技信息网的年会于1993年10月10日～14日在大连召开，共有43个网员单位的49名代表出席，会议共有16篇技术资料进行交流。标准信息网的年会于1993年10月18日～27日在北京召开，共有42个网员单位的46名代表出席，会议就电站标准的有关问题进行了宣讲与技术交流。

中国农机总公司内燃发电机组（集团）联合体1993年全体理事会议于4月20日～23日在无锡召开，出席会议的理事单位34家，联合经销单位6家，代表共69名。中国农机总公司内燃机处处长、联合体副理事长范景龙作了1992年度工作总结，中国农机总公司副总经理，联合体理事长张惠方讲了话。1993年9月3日～6日在昆明市又召开了联合体常务理事会议。会议交流了1993年一至三季度各企业的产销情况，分析四季度及1994年市场发展趋势，并研究吸收新成员单位等事宜。

1993年经国家经贸委、对外贸易经济合作部批准的第12批（72家）机电产品出口基地企业中有宁波动力机械股份有限公司和慈溪动力机厂。1993年经无锡市政府批准，无锡柴油机厂获进出口经营权。

1993年实行股份制的企业有：广西玉林柴油机厂转变为广西玉柴机器股份有限公司，宁波动力机厂转变为宁波中华动力机械股份有限公司，福州发电设备厂转变为福建福发股份有限公司，闽东电机公司转变为闽东电机（集团）股份有限公司，南通柴油机厂转变为南通柴油机股份有限公司，无锡电机厂转变为无锡海星股份有限公司。其中上海柴油机股份有限公司股票在上海上市，福建福发股份有限公司、闽东电机（集团）股份有限公司的股票在深圳上市。

质量及质量管理 设在兰州电源车辆研究所的国家内燃机发电机组质量监督检验中心和机械工业内燃发电机组质量监督网1993年的质量管理工作主要宣传贯彻1993年2月22日七届人大三十次会议通过，1993年9月1日实施的《中华人民共和国产品质量法》及由国家技术监督局批准发布于1993年1月1日起实施的，等同采用国际标准的GB／T6583（ISO8402，代替GB6583.1—86）、GB／T19000～19004（ISO9000～9004—87，代替GB／T10300.1～10300.5—88）质量管理和质量保证系列标准。并于1993年6月11日～18日和1993年11月8日～16日，在大连和郑州举办了第六期、第七期内燃发电机组测试技术研讨会，共有38个单位的61名代表和49个单位的76名代表参加。会议宣传贯彻了有关标准及法律、法规文件，培训了内燃发电机组检测技术人员。

根据国家技术监督局国技监发〔1992〕314号文的要求，国家内燃机发电机组质量监督检验中心分别于1992年三、四季度和1993年一季度对在1992年二季度国家监督抽查中产品质量被判为不合格的4家企业4种规格8台产品进行质量监督复查，结果表明，这些企业的产品已达到合格品的要求。

根据国家技术监督局国家监督抽查安排，国家内燃机发电机组质量监督检测中心于1993年第二季度对福州发电设备厂等39个企业生产的24～500kW39种规格63台内燃发电机组产品进行突击性抽查，合格企业数32家，合格32种规格52台产品，抽样合格率为82.1%。与1992年第二季度国家监督抽查抽样合格率为85.7%相比较下降了3.6个百分点。被抽查的39家企业包括大型企业11家，中小型企业28家。本次监督抽查结果表明：自1988年实施生产许可证以来，产品质量水平较前几年有明显提高，尤其是经过1992年第二季度国家监督抽查以及1992年11月在福州召开的全国内燃发电机组质量工作会议以来，出现了一些质量管理水平高、产品质量好的企业，如福州发电设备厂、贵州柴油机厂、红岩机器厂、山西柴油机厂、无锡动力机厂、无锡电机厂、江西三波电机总厂、江西车辆开关厂、宜昌市电机总厂、泰州市电力设备厂、汕头市岭南电气成套公司11家企业的产品在本次抽查中产品无任何缺陷。

1993年内燃发电机组的生产许可证发放工作没有继续进行，仍维持1990年发证工作结束时的153个企业、268张许可证。无证生产企业和无证生产产品较多。

国际标准化组织内燃机技术委员会（ISO／TC70）于1982年2月在西柏林会议上确定，由性能和试验分技术委员会（SC2）秘书处委托其成员团体联邦德国负责组成《往复式内燃机驱动的交流发电机组》标准起草工作组（ISO70／TC70／SC2／WG1）。该工作组以联邦德国机械工程师协会（VDMA）及联邦德国标准DIN6280—82等同类标准为基础，1985年起草和提出了ISO／DP8528国际标准建议草案。1989年经修改提出了ISO／DIS8528国际标准草案。再度修改后于1993年4月15日出版ISO8528的第一版，从而有了内燃发电机组世界公认的国际标准。

市场及销售 1993年国内对内燃发电设备的需求量很大，总销量较1992年有较大幅度的增长。据对90个内燃发电设备生产企业的统计，1993年销售功率范围0.5～5000kW，71个功率等级的内燃发电设备46239台／3007222kW，其中31个企业出口功率范围1.5～1250kW、33个功率等级的内燃发电设备2107台／156794.5kW。在销售的各类产品中，柴油发电机组占大多数，其他各类发电机组占的比例较小，销售量按产品类别的统计见表 4。在 0.5～5000kW 功率范围，总销量台数最多的是 0.5～20kW 功率范围，总销量千瓦数最多的是 91～250kW 功率范围。21～90kW 功率范围总销量台数和总销量千瓦数都居第 2 位，销售量按功率范围的统计见表 5。在 90 个生产企业中，总销量在 9 万 kW 以上的有 9 家（见表 6），3～9 万 kW 的有 13 家，2～3 万 kW 的有 19 家，1～2 万 kW 的有 11 家，0.5～1 万 kW 的有 11 家，1000～5000kW 的有 13 家，1000kW 以下的有 13 家。在有出口产品的 31 个企业中，出口量在 6000kW 以上的企业有 7 家（见表 7），1000～6000kW 的有 7 家，1000kW 以下的有 17 家。在 71 个功率等级中，总销量（内销+出口）在 10 万 kW 以上功率等级的有 10 个（表 8），3～10 万 kW 的有 9 个，1～3 万 kW 的有 14 个，0.1～1 万 kW 的有 21 个，1000kW 以下的有 16 个。

表 4　1993 年内燃发电设备按产品类别的销量统计

产品类别	功率范围 (kW)	功率等级数	内　销 (台／kW)	出　口 (台／kW)	合　计 (台／kW)
柴油发电机组	1～5000	57	38067／2668027	2022／150722.5	40089／2818749.5
汽油发电机组	0.5～12	10	3936／7295.5	6／12	3942／7307.5
发电电焊两用机组	2～120	11	221／1844	31／2960	252／4804
自动化发电机组	20～600	17	373／55165	5／1500	378／56665
低噪声发电机组	10～200	9	26／2057	12／264	38／2321
船用发电机组	12～664	22	894／68369	23／796	917／69165
气体燃料发电机组	24～400	6	19／2948	1／160	20／3108
汽车电站	80	1	1／80	0	1／80
挂车电站	12～250	11	595／44642	7／380	602／45022
总计	0.5～5000	71	44132／2850427.5	2107／156794.5	46239／3007222

表 5　1993 年内燃发电设备按功率范围的销量统计

功率范围(kW)	功率等级数	内销(台／kW)	出口(台／kW)	合计(台／kW)
0.5～20	20	20045／149116.5	875／7348.5	20920／156465
21～90	15	14192／727330	624／29766	14816／757096
91～250	11	8788／1385620	544／88310	9332／1473930
251～500	11	918／342148	55／23620	973／365768
501～1000	11	138／92463	8／6500	146／98963
1001～5000	3	51／153750	1／1250	52／155000
总　计	71	44132／2850427.5	2107／156794.5	46239／3007222

表 6　1993 年内燃发电设备总销量在 9 万 kW 以上的企业产品销量

企业名称	内销(台／kW)	出口(台／kW)	合计(台／kW)
潍坊柴油机厂	2000／324594	384／60552	2384／385146
江都线路器材总厂	5781／276552	0	5781／276552
陕西柴油机厂	35／131890	0	35／131890
无锡动力机厂	787／115364	48／9800	835／125164
上海柴油机厂	1026／115480	84／8200	1110／123680
福州发电设备厂	1096／105963	51／2727	1147／108690
武汉内燃机厂	746／106870	0	746／106870
重庆汽车发动机厂	363／97450	0	363／97450
天津动力机厂	975／89481	31／2960	1006／92441

表7　1993年内燃发电设备出口量在6000kW以上的企业产品销量

企业名称	内销(台／kW)	出口(台／kW)	合计(台／kW)
潍坊柴油机厂	2000／324594	384／60552	2384／385146
山东省汶上县机电厂	1128／41751.5	582／21283	1710／63034.5
无锡柴油机厂	357／68906	31／14480	388／83386
无锡市电机厂	169／52610	26／11970	195／64580
无锡动力机厂	787／115364	48／9800	835／125164
上海柴油机厂	1026／115480	84／8200	1110／123680
义乌市发电设备厂	1384／19051	437／6395	1821／25446

表8　总销量在10万kW以上的功率等级产品销量

功率等级(kW)	内销(台／kW)	出口(台／kW)	合计(台／kW)
160	2213／354080	304／48640	2517／402720
200	1592／318400	84／16800	1676／335200
120	2655／318600	116／13920	2771／332520
75	3147／236025	114／8550	3261／244575
250	856／214000	31／7750	887／221750
50	3242／162100	136／6800	3378／168900
500	244／122000	30／15000	274／137000
300	423／126900	9／2700	432／129600
90	1255／112950	46／4140	1301／117090
5000	20／100000	0	20／100000

〔撰稿人：机械工业部兰州电源车辆研究所　鞠　佳〕

〔责任编辑：张友鹤〕

电　机

〔机械工业部〕

一、大型电机

生产发展情况　1993年大型电机行业厂家在加速经营机制转换，进一步深化企业内部配套改革的同时，大力推进科技进步，努力提高生产能力，稳定提高产品质量，进一步挖掘企业内部潜力，降低消耗，克服困难，使得1993年大型电机行业生产仍保持增长的好势头。成功地生产出以哈尔滨电机厂生产的2500kW交一交变频同步电动机，上海电机厂生产的9000kW大型高速三相异步电动机和东方电机厂生产的5000kW隐极迭片转子同步电动机等为代表的一批技术性能高、质量好，具有国际80年代先进水平的高新技术产品，证明了我国大型电机行业的产品更新换代走上了稳步发展阶段。1993年生产大型电机3909.96MW／8314台（包括中心高710mm及以上的大型交流电机和电枢直径在423mm及以上的大中型直流电机），比上年增长28.5%，产值为59624.88万元，比上年增长41.34%。大型电机行业1993年完成工业总产值402365.7万元，比上年增长了43.49%，全年实现全员劳动生产率49996.35元／人·年，比上年增长40.1%。

1993年生产大型电机的企业有13家：上海电机厂、张店电机厂、湘潭电机厂、沈阳电机厂、哈尔滨电机厂、兰州电机厂、东方电机厂、北京重型电机厂、南京汽轮电机厂、济南生建电机厂、江西电机厂、杭州发电设备厂、大连电机厂。国家重点骨干企业的上海电机厂1993年在产品向大型，新技术、新增长点，高效率、高效益、高附加值的一大二新三高方向发展的经营政策指引下，全年完成工业总产值53708.3万元，比上年增长25.6%，产品销售额突破6亿元，产品销售收入达到6.1亿元，比上年增长30%，出口创汇360.8万美元，比上年增长18.8%，交流电动机完成1645MW，比上年增长22.9%，大型直流电机完成36MW，比上年增长56.5%。哈尔滨电机厂在大力推进科技进步，坚持以生产经营为中心方针指引下，克服了许多外部经营环境和内部经营活动中的困难，使得1993年生产形势仍保持持续发展的好势头，全年完成工业总产值50592万元，比上年增长25.7%；完成销售收入45000万元，为上年的135.4%；实现利税4247万元，为上年的146.8%，产品产量继1992年突破4000MW之后，1993 年生产 4230MW，又创历史最好水平。东方电机厂 1993 年完成工业总产值 39743 万元，比上年增长 16.5%，实现产品销售收入 45451 万元，出口创汇 604 万美元，完成交流电机 220.44 MW／179 台，完成直流电机 22.462MW／ 23 台。北京重型电机厂 1993 年完成工业总产值 3 亿元，比去年同期增长 16.4%，完成销售收入 3.8 亿元，比去年同期增长 44.8%，实现利税 3160 万元，比上年增长 24.3%，出口创汇 320 万美元，比上年增长 16.8%。大型电机行业主要厂家 1993 年与 1992 年电机产量产值对比如表 1 所示。

新技术与科研成果 1993 年大型电机行业厂家在开发生产的新产品中应用的新技术、新工艺、新材料主要有：哈尔滨电机厂包钢 2500kW 交—交变频调速同步电动机转轴加工工艺，定子斜槽铁心叠装工艺，湿绕组电机高压过滤器整体打压新工艺以及异步电机转子硅钢片涂胶工艺。兰州电机厂无银铜磷料代替有银钎料焊大中型电机定子线圈接头新工艺，单台可节约材料费 550 元，绕线型转子取消并头套钎焊新工艺，L421 磷化液的应用，可提高产品表面涂漆质量，减少环境污染，降低劳动强度，年节约 6 万元。北京重型电机厂 Y 系列新型风路结构模型设计等。此外，各行业厂家普遍开发应用了 CAD 系统，加快了工厂科研设计，企业生产管理水平向国际化、现代化靠拢，同时还有助于企业整体水平的提高。

表 1　1992 年与 1993 年大型电机行业主要厂家电机产量产值

企业名称	产量（MW／台）		产值（万元）	
	1992 年	1993 年	1992 年	1993 年
上海电机厂	748.626／2050	985.24／2125	13495.80	15222.30
张店电机厂	709.8／910	873.6／1120	5252.00	6464.00
湘潭电机厂	220.44／206	509.243／2877	4231.00	9034.40
沈阳电机厂	449.915／388	445.895／462	5389.00	6204.00
哈尔滨电机厂	265.728／151	325.678／409	3258.00	7104.00
兰州电机厂	166.17／156	243.25／269	2268.59	4547.40
东方电机厂	87.91／58	207.032／147	2324.97	4532.25
北京重型电机厂	131.86／199	150.75／243	1852.44	2491.00
南京汽轮电机厂	104.5／275	85.03／271	1874.00	2272.93
济南生建电机厂	—	33.19／87	—	435.30
江西电机厂	125.9／308	12.6／21	1068.46	228.80
湖北第二电机厂	4.85／7	—	86.70	—
杭州发电设备厂	—	11.4／3	—	113.50
大连电机厂	26.93／316	27.052／280	1084.12	975.00
合　计	3042.629／5024	3909.96／8314	42185.08	59624.88

注：1. 中心高在710mm以上的大型交流电机和电枢直径在423mm以上的大中型直流电机。

2. 栏内有“–”号的为当年不生产。

重大技术装备、试验基础及科研情况方面，兰州电机厂改造完成了一般交流电机试验基地，湘潭电机厂修建了科技大楼和程控大楼。

哈尔滨电机厂主要进行了立式异步交流电机、双速异步交流电机、户外型电厂用异步交流机及宝钢三期工程的调速同步交流机的研究。东方电机厂真空压力浸渍（VPI）防晕材料对主绝缘、浸渍漆的影响研究。江西电机厂 VPI 工艺研究，铁心制造质量研究，硅钢片漆更新研究，少胶溶漆应用研究和转子并头套中频焊接研究。北京重型电机厂异步电动机转子起动温度场分析程序研究，异步电动机空空冷却外风路计算程序研究，增安型无刷励磁同步电动机智能监测保护装置的研究，同步电动机强化同步研究（此项研究获国家专利）等。

新产品 1993 年开发与生产的新产品有：哈尔滨电机厂为包钢生产的我国首台 2500kW 交—交变频同步电动机，电动机型号 BPT2500 −8／2100，1650V，2500kW，双辽 YDKK 1000 −7 −8／10 交流电机，570kW 船用交流电机。北京重型电机厂开发了 22 个同步电动机：TK 250 −10／990 型 250kW，TK 250 − 12 ／1180 型 250kW，TK 350 −12／1180 型 350kW，TK 420 −12 ／1180 型 420kW，TK 560 −14／1430 型 560kW，TK 1700 −14／2150 型 1700kW，TK 320 −16／1730 型 320kW，TK 320 −16／1730 型 320kW，TK 350 −16／1730 型 350kW，TK 630 −16 ／1730 型 630kW，TK 1250 −16／2150 型 1250kW，TK 710 −18／1730 型 710kW，TK 710 −18 ／1730 型 710kW，TK 1000 −18／2150 型 1000kW，TK 1800 −20 ／2150 型 1800kW 同步电动机；TDMK 800 −48 型 800kW 球磨机用同步电动机；TAKW 630 −29 −16 型 400kW，TAKW 630 −26 −18 型 650kW 和 750kW，TAKW 630−29− 18 型 400kW 和 500kW，TAKW 630 −56 −20 型 3200kW 增安无刷励磁同步电动机。开发配套的产品有：与 400kW 增安型无刷励磁同步电动机配套的 JLT− 142− 375 型交流励磁机，KGLF −11 型配同步电动机调节器，GLF −21 型配增安型无

刷励磁同步电动机励磁装置。沈阳电机厂 TAQW 6630－420，16P，1600kW，6kV 增安型无刷励磁同步电动机。南京汽轮电机厂 TK 280－12／1180A 和 TK 800－18／1730 同步电动机。江西电机厂 TK 700－18／2150，700kW，6kV，TK 900－18／2150，900kW，6kV，TK 800－18／2150，800kW，6kV 和 TK 700－18／1730，700kW，6kV 大型同步电动机。东方电机厂 TGKS 5000－4，5000kW 迭片转子同步电动机，TDL 3550－12，3550kW 立式同步电机。兰州电机厂 TFW 2500－2／2150TH，2500kW，10kV 高压无刷三相同步电机。上海电机厂试制的 YCH－900－4，9000kW，4P，6kV 大型高速三相异步电动机，是我国大型异步电动机中最大功率的电机，国内尚属首例。这台电机是在消化吸收引进技术基础上设计开发的，所有材料立足于国内，整体电机水平达到国外同类产品的先进水平。

上海电机厂 YCH－900－4 电机与加拿大 CGE 公司 9400kW 电机性能对比如表 2 所示。

表 2　YCH-900-4 与 CGE 公司同类电机对比

指　　标	上海电机厂电机	CGE 公司电机
效率(%)	96	95.7
功率因数($\cos\varphi$)	0.88	0.9
最大转矩／额定转矩	1.8	1.8
堵能转矩／额定转矩	0.55	0.55
堵转电流／额定电流	4.0	4.0
允许拖动的负载惯量($kg \cdot m^2$)	4525	2157
总重量(kg)	22000	23000

北京重型电机厂生产 8 个异步电动机：Y630-4-W 型 800kW，JSQ-1410-4 型 500kW 异步电动机，YTM630-6 型 1000kW 磨煤机用异步电动机，JR1510-8 型 475kW，YRKK500-8 型 315kW 绕线型异步电动机，YK1600-2／990 型 1600kW，YK2300-2／990 型 2300kW 和 YK 2500-2／1180 型 2500kW 高速异步电动机。湘潭电机厂试制了 YL1600-16／1730-1 大型立式电机，YKS630-6，6kV，1250kW，YKS630-8，6kV，1250kW，YDZ630-8／10，1250／630kW，YKS 710－8，1600kW，10kV，IP54 及 YKK 800－8，2240kW，6kV，IP54。沈阳电机厂 YAK560，2P，1250kW，6kV 增安型三相异步电动机，YRKK 500－12，3.3kV，YR 1900－6，3.3kV 异步机，YWM 630－6 三相异步电动机。东方电机厂 YGD 1000-10／1060，1000kW 笼型异步电机，YQF 710－2－8W，2000kW 户外新系列电机，YL 2000－18／2150，2000kW 电站循环水泵用立式电机，其中 1000kW 电机通过四川省鉴定。

哈尔滨电机厂鞍钢 Z1800／1100，2000kW 直流电机。东方电机厂 1306kW 主拖动直流电动机是为进口美国 177A 立轧机和穿孔机配套用拖动电机，ZZ 1800－620，3000kW 热轧拖动直流电机，Z710-2，1400kW 新系列直流电机，ZZ 2500－8000　2500kW 可逆轧机拖动直流电机，其中 3000kW，1400kW 电机通过四川省鉴定。

通过部级鉴定的产品是哈尔滨电机厂 BPY 1250－10／160，功率 1250kW，电压 1200V，频率 5～20Hz，效率 95.8%，功率因数 0.893，总重 32.6t 的交—交变频调速异步电机。该机是国家重大技术装备项目“七五”攻关任务，是我国自行研制的第一套应用在轧钢设备上的大型交流调速电机，填补了我国交—交变频调速异步电机空白，技术指标达到了 80 年代国际先进水平，可在今后推广使用。兰州电机厂 TFW 2500-12／2150 TH 高压无刷三相交流电机，功率 2500kW，电压 10.5kV，电流 171.8A，转速 500r／min，频率 50Hz，功率因数 0.8，绝缘等级 F 级，电压调整率＜1%，噪声 106.44dB，振动＜0.37mm／s，波形畸变率 1.198%，该机接近国际先进水平。

行业管理　1993 年大型电机行业厂家以劳动、人事用工、分配三项制度改革为突破口，坚持承包经营责任制，进一步完善和改进了各项承包办法。为了现代企业制度尽快推行，做好股份制前期的准备工作，加强了现代企业制度的研究和公司化的探索工作。

为了进一步适应企业深化改革的需要，理顺企业各部门之间关系，落实职能，提高工作效率，兰州电机厂 1993 年对机构做了调整。调整后的 52 个单位是行政、技术处室 28 个，党群口单位 8 个，生产车间 16 个，同时还成立了以总厂为依托的、集科、工、贸为一体的兰州电机研究所。

东方电机厂按股份制规范化的要求，积极做好股票上市前的各项准备工作。兰州电机厂成立了股份制改革筹备办公室，初步拟定于 1994 年底推行股份制。张店电机厂（淄博牵引电机联合公司）于 1993 年 6 月份实行股份制（内部），为淄博牵引电机（集团）股份有限公司，计划单列，属市直管的大型企业集团。

湘潭电机厂 1993 年改为南方通用电气集团公司。现以该厂（南方通用电气集团公司）为核心层企业，又以其 5 个附属工厂和外单位 19 家企业为紧密层企业，共 24 家成立南方通用电气集团。公司对外集团化，对内小型化。公司下设电机一、二、三厂等 14 个厂，两个中心（资金结算中心和技术开发中心），9 个部，5 个处室，11 个公司，5 个学校。各分厂有独立经营权，但统一结算。兰州电机厂参加了甘肃机械集团公司，隶属于甘肃省机械工业总公司领导。江西电机厂合并了江西电站设备公司，并在此基础上积极筹备进一步的横向联合。

上海电机厂生产的 Y 系列（IP23）三相异步电动机（H315～H355）产品，ZZJ 系列轧机用辅助传动直流电机（808～818）产品获国家进出口商品检验局颁发的《出口电机产品质量许可证》，兰州电机厂获一般交流电机出口许可证。

为巩固和继续深化“工艺突破口”工作，1993年行业厂家以“机电工业企业工艺管理规定”为准绳，认真贯彻落实《工艺工作管理细则》和GB/T10300，严格工艺纪律，进一步建立健全工艺体系，完善各项工艺文件和规章制度，强化了工艺管理基础工作。上海电机厂在取得工艺管理先进单位的基础上，继续推进和深化“工艺突破口”工作，全年共完成42项工艺攻关课题，这在优化产品结构，完成各种新产品试制和对老产品工艺进行改造方面，在加速技术改造，提高产品工艺水平方面，在提高管理水平，加强质量管理等方面从工艺上提供了可靠保证。哈尔滨电机厂1993年对全厂10个分厂进行了工艺大检查。由工艺处长、副总工艺师带队，工艺、设备、工装、计量等方面的专业人员参加对10个分厂的工艺文件、技术通知单的“三性”，现场的“三定”，计量器具周检，工具、工位器具的帐、卡、物的一致性等进行了全面检查，进一步推动了“工艺突破口”工作深入发展。

质量及质量管理 1993年行业厂家在深化改革，转换经营机制，建立现代化企业制度过程中，强化职工质量意识，实行从科研、设计、生产制造、安装调试到售后服务全过程的质量保证工作，产品质量稳定提高。(1) 大力开展《产品质量法》宣传和开展多种形式的质量教育。开展了《产品质量法》知识问答，知识竞赛，举办学习质量法、贯彻质量法学习班，研讨会，播放宣传质量法录象带，以及通过厂报大力宣传教育。上海电机厂荣获上海市质量管理协会1993年宣传《产品质量法》优胜企业奖旗单位。(2) 坚持以科技为先导，以质量为主线，开展与贯彻ISO9000系列国际标准，使企业的质量管理工作逐步与国际标准接轨，积极作好质量体系认证准备工作。上海电机厂一次通过华信技术检验有限公司、挪威船级社(DNV) 和上海市质量审核中心三个不同的国内外质量体系认证机构，按GB/T19001 (ISO9001) 质量体系——设计、开发、生产、安装和服务的质量保证模式标准，对该厂质量体系的保证能力进行的审核。同时向这个厂颁发了质量体系认证证书。另外，在推广新质量指标体系中，为了加强对企业质量工作的引导和帮助，加强对企业产品质量的管理和监督，全面科学地反映工业产品的质量状况，综合分析和评价企业质量水平，国家技术监督局、国家统计局、国家经贸委为此推行了新质量指标体系，上海电机厂被列为部试点单位。此外，行业厂家按照国际质量管理、质量保证系列标准规定，修订、制订了具有本企业特点的质量管理文件，严格质量制度，建立健全了质量保证体系，推进了企业质量管理规范化。(3) 加强现场管理，狠抓产品实物质量，明确职责，加大奖惩力度，集中力量抓产品突出问题，强化质量否决权。上海电机厂针对企业产品单个、小批、多品种、多规格特点，在产品质量管理上强化厂内监督抽查，先后组织多次产品质量突击自查，工艺纪律检查，对质量改进计划加强跟踪和有效性评价。这个厂1993年接受上海市五次产品质量监督抽查，共30台产品受检全部一次性合格。沈阳电机厂坚持每日质量例会制度，严把质量“三关”，建立一卡入手，实施质量否决权，围绕产品质量可靠性问题中的共性、关键性问题，进行质量攻关等活动，促进了产品质量稳步提高。哈尔滨电机厂对重要产品研制中采用的“四新”技术进行登记管理，落实质量保证措施，做到预防为主，促进了产品质量稳步提高。湘潭电机厂在抓质量管理工作中突出“令、亮、烧”三个字。令，把1993年定为“质量年”，实行重奖重罚。对质量不合格产品，视不同情况予以吊销产品合格证，分厂厂长就地免职等处罚。亮，对不合格产品坚决曝光。对在质量抽查中发现的质量问题，当晚在厂电视台亮相，对分厂厂长提出警告，责令其迅速整改。烧，不惜代价焚烧劣质产品。(4) 开展评选质量标兵、质量先进个人，质量信得过班组及质量信得过个人等活动，推动了群众性的质量管理工作深入发展。

张店电机厂1993年产品质量稳定提高率实际完成90%，主要部件项次抽查合格率92.9%，重点产品抽查合格率100%，机械加工综合废品率1.49%，成品一次装配合格率92.3%，铸件综合废品率13.21%。

为使企业与国际市场接轨，为参与国际竞争创造条件，1993年行业厂家在贯彻采用国际标准方面做了大量工作。北京重型电机厂1993年共举办了36个GB/T19000系列标准培训班，对近两千名专业技术干部进行了72个学时的培训，进一步宣贯GB/T19000系列标准，并制定了三年取得ISO9000系列标准认证的计划。哈尔滨电机厂通过近十余年的技术引进和合作生产，到1993年为止共收集到美国标准2866项，德国标准1169项，日本标准1001项，原苏联标准365项，英国标准81项，法国标准50项，ISO标准446项，IEC标准332项。这些标准的掌握，为该厂深入了解国际标准情况，为找出这个厂的产品标准与IEC标准和国外先进工业国家标准的差距创造了条件。

技术改造及技术引进 1993年大型电机行业各厂家围绕“八五”技术改造，以适应产品开发，提高生产能力的需要，多方筹集资金，新增了部分高精度加工设备，改造了大批老设备，有计划地扩大企业生产面积，加快了技术改造步伐，工艺水平和产品质量水平、企业生产能力得到不断提高。1993年行业固定资产投资34758.1万元，其中基本建设投资15182万元，技术更新改造投资19576.1万元。北京重型电机厂新建的冷作分厂正式投入使用。江西电机厂扩建了材料库和成品库，完善了配电设备。上海电机厂进口了高速动平衡摆架，为FB-260镗铣床增添了分度头，以及新建了超速动平衡试验室，各种测试仪器仪表，计算机控制系统。东方电机厂与德国席思公司签约购买1台五坐标数控镗铣床合同。南京汽轮电机厂改造及自制了磁密铁损试验设备，定子线圈专用模压装置，定子嵌线翻转滚轮架，耐压试验设备等。北京重型电机厂改造及自制了电脉冲机床，转子分度头及支撑装置，8MN油压机等，还购置了加工直径160mm的数控镗铣床和高速冲槽机等。

哈尔滨电机厂与日本三菱公司合作生产宝钢1580热连轧机用电机9台。兰州电机厂引进的大型交流变速电机及变频装置资料正在消化中。

上海电机厂以控股形式建立的几个中外合资经营企业目前经营情况良好。

市场及销售 1993年行业各厂家，根据国内外两个市场的需求，特别是国内市场对交直流电机需求增长的趋势，加快了产品品种的开发，生产适销对路的产品，产品销售呈增长好势头。1993年大型电机产品国内销售收入57566.96万元，比上年多收入7599.51万元，其中大型同步电机30665.95万元，大型异步电机8538.31万元，大型直流电机1386万元，中型直流电机16976.7万元。国外销售收入285.09万美元，比上年多收入68.28万美元，出口数量64.99MW／67台，产品主要销往澳大利亚、土耳其、印度尼西亚、巴基斯坦、泰国等国家。1993年大型电机行业部分厂家国内外销售情况如表3所示。

表3 1993年大型电机行业厂家国内外销售收入

企业名称	国内销售收入（万元）		国外销售收入（万美元）	
	1992年	1993年	1992年	1993年
上海电机厂	18957.60	20854.40	131.90	247.70
张店电机厂	5252.00	9248.00		
沈阳电机厂	5532.00	6700.00	20.30	
东方电机厂	3048.00	5421.40		25.64
兰州电机厂	2283.21	4555.60	9.31	11.75
哈尔滨电机厂	2835.00	4371.00		
北京重型电机厂	1725.20	2859.70		
南京汽轮电机厂	1317.00	2729.56		
济南生建电机厂	—	616.30		
江西电机厂	3743.74	172.00		
杭州发电设备厂	—	39.00		
湘潭电机厂	4231.00		55.30	
大连电机厂	956.00			
湖北第二电机厂	86.70			
合　计	49967.45	57566.96	216.81	285.09

〔撰稿人：哈尔滨大电机研究所　崔恩林　审稿人：哈尔滨大电机研究所　傅宪章、李朝东，机械工业部重大装备司　张昌柱〕

二、中小型电机

生产发展情况 1993年中小型电机行业出现了产销两旺和经济效益提高的好势头，但下半年市场需求趋缓，销售市场畅销转为平销，并出现了流动资金紧张和新的“三角债”现象。尤其是电机生产用的原材料，如硅钢片价格居高不下，使部分电机厂又陷入了新的困境，但是电机行业中的大部分厂还是抓住上半年的好机遇，取得了产量、销售收入、利润和人均收入大幅度增长的好成绩。

据全国74家主要电机厂1993年度生产经营情况统计，与1992年度相比，工业总产值增长18.7%，产品销售收入增长61.3%，实现利税增长81.4%，经济效益综合指数达到95.99%。在74家企业中，工业总产值增长的有63户，产品销售收入增长的有71户，实现利润增长的有56户。其中西安、兰州、沈阳、佳木斯、重庆、博山等51家电机厂实现了产值产量、产品销售和实现利润三个同步增长。全国74家主要电机企业实际完成小型交流电机产量21736MW，比上年增长9.35%；大中型交流电机产量6276MW，比上年增长31.96%；一般交流发电机产量5135MW，比上年增长34.56%；直流电机产量1209MW，比上年增长28.5%。据统计，全国交流电动机完成44867.5MW，比上年增长7.93%，直流电机完成1690MW，比上年增长25.4%。

例如，兰州电机厂1993年完成工业总产值3.1亿元，比上年增长47.5%；实现销售收入3.42亿元，比上年增长57.8%；实现利润3148万元，比上年增长183.7%。三项指标均创历史最高水平。北京电机总厂利税总额也突破了千万元大关，被北京市机械局评为明星企业。无锡市电机厂1993年提前两年完成“八五”规划“四个一”的指标：产值1亿元，销售收入1亿元、利税1000万元、出口创汇100万美元。各项实际指标均比上年有较大提高。

新技术与科研成果 由上海电器科学研究所与上海电机（集团）公司、大连电机厂、北京电机厂等18家企业联合组成了YZ系列低压异步电动机更新设计组，首先对19项关键技术进行了攻关，并对YZ系列电机（H63～H355）进行了系列设计，目前已通过技术审查，预计1995年完成整个系列的鉴定定型，该产品研制成功可达到国际同类产品水平。1993年完成了高压异步电动机引进技术消化及国产化系列产品的研制。该产品为Y、YR（H355～H500）各59个规格的试制，并通过了鉴定。具有体积小、重量轻等特点，产品水平达到了80年代BBC同类产品水平，可全面代替JS、JR老系列产品。哈尔滨电工学院研制的起重用双速异步电动机QS系列是一种用于16～40t塔机专用电机，功率为7.5、11／3和17／4.5kW三种规格，转速为4／16极，满足了中低层建筑的要求，解决了高速时空钩运行和低负荷慢就位的要求。佳木斯电机厂研制了YBGB630-2筒带泵用隔爆型异步电机，功率380kW，电压6000V，承受最大轴向负荷15kN，防爆等级dⅡBT4，适用于爆炸性气体存在的环境中，符合炼油加氢装置反应进料泵的配套要求，目前是国内承受轴向力最大和功率最大的筒带泵专用电机。该电机采用最新的轴承结构和稀油循环润滑冷却系统，具有冷却效果好，轴承寿命长等特点。中型低压电机采用软绕组设计研究是上海电器科学研究所负责的项目，解决了我国多年来在中大容量电机中一直沿用成型绕组设计，使电机效率提高，节省材料，尤其是使结构材料大幅度下降有显著效果。兰州电机厂研制的TFZPW 100kV·A中频无刷同步发电机为我国新型航空地面电源车的研制成功提供了必要条件，尤其是解决了相电压波形品质难题。景德镇电机厂研制的YFJ80-6永磁同步电动机可用于棉、毛、麻等各种纺织印染机械。该电机在结构上有创新，转子用扇形片拼成，材料节省，效率也高。上海电器科学研究所对高压电机绝缘结构快速评定方法进行了研究，如对B、F级模压、VPI少胶整浸、3kV卷包等工艺结构进行了定性的鉴别和定量的计算分析，具有试验精度高，而且特征气体数量以及实际应用效果等均超过了国内同类项目水平，并达到了国外先进水平。呼兰阀门电机厂研制了直连式高起动转矩电动阀门用电动机，通过省级鉴定并获省星火二等奖。该电机主要特点为连体结构，外壳防护等级为IP65，采用优化设计，比日本样机节省材料1／3左右，电机的起动转矩达6.15倍，产品达到80年代末、90年代初水平。该产品1993年创产值250万元，利润62.5万元，利润率为25%。该厂正在研制SKZ系列直行程执行机构，列入1993年市攻关项目，现已试制了一台样机。

新产品 沈阳市电机厂生产的YAK560-2，1250kW，6kV增安型异步电动机和TAQWb 630-420，16极1600kW、6kV增安型无刷同步电动机解决了用户的急需并填补了国内的空白，其中TAQWb630-420电机申报了1994年度新产品开发奖。重庆电机厂急用户所急，应化工行业要求，开发了高压强防腐蚀、防尘、防溅三相异步电动机，型号Y400-6-WF，240kW，6kV，6极。该电机采用F级绝缘，防护等级IP54，卧式安装，电机接线盒耐化学气体腐蚀（F2）合格，并经5级防尘试验，盒内无尘进入。目前该厂的H355～H630中心高的高压户外化工防腐电动机全部通过所要求的测试项目，现已大量接受用户订货。宁波电机厂试制成功ZYT-FF300永磁直流伺服电动机，首批10台经冶金企业使用，反应电机性能良好、运行安全可靠。电机主要参数：额定转矩165N·m，最高电压190V，额定电流98.5A，最高转速1000r／min，噪声≤91dB（A）。湖北电机厂设计开发的钻机专用电动机AZ315S－10－45kW、AZ315M－10－55kW、AZ 315 S－16－32kW全部通过型式试验，达到技术要求，工况运行良好，得到大桥工程处等用户的一致好评，尤其是解决了原起重冶金用电机每运行2～3h，就会出现温升过高需停机降温等问题。以AZ315S－10－45kW为例，该电机采用B级绝缘，温升45.8K，堵转转矩为1.83倍，最大转矩2.6倍，堵转电流为6倍，效率92%，功率因数0.71。因此，各项性能指标均超过了老电机水平，并与Y系列（IP44）同规格产品水平相当，其中堵转转矩倍数、最大转矩倍数均比Y系列电机高得很多。沈阳实业电机厂的YDEJ250M-4／24、YDEJ 90S-4／16双速电磁制动异步电动机是结合用户急需试制的电机。该电机采用远极比，具有制动准确等优点。此外该厂还开发了风机泵用变极多速电动机，功率37／18kW，效率90%／87%，堵转转矩1.5／1.5倍，产品达到80年代末水平。江西电机厂开发的重点是中型电机，完成了6个规格的新系列电机试制任务，其中YR630-8，380kW、10kV高压异步电动机通过省级鉴定，电动机采用F级薄绝缘结构，运行可靠，主要指标达到了国内同类产品水平，如效率为91.5%，功率因数0.84，最大转矩倍数为1.8倍。

行业管理 中国电机工业协会中小型电机分会1993年4月召开了第二届年会，并针对硅钢片供应问题提出了六点建议，以解决电机生产厂家所需的硅钢片材料。中小型电机出口工作委员会通过了工作条例，并准备建立电机出口生产企业信息网络。中小型电机分会通过会员工作会议对电机价格（Y系列电机）多次进行协调。

企业集团成立情况：电机行业有部分企业成立企业集团，现在大约有十几个集团公司，如上海电机（集团）公司、闽东电机（集团）股份有限公司、大明电机（集团）公司、淄博牵引电机（集团）股份有限公司、苏州物产集团、江西特种电机股份有限公司、开封博达电机（集团）公司、河南利剑集团公司、江门电机股份有限公司、梧州市金宇电机公司等等。此外行业中还有部分企业正在酝酿成立公司。

淄博牵引电机（集团）股份有限公司是在转换经营机制，为加强企业活力于1993年6月组建，并实行股份制；苏州物产集团也是6月份成立的，以苏州电机厂为主，参加单位有电机厂、联营厂等；以沈阳实业电机厂为主体厂，并由21家电机厂、6家配套厂以及4家科研院所于1988年1月组建了沈阳实业专用电机联合集团，隶属于沈阳市机械局；闽东电机集团特种电机厂（原闽东电机七厂）1992年12月改为规范化股份制企业，具有独立法人地位，属全资子公司，将于1994年更名，该公司电机股在深圳上市；无锡市电机厂经省体改委审批组建了无锡海星股份有限公司，并拟组建无锡—西门子电机集团公司；山东荣成电机厂已被市府批准成立集团总公司并实行股份制；梧州市金宇公司最近刚建立，是由梧州市电机厂合并该市仪表厂、兼并市电镀厂成立的。该公司下设4个分厂，一个供销公司。

质量和质量管理 1993年三季度国家技术监督局对Y系列（IP44）电机进行质量抽查，共抽查46家（大型企业3家、中型企业22家、小型企业 21 家）。抽查结果 25 家合格，合格率 54.3%，比 1992 年提高了 39.5 个百分点。共抽查 Y 系列电机 138 台，合格 92 台。这次抽查中对质量好的大连电机厂、北京电机厂、西安电机厂、兰州长津电机厂、开封博达电机公司、跃进电机厂等 11 家企业进行了表扬。

根据机械工业限期达到可靠性指标的要求，考核了 12 家主导厂的 Y 系列（IP44）电动机，清江电机厂大明电机公司、苏州电机厂、重庆电机厂等均通过了可靠性考核。

电机行业对 GB／T19000 标准进行了全面的宣传、贯彻。江西电机厂对职工进行质量教育和“质量法”的宣贯，建立了工序质量管理控制体系，产品质量稳定提高率达 100%，完成了国家下达的各项质量指标，呼兰阀门电机厂建立了一整套的质量保证体系和质量信息反馈网络，根据用户的意见和要求，采取切实有效的质量追踪办法，为用户服务，产品质量合格率达 100%。广东揭阳电机厂加强了产品的售后服务，一旦了解到用户的反映，及时派员解决，深得用户的信赖。淄博牵引电机（集团）公司组织学习“质量法”，收看 GB／T19000 系列标准录象带使质量有很大提高。1993 年主要部件抽查合格率 92.96%，重点产品合格率为 100%。

1993 年申请发放生产许可证企业共有 22 家，发证企业 10 家，产品发证数 14 个。发证产品有 Y 系列小型异步电动机、YCT 系列电磁调速电动机、YLB 系列深井水泵用电机、TZ 系列小同步发电机（三相）和 ST 系列单相同步发电机。

技术改造及技术引进　淄博牵引电机（集团）公司 1993 年列入山东省技改项目 6 项，如中型电机试验站已签订承包协议，控制室及平台改造均开工建设，计算机室已完成改造内容及新增绘图仪等设备 12 台，并实现电机设计 CAD 和模具设计 CAD 的应用项目，以缩短产品开发周期。重庆电机厂为开拓中型制冷电机的生产能力，总投资 500 万元，至 1993 年底已购进主要设备，如 300kg、1t、3t 动平衡机各一台，JD91−10 高速冲槽机 1MN、2.5MN 各一台及 DK7750 线切割机等，为完成年产 850MW 生产能力提供保证。此外该厂调整直流电机分厂工艺路线，准备年产 76MW 直流电机。该厂参预了中型电机引进西屋公司技术，用于 Y·YRH400～H630 生产，目前国产化已达 81 个规格，产量达 89MW。江西电机厂自筹资金 300 万元购进 14 台关键设备，并新建了一个小同步成套试验站。苏州电机厂完成了铸造车间生产自动流水线工程，并拟与日本金泽市石川铸铁株式会社进行合资生产。无锡市电机厂引进的 IFC5、IFC6 船用发电机，经消化吸收并国产化，产品供不应求。此外该厂筹集 2000 万元，对电工、浸渍漆、装配车间进行改造扩大再生产能力。该厂还从德国购进部分硬件，自行配套软件，建造一套电拖动设备。山东荣成电机厂投资 1700 万元改造小型电机车间。沈阳市电机厂投资 835 万元更新设备 72 台，并对汽轮发电机车间进行改造。广州电机厂自筹资金，购进数控机床、线切割机床以及 2MN 油压机。包头电机厂投资 440 万元用于 ZYN 直流永磁电动机的技改工作，并申报了火炬计划。南通电机厂投资 1300 万元，建立了 $3763m^2$ 厂房，并建立了模具生产 CAD／CAM 系统，还增添了数控线切割机等。宁夏电机厂投资 1050 万元，重建铸工车间 $3500m^2$、机加工车间 $2800m^2$。

沈阳实业电机厂于 1993 年 8 月与香港捷亚有限公司合资成立了“三资企业”——沈阳启丰电器有限公司。该公司主要生产电磁调速电动机及其控制装置。

市场及销售　国内全年累计销售交流电机 38984MW，库存当量 2.37 个月，销售量占 82.45%；直流电机累计销售 1545.7MW，库存当量 1.12 个月，销售量占 92.7%。

国外电机销售量比 1992 年降低。以 74 家电机厂为例，电机出口 2895MW，比 1992 年降低 20.5%。向国外出口的产品有小型异步电动机 Y 系列以及派生产品，中型异步电动机 Y、YR 系列产品，还有 NEMA 系列产品以及交流发电机等。出口的国家及地区：英国、德国、泰国、新加坡、孟加拉、埃及、科威特、希腊、巴基斯坦、澳州、非洲以及台湾省等。

〔撰写人：上海电器科学研究所　张金兰　审稿人：上海电器科学研究所　彭友元　机械工业部　强培生〕

三、分马力电机

生产发展情况　1993 年，分马力电机行业产业结构调整和产品结构优化取得显著进展。少数企业产值缩减，多数企业蓬勃发展，全年总产值成倍增长的企业有：浙江奉化兴埔电机公司年产值比上年增长 2 倍，广东江门微电机公司和湖州市南浔风扇厂分马力电机年产值增长 1.5 倍，扬州市飞达电机仪表公司和浙江卧龙电机工业公司增长 1.4 倍，河南郑州微型电机厂增长 1.3 倍，江苏武进控制电器厂和天津市专用电机厂增长 1.1 倍，江苏泰航电器公司增长 1 倍。年产值增长数十个百分点的企业较多，如山东青岛红旗电机厂增长 37.1%，浙江宁波前卫电机厂增长 26.8%等。

72 家主要生产分马力电机企业全部职工年末人数 52761 人，生产分马力电机共计 1228.2 万台，各种产品的产量是：洗衣机电机 239.5 万台、永磁直流电机 288.6 万台、空调器、风扇电机 213 万台、泵用电动机 51.7 万台、串励电动机 29.3 万台，总产值为 26.8 亿元。其中，芜湖电机厂年产值达到 1.95 亿元，广东新会机电厂年产值达 1.59 亿元。

为了适应市场多元化发展需要，分马力电机产品迅速向品种规格齐全的方向发展。产销量大、品种多的企业对市场的占有率也大。年产分马力电机10万台以上的企业34家，其中北京微电机总厂36.5万台，北京曙光电机厂11.8万台，西安微电机厂32万台，石家庄市电机厂31万台，山东临清电机厂21.6万台，山东荣成市微电机厂15万台，江苏泰航电器公司43万台，扬州市飞达电机仪表公司25.3万台，常熟制冷设备厂16万台，无锡市微电机厂15.3万台，武进空调电机厂15万台，海门微电机厂12万台，浙江南浔风扇厂52.3万台，余姚电机厂70.1万台，卧龙电机公司33.9万台，奉化微电机厂24万台，兴埔电机公司21.5万台，宁波家用电器二厂18万台，温岭微型电机总厂15.5万台，浙江海港微特电机研究所14.7万台，杭州学军微电机厂11.7万台，广东肇庆电机厂10.5万台，新会机电厂136.1万台，中山电机电器总厂53万台，江门微电机公司31.9万台，广州洗衣机电机厂27.1万台，开平三埠微电机厂25.6万台，四川东风电机厂10.6万台，成都电机厂71.4万台，芜湖电机厂65.1万台，阜阳八八〇厂260.6万台，九江仪表厂19.2万台，闽东电机(集团)股份有限公司22.5万台，中国贵航集团贵阳电机厂42.6万台。

分马力电机行业中小型企业较多，在各种产品发展中发挥了作用。例如，单、三相交流异步电动机基本系列是量大面广的产品，丹东微电机厂此类产品年产量比上年翻了一番，河北青龙电机厂年产量增长67.6%，浙江金华轻工机械厂此类产品年产量增长66.8%，金华农机厂增长22.7%，广西柳州微电机总厂增长40%。又如单、三相离合器电动机发展快，广州微型电机厂此类产品年产量增长41.3%，广东小揽新星电机厂此产品产量增长67.5%，泵用分马力电机产量大增，仅沈阳市第三微电机厂年产量就比上年增长了322%。单相串励电动机发展也较快，如无锡市第二微电机厂和无锡县微电机厂分别增长80%、73%。永磁直流电动机和永磁同步电动机发展也很快，如江苏张家港市微型电机厂的永磁低速同步电动机年产量增长50%。

分马力电机零部件制造业相应发展，浙江镇海微电机厂年产单相电动机起动用离心开关311万套，锦州电子元件厂年产电机用电容器127万只；浙江瑞安安固电器公司年产电机换向器125.7万只，江苏宝应电器厂年产热保护器530万只，武进控制电器厂年产热保护器123万只。以高效率的专业化生产有力地配合了整机的需要。

分马力电机行业发展的成绩来之不易。由于市场竞争激烈，尤其是原材料价格上扬，牵动生产成本上升，曾经使不少企业一度陷于困境，然而多数企业迎难而上，重视信息、审时度势，准确决策，认准目标、开拓市场，以质取胜，收益增长，不但扭转亏损，而且利润有明显增长，如石家庄市电机厂年利润总额比上年增长56倍。

新技术与科研成果　分马力电机以标志分数马力值为其特征，国际上通称谓小功率电动机，检测技术尤为重要。广州电器科学研究所继1992年研制成功准确度高、过载力强、运行可靠的同步测功机后，1993年又取得多项成果。例如：0～30000r／min高速测功机，为牙钻、吸尘器、食物搅碎器用高速分马力电机的检测提供了技术装备，如异步测功机双馈变频电源研制成功为这类产品应用开拓了新路。又如，单相电容运转电机型式试验检测装置，可自动的检测并打印功率、电压、电流、效率、功率因数、温升等15项参数，并可自动绘制出 m−n、P_1−n、U−n、P_2−n、η−n、cosφ−n等七条曲线图。由上海复旦大学和杭州富阳日宝电器厂联合研制的电脑测试记录仪用于该厂生产的热保护器检测，为该厂提高生产率2倍，提高产品合格率15个百分点。在绝缘材料应用及工艺装备方面，广州电器科学研究所研制成功外热式自动滴漆机、具有加热温度稳定、效率较高、可提高绝缘质量等优点。武汉微型电机厂改造了电机定子浸漆工艺，提高了合格率。沈阳分马力电机厂应用新型8411无溶剂快干漆，缩短了干燥时间，增强了绝缘机械强度，解决了该厂产品匝间短路及电磁噪声等质量问题。因为年内原材料升价幅度大，企业纷纷开展材料节约代用的工作，使新型金属材料、工程塑料、粉末冶金材料等应用项目陆续开花结果。广州电器科学研究所研制成功钕铁硼永磁材料电镀新工艺，解决了这种稀土金属粉末零部件易腐蚀易溶于酸碱的技术难题，为钕铁硼材料扩大应用范围和出口值增加提供了条件。

新产品　由于市场需求的扩大，有力地推动了新产品的开发。上海微型电机厂年内通过鉴定的新产品有4项：9V、6.6mN·m、1000r／min钕铁硼永磁直流电动机，30V、15mN·m、5000～20000r／min高速无刷直流电动机，220V、180W、1400r／min防震型钢板壳电阻起动异步电动机和115V、60Hz、3350r／min开启式薄壳型单相电容运转异步电动机。以上新产品均有结构紧凑，效率高等优点。

广州电器科学研究所研制的钕铁硼永磁低速同步电动机获1993年机械工业部科技成果二等奖。该产品转矩大、效率高，并具有磁保持转矩、瞬时起停特点，适用于电动执行器配套或仪器仪表等低速驱动。

江门市微电机公司开发了DC120V、90W的压面机用永磁直流电动机，1993年出口美国14万台。浙江海港微特电机研究所开发的DC 220V、36W、永磁直流电动机以R−C串连换向线路解决了三槽电机在DC220～260V电压下的换向难题。年销售收入300万元。

多种专用分马力电机新产品获得用户青睐。例如，低噪声风机用外转子分马力电机，杭州微型电机厂年内增加此新品种规格4个，年产量1.24万台，使该厂年产值比上年增长76.5%。上海新星电机厂开发单相外转子分马力电机450W和550W

两种新产品并通过鉴定，填补了上海市的空白。又如天津市第二微电机厂应远洋公司要求试制了冷藏集装箱用双速风冷电机并批量投产，达到了国际同类产品的先进水平。天津茂达微特电机公司研制的移动式木工刨专用分马力电机具有独特的新结构。无锡市第二微电机厂分别为电力设备操作机构和智能型开关配套的分马力电机，在市场上供不应求。中国贵航集团贵阳电机厂新开发的汽车用起动机，性能达到日本样机水平并于年内通过了国产化鉴定，该厂新研制的食品搅拌电机于年中通过美国UL认证。

1993年新产品中经济效益较显著的是单、三相异步电动机基本系列中的YS、YU、YY、YC、YL等新系列产品。如天津市专用电机厂开发的新系列产品占出口产品的57%，新系列产品利润占全年企业利润总额的60%。石家庄市电机厂开发的YC、YL等新系列产品主要销往美国、法国、埃及、东南亚等30多个国家和地区。

行业管理 中国电机工业协会分马力电机分会于1993年3月举行会员大会，通过了新的章程、选举产生了第二届理事会，并决定分成五个大区工作委员会开展工作。

协会理事长单位芜湖电机厂按照科、工、贸的构思设置管理机构，全面推行经济承包责任制、为实现企业1993年目标起了重要作用。

分马力电机出口金额继续增加，据30家企业统计，年出口金额4722.1万美元。排序前13名的企业是：芜湖电机厂855万美元，威海市电机总厂815万美元，石家庄市电机厂787万美元，天津市专用电机厂372万美元，奉化微电机厂268.4万美元，阜阳八八〇厂205万美元，浙江卧龙电机公司148.3万美元，开平三埠微电机厂144.8万美元，天津微电机公司130万美元，山东荣成市微电机厂127万美元，扬州市飞达电机仪表公司112.1万美元，西安微电机厂114.2万美元，沈阳分马力电机厂100万美元。

企业股份制改革加快了步伐，闽东电机（集团）股份有限公司年内向社会募股3019万股，职工内部股335万股、法人股3217万股，国家股4429万股，该公司成为股本总数为11000万股的股份制企业。该公司的社会公众股于11月26日在深圳挂牌上市，成为电机行业第一家上市公司。浙江卧龙电机公司推行了股份合作制，以股份制体现职工的主人翁地位，股东年平均分享红息1950元人民币。

分马力电机行业的企业成为各地电机集团公司的主要成员。如芜湖电机厂是万通电机集团的核心企业。上海革新电机厂、上海日用电机厂是上海电机（集团）公司的成员。湖南湘潭电机厂电机二厂是南方通用电气集团公司成员。从事制冷压缩机用分马力电机生产的常熟制冷设备厂于1993年成为江苏省东方机电集团公司成员。分马力电机厂转变为公司式集团公司的单位逐渐增加。例如，近年发展比较快的浙江卧龙电机工业公司1993年创办了浙江富春电机有限公司、商贸发展总公司、冲压模具厂、上海卧龙电机厂，改造了长龙公司、多速电机厂、减速电机厂，为组建企业集团迈出一大步。

质量及质量管理 中国电工产品认证委员会分马力电机检测站开展分马力电机产品安全认证工作继续取得进展。截止年底，共有309家企业575单元产品获得型式认可证书，已有181家企业373个单元产品获得电工产品安全认证的证书。

采用GB／T19000质量管理和质量保证，在分马力电机行业认真贯彻实施，收到明显效果。如上海微型电机厂被上海市评为贯彻该标准的试点单位。石家庄市电机厂、扬州飞达电机仪表公司、武进控制电器厂、广东中山电机电器总厂等企业认真总结了建立、健全质量保证体系的工作。浙江南浔风扇厂贯彻“以质兴厂”的方针，一面加强职工全面质量管理的培训考核，巩固和提高职工的质量保证意识，一面购置先进的检测、装配自动流水线和自动浸漆设备。实现了产销两旺。

全国旋转电机标准化技术委员会小功率电动机标准化分技术委员会负责分马力电机专业技术领域的标准化技术归口工作，认真贯彻积极采用国际标准和国外先进标准的方针，1993年全面宣传贯彻IEC标准，具体宣传贯彻国家标准GB5171—91《小功率电动机通用技术条件》、JB1009～1012—91《YS系列小功率三相异步电动机》、《YU系列电阻起动异步电动机》、《YC系列电容起动异步电动机》、《YY系列电容运转异步电动机》和ZBK20003—89《YL系列双值电容异步电动机》等五项技术条件行业标准，以及JB／T3698～3699—92《单相离合器电动机》和《三相离合器电动机》行业标准，对技术进步和生产发展起了显著作用。

1993年机械工业部批准颁布了本行业五项新标准：《封闭式制冷压缩机用单相异步电动机》(JB6739.1—93)、《吸排油烟机电动机通用技术条件》(JB／T6737—93)、《YSD系列变极双速三相异步电动机》(JB／T6741—93)、《小功率电动机换向器》(JB／T6742—93)、《小功率电动机试验用测功机通用技术条件》(JB6744—93)。

全国小功率电动机标委会1993年8月召开三届三次会议，按计划完成了《清水泵用电容运转异步电动机技术条件》等五项标准的审查工作，并上报国家技术监督局和机械工业部审批。

技术改造和技术引进 据53家企业资料统计，1993年固定资产投资额1.9亿元，其中基本建设投资0.7亿元，技术更新改造投资1.2亿元。按投资额排序前4名是成都电机厂1915万元，湖南跃进机械厂1699万元，辽宁本溪市微电机厂1597万元，浙江余姚电机厂1498万元，分别取得了显著的成效。投资额少的如上海纺织机电厂113.4万元，许昌微电机厂50万元，威海东华电机厂35万元，广东中山明天集团公司20万元，也取得了一定成效。除了统计的项目之外，各企业还通过多种渠道引入资金进行技术改造。例如，石家庄市电机厂用“黑字还流”资金投入的1000万美元技改项目引进的设备1993年全部投产开工，发挥了显著的作用。芜湖电机厂利用瑞士政府贷款1970万瑞士法郎进行的技术改造，1993年基本就绪，70台套进口设备的安装调试工作基本完成，部分设备已经试运行。沈阳分马力电机厂本年度开展《扩大分马力电机出口创汇能力技术改造项目》，至年底全部实现改造计划目标，获沈阳市机械局颁发的《技术改造项目经济技术效益考核合格证明书》。广东开平三埠微电机厂投资198万元技术改造，应用先进的成套设备完善了三联冲生产线、自动浸漆线、自动静电喷漆线和自动检测装配流水线，既提高了产量又保证了质量。广州微型电机厂投资91万元，通过技术改造提高生产效率30%。

1993年广东新会机电厂经省批准立项的建立高效、节能、低噪声微电机生产线项目，总投资额2995万元，涟水电讯电机厂经江苏省批准的钢板电机生产技术改造项目，总投资额1800万元，将使钢板壳结构的分马力电机生产规模进一步扩大。

市场及销售 1993年大多数分马力电机制造企业的产品销售情况好转，仅以72家企业资料统计，销售收入超过28亿元。据31家出口企业统计，分马力电机全年出口333.3万台，出口金额4722.1万美元（主要类别出口情况见表4）。很多企业创造了较好的业绩。例如江苏省扬州市飞达电机仪表公司生产的分马力电机，经过严格检测证明，具有用电省、效率高、售价低等特点。240V50Hz、110V60Hz等品种电机尤其适用于欧美地区，产品畅销美国、日本、法国、荷兰、澳大利亚等国，在国际市场上供不应求，年内完成出口交货值计2094万元人民币，全年销售收入3917万元，比上年增长208.6%。

表4 1993年分马力电机出口情况

主要类别产品	单位	出口数量	出口金额（万美元）
小功率异步电动机	万台	72.8	2556.5
单三相离合器电动机	万台	17.1	880.0
专用分马力电机	万台	15.6	213.6
永磁直流电动机	万台	207.8	215.4
其他	万台	20.0	856.4

在激烈竞争的市场中，企业大力改革经营机制、提高营销水平，审时度势加强销售力量，有的企业不但及时销售了当年产品，而且还销售了往年库存产品。统计资料显示，有的企业产品销售率较高，如长沙微型电机厂为128.8%，湖北宜昌微电机厂为115.4%，吉林省东丰电机厂的产品销售率为115.9%，成为无库存积压的企业。

石家庄市电机厂大力开拓国内外市场，使国外市场口岸发展到40多个，内销20多个省、市、自治区。同时努力为高技术、高附加值的大批量产品配套，年销售收入达8974万元。广东新会机电厂本年销售收入14289万元，比上年增长75.8%。浙江卧龙电机工业公司完善了销售部门的风险抵押承包责任制，年内完成发出商品和销售收入均翻一番以上，达到了7858万元。芜湖电机厂充分利用进出口自营权，成立了进出口公司，放眼世界，积极宣传，推销产品，不但做大额贸易，而且做边界贸易，同时以进养出，缓解了原材料紧张的局面、实现了扭亏为盈，结束了过去出口亏损的局面，完成出口交货值5250万元，全年销售收入17649万元，创历史最好水平。

〔撰稿人：广州电器科学研究所　徐思渝　审稿人：广州电器科学研究所　赵世杰　机械工业部三峡办公室　冯忠强〕

四、微　电　机

生产发展情况 根据15个单位的统计资料，1993年微电机行业共完成工业总产值9亿元，比上年平均增长10.73%。生产的主要品种有控制微电机和驱动微电机两大类，其中控制微电机以步进电动机数量最多，其次有直流伺服电动机、自整角机、旋转变压器、测速发电机等。步进电机产量达到近400万台，产值近2亿元。驱动微电机主要品种是汽车用的微型直流电机、空调器风机电机等，产量300万台左右。

1993年微电机行业生产发展的主要特点是：(1) 生产经营观念转变，企业管理加强，对市场经济的认识加强，因而生产经营逐步从计划经济向市场经济过渡。(2) 从生产、销售和利税看，企业经济效益有所好转。(3) 企业之间的经营状况在发生着变化，部分企业由于产品结构合理，管理得当，产量、产值和利税比上年都有所增长，有的增长幅度很大；一部分企业由于生产成本加大，产品结构不尽合理，经济效益不佳，少数企业效益出现负增长。(4) 从产品结构看，由于工厂自动化、办公自动化、家庭自动化领域各类微特电机需求量不断增长，因而各种专用电机生产量增长很快。有的企业开始向专业化生产、规模经营方向迈进。全行业汽车电机（含雨刮器电机、暖风电机、起动机等）年产量超10万台以上的企业有北京京伟电器有限公司、博山电机厂、温岭汽车配件二厂、沙市汽车配件厂、上海实业交通电器有限公司、北京曙光电机厂、西安航空电气公司，其中北京京伟电器有限公司、温岭汽车配件二厂和沙市汽车配件厂年产量超过30万台。空调器风机电机，也是近年迅速发展起来的电机种类。鹤山微型电机厂生产70万台，常州电机电器总厂生产56万台。这两家产量接近全国产量一半。常州电机电器总厂目前日产各种步进电机达4000台，为国内生产步进电机第一大户。(5) 企业经营领域不断拓宽，逐步认识到产品门类狭窄、品种单一，企业就很难得到发展。前几年许多单位就生产机电一体化产品，1993 年有的单位除生产电机外，开始生产纺织产品，摩托车点火器等其他产品。

博山电机厂是机械工业部生产微型电机的大型骨干企业，职工 4 千余名，目前主要产品有驱动微电机和控制微电机以及为汽车和其他车辆配套的专用微型直流电机。1993 年共生产 50 个系列 6000 余种规格计 30 万台电机。产品远销 40 多个国家和地区。产品销售收入和利税分别比上年增长 32.7%和 70%。常州电机电器总厂主要生产步进电动机，是微电机行业骨干企业之一。1993 年该厂组建了常州宝马集团公司，通过大胆探索，改革奋进，经过一年的努力，集团公司主要经济指标比上年同期有较大幅度增长：工业总产值达到 21000 万元，增长 71%；销售收入 20000 万元，增长 90%，各类微电机产量 450 万台，增长 29%；实现利税 1800 万元，增长 32%；实现利润 950 万元，增长 12%；职工人均年收入 4700 元。该厂 1993 年在全国 500 家最大机械电气和器材行业排名 151 位。

新技术与科研成果　1993 年西安微电机所共完成科研成果 24 项，70%以上达到 80 年代中末期国际水平，新增产值数百万元。该所“八五”国家重点科技攻关项目无刷伺服数字控制系统已完成多种规格并投入小批试制，提供多家用户使用，效果很好，目前正按合同要求，组织力量对全数字无刷伺服系统攻关，进展情况良好。宁波电器总厂等企业在空调电机中应用塑封工艺后，提高了性能和电机外观质量。青海微电机厂与西安交大、青海大学合作，完成了微型异步电机的 CAD 及优化设计。本溪市微型电机厂在开发新产品、改造老产品的同时，注意技术储备，广泛采用新技术、新工艺和新材料，集中开发机电一体化和节能型高新技术产品。该厂在改进设计和自制工艺装备以及开展技术攻关方面成效显著，提高了产品质量，降低了成本，减少了消耗。

新产品　1993 年全行业完成新产品试制 200 余个品种，主要有无刷直流电机、步进电机、开关磁阻电机、印制绕组直流电机、电枢模压型盘式电机等，完成新产品和科研成果鉴定 70 项，其中空调器塑封电机通过省级鉴定，交流伺服电机及驱动器和高精度控制式自整角机通过机械工业部组织的鉴定。现将西安微电机研究所研制的交流伺服系统简介如下。系列交流伺服电机型号是 115ST－CMG01、115ST－CMG－02，140ST－CMG01、140ST－CMG02、140ST－CMG03，190ST－C01，额定功率 0.4～15kW，堵转转矩 2.2～32. 5kW，最高转速有 1000r／min、2000r／min、6000r／min 三种。驱动器型号是 JS1－08、JS1－1S、JS1－30、JS1－50、JS1－70，额定电流 8～70A，可控制转速 1000～6000r／min，功率 0.4～15kW。该系统达到国外 80 年代中末期水平，处于国内领先水平，由于系统本身的特点，从 90 年提供用户使用至今，安全可靠，无需维护。微电机主要新产品情况如表 5 所示。

表 5　1993 年微电机行业的主要新产品

品　　种	技 术 水 平	完成单位
永磁步进电机	相当国外水平	常州电机电器总厂
汽车用直流电机	满足使用	京伟电器有限公司
汽车暖风电机	满足使用	京伟电器有限公司
分立式空调器用直径 28mmPM 步进电机	相当国外水平，国内先进	常州电机电器总厂
高精度控制式自整角机	国内先进，相当国外 80 年代中、末期水平	西安微电机研究所
无刷交流伺服系统	相当 80 年代中、末期国外水平	西安微电机研究所
印制绕组直流电机	国内先进	华能特种电机公司
空调风机用异步电机	国内先进，满足使用	鹤山微型电机厂

行业管理　同其他行业面临的情况一样，微电机行业同样也面临着激烈的市场竞争，面临着从计划经济向市场经济的过渡。微电机行业各企业根据自身的特点，进行了改革、改组和联合，以尽快适应社会主义市场经济的形势。

秦岭电气公司与中国航空基金（115）有限公司合资组建了中外合资企业秦岭机电有限公司，合资双方已鉴定了投资合同书。南京微分电机厂与香港合资，完成了谈判，进入实施阶段。常州电机电器总厂组建了宝马集团公司，有 9 个直属厂，6 家中外合资企业，2 家中中合资企业，将原来的生产车间变成具有二级法人的实体，从管理上将科室精减合并，成立七部一室一所，经一年的试运行，效果良好。湘潭电机厂组建成立了南方通用电气集团公司，对外集团化，对内划小核算单位，调动了生产积极性。博山电机厂实行股份制改制工作，组建了博山电机（集团）股份有限公司，以博山电机厂为核心企业，以集团控股和管理的有限责任公司为紧密层，以资金参股纽带联合其他企业为半紧密层，构成博山电机集团，实现了集团化经营，发展规模经济。本溪市微型电机厂进行了两次内部机构改革，压缩编制，精减机构，从而提高了工作效率，同时开展多渠道、多品种经营，大力发展三产，促进了企业经济效益的提高。

中国电机工业协会微电机分会 1993 年组织了引进设备中的微电机国产化调查。调查涉及 16 个省市 80 余个单位。为此编制了调查手册，内容包括近年引进设备情况，使用微电机的种类、型号和主要技术数据以及引进国别、厂商、时间等，对企业开发新产品，了解国外微电机发展有一定参考价值。微电机分会还针对本行业测试技术落后和生产发展对测试越来越高的要求，召开了1993年小型电机测试技术交流会，并邀请国外知名公司的代表到会，专题介绍先进检测设备，与会者近百人，效果很好。中国电工技术学会微特电机专委会1993年进行了换届选举，同时召开以微特电机控制技术为主题的研讨会，出版了论文集。

质量及质量管理 1993年完成了国家技术监督局指令性计划，即对宽调速永磁直流电动机的监督抽查任务。抽查企业范围广，涉及10多个省市，共13家，其中国营企业11家，集体企业2家，抽查了13种规格计93台电机。从抽查结果看，产品质量水平大部分已达到国外80年代中期水平；抽样合格率为95.7%，企业抽查合格率为84.6%，抽查不合格的项目均为机械安装尺寸。华能特种电机发展公司重视产品质量，印制绕组直流伺服电动机的性能达到了国内先进水平，相当国外80年代末90年代初期水平。抽查结果较好的企业还有青海微电机厂和国营九〇六厂，合格的企业有上海南洋电机厂、上海仪表电机厂、上海微型电机厂、南京微分电机厂、天津安全电机有限公司、本溪微电机厂、湖北电机厂、林泉电机厂。

为了加强行检综合判断能力和规范化管理，完成了行业"微电机质量监督检查的质量判定"的标准制订工作，同时完成了磁滞同步电动机、永磁低速同步电动机、磁阻式步进电动机、电机扩大机和交流伺服测速机组等五项微特电机产品质量分等标准的修订。

微电机质量监督信息网1993年召开了第三次网会。会上传达了国家经贸委、国家技术监督局关于实施新质量体系工作的通知精神。会议交流了各厂开展质量监督工作的经验，表彰了优秀工作者。

微电机是一种体积小、精度高的精密元件，对质量要求非常严格，尤其是控制用的微电机。各企业对质量工作普遍比较重视，采取了各种措施，如加强质量保证体系管理，不断完善质量管理文件，加强培训教育，坚持工艺纪律监督，开展质量奖惩等，从而保证了产品质量。1993年是微电机行业质量工作硕果累累的一年。

技术改造和技术引进 1993年微电机行业共完成投资6157万元，其中基建投资2543万元，技术改造投资3608万元。常州电机电器总厂技术改造投资效益最好，投资1250万元，用汇150万美元，从日本引进27台(套)57BYG步进电机生产设备和2MN高速冲床以及回转叠铆装置，已投人生产。57BYG步进电机生产线日产能力达到800台，产品大部分销往美国。北京市微电机总厂应用微电子技术改造旧机床，当年发挥了效益。兴平一一五厂1993年有航空电机转包生产线等四项生产线列入1993年国家重点技术改造项目。

市场及销售 据15家统计数据，全年共完成销售收入6亿元，其中微电机部分销售收入2亿元。微电机市场总的趋势是稳中有升，步进电机、汽车电机和空调器专用电机销量大增。微电机出口形势亦喜人，出口创汇共430万美元，其中步进电机创汇375万美元，微型直流电机创汇50万美元。

〔撰稿人：机械工业部西安微电机研究所　牒正文　审稿人：机械工业部西安微电机研究所　樊　诚　机械工业部　强培生〕

〔煤炭工业部〕

生产发展情况 1993年中国煤矿工程机械装备集团公司共安排生产煤矿防爆电动机企业9个，完成产量582.2MW，其中为煤矿机械配套生产防爆电动机的专业生产厂家主要有抚顺煤矿电机厂、西北煤矿电机厂、分宜煤矿电机厂。据统计全年完成电机容量463MW，完成工业总产值8695万元，实现销售收入17901万元，全员劳动生产率20638元／人·年。当前煤矿机械市场疲软，造成配套电机订货数量继续滑坡。企业为了生存，扭转亏损，在挖掘内部潜力、降低消耗、提高产品质量的同时，正努力进行产品结构的调整，积极开发新产品，以适应市场的需求。例如，西北煤矿电机厂主要生产矿用输送机用隔爆电动机、采煤机用隔爆电动机、绞车电动机、双速电动机、民用电动机、矿用除尘器、颚式破碎机等5大类、4个系列、90多种规格的电机产品。安阳煤矿电机厂通过几年的努力，产品结构有了明显的改善，产品质量水平有了显著的提高，目前已是拥有17个系列、90个品种、110个规格的门类齐全的矿用电机以及振动机械生产厂家。

新产品 1993年企业在新产品开发过程中，注重面向市场，大大加快了新产品开发的进度。例如西北煤矿电机厂全年开发的新产品有YBSD−400／200双速电动机、YBD−200／65−4／12双速电动机、JR−138−8−245电动机、PEF250×400颚式破碎机。分宜煤矿电机厂全年研制开发的新产品有YBC−150S水冷式采煤机电机、YBC−40S水冷式采煤机电机、YR 250、YRJO−22／8、YBJ−22／6绕线转子绞车电机、YZR 160−6.8冶金及起重用绕线转子电机、JDSB−125输送机电机、JDYB−4摆线针轮减速器电动滚筒、YKB200L−6输送机电机，计9个品种。安阳煤矿电机厂全年开发24种新产品，其中矿用电机YBS系列4个，振动电机10个，振动机械7个，共有7种产品取得防爆合格证。还完成YBS和YBZQ两个系列，共19个产品的鉴定。通过YBS−75、90矿用电机成功的开发，结束了该厂只能生产小型电机的历史。

质量及质量管理 西北煤矿电机厂、分宜煤矿电机厂、安阳煤矿电机厂认真组织职工学习了《产品质量法》，进一步提高了职工的质量意识，并努力贯彻GB/T19000系列标准。

西北煤矿电机厂在生产制造过程中逐步采用国际标准和国外先进标准，现有6种双速电动机、8种单速电动机、采用高于国际标准的内控标准，使产品质量得到稳定的提高。

分宜煤矿电机厂为了保证产品质量一律采用国家标准组织生产，并强化了检测手段。

安阳煤矿电机厂为了推行全面质量管理，进一步强化质量部门的职能，完善质量责任制和质量保证体系，重点抓好工艺传递卡管理和现场管理，强化质量检制点，在生产过程中严格执行"五不准"和"三检"制度，并加强质量考核。全年电机一次承装合格率达93%，较上年同期提高2%，优质产品产值率达40%，产品质量稳定提高率100%。

市场及销售 1993年据对抚顺煤矿电机厂、西北煤矿电机厂、分宜煤矿电机厂的统计，完成销售收入17901万元。分宜煤矿电机厂去年运输机电机占销售电机的50%左右；绞车电机占销售电机的30%；喷浆机电机和风机电机占销售电机的20%。安阳煤矿电机厂抓了供销工作机制的转换，调整、充实部分销售人员，并采取有力措施，真正做到奖罚分明、任务明确、多劳多得、充分调动了广大销售人员的积极性。通过对市场信息的收集和分析，及时抓住建筑部门提升电机的市场开拓工作、加快市场急需电机的开发和投产速度。全年销售JBJ1.4绞车电机303万元，占全年销售额的20.4%，弥补了合同不足的问题，使企业经济效益获得了稳步的提高。

〔撰稿人：中国煤矿工程机械装备集团公司 董善宇 审稿人：中国煤矿工程机械装备集团公司 薛际贵〕〔责任编辑：张友鹤〕

高压输变电设备

〔机械工业部〕

一、变压器、互感器、调压器

生产发展情况 1993年，变压器完成13520万kV·A，比上年增长41%；互感器完成1163265台，其中110kV及以上电压等级的互感器15322台，比上年增长39.8%；调压器完成115.33万kV·A，比上年增长4.7%。从产品构成看，1993年变压器行业的生产有以下特点：

1. 由于电力装机容量增长幅值较大，因此电力变压器比上年增长39.7%，干式变压器增长25.5%，特种变压器总量增长了43%，但矿用变压器与隔爆变压器却分别下降了68%和62%。

2. SF_6互感器和组合式互感器有了一定程度增加，分别增长13%和19%。

3. 柱式接触调压器已在调压器行业形成了一定的批量生产能力，由于具有体积小，调压平滑等特点，产量必然会增大，将取代油浸式感应调压器。

8000kV·A及以上大型电力变压器按电压分布情况见表1。大型变压器总计完成6672万kV·A。

国内部分变压器厂1993年产量及主要经济指标完成情况见表2。

表1 大型电力变压器按电压分布情况

电压(kV)	500	330	220	110	60	35	10
产量(万kV·A)	298	114	2468.5	2924.1	182.4	584.6	100.6
比上年增长%	−21.3	+153.3	+27.9	+76.5	−22.5	+37.1	

表2 1993年部分变压器厂产量及经济指标

指标 企业名称	总产量(万kV·A)	其中				工业销售产值(万元)	利税总额(万元)	百元销售收入占用流动资产(元)
		500kV	220kV	110kV	35kV及以下			
沈阳变压器厂	1951	0	1263	437	59	57951	6310	81.19
西安变压器厂	804.8	162	315	233.98	30.3	23124	978	89.81
保定变压器厂	1050.7	136	634.45	199.33	46.85	29074	2482	85.58
常州变压器厂	750.67	0	60	609.8	80.87	21630	1517	56.55
衡阳变压器厂	417	0	82	289	42	13936	1186	29.62
上海变压器厂	341.99	0	0	21.4	306.34	21247	1442.2	48.62
福州变压器厂	180.81	0	0	3.15	177.36	15571.2	1503.2	57.71
青岛变压器厂	188.53	0	0	44	143.55	9959	2150	99.5
韶关变压器厂	157.6	0	0	16.1	141.5	9611	1258.8	34.78

新技术与科研成果 1993 年上海互感器厂完成了 110kV 和 220kV 的 SF_6 电流互感器的研制任务，已形成批量生产能力。

沈阳变压器研究所与大连互感器厂合作研究非晶合金材料在互感器上的应用，已在 10kV 级浇注电流互感器研制成功，1993 年 6 月经大连市科委和经委主持鉴定通过，目前已投入使用。与传统结构产品相比，测量精度由 0.5 级提高到 0.2 级，体积缩小 1／3。

贵阳变压器厂在壳式变压器的研制工作中取得较大进展，完成的新产品主要有：

(1) SFS_{20}–20000／110 电力变压器，与相同容量的心式结构产品相比，总重量下降 10%。

(2) SFF_{20}–31500／15.75±2×2.5%／6.3 分裂变压器。

(3) 2000／35（19 级）、14000／35（48 级）、20000／35（27 级）壳式结构有载调压整流变压器以及电炉变压器、矿热炉变压器、熔锌炉变压器和大电流焊接变压器等特种变压器。

“八五”国家重大技术装备科技攻关项目进展情况见表 3。

沈阳虎石台强电流试验站是国家重点建设项目，1993 年 10 月 15 日通过国家验收，已正式投入使用。

目前该试验站能进行 220kV、12 万 kV·A 及以下变压器的突发短路试验（设计能力为 36 万 kV·A、500kV 变压器突发短路试验）。试验全过程由微机进行操作，并由可编程序控制器控制，全部试验数据经微机处理后进行打印。所有试验均按照 IEC 标准和国家标准进行，在电气技术方面完全可以提供可靠的试验数据。

新产品 1993 年完成新产品 307 种，比上年

表 3 变压器、互感器、调压器“八五”重大技术装备攻关项目进展情况

项目名称	承担单位	进展情况
1. 超高压大容量变压器可靠性研究	沈阳变压器研究所	
1.1 提高线圈可靠性和线圈热点温度测量技术及装置	沈阳变压器研究所 沈阳变压器厂	完成绝缘结构参数的选择与分析，提出了模型参数 结合不同类型的产品进行线圈热点温度分析测量及计算 结合 500kV 产品的质量事故，分析计算线圈短路强度及稳定性
1.2 器身干燥技术参数的选择与确定	沈阳变压器厂	完成了器身干燥终点判断，目前只结合产品做试验
1.3 油流带电及其防止措施的研究	哈尔滨电工学院	完成了油流带电机理的研究
1.4 抗地震性能研究	沈阳变压器研究所 哈尔滨船舶学院	正进行变压器结构整体抗地震性能的理论计算
1.5 可靠性设计参数的研究	沈阳变压器研究所	已结合 500kV 变压器产品质量事故的部位进行分析，提出了可靠性设计参数的指标
1.6 变压器油中气体在线监测装置研制	湖南大学 北京电工技术研究所	已完成该装置理论分析
1.7 交互式设计开发及其应用研究	哈尔滨电工学院	已完成交互式设计程序设计和参数选择
2. 分相封闭母线研制	沈阳变压器研究所 阜新封闭母线厂	
2.1 消离子装置的研制		完成了离子浓度装置测试仪模型样机，确定了消离子装置模型参数和模型装置
2.2 速饱和电抗器研制		在确定电抗器的参数值的基础上，完成了模型样机设计
2.3 快速可拆接头的研制		完成了模型样机设计，正进行样机制造
3. 新型电流互感器	沈阳变压器研究所	
3.1 SF_6 电流互感器	上海互感器厂	已完成绝缘支架局部放电研究和 500kV SF_6 电流互感器模型的绝缘结构和产品结构的研究 完成 110kV 和 220kV SF_6 电流互感器样机的研制，已形成生产能力
3.2 光电式电流互感器	西安电工研究院 华中理工大学 清华大学	研制出三个不同形状尺寸的传感头，研制了电路处理系统模拟和数字系统各一套
3.3. 110kV及以上油浸式互感器 $\mathrm{tg}\delta$ 回升原因的调查及措施研究	湖南大学 沈阳变压器研究所	已完成实际产品 $\mathrm{tg}\delta$ 回升情况的调查，正在分析
4. 牵引变电所用变压器（电抗器、互感器）设备研制	沈阳变压器研究所	
4.1 有载调压牵引变压器的研制	西安变压器厂	完成了 BT 供电方式 110kV 级 20000～50000kV·A 容量系列的电气方案。对 AT 供电方式进行了平衡牵引变压器的线圈结构和电气方案研究及模型试验

(续)

项目名称	承担单位	进展情况
4.2 电气化铁道用电流互感器研制	上海互感器厂和西安互感器厂	多变比电流互感器样机已完成，包扎式电流互感器样机图样设计已完成
4.3 单相220／27.5kV直降式牵引变压器研制	沈阳变压器厂	完成直降式牵引变压器技术参数匹配研究及参数选择。进行了绝缘结构与制造工艺研究
4.4 电气铁道用牵引变压器短路时冲击负荷作用下绝缘老化特性研究	哈尔滨电工学院 沈阳变压器研究所	进行了油纸绝缘材料热老化试验研究，证明纸的抗张强度与纸的层数有关。用多层纸绝缘的试样做油纸绝缘的老化试验比单层纸的老化试验更接近变压器的实际情况
5. 500kV 超高压低损耗电力变压器	沈阳变压器厂	
5.1 绝缘结构的优化设计		已完成
5.2 消除局部过热的研究		已完成
5.3 短路强度保证措施研究		正在进行
5.4 提高短路强度工艺措施研究		正在进行
5.5 结合工程试制样机		正在进行
6. 500kV 三相组合式变压器研究	西安变压器厂	尚未确定依托工程
7. 500kV 壳式变压器研究	保定变压器厂	完成了壳式变压器工艺研究，尚未确定依托工程。拟进行 220kV 壳式变压器样机研制

增加 11.6%。其中，变压器完成 204 种，互感器完成 85 种，调压器完成 18 种。通过机械工业部或机械、电力两部鉴定的有 73 种。比如江西变压器厂研制的 OSFPS7-120000／220 电力变压器，1991 年 11 月在江西赣西供电局的丰城石滩变电站投入运行以来，情况良好，1993 年 6 月通过了机械、电力两部鉴定。该产品主要技术参数如下:

型号　OSFPS7-120000／220

额定容量比　120000／120000／6000kV·A

额定电压比　220±2×2.5%／121／10.5kV

额定频率　50Hz

阻抗电压　高—中8.45%，高—低32.8%，中—低 21.8%

空载损耗　70kW

负载损耗　320kW

空载电流　0.6%

实测空载损耗比标准值低 17kW，负载损耗比标准值低 15kW。

营口市变压器厂研制生产的 CKGK-5000／10.5-1%-W 干式空心串联电抗器是 1991 年辽宁省科委下达的科技任务，经省科委鉴定后，投入运行，情况正常，1993 年受机械工业部委托，由辽宁省机械工业厅主持鉴定通过。该产品与铁心式电抗器相比，具有电感值恒定，噪声低，基本上不用维修等特点。与水泥电抗器相比，具有体积小，重量轻，匝间绝缘强度高，耐受恶劣环境，可在户外运行等优点。其应用前景广泛。

主要技术参数如下:

产品型号　CKGK-5000／10.5-1%-W

额定系统电压　10.5kV

最高工作电压　12.1kV

配套电容器组容量　5000kvar

额定电抗率　1%

额定电流　275A

最大工作电流　371A

该产品与国内传统的同类电抗器在结构上最大的区别，是采用了多股细导线并联绕制，而不是大面积的扁导线绕成连续式线圈，这是目前为止较为理想的结构型式。采用计算机计算，以确保电感值准确，使环流、涡流和运行损耗降到最低限度。

沈阳中大电器有限公司 1990 年按照沈阳变压器研究所的科研成果，开发了变压器用多功能保护装置和速动油压继电器，投入试运行以来，情况良好，1993 年通过了机械、电力两部主持的鉴定和技术评审。

所谓多功能保护装置是集气体释放、过压保护和温度显示及保护多种功能于一体的新型保护装置，它具有灵敏度高、动作准确等优点，使用它可以取代信号温度计和气体继电器。很显然，这简化了变压器结构，减少了渗漏油机率，提高了变压器产品的可靠性。

速动油压继电器是针对电力系统可靠运行的，要求对大型变压器内部故障进行监测并在初期就能发现，而一旦发生故障，要求保护设备动作时间越短越好，目前国内的组件不能适应此要求。因此，开发了反应快、灵敏高，其动作时间由变压器内油压增长速度决定的速动油压继电器。参加鉴定评审的机械、电力两部专家认为，这两种组件的研制成功填补了国内空白，处于国内领先水平。

行业管理　继济南变压器厂和南通变压器厂实行股份制后，1993 年有福州变压器厂和锦州变压器厂经政府批准试行股份制企业，股票均未上市。

1993 年 10 月以常州变压器厂为基础成立了常州华电变压器集团公司。

1993 年上海变压器厂与 ABB 公司合资成立了 ABB 上海干式变压器厂，主要生产中小型干式变压器。

质量及质量管理　1993 年举办 GB／T19000 质量管理学习班两期，187 人次参加。

为促进产品质量稳定，按照国家技术监督局的要求，由国家变压器质检中心组织对 31 个变压器厂生产的一等品产品按照规定，从库存产品中随机抽取，结果：有 20%的企业能稳定生产一等品；有 20%的企业可生产一等品；有 30%的企业只能生产合格品；还有 30%的企业生产合格品也是困难的。对 19 个生产 110kV、220kV 互感器厂生产的 37 台互感器产品进行抽查，结果质量相对稳定。

市场及销售　1993 年完成工业销售产值 68.8 亿元，比上年增长 48%。其中：变压器完成 58.9 亿元，互感器完成 7.5 亿元，调压器完成 2.4 亿元。

1993 年出口产值 3576.48 万美元，比上年增长 16%。其中：变压器完成 3318.94 万美元，互感器完成 155.04 万美元，调压器完成 102.5 万美元。

〔撰稿人：沈阳变压器研究所　陈淑云、蓝灵书　审稿人：沈阳变压器研究所　范思纯　机械工业部　乔振西〕

二、高压开关

生产发展情况　经对 202 个高压开关主要生产厂的统计，1993 年的主要技术经济指标及与 1992 年的比较见表 4。

1993 年生产发展趋势和特点：(1) 在工厂总人数和从事高压开关生产人数只增长不到 2%的情况下，实现了工业总产值、工业增加值、产品销售收入的大幅度增长，增长率分别为 56.7%、54.4%、58.1%。(2) 经济效益有所提高，产品销售税金及附加增长 39.9%，利润总额增长 107.5%。(3) 全员劳动生产率有比较大的提高，按工业增加值计算的全员劳动生产率提高 52.7%。

表 4　1993 年高压开关行业主要技术经济指标情况表

项　目		单　位	数　量	比上年增长%
全部职工年末人数	总　计	人	137137	1.1
	从事高压开关人数	人	66592	1.4
	工程技术人员数	人	15217	3.9
工业总产值	当年价格	万元	689483	56.7
	1990 年不变价格	万元	567094	39.3
	其中高压开关产值(当年价)	万元	330479	66.1
工业增加值		万元	200148	54.4
产品销售收入		万元	644166	58.1
产品销售税金及附加		万元	25970	39.9
利润总额		万元	29991	107.5
年末固定资产：原值		万元	290075	27.7
净值		万元	181283	29.1
流动资金：合计		万元	487306	62.1
平均余额		万元	427561	63.3
全员劳动生产率（按工业增加值计算）		元／人·年	14595	52.7
全员劳动生产率（按工业总产值计算）		元／人·年	50277	55.0

1993 年完成的各类高压开关产品产量见表 5，虽然有些企业和 10～35kV 产品产量数字不完全，特别是真空断路器和开关柜，但所列数字仍有参考价值。

从 1993 年完成的产品品种和产量上看，有以下特点：(1) 大多数品种的高压开关产量大幅度增长，其中 SF_6 开关设备产量增长较大，如 110kV GIS 增长 159.7%，35kV SF_6 断路器增长 171.7%，10kV SF_6 断路器增长 134%。(2) 真空断路器产量增长迅速，1993 年产量为 1.7 万多台。由于许多生产厂未报数字，此数与实际产量相差甚远，从真空灭弧室产量估计，1993 年真空断路器产量约为 3 万台，在 10kV 各类断路器产量中，约占 30%。(3) 环网柜的生产起步较晚，但增长快，1993 年产量比上年增长 4 倍多。(4) 总之，行业产品结构发生了好的变化，其趋势是 SF_6

和真空开关所占比例上升，较老式的少油、多油开关比例下降（详见表 6）

行业的五大骨干厂沈阳高压开关厂、西安高压开关厂、平顶山高压开关厂、上海华通开关厂、北京开关厂 1993 年基本情况见表 7。这五大开关厂是高压、超高压开关设备的主要生产厂，1993 年

表 5　1993 年高压开关行业产品产量　　(单位：台、间隔、组)

电压(kV)	500	330	220	110	63	35	20	10	275.5
SF_6 开关设备									
断路器	10／11.1	28／40.0	370／47.4	410／38.0	138／91.7	595／171.7		8683／134.0	
GIS	1／		13／−35	187／159.7	6／				
少油断路器			327／18.9	2217／22.1	409／33.2	3009／−3.0	23／	56476／20.7	
多油断路器						3553／35.9		6416／−10.6	
真空断路器						316／74.6		17258／118.4	67／−81.4
(附真空灭弧室)						2086／204.5		105574／76.7	130／46.1
磁吹断路器					8(气吹)			56／−11.1	
金属封闭开关设备						5098／13.2		58365／22.5	45／800.0
负荷开关								17983／17.1	
隔离开关	101／274.1	63／231.6	2266／25.3	7828／33.1	1788／30.7	10712／−33.3	1046／249.8	118063／51.6	360／146.6
敞开式组合电器		36／	13／						
接地开关	4／−50.0		242／75.4	60／300.0		564／4.8		19375／37.3	
熔断器					178／14.8	9426／418.8		313635／33.2	
箱式变电站								714／36.8	
环网柜								6914／427.4	
高压接触器								215／	

注：分子为产量，分母为比上年增长率（%）。

表 6　1993 年各类断路器所占比例变化情况　　(单位：%)

电压(kV)	500		330		220		110		63		35		10	
年　份	1992	1993	1992	1993	1992	1993	1992	1993	1992	1993	1992	1993	1992	1993
SF_6 开关设备	100	100	100	100	49.6	54	16.9	21.2	19	26	3.6	8.0	5.7	9.8
少油断路器					50.4	46	83.1	78.8	81	74	50.7	40.3	71.3	63.6
多油断路器											42.8	47.5	10.9	7.2
真空断路器											3.0	4.2	12.0	19.4

表 7　1993 年五大开关厂情况简表

项　目		单　位	沈阳高压开关厂	西安高压开关厂	平顶山高压开关厂	华通开关厂	北京开关厂
全体职工年末人数	总计	人	6661	6024	4119	4555	2511
	其中工程技术人员数	人	707	559	533	529	377
工业总产值	当年价格	万元	36502	26821	26660	25286.1	12515
	1990 年不变价格	万元	28398	25050	21224	20461.4	10501
	其中高压开关产值(当年价)	万元	27927	24768	26660	10010	6464
工业增加值		万元	9621	5831	4991	8747	3348
产品销售收入		万元	34003	26055	25889	22948	15662
全员劳动生产率(按工业增加值计算)		元／人·年	14443	9679	12117	18746	13333

工业总产值比1992年均有较大增长，但全员劳动生产率大多低于行业202个厂的平均值14600元／人·年。

在行业生产高速发展中，仍存在一些困难和问题，主要是：(1) 资金不足，由于订货增加，流动资产占用加大，加上“三角债”的影响，因此各厂资金困难加重。另外，行业的资金利税率仅为9.2%，低于银行贷款利率，使问题更难以解决。(2) 行业各厂经济效益和全员劳动生产率相差很大，生产率高的超过10万元／人·年，低的只有几千元／人·年，平均只有14600元／人·年。

新技术与科研成果 1993年“八五”国家重大技术装备科技攻关项目电气化铁道用27.5kV高压开关设备的研制已经完成。机械工业部发展基金项目10kV线路自动分段器、10kV31.5～40kA小型化系列真空断路器及真空灭弧室也已完成，这将使10kV真空断路器产品趋于系列化。此外，不饱和聚脂模塑料在真空开关中的应用研究项目也已完成并试用于新产品，收到了满意的效果。

1993年获各级科技进步奖的项目较多，其中全封闭开关站（GIS）的中间试验获水利部科技进步二等奖；高压电器高海拔外绝缘特性研究获机械工业部科技进步二等奖；高压断路器优化设计获机械工业部科技进步三等奖；光谱法连续测量瞬态温度的装置——喷口电弧光谱法温度诊断系统的建立获国家教委一等奖、机械工业部三等奖；FW-55／27.5／1250型双极、FW-27.5／1250型单极、电气化铁道专用隔离负荷开关获中国铁路工程总公司二等奖。

新产品 1993年新产品研制开发取得了丰硕的成果。行业各厂研制成功并颁发型号证书的共有14个门类91个品种（含转厂研制）。其产品型号及研制开发单位详见表8。

其中新研制的高压SF_6封闭式组合电器和高压SF_6断路器主要是沈阳高压开关厂和西安高压开关厂国产化的引进产品，亦是1993年引进产品国产化方面的成果。真空断路器随着制造技术的突破和产品可靠性的提高，越来越受到使用部门的重视。1993年共研制成功了18个品种的产品，有些品种的额定电流达到2500A，短路电流达到40kA，为中压产品无油化奠定了基础。随着真空开关的发展，越来越感到真空灭弧室供不应求。许多电子管制造厂家纷纷上马生产真空灭弧室，迄今已有不下十家灭弧室生产单位，还有不少厂家有生产真空灭弧室的意向。另外负荷开关、接触器、自动重合器、环网柜和组合式变电站的开发，使我国高压电器制造业打破了过去由断路器包打天下的局面，出现了多品种各尽专长，五彩纷呈的新格局。

除表8所列产品外尚有西安高压电器研究所会同浙江慈溪电器开关厂、镇江电工器材厂等单位合作研制的XGN_1-10箱式固定柜，内可配装少油或真空断路器，1993年底已通过鉴定尚未颁发证书。

表8 1993年研制成功的新产品

序号	产品型号	研制单位
一、SF_6封闭式组合电器(GIS)		
1	ZF_6-500／4000-63	沈阳高压开关厂
2	ZF_6-63／2000-31.5	沈阳高压开关厂
3	ZF_6-110／2000-31.5	沈阳高压开关厂
4	ZF_7-110／2000-31.5	西安高压开关厂
5	ZF_7-145／2000-31.5	西安高压开关厂
6	ZF_8-500／3150-50	西安高压开关厂
二、SF_6高压断路器		
7	LN3-63／2500-31.5	瓦房店高压开关厂
8	LW11-110／1600 2000-31.5 2500 3150	沈阳高压开关厂
9	LW11-220／3150 4000-50	沈阳高压开关厂
10	LW12-220／4000-50	沈阳高压开关厂
11	LW13-330／2000 2500-50	西安高压开关厂
12	LW13-500／3150-50	西安高压开关厂
13	LW14-110／2000-40	西安高压开关厂
14	LW14-110／3150-40	西安高压开关厂
15	LW15-220／2500-40	西安高压开关厂
16	LW15-220／3150-50	西安高压开关厂
三、少油高压断路器		
17	SW7-110Ⅱ／1600-25	平顶山高压开关厂
四、多油高压断路器		
18	DW19-35／1250-20	平顶山高压开关厂
五、真空高压断路器		
19	ZN5-10／1250-31.5	淄川真空开关厂
20	ZN15-10／2500-40	本溪高压开关厂
21	ZN20-10／1250-20	无锡市江南开关厂
22	ZN21-10／1250-31.5	福州第一开关厂
23	ZN22-10／2500-31.5	天津市津海真空开关厂
24	ZN22-10／2500-40	天津市津海真空开关厂
25	ZN23-35／1600-25	西高所四室、四川电器厂
26	ZN24-10／1250-20	四川电器厂
27	ZN25-10／630-12.5	无锡市长江矿用机械设备厂
28	ZN26-10／1250-20	盘锦高低压开关厂
29	ZN27-10／1250-20	番禺市开关厂
30	ZN27-10／1250-31.5	番禺市开关厂
31	ZN28-10／1250-20	西高所四室 天津市开关厂 开封开关厂 柳州市电器设备厂 慈溪高压开关厂 云南开关厂 银川市电器开关厂 陕西开关厂 浙江开关厂

(续)

序号	产品型号	研制单位
32	ZN28-10／1250-25	西安高压电器研究所、陕西开关厂
33	ZN28-10／2000-40	浙江开关厂
34	ZN29-10／1250-31.5	国营扬州电器开关厂
35	ZN30-10／2000-31.5	陕西开关厂
六、断路器用真空灭弧室		
36	ZMD10-35／1600-25	西安高压电器研究所
37	ZMD11-10／1250-20	西安高压电器研究所
38	ZMD11-10／1250-25	西安高压电器研究所
39	ZMD14-10／1250-20	西安高压电器研究所
七、负荷开关		
40	FN6-10／400-400	泰兴市开关厂
41	FN7-10RD／400-400	天津前进电器设备有限公司
42	FN8-10／400-400	北京第三开关厂
八、高压接触器		
43	JCZ2-6／400-4	天水长城开关厂
44	JCZ3-3／200-4	浙江开关厂
45	JCZ3-10／250-4	浙江开关厂
九、重合器		
46	CHY1-10／400-6.3	水利部、电力部农村电气化研究所
十、高压隔离开关		
47	GN19-35／1250-31.5	上海电瓷厂
48	GN19-10(G)／1000-31.5	天水长城开关厂
49	GN19-10C_1(G)／1000-31.5	天水长城开关厂
50	GW18-27.5D(G)／1250-25	如皋高压电器厂
51	GN26A-10／2000-40	广东四会电器设备厂
52	GN26A-10／3150-50	广东四会电器设备厂
53	GN29-110D／630-20 1250-31.5	南京电瓷总厂
十一、高压接地开关		
54	JN11-10／31.5-80	广东四会电器设备厂
55	JN11-35／25-63	广东四会电器设备厂
十二、交流金属封闭开关设备（高压开关柜）		
(1)环网供电单元		
56	HXGN2-10(F)／T630-0.63	珠江开关厂
57	HXGN2-10(F.R)／T75-31.5	珠江开关厂
58	HXGN3-10(F)／T630-0.63	河南佳和电气有限公司
59	HXGN3-10(F.R)／T630-31.5	河南佳和电气有限公司
60	HXGN4-10(F)／T630-0.63	国营扬州电器开关厂

(续)

序号	产品型号	研制单位
61	HXGN4-10(F.R)／T100-31.5	国营扬州电器开关厂
62	HXGN6-10(F)SF_6／T630-0.63	西安高压电器研究所 广州南洋电器厂
63	HXGN6-10(F.R)SF_6／T100-31.5	西安高压电器研究所 广州南洋电器厂
(2)固定式高压开关柜		
64	GG-1A(F_2)(G)／1000-31.5	天水长城开关厂
(3)移开式高压开关柜		
65	JYN2D-10／D.600-16	锦州开关厂
66	JYN2D-10／D.1000-31.5	锦州开关厂
67	JYN3-10／D.1000-31.5	天水长城开关厂
68	JYN3-10／D.3000-40	天水长城开关厂
69	JYN4-10／D.600-16	锦州开关厂
70	JYN4-10／D.1000-31.5	锦州开关厂
71	JYN4-10(Z)／1200-31.5	锦州开关厂
72	JYN5-10／D.600-16	锦州开关厂
73	JYN5-10／D.1000-31.5	锦州开关厂
74	JYN5-10(L)／T.1200-25	锦州开关厂
75	JYN5-10(Z)／T.1200-25	锦州开关厂
76	JYN5-10(Z)／T.2500-40	锦州开关厂
77	JYN5-10／D.3000-40	锦州开关厂
78	KYN7-10／D.1000-31.5	顺德开关厂
79	KYN8-10(Z)／T.1250-31.5	四川电器厂
80	KYN9-10(Z)／D.1000-20	番禺市开关厂
81	KYN9-10(Z)／D.1000-31.5	番禺市开关厂
82	XYN1-10(Z)／D.1200-20	无锡市江南开关厂
十三、组合式变电站		
83	ZBW3-500／10	泰兴市开关厂
84	ZBW3-2500／35	浙江开关厂
85	ZBW4-630／10	深圳沈港电工器材有限公司
86	ZBW5-315／10	深圳沈港电工器材有限公司

十四、操动机构			
87	CJ8	GN2-27.5	如皋高压电器厂
88	CJ9-X	GW18-27.5	如皋高压电器厂
89	CD17	ZN27-10 ZN28-10 ZN30-10	番禺市开关厂 西安高压电器研究所四室 陕西开关厂 浙江开关厂

（续）

序号	产品型号		研制单位
90	CT10A	ZN23-35	西安高压电器研究所
91	CQ6、CQ7	LW15-220 LW14-110 ZF8-500 ZF7-110 ZF7-145 LW13-330 LW13-500	西安高压开关厂

除上述产品外尚有为高压电器产品配套的 SF_6 气体充气及回收装置、电缆分接箱及辅助开关等产品（详见表 9）。

表 9　新开发的其他配套产品

序号	产品型号	开发单位
一、电缆分接箱		
1	DFW1-10／T400-400	北京信息应用技术研究所
2	DFW2-10／T400-400	北京第三开关厂
二、SF_6 气体充气及回收装置		
3	LH1-10Y-25W	机械工业部第七设计院 南通高压电器厂
4	LH1-10Y-W	
5	LJ1	
三、辅助开关		
6	F7-Ⅰ、Ⅱ、Ⅲ／WL	西安高压开关厂一分厂
7	F8-Ⅰ、Ⅱ	
8	F9-ⅠA、Ⅱ、Ⅲ／WL	

行业管理　1993 年 6 月中国输变电设备行业协会高压开关分会召开了第二次会员大会，选举第二届理事会。高压开关分会在协助政府部门进行行业管理，促进产品结构调整，协调行业产品价格，交流技术经济信息，推动行业技术进步等方面都做了大量工作，取得了较好成绩。

高压开关行业协会为了提高配套件质量，加强了对配套件生产厂的管理，制订了下列环氧浇注绝缘制品生产厂，断路器用绝缘筒生产厂，断路器用隔弧板生产厂，配套铸件生产厂，高压开关柜固定、可动电接触隔离插头生产厂，隔离开关固定、可动电接触专用导电组合件（零件）生产厂，机械程序锁生产厂，转换开关、辅助开关生产厂 8 类产品生产厂必备条件。

同时，协会加强了价格协调工作，调整了 110kV 及以上高压电器和 35kV 及以下高压电器的价格，制订了高压开关柜价格目录。

1993 年 6 月，高压电器科技情报网召开了总网大会，制订了高压电器各分网和总网工作计划。

行业中企业实行股份制的工作已经开始，许多企业改为股份制公司。四川电器厂改为四川电器股份有限公司，广州华成电器厂改为广州华成电器企业股份有限公司。它们的股份制工作经验已在行业中交流。很多企业已经或正在与外商洽谈合资事宜，一部分企业已变为中外合资公司。

质量及质量管理　1993 年第三季度国家技术监督局组织了对机械产品的质量监督抽查。与本行业有关的是对 18 个企业生产的 18 个规格的真空断路器进行抽查，合格 15 个，合格率为 83.3%。检测结果汇总如表 10。

表 10　1993 年第三季度国家监督抽查高压真空断路器检测结果汇总

序号	企业名称	产品型号	结　论	备　注
1	沈阳电器控制设备厂	ZN3-10Ⅲ／630-12.5	一等品	
2	沈阳市真空断路器厂	ZN5-10G／1250-20	合格品	
3	盘锦高低压开关厂	ZN-10／1250-20	合格品	
4	天津市津海真空开关厂	ZN5-10／630-20	合格品	
5	潍坊开关厂	ZN5-10Ⅲ／1250-20	合格品	
6	淄博开关厂	ZN-10／1250-20	合格品	
7	山东淄川真空开关厂	ZN5-10／1250-31.5	合格品	
8	信阳高压开关总厂	ZN9-10／1250-25	合格品	
9	无锡市开关厂	ZN3-10／630-12.5	合格品	
10	宁波华通电器成套厂	ZN17-10／1250-20	合格品	
11	广州南洋电器厂	ZN18-10／630-20	合格品	
12	广东省番禺市开关厂	ZN11-10／1250-31.5	合格品	
13	佛山电器厂有限公司	ZN19-10／1250-31.5	合格品	
14	西安电器设备制造厂	ZN5-10／1000-20	合格品	一等品降等
15	西安光辉真空电器厂	ZN-10／630-12.5	合格品	
16	镇江市电工器材厂	ZN3-10G／630-12.5	不合格品	
17	镇江镇宝开关厂	ZN3-10G／1250-20	不合格品	经整改后复查合格
18	西安市真空开关厂	ZN5-10／630-20	不合格品	经整改后复查合格

1993 年高压开关行业完成标准制修订情况：

(1) 标准制定

低压电气设备的高压试验（国家标准）

3～35kV交流箱式变电站（国家标准）

(2) 标准修订

GB311.1 高压输变电设备的绝缘配合

GB311x 高电压试验技术 第二部分 测量系统

GB4473 交流高压断路器的合成试验

(3) 经复审后，认为继续有效的标准

ZBK43001—88 高压六氟化硫断路器通用技术条件

(4) 经复审后，认为稍作个别的编辑性修改后继续有效的标准

GB5273—85 变压器、高压电器和套管的接线端子

GB7675—87 交流高压断路器的开合电容器组试验

(5) 经复审后，认为应作废的标准

JB3840—85 并联电容器单台保护用高压熔断器

以上各项标准均已上报国家技术监督局审批。

市场及销售 由于国家国民经济的高速增长，高压开关产品市场旺盛。行业销售收入1993年比上年增长58.1%。考虑到高压开关产值增长率高于工业总产值增长率，估计高压开关产品销售收入1993年比上年增长65%。

1993年高压开关产品出口额664.2万美元。

〔撰稿人：中国输变电设备行业协会高压开关分会 罗贯康、封芝圃 审稿人：西安高压电器研究所副总工程师 叶德隆 机械工业部 乔振西〕

三、电瓷避雷器

生产发展情况 1993年生产电瓷避雷器的企业近200多家，其中骨干企业11家。根据1993年对行业35家大中型电瓷避雷器企业的统计，全行业工业总产值（90年不变价）比上年增长26.29%、利润总额增长126.33%、实现利税增长70.55%、高压电瓷产量增长18.61%。特别是110kV及以上电压等级的大瓷套、电容套管、大棒形产品大幅度增长，其中大瓷套产量，110kV的增长33.14%、220kV的增长44.87%、500kV的增长928.6%；电容套管产量，110kV的增长40.54%、220kV的增长26.4%、330kV的增长128%、500kV的增长350%；大棒形产量110kV的增长29.44%、220kV的增长13.1%、330kV的增长112.3%、500kV的增长19.24%；高压避雷器产量增长21.54%（其中500kV避雷器增长394.74%）。随着国家经济的深化改革，电力工业建设速度加快，行业的经济效益有较大幅度的增长，亏损厂家和亏损额明显下降，企业经营状况有所好转。主要生产技术经济指标完成情况如表11。经济指标中处于行业领先地位的18家主要企业和11家骨干企业占所统计35家的比重如表12。1993年按工业总产值、全员劳动生产率、资金利税率、实现利税排列前10名的企业如表13。

1993年全行业在技术改造的基础上，围绕着电力工业的发展，市场的需求，进一步调整了产品结构，大力开发新产品，特别是大量开发了耐污型产品和重点配套产品，如大连电瓷厂、苏州电瓷厂开发了圆柱头耐污悬式绝缘子，抚顺电瓷厂和醴陵电瓷厂已能批量生产LW和FA系列六氟化硫断路器瓷套，西安高压电瓷厂批量生产三菱系列六氟化硫断路器瓷套及500kV高强度棒形支柱绝缘子，南京电瓷总厂开发了210kV玻璃悬式绝缘子和耐污棒形绝缘子。同时，为了提高盘形悬式绝缘子的产品质量，开拓国际市场，行业进行了耐陡波冲击性能的研究工作，并开始推广陡波试验，建立陡波试验装置，制定陡波试验行业标准，为提高产品质量，开拓国内外市场打下了良好的基础。

表11 1993年35家生产厂主要指标完成情况

项目指标	单位	实际完成	比上年增长%
工业总产值(不变价)	万元	116293	26.30
年末职工人数	人	37477	0.00
年末固定资产原值	万元	88455	14.70
年末固定资产净值	万元	49094	14.00
利润总额	万元	4094	126.30
实现利税	万元	12235	70.60
高压电瓷产量	t	111781	18.60
其中：线路电瓷	t	80463	16.30
电站电器电瓷	t	31318	25.20
其中：瓷套 110kV	只	33777	30.10
220kV	只	6903	44.4
330kV	只	16	
500kV	只	72	928.60
电容套管 110kV	根	5145	40.50
220kV	根	747	26.40
330kV	根	16	128.60
500kV	根	27	350.0
棒形 110kV	只	93804	29.40
220kV	只	34951	12.80
330kV	只	1435	112.30
500kV	只	905	19.20
高压避雷器产量	只	675897	21.50
其中：110kV	只	3987	11.50
220kV	只	1238	17.20
330kV	只	36	−7.7
500kV	只	94	394.7
低压电瓷产量	t	3349	−33.0
国内销售收入	万元	133209	54.40
国外销售收入	万元	13574.94	22.20

新技术与科技成果 1993年全行业完成科研成果及研究课题共219项。经国务院重大办下达，由西安电瓷研究所负责，大连电瓷厂、抚顺电瓷厂、醴陵电瓷厂、西安高压电瓷厂、重庆大学等单位参加的“八五”国家重大技术装备科技攻关项目，开展了大量的研究工作。完成了当年的攻关目

表 12　1993 年主要企业占行业 35 家企业的比重

项目指标	单位	11 家骨干企业		18 家主要企业	
		实际数	占 35 家比重（%）	实际数	占 35 家比重（%）
工业总产值（1990 年不变价）	万元	80622	69.3	95184	81.90
年末固定资产原值	万元	65374	73.9	78449	88.70
年末固定资产净值	万元	34867	71.0	43108	87.80
利润总额	万元	2733	67.5	3400	84.07
实现利税	万元	8569	70.0	10241	83.70
高压电瓷产量	t	67590	60.5	89864	80.40
其中：线路电瓷	t	43387	53.9	62380	77.50
电站电器电瓷	t	24203	77.3	27484	87.80
其中：瓷套 110kV	只	32493	96.2	33777	100.00
220kV	只	6693	96.9	6903	100.00
330kV	只	16	100.0		
500kV	只	72	100.0		
电容套管 110kV	根	5145	100.0	5145	100.0
220kV	根	747	100.0		
330kV	根	16	100.0		
500kV	根	27	100.0		
棒形 110kV	只	87993	93.8	90019	96.0
220kV	只	34920	99.9	34951	100.0
330kV	只	1435	100.0		
500kV	只	905	100.0		
高压避雷器	只	288396	42.7	480512	71.1
其中：110kV	只	3527	88.5	3582	89.8
220kV	只	1238	100.0		
330kV	只	36	100.0		
500kV	只	94	100.0		
销售收入	万元	93648	70.3	110657	75.8

表 13　1993 年电瓷避雷器行业单项指标排前十名企业

名次	企业名称	工业总产值(不变价)(万元)	名次	企业名称	全员劳动生产率(元／人·年)	名次	企业名称	资金利税率(%)	名次	企业名称	实现利税(万元)
1	南京电瓷总厂	21008	1	苏州电瓷厂	27178	1	南阳氧化锌避雷器厂	43.1	1	南京电瓷总厂	2349
2	抚顺电瓷厂	15114	2	苏州避雷器厂	22475	2	苏州避雷器厂	23.56	2	抚顺电瓷厂	1843
3	西安高压电瓷厂	9664	3	抚顺电瓷厂	22194	3	自贡电瓷厂	23.5	3	苏州电瓷厂	1392
4	大连电瓷厂	9530	4	南阳氧化锌避雷器厂	20704	4	章丘电瓷厂	23.2	4	大连电瓷厂	876
5	醴陵电瓷厂	7018	5	章丘电瓷厂	19854	5	唐山市电瓷厂	20.3	5	淄博电瓷厂	609
6	苏州电瓷厂	6733	6	淄博电瓷厂	18193	6	镇远电瓷厂	17.97	6	醴陵电瓷厂	599
7	闽清电瓷厂	5852	7	大连电瓷厂	16936	7	淄博电瓷厂	17.32	7	西安高压电瓷厂	567
8	上海电瓷厂	3851	8	南京电瓷总厂	16615	8	湖州高压电瓷厂	14.63	8	闽清电瓷厂	495
9	湖南电力电瓷电器厂	3507	9	上海电瓷厂	13834	9	个旧高压电瓷厂	13.78	9	湖南电力电瓷电器厂	470
10	景德镇电瓷厂	3167	10	西安高压电瓷厂	13053	10	苏州电瓷厂	13.2	10	红星电瓷厂	457

标。新工艺成果有：试制成功220kV级2.5m整体成型SF_6断路器瓷套（抚顺电瓷厂）、棒形产品淋釉工艺的研究（抚顺电瓷厂）、提高盘形悬式绝缘子陡波特性的研究（西安电瓷研究所、大连电瓷厂、苏州电瓷厂等）；新材料成果有：P10-86高强度材料配方及P740-91大瓷套配方（南京电瓷总厂）、高导热陶瓷基板的开发研制（西安电瓷研究所）、瓷套内壁防SF_6腐蚀无机釉的研究（南京电瓷总厂）、LG51浅灰釉配方研制（苏州电瓷厂）；新技术及测试方法的成果有：避雷器漏电流在线路测试方法的研究（西安电瓷研究所）、微机控制棒形支柱绝缘子修坯机（南京电瓷总厂）、大套管内外仿形修坯机（西安高压电瓷厂）、电瓷产品设计CAD系统（西安高压电瓷厂、南京电瓷总厂）、引进美国窑炉国产化研究（西安电瓷研究所、西安高压电瓷厂）、氧化锌电阻片烧成炉的设计与制造（抚顺电瓷厂）、重油掺水乳化技术（抚顺电瓷厂）；采用计算机进行储存科技文献资源、编制生产计划、统计生产技术经济指标和对设备及企业其他项目进行管理的有西安电瓷研究所、南京电瓷总厂、西安高压电瓷厂、抚顺电瓷厂、大连电瓷厂、苏州电瓷厂、醴陵电瓷厂等。

新产品　1993年全行业完成新产品276项，其中主要有：

线路悬式绝缘子：160kN级圆柱头钟罩型耐污悬式瓷绝缘子（大连电瓷厂）、120kN级圆柱头耐污悬式瓷绝缘子（大连电瓷厂）、XP_1-210、XP-120盘形悬式瓷绝缘子（大连电瓷厂）、XWP_2-100、160耐污盘形悬式瓷绝缘子（淄博电瓷厂、萍乡电瓷厂）、XWP_2-70Z、XWP_2-160Z带锌套耐污悬式绝缘子（苏州电瓷厂）。

线路棒形绝缘子：25kN铁道用耐污棒形玻璃绝缘子（南京电瓷总厂）。

套管与瓷套："270"油-SF_6油纸电容式变压器套管（西安高压电瓷厂）、"254"132kV／630A长尾油纸电容式变压器套管（西安高压电瓷厂）、145kVSF_6瓷套（南京电瓷总厂）、35kV200～2000AⅢ级污区用铝导体穿墙套管（苏州电瓷厂）。

复合绝缘子：电力线路用110～500kV复合绝缘子（西安电瓷研究所）、220kV有机复合外套氧化锌避雷器（西安高压电瓷厂）、500kV复合绝缘子（抚顺电瓷厂）、100kV和220kV复合绝缘子（大连电瓷厂）。

氧化锌避雷器：铁道牵引变电站接触网用过电压限制器（西安电瓷研究所）、10～35kV农用避雷器（西安电瓷研究所）、Y10W5-450／980耐污型氧化锌避雷器（西安电瓷厂）、Y20W20-444／1063型氧化锌避雷器（西安电瓷厂）、110～220kV GIS氧化锌避雷器国产化（西安高压电瓷厂）。

行业管理　1993年西安电瓷研究所和中国输变电设备行业协会电工陶瓷分会根据机电发（1991）099号文批准的"生产高压针式和盘形悬式瓷绝缘子企业必备条件条例"以及根据"条例"制定的实施细则要求，大部分生产针式和悬式绝缘子产品的企业，进行了大量的整改工作，有的企业为此投入部分资金，添置生产、检验、理化试验等必须的设备仪器，改造生产流程和生产厂房及有关设施，完善了产品检验和理化试验及工艺控制条件；整顿了产品、工艺、工装图样，制订了有关企业标准，补做产品型式试验和产品鉴定；修改制定原材料、工艺技术文件，以及各种管理制度，健全了管理机构，改进了企业管理及质保体系，使企业生产、技术、检验、质量管理和企业管理等各方面得到了较大的改进与提高，为保证企业的正常生产和产品质量、取得了较大的成绩。根据行业大多数生产企业的要求，对经过整改自查符合"条例"要求，并提出了申请的企业，由国家质检中心进行企业必备条件的诊断审查，1993年完成了14家企业的诊断审查工作，其中6家良好，8家合格，为实行针、悬式绝缘子生产许可证制度创造了条件。同时根据机械工业部"机生函字第9306号文"要求，为配合国家技术监督局全国工业产品生产许可证办公室清理发证目录工作，上报了"避雷器产品实施生产许可证的论证报告"。

中国输变电设备行业协会电工陶瓷分会根据国内市场原材料价格上涨等因素，考虑制造单位及使用部门的整体利益，组织召开第四次经营协调会议，对800多个品种的电瓷避雷器产品的成本价格进行认真调查研究，并编制出《电瓷避雷器产品市场调节价格目录》，新的市场调节价格由1994年元月1日起执行。其中，还确定了配主机厂的电瓷产品的优惠价格。同时开展了行业税赋过重情况调查，并积极向上级反映，得到机械工业部和国家税务总局的重视与支持，使电工陶瓷行业部分企业减轻了税赋负担。

随着国家改革开放的深化，加强企业内部改革，通过转换企业经营机制，"三项制度"改革，实行内部经济承包责任制，企业向集团化发展，逐步实现股份制。1993年本行业经国家批准实施国有企业股份制的单位有：山东淄博电瓷股份有限公司（原淄博电瓷厂）、济南荣泉陶瓷股份有限公司（原章丘电瓷厂）、广明熔断器股份有限公司（原佛山电瓷厂）、山东诸城电瓷厂、南阳氧化锌避雷器厂；企业改组向集团化发展的有闽清电瓷总厂（原闽清电瓷厂）；荣获国家科委授予"实施火炬计划先进高新技术企业"称号的有抚顺电瓷厂；荣获省"大中型企业争先创优先进企业"称号的有个旧高压电瓷厂。

1993年行业对外进行经济、技术合作、出口产品的企业有20多家，分别与20多个国家和地区进行90多次的商情活动、洽谈合作；有12个单位99人次分别对20多个国家和地区进行技术考察等活动。经国家批准为机电产品出口基地的企业有：大连电瓷厂、闽清电瓷厂、苏州电瓷厂；被批准为自营出口企业有：萍乡电瓷厂、苏州电瓷厂、西安高压电瓷厂（含西电公司内）；获出口商口生产企业证书的有个旧市高压电瓷厂。

1993年全行业广泛开展信息交流工作，通过《电瓷避雷器》、《电瓷避雷器动态》刊物进行信息传递。同时召开电工陶瓷分会第二次信息工作会议及第九届电瓷避雷器科技信息网大会。为满足行业的需要举行了新闻发布，收到了较好的效果。完成编写《1986–1992年电瓷避雷器行业发展史》工作；按季、年度进行行业生产技术经济指标完成情况的统计与分析工作，并发至行业各单位交流。

全行业有8个企业的“工艺突破口”工作获省级先进或通过省达标验收。

质量及质量管理 根据原机械电子工业部一装司下达的电瓷行业工作计划及中国输变电设备行业协会电工陶瓷分会1993年度工作计划，1993年11月成立了“电工陶瓷行业质量工作网”其任务是：组织交流提高产品质量、贯彻国家标准、建立健全质量保证体系，及其正常运转的经验和质量信息等方面的工作，调查研究有关电瓷避雷器产品及其附件的产品质量等全行业的共性问题，提出全行业的质量方针、目标等建议，促进行业的发展和质量的提高。行业骨干重点企业先后建立了较完善的质量保证体系，产品质量较好，产品合格率一直处于行业较好水平。南京、苏州、大连、抚顺、醴陵、淄博、景德镇、重庆、闽清、唐山、辽源等11个电瓷厂，均全面完成了1993年机械工业部的质量考核指标。南京电瓷总厂110kV及以上大棒形和大瓷套的全过程合格率分别比考核指标高出23.65和13.37个百分点；抚顺电瓷厂110kV及以上的大棒形和大瓷套分别高出14.47和17.04个百分点；大连电瓷厂悬式产品高出7.05个百分点；重庆电瓷厂针、悬式高出18.77和8.79个百分点，闽清电瓷总厂针、悬式高出20.03和20.38个百分点；唐山高压电瓷厂110kV及以上大棒形高出15.72个百分点。1993年全行业各类产品全过程合格率最好的水平是：闽清电瓷总厂的针式产品，比上年提高了1个百分点；南京电瓷总厂的悬式产品，比上年提高2.75个百分点；淄博电瓷厂的瓷横担产品，比上年提高2个百分点；南京电瓷总厂的110kV及以上的棒形产品，比上年提高8.29个百分点；南京电瓷总厂的110kV及以上的瓷套产品，比上年提高10.27个百分点。

根据国家技术监督局下达的国家监督抽查户外棒形支柱绝缘子的产品质量任务，国家绝缘子避雷器质量监督检验测试中心对14家企业的14个35～220kV户外棒形支柱绝缘子产品进行监督抽查，合格的有12家企业的12种产品（其中达到一等品的有两种产品），抽查合格率为85.71%，不合格的有两个企业的两种产品，占14.29%，与前两次国家监督抽查该种产品的合格率相比，有较大幅度的提高，而且国家大型骨干企业（西安、南京、抚顺、醴陵等电瓷厂）的抽查合格率为100%，中小型企业为80%，不合格的两家企业的两种产品，经过认真整改，稳定和提高产品质量，通过检验复查均已全部合格。

为了进一步贯彻执行原机械电子工业部一装司机电发（1991）099号文要求，仍对23个主要电瓷厂的悬式绝缘子和110kV及以上的棒形支柱绝缘子出厂检验的机电（机械）强度和电气性能保证值进行定期分析评价。据统计1993年悬式绝缘子的机电破坏负荷检验结果，84个产品中其保证值（$\bar{x}-3s$）达到或超过标准值要求的有52个产品，61个产品中工频击穿电压的保证值达到或超过标准值的有50个产品，比上年提高了2.41个百分点；其中有大连、南京、醴陵、西安、苏州、淄博、自贡、红星、石家庄等电瓷厂的悬式产品机电破坏负荷保证值较高。110kV及以上棒形支柱绝缘子的弯曲破坏负荷检验结果，其保证值（$\bar{x}-3s$）达到或超过标准值要求的产品，比上年提高了24个百分点。对此，重点产品的主要性能及产品质量状况汇总统计分析评价结果，通报各企业及上级有关单位，以促进各生产厂重视质量，加以改进和提高。

为了提高悬式绝缘子质量，开拓国际市场，提高在市场上的竞争能力，悬式绝缘子耐陡波性能及其试验方法的研究是目前国内外高压输变电领域中的一个重要课题，而且作为评价悬式绝缘子是否合格的重要依据之一，我国悬式绝缘子生产量大且有相当比例的产品出口，但大都仍未将陡波试验列入试验标准。为此，对试验方法及试验装置开展了大量的研究；1993年对西安、大连、南京、醴陵、苏州等12家电瓷厂提供的标准型和耐污型悬式和针式绝缘子共40多个批次的产品，用不同的方法进行陡波冲击试验，普查和进行了大量的验证试验工作，提出了较全面、具体、可靠的验证报告，为我国针、悬式产品开展陡波冲击试验工作，提高悬式绝缘子耐陡波冲击性能，奠定了一定基础。行业内开始推广陡波试验，西安电瓷研究所、大连、淄博、闽清等电瓷厂已建立了陡波试验装置，有的已开展了工作。高压线路绝缘子陡波试验方法标准已审查通过。

根据机械工业部科技与质量监督司下达的优等品评定计划任务，国家质检中心进行了产品抽样检测和企业必备条件审查等评定工作。1993年南京电瓷总厂的110kV630A系列电容式变压器套管和大连电瓷厂70kN级悬式绝缘子评定为优等品。

本行业500kV及以下输配电用的绝缘子避雷器产品，绝大部分产品达到国际标准水平，部分指标达到了国际先进水平。1993年经批准实施的国家标准三项、部颁标准六项；完成报批稿上报的国家标准三项、行业标准三项。

为贯彻近年来新颁布的20多项标准，对行业各厂组织举办“宣贯学习班”；为满足电力工业飞速发展，提高设计人员、运行维护人员的素质，举办了“绝缘子防污闪研讨会”，以达到了解污闪原理、主要污闪事故及原因，提出防患措施和方法等。

技术改造及技术引进 1993年本行业根据国家和地方安排进行的技术改造费用共完成投资额22627.52万元，主要用于发展和稳定500kV大瓷套，包括SF_6断路器高强度瓷套、耐污型瓷套，高强度大棒形、耐污型支柱，高强度直流耐污悬式绝缘子，有机复合绝缘子，钢化玻璃悬式绝缘子，氧化锌避雷器等产品及其提高110～500kV级上述产品的生产能力和制造水平、充实电瓷行业研究所的科研、试验、检测条件和扩大生产能力的条件。力图把行业的科研生产水平较大地跃进到一个新的水平。

1993年列入机械工业技术改造国家重点项目的单位有抚顺电瓷厂、南京电瓷总厂、闽清电瓷总厂、苏州电瓷厂、西安高压电瓷厂、醴陵电瓷厂、大连电瓷厂、上海电瓷厂、红星电瓷厂、萍乡电瓷厂、唐山高压电瓷厂等。许多企业都相应地利用地方投资和自筹资金进行了技术改造。如自贡电瓷厂、重庆电瓷厂、淄博电瓷厂淄川分厂、安口电瓷厂、嘉兴避雷器厂、个旧高压电瓷厂、长治电瓷厂、石嘴山高压电瓷厂、睢县电瓷厂、少林电瓷厂及电瓷避雷器产品配套的山东临沂玛钢厂等。1993年电瓷避雷器行业主要企业技术改造完成情况如表14。

1993年在对外技术合作、合资办厂工作中，本行业采取请进来、走出去合资办厂的方法，如西安高压电瓷厂向泰国输出氧化锌避雷器技术，已完成非标设备设计、产品图样设计和产品样本交付泰方等工作；苏州电瓷厂与印度尼西亚合资在印尼办的苏瓷—沙地绝缘子工厂已批准，进入双方共同筹建厂房、设备阶段；自贡电瓷厂与法国塞地维尔公司签订了合资经营组装生产钢化玻璃绝缘子合同，目前正作投产准备；佛山电瓷厂与外商合资成立了广明熔断器有限公司，发展电瓷电器产品，现正进行技术设备的引进；博山电瓷厂与美国钦达世界贸易公司合资生产氧化铝陶瓷基片，设备已安装调试；章丘电瓷厂与台湾朝尊实业股份有限公司合资

表14 1993年电瓷避雷器行业主要企业技术改造完成情况表

厂名	完成投资额(万元)	用途
南京电瓷总厂	12796.82	玻璃悬式绝缘子技术引进项目，完成投资12471万元 技术措施大小项目45项 火花塞装配生产线技改收尾
苏州电瓷厂	1889	完成“八五”技改出口专项 供气工程及污水处理回收废水项目 微机控制车底窑工程
闽清电瓷总厂	902	扩大高压熔断器出口能力技改项目，完成土建528m²，设备84台(套)等
西安高压电瓷厂	701	完成大瓷套厂房生产线二期工程，已进入调试阶段 完成240m²冲击电流发生器检测装置和造粒塔，并投产 扩大高强度制泥生产能力，设备安装就绪，进入试生产阶段 中强度料方生产线基本完成及中央试验室釉料间改造工作 完成煤气站扩建工程投资510万元
醴陵电瓷厂	459	完成电器车间土建工程1512m²的接跨技改项目，实现当年立项、施工、见效 等静压成形工程之冷等静压机安装调试成功，达到额定工作压力，投资109万元 土建面积325m²的新厂区配电房交付使用，配电能力由原来的750kV·A增容至1000kV·A
抚顺电瓷厂	194	迁建一期工程验收投产，完成当年产值1100万元，当年盈亏持平。二期工程正在批复中。电容套管车间技改项目完成投资194万元
上海电瓷厂	250	完成两座40m³全自动煤气高速烧嘴车底窑并已投产
萍乡电瓷厂	185.5	新建高强度柱式生产线，对100m隧道窑进行改造，提高车速和容量、节能，当年创效益35万元。改63片榨泥板的液压榨泥机为100片榨板，年增榨泥产量1000t
唐山高压电瓷厂	130	完成技术改造配套项目16项。主要完成扩大避雷器生产线和金刚砂洗选污水处理工程，拆除9座煤烧倒焰窑和两座烟囱，更换1#和2#车底窑烧嘴等
湖南电力电瓷电器厂	327	完成各项技术配套改造，其中锅炉改造180万元
红星电瓷厂	815	完成煤气发生站、煤气烧隧道窑、煤气烧车底窑各一座，并开始调试
山东淄博电瓷厂淄川分厂	700	对老厂全面改造，建造一条90m煤气烧隧道窑和直径2m的煤气发生炉配套工程，对原粉碎、制泥、成形等机械设备进行了改造和更新，安装了供暖设备，建立了针、悬式高压电检试验站及11730m²厂房和原料成品库等

成立的济南荣泉陶瓷有限公司，设备已到货；南京电瓷总厂与德国博世公司合资生产火花塞已完成了项目可行性研究报告并签订了合同章程，同时与德国三角集团签定了电瓷加工返销合资项目的协议书；抚顺电瓷厂与泰国裕达实业两合公司签订了合资办厂及开发市场协议书，与香港雅满发有限公司及印度尼西亚的必利幸达公司签订了合资建24kV氧化锌避雷器组装厂协议书，与印度尼西亚合资建电瓷厂的意向书，与英国的Bnshing公司和德国的HSP公司分别签订了合资建电容式套管分厂意向书；上海电瓷厂同美国科纳公司签订了合资意向书；少林电瓷厂与亚洲企业联合投资发展公司合资扩建，洽谈投资4000万元。

市场及销售 随着电力工业的迅速发展，国内市场电瓷避雷器产品需求量也随着增加，1993年根据35个电瓷避雷器生产厂的统计，国内销售收入为133209万元，比上年增长54.36%，工业产品销售率为105.1%；国外销售收入为13574.94万元（人民币），其中出口创汇较多的企业有：闽清电瓷总厂613.53万美元、大连电瓷厂601.4万美元、南京电瓷总厂315.4万美元、苏州电瓷厂1636.2万元（出口收购总值）、醴陵电瓷厂1525万元（出口合同销售额）、萍乡电瓷厂137万美元、西安高压电瓷厂92.46万美元、抚顺电瓷厂311万元（出口产值）。出口产品销售北美、南美、东南亚、西欧和香港、台湾地区。

〔撰稿人：西安电瓷研究所　郑娉婵、田德起　审稿人：西安电瓷研究所　周义华　机械工业部　乔振西〕

四、保护继电器及装置

生产发展情况 1993年本行业生产继续保持高速稳步向前发展，与上年相比经济增长速度明显加快。全行业累计完成工业总产值55449万元，比上年的43244万元增长28.2%；实现产品销售收入74265万元，比上年的46749元增长58.9%。虽然经济增长速度快，利税增长幅度也较大，但各企业之间发展并不平衡，19家企业有3家企业的工业总产值低于上年同期水平，有5家企业的利润总额比上年同期有所下降。有些企业资金仍处于紧张状态并继续受"三角债"困扰，使企业还没有真正摆脱困境。从1993年度行业企业经济效益指数看，行业一些小厂由于注重新产品开发，让新产品占领市场，把企业计划经营管理模式转向商品经济和市场经济，给企业带来了可观的经济效益。鞍山继电器厂全年新产品产量占总产量的36%，新产品不变价产值实现86万元，占总产值的16.8%，苏州继电器厂认真分析本企业在销售方面的优、劣势，制定相应销售策略，在产品质量和人员素质上下功夫，经济效益指数居全行业之首。成都继电器厂认真贯彻执行《转换经营机制条例》，抓经营，抓市场，全年完成工业总产值887万元，比上年增长164.8%，实现利润1.4万元，扭转空亏20万元，使企业从连续两年亏损变为盈利，走出低谷上台阶。

行业主导厂许昌继电器厂积极开拓市场，订货额达2.4亿元，阿城继电器厂推行"日核算动态管理法"，使企业管理实现快节奏，高效益并步入良性循环发展轨道，该管理法1993年2月荣获国家级管理创新成果奖。

1993年4个重点、骨干企业经济指标与产品产量情况如表15所示。

新技术与科研成果 北京继电器厂推广应用的高节能、节资新材料——铜基体镀银氧化镧合金触点，其硬度、耐硫化性能都优于纯银触点，容量比纯银高一倍，节银率高达90%以上，节约资金每公斤400元，这种新材料已在DL−10DJ−100系列电流电压继电器和DH−2H／8型重合闸继电器中应用并将在中间，信号等继电器上推广应用。

表15　1993年保护继电器行业主要企业的经济指标与产品产量

企业名称	工业总产值(万元)	商品产值(万元)	销售收入(万元)	利润总额(万元)	人均利税额(万元)	继电器产量(万只)	保护屏控制屏(面)	自动化装置(套)
阿城继电器厂	17018	21740	22152	1369	4287	50	9607	
许昌继电器厂	15817	19719	23993	1759	10214	56	11799	9103
上海继电器厂	5302	7213	5975	8.5	2706	36	2050	140
遵义长征电器八厂	1545		1505	60		0.9	337	

在工艺攻关中，阿城继电器厂的24工位硬质合金级进模具项目已提前于年末一次试压成功并投入生产，解决了多年来时间继电器的时间机构复差大、发卡等质量问题。许昌继电器厂采用屏体闪光对焊定位装置提高对焊精度，采用型材解决屏门密封老化问题。

在行业"八五"国家重大技术装备科技攻关项目中，许昌继电器研究所承担的有500kV变压器、600MW机组微机保护装置的研制已完成单模块动模试验、硬件修改、调试装置配管理机和软件编制。电气化铁路用继电保护及自动化装置中第1、2分专题、样机已在丰西变电所试运行，第4分专题已完成动模试验，对阶段研究成果进行了研讨。500kV线路微机保护装置研制的3个分专题样机调完已做动模试验。其中一个分专题样机在四川试运行。阿城继电器厂承担的2个分专题样机加工调试已完，正在做型式试验。上海继电器厂承担的1个分专题已完成模拟样机动模试验。

为更快促进继电器及继电保护产品早日进入国际市场，国家继电器检测中心向国家商检局和河南省商检局提出申请，由该中心成立商检试验室，经省商检局组成的验收小组对该中心的管理制度、工作环境、检验能力、管理手段及仪器、设备等诸方面进行了严格考核，认为该中心能满足商检试验室的要求并批准作为省商检试验室。它将担负本行业继电器及继电保护产品进出口的商检任务。

新产品 1993年全行业开发研制新产品近138项，阿城继电器厂有105项通过了鉴定或评议，许昌继电器厂研制的近30项新产品中有13项将参加两部鉴定或评审。北京继电器厂有5项通过了鉴定。长沙继电器厂研制生产的PK−21／8R型控制屏和PB−21／8R型保护屏在结构上较新颖，可组成各种继电控制屏和保护屏。该产品于1993年8月通过了部级鉴定。鞍山继电器厂开发的66kV微机综合自动化装置是集微机变压器保护—线路保护—开关保护—电容器保护和供电、远传、测拉等装置为一体的综合装置。该产品具有自动化程度高，抗干扰能力强，工作速度快，操作简单，维修方便和体积小以及节能、节材、节地等特点，可望1994年初交付使用。许昌继电器厂研制的WXH−33微机短线路距离保护，微机同杆并架双回线保护，县调远动装置三种新品正在装样机。微机大机组发、变成套保护、微机母线保护进入动态模拟试验。

行业管理 按照社会主义市场经济体制的要求，中国电业工业协会继电器及其装置分会做了大量工作，发挥了组织、服务、沟通、协调与监督作用。分会针对本行业生产的保护继电器因元器件、原材料、燃料的涨价及各种费用的增加导致产品成本加大，影响企业经济效益的情况，及时召开了行业厂长会议，协助企业合理调整了保护继电器产品价格，理顺产销价格关系，使企业获得了较好的效益。为适应复关后的新形势，组织编写宣讲了关贸总协定与标准工作信息，建立与国际标准接轨的国家标准体系，确定等同采用IEC255系列标准作为国家标准体系原则，为促进国际合作交流与贸易创造了条件。同时开展了行业标准网和情报信息网工作，为行业新产品开发，提高产品质量发挥作用。

分会组织了继电器专家研讨会，就产品质量、技术开发、引导市场等问题进行了研讨。专家们对我国电力发展十年规划发电设备装机容量信息以及高新产品开发、加速微机式线路保护、主设备保护装置的研制与推广、采用先进测试手段、提高产品工艺结构水平、完善质量保证体系等具体问题提供了有价值的建议方案，为行业的发展起到推动作用。

分会为落实新会计制度的贯彻执行，组织了行业财会工作会议，交流财会工作经验与信息，探讨和解决企业面临的资金紧缺等问题的对策。

北京继电器厂为扩大再生产10月将北京第二电碳厂兼并改为北京继电器厂第一分厂；成都继电器厂为适应市场和“复关”后的形势与成都机车厂合资成立了成都通达电器公司，生产的密封微型继电器80%外销，苏州继电器厂为调整产品结构和发展生产，经有关上级主管部门批准与原合并一起的空调器厂分离。

在“工艺突破口”工作中，阿城继电器厂为适应市场经济需要，对工艺管理机构进行了调整，严格工艺纪律，与经济责任挂钩，全厂工艺贯彻率保持在98%以上。

1993年国家继电器产品检测中心为早日开展产品认证，认真学习有关文件，按国际上发达国家的优秀试验室行为准则和ISO9000质量保证系列标准的有关试验室资格要求找差距，为建立合格检验试验室做准备。

质量及质量管理 国家继电器质量监督检验中心1993年初接到国家技术监督局下达的对本行业生产的“中间继电器”进行抽查任务，二季度中心人员分七路赴华北、东北、华东、中南、西南等地对拟定的30个企业36种产品进行抽样检验工作。检验结果表明，合格产品21种，不合格产品15种，产品合格率为58.30%。通过这次抽查检验，反映了仍有一些企业的素质较差，特别是中小企业的技术力量比较薄弱，设施简陋，对产品质量还没有足够认识。为帮助企业提高质量，增强企业的质量意识，质检中心于当年8月组织了不合格产品企业的厂长会议，让厂长们学习“质量法”使其认识到在市场经济体制中，产品质量的重要性，同时帮助企业分析产品不合格原因，为企业产品整顿工作提供了信息，提出了方向。

1993年各厂把强化质量意识，严把质量关作为深化企业改革内部管理的一项措施。阿城继电器厂开展质量攻关，完善检测手段，列优质工程使产品质量稳步提高，企业荣获了第23届国际商业信誉奖。许昌继电器厂制定与修订了30多项质量管理标准，办了三期质量教育学习班，认真贯彻GB／T19000系列标准，从质量管理系统上严把质量关。鞍山继电器厂质量管理从一线生产开始，对小的隐患不放过，执行质量否决权，全年产品一次交检合格率、一等品率等各项质量指标都大幅度提高。

全国继电器、继电保护及自动化装置标准化技术委员会负责技术归口和标准起草工作，1993年完成制订、修订标准项目12项，其中国家标准5项、行业标准7项，按要求完成了IEC TC95秘书处及IEC中央办公室24件94页文件资料的分析、研究和投票表态。该委员会组织翻译、打印出版两项IEC正式标准，即IEC255—22—4《快速瞬变干扰试验》和IEC255—7《有或无机电继电器试验和测量程序》，并派员参加了IEC TC94及

TC95 1993年特拉维夫（以色列）国际会议并提出一份提案。

技术改造及技术引进 阿城继电器厂300MW、600MW火电及大型水电机组成套安全监控保护装置与元件的专项技术改造计划总投资1090万元，年末已完成总投资930万元，预计1994年10月全部竣工投产。长征电器八厂投资115万元进行低压车间厂房建造，购置数控绕线机两台，液压折弯机一台及耐压试验设备等。许昌继电器厂技改总投资3470万元，1993年完成2160万元，投资320万元的原装置厂房改造已完工并交付使用，投资560万元新建大件喷漆厂房正在施工。

1993年长征电器八厂引进生产的漏电开关国产化率已达95%，超声波焊接设备电极实现国产化，产品已大批量生产，质量已处国内领先地位。

在引进外资方面，成都继电器厂与香港宝天有限公司共同出资组建成都宝成电器有限公司，拟从事拼块模拟屏配套元件的生产。

市场及销售 1993年全行业销售收入74265万元，比上年的46749万元增长58.9%。市场的需求和变化是企业间竞争焦点，北京继电器厂根据用户需求对产品结构进行了调整，总承接订货资源2150万元，销售回款1840万元。各厂通过市场探索，明确本企业产品在市场中的位置，感到一些常规老产品已不适应市场需求。用户对高新技术产品，尤其微机型产品十分青睐，为此促使一些企业积极开发这类产品，用新产品去开拓和占领市场。北京继电器厂、鞍山继电器厂、苏州继电器厂、长沙继电器厂等行业小厂就是靠开发新产品给企业带来一定的经济效益。许昌继电器厂通过大力宣传和推销高新技术产品，全年实现销售额4644万元，占全年各类屏总销售额的35%，比上年新产品销售额增长27.8%，高新技术产品占有比率大幅度上升。

为开拓国际市场许昌继电器厂参与国际投标项目近30个，项目主要是东南亚等地区20多个国家，已签约6项，总计成交额3270万元，其中2项已按合同执行完毕。

〔撰稿人：许昌继电器研究所　白玉芬　审稿人：许昌继电器研究所　钟锡龄　机械工业部　乔振西〕

〔电力工业部〕

生产发展情况 1993年由于改革的要求，电力工业部系统从事高压输变电设备制造的企业由原55家减为24家。这24家企业在激烈的市场竞争中，立足电力建设，在资金短缺，生产任务不足的逆境中，1993年生产大幅度增长，各类输变电产品产量都程度不同地较上年提高。各企业的方针是“以销售促生产，全力抢占市场制高点；以改革为动力，力求效率效益大提高。”经全体职工的共同努力、艰苦奋斗，转换经营机制有了突破性进展，经济效益上了一个大台阶，不少企业出现了超常规发展的新局面。工业总产值完成了10.04亿元，比上年增长了18.9%，工业增加值完成了2.6亿元，利税总额6705万元，出口创汇8450万元。

1993年生产呈增长势头，其特点是随国家电力工业建设的发展而全面发展。1993年完成的重大生产任务有：山西电力开关厂为国家重点工程太二电站扩建制造的配电盘、柜427面，为太榆公路配箱式变电站4台。山西电力制杆厂在工期紧、质量严、任务重的情况下共签订了24项重点工程106份合同，合同完成率100%，其中有：万家寨引黄供电工程、孝柳铁路供电工程、内蒙古送变电工程、侯月铁路供电工程和翼城220kV变等近40条线路与变电站以及太原二电厂扩建、太原飞机场扩建等工程。陕西电力线路器材厂生产的电杆产品在330kV蒲北线、330kV蒲城升压站、延安变、耀县变、110kV宝中电铁、渭河电厂三期扩建工程和邮电、铁道系统线网使用；同时新疆220kV托油线、宁夏固原110kV瓦亭变、三营变、七营变、固原变、青海110kV花南线、黄小双回路、兰汤、兰史、南滩T接线、深圳220kV龙华变等重点工程中也使用该厂产品。鞍山铁塔制造总厂承揽了上海送变电“南黄二回”、广西岩柳线、山西罗雷线、甘肃金嘉线、沈阳锦辽线、浙江绍瓶线、北京河北丰沙线的铁塔制造任务12370t，并为巴基斯坦出口工程制造铁塔7000t，创汇533万美元。成都电力金具总厂的生产发展趋势以500kV超高压、高海拔、重冰区、高等级金具产品需求为代表，各类电压等级的不同规格产品呈多样化，在1993年全面完成了贵州、云南“东干”线、盘普、盘水线、山西平遥、大坝固原等重点工程的金具供货任务。武汉铁塔厂1993年生产发展趋势和特点是：国外任务比重大、铁塔任务不均衡；国外铁塔共计2678t，占年产量的38%；国内完成的重大工程任务有：500kV云南漫昆输电线、500kV湖北隔换线、220kV湖北隔河岩出线监洪输电线、220kV内蒙东昭线、220kV江苏庆安线、110kV甘肃白—西—吴线、330kV青海龙黄改线、500kV湖北葛双Ⅱ回抢险工程。

新技术与科研成果 成都电力金具总厂1993年开发了新的电力金具品种63个，其中以各类非标变电金具为主，并完成了美国栅栏件109个品种中的80个品种产品设计图和工艺设计及工装模具制作。南京线路器材厂研制的新品98种，科研项目25个。由该厂与南京航空学院联合开发研制的电力金具计算机辅助设计系统通过了省级鉴定、该厂为西北330kV输电线路开发研制的FFJQ-405两分裂阻尼间隔棒也于11月份通过了江苏省电力局组织的评审。四平线路器材厂共接受八项科研课题，试制完成了六项，创产值250万元，利税230万元；用于国家重点工程的跨海金具、无螺栓耐张线夹、重冰区高海拔金具及可过飞车阻尼两分裂间隔棒已订货生产；该厂研制的防松防盗型铁塔螺栓被东北电管局推选为定点生产厂，并获国家专利。兰州电器厂采用热塑带新材料、冷压接新工艺和导向油冷却新技术使产品质量大大提高。四川内江变压器厂在新技术、新工艺方面取得重大成绩，S_8 系列变压器打破传统设计的线圈结构，在绕线模的设计和加工上都有新的突破。该厂散热管改型全套模具的设计工作使新管型较旧管型节油 17%，并具有弯管无皱纹、焊接和喷漆工艺性好、外形美观等特点。四川宜宾变压器厂研制了 TESZ-1250／35 型调压器，将攀枝花电力局平顶电站两台 SFS_7-10000／110 型无载调压变压器改为有载调压变压器，满足了电厂要求，并节约改造费用 70%；为满足用户的特殊要求，该厂研制了 BS_9-1000／6 型防腐变压器；在重大技术装备研制方面，该厂下大气力设计制造了 7200×4900×5000 立式真空罐、5T9M 装配架、40t 铁心翻转台，并设立高压试验室，购置 Q12Y-20×2500 剪板机、GQ-1000 型硅钢片剪切线、真空滤油设备各一台套。广州电力设备厂申办了立式绕线机、合股包纸机两台机具的技术鉴定，消化国外先进技术，研制 220kV 高阻抗壳式变压器，此产品是国内首创并列入电力部、广东省重点开发计划，试制工作已基本完成，预计 1994 年 5 月份可鉴定。鞍山铁塔制造总厂研制了铁塔加工专用机械塔材铲背机，大大提高了生产效率。南京电力自动化设备总厂瞄准国际最高水平，产品的发展方向已由过去的分裂元件向微机化、综合自动化发展，产品的开发方式除自己开发外，积极与国内大专院校和国外大公司合作或合资，进行联合开发，与德国西门子公司合资成立了西门子电站自动控制有限公司，与华北电力学院等四单位联合成立了四方公司；WXB-15 型微机高压线路保护装置，性能和主要技术指标处于当前国际领先水平。陕西电力线路器材厂配合电力设计院、西安供电局等单位共同完成了 110kV 双回路大转角钢管电杆的试制和试验工作，完善了产品系列，并完成了钢管电杆环缝自动焊和等径 400、220kV 预应力水泥电杆骨架模外成型和张拉工艺改进。山西电力开关厂研制了 KYGG-Z-10(6)F 矿用真空开关柜、GW5-35、GW4-110 户外交流隔离开关等新产品，同时高压电路套管浇装用材料的研制也取得了进展。江西电力修造厂与省电力设计院联合开发了钢管混凝土电杆，现已进入试制阶段。湖南电力电瓷电器厂全力推行科技兴厂方针，重奖开发新产品的有功之臣，在 1993 年度获得了 36 项科研成果，获奖情况如表 16:

表 16　1993 年湖南电力电瓷电器厂科研成果获奖情况

产品名称	型号规格	奖别、等级
电流互感器	LB_{10}-220WB	湖南省科技进步一等奖
电压互感器	JDCF-220WB	湖南省科技进步三等奖
电流互感器	LB_{11}-220WB	电力工业部科技进步一等奖
电压互感器	JDCF-220WB	电力工业部科技进步二等奖
耐磨陶瓷橡胶衬板		华中电管局科技进步二等奖
电压互感器	JDCF-110WB	华中电管局科技进步三等奖
电流互感器	$LCWB_6$-110B	湖南省科技进步推广二等奖
电压互感器	JCC_6-110B	湖南省科技进步推广三等奖
耐磨陶瓷橡胶衬板		湖南省电力局科技进步一等奖
电压互感器	JDCF-110WB	湖南省电力局科技进步二等奖
高压限流熔断器	RN_2-10／1.0	湖南省电力局科技进步三等奖

以上科技成果创利税 332 万元，LB_{10}、LB_{11} 产品系列主要技术参数达到当前国际先进水平，填补了国内空白。水利电力地质勘探研究所工厂制造的 a XZK／T4 新产品，取得成果 2500 系列全部通过国内的各种试验，现进入工业性试验，此产品采用柜架式分层结构，绝缘导线加交叉换位技术，具有体积小、重量轻、散热条件好，成本较全封闭式阻波器低，其技术水平可达到国际开放式的先进水平。该厂采用自制新型矩形绝缘导线，是阻波器的关键材料，绝缘强度高，耐机械冲击，成本低，此导线国内尚无生产单位，可广泛用于一切使用漆包线、丝包线、膜包线的一切场所，是一种很有前途的新型绝缘导线，经济效益可观。为解决加工 3240 绝缘材料板困难，该厂专门研制金刚石龙门磨削加工设备，大大提高劳动效率，改善了工人的劳动环境，减轻了劳动强度，并研制出金刚石切割 3240 板的切割机床，比原来提高效率数十倍，在重大技术装备研制与重大技术项目上也取得可喜成绩。湖南电力线路器材厂对直径 500mm 大型等径预应力砼电杆进行了改进，此产品属国内首创，不仅降低了输变电工程造价，提高了经济效益，同时也为扩大预应力电杆的使用范围，打入国际市场准备了条件。该厂混凝土电杆纵向裂纹研究项目，获得了湖南省科技进步二等奖，该项目的研究处于国内领先地位，它可使 220kV 以上带纵裂不超过 0.3mm 缝宽水泥电杆继续使用，仅湖南省 220kV

以上的输电线路，可节约资金400万元。北京电力设备总厂在生产中采用新技术、新工艺、新材料的实验发展活动，共完成技术开发项目22项，其中用于新产品的11项，新技术8项、新工艺2项、新材料1项；科研课题10项，科技发展经费341万元，完成的3项科技成果投入2000万元，实现产值3000万元，实现利润200万元。

新产品 1993年电力工业部高压输变电行业共完成部级鉴定的新产品共35项。其中有代表性的新产品介绍如下：

湖南电力线路器材厂研制的FJZ-B445／400铰链阻尼钢板间隔棒，属国内领先水平，用于500kV架空线路，已同意申报专利，其生产成本此原成本低30%。

湖南电力电瓷电器厂开发的LB_{10}-220WB、LB_{11}-220WB、JDCF-220WB三种电流、电压互感器主要技术参数：额定电压：220V，准确级：0.1级、0.2级；准确限值系统：25、30（5P）；仪表保安系数：FS≤5；动稳定电流：170kA；短时热电流：63kA、3s；额定绝缘水平：252／395／950kN；额定电压比：$\frac{220}{\sqrt{3}}/\frac{0.1}{\sqrt{3}}/\frac{0.1}{\sqrt{3}}/0.1$kV；准确级：0.2级；额定负荷：0.2级100V·A，0.5级150V·A；保护级3P级400V·A；剩余电压绕组：3P级300V·A；局部放电量：＜10PC。这些新产品共创收入1670万元。

湖北襄樊电力设备厂研制的合成绝缘子通过部级鉴定尚属首次，它标志着我国合成绝缘子生产已具备满足国内最高电压等级应用需要的能力，该厂此产品已被列为1993年国家级新产品和三峡工程配套设备。其主要技术参数：额定电压35～500kV，额定机械破坏负荷70～160kV，耐漏电痕迹电压6～7kV，属国际先进水平；污闪电压较瓷绝缘子高2～3倍，而重量仅是其1／7～1／10，全年产量2.3万支，产值1025万元，有良好的社会效益。

山西电力开关厂研制的NXB-10型箱式变电站1993年2月通过部级鉴定。主要参数：额定电压0.22～10kV，最高工作电压11.5kV，额定电流400～1600A；稳定电流10～30kA，二次回路60V＜UN＜300V，工频耐压300V＜UN＜600V，工频耐压42／48，雷电冲击耐受电压75／85，高压熔断器开断电流50kA，变压器容量400～1250kA。此产品在国家重点工程太榆公路工程上发挥了很好的社会效益，并实现利润20万元。

广州电力设备厂9型SFZ9-31500／110（H）和SFZ9-4000／110（H）两台有载调压变压器1993年底通过电力工业部鉴定，其损耗比原7型更低、阻抗高，质量更好。

河南漯河电力器材厂生产的新产品中20万伏级以上线路金具品种有：XGU-4、NLD-4、NUT-3、LX-3、ND-202，在商丘电厂装机运行，比原产品提高使用寿命100h以上，满足了用户的需求。

行业管理 高压输变电行业在1993年注重加强行业管理，发挥整体作战优势，取得了良好成绩。

武汉铁塔厂500kV输电线路铁塔1993年获得电力部颁发的生产许可证。在部对该厂电杆产品质量及质保条件进行复查时，一次终审合格，并批准该厂直径300～500mm、直径190～283mm钢筋电杆为一等品，并颁发电力工业部生产许可证。在“工艺突破口”工作中，该厂把重点放在生产制造过程，对电杆生产开展了工序调查，督促搞好工艺整改工作，建立工序管理点5个，定置管理点4个，工模夹具改造两项，使工艺整改工作收到明显效果，产品质量主要缺陷合缝跑浆出现次数比整改前下降了10.5%，钢圈制造合格率达97.5%，比整改前提高了5%，工艺纪律执行情况良好。

成都电力金具总厂在1993年3月经电力部金具质量检测中心复查，通过了可锻铸铁件、锻件、有色金属和铸铁四大类产品生产许可证的复查。

云南电力线路器材厂通过了电杆和铁塔许可证的复检工作，电杆报部免检发证。

陕西宝鸡铁塔厂的500kV铁塔生产许可证复查合格。

吉林四平线路器材厂1993年4月电力部对金具产品许可证复查，经过现场、设备情况、质量管理、执行工艺等情况的复查，给予很高的评价。

兰州电器厂建立健全了工艺规程，严格工艺纪律，取得了连续7台110kV级的大型变压器一次感应试验成功出厂的好成绩，在用户中引起极大的反响，赢得了信誉。

辽宁鞍山铁塔制造总厂加入了中国输电线路铁塔行业管理协会，并被国家批准为扩大机电产品出口企业。

陕西电力线路器材厂生产的电杆在省砼制品检测站组织的行检中名列前矛，由电力部颁发了生产许可证，1993年通过了省行业优质品复查，已连续5年获此殊荣。

山西电力制杆厂1993年获得了电力部、建设部、国家建材局颁发的电杆、排水管、预应力大型屋面板的生产许可证。

山西电力开关厂是全国高压开关行业协会的理事单位之一，该厂参加行业协会的活动，特别是产品结构、价格、技术协作享受了优惠待遇，企业深感在信息上多开了一条渠道。该厂产品DW_1-35G型、DW_2-35型、DW_2-35型、DW_{13}-35型、DW_{13}-35R型多油断路器、PGL-$\frac{1}{2}$系列低压配电盘、CD_2-40XG电动机构、KYGG-Z-10（6）F矿用开关柜、NXB-10型箱式变电站在1993年均取得了部颁产品许可证。该厂在“工艺突破口”工作方面，抓了完善、统一、正确的工艺文件管理，并按照工艺要求完善了装备。该厂1993年6月参加了华北电力集团。

湖北襄樊电力设备厂在电力系统修造企业中率

先组建了股份制试点企业——襄樊电力设备有限责任公司，他们以“工艺为突破口”完善工艺文件，设计编制工艺标准，制订完善工艺管理制度12种，使产品工装齐全，并加强定额管理，降低生产成本，提高经济效益。该公司1993年收入600万元，利润112.5万元，年红利率40%，资本利润率高达126.7%，很好地解决了国有资产保值增值问题，并为建立以企业法人财产权为核心的现代企业制度奠定了良好的基础。它使企业成为“四自”企业，使职工连心服心，真正成为主人。

质量及质量管理 1993年在国家暂不评优的形势下，我部高压输变电设备行业并未放松产品的质量及全面质量管理。各企业坚持“质量第一，用户至上”的兴厂方针，建立了一整套质量保证体系和科学管理方法，从原材料购入直到产品出厂的一系列工序都得到严格控制，使整个生产过程处于受控状态。1993年各企业还突出抓了售出产品质量的跟踪服务，受到用户好评，同时还宣传、贯彻了GB／T19000系列标准，该标准是走向国际市场的通行证，为使高压输变电产品参与国际竞争，在质量保证体系上下功夫，各质量检测中心，对高压输变电设备产品进行了测试检查，全年发放《工业生产许可证》金具92个，铁塔53个。

1993年质量工作抓得好的单位有：湖北襄樊电力设备厂坚持“两高”、“两低”（一次交检合格率高、优质品率高、废品率和返修率低），宣贯GB／T19000系列标准，主导产品达到国际标准；合成绝缘子、GGD低压柜、真空净油机全年抽查合格率为100%。四川宜宾变压器厂以现场质量考核为突破口，产品质量考核与效益、工资、奖金直接挂钩，使产品质量稳定，经四川省技术监督局抽查S_7-315／10变压器质量为一等品。四川内江变压器厂，坚持“以质立厂，内变产品让全体用户满意”的方针，产品合格率为100%，全部产品采用国标电工委员会IEC标准。兰州电器厂生产的S_7-20／10-315／10系列电力变压器全部为一等品，被甘肃省评为质协优秀单位。吉林四平线路器材厂生产的电力金具用于电力重点工程：丰—沙线、神—大二回被评为优质工程；该厂生产的电力金具采用国际电工委员会标准IEC120、IEC137。成都电力金具总厂保持了208个品种省优产品称号，并开展了创名牌活动。

技术改造及技术引进 1993年高压输变电行业共投入技改资金8537万元，对提高产品质量，改善企业后劲不足现象起到了积极作用。各企业还努力拓宽资金渠道，招商引资活跃。

四川成都电力金具总厂新成立栅栏分厂，专门从事出口美国标准产品的制作包装，现已形成规模能力。该厂参与省政府代表团在香港的招商引资，达成意向性合资项目五项，金额335万美元。

南京线路器材厂抓了可锻铸铁退火炉改造、线切割机床改造等5个项目，产品质量、加工精度大大提高。

辽宁鞍山铁塔制造总厂从意大利菲茜普公司引进两条多功能铁塔加工生产线，先后安装调试完毕已投入生产使用。

山西电力开关厂计划用159万元改造综合组装车间927m^2、加装两台5t行车，1994年进入扫尾。该厂还与省电力局共同投资625万元，改造SF_6断路器生产线，1993年实际完成97万元。该厂1993年7月投资245万元，与奥地利SHL国际贸易公司共同组建了山西奥通成套电器有限公司，现已挂牌营业，运行情况良好。

水利电力地勘机电研究所工厂自行研制了一台大型环氧板割切机，解决了过去用普通铣床下料的困难，提高生产效率9倍以上，劳动强度降低。

市场及销售 1993年共创造销售收入11.3亿元，产品销售税金4000万元，出口金额高达8450万元人民币。电力部高压输变电设备主要用于电力工程上，铁塔、金具在电力工程上的覆盖面占90%以上，电杆、电瓷、开关、变压器销售也在市场的50%以上。

襄樊电力设备厂紧扣销售这个“龙头”，全员走向市场，专门成立了市场工作部，开展商贸业务，抢占市场制高点，合成绝缘子占了销售收入的65%。

山西电力制杆厂1993年是产品销售量最好的一年，电杆销售量高达19316根段。

鞍山铁塔制造总厂销售收入为2亿元，创汇533万元。

武汉铁塔厂认清了全国铁塔市场“僧多粥少”状况，拓宽国际市场，1993年出口东南亚2578t，创汇319万美元。

〔撰稿人：电力工业部电力机械局 张海清 审稿人：电力工业部电力机械局 冯丽珍〕

〔责任编辑：张友鹤〕

防爆电器

〔机械工业部〕

生产发展情况 根据对全国机械系统生产防爆电器产品的45家主要企业统计，1993年拥有职工18797人，其中：工程技术人员2426人。1993年由于煤炭工业不景气，给防爆电器行业的生产和经营工作带来很大困难，大多数企业在亏损或潜亏的低谷中运行，经济效益明显下降。行业总产值比1992年下降6.2%，为39925万元，实现利税1633万元，比1992年下降45%。造成全行业经济效益大幅度下降的主要原因是煤炭行业拖欠货款相当严重。这种状况已影响到防爆电器行业和煤炭工业的发展。

1993年主要防爆电器产品产量：矿用隔爆型

高压配电装置2024台，比1992年下降29%；矿用隔爆型电磁起动器59632台，比1992年下降18%；矿用隔爆型馈电开关为10678台，比1992年下降24%；防爆成套电控设备1867套，比1992年下降33%；防爆继电器3897台，比1992年下降38%；矿用隔爆型变压器综合装置3689台，比1992年下降12%；防爆接线盒302487台，比1992年下降9.8%；防爆主令电器124986台，比1992年下降8.2%。

新技术与科研成果 防爆电器行业继1992年开发研制成功电动机智能化综合保护器后，1993年又将电脑式高压综合保护器应用于高压配电装置对煤矿井下供电系统实现综合保护。目前在我国煤矿井下运行的矿用隔爆型高压真空配电装置中普遍采用模拟技术设计制造高压综合保护器，它起到了安全保护作用。但由于保护功能和可靠性还不够完善和稳定，广大用户希望能进一步加以改进和提高。DCZB-X型微电脑程序控制高压开关综合保护器的研制成功，对提高我国煤矿井下保护系统的可靠性具有重要意义。

该保护器具有电网电压、负载电流数字显示功能，可替代电压表与电流表；可直接对电网二次交流信号进行实时测量，且接近电网真实情况；运用计算机技术对信息进行连续的量化运算分析；能合理处理过载和过载终止时热积累与热散发的关系，并可按用户要求预定热散发系数；采用晶体振荡计时器，保证延时与计时准确；尚能识别短路信号和干扰信号，可降低误动率；可对三相负载中的两相实行相监视；可实现通讯功能；有完善的自检、自保功能。

新产品 随着煤炭及石油、化工等工业的日益发展和技术进步，广大用户对防爆电器产品的要求越来越高。根据行业科技发展规划，为满足市场需要并使各企业产品有新的发展，达到标准化、系列化、通用化的要求，沈阳电气传动研究所于1993年为全行业开发的BGP系列矿用隔爆型高压配电装置等33项新产品的技术资料进行了审查，并发放了产品型号。组织全行业完成了BQD15-315／660、1140V矿用隔爆型真空电磁起动器、BKD13-400／660V矿用隔爆型真空馈电开关、3.6S1型矿用隔爆型高压真空开关、QJZ系列矿用隔爆型真空电磁起动器、BT-2×132型矿用隔爆型刨煤机电控装置、BGP7-6Z矿用隔爆型高压真空配电装置、XZLB-36（127）／150型矿用防爆组合式声光信号器、DQZHB-200（315）／1140系列矿用隔爆型真空电磁起动器、BZA8-1.2.3系列矿用隔爆型控制按钮、BAC1-16型矿用防爆插销开关、BQD17-80Z矿用隔爆型真空电磁起动器、BZK-400矿用隔爆型综合保护真空馈电开关、BGP40矿用隔爆型高压真空配电装置、BQJZ-200／1140矿用防爆本安型开关、BKD14矿用隔爆型真空馈电开关、BKD15-500矿用隔爆型馈电开关、BQD23矿用隔爆兼本安型双速双回路可逆电磁起动器、BXB1-500矿用隔爆型馈电开关保护箱、BGP8-10矿用隔爆型高压真空配电装置、BGF1-10Z矿用隔爆型高压真空负荷开关、BASZ型矿用本安型声光报警器、BBZ1型矿用蓄电池防爆综合保护装置、BAD56-200厂用防爆照明灯、BAK53-3／200工厂用隔爆温控器、BAF51型厂用增安型电磁阀等26项新产品开发任务。这些产品都是参照国际先进标准和执行现行国家标准而设计，主要技术指标先进，使用寿命长，可靠性高，达到了国外同类产品的先进水平，有的填补了国内空白。

另外，1993年1月机械电子工业部与中国统配煤矿总公司以机电科（1993）002号文同意由沈阳电气传动研究所和煤炭科学研究总院上海分院共同组织BGP9L-6型矿用隔爆型高压真空配电装置的全国联合设计工作。产品设计方案于1993年3月在辽宁省大连市通过了由机械电子工业部和煤炭工业部有关专家的技术审查。该联合设计方案分为A、B两种结构形式并分期进行设计。1993年4月和12月分别完成了A、B两种方案产品图样设计并均已转入样机试制，预计1994年可完成产品的试验和鉴定工作，投入批量生产。

1993年沈阳电气传动研究所还组织了BCG9L-200／6矿用隔爆型高压电缆连接器产品的全国联合设计。该产品是“六五”期间设计的，由于存在技术性能不够稳定，绝缘耐压水平低、插拔力小等缺陷。因此，对现行的高压电缆连接器进行更新改造势在必行。1993年6月在浙江省湖州市召开了该产品设计方案研讨会，10月联合设计组深入山西大同、阳泉、山东兖州、河北开滦等矿务局对国内、外高压电缆连接器的使用情况进行全面调查，并写出了内容丰富的产品调研报告。在此基础上完成了产品技术任务书和产品技术条件，为1994年全面展开产品设计奠定了基础。

行业管理 在中国电器工业协会领导下，中国电器工业协会防爆电器分会于1993年7月在浙江省乐清市召开了防爆电器分会第二次会员大会。会议审议了分会1992年工作总结和财务决算报告，讨论落实了1993年工作计划。另外还对连续三年不缴纳会费，不参加协会活动的32家企业予以除名，对为协会工作做出突出贡献的沈阳北方防爆电器厂等19个单位和金永学等23名同志进行了表彰。

为适应市场经济的需要，防止防爆电器行业大面积亏损，1993年4月和7月防爆电器分会在河南省开封市和浙江省乐清市两次召开了防爆电器产品价格研讨会，经过精确分析和计算对矿用隔爆型电磁起动器、矿用隔爆型馈电开关、矿用隔爆型高压开关和防爆电器元件等量大面广产品的销售价格提高20%～30%，并发布了告用户书，希望得到用户的理解与支持。

为适应改革开放的新形势，充分发挥行业骨干企业的积极性，防爆电器分会对技术开发部、经营管理部、信息部和办公室的工作班子进行了部分调整，充实了行业骨干企业人员，加强了分会的工作力量。1993 年还接纳了浙江省乐清市长江机电设备厂等 11 家企业为防爆电器分会会员单位。

质量与质量管理 机械电子工业部低压防爆电器产品质量监督检测中心于 1993 年对新疆西域防爆电器厂等 28 个企业生产的 BZK–20 厂用防爆照明开关等 59 项防爆电器产品进行了资料审查和防爆性能检验，并发放了防爆电器产品防爆检验合格证。

沈阳电气传动研究所组织召开了东北三省四市(辽宁省、吉林省、黑龙江省、沈阳市、长春市、哈尔滨市、大连市）低压电器生产许可证换证和扩证宣传贯彻工作会议。机械工业部防爆电器产品质量监督检测中心承担了全国部分低压电器产品生产许可证换证和扩证产品的检测任务，同时受上级政府派遣参加了全国低压电器生产许可证换证和扩证企业工厂条件审查。

受国家技术监督局和原机械电子工业部质量安全司的委托对辽宁省生产照明配电箱、计量箱和插座箱产品的企业进行了统检，走访和检查了 125 家工厂，对其中 37 家的产品进行封存，为国家全面掌握三箱的制造质量，促进三箱产品质量提高做出了贡献。

根据国家机械工业科学技术发展规划（电工标准部分）由沈阳电气传动研究所归口并组织制订的 GB5590—××《矿用隔爆型低压电磁起动器》、JB4312—××《隔爆型插销》和 JB4313—××《隔爆型行程开关》三项国家及行业标准于 1993 年 8 月通过了煤炭、石油、化工、机械等行业专家的审查。按期上报机械工业部审批。上述标准的制订与实施为产品更新换代，提高产品质量和性能提供了技术依据。

根据机械工业部对现行标准进行清理整顿的意见，沈阳电气传动研究所对归口的防爆电器标准逐项进行了审查，经部审核确认矿用隔爆低压电磁起动器、防爆控制按钮、矿用隔爆型馈电开关、隔爆型接线盒、矿用隔爆型电缆连接器、矿用隔爆型低压电器用接线端子、防爆电器用橡套电缆引入装置、矿用隔爆型煤电钻变压器综合装置、矿用隔爆型检漏继电器、隔爆型电铃、厂用防爆照明配电箱、厂用防爆电磁起动器、厂用防爆照明开关、隔爆型插销、隔爆型行程开关、厂用防爆操作柱、隔爆型转换开关、矿用隔爆型电力半导体充电设备、矿用隔爆型高压配电装置等 21 项国家和机械行业标准为强制性标准。防爆电器产品型号编制方法为推荐性标准。

技术改造与技术引进 沈阳低压开关厂、上海电器厂、合肥开关厂从德国 AEG、BBC 和西门子公司引进的矿用防爆电器和工厂用防爆电器的制造技术，经过几年的消化吸收，基本已实现国产化并已转入商品生产。1993 年为国防、海洋石油、石油化工等国家重点工程配套研制了大量的防爆电器产品，提高了这些设施的可靠性和安全性。

1993 年全行业在资金非常困难的条件下，仍很重视企业的技术改造，全年用于基本建设的投资 2888.9 万元，其中技术改造投资 1828.9 万元，比 1992 年提高 24%，为企业的发展奠定了基础。

市场及销售 1993 年全行业非常重视产品销售工作，厂长和企业主要负责人亲自带队走访用户，积极为用户服务，扩大了产品销售额。

1993 年全行业销售总额为 38247 万元，其中矿用隔爆型高压配电装置销售量为 1917 台，销售额 5368 万元；矿用隔爆型电磁起动器销售量为 57636 台，销售额 10527 万元；矿用隔爆型馈电开关销售量为 9728 台，销售额 3876 万元；防爆继电器为 3768 台，销售额 476 万元；防爆变压器综合装置销售量为 3237 台，销售额 827 万元；防爆主令电器销售量为 114875 台，销售额 876 万元；其他防爆电器销售额为 16297 万元。

〔撰稿人：沈阳电气传动研究所　李绍春　审稿人：沈阳电气传动研究所　万邵珀　机械工业部科技与质量监督司　呼淑清〕

〔责任编辑：张友鹤〕

电气控制成套设备

〔机械工业部〕

生产发展情况 1993 年对 69 个大、中、小型行业厂进行了抽样调查，共有职工 42763 人，其中工程技术人员 5833 人，约占职工人数的 13.6%。1993 年完成工业总产值（包括科研总产值）222043.12 万元，利润总额 14783.4 万元，销售收入 215399.87 万元。

1993 年上海先锋电机厂在实施企业经济发展战略中，积极探索国有大中型企业的新路子，通过全厂员工的顽强拼搏，全面完成了各项经济指标，主要经济指标突破历史记录。工业总产值 10353.5 万元，比上年增长 42.6%。1993 年该厂被上海市批准为高新技术企业。

国有常熟开关厂全年工业总产值为 4625 万元，比上年净增 1699 万元，增长 58.67%。工业生产净产值 1396 万元，比上年增长 78.5%。1993 年通过鉴定的新型成套开关柜 GC_K^L–0.4 系列低压抽出式开关柜、GL_K^L–0.4 系列低压固定式开关柜，具有结构紧凑、互换性好、开关柜分断能力强、性能安全可靠、操作维修方便等特性，其主要技术性能达到国外 80 年代同类产品水平。该厂的省重点项目引进模具生产关键设备项目，即 CAD／CAM 系统于 12 月通过省计经委的验收。

上海电器股份有限公司 1993 年相继完成了梅

山热轧厂的传动电控装置（产值达540万元），上钢一厂型钢线改造等重大生产任务。SS、MS、LS系列直流传动调速装置于12月份通过批试鉴定，截止至11月已完成193台，产值达1300万元以上。全年工业总产值9515万元，比上年增长35.9%。

南宁发电设备总厂1993年新研制的KLFY可控硅励磁装置于3月份通过了广西壮族自治区科委的鉴定，其成果评定为国内先进水平。同年创产值60万元，荣获南宁市科技进步二等奖。WKLZ-1型双通道微机励磁调节装置，1992年4月通过广西壮族自治区科委的鉴定，其成果处于国内先进水平，1993年获南宁市科技进步一等奖，广西壮族自治区科技进步三等奖。

天水二一三机床电器厂1993年度7个系列引进产品（引进法国TE公司产品）基本达到了批量生产规模，月产能力达到800万元以上。当年完成工业总产值8203万元，生产机床电器成套控制装置1024面。

宁波华通电器成套厂工业产值从上年的1503万元增至1993年的5195.55万元，增幅为245%。销售从上年的1325万元增至1993年的3678.33万元，增幅为177%。

天水电控厂是仅有职工135人的小厂，该厂高薪聘请市电器行业的专家，开发了为塑料行业配套的塑料挤出机电气设备，尤其是年底新研制的SHJ-50型塑料挤出机电气装置受到专家一致肯定。

新技术与科研成果　由天津电气传动设计研究所研制的我国首台兆瓦级长城钢厂1250kW异步电动机交—交变频传动装置，1993年9月通过了机械工业部组织的鉴定。长城钢厂1250kW交—交变频传动装置是“七·五”重大技术装备攻关项目之一，采用了天津电气传动设计研究所研制的新型大功率整流柜和新型EDAC-C通用控制单元及矢量控制等新技术。鉴定认为，该装置的研制成功填补了我国一项空白，其技术水平相当于1985年我国从西门子公司引进的SIMOVERT-D装置的水平，其中在自校正技术和数模混合技术的应用方面有所创新，使用后经济效益显著，年节电可达100万kW·h以上。因生产作业率的提高，年增经济效益可达154.5万元。其造价大大低于国外同类产品。

天津电气传动设计研究所为重钢五厂配套的冷床辊道交—交变频传动装置1992年7月一次成功投入运行，经现场一年多，特别是重庆夏天连续湿热、高温恶劣环境的考验，证明其性能稳定，工作可靠，现已通过鉴定。

GK1型工业锅炉电控装置于1993年9月通过鉴定，它将作为目前我国的工业锅炉电控装置的最新产品投放市场。该装置是根据机械电子工业部一装司（86）电器字第36号文下达的任务，由天津电气传动设计研究所组织梧州电气控制设备厂、唐山电气控制设备厂、天津自动化仪表设备厂共同设计开发的更新换代产品。该装置分为普通型、电动单元仪表型和微机型三种形式。其中微机控制型装置采用带专家系统的模糊控制，突破了常规的PID方式，较好地解决了工业锅炉的自动控制问题。

天津电气传动设计研究所1987年受国务院重大办和机电部一装司的委托承担的“七五”国家重大技术装备国产化工程项目——用于镇海炼油厂、茂名炼油厂、石家庄炼油厂的40万t/年柴油加氢精制装置和40万t/年催化加氢重整装置同步电动机无刷励磁装置11套，于1992年12月9日在沈阳通过了鉴定。国务院重大技术装备办公室、机械电子工业部重大技术装备办公室、石化总公司乙烯办公室等单位的领导对这项成果给予高度评价。

由冶金工业部自动化研究院开发研制的3种机座号、10种规格的交流无刷永磁伺服驱动装置是综合了多种学科、难度较大的机电一体化高技术新产品。其各项主要技术性能达到了80年代国际同类产品的先进水平。该装置可广泛用于数控机床、工业机器人及其他宽调速、高精度定位的领域中，对替代进口产品和出口创汇具有良好的前景。

上海市天灵开关厂生产的GCK□-0.5型低压抽出式开关柜，主要技术性能符合国家专业标准ZBK36001—89及国际标准IEC439-1（1985）。产品采用新型的电器元件，使整机设备电气性能优良。开关柜分断容量达50kA，主要技术指标达国内先进水平。

新产品　天津电气传动设计研究所研制的济钢转炉倾动和氧枪升降电控装置是机械电子工业部下达的新产品计划项目，1993年3月通过部级鉴定。转炉倾动时一般存在一定的自然倾复力矩。若在此时传动系统失控或误操作，将导致严重的事故。为此，系统中设计了一系列特殊保护措施，如针对设备失灵而设计的失速保护，危险倾角保护，三重抱闸指令，闸与控制的冗余等；针对防止误操作而设计了各种操作之间操作权的交接和联锁等。经两年的生产实践证明它能有效地避免各类事故的发生。这些特殊保护环节和措施属国内首创。电控装置的综合性能指标属国内领先，达到国际80年代同类产品水平。本成果投入使用后，在提高产量、节电、保证产品质量方面取得明显经济效益。经初步计算，年创经济效益200多万元，年节电500多MW·h。

天津电气传动设计研究所研制的新型大功率直流传动用变流器和850初轧机主传动电控装置成功地解决了直径77mm大功率晶闸管的直接反并联、高效风冷、互感器均流、触发、保护、电子式导通监视和可靠性等关键技术。变流器最高额定电压1200V，最大额定电流2×4750A，最大单机直流传动容量10800kW，单位面积最大出力2×3750kW/m^2，可用于各种大功率直流传动和交—

交变频交流传动。850初轧机主传动电控装置采用上述新型变流器，采用可编程序控制器作监视和分级故障报警，功能完善，性能稳定，精度高，调整简便。该机较旧机年节电1750MW·h，技术性能达到80年代国际同类产品水平，获机械工业部科技进步二等奖和中国电工科学技术基金会电工新产品进步奖。

天津电气传动设计研究所组织开发的低压无功功率静态补偿装置，1993年9月通过了机械工业部组织的鉴定，其性能指标达80年代末期国际先进水平。该产品共有7个品种，93个规格。

苏州电气控制设备厂研制的QW□S、QW□Y系列起重机涡流制动器调速电控设备，是根据原机械电子工业部1990年电器工业"八五"科技发展规划，并列入部新产品发展计划的项目，于1993年12月通过鉴定。鉴定认为该设备具有稳定可靠的工作保护性能，特性较硬、调速比大、调节方便、容易维护。完全符合JB4315—86《起重机电控设备》标准及国家有关标准，主要技术指标达到80年代末期国际先进水平。

上海振华电器厂的新产品NXB-10系列箱式变电站1993年2月通过了机械部、能源部主持的鉴定，确认该产品达到国内先进水平，同年申报上海市星火计划并列入国家重点科技项目计划，而且被评为1993年度的上海新产品。其低压侧主要技术指标为：额定电压0.4kV，额定工作电压（交流）220、380V，主回路额定电流630、1000、1250A，主回路开关电流（有效值）35、40、50kA，分支回路数≤12。

行业管理　1993年6月26日～28日在苏州召开中国电器工业协会电控配电设备分会一届三次理事会、常务理事会联席会议。会议就转换企业经营机制、深化改革等问题进行了讨论。会议审议通过了价格委员会提出的低压开关柜计价公式，再作适当修改和补充后，由分会发布推荐实行。

十多年来低压电器、机床电器两行业中部分大中型企业先后引进了一些电器产品，有的已形成生产能力。为使电控配电成套装置的生产厂家全面系统地了解这些产品，1993年10月9日～11日由天津电气传动设计研究所、中国电器工业协会电控配电设备分会、中达电气设备公司在津联合召开了引进低压电器产品宣传推广会。会议共有130多家企业的210多位代表参加，50多个生产厂家展示了100多个种类、数百个规格的引进产品。

1993年8月18～27日在天津召开电控配电行业新工艺及装备推广会议。此会议是天津电传所行业室和中国电器工业协会电控配电设备分会科技委共同举办的。"三北"地区的电控配电行业厂家参加了会议。会议期间有关同志论述了配电行业国内外先进产品及发展趋势，介绍了电控配电行业室近几年开发的新产品，并对工艺"八五"规划做了介绍与说明。20多位代表分别就结构件加工、焊接、母排弯制、表面涂覆工艺、产品质量控制的量具等作了介绍。

1993年10月17～20日在烟台开关厂召开电控配电分会价格委员会1993年度第二次工作会议。上海电器成套厂、天水长城控制电器厂、烟台开关厂、柳州开关厂、成都电器成套设备厂、南京化工电器仪表厂、天津电气传动设计研究所等委员单位的代表参加了会议。会议主要是最后确定电控配电设备计价公式及其内函，交流企业在新的财务制度接轨后产品如何计价等问题。

中国电器工业协会于1993年6月21～24日在无锡市召开了贯彻《全民所有制工业企业转换经营机制条例》经验交流会。50多个单位的60余位代表出席了会议，19个单位代表进行了大会发言，介绍了贯彻《条例》的体会和经验。

山西电器工业协会高压电器及成套电控行业专业委员会厂长工作会议，于1993年11月16日在太原召开。与会代表一致认为，今后应加强行业管理，打击假冒伪劣产品，充分发挥行业厂的主导作用。

北京市城区供电局与北京建华开关厂于1993年11月19日在京联合召开了GZL型低压柜的新产品介绍会。北京地区供电系统的15个单位和在京有关的15个设计院参加了会议。该产品基本参数为：短时耐受电流GZL3 50kA（有效值），GZL2 30kA（有效值），GZL1 15kA（有效值）。额定绝缘电压（交流）660V，额定电流1000、2000、2500（A）。该产品在国家电控配电产品质量监督检测中心通过型式试验，在推广使用中受到用户好评。

1993年6月8～12日，机械工业电气自动化情报网举办了全国电控配电行业部分厂长、总师对上海宝山钢铁总厂引进电控配电装置的现场观摩活动。代表们表示，要努力为宝钢提供优质可靠产品，促进本单位的工作，使其在管理及产品质量方面均上一个新台阶。观摩会还促进了厂与厂之间的了解和交流，为今后的相互合作打下了基础。

质量及质量管理　成都光明电器开关厂为省级"全面质量管理"标准企业，该厂以治理"错、漏、粗、乱"为核心，具体落实在抓工艺（设计）图纸质量检验工作的规范化，使产品质量稳定，经省市各级检测站抽检，高低压电器产品均属合格。

柳州市开关厂加强厂内质量监督抽查和考核，实施了质量否决权，产品质量稳定提高，关键工序一次投人产品合格率为97.36%。在采用国际标准中，全面宣贯了GB／T19000质量标准和《中华人民共和国产品质量法》，并编制了厂《质量手册》(草案)。

天水长城控制电器厂1993年以"咬定青山不放松"的精神抓管理和质量，受到了部领导同志的表扬，《机电日报》为此做了专题报道。《质量手册》正式颁布实施后，班组长以上干部人手一册，厂闭路电视开办"质量监督台"，制作了质量教育片——《质量，企业的生命》，使广大职工增强了质量意识。

广东省新会电器厂1993年进一步贯彻以质量求生存的工作方针，强化完善了质量管理体系，提高了质量意识，强化工序质量控制，提高了产品可靠性和档次。使主导产品抽查合格率保持100%，一等品率达97%，优等品率达76%以上。

石家庄市通用电器厂建立了较完备的质量检测体系。主要产品PGL型低压配电屏始终保持一等品合格率100%。

技术改造及技术引进 SIMODRIVE-6RA27系列产品是德国西门子公司的新一代产品。齐齐哈尔市机床电气传动设备厂从德国西门子公司引进了该系列产品的生产制造技术和生产许可证，还引进了用于该产品的单板和整机测试设备，已形成了批量生产能力。该装置使用了单片微机8097，电流环，速度环的参数可自动优化，并可自动测量电机磁场的磁化曲线，进而对磁场调节回路实现自动优化。

西安西普电力电子有限公司是由机械工业部西安电力电子技术研究所和台湾普传股份有限公司合资兴办的专门从事交流电机变频调速系统研究、开发、生产的合资企业，引进了生产交流变频调速器的成套专有技术，目前已形成西普PI89系列1～200kVA的各种规格变频器。该公司具有交流变频调速成功的经验，负责用户现场调试、售后服务、人员培训、技术咨询等工作。

由新加坡与常州合资的常州太平洋电力设备有限公司引进丹麦科必可（CUBIC）公司技术，生产低压开关柜系列产品。该产品具有下列优点：①骨架及箱板机械强度较高；②联锁的锁扣开关灵活、方便；③母线位置上中下可任意选定；④母线的载流量完全能满足中型变压器和电动机控制中心的需要；⑤零件和导线少，装配省工、方便；⑥可选用任何型式的国内外开关电器进行装配，便于今后国产化。

中外合资扬州埃尔凯电器有限公司通过了认证，取得生产多米诺组合式开关柜特许权，允许使用LK商标及多米诺名称。多米诺组合式开关柜被广泛应用于发电厂、变电站、港口、机场、宾馆、饭店、舰船和厂矿企业等，适用于50～60Hz，额定工作电压660V及以下系统中作动力配电照明。该产品符合IEC-439、BS5486及ZBK36001—89等标准。外壳防护等级达到IP20、IP22、IP44，亦可按用户需要做到IP54。

经过两年多的谈判和准备工作，北京整流器厂与国际跨国集团ABB公司合资兴办“北京ABB电气传动系统有限公司”的合同于1993年11月16日在北京正式签约。

〔撰稿人：机械工业部天津电气传动设计研究所 王一、宋绍先 审稿人：机械工业部天津电气传动设计研究所 高通文、余锡仁 机械工业部重大装备司 张居猷〕

〔责任编辑：张友鹤〕

电力电子器件与装置

〔机械工业部〕

生产发展情况 1993年机械工业部系统定点从事电力电子器件与装置生产的专业生产厂和研究所共20家。由于生产的发展，20家中只生产电力电子装置的有4家，其余16家既生产电力电子器件又生产电力电子装置。主要有：西安电力电子技术研究所、西安电力整流器厂、上海整流器总厂、北京整流器厂、北京变压器厂（电力电子部分）、北京椿树整流器厂和青岛整流器厂。沈阳整流器厂1993年1月被沈阳市开关厂兼并，成为一个分厂，仍生产电力电子器件与装置。北京整流器厂抽出一部分人员与德国ABB公司合资成立了北京ABB电气传动系统有限公司，将引进ABB集团最先进的电气传动设计生产技术、管理技术和工程技术等，合资工作正在加紧进行中。

1993年年末20个企、事业单位共有职工13946人，拥有固定资产原值34683万元，净值20440万元，分别比上年增加4.2%和1.7%。

1993年大部分企业经营情况较好，上半年销售情况比下半年好，几项主要经济指标有不同程度的增长。20个单位共完成工业总产值（当年价）为54688万元，折算成1990年不变价为51615万元，分别比上年增长29.5%和24.4%。产值（当年价）过亿元的企业有上海整流器总厂。20个单位工业增加值为18859万元；产品销售收入54162万元，比上年增长35.9%；实现利润3760万元，比上年增长56.4%。利润在600万元以上的企业有北京整流器厂、上海整流器总厂和襄樊市仪表元件厂。但仍有3个企业亏损，总亏损额为286万元。全员劳动生产率为36739元／人·年，比上年增长27.6%。产品销售税金为2305万元，比上年度下降9.7%；销售利税率为9.1%，下降3.3%；资金利税率为10.7%，下降1.5%。1993年20个单位工资总额6132万元，比上年度增加26.6%。固定资产投资额1012万元，比上年减少54.3%。

1993年20家生产电力电子装置的单位，共生产33个系列电力电子装置1.27万台，1346MW，比上年度增产30.3%；16家生产电力电子器件的单位，共生产20个系列电力电子器件102万只，比上年度减产33.2%。下表列出本行业中5个主要企业几项经济指标完成情况。

由表可看出：1993年上海整流器总厂、北京整流器厂、西安电力整流器厂和北京变压器厂电力电子部分的工业总产值和实现利润都有较大幅度的增加。北京椿树整流器厂由于产品产量下降，所以工业总产值和利润均有所下降。

新技术与科研成果 电力电子行业对器件制造过程中的清洗工艺推广应用山东大学研制成功的新型电子清洗剂 DZ-1 和 DZ-2。DZ-1 是选用几种去污力极强的表面活性剂和添加剂配制而成，能去除硅片表面沾污的油脂、金刚砂、灰尘等杂质，可代替现行工艺所用的双氧水、氨水配制成的 $1^{\#}$ 液。DZ-2 是选用多种去污力强和具有络合作用的表面活性剂和添加剂配制而成，能有效地去除硅片表面吸附的金属原子或金属离子等，可代替现行工艺所用的双氧水和盐酸配制的 $2^{\#}$ 液及王水。上述清洗剂与去离子水配制成电子清洗液，超声清洗、冲净、烘干。电子清洗液无毒，对人体无危害，清洗效果优于现行清洗工艺，成本仅为现行清洗工艺的 10%～30%。

西安电力电子技术研究所借鉴国外可关断器件（GTO）的制造技术，创新开发了锗镓扩散、掺氯氧化、干湿法挖槽等新工艺，使 GTO 器件研究取得了突破性进展，GTO 600A／1.8kV 逆阻型器件完成了省级鉴定，获 1993 年科技进步二等奖和部节能科技成果称号。在此基础上，该所又开发出逆阻型 GTO 1000A／1.6～2.5kV 器件，于 1994 年 3 月上旬进行了鉴定。随着 GTO 器件制造技术的提高，该所与有关单位协作，在应用技术上获得新的突破，开发出集 GTO 器件的保护、检测、驱动于一体的 GTO 厚膜驱动电路，此成果为国内同行所瞩目。为逐步打开 GTO 器件国内的应用局面，他们研制了大功率矿用机车 GTO 斩波器所用的组件 4 套，已开始上矿试验。

电力电子器件与装置行业中主要企业几项经济指标完成情况

企业	年度 \ 指标	工业总产值（1990 年不变价）（万元）	产品销售收入（万元）	利润总额（万元）	全员劳动生产率（元／人·年）	生产电力电子器件（万只）	生产电力电子装置（万 kW）
上海整流器总厂	1993 年	9515	9093	671	60222	17.0	11.4
	1992 年	7001	6407	591	44226	18.3	10.2
北京整流器厂	1993 年	6655	6383	1009	55559	3.0	17.7
	1992 年	6101	5697	632	50335	2.6	18.4
北京椿树整流器厂	1993 年	3500	4123	301	32960	6.5	5.8
	1992 年	4030	4116	522	38087	18.7	7.0
西安电力整流器厂	1993 年	6104	6143	154	32995	2.9	55.2
	1992 年	4003	4170	20	21338	4.3	37.1
北京变压器厂电力电子部分	1993 年	2300	2473	173	45000	3.7	16.8
	1992 年	1535	1578	−48	37909	2.3	9.6
合计	1993 年	28070	28215	2308	45347	33.1	106.9
	1992 年	22670	21968	1717	38379	46.2	82.3
占 20 个企业总数 %	1993 年	54.4	52.1	61.4		32.4	79.4
	1992 年	54.6	55.1	71.4		30.2	79.7

西安电力电子技术研究所"八五"期间设置了 30A 六单元、50A 二单元、100A 二单元和 400A 一单元的功率 GTR 模块项目，经过较短时间的研制，已获得了突破性进展。如采用了新型弹性灌封材料热匹配技术，$Cu-Al_2O_3-Cu$ 的 DBC 技术，超声高强度粗引线缝合技术，高抗热疲劳引出电极技术等，使模块的电热性能接近国外先进水平，外形尺寸、体积、重量与国外同类产品相似。

上海整流器总厂采用引进技术，全数字微机控制直流传动装置应用于上海钢铁一厂型钢生产线上，现场一次运行成功，各项指标均达到设计标准和用户要求，顺利地轧出钢材，受到用户的好评。北京整流器厂与有关单位共同开发的全数字直流传动装置，以 16 位微处理器为核心，由软件构成的速度和电流双闭环标准控制模式，具有较高的动、静态特性，可对直流电动机进行恒流加速和恒流逆变制动，并进行频繁正、反转切换，具有非独立弱磁调速功能，达到 80 年代末国际水平。

新产品 上海电子器材厂研制成功多种系列电镀装置新产品，如新型大功率脉冲周期换向电镀装置系列，性能好，功能全，可作为当前电镀电源更新换代产品。其次是节能型高精度六脉冲周期换向电镀装置，用于黄金、白银等贵重金属的电镀，采用六阶梯分层电镀的新方法，改善了镀层的光洁度、平整度、致密性和耐磨性，不仅可以节省电镀过程中的贵重金属损耗，而且节电。其三为大功率周期换向电镀装置，适用于需要采用周期换向工作方式的高精度电镀产品。

上海电压调整器厂研制成功卫星地面站的无触点交流稳压电源三相 10kV·A 晶闸管开关稳压器。装置可以各相独立调节，当输入电压或负载发生变化时，能自动选择适当的抽头以维持输出电压的恒定。由于无触点，所以工作寿命长，稳压过程中不产生电火花干扰，适用于电压波动频繁及野外工作等恶劣环境。装置可三相独立稳压，即使在三相输入电压严重不平衡的情况下，各相输出电压的稳压精度仍可达到 ± 1.5%，且各相稳压精度在 ±（1～5）%连续可调。调整时间短，等效调压速度可高达 110～476V／s，为传统产品的 5～10 倍。附加波形小，输出电压波形为连续正弦波，畸变

<0.1%。

1993 年研制成功的新型配套件产品有西安电力整流器厂二分厂的小体积和低损耗的 RSH 系列新型快速熔断器，其代表产品 RSH5~2800（工作电压交流 500V、2800A），经检测各项性能均达到国家标准和 IEC 标准。通过 125kA（有效值）的高分断能力，说明该产品具有 80 年代末国际水平。

行业管理 电力电子行业产品生产许可证的发放工作正在进行中。1993 年共有 93 个企业申请产品生产许可证，到目前为止，经检查和试验合格的产品有 98 个单元（系列）已上报，此项工作还在继续进行中。

1993 年制订了符合 IEC 标准的行业标准 13 项。有《三相高压整流管组件》，《电力半导体器件工艺用高纯水、石英管和硅有机漆》，《晶体管模块测试方法》，《机动车用整流管管壳》，《半导体电力变流器型号编制方法》，《整流二极管测试方法》，《电力半导体器件额定电压和电流》，《电力半导体器件抽样方法》，《晶体管模块测试方法》，《不间断电源开关》，《自动补偿式交流电力稳压器》等。

市场及销售 1993 年 20 个企、事业单位国内销售收入 54162 万元，比上年度增加 35.9%；出口销售 190 万美元，主要产品有西安电力整流器厂出口印尼、泰国等国家的 4 台 32Mvar 静止无功补偿装置。

电力电子器件 1993 年销售的主体仍为普通晶闸管和普通整流管。快速晶闸管上半年销售情况较好，下半年由于"中频热"的降温，快速晶闸管销售量急剧下降，许多企业积压了大量产品，至今销量极少。晶闸管模块、大功率晶体管模块、整流管模块由于体积小，使用方便、可靠，销售情况均较好。

电力电子装置以电解电化装置产量居首位。直流传动装置、交流调速装置和交流电力控制器销售情况也较好。直流电弧炉电源、电焊机电源需要量急剧增加。中频电源需要量大幅度下降。

〔撰稿人：西安电力电子技术研究所　黄嘉炳
审稿人：西安电力电子技术研究所　吴济钧　机械工业部科技与质量监督司　呼淑清〕

〔责任编辑：张友鹤〕

电 线 电 缆

〔机械工业部〕

生产发展情况 1993 年机械工业部从事电线电缆的生产企业有 260 家，共完成工业总产值（1990 年不变价）1556472 万元，比上年增长 21.3%；完成工业增加值 274617 万元，比上年增长了 11.5%。生产钢芯铝绞线 118938t，比上年增加了 7.6%；电力电缆 129288km，比上年减少了 53.8%；电磁线 98427t，比上年增长 2.2%；通信电缆 268302kW，比上年增长了 6.5 倍；布电线 2649959km，比上年增长了 5.3%。这五大类产品中，以通信电缆产量增长最多，而电力电缆产量下降最大，其他有少许增长。这说明为适应我国通信事业的大发展，通信电缆产量有很大的提高。

1993 年，重点、骨干企业产值、利税情况见下表。

1993 年电线电缆行业重点骨干企业产值、利税情况

企业名称	工业总产值（万元）	实现利润（万元）	利税总额（万元）
沈阳电缆厂	116600	2001	10162
西安电缆厂	35978	-39	2199
天津市电缆总厂	27505	601	3066
郑州电缆厂	43501	863	4026
成都电缆厂	48968		7721
上海电缆厂	60469	707	7266
上海电线电缆（集团）公司	171000	2717	6456
湘潭电缆厂	39928	1016	3968
红旗电缆厂		526	1420
昆明电缆厂		173	3306

新技术与科研成果 1993 年上海电缆研究所研究开发了电缆用低烟低卤阻燃聚氯乙烯塑料，攻克了 600MW 核电设备驱动机构控制棒用 350℃ 电磁线圈及棒位指示线圈重点科研项目，该项目被评为上海市科技结合生产重点工业项目一等奖。该所还开发了上海杨浦大桥成品拉索成套技术，其大节距扭绞型钢索的制造方法和设备发明专利获中国专利金奖。

新产品 发展高市场容量、高附加值并且适应市场需求的产品，已为各企业所认可，1993 年哈尔滨电缆厂完成新产品鉴定 5 项，其中额定电压 110kV 铜、铝芯交联聚乙烯绝缘电力电缆，已通过机械工业部、电力工业部鉴定，创产值 157 万元。西安电缆厂 1993 年研制 HYA3000 对及以下铜芯聚烯烃绝缘铝塑综合护层市内通信电缆等新产品 8 项，其中铁路用铝套防白蚁干线电缆，是在激烈的国际竞争中中标的印度铁路用干线通信电缆项目，该产品各项指标全面达到印度铁道部标准。郑州电缆厂完成了 8 芯单模 13 组光电综合缆等 10 项新产品，全年实现新产品产值 9249.2 万元，新产品出口创汇 325 万美元。沈阳电缆厂开发了 220kV 高压充油电缆塞止绝缘连接盒等新产品 28 项。广州电缆厂为珠江隧道制造的低烟、低卤耐火电缆已交付使用，其性能指标达到耐热 270℃ × 1h、耐火 750℃ × 3h。上海南洋电缆厂研制开发的低电容纵差保护控制电缆、3kV装卸机械用扁形橡皮电力电缆等新产品，并通过了厂级鉴定。山东电缆厂、北京城区供电局联合开发的耐候聚乙烯绝缘平型进户线通过市级鉴定。湘潭电缆厂的彩色氯磺化聚乙烯铁路机车车辆用电线通过省级鉴定，其性能达到UIC895标准的要求。

行业管理 1993年行业工作进一步加强，由机械工业部电线电缆科技情报网在顺德举办的1993电线电缆行业乡镇企业厂长研讨会暨1993电线电缆行业四新展览会、电线电缆行业协会在福州召开的引进电线电缆专业设备管理工作交流会等，加强了企业之间的技术、信息交流。由全国电线电缆行业工会协会在上海电缆厂举办的电线电缆行业技术比武活动，有力地促进了整个电线电缆行业操作技术水平和职工队伍素质的提高。

全行业在经营体制改革，外引内联等方面也迈出了很大地一步。为推动科贸结合、技贸结合，使我国有实力的科研院所参与国际竞争，经外经贸部批准，上海电缆研究所直属的上海申缆科技贸易公司正式成立。天津市电缆总厂与香港泛亚公司、中国电线电缆进出口联营公司共同投资的市话电缆厂，完成合资工作。杭州电缆厂与香港中策投资公司合资的杭州中策电缆有限公司正式成立。黄石电缆厂与台湾鼎双实业有限公司、香港华诚行合资兴办的黄石宇龙电子有限公司正式挂牌。桂林电线厂在澳大利亚悉尼买下并生产经营一家电线厂，1993年一跃成为年产值过亿元、出口创汇达250万美元的出口商品生产基地企业。原福州电线厂1993年3月改制为规范化的股份制企业——福州大通机电股份有限公司。

上海电缆厂瞄准世界科技发展方向，不断加大科研投入，使高新技术产品的销售额达到3.39亿元，占年总收入的53.67%。该厂经上海市高新技术企业（产品）认定办公室认定为上海市高新技术企业。海南电缆厂被授予全国外商投资企业出口创汇先进单位。

质量及质量管理 为了参与国际竞争，不少企业积极采用国际标准组织生产，在产品质量上取得国际权威测试机构认可，在质量保证体系方面通过ISO9000认证。沈阳电缆厂通过了爱尔兰ESBI咨询公司的ISO9000系列质量保证体系的检查和认证。天津市电缆总厂通过了挪威DNV的ISO9002认证，完成优质产品产值14028万元。郑州电缆厂分别于2月和7月通过了英国劳氏质量保证有限公司的第三次和第四次质量体系认证，被国家经贸委、国家技术监督局、中央电视台组成的1993质量万里行宣传活动组委会评为全国百家质量优秀企业。合肥电缆厂的船用电缆工厂条件认可通过中国船检局验收。

技术改造及技术引进 1993年，沈阳电缆厂"七五"输变电重点改造项目通过国家验收，该项目实际完成投资3006万元。天津市电缆总厂完成了干法交联电缆生产技改项目的验收，该项目是利用芬兰政府贷款，总投资4528万元，所生产的电缆最高电压等级为132kV，最大截面可达1200mm^2。湘潭电缆厂的电磁线引进项目通过验收。邢台电缆厂的架空和无公害电缆技术改造项目通过验收，该项目主要生产用于城市电网改造的架空绝缘电线和用于高层建筑、地铁等高防火要求场所的无卤低烟阻燃电缆。郑州电磁线厂"八五"技术改造项目通过验收，使该厂的产品水平、质量、品种均较改造前有很大提高。成都三电股份有限公司引进的薄膜绕包烧结机、电子加速器辐照交联电缆技术及设备等3个项目通过验收。

市场及销售 1993年全行业完成销售收入1454973万元，比上年增长了27.4%。

1993年，沈阳电缆厂销售收入为151286万元，外贸出口稳步增长，1993年出口交货值比上年增长34%，实际完成6530万元。哈尔滨电缆厂销售收入增长11.3%，出口产值4601万元，出口创汇800万美元。西安电缆厂销售收入为36569万元，比上年增长75.33%，出口创汇340万美元，其中主要出口产品防白蚁电缆创汇251.28万美元。天津市电缆总厂销售收入为30031万元，比上年增长42.7%，全年承接出口任务1409万元。郑州电缆厂销售收入为43697万元，出口创汇630万美元。成都电缆厂销售收入为42074万元。上海电缆厂销售收入为77077万元。上海电线电缆（集团）公司销售收入为105974万元。中国电线电缆进出口联营公司在巴基斯坦卡拉奇电网改造工程的132kV超高压充油电缆两个标的线路，经4年多的努力，于1993年11月底全部竣工通电；承担塞浦路斯的132kV超高压充油电缆项目在全体施工人员的辛勤努力和我国驻塞使馆、商务处的大力支持下，也于1994年1月20日顺利通过了竣工试验，通电交工。

〔撰稿人：机械工业部上海电缆研究所 罗国强 审稿人：机械工业部上海电缆研究所 范载云 机械工业部 乔振西〕

〔责任编辑：张友鹤〕

绝缘材料

〔机械工业部〕

生产发展情况 1993年绝缘材料全行业职工总数41397人，其中工程技术人员3466人，占职工总数的8.37%。工业总产值（1990年不变价格）为232508万元，比上年增长13.0%；产品销售收入为241740万元，比上年增长30.09%。商品产值、销售产值、利税总额、全员劳动生产率、人均创利税等5项指标变化情况见表1。

1993年绝缘材料行业部分重点骨干企业主要

表 1　1992 年、1993 年 5 项经济指标比较

项目 年份	商品产值(现行价)(万元)	销售产值(1990 年不变价)(万元)	利税总额(万元)	全员劳动生产率(元/人·年)	人均创利税(元/人·年)
1992 年	194982		15405	49415	3699
1993 年	227718	204894	17465	64763	4864
比较(%)	16.78		13.37	37.06	31.49

经济指标完成情况见表 2。

1993 年绝缘材料行业 7 大类绝缘材料产品共生产 101754t，比上年增长 5.96%。7 大类产品的产量变化情况见表 3。

表 2　部分重点骨干企业 1992 年、1993 年 5 项经济指标比较

企业	项目 年份	工业总产值(不变价)(万元)	商品产值(现行价)(万元)	产品销售收入(万元)	利润总额(万元)	产品销售税金及附加(万元)
东方绝缘材料厂	1992 年	10032	9341.5	9061.4	67.9	509.4
	1993 年	11502	10781.1	10997.6	101.4	444.8
	比较(%)	14.65	15.41	21.37	49.34	−12.68
西安绝缘材料厂	1992 年	9714	9537	7910.2	69.6	428.3
	1993 年	10620	10473	10035	6	208.5
	比较(%)	9.33	9.81	21.17	−91.38	−51.34
常州绝缘材料总厂	1992 年	5645	5165	4893	257	505
	1993 年	716.9	6362	7385	130	636
	比较(%)	27	23.18	50.93	−49.44	25.94
上海绝缘材料厂	1992 年	5599.3	5452.1	6736.6	5.1	244.4
	1993 年	5404	5502	6274.4	167.5	100.8
	比较(%)	−3.49	0.91	−6.86	3184	−58.76
泰州绝缘材料厂	1992 年	2702.2	2804	2881.1	0.8	131.2
	1993 年	6143.5	6282	7290.1	730.2	464.2
	比较(%)	127.35	124.03	153.03	91175	253.81

表 3　1992 年、1993 年各类绝缘材料产量比较　(单位：t)

项目 年份	油漆树脂	层压制品	薄膜及复合材料	云母制品	浸渍纤维制品	电工塑料	其他
1992 年	19485	28698	9347	4601	1929	27410	4898
1993 年	16861	33485	10524	5162	2493	26895	6334
比较(%)	−13.46	16.68	12.59	12.19	29.24	−1.87	29.32

新技术与科研成果　在油漆树脂研究方面，以少溶剂、快固化、BF 级通用型为主。哈尔滨绝缘材料厂研制的 9142F 级少溶剂浸渍漆具有固体含量高，耐热指数达 172℃，干燥时间短，粘接强度大，电性能好等特点，通用于 BF 级电机、电器绕组浸渍绝缘。东方绝缘材料厂研制的 FH 级无溶剂漆，耐热性优异，低温快干、挂漆量大、粘结牢固、绝缘电阻高，适用于 FH 级电机、电器线圈的绝缘处理。常州绝缘材料总厂研制的 1145 不饱和聚酯酰亚胺无溶剂浸渍漆，是 F 级沉浸型，具有优异的机械性能、电性能、耐水、酸、溶剂、油类性能，热带地区气候的适应性，适用于大型、特殊电机、电器、变压器。

在漆包线漆方面，对彩电偏转线圈用聚氨酯漆包线漆中的直焊性和盐水无针孔等关键性能取得了一定进展，高速涂线工艺也有突破。常州绝缘材料总厂研制的 1745 改性聚酯漆包线漆，提高了原漆的软化击穿温度、耐热冲击性、并与各类浸渍漆有良好的相溶性。该漆固体含量高、流平性好、既能适用国产漆包线机涂线，又能满足引进的高速漆包线机涂线工艺条件要求。

衡阳绝缘材料总厂研制成功 H7051 聚芳酰胺纤维非织布，它具有优异的电气特性、抗高温能力、与各种浸渍漆的相溶性、机械韧性及柔性集于一体，耐热指数为 186℃，是发展 FH 级电机、电器的关键材料，可代替杜邦 Nomex 纤维纸生产的柔软复合材料 NMN/NHN。

机械工业部桂林电器科学研究所研制成功 EM−100 环氧模塑料，具有优异的机械电气性能和良好的耐热性、耐冷热冲击性、耐化学腐蚀性，是航空、船舶、通讯电器的新型材料，适用于制造薄壁复杂的电气绝缘件。该产品收缩率小，尺寸稳定。该材料各项性能达到荷兰“3505”牌号的水平。

新产品 桂林电器科学研究所研制的UF-100J注射型脲醛塑料是制造模块化终端保护电器产品的主要材料。该塑料制件尺寸稳定、变形小，色泽美观，成形工艺性好，满足了主开关、开关熔断器组、熔断器隔离器、模块化插座等电器以及低压电器行业的要求。该塑料各项性能优异，达到瑞典Perstorp公司的“332”牌号塑料指标值。其主要性能为（1）吸水性$\leqslant$0.73%；（2）成形收缩率$\leqslant$0.95%；（3）冲击强度$\geqslant$6.6kJ/m^2；（4）热变形温度127℃；（5）弯曲强度114MPa；（6）绝缘电阻1.3×10^{11}（常态）；（7）电气强度15.2MV/m；（8）耐炽热$\geqslant$960℃未起燃。

上海云母绝缘材料厂研制的云447-1环氧玻璃热收缩薄膜粉云母带，常态具有较好的柔软性，在一定温度下具有良好的热收缩性，包扎电机线圈成形后，具有优异的电气机械强度，能满足引进电机技术对绝缘材料国产化的要求。主要性能达到国外80年代末同类产品水平。

桂林电器科学研究所研制的高强度F级多胶粉云母带（GS带），柔软易包，室温贮存期长、固化后电气性能好，力学性能，特别是云母板室温冲击强度，155℃下的抗弯强度较桐马体系有显著提高，是我国300、600MW大型发电机组中较好的主绝缘材料。GS带固化前主要性能：（1）胶含量38.7%；（2）云母含量42.4%；（3）胶化时间（170℃）11min20s。固化后云母板的机电性能：（1）介电强度79.5MV/m；（2）抗弯强度292MPa；（3）冲击强度110kJ/m^2；（4）体积电阻9.2×10^7MΩ·cm。

郑州绝缘材料厂研制的F级网状无纬绑扎带，1993年末通过省级鉴定。该带横向呈网状结构，易开卷，不掉丝，整体性、工艺性好，绑扎预拉力可提高到1000N/10mm，使用率达100%，是我国大型发电机组和内燃电力机车最理想的绑扎材料。该带主要性能：固化前拉伸强度最高值可达2200N/10mm，平均值为1967N/10mm；固化后拉伸强度最高值1047.5MPa，平均值992.4MPa。

行业管理 1993年绝缘材料行业经济形势比上一年度有进一步好转，在机械工业较快增长的带动下，绝缘材料的市场需求有一定增长，产品销售畅旺，但货款回笼缓慢，资金周转困难，造成部分企业经常性待料停产。由于原材料涨价幅度大，使全行业经济效益普遍下降，大部分企业在亏损边缘徘徊。为了适应市场经济发展，各企业把工作重点转向市场，发展市场经济，加快技术进步，调整产品结构，增强市场竞争能力。豫西绝缘材料厂由于坚持这条方针，促进了生产发展，工业总产值增长30%，销售收入增长97%，利税增长127%。

体制改革是促进企业发展的重要手段，而股份制是促进企业发展的关键。1993年绝缘材料行业实行股份制的有：武汉九洲电工绝缘材料有限公司、诸城四达绝缘材料股份有限公司、南召新宇电器有限公司。前两家公司是企业体制转换，将原国有企业全部资产出售给内部职工集体经营。股份制给企业注入了生机和活力。诸城四达绝缘材料股份有限公司建立仅半年，各项经济指标创下了历史最高纪录。这是由于：（1）建立起高效运转的经营管理体制。该企业将原来“九科一室”精简为“三部一室”，管理人员减少1/3。推行岗位效益工资制，把职工收入，劳绩和效益捆在一起，提高了管理效能；（2）实行股份制后，企业财产为全体股东所有，一盈俱盈、一亏俱损，这种盈亏自负的压力，促使全体员工对公司的高度责任心。推行产量、质量、消耗、销售等经济技术指标定位管理，并落实到车间、班组、个人；（3）以股联心增强凝聚力。职工是财产所有者，与企业相互依存、同舟共济，主人翁精神更为具体，更加关心爱护企业。

本年度在桂林市召开了中国电工技术学会第五届绝缘材料与绝缘技术学术交流会。来自国内24个省、市90个单位160名代表和来自美国、德国、印度、日本和香港等国家和地区的10家公司17名代表参加会议。

这届年会共录用论文134篇，编辑出版了论文集。内容包括近年来我国在新型绝缘材料与电介质、绝缘结构与绝缘技术、材料性能与测试等方面的研究成果，反映了我国绝缘材料与绝缘技术的发展水平，展现了我国绝缘材料与绝缘技术开发研究在广度和深度上的新进展。会议期间开展了多种形式的学术交流活动，进行了一场大会论文报告，11个专题分组报告。交流论文达89篇。国外公司（美国史堪纳迪、恰普莱、瑞士汽巴嘉基，德国和印度拜克）作了4个技术交流报告，介绍了国外绝缘漆、漆包线漆、环氧胶和粘合剂的发展状况与趋势。这些报告，增进了我国科技工作者和有关企业与国外同行的互相了解和友谊，为今后开展经贸活动建立联系。这是一次很重要的学术交流会，对促进全行业技术进步、产品结构调整、转换经营机制将有重大意义。

质量及质量管理 1993年产品质量主要抓了：（1）4个厂家11个产品的一等品复查。其中有东方绝缘材料厂的1032三聚氰胺醇酸浸渍漆、6020聚酯薄膜、D710电工聚酯纤维非织布；西安绝缘材料厂的2210油性漆绸、1054聚酯改性有机硅浸渍漆、环氧酚醛层压玻璃布板；许昌绝缘材料厂的1032三聚氰胺醇酸浸渍漆，2210油性漆绸；四平绝缘材料厂1032三聚氰胺醇酸浸渍漆、2432醇酸玻璃漆布、6520聚酯薄膜绝缘纸柔软复合材料。这些产品经机械工业部绝缘材料产品质量监督检测中心抽样检测，全部项目达到部颁标准一等品指标。（2）西安绝缘材料厂的P_9（5536-1）型换向器云母板优等品产品监督检测工作，经抽样检测，全部项目达到部颁标准优等品指标，已上报机械工业部待批“部优”产品。(3) 为配合 YZ 系列电机联合设计需要，在 F 级绝缘材料及绝缘结构评定试验基础上，编制了《YZ 系列电机用绝缘材料暂行技术条件》，对 F 级无溶剂浸渍树脂、柔软复合材料（DMD、AdMAd、OMO）、槽楔、R 型夹纱柔软聚酯绑扎带、BE 型聚酯纤维绑扎带、丙烯酸酯玻璃漆管、电气用压敏粘带聚酯薄膜热固性胶粘带等绝缘材料进行耐热等级评定。目前有 16 个厂家、16 项产品参加评定。这项工作尚在进行中。

1993 年标准化工作主要开展了：(1) 组织标准制修订工作，本年度在包头召开了油性漆绸和环氧少溶剂浸渍漆的标准起草会，在绵阳召开了聚丙烯薄膜和聚酰亚胺薄膜标准起草会，后又在桂林召开了聚丙烯薄膜第二次起草会。本年度完成标准有：电容器用聚丙烯薄膜、聚酰亚胺薄膜、电工绝缘用不饱和聚酯玻璃纤维模塑料、环氧少溶剂浸渍漆、电工绝缘油性合成纤维漆绸、绝缘液体二芳基乙烷等 6 项。(2) 参加国际电工委员会（IEC）本年度在德国召开的 TC_{15}（$SC_{15A、15B、15C}$）会议，取得了国际标准制修订的重要信息，交流技术和经验。(3) 举办绝缘材料厂长研讨会，重点讨论了绝缘材料标准化工作，关贸总协定与标准化以及质量的论证，IEC 绝缘材料与绝缘结构等情况。

技术改造及技术引进　1993 年绝缘材料行业用于技术改造、基建项目总投资计划数为 10637 万元（其中技术改造项目为 4202 万元，基建项目为 6435 万元），实际完成数为 14777 万元（其中技术改造项目为 8838 万元，基建项目为 5939 万元）。

上海云母绝缘材料的云母板压制工艺测控系统技术改造取得了满意效果，把过去手动操作影响产品质量的人为因素彻底排除。新系统主要技术性能：温度检控 0～400±1℃；压力检控 0～25±0.1MPa；电流检控 0～50A；时间检控 999±1min；能预先给定各种产品工艺参数自动压制产品；具有故障排除、数据储存、曲线显示及打印功能。该系统有较大经济效益，产品合格率由 62% 提高到 83%，生产效益提高 34%。本行业部分企业技术改造完成或尚在进行的情况见表 4。

1993 年中外合资经营项目见表 5。

市场及销售　1993 年绝缘产品在机电工业增长的影响下，国内市场销售畅旺。全年共销售产品高达 105952t，比上年多销售 14083t，增长 15.33%。各类产品销售情况见表 6。销售总收入为 225170 万元，比上年增长 39.59%。7 大类绝缘材料中除浸渍纤维销售收入下降 9.49%外，其余都有不同程度的增长（表 7）。

1993 年绝缘材料产品出口数量，创汇金额均有大幅度增长，据 33 家出口企业统计，出口情况

表 4　1993 年部分企业完成（或尚在进行）技术改造项目

企业名称	项目名称	效　果
常州绝缘材料总厂	PET 薄膜引进技改	1993 年一季度设备调试、验收及工艺完善化已达到技改设计要求，并年产薄膜 800t，新增产值 2000 万元，利税 408 万元
泰州绝缘材料厂	大张电绝缘纸板	总投资 1464 万元，年生产 3m×4m 大张电绝缘纸板 1500t，以满足我国输变电行业需求，减少进口
	电绝缘纸板扩大改造	改造和新建 600t，1250t，1500t 三条纸板生产线，改造扩大制浆能力
哈尔滨绝缘材料厂	云母分厂改造	新增一台多胶云母带机，年增生产能力 50t，以满足大型发电机组生产要求
丹阳绝缘材料厂	新增 6MN 液压机一台	总投资 65 万元，项目完成后，换向器硬质云母板产量由 30t／年增至 70t／年，经济效益大幅度提高
豫西绝缘材料厂	不锈钢板自动清洗装置	已竣工，减轻重体力劳动，节约人力、时间，提高产量
	15MN 热压机电脑控制	已运行，效果良好，操作方便，控制稳定，易排除故障，提高产品质量

表 5　1993 年中外合资经营项目

企业（中外）名称	合资企业名称	情况简介	有效期	中外投资金额
中方： 嘉兴绝缘材料厂 外方： 香港玉宇广告贸易公司	嘉兴英东莱电工器材有限公司	生产经营： 绝缘材料 电工器材 机电产品	10 年	总投资：150 万港元 注册资金：120 万港元 中方：90 万港元 外方：30 万港元
中方： 诸城四达绝缘材料股份有限公司 外方： 香港鹰美国际有限公司	诸城鹰美绝缘材料有限公司	生产经营： 电工绝缘材料 出口：70% 内销：30%	15 年	总投资：140 万美元 注册资金：110 万美元 中方：77 万美元 外方：33 万美元

表 6　1992 年、1993 年各类绝缘材料销售量比较　(单位：t)

项目 年份	油漆树脂	层压制品	薄膜及复合材料	云母制品	浸渍纤维制品	电工塑料	其他
1992 年	17392	26940	8146	4618	1888	27362	5523
1993 年	18590	36011	9781	5199	1888	26664	8519
比较(%)	6.8	33.67	20.07	12.58	0	−2.55	54.24

表 7　1992 年、1993 年各类绝缘材料销售收入比较　(单位：万元)

项目 年份	油漆树脂	层压制品	薄膜及复合材料	云母制品	浸渍纤维制品	电工塑料	其他
1992 年	24146	67731	25220	11361	6899	19721	6326
1993 年	26077	105094	31740	17707	6244	22961	15278
比较(%)	7.91	55.16	25.85	55.85	−9.49	16.43	141.51

表 8　1992 年、1993 年出口情况比较

项目 年份	出口数量(t)	出口产值(万元)	创汇金额(万美元)
1992 年	10939	32186	4018
1993 年	17265	49159	6134
比较(%)	57.83	52.73	52.67

见表 8。

出口品种包括 7 大类近 50 个品种。出口量最大的是层压制品，达 13240t，占出口总量的 76.69%，而敷铜箔板的出口量又占层压制品的 84.86%。其次是电工塑料，占出口总量的 12.96%。本年度云母制品出口数量达 1164t，占出口总量的 6.74%。创汇金额也以层压制品最多，共创汇 5544 万美元，占创汇总额 90.38%，而敷铜箔板又占层压制品创汇的 93%。出口地区和国家：敷铜箔板以香港、东南亚、台湾为主，部分产品打入美国和西欧各国，而云母制品大部分出口日本、韩国、印度、英国、意大利等国。

〔撰稿人：机械工业部桂林电器科学研究所　余必明，审稿人：机械工业部桂林电器科学研究所　吴炳川　机械工业部　何诗丝〕

〔责任编辑：张友鹤〕

电碳制品

〔机械工业部〕

生产发展情况　1993 年电碳行业进一步深化企业内部改革，转换企业经营机制，克服了资金不足、材料短缺、能源紧张等困难，调整产品结构，狠抓生产经营，全面完成了生产任务。全行业工业总产值、销售收入、利润、上缴利税等经济技术指标都有较大幅度提高。据对电碳行业 11 家生产厂统计，1993 年共有职工 7948 人，工程技术人员 716 人，拥有固定资产 18122.9 万元，实现工业总产值 26490.9 万元，产品产量 5097.6t，实现利润 3306.3 万元，出口创汇 282.4 万美元。其中工业总产值比上年增长 90%，产品产量增长 32%，利润增长 20.2 倍，出口创汇增长 235%。主要产品产量如表所示。

1993 年电碳制品主要产品产量

产品名称	产量(t)	比上年增长%
电机用电刷	753	16
机械用碳	716.4	−17
高纯石墨	1552.4	32
碳触点	93	−15
电影碳棒	89.5	−3
气刨碳棒	875	47
人造金刚石碳片	528	247
其他电碳制品	301.7	−58
炭素制品	188.6	410

1993 年电碳产品中的人造金刚石碳片和高纯石墨仍然是市场上最紧俏的产品，供不应求。哈尔滨电碳厂、东新电碳股份有限公司是生产高纯石墨和人造金刚石碳片的两个主要生产厂，为了满足市场需要，它们采取了一系列有利措施：增加了生产设备，扩大生产能力；狠抓高纯石墨和碳片的生产组织，强化了从料粉供应、生坯压制、焙烧、石墨化等工序的衔接与管理；增加了碳片工模具的加工能力，提高了碳片的产量；加强了设备维护和保养，提高了设备的运转能力；生产碳片采用了压片和切片两种工艺方法，增加了碳片的产量。

镇江市润州电碳厂是电碳行业的后起之秀，生产发展迅速。该厂只是一个不足 500 人的小企业，1993 年工业总产值达到 4880.5 万元，比上年增长 180%；销售额达到 3300 万元，比上年增长 152%；创利税 797 万元，比上年增长 190%；出口创汇 412 万元，比上年增长 1 倍。该厂始终坚持“以市场为导向，以经济效益为中心”的经营方针，他们主要抓了以下几项工作：(1) 瞄准市场，努力强化和扩大适销对路的传统产品生产，一方面在质量上狠下功夫，另一方面在品种上加快实现系列化，积极为广大用户提供全方位服务。(2) 加大技改投入，加速企业发展速度。(3) 大力发展外向型经济，1992 年与泰国永兴发有限公司合资创办了镇江鑫泰碳制品有限公司，1993 年直接向孟加拉国出口电碳制品，另外签订了由世界银行贷款的大工程项目所需的上千万元的碳制品合同。(4) 开发第三产业，1993 年房地产开发创经济效益达 700 万元。

新技术与科研成果　1993 年电碳行业有 10 余种新产品荣获部、省、市科技进步奖。

哈尔滨电碳研究所有 4 种产品获科技进步奖。该所与中国科学院沈阳金属研究所联合研制的某型号发动机配气阀座新型复合材料获得中国科学院科技进步一等奖；M301 碳塑复合石墨滑片获得机械工业部科技进步三等奖；M304 复合石墨滑片获省机械工业厅科技进步二等奖；M214 密封抗磨材料获省机械工业厅科技进步三等奖。

哈尔滨电碳厂有 7 种产品获奖：J208 电机用电刷获市科技进步三等奖；C203C 浸金属碳滑板获市机械工业局科技进步一等奖，C401 金属滑块、MSUU158 型机械密封材料及 MSU176 型机械密封材料等 3 种新产品获市机械工业局科技进步二等奖，GM8／8 热交换器用 G501F 石墨件及 D317F 电动工具电刷获市机械局科技进步三等奖。

1993 年哈尔滨电碳厂还完成了涡轮流量计仪表用石墨轴承、硬质合金密封环研磨、J164 电刷在管状通气电炉烧结等 9 项技术攻关项目，并创经济效益 90.8 万元。

东新电碳股份有限公司有 4 种产品获奖：M164、M165 碳石墨材料及浸银石墨荣获机械工业部科技进步三等奖，镶嵌石墨获自贡市科技进步三等奖。同时，还重点对引进的汽车电刷生产线、金刚石生产线、黑色毛坯、石墨换热器等项目进行了技术攻关。1993 年公司被评为省科技先导型企业。

镇江市润州电碳厂为了满足用户需要，研制成功了碳制品浸渍巴氏合金、铝合金新技术；氮化硅工程陶瓷生产线已经正式建成并投产；引入了钢化玻璃制品、塑料冲压件和橡胶件的生产技术；为满足本厂机械密封配套需要，开发了金属弹簧产品；对大规格石墨环，特别是多拼环（直径 300mm 以上）的加工进行了技术攻关，年创效益百万元以上。

新产品　1993 年电碳行业共鉴定了 20 余种新产品。

哈尔滨电碳研究所鉴定的 3 种新产品是：T705 高密高强石墨是用于固体火箭发动机的耐烧蚀材料，具有材质均匀、结构致密、抗热震性能好、耐烧蚀性能好、灰分少和机械强度高等特点。产品技术性能在国内领先，达到美国同类产品水平；TD22X 航空电刷是为直八机配套而研制的新型电刷，具有换向性能好、耐磨损耐温性能好等特点。产品性能达到了法国同类电刷水平；由哈尔滨电碳厂、电碳所联合研制的 C203C 浸金属碳滑板是为我国电气化铁路电力机车配套的受电弓滑板，具有自润滑性能好、对接触网导线磨损少、安装方便、寿命长等特点，并且用量大，具有显著的经济效益。其性能基本达到英国同类产品水平。

哈尔滨电碳厂自行研制鉴定了 6 种新产品：(1) MSUU158 型机械密封材料是为了满足化工行业引进设备配套需要而研制的新产品。其密封性能可靠，满足了强腐蚀、耐高温的要求，能保证引进设备长期生产使用，取代进口的机械密封材料，并节约了外汇，经济效益可观，填补了国内空白，达到了 80 年代末国际同类产品水平。(2) C401 金属石墨滑块，这是用于汽车车身电泳喷漆生产线上的配套产品，这套生产线是我国引进的先进设备，国内汽车行业首次应用。经用户使用，运行稳定，性能和寿命达到美国同类产品水平。(3) MSU176 型机械密封材料是为满足食品行业引进设备配套需要而研制的新产品，其结构设计合理，安装使用方便，性能和寿命达到了美国同类产品水平，填补了国内空白，并节约外汇，经济效益可观。(4) GM8／8 热交换器用 G501F 石墨件具有耐腐蚀、传热快、机械强度高等特点，使用性能与寿命达到了德国同类产品水平。(5) D317F 电动工具电刷，其性能可靠，火花小，使用寿命达 150h，可替代进口产品，使用性能达到了德国同类产品水平。(6) T627 人造金刚石用石墨，这是为六面顶压机合成锯片级金刚石而研制的新产品，其性能指标达到了法国及俄罗斯同类产品水平。

东新电碳股份有限公司 1993 年共鉴定 12 个新产品，其中有 5 个产品进行了厂级鉴定，有 7 个产品进行了部、省、市级鉴定。这 7 个产品是：T1056 硅化石墨、M120R 和 M262R 浸玻璃石墨材料、受电弓用 C26P 浸铜石墨滑板、连续铸造用 T462 石墨材料、蒸铝用 T455 特种石墨材料、航空用 M168H 碳石墨材料。1993 年新产品产值 237 万元。

北京电碳厂试制成功了连接气刨碳棒。

镇江市润州电碳厂重视新产品开发，1993 年新试制的产品有：人造金刚石碳片、T630 电阻片、M135、M150、RT−01 机械用碳材料等 5 种新产品。

行业管理　电碳行业在我国逐步发展壮大起来，目前电碳行业协会已拥有会员单位 28 家，其中企业 25 家，大专院校 2 家，研究所 1 家。

1993 年 3 月 20～23 日中国电工器材行业协会电碳分会经济工作委员会（价格工作小组）在上海召开了产品价格会议。会议交流了 1992 年各厂生产经营完成情况及 1993 年生产经营计划的安排。会议还针对电碳行业生产所需原材料和能源价格不断上涨，企业成本不断升高的状况，讨论了产品价格的合理性，会议对部分产品的价格进行了适当调整。电碳分会于 5 月 17 日～19 日在普陀山召开了二届三次会员大会及二届三次理事会。会议听取了中国电工器材行业协会领导作的《机械工业部关于行业协会十五条工作法规》的报告，讨论了协会1992年工作总结及1993年工作计划，交流了各企业改革的经验，审议通过了电碳分会经济工作委员会召开的产品价格会议决议，批准发展了两家团体会员单位。9月16～18日电碳分会在无锡召开了二届四次理事会。会议传达了总会1993年第二届二次正、副理事长及秘书长联席会议精神，讨论了协会1993年工作总结及1994年工作计划。专题研究了行业目前部分产品价格问题。

电碳行业标准审查会于11月19～22日在四川省自贡市召开，会议由哈尔滨电碳研究所主持。参加会议的有电碳行业生产厂及有关用户等10个单位21名代表。会议审定通过了机械行标《电机用电刷尺寸与结构型式》，讨论通过了1994年电碳行业标准化工作计划，成立了行业军标《航空调压器用碳电阻片柱电气机械性能试验方法》和机械行标《碳弧气刨碳棒物理性能试验方法》两个标准编制小组。

1993年哈尔滨电碳研究所完成并上报标准审批稿3项：机械行标《碳石墨材料抗冲击强度试验方法》、国军标《鱼雷发动机用浸银石墨配气阀座和衬套规范》和机械行业内部标准《电力机车碳滑板质量分等》。

东新电碳股份有限公司重点抓了股份制规范化运作和股票异地上市工作。公司按照“积极稳妥、严格规范、统筹规划、由易到难、突出重点”的原则，先后修改和完善了公司章程，对股东会、董事会、监事会及总经理的权利和责任作了明确的规定；健全了经营管理体制，提出了模拟事业部制的“七部二室”管理组织模式，并完成了资产评估、盈利预测、股权调整等工作。1993年3月国家体改委批准公司为公众公司，10月份国家证券监督委员会批准个人股上市，11月19日公司个人股票在上海证券交易所挂牌交易。

质量及质量管理 根据国家技术监督局和机械工业部的计划安排，国家电碳产品质量监督检验测试中心于1993年四季度对电机用电刷进行了国家级产品质量监督抽查工作。这次共抽查了16个企业生产的16种产品，包括铜石墨电刷和电化石墨电刷。这次获得部优称号的有两种产品，占本次抽查产品的12.5%。这16个企业涉及11个省市，都是我国生产电机用电刷毛坯的主要厂家，占全国总数的80%。抽检结果是有15个企业的15种产品合格，1个企业的1种产品不合格，抽样合格率为93.8%。从检验结果看，电机用电刷产品的总体质量水平较好，但乡镇企业质量水平低于集体企业和国营企业，优质产品质量有所下降。这与1987年、1990年电机用电刷抽检结果相比，抽检合格率有较大幅度的增长，表明了我国生产的电机用电刷产品质量逐年有所提高。

电碳行业各生产厂深入推行全面质量管理工作，使质量管理水平不断提高。哈尔滨电碳厂为了加强质量管理，强化职工的质量意识，创办了《质量简报》，举办了各种岗位培训和质量管理培训班25个，培训职工931人，培训率达34.4%，并制定了六项企业标准，使优质产品产值率达到了66.8%，稳定提高率为100%。该厂还加强了军工产品质量管理条例的宣传贯彻和按质量管理手册规定具体实施。10月份，机械工业部军工司对该厂进行了军工质量保证体系跟踪检查，检查合格并受到了评审人员的好评。

东新电碳股份有限公司对质量管理主要抓了以下几项工作：一是宣传贯彻质量管理与质量保证标准；二是严格实施公司质量手册的有关规定；三是加强现场质量控制，对生产现场的质量职责采取工艺质量负责制，工艺贯彻率达99%，碳片质量稳定在一等品以上；四是开展了形式多样的质量竞赛活动。该公司全年的质量稳定提高率达100%，省市考核成品抽检合格率达100%，优质产品产值率为78.56%，比上年提高10.26%。

1993年10月27～30日由国家技术监督局组织的评审组按照《国家产品质量监督检验中心审查认可细则》和《产品质量检验机构计量认证评审内容及考核办法》的要求对国家电碳产品质量监督检验中心的审查认可、现场评审和计量认证工作进行了评审。经全面审查，达到了合格标准，通过了验收。

技术改造和技术引进 据对11家电碳厂统计，1993年电碳行业技术改造投资4688万元。

哈尔滨电碳厂“八五”期间被列入国家老工业基地改造的重点对象，技术改造投资3135万元，大部分项目已见成效。其中，科研办公楼已竣工、粘结剂工部已投入生产、变电所土建工程已结束、大型石墨化工部土建完成95%以上，设备安装完成80%以上；引进俄罗斯和奥地利的电刷加工设备已进厂，已累计完成技改投资2892.2万元。此外还进行了设备更新与大修，完成设备更新14台（项）、机械动力设备大修29台（项）、土建大修18项。

东新电碳股份有限公司技术改造投资660万元，改进一座4t燃煤锅炉，新建一座大型浸渍罐，完成金刚石车间改造工程，自制了400L混合锅和沥青溶化罐，还增设了碳片加工、碳片压制设备，并对蒸汽管道进行了改造等。该公司的设备管理、技术改造1993年获省先进单位称号。该公司1990年从美国科克伍德公司引进的一条汽车电刷生产线，经过两年多攻关，1993年完成电刷28.4万块，产值达43.9万元。

镇江市机械密封件厂为调整产品结构、扩大产品品种添置了玻璃热处理炉和一套等静压成形设备。

内蒙兴和电碳厂1993年新增了磨粉机、50MN液压机、磨床、850kV·A变压器各一台，新征土地1093m^2，扩建石墨化炉6座。

哈尔滨电碳研究所完成了从俄罗斯引进的振动球磨机、双螺旋挤压机等电碳制品生产设备的安装、调试工作，已投入运行。新产品试制车间还增加了一台500L混合锅和车床等设备。

镇江润州电碳厂投资650万元，创历史最高水平。已经完成4R磨粉机的土建工程，开发区新厂土建工程已经开工，并为本企业申办的两个研究所增加了一批测试设备。

市场及销售 1993年对电碳行业11家企业统计，电碳产品销售收入为29555.1万元，比上年增长112%。其中销售量大的产品主要是高纯石墨，1993年销售量达到1552.4t，比上年增长32%。其次是气刨碳棒和电机用电刷，它们的销售量也有较大幅度的增长。销售量增长幅度大的产品主要是炭素制品和人造金刚石碳片。炭素制品销售量达188.6t，比上年增长410%；人造金刚石碳片销售量达528t，比上年增长247%。但机械用碳、碳触点、电影碳棒销售量与上年相比有所降低；其他电碳制品与上年相比降低幅度较大，达到58%。

1993年出口创汇额282.4万美元，比上年增长235%。出口的产品主要是气刨碳棒，出口量为892.8万支，比上年增长94%，创汇93.8万美元；其次是其他电碳制品类和电影放映碳棒，分别为出口285t，比上年增长54%，创汇80.6万美元；出口368.2万支，比上年增长83%，创汇71.8万美元。此外还出口了部分电机用电刷、机械用碳。主要出口企业有镇江润州电碳厂、北京电碳厂、上海电影碳棒厂、东新电碳股份有限公司、浙江南浔电影碳棒厂、哈尔滨电碳厂、中英合资上海摩根碳制品有限公司等厂家。主要销往东南亚地区、孟加拉国、美国、韩国和香港等国际市场。

〔撰稿人：哈尔滨电碳研究所　张梅君　审稿人：哈尔滨电碳研究所　吴海兴　机械工业部　何诗丝〕

〔责任编辑：张友鹤〕

蓄　电　池

〔中国船舶工业总公司〕

生产发展情况 1993年2家蓄电池厂完成工业总产值34604万元，比上年增长11.1%。完成铅酸蓄电池114.66万只、127.26万kVA·h，分别增长31.4%、43.5%。其中：汽车用蓄电池完成94.85万只、94.53万kVA·h，分别增长29.4%、23.6%；搬运车用蓄电池8.18万只、5.9万kVA·h，分别减少18.9%、18.3%；船用蓄电池1.71万只、11.34万kVA·h，分别减少54%、30%；其他用蓄电池7.26万只、10.87万kVA·h、分别增长17.7%、13.8%。完成的蓄电池产品中，属国际80年代水平产品只数占86%，产值占71.1%。全年完成出口蓄电池3.34万只、3.9万kVA·h、838万元，分别比上年增长178%、101%、90.9%。

新技术与科研成果 1993年，重型汽车用66514（HD）型、65012型、68025型免维护铅酸蓄电池获国家科技进步三等奖。铅酸蓄电池新材料、新工艺应用研究、61017型免维护铅酸蓄电池分别获中国船舶工业总公司科技进步一、二等奖。全年实施技术开发项目24项，完成鉴定并投产7项，即：6-DAW-150型、KQ-260型、GGM-3500型固定用，55D26R型、36B20R型、58-430MF型和24伏系列蓄电池。在工艺研究方面，进行了三片化成的投产试验，低锑合金应用解决了3.5%合金在生产中出现的断筋现象，缩短隔板冲洗时间，由原工艺的12小时缩短为70分钟，不仅提高了效率，且节约了能源。

行业管理 风帆蓄电池厂为适应市场经济要求，从事多种经营和集团化经营，以企业法人持股和职工个人持股组建了风帆远航实业有限公司，注册资金3500万元，下属保定风帆精密塑料制品厂、保定风帆电解铅厂，同时，又兼并了南京蓄电池厂，成立风帆南京蓄电池厂。1993年底，风帆蓄电池厂和香港灏福有限公司、中国银行保定分行服务中心三方合资，成立了保定金风帆蓄电池有限公司，这是我国蓄电池行业规模最大的中外合资企业，注册资本2888万美元。

质量及质量管理 1993年进一步完善质量管理体系，在厂内考核的质量指标13项，其中提高的3项，持平9项，稳定提高率为92.3%。从电池性能检测看，抽测的13个规格，均达到或超过标准要求。

技术改造及技术引进 全年完成更新改造投资492万元，比上年增加16.9%，其中用于增产的投资341万元，占69.3%。本年新增固定投资477万元，转固率为96.9%。技术改造的主要内容为引进塑料壳电池装配线的关键设备和涂装工序改造。

市场及销售 全年收入3.49亿元，比上年增长20.3%，销售率为97.9%，比上年低3.9个百分点。针对蓄电池市场情况，风帆蓄电池厂在销售方面采取了巩固老客户、扩展新经销大户，不断完善售后服务等各种销售策略，现该厂产品销售网点已有1448个，遍布全国27个省、自治区、直辖市。全年实现利润总额3571万元，比上年减少21.3%，除原材料涨价因素以外，实施新会计制度也是一个重要原因。销售税金及附加2542万元，比上年增加27.3%。利税总额6113万元，比上年减少6.4%。工业资金利税率为23.46%，比上年下降了9.92个百分点。

〔撰稿人：中国船舶工业总公司综合计划局　郭莲英〕

〔责任编辑：王亚水〕

电 工 合 金

〔机械电子部〕

生产发展情况　1993 年电工合金行业（触头，磁钢）工业总产值（当年价）为 56908 万元(初步统计)。

触头行业：触头材料 1993 年上半年生产销售形势较好，各企业上半年利润可观，但下半年由于国家采取了宏观调控政策，资金受到限制，再加上基本建设投资压缩，只能减少产量或不再生产。

磁钢行业：磁钢生产占用资金多，生产利润低，特别是下半年同样受到国家宏观调控大气候的影响，企业资金短缺，货款回笼困难，生产经营活动受到影响。但有不少较大型企业，如上海磁钢厂、萧山磁钢厂、舟山磁钢厂、国营八二七二厂、东海磁钢厂、国营四三九零厂等的产值、利润都比 1992 年有所提高。一些企业加强经营管理、发展用户，大力开发新品种，如摩托车磁钢、磁钢保健产品等，获得了较好的效益。

行业重点骨干企业的主要经济指标及产量见表 1。

表 1　重点企业主要经济指标及产量

企业名称	工业总产值当年价(万元)	产品销售收入(万元)	利润总额(万元)	全员劳动生产率(元／人·年)	产　量(t)
上海合金材料总厂	6645	6357	351	16605	20
沈阳造币厂	3009	1752	26	207517	30
天水长城电工合金材料厂	2767	3250	165	7126	10
天津电工合金厂	2042	2735	2.5	38075	52.93
广州电工合金厂	4985	2699	379	165600	46.5
宜昌电工合金厂	929	1286	81	26528	41
上海磁钢厂	3661	3810	0.6	57293	239
四川仪表十九厂	2497	2726	5	10646	
国营八二七二厂	4213	3997	235	14477	稀土 33t,铸造磁钢 211 万件
国营四三九零厂	3590	4052	241	31382	827 万件／(套)
萧山磁钢厂	8741	8064	841	71423	944.65
舟山磁钢厂	2225	2090	210	83000	
东海磁钢厂	1454	1362	151	50096	92.10

新技术、科研成果及新产品　1993 年全行业获新技术科研成果及新产品共 32 项。主要有：天津电工合金厂研制的银氧化锡（WP）、银氧化锌（WP）粉末挤压法电触头产品通过了部级鉴定。该产品分别装机于交流接触器 3TB58、3TF48 和 DZ 系列断路器、DZL 系列漏电断路器中进行了全部型式试验，均分别符合 IEC158—1、VDE0660 标准和国家有关标准。该电触头电阻率低（$\leqslant 2.5\mu\Omega\cdot m$），抗熔焊耐磨性好。

北京电工材料厂研制的银氧化锡氧化铟电触头材料，经机械工业部电工合金产品质量监督检测中心、国家有色金属及电子材料分析测试中心、北京低压电器研究所试验站分别进行物理性能、化学元素分析及电性能试验，全部达到国家有关技术要求，用户在 CJ10、CJ20 交流接触器上试用结果良好，材料性能达到国内同类产品先进水平。

天水长城电工合金材料厂研制成功 SF_6 断路器及组合电器等开关的关键部件——弧触头。性能达到：密度 13.9～14.7g／cm^3，硬度（HB）1764～1911MN／mm^2，电阻率 3.70～3.95Ω·cm。目前该材料已部分取代日本三菱公司产品并装配在西安高压开关厂生产的 SF_6 系列断路器中。

萧山磁钢厂生产的桑塔纳轿车里程表磁钢，其磁性能和外观尺寸经有关部门检测，全部指标符合标准要求，解决了桑塔纳汽车仪表磁钢国产化的问题。另外，该厂生产的 DD862 型电能表用磁钢组合件经机械工业部电工合金产品质量监督检测中心测试，性能达到并超过 GB3974 指标要求。该两项成果均通过了省级鉴定。

瑞安电工合金厂生产的内氧化银氧化镉、银氧化锌电触头材料经机械工业部电工合金产品质量监督检测中心检测，其机械物理性能和金相组织全部合格。两种材料分别装于 CJ10-40～150A 交流接触器上，经各有关部门检测，电性能试验全部达标，通过了省级鉴定。

机械工业部 33 研究所历经两年的努力，采用注射成型法研制成功的粘结稀土永磁于 1993 年通过鉴定。磁体经用户试用表明：在常温（室温～75℃）时的负载性能均比现用的钡铁氧体好，可在多种领域应用。

行业管理 根据 1993 年触头、磁钢行业出现的问题，归口所——桂林电器科学研究所与协会共同采取了下列措施进行解决：(1) 价格问题。触头行业定点企业曾于 1992 年 11 月共同制定出各类触头产品的价格，该价格执行三个月后，反映出各种现象及问题，归口所与协会对触头行业价格组成员进行了实地调查并召开有关会议，对不执行规定的企业提出了批评，并按行规进行了处理。1993 年对高压触头的价格问题也进行了协商，达到了满意的结果。对磁钢行业产品于 1993 年 5 月开始实行新的价格后，归口所与协会共同对新价的执行情况进行了调查、分析，并于当年 10 月召开了磁钢行业产品价格研讨会，对新价实施情况进行探讨和总结。各企业充分肯定了行业价格协调的宏观调控作用，认为该价格原则是合理的。(2) 总结企业生产经营情况，对企业所面临的情况及时向上级部门反映。1993 年度分别组织召开了磁钢行业和触头行业的厂长工作会议，会上两个行业的厂长们分别总结交流了企业 1993 年度的生产情况。触头行业还强调并重申了触头价格问题，针对整个触头行业外欠款严重的情况，共同探讨并提出了一些合理的建议。磁钢行业各企业还交换了如何进一步提高产品档次、开发新品种、拓展应用市场以寻求发展的途径，会上还就产品联合出口问题进行了探讨，成立了以上海磁钢厂、国营八二七二厂等 11 个单位组成的磁钢产品出口协调小组。(3) 加强标准管理工作。1993 年归口所组织完成了银氧化镉、银氧化锡氧化铟、银氧化锌、银碳化钨等电触头材料和铜钨碳化钨真空触头材料化学分析五项标准的起草及审定工作。磁钢行业完成了《永磁材料产品系列型谱》行标的起草和审定工作。(4) 加强经济技术信息交流。1993 年归口所与协会继续出版了《电工合金》、《电工合金行业信息》等刊物，并分别编写出磁性材料和触头材料的“国外基本情况”，及时将这些资料印发给行业各企业。

质量及质量管理 1993 年电工合金产品质量监督检测中心对触头行业 23 个企业的产品进行了抽样检查，合格品以上的企业有 19 个，合格品率为 82.6%，其中一等品的企业及产品有四川仪表一厂的 AgC5P、北京电工合金厂的 CuW80 整体触头。合格品的企业及产品为：黑龙江精密合金厂、青岛电工合金厂、福州电工合金厂、广州电工合金厂、天津电工合金厂、桂林所辰山公司、苏州合金材料厂、沈阳造币厂、上海电器科学研究所合金分所、瑞安电工合金材料厂、济南电工合金厂的 AgCdO12 触头，苏州硬质合金厂、上海合金材料总厂的 AgC5P 触头，天水长城电工合金材料厂、宜昌电工合金厂的 CuW80 整体触头以及湖南津市市电工合金材料厂的 CuW70 触头。不合格产品的企业有 4 个。

技术改造及技术引进 广州电工合金厂的“铬粉及铜铬触头生产”技改项目于 1993 年 2 月竣工并试产铜钨触头。试产的低含气量铬粉，经送德国西门子公司测定，符合西门子规格要求，应用试验认为该粉已接近国外同类产品水平，符合制造 CuCr50 触头的工艺要求，理化及机械性能均高于国家标准。

国营八二七二厂的稀土永磁是技术引进消化吸收项目，该项目于 1989 年引进，预定批量生产能力 150t，现投产达到的产量为 90t，国产化比例为 100%。

常熟东纳电子有限公司是常熟市磁性材料厂与港商合资建办的中外合资经营企业，总投资 120 万美元，主要生产铁氧体玩具用磁钢。年设计能力为各种规格磁钢 1 亿件，其中 70%外销，年可创汇 50 万美元。目前已生产了 FA130、RE140、RE260、RE280 等型号的磁钢，试产的 200 万件以上磁钢已首批销往海外，并获得好评。行业内其它主要技术改造项目见表 2。

表 2 电工合金行业主要技术改造项目

企业名称	项目名称	效 果
上海合金材料总厂	电触头技术改造	时间 1993.11～1994.12，1995 年一季度验收，触头设计投产产量为 70t
宜昌电工合金厂	电触头产品结构调整	时间 1 年，1993 年底结束，设计投产能力为 13～14t，目前已能生产 15t 触头，利税达 35.5 万元
安平电工合金厂	利用真空上引法生产铆钉用 AgCd 丝材	设计投产能力为 6t，目前已投产能力为 2t
上海磁钢厂	扩大磁钢出口生产能力技术改造	1993 年底开始，时间 1 年，预计可新增高性能永磁 50t，粉末永磁 30t，钐钴、钕铁硼永磁 20t

(续)

企业名称	项目名称	效　果
萧山磁钢厂	高性能铝镍钴、稀土、铁氧体永磁生产线	时间2年，1994年结束，设计投产能力：铸造、粉末铝镍钴100t，稀土永磁50t，铁氧体永磁80t。目前铸造铝镍钴永磁已扩大到944t／年，产值达8741万元，本年技改产生效益2600万元，利税270万元
舟山磁钢厂	增加磁钢生产设备	时间为1993年1年，设计能力为100t／年，目前已创产值800万元，利税80万元
国营八二七二厂	粘结稀土永磁	时间3年，1994年结束，设计投产能力为50t，目前已试生产

市场及销售　1993年行业内产品的销售量与产量基本相等，有的销售量稍低于产量。国内销售收入（当年价）为50366万元，国外销售收入为318.3万美元。出口产品主要是稀土永磁、钕铁硼永磁，铸造磁钢、电热合金及少量触头材料。出口国家及地区主要是东南亚、巴基斯坦、日本、美国及香港、台湾等地。

〔撰稿人：桂林电器科学研究所　詹亚萍　审稿人：桂林电器科学研究所　刘代琦　机械工业部科技与质量监督司　呼淑清〕

〔责任编辑：王亚水〕

工业电炉

〔机械工业部〕

生产发展概况　1993年电炉行业生产得到了较大发展，各项技术经济指标比上年都有明显的增长，部分企业的生产超过历史最好纪录。据电炉行业17个主要厂家统计，1993年工业总产值为50347万元，比上年增长62.6%，其中电炉产品产值42298万元，比上年增长72.3%。全员劳动生产率（按工业总产值计算）最高的前三名是无锡电炉厂167880元／人·年，比上年增长105%；青岛工业电炉厂90446元／人·年，比上年增长24%；佛山市电炉厂83377元／人·年，比上年增长10%。人均利税最多的前三名是南京摄山电炉总厂40300元／人，比上年增长84.9%；无锡电炉厂26585元／人，比上年增长96%；佛山市电炉厂15172元／人，比上年增长17%。

上海电炉厂是原机电部重点企业之一，近几年其主导产品多为大型、非标、特殊要求的热处理设备。1982年起先后与美国、英国、德国、加拿大等国外著名电炉制造公司合作生产了30多种80余台可控气氛热处理炉及生产线。该厂1993年工业生产总值4001万元，比上年增加25%；人均创利税4831元／人，比上年增长131%；销售收入5620万元，比上年增长21%；利润总额231万元，比上年增长64.5%。完成了电阻炉类357台，感应炉类76台，特殊电炉类222台（套），新产品14台。该厂生产发展趋势是以开拓市场为主体，技术开发、加强管理为两翼，力争工业总产值、销售收入、利润继续保持10%以上的增长。长春电炉厂是机械工业部重点企业，其主导产品是炼钢电弧炉和其它冶金设备。1993年该厂产品订货大幅度增加，承揽额达亿元。完成工业总产值7178万元，比上年增加177%；人均创税利5459元／人，比上年增长了117%；销售收入4549万元，比上年增长94.7%；利润总额424万元，比上年增长179%。完成了电弧炉77台，比上年增加49台。其中20t电弧炉17台，比上年增加15台；10t电弧炉12台，比上年增加9台。还完成了10t单电极直流电弧炉和100t钢包精炼炉两项重大生产任务。

1993年电炉行业生产发展趋势和特点是坚持以市场为先导，努力增加生产科技含量高的产品，同时考虑大市场的总需求，生产销售通用的标准系列产品。可控气氛热处理炉及成套机组市场需求形势看好。无锡热处理设备厂生产的生产率为300kg／h铸链板式控制气氛热处理机组已通过用户验收，其主被动辊结构、铸链板、辐射管等三大部件性能稳定。佛山市电炉厂生产了RCX-750-FSL大型滚筒炉轴承钢热处理机组。该机组具有两次清洗、两次冷却，采用可编程序控制工艺流程，已进入调试阶段。1993年上半年由于开发区热、房地产热带来了钢材市场价格迅猛上升，作为投资不多、见效快的中频感应熔炼炉市场需求也急剧增加，到下半年因国家加强宏观调控，钢材市场需求有所回落，中频电炉市场需求也开始下降。上海实验电炉厂生产中频感应熔炼炉291台，比上年增长42%。无锡电炉厂生产中频电炉677

台，比上年增加110%。湘潭电机厂电炉厂生产156台，比上年增长64%。电弧炉产品生产特点是单台炉子容量增大，用户需求增加，交货期短。株洲电炉厂生产电弧炉52台，比上年增长117%。以电阻炉为主导产品的重庆电炉厂也生产了10台电弧炉，满足西南地区市场需要。

新技术与科研成果　西安电炉研究所承担的机械工业技术发展基金项目中频感应熔炼炉炉衬材料结构和工艺试验研究于12月通过了鉴定。该项目研制的中频感应熔铝炉炉衬材料达到了80年代末同类进口材料的水平，填补了我国中频感应熔铝炉高性能干式成型炉衬材料的空白。重庆电炉厂的钢、铝、铜棒料可控非均匀感应加热技术，热处理生产线计算机程序控制、动态画面显示技术，采用多块微机控温、智能仪表、自动校核、跟踪、保证炉温均匀技术均具有国际先进水平。辽宁电子设备厂研制的“八五”重大科技攻关项目，全固态高频感应加热设备80kW样机于1993年1月在第一汽车制造厂变速箱分厂运行。该设备取代了原GP60-C6真空管式高频感应加热设备，它比真空管式设备性能大幅度提高，且节电、节水、节材，显著提高了工件质量和生产率。经一年多的试运行表明，该设备运转正常，可靠性高，工况稳定，效果良好。在国内第一台TG-80整机攻关基础上，又派生了20、40、60kW全固态设备，收到了较好地经济效益，80kW设备已销售3台，创利近50万元。由北京钢铁研究总院和锦州变压器电炉厂共同开发的LGZG-0.65型冷坩埚真空感应熔铸炉样机于1993年7月通过冶金工业部成果处组织鉴定。该项技术与设备是国家“863”高科技项目(代号为715-16-02-01)。样机经过400炉次试验表明，技术先进，操作方便，性能稳定，工作可靠且部件通用化标准化程度高，便于推广应用，属国内首创。其极限真空度为6.67×10Pa，额定功率100kW，额定频率为8kHz，熔化率1kg/min。

天津市电炉制造总厂的30t铝板材退火炉、哈尔滨松江电炉厂的RBG-240-7罩式光亮退火炉、江西电炉厂的JL89-50抽油杆热处理机组都获机械工业部科技成果三等奖。

新产品　由西安电炉研究所设计，苏州铜材有限公司共同组织生产、调试的国内首台最大功率工频感应熔铜炉于1993年8月一次热炉调试成功。该套设备为立式结构、液压倾炉，采用目前世界上最流行的喷流式大截面熔沟。炉衬及熔沟耐火材料采用该所研制的可塑耐火材料和中性干法料。设备额定容量7t、最高温度1250℃、额定功率750kW。西安电炉研究所设计的30t直流电弧炉已在武汉四七一厂和成都无缝钢管厂运行。西安电炉研究所研制的HX3-30超高功率电弧炉和辊底式控制气氛热处理生产线列入1993年度国家级重点新产品。上海电炉厂开发的CCQ9/6-500-6型铸带式热处理机组通过了市科委组织的鉴定。该机组传送带可根据工艺要求进行无级调速，炉温控制采用微机温控仪表，精度可达±1℃，机组生产率为500kg/h，是国内首先研制成功的最大规格铸带式炉组，该机组达80年代末先进水平。该厂开发的CMQ9/3-420-7型密封箱式热处理机组亦通过鉴定。机组主体是滴注式气体渗碳炉，整机采用可编程序控制，是具有高水平的机电一体化设备，最大一次装载量420kg。该厂生产的RS976×61×48型推杆式渗碳、渗硼炉列入市引进消化吸收项目，生产率为260kg/h。佛山市电炉厂完成了两项新产品试制鉴定。FSL-01A-105型流态粒子炉通过了省级鉴定，最高工作温度1150℃，炉温均匀度±7℃。KGPS-A-160-1型全集成化晶闸管中频装置通过市级鉴定。上述两产品在国内同类产品中处于先进水平。江西工业电炉厂开发了连续式带钢热处理机组、高真空罐式炉、双室工具热处理炉等新产品。上海昆仑合金材料有限公司研制的“O Cr12Al 4RE”，重庆电炉厂R×9系列强循环密封箱式电阻炉、GTL系列铝锭感应加热炉均列入国家级新产品。

无锡电炉厂的微机控制感应炉获全国高新技术产品博览会金奖。南京摄山电炉总厂的NS90—100微机保护气氛无马弗铸链带机组通过了机械工业部组织的鉴定。呼和浩特实验电炉厂根据科研院所的特殊需要，研制了快升温高温烧结底开门炉、高精度低温时效炉、除烃气化炉等新产品。马鞍山市电炉厂的RL系列中温流态粒子炉通过省级鉴定。

行业管理　长春电炉厂与长春变压器厂、长春市电控设备厂于1991年7月成立了长春电炉成套设备制造集团公司，它是一个半紧密型的经济实体。1993年末，长春电炉厂经国家授权部门批准为股份制试点企业，注册资金3020万元。无锡电炉厂已提出申请组建“无锡电炉集团总公司”，它是紧密型经济实体，包括8个核心层、3个紧密层、2个半紧密层及12个松散层共25个单位组成。重庆电炉厂实行股份合作制，使企业各项经济技术指标创历史最高水平。

为加强高频行业的管理，中日电器工业协会电炉及工业炉分会组建了以辽宁电子设备厂为主任委员、共有14个企业参加的高频委员会。

质量及质量管理　1993年4月23日由国家技术监督局等单位组成的专家评审组，对国家电炉质量监督检测中心进行了审查认可现场评审，评审结论为合格，报请国家技术监督局批准认可。

1993年电炉行业各企业积极学习国际标准，结合实际，建立质量体系，推行“质量否决权”和质量与分配挂钩机制。无锡电炉厂从厂级领导、中层干部到班组长共90人脱产参加了ISO9000系列标准学习。长春电炉厂完善了从原材料入厂到产品出厂、售后服务的质量保证体系，并按ISO9000系列标准的要求编写了“质量手册”。

1993年电炉行业普遍采用与IEC标准等效的国家标准和电热设备技术发达的国外先进标准。无锡市热处理设备厂的铸造炉组参照采用了美国军用标准。长春电炉厂炼钢电弧炉采用了IEC6542《炼钢电弧炉试验方法》标准。《电热设备试验方法 通用部分》等两个标准继1992年被评为机电部科技进步一等奖之后，1993年又被评为国家科技进步二等奖，这是电炉行业首次获国家级奖励。《间接电阻炉》标准被评为机械工业部科技进步二等奖；《工频无心感应熔炼炉》(3项)和《高频感应加热电源装置》(2项)，分别被评为机械工业部科技进步三等奖。

技术改造及技术引进 上海电炉厂可控气氛炉项目总投资636万元，其中贷款540万元，自筹96万元。技改内容为新建总装车间、增加设备及测试仪器。项目于1993年12月通过竣工验收。新建车间已投入使用，可新增年产可控气氛炉组5套。长春电炉厂1993年投资800余万元，进行了钢包精炼炉及大吨位电炉技术改造，项目进度已达70%。天津市电炉制造总厂发展可控气氛热处理炉项目总投资500万元，其中贷款450万元，自筹50万元。投资内容为新建1800m^{2}科研楼，建立CAD工作站，增换测试仪器和生产设备。该项目已于1993年6月通过竣工验收，年生产能力将新增可控气氛炉15台（套)。江西工业电炉厂的节能电炉“八五”技改项目投资700万元，其中贷款560万元，自筹140万元。该项目完成后年产工业电阻炉为1000标准台的生产能力。辽宁电子设备厂以全固态高频设备为主要内容的技改项目列入国家“八五”重点技改项目，总投资1775万元。该项目完成后可形成年产全固态高频设备400台，产值超过亿元的生产能力。该厂于1993年12月先后与美国、日本等公司签订了200kW以上全固态高频设备样机及技术软件的引进合同，合同额为89万美元。开封工业电炉厂引进辊底式热处理炉组全套图样，通过消化吸收，改进部分结构，已投入生产。长春电炉厂完成了引进原苏联直流电弧炉技术的消化吸收工作，近期实现国产化率达95%。

截止至1993年底，电炉行业共有8个中外合资企业，其中4个公司从事工业电炉制造，另4个公司为生产耐火材料及电炉配套件。在4个从事工业电炉制造公司中，2家专门从事可控气氛热处理炉组，另2个公司专门生产感应炉类产品。湘潭日鑫电热设备有限公司是1993年3月成立的中港合资企业，总投资为1000万港元，注册资本700万港元，员工73人。该企业1993年5月份开工，8个月共完成工业总产值700多万元，人均产值达10万元。该公司以科技为先导，消化吸收国外先进的中频电源技术，开发了500～1500kW、500～4000Hz的系列电源装置，还引进了1250kW、500Hz、15t中频无心保温炉成套设备图样。

市场及销售 1993年电炉行业销售形势很好，各企业的销售收入普遍提高。据电炉行业17个主要生产厂家统计，1993年销售总收入为55264万元，比上年增长63.7%。其中以无锡电炉厂销售收入最高，为电炉行业第一个销售收入超亿元的企业，达12391万元，比上年增长147.8%。电炉行业的一些企业，对销售部门实行了订货额、回款额与全额费用为内容的大包干，同时又推出了全员销售奖励提成等措施，提高销售人员积极性，促进销售。随着原材料短缺，刺激市场对熔炼设备需求激增，仅以生产中频感应熔炼炉为主导产品的5个电炉厂统计，1993年共生产1408台中频电炉，比上年增长71.5%。电炉行业1993年出口交货值共1183万元，比上年增长146%。主要向泰国、新加坡、印尼等东南亚国家出口，出口产品是实验电阻炉、中频电炉、热处理炉等。长春电炉厂向越南出口了20、30t炼钢电弧炉各一台。南京港南工业炉有限公司在泰国开办热处理加工厂，在印尼兴办了工业电炉组装厂。

〔撰稿人：机械工业部西安电炉研究所 蔡金鹤 审稿人：机械工业部西安电炉研究所 杨永森 机械工业部重大装备司电工处 张居猷〕

〔责任编辑：王亚水〕

通用仪器仪表

〔机械工业部〕

生产发展情况 我国仪器仪表工业已有较大的发展和提高，并已形成过程测量控制仪器、科学测量仪器、文化办公设备、仪器仪表元件和材料等四大类产品，约14000多个品种，在国民经济建设中发挥着重要的作用。

1993年仪器仪表行业抓住机遇，加大改革力度，增加固定资产投资规模，仪器仪表市场需求显著上升，在1992年快速增长的基础上，全年呈现产销同步增长的新局面，创历史最高记录。

全行业完成工业总产值（按1990年不变价计算）117.88亿元，比上年增长30%，高于部机械系统增长幅度5.42个百分点。

从各月完成情况看，生产趋势是时起时伏，呈波浪式向前运行的状态，这种现象与当时出台的政策、办法等息息相关。

1993年根据124个重点企业抄报完成产值数汇总，共计完成工业总产值（1990不变价）93.02亿元，比上年增长40.6%，占全行业的62.5%。工业销售产值（现行价）完成142.37亿元，比上年增长35.8%；产品销售收入完成146.15亿元，实现利税总额13.79亿元，其中产品销售税金6.77亿元，利润7.02亿元。

1993年列入统计目录的七类主要产品产量均

超额完成年计划，并比上年除成份分析仪器、试验机分别下降7.58%、2.09%外，其它五类呈增长趋势。每类具体完成情况见表1。

表1 主要产品产量完成情况

产品类别	单位	本年完成	上年完成	为上年完成%
1. 自动化仪器仪表	万台	2190.85	2115.85	103.54
2. 电工仪器仪表	万台	3075.12	2826.33	108.80
3. 成份分析仪器	台	63628	68844	92.42
4. 光学仪器	台	466804	425400	109.73
5. 试验机	台	24868	25399	97.91
6. 实验室仪器及装置	台	641235	405071	158.3

1993年仪器仪表行业稳步进入持续良好的发展轨道，在满足国内外需求中得到发展和壮大。各项指标完成良好形势的浅析：

(1) 时机有利。一是随着改革不断深化，国家逐步下放固定资产项目的审批权，进口项目除部分产品外的审批权，和全面贯彻《全民所有制工业企业转换经营机制条例》，充分调动了地方积极性，发挥了企业的积极性。列入产值计划的28个省、自治区、直辖市，有23个省、市的仪表行业产值增长10%以上，其中增长率超过30%的有：江苏省103.69%、湖北省40.21%，河北省35.68%、安徽省33.05%；增长率在20%至30%的有：北京市28.77%、浙江省27.2%、广西壮族自治区25.66%、广东省23.63%、吉林省22.99%、湖南省22.73%、云南省20.22%、山西省20.02%；增长在10%至20%的有：黑龙江省19.06%、辽宁省16.91%、陕西省15.99%、江西省15.31%、上海市13.99%、宁夏回族自治区13.64%、贵州省13.47%、天津市13.07%、福建省12.66%、河南省11.87%、四川省10.86%。销售产值增长率为：江苏省100.86%、河北省42.04%、浙江省41.48%、北京市40.21%、广西壮族自治区37.29%、江西省34.80%、福建省29.93%、湖北省26.78%、安徽省24.73%、宁夏回族自治区24.33%、上海市24%、广东省23.43%、山东省22.77%、黑龙江省22.03%、湖南省21.02%、吉林省20.36%、新疆维吾尔自治区20%、辽宁省19.77%、河南省19.76%、云南省16.96%、天津市15.93%、四川省11.21%、陕西省11.15%、甘肃省11.06%。二是“八五”规划进入全面实施阶段，各项资金逐步到位，对投资类产品需求处于稳定增长的局面。三是为改善人民居住条件，基建项目增加，并推动楼宇自动控制系统和部分消费类产品的需求量，如江苏春兰制冷设备公司一个企业就向市场投入价值287120万元产值的空调器。四是由于国际几大主要市场经济萧条、不景气促使国外一些大生产企业转向中国合资办厂，有利地推动了劳动密集型产品迅速发展。

(2) 以市场需求为目标，依靠科技进步，大力调整产品结构，淡化行业界限，扩大服务领域，优先发展重大工程项目成套所需的各种产品。1993年按国家计委、国务院经贸办，五部联合下达的火电机组计41台／935万kW，其中34台／735万kW所用的仪表自控系统，由国内供货，分别由上海、西安、广东，四川、辽宁等仪表基地承担货源，共提供仪表控制盘1276面，配套仪器仪表3.86万台（件)、以上任务根据抓质量，抓进度，抓服务的要求按期交付。

(3) 大力发展外向型经济。仪表企业从过去技术引进的单一模式中走出来，采用各种形式，如按照产品特点，争取与外商从局部到全面合资合作生产，联合开发市场等扩大合作。按照“内需为主，内外并举，以外促内，以外强内”的方针，对仪器仪表行业中的中档产品，都要立足于国内外两个市场，并强调了要开辟国际市场。在深化对外合作中，实现沿海与内地协作生产，促进行业整体发展等。如压力表、水表、煤气表、电度表、安装式电表、生物显微镜、酸度计、机械天平、万用表等产品都扩大了销路。

新技术与科研成果 1993年度获国家发明奖项目有1项——“防空化型高压差调节阀”获三等奖，发明人为上海工业自动化研究所晏泽荣。

获机械工业部1993年科技进步奖有24项。其中沈阳仪器仪表工艺研究所研制的扩散硅压力、液位传感器获一等奖，该成果着重解决了高可靠性和长期稳定性的技术问题，同时也解决了批量生产的设计和工艺技术问题，其可靠性已达到200万次以上，长期稳定性达到0.2%FS／年的水平。

获部科技进步二等奖的项目有13项：

(1) 重庆仪表材料研究所研制的引进仪表产品用镍基哈氏合金系列国产化，其独特的冶金工艺是使合金在工艺过程中得以充分净化。这种熔炼工艺不仅解决了哈氏合金热塑性加工性能差的技术难题，而且显著改善了合金的冶金质量及其使用性能，尤其是其耐蚀性能明显超过了进口同类合金。

(2) 哈尔滨电工学院研制的激光扫描式交联聚乙烯电缆绝缘材料杂质颗粒测量仪，由于具有先进的光机系统，采用了自动增益控制、高速脉冲量化、计算机辅助阻光法原理及塑料薄带制作等先进技术，并从信息光学的基本理论与实践上解决“伪颗粒”自动识别问题，其成本远远低于国外装置，为交联电缆生产提供了质量保证体系。

(3) 第一重型机器厂和燕山大学合作完成的大型机械参数综合检测分析，填补了国内大型机械参数综合测试分析的空白，推动了机械工业测试分析技术的发展。大型挖掘机推压传感器的研制，确保了国家重点科研项目的顺利进行，使大型挖掘机和类似设备的测量水平达到了新的高度；信号分析处理设备的国产化，缩短了这一领域我国与世界的差距。

(4) 天津市减压器厂研制的汇流排用气体双级减压器（氧气、氮气），解决了同功能产品内、外密封差的问题，其主要技术指标均高于ISO7291—90国际标准。达国际90年代初先进水平。

(5) 哈尔滨电工仪表研究所研制的ZHZ-25型便携式电量变送器校验仪，与国内同类产品比较，性能价格比高，多参数多功能，该产品采用的最陡急降式有效值变换技术在国内是首次应用。

(6) 长春试验机研究所完成的多功能超声波工业诊断技术的研究，系国内、外首次将两级计算机系统组成人机对话、自动管理和控制的多功能超声波工业诊断系统。在国内首次研制成功八彩阶超声波工业探伤成象技术、缺陷自动跟踪技术和数字化声探技术，使得显示的B型图象、C型图象和3D型图象准确、精度高，提高了当前超声探伤的分辨能力。由于具有多种拼幅和定量计算等后处理功能，实现了超声探伤的图象化、定量化。

(7) 上海电子光学技术研究所研制的DXS-10A普及型智能化扫描电子显微镜，填补了普及型扫描电镜自动化应用功能的空白，替代了相同类型进口仪器，为国家节约了外汇。

(8) 上海工业自动化仪表研究所研制的防爆发货计量控制管理系统，采用分散控制、集中管理的模式，使油品等易燃、易爆产品发货计量控制管理系统整体水平达到80年代中期国际先进水平，减轻了工人的劳动强度，提高了作业的安全性和精度。

(9) 西安仪表厂研究所研制的JKXZ-2小型过程控制装置，采用冗余和多重备用措施，可靠性高，兼有数据采集、处理和过程控制等多种功能，有较高的性能价格比，达到了80年代初国际同类产品的水平。

(10) 长春气象仪器研究所研制的系留气球低空探测系统，由高空、地面和通讯三部分组成。是探测大气边界层气象要素的数据自动采集设备。它以气艇为运载工具，携带探空仪，在升、降过程中，实现探测大气边界层气象要素之目的。该设备的研制成功，为环保、生态、航空气象、边界层气象研究等部门提供了必备的设备，填补了国内空白。

(11) 重庆工业自动化仪表研究所、四川仪表十八厂、西安仪表厂、上海调节器厂、大连仪表厂、天津仪表厂、上海工业自动化仪表研究所制定的标准JB／T5538—91《微控调节器通用技术条件》。

(12) 重庆工业自动化仪表研究所、杨中化工仪表配件厂、天津自动化仪表十厂、武汉流量仪表厂制定的标准JB／T5325—91《均速管流量传感器》。

(13) 上海仪器仪表研究所制定的标准JB／T5409—91《磁放大式电子交流稳压器可靠性要求与考核方法》。

获部科技进步奖三等奖的项目有10项：

(1) 天津复印技术研究所、长春造纸厂、营口氧化锌版纸厂、营口复印机总厂制定的标准ZBN 47011—90《氧化锌静电胶印版纸》。

(2) 江苏泰兴仪器厂制定的标准JB／T5430—91《预制感光版显影机技术条件》。

(3) 重庆仪表材料研究所、上海合金厂制定的标准JB／T5403—91《直焊性聚氨酯漆包圆电阻线》。

(4) 重庆仪表材料研究所、四川省轻化工学院、重庆有色金属研究所制定的标准JB／T5326—91《仪表用金属材料缝隙腐蚀试验方法》。

(5) 上海工业自动化仪表研究所、上海自动化仪表公司系统成套分公司、西仪横河控制系统有限公司、天津自动化仪表成套设备厂制定的标准JB／T1396—91《工业自动化仪表盘盘面布置的绘制方法》、JB／T1397—91《工业自动化仪表盘接线接管图的绘制方法》。

(6) 上海自动化仪表公司转速表厂、上海工业自动化仪表研究所制定的标准JB／T5220—91《转速数字显示仪》、JB／T5221—91《接触式手持数字转速仪》。

(7) 苏州试验仪器厂、长春试验机研究所制定的标准NBN 73003—90《碰撞试验台技术条件》。

(8) 上海工业自动化仪表研究所、大华仪表厂、上海调节器厂、上海自动化仪表六厂、西安仪表厂制定的标准JB／T1339—91《工业自动化仪表接线端子排列和标志》。

(9) 四川仪表十七厂、上海工业自动化仪表研究所制定的标准JB／T5582—91《铠装热电偶技术条件》。

(10) 西安工业自动化仪表研究所、机械部工业自动化仪表产品质量监督检测西安分中心、宝鸡仪表厂制定的标准JB／T5493—91《电阻应变式压力传感器》。

国家“八五”科技攻关情况：

(1) 国家“八五”攻关项目85-720大型工业过程自动化控制技术研究，经过近三年来各攻关单位的努力，克服各种困难，保证了攻关项目的正常进行。取得了一批阶段性成果并有了一定的效益。

85-720项目的核心是85-720-01分散控制系统DJK-7500优化及生产技术研究。该课题于1993年8月通过了由机械电子工业部仪器仪表司组织的大、中型两系统的样试鉴定。这标志着85-720项目的重要阶段性任务已完成。DJK-7500分散型控制系统是包括6种监控级设备、7种过程控制站设备以及中、高速通讯网络的大型工业控制计算机。它的完成为下一步移交工厂生产提供了良好条件，为85-720-02、03、04（DJK-7500在30万kW火电自控系统中的应用，在扬子乙烯45万t芳烃生产过程的应用和在大型板坯连铸控制系统中的应用）三个课题的完成奠定了基础。85-720-05自控系统配套仪表课题年底完成4个分专题、12个品种的样机试制并通过现场考核及鉴定，另外一个分专题、5个品种因外协加工拖期，可望1994年上半年完成鉴定。其余28个分专题、60个品种已完成部分典型样机的试制并送现场应用，有的基本突破了整机的技术关键，完成了样机的加工试制，年内进行样机装配、联调等工作。85-720-07大型发电机组故障诊断课题已分别在汉川电厂、通辽电厂完成了传感器的现场安装，数字式监视仪表完成了样机试制，专家系统的框架结构已完成，并存入了部分诊断规则，初步形成一个可以实际运行的系统。20万kW机组故障诊断系统的推广工作，已和12个电厂签订了推广应用合同，仅1993年就签订合同7套，该课题工作有较大进展。85-720-08课题完成了总体技术设计规范书，并确定了综合自动化全过程的体系结构，它直接关系到本课题在攻关过程中各阶段的衔接，以及各专题、分专题相互间的配合；完成了系统硬件平台设计方案并向外商定货，建立了通用精馏塔的稳态机理数学模型；完成了编程及仿真研究；完成了线性二次型、预测控制容错控制等最优控制算法的程序编制，并在现场进行了考核。机械工业部承担的典型工程课题8个专题中85-720-10-23进展已超过计划，10-36按计划进行。

85-720-02课题中由电子工业部6所研制的高速智能彩色图象终端已通过产品鉴定，并已完成与DJK-7500的通信连接，解决了DJK-7500配套的CRT终端这一重大技术问题。由上海发电设备成套所研制的同步控制接口已通过产品鉴定，并在谏壁电厂应用成功，为CCS投运奠定了良好的基础。

85-720-07课题中由哈尔滨电工仪表所和清华大学等单位承担研制的12种智能监视仪、5种模拟仪表及数据采集器等已完成实验室考核样机，部分监视仪表已在现场投运考核。

85-720-05专题中“电浮筒液位计、外浮子液面计以及内浮子耐腐型”品种也已销售300多套，三通燃油电磁阀共销售200多台。以上产品品种，至1993年底已为企业新增效益百万元左右，产品的市场前景和经济效益可观。

(2) 通过攻关已突破了一些技术关键。

武汉热工仪表厂承担的电液执行机构，独创地为电液伺服阀解决了自反馈体系的方案，取代一般常规使用的精密导电塑料电位器或差动变压器式的位移传感器来实现位置反馈。该方案比导电塑料电位器或差动变压器方法可减少机构部件和电气引燃点。又由于该方案在原理上优于欧美国家所采用的弹簧反馈方案，因此保障了伺服阀具有高的调节精度和极小的回差。目前用该方案试制的DYJ310、DYZ410B、DYJ610和DYZ1200样机，已在河南新乡输油管道和首钢80t转炉文氏管上投入运行。

大连仪表五厂承担的伺服式贮罐液位计分专题解决了液位计的精度问题和高稳定、高可靠性问题。目前已有两台样机在大连石油七厂和北京通县油库的大型贮罐中使用。从标定测试和实际考核使用的结果表明，可达到国外80年代同类产品水平。

上海自仪所与航空工艺所合作，解决了多层叠板式阀的组件的焊接加工问题，经金相组织分析和320kg耐压强度试验，满足了高温高压防空化蒸汽调节阀的使用要求。

南京分析仪器厂承担的工业四极质谱计突破了关键部件四极杆的加工工艺，并已与离子源联试取得了满意的实验数据。北京分析仪器厂突破了工业磁质谱计的分析室壳体和分析器极靴的关键加工工艺，尤其极靴的加工模具，设计得巧妙、简单、方便。这些关键件的突破，不仅为整机的攻关提供了条件，而且也为今后生产打下了基础。

由清华大学和浙江大学承担的电涡流、速度、涡流／速度、油膜压力、温度压力等传感器，解决了从高性能骨架材料的选择、良好密封的结构设计和精密加工方法等技术关键，提前完成计划，保证了汉川、通辽两个发电厂现场的安装。

新产品 部、省、市新产品项目：除了国家攻关项目以外，1993年仪表行业完成部新产品计划项目及自行开发的相当于部新产品计划水平的项目有164项，其中部计划内项目完成124项。完成率为75.6%。这些项目属于国际先进水平的占10%，当代国际水平的占20%，国内领先水平的占70%，新增产值14943.65万元，利税3398万元。所有开发的新产品都是国民经济各部门急需，有一定的市场，作为企业产品结构调整更新替代的产品。其中代表性的项目有：

(1) 自动化仪表方面，有上海工业自动化仪表研究所开发、苏州微电脑组合仪表厂生产的DDZ-S系列16个品种过程控制仪表，是我国冶金、电力、石化等各部门实现生产过程自动化所需的高科技产品，它是数字式、智能化单元组合调节仪表，是模拟式电动Ⅱ、Ⅲ型仪表的更新替代产品。1993年可生产1000台，在用户推广使用新增产值400万元，利税200万元，净利润80万元，由铁岭光学仪器厂开发的超高压长窗式双色水位计，是大型电站锅炉水位监测仪表，可承受工作压力为22.5MPa，达到国际先进技术水平，是保障电站锅炉安全运行的重要监测仪表。现已试制100台，新增产值280万元，利税70万元，利润50万元。上海工业自动化仪表研究所与上海先锋电机厂合作研制的高频高压电子加速器可编程控制系统，可实现GJ-2型加速器从抽真空到出束、关机全过程控制，运行状态图象显示，自动打印运行参数，参数超限即时处理自动保护，按设定参数自动调节加速器加速电压及总电流稳定度优于5%，达到当代国际水平，是技术附加值较高的高新技术产品。

(2) 电工仪表方面，有福建省机械科学研究院开发的特种电能表智能模件，主要用于分时记度电能计量及电力负荷控制，是当前电力部门大量推广使用的复费率电能表及多功能电能表的关键部件，该模件电能计量误差小于 0.02%，达到国际先进水平，已提供 20 余家电能表生产厂使用，新增产值 4000 万元，利税 1000 万元，利润 1000 万元。辽宁凤城电工仪表厂试制成功的 DSF29 型分时记度（复费率）电能表，是机电一体化的高科技产品，精度等级达到 1.0 级，该产品和原 862 型三相表尺寸完全一致，便于用户更新旧表使用。该产品设有峰、谷、总三个计度器，使用方便，受到用户好评，1994 年东北电力局已向该厂定货 1 万台。

(3) 光学仪器方面，有南京江南光学仪器厂结合技术引进，完成了技术复杂、难度大的 H－600A 电子显微镜试制，透射分辨率为 0.204nm，最大加速电压是 100kV，技术上达到国际先进水平，广泛用于材料、物理、农业、化工、地矿、医疗、生物等领域，现已投入小批量生产。该厂还引进技术并消化吸收自行开发了 DXT－100A，分辨率为 1nm 的透射式电子显微镜，已试制 3 台，新增产值 45 万元。贵阳新天精密光学仪器公司完成了火花型光电直读光谱仪，技术上达到国际当代水平。它广泛用于冶金行业炉前快速分析，它的研制成功填补了我国这类高技术仪器的空白。

(4) 分析仪器方面，有南京分析仪器厂开发的新型干法水泥窑取样分析装置。该装置用于各水泥生产厂，可在高温环境下取样，对 O、CO、SO、NO 等气体成份进行分析计量，是监测控制水泥生产企业环境污染的一项关键产品，现已生产 6 套，新增产值 168 万元。上海分析仪器厂完成的离子色谱仪，是与中国科学院等有关单位联合攻关的成果，由全塑泵输液系统、手动全塑进样系统、分离系统、检测系统和数据处理系统五部分组成。它是广泛用于电力、环保、石化、生命科学领域的高档分析仪器。由于技术复杂、难度大，该仪器过去长期依靠进口。该厂现已投产 10 台，新增产值 80 多万元。该厂 1993 年还试制成功高效液相色谱仪，最小检测浓度为 2×10g／mL，达到当代国际水平，广泛用于石化、制药、食品、轻纺、环保部门，现已试制 10 台，新增产值 220 万元。上海第三分析仪器研制成功的紫外可见分光光度计，波长范围 190～850nm，波长精度±1nm，采用 PC 机数据处理，CRT 显示，图文打印输出，达到国际先进水平。是药检、临床医学、环保常备仪器，拟于 1994 年投产 30 台，新增产值将达 105 万元。

(5) 试验机行业方面，有长春试验机研究所研制成功的 200kN 高频疲劳试验机，工作频率 80～250Hz，最大单向脉动负荷±200kN，高变负荷波动态峰值≤2%FS，达到国际先进水平。该所 1993 年研制成功汽车离合器测试成套设备，包括汽车离合器从动盘总成轴向特性试验机、离合器盖总成综合检测试验机、离合器膜片弹簧负荷试验机及其疲劳试验机，将改善汽车制造业离合器试验机依赖进口的局面。

(6) 试验室仪器方面，有长沙科学仪器研究所研制的柴油机喷射测试仪，可对四冲程柴油机喷射系统的转速、供油提前角等进行测量，测量精度分别为±5r／min、±0.5°，其所用传感器为该所专利。该仪器在汽车、拖拉机制造业有广泛应用前景。

1993 年 5 月 22 日，原机械电子工业部举行了机械工业仪器仪表节能产品发证会，会上，共有 45 种仪器仪表节能产品获得机电部颁布的节能产品证书。其名单如下：

(1) LWGQ 插入式汽体涡轮流量传感器（开封仪表厂），(2) 罗茨流量计系列（开封仪表厂），(3) CB_3、PS41 三相标准功率电能表（九江仪表厂），(4) D86 系列电度表（九江仪表厂、上海电度表厂、上海工业电度厂、青岛电度表厂、杭州仪表厂），(5) CD－010 热磁氧式氧分析器（南京分析仪器厂），(6) DH－6 氧化锆氧分析器（南京分析仪器厂），(7) ZJHP 精小型气动调节阀（无锡前洲西塘自动化仪表厂、上海光辉自动化仪表厂、鞍山热工仪表厂、无锡仪表阀门厂、四川仪表十一厂、乐清自动化仪表三厂），(8) VSF500 多功能三阀组（重庆宏业自动化仪表厂、四川乐山自动化仪表三厂），(9) ZO 系列氧化锆氧分析器（中国原子能科学研究院江苏南通市应用电子仪器厂），(10) 应力式涡街流量传感器（青岛自动化仪表厂），(11) DMC－501、502、503 锅炉微机监控系统（大连仪表厂），(12) ICS－3000W 微机皮带秤（成都科学仪器厂），(13) GGP－50 电子皮带秤（成都科学仪器厂），(14) DSF1－1 三相三线复费率电度表（福建龙溪仪表厂），(15) BC－606 微机流量控制系统（合肥仪表厂），(16) J 系列家用煤气表（丹东热工仪表厂），(17) SBCC、SBYC 电容式差压、压力变送器（四川仪表七厂），(18) DD101 单相电能表（哈尔滨电表仪器厂），(19) LFXZ－50、80、100 智能式分流旋翼蒸汽流量计（河北泊头仪表厂），(20) ZMW 系列工业煤气表（辽宁凤城煤气表厂），(21) 2S2CP 自锁式电磁阀（湖北仪表电磁阀厂），(22) TC10 温度程序控制仪（天津自动化仪表六厂），(23) XEL01 大电流记录仪（天津自动化仪表六厂），(24) KTA、KTF 系列微电子调功器（永嘉航空设备厂），(25) KTA、KTF 系列浮子钢带液位计（北京自动化仪表四厂），(26) WRP－125C、WRP－135C 再结晶碳化硅保护管热电偶（上海自动化仪表研究所、上海胜利无线电厂、开封仪表四厂），(27) 动态电子轨道衡（承德自动化计量仪器厂、苏州仪表元件厂）(28) SCS－10、20、30、50、60、80 电子汽车衡表（承德自动化计量仪器厂），(29) 自力式温度控制器（天津自动化仪表五厂），(30) LS－201 系列应力式涡街流量变送器

(齐齐哈尔仪表总厂)，(31) LGX 楔形流量计(齐齐哈尔仪表总厂)，(32) DJK-010A-1 型电解槽自动控制机（湖北宜昌电工仪器厂)，(33) 高精度直流大电流测量校验仪（河北保定电器控制设备厂)，(34) FD-101 型小鹤管封闭式定量校验仪(乐清县自动化仪表三厂)，(35) 数字式热量计备仪（长沙仪器厂)，(36) WCS-0.1 智能节电开关(北京光电技术研究所)，(37) 热力站自动控制系统（北京自动化仪表厂)，(38) 采暖控制器（北京自动化仪表厂)，(39) ZPQ-21 非线性反馈阀门定位器（上海自动化仪表七厂)，(40) 流量计算机（上海工业自动化仪表研究所)，(41) XMW-31 热量计量显示仪（上海大华仪表厂)，(42) PS32 数字功率电表（天水长城电工仪器厂)，(43) TDW-31 微机温度控制装置（天水长城电工仪器厂)，(44) 多功能流量计量系统（广东肇庆智能仪表厂)，(45) 煮糖过饱和度控制装置（广东肇庆智能仪表厂)。

行业管理 1993 年仪器仪表行业在行业管理方面的主要工作:

(1) 继续推进结构调整工作。产品结构调整从重点企业试点、行业推荐优先发展产品，发展到成为各单位的一项战略性的经常性工作，各企业不断扩大服务领域。

南京仪表机械厂根据光学冷加工设备工艺特点，发展了眼镜检测设备，进一步利用这些设备进行眼镜生产，获得较好的效果，1993 年生产增长了 80%。北京仪器厂主导产品光学镀膜机、真空泵生产一直比较平淡。现发展镀膜服务，从工艺品到建材玻璃镀膜，使 1993 年产值增长 94%。襄樊仪表元件厂利用电路生产优势，大力发展可控硅，1993 年产值翻一番。

汕头超声技术研究所调整产品结构，引进日本国日立医疗机械公司超声显象诊断仪制造技术项目，已由日立公司派遣技术人员进行验收合格；并依靠自己的技术力量和设备，生产出性能完全达到日立公司同类产品的超声显象仪和超声显象探头，全所的年销售额达到 3530 万元，比 1992 年增长 84%。

上海雷磁仪器厂以“上高新，求换代，提高中高档产品比例”为目标，狠抓新产品开发、设计工作和中试工作，已经完成试制和即将投产的新产品共有 18 项，其中 13 项新产品在 1993 年的中试中创产值 280 万元，占全厂产值近 10%。

西安仪表厂大力调整了产品结构，1993 年新产品的产值完成 11045 万元，占全厂总产值的 35%，技术进步产品产值占总产值的 93.7%。

江南光学仪器厂虽然产品市场很好，工作任务足，但针对过去光学仪器厂产品利润较低的状况，充分利用该厂技术优势，努力发展了 H-600 国产化电镜、100G 电镜、XS-2 型宝石显微镜、XST-201 荧光显微镜、XJD-1 型倒置显微镜以及偏光显微镜系列，微循环图象、分析系统等中高档效益产品，并成功地研制了我国第一台遥感监测相机、展成式电加工机床等新产品，合理地调整了产品结构。目前该厂的中高档产品产值已占全厂总产值的 70%。

(2) 在生产稳步增长的同时，许多企业注意提高管理素质的基础工作，在开展“工艺突破口”工作的基础上，一方面巩固已有的成效，同时许多企业深入推行全面质量管理，认真贯彻 GB／T19000 (ISO9000) 系列标准，并抓好工艺上水平和产品的可靠性工作，使“工艺突破口”工作有效地向深度和广度发展，企业管理开始步入良性循环。如：湖南仪表总厂结合对离心机 9 号转子的质量管理，开展了“工艺突破口”工作收到成效，5 月份 9 号转子质量通过验收。在此基础上，全厂进一步深化了“工艺突破口”工作，指定和完善了有关工艺制度、文件。在分厂自检自查基础上，总厂组织进行了两次大检查，实施检查结果与浮动工资升级挂钩，与年终总评比挂钩，企业厂容厂貌进一步改观，生产和工作秩序有了新的进步。

上海第二电表厂、上海大华仪表厂、四川仪表四厂也都在“工艺突破口”取得显著的成效基础上，进一步巩固和向纵深发展，保持先进的管理水平。

(3) 为进一步宏观控制产品质量，健全商品质量和保证贯彻质量法及消费者权益，1993 年仪表行业进行了对电度表和自动化仪表的仪表表盘等产品的生产许可证发证工作。通过对产品质量和工厂必备条件进行严格审查，已有 241 家企业的有关产品达到要求，取得生产许可证（其中工业电表生产企业 225 家，电度表 16 家)，还有 621 家企业的产品检测和工厂条件已达到要求，待办理最后审查和发证（其中工业电表企业 135 家，仪表表盘生产企业 486 家)。

(4) 积极推进机电产品的出口。通过调整产品结构，提高产品质量，广开出口渠道，仪表行业的企业的出口能力有所增加，出口基地和扩大机电产品出口生产企业分别增加了 37.5% 和 22.2%。1993 年经国家经济贸易委员会、对外贸易经济合作部联合批准，仪器仪表行业又有承德自动化计量仪器厂、上海自动化仪表公司、扬州机床厂三家企业成为出口基地；扬州飞达电机仪表公司、无锡电度表厂、柳州市仪表总厂企业为扩大机电产品出口生产企业。这样，仪表行业共有出口基地企业 11 家；扩大机电产品出口生产企业 21 家。

根据海关资料统计，1993 年我国出口的通用仪器仪表产品总额约 4.716 亿美元。比 1992 年约增长 48%，整个仪表行业产品出口趋势快速增长，许多企业出现历史最好水平，如：江南光学仪器厂出口 427 万美元，比上年增加了 62%，而且产品品种由单纯低档显微镜调整到高、中、低档多种产品；西安仪表厂 1993 年出口 303 万美元，比上年增加 15.7%。

(5) 股份制企业情况。1993 年通用仪表行业内共组建股份制企业 4 家。

西仪股份有限公司经陕西省经济体制改革委员会批准成立，公司注册资本为10052万元。

丹东射线仪器（集团）股份公司，经地方经济改革委员会批准成立，共发行股金5000万元。

四联集团川仪股份有限公司，经地方经济体制改革委员会批准成立，公司共有股东总股23617万股。

上海自动化仪表股份有限公司，经上海市经济体制改革委员会批准成立，公司总股本26086万元。

质量及质量管理 1993年主要工作：

(1) 管理与贯标工作。仪表行业根据机械电子工业部1993年一号文件精神要求，全面开展了以“工艺为突破口”深入推行全面质量管理工作和GB／T19000（ISO 9000）系列标准工作，在各级政府宏观导向和企业主观努力下，1993年取得了比较显著的效果。

湖南仪表总厂围绕年初制订的质量目标，组织全厂干部认真学习《产品质量法》，贯彻GB／T19000《质量管理与质量保证》系列标准，进一步完善质量管理、质量检验、计量管理等组织机构，逐步健全总厂质量体系，加强质量考核，适度增加考核品种，扩大了质量监督的覆盖面，对自动化仪表、电子天平、医疗仪器、离心机等产品质量中的薄弱环节，分别制订了质量攻关计划，组织专门力量进行整改，使产品质量稳步上升。5月份离心机九号转子的质量整顿顺利通过了部、厅验收，全面恢复生产。

上海分析仪器厂把质量看作企业的生命，在机构改革、新的部室建立后，从抓产品实物质量着手，在自查互查的基础上，加强了专职检查，装校检验工作采取定期组长会议和车间质量协调会；对零部件检验工作定期召开质量分析会，经营办以提高产品开箱合格率为重点，坚持产品抽查与质量改进相结合、与强化管理相结合、与质量奖惩相结合，坚持施行质量否决权。由于上述措施，1993年产品保修费就比上年下降了12%。围绕贯彻GB／T19000（ISO9000），组织全厂中层干部观看“系列标准”录相，全厂参与“产品质量法”知识竞赛，开展质量大讨论，提出合理化建议128条，对照“系列标准”的要素制定完善外协系列的规章制度。

南京分析仪器厂认真贯彻《质量法》和GB／T19000系列标准，修订了企业质量手册，努力使企业质量管理工作与国际标准接轨，组织了RZ-001乳脂分析仪攻关，使其质量达到国际水平；开展了血液酸碱分析仪电阻及其整机（DH-1324、DH-1326）可靠性试验工作，并达到了预定指标。该厂1993年被评为南京市连续三年产品质量监督检查合格大中型企业，DH-9003产品连续三年市级以上监督检查合格，可办免检证书。

天津仪表厂、天津仪表七厂、天津电工仪器仪表公司、天津复印设备公司等单位积极开展了GB／T19000（ISO9000）《质量管理和质量保证》系列的宣传。

长春第一光学仪器厂组织全体职工学习质量法，企业质量方针和质量体系，开展“质量月”活动，提高质量意识，同时对领导干部质量管理人员和生产骨干进行系统培训，加强质量监督检验和标准化工作，完善质量工作制度和质量工作标准，实行质量与工作挂钩，1993年省、市技术局对该厂产品进行抽检，合格率均达到100%。

(2) 产品质量抽检情况。国家技术监督局于第一、第四季度对5种仪器仪表产品38种型号规格43个企业进行了质量抽检，平均合格率为77.5%，比上年有较大提高。其中，对热工用模拟量输入数显仪表产品共抽查28个企业、25种型号规格，合格率为75%；工业X射线和磁粉探伤机产品共抽查15个企业、13种型号规格，合格率为80%。

在市场竞争机制下，大部分企业不断地提高自身的质量管理水平，如丹东射线仪器集团公司、黄石探伤机厂等有关产品保持了一等品水平。

各省、市、地方都重视质量管理并进行了重点产品的监督抽查。北京仪器仪表总公司系统共监督抽查了39种产品，合格38种，合格率为97.4%，比1992年同期提高6.5%。其中北京光学仪器厂TDT2、TDT6光学经纬仪52台，合格率100%；天津市电子仪表局系统，市管产品稳定提高率100%，局管产品达97.6%，重点商品商检合格率100%，国家产品质量监督抽查2个企业3种产品，合格2种，合格率66.7%。

(3) 产品可靠性考核情况。根据原机械电子工业部第五、六、七批产品考核计划，于1993年完成产品可靠性考核，达到合格标准并申报发证的产品共计32个品种、63个型号规格、76个企业。具体有：

数字显示仪。上海自动化仪表三厂（XMT)、大连第四仪表厂（SWX-03)、大连自动化仪表厂（SWX-03）、天津自动化仪表八厂（XMZ-103）、上海航天热工仪表厂（XMZ-103)、上海嘉定科技仪表厂（PY18)、四川仪表十五厂（XMZ-103)、肇庆自动化仪表厂（XSZ-103）、上海兴达数字仪器厂（XMZ-102)、武汉温度计厂（XMZ-103)、上海自动化仪表六厂（XZMZ-2000)、上海晶峰电子公司（XMZ-102）、四川仪表三厂（XMZ-102)、余姚温度仪表厂（XMZ-103)、江南仪表总厂（XMZ-103）、余姚仪表厂（XMZ-103)、昆山自动化仪器厂（XMZ-102)、昆山自动化仪表二厂（XMZ-103)。

压力表。牡丹江仪器仪表三厂（Y-60、Y-100)、上海减压器厂（Y-100、Y-150)。

紫外可见分光光度计。泰州无线电仪器厂(M750B)、上海第三分析仪器厂（752)、上海分析仪器厂（751GW)、北京第二光学仪器厂

(WFZ800-D)、上海光学仪器厂（753B1）、山东高密分析仪器厂（752）。

生物显微镜。太原光学仪器厂（XSP-5）、江南光学仪器厂（XSP-18A）、吉林省光明仪器厂（XSP-508）、山东光电仪器厂（XSP-301）、上海光学仪器厂（XSP-3）、江西光学仪器总厂（XSP-30）、广州光学仪器厂（L-201）、梧州光学仪器厂（XSZ-81A）、宁波光学仪器厂（XSP-109）、云南光学仪器厂（XSB-111）。衡阳光学仪器厂（XSG160-1）、新天精密光学仪器公司（XS1B）。

光学平板仪。西安光学测量仪器厂（PG3-X2）、陕西测绘仪器厂（P3）、连云港光学仪器厂（DP5-S）。

单回路调节器。大连仪表厂（W187MA-E）。

压力变送器。西安仪表厂[1151GP(0E)]、武汉热工仪表厂（412）、四川仪表七厂（DBY-1200）。

报警给定器。西安仪表厂（IKY-5252）。

比率给定器。西安仪表厂（IRO-5345）。

阻抗转换器。西安仪表厂（IBS-5352）。

加减器。西安仪表厂（ICN-5254）。

手操器。西安仪表厂（IML-5343）。

调节器。西安仪表厂（DTL-331）、大连仪表厂（DTZ-2100）。

计数器。西安仪表厂（UIC-5217）。

安全保持器。吉化公司仪表厂（DAB-3100）

差压变送器。北京电表厂〔1751DP（4E，5E)〕、武汉热工仪表厂（411）。

单回路双针指示表。四川仪表十二厂 …PO-215A)。

…型指示表。四川仪表十二厂 …9A、DPF-117A)。

…程序控制器。天津自动化仪表厂 …)。

…。四川仪表十八厂（DFP-2100）、西 …SDBS-210)。

…节器。西安仪表厂（SLCD-181）。

…。西安仪表厂（SRVD-110）。

…送器。西安仪表厂（STED-210）、上 …表一厂（DBW-4240）。

…箱。吉化公司仪表厂（DDX-3010）。

…组装仪表。西安仪表厂（MZ-L）。

…站过程控制装置。西安仪表厂 …T-1)。

功频电调装置。西安仪表厂（MT-Ⅲ）。

通过考核工作，各厂无论是产品质量、性能，还是企业管理上均有较大提高，能从质量保证体系着眼，加强和改进薄弱环节。

上海第三分析仪器厂重视对全员的质量管理、可靠性增长培训工作，全面质量管理普及教育率99%，深化教育率98%，专门邀请大学教授到厂讲授可靠性设计原理。该厂从1985年起就采用FMFA分析方法进行一系列可靠性摸底试验和验证试验，还通过售后服务取得质量信息作为改进可靠性设计，提高产品质量的依据。为了提高波长两端的稳定性，对关键元件——光电倍增管进行了外协件专项指标筛选，为元器件制造厂提供专用测试设备，既帮助协作厂稳定和提高产品质量，也使分光光度计整机产品提高了质量水平。该厂可靠性指标值年年提高，最近取得了较好的考核成绩，不仅产品质量提高到一个新水平，而且把企业质量管理和全厂人员素质提高到一个新水平。

泰州无线电仪器厂在生产组织管理、质量控制方面坚持高标准严要求，成立了工厂质量认证委员会，产品的外购件严格定点供应，元器件进厂后按内定标准筛选，加强整机老化消除早期故障等，该厂检验部门经常组织对产品可靠性摸底试验，掌握质量波动情况及时纠正，现产品已出口韩国、委内瑞拉及东南亚地区。

(4) 仪表行业8个国家级产品质检中心、24个部级质检中心和分中心已全部通过审查认可，均可面向全社会或全行业开展产品测试服务工作。

技术改造及技术引进 1993年共安排仪器仪表项目44个，总投资16560万元，其中技术改造项目33个，投资额13430万元，使用工商银行贷款10840万元。出口创汇及出口基地项目11个，投资额3130万元，使用贷款1790万元。

到1993年底已完成的项目共21个，完成计划投资额13750万元。1993年底在建与已完工项目共56个，完成投资额66377万元，占“八五”计划投资额77%。

技术改造限上项目共3个，西安仪表厂的项目于1993年开工，完成购入国外设备198万美元的签约工作，完成投资额2350万元。

四联仪表集团公司利用国家部分项目和地方项目的投资加紧对企业进行改造，已完成“建出口显微镜分厂”改造任务，投入2480万元，新增利税440万元。完成地方项目有交直流不间断电源、气动精小型调节阀等改造。1993年完成的基本建设项目有：精密印刷板电路、金属波纹管补偿器、宝石元件工程、计算机管理系统等。

“八五”期间已有部分限下项目完成并验收，它们是：

苏州第一光学仪器厂共完成投资额750万元。形成年产各种新型经纬仪等3350台的能力。当年工业总产值、产品产量、销售利润、人均利税、出口创汇等各项指标都比改造前提高30%～400%。

汕头超声所通过技术开发和改造，已形成CTS系列超声诊断仪六个系列，测厚仪、探伤仪、金属检测仪及铁路钢轨探伤车等5项新产品，创年经济效益3055万元，人均12万元以上。

南京仪表工业公司“八五”期间中央和地方共18个项目中，至1993年年底已有五个项目竣工验收。其中，南京仪表机械厂完成技术改造后，使工业总产值、利税指标较改造前分别提高 385%和 608%，达到了较好的经济效益。

江西光学仪器总厂“八五”期间的投资正在落实中，地方投资的小型项目，水准仪技术改造已完成，使测绘仪器产量达 21878 台，比上年增长 136.4%，新产品 DSZ−3 自动安平水准仪出了样机；投资 175 万元的显微镜生产线技术改造项目竣工，已完成了 MB−1 塑料微型生物显微镜研制工作并出了样机，其它两种新产品 XSP−30 与 XSP−04 生物显微镜均达 2000 台以上批量生产，生产生物显微镜 31182 台。这两大类产品的销售收入达 2116.4 万元，比上年增长 60.6%，上交利润达 376 万元，比上年增长 106%。

技术引进和与外商合资情况。1993 年积极主动地做好技术改造和基本建设的配套项目用汇，共完成国家计委下达的项目 9 项，用汇额 650 万美元，其中调剂外汇 3 项 356 万美元。使用国家经贸委下达的结转外汇 6 项，用汇额 915 万美元。1993 年主要使用上述外汇的企业项目有鞍山热工仪表厂的自力式调节阀、天津自动化仪表六厂的无笔记录仪、开封仪表厂的Ⅲ型转子流量计、湛江仪表厂的双转子流量计、汕头超声仪器研究所的超声显像诊断仪、青岛计数器厂的新型计数器、上海自动化仪表七厂的高温高压调节阀、西安仪表厂的 SMART 智能变送器等。

1993 年仪表行业对外合作和合资或外商独资项目共计完成 42 项，总投资额达 13860 万美元，其中外商投资 4478 万美元。其中江苏省 11 项、北京市 8 项、上海市 5 项、广东省 3 项，其余均少于 2 项。按投资规模，注册资本较大的公司有：佛山市精密合金有限公司（4166 万美元）、上海·罗斯蒙特有限公司（1800 万美元）、上海 M·W·B 互感器有限公司（1207 万美元）、无锡威达电工仪表有限公司（500 万美元）、苏州爱克逊电子有限公司（257 万美元）、北京北分·泰纳仪器有限公司（100 万美元）、广州华铭商业机械有限公司（100 万美元）等。

部分省市对外合作的情况如下：

上海·罗斯蒙特有限公司是自动化行业最大的合资项目，总投资 1800 万美元中，外方占 60%，中方占 40%。

四川仪表集团公司与日本山武·霍尼韦尔公司在北京共同建立“北京川仪·山武软件有限公司”，共同开发和销售分散型控制系统应用软件。在上海建立“上海·山武川仪楼宇控制系统有限公司”，共同开发和经销楼层控制系统和配套仪表，双方投资 70 万美元。

南京仪器仪表公司，1993 年全公司新办合资企业 10 家，已全部领取营业执照，比上年翻了一番。10 家合资企业总投资 638.42 万美元，注册资金 498 万美元，其中外资 275.22 万美元。10 家合资企业中，有 5 家属于主办企业是首次办合资企业。至此，全公司已有 12 家企业开办 19 家合资企业，总投资 1612.37 万美元，注册资金 1201.7 万美元，外方投资 595.85 万美元（其中到位 300 万美元）。1993 年新办合资企业中已有 6 家开工（业），全公司累计已有 12 家合资企业开工（业）。

青岛计数器厂充分利用改革开放的好时机，吸引外资，发展外向型经济。一是经过努力，在与德国 H 公司多年合作的基础上，在 1993 年 3 月 19 日已与 H 公司正式成立了合资经营的“青岛亨斯特勒自动化仪表有限公司”，中德双方在技术、设备等方面各投资 51%和 49%，利用 H 公司先进的技术和设备以及管理，合作生产具有潜在国内外市场的 891 系列计时器。二是正式与 H 公司签订了联合开发和大规模生产具有 90 年代国际水平的电子计数器生产技术的引进合同，这是市和公司的重要项目之一，是该厂“八五”技改的重点。在 1993 年 6 月份往德国 H 公司考察，已正式签订了引进合同。引进成功后，对该厂的产品更新换代和产品结构调整起到促进作用，并将填补国内空白。

湖南仪器仪表总厂对外合作取得了较为实质性的进展。先后与香港合资，成立了三和特种仪表电器有限公司，共同生产特种气动仪表，并已正式投产；与意大利合资，共同成立了托欣格拉英公司，生产办公用胶印机、装订机。

市场及销售　1993 年我国国民经济仍呈现高速发展局面，仪器仪表销售市场在能源，交通、运输、石化、轻纺等部门的拉动下，呈现了强劲高速发展的势态，创下了历史最高纪录。1993 年通用仪器仪表工业销售额 104.41 亿元，比上年增长 36.2%。根据海关统计资料 1993 年通用仪器仪 产品出口额为 4.7159 亿美元（包括珠江三角洲 业），进口额为 15.35 亿美元。其中：机械工 系统的出口基地及扩大机电产品出口企业等 主要企业的通用仪器仪表出口产值为 3 比上年增长 49.8%，出口创汇 5689 万 年增长 38.3%。

仪器仪表市场销售运行特点：（1） 化市场销售运行机制，以适应社会主义 一是提高企业市场开发销售队伍素质。为 的市场竞争，各生产企业均进一步强化市 构和销售机构，选派一批即具有技术水平 实践经验的技术人员充实到市场开发部或 提高销售队伍素质，产品技术水平愈高，技 所占比重愈高。如汕头超声波仪器研究所抽 定专长的技术人员参加市场开发工作，并分别 北京、广州、上海、成都等分公司，1993 年销 额比上年增长 84%。二是进一步完善企业经营管理制度，促进销售人员积极性。随着改革开放逐步深入，仪器仪表行业中，一些量大面广产品企业多采用分地区承包或设立分公司的办法；一些多品种小批量的企业采取按产品分别承包的办法；文化办公机械产品则采用设立分公司或代理制；也有一些公司采取承包基数外提成的办法，均有效的促进了市场的开发和销售。三是注重市场价格调节作用。随着社会主义市场经济的完善发展，仪器仪表行业大中型企业十分重视市场价格在产品销售中作用。如我国自动化仪表制造业的三大骨干集团企业——上海自动化仪表公司、西安仪表厂和中国四联仪器仪表集团公司，经过协商达成协议，成立三方市场共同体，统一协调价格，联合销售，更好地为用户服务，同时也保护企业的利益。试验机、电工仪器仪表等行业也正在积极做这方面工作。四是培育建立全国仪器仪表销售体系和网络。根据仪器仪表产品、行业的特点和现状，采取因地制宜，发挥已有的条件，积极推进并充分利用中央、地方、企业的各种综合专业化市场，形成联合和独立、分散和集中并举的仪器仪表市场。1993 年先后建立了东方、华东、西南三个大区级的市场；组织召开了两次贸易交易会，促进行业销售工作。医疗仪器生产企业，组建了"机械系统医疗仪器产品联销网"，共有 90 多家行业内外企业参加，并在北京、南京设立了联销点，在南京和重庆召开了两次全国性的订货会；电工仪器仪表行业组建了电工仪表联销网；由长春试验机研究所、长沙科学仪器研究所、苏州试验机厂、佛山分析仪器厂、湖南仪器仪表总厂和机械工业部仪器仪表综合技术研究所共同组成"北京奥托姆汽车测试仪器技术有限公司"，开发、销售汽车与机动车辆测试仪器。西安仪表厂 1993 年首次召开代销商会议，设立经销商 38 家（并分发了证书）、分销商 55 家；在泰国、马来西亚、新加坡设立代销商；上海、成都、沈阳、武汉、深圳等办事处开始营运，在全国形成了较完整的营销网络。五是注重提高市场占有率。一些量大面广产品、民用产品和文办产品，随着国民经济发展和人民文化生活水平的不断提高而增长，如 1993 年空调器产品市场出现购销热。产品主导厂在不断提高产品质量，增强售后服务的同时，十分注重本企业在国内外市场占有率，如春兰集团公司生产柜式空调，在国内市场占有率达 80%，该企业已近入 1993 年十佳合资企业行列之中。

(2) 开拓国际市场，走向世界。仪器仪表行业国营大中型企业，注重国际市场的开发，使 1993 年创下了出口创汇最新纪录。其作法：一是在境外设立子公司、分公司。如春兰集团公司在香港设立了分公司，准备在新加坡、美国、中东和欧洲设立分公司，现销售额达 2 亿美元。重庆光学仪器厂在美国、新加坡等国家设立代理点，现出口定单不断增加，年出口创汇达 263 万美元。另外，汕头超声仪器研究所在国际市场开拓也取得了显著近展。二是光学仪器和仪器仪表元件、零配件出口迅速增长，光学仪器出口创汇达 1.3 亿美元、占全行业 12%，仪表元件、配件出口达 1.5 亿美元，占全行业 13.8%，达历史最高水平。

存在主要问题　(1) 市场影响国营大中型企业发展：一是市场法规不健全；二是由于企业竞相压价，出现了仪器表行业不变价高于现行价的反常现象及企业经济效益急速下降的局面。(2) 国营企业经营不够灵活，政策不落实，影响企业销售，同时也造成销售骨干外流现象。(3) 产品出口一是多以低档产品为主，高技术产品含量低；二是主要集中在东南亚和发展中国家，发达国家少；三是部分企业出口信誉不高，交货不及时，质量差等问题。

〔撰稿人：机械工业部　乜国钧、陈铁君、赵爱萍、郭晓敏、蒋宝华、叶定达、赵孝媛、马文彦、刘荣祥、李家械　审稿人：机械工业部　朱明凯〕

一、工业自动化仪表及装置

生产发展情况　1993 年全年完成工业总产值 46.79 亿元，比上年增长 33%；全年销售额 40.35 亿元，比上年增长 17%；利税总额 4.5 亿元，比上年增长 4%。其中重点工业自动化仪表企业上报统计产值为 24.49 亿元（1990 年不变价），比上年增长 13.3%。

自动化仪表行业中按产值排序前三名是四联仪表集团、上海自动化仪表公司和西安仪表厂。

四联仪器仪表集团公司全年完成产值 6.5 亿元（其中四川仪表总厂完成 5.2 亿元），比上年增长 8%；全年销售自动化仪表 76 万台（件），占全行业的 3.5%。

上海自动化仪表公司完成产值 61143 万元，比上年增长 1%；完成销售额 69850 万元。实现利润 5540 万元。完成自动化仪表 88 万台（件）、仪表元件 5335 万件，其中出口自动化仪表 33000 台（件）和仪表元件 750 万件，出口额 260 万美元。

西安仪表厂完成工业总产值 31472 万元，比 1992 年增长 19.7%；销售收入 32000 万元，比上年增长 38%；实现利润 4088 万元（利税总额 5438 万元），比上年增长 7.5%；完成出口额 303 万美元，比上年增长 15.7%。1993 年企业荣获全国"五一"劳动奖状。

自动化仪表行业按人均产值和利润计算，承德热河克罗尼仪表有限公司排行第一，人均产值和利润分别为 32 万元和 13 万元。

1993 年自动化仪表总产量为 1509 万台，比上年实际产量增长 3%。

1993 年对自动化仪表行业来说是致关重要的一年，在即将进入关贸总协定的前期，能否使国产自动化仪表以高技术、高质量、低价格的面貌面对国际自动化仪表市场的冲击，将影响到整个行业的生存。

新技术与科研成果　1993 年完成的国家重点项目有：

(1) 煤化工项目。完成了以吴泾化工总厂为依托工程的吴泾年产 30 万 t 合成氨计算机控制系统方案已通过部级鉴定，由上海工业自动化仪表研究所总厂承担总体设计和系统总成，作为国产装置应用 DCS 的试点，取得了明显进展。

由西安仪表厂承担的哈尔滨市煤气工程所需的大型煤气综合控制系统已通过用户验收，6 月底开始现场考核，运行情况良好，为最终实现日产 189 万 m^3 提供了条件。系统中采用了优化、模糊等高级控制算法，配制了新 XL-DCS 系统一套、工业 PC 机一台、YS-80 仪表 36 台、1151 变送器 258 台、仪表盘（台）421 面等。并由西安仪表厂提供全套应用软件。该系统的投用为我国大型煤气综合控制系统立足于国内奠定了基础。

(2) 电站项目。1993 年国家重点电站投产和争取项目的火电机组（不包括自备及其它电力工程项目在内）共计 34 台、735 万 kW，分别比 1992 年增长 17.2%和 38.4%，其中国内配套的仪器仪表 3.86 万台（件），仪表盘 1276 面。

由上海远东仪表厂开发的 CPK-20 型高静压差压控制器任务，投入运行。该装置使用了转轴传递差压值的结构在承受高压力（10MPa）情况下可控制很低的差压值（0.1MPa）。产品技术水平达到国际同类产品水平。

(3) 核电项目。根据发展计划，对大亚湾电站开始现场考察和了解核电站系统的标准和所需备件情况，组织“八五”攻关项目的有关单位开始对项目进行中评估。

1993 年国内重点装备共使用 DCS 系统 184 套，总值 18028 万元，其中属引进技术的 DCS 系统 137 套，价值 16392 万元，分别占全部的 74%和 90%。国产的小型 DCS 系统仅有 47 台（套），价值 1636 万元。

四联仪表集团公司完成成套项目 190 项，其中冶金项目 50 套、石化项目 39 套、电站项目 20 套、轻纺项目 10 套、机械项目 58 套。重点任务有上海宝钢的 3040m^3 高炉、重钢 50t 转炉、盘县 20 万 kW 电站等。

西安仪表厂共承接 12 套电站机组 272.5 万 kW，提供各类仪表 7278 台（套），完成率 100%。承接援外 2 套机组（巴基斯坦木札法戈 5、6 号机组）共 42 万 kW，提供各类仪表 1449 万台。完成国内成套项目 31 项。

新产品 由机械工业部负责协调的国家“八五”科技攻关 85-720-01 项目通过了部级鉴定，项目共包括 6 种监控级设备，7 种过程控制站的设备和中、高速通讯网络的大型工业控制计算机。通过鉴定为下一步移交工厂生产提供了条件。02、04 两项目均已完成设计规范书及硬件设计工作。05 课题自动化系统配套仪表课题年底完成 4 个分专题、12 个样机的试制任务。07 项电站旋转机械故障诊断系统已在汉川电厂现场安装，数字仪表完成了样机试制。

1993 年共完成由部安排并组织的自动化仪表行业新产品研制任务 53 项，它们主要是：温度可达 300℃的高温玻璃液位计，工作压力在 22MPa 的超高压长窗式双色水位计，双触点压力、压差、温度控制器，多路定量微机控制轨道衡，精度为 0.2 级的电阻式压力变送器，模拟量输入出 288 点、总画面有 90 幅的小规模 DCS-232 集散控制系统，单双光柱指示仪，测量精度为 0.25%的在线高精度核子秤，具有自检、通讯功能的 DDZ-S 系列仪表，精度为 1 级的超声物位计，气动切断阀等。

由武汉集团公司研制成功的 XMWS-01A 型大屏幕温度湿度数字显示仪已批量投产，该产品引进国外先进技术，采用进口高分子薄膜湿敏电容和半导体 PN 结为传感器，通过 A／D 转换使仪器自动测试和显示，可用于大中型商场、车船码头及工业场地。

由远东仪表公司利用引进技术消化吸收开发的 AFS-1000 型锅炉火焰安全保护系统通过了电厂实际运行考核，使我国有了国产的高性能火焰监测系统。该系统经过 15 个月的运行，可全部国产化的 I／O 模板、电动球阀器件均满足全系统运行要求。

由上海自动化仪表公司开发的 DJKF-1000 型分散型控制系统在闵行电厂 125MW 十号机组、戚墅堰电厂 200MW 发电机组，实现了电厂机组调度自动化协调控制。装置在运行后，系统中汽压、汽温和功率参数波动变小，锅炉效率提高，并提高了机组运行的可靠性，具有较好的社会效益和经济效益。

行业管理 根据国家大中型企业转轨变型和科研体制改革的形势，自动化仪表行业改变了以往单纯“管理”，走向“服务”，淡化行业界限，坚持“转轨、分流、有偿、服务”的方针。

从产品技术发展和产品结构调整看，1993 年在控制系统方面，连续控制与自动控制同时并举；在发展分散型控制系统的同时，重点发展以 S 系列为代表的第四代调节控制仪表、可编程序控制器、检测仪表和执行机构重点发展智能变送器，同时发展各种流量仪表、智能化记录仪和区域性能源管理系统。

根据行业工作计划，1993 年由重庆工业自动化仪表研究所完成了《基地式仪表性能评定方法》、《分散型控制系统文字符号》、《电单元仪表模块式温度变送器通用技术条件》、《气动单元仪表电气转换器》等标准的制订工作。

为发挥群体优势，推进国产工业控制计算机技术、产业应用的发展，1993 年成立了由国内几十个单位参加的跨部门“工业 PC 联合开发委员会”，重庆工业自动化仪表研究所被确定为技术归口单位，将负责总体技术要求、总体方案、设计规范，并负责对产品型号命名、标准化、性能测试与质量监督检测等工作。

发放产品生产许可证的产品是工业自动化仪表盘（含挂式仪表盘、柜架式仪表盘、屏式仪表盘、超宽型仪表盘、通道式仪表盘、仪表箱、仪表柜和控制台）和执行器（含中低压调节阀、高压调节阀、阀门定位器、气动长行程执行机构、电动执行机构、电动执行机构配套附件和电磁阀)。

1993年由机械工业部自动化仪表产品质量认证监督检查中心对申报企业进行了质量管理必备条件的审查和申证产品的检测。全年共完成了仪表盘129家申报企业计374张产品生产的产品检测和必备条件审查工作。尚有26个申报企业的申证产品或管理必备条件需要复查。

1993年上海自动化仪表公司推行ISO9000《质量管理和质量保证》系列标准，已获得核电设备合格供应商的资格确认。其中CEC(H2)系列核级安全级电容式变送器，先后进行了抗震、耐辐照和失水事故三大试验及其余25项试验，并经秦山核电站试用，各项指标均达到国际80年代同类产品水平。

自动化仪表行业共有出口基地、扩大出口企业、一般出口企业共计13家，其中1993年新批出口基地有上海自动化仪表公司和承德自动化计量仪器厂两家。

自动化仪表企业共有四家完成了股份制转轨工作，其中有上海自动化仪表公司(上海自动化仪表股份有限公司)向国内发行了人民币A种股票，A股发行总金额26086万元，其中国家股15866万元、社会法人股1000万元、社会个人股2200万元、外资股(B股)7000万元，股票上市后反映良好。

西安仪表厂更名为西安仪表厂(集团)，并以该集团为中心组建"西仪股份有限公司"，注册资本10052万元，发行股票8000万股。其中国家股5026万股、法人股4774万股，个人股252万股。每股金额1元，发行价1.6元。

中国四联仪器仪表集团公司川仪股份有限公司(四川仪表总厂更名"重庆川仪股份公司")11月正式成立，发行总股本23617万股，其中国家股17827万股，占75.48%；社会法人股627户5200万股，占22.02%；内部职工股590万股，占2.5%。

鞍山热工仪表厂为进行技术引进和基本建设，向社会、个人和法人发行股票3000万股。

质量及质量管理　1993年共考核2个品种、10种型号规格产品，涉及20个企业。考核结果均达到合格指标。以数字显示仪产品为例，用户现场搜集的数据表明，故障原因中设计、工艺问题占24.3%，管理问题占41.9%。考核前重点解决元器件老化筛选问题、热设计、抗干扰及管理问题，可靠性大大增长，产品的MTBF指标比考核前提高6～25倍。

根据机械工业部"第七批限期达到可靠性指标产品的通知"，1993年对10个企业31个品种的工业自动化仪表进行可靠性检查工作，这批产品主要是单回路调节器、可编程序控制器、记录仪、槽形指示表、扩散硅压力变送器、温度变送器、比例操纵单元仪表等。考核结果表明，这批引进产品的可靠性指标较高，全部达到规范指标，在系统工程上可放心的选用。通过可靠性考核，也证实，企业在国产化过程中严把质量关，采用简化线路设计、提高集成度、减少焊点及使用减额设计、热设计、冗余设计、安全保护设计可以使产品的质量和可靠性大大提高。

为了与国际接轨和采用国际标准制造我国的工业自动化仪表与系统，全行业在全国工业工程测量和控制标准技术委员会组织下推动等同、等效采用国际标准，1993年完成的标准制、修订的项目中采用的国际标准有三项，即GB/T《电离辐射厚度计》(参照IEC769—83)，GB/T《可编程序控制器》(等效IEC1131)，GB/T《工业控制系统用现场总线，第2部分：物理层规范》(等同IEC1158-2)。

技术改造及技术引进　1993年共安排自动化行业的技术改造和基本建设项目13个，总投资6025万元，其中安排专项贷款3711万元。

1993年新批复的自动化仪表限上技术改造项目有西安仪表厂及四联仪表集团公司两项(详见前述)。

1993年自动化仪表行业完成的技术引进项目有：

广东湛江仪表厂引进美国BROOKS公司的双转子流量计，口径从40cm到250cm共7个规格，总用汇521万美元，引进后将使我国的流量仪表的水平提高到0.1级精度。

西安仪表厂1993年引进美国ROSEMOUNT公司1151SMART智能变送器制造技术，项目总投资750万元。引进的产品具有远传通信、远程调零点及调量程和自诊断功能，项目设计能力为2000台/年。引进日本YOKOGAWA的新型智能记录仪，投入267万元，设计能力为300台/年。

鞍山热工仪表厂引进德国IWK公司的自力式调节阀制造技术，总用汇219万马克，引进后将为城市热力工程、节能工程提供先进的自力式调节阀系列。

宁夏吴忠仪表厂为解决引进产品CV3000系列调节阀的铸钢质量问题，投资50万美元，从德国引进了铸钢水玻璃砂真空吹起硬化工艺技术和造型设备，当年安装调试投产已生产出高质量的铸钢件，形成年产1000t能力。

1993年上海自动化仪表公司加紧消化吸收已引进的MAX-1000系列分散型控制系统，该系统已成为公司的主导产品之一，1993年已完成了上海金山石化总厂等6个工程项目，销售额达690万元。上海公司在1151变送器的消化吸收国产化率已达到80%，开始大批量配套和应市，销售额达121万元。

1993年自动化仪表行业主要合资企业有：在上海浦东新区建立的"上海·罗斯蒙特有限公司"。该公司是罗斯蒙特公司与上海自动化仪表公司共同投资，投资额1800万美元（其中5年内投入制造设备为1200万美元），外方占60%，中方占40%，并在上海浦东新区建生产厂，工厂占地面积11644m²，建筑面积第一期工程为4450m²，第一期制造设备投资为1263万美元。第一期主要用于生产高新技术的质量流量计、流程分析仪器、分散型控制系统及各类自动化配套仪表。这些产品大多填国内空白，对国内自动化仪表行业将有较大的影响。

由上海自动化仪表公司和美国麦克林电子有限公司合资组建的“上海麦克林电子有限公司”总资金300万美元（其中注册资本210万美元），主要生产销售文字信息处理计算机，产品90%返销。公司成立当年已开始投产组装产品并出口。

上海大华仪表厂和日本千野仪表有限公司组成“上海大华—千野仪表有限公司”，总投资285万美元，其中注册资本200万美元。主要生产、销售测量控制仪表及成套系统，达到年产各类测量控制仪表800台（套）、部件1万余件，其中仪表部件全部出口。

市场及销售 1993年自动化仪表行业完成销售额为40.35亿元，比上年增长17%。其中，四川仪表总厂销售收入5.2亿元，全年销售自动化仪表有76万台（件），占全行业的3.5%；上海自动化仪表公司完成销售收入6.985亿元，销售自动化仪表88万台（件）（其中出口33000台、件）；西安仪表厂销售收入3.288亿元，比上年增长38%，销售自动化仪表11万台（套）。

1993年自动化仪表出口总金额4132.4万美元，占全行业的3.8%，当年进口自动化系统及仪表金额26106.3万美元，占全行业的11.35%。进口额高于出口额六倍，说明我国的自动化仪表行业仍处于幼稚阶段。其中四川仪表总厂出口552万美元，宁波水表厂、福州水表厂出口水表、水表机芯及零件分别为351万美元和233万美元，西安仪表厂出口1151变送器、I系列仪表、温度压力仪表及成套项目304万美元，上海自动化仪表公司出口自动化产品和成套仪表195万美元。

〔撰稿人：机械工业部机械基础装备司 刘荣祥 审稿人：机械工业部机械基础装备司 蒋宝华〕

二、电工仪器仪表

生产发展情况 1993年电工仪器仪表生产情况较好，在1991、1992连续两年稳定发展的基础上，1993年继续保持稳步增长，尤其是电度表行业增长幅度较大。根据电工仪器仪表专业协会秘书处对101个主要企业（包括个25个重点、骨干企业）的统计，1993年电工仪器仪表总产量3480万台，比上年增长16.95%；工业总产值28.4亿元，增长33.9%，其中电工仪器仪表工业总产值19.9亿元，增长22.8%；产品销售收入26.8亿元，增长33.3%，其中电工仪器仪表产品销售收入20.2亿元，增长33.8%；利润总额6147万元，利税总额1.44亿元，基本上与上年持平。

在各小类产品中单相电度表产量2200万台，比上年增长15.1%；产值9.3亿元，比上年增长27.1%；销售收入8.7亿元，比上年增长25.3%。其中86系列及引进国产化101系列单相电度表644万台，增长25.2%，产值4.4亿元，增长32.5%；销售收入3.6亿元，增长43%。86系列新表产量、产值、销售收入分别占单相表总量的29.3%，47.3%，41.3%，产品更新取得较大成绩。三相电度表产品更新工作已全部完成，1993年产量为310万台，产值5.8亿元，销售收入5.3亿元，分别比上年增长38.4%、53.1%、67.1%。

安装式电表产量为802万台，产值2.3亿元，销售收入2.1亿元，分别增长19.1%、32.3%、29.2%。万用表产量125万台，产值0.83亿元，销售收入0.76亿元，分别增长5.9%、9.1%、7.2%，其它各类电工仪器仪表产量均有不同程度增长。

由于原材料的涨价，资金短缺以及企业间相互压价的等各种原因，部分企业效益较差，亏损企业有20家，亏损金额达4914万元，其中吉林省江北机械厂亏损2143万元，占全行业的43.6%。

25个重点、骨干企业的生产经营情况大多较好，工业总产值12.6亿元，比上年增长22.3%；销售收入13.5亿元，增长39.1%；利税总额0.78亿元，基本与上年持平。25个重点、骨干企业中，产品比上年增长的有23家，占92%，利润增长的有13家，占52%，其中无锡电度表厂、杭州仪器仪表集团公司、沙市电工仪表公司等实现利税近千万元或超千万元。

电工仪器仪表行业集团化进程加快，集团化优势已日渐显示出来，已成立的有上海仪器仪表集团公司、杭州仪器仪表集团公司、桂林威达仪器仪表办公设备集团公司、杭州华立集团公司，其产值和销售收入均超过亿元，其中杭州华立集团公司1993年工业总产值已达2.3亿元，利税总额2018万元，日渐崛起。

哈尔滨电表仪器厂1993年电度表出口取得较大成果，承接对巴基斯坦出口33万只DD101电度表的任务，出口创汇478万美元，创仪器仪表行业单项产品出口记录。

新技术与科研成果 1993年，哈尔滨电工仪表研究所共完成部、司重点科研项目和各部门急需的科研成果23项，包括多台200MW汽轮机组运行状态监测、分析及故障诊断系统研究，300MW汽轮发电机组运行状态监测、分析及故障诊断系统研究，数据采集预处理装置系列的研究，智能监视仪表系列研制，在线新型电量数字式仪表系列；

哈尔滨电表仪器厂在从瑞士引进国产化单相电度表101新技术基础上，研制成功电卡式电度表；北京电力科学所研制成功0.0005级特殊补偿双级电压互感器；江西省电力试验所研制成功

0.03 级微机三相电度表自动校验台，已在南京自动化设备总厂投产。

根据电力部门的对分时计费电度表的需求，行业研究所组织主要厂家研制多项功能的机械电子分立式复费率电度表，下半年已开始投入市场。

电子式电度表的研制工作取得了进展，珠海市恒通电能仪表公司、珠海兰德智能电器公司、长沙市威胜电子有限公司、深圳华金电子有限公司等企业的电子式电度表和多功能表即将批量上市。

电度表新工艺，新材料研制取得了可喜成果：杭州华立集团公司研制的电度表基架测量新方法，提高工效 10～20 倍；陕西省计量测试所解决了电度表摩擦力矩的蜗轮蜗杆啮合深度标准，把 1／2—2／3 改为 1／2（此时摩擦力矩最小）；新型稀土磁钢材料的研制取得重大进展，如上海钢铁研究院研制铁铬钴材料，南京理工大学、中科院物理所、包头稀土研究院、吉林八二七二厂研制了钕铁硼材料并做了大量的试验，用该磁钢材料装入 86 系列电度表中性能符合电度表标准要求，但尚需解决长期稳定性问题。其中南京理工大学研制的钕铁硼材料温度系数小于 0.02%。在电度表调整技术方面，已由过去的静态调整普遍改进到光电自动化动态调整法。

新产品 1993 年电工仪器仪表行业开发新产品 152 个。其中有哈尔滨电工仪表研究所的 DDS23 型电子式电度表，ZHZ41 型便携式单相电度表校验仪，ZHZ37 型三相电度表校验仪，PG1−3A 型音频功率表；上海电度表厂的 DSD3 型多功能电度表，集分时计度、最大需量及脉冲输出于一表，获上海科技博览会金奖，年效益 2100 万元；哈尔滨电工仪表研究所组织全国联合设计开发复费率电度表；上海浦江电表厂的 61C13 型 1.5 级直流磁电系列电表，54KL 型 1.5 级交流控制式电表，FS40，50 系列电量变送器；贵阳永胜电表厂的 HG96／240° 广角度安装式电表系列；哈尔滨精艺仪表厂的 PF91−3 型数字万用表；上海电表的中西文多功能图文处理机和用于铁路安全监控的“安全联控语音时间记录器／重放器；上海沪光仪器厂的 YJ127 型开关电源，YS55−5 型净化电源，YJ134 型通信电源；南京电表厂的 NSGX—50 型中频 X 线电视设备；上海永红仪器厂的 PG14 型大屏幕的字钳形表；烟台电表厂的 DP 系列单针和双针立式指标电表等。

行业管理 国家电工仪器仪表产品质量监督检验中心对 133 个工业用电表生产企业进行了大量的审查验收和产品测试工作，迄今已颁发生产许可证 295 张，获证企业 77 家。其中安装式电表 239 张，65 家企业；万用电表 36 张，10 家企业；钳形表 2 张，1 家企业；电量变送器 15 张，7 家企业；$3\,^1/_2$ 位至 $4\,^1/_2$ 位数字万用表 3 张，1 家企业。同时，在电度表扩品种发放生产许可证工作中，颁发许可证 27 张，16 家企业获证。还发放了出口许可证 6 张，4 家企业。

电工仪器仪表专业协会秘书处认真搞好行业生产经营统计汇总反馈工作，为企业生产经营决策提供信息服务；召开了 3 1／2 位至 4 1／2 位数字万用表联设样机部级鉴定会；为帮助大中型重点骨干企业开拓市场，协会组织成立了“电工仪器仪表行业重点骨干企业联销集团”，举办了全国订货会，取得了一定的经济效益，提高了集团知名度。

质量与质量管理 国家电工仪器仪表产品质量监督检验中心完成电工仪器仪表出口批检：单三相电度表 5 批，共计出口电度表 28988 台，其中检测样品 418 台，为企业创汇服务，为出口产品把好质量关。1993 年申请电度表，万用电表、安装式电表出口质量许可证企业 11 家，14 个单元，正在进行检测。1993 年制订行业标准 7 项，包括《磁通门磁强计》、《单用电表选择与使用指南》等标准。

技术改造与技术引进 为了适应市场需求，提高产品质量，扩大生产能力，调整产品结构，稳定优化生产工艺，1993 年电工仪器仪表企业进行了较大的技术改造。据初步统计，哈尔滨电表仪器厂、驻马店地区电表厂、杭州华立集团公司等 12 个企业 1993 年投入技改和技术引进资金共计 1.0658 亿元人民币和 565 万美元，新增效益 5000 万元以上。其中哈尔滨电表仪器厂完成技术投资 700 万元，万米综合装配大楼完成基础工程和一楼框架；荷泽仪表厂改造扩大 86 系列电度表生产能力，投入 713.5 万元，形成年产 50.2 万只能力，可以加产值 4379 万元，利税 630 万元，杭州华立集团公司为扩大 86 表生产能力，投入 430 万元，购置生产调试设备；上海电度表厂为扩产 86 系列 1 级表，投入 320 万元，新增效益 450 万元；青岛电度表厂投入 46 万元，改造污水处理系统；贵阳永胜电表厂投入 52 万元，改造电表总装生产线；广州仪表厂投入 67 万元，扩大三相表和安装式电表生产能力；驻马店地区电表厂投资 6730 万元，从德国引进 50 万台电子式电度表，可增利税 3300 万元，该厂还投资 1500 万元，从美国引进电表自动抄表系统，可增利税 1000 万元；杭州华立集团公司投资 278 万美元，与台湾合资建立汽车服务有限公司；长沙旭华仪表厂投资 217 万美元，从台湾、香港引进摩托车仪表，新增效益 400 万元。河南省驻马店地球电表厂投资 4000 万元，从德国 EMH 公司引进带有霍尔元件电流传感器的电子式电度表制造技术和扩建厂房 7000m^2 及建立了两条生产线。

销售 1993 年电工仪器仪表产品销售收入完成 20.2 亿元，比上年增长 33.8%，其中单相电度表 8.7 亿元，增长 25.1%；86 系列新表 3.6 亿元，增长 43.1%；三相电度表 5.3 亿元，增长 67.1%；安装式电表 2.1 亿元，增长 29.2%；万用表 0.76 亿元，增长 7.2%。

1993 年全行业出口情况好于 1992 年，出口企业有 37 家，出口产值 1.6217 亿元，比上年增长

25.9%。其中电度表出口产值6185万元，占38.1%，出口数量为89.91万台；安装式电表出口产值为2310万元，占14.2%；万用表721万元，占4.4%。重点骨干企业有17家出口各类电工仪器仪表产品，占重点骨干企业数的68%，出口产值达3257万元，占全行业的25.8%。出口产值较大的企业有杭州华立集团公司5041万元，吉林江北机械厂2443万元，上海向东仪表厂1472.9万元，柳州市仪表总厂850万元，哈尔滨电表仪器厂800万元，上海第五电表厂709万元，杭州仪器仪表集团公司521万元。

〔撰稿人：机械工业部哈尔滨电工仪表研究所　沈奎保　审稿人：机械工业部　李　纯、刘荣祥〕

三、分析仪器

生产发展情况　分析仪器行业（不包括珠江三角洲企业）1993年工业总产值2.94亿元，比上年增长7.7%；销售额2.73亿元，比上年增长1.1%；利税总额2851万元，比上年下降15.5%。其中上海分析仪器厂工业总产值（不变价）6641万元，比上年增长12.5%，全员劳动生产率5.43万元／人·年；北京分析仪器厂工业总产值为4987.2万元，比上年下降4.5%，全员劳动生产率3.73万元／人·年；南京分析仪器厂工业总产值为3063.3万元，比上年增长1.5%，全员劳动生产率2.45万元／人·年；上海雷磁仪器厂工业总产值为2898万元，比上年增长2.3%，全员劳动生产率5.06万元／人·年；成都仪器厂工业总产值为1264万元，比上年增长1.1%，全员劳动生产率1.348万元／人·年，比上年增长0.4%；沈阳分析仪器厂工业总产值为951万元，比上年下降7.8%，全员劳动生产率1.61万元／人·年，比上年增长2.1%；四川仪表总厂工业总产值为2305万元，比上年增长2.2%，全员劳动生产率1.29万元／人·年，比上年下降1.68%。另外珠江三角洲企业佛山分析仪器厂工业总产值为6627万元，比上年增长77.8%，全员劳动生产率15.4万元／人·年。为了适应市场变化，1993年分析仪器行业针对资金短缺，市场疲软的情况，各企业采取了积极改革措施。除少数企业生产下降外，大部分企业仍不同程度地保持住了增长的势头，尤其是上海分析仪器厂和珠江三角洲企业佛山分析仪器厂生产增长幅度较大。

新技术、新产品与科研成果　1993年，共完成42项新产品，北京分析仪器厂完成新产品5项，有3P−3440白酒专用毛细管气相色谱仪、BF−TOCOR2型总有机碳分析仪，性能指标达到国际80年代中期水平，并已投入批量生产。还有SP3430气相色谱仪获机械工业部三等奖。

南京分析仪器厂完成新产品鉴定6项，批试产品4项，其中新品WQG−02型新型干法水泥窑取样分析装置已通过部主持的鉴定，该装置主要技术指标为取样探头耐温800～1300℃，被测样气最大粉尘含量为500～1000g／m^3，被测样气成份及含量为：O_2：0～10%、CO：0～5%、SO_2：0～15%、NO_2：0～0.25%。

上海分析仪器厂开发完成4项新产品：2700系列液相色谱仪。7542型紫外分析仪、5010型尿液分析仪、6610型氯离子分析仪。其中液相色谱仪是国家计委和机械工业部计划下达的新产品任务。这些产品的试制成功，为企业在生化仪器领域开拓市场及提高企业经济效益方面起着积极作用。

上海雷磁仪器厂完成14项，其中水平较高的产品如：103型红外线分析器、BOD分析仪、COD分析仪、便携式微机pH计和电导率仪、台式微机电导率仪等8项相继完成和投产。另外还有13项新产品中试投产，满足了用户需要，同时还确保了市场竞争中的地位。

行业管理　1993年各企业普遍在运行机制上作了比较大的调整。

上海分析仪器厂、上海雷磁仪器厂全面实行劳动合同制，促进企业与职工素质的提高，企业逐步向轻型结构过渡，并进一步推行现代化管理。上海分析仪器厂在外向型机制转换上，取得了重大进展，1993年接待外商约40批次，出口额已达175万元。

南京分析仪器厂重点进行总厂、分厂机制的建立和完善，初步形成科、销、产一体的总厂、分厂结构。

北京分析仪器厂按公司制管理的要求采用裂变方式，按专业化原则把原来的车间、部门组建成12个具有独立法人资格的子公司，两个非独立法人单位，其中3个子公司又先后与外商合资组建成合资公司。实行公司制集团化管理后更加发挥了产品、装备、人才资源的优势，转变了观念，拓宽了市场，科学气体公司成立仅一年，资产增值45%以上，其它各公司在保证国有资产保值情况下，不同程度地实现了增值。

质量及质量管理　北京分析仪器厂、上海分析仪器厂、南京分析仪器厂等厂都进行了《产品质量法》和GB／T19000（ISO 9000）系列标准的宣传与学习贯彻工作。南京分析仪器厂成立了由技术人员、工人、管理人员三结合的质量整改小组，重点抓了以产品实物质量为对象的质量解剖工作，使RZ−001乳脂分析仪质量有了很大提高，此外还开展血液酸碱分析仪电极及整机（DH−1324、DH−1326）可靠性试验工作，其指标达到了规定考核要求。企业已开始根据ISO9000系列标准要求，针对本厂具体情况修订质量手册，使企业质量管理工作与国际标准和惯例接轨。

南京分析仪器厂、佛山分析仪器厂、四川仪表九厂的八种气体标准物质采用国际标准制备成功，通过部级鉴定，并获得国家二级标准物质证书。至此分析仪器行业已拥有两项国家一级标准物质，44项国家二级标准物质。

可靠性考核工作也按原计划进行。上海分析仪器厂和北京检测仪器厂的火焰光度计，沈阳分析仪器厂、厦门仪表厂、江苏电分析仪器厂的氧化锆氧分析器均陆续完成了可靠性试验，将数据、资料整理上报，待部批准发证。

上海分析仪器厂研制的高压梯度泵、二极管阵列检测器、紫外检测器，北京分析仪器厂研制的柱后衍生装置都达到较好的水平。二极管阵列检测器的分辨力优于国际著名厂商的同类产品。

1993 年四个厂家接受了 pH 计行业抽查的复查。结果全部达到规定的指标。

上海分析仪器厂、上海雷磁仪器厂都加强了厂内的质量监督，经常实施厂内抽查，较好地保证了实物质量。上海分析仪器厂全年接受各级抽查七次，产品全部合格。

市场及销售 1993 年分析仪器销售额（不包括珠江三角洲企业）2.73 亿元，比上年增长 1.1%。当年销售收入：北京分析仪器厂为 7700 万元，上海分析仪器厂 7303 万元、南京分析仪器厂 3209 万元，上海雷磁仪器厂 3091 万元，四川仪表总厂 1778.67 万元，成都仪器厂 1100 万元，沈阳分析仪器厂 1086 万元。珠江三角洲企业：佛山分析仪器厂销售收入为 12158.13 万元。

根据海关资料统计（包括珠江三角洲企业），1993 年分析仪器出口额为 604.1 万美元，而历年进口额一直很大，1993 年仍有 1.9 亿美元的进口额，约相当于 1993 年分析仪器工业总产值的 4 倍。上海雷磁仪器厂 1993 年的新产品率为 36%，新产品产值达 292.5 万元，南京分析仪器厂则根据市场变化调整计划，取消、限产、缓投近 20 个品种 1028 台（套），而根据适销需要，增产 12 个品种 218 台（套），产值新增 913 万元，同时还根据特殊订货改制产品 119 台（套），产值 552 万元，1993 年七项新品的产值达 500 万元。

由此可见，分析仪器行业在大力调整产品结构和努力发展适销对路产品方面大大缓解了市场疲软的状态。

分析仪器国际市场近年来一直以 10%以上的增幅稳定发展。

〔撰稿人：机械工业部　蒋宝华　机械工业部北京分析仪器研究所　袁　正、路致林、顾其雄、刘长宽　审稿人：机械工业部　陈杏蒲〕

四、光学仪器

生产发展情况 1993 年我国的光学仪器工业仍保持增长的势头，根据 67 个企业的统计，1993 年光学仪器工业总产值（按不变价）为 82320 万元，比上年增长 84%；销售额为 88283 万元，比上年增长 58%；利润总额为 7785 万元，比上年增长 45%。根据机械工业部 12 个重点归口的光学仪器制造厂的资料统计看，1993 年全年完成工业总产值为 39136.7 万元，为上年总产值 33678.6 万元的 116.2%。年产值超过 4000 万元的企业有 4 家，它们分别为江西光学仪器总厂（7141.1 万元）、江南光学仪器厂（6050 万元）、北京光学仪器厂（5000 万元）和上海光学仪器厂（4349 万元）。产值增长最快的企业是苏州第一光学仪器厂，1993 年的产值为上年的 151.5%，其次是广州光学仪器厂（131.5%）。但在 12 个企业中有 2 个单位出现了负增长，其中 1993 年产值为上年产值的 80%左右。

从生产数量上来看，全国有 28 个省市自治区生产不同的光学仪器，全年 466804 台（件），比 1992 年 425400 台（件），即增加了 9.73%

新技术与科研成果 1993 年光学仪器行业获奖项目 1 项，即上海电子光学技术研究所的 DXS-10A 普及型智能化扫描电子显微镜获机械工业部科技进步二等奖。

新产品 目前行业内各单位根据市场需求情况，自筹资金对现有的产品进行更新换代，或研制开发一些中小型仪器。1993 年经专家鉴定通过的部分新产品有：

(1) 江南光学仪器厂研制的 XJP-100、XJP-200 金相显微镜（倒置式），总放大率 1250X；XP-201、201A、201B 偏光显微镜，总放大率 630X（并带多种附件）；XS-200 生物显微镜，放大率 40X～1600X，可配暗场、相衬、显微摄影等附件；X2-4 全自动显微镜，电脑控制，可控范围 0.01～9999S，实时采集，数码显示，可应用显微镜自动摄影。以上产品均系换代产品，居国内领先水平。H-600A 电子显微镜，分辨率为 0.204nm，二次电子为 3nm，扫描透射为 1.5nm，放大率 100X～300000X，该产品达国际先进水平。

(2) 新天精密光学仪器公司研制的火花光电直读光谱仪，波长范围 173～767nm，平均色散率为 0.33、0.66nm／mm，焦距 1m，光栅 1442 条／mm；JS866 三坐标测量机测量范围 800mm×600mm×600mm，精度：单轴 $(1.5+L/300)$ μm，空间 $(2.0+L/300)$ μm，光栅分辨率 0.2μm，以上产品均达国际水平。

(3) 上海电子光学技术研究所研制的 DXS-4 智能化扫描电子显微镜，分辨率为 4nm，放大率 20X～200000X，最大样品尺寸直径 125×10mm，样品台具有 5 个自由度，具有自动聚焦、自动控制等功能。

(4) 上海光学仪器厂研制的 2Y 冷光源母子手术无影灯，光照度：母灯 12 万 lx，子灯 5 万 lx，色温 4500K± 500k；光谱能量特性：380～700nm，光波反射率＞90%；700～2000nm 的光波透射率＞90%；照明均匀性范围：母灯直径 300mm、子灯直径 200mm，焦深 600mm，产品达国际水平。

(5) 上海第三分析仪器厂研制的 756CRT 紫外可见分光光度计，波长范围 190～850mm，波长精度±1mm，波长重复性 0.5nm，透射比重复性

0.4%，透射比准确度±0.5%（T），杂散光0.5%（T），带宽2nm，PC机软硬盘贮存，有绘图仪，可打印，CRT显示，产品达国际先进水平。

(6) 北京光学仪器厂与中国科学院地球物理研究所研制的CTM－D1磁力仪，是集光机电为一体的绝对观测仪器，可观测地磁偏角、地磁倾角，产品填补国内空白，性能指标达到国外同类产品水平。

行业管理 1993年国家光学仪器产品质量检测中心对全行业三种产品（生物显微镜、平板仪和紫外可见分光光度计）共计18个厂家110台仪器进行可靠性考核测试。根据机械工业部的监督抽查计划，对三家企业三种产品18台仪器进行了一等品检查。完成了对体视显微镜1991年行业评比不合格单位停产整顿后的复查检测。完成对广州光学仪器厂、梧州光学仪器厂和浙江余姚裕盛光电仪器有限公司出口质量许可证的产品检测和生产必备条件的审查。1993年4月由机械工业部组成的专家验收组对上海光学仪器研究所承担的部级光学参数计量中心的筹建任务进行检查，并通过验收，由机械工业部正式下文列为机械工业部第十四批部级计量中心站。1993年7月由北京市技术监督局组织专家评审小组，对北京精密光学监测站进行逐项评审，经北京市技术监督局批准，正式授权检测站为北京华北地区的合法光学仪器行业质量检验机构，具有向社会出具公证数据的资格。

至1993年底，我国已有3个光学仪器出口基地企业，它们分别为江南光学仪器厂、上海精密科学仪器公司和江西光学仪器总厂。扩大出口企业有6个，它们是重庆光学仪器厂、宁波光学仪器厂、广州光学仪器厂、梧州光学仪器厂、甘肃光学仪器工业公司和武汉照相器材厂。

市场及销售 光学仪器的出口十分喜人，全年的出口产值为1.33亿元，占仪器仪表总出口的25.5%，排列第一。出口创汇200万美元以上的企业有上海精密科学仪器公司（502万美元）、江南光学仪器厂（427万美元）、宁波光学仪器厂（332万美元）、重庆光学仪器厂（263万美元）和广州光学仪器厂（250万美元）。出口数量为345300台（件），出口产品仍以显微镜为主，但出口产品已有较大的变化，如江南光学仪器厂1993年由原来的低档产品为主转为以中、高档产品为主，中、高档产品已占出口的90%，市场亦由少数几个国家发展到30多个国家和地区，出口供货值超过了该厂总产值的一半。其次还有少量的光学计量仪器和大地测量仪器出口，主要销往欧美及东南亚国家和地区。

〔撰稿人：机械工业部上海光学仪器研究所　陆汉民　审稿人：机械工业部　蒋宝华〕

五、试验机、无损探伤机

生产发展情况 1993年试验机行业在连续两年实现高速增长的情况下，继续保持较快增长势头。全年完成工业总产值3.56亿元（按1990年不变价），比上年增加17%；销售额3.94亿元，比上年增加26%；利税总额3709万元，比上年增加26%，其中行业内12家重点、骨干企业共完成工业总产值（1990年不变价）2565万元，比上年增长15.4%，其中增长幅度较大的有：长春试验机集团公司产值达4812万元，比上年增长57.7%，实现利润184万元；济南试验机制造总公司（集团）完成产值4603万元，比上年增长24.7%，实现利润169万元；青山试验机厂产值达1305万元，比上年增长39.2%；苏州试验仪器厂完成产值2625万元，比上年增长24.7%；天水红山试验机厂产值达2882万元，比上年增长21%。另外，上海申克试验机有限公司完成产值4315万元，比上年增长6%，实现利税977万元（其中利润656万元），全员劳动生产率93668元/人·年，为试验机行业之首。莱州华银试验仪器有限公司完成产值2351万元，比上年增长17.4%，实现利润204万元，比上年翻了一番。

1993年，12个重点骨干企业完成各种产品产量24868台，比上年下降2%。

新技术、科研成果及新产品 长春试验机研究所1993年全年共完成新产品项目12项，其中部局项目3项，所自列新产品项目9项。部基金项目曲轴平衡试验机，采用微机及具有自动平衡测量、自动定位和自动去重等功能，属于国内第一台半自动大中型平衡机。部局项目PLG－200高频疲劳试验机，既可做常规疲劳试验，又可进行程控加荷试验和裂纹扩散试验，其主要技术指标达到国际80年代水平。该所自行研制的智能化放大器，应用了内装微处理器和微电子技术，负荷精度为示值的±0.5%，能自动调零、自动标定、自动换档，可广泛应用于试验机及负荷变形测量系统，达到80年代末期国际先进水平。

汕头超声仪器研究所研制出CTS－36型全数字式超声探伤仪、CTS－38型数字式超声测厚仪等性能先进新产品，形成具有满足中国市场需求特色的产品。

济南试验机制造总公司（集团）1993年完成各种新产品27种130台，创产值1256万元，占全年总产值的27.3%，主要有5000kN电子卧式锚链拉力试验机、1000kN微机控制电子万能试验机、PMS－1000型数显液压脉动试验机、300kN电液水泥压力试验机、2500kN高精度负荷传感器，这些产品有效地提高企业的技术水平。

行业管理 长春试验机研究所1993年共完成行业技术工作13项，其中部局下达项目11项，所自行安排项目2项。主要有国家标准《摆锤式冲击试验机》、行业标准《塑料洛氏硬度计技术条件》、《塑料球压痕硬度计技术条件》、《杯突试验机技术条件》、《包装件跌落试验机技术条件》、《电磁轭探伤仪技术条件》、《橡胶拉力试验机产品质量分等》和《科学测试仪器试验机行业“八五”市场预测与发展战略》等。

济南试验机制造总公司（集团）兼并了济南市红升酱菜厂，进一步壮大了企业规模，并逐步形成多元化发展格局。

丹东射线仪器工业公司1993年改组为股份制企业。发行股金5000万元，其中国家股和法人股各2000万元，内部职工股1000万元。

技术改造及技术引进 天水红山试验机厂“八五”技术改造项目1993年开项，该项目总投资500万元，其中专项贷款250万元，自筹250万元，主要内容为增加加工中心、浸漆高低温试验箱、电液伺服试验台、液压试验台。1993年投资250万元，其中专项贷款125万元，自筹125万元。

试验机行业1993年列入“八五”技术改造续建项目有（单位：万元）：

企业名称	当年投资	专项贷款
营口仪器厂	200	160
长春试验机集团公司	300	240
汕头超声仪器研究所	250	200

试验机行业1993年列入国家机电轻纺投资公司基本建设投资计划的项目有3个，并按计划完成“八五”全部投资。包括（单位：万元）：

企业名称	当年投资	建行贷款
济南试验机制造总公司	450	400
吴忠材料试验机厂	350	300
丹东射线仪器股份有限公司	1231	140

(债券651万元　企业自筹　440万元)

市场及销售 1993年试验机行业市场销售情况良好，各企业能够根据市场需要组织生产。据对试验机行业12家重点、骨干企业的统计，1993年实现销售收入37190万元，比上年增长39.4%。上海申克试验机有限公司销售额达到6501万元。济南试验机集团公司销售收入达到7726万元，商品销售率达93%，同时外贸出口也取得较好成绩，1993年共出口产品75台，创汇86万美元。莱州华银试验机有限公司销售收入达到2233万元，比上年增加221万元，实现出口交货值570万元，比上年增加266万元，增加了87.5%，两项指标均创历史最好水平。长春试验机集团公司1993年销售收入达到5124万元，比上年增长76%，实现利润184万元，利税总额达368万元，较上年有很大幅度增长。苏州试验仪器厂1993年实现销售收入2575万元，利润166万元，利税总额266万元。广州试验仪器厂销售收入为2559万元，实现利税361万元。上海探伤机厂1993年销售收入为1301万元，实现利润173万元，利税总额262万元。

〔撰稿人：机械工业部　唐　禹　审稿人：机械工业部　蒋宝华〕

六、实验室仪器及装置

生产发展情况 1993年全年工业总产值32.3亿元，比上年增长125%；销售额25.3亿元，比上年增长118%；利税总额3.76亿元，比上年增长98%。

1993年生产发展趋势与特点：一是大力调整产品结构，生产呈持续稳定发展趋势，工业产值的增长率最高的企业达169%及117%（江苏春兰制冷设备有限公司，沙市电工仪器仪表公司），一般企业其工业产值增长为20%～30%，只有极个别企业呈下降趋势。二是打破行业及专业界限，多渠道发展产品生产，满足市场的需要，加强内部生产经营管理，对外扩散联营抓好外协联营质量，扩大了生产能力。

重点骨干企业经济指标和主要产品产量完成情况见表2。

表2　重点骨干企业经济指标和主要产品产量完成情况

企业名称	工业总产值		产品销售收入（万元）	利税总额（万元）	全员劳动生产率（元／人·年）	产品产量		
	不变价（万元）	比上年增长%				产品名称	产量（台、套）	比上年增长%
北京光学仪器厂	5000	21.6	6307	353	30675	精密天平	2400	−7.5
						热分析仪器	20	−41.0
上海天平厂	2785	6.3	3650	210	34340	电子天平	1987	23.0
						杠杆式天平	15880	9.0
上海第二天平厂	2902	25.5	3226	40	42551	天平	51626	42.0
上海第二电表厂	4725	44.0	5024	283	58550	转矩转速传感器	310	47.0
						转矩转速仪	121	−42.4
上海爱斯佩克公司	1414	21.0	1677	227	92000	气候环境试验箱	619	−23.0
湖南仪表总厂动力测试仪器厂	873	33.0	1160	165	25799	转矩转速传感器	424	40.0
						扭矩仪	285	−38.0
						测功机	88	302.0

企业名称	工业总产值		产品销售收入(万元)	利税总额(万元)	全员劳动生产率(元/人·年)	产品产量		
	不变价(万元)	比上年增长%				产品名称	产量(台、套)	比上年增长%
湖南仪表总厂离心机厂	1272	33.3	1511	173	62694	离心机	353	20.0
						转头	420	180.0
衡阳仪表厂	2096	13.8	2215	32	24775	声级计	2400	20.0
嘉兴电热器厂	952	21.4	965	60.4	30277	干燥箱	2542	−14.0
大连第四仪表厂	425	0.3	551	0.4	12074	高压釜	198	13.0
华东电子仪器厂	1587	−11.9	1986	10	26016			
上海安亭科仪厂	1008	89.0	955	202.1	3715	离心机	3700	60.0
辽阳恒温仪器厂	320	1.28	302	15.7	9143	浴槽	503	−2.0
						干燥箱	206	1.2
嘉兴仪器厂	323.7	66.5	274	32.9	56782	铸造仪器	188	70.0

新技术、新产品与科研成果 1993年大部分企业都注重技术储备，加速新产品开发。如华东电子仪器厂1993年开发了6种新产品，包括电阻应变式压力传感器、YJD−27静态电阻应变仪、BB300−3BB−A双伸型箔式电阻应变计等，完成高新技术开发项目：PG−5型配料皮带秤、YD−28型自动平衡动态电阻应变仪、GAD−29型秤量平衡器、GGP−30型秤量控制器。上海第一天平厂一年内相继开发电子天平5种，差热分析仪4种。在设计过程中部分电子线路及机械设计采用计算机辅助设计，其中FA1604电子分析天平、JB5000精密电子天平分别为上海经委、仪表局新产品项目。上海第二天平厂完成了MP2000B型，YP600、1200、6000电子天平设计鉴定及MP200−1、120−1、1110电子天平及SHIOC、SC69−02C水份仪设计改型。1993年该厂与长沙科学仪器研究所、哈尔滨科技大学共同完成可靠性基金项目——电子天平可靠性研究，开发了MP2000B电子天平并获上海科技博览会优秀奖；MA200型电子分析天平获第二届中国科技成果金奖、上海青年科技成果一等奖。北京光学仪器厂在新产品开发中完成BGSS综合系统，使传统光机产品向光机电算一体化产品发展，同时完成了752分光光度计和无磁经纬仪，填补国内产品空白。上海第二电表厂完成新产品STQ−03、04型计价器、计价器打印机、数据采集器、新型电源，完成汽车会车变光控制器、GGC42−MA典型指针表。辽阳恒温仪器厂开发了FB高温防爆烘箱、SPX型生化培养箱。

行业管理 加强行业协会及专业委员会的活动。衡阳仪表厂加入南方通用电气集团（以湘潭电机厂为核心），并扩建了衡阳仪表厂佛山分厂。

质量及质量管理 1993年行业厂被监督抽查的产品均合格。

技术引进及技术改造 湖南仪器仪表总厂离心机厂与美国贝克曼公司合作生产协议草拟，上海第二电表厂与日本国际计测器株式会社合资正式签约，成立“上海松云国际计测器有限公司”，并与西班牙、美国、台湾地区等地公司合作生产仿金制品、防盗仪表等。

在技术改造方面北京光学仪器厂新添二台加工中心，并完成4台数控车床改造；上海天平厂扩建装配车间2000m^2，并增加了生产试验设备；衡阳仪表厂投入190万元，进行技术改造。

〔撰稿人：机械工业部长沙科学仪器研究所 姚本忠 审稿人：机械工业部 叶定达〕

〔中国科学院〕

新技术与科研成果 中国科学院部分研究所在1994年度评出获科技进步奖的主要成果有：

力学研究所研制的“YAG激光毛化技术及设备”是经过特殊方法调制的，可编组、高能量密度的Nd：YAG脉冲激光作用于轧辊表面，使其迅速熔融，形成有一定起伏的光滑凸包和封闭式微坑。它在造形的同时，由于轧辊材料自身的热传导作用，使熔融物迅速冷却（比普通热处理的水冷和油冷冷却速度高1～2个数量级），形成具有高强度和硬度的超细晶隐针马氏体组织，并通过轧辊的匀速转动与平动，最终使整个辊面成为软硬相间、刚柔相济、具有一定粗糙度的麻面结构。该项目解决的关键技术主要有：大功率高重复频率特殊编组调制Nd：YAG激光系统与脉宽展宽技术，CCD同轴对焦及毛化监控系统，按照空气流体力学原理设计的辅助气体喷射系统，针对不同类型、不同用途轧辊辊面各类微坑的激光毛化（改形改性）操作软件与方法，用激光毛化轧辊改善薄钢板冷轧工艺与产品质量的技术与方法。用激光方法的毛化轧辊效果优于喷丸和电火花方法。由于激光毛化加工可在常温和空气中进行，因此优于电子束或离子束毛化方法。在四种毛化方法中，激光方法的性能、效益与成本之比是最高的。Nd：YAG激光毛化技术改善了薄钢板的冷轧工艺，提高轧速、轧机利用率和钢板产量，改善板形和钢板表面质量以及防止了冷轧带钢退火粘结，提高了成材率。秦皇岛龙腾精密带钢有限公司自 1992 年 8 月正式采用激光毛化冷轧工作辊后，轧钢速度提高了一倍，板形合格率提高了 15%，由于消除了退火粘结问题，使带钢产量提高 30%以上。该厂的产品合格率从不足 50%上升到 80%以上，超过了该厂森吉米尔轧机引进前在法国轧制生产带钢保持的 68%的成材率的最高纪录。激光毛化轧辊较砂轮磨光辊使用寿命提高 5～10 倍，较进口同材质喷丸辊提高两倍以上。采用激光毛化新技术以来，该厂已新增产值 2000 多万元，新增利税 200 多万元，为国家填补了多项空白。秦皇岛龙腾公司设计生产能力为 1 万 t／年，原计划三年后达到这一指标，采用激光毛化技术后四个月即超过了这一指标。采用激光毛化技术后已开发出多种不同用途的新型冷轧带钢品种，如 0.3～0.5mm 厚激光毛面邦迪管（单、双层镀铜焊管）用钢带、0.1～0.2mm 厚高容量电池和充电池用钢带、0.1mm 厚电阻帽用钢以及 0.05～0.1mm 厚普里卡管（可弯折电缆线套管）用钢。这些钢过去全部依赖从日本、德国等国家进口。用户使用返回的信息表明，国产激光毛面钢带，成本则比进口板低得多，大面积应用后可望给国家节约大量外汇。激光毛化技术可以发展成激光刻花技术，它可以应用于建筑、冶金、纺织、印刷等行业，促进这些行业增加产品质量与品种花色。它还可以发展成激光表面改性强化技术，并应用于航空航天和磨具行业。

直接分步重复投影光刻机是超大规模集成电路研制和生产的关键基础设备。成都光电研究所完成的 1.5～2μm 实用型分步重复投影光刻机是多学科交叉、综合、技术高度密集的光机电一体化精密设备。IOE1010G 实用型直接分步重复投影光刻机采用了全新的电视对准系统，在国内首次实现了硅片掩模同轴自动对准；采用了自制的 10 倍精缩投影物镜，其性能与德国 Zeiss10 7782 镜头性能相当；采用了新型照明光均匀器，照明均匀性优于 2%，达到国际先进水平；采用了 X-Y 独立伺服粗、微动精密工件台；采用了具有创新和独到之处的光电自动调焦，三点浮动调平系统等；采用了操作方便的全自动工作方式和较为完善的计算机管理、补偿软件，提高了整机的功能和自动化程度。其功能完整，分辨率优于 1.5μm，套刻精度优于 0.45μm，这些主要技术指标达到和优于美国 GCA6700-C 型的指标，达到国际 80 年代中期水平。1993 年完成整机研制工作和工艺考核，用该设备和国内工艺首次小批量完成了 2μm2000 门 CMOS 门阵列芯片电路的制造，成品率大于 50%。该机是国内首台实用型投影光刻机，为我国微电子工业发展提供了换代机型。光电技术研究所另一项成果 ASOM-1 型眼科手术显微镜是光电一体化程度很高的医疗设备。该仪器采用高分辨率光学系统、电动连续变倍、冷光源光纤传输照明、自动限位报警，并具有旁视及电视观察功能，首次采用自动限位、报警显示等技术。样机采用模块式组合与切换，一机多用。不仅适合于眼科显微手术，也适合脑外科、耳鼻喉科及其它显微外科手术和教学演示。主要技术指标：景深 6～8mm，极限分辨率 135Lp／mm，视场直径 45～47mm，照明方式为双光纤同轴≥75000lx。ASOM-1 型眼科手术显微镜的研制成功，填补了我国高档手术显微镜产品的一项空白。该项成果及样机性能指标均达到当前国际同类产品的先进水平，在若干单元技术方面较国际上同类产品有所创新，并获得了中国专利。

上海光学精密机械研究所成果有两项：(1) SIOM-1 激光波长计，通过精确测量费索干涉仪产生干涉图的周期和相位，确定被测激光的波长。在被测激光和波长计间采用单模光纤耦合，这一方面降低了对被测激光光束质量的要求，另一方面给仪器提供了很好的点光源。将输入仪器的光纤端面正确调整在抛物面镜焦点上，能得到很好的平面波。费索干涉仪由两块楔板组成，两者之间有很小间隙，楔板内表面形成费索劈，两内表面加工精度为 1／20λ。平行光经费索劈两个面接近等量地反射，两反射光束相干形成直条纹，干涉条纹长度方向被柱透镜会聚在光电探测器 MOS 线性列阵上。干涉条纹光强分布被列阵记录并转化为电信号。该信号经电子学系统处理后送入计算机，精确测定干涉图的周期和相位，得到被测激光的波长。本波长计创造性是：采用先进的光纤耦合技术将已知波长激光耦合进波长测量系统，可对仪器参数实时标定，克服了环境温度变化给测量精度带来的影响，废弃了通常采用的将仪器恒温的方法，使结构紧凑，造价降低；干涉条纹的数据处理采用低成本的模拟滤波系统取代通常的数字滤波方法。在使用普通的微型计算机的情况下，测量频率提高了 6 倍多，使仪器可用于实时测量。激光波长计主要技术指标：①可用于连续或脉冲激光的波长测量；②测量精度 6.9×10^{-7}；③测量重复性 2.3×10^{-7}；④测量分辨率 1.26×10^{-7}；⑤测量范围 400～1000nm；⑥测量频率 26.3Hz（计算机 IBM286）。费索激光波长计可广泛用于能源、国防、大气污染的激光光谱、量子光学、激光同位素分离、激光雷达和大气检测等多学科的研究工作中。(2) 偏振小孔球面干涉仪是基于该所在国内外申请的专利而研制成功的非接触性光学检测仪器。其技术内容是以置焦深区的偏振小孔在探测光束上取参考光，和探测光共光路同行，在样品的像面处用两维光电探测器采集干涉条纹数据，可在一般显示器上观测条纹情况，也可用计算机对数据进行处理。利用偏振元件进行条纹反衬度的调节，利用光纤作为传输光学元件，使仪器整体紧凑，因此，它是一种完全创新的仪器。该仪器有四大特点：①采用小孔衍射而自生标准球面波，无需加工任何样板作为干涉仪中参考板，而且利用偏振原理使得干涉条纹对比度可调，这些都具有变革传统仪器结构的创新意义，该仪器的构思具有很大的学术价值。②本仪器的功能完备，对光学检验而言，它可以代替经典的样板检验方式，这对提高生产效率和降低成本有很大意义。由于它的非接触性特点使这种仪器特别适用于软质光学元件的检验，例如对红外光学元件等，它也是目前唯一能检测胶合层的仪器。③显示屏幕直接显示干涉图或者利用计算机采集数据，处理后可给出精确到1／20λ 的面形平度均方根值，以及精美的立体图、等高度线图以及截面图形等，不仅为使用者提供了方便，而且为非球面检验提供了最精确的检验手段。④由于它的共光路特点，使它稳定可靠，具有较强的抗干扰性，可用于生产车间，这为单片生产和批量生产中的工艺检验开辟了一条新路。至今干涉计量学仍是计量学的重要技术途径，所以该仪器的研制成功不仅具有很大的学术意义，而且对于变革传统生产方式也具有重大意义。该仪器的主要技术指标：①测量参数：球面半径测量范围为 20～100mm，数值孔径为 0.60mm；②测试功能：检验球面面形的局部光圈，检验球面面形的光圈数 N，检验胶合透镜胶合层的特性；③检验精度：局部光圈的检验精度为 $\Delta N<0.01$ 光圈，面形的检验精度为 $N<1$ 光圈。

自动化研究所研制的 DGS 系列大功率高精度数字锁相宽调速系统采用锁相技术。测速机机组和无刷旋转变压器作反馈元件组成对直流宽调速电机或一般直流电机的高精度数字锁相宽调速系统具有功能齐全及有调速、锁相、微机控制多种工作方式等特点。由于系统控制采用锁相技术，因而可获得很高的精度。其速度精度及速度长期稳定度优于 ±0.1%，且空载和加载下系统精度不变。调速范围优于 1∶10000 倍（A 型）；系统工作时，输入为脉冲频率及相应的模拟量和锁相信号，从而解决了系统低速及高速运转的平稳性。由于系统具有锁频特性，因此在直接正、反转时，系统不失控，响应快；系统的外环检测采用无刷旋转变压器，使得维护简单、寿命长、运转可靠。采用旋转变压器检测及新的控制方案和独特的数字电路和选频电路，保证在转速变化范围很大的状况下仍能保持较高的精度。速度的改变由输入脉冲频率决定，系统中所用的脉冲加减技术，采用独特的加减方案，使大范围变化的脉冲 0.8c（周）～80kc（千周）进行加减可靠无误；采用特制编码分频器，系统所需输入脉冲调节简单、方便、可靠，与计算机联机时，输入信号可以是脉冲或方波信号，能自动调节适应系统要求。该系统填补了国内大功率高精度宽调速系统空白，并成功地应用于试验机行业，居国内领先水平，其主要技术指标达到国外 80 年代末 90 年代初的同类产品先进水平。该系统已列入国家级新产品试制计划及国家级火炬计划，现已形成系列产品，有 3 种系列 6 种型号。

长春光学精密机械研究所的成果有两项：（1）JZJ-200／300 型激光照排机是新开发出来的新品种。为了提高激光照排机转镜扫描轴系精度，该所设计出自动补偿倾斜误差的光学扫描系统，并已获国家专利。它由原来的无渐晕扫描改为渐晕扫描的光学系统，改善了光点质量，提高了照排胶片的对比度和文字的清晰度，使新型号的激光照排机可以出合格的阴图，同时激光能量的利用率大大提高，可以直接制出银盐版进行印刷；输片驱动控制采用单片机控制，提高了胶片的输片精度，不但保证了版面重复精度，而且明显改善了线间距误差，提高了照排的文字和图象质量。两种型号的激光照排机配有标准片盒和电动片盒，标准片盒是被动式收片，由于无外力干扰，版面误差小，但收片短，对连续大量照排胶片不方便，用户在大量连续照排胶片时，备有电动片盒，可连续收片 30m。两种型号激光照排机设置两种分辨率，即 29.2 线／mm（742DPI）和 40 线／mm（1016DPI），29.2 线／mm 可用于一般印刷，40 线／mm 可用于要求较高的印刷，并可满足不同用户的需求。（2）“软 X 射线—真空紫外元件及整机光谱传输特性测试系统”是元器件光谱反射率特性研究、光栅光谱性能评价、光学常数测量及空间仪器光谱传输特性测试等方面的重要测试设备。该系统采用高精度、高分辨率凹面光栅单色仪作为分光仪器，在 1～100nm 波段光谱分辨率为 0.015nm，在 50～200nm 波段光谱分辨率为 0.05nm；同时还采用了自行研制的 Henke X 射线光源和空阴极气体放电光源作光谱辐射源，使该测试系统在 1～200nm 波段产生高光谱纯度单色光谱辐射；采用通道电子倍增器接收表面镀碘化铯的新工艺，使通常的通道电子倍增器光谱响应灵敏区域延伸至几个纳米波段，实现了在几个纳米至 100nm 波段用同一探测器，具有使用方便、测试精度高的特点；采用探测和样品分别转动方案，即能满足常规光谱反射率测量需要，又能完成不同角度下样品表面散射分布测量要求，还能进行各测量角度下反射光最大值寻峰，可明显减小因探测器—样品转动不同心和转角偏差引起的反射率测量误差，提高测量精度。该所利用该系统开展了 XUV 波段多层膜光谱反射率、光栅效率、薄膜光学常数研究及“空间太阳紫外监视器”整机性能测试工作。该系统可应用于空间技术，等离子体物理、生命科学、受控核聚变、X 射线激光、X 射线光刻术、X 射线显微术等新学科和高技术的发展，主要性能指标已达国际上同类系统先进水平。

沈阳自动化研究所成果有两项：（1）水库水情数据无线遥测与实时监测系统是对水库流域上下游的水情数据自动测报实时监测，可使水库中心站实时准确的掌握水库流域上下游的水情数据。通过处理分系统软件和预报调度，可获水库最佳水容，增加水库的蓄水量，提前洪水的预见期，从而提高水库下游流域的防洪标准，使水库获取最大的经济效益和社会效益。水情测报系统采用自报式，当降雨达 1mm 或水位变化 1cm 时，终端设备投入运行，将水情数据经 FSK 调制，通过分支—星形超短波信道直接或经中继站送回水库中心站，信息接收采用数字滤波和差错控制技术，中心站前台值班机采用工业控制机进行实时数据采集与处理，随时将信息送往后台主机存档、制表、显示、打印，据此进行水库预报调度。现在推广应用的水库水情数据无线遥测实时监测系统，其雨量遥测终端静耗仅为 0.04mA，水位遥测终端静耗 0.1mA，功耗低，精度高，设备简单，可靠性高。信息传输采用数字滤波和差错控制，使系统的误码率优于 10^{-6}，系统实际运行统计有效度达 99%以上。报讯畅通率达 99.5%以上，实测精度达 98%以上。系统采用的洪水预报模型是“大伙房流域模型”，该“模型”首次认定我国湿润地区的产流机制为超中渗产流机制，有一套超渗流公式，它可预报各种类型的洪水产流预报达 90%，记流预报精度（洪峰）88.8%，在大伙房水库的实际运用预报精度达 93%，确定性系数 99.6%达到国内甲级水平。该系统同引进国外同类型系统的比较，水情数据无线遥测系统除适合国情、设备简单、性能可靠、精度高、技术水平接近国际 80 年代末期水平外，水位智能遥测终端为我国首创。其洪水预报模型与引进的国外模型相比预报精度高更适合国情，在大型综合利用水库的调度中具有国内先进水平。(2)“海蟹”号水下六足步行机器人是一种应用于水下工程的步行式作业机器人，它能够在水下 300m 高低不平的表面行走，可具有水下观察与作业功能。该项目在理论分析的基础上，提出了一种新型的六足步行机构，具有结构简单紧凑，动作灵活、易控，定位精度高，抗流能力强，地面适应性好，以及由于主体用薄壳箱体结构，使得重量轻，抗弯抗扭性能好等特点。该六足步行机构已获国家专利权。水下六足步行机器人采用液压驱动，经过理论分析国内外技术检索和实验，自行设计制造出两种新的伺服油缸，并采用巧妙的机构组合，将阀芯和丝杠分为两体，并通过螺纹联接，这样完全解决了日本专利技术产品的缺点，性能超过日本的产品。其中滑阀式的一种高速伺服油缸获国家发明专利权，转阀式的一种伺服油缸获国家实用新型专利权。“海蟹”号水下六足步行机器人是针对水下观察与操作的工程需要而研究开发的，除具有行走功能外还有一个操作手以及一个用于观测用的摄象头，因而它在实现水下行走的同时，还能够进行简单的操作以及水下观察作业的功能，具有良好的工程应用性。该机属国内第一台，主要技术指标已超过国外同类机型的水平，具体性能如下：作业深度 300m，观测距离 7～100m（精水），有效载荷 100kg，速度 120m／h，定位控制度 0.2m，步度 450mm，步幅 450mm，步行机水中自重 1500kg。

西安光学精密机械研究所的成果有三项：(1) 单次、同步变象管扫描相机为了适应多种用途，不仅可以用于单次超快速过程的诊断，还可以以特殊的扫描方式对间歇式重复光脉冲实现多道单次扫描，尤为重要的是它可以实现同步重复扫描，以便对微弱超快过程进行诊断。该机所用变象管具有低压消时间弥散的聚焦系统，具有消除二次电子谐振、高偏转灵敏度、低动态阻耗的偏转系统，而且具有高增益的单或双 MCP 内增强系统；所用单次扫描电路用宽频带微波晶体管组成的限幅放大电路对触发讯号进行了稳幅，在触发讯号涨落 20%的情况下使扫描电路的触发晃动小于 50PS；所有同步扫描电路采用了自制的同轴谐振腔窄带滤波器、限幅放大电路、低噪声预放器和不变形耦合单元，提高了同步扫描电路的频率稳定度和幅度稳定度，降低了相位噪声，使同步重复扫描时间分辨率在 82MHz 工作频率下达 2.2PS；所用 CCD 实时读出系统可工作于单次工作方式，可与单次现象严格同步；采用 12 位 A／D 变换器，实现了 512×512 逐行扫描，在不制冷的条件下具有 4000∶1 的动态范围；所采用的中继透镜具有时间畸变校正功能，消除了扫描图弯曲现象，便于扫描图象沿狭缝的积分处理，从而解决了噪声和时间分辨率的矛盾；在其结构设计中采取了特殊的接地和电磁屏蔽措施，增强了系统抗外界电磁干扰的能力，并对在同步工作方式和两维扫描工作方式下所需的阻抗变换器进行了特殊的设计，使其具有最大的阻抗变换比、最小的驻波系数和稳定的电压输出。同时，该所还特殊设计了 82MHz 工作频率下的同轴谐振腔窄带滤波器，使其长度远小于 $^1/_4\,\lambda$。该成果已达到国际先进水平，可用于激光光谱学、分子结构动力学、超晶格量子阱器件、医学、光通讯等研究领域。(2) SS—1000 型水下电视摄象机中设计了一种考虑到深水折射率的水下摄象光学系统，其中水下摄象镜头获国家专利。该光学系统解决了随海域，含盐量、深度及温度等因素的不同引起的焦距误差、视角误差、畸变和色差，研制出防海水腐蚀的膜层，经试验，在浓盐水中浸泡 72h 对光学透镜无明显影响。其第一片透镜有足够的静水压强度，能经受 1000m 水深的压力不致损坏或光学上的变形，很好地解决水下光学壳窗与金属件之间的密封技术，并在 15MPa 水压下不渗漏、变形，保持摄象系统的良好成象质量。其主要技术指标：象素为 604（H）×588（V），感光面积 6.0（H）mm×4.5（V）mm，分辨率大于 450TVL（水平），灵敏度为 0.02lx，温度−10～45℃，信噪比大于 46dB，工作深度为水下 600～1000m。该机无论在深水耐压性能，还是在工作状态下摄录图象的清晰度方面，均已达到国际先进水平。(3) HSL 型大数值孔径自聚焦透镜及玻璃材料课题很好地解决了高掺杂、大浓度差析射率规律变化的变折射率（非均匀）介质制做中的一系列理论和技术问题。该所为了提高 N.A，减小色差，提高热稳定性和化学稳定性，改变玻璃配方。为解决高掺杂玻璃的熔制，避免玻璃对铂金坩埚的侵蚀和减少 TL^+的挥发，该所设计和采用了二次熔炼、低温加料、密封熔炼、高速连续搅拌等一系列工艺，并通过离子交换工艺改进自聚焦透镜的边缘象差，尽量提高交换温度，缩短交换时间，确定出了一套最佳离子交换工艺。主要技术指标：阿贝数为32.42，中心折射率1.656，分布常数0.424（mm^{-1}），数值孔径0.61mm，出射光斑0.96μm，透过率为89.5%，分辨率380Lp／mm。该所制出的大数值孔径、大视场、小光斑、高成象分辨率自聚焦透镜在光纤通信、医疗仪器、信息领域中对提高器件的性能有独特的效果，对促进这些领域的发展有重要作用。该成果的完成，使我国成为在国际上继日本之后可以制作大数值孔径自聚焦透镜的国家。

空间科学与应用研究中心研制的DRMI－1型双束动态混合及注入机采用新型的GKQ－Ⅲ型高能宽束强流离子源及GKQF－Ⅰ型高能强流聚焦离子源。GKQ－Ⅲ高能宽束强流离子源采用特殊的放电室及引出系统设计，无需经过加速段再加速，可直接通过简单双栅引出系统一次加速到100keV，使整个设备大为简化，造价大幅度降低。并且该离子源具有宽的能量和束流调节范围及大的离子束斑和均匀区。能量调节比达到25，引出能量可从4～100keV连续调节，束流可调范围为5～65mA，因而同时兼有离子注入、动态共混、离子束增强（辅助）沉积及样品工件低能离子束预清洗等多种功能，达到一源多用的目的；最大均匀区直径为180～230mm，无需扫描可直接处理相应尺寸的工件。放电室同时采用抗栅间打火及闪烁的新技术，利用磁控原理使放电室内等离子体与引出系统电场隔开，使放电过程不受外界电场变化的影响，从而保证了放电的稳定性，实验证明，即使栅间发生严重打火，其放电室仍能稳定工作。该设备采用消除极间闪烁的栅极绝缘结构新技术，消除了高引出电压时，栅间发生的闪烁现象，保证了引出束通过一次直接加速到100keV。该两项技术已于1987年获国家实用新型专利。GKQF－Ⅰ型高能强流聚焦离子源采用磁控聚焦新技术，它不仅以普通平面栅系统代替了复杂的盘形栅引出系统，而且聚焦距离不受离子束发散的限制，简化了引出系统的加工工艺，克服了盘栅聚焦系统靶上束密受聚焦距离限制的重要缺陷；并采用新型高效放电室结构获得高能强流，束引出能量最高达9～10keV，最高引出束流300mA，聚焦后离源40cm处的靶上束密达20mA／cm^2，从而实现了较高的镀膜速率，其速率是普通溅射源的5～10倍。GKQ－Ⅲ型离子源的主要技术指标达到目前同类用途的离子源的国际水平，其中低能特性和能量调节范围及束流均匀性优于国外同类离子源的性能。整机主要指标达到80年代末期国际同类装置的先进水平。

兰州化学物理研究所与中国石油化工总公司兰州炼化总厂联合完成的柴油机油清净评定方法的研究及RGY－911型热管氧化试验仪是评定内燃机润滑油清净性的实验室模拟评定方法和仪器，具有快速、简便、费用低等优点，它与标准台架试验有很好的相关性，耗资仅为台试的1／3600，费时为1／480，用样量1／200。该项目的关键技术是模拟状态为汽缸高温、润滑油薄层被氧化、添加剂在循环使用中逐渐分解，因而生成沉积，以30个已知油样作标准，确定了最佳试验参数，其评定结果与标准台架试验的相关率大于80%；解决了氧气、油品流量及温度的高精度控制、试验运行平稳及高可靠性。主要技术指标：载气压力0.005～0.15±2%MPa，载气流量0.05～10.0±2%mL，恒温精度±0.2℃，泵头流量（单管）0.05～200mL／h（可调），测定样品数为4个，最小试油量为5mL。该仪器为四通道，可同时评定4个不同油品，自动化程度高，试验结果直观，可满足中、高档内燃机油模拟评定的要求，属国际先进水平。

沈阳金属研究所与北京石油勘探院机械所、东北输油管理局铁岭机械厂联合研制的JH红外光导智能测温装置已成功的应用于中高频冶炼、焊接和热处理的测控温度。主要关键技术有：使用3～10m长的光导纤维光缆（光谱范围在0.64～0.15μm)具备可任意弯曲测定的光程，光缆头接近目标（80～200mm）传递能量大，具有很强的抗中、高频电磁干扰能力；在光缆头部设计了双层气膜保护气罩，不仅保护了探头，同时起到清洁光路的作用，使光缆在水蒸气、烟雾、火花焊渣飞溅等恶劣条件下，保证有效地传递目标的红外辐射能量；采用金刚石镀膜镜头和窄带滤光技术，确保0.85～1μm波长范围的红外辐射能量接收以及避免焊渣等对透镜的损伤；使用硅光电池探测器和单片微机技术，确保测控温度的快速响应及稳定性。上述创造点已获国家专利，有关系列产品获得全国专利科技成果精品金奖。主要技术指标：测温范围800～1200℃，波长范围0.85～1.08μm，测温精度±0.5%（此发射率ε＝1时），响应时间＜0.25秒，距离系数L／D＝20，具有打印、显示和超温报警功能。该仪器研制成功后，为适应冶炼、焊接、热处理等不同方面的要求，经过十年的不断改进、定型，已完成第五代的产品研制，形成不同系列的产品，并投入小批量生产。

北京科学仪器研制中心研制的KYKY－2000型数字扫描电子显微镜是集电子光学、电子技术、精密机械、真空技术于一体的大型精密仪器。2000型扫描电镜的最主要特点是引入了计算机控制和图象处理、分析功能。它具有以一台PC计算机为中心，运用高分辨大容量的数字图象存贮和显示技术，辅以多个微处理器作为局部控制和调节，使整体仪器的技术性能和操作控制达到了一个新的档次。该系统中图象存贮体，是专为扫描电镜设计的，除有一个标准的TV速率视频信号采集口外，还一个慢扫描数字视频信号输入口，此口将图象存贮体、数字扫描发生器和采集板紧密地联结在一起。系统分别由四个微机来控制编程扫描发生器、电子光学系统、高压系统、图象旋转等操作，以及进行实时模拟视频信号的处理。系统中配有大量的数字图象各种滤波处理软件、图象变换软件、图象分析、测量及统计软件，所有实验结果均可以以图象、曲线表格和数据等多种形式显示或打印出来。系统中还配有将数字图象经 D／A 变换，反送回电镜中的慢扫描高分辨显示管进行数字拍照的功能，清晰度远比直接从监视器拍照好得多。主要技术指标：分辨率为 6nm，高压 30kV，图象帧存储器为 512×512×（8+2）bit，具有视频信号数字处理器、图象处理及分析功能。该仪器与国外同类产品相比，具有很大的性能价格比优势，已销售十余台。

激光多普勒测速、相位多普勒微粒测径系统是中国大恒公司与美国 QSP 公司合作，充分发挥大恒公司在光学、精密机械方面的优势和 QSP 公司在 LDA／PDA 信号处理方面的优势合作开发的系列产品。在光学系统设计上，独创了旋光色散 Ar^+ 激光蓝绿光分光技术，应用了先进的偏振分光、光强比、偏振方位、光束方向连续可调技术，设计成对称、紧凑的高性能组合式光学系统，具有通道干扰低、元件数量少、系统调节方便等特点。该系统是利用后向散射光的激光多普勒效应测量流体速度，利用相位多普勒效应同时测量微粒速度和直径，根据旋光色散效应实现 Ar^+ 激光蓝绿光空间分束，并综合应用光纤、雪崩二极管、放大器组件和以微机为基础的高速信号处理模式，能实时显示多普勒波形，给出微粒的速度、尺寸及统计分布、直方图。主要技术指标：流速测量范围 0.095mm／s～80m／s（40MHz）或 200m／s（100MHz），粒径测量范围 $2\sim10^2\mu m$ 量级。该系统用于风洞、水洞中流动分布的测量，发动机、动力机械旋转流场测量，旋涡结构研究，制药、食品、化工、建材工业中微粒尺寸及分布测量，水泥、水煤浆粒度测量，环境工程中微粒直经测量等，也可用于科研和教学。现已出口美国 6 台光学系统及 4 个部件。

沈阳科学仪器研制中心研制的 JGP240 型超高真空磁控溅射超导薄膜设备主要采用超高真空技术、磁控溅射技术（RF 与 DC 兼容）、微机控制技术、样品加热控温技术、精密机械加工技术、不锈钢表面处理技术等综合于一体。该设备解决了真空室内表面及其各部零部件真空除气处理问题。仅采用 4501／sec 的泵+2XZ-4 机械泵，即获得 2.67×10^{-6}Pa 超高真空指标。磁控靶的设计采用了可灵活更换永磁体的筒形结构直径 37、80mm 两种靶，使用中方便灵活，RF 与 DC 兼容。微机控制样品的移动，保证样品准确的停留在每个靶下溅射，以制备各种多层膜。技术指标：极限真空度小于 6.6×10^{-6}Pa，样品加热温度高于 900℃，样品直径 15～55mm（水平、垂直两个位置），直径 37mm 磁控靶两只，直径 80mm 磁控靶一支，均可水冷，且 RF、DC 兼容，射频电源为 RF 时 0～300W 可调，DC 时 0～1000W 连续可调。中国科学院物理研究所所使用该设备在小面积高温超导薄膜研制方面已达到世界先进水平。

〔撰稿人：中国科学院应用研究与发展局　盛海涛　审稿人：中国科学院应用研究与发展局　杨文增〕

〔责任编辑：王亚水〕

照 相 机 械

〔机械工业部〕

生产发展情况　1993 年，我国照相机械行业生产比 1992 年有所转机，完成工业总产值 35779 万元（1990 年不变价）（不包括珠江三角洲企业，下同）比上年增长 9.8%；完成销售收入 45748 万元，比上年增长 55.65%；上交利税总额 740 万元，比上年增加 2502 万元（1992 年亏损 1762 万元）；出口创汇 3928.5 万美元（包括珠江三角洲地区）；当年产品产量 1818631 架，比上年增长 66.38%。行业重点企业上海照相机厂工业总产值（1990 年不变价）15400 万元，比上年增长 34%；江西光学仪器总厂工业总产值 7141.1 万元，比上年增长 12.5%；青岛照相机总厂工业总产值 2703 万元，比上年增长 16.7%；天津照相机公司工业总产值 897 万元，比上年增长 9%；武汉照相机快门厂工业总产值 615.5 万元，比上年增长 173.5%；北京照相机总厂工业总产值 87.1 万元，比上年下降 87.5%。

新产品　从照相机新产品中可以看出，国产照相机从规格、品种、外形、功能等方面都有较大的发展。

上海照相机总厂推出的 DF-300X 照相机除了保持具有光圈优先，自动／手动曝光、石英电子控制机械动作与快门速度外，在外形上进行了改造，利用从国外引进的高科技模具制造技术，通过 CAD 辅助设计手段，对 DF-300 照相机的外观造型进行了创新设计修改，使照相机外形趋于国际潮流，在国内属首创。该厂还生产了 DF-200 型照相机，采用了机械钢片快门，使快门的速度提高到 1／2000s，并具有重复曝光功能。

江西光学仪器厂推出的 DC838 单镜头反光照相机是凤凰牌 DC303 的改进型，最大的改进是采用了电子钢片快门、速度范围为 1～1／1000s、B 门、X 闪光联动、电子自拍装置、自拍操作，采用 PK 卡口，配有 F1.7 标准镜头。还有凤凰牌 LS930 全自动照相机，最大特点是由 CPU 自动控制（中央微处理机），减少了 100 多个机械零件，并由 LCD 液晶显示数据，该相机除了自动卷倒片、DX 编码胶片、自动设定新机能外，还配有日期后背，能显示和在胶片上打印年、月、日或时、分。

彩扩设备，1993年全国在产的约有90种彩扩机，其中60%都是新产品。上海八一电影机械厂的新产品井岗山815全电脑多功能连体彩扩设备，采用两行40字简单的英文人机对话，数据储存在资料记忆卡（1C Card）上，使扩印更加方便；改进冲洗工艺，使之与无水工艺兼容。南京旭光仪器厂的星辉—Ⅰ型小时彩色冲印系统可冲洗多种规格相纸，冲纸速度快，冲洗画幅大。

杭州照相机械研究所研制的富丽达1688一步成象证件仪是在国外同类产品及西湖6688基础上发展起来的一种新机型，最大特点是在一张75mm×75mm见方的相纸上拍摄6张一寸照片。

行业管理 由全国照相机械标准技术委员会、中国照相机产品质量监督中心共同主持的彩扩设备质量保证要则审定会于1993年2月17日在杭州召开，会议通过了"彩扩设备质量保证要则"，这将促进企业重视产品质量，有利于保修期内的彩扩设备质量考核，为保证消费者利益和企业利益提供了依据。

1993年7月，召开了普及型相机考核方法研讨会，修正了部分考核办法，对将来与国际接轨具有一定的指导意义。

由中国文化办公设备制造行业协会、中国国际贸易促进会机电分会、机械工业部杭州照相机械研究所联合举办的首届中国国际办公自动化设备与照相视听器材博览会于1993年10月8日～12日在杭州市举行。参加的厂商共计132家，其中照相机企业24家、彩色照片冲印设备厂41家、照相器材大小企业60家、办公与视听设备企业7家，参展的产品仍以照相机械产品为主，其中照相机200余种、彩照冲印设备90种、其他照相器材250余种，办公自动化及视听设备共70余种。展出面积计3500m²。一些照相机厂积极调整产品结构适应市场，如武汉快门厂发展了美容设备生产，1993年生产增长1.7倍。

质量及质量管理 在市场疲软情况下，各企业在调整产品结构的同时，树立"以质取胜"的观念。如常州照相机总厂进行了现场管理的自查和巡查，使"回潮"现象初步得到制止，稳定产品质量。江西光学仪器总厂1993年质量指数为100.29%，产品质量等级系数93.38%，质量损失率3.08%，DC303照相机被评为一等品，凤凰205B平视取景照相机和凤凰牌DC303单镜头反光照相机经国家技术监督局抽查均为合格品，凤凰牌照相机获中国保护消费者基金会1993年首批准荐商品，获中国质量协会评选的"全国用户满意产品"。

根据机械电子工业部可靠性考核计划，完成产品可靠性考核，达到合格标准并上报取证的产品和厂家有：

照相机。上海照相机总厂（海鸥135）、国营金光仪器厂（单镜头反光相机S-207T）。

闪光灯。余姚金鹰电子器材厂（JY-32W-GN285）、广州至法实业有限公司（雅奇828）、北京依林闪光灯公司（雅奇828）、北京斯帕克闪光灯公司（斯帕克285M）、温州照相器材厂（SDW-30）。

市场及销售 1993年全年照相机产品销售额为3.473亿元，比上年增长32.2%，出口额2.696亿元（不包括珠江三角洲）。根据1993年10月份召开的照相机厂长经理座谈会和1993年杭博会获得的信息分析，我国的照相机工业开始走出低谷。各照相机厂家在吸取单纯引进图样、模具，以及眼光向内的经验和教训，转为到香港、台湾、日本厂家寻找合作伙伴，通过合作，返销参与竞争，到国际大市场中去开拓，推销自己的新产品，逐步与国际市场接轨。如上海照相机总厂与台湾五大照相机生产厂之一普立尔照相机有限公司合资，计划总投资200万美元，用"以销定产"的方式组织生产，年产中高档小型照相机100万架。江西光学仪器总厂与台湾拓汉股份有限公司合资建立江辉照相器材有限公司，在厂里建立两条生产流水线，大部分产品出口外销。青岛照相机总厂通过合资嫁接，与台湾青腾照相机公司合作，80%的产品返销，20%的产品内销，打开了销售渠道。甘肃光学仪器工业公司与日本旭光学（潘太克斯）合作生产PG系列照相机，内、外销逐年增加，成为畅销的国产名牌照相机之一。北京照相机总厂与香港宝源（中国）光学工业有限公司共同投资组建了北京北照·宝源光学工业有限公司，引进了照相机生产的高新技术和严谨的管理机制，向国内市场推出HMAE200／D平视取景135照相机，1993年盈利100万元。由常州照相机总厂与香港丰达仪器有限公司共同投资组建，投资总额为285万美元的常丰照相机有限公司，主要生产MD35、MD135、DX-1、AF-7等四个系列九种产品照相机，大部分外销。

彩扩设备方面，我国普及型的彩扩设备的年产量已超过2000台，已完全有能力把产品推向国际市场。由于彩扩设备发展之迅猛，不少彩扩厂家在开发高档、多功能的彩扩机的同时，也把眼光转向其他产品，如名片机等，适应市场经济的发展要求。

〔撰稿人：机械工业部杭州照相机械研究所　吕海　审稿人：机械工业部　薛一平〕

〔责任编辑：王亚水〕

复印缩微设备

〔机械工业部〕

生产发展情况 1993复印缩微设备行业加强产品结构调整，产品的产销已初具规模，工业生产稳步增长，利润增幅减小，产成品库存仍偏高。全行业16家企业完成工业总产值（按1990年不变价计算）11.72亿元，比上年增长20.3%；产销率为101.76%，销售收入完成15.09亿元，比上年增长52%；利税总额1.44亿元，比上年增长25.7%。

主要产品静电复印机产量完成48869台，比上年增长23.7%。完成缩微机械132台，比上年增长57.1%。

由于本行业企业已逐步从单一产品的模式中走出来，产品的服务领域不断拓宽，行业界限逐渐淡化，企业也取得了较好的经济效益，工业总产值和工业销售产值超亿元的重点、骨干企业已达6家。上海施乐复印机有限公司1993年生产增长19%，位居全国“三资”企业第61位，全国最大五百家工业企业第498位。

重点、骨干企业经济指标和主要产品产量完成情况见表1、表2。

表1 重点、骨干企业经济指标完成情况 (单位：万元)

企业名称	工业总产值		其中:复印机械产品产值		工业销售产值	
	1990年不变价	当年价	1990年不变价	当年价	当年价	其中:复印机械产品
天津市复印设备公司	18520.0	15965.0	18520.0	15965.0	16490.0	16490.0
天津中环复印绘图机械公司	1891.0					
营口复印机有限公司	7007.0	7449.0	7007.0	7449.0	7230.0	7230.0
上海电影机械厂	947.8					
上海施乐复印机有限公司	43490.7	50287.9	41943.6	48093.1	52989.4	50500.9
武汉仪器仪表自动化(集团)公司	14195.0	13375.3	4445.9	3725.0	13314.3	3856.1
广州复印机厂	14521.9	11987.4	14521.9	11987.4	12684.9	12684.9
上海延中复印机厂	1656.5	1628.8	1640.1	1582.4	1533.3	
桂林威达仪器仪表办公设备公司	13162.0	15840.0	11371.7	13972.3	16818.0	15052.4
国营汉光机械厂	11632.0	13541.0	8982.0	10725.0	13214.0	7779.0

注：复印机械产品系指复印机、速印机、办公用胶印机、晒图机等。

表2 重点、骨干企业主要产品产量

企业名称	静电复印机(台)	感光鼓(支)	墨粉(t)	其他
天津市复印设备公司	6787	7992		显影剂109t
营口复印机有限公司				办公用小胶印机1506台
上海施乐复印机有限公司	21877	28047	63.2	
武汉仪器仪表自动化(集团)公司	743	7277	110.6	
广州复印机厂	4377	34799	25.0	
上海延中复印机厂				晒图机2305台
桂林威达仪器仪表办公设备公司	7008			
国营汉光机械厂	2200	1512		

新产品、新技术与科研成果 复印机械方面，1993年11月上海施乐复印机有限公司正式推出Xerox5416复印机新产品并已进入国内市场。Xerox5416是上海施乐和美国施乐联合设计，共同开发的新产品，标志着上海施乐在独立开发产品能力方面向前走了一大步。该机具有高复印机品质、低复印机成本、性能可靠的优点。其特点为：每分钟16页（A4横送），复印幅面为A3～A6尺寸，能适应不同品种和质量的原稿，前置式纸盒（A5～A3）、手送纸路可以存送50页，有级和无级缩放，自动缩放与倍率选择，自动加粉控制，自动曝光控制，自动启动记忆等。

1993年本行业还开发了优美220E复印机，D82小型自动双色胶印机，具有微机控制的J813C型台式胶印机，复印机清洁辊，施乐2080、2090工程图纸复印机显影剂，SY−1型办公用碎纸机等新产品。

在对引进产品的分析、消化、吸收过程中，也取得了一批科研成果，如对理光4490静电复印机主控板、光控板的研制，佳能NP1215静电复印机OPC感光鼓发生层剖析和佳能NP3825、美能达EP3502静电复印机OPC感光鼓感光层剖析等。桂林威达仪器仪表办公设备集团公司还被评为广西首批“优秀科技型企业”和获“科技开发金钥匙奖”。

缩微机械方面，十几年来国内研制生产了一批缩微设备，但还不能满足各行业的需要，大部分用户购买了国外缩微设备。为了迅速在国内形成具有规模的缩微产业，在北京市科委及北京市仪器仪表总公司的支持下，北京电影机械研究所申请建立的缩微技术及产品中试基地得到了批准，并于1993年11月30日举行了签字仪式。该所正在加快步伐，积极创造条件，将缩微设备的生产建成国内最大的科研制造基地。

1993年北京电影机械研究所和上海电影机械

厂联合开发研制的 A_1 阅读复印机已进入安装调试阶段，计划 1994 年初召开鉴定会，该产品的完成填补了国内缩微系列产品的空白。

行业管理 1993 年由于本行业的主导产品——静电复印机具有生产能力过剩、库存积压、利润下降，进口增长过快的特征，在机械工业产业定位中被列为长线积压产业。为此，各企业在坚持科技进步和提高产品质量的同时，适时地相继推出转换企业经营机制的重大措施。

到 1993 年底全行业已组建企业集团公司 4 家，基本上以原复印机生产企业为主体，以办公设备产品为“龙头”，以提高生产水平、管理水平和经济效益为目的，初步形成了新的生产要素的合理配置和新的整体功能。最早成立的武汉仪器仪表自动化（集团）公司是全国仪表行业的六大骨干企业集团之一，该公司狠抓高科技产品的开发与应用，在相继推出一批具有国内或国际领先技术水平的智能化、微机化和数字化系列自动仪表新产品的同时，也成功开发出了适应市场需求的复印机、复印器材等新产品，其中有多种硒感光鼓和墨粉已批量进入国际市场，成为出口创汇型产品。成立于 1992 年底的桂林威达仪器仪表办公设备集团公司隶属于桂林市重工业局，以原桂林电表厂、桂林复印机厂为主体，是广西的百强企业，1993 年在全国仪表行业中经济规模排在第九位、经济效益排在第 37 位。广东世联实业（集团）公司是以原湛江市复印机工业公司为主体，拥有生产企业 5 家和 14 家分公司的企业。该集团公司在巩固和加强原有的经济技术合作外，扩大与外商的合资合作，以期开发出更多的新产品，增加出口，并逐步向外向型企业过渡。1993 年在全国仪表行业中出口创汇排在第九位。1993 年 8 月经广东省经济体制改革委员会粤股审（1993）45 号文批准，广东世联实业（集团）公司改组为我国复印机械行业首家有股份制企业——广东世联实业（集团）股份有限公司。该公司中有 5 家生产企业，在全国有 14 家分公司和 300 家经销维修网点。公司为法人股份公司，以定向募集方式成立，公司总股本为 13000 万股，均为记名式普通股，每股面值人民币 1 元，按面值发行。股本构成为：国有股 5303 万股〔由原广东世联（集团）公司经评估确认后可入股的净资产 5303 万元折股〕，占总股本的 40.8%，由湛江市国资办持有；法人股 7697 万股，占总股本的 59.2% 向其他法人定向募集。1993 年底，为促进科研与生产相结合，加强科技成果商品化、产业化，增强企业科技工作的后劲，经机械工业部和天津市经济委员会批准，由天津市复印设备公司与机械工业部天津复印技术研究所联合组建了全民所有制经济实体——天津市文化办公设备集团公司。

1993 年是行业“工艺突破口”工作向纵深发展的一年，各生产企业为进一步提高产品质量和加快新产品开发打下良好基础，一方面组织工艺攻关，推广应用新工艺、新技术，另一方面巩固和加强生产现场管理。桂林厂的复印机高压电源变压器上的支架弯曲模还以其技术先进、结构新颖、推广应用前景大、经济效益显著而获得广西壮族自治区机械工业优秀工艺工装一等奖。

为了更好的在机械系统推广应用缩微技术，机械工业部在加强行业管理中发了机械办〔1993〕558 号文《关于机械工业企事业单位开展技术底图缩微工作的通知》，规定 1994 年 7 月 1 日后送机械工业部档案馆的技术资料一律提供缩微品，缩微品与原底图具有同等的法律效力，为了提高已有缩微设备的利用率，机械工业部拟在全国范围，按地区设立若干个“缩微中心”，其任务是面向社会进行缩微服务化工作。为了贯彻“558 号”文，机械工业部办公厅又发出了“155 号”文，即《机械工业技术底图缩微工作暂行管理办法》，同时部办公厅又召开了“技术底图缩微工作研讨会”，这一系列的具体部署对逐步实现档案管理的科学化、现代化，大力推广缩微技术发展具有重要影响和作用。

1993 年 8 月经中国文化办公设备行业协会批准，成立了缩微设备与消耗材料专业协会，挂靠在北京电影机械研究所。缩微专业协会的成立将会推动缩微行业管理工作，起着政府与企业之间桥梁和纽带作用。

1993 年 11 月在昆明召开了第五届缩微技术信息网年会，全国各部委系统及档案、金融、医疗、部队、各大企业应用缩微技术的单位，在大会上作了经验交流，从参加会议的规模可以看出缩微技术应用领域正在不断扩大，形势很好。

质量及质量管理 在市场竞争中，企业进一步强化产品重量管理和全员质量意识。

上海施乐复印机公司“以质量取胜”是全体员工的工作准则，也是公司各层管理中实施的工作方法，包括相互配合的技巧，解决问题的程序和改进质量程序在内的一整套系统的质量工作方法。该公司 1993 年重点抓了按施乐标准采购国产化零部件及在复印机装配中的每道工序质量控制；按施乐公司标准对成品进行质量审核和评价测试，使质量指标达优秀水平；提供“全面服务，完全满意”的销售和维修服务；坚持对用户进行 X-90、X-180 和竞争性调查，分析调查结果制订改进措施。

1993 年行业内各企业在加强自身质量管理的同时，也加强了对配套协作件的质量抽查力度和建立对配套协作厂点的质量管理与监督的办法。为使复印机械产品的国产化工作水平和质量水平稳步提高，各个企业都通过了当地产品质量监督检验部门对其复印机产品的质量抽检（1993 年末进行国家级复印机产品质量监督检测和产品评比）。施乐 1027 系列复印机和施乐 5026 双色复印机还在 1993 年全国产品质量会信誉评价调查活动中荣获了“中国保护消费者基金会 1993 年度推荐产品”称号。

国家级复印机产品质量监督检验中心完成了天津复印设备公司、上海施乐复印机有限公司、营口复印机有限公司、汉光机械厂、潍坊录音机公司等厂家送检产品的检测共计 12 项，包括静电复印机在产产品的定期检测、静电复印机新产品鉴定检测、激光打印机墨粉检测、小型自动双色胶印机检测、一体化速印机检测等项目。

根据机械电子工业部可靠性考核计划，1993 年完成产品可靠性考核，达到合格标准并申报发证的产品有：

(1) 静电复印机。天津复印设备公司（NP-270)、武汉复印机总厂（BD-5511)、上海施乐复印机公司（XEROX 1027)。

(2) 静电复印硒鼓。武汉复印半导体厂(SD- 5511)、汉光机械厂（汉光-优美 1800E)、上海施乐复印机公司（XEROX)。

(3) 小胶印机。营口复印机总厂（1800 AWD)。

1993 年还完成了制订 6 项行业标准：《静电复印机可靠性要求及实验方法》、《办公用小胶印机可靠性要求及实验方法》、《全自动速印机调试板》、《光电　影针技术条件》、《复印机噪声测试方法》、《办公用小胶印机产品质量分等》。

技术改造及技术引进　1993 年全行业各企业继续实施已列入国家重点技术改造的项目和“八五”技术改造项目；继续进行引进产品的国产化工作，如天津复印设备公司的 NP2020、桂林威达仪器仪表办公设备集团公司的 FT4418、广州复印机厂的 FT4490、广东世联实业（集团）公司的 NP1215 等，为企业增强了实力。

“八五”期间部分限下项目已完成并验收的有：营口复印机厂。该厂“八五”期间通过引进产品和技术改造，开发了高精度胶印机，在全国轻印刷行业中占据领先地位，产品市场占有率达到 77%，实现产值 5159 万元、利税 1050 万元的经济效益。桂林威达仪器仪表办公设备集团公司。该公司 1993 年模具中心技术改造已基本完成，累计投资 740 万元，预计可形成年产型腔模 600 套、冲裁模 660 套的生产能力。此外，该总公司“八五”期间的技术改造项目已完成投资 1451 万元，预计 1994 年完成后可形成年产 OPC 复印机 5000 台、传真机 5000 台的生产能力。

桂林威达仪器仪表办公设备集团公司合资项目初见成效。经过一年多的努力，和香港金铭公司合资的金威复印材料有限公司选地定点工作已完成，并通过项目评估，获贷款 55 万美元，前期投资到位；和香港百亨达空调设备有限公司的合资项目，经大量工作，进展较快，现已基本完成厂房改造并签定了引进设备合同。

市场及销售　1993 年度的复印机销售工作，上半年需求较旺，有些产品甚至出现了缺货现象；下半年由于几方面的原因市场购买力减小，销售工作难度增大，其一是国家收缩银根，一些企业资金不足，其二是外汇汇率的上升，造成进口成本增加，其三是受水货冲击严重。尽管如此，各企业仍取得了较好的销售实绩，1993 年全行业静电复印机销售量约 5.15 万台，品种近 50 种，主要企业和主要产品的销售情况见表 3。

表 3　1993 年复印机械行业主要产品销售情况

企业名称	办公机械产品销售额(万元)	主要产品		
		名称	品种数	销售量
上海施乐复印机有限公司	50748.0	静电复印机	5	22754 台
		硒感光鼓		6988 只
天津复印设备公司	16490.0	静电复印机	10	6735 台
		硫化镉感光鼓		11950 只
		单组份显影剂		102.8t
武汉仪器仪表自动化(集团)公司	3847.8	静电复印机	4	812 台
		硒感光鼓		7400 只
国营汉光机械厂	9047.0	静电复印机	10	1975 台
桂林威达仪器仪表办公设备集团公司	15052.4	静电复印机	7	6512 台
广州复印机厂	16151.0	静电复印机	4	4299 台
		硒感光鼓		40614 只
广东世联实业(集团)股份有限公司	28386.5	静电复印机		8324 台
	(销售总额)	单组份显影剂		128.7t
营口复印机有限公司	7230.0	办公用胶印机		1855 台
上海延中复印机厂	1909.8	重氮晒图机	5	2386 台

本年度复印机行业出口产品仍以感光鼓、显影材料为主，主要销往印度、新加坡、日本、韩国、印尼、马来西亚、蒙古、越南、香港等亚洲国家和地区以及独联体国家。详见表4。

1993年9～12月北京缩微技术培训中心4名专业教员去联邦德国就缩微技术进行考察和学习，在德期间接受了两所大学和4家公司的培训。考察获得深刻印象的是：随着计算机的发展，社会上的信息量剧增，如果用纸来记录输出，那么纸的数量亦将剧增，德国为了解决这个矛盾，采用了COM系统作外围设备，缩微胶片作信息输出的载体，据目前统计，由COM系统输出的缩微胶片已占整个缩微胶片的60%，而且还呈增长趋势。目前随着各种新技术的发展，多介质信息载体的共存已成定局，在相当长的时间里，彼此只能互存互补。缩微胶片存储容量大，信息逼真、稳定、保存寿命长，是任何介体无法取代的，所以国外的缩微产业近些年仍是呈增长趋势，尤其是缩微制作中心成倍增加，1987年德国有105个服务中心，到1993年已超过300家。缩微设备制造厂家也竭力改进自己的产品，使其产品能与数字缩微设备相御接，有的直接参与数字缩微设备的制作与销售。由此可见，该类产品在国内外市场上仍有较好前景。

表4　1993年复印机械行业出口完成情况

出口企业名称	计算单位	数　量	出口产值(万元)	出口额(万美元)	出口主要产品
天津复印设备公司	支(台、t)	7216	3309	171	感光鼓、显影粉、分析仪器
武汉仪器仪表自动化(集团)公司	t	53.67		55.27	墨粉
营口复印机有限公司	台(件)	25	52	4	胶印机、制版机、
广东世联实业(集团)公司			5778	348	复印机备件、玻封二极管
上海施乐复印机有限公司			558	81	复印机、载体、硒鼓
汉光机械厂			505		
广州复印机厂			972		

〔撰稿人：机械工业部天津复印技术研究所　张　昕　北京电影机械研究所　潘凤珍　审稿人：机械工业部机械基础装备司　蒋宝华〕

〔责任编辑：王亚水〕

电影机械

〔机械工业部〕

生产发展情况　鉴于多种娱乐形式的繁荣，国内电影业同国外相似，观众上座率继续大幅度下降，电影机械生产继续滑坡。电影机械厂家在产品结构调整中求得生存和发展。据1980年底统计，电影机械行业归口厂计有42家，至今大多数中小企业都已离开本行业，留在行业内的企业产品已经多样化，电影机械产品仅属其中的一部分。

1993年全年工业总产值（1990年不变价）3.69亿元，比上年增长21%；销售额3.4亿元，比上年增长34%；利税总额1956万元，比上年减少14%。据对行业内6个重点企业统计，1993年工业总产值（1990年不变价）21729万元，比上年增长12%；利润总额为638万元。各企业主要经济指标见表1。

表1　主要经济指标综合汇总表　　(单位：万元)

企业名称	工业总产值(1990年不变价)		工业总产值(现价)		利润总额		固定资产平均余值		全部职工平均人数		产品销售收入		出口交货值	
	1993	1992	1993	1992	1993	1992	1993	1992	1993	1992	1993	1992	1993	1992
哈尔滨电影机械厂	5261	3474	5624	3701	40	110	2380	1889	2010	1924	4927	3451	602	243
上海八一电影机械厂	3502	3452	3407	3382	206	740	2288	2117	1203	1169	4193	3843	494	374
南京电影机械厂	4630	4592	4851	4616	138	161	2089	2027	2064	2177	5708	4808	761.8	435.9
山东电影机械厂	2334	1426	2315	1418	91	80	710	646	720	727	2048	1254	37	23
郑州照相机厂	2100	2100	2088	1980	45	12	1372	119	1011	1032	2396	1816	782	495.8
甘肃光学仪器公司	3902	4355	3518	3714	−903		55691		3694		69148		621.7	
总　　计	21729	19400	21803	18811	−383		64530		10702		88420		2696.5	

1993年，全年生产各类电影放映设备2585台（套），各种放映镜头3136只，彩扩机和照片放大、冲洗设备747台（套），点钞机7173台，教学仪器设备（主要是投影器）96957台，办公自动化设备（复印机和油印机）255台，汽油发电机2504台。主要企业各类产品的生产情况见表2。

1993年，电影机械产品的产量、产值继续下降。以南京电影机械厂为例，放映设备的产量和产值由1992年的3725台、1167万元下降至1319台、487万元，分别下降64.6%和58.3%，各种放映镜头也从5100只274万元下降为3136只200万元，分别下降38.5%和27.3%。哈尔滨电影机械厂和上海八一电影机械厂的放映设备产量和产值均有不同程度下降。与此相反，各企业的非电影机械类产品的产量和产值1993年均好于1992年，且所占比重日益上升，有的已成为企业的指导产品。哈尔滨电影机械厂的彩扩机和点钞机两项的产值已达2686万元，是放映设备的1.87倍。南京电影机械厂的放映机和放映镜头产值687万元，仅占教学仪仪器设备产值的22.2%，而上年为54%。

表2 产品生产、销售情况

企业名称	产品类	生产量				销售量			
		数量(台)		价值(万元)		数量(台)		价值(万元)	
		1993	1992	1993	1992	1993	1992	1993	1992
哈尔滨电影机械厂	电影机	628	687	1436	1439	648	668	1264	1220
	彩扩机	129	117	510	378	90	151	343	514
	点钞机	7173	768	2176	675	5564	681	1919	590
南京电影机械厂	放映设备	1319	3725	487	1167	1735	3517	573	1090
	教学仪器设备	56926	52844	3095	2668	54238	52247	2968	2624
	复印办公设备	255	140	94.4	183.9	163	227	68.9	262.88
	放映镜头	3136	5100	200	274.5	2385	6054	154	321
上海八一电影机械厂	放映机	638	1260		1293	1134	1206		
	彩扩机	618（彩扩机、照相放大机、照片冲洗箱合计）	1260（合计）		1710（合计）	120	130		
	照相放大机					170			
	照片冲洗箱					21			
山东电影机械厂	汽油发电机	2504	2539		553	2392	2528	681	551
	办公自动化系列	2271	1273		814	2309	1351	1442	885
	工业性作业					3		295	
郑州照相机厂	教学投影器	40031	40360						
甘肃光学仪器工业公司	照相机及其组装	167580		1962		276114		2777	
	放映机					666		176	
	投影器					3583		230	

新技术与科研成果 郑州照相机厂与秦皇岛视听机械研究所经过几年共同努力，完成了菲涅耳透镜制造技术的研制任务，通过了机械工业部机械工业技术发展基金委员会组织的科学技术成果鉴定。透镜样品质量居国内领先地位，达到了日本和美国提供的同类样品水平，同意小批量试生产，可逐步替代进口，经济和社会效益较显著。以秦皇岛视听机械研究所为主，北京吉地电影技术开发部和香港沙龙电影有限公司协同，完成了35mm通用电影摄影机的研制任务，通过了机械工业部机械工业技术发展基金委员会和广播电影电视部电影事业管理局主持的科学技术成果鉴定。该机采用双抓双定间歇机构，画面稳定性好；电子控制采用晶控全频锁相技术，调速范围广，频率稳定度高，常速与快速通用，一机多用；反光取景明亮、清晰，目镜可多方位旋转，取景方便舒适；整机体积小，重量轻；备有四种画幅插片，适合于电影制片厂内景外景、快整等35mm电影的拍摄。机器的技术水平国内领先，主要性能达到了国外同类产品水平。机器已中试投产17台，全部销出，改变了我国拍故事片依赖进口摄影机的局面。该产品已向广播电影电视部申报科技成果一等奖。

新产品 郑州照相机厂推出BT−90便携式投影器和600型透射式投影器并于1993年5月通过技术鉴定。BT−90投影器有效光通量1240lm，中心解象力12线／mm，明显高于国家专业标准；镜头采用三片式，调焦和折叠机构使用方便，稳定可靠，为中档偏上产品。600型有效光通量≥1600lm，照度均匀率≥36%，中心解象力≥8线／mm，达到和超过国家专业标准和日本工业标准，并在风路、风机、齿轮齿条的啮合、光源、噪音与抖动、布线、外观、光学系统同轴度等方面进行了改进，已小批量投入生产。

张家港市视听器材厂的TT250-A透射式投影器通过了江苏省教委主持的鉴定会，其质量指标符合国家专业标准，开始小批量生产。

哈尔滨市科学技术委员会鉴定通过了哈尔滨电影机械厂自行设计的CQ300封闭气吸式钞票计数机和YS100型硬币计数机。CQ300型的关键部件吸钞头应用国家专利，样机的技术性能达到了80年代国际同类产品，填补了国内空白，处于国内领先地位。该机具有计数、定数复点、全防尘功能，点钞速度大于20张／s，装钞容量150张。YS100型可对现行6种人民币硬币分选和计数，清点速度1分硬币1800枚／min，1元硬币1000枚／min，贮币箱容量2000枚。该产品达到80年代末期国外同类产品水平，填补国内空白。

北京电影机械研究所研制的程控音频综合测试仪表35mm三声道电子联锁同步录音机通过了市级鉴定，填补了国内空白。程控音频综合测试仪集各项音频性能测试功能于一身，代替了传统的多台测试仪器，具有体积小、重量轻、使用方便等特点。所需测试项目经用户编程后，在数分钟内完成测试全过程，并将结果存入贮存器或输出打印。35mm三声道电子联锁同步录音机是电影制片用专业设备，可在8L-8联锁控制器的控制下，实现多机联锁（包括放映机，使声画同步），并能与美国生产的MTE机兼容，可替代进口。

机械工业部和广播电影电视部电影局对江西光学仪器总厂研制的SCS3400型摄影升降移动车进行了鉴定。该机可直升直降、斜升斜降，升可到4.5m，降可至-0.2m。该移动车可升降、360旋转和平移，价格仅是进口产品的1／6，已生产8台。

山东电影机械厂研制的吉美乐BZ106六功能自动折纸机自动化程度高，工作可靠，功能齐全，是国内首家推出的理想办公设备。主要性能指标：折纸整齐度，错位精度差±2mm；计数正确性，每折150张，误差不超过2张；折纸速度，最大90张／min，无级可调；用纸厚度为45～135g／m²。该机达到同类进口产品水平，价格为进口机的1／3，可替代进口。该机已通过技术鉴定，预计1994年产量可达200台以上。

秦皇岛视听机械研究所研制推出组合式多功能倒片台和BKN倒片台。多功能倒片台采用微机新技术测量片长，同时屏幕显示测量影片的画面划伤和片孔损伤，倒片平稳整齐，正反转自如，噪声低。BKN倒片台性能大致与多功能倒片台相同，均为倒片台的换代产品。

行业管理 保定电影机械厂在行业管理中大步前进，成绩显著。该厂作为国家批准的机电产品出口基地和自营出口企业，为参预国际市场竞争，采取调整企业组织结构和组建企业集团等多项措施，其做法是：(1) 通过承担债务的办法兼并了保定市内燃机厂和保定市低压电器厂；(2) 先后投资兴办了中港合资通用电机有限公司、中澳合资保金压铸件有限公司、中美合资华天电动工具配件有限公司、电动工具研究所等6家合资、独资企业；(3) 通过参股经营，以资产纽带联结并扶植协作配套厂家；(4) 同国内外贸易专业公司和配套生产厂订立长期销售合同或独家代理；(5) 突出本厂的科研和新产品开发及对外投资的能力。以该厂为核心的19个成员企业组成的河北五洲集团公司于1993年11月宣告成立，集团公司拟在欧洲、北美设立营销分支机构，条件成熟时还将组建财务公司，为建立跨国公司奠定基础。

质量及质量管理 机械工业部电影机械与电化教育设备产品质量监督检测中心对南京电影机械厂的F16-4A型16mm流动式电影放映机进行等级评定，确认符合优等品要求，已由机械工业部颁发证书；对上海八一电影机械厂的104-X2型35mm流动式电影放映机及山东电影机械厂的0.75GF2型二冲程汽油发电机进行可靠性考核，均达预定考核指标，验收合格。

1993年秦皇岛视听机械研究所行业标准室完成行业标准7项，它们是《16mm电影放映机技术条件》、《35mm电影放映机技术条件》、《背景摄影合成机》、《合成摄影用定向反射银幕》、《投影片》、《35mm放映机反光镜技术条件》和《35mm电影放映机反光镜产品质量分等》，这些标准都已报机械工业部待批。

技术改造及技术引进 保定电影机械厂“八五”扩大台式砂轮机出口专项技术改造项目已竣工验收。该项目总投资为936.4万元，其中购置设备138台（套），投资464.96万元；土建面积6663m²，投资364.94万元；其它费用为106.49万元。其技术改造特点是：(1) 突出技术进步，采用新工艺，实现老产品升级换代，先后开发了豪华型台式砂轮机等40种新产品，其中7种通过了UL标准认证，成品抽检合格率100%；(2) 经济效益显著，由于提高了工艺装备水平，扩大了生产能力，砂轮机年产量达40.5万台，其中新增28.5万台；年工业总产值1亿元，新增8500万元；年利润250万元，新增145万元；出口创汇920万美元，新增578万美元；(3) 在环境保护、工业卫生、劳动安全、消防等方面注重“三同时”，经有关部门专项验收，均合格。

哈尔滨电影机械厂，原计划投资500万元，实际完成513万元。改造后已形成年产点钞机2720台能力，验收当年已完成530台，形成产值2200万元，销售税金204万元。改造后的产值已达到3042万元，利税总额364万元，分别是改造前的138%和275%。

秦皇岛视听机械研究所投资150万元，从日本真山光机株式会社引进菲涅耳透镜制作技术和设备，在原科研大楼内建成封闭式菲涅耳透镜生产线，年生产能力可达6万片，产品质量达到国外同类产品水平，提高了投影器整机技术性能，促进了投影器的出口。

市场及销售 1993年行业内6大企业全年销售收入达88420.7万元，明显高于上年水平，详见表1。但从产品类别看，电影机械类市场继续疲软。南京电影机械厂设备销售量为1735台，比1992年下降了50.7%，放映镜头销售为2385只，下降了60.6%，这两类产品的销售收入也由1992年的1411万元降至1993年的727万元，下降48.45%。哈尔滨电影机械厂和八一电影机械厂的放映设备的销售量和销售收入均比上年下降，但下降幅度较小。非电影机械类的产品销售情况较好。哈尔滨电影机械厂的点钞机1993年销售5564台，收入1919万元，比上年分别增加7.17倍和2.25倍，已经超出该厂的放映机销售收入，上升为该厂的主导产品。南京电影机械厂的教学仪器设备（主要是投影器）销售54238台，收入2968万元，比上年分别增加1991台和345万元，大大超过该厂的放映设备和放映镜头的销售收入。山东电影机械厂的汽油发电机销售2392台，收入681万元，这几年大致持平，而新开发的办公自动化系列产品，目前主要是自动油印机，销售2309台，收入1442万元，比上年分别增加958台和557万元，也已上升为主导产品，详见表2。电影机械行业出口保持增长趋势，按6厂统计，全年出口交货值2696.5万元，其中哈尔滨电影机械厂为602万元，比上年增1.48倍；八一电影机械厂494万元，比上年增32.1%；南京电影机械厂761.8万元，比上年增74.8%；郑州照相机厂782万元，比上年增57.7%，详见表1。从产品情况看，上海八一电影机械厂的电影放映机在东南亚继续享有较高声誉，出口达295套，创汇75.1万美元，占该厂出口交货值的81.66%。南京电影机械厂投影器出口10937台，收入达621.36万元，占该厂出口交货值的81.57%。甘肃光学仪器工业公司为日本组装PC100照相机10096 0台，收入达219.69万元，向日本出口CCTV镜头和照相机镜头276182只，收入达330.01万元，两项占该厂出口交货值的88.4%；放映设备出口73套，收入达28.18万元，仅占4.5%。由此可见，非电影机械类的产品出口已经占出口的主导地位。

保定电影机械厂在电影机械行业中出口一直领居首位。该厂原为机械工业部小型汽油发电机定点生产厂，1987年主导产品转为出口轻型台式砂轮机，开始进入国际市场，现累计出口砂轮机126万台（套），创汇3128万美元。该厂1993年通过技术改造，产品出口上了新台阶，一年出口37万台（套），创汇1100万美元，产品远销美国、英国、法国、德国、意大利、澳大利亚、加拿大等30多外国家和地区。此外，在行业内具有较大出口能力的是苏州仪表元件厂，出口交货值达812.30万元；上海打字机二厂出口值为2120万元，产品主要是电教设备和办公设备。其他企业出口交货值见表1。

〔撰稿人：机械工业部秦皇岛视听技术研究所 顾岳迁 审稿人：机械工业部 蒋宝华〕

〔责任编辑：王亚水〕

衡 器

〔中国轻工总会〕

生产发展情况 据对142个主要生产企业（含非轻工系统企业）统计，全年生产工业用衡器2.8万多台，比上年增长3.2%；生产商业用衡器226.7万台，比上年增长10.9%；生产特种秤（含灵敏度低于50mg天平）14.9万台，比上年减少8.3%。全年完成衡器总产值14.3亿元（1990年不变价），比上年增长13.8%；实现工业增加值5.57亿元，利税总额达1.9亿元，均比上年有所增加。全行业工业资金利税率平均值为11.4%，比上年提高0.9个百分点；人均实现利税4379元/人·年，比上年增长50%。1993年衡器出口有较大发展，出口值达2490.5万美元，比上年增长51.4%，增长幅度在出口的轻工产品中居第二位。1993年全年的出口值是整个“六五”期间的5.5倍，是整个“七五”期间的1.5倍。出口区域由原来主要面向香港、东南亚地区而扩大到世界各大洲60来个国家和地区，包括出口到英、美、日等发达国家。

衡器行业能够保持住生产与经济效益同步增长主要有以下三个原因：一是企业学会了以市场为导向，果断调整产品结构，增加电子衡器的生产与销售。电子衡器的比例在工业用衡器中达到29.7%，比上年增加5.7个百分点；在商业用衡器中达2%，增长0.1个百分点。二是行业中形成了一批信誉良好的骨干企业，以产品质量和服务的双优赢得用户的信任，形成了一定的生产规模，具有较高的经济效益，带动了行业发展。三是一些骨干企业正在由内向型向外向型方向发展，勇于参与国际竞争，再加上现有的20多个“三资”企业，行业在国外建立了较广泛的合作关系。

近几年来，衡器行业积极贯彻“手动改自动，机械改电子”的行业发展方针，使我国电子衡器的发展步伐明显加快。由于国产衡器的性能提高与品种增加，基本满足了国民经济各个部门的需要，正在成为各行各业提高质量、节能降耗、加强计量的基础装备。

常州托利多电子衡器有限公司是1988年成立的一家中美合资企业。自开业以来，每年以50%以上的生产速度递增发展，已经连续三年跨入全国500家最佳经济效益工业企业行列。该公司1993

年列入全国最大日用电器制造行业利税百强行列，在全国仪器仪表行业50家最佳经济效益企业中利税排行第二，获全国行业十强企业称号。1993年该公司实现衡器产品销售收入10189万元，工业总产值10506万元，利税总额2982万元，人均实现利税9.72万元，全员劳动生产率14万元／人·年，固定资产合计值为2969万元。1993年10月28日，中共中央政治局委员、国务院副总理李岚清视察该企业时，对公司质量方针中提倡“把零缺陷的工作及时提供给用户”表示赞赏。

济南金钟电子衡器股份有限公司是个成功地实现经营机制改革和技术改造的老企业。他们始终把改造的起点放在世界先进水平上，攻克了称重传感器制造技术关。现可生产3kg到200t共11个系列50多个规格的高精度称重传感器，同时还开发了电子汽车衡、电子轨道衡、电子配料系统、定量包装秤、电子台秤等电子产品。实现工业总产值8071万元，衡器产品销售收入7257万元，利税总额1886万元，人均利税31222元，全员劳动生产率59929元／人·年，固定资产合计值为3421万元。

上海大和衡器有限公司是一家中日合资企业，以衡器制造经营为基础，走出一条外向型多角经营的道路。该公司现在衡器销售收入已达5359万元，利税达到738万元，人均利税达37826元，全员劳动生产率75959元／人·年。该公司生产的电子计价秤在1993年通过国际权威认证机构——德国物理技术研究院（PTB）的型式认证，同年，又通过国际法制计量组织（OIML）计量认证，产品出口到世界10多个国家和地区。称重传感器已批量返销日本。

衡器行业1993年销售额前20名企业排序见表。

衡器企业排序表

序号	企业名称	年销售额（万元）	年利税额（万元）	年末固定资产净值（万元）
1	常州托利多电子衡器有限公司	10189	2982	1907
2	华普电子衡器厂(伦教电器设备厂)	8003	1884	3047
3	济南金钟电子衡器股份有限公司	7257	1886	2206
4	上海大和衡器有限公司	5359	738	1319
5	天津市衡器公司	4818	213	491
6	泰安市衡器厂	4478	771	770
7	四川新潮产业集团公司成都科学仪器厂	4262	189	1057
8	南京市衡器制造公司	3980	247	986
9	天水红山试验机厂	3867	196	1408
10	中山市石岐衡器厂	3711	301	696
11	中国轻机总公司长沙衡器厂	3508	331	960
12	承德市自动化计量仪器厂	3300	40	899
13	西安衡器厂	3245	232	505
14	沈阳衡器厂	3125	135	474
15	昆明衡器制造公司	2971	566	618
16	鲁南衡达集团公司	2897	430	3955
17	上海衡器厂	2792	262	653
18	长治市衡器厂	2695	328	442
19	青岛公平衡器总公司(青岛衡器厂)	2565	484	493
20	新乡市衡器厂	2541	113	317

新技术和新产品　由于称重传感器被世界公认为衡器产品的“心脏”，向来为衡器界所重视。1993年，常州托利多电子衡器有限公司从美国引进了数字传感器，具有抗干扰性能强、数字化输出的优点；上海大和衡器有限公司则由日本引进了振弦式传感器，较应变式传感器精度提高一个数量级以上，无需模／数转换就可实现数字输出。

铁道部科学院路通公司突破了只能在直线上安装轨道衡的惯例，研制的GCU-100曲线无基坑微机动态轨道衡，在车速5～10km／h时计量准确度达到0.2和0.5级，通过了北京市科学技术委员会和铁道部科学院组织的专家鉴定，认为这一技术属世界首创。目前，已修建了5台曲线轨道衡，运行良好。济南金钟电子衡器股份有限公司研制的HCS-20皮带秤实物校验装置通过了山东省二轻厅组织的专家鉴定，被认为具有国内先进水平。

行业管理　中国衡器协会在政府与企业之间发挥了桥梁与纽带的作用，协会现在拥有团体会员

260个，会员分布在轻工、机械、电子、航天、航空、计量、建筑、化工、冶金、煤炭、交通等10多个部门，打破了地区、部门、所有制的界限。

协会每年都召开一次全国会员大会，协商行业发展大计，加强行业交流。此外，积极开展服务、统计、信息、咨询、培训与协调工作。在1993年协会成立十周年纪念大会上，表彰了为衡器工业发展做出突出贡献的企业和个人，授予常州托利多电子衡器有限公司、济南金钟电子衡器股份有限公司、上海大和衡器有限公司、郑州电子秤厂、泰安衡器厂5个单位“发展衡器工业先进企业”荣誉称号；授予郑云霄、朱涛兴、周德英、陈冠大、李家林、赵和迎6同志“发展衡器工业优秀企业家”荣誉称号；授予徐平均、沈立人、徐仲刚、王忆耀、陆悦明、刘九卿6同志“发展衡器工业优秀技术人员”荣誉称号，激励与鼓舞了广大企业与职工。

1993年上半年中国衡器协会与中国仪表学会、中国计量测试学会联合举办了全国第二届测力与称重技术学术讨论会，发表学术论文76篇，对于促进技术交流，推动我国测力与称重技术进一步发展，起到积极作用。

协会首次组团赴美国考察访问，同美国国际称重计量协会（ISWM）建立了友好关系，代表团拜访了美国国家技术标准研究院，受到了友好接待，参观力学实验室，考察了9个衡器制造厂，受到很大启发。继中国衡器协会代表团访美之后，美国国际称重计量协会派团一行12人参加了中国衡器协会十周年纪念大会，向大会介绍了美国衡器发展状况，参观了中国衡器协会办的电子衡器展览会，并分别同中方26个衡器生产厂进行了30多次洽谈。协会还接待了来访的日本计量工业联合会负责人，通过这些活动，增进了双方了解，加强了国际交流与合作。

质量及质量管理　我国是国际法制计量组织（OIML）成员国，现行的衡器产品标准系参照采用国际法计量组织有关建议文件而制定的。自1987年成立了全国衡器标准化技术委员会以来，先后制、修订标准31项，其中国家标准17项。1993年拟制《静态电子轨道衡》、《电子计价秤》、《电子皮带秤》等7项标准；经颁布实施的新标准有《衡器产品型号编制法》、《电子衡器通用技术条件》、《电子衡器安全要求》、《衡器术语》。

中国衡器协会同OIML中国秘书处，共同举办了两期“R-76国际建议”宣贯会，为衡器管理、设计部门、生产企业和检测机构理解、掌握国际标准做了有益的尝试，也为OIML证书制度的推行和扩大衡器产品出口起到推动作用。

市场及销售　1993年对衡器行业来说是不平静的一年，上半年产销两旺，供不应求，下半年由于资金普遍紧缩，衡器销售大幅下跌，库存增多，企业效益下滑。在困难局面下大多衡器企业能够迅速调整产品，积极开拓市场，实现了全年增产增收效益。行业销售收入达16.7亿元，产品销售率平均为91.97%，比上年下降4.58个百分点。库存量有所上升，产成品占用资金增大。

〔撰稿人：中国衡器协会　曹立平　审稿人：中国衡器协会　李家琳〕

〔责任编辑：王亚水〕

教学仪器设备

〔国家教育委员会〕

生产发展情况　随着国家经济体制改革不断的深入和市场经济的发展，教学仪器行业工厂转产现象比较严重，据统计，1993年有一定规模的教学仪器设备生产厂为586家，较1992年的655家减少了69家，比上年减少10.5%；1993年全行业职工总人数34031人，其中工程技术人员4737人；固定资产原值为31077万元；完成工业总产值（按1990年不变价计）86550万元，其中科教仪器设备为51793万元；利税总额15253万元，其中利润总额为11017万元。

1993年，教学仪器生产厂比1992年减少10.5%的情况下，教学仪器设备工业产值却增长了7%。对教学仪器设备需求的不断增加也使更多的社会厂（教育系统以外的工厂）看准了教育这个大市场，积极生产学校适用的仪器设备和文化用品，因此，教育装备的生产供应将日趋多元化。

新技术与科研成果　1993年国家教委共安排114个教学仪器研究项目，有43个项目已通过鉴定。

新产品　1993年主要的新产品有：(1) 钠光谱实验仪，由南京师范大学设计制造。该仪器可以单独显示钠元素的发射光谱和吸收光谱，并能使两类光谱线同时清晰和稳定地显示出来，属国内首创。其整机通电后10min内产生钠的发射线和吸收线，罩壳温升不高于60℃，钠管管芯的真空度不大于12Pa，钠管的寿命不小于50h。(2) 刚体惯量椭球测定仪，由山东省枣庄师范专科学校设计制造。该仪器在惯性椭球、惯性椭球的绘制、惯性能量不变量和正交轴定理的使用验证等方面较现有仪器有创新，填补了刚体实验内容的空白。其感量力矩不大于1.225×10^{-3}N·m，相对误差不大于5%。(3) NIC MCS-51单片机实验系统，由南京机械专科学校设计制造。该系统覆盖“单片机原理和应用”课程的实验，其性能价格比在国内同类产品中处于领先地位。主机主CPU8031，用户工作可插入2764、2864、27128、6264，实验仿真RAM区16K、E^2PROM写入；与PC机通讯，实现普通的仿真机全部功能；电源，交流220V±

5%，整机功耗不大于 15W。(4) J-WD-C-4096 型微机多道分析器，由北京大学设计制造。该分析器可用于近代物理实验，为测量γ能谱、穆斯堡尔谱等，具有脉冲高度分析（PHA）功能和多度定标器（MCS）功能。其性能达到国内先进水平。PHA 模式时，脉冲幅度不小于 5V；MCS 模式时，道间隔时间可在 30 至 32767μs 内任选；道数可选 512、1024、2048 或 4096 道，放大倍数 4～64 倍。(5) 可编程任意数字信号发生器，由西安交通大学设计制造。该仪器可产生任意编码和任意波形的数字信号。用于数字通讯、电路和系统的测试与诊断等领域的教学和科研，属国内首创，其功能和智能化程度达到 80 年代国际先进水平。工作频率范围：抽样率为 0.01～1000000Samp／s，正弦波 0. 01～30000Hz，其它标准波 0. 01～500000Hz；频率分辨度为 3 位有效数字；正弦波失真度≤5%，输出信号电压≥3Vp-p，输出信号相位 0°、180°，微机通信传输速率 300～4800Bd。(6) 微型化学实验成套玻璃仪器，由杭州师范学院设计制造。该仪器采用标准磨口通用性好，核心部分微型蒸馏头、指形真空冷凝等集多种功能为一体，属国内首创。试验时主要试剂量比 1mmol 左右，较常规实验可节约试剂 90%以上，实验时间节省 1／3。

行业管理 根据国家教委《关于教学仪器设备实行定点生产的通知》的要求，继续开展了定点厂的审定工作。通过对各省、市上报的 34 家工厂条件的审核，其中 26 家工厂被确定为国家教委生产定点厂。到 1993 年底共有 40 家工厂被确定为国家教委教学仪器设备生产定点厂。1993 年审定为定点厂的是：苏州市医学教学模型厂、张家港市视听器材厂、张家港市生物制片厂、江苏省海门县天补中学教学仪器厂、南京市教学模型厂、张家港市乐余模型厂、浙江省永嘉县校办科教仪器厂、杭州解放电子仪器厂、嘉兴市仪器配件厂、浙江省鄞县鄞江教仪实业有限公司、浙江省象山县教学仪器厂、福建医学院教学模型厂、福州教学仪器厂、泉州市河市电化教学仪器设备厂，河南省商城教学仪器厂、新乡教学仪器厂、湖北省武穴师范天平厂、潜江市教学仪器厂、当阳市教学仪器厂、湖南省第一师范教学仪器厂、四川省富顺县教学仪器厂、广汉市教学仪器设备厂、自贡高压电器厂及成都石室教仪厂。

按照全国工业产品生产许可证办公室的部署，继续对 1992 年开始实施生产许可证的产品开展发证工作，1993 年有 7 个厂家分别获得教学蓄电池、电磁振荡演示仪等 7 个产品的生产许可证。

长期以来，教学仪器设备工业投入少，自我改造能力差，制约了行业的发展。为了逐步改善这种状况，促进教学仪器设备行业发展，国家教委条件装备司筹建了教学仪器设备发展基金，并发布了《教学仪器设备发展基金章程》。为了激励和表彰捐赞者，章程中明确规定“对捐赞或赞助者颁发荣誉证书，并在行业报（会）刊上报导。对有特别贡献的单位和个人将聘为基金管理委员会荣誉会员”。

为了提高教学仪器行业的现代化管理水平，根据 GB7635—87《全国工农业产品（商品、物资）分类与代码》的要求，制定了《全国教学仪器设备产品分类与代码》，在编制 1993 年教学仪器产品供货目录时试用了此编码，取得了较好成果。该代码拟于 1994 年发布实施。

中国教学仪器设备行业协会注册登记了《教育仪器设备》期刊，使协会原内部发行的会刊变为公开发行的期刊。协会还创办了经济实体——北京希思教育装备服务公司。

质量及质量管理 1993 年，根据《国务院关于严厉打击生产和经销假冒伪劣商品违法行为的通知》和《国务院关于进一步加强质量工作的决定》文件的精神和行业归口的原则，国家教委对语言学习系统（语言实验室）产品及生产厂开展了质量审查活动。这项活动的开展引起了厂家的强烈反响，积极筹备，迎接审查。国家教委组织了专家组，委托国家级检测部门，对全国申报的 53 家生产厂及其产品按国家教委颁发的《教学仪器设备产品生产厂必备条件》（教供字〔1986〕031 号）和 GB／T14185《语言学习系统通用技术条件》分别进行了工厂质量保证体系的审查和产品的检测。工厂质保体系的审查工作已基本结束，产品检测工作将延续到 1994 年第一季度。对质保体系和产品检测都合格的厂家及产品，国家教委将颁发生产合格证。

1993 年上半年，对光电效应演示器等 32 种教学仪器产品进行了质量监督检测，并对电流实验器等 29 种教学仪器产品进行了质量监督补检。检测结果平均合格率分别为 86.76%和 88.43%。1993 年下半年对多用大屏幕数字显示器等 18 种教学仪器产品进行了质量监督检测，同时对自 1991 年以来进行产品质量监督而未参加或检测不合格的部分产品进行了补检。检测平均合格率分别为 86.39%和 92.9%，全年两次产品监督检测平均合格率为 87.96%。

技术改造及技术引进 1993 年技术更新改造投资计划为 799 万元，由于全部自筹和资金紧缩的影响，仅完成 30%。

市场及销售 1993 年国内教学仪器设备市场竞争激烈，市场完全进入买方市场。政府主管部门采取措施加强对教学仪器设备产品的质量监督和管理，防止伪劣产品流入学校。

1993 年产品销售收入为 8.5 亿元，其中科教仪器设备销售收入 5.31 亿元。由国家教委组织的全国教学仪器设备订货会成交额为 3.78 亿元，与 1992 年相比增长幅度较大。

1993 年产品出口形势较好，第三世界国家对我国物美价廉的教学仪器设备表现出极大的购买兴趣。全年正常出口贸易创汇 771.4 万美元，另外参加世界银行项目招标中标 150 万美元。按产品大类分有物理仪器、生物标本、模型、化学试剂、玻璃仪器、文教用品、电教设备等。主要出口到科威特、苏丹、沙特阿拉伯、法国、英国、墨西哥、澳大利亚等国家及香港、台湾地区。

〔撰稿人：国家教委条件装备司　王宝山　教学仪器研究所　王长毅　审稿人：国家教委条件装备司　李兴植〕

〔责任编辑：王亚水〕

专用仪器仪表

〔机械工业部〕

生产发展情况　与上年普遍有所增长不同，1993 年气象仪器行业各企业有增有减，但有共同的发展趋势与特点：(1) 打破了以往地面与高空的分工。如长春气象仪器研究所完成过低空探空仪与低空系留气球探测系统，一直从事高空探仪及其相关装备研制与生产的上海无线电二十三厂，也推出了地面自动气象站。(2) 在气象仪器市场平缓的形势下，几个骨干厂家也都冲出过去单一经营气象仪器的局面，寻找与气象仪器技术相近、相似的产品开发与生产。如上海气象仪器厂与天津气象海洋仪器厂气象、海洋仪器并举。(3) 扩大服务领域、多种经营，第三产业的收入在总产值中占有较大的比重，如长春气象仪器厂的改装工程车等；(4) 采取了工资与奖励向有效益的部门与个人倾斜政策，鼓励人们向科研、生产第一线流动。由此可见，1993 年气象仪器行业转换了经营机制、改变了产品结构，以适应市场经济。

长春气象仪器厂完成工业总产值 1487 万元，比上年增长 35%，实现利润 21.3 万元，完成产品产量 14295 台（支、辆），品种 39 个，其中改装车批量生产 60 台，又开发了油田工程车、国防科委基地气象车，当年生产 7 台，同时还推出了 8t 液压自卸车，使工厂具备了改装大吨位翻斗车的能力。上海气象仪器厂完成工业总产值 530 万元，比上年下降 2.9%，完成产品产量 10990 台。天津气象海洋仪器厂完成工业总产值 427 万元，比上年下降 26%，完成产品产量 11848 台。上海无线电二十三厂完成工业总产值 752 万元，利润总额 41.1 万元，完成产品产量 82650 台。南京大桥机器厂完成工业总产值 4821 万元，比上年增长 14.4%，实现利润 14.8 万元，全年生产的主要产品产量：二次测风雷达 29 部，无线电接力电话机 222 端，气象卫星云图接受设备 44 套，家用卫星电视接收天线 3545 面，袖珍收录机 17 万台。另外长春气象仪器研究所实现总收入 555 万元，完成综合遥测气象仪Ⅱ型的 10 台生产收尾、安装及售后服务，同时还完成农田综合气象仪 10 台。

新技术、科研成果及新产品　长春气象仪器研究所共承担纵向课题 21 项，其中科技基金项目当年完成 7 项，主要有电动通风干湿表温湿传感器、微功耗铂膜式露点传感器、高动态性能测风传感器、固态存储器、编程器、复杂型基本天气站、机载露点仪等。攻关项目、新产品及其他项目也完成了预期的阶段任务。同时还完成了天河机场与孔依萨拉公司配套设备安装、调试，两个电厂供热系统电缆施工和集中供热遥测系统方案的制订，3 台基本天气站、1 台长期气候站的投标测试、使用与试验，新疆自动站系统安装交付使用，无线自动测风站的安装、调试与售后服务，国防科工委 5 套电子野战仪，首都机场云高、能见度全套地面现场考核、验收与交付使用等任务 7 项。

长春气象仪器厂开发的地面多要素遥测设备完成了静态、部分动态、高原动态测试与整机功能试验，结果良好。同时推出的地面气象有线综合遥测气象站，正在朝阳气象站考核。还研制了铂电阻电动通风干湿表、新型风向风速传感器、标准全辐射表、气压高度表、三杯风速表等。

上海气象仪器厂研制的船舶气象仪可以实现数据自动采集、运算，同时数字显示风向、风速等 9 个要素，有 5 路标准接口，是海军装备部门所需重要装备，现已生产五台，新增产值 45 万元，利税 15 万元。同时还完成了 ESV 微机风雨仪、数显电传风向风速仪等设计，并对温湿度计、雨量感应器和大蒸发、双筒遥测雨计等做了改型工作。

国家科委信息中心公布了机械工业部长春气象仪器研究所的综合遥测气象仪Ⅱ与长期自记气候站两个项目等国家级重点新产品在部科技进步奖评审中，系留气球低空探测系统获二等奖。该系统由地面与高空两部分设备组成。地面部分包括数据处理机、接收机和绞车等，高空部分由探空仪、发射机及运载工具气艇等组成，可实时显示、打印各参量结果。主要技术指标为：温度测量范围及精度 50～−56℃±0.5℃，湿度 0～100%RH±6%RH，气压 65～1050hPa±1.2hPa，风速为 0～20m／s±(0.3m／s+0.03V)，风向 0～16 方位±1 方位，探测高度 1000m。农用综合观测气象仪获机械工业部科技进步三等奖，该仪器测量精度高，感应元件可互换及防辐射性能好，控制灵活，运行可靠。磁悬浮式三杯微风传感器启动风速小于 0.25m／s，温度误差低于 0.15℃，还可自动打印。其主要技术指标：温度（地、气温）测量范围与精度 0～45℃±0.15℃，风速 0.25～10m／s±(0.25m／s+0.03V)，环境温度 0～45℃，湿度 10～100% RH，抗风强度＜15m／s，传输距离＜100m。

中国气象科学研究院用滤膜法观测大气冰核的“静力扩散云室”，是为定量观测人工或大气冰核浓度设计的，可把滤膜取样器带到现场，取样与显现处理两个过程分开进行，云室上下板分别用半导体致冷组件及其相应的电路进行精确的温度控制和测量，从而得到准确的冰核活化温度及湿度条件。已完成了FJY－34型飞机降水焰弹及发射装置，是用新型催化技术，高效节银、安全可靠，使用范围宽，国内领先。完成的遥测辐射仪是由总辐射表、直接辐射表、净辐射表、辐射辐射表、散射辐射表等5种辐射表组成，设计定型后，在全国96个台、站推广应用，取得了良好效果，已投入业务使用。该产品提高了观测准确度，减少了人为误差与人力，提高了观测资料质量，信息量增加了3～4倍，实现了数据采集处理自动化，满足了世界辐射中心要求。完成的C波段雷达——电子探空仪，技术先进，自动化程度高，探空测风精度高，稳定可靠，满足了WMO（世界气象组织）对高空探测要求，指标与美国、芬兰相当。其技术指标：探测高度30km，温度误差0.2℃ RMS，湿度误差5% RMS，气压误差0.3hPaRMS（30km高度时），测风误差1m／sRMS，测试距离176km。完成的声纳式蒸发遥测仪，结构简单、性能稳定、可靠、精度高，实现了遥测和数字显示，并由输出接口可与遥测系统相接，还有声速校正，可用于液位精密自动监测。主要技术指标为：分辨率0.1mm，准确度1%，遥测距离≥100m，温度系数3.6×10／℃，工作电压180～240V、50Hz，当断电时，可切换机内供电。完成的恒温盐湿度发生器，是为检定电气湿敏元件设计的，具有可控温、连续循环、湿度定点、精度、稳定性好、平衡时间短、重现性好等特点。主要技术指标为：湿度定点范围13%～96% RH，湿度定点不准确度＜1%RH，平衡时间15min，温度范围0～46℃。与中国科技大学合作研制成功的M－LDARS单站闪电探测定位系统，以单站方式，实现长期、自动、连续观测半径250km范围内云地闪电方位、距离、强度和极性，并可监测60km范围内云闪出现方位和频数，并对闪电特征的时空分布有很好的检测能力，性能价格比高，维修方便，还可用于机载、船载探测。同时该院还完成了BE标准风速发生器推广应用，完成了气压检定资料自动处理系统、新型日照传感器、高精度振筒压力计高原对比、新型PAP标准通风干湿表、DTC－1型开顶式气室等项目。

中科院大气探测所共有5项科技成果获国家和科学院科技进步奖。其中属气象仪器或装备的XQ201气象激光雷达系统。获科学院科技进步二等奖，已通过了现场考核，并有3台投入了业务使用。

南京大桥机器厂K／XWUO1型气象卫星处理系统通过了设计定型，可用于接收及处理气象卫星的低分辨率云图信息。其指标为：接收频率1691MHz，天线直径1m，噪声系数不大于0.7dB，输出信噪比大于40dB。软件功能多，具有工作日期安排、云图动画显示、云图装载和分析、灰阶修正，主要出图方式用CPU386计算机。主要指标达国际90年代初水平，国内领先。完成的WT－7卫星云图接收设备获南京市科技进步二等奖。

由中国气象局组织的DZS－Ⅱ型低速风洞于1993年9月14～18日在鞍山市通过省局验收。该风洞作为“八五”期间风检定设备更新产品之一，风洞全长7.8m，闭口直路式。设有3个用于不同风速测定的转换段，其收缩比为1∶11.11、1∶6.25、1∶1，风速0.2～30m／s，动力控制用变频调速装置，操作简单，提高了控制精度和稳定度。

长春气象仪器厂于1993年9月通过了油田工程车和8t自卸工程车的技术鉴定，又于11月通过了气压高度表的技术鉴定。

天津气象海洋仪器厂完成了大湿度箱的研制及电子机芯海流计、电子接点湿度表、温湿时钟、平面型照度计、数字式叶轮风速表、有线遥测日照计试制任务。

上海气象仪器厂完成了H／HQX004船舶气象仪技术鉴定与ZZ6－4船舶气象仪设计定型及为永嘉县气象局进行的双筒遥测雨计研制任务，同时还完成了环境监测仪的技术监督的验收工作。

上海无线电二十三厂通过了地面有限遥测站的试验样机考核，并进入业务样机考核阶段，主要技术指标为：气压测量范围与准确度为550～1060hPa±0.5hPa，气温－50～50℃，相对湿度0～100% RH±4% RH（t＞0℃）、±6% RH（t＜0℃），风向0°～360°±10°，风速1～60m／s±（0.5m／s+0.05V），降水量0～999mm±0.4mm（≤10mm）、±4%（＞10mm），地温－40～80℃±0.5℃。该厂又与太原无线电一厂、中国气象科学院大气探测所合作研制了GPZ5－3型晶体管回答器，完成设计定型，并投入了小批量生产，它是电子管回答器的更新换代产品。还完成了野战炮兵气象雷达自动探测系统的设计定型。该产品获机械工业部科技进步一等奖，国家科技进步三等奖。

南京大学大气科学系完成了系列化的测量和控制用的智能温湿度仪，系国家火炬计划项目，已向国外推广。还有铁塔梯度仪、车载气象仪、自动气象站和用于气象、环保及工业自动化方面的多路数据采集处理系统等。

行业管理 中国气象局技术装备使用许可证办公室按照《气象技术装备使用许可证管理暂行办法》及实施细则要求，发布1993年第1号通告，公布了上海医用仪表厂和天津第八玻璃厂生产的干湿球温度表、通风干湿表用温度表、最高温度表、最低温度表、地面温度表、直管地中温度表、曲管地中温度表和低温温度表的使用许可证编号，准予在气象系统业务中使用。

1993年3月19日在天津由中国气象局技术装备司主持召开了地面气象仪器使用许可证管理会

议。会上分别向上海医用仪表厂和天津第八玻璃厂的气象用玻璃液体温度表颁发了气象技术装备使用许可证。同时发布当年对上海、长春、天津等5厂地面气象仪器的12种气象仪器实施使用许可证管理，并于当年11月24日办理了证书。上海气象仪器厂根据中国气象局气象技术装备使用许可证办公室发布的1993年第2号通告精神，填报39种地面气象仪器的使用许可证申请书，于1993年11月24日获得了使用许可证书。

由中国气象局技术装备司主持召开的测风仪器换型论证会，1993年于5月14日在北京举行。会上有30余位领导、专家参加了论证。会上技术装备司介绍了测风仪器集中测试情况，长春气象仪器研究所与山东省能源所分别介绍了各自研制的新型测风仪器功能与主要技术参数。

中国气象局技术装备司发出《关于进一步做好测风数据处理仪推广应用中的维护等问题的通知》，就保证台站正常使用，维护工作的改进等提出了意见和措施。

质量及质量管理 中国气象仪器产品质量监督检验中心，通过了国家技术监督局组织的机构认可审查和计量认证审查，取得了一次合格通过的好成绩。国家技术监督局相继下达了批文并发给合格证书。在39项考核标准中，A等33项，B等6项，没有C等。

中国气象科学研究院计量检定所除完成了自检测设备的技术改造外，对系统内与社会上委托的质量测试与科学试验数据进行了技术测试与质量评估等工作。

长春气象仪器厂生产的一等品PWJ-1型双金属温度计于1993年6月，由吉林省机械电工产品质量监督检测部门随机抽测6台，按标准条款衡量，产品主要零部件各项指标均符合要求，仍属一等品。

上海无线电二十三厂通过了“军工质量保证体系”验收，获得国防科工委颁发的“军工产品承制单位质量体系的合格证书”。同时获得上海市仪表电讯工业局颁发的“质量监督检验机构达到二级要求证书”。在部质量登记评定中，GZZ2-1型电码式探空仪获得优等品称号。

上海气象仪器厂在产品质量检测中，产品零部件合格率达90%，大类产品合格率达89.74%，局检产品抽查合格率达94.45%。同时上级公司来厂抽查产品质量12次，全部合格。

技术改造及技术引进 中国气象科学研究院计量所有两项技术项目：(1)为建立用于量值传递的一级标准器，从国家科委拨款220万元，围绕气压标准器进行改造：引进美国一级气浮式活塞压力计和法国一级标准水银压力表（简称PPS）；为验收PPS和接受技术培训，派4人去法国BAT公司执行任务；中、德双方技术人员共同努力使PPS安全稳定就位，并完成了装调工作；完成标准试验室、控制室房屋三间改造。(2) 从科委拨款100万元，提高原0.8m风洞测量范围和控制自动化水平。当年完成了方案论证、风扇系统的气动设计和结构设计，确定电机为直流机组；拟定风扇稳速控制系统的技术指标并外协；被检仪表的示值采集处理系统和标准值测量处理系统的初步设计；配套设备选型、定货及专用电缆铺设等。

长春气象仪器厂投资160万元，进行了改装车新厂房改建，主体已完工，预计1994年下半年可交付使用，届时可使改装车无论从规模还是质量方面，都将达到一个新水平。

上海气象仪器厂对电梯、锅炉等设备进行了技术改造，通过了安全使用验证，设计、制造了湿度老化试验设备2台，并配合生产增添了一些鉴定设备。

南京大桥机器厂进行了一系列技术改造工作，进口与更新仪器仪表费用达291万元，并进行了科技大楼的建设，为科研提供了方便条件。

市场及销售 在气象仪器市场变化不大的情况下，气象仪器行业都在根据各自的优势与特点，进行了产品结构调整，取得了较好的效果。如上海气象仪器厂与天津气象海洋仪器厂气象与海洋仪器并营，特别是上海气象仪器厂一直占领船舶气象仪的阵地；天津气象海洋仪器厂同时开发工业电视；长春气象仪器厂根据自己生产过气象车、环保车等技术，瞄准了改装车的市场；1993年来，长春气象仪器研究所在民航中的机场设备领域里，尽量巩固老市场，拓宽新市场，取得了较好的经验和经济效益。

〔撰稿人：机械工业部长春气象仪器研究所 刘景泰 审稿人：机械工业部 唐 禹〕

〔国家地震局〕

生产发展情况 1993年地震系统从事地震仪器生产的企业有7个，职工总数800余人，拥有固定资产1500余万元，全年总产值达700余万元，产品品种100余种，并进一步向水电、水库、煤炭、石油等扩散产品，经济效益有不同程度的提高，为地震事业和经济建设做出了积极的贡献。

新产品 1993年通过国家地震局鉴定的新产品主要有：(1) 国家地震局地壳应力研究所研制的压磁套芯深井自动化测量系统。该系统是国家自然科学基金资助项目，具有精度高、自动化程度高、操作方便、成功率高、测深大等特点。主要技术指标：测量仪器的工作频率为1kHz，频偏$\leqslant 3\times10^4$，频漂$\leqslant 1\times10^4$，电流稳定度$\leqslant$0.2%，灵敏度0.05Ω/字，非线性度精度±0.2%，测量范围200Ω～800Ωj，定向仪精度±1.5°，重复性0.5°。经国际联机检索，尚未出现国内外有类似系统。该系统适用于水电站大坝、地下机房、矿山、油田、隧道、地下仓库核废料处理等，为工程的应力测量工作提供科学安全的技术指标。(2)

国家地震局地震研究所和中国计量科学研究院研制的JSJ精密水准仪（含经纬仪）综合检验仪。主要技术指标：准水平线的标准偏差σ为±0.1″，连续式多目标水平准线在2～5m范围内的水平准直度最大误差不超过0.05mm；补偿器的补偿范围±8′，补偿精度优于0.05″／min。该仪器设计原理正确、技术先进、结构合理、功能齐全、操作方便、稳定性好。并在以下方面具有创新突破：①在同类设备中首次实现了目标连续可调，并可获得自动安平的水平准线，该水平准线具有精度高、稳定性好的特点。②在国内攻克了高精度移动摆镜补偿器尖端技术，并成功地用于该仪器中。③带有四维可调仪器座的1″微倾工作台，结构新颖、载重量大、稳定可靠、操作方便。仪器精度与性能达到国际先进水平。经国际联机检索尚未发现国外有同类仪器。该仪器在国内外均有广阔的应用前景与推广价值。

〔撰稿人：国家地震局计划财务司　黄宝森　审稿人：国家地震局计划财务司　宋永增〕

〔中国石油天然气总公司〕

生产发展情况　1993年中国石油天然气总公司系统生产石油专用仪器仪表的企业有5个，职工总数9260人，主要生产石油地震勘探仪器、测井仪器、钻采仪器和油品分析仪器四大类产品。

1993年，完成工业总产值38966.8万元，完成各种石油专用仪器仪表11351台（套），检波器及配件1086580支。其中油品分析仪器4077台，钻采仪表4263台，成套勘探仪器706套，附属勘探仪器仪表2305台。

1993年中国石油天然气总公司石油专用仪器销售收入3.69亿元。

新产品　1993年共完成较重大新产品开发项目15项，其中XSKC92数控测井仪获石油装备科技进步一等奖。XSKC92数控测井仪，是西安石油勘探仪器总厂根据油田需要开发的中档测井系统，它吸收了引进仪器的软、硬件技术特点，结合现代工业微机的发展而研制的，这种仪器的兼容性好、功能多、组合能力强、使用范围宽，不但能完成规定的9条曲线，还可进行普通电测井，是理想的更新换代产品。江汉仪表厂和江汉石油机械厂生产的AT+数控生产测井仪，是在引进制造技术、建成生产线的基础上，经过消化吸收而生产的新产品，仪器的绝缘、抗震、耐温、耐压性能均达到了设计要求，现场测井曲线合格率达到了90%以上，仪器的重复性、稳定性、一致性符合技术标准，达到同类产品的技术水平。西安石油勘探仪器总厂还开发了工程地震仪，用于桩基完整性或承载能力的测试与分析，又可用于石油、煤田地质与其它各种工程地震，是石油、煤田、地矿、城建、铁道等部门勘探浅层构造的重要仪器。

〔撰稿人：中国石油天然气总公司　刘津生　审稿人：中国石油天然气总公司　赵光理〕

〔煤炭工业部〕

生产发展情况　1993年生产煤矿安全仪器仪表的企业7个，共完成产量25.6万台（套），其中抚顺、重庆、西安、湖南煤矿安全仪器仪表厂全年生产煤矿安全仪器仪表17.3万台（套）；完成工业总产值6200万元，完成销售收入10974万元。

1993年，由于煤矿安全仪器仪表市场继续萎缩，企业生产任务和经济效益下降幅度较大，为扭转亏损，在开展“双增双节”活动、提高管理水平的同时，以市场为导向，加紧产品结构调整，努力开发新产品、力争摆脱困境。

新技术与科研成果　抚顺煤矿安全仪器厂在应用新工艺方面做了很多工作，取得较好的效果，主要有：(1)应用钾盐镀锌的电镀新工艺，既降低了成本，又解决了该厂自救器多年来未解决的表面处理质量问题，并使手动操作的电镀生产线实现微机自动控制；(2)对AZL-60A过滤式自救器和AZH-40化学氧自救器产品的不锈钢外壳拉伸工艺试验成功，提高了产品质量；(3)解决AE_2空气压缩机三级气缸套加工工艺采用小直径细长精密孔的加工工艺，保证在批量生产中的质量稳定、可靠、使空压机顺利投产。

新产品　抚顺煤矿安全仪器厂安排新产品研制计划23项，完成科技成果鉴定15项，其中，工业性鉴定14项，工厂鉴定1项。主要有：(1)KJ19煤矿生产与环境集中监控系统，该系统综合了国内各监测系统的优点和消化吸收了引进的监测系统的先进技术，它适合于我国的国情，具有运用性、兼容性、成套性的特点，对于保证矿井安全生产、减少环境因素引起的灾害，有重大的社会意义和经济意义。(2)AZH--10化学氧自救器，它是一种采用化学生氧原理的自救器呼吸装置。该产品采用了独特的结构设计和新型生氧药剂，改进了结构，初期生氧速度快，性能稳定。该产品不但具有过滤自救器的性能，而且便于矿工随身携带，可遇难自救脱险。专家评议认为该产品填补10mm化学氧自救器无启动装置的国内空白，具有国际先进水平。该产品获国家专利。(3)AZY-15B压缩氧自救器，它是一种压缩氧的复合式自救呼吸装置。该产品在设计上突破了传统的钢瓶贮气方式，采用环绕式不锈钢管贮气（此项已获国家专利），从而使它的体积小于同类产品的18%，重量轻22%，并可免去每三年检修一次氧气瓶的烦杂管理过程。性能指标先进，是目前国内外同类产品中重量最轻的产品，便于携带。(4)AZF_1系列自救装置，它是一种新型矿井工人待救脱险自救设备。它利用已装备好的压风系统或装置本身自带大型高压气瓶，在井下一旦发生火灾时，能及时向遇灾人员提供呼吸保护、待救或利用在该装置内存放的自救器逃生。AZF_1装置采用需求式供给阀，降低了呼吸阻力，节省气源。它平时备用气源保持气密，一旦打开柜门，气源自动开启。该装置的研制成功发展并完善了国内压风呼吸保护技术。现已申请专利。(5) JL0101 甲烷检测警报仪和 AHQ_1 轻潜水呼吸器，两种产品已列入 1993 年度国家重点新产品试制计划，目前已完成工业性鉴定，正在小批量试生产。

质量及质量管理 抚顺煤矿安全仪器厂生产的 AHG-2 氧气呼吸器、AQG-1 光干涉型甲烷测定器、AHK_1 空气呼吸器等 4 种主要产品，1993 年经抚顺市产品质量检验所会同抚顺煤炭研究所进行抽样检查，结果全部合格。1993 年 11 月 13 日国家防爆安全产品质量检验中心受国家技术监督局的委托，对该厂生产的 KG7001 风电闭锁装置、AK201A 瓦斯断电仪分别进行了抽检，结果全部合格。该厂生产的 AHY6 氧气呼吸器、AZL-60A 矿用一氧化炭过滤式自救器、AQJ-10 数字式瓦斯指示警报器、AHK_1 正压式消防空气呼吸器、AQG 光干涉甲烷测定器、钢质无缝气瓶共 6 种产品，均采用或达到了国际标准。

重庆煤矿安全仪器厂为配合全国范围的“1993 年质量万里行活动”和贯彻实施国家颁布的《产品质量法》，在厂内开展“质量月活动”和“质量信得过活动”。这次活动的宗旨是强化职工质量意识，促进“质量上台阶工程”计划的实施，以高水平的工作质量和工序质量来提高产品质量，从而提高经济效益和社会效益。

〔撰稿人：中国煤矿工程机械装备集团公司 董善宇 审稿人：中国煤矿工程机械装备集团公司 薛际贵〕

〔电力工业部〕

生产发展情况 1993 年电力工业部系统生产专用仪器仪表的企业由原 11 个减少到 6 个厂，该行业是技术密集型行业，全部职工人数 4032 人，工程技术人员 688 人，占全部人员的 17%。全年完成工业总产值 1.8 亿元，全员劳动生产率由上年的 30697 元／人·年，增到 44482 元／人·年，增幅为 45%。1993 年生产发展趋势是增长势头不减，效益同步增长；其特点是：适应新形势，靠高科技，搞成套供应，开发、服务并举。

南京电力自动化设备总厂多年来一直是该行业的领头企业。1993 年共完成国家重点工程 79 项，合同兑现率 100%，工业产值突破 1.1 亿元，比上年增长 41%，利税达到 910 万元，比 1992 年同口径（按新财务制度）增长 59%，1994 年的订货额已达 1.6 亿元，创历史最好纪录。

新技术与科研成果 1993 年各企业注重产品从单一化生产发展到大类系列多品种制造的新格局，这一格局的形成只能靠科技进步。

秦川电站仪表厂从单一生产电力载波通讯产品发展到研制热工仪表、化水监测、辅机自动控制、电力通讯 4 类 14 个新品种，电子技术、计算机已广泛的运用于产品之中；新增加的凝汽器检漏装置已生产出样机，将进行工业试运行。

上海新光显示仪厂引进国外先进技术及新一代高速单片微机等元器件研制成功 20B 系列智能电量变送器。其高精度为 0.2 级、0.5 级；高稳定度为年漂移 0.190，且多路组合。其功能为变送器+R7U+数量、恒压、恒流、脉冲、数字多种输出，备有微机接口；价格仅为市场同类产品的一半；体积重量相当于同类产品的四分之一，现已投入批量生产。

重庆水文仪器厂调整了产品结构，重点开发了 HW90 型离合器，技术水平达到国内同类产品水平，已通过技术鉴定，市场前景看好，预计 1994 年投放市场，年产 10 万台，可创利税 200 万元。

南京电力自动化设备总厂技术开发衡量标准已由过去的国内最高水平瞄准国际最高水平，产品的发展方向已由过去的分裂元件向微机化、综合自动化发展，产品开发方式除自己开发外，积极与国内大专院校和国外大公司合作合资联合开发，使主要产品继电保护装置，性能和主要技术指标处于当前国际同类产品领先水平。

新产品 1993 年通过部级新产品鉴定共 25 项。其重要新产品有：

重庆水文仪器厂研制的 JQ 型收集式雨雪量器，为水文收集监测提供了设备，有良好的社会效益。

上海新光显示仪厂研制的精密交流电量变送器 1993 年 12 月通过部级鉴定，是一种高精度、高稳定度、多功能、体积小、社会效益良好的新产品。

秦川电站仪表厂电动旁路控制装置和 HCK-1 型除灰除渣程控装置分别于 1993 年 9 月、12 月通过了部级鉴定，该产品达到了国外同类型装置的水平，并可替代进口设备在 30MW 机组上推广应用。

南京电力仪表厂根据市场反馈的信息，在分时电能表、多功能电能表两大系列产品上缩小结构体积，设计出具有 86 系列的电能表。在全国订货会上，该厂超小型化表受到了用户普遍欢迎，在对此新产品不断完善的基础上，又设计出了三相表校验台。

行业管理 1993 年华北、东北、华东、华中、西北五大电网成立了五大电力集团公司，专用仪器仪表的企业都属于集团公司内部的紧密层企业，这对企业提供了外部竞争环境。

1993 年各企业以“三项制度”推动配套改革，使各厂劳动、人事、工资制度改革取得了可喜成绩。

南京电力仪表厂工人上岗也采取竞争和合理劳动组合。

秦川电站仪表厂制定了“工艺突破口”实施计划，首先从基础抓起，对工艺纪律和工艺过程进行了补充与修正，对模具图样进行整顿；他们针对 GGD 低压配电柜产品制定了板型材下料加工工艺守则、低压开关柜标号头符号牌加工与固定工艺守则、二次辅助回路试配置工艺守则、被复层加工工艺守则、焊接工艺守则等，从而使工艺过程与工艺纪律有了工厂法规，对产品质量的提高起到了重要作用。

质量及质量管理 各企业在1993年强化质保体系，提高全员质量法制观念和质量责任的法律意识，重点组织学习质量法，使产品质量得到保证。

南京电力自动化设备总厂实行了质量信息计算机辅助管理，该厂连续三年接受国家、江苏省、南京市产品质量监督抽查中全部合格。

重庆水文仪器厂在部质检中心和重庆市技术监督局对7个检定装置标准进行检查中，取得合格证，有效期为5年。

秦川电站仪表厂在历次产品抽检中合格率为100%。水汽取样装置采用美国《ASTMD1192水汽取样设备标准规范》标准，程控类产品采用国际标准《IEC439低压成套开关设备和控制设备》。

南京电力仪表厂生产过程中，实行产品质量档案管理，1993年共接受部、局检测中心质量监督抽查16次，均合格通过。

技术改造及技术引进 1993年固定资产投资额为2253万元，其中技术改造投资完成1394万元，占总额的62%。

北京电力自动化设备厂投资872万元对保护及自动化继电器进行技术改造。

重庆水文仪器厂引进试生产成功了JHC31-2型月记雨量计，年产500～1000台，每年可新增产值200万元。

市场及销售 该行业共创销售收入1.9亿元，产品销售税金726万元，实现利润833万元，出口销售额21万元。各企业为适应市场经济发展，正努力做好调整产品结构、加强销售力量和售后跟踪服务工作。如南京电力自动化设备总厂在广州设立驻外销售点——华南地区经销处，根据用户要求，及时上门服务。南京电力仪表厂抓住越南战后需求大量电能表时机，扩大对外贸易。

〔撰稿人：电力工业部 张海清 审稿人：电力工业部 韩亦仁〕

〔国家技术监督局〕

新技术与科研成果 1993年我国计量科学技术发展迅速，许多方面已进入了国际先进行列，一部分科研成果和建立的计量基准达到了国际先进水平。例如：实现新米定义的碘稳频He-Ne激光器的光谱测量数据，作为国际新米定义波长标准的依据，制造出的高温铂电阻温度计，为高温段用铂电阻温度计代替热电偶奠定了技术基础。仅1993年，就有中国计量科学研究院研究的GLI-100型量块激光干涉仪、中国计量学院研制的RDK-1型热轧带钢测宽仪等35个科研成果获得国家技术监督局计量科技进步二、三、四等奖。跟踪国际标准化发展趋势，我国标准化科学研究工作也取得了一系列重大科研成果。如国家信息中心确定的“七五”科技攻关项目——宏观经济指标体系分类编码研究、国际收支管理信息分类编码体系研究等已经完成。还在网络计划技术标准化、电子资料联通(EDI)、计算机辅助设计（CAD）标准化、《学科分类与代码》等重大国家标准的研究都取得了可喜成果。条形码的研究和应用取得了突破性的进展，10多万种商品打上了条码标记，为我国商品出口创汇，为商业零售的现代化管理提供了重要的技术保障。1993年，冶金工业部钢铁研究院、中国核工业总公司国营八五七厂联合制定的超细粉末粒度分布的测定X射线小角度散射法等67项法、标准获国家技术监督局标准化科技进步一、二、三、四等奖。此外列入国家技术监督局1993年高新技术产业基准、标准的研究、开发计划的有：江苏省计量测试技术研究所的新型材料的性能测试及装置的研究开发、上海市测试技术研究所的紫外可见波长标准物质等7个项目。列入生产过程测控技术开发的有：中国计量科学研究院等单位共同研制的油水界面测控仪、中国测试技术研究院研制的材料试验机伺服控制系统等21项。列入防伪技术、产品质量监督检验技术方面的有：烟台市产品质量监督检验所的掺假食用油鉴别测试仪、中国计量技术开发总公司的TS系列可塑性变色油墨等7项。

行业管理 从行业管理的角度来说，1993年做了一定的工作，主要有：(1) 推行法定计量单位，进行土地面积计量单位的改革试点；(2) 制定、完善计量技术法规，积极完成各项法制计量工作；(3) 以提高企业质量为中心，加强对企业计量工作的宏观指导和服务；(4) 加强对市场计量监督为发展社会主义市场经济服务；(5) 进一步完善标准化法规建设，积极推进采标工作；(6) 稳步制、修订国家标准，积极推进标准的科研、情报和出版工作；(7) 全面展开条形码的应用工作。

〔撰稿人：国家技术监督局综合计划司 戴莹〕

〔责任编辑：王亚水〕

仪器仪表元件

〔机械工业部〕

生产发展情况 1993年完成工业总产值6.8亿元（1990年不变价），比上年增长25%；销售额6.47亿元，比上年增长5%；利税总额4630万元，与上年相等，其中，7家重点企业实现销售收入 21370 万元，比上年 11648 万元增长 83.5%，详见下表。

1993 年仪器仪表元件重点企业完成工业产值、销售收入 (单位：万元)

重点企业名称	工业总产值			销售收入		
	1992 年	1993 年	为上年完成%	1992 年	1993 年	为上年完成%
青岛计数器厂	1166	1302	116.6	1002	1281	127.8
苏州仪表元件厂	4200	5102	121.5	2600	3872	148.9
襄樊仪表元件厂	3530	7213	204.2	3233	7729	239.1
三门峡仪表元件厂	655	730	111.4	576	1060	184.0
苏州晶体元件厂	1152	1507	130.8	901	1384	153.6
大连仪表元件厂	478	410	85.7	426	414	97.2
杭州仪表元件厂	2798	2770	98.9			
上海电光器件厂	1161	970	83.5			
上海电器电子元件厂	606	780	128.7			
四川仪表总厂	3374	6549	194.1	2910	5630	193.5
合　计	19120	27333	142.9	11648	21370	183.5

青岛计数器厂 1993 年以“转换机制、拓宽市场、强化质量、多效益”为工厂指导方针，经济效益几年来以每年 30%的速度递增，各项经济技术指标均达到国内同行业先进水平，1993 年度又创历史最好水平。工业总产值达 1302 万元，比上年增长 16.6%，利润 253 万元，利税总额比 1992 年增长 33%，产品产量为 16.2 万只，出口创汇 16 万美元，是国内唯一计数器出口的生产厂家。

三门峡仪表元件厂 1993 年狠抓产品质量，及时调整产品结构，加快新产品开发速度，提高了产品在市场的竞争力。1993 年完成工业总产值 730 万元，比上年增长 11.4%，利润 66.2 万元，利税总额 140.7 万元，产品产量 323 万只，优质产品率达 50%以上。

大连仪表元件厂 1993 年工业总产值完成 410 万元，销售收入 414.5 万元，上交利税 50 万元，利润总额−112.6 万元，全员劳动生产率 5960 元／人·年，主要产品产量 17.29 万只。生产力敏器件 3700 只，新增产值 136 万元，销售收入 162 万元。

襄樊仪表元件厂紧贴市场，抓住机遇，加速发展，投资形势是产销两旺，经济效益高速增长，1993 年工业总产值完成 7213 万元；销售收入完成 7729 万元，比上年增长 139.1%；税额实现 1693 万元，比上年 676.7 万元增长 150.20%；净利润 382.5 万元，比上年增长 148.2%；优质产品率为 35.62%，全面超额完成市局下达的 1993 年各项经济指标。1993 年该厂被列入中国 500 家最大电子和通讯设备制造企业之列。

苏州仪表元件厂 1993 年工业总产值 5102 万元，比上年增长 21.5%，销售收入 3872 万元，比上年增长 48.9%，实现利润总额 170 万元，完成外贸收购额 1250 万元，创汇额 150 万美元。为汽车配套的接插件、开关生产有较大幅度增长。H92052SYY 型语言系统通过省级火炬项目的验收。

沈阳仪器仪表工艺所 1993 年以“转观念、换机制、上市场、创效益”作为经营指导思想，坚持走“以市场为导向，转换经营机制，以经营为‘龙头’，不断适应市场经济”，取得了厂史上较好的经济效益。全所纵横向总收入 3053 万元，比上年增长 78%；收益 300 万元，比上年增长 23%；劳动生产率 3.76 万元／人·年，比上年增长 69%。

新技术与科研成果及新产品　苏州仪表元件厂 1993 年完成 SYY−11 型语言学习系统和新型汽车电路开关的试制项目，并通过省级和部级鉴定；自行设计开发的 TX−92 通讯训练系统是一种进行灯光报务训练和话务对讲通讯练习的现代化设备，采用微型计算机控制和柔性膜片键盘进行操作，功能齐全，性能可靠，操作简便，属国内首创；新型汽车电路开关的主要技术指标达到德国 SWF 公司、日本 NISSAN 公司同类先进产品标准。

上海仪表电机厂研制成功了放象机主导轴用 40LWC01 型光滑电枢永磁直流电动机，该电机采用斜绕组工艺制作不仅能消除电动机的转矩波动，还有利于提高生产效率。

大连仪表元件厂开发的新产品有 EPR75 型系列扩散硅压力变送器核心部件及 75 型扩散硅压力力敏器件系列中的高压、中压三个品种，已交大连仪表厂试用，还开发出 S 系列模块、电子计数器流量板、固态继电器、高温绝压传感器等16个品种。

三门峡仪表元件厂1993年开发新产品9个品种，完成了国家重点工程大型火电站BTG盘中仪表开关国产化，以及数控机床用组合开关系列和面发光按钮开关的研制任务。组合开关及按钮开关寿命均超过50万次，部分已达到100万次以上。其产品整体水平为80年代末国际先进水平，部分产品达到现代国际先进水平。

青岛计数器厂确立了“生产一代、试制一代、研制一代”开发方针。1993年开发4种新产品，其中095B、891电子计数器通过部级和市级产品鉴定，实现产品产值166万元，利税62万元，并销往德国5148只，是继114、Q014计数器之后第三个打入国际市场的产品。

襄樊仪表元件厂1993年有5项新产品通过了设计定型鉴定，可以投入批量生产。5个新产品为硅整流组合件、晶闸管模块、红外光电整经检断装置、KP1500A／1600V晶闸管和省计划项目FGPZN45型VDMOS管。

沈阳仪器仪表工艺所1993年完成科研项目47项，其中“八五”攻关项目带通用接口的磁敏传感器、硅杯膜片圆形对准测试技术及仪器、应变式力敏开关传感器及部级新产品项目便携式扩散硅数字压力校验仪的部分技术指标均达到国际、国内的先进水平。其发动机用波纹管较好地解决了尺寸精度、制造工艺和性能指标，通过使用单位的质量认证。钢架梁式常温应变计参数测试装置获国家发明三等奖，扩散硅压力、液位传感器获机械工业部科技进步一等奖，柔性键盘工艺技术获机械工业部科技进步三等奖，机械仪表游丝（国标）获国家技术监督局科技进步三等奖。

行业管理 三门峡仪表元件厂紧密结合企业实际，进一步完善以质论价、产销挂钩的经济责任制；精简机构，把15个职能科室减少到9个，提高了企业现代化管理水平。

苏州仪表元件厂1993年被评为江苏省安全生产先进企业，这是该厂自1987年以来连续六年荣获此项称号，并被省科委认定为首批高新技术企业、全国仪器仪表行业50家最佳经济效益企业、全国100家最大日用电器制造企业及全国电子元件百强企业之一，获工商银行AAA级信誉。

襄樊仪表元件厂1993年的产品结构调整有了新的进展，整机产品比重明显增大，整机产品的产值、收入和利润分别占全厂的11%、9%、14%。该企业转换机制，由15个行政科室精简合并为7个科室，精简下来的人员充实生产一线，并以提供服务和办实事为主要内容进行科室职能转变的工作。实行以夺取金、银、铜牌为目标的经济责任制，完善企业内部的激励机制。

沈阳仪器仪表工艺研究所1993年以机关改革为突破口，本着有利于调动人的积极性，发展生产力，增强综合实力的原则，精减机构，严格定编定员。将原22个管理处室精减到11个部门，人员由268人减到94人，实行一人多岗、一岗多责，引入竞争机制，实行竞争上岗，双向选择，择优聘任。

1993年仪表元件学会召开了第四届理事会、宝石轴承价格协调会、第一届计数器及其应用技术交流、仪表电机市场信息报告会、第三届应变计及其应用技术交流产品信息发布会。

质量管理 沈阳仪器仪表研究所完成国标1项，行业标准9项，圆满完成了部下达的标准制修订任务。完成了仪表支承元器件的列项、抽样；国家监督抽查任务共23个企业、23种型号规格，合格率为73.91%；金属波纹管监督抽查后不合格企业的复查工作。

技术改造及技术引进 青岛计数器厂“八五”技术改造项目总投入500万元配套中央外汇，1993年下达75万美元进口关键测试设备、SMT相关设备等41台（套），并已到位准备验收。在激烈的市场竞争中，坚持改革，锐意进取，为了扩大产品品种，提高产品档次，该厂1993年6月与德国亨斯特勒公司正式签订技术引进合同进行联合开发和大规模生产具有国际90年代先进水平的电子计数器，同时同该公司合资成立了“青岛亨斯特勒自动化仪表有限公司”并共同开发生产电子计时器系列。

三门峡仪表元件厂“八五”技改从1991年4月动工到1993年6月通过竣工验收，完成总投资570.12万元，其中建安投资242.22万元，设备投资327.9万元，完成建筑面积3367平方米，购置主要工艺设备49台（套），包括高性能模具加工设备、气动夹具接插件生产设备、测试仪器等先进高效设备。

苏州仪表元件厂由地方总投资200万元进行技术改造，已形成年产400台语言学习系统生产能力。

〔撰稿人：机械工业部机械基础装备司　赵孝媛　沈阳仪器仪表工艺研究所　白春丽　审稿人：机械工业部机械基础装备司　陈铁君〕

〔责任编辑：王亚水〕

仪器仪表材料

〔机械工业部〕

生产发展情况 1993年仪表材料生产有增长，但不平衡。根据15家统计（合金材料厂6家，补偿导线及补偿电缆厂3家，磁性材料厂6家），工业生产总值5.99亿元，利润总额4379万元，出口创汇 291 万美元，固定资产原值 27468 万元。其中，5 家重点企业 1993 年工业总产值 2.5 亿元，销售收入 2.66 亿元，详见下表。

1993 年仪器仪表材料重点企业完成工业产值销售收入 (单位：万元)

重点企业名称	工业总产值			销售收入		
	1992 年	1993 年	为上年完成%	1992 年	1993 年	为上年完成%
四川仪表总厂	8285	6640	80.4	6750	6695	99.2
上海合金厂	10382	10769	104	11225	11450	102
上海磁钢厂	1885	2384	126.4	3221	3200	99.4
青岛磁钢厂	1375	1438	105	1395	1684	120.7
上海新沪玻璃厂	3333	4001	120	40	3556	88.6
合　计	25234	25232	100	26605	26585	100

合金材料的传统产品如电阻、电热、测温材料及通用弹性材料等已满足热工仪表、电工仪表的需求发展，在现有工艺及生产条件下其性能已近极限，要进一步提高材料的质量，需投入较大的资金进行工艺设备改造，以满足机电一体化、智能化、数字化的新型仪器仪表和传感技术的需要。合金材料增长较快的电真空合金以及贵金属类产品如：杜美丝在连续四年递增的基础上 1993 年比 1992 年增加 100t，增长 29%。引进玻璃制造生产线用贵金属类产品比 1992 年增长 2 倍多。

磁性材料据 6 家企业统计，产值 1.8 亿元，产量 1798t，销售收入 1.7 亿元，铝镍钴、铁氧体产品的生产技术已达 80 年代末水平，铝镍钴系列的生产由低性能向高性能的五、八类产品过渡。1993 年铝镍钴出口创汇 60 万美元，高性能的铁氧体，钕铁硼及特异性永磁的生产仍处于小批量状态，未形成经济规模生产能力。在产品质量、品种、技术水平上，四川仪表十九厂、上海磁钢厂仍处于全国领先地位，但在产值、产量、市场占有率、经济效益上沿海地区的企业占明显优势，如萧山磁钢厂 1993 年比 1992 年产值增加 71%，产量增加 78%，品种增加 20 多个，1993 年投入技改资金（地方项目）2442 万元，该厂拟引进年产 3000 万张磁卡生产线设备。

新技术与新产品　1993 年行业完成科研及新产品开发项目 43 项，其中重庆仪表材料所完成 23 项。所研制的耐 1300℃高温热电偶保护管材料，最高使用温度达 1350℃，连续使用寿命大于 1～2 个月，用于冶金、石化、机械等行业的热风炉、高温盐溶浴炉测温。开发汽车用特种磁钢及元件，性能达到西德 VDO 公司产品水平，1993 年已生产 7 万套替代进口。研制的高精度钨铼热电偶细丝，直径 0.1mm。最高温度可测到 1769℃，允差≤0.25%T（T 为温度），各项性能达到或超过 ASTM696—80 标准，达到国际先进水平，为钢水等高温介质测温提高冶金行业产品质量提供有效测试手段，新增产值 171.9 万元，利税 34.4 万元，净利润 206 万元。

上海合金厂投入 1072 万元新建冷轧车间和大锭重热连轧的技术改造，镍铁合金连轧新工艺 1993 年通过局级鉴定，采用新工艺可创效益 20 万元／年。

四川仪表一厂 1993 年完成 N 型热电偶丝及补偿导线两项新产品的鉴定，并对引进技术的消化吸收及国产化做了大量工作，产品产量亦比上年有所提高，银／铜面复合带材，银／黄铜复合带材，银／锡青铜复合带材等产品都小批量向用户提供使用。1993 年生产复合带材 2.24t，比 1992 年增长 117%。

沈阳合金厂开发的侧电极合金扁丝用于做火花塞电极材料，H4S25Ni20Si、H4S25Ni35SiNb 焊丝用于高温合金氩弧焊接，产品达国外同类产品水平，年创产值 230 万元。

上海磁钢厂开发钐钴、粘结钕铁硼材料，产品已达 80 年代末国际先进水平。

青岛磁钢厂 1993 年有三项新产品通过市级鉴定：新型专用冲磁机及低温度系数 NDFeB、D86 系列磁组件，产品达到国内先进水平。萧山磁钢厂试制成功了粉末烧结铝镍钴、八类高性能铝镍钴磁钢柱状晶二项产品。

行业管理　1993 年沈阳合金厂实行股份制改革，更名为沈阳合金股份有限公司，天津自动化仪表八厂与美方合资成立天津德塔控制系统有限公司，常州无线电材料总厂合金材料分厂与美国合资成立常州戴威电子材料有限公司，生产电阻合金丝材料。1993 年 12 月在重庆召开仪表材料行业厂厂长座谈会，根据新形势下行业工作的需要，决定申请成立仪器仪表行业协会仪表材料分会，筹备工作正在进行中。

质量管理 根据国家抽检计划，完成了对23个企业19种型号规格的电触头产品的质量抽检工作，合格率为82.6%，其中四川仪表一厂、北京合金厂产品保持了一等品的水平。四川仪表一厂1993年质量管理工作主要是以贯彻GB/T 19000系列国家标准为主线，完善各部门质量职能。1993年部优质产品之一的银镍30电触头材料接受了国家质量监督检查，符合原部优质产品标准要求。

〔撰稿人：机械工业部　赵孝媛　机械工业部重庆仪表材料所　罗立虹　审稿人：机械工业部机械基础装备司　陈铁君〕

〔责任编辑：王亚水〕

附表 1

企业规模（1993 年）

行　　业	企业总数	特大型	大一型	大二型	中一型	中二型	小　型
农业机械	1488	1	15	74	52	245	1101
畜牧机械	76				2	6	68
木材工业机械	27			1		2	24
金属切削机床	232		14	26	19	57	116
锻压机械	102		1	3	6	24	68
铸造机械	25				3	5	17
量具刃具	138		2	7	9	28	92
磨料磨具	88		2	2	3	11	70
通用机械	475		6	21	15	95	338
气体分离及液化设备	48		2	6	4	8	28
机械通用零部件	475		2	5	10	61	397
轴承	259		5	14	25	84	131
起重运输机械	205		2	13	10	41	139
矿山及煤矿机械	124		5	12	9	28	70
重型机械	63	2	5	1	2	7	46
石油化工设备	96		4	4	3	25	60
橡胶、塑料机械	22		1		2	8	11
建筑工程机械	58		5	14	3	6	30
粮油机械	97					6	91
食品机械	67				1	22	44
包装机械	35		1			5	29
家用电器	39		2	2	2	13	20
印刷机械	55		1	2	3	18	31
环境保护设备	43				1	4	38
汽车	977	2	12	62	49	142	710

(续)

行　　业	企业总数	特大型	大一型	大二型	中一型	中二型	小　型
摩托车	21			4	2	5	10
工矿电力牵引车辆	15					2	13
锅炉	164		4	11	19	30	100
工业汽轮机和燃气轮机	13		5	3	1	1	3
水轮机	34			1		2	31
电机	404		12	17	21	72	282
发电机	63		4	7	2	8	42
电动机	273		8	7	15	58	185
微电机	68			3	4	6	55
高压输变电设备	390		7	14	12	65	292
低压电器	77		1	1		4	71
电器设备元件	178			1	2	10	165
电线电缆	260		6	18	17	58	161
绝缘材料	52			2	4	10	36
电碳制品	10		1	1		2	6
蓄电池	59			4	3	9	43
电焊机	48				1	7	40
工业电炉	25					5	20
电工专用设备	12		1	1	1	2	7
电动工具	38				2	4	32
通用仪器仪表	550		4	21	7	58	460
照相机械	30		1	1	1	4	23
复印缩微设备	16			2	2	2	10
电影机械	21			2	2	1	16
专用仪器仪表	6					1	5
专用仪表元器件	66			1	1	6	58

注：此表为机械工业部系统数据。

附表 2

职工人数、工资总额(1993 年)

行　业	部　门	全部职工年末人数(人)				全部职工全年平均人数(人)	工资总额(万元)
		总　计	其中				
			工人与学徒	工程技术人员	管理人员		
农业机械	机械工业部	1053110	730435	73322	122213	1043537	373453
	农业部农垦司	40466	28957	2691	4817	41055	13255
内燃机	中国石油天然气总公司	4610	2803	463	429	4638	2495
热带作物机械	农业部农垦司	7471	5829	450	1020	7145	3352
畜牧机械	机械工业部	25326	17476	1474	3285	25337	6740
营林机械	林业部	5009	4109	394	506	4032	1663
木材工业机械	林业部	36499	24327	3193	4089	35984	12838
	机械工业部	10515	6885	657	1435	10488	3163
金属切削机床	机械工业部	319150	200007	30434	40321	318971	145065
锻压机械	机械工业部	71988	47658	5565	8686	70927	28693
铸造机械	机械工业部	18035	11575	1189	2558	17785	6065
量具刃具	机械工业部	104004	67874	7255	13635	103806	41418
磨料磨具	机械工业部	51346	33596	3432	6362	51183	19119
	中国核工业总公司	1586	988	167	241	1566	804
通用机械	机械工业部	300345	191647	23190	39472	301032	123043
	中国核工业总公司	2208	1249	335	250	2227	12701
	电力工业部	14057	8605	1201	1694	13874	7136
气体分离及液化设备	机械工业部	57065	35821	4965	7223	57096	22707
机械通用零部件	机械工业部	207187	134699	13812	27070	207028	82619
轴承	机械工业部	306720	213892	18402	36677	314434	115952
起重运输机械	机械工业部	161362	103135	12284	22951	160100	63252
	交通部	13462	9088	1181	1578	13517	7697
地质勘探设备	地质矿产部	23965	14996	1761	2878	23942	12674
	中国有色金属工业总公司	3005	1894	271	375	2800	1052
	电力工业部	580	320	70	65	576	263
矿山及煤矿机械	机械工业部	169060	105453	12751	23146	168034	62044
	煤炭工业部	72425	45169	5833	8156	72498	29466
	电力工业部	10574	6409	899	1152	10279	5624
	中国有色金属工业总公司	3979	2558	218	432	4166	1418
重型机械	机械工业部	103166	62824	10076	10508	103256	47748
	中国有色金属工业总公司	19059	12139	1630	1904	19300	7104
石油化工设备	机械工业部	88456	56030	6636	11385	89298	32087
	中国石油天然气总公司	52443	29529	4186	5586	50983	25059
橡胶、塑料机械	机械工业部	15252	9944	1249	1790	14869	7246
	中国轻工总会	44450	28565	3976	5649		
建筑材料机械	国家建材局(34 个大中型企业)					53242	24552

(续)

行业	部门	全部职工年末人数(人) 总计	其中 工人与学徒	工程技术人员	管理人员	全部职工全年平均人数(人)	工资总额(万元)
建筑工程机械	机械工业部	102018	64038	8246	12532	100421	50091
	交通部	19832	13852	1804	3294	19811	7839
	电力工业部	8028	4776	631	702	7263	3785
粮油机械	机械工业部	30319	22368	1588	3527	29593	6348
食品机械	机械工业部	34161	22137	2529	4608	33827	12442
	中国轻工总会	34873	22198	3037	4449	34903	14456
制糖机械		5206	3224	423	599	5209	1491
制盐机械		2505	1614	160	317	2567	631
酿酒机械		11307	7004	1045	1445	11425	5580
饮料机械		4836	3305	356	637	4852	1696
罐头机械		5065	3006	501	560	5115	2144
乳品机械		2089	1438	136	347	2025	1466
其他食品机械		3865	2607	416	544	3710	1448
	中国船舶工业总公司	6807	3879	762	889	6770	3095
	农业部农垦司	1387	922	124	135	1371	386
包装机械	机械工业部	12905	8775	831	1641	13029	5145
纺织机械	中国纺织总会	259164		21598		260175	89166
轻工机械	中国轻工总会	148842	99324	11033	19270	150618	60773
造纸机械		29746	20144	2297	3883	29795	11889
皮革加工机械		10772	7288	704	1592	10787	4051
日用陶瓷机械		6801	3827	603	795	6690	3054
日用玻璃机械		6911	4512	430	954	6965	2359
自行车、缝纫机加工机械		1609	875	172	227	1612	691
灯泡机械		1815	1302	117	213	1831	406
日用化工机械		883	505	79	135	909	524
家具机械		4867	3224	280	638	4812	1390
服装加工机械		4945	3120	393	608	5084	3156
五金加工机械		4868	3334	295	659	4621	2002
工艺美术机械		748	508	75	76	740	167
其他轻工机械		28617	20162	1905	3644	30407	12445
日用机械	中国轻工总会	474413		23358		477777	197774
自行车	(全部工业企业)	206130		9080		206058	
缝纫机		72430		3386		73161	
钟表		137713		7595		140665	
家用电器	中国轻工总会	245153		15973		246264	102264
洗衣机	(全部工业企业)	36569		2477		36800	
电冰箱		53414		4006		53100	
电风扇		43570		2455		45100	
空调器		21617		2050		21100	
排油烟机		5025		241		5100	
家用电器	机械工业部	29449	20549	2790	3499	29764	14454
印刷机械	机械工业部	44504	29241	3530	5714	44223	21860
环境保护设备	机械工业部	17205	11420	1593	2054	17355	4768
	电力工业部	10364	6590	923	1249	10172	4988
消防设备及器材	公安部	4845				4877	1873
	中国核工业总公司	1494	682	396	191	1478	5410

(续)

行 业	部 门	全部职工年末人数(人)				全部职工全年平均人数(人)	工资总额(万元)
		总 计	其中				
			工人与学徒	工程技术人员	管理人员		
铁路机车车辆	中国铁路机车车辆总公司	274418	169883	26658	22895	273842	133887
	电力工业部	838	470	64	126	804	3603
汽车	机械工业部	992005	641502	80255	122695	980330	487828
	中国有色金属工业总公司(直属独立机械厂)	2783	2004	184	268	2797	808
	电力工业部	2095	1320	192	248	2066	1296
摩托车	机械工业部	17142	11554	1338	2659	16598	9534
工矿电力牵引车辆	机械工业部	6413	4212	328	793	6340	2259
船舶	中国船舶工业总公司	239330	141258	26546	26012	239367	121342
救捞潜水设备	交通部	601	357	71	78	604	295
锅炉	机械工业部	136821	81698	13508	17341	136483	56456
余热锅炉	机械工业部	30209	17004	3643	3510	30263	15289
工业汽轮机和燃气轮机	机械工业部	51165	29146	6036	5454	51603	34581
水轮机	机械工业部	16724	12071	1311	1773	16428	4877
发电机	机械工业部	94656	57642	10352	10527	94720	49575
电机	机械工业部	341810	223850	28736	41000	339009	153377
电动机	机械工业部	213458	143738	16154	25986	210766	91899
微电机	机械工业部	33696	22470	2230	4487	33523	11903
防爆电动机	煤炭工业部	4275	2768	341	526	4213	1554
高压输变电设备	机械工业部	258396	157310	27123	34112	257416	110948
	电力工业部	23580	15499	1898	2938	22590	11426
低压电器	机械工业部	33610	21102	3263	4704	33462	12733
电器设备元件	机械工业部	68291	43922	5008	9069	68502	24119
防爆电器	机械工业部	18797	13850	2426	2521	18797	5487
电力电子器件与装置	机械工业部	13946	7594	2705	2064	14049	6132
电线电缆	机械工业部	170909	109668	11752	22218	170736	72535
绝缘材料	机械工业部	31277	20530	1935	3740	31113	9363
电碳制品	机械工业部	7782	5401	711	956	7774	3201
蓄电池	机械工业部	27075	18670	1882	3641	26881	11982
	中国船舶工业总公司	4819	3060	483	526	4916	2404
电焊机	机械工业部	19819	12837	1812	2694	19704	8825
工业电炉	机械工业部	12358	7272	1158	1884	12364	5047
电工专用设备	机械工业部	14073	8444	1165	1867	13910	6747
电动工具	机械工业部	15892	10669	1187	2096	15523	6890
通用仪器仪表	机械工业部	277335	163149	30976	39145	278361	104487
照相机械	机械工业部	16055	9457	902	1869	16274	6510
复印缩微设备	机械工业部	6937	3106	979	1423	6928	4752
电影机械	机械工业部	14267	8587	1487	1748	14315	4700
衡器	中国轻工总会	43305	29536	4110	5723	43743	16854
教学仪器设备	国家教委	34031	22745	4737	4111	32783	10062
专用仪器仪表	机械工业部	2639	1344	232	304	2653	809
	地质矿产部	3031	1537	573	512	3231	1237
	电力工业部	4095	2551	688	842	4032	2224
	中国石油天然气总公司	9260	4150	1755	1134	9316	4642
	煤炭工业部	3947	2092	371	684	3768	1150
仪器仪表元器件	机械工业部	18743	11861	1737	2433	18646	7244

附表 3

机械工业行业状况

行业	部门	企业数	工业总产值 当年价格(万元)	工业总产值 1990年不变价格(万元)	工业总产值 比上年增长%	工业增加值(万元)	产品销售收入(万元)	产品销售税金及附加(万元)
农业机械	机械工业部	1488	4718550	4050269	5.3	1001305	4898718	128077
	农业部农垦司	97	108597	91994	0.1	28107	102428	4651
内燃机	中国石油天然气总公司	1	20264	13408	10.1	4619	19691	633
热带作物机械	农业部农垦司	20	28238	22609	53.3	8604	29626	747
畜牧机械	机械工业部	76	74010	66763	13.8	18503	67008	2507
营林机械	林业部	5	27835	26162	62.1	8697	24250	962
木材工业机械	林业部	37	202039	190376	9.9	56329	183051	8446
	机械工业部	27	30232	26352	40.7	7479	29730	1547
金属切削机床	机械工业部	232	1139533	841920	15.6	432949	1054794	50570
锻压机械	机械工业部	102	312587	233549	22.6	102858	295557	12441
铸造机械	机械工业部	25	57357	50791	59.4	16033	53454	2363
量具刃具	机械工业部	138	298269	245630	23.7	120470	292597	18697
磨料磨具	机械工业部	88	159319	162465	13.4	41137	177305	8024
	中国核工业总公司	4	8915	8769	37.9	4048	9733	253
通用机械	机械工业部	475	1206104	1042278	30.4	387724	1199618	55489
	中国核工业总公司	1	9522	10022	31.8	2809	14070	469
	电力工业部	12	70681	55524	27.6	15857	61044	2357
气体分离及液化设备	机械工业部	48	238519	202272	19.7	71608	247037	12274
机械通用零部件	机械工业部	475	652984	571868	25.5	199675	643838	34532
轴承	机械工业部	259	952440	834663	13.5	338493	958199	51547
起重运输机械	机械工业部	205	831114	704216	28.4	202910	864169	29215
	交通部	18	64340	54299	19.3	13294	83432	2777
地质勘探设备	地质矿产部	38	111088	79417	67.5	31614	106823	4849
	中国有色金属工业总公司	12	9947	10536	75.0		10185	384
	电力工业部	1	1611	1380	18.3	666	1827	88
矿山及煤矿机械	机械工业部	124	615973	506283	37.3	149946	624433	22267
	煤炭工业部	30	179822	162976	−26.6	39181	312034	12747
	电力工业部	6	48288	37719	41.0	10052	42584	1595
	中国有色金属工业总公司	4	7968	7084	38.0	2048	13346	423
重型机械	机械工业部	63	383178	304679	26.4	89216	419339	12103
	中国有色金属工业总公司	5	63653	44466	48.2	16660	70706	2529
石油化工设备	机械工业部	96	277176	250605	5.9	75029	289008	11097
	中国石油天然气总公司	25	191904	165156	−4.5	52945	206502	7713
橡胶、塑料机械	机械工业部	22	103144	95186	36.2	36576	98179	4547

统计表(1993年)

利润总额(万元)	年末固定资产		流动资产		流动负债		所有者权益(万元)	全员劳动生产率(元/人·年)
	原值(万元)	净值(万元)	合计(万元)	平均余额(万元)	合计(万元)	平均余额(万元)		
133408	2116922	1160569	3395732	2975284	2998937	2616739	1432262	9595
2902	53379	34299		70338		84590		22407
302	28535	13962	17981	14946	8774	7274	17497	9958
1954	11783	7581		19248		16886		31643
1194	42025	25078	57340	53471	55747	47543	25154	7303
1775	7859	4948	14393	12227	11904	9156	8930	64886
8259	97634	61375	127600	106214	104689	107306	52870	52906
922	15255	7794	28484	24705	23518	20863	11407	7131
72455	776939	380380	1127436	953788	933002	833893	495540	13573
20417	163021	90987	238395	224930	217445	205372	108257	14502
1914	27351	12936	47964	38857	40473	34653	15111	9015
9736	197793	99268	310869	278451	280874	253874	114117	11605
10998	127050	70797	204124	175110	169981	151979	102468	8037
1852	4564	2971	6751	5940	3518	3134	4836	55338
72601	627355	348014	1090008	976427	930905	828342	495506	12880
358	5005	3165	9755	8899	5179	4980	5038	12613
989	62430	34262	86120	86655	75759	67903	52276	50945
12432	126676	58166	240196	218755	213498	204924	89696	12542
24405	371071	211718	534635	466756	458674	411158	234884	9645
44671	670321	367492	968595	851734	878295	781825	425128	10765
29052	323070	178650	638897	590360	607482	551556	204565	12674
1194	35763	22308						47793
8407	47262	25985	72129	62267	53319	46119	30341	13204
442	6913	4762	3815	2984				39164
89	1433	1074	1542	1287	1035	678	1139	11563
10193	470924	234170	618685	551253	635686	558882	227026	8924
−6432	191714	117357	303633	287804	262242	248818	116260	22480
−34	51643	29695	63586	69963	54965	52231	40646	46977
−1621	17208	8704	14838	15081	14082	12611	8151	17803
5468	382134	159434	454367	412197	445226	398295	167516	8640
253	51655	28429	63755	68398	77169	67052	30090	23330
79	222020	124307	282972	278878	281616	273435	118459	8402
259	253249	156554	231027	216121	190770	182262	145359	10385
10218	49353	28196	70691	65008	67990	59844	32885	24599

行业	部门	企业数	工业总产值 当年价格(万元)	工业总产值 1990年不变价格(万元)	工业总产值 比上年增长%	工业增加值(万元)	产品销售收入(万元)	产品销售税金及附加(万元)
橡胶、塑料机械	中国轻工总会	76	201229				174916	10966
建筑材料机械	国家建材局(总产值为74个企业数据)	34	370963	306498	52.0	70773	277798	7966
建筑工程机械	机械工业部	58	637695	474796	27.4	183457	657371	20194
	交通部	35	82607	63849	37.3	50532	82411	3585
	电力工业部	6	44891	27094	31.2	3862	42104	2358
粮油机械	机械工业部	97	62824	53689	19.0	17832	59358	1919
食品机械	机械工业部	67	130434	123519	26.9	43140	126403	5847
	中国轻工总会	55	140887	121048		41019	140476	6473
制糖机械		8	10968	10398		2033	11267	382
制盐机械		5	3699	3414		1089	4082	205
酿酒机械		12	55581	48426		15738	53958	2441
饮料机械		10	16783	13649		5830	16594	644
罐头机械		7	18537	15044		5858	20971	1194
乳品机械		5	18834	15407		5551	17733	891
其他食品机械		8	16485	14710		4920	15871	716
	中国船舶工业总公司	5	24939	23715	17.9	10999	31615	589
	农业部农垦司	7	4039	3916	4.1	1286	4349	182
包装机械	机械工业部	35	62506	52843	22.8	17157	53789	2837
纺织机械	中国纺织总会	312	727485	675504	16.3	286510	913900	37924
轻工机械	中国轻工总会	253	659734	573262		206588	637816	26449
造纸机械		43	92144	79133		22527	97912	3745
皮革加工机械		33	42510	34417		11256	40703	1742
日用陶瓷机械		9	52408	40979		12684	55475	1614
日用玻璃机械		10	20453	18998		6231	18711	1048
自行车、缝纫机加工机械		3	10695	8642		2344	10262	466
灯泡机械		3	3081	2770		1152	2285	134
日用化工机械		4	4284	3358		928	4192	48
家具机械		18	10316	9864		7704	12734	551
服装加工机械		14	29853	26935		10415	31125	1052
五金加工机械		18	26875	23689		10070	24731	990
工艺美术机械		4	2313	2261		1193	1061	98
其他轻工机械		88	140423	122298		46016	126623	5811
日用机械	中国轻工总会	822						
自行车	(独立核算工业企业)	405					1422546	87327
缝纫机		115					226245	9398
手表	(企业数为钟表数)	217					239259	10195
家用电器	机械工业部	39	547276	559080	64.0	125283	523184	17121
	中国轻工总会	587					2720014	103854
洗衣机	(独立核算工业企业)	31					533024	21316
电冰箱		49					766655	26106
印刷机械	机械工业部	55	194941	163106	30.4	66443	188360	10586
环境保护设备	机械工业部	43	65709	64484	41.4	20234	60925	2801
	电力工业部	10	36970	31611	21.3	5982	39108	1355

(续)

利润总额(万元)	年末固定资产 原值(万元)	年末固定资产 净值(万元)	流动资产 合计(万元)	流动资产 平均余额(万元)	流动负债 合计(万元)	流动负债 平均余额(万元)	所有者权益(万元)	全员劳动生产率(元/人·年)
17361	154552	48244	128784	119992				
9466	134242	74165	224946	201297	215325	201608	66659	13293
30364	262685	136202	553365	472152	487479	423748	225032	18269
6597	45116	29705	43996	32852	43996	32852	30916	41697
336	27582	17131	51274	45959	46848	44029	19527	61808
1746	34109	19439	50366	44632	45404	40580	16059	6026
7376	66983	41198	107668	101545	94195	87857	47068	12753
6399	74130	46491		128321		106893		11752
112	11235	6451		12067		8343		3903
−685	4574	2331		4867		5652		4242
2961	28240	17300		60812		53293		13775
996	9471	6389		13996		10536		12016
698	8184	4904		13882		11407		11453
1506	4477	3209		11757		9337		27412
811	7949	5907		10940		8325		13261
4858	21988	15494	36577	34851	26083	24130	30394	16247
241	1197	778		3456		3392		28561
1618	28163	16516	35353	31432	33264	26470	20367	13168
59177	561051	351528	906568	1066492	688547	616227	548730	11012
33592	339794	220197		489746		406122		13879
1632	66889	42041		103541		96148		7573
1813	28544	20168		24801		25313		10449
2535	23336	17331		28211		24978		18650
−302	15162	8378		18064		13700		9016
1041	5255	3824		9421		9346		14568
141	3886	2033		3722		2706		6347
372	1546	897		3758		3109		10510
108	5770	2694		8653		6814		15829
1626	14808	10486		16260		12493		21062
1193	8412	5303		13533		13868		20686
92	538	235		1322		1097		15949
9960	52432	34149		83685		61975		16080
28275	363183	235307	803427	735878	790336	675125		
5657	113050	66861	182401	162035	170075	151338		
−10680	232583	130382	334419	313016	320139	307986		
19665	165196	116279	353688	327880	340910	299637	112751	42092
129773	899003	684835	2147302	1769697	1815812	1598592		
26835	152573	105149	327419	373948	298971	334582		
56500	245943	185360	560942	481735	449998	427792		
26775	140623	85756	160062	150044	114475	98570	180517	15025
1785	26716	17439	58325	50854	58534	45168	18516	11659
−624	44488	27169	38933	37487	35841	31657	34901	36345

行业	部门	企业数	工业总产值			工业增加值(万元)	产品销售收入(万元)	产品销售税金及附加(万元)
			当年价格(万元)	1990年不变价格(万元)	比上年增长%			
消防设备及器材	公安部(部直属厂)	7	23490	17560	9.4	4280	25900	1080
	中国核工业总公司	1	9467	10079	63.5	2313	8298	451
铁路机车车辆	中国铁路机车车辆总公司	35	1371091	836442	25.6	241791.6	1381347	37030
	电力工业部	1	2758	1716	97.0	958	2452	57
汽车	机械工业部	977	11523332	9211410	16.3	2621125	11887202	411387
	中国有色金属工业总公司	4	15624	9029	40.8	3014	15247	311
	电力工业部	2	7565	6201	18.2	1709	8631	382
摩托车	机械工业部	21	373600	316603	91.0	95157	374302	13242
工矿电力牵引车辆	机械工业部	15	20842	16142	−6.4	4353	19852	658
船舶	中国船舶工业总公司	80	1278460	1124336	16.3	327852	1269490	28945
救捞潜水设备	交通部	2	1985	1776	13.0	744	1843	324
锅炉	机械工业部	164	678313	569301	23.7	143129	716317	23393
工业汽轮机和燃气轮机	机械工业部	13	256984	229091	16.1	67004	261681	13169
水轮机	机械工业部	34	34988	33820	29.2	10880	36794	1660
发电机	机械工业部	63	429581	383092	27.2	114189	416586	19705
电机	机械工业部	404	1701526	1413341	26.6	467698	1688688	74317
电动机	机械工业部	273	1120311	888911	26.4	316096	1121215	48301
微电机	机械工业部	68	151634	141338	26.6	37413	150887	6311
防爆电动机	煤炭工业部	3	8515	8695	−30.9	−171	17901	1003
高压输变电设备	机械工业部	390	1447878	1254525	41.5	401283	1481334	57272
	电力工业部	24	100414	82144	18.9	25952	112889	3989
低压电器	机械工业部	77	145499	121539	28.4	43505	141864	6458
电器设备元件	机械工业部	178	225492	190923	−12.0	75443	222823	10316
防爆电器	机械工业部	45	39925	35116	−6.2		38247	2049
电力电子器件与装置	机械工业部	20	54688	51615	24.4	18859	54162	2305
电线电缆	机械工业部	260	1542610	1556472	21.3	274617	1454973	109830
绝缘材料	机械工业部	52	103240	104477	9.4	20797	123224	6660
电碳制品	机械工业部	10	21694	18600	30.7	11784	25660	1964
蓄电池	机械工业部	59	157685	183787	43.3	49955	144579	10941
	中国船舶工业总公司	2	33052	34604	11.1	13100	34936	2542
电焊机	机械工业部	48	80946	67443	12.2	25055	78018	3806
工业电炉	机械工业部	25	50855	43657	23.5	13521	49390	2080
电工专用设备	机械工业部	12	55545	40861	43.3	14394	50813	1711
电动工具	机械工业部	38	84707	79595	75.1	27300	85691	4085
通用仪器仪表	机械工业部	550	1080443	1708834	130.1	327950	1091537	51647
照相机械	机械工业部	30	44841	35779	9.8	5261	45748	1084
复印缩微设备	机械工业部	16	109054	117155	26.3	27217	150862	5728
电影机械	机械工业部	21	33176	36918	40.9	8641	36749	1318
衡器	中国轻工总会	142	174543	142856	13.8	55679	167146	8436
教学仪器设备	国家教委	586	84394	86550	7.0	5515	84867	4236
专用仪器仪表	机械工业部	6	4019	3550	19.6	1404	3938	203
	地质矿产部	4	4118	3658	−23.4	1874	4100	223
	电力工业部	6	17935	16918	11.1	5195	18852	726
	中国石油天然气总公司	5	41126	38967	−1.4	8551	36920	1188
	煤炭工业部	3	5460	4554	−41.7	197	9430	73
仪器仪表元器件	机械工业部	66	65788	67989	32.8	18185	61829	2920

(续)

利润总额(万元)	年末固定资产		流动资产		流动负债		所有者权益(万元)	全员劳动生产率(元/人·年)
	原值(万元)	净值(万元)	合计(万元)	平均余额(万元)	合计(万元)	平均余额(万元)		
1091	9100	5740	19600	16584	15450	12731	10100	36000
1259	5066	2764	6366	5600	3433	2650	5510	15650
20310	892078	621597	707519	554367	578113	416627	763097	9113
11	3039	2166	2644	1915	2209	1667	2584	24005
792616	3547278	2054225	7166375	5784167	6063080	4751872	3596305	26737
71	12057	7539	13171	13393	13316	13228	7346.8	32444
11	6279	3759	8292	8160	6947	7223	5803	36617
28478	69949	49047	179609	136060	163138	106058	92642	57330
267	9002	4889	19623	17452	18910	15929	4626	6866
49706	788221	516256	1700491	1616749	1508657	1488531	650830	13697
467	1121	788	1736	1667	757	839		
19006	341048	182450	860891	771818	816950	735881	213203	10487
5554	241137	120319	418383	356216	423211	373186	130723	12985
1441	30641	14155	43089	38799	42727	35955	14336	6623
21947	299762	144913	539895	501495	499531	460524	194160	12055
73412	758193	392038	1445096	1284179	1297777	1160914	523606	38212
46214	395174	206693	789610	676935	693946	610119	291934	14997
5251	63257	40432	115591	105749	104300	90271	37512	11160
−814	9885	5909	17759	16383	15995	15041	4263	20638
66889	654335	363805	1256921	1091008	1093436	994618	558933	15589
2716	86592	54029	120463	109699	101449	86807	70123	44451
7090	46791	26453	105591	92199	83778	76207	44424	13001
8021	85344	49723	171721	158221	145596	127079	76581	11013
1633	23281	14428						21240
3760	34683	20440						36739
26406	596169	336215	1053596	1012725	941326	891396	486297	16084
−2439	68826	39092	97352	95038	97702	93244	31040	6684
2949	16949	9048	28783	23089	15839	11914	21947	15158
8960	80060	52643	124093	109709	100067	87912	56935	18584
3571	8936	5074	16990	19135	13587	14431	23372	26648
4485	29126	15012	66311	59651	48610	46351	29803	12716
1819	23303	10828	41895	39338	35237	30910	19419	10936
882	31397	18495	52189	46403	51792	43029	22284	10348
5671	28712	18022	51341	44586	39106	34109	22659	17587
58838	501707	305688	948455	834064	790765	706847	408806	11781
−344	35382	22351	64449	86130	61950	58517	17702	3233
8703	34883	20593	102354	85739	87895	70039	45784	39286
637	31570	18512	38946	37331	37510	36181	13230	6036
10918	72695	42490	132760	124769	93706	87372	70637	12749
11017	31077	20941	36505	35400				26401
−8	2927	1110	3999	3620	2609	2535	1969	5292
−416	6904	3088	6268	5735	5811	5788	3792	5799
833	11947	8040	22094	11320	16588	10235	12747	44482
−2923	68958	46476	71663	83574	58148	62858	31520	34752
2273	10998	8167	10300	10765	11969	11527	807	12086
1712	28967	15539	43755	42750	36548	37653	23972	9753

附表 4

固定资产投资额 (1993 年)

行业	部门	固定资产投资(万元)		
		总计	其中	
			基本建设投资	技术更新改造投资
农业机械	机械工业部	551457	196941	354516
	农业部农垦司	12315	6364	5951
内燃机	中国石油天然气总公司	7956	7700	229
热带作物机械	农业部农垦司	2064	1211	853
畜牧机械	机械工业部	4820	2481	2339
营林机械	林业部	2542		2542
木材工业机械	林业部	17317	11024	6293
	机械工业部	1667	830	837
金属切削机床	机械工业部	128134	54045	74089
锻压机械	机械工业部	29645	10276	19369
铸造机械	机械工业部	8809	4013	4796
量具刃具	机械工业部	26085	9679	16406
磨料磨具	机械工业部	13156	7550	5606
	中国核工业总公司	3730	548	3182
通用机械	机械工业部	101217	44221	56996
	中国核工业总公司	1241	98	1143
	电力工业部	7640	1143	6497
气体分离及液化设备	机械工业部	22979	7470	15509
机械通用零部件	机械工业部	71096	28487	42609
轴承	机械工业部	113232	55629	57603
起重运输机械	机械工业部	50096	23341	26755
	交通部	2965	1569	1396
地质勘探设备	地质矿产部	4869	3197	1672
	中国有色金属工业总公司	2070	1509	561
	电力工业部	54		54
矿山及煤矿机械	机械工业部	47666	21031	26635
	煤炭工业部	7614	1600	6014
	电力工业部	6731	2457	4274
	中国有色金属工业总公司	1361		1361
重型机械	机械工业部	23184	10006	13178
	中国有色金属工业总公司	6001	20	5977
石油化工设备	机械工业部	29612	19548	10064
	中国石油天然气总公司	24267	16617	7650
橡胶、塑料机械	机械工业部	13809	8969	4840
	中国轻工总会 (45 家企业)	15081	2804	12277
建筑材料机械	国家建材局 (34 个大中型企业)	11100		
建筑工程机械	机械工业部	51570	19181	32389
	交通部	7018	2374	4644

(续)

行业	部门	固定资产投资(万元)		
		总计	其中	
			基本建设投资	技术更新改造投资
建筑工程机械	电力工业部	2905	1267	1638
粮油机械	机械工业部	10611	4656	5955
食品机械	机械工业部	13761	6989	6772
	中国轻工总会(合计)	14839	3774	10430
制糖机械		3558	623	2935
制盐机械		317	40	277
酿酒机械		3127	1166	1558
饮料机械		3029	938	2091
罐头机械		2393	460	1920
乳品机械		1961	391	1351
其他食品机械		454	156	298
	中国船舶工业总公司	5374	4782	592
	农业部农垦司	12		12
包装机械	机械工业部	7424	3665	3759
纺织机械	中国纺织总会	120114	5462	51805
轻工机械	中国轻工总会	64421	13097	49481
造纸机械		12257	647	11410
皮革加工机械		7280	3676	3587
日用陶瓷机械		3861	898	2963
日用玻璃机械		1771	314	1032
自行车、缝纫机加工机械		589	3	586
灯泡机械		771		771
日用化工机械		262		262
家具机械		499	25	474
服装加工机械		3439	838	2401
五金加工机械		1580	283	1258
工艺美术机械		8	8	
其他轻工机械		8436	1945	6129
日用机械	中国轻工总会	76039	5457	70582
自行车	(系统内企、事业单位)	42052	2211	39841
缝纫机		17900	300	17600
手表		8501	1573	6928
家用电器	中国轻工总会	237934	15065	222869
洗衣机	(系统内企、事业单位)	35671	1463	34208
电冰箱		54877	3024	51853
电风扇		3923	1634	2289
空调器		59965	2954	57011
排油烟机		2248		2248
	机械工业部	73199	52894	20305
印刷机械	机械工业部	24770	13485	11285
环境保护设备	机械工业部	3789	2097	1692
	电力工业部	5202	2920	2282
消防设备及器材	公安部	1378		1378
	中国核工业总公司	1019	231	788
铁路机车车辆	中国铁路机车车辆总公司	108204	77141	31063
	电力工业部	95	8	77

(续)

行业	部门	固定资产投资(万元)		
		总计	其中	
			基本建设投资	技术更新改造投资
汽车	机械工业部	1113988	534062	579926
	中国有色金属工业总公司	1285		1285
	电力工业部	694	458	236
摩托车	机械工业部	29517	23648	5869
工矿电力牵引车辆	机械工业部	778	491	287
船舶	中国船舶工业总公司	147872	67372	80500
锅炉	机械工业部	42428	21493	20935
余热锅炉	机械工业部	13834	4053	9751
工业汽轮机和燃气轮机	机械工业部	26934	12734	14200
水轮机	机械工业部	10483	4285	6198
发电机	机械工业部	36730	17099	19631
电机	机械工业部	116684	55930	60754
电动机	机械工业部	68633	32759	35874
微电机	机械工业部	11321	6072	5249
高压输变电设备	机械工业部	98496	45903	52593
	电力工业部	15696	7159	8537
低压电器	机械工业部	10134	5024	5110
电器设备元件	机械工业部	9774	4538	5236
防爆电器	机械工业部	2889	1060	1829
电力电子器件与装置	机械工业部	1012	358	654
电线电缆	机械工业部	108601	55520	53081
绝缘材料	机械工业部	7857	2146	5711
电碳制品	机械工业部	4169	1093	3076
蓄电池	机械工业部	15655	5759	9896
	中国船舶工业总公司	1548	1056	492
电焊机	机械工业部	4184	1797	2387
工业电炉	机械工业部	3024	2199	825
电工专用设备	机械工业部	8238	1284	6954
电动工具	机械工业部	4843	2330	2513
通用仪器仪表	机械工业部	68200	30563	37637
照相机械	机械工业部	657	639	18
复印缩微设备	机械工业部	2104	1844	260
电影机械	机械工业部	5106	3415	1691
衡器	中国轻工总会	7609	2000	5609
教学仪器设备	国家教委	3914	3115	799
专用仪器仪表	机械工业部	532	252	280
	地质矿产部	30	30	
	电力工业部	2253	859	1394
	中国石油天然气总公司	4649	3184	1465
仪器仪表元器件	机械工业部	4036	1760	2276

附表 5

出口额（1993 年）

行　　业	部　　门	主要类别产品	出口产品		出口金额（万美元）
			单　位	数　量	
农业机械	机械工业部	合计			8003
		拖拉机	台	10265	3252
		手扶拖拉机	台	8536	823
		耕作农机具			430
		犁耙片	万片	6521.3	274
		播种机	台	25	1
		旋耕机	台	160	11
		其他农机具			144
		机动喷雾(粉)器	台	4215	7
		手动喷雾(粉)器	台	29451	34
		水利排灌机械	台	26759	273
		农业泵及其机组	台	25876	248
		喷灌机	台	609	20
		其他水利排灌机械	台	274	5
		收获机械	台	4286	134
		联合收割机	台	140	39
		割晒机	台	3396	81
		脱粒机	台	164	5
		其他收获机械	台	586	9
		农田建设机械	台	9	20
		平地机	台	8	18
		推土铲运机	台	1	2
		棉花加工机械	台	10	14
		农业机械零配件			2096
		其他农业机械			920
	农业部农垦司	农业水泵	台	79	17.5
		农业机械零配件	万件	120	113.2
内燃机	机械工业部	内燃机			2421
		柴油机	kW	647205	1740
		船用柴油机	kW	6815	34
		汽油机	kW	735	14
		煤油机	kW	1850	4
		内燃机零配件			628
		其他内燃机			1
		内燃发电机组	kW	58340	441
		汽油发电机组	kW	1080	11
		柴油发电机组	kW	57260	430
热带作物机械	农业部农垦司	橡胶初加工机械	台／万件	7／1.4	66.8
畜牧机械	机械工业部	饲料加工机械	台	116	1
	农业部农垦司	鸡笼鸡架	组	18533	20.5
营林机械	林业部	合计	台	2343	28.1
		割灌机	台	1799	20.0

(续)

行　　业	部　　门	主要类别产品	出口产品		出口金额(万美元)
			单　位	数　量	
营林机械	林业部	油锯	台	320	4.3
		风力灭火机	台	210	2.8
		其他营林机械	台	14	1.0
木材工业机械	林业部	合计	台	2918	1122.1
		装载机	台	75	257.2
		手搬葫芦	台	102	0.7
		木工机床	台	2649	291.2
		人造板设备	台	91	286.6
		板式家具设备	台	1	1.3
		机械刀片	片	965	1.2
		带锯条	m	28259	6.4
		各种锯条	万支	533	77.2
		配件	件	6841	10.4
		进出口贸易创汇			190.0
	机械工业部	木工机械	台	24850	256
金属切削机床	机械工业部	合计	台	67159	6106
		车床	台	13224	3205
		钻床	台	4349	334
		铣床	台	2226	709
		磨床	台	1340	425
		镗床	台	404	151
		齿轮加工机床	台	34	50
		螺纹加工机床	台	143	4
		刨床	台	324	219
		插床	台	69	36
		电加工机床	台	4003	6
		数控机床	台	6	25
		仪表机床	台	160	5
		其他机床	台	40877	937
机床附件	机械工业部	合计			1252
		卡盘	件	33439	44
		钻卡头	件	50272	34
		回转工作台	台	2927	47
		其他机床附件			1127
锻压机械	机械工业部	锻压设备合计	台	5002	1191
		机械压力机	台	2849	586
		液压机	台	87	76
		自动锻造机	台	24	4
		锻锤	台	3	3
		剪断机	台	1265	147
		弯曲校正机	台	8	9
		其他锻压机	台	766	366
		锻压机械成套设备			91
铸造机械	机械工业部	合计	台	15	18
量具刃具	机械工业部	刃具	万件	7189935	2722
		量具	件	3762857	670

(续)

行业	部门	主要类别产品	出口产品		出口金额(万美元)
			单位	数量	
磨料磨具	机械工业部	磨具			537
		油石	万块	465	118
		磨石	万块	26	26
		砂轮	万块	375	192
		其他磨具	万块	145	201
		磨料	t	130114	3360
		涂附磨具			130
		金刚石及制品	kg	482	150
		金刚石	kg	420	72
		金刚石制品	kg	62	78
	中国核工业总公司	人造金刚石单晶	kg	80.19	17.8
		立方氮化硼(CBN)	kg	1.420	0.4
通用机械	机械工业部	各种泵	台	545838	1011
		工业泵	台	55435	377
		高真空泵	台	632	28
		手摇泵	台	73181	71
		家用泵	台	69278	110
		其他泵	台	347312	425
		阀门	万只	592	2444
		低压阀门	万只	272	1483
		高中压阀门	万只	26	507
		其他阀门	万只	294	454
		其他阀门			313
		铸铁法兰阀门	个	391275	70
		铸铁球闸阀	个	3363	89
		铜阀门	打	68249	73
		其他			81
		风机	台	1979	29
		风机	台	1428	10
		冷风机	台	551	19
		气体压缩机	台	6	5
		小空气压缩机	台	5657	16
		冷冻设备	台	225	93
		离心机	台	64	12
		气体钢瓶	个	16341	75
		通用机械零配件			2042
		其他通用机械			2029
		通用机械成套设备			307
		冷库设备			72
	中国核工业总公司	工业阀门	台	15874	94.2
	电力工业部	取样装置	台	2	12
		阻尼器	台	2	1
		恒力吊架	台	6	1
		支吊架	吨	102	19
		风机	台	1	2
气体分离及液化设备	机械工业部	气体分离器	台	35	42

(续)

行　　业	部　　门	主要类别产品	出口产品		出口金额(万美元)
			单　位	数　量	
气体分离及液化设备	机械工业部	制氧机	台	1	7
		其他气体分离设备	台	34	35
		制氧机成套设备			64
机械通用零部件	机械工业部	标准紧固件			532
		橡胶密封件			29
		机械密封件			14
		粉末冶金制品	t	960	199
		工业链条	km	15320	573
		防滑链条	万副	39	164
轴承	机械工业部	滚动轴承	万套	7240	5778
		工业轴承	万套	6824	5647
		微型轴承	万套	416	131
		工业钢球	万粒	496683	337
		其他轴承			290
起重运输机械	机械工业部	起重机械			6928
		手动单梁起重机	台	130	2
		手动单轨吊	台	13836	39
		汽车起重机	台	11	82
		塔式起重机	台	5	45
		门式起重机	台	3	126
		回臂起重机	台	7051	47
		港口起重机	台	5	321
		叉车	台	711	352
		电动葫芦	台	9667	107
		手动葫芦	台	220713	764
		千斤顶	台	3468643	4768
		铁滑轮	台	1880	1
		其他起重设备	台	8850	274
		运输机械			
		环链	t	3745	329
	交通部	门座起重机	台	1	42
		散货专用装卸机械	台	1	66
		JP系列集装箱半挂车	台	298	101.3
		起重机配件			28.3
地质勘探设备	机械工业部	合计			41.1
		地质钻头	个	6	0.2
		泥浆泵	台	4	0.9
		地质钻机	台	8	32
		其他地质机械			8
	电力工业部	合计	t	13.5	4
		钻机	t	2	
		泵	t	6.5	
		高速制浆机	t	2.5	
		高速拌浆机	t	2.5	

(续)

行业	部门	主要类别产品	出口产品		出口金额 (万美元)
			单位	数量	
矿山及煤矿机械	机械工业部	合计	台	13414	425
		凿岩机	台	4830	83
		机动卷扬机	台	3286	14
		手动卷扬机	台	827	10
		破碎设备	台	332	271
		研磨设备	台	11	34
		洗选设备	台	4128	6
		矿山辅助设备			7
	煤炭工业部	煤矿专用设备合计			820.6
		刮板输送机、洗选设备			32.3
		带式输送机			198.0
		卡轨车			350.0
		锚杆机			5.0
		钻塔			6.6
		泥浆泵			6.8
		齿轮油泵			8.6
		铸钢轮			1.4
		防爆局扇			0.2
		矿灯			13.4
		链条			108.6
		其他			89.7
	中国有色金属工业总公司	电铲	t	1810	390.9
		片状钎头	t	26	63.0
		柱齿钎头	t	28	74.0
		凿岩机及备件	t	7	8.0
		圆锥破碎机	t	6	100.0
重型机械	机械工业部	冶金设备	台	2	5
		减速机	台	85873	135
		其他重型矿山机械	台	88994	379
		重型工矿机械配件			1604
	中国有色金属工业总公司	轧机	t	15	13.5
		机械结晶机	台	1	28.0
石油化工设备	机械工业部	石油机械合计			234
		抽油杆	km	6.1	44
		石油钻头	个	1237	41
		石油钻机	台	12	8
		其他石油机械			141
		化工机械合计			334
橡胶、塑料机械	机械工业部	塑料机械	台	1410	735
		橡胶加工机械			60
		密炼机	台	8	0.1
		炼胶机	台	16	26.3
		滤胶机	台	2	3.3
		碾胶机	对	1	1
		压延机	台	1	0.8

(续)

行业	部门	主要类别产品	出口产品		出口金额(万美元)
			单位	数量	
橡胶、塑料机械	机械工业部	压片机	台	1	5
		硫化机	台	5	13.5
		其他橡胶机械			10
	中国轻工总会	合计			1676.2
		注射机	台	556	1151.4
		挤出机及其配件	台(套)	61	217.7
		其他	台(套)	351	307.1
建筑材料机械	机械工业部	玻璃厂成套设备			20
	国家建材局(73个企业)	机械设备及配备件	t	3745.7	9364.8(人民币万元)
建筑工程机械	机械工业部	合计			756.4
		推土机	台	111	166
		装		76	16
		振动器	台	296	9
		钢筋切断机	台	20	4
		土建机械零件			1.1
		其他土建机械			201
	交通部	沥青砼搅拌设备	套	3	37
		沥青砼摊铺机	台	6	37
		沥青混合料搅拌设备			
		工程洒水车	台	4	16
		压路机	台	10	32
		多功能工程机和散件	台	20	150
粮油机械	机械工业部	合计			356.8
		磨粉机	台	411	32
		碾米机	台	6141	123
		联合米机	台	840	37
		砻谷机	台	63	2
		去石机	台	10	0.1
		榨油机	台	596	56
		榨油机配件			2
		滤油机	台	4	0.7
		其他粮油加工机械			104
食品机械	机械工业部	合计			42
		合面机	台	2	0.1
		面条机	台	44	1.3
		绞肉机	台	6028	7.1
		食品搅拌机	台	103	5.4
		包饺子机	台	53	3.1
		其他食品加工机械			25
	中国轻工总会	合计			752
		制糖机械			5
		制盐机械			11
		酿酒机械			79

(续)

行业	部门	主要类别产品	出口产品		出口金额(万美元)
			单位	数量	
食品机械	中国轻工总会	饮料机械			27
		罐头机械			4
		乳品机械			33
		其他食品机械			593
包装机械	机械工业部	合计	台	4551	33
纺织机械	机械工业部	纺织机械合计			555
		织布机	台		12
		捻线机	台	10	5
		纺织机械零件			411
		其他纺织机械			127
		纺织器材合计			52
		针织机械合计			465.7
		袜机	台	10	0.6
		针织机械零件	台		407.2
		其他针织机械			57.9
		棉纺成套设备			21
	农业部农垦司	零配件	万件	1900	34.5
轻工机械	中国轻工总会	合计			6734
	机械工业部	订书钉机	台	256	60
		切纸机	台	2489	339
		切纸刀片	片	2152	13
		造纸成套设备			5
		其他轻工机械			1913
日用机械	中国轻工总会	合计			110856
	(归口产品)	自行车小计			52119
	(按经贸部统计)	自行车	万辆	1010.53	38623
		自行车零配件			12538
		缝纫机小计			14954
		家用缝纫机	万架	174.45	5293
		多能缝纫机	万架	2.67	142
		缝纫机头	万个	94.67	2293
		工业缝纫机	万架	31.34	2833
		缝纫机针	亿枚	5.89	445
		缝纫机零件			1819
		钟表小计			42173
		闹钟	万个	1421.08	2826
		木钟	万个	1346.88	931
		石英钟	万个	917.30	3016
		机械手表	万只	500.57	1337
		机械表芯	万只	1778.60	2640
		电子手表	万只	3950.41	8796
		电子表芯	万只	7245.44	4192
		表零件			10291
		外文打字机	万架	48.86	1568
	机械工业部	自行车合计			2046
		自行车	辆	274092	790

(续)

行业	部门	主要类别产品	出口产品		出口金额(万美元)
			单位	数量	
日用机械	机械工业部	自行车零配件			1175
		链条	条	1063310	63
		飞轮	个	14146	7
		链轮曲柄	套	1448	7
		脚蹬	副	341759	18
		车锁	打	25200	14
		车铃	打	38200	10
		打气筒	个	2446562	393
		其他零件			663
		自行车胎			78
		其他车			3
		缝纫机合计			419
		家用缝纫机	架	42851	135
		缝纫机头	个	72448	79
		工业缝纫机	架	37211	138
		缝纫机针	万枚	150260	3
		缝纫机零件			31
		其他缝纫机			33
		钟表合计			263
		闹钟	个	29200	7
		石英钟	个	33636	5
		机械手表	个	279880	86
		机械表芯	个	286000	32
		表零件			133
	农业部农垦司	合计	万只(辆)	764.3	1030.1
		自行车锁	万只	371.6	204.8
		自行车灯	万只	176.8	465.3
		不锈钢器皿	万只	74.9	226.3
		多型工具车	万辆	141	133.7
家用电器	中国轻工总会	合计			67097
	(归口产品)	电冰箱	万台	19.20	2976
	(按经贸部统计)	洗衣机	万台	23.37	1657
		电风扇	万台	2920.22	41130
		吊扇	万个	1306.58	21760
		电扇零件			1497
		空调器	万台	9.71	2778
		吸尘器	万个	40.38	1331
		电炉	万个	92.77	1132
		电饭锅	万个	137.56	1502
		电烤炉	万个	164.83	947
		电面包炉	万个	42.79	408
		电吹风	万个	454.99	1432
		电卷发器	万打	158.69	1196
		电熨斗	万只	2103.15	7935
	机械工业部	合计			6527.3
		电风扇	台	1426710	1865
		吊扇	个	1576027	2168

(续)

行业	部门	主要类别产品	出口产品		出口金额(万美元)
			单位	数量	
家用电器	机械工业部	排气扇	个	45313	50
		电扇零件			53
		电冰箱	台	33457	744
		洗衣机	台	28511	168
		空调器	台	12685	411
		吸尘器	个	31814	119
		电饭锅	个	302	0.5
		电水壶	个	684	0.8
		电炉	个	154125	694
		电烤炉	个	6072	11
		电吹风	个	55284	19
		电熨斗	只	820899	224
	农业部农垦司	电风扇	台	13000	11.7
印刷机械	机械工业部	合计			562
		印刷机	台	634	179
		装订机械	台	674	231
		印刷机械零件			17
		其他印刷机械			135
医疗器械	机械工业部	合计			98
		X光机	台	2	0.4
		其它医疗器械			53
		医疗器材			8.6
		医用仪器			36
制药机械	机械工业部	合计			673
城建机械	机械工业部	园林机械	台	241	3
消防设备及器材	公安部	消防器材			63
	中国核工业总公司	报警器配件			32.1
铁路机车车辆	中国铁路机车车辆总公司	内燃机车	台	6	3046
		客车	辆	23	
		货车	辆	556	
	机械工业部	铁路车辆零件			1055
		其他铁路设备			15
汽车	机械工业部	整车合计	辆	3455	2936
		载重汽车	辆	1676	1415
		自卸车	辆	5	5
		旅行车	辆	156	402
		越野车	辆	83	388
		拖车及拖车头	辆	742	130
		冷藏车	辆	5	15
		工具车	辆	3	4
		运输车	辆	148	5
		公共汽车	辆	37	141
		其他汽车	辆	596	401
		底盘	辆	4	30
		汽车零件			11521
	农业部农垦司	汽车零配件			308.8
摩托车	机械工业部	摩托车	辆	20946	318
		摩托车零件			394

(续)

行业	部门	主要类别产品	出口产品		出口金额(万美元)
			单位	数量	
工矿车辆	机械工业部	手动搬运车	辆	59193	445
		内燃小机车	辆	2	2
船舶	中国船舶工业总公司	船舶	艘	18	27047.8
		货轮	艘	11	25415.6
		工程船	艘	5	1520.9
		驳船	艘	2	111.3
		修船			5000.0
		集装箱	只	7721	1930.0
工业锅炉	机械工业部	工业锅炉	蒸吨	42	64
		锅炉辅机	台	53	25
发电设备	机械工业部	发电设备合计	kW	710235	6061
		水轮发电机组	kW	30000	32
		汽轮发电机组	kW	366029	4488
		燃气轮发电机组			1128
		其他发电设备	kW	314206	413
		成套发电设备合计			11531
		火力发电成套设备			8208
		水力发电成套设备			3323
电机	机械工业部	合计			4300
		一般交流发电机	kW	168807	449
		一般交流电动机	kW	1003441	2200
		直流发电机	kW	775	4
		直流电动机	kW	44071	104
		潜水电机	台	10238	103
		分马力电机	台	436925	1047
		微电机	台	382435	391
		中频电机	台	161	2
	农业部农垦司	微电机	万台	0.3	8.1
高压输变电设备	机械工业部	合计			3625
		变压器	kV·A	2363301	2412
		小变压器	kV·A	19803	113
		调压器及移相器	kV·A	10760	19
		高压隔离开关	组	43774	12
		互感器	台	6098	13
		避雷器	台	8200	11
		高中压电瓷	t	7027	827
		线路金具	t	1478	212
		变电站成套设备			6
	电力工业部	合计			8450 (人民币万元)
		高压输变电用铁塔和电力金具	t	10247	8278
		阻波器	台	115	153
		滤波器	组	6	2
		保护继电器及装置	台(套)	38	17
低压电器	机械工业部	低压开关板	面	3360	12
		低压电器元件	万件	443	471
		主要元件	万件	14	29
		一般元件	万件	429	442
		低压电瓷	t	2030	108
	农业部农垦司	元件	万件	578	7.5

(续)

行业	部门	主要类别产品	出口产品		出口金额(万美元)
			单位	数量	
电力电子器件与装置	机械工业部	硅元件	件	3900	8
电线电缆	机械工业部	合计			4324.8
		裸铝线	t	80	20
		钢芯铝绞线	t	2888	435
		裸铜线	t	4598	518
		电磁线	t	201970	730
		布电线	km	88306	781
		电焊机引接线	km	2750	138
		电力电缆	km	16978	1610
		纸绝缘电缆	km	23	356
		橡皮绝缘电缆	km	27	3
		塑料绝缘电缆	km	247	2
		橡套电缆	km	424	46
		交联聚乙烯电缆	km	8588	214
		其他电力电缆	km	7669	989
		通讯电缆	km	91526	8.3
		同轴对称电缆	km	91526	8
		其他通讯电缆			0.3
		控制电缆	km	551	84.5
绝缘材料	机械工业部	合计	t	6175	1372
		绝缘油漆	t	86	16
		层压制品	t	1115	223
		云母制品	t	50	15
		薄膜	t	10	4
		敷铜板	t	2305	639
		其他绝缘材料	t	2609	475
电碳制品	机械工业部	合计	t	257	52
蓄电池	机械工业部	蓄电池合计	kVA·h	35382	98
		铅酸蓄电池	kVA·h	13998	31
		汽车蓄电池	kVA·h	8971	23
		其他蓄电池	kVA·h	12413	44
		蓄电池极片	万片	50	12
电焊机	机械工业部	合计	台	9237	12
工业电炉	机械工业部	工业电阻炉	台	2	4
电工专用设备	机械工业部	电工专用设备	台	9743	115
		其他电工设备			2312
	农业部农垦司	各种旋具	万件	5.8	193.5
电动工具	机械工业部	合计	台	935589	1955
		合计			1790
通用仪器仪表	机械工业部	自动化仪表合计	只	565602	249
		温度仪表	只	69325	8.5
		压力表	只	229200	27.5
		流量仪表	只	262662	210
		其他自动化仪表	只	4415	3
		电工仪表合计	只	995300	395
		电度表	只	229420	204
		万用电表	只	295147	90
		兆欧表	只	1917	7
		钳型表	只	36867	28
		其他电工仪表	只	431949	66

(续)

行业	部门	主要类别产品	出口产品		出口金额(万美元)
			单位	数量	
通用仪器仪表	机械工业部	光学仪器合计			999
		显微镜	只	447211	677
		测绘仪器	只	45	1
		观察仪器			195
		其他光学仪器			126
		成份分析仪器	台	24300	2
		材料试验机合计	台	118	85
		金属材料试验机	台	110	11
		动平衡试验机	台	8	74
		实验室仪器合计			60
		实验室仪器及装置			25
		天平	台	3335	7
		真空镀膜机	台	10	7
		温度计	万只	4	1
		玻璃仪器			1
		其他实验室仪器			19
照相机械	机械工业部	照相机	架	66955	29
		其他照相器材			22
电影机械	机械工业部	电影放映机	架	320	47
		幻灯机	台	150	1
		其他电影器材			37
衡器	中国轻工总会	衡器合计			2490.5
		家用秤	万台	435.9	823.0
		台案秤	万台	610.6	846.4
		其他衡器	万台	204.6	600.8
		零部件			220.3
教学仪器设备	国家教委	理化仪器、生物标本、模型、玻璃仪器、文教用品			771.4
	机械工业部	示教仪器			12
专用仪器仪表	机械工业部	合计	台	2852	17
	电力工业部	土工大坝仪器	台(套)	38	17
		水文仪器	台	38	4
	煤炭工业部	煤矿专用仪器仪表			0.1
		过滤式自救器			0.1
仪器仪表元件	机械工业部	合计	件	336713	43
其他	机械工业部	台钻	台	245634	1866
		砂轮机	台	563547	1239
		半气动气割机	台	772	10
		机床锻压零配件			168
		其他金工机械			544
		法兰盘	t	24304	352
		电焊条	t	5154	279
		铸锻件			3005
		铸铁件	t	44152	1125
		铸钢件	t	1205	98
		锻钢件	t	35	3
		其他铸锻件			178
		轻便三轮车	辆	21	2
		各种手推车	辆	514836	461

附表 6

行业各类产品产量（1993 年）

行业	部门	产品名称	单位	产量	比上年增长%
农业机械	机械工业部	大中型拖拉机	台	46990	−30.1
		小型拖拉机	台	855235	−37.3
		内燃机生产量	万 kW	17485	43.5
		内燃发电机组	万 kW	232	46.8
		拖拉机、内燃机配件	万元	750097	18.6
		机引耕作农具及小型拖拉机配套农具	台	206332	−54.7
		农田基本建设机具	台	20438	54.9
		种植机械	台	16729	−60.8
		中耕施肥机械	台	1107	208.3
		地膜覆盖机	台	361	−78.5
		机动植保机械	台	112950	−63.9
		收获机械	台	76108	−46.6
		场上作业机械	台	69704	−72.4
		农用运输机械			
		农用运输车	辆	164116	26.6
		农用拖车	辆	188710	−30.7
		船用挂机挂桨	台	79871	21.5
		机动三轮车	辆	681900	19.1
		水利排灌机械	台	107088	−20.4
		农业泵	台	1547411	−7.6
		深井泵	台	29345	−39.2
		潜水电泵	台	879409	4.6
		人畜力农机具			
		手推胶轮车	万轮	482	−27.6
		畜力胶轮车	辆	28868	−45.4
		手动喷雾(粉)器	万部	77.7	−44.6
		人力脱粒机	台	77409	−43.5
		畜力割草机	部	49	40
		畜力搂草机	部	260	−28.6
		畜力犁	部	161331	−15.3
		棉花加工机械	台	5983	−28.1
		茶叶加工机械	台	23706	−3.9
	农业部农垦司	耕作机械	台	7919	−11.3
		机引铺膜机	台	3000	
		机引犁	台	1715	
		机引耙	台	1035	
		机引播种机	台	300	
		植保机械	台	800	−13.5
		机动喷雾器	台	450	
		收获机械	台	5458	−13.5
		联合收获机	台	1048	

(续)

行业	部门	产品名称	单位	产量	比上年增长%
农业机械	农业部农垦司	茎杆还田机	台	215	
		复式种子精选机	台	100	
		脱谷机	台	2018	
		金属粮仓	台	100	
		运输机械	辆	55861	144.1
		1～1.5t 拖车	辆	306	
		2～5t 拖车	辆	255	
		7t 以上拖车	辆	150	
		双轮力车底盘	辆	44900	
		排灌机械	台	12764	27.7
		深井泵	台	1551	
		潜水电泵	台	2946	
		农副产品加工机械	台(套)	681	−12.0
		奶粉成套设备	套	4	
		茶叶加工设备	台	257	
		拖拉机、内燃机及农具配件	万件	4100	32.9
内燃机	中国石油天然气总公司	柴油机	台／kW	638／438878	11.5
		发电机组	台／kW	206／88020	5.6
热带作物机械	农业部农垦司	种植管理机械	台	41	−57.7
		水肥车	辆	7	
		割胶刀	万把	3.5	
		橡胶初加工机械	台	1124	−22.7
		造粒机	台	37	
		绉片机	台	138	
		洗涤机	台	46	
		压薄机	台	2	
		打包机	台	25	
		压片机	台	580	
		干燥车	辆	50	
		渡车	台	21	
		胶乳离心过滤机	台	15	
		剑麻加工机械	台	464	−8.1
		刮麻机	台	54	
		理麻机	台	23	
		纺纱机	台	110	
		制绳机	台	65	
		制股机	台	120	
		其他热带作物机械	台	117	−20.2
畜牧机械	机械工业部	草原建设机械	台(套)	4	−96.0
		牧草料收获机械	台	1350	−78.3
		饲草(料)加工机械	台(套)	136985	−22.6
		大中型成套设备	套	274	17.1
		小型成套设备	套	2164	8.9
		机动饲料粉碎机	台	117765	−26.1
		畜禽饲养机械	台(套)	38222	−6.2
		畜产品采集加工机械	台(套)	13430	66.5
		畜牧运输机械	辆	5	−66.7
		其他畜牧机械	台	1117	282.5

(续)

行业	部门	产品名称	单位	产量	比上年增长%
畜牧机械	农业部农垦司	合计	台	14083	68.9
		液氮生物储存容器	台	2618	
		液氮生物运输容器	台	794	
		饲料粉碎机	台	2003	
		孵化器	台	200	
营林机械	林业部	合计	台	28520	5.3
		割灌机	台	4010	19.0
		喷雾喷粉机	台	4162	−44.0
		风力灭火机	台	9150	6.8
		营林整地机	台	18	−88.6
		其他营林机械	台	11180	52.0
木材工业机械	林业部	合计	台	212535	59.6
		木材采运机械	台	35742	50.4
		装载机	台	1553	24.9
		叉车	台	1425	39.0
		绞盘机	台	862	276.0
		油锯	台	31806	47.7
		运材挂车	台	5	−98.4
		其他采运机械	台	91	1200.0
		人造板机械	台	2410	34.3
			t	5541	−29.4
		皮带运输机	台	3	−96.0
		削片机	台	119	−69.6
		砂光机	台	60	−30
		旋切机	台	242	7.6
		热压机	台	21	−55.0
		干燥机	台	22	−78.0
		其他人造板机械	台	1943	123.3
		家具设备	台	344	330.0
		木材加工机械	台	174039	62.0
		木工刨床	台	5487	129.4
		木工圆锯机	台	706	23.0
		木工钻床	台	451	115.0
		木工铣床	台	810	165.0
		带锯机	台	937	−29.0
		其他木工机械	台	165648	62.1
		林业工具			
		斧子	万把	27.82	9.9
		圆锯片	片	190285	809.0
		带锯条	万 m	177	10.0
		各种锯条	万支	5453	
		其他林业工具及配件	万件	512	880.0
	机械工业部	木工机械	台	55599	10.5
		人造板设备	t	12731	217.5
		木材综合利用设备	台	365	10.9
金属切削机床	机械工业部	车床	台	71017	12.2
		钻床	台	20117	31.9
		镗床	台	2707	7.7
		磨床	台	17212	7.8

(续)

行业	部门	产品名称	单位	产量	比上年增长%
金属切削机床	机械工业部	齿轮加工机床	台	1992	17.6
		螺纹加工机床	台	4829	62.4
		铣床	台	19576	15.1
		刨床	台	3865	6.6
		插床	台	84	−37.8
		拉床	台	105	−0.9
		电加工机床	台	1391	40.8
		锯床	台	6585	32.3
		组合机床	台	1158	−37.1
		大型机床	台	4370	23.8
		重型机床	台	588	23.5
		高精度机床	台	1243	−0.4
		数控机床	台	6026	43.2
		加工中心	台	590	33.8
	农业部农垦司	立钻	台	800	92.0
锻压机械	机械工业部	机械压力机	台	30077	32.1
		液压机	台	7406	29.7
		自动压力机	台	1482	27.5
		锻机	台	132	5.9(倍)
		锤	台	1380	−25.8
		剪切机	台	6472	12.1
		整型机	台	3020	7.6
	地质矿产部	金刚石压机	台	513	106.0
	中国有色金属工业总公司	金刚石六面顶压机	台/t	100/600	
	中国核工业总公司	人造金刚石六面顶压机	台	120	93.5
铸造机械	机械工业部	合计	台	6012	−3.5
量具刃具	机械工业部	量仪	万件	8.7	35.9
		量具	万件	946.3	36.3
		刃具	万件	38514.1	20.1
磨料磨具	机械工业部	磨具	t	91585	6.8
		磨料	t	178337	5.8
		人造金刚石	kg	4964.6	40.8
		人造金刚石制品	kg	2430.6	59.3
	中国核工业总公司	人造金刚石单晶	kg	1729.39	64.6
		人造金刚石微粉	kg	22.05	81.0
		人造金刚石聚晶	粒	44925	−77.8
		人造金刚石拉丝模	粒	66535	24.8
		人造金刚石地质钻头	个	19890	61.2
		人造金刚石扩孔器	个	5714	−5.7
		人造金刚石磨头	副	5752	−31.6
		人造金刚石砂轮	片	238	3.9
		人造金刚石圆锯片	片	1763	−1.5
		人造金刚石工程钻头	个	1018	80.0
		人造金刚石圆锯片刀头	个	54831	100.0
	地质矿产部	金刚石聚晶	万粒	260	17.8
		金刚石单晶	kg	260	−68.7

(续)

行业	部门	产品名称	单位	产量	比上年增长%
磨料磨具	地质矿产部	金刚石锯片	片	400	
	中国有色金属工业总公司	人造金刚石单晶	kg	1223.46 (611.73万克拉)	
		金刚石制品	万件/t	2.3/5	
通用机械	机械工业部	工业泵	台	480442	17.4
		风机	台	181256	9.7
		鼓风机	台	23228	41.2
		低压阀门	t	100759	3.7
		高中压阀门	t	53538	-34.3
		阀门电动执行机构	台	17784	20.4
		气体压缩机	台	44251	29.9
		离心机	台	1386	15.7
		制冷设备	t	98868	-21.2
		真空设备	台	45998	17.2
		高真空泵	台	18525	11.9
		真空镀膜机	台	480	22.4
	中国核工业总公司	工业阀门	台	22453	96.2
	电力工业部	风机	台/t	142/2151	-28.0
		调速给水泵组	台(套)	135	31.4
		油隔离泵	台	5	400
		电站阀门	台/t	42/209	33.9
		旁路	套/t	9/69	400
		取样装置	台	2	11.7
		阀门电动装置	台	11000	70.6
		自动加药装置	台	301	50.5
气体分离及液化设备	机械工业部	空分设备	套	265	37.3
		稀有气体提取设备	套	23	91.7
		气体液化设备	套	115	238.2
机械通用零部件	机械工业部	液压件	台(件)	4050805	31.9
		液力件	台	24330	22.5
		气动元件	万件	161.5	40.8
		密封件	万件	17613.1	32.7
		粉末冶金制品	t	21030	25.1
		标准紧固件	万件/t	2410833/243714	-10.2
		弹簧	万件	22901	-16.1
		工业链条	t	29963	17.7
轴承	机械工业部	合计	万套	57776.5	-4.4
		微型轴承	万套	6121	38.3
		中小型轴承	万套	28780	22.2
		中大型轴承	万套	14986.8	-5.4
		大型轴承	万套	474	58.0
起重运输机械	机械工业部	起重机	台	57841	210.2
		电动双梁桥式起重机	台	8958	136.4
		电动单梁桥式起重机	台	8453	10.9
		手动梁式起重机	台	401	34.6
		手动单轨起重机	台	33117	14倍
		龙门式起重机	台	594	91.6
		回臂起重机	台	1012	8.2倍

(续)

行业	部门	产品名称	单位	产量	比上年增长%
起重运输机械	机械工业部	轮胎起重机	台	80	60
		汽车起重机	台	5226	22.5
		叉车	台	22751	−5.1
		架空索道	条	18	157.1
		输送机械	t	120116	19.7
		电梯及扶梯	t	16536.4	105.4
		电动葫芦	台	69701	22.8
		手动葫芦	台	845639	43.3
		千斤顶	万台	572	89.9
		给料机械	t	10227	79.9
		装卸机械	t	24301	12.9
		堆取料机	t	10203	6.5
		翻车机	台	44	76
		装卸船机	台	5	−76.2
	交通部	港口起重机械	台	250	5.9
		港口流动机械	台	430	4.4
		散货专用装卸机械	台	53	−39.6
		集装箱起重运输机械	台	429	−179
		装卸机械专用工属具	台	3569	−52.4
地质勘探设备	地质矿产部	钻探设备			
		岩心钻机	台	2428	136.6
		水文水井钻机	台	449	148.1
		工程地质钻机	台	1374	193.6
		工程施工钻机	台	1162	65.3
		物探钻机	台	73	−47.1
		砂矿钻机	台	5	−44.4
		泥浆泵	台	1705	42.6
		钻塔	部	107	−31.0
		坑探设备		2638	34.1
		内燃凿岩机	台	2633	35.6
		实验室选矿设备			
		破碎设备	台	1267	30.8
		磨矿设备	台	614	−25.2
		浮选设备	台	854	16.3
		筛分设备	台	400	32.5
		切磨片设备	台	157	−8.7
		分级设备	台	49	58.1
		配件工具及其他			
		地质配件	t	7406	133.0
		地质工具	t	3693	95.0
		绳索取芯钻具	套	12	−78.6
		螺杆钻具	套	13	
		人造金刚石钻头及扩孔器	只	23500	10.2
		钻头	只	15106	
		天然金刚石钻头及扩孔器	只	284	−48.7
		钻头	只	248	
		硬质合金及顶锤	t	89	−15.2
		野外生活作业车	辆	11	−87.4
		静力触探车	辆	20	33.3

(续)

行业	部门	产品名称	单位	产量	比上年增长%
地质勘探设备	地质矿产部	锅炉调速箱	台	2268	12.8
	中国有色金属工业总公司	钻机(工程用)	台/t	20/200	
		深层搅拌机(灌桩用)	台/t	35/165	
		其他设备	台/t	155/565	
		备件	t	993	
	电力工业部	钻机	台	252	37.3
矿山及煤矿机械	机械工业部	采掘机械	t	57737	28.8
		单斗挖掘机	t	37791	3.9
		凿岩机	t	5010	51.2
		凿岩支架	t	100	−29.6
		凿岩台车	t	843	−38.6
		装岩机	t	2153	−36.8
		装运机	t	137	−33.5
		提升设备(卷扬设备)	t	42656	−54.9
		破碎设备	t	74933	75.9
		研磨设备	t	55157	55.7
		洗选设备	t	13481	−14.9
		综采机械设备	t	5622	−28.7
	煤炭工业部	煤矿专用设备合计	t	2147000	−32.9
		采煤机	台	182	−34.5
		刮板输送机	台	1748	−56.8
		皮带输送机	台/万m	536/20.79	−13.3
		转载机	台	138	−25.8
		掘进机	台	38	
		装煤机	台	41	
		煤矿支护设备	t	58000	−48.3
		液压支架	架	2514	−39.5
		单体液压支柱	万根	17.09	−73.8
		金属支柱、顶梁	万根	25.24	−62.2
		煤田勘探设备	台	697	−18.1
		洗选设备	t	3081	80.9
		井下照明设备			
		矿灯	万盏	268.11	−3.7
		充电架	台	1581	−22.5
		防爆照明灯具	万只	7.23	−32.8
		煤矿电器控制设备	台	13073	−52.8
		煤矿专用信号元件	台(套)	29428	−67.5
	电力工业部	磨煤机	台	46	−37.8
		卷扬机	台/t	81/207	−35.2
		堆取料机	台	10	−16.7
		碎煤机	台/t	57/833	12.0
		给煤给粉机	台/t	1493/2637	183.0
		筛煤机	台/t	52/368	1.0
		卸船机	台	3	−78.6
		翻车机	台	7	−12.5
		浓缩机	台	4	400.0
	中国有色金属工业总公司	牙轮钻机	台/t	10/1080	
		铲运机	台/t	2/17	
		破碎机	台/t	412/3138.8	

(续)

行　　业	部　　门	产　品　名　称	单　　位	产　　量	比上年增长%
矿山及煤矿机械	中国有色金属工业总公司	球磨机	台/t	51/1446.7	
		管磨机	台/t	1/175.38	
		水泥磨	台/t	58/2261	
		分级机	台/t	4/80.1	
		浮选机	台/t	81/350.16	
		浓密机	台/t	1/3.01	
		真空过滤机	台/t	6/144.67	
		皮带运输机	台	29	
		翻车机	台/t	3/31.6	
		高效节能风机	台	422	
		排风机	台/t	2/25.5	
		杂质泵	台/t	15/4.5	
		污水泵	台/t	22/8.65	
重型机械	机械工业部	炼焦设备	t	8441	−44.5
		炼铁设备	t	2065	−18.3
		炼钢设备	t	3370	−25.2
		有色金属冶炼设备	t	1790	146.5
		金属轧制设备	t	65776	32
		冶金车辆	辆	8411	9.4倍
		重型锻压机械	台	968	51.7
		煤气发生设备	t	2809	−15.5
		减速机	t	65203.5	30.4
	中国有色金属工业总公司	连铸机	t	3513.6	
		轧机	t	1240	
		压力机	t	17.1	
		烧结机	t	448	
		剪切机	台	3	
		拉伸机	台	1	
		液压机	台	1	
		干燥窑	台/t	1/57.1	
		转炉	台/t	3/396.4	
		回转窑	台/t	7/2164	
		电解槽	台/t	2/52	
		磨煤机	台/t	6/564	
		焙烧多功能天车	台/t	2/374	
		堆垛天车	台/t	2/81	
		沉降槽	台/t	5/142	
		环型浇铸机	台/t	1/11.5	
		槽型输送机	台/t	4/150	
		冷却机	台/t	1/140	
		打壳机	台/t	20/33	
		单层沉降槽	台/t	4/44.4	
		混合槽	台/t	40/97.3	
		链式输送机	台/t	1/113.7	
		叶滤机	台/t	6/70.1	
		兰钨炉	台/t	2/9.3	
		真空炉	台/t	4/12.8	
		混合器	台/t	3/4.5	
		钼丝炉	台/t	17/18.8	

(续)

行　业	部　门	产 品 名 称	单　位	产　量	比上年增长%
重型机械	中国有色金属工业总公司	四管炉	台/t	1/11.5	
		烘干机	台/t	1/17	
		机械立窑	台/t	1/76	
		干燥机	台/t	1/48	
		混料机	台/t	1/26.7	
石油化工设备	机械工业部	石油钻采设备	t	60628	−14.4
		钻井设备	t	8946	−40.5
		石油钻机	t	210	−96.2
		修井设备	t	1671	−0.9
		机械采油设备	t	40836	−2.9
		压裂固井设备	t	2030	8
		炼油设备及机械	t	31134	11.2
		化工设备及机械	t	38330	−5.7
		小化肥专用设备	t	5408	−24.4
	中国石油天然气总公司	石油钻采设备	t	144159	−1.1
橡胶、塑料机械	机械工业部	橡胶机械合计	t	27281	9.0
		密闭式炼胶机	t	2491	12.4
		开放式炼胶机	t	8759	−1.1
		塑料机械合计	t	47044	13.6
		塑料压延机组	t	880	−26.9
		塑料挤出机组	t	7560	31.3
		塑料注射成型机	t	30321	28.1
		中空吹塑成型机	t	496	−1.4
	中国轻工总会	合计	台(套)	26357	
		注射机	台	9172	
		挤出机	台(套)	3967	
		中空成型机	台(套)	199	
		圆织机	台(套)	899	
		薄膜机组	台(套)	281	
		拉丝机组	台(套)	387	
		破碎造粒机组	台(套)	498	
		辅机	台(套)	2157	
		压延机	台	5	
		高压发泡设备	台(套)	2	
		平板硫化机	台	601	
		其他	台	8189	
建筑材料机械	国家建材局(73个企业)	总计	t	356559.3	48.0
		设备合计	t	235266.9	
		水泥设备	t	169121.5	
		玻璃设备	t	2902.9	
		玻纤设备	t	875.3	
		墙体设备	t	27296	
		新材料设备	t	2433.5	
		陶瓷设备	t	386.4	
		非金属设备	t	1039.3	
		石材设备	t	4360	
		水泥制品设备	t	3437.3	
		其他设备	t	23414.7	

(续)

行业	部门	产品名称	单位	产量	比上年增长%
建筑材料机械	国家建材局 (73个企业)	配备件合计	t	121292.4	
		铸钢件	t	24620.1	
		高低铬件球	t	82102.6	
		锻钢球	t	430	
		加工配件	t	14139.7	
	机械工业部	水泥设备	t	72031	180.9
		其它建材设备	t	39891	132.2
建筑工程机械	机械工业部	推土机	t	60039	78.2
		装载机	台	14138	53.6
		塔式起重机	台	699	140.2
		打桩机	t	355	70.7
		打夯机	t	1059	4
		搅拌机	t	16490	−1.3
		振动器	t	23510	136.6
		钢筋弯曲机	t	4190	118.2
		钢筋切断机	t	10403	7.6倍
		水磨石机	t	394	4.8倍
		风动工具	台	163042	38.4
	交通部	路面施工机械	台(套)	4565	18.3
		用于高等级公路沥青砼搅拌设备	套	22	22.2
		沥青砼摊铺机	台	20	42.8
		路面养护机械	台	10200	14.4
		运料车	台	15284	74.5
		公路桥梁机械	台(套)	2330	8.8
		桥梁支座	座	5506	
		伸缩缝装置	延米	4242	
		公路路政设备	台	1643	43
		公路工程检测仪器	台	2250	−3.1
	电力工业部	砼泵	台/t	200/1950	108.3
		门机等	台/t	18/803	96.0
		施工机械	t	1955	88.5
		压路机械	台	141	45.3
		塔式起重机	台/t	1/744	100.0
粮油机械	机械工业部 (97个企业)	粮食加工机械	台	218819	−0.6
		碾米机	台	114755	3.7
		磨粉机	台	45238	−25.7
		油料加工机械	台	25225	−44.8
食品机械	机械工业部	合计	台	193121	−6.0
		制糖设备	台	1761	−21.0
		卷烟加工机械	台	1784	13.8
		酿造设备	台	214	−21.6
		乳制品加工机械	台	323	39.8
		蛋品加工机械	台	7083	−10.9
		豆制品加工机械	台	4997	−77.1
		米面食品加工机械	台	100347	130.7
		肉类加工机械	台	58777	−43
		果品加工机械	台	1387	103.9

(续)

行业	部门	产品名称	单位	产量	比上年增长%
食品机械	机械工业部	糖果糕点加工机械	台	2028	-63.9
		饮料机械	台	7834	1.0
		其他食品机械	台	6586	-42.2
	中国轻工总会	合计	t	54314	
		制糖机械	t	10064	
		制盐机械	t	1790	
		酿酒机械	t	17112	
		饮料机械	t	4020	
		罐头机械	t	5901	
		乳品机械	t	3863	
		其他食品机械	t	11564	
	中国船舶工业总公司	烟草机械	台	1221	-15.4
包装机械	机械工业部	合计	台	34166	87.5
		直接包装机械	台	25097	139.6
		间接包装机械	台	9069	16.5
纺织机械	中国纺织总会	合计	t	387826	
	机械工业部	合计	台	29499	-2.8
		棉纺机械	台	3745	-12.4
		毛纺机械	台	562	50.7
		针织机械	台	7861	-32.9
		麻纺机械	台	1471	12.9
		丝绸机械	台	777	-27
		合成纤维设备	台	40	-72
		印染整理设备	台	580	-20
		纺织生产专用设备	台	12502	3.8 倍
	中国有色金属工业总公司	粗纺机	台/t	20/200	
轻工机械	中国轻工总会	合计	t	272338	
		造纸机械	t	67236	
		皮革加工机械	t	24840	
		日用陶瓷机械	t	50004	
		日用玻璃机械	t	9659	
		自行车、缝纫机加工机械	t	3761	
		灯泡机械	t	1694	
		家具机械	t	7592	
		服装加工机械	t	12680	
		五金加工机械	t	18372	
		工艺美术机械	t	3177	
		其他轻工机械	t	73323	
	机械工业部	造纸机械	台	1580	2.2
		皮革机械	台	591	70.8
		陶瓷机械	台	628	23.1
		玻璃机械	台	606	76.2
		制鞋机械	台	914	-20.2
日用机械	中国轻工总会(系统内产量)	自行车	万辆	3690.29	1.0
		缝纫机	万架	708.23	-3.8
		家用缝纫机	万架	545.11	-12.5
		表	万只	4721.29	12.0

(续)

行业	部门	产品名称	单位	产量	比上年增长%
日用机械	中国轻工总会(系统内产量)	手表	万只	4550.43	9.1
		机械手表	万只	2530.00	-7.5
		石英电子手表	万只	2020.43	40.8
		钟	万只	2289.92	-16.3
		机械闹钟	万只	1463.14	-5.4
		石英电子钟	万只	671.71	-34.0
		定时器	万个	1167.04	-14.8
		洗衣机用	万个	610.40	-6.3
		电风扇用	万个	284.63	-46.9
		打字机	万架	31.83	57.8
	中国轻工总会(归口产品产量)	自行车	万辆	4157.60	1.8
		缝纫机	万架	830.20	-0.4
		家用缝纫机	万架	579.92	-13.7
		表	万只	19276.63	122.6
		手表	万只	15118.55	75.6
		机械手表	万只	3433.05	5.3
		石英电子手表	万只	11685.50	118.4
		钟	万只	3293.69	-18.0
		机械闹钟	万只	1510.20	-6.1
		石英电子钟	万只	1514.65	-31.6
		定时器	万个	1423.71	-10.8
		洗衣机用	万个	866.70	2.7
		电风扇用	万个	284.63	-49.9
		打字机	万架	65.32	62.9
	机械工业部	自行车	辆	265514	-57.8
		缝纫机	架	238092	-36.8
家用电器	中国轻工总会(归口产品产量)	家用电冰箱(容积 500L 及以下)	万台	598.51	23.2
		家用冷冻箱(容积 500L 及以下)	万台	206.88	51.3
		房间空气调节器(制冷量 12kW 及以下)	万台	346.80	119.6
		电风扇	万台	7387.27	8.0
		电饭锅	万个	2347.58	89.6
		电烤箱	万个	53.60	
		电灶	万台	127.69	37.2
		排油烟机	万台	428.53	84.4
		家用洗衣机(洗衣容量 8kg 及以下)	万台	888.39	25.5
		吸尘器(交流电式)	万台	148.23	31.3
		电熨斗	万个	2204.48	28.0
		家用电冰箱压缩机	万台	526.66	37.1
		家用电冰箱温控器	万台	1277.94	89.0
	中国轻工总会(系统内产量)	家用电冰箱(容积 500L 及以下)	万台	341.61	39.6

(续)

行业	部门	产品名称	单位	产量	比上年增长%
家用电器	中国轻工总会(系统内产量)	单门电冰箱	万台	77.52	86.3
		双门电冰箱	万台	262.54	29.9
		家用冷冻箱(容积 500L 及以下)	万台	129.35	12.4
		房间空气调节器(制冷量 12kW 及以下)	万台	133.27	69.8
		电风扇	万台	1776.60	−12.1
		台扇	万台	357.18	−25.0
		吊扇	万台	573.98	−21.5
		落地扇	万台	435.84	2.2
		电饭锅	万个	517.80	23.0
		电灶	万台	35.23	12.5
		排油烟机	万台	230.07	19.2
		家用洗衣机(洗衣容量 8kg 及以下)	万台	769.61	26.8
		双桶洗衣机	万台	626.03	17.7
		套桶洗衣机	万台	118.67	112.4
		吸尘器(交流电式)	万台	114.07	30.0
		电熨斗	万个	638.00	−8.1
		电吹风	万个	26.31	−72.3
		家用电冰箱压缩机	万台	338.19	46.0
		家用电冰箱温控器	万台	149.91	12.3
	机械工业部	家用电冰箱	万台	166	29.7
		洗衣机	万台	44.9	36.1
		电风扇	万台	775	3.9
		空气调节器	万台	32.9	112.3
		吸尘器	万台	1.4	−87.3
		电熨斗	万个	48.6	−12.9
印刷机械	机械工业部	合计	t	76817	21.8
		印刷机	t	44206	18.1
		制版设备	t	1017	−38.3
		装订机械	t	9191	34.7
医疗器械	交通部	医用高压氧舱	套	15	
水工机械	机械工业部	启闭机械	t	9158	−58.6
环境保护设备	机械工业部	合计	t	66682	27.8
		机械除尘设备	t	12473	21.2
		电除尘设备	t	36134	51.2
		水处理设备	t	12832	25.2
		噪音控制设备	t	797	63.7
		气体净化设备	t	4152	5.8
	电力工业部	电器除尘器	台/t	2/1462	
		清污机	台/t	13/143	
		化水设备	台/t	582/2651	
		负压除灰设备	台	401	
		消声器	台	351	
		清洗装置	套	37	
消防设备及器材	公安部	消防车	辆	1222	−15.4

(续)

行业	部门	产品名称	单位	产量	比上年增长%
消防设备及器材	(部直属厂)	消防机动泵	台	631	−36.9
		泡沫灭火设备	台(支)	12425	50.2
		自动灭火设备	套	2183	54.9
		灭火器	万具	13.98	−11.1
	中国核工业总公司	火灾报警器	台	7467	94.0
		报警探头	个	136321	60.9
邮政机械	邮电部	皮带机	台	4	
		链板机	台	8	
		中高速分拣机	台	1	
		粗分机	台	3	
		推挂机	套	6	
		推挂机电控	台	7	
		捆轧机	台	1321	
		电子包裹收寄机	台	237	
		电动日戳	台	1058	
		包裹吸尘开拆台	台	3	
		条码挂号登单机	套	1	
		挂号函件自动登单机	台	148	
铁路机车车辆	中国铁路机车车辆总公司	电力机车	台	220	
		SS_3 型	台	120	
		SS_4 型	台	60	
		SS_{4B} 型	台	40	
		内燃机车	台	670	
		DF_{4B} 型	台	389	
		DF_{4C} 型	台	30	
		DF_5 型	台	81	
		DF_7 型	台	15	
		DF_{7B} 型	台	67	
		DF_{7C} 型	台	10	
		DF_8 型	台	16	
		DF_{11} 型	台	1	
		蒸汽机车	台	32	
		客车	辆	1847	
		25 型软卧车	辆	107	
		25 型软座车	辆	46	
		25 型硬卧车	辆	307	
		25 型硬座车	辆	246	
		22 型硬卧车	辆	287	
		22 型硬座车	辆	406	
		双层客车	辆	164	
		准高速客车	辆	40	
		货车	辆	28968	
		敞车	辆	16827	
		平车	辆	1950	
		罐车	辆	3498	
		保温车	辆	350	
		轨道吊车	台	34	
		与主机配套产品			

(续)

行业	部门	产品名称	单位	产量	比上年增长%
铁路机车车辆	中国铁路机车车辆总公司	各型柴油机	台	105	
		16V240	台	94	
		各型硅整流柜	台	98	
		各型硅机组	组	241	
		DF_4 硅机组	组	137	
		DF_5 硅机组	组	24	
		DF_7 硅机组	组	80	
		各型电机	台	4230	
		46kW 发电机	台	10	
		80kW 发电机	台	593	
		45kV·A 励磁电机	台	585	
		410kW 牵引电动机	台	2598	
		3000kV·A 主发电机	台	444	
		各型电控	套	384	
		非主机配套件			
		各型增压器	台	1016	
		闸瓦间隙调整器	组	26419	
		客车滚动轴承	套	24018	
		197726 货车滚动轴承	套	146291	
		万能杆件	t	2436	
		电瓶叉车	台	86	
	电力工业部	煤炭漏斗车	辆	138	19.0
汽车	机械工业部	载货汽车	辆	526909	33.7
		越野汽车	辆	44116	1.1
		自卸汽车	辆	39947	21.1
		牵引汽车	辆	4920	5.9 倍
		客车	辆	74334	−6.8
		轿车	辆	201868	30.3
		改装汽车	辆	90475	27.4
		汽车配件	万元	2295489	43.1
	中国有色金属工业总公司	自卸汽车	辆	1198	
		载重汽车	辆	62	
		挂车	辆	1	
		净化车	辆	4	
		铝厂专用车	辆	18	
	电力工业部	挂车	台	58	12.9
		高空带电作业工程车	辆	3	26.8
摩托车	机械工业部	合计	辆	605419	68.2
		二轮摩托车	辆	541839	75.3
		三轮摩托车	辆	57785	53.1
工矿车辆	机械工业部	工矿电机车	辆	600	−33.3
船舶	中国船舶工业总公司	船舶	艘/万综合吨	207/133.67	52.2/19.5
		货轮	艘/万载重吨	56/112.82	64.7/15.0
		客轮	艘/万满载吨	9/1.24	125.0/−19.5
		拖轮	艘/万满载吨	11/0.54	175.0/170.0
		渔轮	艘/万满载吨	12/0.30	−14.3/−21.1
		驳船	艘/万载重吨	49/6.85	25.6/−11.7
		其他船	艘/万综合吨	70/11.92	70.7/204.1
		柴油机	台/万 kW	907/83.8	65.2/37.1

(续)

行　业	部　门	产品名称	单　位	产　量	比上年增长%
救捞潜水设备	交通部	69-Ⅳ、DY-Ⅰ潜水装具	套	600	-11.9
		BJ-Ⅰ保温救生服	套	700	-47.4
		潜水胶管	套	323	-32.1
		潜水对讲电话	台	420	-4.5
		HK 空气呼吸器	套	800	42.1
		浮筒管	套	750	-50
		水下割刀	把	249	-49
		咬嘴呼吸器	只	1477	128.6
		TF 潜水帽	顶	582	63.0
		TF 潜水衣	件	1815	-19.0
		TF 潜水鞋	双	425	-34.7
		TF 潜水压铅	副	226	-62.0
		TF 潜水胶管(60m)	根	350	10.0
		TF 腰节阀	只	681	20.0
		QDS 潜水对讲机	台	599	-24.9
		电动供气泵	台	27	3.8
		机动供气泵	台	85	-35.0
		毛线保暖服	套	201	-8.0
		减压舱	套	3	
工业锅炉	机械工业部	工业锅炉	蒸吨	61196	12.6
工业汽轮机	机械工业部	工业汽轮机	万 kW	39.8	-3.9
发电设备	机械工业部	发电设备合计	万 kW	1464	35.4
		水轮发电机组	万 kW	271	48.9
		汽轮发电机	万 kW	1109	23.4
		电站锅炉	蒸吨	55339	23.4
		电站汽轮机	万 kW	1183	14.9
电机	机械工业部	一般交流发电机	万 kW	917.8	33.1
		大中型交流电动机	万 kW	1028	21.6
		小型交流电动机	万 kW	4682	64.5
		直流电机	万 kW	178	39.4
		分马力电机	万台	652	1.6
		微电机	万台	515	124.9
	煤炭工业部	煤矿防爆电机	万 kW	58.22	-28.3
高压输变电设备	机械工业部	变压器	万 kV·A	12507.9	40.2
		互感器	台	938362	6.5
		感应调压器及移相器	万 kV·A	117	35.4
		电抗器	组	925	98.5
		高压断路器	台	64354	57.1
		柱上油开关	台	8245	2.5
		高压负荷开关	台	13547	39.1
		高压隔离开关	组	150090	25.1
		高压熔断器	万只	115.8	1.6
		高压接触器	台	932	-43.6
		高压开关板	面	55763	40.1
		高压综合起动器	台	650	57.4
		高压防爆配电装置	台	57	-79.3
		高压电瓷	t	112475	13.3
		避雷器	万只	107	29.5
		电力电容器	万 kvar	4239	62.9

(续)

行业	部门	产品名称	单位	产量	比上年增长%
高压输变电设备	机械工业部	电力整流器	万 kW	290	143.7
	电力工业部	变压器	万 kV·A	326	42.2
		互感器	台	1208	41.1
		电力开关	台	221	2.8
		电瓷	t	2994	18.5
		合成绝缘子	支	27259	72.7
		电抗器	万 kV·A	29	4.1
		阻滤波器	台	4532	22.4
		保护继电器及装置	台(套)	2409	83.6
		高压输变电线路用铁塔和金具	t	68861	3.5
		电杆	根	74035	6.3
低压电器	机械工业部	低压电器主要元件	万件	5754	9.1
		低压电器一般元件	万件	6524	61.6
		低压开关板	面	171180	17.1
		继电保护屏	面	26678	24.9
		电气传动控制屏	面	42167	37.4
		保护及自动化继电器	万只	241.4	1.2
		防爆磁力起动器	台	28644	−8.3
		防爆自动开关	台	3375	−64.8
		防爆电器元件	万件	9	−41.2
		低压电瓷	t	23144	−1.9
防爆电器	机械工业部	矿用隔爆型高压配电装置	台	2024	−29
		矿用隔爆型电磁起动器	台	59632	−18
		矿用隔爆型馈电开关	台	10678	−24
		防爆成套电控设备	套	1867	−33
		防爆继电器	台	3897	−38
		矿用隔爆型变压器综合装置	台	3689	−12
		防爆接线盒	台	302487	−9.8
		防爆主令电器	台	124986	−8.2
		防爆插销及插销开关	台	33467	−8.5
电力电子器件与装置	机械工业部	电力电子器件	万只	102	−33.2
		电力电子装置	万 kvar	134.6	30.3
电线电缆	机械工业部	钢芯铝绞线	t	118938	7.6
		布电线	km	2649959	5.3
		电力电缆	km	129288	−53.8
		通信电缆	km	268302	6.5 倍
		电磁线	t	98427	2.2
绝缘材料	机械工业部	合计	t	43489	−9.4
电碳制品	机械工业部	合计	t	7084	120.3
蓄电池	机械工业部	铅酸蓄电池	万 kVA·h	650	9.2
		汽车蓄电池	万 kVA·h	571	11.3
	中国船舶工业总公司	铅酸蓄电池合计	万只/万 kVA·h	114.66/127.26	31.4/43.5
		汽车蓄电池	万只/万 kVA·h	94.85/94.53	29.4/23.6
		搬运车蓄电池	万只/万 kVA·h	8.18/5.9	−18.9/−18.3
		船用蓄电池	万只/万 kVA·h	1.71/11.34	−54.0/−30.0
		其他用蓄电池	万只/万 kVA·h	7.26/10.87	17.7/13.8
电焊机	机械工业部	合计	台	119669	18.6

(续)

行业	部门	产品名称	单位	产量	比上年增长%
电焊机	机械工业部	特殊电焊机	台	1755	10.7
		自动及半自动焊机	台	9667	41.8
		接触电焊机	台	7951	15.6
工业电炉	机械工业部	真空电炉	台	146	64
		电弧炉	台	106	186.5
		工业电阻炉	台	2057	−12.2
		中频电炉及成套装置	台	1377	56.1
		非标准电炉	台	1427	27.5
		实验室电炉	台	5048	−12.4
电工专用设备	机械工业部	合计	t	20490	32.3
通用仪器仪表	机械工业部	工业自动化仪器仪表	万台(件)	1998	−19.6
		电工仪器仪表	万台(只)	2732	−0.9
		分析仪器	台	58345	−13.4
		光学仪器	台	601520	13.5
		试验机	台	25880	5.9
		实验仪器装置	台	641235	66.5
照相机械	机械工业部	照相机合计	架	1786556	41.7
		135 普通照相机	架	1351477	25.6
		照相器材合计	台	905805	135.9
		镜头	台	761692	196.1
		放大机	台	4904	8.5 倍
复印缩微设备	机械工业部	复印机	台	48869	23.7
		硒静电复印机	台	4424	31.6
		缩微机械	台	132	57.1
电影机械	机械工业部	合计	台	89128	15.6
		放映设备	台	5192	−57.8
		电教设备	台	69458	22.2
		剪辑、扩片及胶片制作设备	台	229	−34.4
		镜头	只	5333	−29.9
衡器	中国轻工总会(系统内产量)	工业用衡器	万台	2.8	3.2
		商业用衡器	万台	226.7	10.9
		特种衡器	万台	14.9	−8.3
	中国轻工总会(归口产品产量)	大型及大型专用衡器	万台	3.87	12.2
		台秤、案秤	万台	277.92	26.1
		小型专用衡器	万台	20.21	−1.0
教学仪器设备	国家教委	教学仪器设备	万台(件)	1638	13.0
	机械工业部	教学仪器	台	382876	12.2 倍
专用仪器仪表	机械工业部	合计	台	863645	86.2
		农、牧、渔仪器仪表	台	276042	−0.2
		石油仪器仪表	台	12779	20
		医疗仪器仪表	台	10103	74.1
		动力机测试仪器	台	1929	−6.5
		气象仪器	台	52284	−13.8
	地质矿产部	地质仪器		16018	459.7
		磁法仪器	台	370	469.2
		电法仪器	台	881	147.5
		测震仪器	台	4467	—
		测井仪器	台	1115	213.2

(续)

行业	部门	产品名称	单位	产量	比上年增长%
		光学仪器	台	5159	-28.4
		地质罗盘	台	4026	-20.4
		实验室分析仪器	台	176	35.4
		泥浆分析仪器	台	2090	153.0
专用仪器仪表	地质矿产部	钻探仪表	只	7380	57.5
		石油分析仪器	台	22700	1016.6
	电力工业部	大坝仪器	台	5210	-21.5
		土工仪器	台	251	258.6
		继电保护仪器	套	2225	39.2
		调度自动化仪器	套	91	18.2
		厂站自动化仪器	套	623	-8.8
		水文仪器	台	8987	61
		模拟屏	套	63	50
		广告屏	套	3	-40
		变送器	台	24	—
		电能表	只	82801	78
		测振仪	台	28	30.1
		盘、柜	面	184	—
	中国石油天然气总公司	石油专用仪器仪表	台(套)	889933	18.3
	煤炭工业部	煤矿专用仪器仪表合计	台(套)	291530	-35.3
		煤矿安全仪器	台(套)	256128	-41.1
		物探仪器及附件	台(套)	3910	-0.1
		发爆器	台(套)	31329	
		其他仪器	台(套)	163	
仪器仪表元器件	机械工业部	合计	万件	72702	99
仪器仪表材料	机械工业部	合计	t	3035	15.4

注：附表1、2、3、4、6中机械工业部数据由该部经济信息统计中心提供。附表5中机械工业部数据由该部生产与信息统计司提供。表3中全员劳动生产率应按工业增加值计算，但个别的有按工业总产值计算的。

〔责任编辑：申建丽和行业稿的责任编辑〕

机械产品经济规模标准

机械工业部于1991年初完成第一批17种机械产品的经济规模标准的制定工作，1993年6月10日已完成第二批18项产品（工艺）的经济规模标准的制定工作，并予以公开发布。第三批10种产品的经济规模标准正在制定。在考虑机械工业产品结构调整，特别是提出和审批技改项目、固定资产投资项目时，要应用机械产品经济规模标准的研究成果。具体情况见下表。

第一、二批公布的机械产品经济规模标准

序号	产品	单位	适度经济规模标准	起始规模
	第一批			
1	轿车	万辆	30	15
2	轻型载货车	万辆	10～12	5～6
3	两轮摩托车	万辆	20	
4	叉车	万台	1	0.4
5	小功率单缸柴油机 中等功率多缸柴油机	万台 万台	10 3	5 1
6	小型拖拉机	万台	3	1
7	交流接触器 塑壳式断路器	万台 万台	4～120 30～60	
8	中小型电机	万kW	50～60	25～30
9	工业锅炉（4～20t／h快装炉）	蒸吨	2000～3000	
10	中小型变压器	万kV·A	200～300	50
11	冰箱压缩机	万台	100	
12	静电复印机	万台	2～3	
13	平视取景照相机 单镜头反光照相机	万架 万架	30 10	15 5
14	轴承	万套	300	150
15	力士乐阀（液压件类） 威格斯齿轮泵（液压件类）	万台 万台	20 10	
16	磨料	t	5000～7000	2500
17	电梯	台	2000	
	第二批			
1	工程起重机	台	2000	1000
2	单级清水泵	万台	5	1
3	一般离心轴流风机	台	10000	6000
4	直列泵（油泵油嘴类） 油嘴偶件（油泵油嘴类）	万台 万副	10 80	10 80
5	谷物联合收割机	台	6000	2000
6	铅酸蓄电池	万kVA·h	30	
7	潜油电泵	套	2000	500
8	中型树脂砂工艺铸造车间 大型树脂砂工艺铸造车间	t t	3500～5000 8000～10000	
9	连杆锻件专业生产	万件	50	30
10	民用单相电度表 工业用三相电度表	万只 万只	50 25	35
11	活塞	万只	300	200
12	活塞环	万片	3000	2000
13	中小型缸套	万只	200	120
14	气门	万支	900	400
15	活塞销	万只	200	100
16	轴瓦	万片	1000	600
17	机床数控系统	套	7000	4000
18	普及型生物显微镜 实验室中档生物显微镜	万台 万台	5 1	3 0.6

正在研究经济规模的第三批机械产品

1. 装载机
2. 推土机
3. 轴向柱塞泵
4. 小缸径锻钢阀门
5. 注塑机
6. 内燃机曲轴
7. 普通级人造金刚石
8. 电线电缆
9. 电焊条
10. 轿车轴承

机械工业

发明及

优秀科研成果

第Ⅳ部分

发明项目　（1993 年）

国家发明奖评审委员会评审

1993 年度国家发明奖获奖项目共 175 项，其中二等奖 16 项、三等奖 74 项、四等奖 85 项，公布了 140 项。现将与机械工业有关的 60 项刊登如下，其中二等奖 4 项、三等奖 26 项、四等奖 30 项。

序号	项目名称	发明者	获奖等级	申报部门
1	筒式蜂窝育苗纸容器制作机和纸筒制造方法	广西壮族自治区林业科学研究所，邹诚、覃文能、蒙祥隆、张世富、甘福丁、李勇江	四	广西壮族自治区科委
2	高速精密排种器及应用	吉林工业大学，马成林、张守勤、厉兴民、李胜武、马　旭、左春柽	三	机械工业部
3	棉花下脚料回收机	潍坊市寒亭第一棉油厂科研所，吕文玉、张守庆、王瑞章、牟海平、李晓涛、李祥芝	四	山东省科委
4	JFZ20 复合转毂式矫直机	东北大学、阜新冶金备件厂、上海第五钢铁厂，崔甫、张树锁、刘树桐、王少恕、杨会林、荣福贵	三	辽宁省科委
5	KJ-GW200 型拱形支架滚弯机	开滦矿务局机电厂，吴在善	四	中国统配煤矿总公司
6	防空化型高压差调节阀	上海工业自动化仪表研究所，晏泽荣	三	机械工业部
7	门式起重机矿车三功能安全定位器	辽宁省华侨应用技术研究所，隋明祥、刘玉贞、贾国贤、陈明秀、蒋金福	四	辽宁省科委
8	钻井法凿井废弃泥浆的控制与处理技术及装置	煤炭科学研究总院北京建井研究所、两淮煤矿特殊凿井公司，柏万禄、陶如山、陈瑞孟、董贻直、杨锡芳、王秋敏	二	中国统配煤矿总公司
9	风力微粉选分机技术	唐山钢铁公司，刘子太、魏岷山、王继俊	四	冶金工业部
10	白钨精矿与黑白钨混合矿碱分解方法及设备	中南工业大学、平桂矿务局珊瑚矿，李洪桂、刘茂盛、思泽金、戴朝嘉、何雅康	二	中国有色金属工业总公司
11	工业电解 MnO_2 用钛基钛锰合金电极	北京有色金属研究总院，董俊卿、余秀时、胡永海、王占祥、郑宗禹、潘德明	三	中国有色金属工业总公司
12	Lan257c 法尿素设备化学精洗技术	化学工业部化工机械研究院，魏　刚、李德福、姜少华、黄畯　、陈新民、陈小为	三	化学工业部
13	无粘结剂球形 A 型分子筛及制造方法	金陵石油化工公司炼油厂，李善安、唐　超、李光族、林羡石、李燕民、彭爱民	三	中国石油化工总公司
14	周期式振动高梯度磁选机分选瓷泥的新工艺	中南工业大学、湖南省醴陵瓷土研究所，彭世英、文南、全自生、刘树贻、曹卓明	四	湖南省科委

(续)

序号	项目名称	发明者	获奖等级	申报部门
15	高效气浮技术与成套设备	冶金工业部建筑研究总院，许　志、姚剑锋、何莉、陶松松	三	冶金工业部
16	聚丙烯腈预氧化纤维针刺整体毡及针刺机	上海市纺织科学研究院，张永年、孙晋良	三	上海市科委
17	薄板卷制罐体纵缝对接焊的对接输送装置	江西省轻工业机械厂、华中理工大学，戴梦周、刘国梁、江敦锦、张新华、蒲万林、肖　敏	四	江西省科委
18	银盐平印版材及其工艺方法	中国印刷科学技术研究所，黄颂安、哈惠荣	三	新闻出版署
19	手残指延长器的研制与应用	第二军医大学附属长征医院，侯春林、范大鹏、蔡珍福、郃勇华、刘　岩	四	总后勤部
20	阴茎龟头打孔器	广州军区第一五七中心医院，何恢绪、袁松坡、蔡波、胡建波	四	总后勤部
21	野战胸肋骨牵引器	中国人民解放军空军总医院，解士胜	三	总后勤部
22	三维踝关节复位固定器	天津医院骨伤科学研究所，辛景义、张铁良、韩　慧	三	天津市科委
23	多功能骨铣刀	中国人民解放军第一八〇医院，魏培德、马国棣、廖华生、徐新华	三	总后勤部
24	谐波起动的绕线型感应电动机	华中理工大学，许实章、王雪帆、于克训、何传绪	二	国家教育委员会
25	自制动三相异步电动机	山西矿业学院、西山矿务局机修厂，王振民、解太成、武兴华、陶金章、秦国山、边志华	三	山西省科委
26	稀土永磁高效节能纺织电机	西北工业大学，蒋宗荣、米春亭、窦满锋、罗　兵	二	航空航天工业部
27	高效步进电机驱动电源	南京航空学院，韩文卿	四	航空航天工业部
28	石英钟模拟日照规律的自动开关	天津市电力工业局路灯管理处，王伟仁	四	天津市科委
29	中心锥形槽状光敏门极的大功率光控双向晶闸管	吉林大学，赵善麒、高鼎三	四	国家教育委员会
30	JBX 薄板电焊机和特细焊条的制造工艺及设备	浙江省金华专利技术开发研究所，倪雪丰、倪雪荪、倪　捷、胡继红	三	浙江省科委
31	预测干电池间歇放电容量的方法和仪器	湖南轻工研究所，彭宏熙、徐伯南、涂华林、潘惠娣、彭金莲	四	轻工业部
32	高性能铟镓砷 MSM 光电探测器	上海交通大学，史常忻、王庆康	四	上海市科委
33	温度补偿型光频分复用鉴频器	清华大学，张汉一、柴燕杰、谢世钟、孙　波、周炳琨	四	国家教育委员会
34	无盲区一次拍照激光轮胎无损检测仪	化学工业部曙光橡胶工业研究所，葛方兴、李文渊、陈绍新、熊显名	四	化学工业部
35	低压离子色谱技术及仪器	成都科技大学，张新申、蒋小萍	三	成都市科委

(续)

序号	项目名称	发明者	获奖等级	申报部门
36	单波长、双通路时间分辨背景校正原子吸收光谱分析技术	中国人民解放军第二〇二医院，张湘、刘长江、张宁	三	总后勤部
37	磁头定位系统在线测试方法及仪器	华中理工大学，裴先登、谢长生、胡亦鸣、刘本喜、梅松、夏南	三	国家教育委员会
38	用改进型修正哈达玛方差、加权可逆计数器的自动频稳测量仪	电子科技大学，张有正、周正中、袁家樾、吴德明	三	机械工业部
39	镜板平面度测量仪	清华大学，刘兴占、梁晋文	四	国家教育委员会
40	电缆故障测距仪	淄博科汇电力仪器研究所，徐丙垠、王光柱、葛耀中、贾玉明、朱锡贵	四	山东省科委
41	勘探钻空无电缆遥测系统	国防科技大学精密机械与仪器系、湖南省煤炭科学研究所，刘文彦、刘湘柱、果明明、杨振文、唐波	四	国防科学技术工业委员会
42	模拟钻井泥浆动失水仪	江汉石油学院，章贻俊、李淑廉、胡三清、孙天锡	四	中国石油天然气总公司
43	地下输油管堵点探测方法及仪器	西安交通大学、59264部队司令部、59264部队后勤部，刘文江、屈景辉、陈韵笙、包楚忠	四	陕西省科委
44	激光精密探测重水位方法和装置	北京光电技术研究所，王洪烈、李晓梅、赵晨	四	北京市科委
45	光电式纱锭测振仪	中国航空精密机械研究所，饶炽昌、王文绵、刘建华、黎规让、朱德昭	四	航空航天工业部
46	铜铬铁真空触头材料	冶金工业部钢铁研究总院、西安高压电器研究所，吕大铭、凌贤野、唐安清、张桂芬、周武平、杨曼	三	冶金工业部
47	铜基合金电触头材料	苏州合金材料厂，李业建、范莉徐、锦祥、张虎根	四	江苏省科委
48	N型热电偶用补偿导线的合金丝	天津市电工合金厂，陈鸿德	四	天津市科委
49	三感觉智能抓取系统	杭州电子工业学院，何发昌、罗志增、邵远、毛希祥、寿庆丰	三	机械工业部
50	小样本电脑信号处理方法及系统	北京理工大学，吴祈耀、戴银涛	三	北京市科委
51	铝及铝合金碱性化学抛光	北京航空航天大学，于维平、何业东	四	航空航天工业部
52	螺旋金属丝冷拔工艺及陶瓷模具	山东工业大学，李庆吉、孙康宁、刘援朝、王昕、李春胜、越天平	三	山东省科委
53	辊式炉前燃煤成型装置	浙江大学燃料利用研究所，张学宏、曹源泉、郑航、任有中、顾战	四	浙江省科委
54	LJJ-10D、LJJ-100B多机理高精度净油机	中国人民解放军工程兵学院，龚烈航、王立源、张铺全、石玉祥、王长福、钱月明	四	总参谋部

(续)

序号	项 目 名 称	发 明 者	获奖等级	申报部门
55	电解活化助镀剂法热镀铝锌合金及其工艺	山东工业大学，虞万钟、孙 瑛、张长桥、杨自力	三	山东省科委
56	氮化硼—氮化硅薄膜陶瓷强化金属表面技术	合肥工业大学，汪树成	三	机械工业部
57	SA-1 无机防腐涂料	北京航空材料研究所，杨树梅、杨忠林、余霞飞	三	航空航天工业部
58	吸振式系列振动筛	华东交通大学，包忠有、刘绚兮、叶树兴、李子君	四	江西省科委
59	摩擦焊焊接接头形变热处理方法与装置	哈尔滨焊接研究所，任希凡、张忠信、王兴斌、王善元	四	机械工业部
60	核电站定位格架用镍基钎焊料	冶金工业部钢铁研究总院，丁立平、姚凤芝、郭育琴、韩大用、余英荃	三	冶金工业部

〔国家科学技术奖励工作办公室供稿〕

获国家科技进步奖项目（1993年）

国务院和国家科学技术进步奖评审委员会审批、核准

经国务院和国家科学技术进步奖评审委员会审批、核准，授予1993年国家级科技进步奖的科技成果334项。其中特等奖1项、一等奖19项、二等奖91项、三等奖223项。现将与机械工业有关的114项刊登在本刊《年鉴》上，其中，一等奖6项，二等奖34项，三等奖74项。各行业获国家科技进步奖项数见下表。

行业	获奖项数	行业	获奖项数	行业	获奖项数
农业机械	3	建筑工程机械	2	发电设备	3
畜牧机械	1	粮油机械	1	高压输变电设备	1
木材工业机械	1	食品机械	1	电器控制成套设备	1
金属切削机床	1	纺织机械	3	电力电子器件与装置	1
锻压机械	2	轻工机械	2	蓄电池	1
量具刃具	1	家用电器	1	通用仪器仪表	10
通用机械	1	印刷机械	1	照相机械	1
起重运输机械	1	医疗器械	3	专用仪器仪表	5
矿山及煤矿机械	6	制药机械	2	电子测量仪器	4
重型机械	3	环境保护设备	5	仪表材料	1
石油化工设备	12	汽车	1	工业机器人	1
橡胶、塑料机械	1	船舶	3	飞机	2
建筑材料机械	2	救捞潜水设备	1	其他	23

行　　业	项　目　名　称	主要完成单位及人员	获奖等级	申报部门
农业机械	5SJC150-700 型蔬菜种子加工成套设备	中国农业机械化科学研究院、机械工业部呼和浩特牧机所、上海向明机械厂、酒泉种子机械厂、藁城河北收割机厂、镇江脱粒机厂、通县农机修造厂，黄兴国、米彩林、苏迎晨、董忠义、孙　明、王　金、武林华、牟仁生、伊　兰	二	机械工业部
	棉花轧花新工艺及成套设备	山东棉花机械联营公司，徐毅厚、俞忠起、黄俊强、吴俊英、岳宏壮、郭华林、王锡忠、崔新年、孟广戚	二	山东省
	ZPS8-400 双钩型织网机	中国水产科学院渔业机械仪器研究所、江苏省张家港市渔业机械厂，竹润华、周　彤、钱康全、陈丽艳、俞坚平	三	农业部
畜牧机械	鸡粪快速烘干成套设备与技术	中国农业工程研究设计院，韩　捷、尚允华、国清金、孙德明、李秀金	三	农业部
木材工业机械	BSG2713、BSG2613 双面定厚宽带砂光机的研制	林业部苏州林业机械厂，李　道、徐载慈、陈玉墩、刘加俭、阮金明	三	林业部
金属切削机床	高平均功率 ND：YAG 激光加工机	机械电子工业部第 11 研究所，杨逸民、张明瑜、周光辉、刘家彬、倪成龙	三	机械工业部
锻压机械	多工位无偏载三动模锻液压机技术研究与实践	洛阳轴承厂，易明道、陈　岗、郭金萍、许大才、王鲜霞	三	河南省
	J47-1250／2000 闭式四点双动拉伸压力机	济南第二机床厂，路玉勤、张一恩、杨超云、苏守坤、刘　川	三	机械工业部
量具刃具	涂层硬质合金刀片成套技术及装备研究	机械工业部成都工具研究所，马文存、蔡玉兰、沈维鸿、刘云聪、薛　屺	三	机械工业部
通用机械	长江科学院大型离心机及试验技术	长江水利委员会长江科学院，王学东、王慧华、史鹤松、邹向荣、饶锡保	三	水利部
起重运输机械	大宗散货高效连续卸船机及自动控制装置研制	武汉水运工程学院、武汉钢铁公司，毕华林、蒋琼珠、朱　湘、李道贵、成善强	三	交通部
矿山及煤矿机械	厚煤层分层自动铺联网液压支架及配套设备	大同矿务局、北京煤矿机械厂、煤炭科学研究总院唐山分院、晋城矿务局、煤炭科学研究总院太原分院、苏南煤矿机械厂、郑州煤矿机械厂，朱世杰、任志本、蒲长晏、童明浒、毛信远、贺如松、饶明杰、关反日、孙英明、肖裕民、李立国、王明普、刘锦标、王　君、白希军、	一	中国统配煤矿总公司

(续)

行　业	项目名称	主要完成单位及人员	获奖等级	申报部门
矿山及煤矿机械	短壁工作面综采机组MGD150-NM采煤机	煤炭科学研究总院上海分院、辽源煤矿机械厂、窑街矿务局二矿，吴汉模、杨顺芳、张国伟、刘培英、孔祥周	三	中国统配煤矿总公司
	液压凿岩机具检验测试系统	煤炭科学研究总院北京建井研究所，郭孝先、王　路、王维华、王忠恕、张安民	三	中国统配煤矿总公司
	大型卧式沉降过滤式离心脱水机的研究	煤炭科学研究总院唐山分院、湖南株洲洗煤厂、西北煤机总厂一分厂，陈利冰、王　昱、李瑞和、张　立、梁福兴、张德威、张永胜、栗玉民、王景进	二	中国统配煤矿总公司
	大断面斜井机械化配套及快速施工工艺	大同矿务局、陕西省煤炭科学研究所、煤炭科学研究总院上海分院、山东矿业学院，李继权、刘绍发、杨维清、常乃惠、唐秦生、许　义、周　富、张芳庭、胡　峰	二	中国统配煤矿总公司
	高浓度全尾砂胶结充填新工艺和装备的研究	凡口铅锌矿、长沙矿山研究院、长沙有色冶金设计研究院，冯秋明、尹慰农、王之瑛、张文尚、高　泉	三	中国有色金属工业总公司
重型机械	宽带钢轧机变接触长度(VCL)支持辊与板形的研究	北京科技大学、武汉钢铁公司，陈先霖、郭　磊、唐永清、刘　禾、杨大可、钱治茂、王开梓、杨　荃、张清东、王元仲、徐　泷、王长松、陈宝官、张杰、崔振斌	一	冶金工业部
	钢锭轧前处理过程计算机控制	浙江大学、鞍山钢铁公司第一初轧厂，吕勇哉、王教宽、符雪桐、黄荣生、吴铁军、范小元、施寅威	二	国家教育委员会
	还原蒸馏联合法制取海绵钛工艺与设备	遵义钛厂、贵阳铝镁设计研究院、广州有色金属研究院、北京有色金属研究总院、东北工学院、中南工业大学，潘祖顺、孙昭雯、黄　森、解云飞、胡政誉、张听根、梁德忠、黄浦江、周新发	二	中国有色金属工业总公司

行　业	项　目　名　称	主要完成单位及人员	获奖等级	申报部门
石油化工设备	四川化工总厂年产20万t合成氨国产化装置	四川化工总厂、化学工业部第八设计院、锦西化工机械厂、南化公司化机厂、沈阳鼓风机厂、杭州汽轮机厂、四川化工机械厂、四川省化工设备机械厂、东方锅炉厂、第二重型机器厂，张　文、杨怀银、张炳鑫、刘力行、李景之、江季麟、刘德莹、洪学立、牟家珑、俞松樵、谢木喜、徐培勇、林运绰、赵明智、朱克伦	一	化学工业部
	国产化年产4.5万t裂解炉(H炉)	中国石化总公司、大庆石油化工总厂，王仲华、黄家昌、张清发、穆亚臣、王吉溪	三	中国石油化工总公司
	涂料专用搅拌釜优化研究、开发和系列产品设计	化学工业部第三设计院、浙江大学、北京化工学院、北京红狮涂料公司、上海涂料公司，朱九龄、王　凯、王英琛、朱桂尧、徐一人	三	化学工业部
	新型高效组合式换热器	郑州工学院、驻马店化工总厂，董其伍、刘敏珊、王定标、王学生、陈士杰	三	河南省
	SNC35−16Ⅱ型固井水泥车	江汉石油管理局第四机械厂，段孟安、唐　忠、周启鼎、尹文全、张玉敏	三	中国石油天然气总公司
	抽油机—深井泵装置系统效率研究	大庆石油管理局、大庆石油学院，王德民、胡博仲、崔振华、杨敏嘉、王玉山、陈家琅、郭世杰、侯华业、蔡　利	二	中国石油天然气总公司
	振荡脉冲射流喷嘴	西南石油学院、重庆大学、中原石油勘探局，廖荣庆、廖振芳、熊继有、彭邦文、陈德颉、唐川林、孙文涛、王光惠、舒世安	二	中国石油天然气总公司
	年产5000t邻二甲苯法制苯酐60g工艺生产装置	天津溶剂厂、化学工业部第六设计院、北京化工研究院、华南理工大学，张铁城、钟道迪、梁育德、张琮麟、裴德余	三	化学工业部
	丙烯腈复合萃取解吸分离新工艺5000t级工业试验	中国石化总公司上海石油化工研究院、中国石化总公司上海高桥石化公司化工厂，方永成、严令、林遇春、李斌华、江桂秀、张　晖、韩诚康、张宏根、万爱媛	二	中国石油化工总公司

(续)

行业	项目名称	主要完成单位及人员	获奖等级	申报部门
石油化工设备	石油炼厂催化裂化气分装置丙烯精制技术开发	北京化工研究院、中国石化总公司北京石油化工公司，陈齐、杨顺祥、王汉敏、王淑卿、于美玉	三	中国石油化工总公司
	计算机辅助设计在油田建设设计中的应用	大庆石油管理局油田建设设计研究院，邢英明、李景宝、张良杰、陈毓柱、郭殿杰、卜繁志、彭　满、张悦英、王鸿樨	二	中国石油天然气总公司
	新型纯碱蒸汽煅烧炉及其系统设备	江苏省化工机械研究所、杭州龙山化工厂、山东临沂化工机械厂，何大刚、王金尧、刘方春、胡国桢、刘宜健	三	化学工业部
橡胶、塑料机械	TXS-LL 电加热钢丝圈挤出联动生产线	天津橡塑机械厂，张芝泉、李建志、姚　栋	三	天津市
建筑材料机械	挤压粉磨新工艺及设备的研究	国家建材局合肥水泥研究设计院、国营海安建材机械厂、国营江阴市水泥厂，董宽良、包伟、熊焰来、李靖宇、董立珂、顾正义、周仁农、张永龙、汪玉海	二	国家建材局
	高强度 HS2 玻璃纤维成份及工艺技术、装备的研制	国家建材局南京玻璃纤维研究设计所，沈素珍、陈汉仪、何启美、张耀明、毕鸿章	三	国家建材局
建筑工程机械	QZ-1500 型工程潜水钻机	铁道建筑研究设计院、铁道部第十五工程局机械厂，赵青山、张贵瑞、李士杰、方伟国、张景炎	三	铁道部
	高层建筑钢结构成套技术	中国建筑技术发展研究中心、哈尔滨建筑工程学院、清华大学、北京建筑机械厂、北京市机械施工公司、同济大学、西安冶金建筑学院，蔡益燕、张耀春、方鄂华、沈祖炎、顾　强、范懋达、王康强、邱国桦、王用纯	二	建设部
粮油机械	日产 50、100t 碾米成套设备	湖北省粮食局机械厂，姚方、肖崇业、周立汉、万希武、谢雄武	三	商业部
食品机械	6GXT-2 浓缩果汁生产线成套设备	新疆机械研究所，关锡寿、朱振堂、胡呈祥、李望松、许俊雄	三	新疆维吾尔自治区
纺织机械	纺织 CAD 系统	浙江大学，陈　希、颜钢锋、诸葛振荣、沈加东、孙志锋	三	国家教育委员会

(续)

行　业	项　目　名　称	主要完成单位及人员	获奖等级	申报部门
纺织机械	纺牵一步法纺丝技术及设备	大连合成纤维研究所、张家港市中港纺织（集团）公司，郭大生、赵中伟、李　杰、钱龙飞、井孝安、叶锡平、汪嘉泽、许峰、董淑卿	二	纺织工业部
	LMA331-180、200型圆网印花机	黄石纺织机械厂，谢志龙、胡大宛、范仁欣、陈家康、黄新民、娄伯和、尹　强、田　洪、张　胜	二	纺织工业部
轻工机械	ZJL5型横管连续蒸煮器(50t／d漂白苇浆)	天津轻工业机械厂，王广维、陈松涛、张力宏、黄成希、王宣	三	轻工业部
	吊挂传输式服装生产系统	中国纺织大学、中国人民解放军第五七二〇工厂、中国人民解放军第三五〇六工厂，许树文、邢重光、应明尔、涂永祥、曹士鑫	三	纺织工业部
家用电器	BCD-212、BCD-220等系列冰箱向国际高档市场批量出口的综合技术的应用开发	青岛电冰箱总厂，张瑞敏、杨绵绵、武克松、邵明津	二	山东省
印刷机械	HSK660全自动糊书壳机	上海市印刷机械一厂，周勤甫、舒培淞、陈庚庭、王根生、张浩然	三	新闻出版署
医疗器械	高频通气膈肌起搏器	广州天河电子产品技术部，谢秉煦、练洪深、陈文元、练立、岑展鹏	三	广东省
	CWGP80型钴60远距离治疗机	中国核动力研究设计院、四川省肿瘤医院，曾国和、席　宁、曾燕先、吴大可、权茂坤	三	中国核工业总公司
	MW100微波肝脏手术仪	中国兵器工业第212研究所，余叔涵、胡稳心、宋蔚青、吴英洪、贾耀成	三	兵器工业总公司
制药机械	BXSZ1／20型安瓿洗干灌封联动机组	中南制药机械二厂，江志良、王业洲、王继新、王忠雄、赵华光	三	湖南省
	青霉素发酵多模型智能控制	清华大学、华北制药厂，朱善君、张曾科、李东久、任金生、曹竹安	三	国家教育委员会
环境保护设备	高炉系统配套消声器产品系列研究与应用	冶金工业部建筑研究总院，徐世勤、李培迪、陆永年、王樯、周炳廷、李　桢、李申德、姜作栋、徐志刚	二	冶金工业部

行业	项目名称	主要完成单位及人员	获奖等级	申报部门
环境保护设备	络合萃取法处理工业含酚废水技术	清华大学化学工程系，戴猷元、杨义燕、汪家鼎、杨天雪	二	国家教委
	大气腐蚀数据积累及腐蚀与防护研究	机械工业部武汉材料保护研究所、兵器工业总公司第59研究所、冶金工业部钢铁研究总院、青岛海洋腐蚀研究所、化学工业部广州合成材料老化研究所、机械工业部广州电器科学研究所、北京有色金属研究总院，李兴濂、王光雍、胡行俊、汪学华、甘　株、肖以德、侯文泰、李牧铮、于敬敦	二	机械工业部
	高浓度有机废水的厌氧生物处理技术	清华大学、首都师范大学、吉林省环保所、化学工业部三院、哈尔滨建工学院，钱　易、胡纪萃、陈标平、罗人名、龙滕锐	三	国家教委
	车间空气中有毒物质监测规范的研究	中国预防医学科学院劳动卫生与职业病防治研究所、上海市卫生防疫站、湖北省卫生防疫站、广东省职业病防治院、辽宁省劳动卫生研究所，杭世平、严怀曾、梁　禄、叶能权、程玉琪	三	卫生部
汽车	6450系列轻型客车底盘设计	中国汽车技术研究中心产品部汽车研究二室	三	中国汽车工业总公司
船舶	2700箱多用途集装箱船研制	沪东造船厂，汤瑞良、王德祥、陈思阳、王能敏、邹毛侠、吴　毅、朱新礼、杨效良、张书林、蒋寿恺、朱国锋、冯运檀、江　泳、黄福祺、童云龙	一	中国船舶工业总公司
	惠州26-1深水导管架建造技术	渤海石油公司、海洋平台制造公司，孙碧顾、白秉仁、陈寒松、田明杰、沈箫明	三	中国海洋石油总公司
	$3000m^3$液化气体运输船(华粤号)设计和建造	中国船舶工业总公司第708研究所、江南造船厂，戴经武、叶波得、林茂森、郑礼万、戴同钧	三	中国船舶工业总公司
救捞潜水设备	大深度氦氮氧饱和潜水科学实验	交通部、石油部海洋水下工程科学研究院、中国船舶工业总公司第701研究所、中国船舶工业总公司四九一厂，石中瑗、陈宝松、范振环、张宝龙、顾正中	三	交通部

(续)

行业	项目名称	主要完成单位及人员	获奖等级	申报部门
发电设备	东方 QFSN-300-2 型汽轮发电机	机械工业部东方电机厂，熊家驹、赵昌宗、颜正辉、唐松年、刘干镳、马国农、陆恩煌、邹怀义、邵启昆	二	四川省
	SSJ-3021 型水电站计算机监控系统	能源部南京自动化研究所、水利部丹江口水利枢纽管理局丹江口水电厂，吴烈峰、钟敦美、毛文典、完　弘、张再德、米新洲、周庆忠、何　云、陈家华	二	水利部
	应用大型水轮发电机组的高能氧化锌非线性电阻灭磁及转子过电压保护装置	水利水电科学研究院、上海立新电器厂，聂光启、谈宋昌、章贤、吴瑞信、李　伟	三	能源部
高压输变电设备	相控型静止无功补偿成套设备(TCR+FC)	西安电力整流器厂、西安输变电成套设计研究所、西安电力电容器厂、西安变压器厂、西安电瓷研究所、许昌继电器研究所、温岭电配设备厂，赵景媛、王力法、王修德、徐静华、秦文钝	三	机械工业部
电器控制成套设备	秦皇岛煤码头三期工程装卸成套设备电气自动化控制系统	机械工业部天津电气传动设计所，马　戎、皮壮行、屠基俊、洪专文、仲明振、朱光华、谢保侠、谷　岭、周瑞娟	二	机械工业部
电力电子器件与装置	KP800A／4000V 高压晶闸管	冶金工业部自动化研究院，肖向峰、古玉书、聂凤仁、邬成扬、冯善洪	三	冶金工业部
蓄电池	重型汽车用 66514 (HD)型、65012 型、68025 型免维护铅酸蓄电池	国营第四八二厂，刘智玲、李祥太、宋杜林、张玉峰、王增海	三	中国船舶工业总公司
通用仪器仪表	东北电网调度自动化系统实用化	东北电管局调度通讯局，吴亚明、崔欣华、杨光计、高翠兰、张春胜、阎永海、白　羽、蒋建民、曹连军	二	能源部
	CV3000 系列调节阀及 HEP 电—气定位器	吴忠仪表厂，任曾圻、谢柏樵、王佩永、施善星、冯德民	三	宁夏回族自治区
	DZZ-Ⅰ型转子中心孔多功能自动检测装置研制和应用	能源部西安热工研究所，吴前驱、丁　伟、张延章、陈绍年、王　强	三	能源部
	精密铠装铂电阻温度计	重庆仪表材料研究所，喻秉文、陈　超、季显惠	三	机械工业部

行业	项目名称	主要完成单位及人员	获奖等级	申报部门
通用仪器仪表	山东电网调度自动化系统的开发	能源部电力科学研究院、山东省电力调度通信局，向笃成、刘志淑、孙培略、沐连星、李宝星	三	能源部
	BJG-1型薄块激光干涉测长仪	中国计量科学研究院、轻工业部钟表研究所，王承钢、汪德宝、杨自本、张　放、阎玉芝	三	轻工业部
	柴油机强度和振型的现代激光光测研究-高密度云纹干涉仪研制	中国船舶工业总公司第七研究院第711研究所，张　熹、李耀文、王白石、夏远富、倪沛霖	三	中国船舶工业总公司
	建立高精度平面标准—激光光外差平面干涉仪	中国计量科学研究院、华东工学院，赵麟祥、陈进榜、陈耀煌、宋德真、刘香斌、余益吾、蒋　蔚、曹维贵、金国佑	二	国家技术监督局
	KM4太阳模拟器	中国科学院长春光学精密机械所、航空航天工业部第511所，赵吉林、藏友竹、郎永志、罗舜生、仲跻功、黄本诚、睦德成、韩吉祥、杜温锡	二	中国科学院
	4MeV驻波电子直线探伤加速器	中国原子能科学研究院，杨天禄、曹德彰、周文振、浦德修、孙玉振	三	中国核工业总公司
照相机械	XDD-35彩色片洗片机	上海电影机械厂、北京电影洗印录像技术厂，陈长玉、樊品昌、李秀珍、黄福将、孟国荣、张培金、徐秀珍、黄苏茂、乐俊雄	二	上海市
专用仪器仪表	上海天文台甚长基线干涉测量系统	中国科学院上海天文台、机械电子工业部第39研究所，万同山、钱志瀚、邬林达、梁世光、吴怀玮、华德铭、翟造成、左启发、徐建生	二	中国科学院
	海洋资料浮标系统	国家海洋局北海分局、国家海洋局海洋技术研究所、山东仪器仪表研究所、国家海洋局东海分局、机械电子工业部54所、航天航空工业部502所、中国船舶工业总公司上海船舶设计院，万国铭、许玉昆、王景田、陈忠阳、赵　哲、姜子厚、向仲观、赵立志、卢海光	二	国家海洋局
	DH-910地化录井仪	河南石油勘探局、鲁南化工仪器厂，李玉桓、王　变、马运财、魏朝旭、王兆明	三	中国石油天然气总公司

行　业	项　目　名　称	主要完成单位及人员	获奖等级	申报部门
专用仪器仪表	衬垫摩擦系数测试装置及标准	中国矿业大学，夏荣海、叶尔赞、肖兴明、葛世荣、刘道平	三	中国统配煤矿总公司
	电冰箱压缩机制冷量试验台	轻工业部北京家用电器研究所，严东育、赵维波、卓　明、魏俊和、肖　平	三	轻工业部
电子测量仪器	磁盘测试设备	清华大学精密仪器及机械学系、华中理工大学、西安电子科技大学、机械电子工业部32所，梁晋文、李达成、殷纯永、李　柱、曹　芒	三	国家教育委员会
	微波电子回旋共振等离子体化学气相淀积技术与设备	清华大学电子工程系，甄汉生、吴锦发、周邦伟、彭吉虎	三	国家教育委员会
	多功能、智能化激光功率能量仪器	中国科学院物理研究所，王树铎、刘　丹、于光伟、丁新生、丁维华、王永霞、刘万银	二	中国科学院
仪表材料	电解铜箔与ZD-90纸基覆铜箔层压板的研制	山东省招远电子材料厂，冷大光、刘明佩、刘风险、胡京江、史克亭	三	山东省
工业机器人	非接触式机器人动态性能测试系统	北京理工大学，陆际联、单跃燕、伍少昊、张民社、周方洁	三	机械工业部
飞机	轴流式和离心式叶轮通用模态分析研究及应用	北京航空航天大学、航空航天工业部614研究所、上海复旦大学，张　锦、陈向均、王文亮、藏　军、钱亚云	三	航空航天工业部
	民用飞机选型程序研究	中国民用航空学院，朱帮旭、都业富、付职忠、陈治怀、韩晓玲	三	中国民航局
其他	GJG系列高速精密间歇传动机构	山东工业大学、山东诸城锻压机床厂，许传俊、于发忠、孔庆沂、郭　培、金作成	三	山东省
	提高复杂阶梯轴类楔横轧件制造精度及生产线研究	吉林工业大学、常州拖拉机厂，任广升、白志斌、张承鉴、奚金初、李东平	三	机械工业部
	3MSA4630型钢磨球机	邯郸市机床总厂，田云明、刘平均、曹文英、崔国珍、郝云磬	三	河北省
	大直径焊接三通的研制	能源部电力建设研究所，黄均仁、杨建平、董帮平、叶　平、吕道华	三	能源部
	直径12.5m×7m特大型钟罩式退火炉研制	渤海造船厂、哈尔滨工业窑炉公司，马殿厚、李致金、李光民、单忠虎、李广印	三	中国船舶工业总公司

行　业	项　目　名　称	主要完成单位及人员	获奖等级	申报部门
其他	铁路高架门式浮桥(曾名:铁路高架浮墩门桥)	上海铁路局，乔明勋、潘震涛、许贤武、卜仁杰、吴德馨	三	铁道部
	织女三号(ZN-3)探空火箭探测系统	中国科学院空间科学与应用研究中心，杨俊文、肖光全、陈金城、徐志衡、朱青霞	三	中国科学院
	秦山核电厂安全壳结构整体性能的检测与研究	冶金工业部建筑研究总院，谢永金、薛家麟、傅本立、刘军、林志伸	三	冶金工业部
	氡及氡子体计量检定与实验装置	核工业第6研究所，丘寿康、周剑良、李宏全、肖更生、吴静	三	中国核工业总公司
	1∶1燃料组件及驱动线高温高压试验台架及试验	中国核动力研究设计院，张英俊、季福云、王文华、孙荣绵、朱传华	三	中国核工业总公司
	机械工程材料高温及常温高压环境敏感断裂测试技术及性能评价	机械工业部上海材料研究所，杨　武、张云柯、赵国珍、李丽霞、朱锡英、杨鸿根、王作庆、陈赤龙、华惠中	二	机械工业部
	新型B(H-1)轮轨润滑装置及润滑脂	铁道部科学研究院、北京铁路局、机械工业部秦川机床厂、天津汉沽石油化学厂，高嘉年、杨启、王迪恭、戴利民、邸为民	三	铁道部
	大型电站锅炉厂技术改造工程	机械工业部第二设计研究院、哈尔滨锅炉厂，迟建福、罗升汉、罗其荣、陈绍元、姚家全、姚继恒、田林宝、李金枝、王德昌、宁有维、黄鑫章、陈其仁、吕安林、陈秉恕、张泉宝	一	机械工业部
	高性能中空纤维氮氢膜分离器的研制	中国科学院大连化学物理研究所、安庆石油化工总厂，朱葆琳、蒋国梁、徐仁贤、马庙江、于衍卿、陈名族、王东亮、李荣模、孙乐喜	二	中国科学院
	SPTM-Ⅰ4近地点发动机玻璃钢燃烧室壳体	国家建材局哈尔滨玻璃钢研究所、航空航天工业部四院41所，孔庆宝、田开谟、伍天健、艾桂卿、贾喜章、高巨龙、谭家茂、王兴华、黄承赋	二	国家建材局
	HT-1耐高温多晶矿物黑陶瓷节能涂抹料及红外辐射加热器	中国科学院上海硅酸盐研究所、上海市第三钢铁厂，胡仲寅、陈文通、夏继余、王正深、祁克成	三	上海市

(续)

行业	项目名称	主要完成单位及人员	获奖等级	申报部门
其他	"天马"通用型集成式专家系统开发环境	中国科学院数学研究所、浙江大学、武汉大学、机械电子工业部15所、中国科学院沈阳自动化所、湖南师范大学、化学工业部兰州自动化所，陆汝钤、何志均、李卫华、梁大周、金海东、庄越挺、沈志良、唐正中、刘宏	二	中国科学院
	KJ8920石油地质勘探油田开发大型数据处理系统	中国科学院计算技术研究所、中国石油天然气总公司、西北地质研究所、中国石油天然气总公司物探研究院，赵仁昌、刘国珩、陈树青、乔如良、王庆元、刘正义、李树贻、陈升安、胡国栋、孙凤英、毛祖范、周继康、傅培恩、刘鸿儒、张志军	一	中国科学院
	板材加工FMS	机械工业部济南铸造锻压机械研究所、机械工业部北京机械工业自动化研究所、上海锻压机床厂、沈阳锻压机床厂、长城开关厂，张昶盛、崔之韬、曾庆宏、梅振中、朱桂延	三	机械工业部
	GB3273—89汽车大梁用热轧钢板	长城特殊钢公司、上海第三钢铁厂、冶金工业部情报标准研究总院，王宇杰、梁少玉、唐一凡	三	冶金工业部
	GB10066.1—88《电热设备的试验方法通用部分》和GB10066.4—88《间接电阻炉》	机械工业部西安电炉研究所、上海电炉厂、江西电炉厂、天津市电炉制造总厂、上海实验电炉厂、西安重型电炉厂，蒋聪吉、葛华山、郭健全、袁　溶、邱松根、刘西萍、毛润辉、柴凤山、张万淳	二	机械工业部
	国家电能计量基准	中国计量科学研究院，张德实、张桂荣、陆祖良、郭凤英、杨克平、李　敏、魏德生	二	国家技术监督局
	水流量标准装置	大庆石油管理局、油田建设设计研究院，周　明、李光福、方永杰、李秀荣、吴德生	三	中国石油天然气总公司

〔国家科学技术奖励工作办公室供稿〕

获国家星火奖项目 (1993年)

国家星火奖评审委员会评定、国家科委核准

国家级星火奖评审委员会第六次会议于1993年9月圆满结束。经国家科委核准，评定出国家级星火奖获奖项目113项，其中，一等奖1项，二等奖26项，三等奖60项，四等奖26。现选择与机械工业有关的30项刊登在本刊《年鉴》上，其中二等奖7项、三等奖19项、四等奖4项。各行业获国家星火奖项目数见下表。

行业	获奖项数	行业	获奖项数	行业	获奖项数
农业机械	2	建筑材料机械	1	商业专用机械	1
畜牧机械	1	粮油机械	3	环境保护设备	1
木材工业机械	1	食品机械	2	电机	2
通用机械	2	轻工机械	1	高压输变电设备	1
机械通用零部件	2	家用电器	1	通用仪器仪表	1
石油化工设备	1	印刷机械	1	照相机械	1
橡胶、塑料机械	1	医疗器械	1	其它	3

行业	项目名称	主要完成单位及人员	获奖等级	申报部门
农业机械	2BJM型锥盘式小麦精密播种机的研制开发和推广	中国农机化科学研究院北京农机化研究所、山东省莱芜华龙机械厂，张波屏、刘格兰、刘锡厚、董秋德、马学东、张俊明、苏清峰、杨全成、刁立本	二	机械工业部
	5TY-110型脱扬机	湖北省洪湖市脱扬机厂、湖北省洪湖市农机化科学研究所，陈怀华、熊华清、季大森、徐云海、荀月祥	四	湖北省
畜牧机械	9J系列孵化机、出雏机	机械电子工业部第41研究所，吴申贤、毛志甫、徐伟杰、蒋永法、李运书、张辉、张红卫、徐　赵、尹福民	二	安徽省
木材工业机械	板式家具成套设备	黑龙江省牡丹江市木工机械厂，姜其钧、菅仰之、赵炳默、徐在浩、王金城、杨　明、赵长华	三	黑龙江省
通用机械	小型潜水电泵系列节能新产品开发	湖南省平江潜水电泵厂、机械工业部上海电器科学研究所，凌磊伯、刘毅雄、喻君异、张巧英、罗崇来、姜晓纯、谢石坚	三	湖南省

(续)

行业	项目名称	主要完成单位及人员	获奖等级	申报部门
通用机械	TLB型油田用稠油泵的研制	辽宁省丹东市油泵厂，姜志生、张明玉、赵振东、张明亮、王允江、徐秀生、温尚玉	三	农业部
机械通用零部件	中高压板式阀液压元件及系列产品	大连市第二液压件厂、大连组合机床研究所，刘　勇、林福珍、李建设、王本良、李茂忠、周永吉、徐治良	三	辽宁省
	O型密封圈系列	天津市中塘五金橡胶厂，刘　斌、贾秉尧、薛崇祺、刘淮凯、王德已、王绍文、王声已	三	天津市
石油化工设备	热力分配器系列产品	吉林省四平市九圆热交换设备制造公司，赵忠武、施福源、孟庆福、唐连文、吕振才、包淳宽、安玉琢	三	吉林省
橡胶、塑料机械	民营橡胶标准胶加工工艺及烘烤设备	云南省景洪县热作局、云南省景洪县勐罕标准胶厂，黄美芳、刘际平、马镇元、周汝康、岩　保	四	云南省
建筑材料机械	水泥制品节能型养护窑成套技术	国家建材局苏州混凝土水泥制品研究院、山东省电力线路器材厂、山东省潍坊水泥制品厂，林光善、林水英、王忠平、邵丽英、王文俊、孔祥华、连飞熊、朱永德	二	国家建材局
粮油机械	ZMW-120型综合磨米、粉碎、磨碎机	辽宁省凤城满族自治县石城农机修造厂，石长征、杜公利、乔瑞平、陈富贵、陈　涛	四	辽宁省
	YQS-50系列油脂浸出成套设备	山东省济宁市机械设计研究院，李信、高贵华、李家民、司相山、解　平、吴玉德、仲爱民	三	山东省
	小麦分层碾磨制粉机组技术开发	山东省藤州市粮牧机械厂、商业部科学研究院，吕高磊、章学澄、李兴河、吕高峰、王洪喜、王明光、马加壮	三	山东省
食品机械	年产万吨节能酒精成套设备（系列）	湛江市吴州糖酒机械工业（集团）公司，郑华志、周兴国、冯伟坤、林志有	三	广东省
	MB-100型法式面包生产线	上海华伦食品机械厂，洪晓明、宋春其、费德龙、侯必正、吴剑辉、洪国英	三	上海市
轻工机械	多功能高效竹制品流水线加工设备	江苏省宜兴市矿山机械厂，华国新、史永初、张永其、单永林、程建敏、方初生	三	江苏省
家用电器	YL型家用自动供水器	安徽省界首市供水器材厂，曹云飞、程柱帮、曹朋飞、徐志光、李中华	四	安徽省
印刷机械	JSYFQ-5005型多功能吹膜彩印封切机	江苏省江阴市江南轻工机械厂，王元良、王洪明、孔建平、王荣良、瞿伟贤	二	江苏省

(续)

行　业	项目名称	主要完成单位及人员	获奖等级	申报部门
医疗器械	DGD-300 医用电脑高频电刀的研制与应用	北京贝林电子有限公司，陈　贯、王宏、龙绪明、姜　兰、刘亚利、茹　斌、马玉兰	三	北京市
商业专用机械	CJFU 型废棉处理系统及设备	江苏省江阴市澄江纺织机械厂、江苏省江阴市纺织机械研究所，徐洪发、赵建康、陆振华、沈福良、吴丹娜、沈志培、吴益红、何　华	二	江苏省
环境保护设备	燃油式垃圾焚烧净化炉	长春市环境净化设备厂，徐子超、李广田、庞守谦、刘　飞	三	吉林省
电机	汽车用无刷发电机系列产品开发与应用	福建省仙游电机厂，叶羽纺、叶羽纬、叶羽经	二	福建省
	YXG162／2／12 双速电机	山东省章丘市电机厂，杨兆仁、王福玮、黄宪达、柯龙明	三	山东省
高压输变电设备	ST7 调容变压器技术开发	山东省成武变压器厂，楚德留、马效坤、张峰印、贾崇平、贾振军、王伦红、王乃明	三	山东省
通用仪器仪表	多功能交流电量测试仪	哈尔滨工业大学，党九彪、宗成阁、李秀峰	三	航空航天工业部
照相机械	HQ-922 彩色扩印冲洗设备	上海佳乐摄影器材厂，史荣芝、孙建成、孙宪成、徐金国	二	上海市
其他	杠杆式手拉紧索具	青岛索具厂，高友超、高维雁、常方杰、何昌一、张敦涛、陈正勇、高维旭	三	山东省
	ZSJ 节肢振动筛	河南省新乡振动设备总厂、河南省新乡振动设备设计研究总所，王延益、谭玉兰、牛陆艺、阎龙侠、郜清正	三	河南省
	汽车喷漆／烘漆房	长春市远红外设备元件厂，铁　友、张连仲、侯兰田、关　键、芦　军、孙时来	三	吉林省

〔国家科学技术奖励工作办公室供稿〕

优秀科研成果项目 （1993年）

国务院所属部门评选

1993年国务院各部门评选了优秀科研成果，本刊刊登有关部委选送的机械工业项目293项，其中一等奖46项、二等奖247项。按行业分类的科研成果项目数如下表。

行　业	获奖项数	行　业	获奖项数	行　业	获奖项数
农业机械	7	食品机械	1	电线电缆	4
畜牧机械	2	包装机械	3	电碳制品	1
金属切削机床	12	轻工机械	5	蓄电池	2
锻压机械	7	医疗器械	1	电焊机	5
铸造机械	6	商业专用机械	1	工业电炉	2
量具刃具	3	城建机械	1	电工专用设备	1
磨料磨具	2	环境保护设备	8	通用仪器仪表	18
通用机械	16	汽车	10	照相机械	1
机械通用零部件	4	船舶	19	衡器	1
轴承	6	工业锅炉	1	专用仪器仪表	13
起重运输机械	6	工业燃气轮机	1	仪器仪表元器件	3
矿山及煤矿机械	12	发电设备	3	仪表材料	1
重型机械	13	电机	3	工业机器人	4
石油化工设备	6	高压输变电设备	7	飞机	16
橡胶、塑料机械	2	电器控制成套设备	3	其他	48
建筑工程机械	2				

行业	授奖部门	获奖等级	项目名称	研制单位
农业机械	机械工业部	一	轮式拖拉机系统计算机辅助设计开发研究	洛阳拖拉机研究所、华中理工大学、吉林工业大学、江苏工学院、洛阳工学院、北京农业工程大学、安徽工学院、武汉工学院、西安交通大学、中国农业机械化科学研究院
		二	贴片光弹性系统在工程农机中的研究和应用	中国农业机械化科学研究院
		二	组合式碾麦机	中国农业机械化科学研究院、商业部科学研究院、驻马店市农业机械厂
		二	JB/T5243—91、JB5117—91、JB6267～6268—92谷物联合收割机标准	中国农业机械化科学研究院、佳木斯联合收割机厂、首钢开封联合收割机厂、四平联合收割机厂
		二	轮式拖拉机驾驶室强度预估	江苏工学院
		二	N85系列柴油机	机械工业部上海内燃机研究所、建湘柴油机厂、武进柴油机厂、新昌柴油机厂、华丰机器厂、重庆柴油机厂、全椒柴油机厂
		二	1.5t新型系列农用运输车开发	吉林工业大学、石家庄拖拉机厂、昆明拖拉机厂、宝鸡车辆厂、南宁手扶拖拉机厂、柳州农用运输车总厂、沈阳第二农用车厂
畜牧机械	机械工业部	二	锤片式饲料粉碎新系列产品	中国农业机械化科学研究院、北京通县粉碎机厂、江西红星机械厂、河南确山县机械厂、四川蓬安县农机厂、甘肃临夏市农机厂
	中国航天工业总公司	二	饲料自动生产线计算机监控系统	北京红星计算机应用研究所
金属切削机床	机械工业部	一	聚晶金刚石(PCD)及聚晶立方氮化硼(CBN)放电切割与表面光整加工技术和设备	北京市电加工研究所
		二	加工中心加工系统动态稳定性分析和计算机软件开发	机械工业部北京机床研究所、合肥工业大学机械设计研究所、北京机械工业学院
		二	柔性加工单元用数控系统(CNC.PC)	机械工业部北京机床研究所
		二	THM6340精密卧式加工中心	宁江机床厂
		二	MLK7140型数控缓进深切成形强力磨床	杭州机床厂
		二	长型孔式喷油嘴喷孔加工设备研究	机械工业部无锡油泵油嘴研究所、昆明机床厂、山东油泵油嘴厂
		二	JB5568—91、JB/T6340—92砂轮架移动轧辊磨床精度、技术条件；JB/T5766—91、JB/T5604—91轧辊磨床参数、系列型谱	险峰机床厂、上海机床厂、武汉重型机床厂

行业	授奖部门	获奖等级	项目名称	研制单位
金属切削机床	机械工业部	二	3MG4625高精度钢球磨床	机械工业部第十设计研究院、中山市轴承总厂
	中国航空工业总公司	二	精密球面车床的开发	625所
		二	EDMC-Ⅲ型电火花线切割机控制柜	613所
	中国航天工业总公司	二	精密金切仿形加工	上海有线电厂
	中国核工业总公司	二	CNC-3000P数控等离子切割机	核工业第六研究所
锻压机械	机械工业部	二	机械压力机安全及自动监控系统的研究	机械工业部北京机电研究所
		二	大型汽轮机转子锻造过程模拟技术研究	机械工业部北京机电研究所、机械工业部郑州机械研究所、第一重型机器厂
		二	压力机CAD系统开发应用	机械工业部济南铸造锻压机械研究所、机械工业部北京机电研究所、合肥工业大学、上海交通大学
	中国航空工业总公司	二	20t立式数控带轮旋压机	北京航空航天大学
	中国航天工业总公司	二	WD67Y-250／4000-2二台联动液压板料折弯机	上海新力机器厂
	中国船舶工业总公司	二	WLW-50T智能微控肋骨冷弯机	11所、福建省渔轮修造厂、求新造船厂、武汉水运学院
		二	1t蒸汽锻锤整体隔振技术及隔振器	九院、上海第三钢铁厂、上海交通大学
铸造机械	机械工业部	二	86J4010树脂砂成套设备的研制	机械工业部济南铸造锻压机械研究所、保定铸造机械厂、重庆铸造机械厂、常州铸造总厂
		二	ZJ-500型5000kN全立式冷室电机转子压铸机	大连电机厂
		二	铸造型砂气流冲击紧实理论的研究	沈阳工业大学
		二	JB5549—91铸造机械安全防护技术条件	机械工业部济南铸造锻压机械研究所
		二	铸钢树脂砂工艺成套技术	兰州石油化工机器总厂
		二	100系列柴油发动机主要铸件砂芯冷芯盒制芯工艺的研究	第一拖拉机工程机械公司
量具刃具	机械工业部	二	复杂刀具CAD软件系统	机械工业部成都工具研究所、成都科技大学、西安交通大学、哈尔滨工业大学、华中理工大学
	中国航空工业总公司	二	飞机专用刀具智能GT-CAD／CAP系统研制与应用	西安飞机工业公司

(续)

行　业	授奖部门	获奖等级	项目名称	研制单位
量具刃具	中国航空工业总公司	二	散热器百叶窗波纹带轧滚刀设计研制	南方动力机械公司
磨料磨具	机械工业部	二	高精度复杂型面金刚石修整滚轮	机械工业部郑州磨料磨具磨削研究所
	中国航天工业总公司	一	粗颗粒高强度人造金刚石单晶合成工艺研究	湖南泰山机械厂
通用机械	机械工业部	一	高炉喷煤粉空压站大型中压螺杆空压机性能与可靠性研究	中国通用石化机械工程公司、上海压缩机厂
		二	复肥工程用隔膜阀的研制	机械工业部合肥通用机械研究所、上海第五阀门厂
		二	高水基液及油液通用型液压阀及其系统	机械工业部西安重型机械研究所、西安交通大学、浙江象山液压件二厂
		二	D941S-0.05 DN4850电动通风蝶阀	石家庄市第一阀门厂
		二	中小型混流泵节能产品研制	中国农业机械化科学研究院、无锡水泵厂、山东农业机械所、浙江机电设计院、湖北机电设计院、安徽农业机械所
		二	TDF12-11X27型高压多级耐腐蚀离心泵	辽宁省兴城市水泵厂
		二	3万t/a腈纶装置用屏蔽泵研制	机械工业部合肥通用机械研究所、佳木斯电机厂
		二	高效永磁分离净化器	江苏工学院、上海第三钢铁厂
		二	汇流排用气体双极减压器（氧气、氮气）	天津市减压器厂
		二	三元粘性流理论研究及其在风机中的应用	上海机械学院
		二	螺杆压缩机新齿形及单机配用微处理器研究	机械工业部合肥通用机械研究所、湘潭压缩机厂、烟台空压机厂、自贡空压机厂
		二	ZBJ72049—90、JB/T5150—91、JB/T6412—92排风柜系列标准	同济大学、宜兴市试验设备厂
	中国核工业总公司	二	金属氢化物压缩机-25K制冷装置	北京有色金属研究总院、中科院低温技术实验中心
		二	QJX型高效空气除菌过滤系统	核工业理化工程研究院
	中国船舶工业总公司	二	RXZ-360Z热水型溴化锂吸收式制冷机设计研究	上海船舶研究设计院
	中国轻工总会	二	C型系列标准化工流程泵	烟台市耐腐蚀泵厂
机械通用零部件	机械工业部	一	等接触应力凸轮式低速大扭矩柱塞液压马达的设计理论	浙江省机电设计研究院、国营九二五厂、杭州叉车总厂

(续)

行　业	授奖部门	获奖等级	项目名称	研制单位
机械通用零部件	机械工业部	二	高压液压叠加阀新品种开发	榆次液压件厂、机械工业部大连组合机床研究所
		二	32MPa电反馈电液比例阀	北京液压件厂
	中国船舶工业总公司	二	大型液压缸筒修镀工艺	汾西机器厂
轴承	机械工业部	一	超高速高温轴承试验机研制	机械工业部洛阳轴承研究所
		二	新型调心滚子轴承研究	机械工业部洛阳轴承研究所、瓦房店轴承厂、黄石轴承厂
		二	JB／T5389—91滚动轴承轧机用四列圆柱滚子轴承技术条件	瓦房店轴承厂
		二	E116213XA轴承改型延寿的试验研究	机械工业部洛阳轴承研究所、航空航天部第11研究所
		二	3000t推力轴承试验台	哈尔滨大电机研究所、哈尔滨电机厂、机械工业部中电设计院
		二	弹性金属塑料瓦推力轴承的研制及电站试验研究	哈尔滨大电机研究所
起重运输机械	机械工业部	二	上海感光胶片总厂片基涂布物流系统	机械工业部北京起重运输机械研究所、上海感光胶片总厂、太原五一机器厂
		二	电解铝多功能起重机	大连起重机器厂、贵阳铝镁设计院、贵州铝厂、机械工业部大连组合机床研究所
		二	典型叉车液压系统攻关研究	机械工业部北京起重运输机械研究所、杭州叉车总厂、合肥叉车总厂、北京叉车总厂、长江液压件厂、临海液压件厂、阜新液压件厂、合肥液压件厂、晨光液压件厂、济宁液压件厂、镇江液压件厂、浙江省机电实验总厂
	中国船舶工业总公司	二	铝质冷藏集装箱	广州造船厂
		二	阴极电泳零件及吊具装卸生产线	九院、常熟市水利净化设备厂、上海汇众汽车制造公司重型汽车厂
		二	3000t垂直卷扬同步升船机	九院、海军四八〇五厂
矿山及煤矿机械	机械工业部	二	JTB1.6＊1.2P泵控液压防爆绞车研制	机械工业部洛阳矿山机械研究所
		二	电动凿岩机内部运动规律动力分析和参数优选—提高效率和零部件寿命研究	宜春风动工具厂、长沙矿冶研究院
	电力工业部	一	镍硬铸铁E型磨坏	上海水工机械厂
	中国航天工业总公司	二	EBJ–零零型悬臂式巷道掘进机	南京晨光机器厂
	中国有色金属工业总公司	一	小铁山矿胶结充填采矿法和充填料长距离管道输送技术研究	西北矿冶研究院、长沙矿山研究院、白银有色金属公司、兰州有色冶金设计院

(续)

行业	授奖部门	获奖等级	项目名称	研制单位
矿山及煤矿机械	中国有色金属工业总公司	二	Z89、Z65、Z60、Z55、Z43B、Z40B 球齿钎头的设计、研制和推广应用	长沙矿山研究院
		二	WLZ-1 型微机测控乳化炸药连续乳化工艺及设备	长沙矿山研究院、湖南湘潭电子设备厂、大连普兰六一九厂
		二	液氏落锤式碎石机	中南工业大学等
		二	海南海滨砂矿 2000t/d 船采船选工艺及设备研究	长沙矿山研究院、海南省冶金有色总公司、清澜钛矿、沙老钛矿
		二	ZXF-260 选金机组研制	南方冶金学院
		二	XCF 型吸浆式充气机械搅拌浮选机	北京矿冶研究总院、江西银山铅锌矿、江苏溧阳矿山机械厂
		二	高压压榨全自动过滤机	北京有色冶金设计研究总院、长岭炼油化工厂
重型机械	机械工业部	一	引进型 300MW 火电机组成套大型铸锻件的研制	中国第一重型机械集团公司(第一重型机器厂) 中国第二重型机械集团公司(第二重型机器厂)
		一	20 辊森吉米尔轧机板形仪研制及工业试验研究	东北重型机械学院、武汉钢铁公司
		一	2032mm 板坯连铸机关键技术攻关	机械工业部西安重型机械研究所、上海重型矿山机械公司、上海宝山钢铁总厂、美国中兴钢厂
		二	GB9147—88、JB5558—91 圆弧圆柱蜗杆减速器系列标准	机械工业部西安重型机械研究所、江苏减速机厂、天津万新减速机厂、西安减速机厂、淄博减速机厂、青岛第二减速机厂、天津大学
		二	NAD、NBD、NCD 行星齿轮减速器	机械工业部西安重型机械研究所、银川起重机器厂、湖北荆州减速机厂、内蒙新生机械厂、上海化工机械二厂、北京液压件三厂
		二	鞍钢 1550mm 板坯连铸机关键设备的研制	第二重型机器厂
	中国有色金属工业总公司	一	2800mm 双机架热轧新技术开发	西南铝加工厂、洛阳有色金属加工设计研究院、中南工业大学
		二	刚性滑道鼓风烧结机	长沙有色冶金设计研究院、沈阳有色冶金机械总厂、沈阳冶炼厂
		二	大型预焙槽自适应控制及新型风动下料装置	贵州铝厂、贵阳铝镁设计研究院
		二	毛细铜管连续光亮电镀锡生产设备及工艺	北京有色金属研究总院
		二	铸锭平面铣床改造	西南铝加工厂
		二	改进连续铸轧机系列的研究	华东铝加工厂、大连理工大学、北京有色金属研究总院

(续)

行业	授奖部门	获奖等级	项目名称	研制单位
重型机械	中国有色金属工业总公司	二	ZF-RZ1700转鼓式飞剪	沈阳有色冶金机械总厂、武汉钢铁公司
石油化工设备	机械工业部	二	年产5万t丙烯腈装置设备国产化可行性研究报告	机械工业部合肥通用机械研究所、中国石化总公司兰州石油化工设计院
	中国核工业总公司	二	有控重力混合澄清器	核工业第四研究设计院、广州珠江冶炼厂
	中国航天工业总公司	一	30万t乙烯装置裂解炉32″高温闸阀	北京丰源机械研究所
		二	乙烯裂解炉用管件及悬挂件	国营群力铸锻厂
	中国船舶工业总公司	二	6000t/a聚氯乙烯糊树脂高速离心喷雾干燥装置	九院、华东化工学院、九院工程承包公司、新中动力机厂
		一	火炬气回收机组推广应用	711所
橡胶、塑料机械	机械工业部	二	SKK05可控塑料中空成型机	秦川机床厂
	中国船舶工业总公司	二	SP65-1000型PVC吹塑薄膜机组	西南高峰机械厂、北京化工学院
建筑工程机械	中国航空工业总公司	一	NS-400g.t大型土工离心机研制	602所
	中国船舶工业总公司	二	上海地铁工程直径6.34m土压平衡式盾构	沪东造船厂、法国FCB公司、上海隧道公司
食品机械	中国轻工总会	二	啤酒桶装生产线	广东省糖业机械制造厂
包装机械	机械工业部	二	粘流体液体塑瓶自动灌装线研制及试验研究	机械工业部合肥通用机械研究所、国营皖安机械厂、中国科学院合肥分院等离子体研究所、安徽电子计算机厂金工分厂、江苏海安振动机械厂
	中国航空工业总公司	二	AXHG-1.2安瓿瓶洗烘灌封联动机	二三二厂
	中国航天工业总公司	二	40kg粒状尿素自动称量包装系统	北京航天自动控制研究所
轻工机械	机械工业部	二	汽车内饰造型地毯生产流水线的研制	机械工业部北京机电研究所
	中国轻工总会	二	紫外线光固化自动喷涂生产线	威海东华工业集团公司东华机械厂
		二	WJ150-2200型重型瓦楞纸板生产线	京山轻工机械总厂
	中国核工业总公司	二	WJS200型卫生巾生产线	核工业第二研究设计院、国营五二五厂、北京造纸十一厂
	中国船舶工业总公司	二	PX-Ⅰ型盘类成型干燥生产线	九江公司、6354所、九江仪表厂、朝阳机械厂
医疗器械	中国航天工业总公司	一	MAV-1型全能麻醉呼吸机	北京机电工程总体设计部、航天中心医院

(续)

行业	授奖部门	获奖等级	项目名称	研制单位
商业专用机械	机械工业部	二	ZP-160 型自动猪体劈半机	烟台市农业机械研究所、山东省文登肉类机械厂
城建机械	中国航天工业总公司	一	QSJ6-1 高等级公路清扫车	陕西剑峰机械研究所
环境保护设备	机械工业部	一	450m^2 烧结系统大型电除尘器	机械工业部西安重型机械研究所、上海冶金矿山机械厂、浙江电除尘器总厂、上海电阻厂
		二	GBJ136—90 电镀废水治理设计规范	机械工业部第七设计研究院、轻工业部上海轻工业设计院、兵器总公司工程设计研究院、航空航天工业部第四勘察设计研究院、中船总公司第九设计研究院、铁道专业设计院、上海市机电设计研究院、机械工业部第十一设计研究院、机械工业部第二设计研究院、北京工业大学、北京市政设计院、机械工业部第五设计研究院
		二	日用化工厂皂脚废水治理研究	湖南大学、湖南日用化工总厂
		二	引进菲达电除尘器国产化研究	诸暨电除尘器研究所、浙江电除尘器总厂、上海电阻厂、上海冶金矿山机械厂
	电力工业部	一	200t／h 燃煤锅炉浓相干输灰系统	上海水工机械厂
	中国航空工业总公司	二	电镀混合废水处理(闭路循环)装置与技术	南昌航空工业学院
	中国航天工业总公司	二	催化氧化处理含氰废水方法与机理研究及含氰废水处理方法评价	哈尔滨工业大学
	中国船舶工业总公司	一	杭州四堡污水处理厂排放口工程	九院、杭州城市建设综合开发公司
汽车	中国汽车工业总公司	一	驾驶员—汽车闭环操纵系统的模拟研究	长春汽车研究所
		二	EQ1118 系列载货汽车(32 种车型)	东风汽车公司
		二	解放 CA1040 型系列载货汽车	长春汽车研究所
		二	解放 6110 系列车用柴油机的研制	长春汽车研究所
		二	WD615 系列柴油机引进技术消化吸收	潍坊柴油机厂、杭州汽车发动机厂、重型汽车集团技术中心
		二	RT-11509C 变速器引进技术的消化吸收	陕西汽车齿轮厂
		二	汽车配件企业计算机经营管理系统	大连市汽车贸易总公司
	机械工业部	二	ES5591TJC 修井机运载车	泰安特种重型车制造厂

(续)

行业	授奖部门	获奖等级	项目名称	研制单位
汽车	机械工业部	一	空调机管片式换热器生产线	辽宁省机械研究院、上海汽车空调器厂
	中国航空工业总公司	一	微型汽车生产线建设	三七二厂
船舶	中国船舶工业总公司	一	弹性船体周围流场特性分析	702 所
		一	4200m^3 半冷半压式液化气运输船	江南造船厂
		一	9800t 原油/成品油船	大连船舶设计研究院、大连造船新厂
		二	44000t 成品油轮	新中动力机厂、上海交通大学
		一	DTJ-150/4-E1 型电液调速器	704 所、葛洲坝水力发电厂、中南光学仪器厂
		二	导管架平台结构安全性检测技术研究	702 所、上海交通大学、中科院力学所、清华大学等
		二	PA6 柴油机变椭圆活塞制造技术	陕西柴油机厂
		二	柴油机轴系扭转轴向耦合振动研究	大连理工大学、大连船用柴油机厂
		二	HND-MWN234V6/V8 系统柴油机研制	河南柴油机厂
		二	20/27 柴油机配置 MPC 增压系统试验研究	大连造船厂
		二	单机啮合式双桨推进装置	上海交通大学
		二	大型盖斯林格减震器、联轴节压装专用设备	四川齿轮箱厂
		二	南海东部惠州 21—1 油田 50 人生活模块设计	708 所
		二	50m 打桩船研究设计	上海船舶研究设计院
		二	6.8 万 t 双底双壳原油轮研制	江南造船厂、沪东造船厂
		二	散货船总体建造新技术的研究	沪东造船厂
		二	沪东造船厂总体技术改造工程	九院、沪东造船厂
	机械工业部	一	“×××”艇主推进电机晶体管励磁装置	机械工业部天津电气传动设计研究所
		二	惠州 21—1 海洋工程钻修钻机模块设备	兰州石油化工机器总厂
工业锅炉	机械工业部	二	新型节能锅炉	营口锅炉总厂、机械工业部北京电工综合技术经济研究所
工业燃气轮机	中国船舶工业总公司	一	燃气轮机回注蒸汽(STIG)热电联供工业装置	703 所、深圳南山热电有限公司
发电设备	机械工业部	二	1250GF1 型柴油发电机组	无锡柴油机厂、宁波电机厂、华通开关厂

行　业	授奖部门	获奖等级	项 目 名 称	研 制 单 位
发电设备	机械工业部	二	我国核电设备的国产化的研究	机械工业部科技信息研究院、中国核工业经济研究所、国务院核电办专家组
	中国有色金属工业总公司	一	6000kW 流化旋涡综合燃烧余热电站技术	韶关冶炼厂、中科院广州能源研究所
电机	机械工业部	二	钕铁硼永磁低速同步电动机系列	机械工业部广州电器科学研究所、广东省四会电机厂
		二	高压电机引进技术消化及国产化系列研制	机械工业部上海电器科学研究所、沈阳电机厂、张店电机厂、南京汽轮电机厂、重庆电机厂、江西电机厂、湖北电机厂、西安电机总厂、北京市电机总厂
	中国航空工业总公司	二	稀土永磁直流电动机 CAD 系统	西北工业大学
高压输变电设备	机械工业部	一	$TYD_3 500/\sqrt{3}-0.005$ 高准确度电容式电压互感器研究	西安电力电容器厂、西安电力电容器研究所
		二	高海拔电晕特性研究	西安高压电器研究所、西安交通大学、浙江大学、西北电力设计院
		二	ZBK50006—89 高压架空线路绝缘地线用盘形悬式瓷绝缘子	大连电瓷厂
		二	电动机、变压器、全范围保护用高压限流式熔断器	西安熔断器厂
		二	SFP7-400000/220 三相电力变压器	保定变压器厂
	电力工业部	一	LB_{11}-220WB 电流互感器	湖南电力电瓷电器厂
		二	JDCF-220WB 电压互感器	湖南电力电瓷电器厂
电器控制成套设备	中国航天工业总公司	二	5000kg/h 打叶线电控系统	北京特殊机电研究所
		一	DF 型交流调速电梯微机控制柜	桂林电机厂
		二	YJS 窖街水泥厂石灰石预均化堆场电气自动控制系统	陕西电器研究所
电线电缆	机械工业部	二	高温绝缘电线电缆系列研究与开发	机械工业部上海电缆研究所、辽宁省盖州市新新电工厂
		二	直九用高性能绝缘电线电缆	上海电缆厂
		二	110kV 交联聚乙烯绝缘电缆及附件的研制	沈阳电缆厂
		二	GB12666.1～.7—90 电线电缆燃烧试验方法	机械工业部上海电缆研究所、上海电缆厂、能源部煤炭总院上海分院
电碳制品	机械工业部	二	柔性石墨密封复合材料	机械工业部合肥通用机械研究所、慈溪密封材料厂、安庆炼油厂、淮南化肥厂

(续)

行　业	授奖部门	获奖等级	项目名称	研制单位
蓄电池	中国船舶工业总公司	一	铅酸蓄电池新材料、新工艺应用研究	风帆蓄电池厂
		二	61017型免维护铅酸蓄电池	风帆蓄电池厂
电焊机	机械工业部	一	膜式水冷壁专用焊机研制	机械工业部机械科学研究院基础件所、北京精艺技术开发公司
		二	具有优化参数选择的晶闸管MIG/MAG焊机	机械工业部成都电焊机研究所、成都电焊机厂、新乡电控设备厂
		二	微机控制多特性逆变型焊接电源的研究	机械工业部哈尔滨焊接研究所、哈尔滨电机厂
		二	“210”工程高强铝合金焊接技术研究	机械工业部哈尔滨焊接研究所、第一重型机器厂
	中国航空工业总公司	二	YM-TWS钛及钛合金钨极氩弧焊标准色块	一三〇厂、621所
工业电炉	机械工业部	二	GB10966.1～4—89、JB4133.8—89、JB5265—91间接电阻炉	机械工业部西安电炉研究所、江西电炉厂、上海实验电炉厂
	中国航空工业总公司	二	工业电炉成套节电技术	南京航空学院
电工专用设备	机械工业部	二	火电设备主绝缘材料专用设备的研究	机械工业部桂林电器科学研究所
通用仪器仪表	机械工业部	二	JKXZ-Z小型过程控制装置	西安仪表厂研究所
		二	防爆发货计量控制管理系统	机械工业部上海工业自动化仪表研究所
		二	激光扫描式交联聚乙烯电缆绝缘料杂质颗粒测量仪	哈尔滨电工学院
		二	ZHZ-25型便携式电力变送器校验仪	机械工业部哈尔滨电工仪表研究所
		二	晶闸管稳态热阻及瞬态热阻抗测试方法研究和测试设备研制	上海电子光学技术研究所
		二	DXS-10A普及型智能化扫描电子显微镜	机械工业部西安电力电子技术研究所
		二	在役压力容器声发射检测技术的推广应用	机械工业部合肥通用机械研究所、中国科学院固体物理研究所
		二	JB5387—92滚子链和套筒链链段疲劳性能试验方法	吉林工业大学、杭州链条总厂、沈阳链条厂
		二	上海水泵厂大型泵性能试验站	机械工业部第二设计研究院、上海水泵厂
		二	高参数密封试验台	天津市克兰密封有限公司、天津市机械密封件厂、沈阳鼓风机厂
		二	多功能超声波工业诊断技术研究	机械工业部长春试验机研究所
		二	高能X射线电子直线加速器实时显象系统无损检测工程	机械工业部设计研究总院、航空航天工业部七四一六厂

行业	授奖部门	获奖等级	项目名称	研制单位
通用仪器仪表	中国航空工业总公司	二	振动信号测试分析系统VAMS	南京航空学院
		二	S/N疲劳寿命计研制	南京航空学院、629所、702所
	中国航天工业总公司	一	交流大电流标准—交流大电流检定装置	第三计量测试研究所
		二	智能水份测量控制仪	哈尔滨工业大学
	中国有色金属工业总公司	二	KCC-100型快速测尘仪	长沙矿山研究院
		二	NE-26B智能化涡流探伤仪	中国有色金属工业总公司无损检测中心
照相机械	中国航天工业总公司	二	HD黑底曝光台	陕西苍松机械厂
衡器	中国航天工业总公司	二	QDPC轻型电子皮带秤	北京特种工程机械研究所
专用仪器仪表	机械工业部	二	系留气球低空探测系统	机械工业部长春气象仪器研究所
		二	JB/T5181—91、ZB/TT64005—91农业轮式拖拉机半轴驱动轴、前轴台架疲劳寿命试验	机械工业部洛阳拖拉机研究所
		二	大型机械参数综合检测分析的研究	第一重型机器厂、燕山大学
	中国核工业总公司	二	2号强流脉冲电子束加速器	中国原子能科学研究院
	中国航空工业总公司	一	SGT-1型三轴惯导测试台	303所
		二	901C型速率陀螺静态参数综合自动测试系统	303所
		二	直升机疲劳试验协调加载设备	634所、602所
		二	微波多状态反射计系统	西北工业大学
	中国航天工业总公司	二	BC-24A电冰箱24小时测试系统	北京机电工程研究所
		二	冰箱24小时性能测试线系统	北京空间机电研究所
	中国船舶工业总公司	一	CDC-1C重复式地层测试仪	705所、中原石油勘探局测井公司
		二	HDC-1型环空多参数测井仪	715所、中原石油勘探局测井公司
		二	DGC-1C多功能及ZGC-1C组合式自然伽玛测井仪	718所、中原石油勘探局测井公司
仪器仪表元器件	机械工业部	二	JB/T5325—91均速管流量传感器	机械工业部重庆工业自动化仪表研究所、扬中化工仪表配件厂、天津市自动化仪表十厂、武汉流量仪表厂
		二	L-LX10系列机械式位置传感器	机械工业部上海电器科学研究所

(续)

行业	授奖部门	获奖等级	项目名称	研制单位
仪器仪表元器件	机械工业部	一	扩散硅压力、液位传感器	机械工业部沈阳仪器仪表工艺研究所
仪表材料	机械工业部	二	引进仪表产品用镍基哈氏合金系列国产化	机械工业部重庆仪表材料研究所
工业机器人	中国航天工业总公司	一	智能机器人机构仿真系统	哈尔滨工业大学
		二	空间机器人碳纤维复合材料机械臂	北京控制工程研究所、北京卫星制造厂
	中国船舶工业总公司	二	水下机器人应用与新技术发展研究	哈尔滨船舶工程学院
	中国核工业总公司	二	ZC104型主从机械手	核工业第二设计研究院
飞机	中国航空工业总公司	二	高速二元翼型试验技术与洞壁干扰研究	627所
		二	带动力模型自由飞试验研究	630所
		二	跨音速非等熵全位势方法及粘流／无粘流相互作用的计算	北京航空航天大学
		二	智能飞行控制系统研究	南京航空学院
		二	DTAS多通道动态测试分析系统	南京航空学院、633所
		二	GPS／惯性组合导航开发系统	南京航空学院
		二	全自动快速定北装置—陀螺定北仪(TDB−1)	二三二厂
		二	先进旋翼系统气弹稳定性及动力学参数研究	南京航空学院、602所
		二	FL−1风洞纵向静态超大攻角实验技术研究	626所
		二	飞−续−飞随机谱下飞机结构耐久性试验与分析技术研究	611所、623所、北京航空航天大学、南京航空学院、西北工业大学、华中理工大学
		二	加力燃油浓度场研究及应用	北京航空航天大学
		二	高紊流度畸变流场模拟和最大瞬时畸变值预估及实测	南京航空学院
		二	涡轮气冷叶片典型内冷结构的流动及换热特性研究	北京航空航天大学
		二	GZG−10高压真空负荷开关供电装置	黎明发动机制造公司
		二	JC圆排气机(含JP圆排气机)	南方动力机械公司
		二	航空油箱液固耦合振动分析(含自然科学基金项目1860374)	北京航空航天大学、601所
其他	机械工业部	二	我国机电工业综合实力的国际比较与国外机电工业产品结构的研究	机械工业部科技信息研究院

(续)

行　业	授奖部门	获奖等级	项　目　名　称	研　制　单　位
其他	机械工业部	二	机械新产品开发指南	机械工业部机械科学研究院系统分析研究所、机械工业部上海内燃机研究所、机械工业部北京机床研究所、机械工业部西安重型机械研究所、机械工业部上海电缆研究所、长沙科学仪器研究所
		二	机械工业建设项目投资估算指标	机械工业部第五、九、四、七、六、一设计研究院，机械工业部设计研究总院，机械工业部第八、二、十、三、十一设计研究院
		二	疲劳累积损伤规律研究	机械工业部郑州机械研究所、第二汽车制造厂、机械工业部洛阳拖拉机研究所、机械工业部上海材料研究所、浙江大学
		二	JB／T5014—91 焊接接头脆性破坏的评定	机械工业部哈尔滨焊接研究所、中科院力学研究所、浙江大学、江苏省电力试验研究所
		二	ZBJ76020—90、ZBJ76021—90 溶解乙炔设备技术条件、溶解乙炔设备性能试验方法	中国空分设备公司、杭州制氧机研究所
		二	JB／T5538—91 微控调节器通用技术条件	机械工业部重庆工业自动化仪表研究所、四川仪表十八厂、西安仪表厂、上海调节器厂、大连仪表厂、天津仪表厂、机械工业部上海工业自动化仪表研究所
		二	难加工材料机械加工用切削液研究	机械工业部广州机床研究所、中国石化总公司、石油化工研究院
		二	多工位冷成型模具润滑剂系列化的研究	机械工业部广州机床研究所
		二	短纤维补强的透气性陶瓷材料的研究	燕山大学
		二	阴极电泳工艺及超滤膜的研究	机械工业部武汉材料保护研究所、沙市水处理设备厂
		二	硬质合金真空烧结淬火设备及工艺的成套技术	机械工业部北京机电研究所、株洲硬质合金厂、北京工业大学
		二	斯太尔缸体多工位高压清洗机	机械工业部大连组合机床研究所、旅顺机床辅机厂
		二	舰船用高压水射流技术的研究(3GQ-2／70 型高压清洗机)	机械工业部合肥通用机械研究所、四川简阳试压泵厂
		二	210 缓冲器	机械工业部上海材料研究所
		二	上海机床厂利用世界银行贷款技术改造项目	机械工业部第六设计研究院
		二	朝阳柴油机厂合金铸铁车间“七五”技术改造项目	机械工业部第四设计研究院、朝阳柴油机厂
		二	XQZZX-B 型小球型轴承半自动装配线	烟台轴承仪器厂
		二	微型汽车二期起步工程(夏利汽车装焊车间技术改造项目)	机械工业部第五设计研究院、天津市微型汽车厂

行　业	授奖部门	获奖等级	项目名称	研制单位
其他	机械工业部	二	上海华通开关厂"七五"技术改造项目工程设计	机械工业部第七设计研究院
		二	胜利油田孤北燃气/蒸汽联合循环热电厂一期工程（孤北热电厂）	机械工业部第二设计研究院、胜利石油管理局供电公司孤北热电厂
	中国航空工业总公司	一	断裂力学的权函数理论与应用	621所
		一	整铸涡轮导向器铸造工艺研究	四三〇厂
		二	大型铝合金整铸中介机匣精密铸造工艺研究	四三〇厂
		二	铆接参数对细节疲劳额定值(DFR）影响的研究	西安飞机工业公司、623所、603所、625所
		二	复合材料结构分析与优化设计程序系统(COMPASS)	623所、631所、611所、601所
		二	叶轮偏心引起轴系失稳研究	北京航空航天大学
		二	桥函数理论及其应用	北京航空航天大学
		二	定向凝固合金低周疲劳裂纹起始机理研究	621所
		二	时间相关疲劳寿命预测的应变能新模型(SEM)	621所
		二	精铸钛合金公共底研制	621所、三院31所
		二	弹塑性断裂力学工程应用指南	西北工业大学、623所
		二	递归傅里叶变换研究	304所
		二	复合材料设计手册及计算方法和试验研究	601所、三二〇厂、北京航空航天大学、南京航空学院、623所、西北工业大学、621所
		二	钢的冷脆断裂诊断和控制技术研究	北京航空航天大学
		二	中性无菌塑料片材工艺攻关及生产线建设	五〇三厂
		二	超高强度钢腐蚀疲劳特性综合研究	西北工业大学
	中国航天工业总公司	二	等离子体连续处理碳纤维设备及处理工艺	哈尔滨工业大学
		二	电沉积 Fe-P/AlO 耐磨复合镀层	哈尔滨工业大学
		二	高效高速低温工程镀铬工艺的研究	哈尔滨工业大学
		一	东方红二号甲国内实用通信卫星	中国空间技术研究院
		一	长二捆二级发动机	067基地第11研究所
		一	147高强度铝合金焊接接头深压强化与钝化	哈尔滨工业大学

(续)

行　业	授奖部门	获奖等级	项 目 名 称	研 制 单 位
其他	中国航天工业总公司	一	国土卫片在黄河三角洲地区国土资源与环境调查的应用研究	中国资源卫星中心、中国空间技术研究所
		二	铝锂合金板材超塑成形工艺研究及BMQ型摆辗机的研制	北京材料工艺研究所、哈尔滨工业大学
		二	GT12-A钢丝自动连续退火生产线	北京新立机械厂、北京机械设备研究所
		二	我国工业生产要素密集型产业结构及其发展战略选择研究	哈尔滨工业大学
		二	环槽铆钉钉杆滚压前技术要求等4项标准	中国航天标准化研究所

〔第Ⅳ部分责任编辑：白　萍〕

机械工业

产品和
技术进出口

第V部分

机械工业产品外贸概况　　（1993年）

对外经济贸易合作部系统

1993年，对外经济贸易合作部直属企业——中国机械进出口总公司（CMC）不断推进企业内部改革，继续认真转变经营机制、经营思想和经营作风，实现了所属各子公司独立核算、自主经营、自负盈亏等内部经营机制的改革。积极进行现代企业建设，增强企业活力和发展后劲。全年进出口总额19.01亿美元，比上年的18.06亿美元增长5.3%。

一、进口情况

1. 1993年，CMC进口到货实际金额为16.48亿美元，比上年增长9.43%。

进口到货金额前十位的国家及地区依次为：日本29114万美元，美国25658万美元，德国19630万美元，香港19519万美元，俄罗斯10998万美元，罗马尼亚10668万美元，意大利4421万美元，法国4383万美元，瑞士4230万美元，荷兰4204万美元。

进口到货金额前十位的商品依次为：汽车及摩托车32624万美元，轻工机械24196万美元，船舶及船用设备16725万美元，机床、工具12050万美元，建筑机械8023万美元，矿山设备6750万美元，电子仪器6531万美元，航空设备5366万美元，动力设备4743万美元，起重挖掘机械3332万美元。

2. 1993年，CMC进口成交完成19.85亿美元，比上年增长1.28%。

进口成交金额前十位的国家及地区依次为：香港30001万美元，美国29046万美元，日本28867万美元，德国28246万美元，罗马尼亚11263万美元，俄罗斯8557万美元，法国8275万美元，意大利8087万美元，比利时7401万美元，芬兰5289万美元。

进口成交金额前十位的商品依次为：汽车及摩托车35748万美元，轻工机械28103万美元，船舶及船用设备12384万美元，建筑机械11183万美元，机床、工具10563万美元，动力设备9730万美元，电子仪器9311万美元，矿山机械7815万美元，铁路车辆及设备6500万美元，航空设备5628万美元。

二、出口情况

1. 1993年，CMC自营出口实际完成25356万美元，比上年增长1.21%。其中，现汇出口15219万美元，易货及政府协议记帐出口9514万美元，分别比上年增长38.9%和减少5.2%。

主要出口商品额：成套设备2453万美元，修船2309万美元，工农具1335万美元，轴承1128万美元，铁路车辆及设备882万美元，通用机械542万美元，汽车零件417万美元，机床388万美元，重型矿山机械358万美元，家用电器349万美元。

主要出口市场：1993年，出口国家及地区达92个。出口额1000万美元以上的市场有5个：俄罗斯6456万美元，香港1690万美元，孟加拉1194万美元，巴基斯坦1093万美元，印度尼西亚1085万美元；500～1000万美元的有7个：美国955万美元，古巴814万美元，捷克750万美元，泰国710万美元，保加利亚644万美元，摩尔多瓦513万美元，日本505万美元；100～500万美元的有14个：法国、巴西、德国、马来西亚、新加坡、罗马尼亚、阿联酋、白俄罗斯、澳大利亚、荷兰、越南、韩国、蒙古、加拿大。

2. 1993年，CMC出口成交完成31627万美元，比上年增长25.5%。其中造船成交11625万美元，其他商品成交比上年增长6%。

3. CMC自营出口特点：(1) 1993年，总公司广泛开展多种经营，以机电产品出口为主，机电产品出口18368万美元，占出口总值的72%。非机电产品出口6988万美元，占出口总值的28%。(2) 与上年相比，出口增长的商品有修船、铁路车辆及设备、建筑机械、纺织机械、机床、成套设备、通用机械等。(3) 继续实施市场多元化战略，巩固和发展了东南亚、巴基斯坦等传统市场，努力开拓中东、非洲、拉美、南太平洋国家等新市场，取得一定进展。主要出口市场发展趋于多元化，与上年相比，东南亚增长118.7%，中东增长68%，非洲增长167%，欧共体增长152%，拉美增长67%，大洋洲增长78%。

三、扩大机电产品进出口贸易采取的主要措施

1. 进口工作。进一步加强竞争意识，转变经营机制、经营方式、经营作风，广开渠道，优质服务，不断扩大进口规模。

(1) 适应形势，知难而进，改变以往靠国家政策单一渠道的经营作法，以优质服务为宗旨，主动与中央及各省市主管部门联系，服务上门，广泛接触订货单位，及时研究和解决工作中出现的问题和困难，进一步赢得了广大进口用户的信任。全年争取进口货单达39亿美元，比上年增长52%。其中，中央外汇一般商品占7.52亿美元，其他多为外国政府贷款、世界银行贷款、亚洲银行贷款和自筹外汇项下的货单。

(2) 广泛建立合作关系，努力开拓业务领域，扩大业务范围。在举世瞩目的跨世纪工程——三峡工程的设备引进过程中，CMC努力发挥主渠道作用。1993年，为葛洲坝工程局签订的进口合同额近7000万美元；为三峡工程进行的第一个招标项目已全部签约；为广东广梅汕铁路招标项目通讯标亦顺利进行；取得了扬州第二发电厂两台60万kW的大型成套电站的招标业务，项目金额为4.7亿美元；为内蒙古达拉特二期、新疆韦湖梁、浙江台州、河南姚孟等电厂项目签订了设备引进合同；为北京、天津、河北、四川、广西、黑龙江、辽宁等地完成了大型程控电话交换机和无线电话的订货工作；成功地为武汉通讯设备厂从西班牙ASESA公司引进了专有技术和生产许可证；为北京、天津市分别从加拿大、西班牙引进电话程控设备。

(3) 开发新渠道，建立新市场，努力开展自营业务。为用户争取最优惠价格，从乌克兰成功地引进了自行舟桥；注重开拓汽车零部件生产领域，为哈尔滨汽车电器厂引进了奥迪、桑塔纳、高尔夫等中央电器的生产技术及关键设备，以期为提高汽车生产国产化率发挥作用；积极为三峡工程筹建零件保税库及维修站；自营罗马尼亚达契亚车、原苏联拉达车和卡玛兹车以及自营原苏制挖掘机的仓储、销售、检修、服务。

(4) 进一步完善进口计划统计计算机管理工作，并连续三年在外经贸部获奖。进口统计工作的计算机网络化的形成，为业务进展进行综合分类，及时掌握业务进程，为领导决策发挥了应有的作用。

(5) 对全国范围内所属进口机电产品零售库和维修技术服务部进行了一次全面清理，现在全国大部分省、自治区、直辖市拥有维修站、寄售库共140个，并重新修订了对站、库的管理办法，从而提高了社会效益和经济效益。

2. 出口工作。继续坚持“进出并举，重点发展出口”的经营方针，努力处理好一业为主与多种经营的关系。始终如一地坚持以机电产品出口为主的经营思想，把主要精力放在开拓机电产品出口上。要求各子公司在每年的出口业务中，必须保证机电产品占70%以上。1993年出口收汇1亿美元，有偿上缴中央近2000万美元额度，收回人民币4700万元。

(1) 为保证出口增长的持续性、稳定性，公司重点发展修造船、成套设备、电站、铁路车辆、工程项目、工具、轴承等七大类大型和大宗商品。出口香港26300吨级散装运木船6条，500吨级散装水泥驳船12条；签订了出口两套火电和水电小型成套项目；在巩固原有工具、机床等传统出口商品外，重点开发人造金刚石锯片、电动工具、搬运车等产品；与四通公司合作，开发技术含量高、附加值高、效益很好的新型包装机的出口。

(2) 想方设法在出口商品信贷资金的筹措、重点商品的扶植等问题上积极加以解决。为使出口成套设备资金到位，向中国银行申请中长期贷款共计5700万元人民币，流动资金贷款计4500万元人民币，从国家机电产品进出口办公室申请到技改贷款、贸工农基地贷款、以进养出外汇近5000万元人民币，有力地支持了出口。

(3) 对不同客户采取不同的贸易方式和灵活作法，努力扩大出口。如对信誉好的客户，在支付方式上采取收一定比例定金，余额以D/P方式支付，减少客户资金占压，调动客户推销我国产品的积极性，扩大了出口。

(4) 根据商品和市场的特点，发挥以进带出优势，积极与公司驻外机构配合，抓住时机开拓多元化的出口市场。如对拉美的工业缝纫机，对越南的水泥生产线，对韩国、缅甸的建筑机械，对日本、伊朗的铸钢件等的出口都取得了很好的成绩。

(5) 继续狠抓“四排”（指出口的货源、计划、进度、运输四方面恰当的安排与衔接）及半年执行情况的检查工作，发现问题及时反映并通报各子公司。做好统计工作，努力抓好统计工作的基础建设，对基层统计人员进行指导、培训，开展统计评比，推动出口统计电脑化，并荣获1992年外经贸部出口统计三等奖。

(6) 充分利用国内外展览，捕捉信息，积极促销。在澳大利亚、南非、韩国、新加坡、马来西亚、乌克兰、越南、黎巴嫩、沙特举办或参加国际展览，展出CMC经营的机电产品和当地的适销产品，接待专业客户人数2840人次，现场成交约830万美元，展览宣传了总公司的实力，结交了新老客户，巩固了老市场，开辟了新市场。注意对澳大利亚、孟加拉、南非、墨西哥和津巴布韦的市场调研，及时向子公司提供印尼、日本、德国、古巴的贸易情况。

(7) 为提高商誉，除对CMC司徽在海外18个国家和地区同时注册，并就“中机”“MACHIMPEX”“CMIEC”等在国内作保护性注册外，1993年又新创KAIRUN、WEISA、LEMTY、WANGCHI等商标，有的已通过国内注册公告，有的已申请了国际注册。

3. 公司实业化、国际化、集团化战略的实施有了突破性进展。

(1) 在国内外开展广泛的合作，扩大公司的经营领域，壮大企业实力。1993年CMC着重抓了国内投资企业的管理和项目的经济效益，制订了近期国内投资大纲，以及系列投资管理制度、规定、办法等，使国内投资管理制度化、科学化、法制化，并初见成效。1986年投资的国内最大企业——烟台西蒙西轴承有限公司，1993年走出低谷，一举扭亏为盈，现已被划为国家中型一档企业，并被外经贸部评为出口产品先进企业，被烟台市评为“优秀三资企业”；投资仅一年的上海新东联船舶工程有限公司，1993年已与香港签订2条船舶出口合同，作为对外承接修船、造船基地，它将成为CMC发展实业的一个强有力的支柱企业。此外，宁波经济技术开发区联合（集团）公司、宁波鸿运电器公司、上海三菱电梯有限公司等合资企业均取得新的进展，不仅增强了出口创汇能力，而且有了良好的经济效益。

(2) 向海外寻求更大的发展空间，多方位地开拓国际市场，是积极向跨国经营转变的有利途径。海外企业起步最早的CMC，经过十几年的努力，实力不断增强。1992、1993年取得连续两年上缴利润翻番的好成绩，规模不断扩大。截止到1993年底，海外机构已发展到36个，遍布世界主要国家和地区，包括12个独资公司、9个合资公司和15个代表处，形成了相互连接的海外经营网络。海外机构的发展为直接利用国外资源、资金提供了便利条件，并对扩大国内商品出口创汇发挥了重要作用。

(3) CMC已获得国家计委、体改委和经贸委批准，成立中机集团公司，并办理了工商登记注册手续。1993年CMC的国内直属子公司数量增加到21家，逐步走向集团化经营。以大型外贸企业为核心的中机集团，在国际贸易、资源开发、引进技术设备、资金融通等方面将进一步发挥活力。

〔撰稿人：中国机械进出口总公司　朱晓燕　审稿人：中国机械进出口总公司　吴经延〕

机械工业部系统

1993年度，随着一系列新的体制改革政策的出台，机械工业各级主管部门和各地机械企业进一步转换经营机制，实施多元化市场战略，使机械工业对外贸易保持了良好的发展势头。

一、进口情况

按海关统计，1993年全国机电产品进口494.6亿美元。其中，机械工业部归口产品进口241.5亿美元，比上年增长52.9%。包括：机械行业进口178.1亿美元，比上年增长54.5%；汽车行业进口54.9亿美元，比上年增长44.5%；船舶行业进口8.5亿美元，比上年增长85%。

1993年机械行业几种主要商品的进口情况是：重型机械11.3亿美元，农业机械14.6亿美元，通用机械36.1亿美元，电工电器31.9亿美元，工程机械9.3亿美元，机床工具54.5亿美元，仪器仪表16.6亿美元，磨料磨具0.2亿美元，机械基础件3.6亿美元。

二、出口情况

按海关统计，1993年全国机电产品出口227.1亿美元，比上年增长16.2%，占全国外贸出口总额的24.8%。其中，来料加工出口60.56亿美元(含机械产品33.46亿美元)，占机电产品出口比重为26.68%；“三资”企业出口83.93亿美元（其中机械“三资”企业出口39.63亿美元），比上年增长37.6%，占机电产品出口比重为36.97%。1993年，机械产品出口145.96亿美元，占机电产品出口比重为64.28%，比上年增长15.08%；部归口产品出口57亿美元，占机械产品出口比重为39%。部归口产品中，重点门类产品出口51.52亿美元，占机械产品出口比重为35.3%。其中，机床5.54亿美元，电工产品22.31亿美元，工程机械1.21亿美元，农业机械2.72亿美元，仪器仪表7.37亿美元，机械基础件4.29亿美元，船舶2.41亿美元，汽车5.67亿美元。

按经贸业务统计，1993年全国机电外贸出口187.4亿美元，比上年增长27.1%，增幅比上年下降了8.1个百分点。部系统外贸公司实际出口20亿美元，比上年增长1.9%。

部直属外贸（工贸）公司出口总额5.82亿美元，比上年增长9.8%。36家省、市机械设备公司出口合计13.3亿美元，比上年增长3.4%。其中，出口额超过1亿美元的有上海市、江苏、浙江和广东省；超过5000万美元的有天津市、辽宁、福建和陕西省。

9家有外贸经营权的企业集团合计出口9093万美元，比上年下降39.2%。

按出口成交情况统计，1993年部系统外贸公司出口成交22.9亿美元，比上年下降3.2%。部直属外贸公司出口成交合计6.06亿美元，其中CMEC出口成交增幅较大，为60.63%；36家省、市机械设备公司出口成交15.1亿美元，比上年下降12.9%。

三、产品出口主要特点和发展措施

1. 出口继续保持增长势头，对全国外贸出口贡献进一步提高。1993年，全国机电产品出口额首次突破200亿美元大关，达到227.1亿美元，提前实现“八五”规划中计划1995年出口200亿美元的目标。1993年全国外贸出口917.6亿美元，增幅为8%；而机械产品出口146亿美元，增幅为15.08%。

2. 针对出口贸易“管得过死与竞争混乱并存”的矛盾，在促进企业转换经营机制的同时，推动出口管理体制改革，以增加出口创汇和经济效益并重，继续贯彻“全方位、多元化和重点市场、重点产品、重点突破”的方针，“调”、“放”结合，大力扶持国际性工贸企业集团的出口工作，积极为各类外贸、工贸企业争取政策，创造条件，为已具备条件的生产、流通和科技企业争取对外经营权。1993

年部直属公司有两家被赋予进出口经营权。

3. 支持有条件的单位发展高新技术产品和“软件”产品出口，改善和优化出口商品结构，重点抓好成套设备出口。1993 年，劳动密集、材料密集的金属制品出口受到一定程度的抑制，附加值高的产品所占比重上升，尤其是火电项目成套设备向周边国家出口的形势较好。到 1993 年，我国出口单机 50MW 以上火电项目共达到 12 项，其中巴基斯坦 5 项，印度尼西亚 2 项，孟加拉国、越南、马来西亚、菲律宾和叙利亚各 1 项。电站容量总计 4014MW，其中已投运 1225MW，在建 1759MW，待生效 1030MW。

4. 落实市场多元化战略，加强驻外机构的管理，重点支持一些企业在境外设立出口推销、维修服务、组装生产网点。到 1993 年底，部直属各公司在境外共设立了 30 个代表处、44 个境外公司。

5. 国家陆续出台的一系列关于外贸体制、财税体制等改革方案，尤其是外汇汇率的改革，进一步推动企业开拓国际市场，极大地促进了机械产品的出口增长。企业对外贸环境的适应能力总体来说是进一步加强了，1993 年部直属外贸（工贸）公司出口总额达到 5.82 亿美元，比上年增长 9.8%。但是各公司的发展并不平衡，有的公司增幅近 50%，而有的公司则减幅较大。另外，出口大户地区仍然是沿海改革开放省、市，如上海市、江苏、浙江和广东等省。

6. “三资”企业出口和来料加工出口比重进一步增长。1993 年“三资”企业机电产品出口 83.93 亿美元，占全国机电产品出口的 36.97%。机电产品的来料加工出口也有了增长，达到 60.56 亿美元，占机电产品出口比重为 26.68%。

7. 机电产品进口增幅过猛，外贸逆差较大。按海关统计，1993 年机电产品进口 494.6 亿美元，机电产品出口 227.1 亿美元，逆差 267.5 亿美元。可见继续扩大机电产品出口，适度降低进口，是实现国家外汇平衡的重要途径之一。

〔撰稿人：机械工业部国际合作司　罗俊杰　审稿单位：机械工业部国际合作司〕

附：1993 年机械工业部外贸公司系统进出口完成情况表　(单位：万美元)

单位名称	实际出口		出口成交		进口订货		进口到货	
	全年完成	比上年增长%	全年完成	比上年增长%	全年完成	比上年增长%	全年完成	比上年增长%
总计	198450	0.32	229238	−3.20	147795	38.52	134505	132.29
其中：香港	47050	3.33	—	—	—	—	—	—
日本	9269	14.12	—	—	—	—	—	—
美国	26726	4.77	—	—	—	—	—	—
部直属进出口公司	56959	4.70	60551	28.77	60237	29.66	46943	102.04
中国机械设备进出口总公司	27001	1.47	33855	60.63	28588	71.21	12866	117.11
中国汽车工业进出口总公司	14354	−16.64	13887	7.09	13170	−29.21	19938	93.86
中国工程与农业机械进出口公司	7579	48.49	3763	−23.09	4340	72.22	2434	3.80
中国机械对外经济技术合作总公司	3060		1342		4639		1698	
中国机床总公司	4192	6.50	5533	−7.01	8209	10.14	8912	140.54
中国通用石化机械工程公司	142	−73.06	158	−39.23	2		2	
中国电工设备总公司	631	−37.21	2013	7.42	1289	9.14	1093	12.33
省、自治区、市机械设备进出口公司	132399	3.06	150968	−12.94	48982	20.86	46844	66.63
北京市机械设备进出口公司	2911	2.90	3449	11.01	1708	38.75	1300	66.67
天津市机械设备进出口公司	8100	1.22	9648	19.81	1107	464.80	1107	3590.00
河北省机械设备进出口公司	1481	−56.44	1315	−64.02	517	−29.85	522	−16.75
山西省机械设备进出口公司	1252	23.96	1563	36.27	922	2.56	910	14.47
内蒙古自治区机械设备进出口公司	311	16.04	311	−52.59	0	−100.00	0	0.00
辽宁省机械设备进出口公司	5661	12.32	5820	36.01	2273	267.80	2923	505.18
沈阳市机械设备进出口公司	1970	14.40	703	−40.73	452	−31.62	408	−38.37

(续)

单位名称	实际出口		出口成交		进口订货		进口到货	
	全年完成	比上年增长%	全年完成	比上年增长%	全年完成	比上年增长%	全年完成	比上年增长%
大连市机械设备进出口公司	1810	−9.91	980	−53.90	440	−6.18	571	27.17
吉林省机械设备进出口公司	1252	46.78	1615	23.47	276	170.59	326	8050.00
黑龙江省机械设备进出口公司	1097	−45.42	2101	−17.93	901	14.20	854	−21.36
哈尔滨市机械设备进出口公司	507	−32.67	550	−31.25	146	−51.33	67	24.07
上海市机械设备进出口公司	10010	−4.83	14366	−22.40	2045	−23.49	1185	151.59
江苏省机械设备进出口公司	13228	10.07	16192	6.91	6112	88.99	7140	209.49
浙江省机械设备进出口公司	10106	0.69	10801	−34.76	4202	−15.62	3855	−1.38
宁波市机械设备进出口公司	2210	44.54	2357	23.34	2339	152.32	1712	217.63
安徽省机械设备进出口公司	3966	22.41	3312	−22.34	4582	79.69	956	−54.86
福建省机械设备进出口公司	7175	17.84	4076	−34.83	3434	48.92	3153	38.65
江西省机械设备进出口公司	2380	8.43	2807	−17.30	811	−4.25	322	−60.05
山东省机械设备进出口公司	5020	−17.72	4768	−24.22	1279	24.78	1135	73.02
河南省机械设备进出口公司	2809	7.71	2925	−14.75	2295	242.54	1259	298.42
湖北省机械设备进出口公司	3516	1.91	3011	−25.45	364	20.13	615	102.97
武汉市机械设备进出口公司	2288	14.29	1150	−7.11	0	0.00	1000	
湖南省机械设备进出口公司	4951	10.93	5965	−10.64	2775	−27.30	2169	1.12
广东省机械设备进出口公司	15015	3.70	15199	5.35	2779	−26.40	3087	13.62
广州市机械设备进出口公司	4054	−26.98	3697	95.40	468	−53.85	3286	185.99
广西自治区机械设备进出口公司	2525	24.51	2155	−7.55	709	55.82	555	34.38
四川省机械设备进出口公司	3027	15.01	17893	−26.92	0	−100.00	423	350.00
重庆市机械设备进出口公司	1353	22.89	1784	19.73	744	2655.56	651	2311.11
贵州省机械设备进出口公司	1031	8.07	513	−47.22	326	−71.25	701	21.91
云南省机械设备进出口公司	4014	81.71	2957	−26.13	360	−15.49	526	98.49
陕西省机械设备进出口公司	5220	11.87	5389	22.25	2948	107.75	2068	303.91
西安市机械设备进出口公司	318	−62.63	220	−74.60	797	−42.79	633	−35.87
甘肃省机械设备进出口公司	801	−20.30	734	−9.16	290	42.86	329	56.67
青海省机械设备进出口公司	241	−3.60	243	−15.92	30	−65.12	240	287.10
宁夏自治区机械设备进出口公司	501	21.90	195	−60.37	240	−43.40	382	165.28
新疆自治区机械设备进出口公司	288	51.58	204	−41.21	311	5.07	474	229.17
有外贸经营权的部分公司	9092	−39.17	17719	8.08	38576	95.73	40718	520.99
东北输变电设备集团进出口公司	0	−100.00	50	−76.19	50	−3.85	50	−19.35
解放汽车工业进出口公司	1247	−41.81	1515	−29.07	25813	598.21	25604	4480.32
哈尔滨电站设备进出口公司	1429	−67.13	8864	1236.95	94	−63.42	126	−82.64
上海电气联合进出口公司	519	−69.27	500	88.68	1915	−21.00	1774	524.65
中国重型汽车进出口公司	1223	21.33	75	−41.41	2453	43.12	3658	234.06
中国第一拖拉机制造厂进出口公司	432	42.11	458	50.66	0	0.00	0	0.00
中国东风汽车工业进出口公司	1133	−40.05	1487	519.58	7191	91.61	7023	141.34
四川东方电力设备联合公司	1803	−19.15	3652	−67.17	742	−90.09	1834	180.00
西安电力机械进出口公司	1306	30.47	1118	−15.56	318	−1.85	649	143.98

〔资料来源：机械工业部生产与信息统计司〕

中国船舶工业总公司系统

1993 年，中国船舶工业总公司进出口成交总额 81180 万美元，比上年增长 29.2%，实际进出口总额 55646 万美元，比上年减少 3.3%。实际出口比进口多 33531 万美元，比上年增加了 5677 万美元，增长 20.4%，出超率为 303%，比上年提高了 116 个百分点。

一、进口情况

全年进口订货 14078 万美元，比上年减少 34.6%。其中机械设备 3036 万美元，增长 72.8%，占进口订货总额的 21.6%，比重提高了 13.4 个百分点。船用设备订货 9771 万美元，仅为上年的 51.7%，其中出口船舶用设备 5271 万元，比上年减少 45.5%；国内船舶用设备 4500 万美元，比上年减少了 51.1%；船用设备比重为 69.4%，比上年减少 18.3 个百分点。电子仪器及电子元器件订货 1271 万美元，比上年增长 44.3%，比重为 9%，比上年提高了 4.9 个百分点。船用设备订货减少，除因 1992 年是订货高峰，成交船舶的所需设备业已订货外，还有以下原因：国产化水平提高，技术含量高的船舶生产数量减少。

从订货地区分布看，亚洲地区进口订货 8883 万美元，占总额的 63.1%，比上年下降了 13.3 个百分点；欧洲地区为 4337 万美元，占总额的 30.8%，比重比上年上升了 11.5 个百分点；北美洲地区为 831 万美元，占总额的 5.9%，比重上升 1.5 个百分点。地区分布格局同上年相比没有发生方向性变化。

全年进口到货 11058 万美元，比上年减少 25.5%。其中机械设备和技术引进设备到货 746 万美元，比上年减少 24.4%，占进口到货总额的比重为 6.7%，与上年持平。船用设备 10053 万美元，比上年减少 23.1%，比重为 90.9%，比上年提高 2.8 个百分点，其中出口船舶用设备 7119 万美元，比上年增长 34.2%，国内船舶用设备 2934 万美元，比上年减少 62.3%。电子仪器及元器件 258 万美元，比上年减少 67%，比重仅为 2.3%，减少 3 个百分点。

从到货产品的地区分布看，亚洲地区 8012 万美元，比上年减少 16.5%；欧洲地区 2197 万美元，减少了 29.9%；北美洲地区 828 万美元，减少 60.7%。亚、欧和北美三个地区到货所占比重分别为 72.5%、19.9%、7.5%，分别比上年提高 7.9、降低 1.2、降低 6.7 个百分点，可见到货地区分布格局没有多大变化。

二、出口情况

全年出口成交金额 67102 万美元，比上年增长 62.4%，比实际出口多 22513 万美元，扭转了上年成交低于实际出口的局面。成交船舶 77.7 万 t，比上年增加 126.6%。成交船舶金额 52408 万美元，比上年增长 273%，吨位虽比历史最高年份的 1991 年少 11 万 t，但成交金额却比 1991 年增加了 31.1%。成交的主要船舶有 15 万 t 散货船 2 艘，7 万 t 散货船 1 艘，2.9 万 t 散货船 2 艘，4.65 万 t 大仓口货船 2 艘，2.64 万 t 运木船 3 艘，2.26 万 t 多用途船 4 艘，500TEU 集装箱船 2 艘，1.5 万 t 散货船 2 艘，豪华型旅游船 2 艘。船舶成交金额占总成交额的 78.1%。修船成交 5000 万美元，比上年增长 21.4%，占出口成交总额的 7.5%。其他机电产品成交 9694 万美元，比上年减少 58.1%，占出口成交总额的比重为 14.4%。上述情况说明，成交额增加主要是由于世界船舶市场经过 1992 年上半年的萧条之后，1993 年有所变化，订船较活跃的结果。

出口成交金额的地区分布：亚洲地区 44794 万美元，比上年增长 35.4%，占出口成交金额的比重为 66.8%，比上年下降了 13.2 个百分点；欧洲地区 6590 万美元，比上年增长 84.3%，占出口成交金额的比重为 9.8%，比上年提高了 1.3 个百分点；美洲地区 11793 万美元，比上年增长 163.9%，占成交金额的比重为 17.6%，比上年提高了 6.8 个百分点；非洲和大洋洲地区 3925 万美元，增长近 18 倍，比重为 5.8%，比上年提高了 5.3 个百分点。

全年实际出口总金额 44589 万美元，比上年增长 4.4%。出口产品的主要类别：(1) 船舶 58.5 万 t，比上年增长 63.5%；出口金额 32595 万美元，比上年增长 62.8%，占实际出口总金额的比重为 73.1%，提高了 26.2 个百分点。出口的船舶主要有：7 万 t 散货船 2 艘，6.5 万 t 散货船 1 艘，6.8 万 t 原油轮 3 艘，浮式生产储油轮 1 艘，破冰船、1500m^3 耙吸式挖泥船各 1 艘。(2) 修船 5000 万美元，比上年增长 21.4%，占实际出口总金额的比重为 11.2%，提高 1.6 个百分点。(3) 其他机电产品 6994 万美元，比上年减少 62.3%，比重为 15.7%，比上年下降了 27.8 个百分点。这类产品出口下降较多，主要是因集装箱进行技术改造，产量大幅度减少所致。

出口地区分布：亚洲地区 38000 万美元，比上年增长 92%，占总金额的比重为 85.2%，比上年提高了 38.8 个百分点；欧洲地区 4845 万美元，比上年减少 73.3%，比重为 10.9%，下降了 31.6 个百分点；美洲地区 1667 万美元，比上年减少 50.6%，比重为 3.7%，下降了 4.2 个百分点。

〔撰稿人：中国船舶工业总公司综合计划局　郭泽
审稿人：中国船舶工业总公司综合计划局范有年〕

机械工业技术引进概况及项目简介（1993年）

编者按：1993年机械工业引进技术项目共100项。其中，机械工业部系统81项，占总数的81%（含汽车行业41项，占引进项目总数的41%，占机械工业部系统引进项目的50%）；电力工业部机械局系统4项，占总数的4%；中国船舶工业总公司系统6项，占引进总数的6%；中国轻工总会系统9项，占引进总数的9%。从引进方式来分，专有技术许可（证）项目（表中用A表示）51项，占总数的51%；进口设备带制造技术(B) 19项，占总数的19%；关键设备进口（包括生产线）项目（K）19项；技贸结合项目（C）4项；合作生产项目（E）2项；技术咨询或服务项目（D）1项；其他（购技术资料、器材）项目(F) 4项。技术引进项目的转让方主要以德国、美国、日本为主，分别为37项、19项、14项；其次是法国、意大利，分别为7项、6项，还有英国、奥地利、俄罗斯等共14个国家。各行业技术引进状况见“机械工业各行业技术引进来源国情况表”和“机械工业技术引进项目简介表”。

机械工业各行业技术引进来源国情况表

行业 \ 国别	合计	德国	美国	日本	法国	意大利	英国	奥地利	俄罗斯	瑞士	韩国	西班牙	斯洛文尼亚	芬兰	乌克兰
合计	100	37	19	14	7	6	4	3	3	2	1	1	1	1	1
农业机械	1		1												
金属切削机床	6	3	2	1											
通用机械	7	2		1		1	1			1	1				
机械通用零部件	3	1	1	1											
起重运输机械	3	1	1	1											
矿山及煤矿机械	1				1										
石油化工设备	1		1												
塑料机械	4	2		1								1			
食品机械	2	1													
建筑工程机械	2			1									1		
轻工机械	3					2		1							
印刷机械	2	1					1								
医疗器械	1			1											
环境保护设备	3	1	1	1											
汽车	41	19	8	4	6	1	1	2							
船舶	5	1												1	
工业锅炉	1			1					3						
发电设备	1			1											
高压输变电设备	3	2				1									
通用仪器仪表	2	1	1												
专用仪器仪表	2	1	1												
其他	6	1	2			1				1					1

机械工业技术引进项目简介表

序号	行业	部门	引进项目名称	合同号	国内接受单位	技术转让方	合同签约日期、生效日期	有效期	技术引进方式	引进技术主要内容
1	农业机械	机械工业部	“迪尔”1100系列联合收割机制造技术	92WMHN37079MR	黑龙江佳木斯联合收割机厂	美国迪尔公司	1992.9.18		A	
2	金属切削机床	机械工业部	数控机床国产化	938MSJ／230258CD 200042CD	哈尔滨量具刃具厂	德国Widia公司	1993.12		A	刀具技术转让及配套
3			五面加工中心	HJ93GHZ／218	昆明机床股份有限公司	德国海尔曼·克尔博机床公司	1993.5.1		C	合作制造一台CUBIMAT－VT五面体加工中心
4			“马刀”系列产品技贸结合项目	92MMG－129(62)267US	北京市机电研究院	美国辛辛那提公司	1993.1		B	数控立式加工中心制造技术及散件50套
5			组合机床制造技术	93NFNC／12001CD	一汽、二汽、大连机床厂	德国惠勒公司	1993.12		A	延长许可证转让合同期限
6			模具制造技术	93NFNC／20166CN	天津汽车公司	日本	1993.10		K	CAD工作站及模具加工设备
7			气动电动可控拧紧工具制造技术	93NFNC－D248CD 1、2、3、4、5	二汽设备制造厂	美国辛辛那提公司	1993.12		K	Z齿轮铣床、锥齿轮、检测仪、立式加工中心
8	通用机械	机械工业部	引进粘稠油螺杆泵技术	93BMD200／015CD	天津市工业泵总厂	德国	1993.2		A	14个系列单、双螺杆泵技术
9			工业泵生产技术	CCHEG－S932200	大连耐酸泵厂	瑞士苏尔寿公司	1993.11.8		B	MC、ES、SM系列石油化工流程泵生产技术，2H636 2N卧式数显镗床，工作台尺寸1600mm×1400mm，主轴直径160mm

(续)

序号	行业	部门	引进项目名称	合同号	国内接受单位	技术转让方	合同签约日期、生效日期	有效期	技术引进方式	引进技术主要内容
10	通用机械	机械工业部	船用大流量离心泵制造技术	93BMST／200221CN	天津市工业泵总厂	日本	1993.11		A	船用立式串并联及大流量离心泵技术
11			微型压缩机制造技术	9334102010	安徽马鞍山压缩机总厂	意大利Balma公司	1993.5		A	微型压缩机制造技术及样机两台：(1)SN80BT型一台；(2)EFPL－5000箱式低噪音空压机一台
12			半封闭螺杆压缩机技术及关键检测设备	CGBG2XN－P92221	重庆冷冻机厂	英国	1992.12		B	2AC转子铣床、磨刀机、转子检测仪、型线检测仪专有技术
13			压缩机技改项目	CKRY－P92072软件合同	牡丹江空调机厂	韩国大宇公司	1992.12.21		A	压缩机生产及制造技术
14			中日合作诊断技改项目	CHKIG－P920103	湘潭压缩机厂	德国	1992.12		B	螺杆压缩机技术
15	机械通用零部件	机械工业部	液压缸、液压阀设计制造技术	T／93MMG－165(63)220GPL－Ⅱ－Ⅲ	长江液压件厂成都分厂	日本	1993.12.22		A	
16			高压柱塞泵／马达技术改造	93MMG－129(62)136US	上海市液气总公司	美国Sauer公司	1993.12		A	90系列轴流泵制造技术
17			电磁先导阀软件技术	CDEE－1292091	济南气动元件厂	德国	1992.12		B	
18	起重运输机械	机械工业部	随车起重机技术及关键设备项目	T／92MMG－161(63)D01GD	湖南专用汽车制造厂	日本	1992.12.26		C	TM－2300系列随车起重机技术
19			物料输送系统专有技术	9LQCEA／12P2007US	承德输送机总厂	美国韦伯公司	1993.6		A	反向积放式输送机，自动化立体仓库系统，无人驾驶车系统，电动单轨小车系统

(续)

序号	行业	部门	引进项目名称	合同号	国内接受单位	技术转让方	合同签约日期、生效日期	有效期	技术引进方式	引进技术主要内容
20	起重运输机械	机械工业部	大型斗式提升机、螺旋输送机设计制造技术	93WMHN/37082CD	芜湖起重运输机器厂	德国 Mollers 公司	1993.11.19		A	斗提机全套设计、工艺标准资料及计算机软件，斗宽 160～16000mm,提升高度 55m 及以上,输送量 150～1500m^3/h
21	矿山及煤矿机械	电力工业部	C 型转子式翻车机	93ZFJ-C型	武汉电力设备厂	法国阿尔斯通公司	1993.2 1993.5	1年	B	全套硬件、软件技术
22	石油化工设备	机械工业部	管带式换热器制造设备及技术	92H-A02	湖南岳阳恒立冷气设备股份公司	美国	1992.10		B	
23	塑料机械	中国轻工总会	制袋机制造技术	93MMG-02816112302ES	湖北省轻工业机械厂	西班牙科恩特公司 (Coenter)	1993.12.18 1994.2.8	5年	A	制袋机设计、技术和工程数据及生产制袋机专有技术转让
24			大型中空成型机、2XY5.5/7型非对称中空成型机、三层共挤复合膜机头制造技术	93CNEM4030176JP	山东塑料橡胶机械总厂	日本普拉克株式会社 (Placo)	1993.	5年	B	
25		轻工总会	大型中空成型机制造技术	92CNEM4031223GE	武汉塑料机械厂	德国巴腾费尔德公司 (Battenfeld)	1992	7年	B	
26			聚氨酯加工设备	92CNEM4036207CD	武汉轻工业机械厂	德国 EMB 公司	1992	10年	B	聚氨酯高压反应注射成型技术
27	食品机械	中国轻工总会	汤加撕裂机		昆明轻工业机械厂	英国 FS 公司	1992.11		A	图样、技术资料

(续)

序号	行业	部门	引进项目名称	合同号	国内接受单位	技术转让方	合同签约日期、生效日期	有效期	技术引进方式	引进技术主要内容
28	食品机械	中国轻工总会	液化床干燥冷却机		昆明轻工业机械厂	德国BMA公司	1992.11		A	图纸、技术资料、试制样机用配件
29	建筑工程机械	机械工业部	履带式液压挖掘机技术合作生产	T/93MMG-165(63)003JPLT-Ⅱ-Ⅲ	陕西黄河工程机械厂	日本小松制作所	1993.3.8		C	两种履带式液压挖掘机，PC300型：机重30t，斗容量 1.2～1.6m^3；PC400型：机重40t，斗容量1.8～2.6m^3
30		电力工业部	BW200型振动碾	93SS-ZDN	夹江水工机械	斯洛文尼亚瑞克公司(Riko)	1993.2 1993.5	1年	B	技术资料、样机
31	轻工机械	中国轻工总会	RA系列削匀机设计制造技术		烟台皮革机械厂	意大利波莱托公司(Bolato)	1993.3.		C	RA系列削匀机2作宽度为1800、2000、2400mm
32			刮刀涂布机设计制造技术	91FMZ-4630-30AT	沙市第一轻工机械厂	奥地利威爱司公司(Voith)	1991.11 1993.3		A	刮刀涂布机幅宽为3600mm以下，车速700m/min
33			去肉机、通过式挤水机、削匀机、震荡拉软机、辊印涂饰机系列产品设计制造技术		扬州皮革机械厂	意大利"3P"公司	1993.3	30年	A	H·F系列液压去肉机、T/30型系列液压通过式挤水机，HF系列削匀机，900-2P型通过式双排震荡拉软机，D、C双色系列辊印涂饰机等
34	印刷机械	机械工业部	卷筒纸胶印机制造技术	93MMG-403(62)10DE	北京人民机器总厂	德国乌尼布罗格公司	1993.7.29		A	
35			提高平张纸胶印机产品水平技术改造	92MMG-129(62)730GB	北京人民机器总厂	英国	1993.12		A	密烘工艺专有技术

(续)

序号	行业	部门	引进项目名称	合同号	国内接受单位	技术转让方	合同签约日期、生效日期	有效期	技术引进方式	引进技术主要内容
36	医疗器械	机械工业部	超声心脏断层显象诊断仪制造技术	92BMSJ/200011CN	汕头超声仪器研究所	日本日立公司	1992.12		A	彩色B超软件技术
37	环境保护设备	机械工业部	正压浓相气力输灰系统技术及试验装置	JG93NT/205182VS	浙江电除尘器厂	美国	1993.12		A	设计技术及试验装置
38			三井流化床垃圾焚烧(炉)技术	93FMZ-463005JP	青岛通用机械厂	日本三井造船株式会社	1993.9.22		A	城市垃圾流化床焚烧工艺
39		电力工业部	电厂除灰系统	93ZJCH-D	浙江电力修造厂	德国约翰斯·缪勒·汉堡公司	1993.1 1993.3	1年	B	全部软、硬件技术
40	汽车	机械工业部	32、50t矿用自卸汽车制造技术	CLNBJH-93001	本溪重型汽车制造厂	美国小松德莱赛公司	1993.10.18		A	32、50t矿用自卸车专用技术软件
41			大客车专有技术	93BMA/5020106	合肥淝河汽车制造厂	德国卡尔—凯斯鲍尔车辆股分有限公司	1993.7.19		A	SETRA S215HD型豪华大客车专有技术及工装设备
42			小型汽油机制造技术	93WEC/206008DE	无锡威浮股份有限公司	德国Fichtel & Sachs股份公司	1993.7.2		A	单缸二冲程,冷却方式为行驶同冷,排量30mL,压缩比 7.5, 标定功率0.5kW(3750r/min, 最大扭矩 1.40N·m (3000r/min), 单活塞环混合比 1∶100, 传动减速比 27∶1, 净重量约8kg
43			轿车灯具设计	CCFTH93028	湖北汽车灯具厂	法国Valeo公司	1993.9.24		B	Zx车的前大、小灯、后信号灯, 捷达车的前大灯, 广州标致505、504的前大灯、信号灯设计
44			无石棉气缸垫及无石棉材料主要生产设备与技术	93-JJ-05817-021	长春市汽车配件一厂	德国爱尔兰有限公司	1993.12		B	关键设备12台(套), 无石棉材料配方和工艺、检测标准及测试工艺, 无石棉板气缸垫生产工艺、模具制造和工艺制造技术

(续)

序号	行业	部门	引进项目名称	合同号	国内接受单位	技术转让方	合同签约日期、生效日期	有效期	技术引进方式	引进技术主要内容
45	汽车	机械工业部	液压挺杆制造技术	93MG2-117-(63)113、114、115、116	济南汽车配件厂	德国伊纳公司	1993.12		A	液压挺杆组装线、激光焊机、磨床等
46			全铝水箱制造技术	CFRY-P93039 CFRY-S931848 CITY-S931849	上海汽车配件厂 二汽水箱厂	法国Valeo公司	1993.7		A	全铝水箱软件技术、组装设备及生产线等
47			重型车驱动桥减速桥制造技术	93NFNC363160MR/20171MR/20259CD/121195CK/20168CL	重型汽车集团	美国、德国	1993.12		A	轮边减速桥及驱动桥制造技术、齿轮加工设备等
48			轿车仪表制造技术	93NFNC/47107CN 93NFNC/47206MR	四平仪表厂	德国VDO公司	1993.5		A	部分软件技术、组装线、振动试验台等
49			火花塞制造技术	93WMHN/140722MR 93WMHN/120907MR	株洲火花塞厂	美国博代公司	1993.3		A	生产线及装配线、检测设备等
50			制动硬管制造技术	93MMG-177(63)103DE	天津油管厂	德国金光公司	1993.5		A	FVF涂层技术及生产线
51			后桥加工设备	93MMG-119(63)10HK	湖北车桥厂	奥地利爱希林公司	1993.11		K	热处理生产线
52			后视镜制造技术	93WMHN/120718CL、742CN、743CN、744CD	上海汽车镜总厂	意大利、德国	1993.12		K	镜片生产线及模具

序号	行业	部门	引进项目名称	合同号	国内接受单位	技术转让方	合同签约日期、生效日期	有效期	技术引进方式	引进技术主要内容
53	汽车	机械工业部	中央接线盒制造技术	93MMG−180(63)65DE	哈尔滨汽车电器厂	德国	1993.12		A	中央接线盒(A3型)软件技术及生产装配线、在线检测设备及模具
54			扭杆弹簧制造技术	93FMZ−520006CS、07GB33US、47DE50US	沈阳汽车弹簧厂	德国 ERNST公司	1993.8		K	扭杆簧加工设备
55			4JB1发动机技术	93QEVA−12F3−00E	江铃集团	美国、德国意大利、日本	1993.12		K	缸体生产线、双端面拉床等
56			4JB1发动机技术	CCHYG−S931888、1936，CDEYG−S931937、1946，CHKYG−S931938 CUSYG−S931861 CJPYG−P93081LT	庆铃集团	美国、德国意大利、日本	1993.12		K	造型线、砂处理设备、光谱仪、分析仪、加工设备等
57			轿车门锁制造技术	CRTYG−S931553	武汉车身附件厂	德国、美国、瑞士	1993.6		K	锁芯片高速冲片机、弯管机、耐久试验机、插孔机
58			轴瓦制造技术	CUSY−S931821	二汽轴瓦厂	奥地利米巴公司	1993.12		K	轴瓦生产线
59			P型泵制造技术	93NFNC−0248CD1	衡阳汽车配件厂	德国申克公司英国	1993.12		K	P型泵综合试验台、三坐标测量机
60			高强度螺栓制造技术	93MMG−180(63)04、07、16DE、19CH,22、23HK	武汉汽车标准件厂	美国、瑞士	1993.12		K	滚丝机、攻丝机、螺纹磨热处理生产线

(续)

序号	行业	部门	引进项目名称	合同号	国内接受单位	技术转让方	合同签约日期、生效日期	有效期	技术引进方式	引进技术主要内容
61	汽车	机械工业部	大客车空调加工设备	93MFZ−577016US	岳阳制冷设备总厂	日本申工兴业株式会社	1993.12		K	空调综合试验台
62			轿车空调制造技术	CHKYG−S931920	沙市电工仪表集团公司	德国、美国、日本	1993.12		K	真空钎焊炉、弯管机、整形机、翅片滚轧机、测试仪
63			活塞环制造技术	93NFNC−20143 20144CN LT20157C	武汉汽车配件厂	日本太阳交易	1993.8		K	内外圆成型磨床、活塞二手生产线
64			刮水器制造技术	93NFNC−20238、12242、20240CF20	温岭汽车配件厂	法国、美国	1993.12		A	雨刮条制造技术、挤出式微波硫化胶条生产线
65			减震器制造技术	CDEEG−S932487、2488、2491CATEG	浙川汽车配件厂	德国 CACHS公司	1993.12		A	减震器制造技术、校直机、焊接机器人、自动装配线
66			发动机铸造技术	93NFNC／20192CD／47189MR	杭州汽车发动机厂	德国迪莎公司	1993.12		K	发动机缸体造型线、光谱分析仪等
67			活塞制造技术	CDENJ−92058A、B	金陵汽车制配厂	德国马勒公司	1993.12		A	软件技术、数控车磨床、镗床等
68			灯具制造技术	CFRYG−P93058	湖北汽车灯具厂	法国 Valeo公司	1993.12		A	软件技术、真空镀膜机、注塑机、检测设备
69			盘式制动制造技术	CDEYG−S935090 CITYG−S935091 CJPYG−S935092LT	廊坊制动空压机厂	日本、德国	1993.12		K	立式压床、柔性自动生产线

序号	行业	部门	引进项目名称	合同号	国内接受单位	技术转让方	合同签约日期、生效日期	有效期	技术引进方式	引进技术主要内容
70	汽车	机械工业部	轿车座椅制造技术	CFRYG–S935096、P93082	武汉三三零三厂	法国	1993.12		A	座椅制造技术、导轨加工设备等
71			全铝水箱设计制造技术		东风汽车公司	法国	1993.10		A	
72			楔型制动器设计制造技术		东风汽车公司	德国	1993.5		A	设计、制造、检测技术
73			夏利油漆线总体设计及地面传送系统	93ROQR5005	天津微型汽车厂	英国五金代理海顿公司	1993.9		B	
74			提高产品质量生产中高档活塞环	93QLJF／12301CD	江苏省仪征活塞环厂	德国格茨公司	1993.5.30		B	凸轮仿形车床带开口机、活塞环梯面磨床、端面研磨机、喷砂打字机、轮廓测量仪、刮油边测量仪、零配件及设备所带软件
75			计算机集成制造系统		东风汽车公司	美国、法国	1993.10		A	
76			接插件制造技术	CJPCCBJ–S930051AD、0591AD	鹤壁汽车电器厂	日本	1993.5		A	接插件制造技术，模具加工设备、检测设备等
77			活塞制造技术	93MMG–180(63)41、42、43、44、45、46、47DE	山东活塞厂	德国马勒公司	1993.12		A	制造技术，双工位铸造机、止孔中心孔加工设备等
78			轿车仪表制造技术	93NFNC／20133MR／47211CD／47212CK	芜湖仪表厂	德国VDO公司	1993.4		A	仪表制造技术，生产装配线

(续)

序号	行业	部门	引进项目名称	合同号	国内接受单位	技术转让方	合同签约日期、生效日期	有效期	技术引进方式	引进技术主要内容
79	汽车	机械工业部	仪表制造技术	93NFNC-47210CD	芜湖仪表厂	德国 VDO公司	1993.7		K	里程表校验设备，模具等
80			信息管理系统	93FMZ-424122SGQ3SG、114US、115US、126US、012US	中汽信息所	美国 新加坡	1993.3		A	企业管理信息系统软件技术及硬件
81	船舶	中国船舶工业总公司	调距桨和齿轮箱	CFF8809协议附录3	武汉船用机械厂	芬兰 瓦锡兰公司 (Wartsila)	1993.10.21	5年	E	螺旋桨: RR65／4-90／4L PR90／4-145／4H 减速齿轮箱: SCV 750-1050
82			01项目“技术合作合同及附件”	CPT-93 01	武汉船舶设计研究所	俄罗斯 圣彼得堡涅瓦设计局	1993.1.17		F	
83			弹射与阻拦装置技术资料及器材	CPT-93 11	武汉船舶设计研究所	俄罗斯 圣彼得堡无产者工厂 (Пролетерекий Завод)	1993.3.14		F	
84			流体动力与强度结构技术资料	CPT-93 15 CPT-93 16	武汉船舶设计研究所	俄罗斯 克雷洛夫研究院	1993.2.26		F	
85			油份浓度计	CGT-93 76	九江仪表厂	德国 Deckmapte Inter R · Sales GmbH	1993.12.28	3年	E	型号: OCD-1 OCD-2
86	工业锅炉	机械工业部	垃圾焚烧余热锅炉设计制造技术	CP／92MMG-236301	杭州锅炉厂	日本	1992.10		A	

序号	行业	部门	引进项目名称	合同号	国内接受单位	技术转让方	合同签约日期、生效日期	有效期	技术引进方式	引进技术主要内容
87	发电设备	机械工业部	干式高炉煤气压差回收透平发电装置（TRT）设计制造技术	TT／92MGZ-177(63)108JP	陕西鼓风机厂	日本川崎重工业株式会社	1992.11.24		A	KDA200H型最大回收功率20MW，KDA125H型最大回收功率12.5MW，KDA80H型最大回收功率8MW
88	高压输变电设备	机械工业部	单相全自动保护变压器技改	93BMZ／40290CD	浙江三门变压器厂	德国	1993.11		B	制造技术及真空浇注设备
89			干式变压器技改	93BMZ／40296CD	浙江钱江变压器厂	德国	1993.12		B	制造技术及真空浇注设备
90		电力工业部	多功能铁塔加工生产线	93TT-1.2	鞍山铁塔制造总厂	意大利菲茜普公司	1993.1 1993.2	1年	B	两条全套多功能铁塔加工生产线软、硬件
94	通用仪器仪表	机械工业部	双转子流量计制造技术	92BMSJ／200002MR	广东湛江仪表厂	美国Brooks仪表公司	1992.12		A	BROOKS仪表公司7种规格40个型号、130个品种的双转子流量计的制造技术，包括制造、装配、安装、检验、使用和保养方面的专利技术
92			自力式调节阀制造技术(节能产品基本建设项目)	92MMG-129(62)252DE	鞍山热工仪表厂	德国IWK公司	1992.12.14		A	自力式调节阀流量、温度、压力三种系列产品的制造技术及专用工具
93	专用仪器仪表	机械工业部	行业检测中心建设	93NFNC／47154CD 243CN、244MR、249CN、250CM、251CN、252MR	天津汽车技术研究中心	德国、美国、日本、丹麦	1993.12		K	电磁防干扰测试设备、排放系统检测设备等

(续)

序号	行业	部门	引进项目名　称	合 同 号	国内接受单　位	技术转让方	合同签约日期、生效日期	有效期	技术引进方式	引进技术主要内容
94	专用仪器仪表	机械工业部	发动机实验室建设	CUSSBJ-S930876AF、T-S930877AF、CHKCCBJ-S93091AF、02AF	吉林工大汽车学院	美国香港	1993.12		K	发动机动态模拟设备
95	其他	机械工业部	冷藏集装箱技改引进项目	CITY／S921251	江西制氧机厂	意大利	1992.12.10		A、K	冷藏集装箱设计、制造及检测技术并附 3 台设备：(1)A200 型发泡机 1 台，(2)1+1 发泡压机 1 台，(3)门板发泡设备 1 台
96			拧紧扳手设计制造技术		东风汽车公司	德国	1993.12		A	
97			烧结型焊剂技术	93BMA／508013CS	合肥电焊条厂	瑞士奥立康公司	1993.6.28		A	烧结型焊剂配方 5 种
98			日本诊断企业技术改造	91FME-463033US	武汉鼓风机厂	美国IMAG 工业公司	1993.8.3		D	计算机软件
99			计算机 CAD 软件	93LQC2A／12D111	大连起重机器厂	美国DEC 公司	1993.10.20		A	计算机 CAD 软件系统，UGH10.0 版本 22 模块、2-3 维造型
100		中国船舶工业总公司	药芯焊丝生产线及技术	83GMCS／382CRT09PR	武汉船用机械厂	乌克兰巴顿焊接研究所(Paton Welding Institute)	1993.2.22	3 年	F	

注：技术引进方式字母代表：

A——专有技术许可（证）

B——进口设备带制造技术

C——技贸结合

D——技术咨询或服务

E——合作生产

K——关键设备进口（包括生产线）

F——其它（购技术资料、器材）

〔第Ⅴ部分责任编辑：王　如〕

机械工业

全国统计资料

第Ⅵ部分

全国机械工业统计资料(1993年)

(国家统计局工业交通司供稿)

机械工业总产值及其比重

年份	工业总产值(亿元)	占全国工业总产值的比重(%)	年份	工业总产值(亿元)	占全国工业总产值的比重(%)
1976	787.5	24.1	1985	1936.9	23.4
1977	895.1	24.0	1986	2062.1	22.8
1978	995.8	23.5	1987	2439.2	23.7
1979	1073.2	23.4	1988	2985.9	24.6
1980	1061.4	21.3	1989	3193.9	24.7
1981	996.9	19.2	1990	3246.6	23.6
1982	1107.5	19.9	1991	4910.6	21.0
1983	1286.0	20.9	1992	6588.07	23.1
1984	1523.2	21.7	1993	8898.76	25.1

注：1976～1981年是按1970年不变价格计算,1982～1990年是按1980年不变价格计算,1991、1992、1993年是按1990年不变价格计算。

机械工业总产值指数

(以1976年为100)

年份	机械工业总产值指数	年份	机械工业总产值指数
1976	100	1985	246.0
1977	113.7	1986	261.9
1978	126.5	1987	309.8
1979	136.3	1988	379.2
1980	134.8	1989	405.6
1981	126.6	1990	412.3
1982	140.6	1991	491.4
1983	163.3	1992	659.3
1984	193.4	1993	890.7

历年机械工业产品产量

年份	冶金设备(万 t)	矿山设备(万 t)	石油设备(万 t)	化工设备(万 t)	金属切削机床(万台)	锻压设备(万台)
1949		0.07		0.02	0.16	0.03
1950	0.02	0.24		0.04	0.33	0.06
1951	0.02	0.21		0.01	0.59	0.08
1952	0.02	0.18		0.10	1.37	0.11
1953	0.03	0.82		0.26	2.05	0.25
1954	0.37	0.87	0.03	0.79	1.59	0.25
1955	0.44	1.12	0.07	0.21	1.37	0.25
1956	1.60	3.09	0.31	0.36	2.59	0.24
1957	1.38	5.29	0.59	0.72	2.80	0.29
1958	15.10	9.56	0.84	3.11	8.00	0.88
1959	28.38	22.98	1.70	5.68	11.55	1.34
1960	23.23	25.19	2.08	9.15	15.35	2.46
1961	4.61	9.03	0.71	2.75	5.67	1.17
1962	2.22	3.45	0.51	1.55	2.25	0.39
1963	1.22	2.20	0.86	2.15	2.22	0.42
1964	0.88	2.82	1.80	2.69	2.81	0.61
1965	1.74	4.00	1.29	3.42	3.96	0.75
1966	3.49	5.19	2.14	4.75	5.49	0.85
1967	1.71	3.77	1.23	1.81	4.07	0.59
1968	1.33	2.93	1.50	2.30	4.64	0.65
1969	2.40	6.16	1.74	4.10	8.56	0.89
1970	7.25	9.63	3.23	5.90	13.89	2.17
1971	11.12	17.23	4.60	6.03	14.57	2.98
1972	10.47	19.53	5.16	7.20	16.22	3.34
1973	9.65	20.15	5.82	6.57	18.33	4.35
1974	7.78	18.99	5.96	6.51	16.45	3.92
1975	8.21	19.61	6.32	7.59	17.49	4.47
1976	6.15	16.15	6.87	6.05	15.70	3.74
1977	4.85	18.45	7.26	6.52	19.87	4.91
1978	6.82	24.29	8.29	6.75	18.32	3.75
1979	7.29	26.37	9.30	6.64	13.96	3.60
1980	4.10	16.25	5.71	6.98	13.36	4.84
1981	3.51	11.49	9.77	5.46	10.26	5.16
1982	3.82	15.82	9.32	6.32	9.98	4.62
1983	3.88	20.16	10.07	6.96	12.10	4.38
1984	4.97	25.81	12.23	9.30	13.35	4.81
1985	5.06	31.43	16.69	11.39	16.72	6.69
1986	6.16	30.06	18.11	11.54	16.37	6.50
1987	8.47	29.72	20.72	13.30	17.22	7.56
1988	8.96	38.36	20.77	18.11	19.17	9.10
1989	11.01	32.56	16.72	17.33	17.87	6.75
1990	9.02	31.38	20.35	20.46	13.45	4.63
1991	9.27	33.39	20.12	19.06	16.39	6.55
1992	11.68	37.27	19.40	23.66	22.87	9.14
1993	15.08	51.15	15.55	23.45	26.20	10.53

(续)

年 份	发电设备(万kW)	交流电动机(万kW)	变压器(万kV·A)	拖拉机(14.7kW及以上)(万台)	小型拖拉机(万台)	汽车(万辆)	
						合 计	其中:载重汽车
1949			12				
1950		20	54				
1951	0.2	23	61				
1952	0.6	64	117				
1953	2.2	92	198				
1954	0.8	96	196				
1955	6.2	61	193			0.01	0.01
1956	20.1	107	289			0.17	0.17
1957	19.8	146	420			0.79	0.62
1958	110.0	605	1302	0.10		1.60	1.29
1959	242.3	1250	2332	0.29	0.21	1.96	1.36
1960	338.8	1401	2588	1.16	0.12	2.26	1.38
1961	67.9	656	589	0.69	0.05	0.36	0.26
1962	15.2	343	316	0.71	0.01	0.97	0.78
1963	40.4	313	437	0.87	0.02	2.06	1.67
1964	44.0	308	572	0.98	0.09	2.81	2.08
1965	68.3	405	818	0.96	0.36	4.05	2.65
1966	132.3	615	1303	1.18	1.16	5.59	3.41
1967	61.9	496	999	0.85	0.97	2.04	1.09
1968	137.5	460	650	0.89	1.11	2.51	1.20
1969	203.1	810	1490	1.34	1.94	5.31	3.04
1970	291.8	1456	2741	3.19	5.14	8.72	4.71
1971	353.3	1831	3011	4.45	8.09	11.10	5.81
1972	432.5	2195	3173	4.93	8.95	10.82	6.05
1973	501.8	2717	3490	5.79	11.93	11.62	6.44
1974	461.6	2626	3989	6.27	13.80	10.48	5.69
1975	496.5	2799	4097	7.84	20.94	13.98	7.76
1976	400.2	2609	3656	7.37	24.00	13.52	7.45
1977	318.1	2696	3581	9.93	32.05	12.54	7.59
1978	483.8	3195	4862	11.35	32.42	14.91	9.61
1979	621.2	3563	5823	12.56	31.75	18.57	11.67
1980	419.3	2570	4461	9.77	21.79	22.23	13.55
1981	139.5	2126	2734	5.28	19.89	17.56	10.83
1982	164.5	2420	3143	4.03	29.83	19.63	12.18
1983	274.0	2868	4228	3.70	49.77	23.98	13.71
1984	467.4	3051	5030	3.97	68.86	31.64	18.18
1985	563.0	3484	8045	4.50	82.25	43.72	26.90
1986	722.3	3967	7730	2.86	77.45	36.98	22.91
1987	941.1	4172	9297	3.71	110.60	47.18	29.84
1988	1109.3	4511	10039	4.72	133.57	64.47	40.33
1989	1174.0	4096	9931	3.98	111.81	58.35	36.34
1990	1233.9	3528	7443	3.94	110.14	51.40	28.97
1991	1164.2	3825	7748	5.27	134.78	71.42	38.25
1992	1297.0	5243	9949	5.70	139.07	106.67	47.63
1993	1472.8	5450	17429	3.77	96.14	129.85	59.79

1993年机械工业主要产品产量

产 品 名 称	计算单位	1992年	1993年	1993年为1992年%
铸铁管	万t	201.37	245.08	121.71
金属切削工具	万件	39837.20	55865.89	140.24
手工工具	万件	165252.97	219150.08	132.61
钢丝绳	万t	38.71	46.24	119.45
铸铁暖气片	万t	218.07	269.78	123.71
金属门窗	万t	215.39	340.30	157.99
日用搪瓷制品	t	160122.84	194368.00	121.39
日用精铝制品	t	82117.38	99231.00	120.84
日用不锈钢制品	t	67825.01	131014.00	193.16
锁	万把	93658.03	110883.96	118.39
电焊条	万t	71.04	100.84	141.95
工业锅炉	台	31451	40233	127.92
	蒸发量吨	88165.90	97680.74	110.79
内燃机生产量总计	万kW	13266.55	15301.55	115.34
总计中：内燃机商品量	万kW	9252.53	10080.53	108.95
总计中：农用内燃机	万kW	4404.83	5236.07	118.87
总计中：柴油机	万kW	6778.83	8200.87	120.98
汽油机	万kW	6397.71	6439.93	100.66
金属切削机床	台	228656	262012	114.59
其中：数控机床	台	7450	13031	174.91
高精度机床	台	1266	1537	121.41
大型机床	台	4047	4851	119.87
其中：重型机床	台	549	603	109.84
其中：车床	台	123017	142479	115.82
钻床	台	23054	27879	120.93
镗床	台	4959	5478	110.47
磨床	台	19803	19455	98.24
铣床	台	20113	23810	118.38
刨床	台	7543	7284	96.57
锻压设备	台	91365	105264	115.21
	t	412294.54	419427.00	101.73
其中：重型锻压机械	台	1592	2141	134.48
起重机械	t	775776.01	1112395.00	143.39
其中：叉车	t	88101.40	97312.00	110.45
	台	25973	24263	93.42
输送机械	t	252238.97	218337.00	86.56
给料机械	台	15315	22675	148.06
装卸机械	台	12287	16154	131.47
工矿电机车	辆	3157	5140	162.81
泵	万台	544.99	663.24	121.70
工业泵	万台	162.36	229.14	141.13
农用水泵	万台	364.06	389.21	106.91
风机	万台	61.93	58.46	94.40
气体压缩机	台	83836	98834	117.89
制冷空调设备	套	175174	333323	190.28
电动工具	万台	435.02	658.37	151.34
滚动轴承	万套	78735.58	61927.62	78.65
其中：外圆直径450mm及以上	套	83279	95450	114.61
低压阀门	t	306505.91	397504.00	129.69
高中压阀门	t		157264.00	
紧固件	万t	69.49	121.32	174.59
矿山设备	t	372669.76	511549.00	137.27
工矿配件	t	681238.71	520612.00	76.42

(续)

产品名称	计算单位	1992年	1993年	1993年为1992年%
冶炼设备	t	50893.00	64755.00	127.24
金属轧制设备	t	65907.00	86070.00	130.59
冶金专用车辆	辆	298	871	292.28
	t	8392.00	3878.00	46.21
石油钻采设备	t	165179.70	120676.00	73.06
炼油设备	t	28811.00	34859.00	120.99
化工设备	t	236645.70	234523.00	99.10
印刷工业专用设备	t	93246.12	102112.00	109.51
水泥设备	t	147372.60	238428.00	161.79
建材设备	t	112135.09	144070.00	128.48
食品机械	台	1201651	985812	82.04
	t	227023.97	186540.00	82.17
机动饲料粉碎机	台	292479	233056	79.68
	t	103535.25	90313.00	87.23
包装机械	台	193699	100160	51.71
纺织机械	t	506097.16	556731.00	110.00
缝纫机	万架	833.19	840.57	100.89
大中型拖拉机	台	57023	37718	66.15
小型拖拉机	万台	139.07	96.14	69.13
种植机械	台	216925	137474	63.37
机引耕作机械	台	420331	228040	54.25
联合收割机	台	15370	9569	62.26
机动脱粒机	台	555055	286855	51.68
中小农具	万件	86722.20	114177.83	131.66
其中：乡村工业产量	万件	71732.45	36987.52	51.56
挖掘机	台	3029	4162	137.41
压路机	台	3736	5037	134.82
推土机	台	14287	16997	118.97
装载机	台	13535	17473	129.09
环境污染防治设备	t	113912.43	90462.00	79.41
其中：机械除尘设备	t	77112.80	63007.00	81.71
污水处理设备	t	20890.13	14763.00	70.67
汽车	辆	1066742	1298542	121.73
其中：载重汽车	辆	476347	597897	125.52
越野汽车	辆	58565	55969	95.57
汽车底盘	辆	203850	228981	112.33
自卸汽车	辆	38494	41668	108.25
客车	辆	86370	114287	132.32
轿车	辆	161745	222911	137.82
专用汽车	辆	40172	31703	78.92
改装汽车	辆	226722	268683	118.51
客车	辆	95844	103719	108.22
牵引改装汽车	辆	8533	20819	243.98
自卸改装汽车	辆	35850	47046	131.23
专用改装汽车	辆	72003	43998	61.11
挂车	台	137404	150263	109.36
摩托车	万辆	204.61	355.63	173.81
自行车	万辆	4083.64	4149.57	101.61
民用钢质船舶	艘	7305	13815	189.12
	综合万吨	237.97	259.96	109.24
其中：货轮	艘	1847	9405	509.20
	载重量万吨	132.99	187.33	140.86
客轮	艘	149	165	110.74
	满载排水量吨	11815.80	12582.00	106.48
	客位	16979	15785	92.97

(续)

产 品 名 称	计算单位	1992年	1993年	1993年为1992年%
客货轮	艘	8	9	112.50
	满载排水量吨	15143.00	9545.00	63.03
	客位	3231	1304	40.36
其中：钢质渔轮	艘	648	439	67.75
	满载排水量吨	149384.00	82017.55	54.90
	kW	163833.00	92907.00	56.71
机动渔船	艘	1137	5708	502.02
	满载排水量吨	84586.00	56067.80	66.28
	kW	105716.16	78450.52	74.21
发电设备(500kW及以上)	台(组)	1676	3005	179.30
	万kW	1297.01	1472.77	113.55
水轮发电机组	万kW	230.14	247.28	107.45
汽轮发电机	台	394	416	105.58
	万kW	1034.30	1170.51	113.17
农村用小水轮发电机	台	4977	6498	130.56
	万kW	47.51	86.25	181.54
交流电动机	万kW	5243.47	5450.48	103.95
直流电机	万kW	350.17	338.36	96.63
变压器	万kV·A	9949.15	17429.00	175.18
电力电缆	km	662085.20	884175.26	133.54
通讯电缆	km	2278447.69	4543846.15	199.43
钢芯铝绞线	t	150604.99	216738.00	143.91
电线	万km	2373.45	1599.45	67.39
蓄电池	万kVA·h	1671.95	2839.72	169.84
干电池(折合手电池)	亿只	79.29	106.17	133.90
家用洗衣机	万台	707.93	895.85	126.54
吸尘器	万台	112.90	149.00	131.98
家用电冰箱	万台	485.75	596.66	122.83
电风扇	万台	6887.03	7387.26	108.05
房间空气调节器	万台	158.03	346.41	219.00
电熨斗	万个	1722.25	2229.16	129.43
家用电冰箱压缩机	万台	387.40	503.26	129.89
家用电冰箱温控器	万台	676.22	1349.27	199.53
灯泡	万只	328082.39	393185.87	119.84
灯具	万只	20996.32	35637.65	169.73
其中：民用灯具	万只	13339.29	10879.00	81.56
水表	万只	1046.45	1926.02	184.05
煤气表	万只	228.21	220.66	96.69
电度表	万只	2869.77	3051.03	106.32
量具	万件	4491.25	5255.54	117.02
量仪	万件	87.92	119.33	135.73
大型及大型专用衡器	台	34475	31783	92.19
台、案称	万台	220.45	276.49	125.42
电影机械	台	90385	22861	25.29
其中：电影放映机	台	8968	5551	61.90
照相机	架	5264786	11364898	215.87
复印机械	台	43788	60559	138.30
	t	2957.57	2714.00	91.76
表	万只	8658.76	19290.76	222.79
其中：手表	万只	8610.46	15183.03	176.33
机械手表	万只	2760.07	3433.74	124.41
石英电子手表	万只	5850.39	11750.58	200.85
钟	万只	4022.17	6925.17	172.17

1993年各地区机械工业主要产品产量

地　区	金属切削机　床(台)	矿　山设　备(t)	大中型拖拉机(台)	小　型拖拉机(万台)	汽　车(辆)	发电设备(万 kW)
全　　国	262012	511549	37718	96.14	1298542	1472.77
北　　京	6609	20842	0	0.39	129678	134.80
天　　津	1927	974	5502	0.12	108182	29.05
河　　北	3750	58290	124	7.27	28154	0.02
山　　西	1415	32575	0	0.98	1778	12.64
内 蒙 古	1410	5156	0	0.37	179	0.00
辽　　宁	23791	58644	1300	3.13	51474	0.00
吉　　林	2305	10973	1293	2.45	177359	0.00
黑 龙 江	3876	4942	134	1.92	17150	371.26
上　　海	17681	33232	11740	0.00	102882	300.25
江　　苏	37959	38967	1052	13.07	121663	54.30
浙　　江	74462	16693	2606	3.95	19760	44.18
安　　徽	7172	24610	31	8.53	23858	0.00
福　　建	2274	4044	0	4.57	3949	7.28
江　　西	7043	7235	30	1.15	38678	15.50
山　　东	12569	33887	4986	17.76	19621	64.25
河　　南	2855	46657	6462	9.90	12924	0.73
湖　　北	5796	13071	1882	0.59	192290	52.90
湖　　南	3647	14614	0	1.68	16558	9.54
广　　东	9890	18358	0	5.39	33504	2.08
广　　西	6517	19448	0	4.56	52158	23.55
海　　南	0	0	0	0.04	3242	0.00
四　　川	8433	15797	0	1.60	93659	341.50
贵　　州	2936	461	490	0.44	8265	0.00
云　　南	8261	17465	0	2.28	27645	5.10
西　　藏	0	0	0	0.00	0	0.00
陕　　西	4803	8000	0	1.02	12836	2.88
甘　　肃	923	3822	0	0.65	155	0.00
青　　海	1129	186	12	0.00	941	0.00
宁　　夏	2205	1683	74	0.78	0	0.00
新　　疆	374	923	0	1.55	0	0.96

1993年机械工业主要产品产量中各地区的比重

(以全国总计为100)

地区	金属切削机床(%)	矿山设备(%)	大中型拖拉机(%)	小型拖拉机(%)	汽车(%)	发电设备(%)
全国	100.00	100.00	100.00	100.00	100.00	100.00
北京	2.52	4.07	0.00	0.41	9.99	9.15
天津	0.74	0.19	14.59	0.12	8.33	1.97
河北	1.43	11.39	0.33	7.56	2.17	0.00
山西	0.54	6.37	0.00	1.02	0.14	0.86
内蒙古	0.54	1.01	0.00	0.38	0.01	0.00
辽宁	9.08	11.46	3.45	3.26	3.96	0.00
吉林	0.88	2.15	3.43	2.55	13.66	0.00
黑龙江	1.48	0.97	0.36	2.00	1.32	25.21
上海	6.75	6.50	31.13	0.00	7.92	20.39
江苏	14.49	7.62	2.79	13.59	9.37	3.69
浙江	28.42	3.26	6.91	4.11	1.52	3.00
安徽	2.74	4.81	0.08	8.87	1.84	0.00
福建	0.87	0.79	0.00	4.75	0.30	0.49
江西	2.69	1.41	0.08	1.20	2.98	1.05
山东	4.80	6.62	13.22	18.47	1.51	4.36
河南	1.09	9.12	17.13	10.30	1.00	0.05
湖北	2.21	2.56	4.99	0.61	14.81	3.59
湖南	1.39	2.86	0.00	1.75	1.28	0.65
广东	3.77	3.59	0.00	5.61	2.58	0.14
广西	2.49	3.80	0.00	4.74	4.02	1.60
海南	0.00	0.00	0.00	0.04	0.25	0.00
四川	3.22	3.09	0.00	1.66	7.21	23.19
贵州	1.12	0.09	1.30	0.46	0.64	0.00
云南	3.15	3.41	0.00	2.37	2.13	0.35
西藏	0.00	0.00	0.00	0.00	0.00	0.00
陕西	1.83	1.56	0.00	1.06	0.99	0.20
甘肃	0.35	0.75	0.00	0.68	0.01	0.00
青海	0.43	0.04	0.03	0.00	0.07	0.00
宁夏	0.84	0.33	0.20	0.81	0.00	0.00
新疆	0.14	0.18	0.00	1.61	0.00	0.06

1993年全部独立核算机械工业企业主要统计指标(一)

行　　业	企　业单位数(个)	工业总产值(亿元)		工　业增加值(亿元)	产品销售收　入(亿元)	职工年平均人数(人)
		按1990年不变价格计算	按现行价格计算			
机械工业总计	110284	8597.99	9582.88	2798.00	9282.50	19918117
金属制品业	28427	1158.16	1302.05	398.39	1190.75	2928025
金属结构制造业	1434	73.73	87.56	26.62	81.16	183025
铸铁管制造业	1062	36.36	47.02	15.29	42.61	116779
工具制造业	2907	130.27	141.95	47.34	129.59	427726
切削工具制造业	626	43.52	48.47	17.52	42.75	136817
模具制造业	980	28.87	29.47	9.57	26.40	81285
手工具制造业	1058	47.12	53.15	16.25	51.33	179328
其他工具制造业	243	10.77	10.90	3.95	9.10	30296
集装箱和金属包装物品制造业	1671	133.88	137.55	37.63	134.55	192518
集装箱制造业	56	30.48	30.38	7.09	29.44	13815
金属包装物品及容器制造业	1615	103.41	107.15	30.53	105.10	178703
金属丝绳及其制品业	2274	125.49	176.50	45.59	167.25	301895
建筑用金属制品业	5249	183.00	200.46	66.05	172.05	523070
建筑小五金制造业	799	17.33	19.67	6.56	17.74	64619
水暖管道零件制造业	1201	50.19	55.30	19.16	44.68	166393
金属门窗制造业	2867	101.64	110.79	35.33	96.06	259363
其他建筑用金属制品业	382	13.81	14.64	4.96	13.60	32695
金属表面处理及热处理业	1950	71.33	76.37	23.54	67.94	153809
日用金属制品业	5679	293.02	299.85	94.19	279.64	715889
日用搪瓷制造业	278	25.76	28.92	10.16	28.12	81806
铝制品业	975	52.69	50.70	16.13	42.31	104824
不锈钢制品业	561	46.48	43.69	13.74	40.25	80470
刀剪制造业	218	6.92	7.31	2.21	7.32	32320
制锁业	538	42.85	45.72	14.52	41.02	126005
炊事用具制造业	1299	25.87	29.02	9.43	26.43	96560
燃气用具制造业	306	40.68	41.92	11.77	44.81	54074
理发用具制造业	75	4.36	4.58	1.30	5.18	9778
其他日用金属制品业	1429	47.33	47.99	14.97	44.16	130052
其他金属制品业	6201	111.10	134.76	42.08	115.98	313314
铁制小农具制造业	4432	32.47	36.13	12.68	27.75	145551
焊条制造业	275	36.32	54.82	13.98	49.96	57464
其他类未包括的金属制品业	1494	42.30	43.80	15.47	38.29	110299
普通机械制造业	25211	1723.23	1965.55	612.97	1907.95	5008472
锅炉及原动机制造业	2145	377.45	439.40	117.97	446.27	915465
锅炉制造业	916	101.99	115.84	30.35	114.48	254382
内燃机制造业	245	165.02	208.68	52.26	218.40	319922
汽轮机制造业	24	23.14	25.90	6.64	26.27	54176
水轮机制造业	35	3.32	3.54	1.27	3.65	15038
内燃机零部件及配件制造业	726	78.30	79.51	25.37	77.88	253070
其他锅炉及原动机制造业	199	5.73	5.97	2.13	5.64	18877
金属加工机械制造业	3103	222.99	272.32	92.60	261.52	782862
金属切削机床制造业	618	114.01	147.49	57.44	133.62	398434
锻压设备制造业	354	42.30	52.05	16.71	49.60	117439
铸造机械制造业	348	15.99	17.01	4.99	15.15	55592
机床附件制造业	302	13.44	15.20	6.13	13.18	55472
其他金属加工机械制造业	1481	37.23	40.56	7.36	49.95	155925
通用设备制造业	4118	448.53	512.42	164.01	512.98	1065418
起重运输设备制造业	843	158.49	188.84	55.09	203.73	314183
工矿车辆制造业	152	13.94	19.84	7.83	17.01	48998

(续)

行　业	企　业 单位数 (个)	工业总产值(亿元) 按1990年不变价格计算	 按现行价格计算	工　业 增加值 (亿元)	产品销售 收　入 (亿元)	职工年 平均人数 (人)
泵制造业	1222	81.42	87.83	31.05	79.67	264534
风机制造业	417	27.47	30.36	10.76	29.77	79785
气体压缩机及气体分离设备制造业	239	37.60	43.89	13.99	43.60	93274
冷冻设备制造业	294	52.84	57.41	18.98	58.67	74851
风动工具制造业	89	7.64	9.12	2.98	8.68	22045
电动工具制造业	168	18.47	17.82	5.46	16.82	36375
其他通用设备制造业	694	50.65	57.30	17.85	55.06	131373
轴承、阀门制造业	2230	176.74	188.40	66.62	179.05	599718
轴承制造业	776	108.30	119.30	44.64	115.39	369019
阀门制造业	1454	68.47	69.13	22.00	63.72	230699
其他通用零部件制造业	5577	234.81	246.80	79.29	227.00	733729
液压件及液力件制造业	638	44.09	46.98	16.81	45.01	137194
气动元件制造业	280	13.00	12.92	3.69	12.49	31347
密封件制造业	241	10.48	10.20	2.70	6.50	17191
粉末冶金制品业	319	21.48	17.14	5.17	15.62	50562
紧固件制造业	1529	51.22	59.71	17.83	56.00	187195
弹簧制造业	491	11.91	12.70	4.30	11.94	38647
链条制造业	216	14.45	15.59	4.43	14.99	45788
齿轮制造业	258	23.46	26.17	8.76	24.21	76491
其他类未包括的通用零部件制造业	1605	44.69	45.43	15.61	40.18	149314
铸锻件制造业	6491	207.13	245.55	72.68	221.08	661789
铸件制造业	5788	174.62	204.14	61.48	180.25	569847
锻件制造业	703	32.50	41.40	11.27	40.84	91942
普通机械修理业	737	6.55	6.63	2.66	6.25	37669
其他普通机械制造业	810	49.01	53.95	17.06	53.80	211822
专用设备制造业	19099	1348.28	1499.33	435.85	1448.99	3788816
机电工业专用设备制造业	1652	194.56	227.08	60.63	246.86	658203
矿山设备制造业	796	95.14	109.88	28.13	125.95	336630
冶金工业专用设备制造业	214	54.87	70.51	18.89	75.51	184938
电工专用设备制造业	102	9.15	10.81	3.70	11.12	33332
电子工业专用设备制造业	217	14.82	14.83	4.15	14.04	53860
其他机电工业专用设备制造业	323	20.55	21.06	5.79	20.23	49443
石化及其他工业专用设备制造业	2364	243.96	269.83	81.62	251.52	610436
石油工业专用设备制造业	277	36.40	38.00	11.98	37.78	115795
化学工业专用设备制造业	418	46.04	47.34	13.75	44.54	137870
化学纤维工业专用设备制造业	43	4.09	4.12	1.07	4.38	5436
橡胶工业专用设备制造业	112	11.74	13.91	3.99	13.71	29833
塑料工业专用设备制造业	326	33.26	35.52	10.59	31.36	58052
木材工业专用设备制造业	170	22.05	24.52	6.94	20.32	40702
印刷工业专用设备制造业	313	28.73	32.98	11.19	29.15	76058
制药工业专用设备制造业	95	5.20	5.93	2.17	5.59	18475
建筑材料及其他制品专用设备制造业	610	56.38	67.56	19.93	64.74	128215
轻纺工业专用设备制造业	3776	332.93	350.23	106.49	333.33	865284
食品、饮料、烟草工业专用设备制造业	548	39.87	42.41	14.40	40.98	112240
粮油工业专用设备制造业	647	32.55	36.32	11.37	33.25	107188
饲料工业专用设备制造业	96	5.29	5.64	1.61	4.82	13316
包装工业专用设备制造业	155	12.05	12.61	3.89	10.97	27134
纺织、服装、皮革工业专用设备制造业	1924	193.82	202.33	61.43	194.21	516032
电光源工业专用设备制造业	62	20.78	20.98	4.55	20.80	5456

(续)

行业	企业单位数(个)	工业总产值(亿元) 按1990年不变价格计算	按现行价格计算	工业增加值(亿元)	产品销售收入(亿元)	职工年平均人数(人)
日用硅酸制品工业专用设备制造业	37	2.02	2.29	0.52	2.12	5138
制浆、造纸工业专用设备制造业	217	20.25	21.19	6.73	19.99	64757
日用化学工业专用设备制造业	90	6.29	6.47	1.91	6.28	14023
农、林、牧、渔、水利业机械制造业	4132	274.83	305.40	70.94	296.92	834072
拖拉机制造业	151	86.92	103.43	16.56	113.34	212445
机械化农机具制造业	1802	55.94	60.14	18.22	53.18	245299
营林机械制造业	19	1.15	1.22	0.22	1.27	6142
畜牧机械制造业	64	2.94	3.34	0.93	3.32	12221
渔业机械制造业	72	4.37	4.66	1.27	4.32	13313
水利机械制造业	142	7.03	7.77	2.45	7.27	23594
拖拉机配件制造业	980	55.98	58.29	16.85	51.67	189818
其他农、林、牧、渔、水利机械制造业	902	60.48	66.58	14.35	62.55	131240
医疗器械制造业	1214	61.99	63.91	21.96	62.99	157373
手术器械制造业	114	8.67	9.27	3.35	8.58	22617
医疗仪器、设备制造业	466	22.58	24.02	8.86	25.25	57942
诊断用品制造业	124	7.47	7.39	2.55	7.17	19320
医用材料及医疗用品制造业	474	21.93	21.72	6.76	20.42	53986
假肢、矫形器制造业	36	1.35	1.52	0.44	1.55	3508
其他专用设备制造业	2471	202.52	244.22	80.02	225.09	513038
建筑机械制造业	606	99.83	131.49	40.48	124.15	233964
地质专用设备制造业	69	10.04	12.74	4.35	12.38	31112
畜牧兽医医疗器械制造业	8	0.35	0.22	0.09	0.19	472
商业、饮食业、服务业专用机械制造业	214	9.89	11.80	5.42	9.67	26362
邮政机械及器材制造业	25	1.43	1.80	0.59	1.78	4459
环境保护机械制造业	531	26.52	27.15	8.21	23.75	60454
社会公共安全设备及器材制造业	445	16.74	17.72	6.22	17.35	46211
其他类未包括的专用设备制造业	573	37.75	41.24	14.64	35.77	110004
专用机械设备修理业	3490	37.51	38.67	14.22	32.26	150410
工业专用设备修理业	332	7.55	7.76	2.32	5.52	23884
农、林、牧、渔、水利机械修理业	2493	15.03	15.40	6.12	12.38	69541
医疗器械修理业	8	0.08	0.08	0.03	0.03	118
其他专用机械设备修理业	657	14.87	15.42	5.67	14.37	56867
交通运输设备制造业	15439	2191.04	2599.28	697.95	2608.16	4007871
铁路运输设备制造业	428	102.16	149.87	33.79	152.57	280092
机车制造业	12	30.85	41.43	8.67	44.46	75437
客车制造业	18	21.19	29.09	6.64	28.40	42263
货车制造业	15	22.00	38.40	5.50	38.35	54699
机车车辆配件制造业	181	11.25	14.98	6.10	13.60	43280
铁路信号设备制造业	29	1.78	2.31	0.62	2.60	8795
铁路专用设备制造业	32	3.55	6.40	1.54	6.78	10155
铁路专用器材制造业	102	8.39	13.22	3.52	14.41	33064
其他铁路运输设备制造业	39	3.15	4.04	1.14	3.95	12399
汽车制造业	5342	1290.53	1556.44	400.92	1560.11	1818140
载重汽车制造业	130	448.73	619.82	155.44	663.87	430777
客车制造业	119	87.50	98.16	21.75	90.05	105645
小轿车制造业	22	165.66	184.33	41.98	181.27	21055
微型汽车制造业	34	17.39	19.21	3.26	19.05	24332
特种车辆及改装汽车制造业	389	153.59	187.88	43.93	174.16	247394
汽车车身制造业	136	17.85	21.55	5.19	20.16	43517
汽车零部件及配件制造业	4512	399.81	425.51	129.35	411.57	945420

(续)

行业	企业单位数(个)	工业总产值(亿元) 按1990年不变价格计算	按现行价格计算	工业增加值(亿元)	产品销售收入(亿元)	职工年平均人数(人)
摩托车制造业	784	134.97	148.36	41.42	150.47	177980
摩托车整车制造业	143	98.36	111.66	28.90	111.96	71848
摩托车零部件及配件制造业	641	36.60	36.71	12.55	38.52	106132
自行车制造业	871	180.91	218.03	50.84	221.52	312981
电车制造业	8	0.20	0.22	0.05	0.16	966
船舶制造业	643	152.79	165.03	38.38	161.59	294810
海洋运输船制造业	74	86.72	94.70	19.75	91.41	140785
内河船制造业	407	37.22	39.30	9.91	36.94	80145
渔轮制造业	49	6.81	7.49	2.27	8.56	23413
船舶机械设备制造业	113	22.04	23.52	6.46	24.67	50467
海洋石油平台制造业	0	0.00	0.00	0.00	0.00	0
航空航天器制造业	153	156.98	167.78	65.31	169.14	464337
飞机制造业	107	134.94	146.31	57.93	150.01	402303
其他航空航天器制造业	46	22.06	21.48	7.37	19.12	62034
交通运输设备修理业	7155	170.11	190.92	66.22	190.18	652190
铁路运输设备修理业	119	24.18	40.21	8.58	41.03	133732
汽车修理业	6023	97.46	100.60	38.41	101.02	365311
摩托车修理业	69	0.52	0.53	0.10	0.57	1958
电车修理业	14	0.08	0.08	0.03	0.07	847
船舶修理业	466	31.05	32.13	12.45	30.73	92569
飞机修理业	27	11.18	11.34	4.48	10.94	35164
其他交通运输设备修理业	437	5.67	6.10	2.06	5.80	22609
其他交通运输设备制造业	55	2.36	2.57	0.98	2.39	6375
航标器材制造业	9	0.91	0.96	0.24	0.92	1385
潜水装备制造业	5	0.31	0.34	0.16	0.30	878
公路标志制造业	41	1.14	1.27	0.59	1.16	4112
电气机械及器材制造业	17133	1809.58	1850.93	530.58	1768.09	3117718
电机制造业	1303	215.29	247.54	66.22	249.61	524355
发电机制造业	227	50.69	56.62	15.27	55.92	111058
电动机制造业	646	121.08	146.09	39.46	144.34	291578
微电机制造业	430	43.58	44.80	11.52	49.36	121719
输配电及控制设备制造业	5081	357.94	380.36	116.50	365.08	919214
变压器制造业	819	104.71	114.61	31.45	109.84	290649
整流器制造业	193	8.50	8.52	2.97	8.45	22924
电容器制造业	247	22.65	17.93	4.05	16.52	43138
开关控制设备制造业	1896	133.81	145.41	47.83	142.29	327063
电器设备元件制造业	959	47.56	51.60	16.85	48.37	139788
其他输配电及控制设备制造业	967	40.76	42.27	13.35	39.61	95652
电工器材制造业	4165	515.79	503.54	136.96	459.73	672627
电线电缆制造业	2306	379.15	373.46	97.82	336.47	403597
绝缘制品业	372	27.06	26.21	6.27	27.92	51854
蓄电池制造业	668	45.94	40.31	14.77	37.41	91031
干电池制造业	235	37.54	36.82	10.17	33.77	74659
其他电工器材制造业	584	26.07	26.74	7.92	24.12	51486
日用电器制造业	2325	546.80	546.92	156.34	531.75	506760
洗衣机制造业	85	58.81	61.46	14.22	66.79	52152
吸尘器制造业	55	5.59	6.41	1.92	6.23	10043
电冰箱制造业	172	156.49	158.60	41.42	158.99	95693
电风扇制造业	292	95.21	87.45	28.69	88.35	115525
空调器制造业	259	118.73	117.21	33.58	98.50	56275

(续)

行业	企业单位数(个)	工业总产值(亿元)		工业增加值(亿元)	产品销售收入(亿元)	职工年平均人数(人)
		按1990年不变价格计算	按现行价格计算			
排油烟机制造业	43	10.30	10.29	2.12	9.80	10594
其他日用电器制造业	1419	101.76	105.50	34.40	103.10	166478
照明器具制造业	2814	132.79	127.96	39.33	120.66	382146
电光源制造业	715	56.26	51.82	16.00	50.43	185378
灯头、灯座制造业	214	6.48	6.48	1.82	6.09	25368
灯具制造业	1193	44.28	45.46	14.08	42.15	97599
灯用电器附件制造业	416	9.28	9.61	3.37	8.34	27823
其他照明器具制造业	276	16.51	14.59	4.03	13.63	45978
电气机械修理业	599	4.47	4.54	1.94	4.36	21953
其他电气机械制造业	846	36.44	40.02	13.30	36.94	90663
电焊机制造业	355	16.02	17.95	6.60	16.37	41403
工业用电炉制造业	159	10.58	11.56	3.86	11.20	23316
其他类未包括的电气机械制造业	332	9.85	10.47	2.86	9.34	25944
仪器仪表及文化、办公用机械制造业	4975	367.70	365.74	122.26	358.56	1067215
通用仪器仪表制造业	2063	168.63	167.14	51.62	164.40	477513
工业自动化仪表制造业	598	48.90	50.29	16.02	52.87	145007
电工仪器、仪表制造业	418	35.33	36.85	11.09	36.96	106398
光学仪器制造业	208	21.94	23.25	9.36	21.48	103344
计时仪器制造业	82	3.48	3.06	0.69	2.84	8939
分析仪器制造业	118	3.78	3.93	−0.07	3.38	13931
试验机制造业	73	6.00	7.15	2.41	6.53	24979
实验室仪器及装置制造业	82	32.51	26.10	7.06	24.84	26749
通用仪器仪表元件、器件制造业	197	7.74	7.82	2.36	7.72	20772
其他通用仪器仪表制造业	287	8.87	8.63	2.69	7.73	27394
专用仪器仪表制造业	594	30.84	30.54	14.57	28.81	93052
环境保护仪器仪表制造业	51	2.14	2.20	0.74	1.51	4177
汽车仪器仪表制造业	48	2.86	2.43	0.98	2.34	7254
导航、制导仪器制造业	35	8.52	8.41	3.08	7.86	25859
农、林、牧、渔仪器、仪表制造业	20	0.53	0.54	0.22	0.43	2588
地质勘探、钻采、地震专用仪器制造业	51	6.23	7.08	1.69	6.67	18820
气象、海洋、水文、天文仪器制造业	24	0.67	0.92	0.39	0.77	4644
教学仪器制造业	216	4.24	3.96	1.30	4.09	14002
核子及核辐射测量仪器制造业	5	1.28	1.26	0.25	1.13	3199
专用仪器仪表元件、器件制造业	144	4.30	3.76	5.87	3.96	12509
电子测量仪器制造业	259	15.33	14.45	5.50	15.87	61552
计量器具制造业	624	25.44	29.29	10.28	27.76	93485
传递标准用计量仪器制造业	43	1.32	1.20	0.31	1.05	4218
量具量仪制造业	216	10.56	11.33	4.31	10.84	43536
衡器制造业	365	13.60	16.78	5.64	15.81	45731
文化、办公用机械制造业	266	43.40	42.77	13.95	45.32	73057
电影机械制造业	22	1.41	1.45	0.50	1.48	8176
幻灯机及投影仪制造业	13	0.41	0.41	0.15	0.40	1027
照相机及器材制造业	107	21.72	20.92	7.93	15.84	40118
复印机制造业	24	13.13	12.51	3.51	16.49	10529
打字机及油印机制造业	30	4.19	4.79	0.86	8.89	6968
其他文化、办公用机械制造业	70	2.53	2.67	0.98	2.18	6239
钟表制造业	595	71.01	68.63	21.66	63.40	223277
仪器仪表及文化、办公用机械修理业	79	0.55	0.54	0.16	0.60	3271
其他仪器仪表制造业	495	12.52	12.31	4.37	12.39	42008

1993年全部独立核算机械工业企业主要统计指标(二)

(单位：亿元)

行　业	年末固定资产原价	年末固定资产净价	流动资产合　计	利润总额	利税总额
机械工业总计	3973.82	2699.07	6792.75	416.64	790.03
金属制品业	448.27	322.74	747.68	44.90	91.27
金属结构制造业	27.75	20.29	51.68	3.61	6.97
铸铁管制造业	15.27	11.22	23.13	1.73	3.25
工具制造业	64.68	41.95	101.39	5.28	11.43
切削工具制造业	23.96	14.61	38.17	2.26	4.72
模具制造业	15.00	10.10	22.35	1.31	2.42
手工具制造业	21.88	14.58	34.93	1.25	3.40
其他工具制造业	3.80	2.65	5.94	0.46	0.87
集装箱和金属包装物品制造业	49.66	38.20	81.39	6.72	10.87
集装箱制造业	10.25	8.28	17.51	2.02	2.21
金属包装物品及容器制造业	39.38	29.92	63.89	4.70	8.65
金属丝绳及其制品业	56.84	41.40	78.89	4.70	9.69
建筑用金属制品业	58.85	43.08	110.21	5.84	13.00
建筑小五金制造业	6.71	4.70	11.99	0.41	1.11
水暖管道零件制造业	17.44	12.08	29.94	1.39	3.27
金属门窗制造业	29.83	22.39	61.10	3.60	7.65
其他建筑用金属制品业	4.86	3.96	7.15	0.43	0.99
金属表面处理及热处理业	23.36	16.55	29.29	2.79	5.07
日用金属制品业	109.48	79.59	198.51	6.65	19.34
日用搪瓷制造业	11.77	8.36	23.34	−0.36	1.51
铝制品业	21.73	16.36	31.91	0.88	3.34
不锈钢制品业	16.27	12.33	34.90	1.66	3.28
刀剪制造业	2.94	1.93	4.66	0.04	0.38
制锁业	12.30	7.89	25.78	0.48	2.05
炊事用具制造业	9.80	6.88	17.66	0.70	1.89
燃气用具制造业	12.50	9.06	26.21	1.85	3.58
理发用具制造业	3.23	2.71	4.58	0.21	0.41
其他日用金属制品业	18.97	14.08	29.45	1.15	2.85
其他金属制品业	42.40	30.42	73.15	7.57	11.69
铁制小农具制造业	11.01	7.21	14.06	1.23	2.23
焊条制造业	13.59	9.87	34.93	2.45	4.20
其他类未包括的金属制品业	17.78	13.28	24.21	3.84	5.29
普通机械制造业	952.20	630.21	1526.26	95.96	176.37
锅炉及原动机制造业	212.48	137.15	374.31	22.10	38.06
锅炉制造业	50.25	31.46	116.47	4.16	8.52
内燃机制造业	88.17	57.98	152.15	13.15	19.59
汽轮机制造业	23.35	13.43	36.62	0.59	1.95
水轮机制造业	3.47	2.26	4.27	0.19	0.33
内燃机零部件及配件制造业	44.82	30.49	60.40	3.67	7.00
其他锅炉及原动机制造业	2.39	1.59	4.45	0.33	0.65
金属加工机械制造业	187.40	119.02	236.65	13.30	25.59
金属切削机床制造业	93.24	54.12	135.02	8.70	15.21
锻压设备制造业	23.77	15.21	36.42	3.27	5.49
铸造机械制造业	7.03	4.41	11.86	0.30	0.94
机床附件制造业	7.13	4.75	10.49	0.75	1.43
其他金属加工机械制造业	56.25	40.53	42.86	0.32	2.53

(续)

行　　业	年末固定资产原价	年末固定资产净值	流动资产合　计	利润总额	利税总额
通用设备制造业	199.33	131.73	407.73	32.52	54.53
起重运输设备制造业	65.84	44.26	157.95	10.28	17.70
工矿车辆制造业	5.65	3.60	13.29	2.46	3.44
泵制造业	36.66	24.03	67.49	4.18	7.94
风机制造业	15.47	9.21	26.76	1.53	3.00
气体压缩机及气体分离设备制造业	20.53	12.32	38.41	2.36	4.31
冷冻设备制造业	19.72	14.10	46.28	7.84	10.33
风动工具制造业	4.71	3.12	7.07	0.63	1.39
电动工具制造业	6.66	4.88	10.60	0.88	1.65
其他通用设备制造业	24.12	16.17	39.96	2.31	4.75
轴承、阀门制造业	107.88	70.65	166.97	8.30	17.92
轴承制造业	78.25	51.23	113.35	6.00	12.29
阀门制造业	29.59	19.43	53.64	2.31	5.59
其他通用零部件制造业	115.89	78.53	169.03	10.67	21.49
液压件及液力件制造业	23.01	15.26	34.34	2.67	4.85
气动元件制造业	4.99	3.71	8.35	0.68	1.25
密封件制造业	2.84	1.93	4.55	0.64	0.99
粉末冶金制品业	9.16	6.64	11.97	0.56	1.28
紧固件制造业	27.72	17.97	38.20	1.31	4.24
弹簧制造业	4.23	2.95	7.49	0.71	1.21
链条制造业	6.97	5.01	10.71	0.57	1.22
齿轮制造业	16.22	10.80	19.38	1.48	2.45
其他类未包括的通用零部件制造业	20.66	14.22	34.01	1.97	4.01
铸锻件制造业	89.34	66.35	120.67	8.13	15.98
铸件制造业	70.71	52.60	95.51	5.97	12.56
锻件制造业	18.60	13.80	25.15	2.20	3.42
普通机械修理业	2.26	1.52	4.20	0.31	0.56
其他普通机械制造业	37.61	25.26	46.66	0.61	2.32
专用设备制造业	731.42	472.56	1155.44	52.74	109.16
机电工业专用设备制造业	165.00	96.16	237.93	3.46	12.79
矿山设备制造业	81.37	48.34	123.87	0.85	5.83
冶金工业专用设备制造业	60.15	31.65	77.91	1.77	4.07
电工专用设备制造业	6.03	3.78	9.98	0.25	0.67
电子工业专用设备制造业	9.61	6.76	12.52	−0.11	0.49
其他机电工业专用设备制造业	7.86	5.61	13.67	0.68	1.72
石化及其他工业专用设备制造业	137.79	91.52	196.48	12.29	23.60
石油工业专用设备制造业	32.31	21.00	36.57	0.71	2.78
化学工业专用设备制造业	27.15	17.81	39.40	0.50	2.54
化学纤维工业专用设备制造业	0.98	0.68	2.39	0.29	0.50
橡胶工业专用设备制造业	6.29	3.47	9.60	0.43	1.07
塑料工业专用设备制造业	13.73	10.21	23.19	2.48	3.83
木材工业专用设备制造业	8.05	5.29	14.64	1.24	2.00
印刷工业专用设备制造业	18.35	12.63	23.51	3.46	5.13
制药工业专用设备制造业	3.05	1.99	4.89	0.35	0.63
建筑材料及其他制品专用设备制造业	27.91	18.39	42.24	2.80	5.09
轻纺工业专用设备制造业	160.54	108.31	269.42	19.12	34.21
食品、饮料、烟草工业专用设备制造业	20.66	14.18	37.09	2.92	4.82
粮油工业专用设备制造业	15.91	11.10	22.64	1.86	3.19
饲料工业专用设备制造业	2.01	1.42	3.22	0.23	0.38
包装工业专用设备制造业	5.56	4.26	8.71	0.99	1.58
纺织、服装、皮革工业专用设备制造业	97.69	64.76	163.10	10.83	19.59

(续)

行业	年末固定资产原价	年末固定资产净值	流动资产合计	利润总额	利税总额
电光源工业专用设备制造业	3.38	2.83	9.12	1.09	2.12
日用硅酸制品工业专用设备制造业	0.70	0.50	1.17	0.06	0.12
制浆、造纸工业专用设备制造业	12.34	7.67	18.44	0.67	1.60
日用化学工业专用设备制造业	2.25	1.59	5.90	0.49	0.81
农、林、牧、渔、水利业机械制造业	129.69	82.76	214.08	0.89	8.29
拖拉机制造业	47.22	28.29	79.98	−1.56	0.23
机械化农机具制造业	29.26	18.53	50.78	−0.31	1.50
营林机械制造业	1.19	0.74	1.28	−0.15	−0.09
畜牧机械制造业	2.12	1.44	2.58	0.09	0.21
渔业机械制造业	2.80	1.66	4.23	−0.04	0.10
水利机械制造业	4.01	2.78	6.75	0.21	0.53
拖拉机配件制造业	24.90	16.46	36.72	1.05	2.80
其他农、林、牧、渔、水利机械制造业	18.15	12.89	31.82	1.57	2.93
医疗器械制造业	28.17	20.40	51.79	3.02	5.92
手术器械制造业	4.32	3.06	5.79	0.54	1.00
医疗仪器、设备制造业	10.41	7.31	24.13	1.55	2.73
诊断用品制造业	4.76	3.53	5.84	0.20	0.54
医用材料及医疗用品制造业	7.69	5.66	14.16	0.89	1.72
假肢、矫形器制造业	1.01	0.82	1.85	−0.17	−0.10
其他专用设备制造业	93.64	62.61	164.37	12.19	21.35
建筑机械制造业	47.93	31.03	88.27	7.13	11.85
地质专用设备制造业	7.03	4.78	9.79	0.83	1.41
畜牧兽医医疗器械制造业	0.14	0.13	0.10	0.02	0.02
商业、饮食业、服务业专用机械制造业	3.86	2.66	7.12	0.73	1.17
邮政机械及器材制造业	0.82	0.47	0.99	0.06	0.17
环境保护机械制造业	8.05	5.78	17.89	1.08	2.14
社会公共安全设备及器材制造业	5.94	4.04	13.19	0.70	1.57
其他类未包括的专用设备制造业	19.92	13.68	27.03	1.53	3.03
专用机械设备修理业	16.61	10.83	21.34	1.79	3.01
工业专用设备修理业	2.56	1.80	3.51	0.48	0.81
农、林、牧、渔、水利机械修理业	6.31	4.08	7.25	0.41	0.80
医疗器械修理业	0.00	0.00	0.03	0.00	0.00
其他专用机械设备修理业	7.71	4.93	10.55	0.90	1.43
交通运输设备制造业	999.88	678.34	1746.81	130.52	221.38
铁路运输设备制造业	78.09	53.92	79.67	5.08	9.60
机车制造业	27.09	17.65	22.18	1.22	2.64
客车制造业	12.59	9.67	13.35	1.10	1.82
货车制造业	15.95	10.80	16.13	0.77	1.49
机车车辆配件制造业	8.43	5.69	8.74	0.58	1.12
铁路信号设备制造业	1.74	1.36	1.66	0.08	0.25
铁路专用设备制造业	3.19	2.45	4.83	0.43	0.70
铁路专用器材制造业	6.94	4.80	10.25	0.77	1.43
其他铁路运输设备制造业	2.11	1.52	2.55	0.11	0.16
汽车制造业	490.22	344.15	955.98	93.23	147.38
载重汽车制造业	196.84	130.59	414.47	41.99	61.38
客车制造业	33.81	26.84	62.45	6.21	8.95
小轿车制造业	25.65	17.95	79.12	11.69	19.88
微型汽车制造业	8.11	5.83	15.94	−0.54	−0.23
特种车辆及改装汽车制造业	49.28	35.81	98.14	6.63	11.76
汽车车身制造业	6.66	4.78	12.55	0.34	0.93
汽车零部件及配件制造业	169.88	122.41	273.28	26.90	44.66

(续)

行　　业	年末固定资产原价	年末固定资产净值	流动资产合　计	利润总额	利税总额
摩托车制造业	35.23	27.43	74.35	8.27	13.55
摩托车整车制造业	22.03	17.35	53.57	5.86	9.43
摩托车零部件及配件制造业	13.21	10.06	20.78	2.49	4.17
自行车制造业	68.82	48.95	134.98	5.66	17.45
电车制造业	0.08	0.06	0.15	0.00	0.01
船舶制造业	79.12	46.75	190.49	5.06	8.42
海洋运输船制造业	45.64	24.79	136.59	4.21	5.91
内河船制造业	14.16	8.90	25.69	−0.05	0.72
渔轮制造业	4.09	2.58	5.10	0.12	0.22
船舶机械设备制造业	15.22	10.52	23.09	0.82	1.62
海洋石油平台制造业	0.00	0.00	0.00	0.00	0.00
航空航天器制造业	132.80	76.88	182.09	5.40	10.29
飞机制造业	110.43	63.44	147.14	5.56	10.08
其他航空航天器制造业	22.37	13.45	34.96	−0.17	0.20
交通运输设备修理业	114.47	79.43	127.12	7.55	14.29
铁路运输设备修理业	34.64	25.49	23.18	0.88	1.83
汽车修理业	41.67	29.57	60.49	4.68	9.27
摩托车修理业	0.11	0.08	0.28	0.02	0.03
电车修理业	0.01	0.01	0.02	0.00	0.00
船舶修理业	23.42	16.06	26.12	1.67	2.46
飞机修理业	11.33	5.94	12.26	0.06	0.34
其他交通运输设备修理业	3.21	2.29	4.77	0.19	0.33
其他交通运输设备制造业	1.00	0.75	1.98	0.22	0.30
航标器材制造业	0.22	0.15	0.46	0.04	0.07
潜水装备制造业	0.12	0.09	0.34	0.06	0.07
公路标志制造业	0.65	0.49	1.18	0.14	0.16
电气机械及器材制造业	652.22	469.23	1284.40	78.22	162.26
电机制造业	106.80	68.59	193.47	10.49	20.24
发电机制造业	27.73	16.38	52.94	3.02	5.44
电动机制造业	56.12	35.16	102.65	5.58	11.26
微电机制造业	22.99	17.08	37.89	1.88	3.54
输配电及控制设备制造业	137.98	96.00	279.81	23.46	39.39
变压器制造业	41.54	29.34	76.21	6.13	10.27
整流器制造业	3.13	2.16	8.20	0.39	0.75
电容器制造业	10.11	7.71	14.83	0.99	1.55
开关控制设备制造业	54.20	36.70	118.90	11.07	17.51
电器设备元件制造业	17.25	11.50	35.52	2.45	4.83
其他输配电及控制设备制造业	11.75	8.62	26.17	2.42	4.43
电工器材制造业	181.96	133.58	311.01	13.29	41.64
电线电缆制造业	130.11	98.12	226.55	10.09	32.37
绝缘制品业	12.85	8.82	19.07	0.15	1.40
蓄电池制造业	19.19	12.47	30.12	2.06	4.50
干电池制造业	11.63	8.32	19.88	0.17	1.50
其他电工器材制造业	8.21	5.88	15.40	0.89	1.84
日用电器制造业	162.86	125.86	383.09	24.57	46.78
洗衣机制造业	17.19	11.69	39.12	3.22	6.25
吸尘器制造业	2.31	1.87	4.90	0.30	0.58
电冰箱制造业	50.90	38.42	109.59	10.55	16.48
电风扇制造业	23.86	16.82	68.18	0.67	5.56
空调器制造业	29.40	25.42	83.02	4.67	8.42

(续)

行　业	年末固定资产原价	年末固定资产净值	流动资产合　计	利润总额	利税总额
排油烟机制造业	2.14	1.67	7.33	0.24	0.59
其他日用电器制造业	37.05	29.91	70.97	4.90	8.93
照明器具制造业	48.79	35.50	83.21	3.91	9.81
电光源制造业	26.78	19.30	37.09	1.73	4.80
灯头、灯座制造业	2.22	1.62	3.62	0.06	0.26
灯具制造业	11.87	8.97	26.60	1.45	3.09
灯用电器附件制造业	2.86	2.15	6.59	0.21	0.60
其他照明器具制造业	4.99	3.44	9.28	0.40	1.03
电气机械修理业	1.38	0.95	2.88	0.34	0.55
其他电气机械制造业	12.41	8.80	30.91	2.12	3.77
电焊机制造业	4.66	3.07	12.55	1.20	2.00
工业用电炉制造业	3.47	2.44	7.02	0.69	1.14
其他类未包括的电气机械制造业	4.29	3.29	11.37	0.26	0.68
仪器仪表及文化、办公用机械制造业	190.05	125.99	332.16	14.30	29.59
通用仪器仪表制造业	80.77	53.63	151.16	7.84	15.46
工业自动化仪表制造业	25.74	17.87	55.48	2.92	5.44
电工仪器、仪表制造业	15.78	10.30	30.10	0.93	2.44
光学仪器制造业	21.08	13.49	23.81	0.24	1.08
计时仪器制造业	1.25	0.80	2.03	0.07	0.24
分析仪器制造业	2.18	1.31	3.90	0.05	0.21
试验机制造业	4.53	2.68	14.37	0.32	0.72
实验室仪器及装置制造业	3.80	2.85	10.49	2.60	3.90
通用仪器仪表元件、器件制造业	3.02	1.95	5.17	0.39	0.76
其他通用仪器仪表制造业	3.38	2.37	5.80	0.29	0.63
专用仪器仪表制造业	23.26	16.45	31.31	0.72	2.15
环境保护仪器仪表制造业	0.59	0.42	1.85	0.06	0.13
汽车仪器仪表制造业	1.05	0.76	2.02	0.20	0.32
导航、制导仪器制造业	7.91	5.61	9.56	0.12	0.32
农、林、牧、渔仪器、仪表制造业	0.25	0.14	0.84	0.01	0.03
地质勘探、钻采、地震专用仪器制造业	7.79	5.81	8.80	−0.30	−0.09
气象、海洋、水文、天文仪器制造业	0.61	0.36	0.84	0.02	0.05
教学仪器制造业	1.76	1.13	3.39	0.32	0.50
核子及核辐射测量仪器制造业	1.12	0.70	1.11	0.07	0.13
专用仪器仪表元件、器件制造业	2.15	1.50	2.80	0.25	0.71
电子测量仪器制造业	10.18	6.19	17.51	0.69	1.40
计量器具制造业	12.81	8.03	22.57	1.38	2.86
传递标准用计量仪器制造业	0.41	0.29	0.96	0.02	0.06
量具量仪制造业	6.00	3.32	9.56	0.34	0.95
衡器制造业	6.40	4.36	12.10	1.01	1.82
文化、办公用机械制造业	18.25	12.89	37.13	3.85	5.22
电影机械制造业	1.36	0.71	1.76	0.07	0.14
幻灯机及投影仪制造业	0.11	0.08	0.27	0.03	0.04
照相机及器材制造业	10.17	7.47	15.15	0.02	0.31
复印机制造业	4.42	3.05	11.65	0.90	1.54
打字机及油印机制造业	1.29	0.90	5.44	2.66	2.88
其他文化、办公用机械制造业	0.91	0.64	2.83	0.14	0.27
钟表制造业	39.96	25.51	62.03	−0.75	1.18
仪器仪表及文化、办公用机械修理业	0.19	0.11	0.66	0.07	0.10
其他仪器仪表制造业	4.62	3.23	9.81	0.47	1.18

1993 年全部独立核算机械工业企业主要财务分析指标

行　业	资金利税率 (%)	产值利税率 (%)	百元销售收入实现的利润 (元)	百元固定资产实现的利税 (元)	工业增加值率 (%)
金属制品业	9.69	7.01	3.77	20.36	30.60
金属结构制造业	10.95	7.96	4.45	25.12	30.40
铸铁管制造业	10.82	6.91	4.06	21.28	32.52
工具制造业	9.05	8.05	4.07	17.67	33.35
切削工具制造业	10.14	9.74	5.29	19.70	36.15
模具制造业	8.83	8.21	4.96	16.13	32.47
手工具制造业	7.72	6.40	2.44	15.54	30.57
其他工具制造业	10.38	7.98	5.05	22.89	36.24
集装箱和金属包装物品制造业	10.12	7.90	4.99	21.89	27.36
集装箱制造业	9.53	7.27	6.86	21.56	23.34
金属包装物品及容器制造业	10.28	8.07	4.47	21.97	28.49
金属丝绳及其制品业	9.25	5.49	2.81	17.05	25.83
建筑用金属制品业	9.55	6.49	3.39	22.09	32.95
建筑小五金制造业	7.68	5.64	2.31	16.54	33.35
水暖管道零件制造业	8.76	5.91	3.11	18.75	34.65
金属门窗制造业	10.23	6.90	3.75	25.65	31.89
其他建筑用金属制品业	10.31	6.76	3.16	20.37	33.88
金属表面处理及热处理业	12.63	6.64	4.11	21.70	30.82
日用金属制品业	7.87	6.45	2.38	17.67	31.41
日用搪瓷制造业	5.23	5.22	−1.28	12.83	35.13
铝制品业	7.63	6.59	2.08	15.37	31.81
不锈钢制品业	7.78	7.51	4.12	20.16	31.45
刀剪制造业	6.46	5.20	0.55	12.93	30.23
制锁业	7.17	4.48	1.17	16.67	31.76
炊事用具制造业	8.84	6.51	2.65	19.29	32.49
燃气用具制造业	11.66	8.54	4.13	28.64	28.08
理发用具制造业	7.30	8.95	4.05	12.69	28.38
其他日用金属制品业	7.34	5.94	2.60	15.02	31.19
其他金属制品业	13.32	8.67	6.53	27.57	31.23
铁制小农具制造业	11.54	6.17	4.43	20.25	35.10
焊条制造业	11.95	7.66	4.90	30.91	25.50
其他类未包括的金属制品业	15.89	12.08	10.03	29.75	35.32
普通机械制造业	9.49	8.97	5.03	18.52	31.19
锅炉及原动机制造业	8.71	8.66	4.95	17.91	26.85
锅炉制造业	6.35	7.35	3.63	16.96	26.20
内燃机制造业	11.46	9.39	6.02	22.22	25.04
汽轮机制造业	4.53	7.53	2.25	8.35	25.64
水轮机制造业	5.71	9.32	5.21	9.51	35.88
内燃机零部件及配件制造业	9.04	8.80	4.71	15.62	31.91
其他锅炉及原动机制造业	11.65	10.89	5.85	27.20	35.68
金属加工机械制造业	8.14	9.40	5.09	13.66	34.00
金属切削机床制造业	9.36	10.31	6.51	16.31	38.95
锻压设备制造业	11.91	10.55	6.59	23.10	32.10
铸造机械制造业	6.71	5.53	1.98	13.37	29.34
机床附件制造业	10.64	9.41	5.69	20.06	40.33
其他金属加工机械制造业	3.23	6.24	0.64	4.50	18.15
通用设备制造业	11.97	10.64	6.34	27.36	32.01

(续)

行业	资金利税率(%)	产值利税率(%)	百元销售收入实现的利润(元)	百元固定资产实现的利税(元)	工业增加值率(%)
起重运输设备制造业	10.82	9.37	5.05	26.88	29.17
工矿车辆制造业	24.06	17.34	14.46	60.88	39.47
泵制造业	9.77	9.04	5.25	21.66	35.35
风机制造业	9.68	9.88	5.14	19.39	35.44
气体压缩机及气体分离设备制造业	10.07.	9.82	5.41	20.99	31.88
冷冻设备制造业	20.12	17.99	13.36	52.38	33.06
风动工具制造业	15.83	15.24	7.26	29.51	32.68
电动工具制造业	12.37	9.26	5.23	24.77	30.64
其他通用设备制造业	9.63	8.29	4.20	19.69	31.15
轴承、阀门制造业	8.71	9.51	4.64	16.61	35.36
轴承制造业	8.71	10.30	5.20	15.71	37.42
阀门制造业	8.66	8.09	3.63	18.89	31.82
其他通用零部件制造业	9.92	8.71	4.70	18.54	32.13
液压件及液力件制造业	11.56	10.32	5.93	21.08	35.78
气动元件制造业	12.45	9.67	5.44	25.05	28.56
密封件制造业	17.55	9.71	9.85	34.86	26.47
粉末冶金制品业	7.68	7.47	3.59	13.97	30.16
紧固件制造业	8.28	7.10	2.34	15.30	29.86
弹簧制造业	12.44	9.53	5.95	28.61	33.86
链条制造业	8.92	7.83	3.80	17.50	28.42
齿轮制造业	9.56	9.36	6.11	15.10	33.47
其他类未包括的通用零部件制造业	9.52	8.83	4.90	19.41	34.36
铸锻件制造业	10.05	6.51	3.68	17.89	29.60
铸件制造业	10.02	6.15	3.31	17.76	30.12
锻件制造业	10.19	8.26	5.39	18.39	27.22
普通机械修理业	10.39	8.45	4.96	24.78	40.12
其他普通机械制造业	3.61	4.30	1.13	6.17	31.62
专用设备制造业	7.57	7.28	3.64	14.92	29.07
机电工业专用设备制造业	4.29	5.63	1.40	7.75	26.70
矿山设备制造业	3.79	5.31	0.67	7.16	25.60
冶金工业专用设备制造业	4.13	5.77	2.34	6.77	26.79
电工专用设备制造业	5.56	6.20	2.25	11.11	34.23
电子工业专用设备制造业	2.73	3.30	-0.78	5.10	27.98
其他机电工业专用设备制造业	10.98	8.17	3.36	21.88	27.49
石化及其他工业专用设备制造业	9.17	8.75	4.89	17.13	30.25
石油工业专用设备制造业	5.79	7.32	1.88	8.60	31.53
化学工业专用设备制造业	4.78	5.37	1.12	9.36	29.05
化学纤维工业专用设备制造业	15.63	12.14	6.62	51.02	25.97
橡胶工业专用设备制造业	8.72	7.69	3.14	17.01	28.68
塑料工业专用设备制造业	13.44	10.78	7.91	27.90	29.81
木材工业专用设备制造业	11.36	8.16	6.10	24.84	28.30
印刷工业专用设备制造业	15.99	15.55	11.87	27.96	33.93
制药工业专用设备制造业	10.18	10.62	6.26	20.66	36.59
建筑材料及其他制品专用设备制造业	9.02	7.53	4.32	18.24	29.50
轻纺工业专用设备制造业	10.18	9.77	5.74	21.31	30.41
食品、饮料、烟草工业专用设备制造业	10.58	11.37	7.13	23.33	33.95
粮油工业专用设备制造业	10.32	8.78	5.59	20.05	31.31
饲料工业专用设备制造业	8.74	6.74	4.77	18.91	28.55
包装工业专用设备制造业	13.24	12.53	9.02	28.42	30.85
纺织、服装、皮革工业专用设备制造业	9.77	9.68	5.58	20.05	30.36

(续)

行业	资金利税率(%)	产值利税率(%)	百元销售收入实现的利润(元)	百元固定资产实现的利税(元)	工业增加值率(%)
电光源工业专用设备制造业	20.56	10.10	5.24	62.72	21.69
日用硅酸制品工业专用设备制造业	7.69	5.24	2.83	17.14	22.71
制浆、造纸工业专用设备制造业	6.64	7.55	3.35	12.97	31.76
日用化学工业专用设备制造业	11.77	12.52	7.80	36.00	29.52
农、林、牧、渔、水利业机械制造业	3.13	2.71	0.30	6.39	23.23
拖拉机制造业	0.24	0.22	−1.38	0.49	16.01
机械化农机具制造业	2.32	2.49	−0.58	5.13	30.30
营林机械制造业	−4.46	−7.38	−11.81	−7.56	18.03
畜牧机械制造业	5.77	6.29	2.71	9.91	27.84
渔业机械制造业	1.96	2.15	−0.93	3.57	27.25
水利机械制造业	6.09	6.82	2.89	13.22	31.53
拖拉机配件制造业	5.75	4.80	2.03	11.24	28.91
其他农、林、牧、渔、水利机械制造业	7.86	4.40	2.51	16.14	21.55
医疗器械制造业	9.67	9.26	4.79	21.02	34.36
手术器械制造业	13.77	10.79	6.29	23.15	36.14
医疗仪器、设备制造业	10.23	11.37	6.14	26.22	36.89
诊断用品制造业	6.91	7.31	2.79	11.34	34.51
医用材料及医疗用品制造业	10.12	7.92	4.36	22.37	31.12
假肢、矫形器制造业	−4.22	−6.58	−10.97	−9.90	28.95
其他专用设备制造业	11.00	8.74	5.42	22.80	32.77
建筑机械制造业	12.03	9.01	5.74	24.72	30.79
地质专用设备制造业	10.55	11.07	6.70	20.06	34.14
畜牧兽医医疗器械制造业	11.76	9.09	10.53	14.29	40.91
商业、饮食业、服务业专用机械制造业	13.19	9.92	7.55	30.31	45.93
邮政机械及器材制造业	14.41	9.44	3.37	20.73	32.78
环境保护机械制造业	10.04	7.88	4.55	26.58	30.24
社会公共安全设备及器材制造业	10.95	8.86	4.03	26.43	35.10
其他类未包括的专用设备制造业	8.35	7.35	4.28	15.21	35.50
专用机械设备修理业	10.26	7.78	5.55	18.12	36.77
工业专用设备修理业	17.31	10.44	8.70	31.64	29.90
农、林、牧、渔、水利机械修理业	7.68	5.19	3.31	12.68	39.74
医疗器械修理业	0.00	0.00	0.00	0.00	37.50
其他专用机械设备修理业	10.06	9.27	6.26	18.55	36.77
交通运输设备制造业	10.72	8.52	5.00	22.14	26.85
铁路运输设备制造业	8.55	6.41	3.33	12.29	22.55
机车制造业	8.10	6.37	2.74	9.75	20.93
客车制造业	8.73	6.26	3.87	14.46	22.83
货车制造业	6.58	3.88	2.01	9.34	14.32
机车车辆配件制造业	8.89	7.48	4.26	13.29	40.72
铁路信号设备制造业	9.73	10.82	3.08	14.37	26.84
铁路专用设备制造业	11.73	10.94	6.34	21.94	24.06
铁路专用器材制造业	12.36	10.82	5.34	20.61	26.63
其他铁路运输设备制造业	4.55	3.96	2.78	7.58	28.22
汽车制造业	13.64	9.47	5.98	30.06	25.76
载重汽车制造业	13.84	9.90	6.33	31.18	25.08
客车制造业	11.90	9.12	6.90	26.47	22.16
小轿车制造业	24.78	10.79	6.45	77.50	22.77
微型汽车制造业	−1.35	−1.20	−2.83	−2.84	16.97
特种车辆及改装汽车制造业	10.24	6.26	3.81	23.86	23.38
汽车车身制造业	5.82	4.32	1.69	13.96	24.08

(续)

行　业	资金利税率(%)	产值利税率(%)	百元销售收入实现的利润(元)	百元固定资产实现的利税(元)	工业增加值率(%)
汽车零部件及配件制造业	13.39	10.50	6.54	26.29	30.40
摩托车制造业	16.96	9.13	5.50	38.46	27.92
摩托车整车制造业	17.10	8.45	5.23	42.81	25.88
摩托车零部件及配件制造业	16.86	11.36	6.46	31.57	34.19
自行车制造业	11.40	8.00	2.56	25.36	23.32
电车制造业	5.00	4.55	0.00	12.50	22.73
船舶制造业	3.81	5.10	3.13	10.64	23.26
海洋运输船制造业	3.90	6.24	4.61	12.95	20.86
内河船制造业	2.26	1.83	−0.14	5.08	25.22
渔轮制造业	2.70	2.94	1.40	5.38	30.31
船舶机械设备制造业	5.48	6.89	3.32	10.64	27.47
海洋石油平台制造业	0.00	0.00	0.00	0.00	0.00
航空航天器制造业	4.45	6.13	3.19	7.75	38.93
飞机制造业	5.42	6.89	3.71	9.13	39.59
其他航空航天器制造业	0.44	0.93	−0.89	0.89	34.31
交通运输设备修理业	7.71	7.48	3.97	12.48	34.68
铁路运输设备修理业	4.37	4.55	2.14	5.28	21.34
汽车修理业	11.47	9.21	4.63	22.25	38.18
摩托车修理业	10.00	5.66	3.51	27.27	18.87
电车修理业	0.00	0.00	0.00	0.00	37.50
船舶修理业	6.23	7.66	5.43	10.50	38.75
飞机修理业	2.04	3.00	0.55	3.00	39.51
其他交通运输设备修理业	5.46	5.41	3.28	10.28	33.77
其他交通运输设备制造业	12.82	11.67	9.21	30.00	38.13
航标器材制造业	11.86	7.29	4.35	31.82	25.00
潜水装备制造业	23.33	20.59	20.00	58.33	47.06
公路标志制造业	11.19	12.60	12.07	24.62	46.46
电气机械及器材制造业	10.62	8.77	4.42	24.88	28.67
电机制造业	8.92	8.18	4.20	18.95	26.75
发电机制造业	8.77	9.61	5.40	19.62	26.97
电动机制造业	9.47	7.71	3.87	20.06	27.01
微电机制造业	7.67	7.90	3.81	15.40	25.71
输配电及控制设备制造业	12.17	10.36	6.43	28.55	30.63
变压器制造业	11.19	8.96	5.58	24.72	27.44
整流器制造业	9.43	8.80	4.62	23.96	34.86
电容器制造业	8.15	8.64	5.99	15.33	22.59
开关控制设备制造业	13.20	12.04	7.78	32.31	32.89
电器设备元件制造业	11.52	9.36	5.07	28.00	32.66
其他输配电及控制设备制造业	14.63	10.48	6.11	37.70	31.58
电工器材制造业	10.54	8.27	2.89	22.88	27.20
电线电缆制造业	11.31	8.67	3.00	24.88	26.19
绝缘制品业	5.36	5.34	0.54	10.89	23.92
蓄电池制造业	11.60	11.16	5.51	23.45	36.64
干电池制造业	5.98	4.07	0.50	12.90	27.62
其他电工器材制造业	9.80	6.88	3.69	22.41	29.62
日用电器制造业	10.63	8.55	4.62	28.72	28.59
洗衣机制造业	13.98	10.17	4.82	36.36	23.14
吸尘器制造业	9.22	9.05	4.82	25.11	29.95
电冰箱制造业	13.22	10.39	6.64	32.38	26.12
电风扇制造业					

(续)

行　　业	资金利税率(%)	产值利税率(%)	百元销售收入实现的利润(元)	百元固定资产实现的利税(元)	工业增加值率(%)
空调器制造业	7.00	6.36	0.76	23.30	32.81
排油烟机制造业	9.55	7.18	4.74	28.64	28.65
其他日用电器制造业	7.00	5.73	2.45	27.57	20.60
照明器具制造业	10.12	8.46	4.75	24.10	32.61
电光源制造业	9.28	7.67	3.24	20.11	30.74
灯头、灯座制造业	9.50	9.26	3.43	17.92	30.88
灯具制造业	5.31	4.01	0.99	11.71	28.09
灯用电器附件制造业	9.92	6.80	3.44	26.03	30.97
其他照明器具制造业	8.15	6.24	2.52	20.98	35.07
电气机械修理业	8.66	7.06	2.93	20.64	27.62
其他电气机械制造业	17.92	12.11	7.80	39.86	42.73
电焊机制造业	11.32	9.42	5.74	30.38	33.23
工业用电炉制造业	14.33	11.14	7.33	42.92	36.77
其他类未包括的电气机械制造业	13.10	9.86	6.16	32.85	33.39
仪器仪表及文化、办公用机械制造业	6.38	6.49	2.78	15.85	27.32
通用仪器仪表制造业	7.30	8.09	3.99	15.57	33.43
工业自动化仪表制造业	8.98	9.25	4.77	19.14	30.88
电工仪器、仪表制造业	8.84	10.82	5.52	21.13	31.86
光学仪器制造业	6.72	6.62	2.52	15.46	30.09
计时仪器制造业	3.25	4.65	1.12	5.12	40.26
分析仪器制造业	10.81	7.84	2.46	19.20	22.55
试验机制造业	4.33	5.34	1.48	9.63	−1.78
实验室仪器及装置制造业	7.53	10.07	4.90	15.89	33.71
通用仪器仪表元件、器件制造业	38.65	14.94	10.47	102.63	27.05
其他通用仪器仪表制造业	11.36	9.72	5.05	25.17	30.18
专用仪器仪表制造业	8.18	7.30	3.75	18.64	31.17
环境保护仪器仪表制造业	5.15	7.04	2.50	9.24	47.71
汽车仪器仪表制造业	9.49	5.91	3.97	22.03	33.64
导航、制导仪器制造业	12.90	13.17	8.55	30.48	40.33
农、林、牧、渔仪器、仪表制造业	2.74	3.80	1.53	4.05	36.62
地质勘探、钻采、地震专用仪器制造业	3.61	5.56	2.33	12.00	40.74
气象、海洋、水文、天文仪器制造业	−0.63	−1.27	−4.50	−1.16	23.87
教学仪器制造业	4.63	5.43	2.60	8.20	42.39
核子及核辐射测量仪器制造业	12.38	12.63	7.82	28.41	32.83
专用仪器仪表元件、器件制造业	7.51	10.32	6.19	11.61	19.84
电子测量仪器制造业	17.32	18.88	6.31	33.02	156.12
计量器具制造业	6.52	9.69	4.35	13.75	38.06
传递标准用计量仪器制造业	10.60	9.76	4.97	22.33	35.10
量具量仪制造业	5.77	5.00	1.90	14.63	25.83
衡器制造业	8.44	8.38	3.14	15.83	38.04
文化、办公用机械制造业	12.34	10.85	6.39	28.44	33.61
电影机械制造业	10.81	12.20	8.50	28.60	32.62
幻灯机及投影仪制造业	6.22	9.66	4.73	10.29	34.48
照相机及器材制造业	11.43	9.76	7.50	36.36	36.59
复印机制造业	1.32	1.48	0.13	3.05	37.91
打字机及油印机制造业	12.31	12.31	5.46	34.84	28.06
其他文化、办公用机械制造业	46.45	60.13	29.92	223.26	17.95
钟表制造业	7.69	10.11	6.42	29.67	36.70
仪器仪表及文化、办公用机械修理业	1.42	1.72	−1.18	2.95	31.56
其他仪器仪表制造业	12.99	18.52	11.67	52.63	29.63
	10.83	9.59	3.79	25.54	35.50

1993年独立核算国有机械工业企业主要统计指标（一）

行业	企业单位数(个)	工业总产值(亿元) 1990年不变价	工业总产值(亿元) 现价	工业增加值(亿元)	产品销售收入(亿元)	职工平均人数(人)
金属制品业	1923	193.42	254.97	71.66	257.96	632662
金属结构制造业	118	12.94	21.44	5.08	21.25	43946
铸铁管制造业	85	5.63	9.94	2.03	10.32	23234
工具制造业	318	32.03	37.87	13.68	38.56	130331
切削工具制造业	112	17.62	21.32	8.58	21.11	69975
模具制造业	116	6.01	6.21	2.26	7.30	28585
手工具制造业	71	6.83	8.57	2.19	8.60	26753
其他工具制造业	19	1.57	1.72	0.58	1.57	5018
集装箱和金属包装物品制造业	133	11.87	13.46	3.35	13.78	35979
集装箱制造业	8	0.76	1.16	0.32	1.21	1584
金属包装物品及容器制造业	125	11.11	12.31	3.02	12.58	34395
金属丝绳及其制品业	203	31.70	55.89	10.55	58.10	85809
建筑用金属制品业	348	16.85	20.88	6.71	20.07	87403
建筑小五金制造业	34	1.77	2.67	0.82	2.62	8165
水暖管道零件制造业	69	4.62	5.64	1.47	5.75	24421
金属门窗制造业	227	9.35	11.06	3.42	10.33	52042
其他建筑用金属制品业	18	1.13	1.51	0.96	1.40	2775
金属表面处理及热处理业	129	3.69	3.89	1.40	3.94	17499
日用金属制品业	428	54.75	59.33	18.73	59.76	166856
日用搪瓷制造业	58	13.68	16.41	5.93	14.15	47702
铝制品业	70	9.28	8.89	2.73	8.74	24447
不锈钢制品业	43	10.85	9.08	3.69	9.57	15815
刀剪制造业	15	1.13	1.16	0.38	1.33	5615
制锁业	37	5.12	5.96	1.23	6.11	19538
炊事用具制造业	103	6.05	7.97	2.39	7.56	23990
燃气用具制造业	27	2.95	3.22	0.63	3.78	7751
理发用具制造业	7	0.64	0.70	0.26	0.73	3226
其他日用金属制品业	68	5.13	6.01	1.48	7.82	18772
其他金属制品业	161	23.99	32.31	10.14	32.10	41605
铁制小农具制造业	46	0.92	1.40	0.70	1.33	6718
焊条制造业	41	13.18	20.95	4.94	20.55	21106
其他类未包括的金属制品业	74	9.86	9.97	4.52	10.19	13781
普通机械制造业	3810	831.76	1004.50	292.55	1026.53	2631083
锅炉及原动机制造业	623	259.77	304.75	74.64	317.27	631200
锅炉制造业	166	50.33	59.27	13.51	62.70	122203
内燃机制造业	168	140.49	172.47	38.95	180.02	280363
汽轮机制造业	9	21.61	24.32	6.23	24.88	47924
水轮机制造业	30	3.21	3.46	1.22	3.50	14580
内燃机零部件及配件制造业	232	43.53	44.64	14.45	45.49	162038
其他锅炉及原动机制造业	18	0.61	0.65	0.24	0.64	4092
金属加工机械制造业	643	137.15	178.35	59.65	176.90	519790
金属切削机床制造业	294	88.91	118.41	45.46	107.89	331332
锻压设备制造业	107	22.97	30.32	9.94	29.45	70471
铸造机械制造业	36	5.22	6.08	1.78	5.65	23501
机床附件制造业	62	6.53	7.90	3.54	6.56	29091
其他金属加工机械制造业	144	13.54	15.61	−1.09	27.38	65395
通用设备制造业	883	195.41	236.96	71.07	243.44	576800

(续)

行　业	企　业 单位数 (个)	工业总产值(亿元) 1990年 不变价	现价	工　业 增加值 (亿元)	产品销售 收　入 (亿元)	职工平 均人数 (人)
起重运输设备制造业	221	79.56	102.40	27.78	107.05	195119
工矿车辆制造业	35	3.46	4.00	0.96	4.16	17508
泵制造业	279	33.06	36.80	12.73	37.26	140961
风机制造业	62	11.08	12.97	4.74	13.70	36510
气体压缩机及气体分离设备制造业	58	24.16	28.47	8.89	29.03	64087
冷冻设备制造业	62	17.09	20.16	5.50	21.30	34676
风动工具制造业	22	4.74	5.79	1.86	5.85	14084
电动工具制造业	30	3.13	2.92	0.89	2.79	11181
其他通用设备制造业	114	19.20	23.41	7.60	22.37	62674
轴承、阀门制造业	398	92.54	105.04	38.55	106.59	354383
轴承制造业	237	72.67	83.26	31.53	83.43	267710
阀门制造业	161	19.85	21.81	7.01	23.16	86673
其他通用零部件制造业	683	78.33	88.47	27.45	87.39	280240
液压件及液力件制造业	143	24.24	26.41	9.30	25.47	72696
气动元件制造业	35	3.47	3.69	0.67	3.94	8921
密封件制造业	19	0.97	0.79	−0.02	0.80	3639
粉末冶金制品业	42	4.56	3.65	1.17	3.58	12841
紧固件制造业	190	13.28	17.73	5.03	17.78	67872
弹簧制造业	25	1.47	1.96	0.70	2.40	5715
链条制造业	36	4.51	4.96	1.30	5.11	16662
齿轮制造业	72	14.24	16.78	5.49	16.60	55937
其他类未包括的通用零部件制造业	121	11.56	12.53	3.82	11.66	35957
铸锻件制造业	367	35.83	53.91	10.40	56.70	140251
铸件制造业	310	24.66	36.41	6.97	38.27	106262
锻件制造业	57	11.13	17.50	3.40	18.46	33989
普通机械修理业	66	0.52	0.53	0.18	0.57	4013
其他普通机械制造业	147	32.26	36.46	10.64	37.65	124406
专用设备制造业	4477	695.48	819.88	226.45	844.08	2349918
机电工业专用设备制造业	433	134.49	162.87	40.60	184.25	498733
矿山设备制造业	235	71.40	83.61	19.73	101.23	266430
冶金工业专用设备制造业	79	42.70	55.54	14.09	61.10	157343
电工专用设备制造业	26	6.04	7.76	2.55	6.72	23759
电子工业专用设备制造业	52	8.20	9.09	2.24	9.01	34891
其他机电工业专用设备制造业	41	6.15	6.83	1.98	6.19	16310
石化及其他工业专用设备制造业	510	118.16	136.93	40.29	135.65	362315
石油工业专用设备制造业	70	23.47	24.75	7.43	25.35	79056
化学工业专用设备制造业	138	24.51	26.26	7.42	26.24	92371
化学纤维工业专用设备制造业	4	1.18	1.20	0.33	1.95	1711
橡胶工业专用设备制造业	25	6.09	7.43	2.30	7.87	19188
塑料工业专用设备制造业	40	7.84	8.35	2.52	7.91	17956
木材工业专用设备制造业	34	8.92	11.93	3.26	11.15	20897
印刷工业专用设备制造业	53	11.99	14.39	5.09	12.98	40657
制药工业专用设备制造业	21	3.05	3.59	1.31	3.24	10858
建筑材料及其他制品专用设备制造业	125	31.15	39.12	10.60	38.95	79621
轻纺工业专用设备制造业	977	143.11	158.19	47.63	157.90	480115
食品、饮料、烟草工业专用设备制造业	144	21.80	23.69	8.08	24.00	63692
粮油工业专用设备制造业	323	19.40	22.11	6.70	21.71	72221
饲料工业专用设备制造业	52	4.21	4.50	1.08	4.04	10212
包装工业专用设备制造业	29	6.15	6.51	2.09	5.57	14997
纺织、服装、皮革工业专用设备制造业	346	78.47	86.54	25.27	87.09	270443

(续)

行　业	企业单位数(个)	工业总产值(亿元) 1990年不变价	工业总产值(亿元) 现价	工业增加值(亿元)	产品销售收入(亿元)	职工平均人数(人)
电光源工业专用设备制造业	9	0.59	0.67	0.27	0.64	2409
日用硅酸制品工业专用设备制造业	6	0.78	1.02	0.23	0.94	1600
制浆、造纸工业专用设备制造业	50	8.86	10.32	3.12	11.11	37375
日用化学工业专用设备制造业	18	2.84	2.75	0.77	2.79	7166
农、林、牧、渔、水利业机械制造业	1285	163.53	190.41	39.46	200.58	579608
拖拉机制造业	106	77.05	92.21	14.53	103.30	201131
机械化农机具制造业	578	30.48	33.94	9.18	33.22	159817
营林机械制造业	8	0.83	0.89	0.14	1.00	5208
畜牧机械制造业	23	1.24	1.57	0.38	1.87	8140
渔业机械制造业	19	1.70	2.02	0.54	2.28	8952
水利机械制造业	61	4.92	5.61	1.57	5.51	18337
拖拉机配件制造业	314	22.08	24.29	7.25	24.44	104188
其他农、林、牧、渔、水利机械制造业	176	25.19	29.91	5.83	28.98	73835
医疗器械制造业	202	17.16	18.88	7.20	20.62	57825
手术器械制造业	20	2.88	2.95	1.19	2.89	10158
医疗仪器、设备制造业	88	8.75	10.06	4.00	11.41	30021
诊断用品制造业	17	0.92	0.87	0.40	0.88	3625
医用材料及医疗用品制造业	55	4.19	4.42	1.35	4.77	11270
假肢、矫形器制造业	22	0.41	0.56	0.21	0.66	2751
其他专用设备制造业	477	105.88	138.95	46.44	131.91	306383
建筑机械制造业	182	68.37	93.29	28.87	89.19	182072
地质专用设备制造业	44	8.79	11.49	3.90	11.55	28211
畜牧兽医医疗器械制造业	0	0.00	0.00	0.00	0.00	0
商业、饮食业、服务业专用机械制造业	53	3.06	4.52	3.01	3.87	9073
邮政机械及器材制造业	9	0.92	1.26	0.44	1.28	2956
环境保护机械制造业	37	4.57	5.07	1.48	4.93	14270
社会公共安全设备及器材制造业	43	3.19	3.61	1.35	3.75	6833
其他类未包括的专用设备制造业	109	17.00	19.66	7.28	17.39	62968
专用机械设备修理业	593	13.11	13.65	4.88	13.28	64939
工业专用设备修理业	45	1.17	1.27	0.45	1.20	6669
农、林、牧、渔、水利机械修理业	456	4.37	4.45	1.74	4.08	28000
医疗器械修理业	4	0.03	0.03	0.00	0.03	23
其他专用机械设备修理业	88	7.59	7.90	2.69	7.93	30247
交通运输设备制造业	3250	1264.73	1560.15	412.85	1619.27	2506235
铁路运输设备制造业	129	86.78	131.78	25.27	136.28	229003
机车制造业	9	29.61	39.61	6.94	42.45	69614
客车制造业	8	17.74	25.67	5.99	25.29	38774
货车制造业	8	21.22	37.63	5.10	37.83	52265
机车车辆配件制造业	28	5.41	7.47	2.06	7.83	22036
铁路信号设备制造业	11	1.56	2.09	0.52	2.40	6862
铁路专用设备制造业	16	3.26	6.06	1.32	6.43	9488
铁路专用器材制造业	34	6.14	10.65	2.73	11.50	22110
其他铁路运输设备制造业	15	1.87	2.57	0.57	2.57	7854
汽车制造业	1112	719.96	907.57	231.89	945.39	1016152
载重汽车制造业	76	382.62	520.47	136.30	565.19	360916
客车制造业	67	52.36	61.27	15.21	58.34	88279
小轿车制造业	2	0.28	0.33	0.07	0.29	1232
微型汽车制造业	15	11.99	13.83	2.39	13.88	17403
特种车辆及改装汽车制造业	176	83.40	104.28	22.48	97.70	137262
汽车车身制造业	49	8.42	10.98	1.93	11.40	21654

(续)

行　　业	企　业单位数(个)	工业总产值(亿元)		工　业增加值(亿元)	产品销售收　入(亿元)	职工平均人数(人)
		1990年不变价	现价			
汽车零部件及配件制造业	727	180.89	196.39	53.49	198.55	389406
摩托车制造业	93	37.67	43.42	11.57	50.54	66450
摩托车整车制造业	37	28.90	34.40	8.13	36.29	38762
摩托车零部件及配件制造业	56	8.78	9.06	3.42	14.27	27688
自行车制造业	130	66.53	82.39	18.78	87.24	146237
电车制造业	1	0.04	0.04	0.01	0.04	360
船舶制造业	209	113.52	122.85	27.19	123.73	232585
海洋运输船制造业	44	74.83	80.87	16.50	78.21	124667
内河船制造业	98	17.23	18.57	3.94	19.37	46990
渔轮制造业	23	5.27	5.98	1.75	7.35	20432
船舶机械设备制造业	44	16.23	17.46	5.00	18.80	40496
海洋石油平台制造业	0	0.00	0.00	0.00	0.00	0
航空航天器制造业	140	156.46	167.25	65.00	168.65	463086
飞机制造业	98	134.68	146.07	57.89	149.77	401400
其他航空航天器制造业	42	21.80	21.20	7.10	18.87	61686
交通运输设备修理业	1426	83.24	104.17	32.93	106.72	350202
铁路运输设备修理业	49	22.06	37.77	7.52	38.16	115177
汽车修理业	1225	31.18	34.40	13.48	36.24	132344
摩托车修理业	2	0.05	0.04	0.01	0.04	232
电车修理业	2	0.01	0.01	0.00	0.01	85
船舶修理业	85	17.70	19.25	7.61	19.77	57381
飞机修理业	24	9.67	9.83	3.51	9.41	35164
其他交通运输设备修理业	39	2.58	2.84	0.78	3.09	9819
其他交通运输设备制造业	10	0.54	0.68	0.27	0.64	2160
航标器材制造业	2	0.15	0.20	0.08	0.25	969
潜水装备制造业	4	0.30	0.33	0.15	0.29	808
公路标志制造业	4	0.09	0.14	0.03	0.10	383
电气机械及器材制造业	2302	597.92	639.43	173.27	640.60	1310337
电机制造业	383	131.26	154.83	42.03	157.39	330114
发电机制造业	80	36.86	41.02	11.17	41.68	86958
电动机制造业	228	79.64	98.86	27.06	100.93	204700
微电机制造业	75	14.86	14.99	3.80	14.76	38456
输配电及控制设备制造业	719	133.45	152.00	43.92	151.67	424541
变压器制造业	208	52.75	60.45	16.86	58.61	204798
整流器制造业	26	3.43	3.55	1.13	3.88	7029
电容器制造业	34	4.55	4.26	1.41	4.04	10096
开关控制设备制造业	247	51.94	59.68	15.88	61.42	139192
电器设备元件制造业	107	13.95	16.55	6.20	16.37	42621
其他输配电及控制设备制造业	97	6.86	7.52	2.45	7.25	20805
电工器材制造业	546	194.21	194.29	46.21	193.64	289070
电线电缆制造业	267	133.50	135.69	28.80	133.20	161105
绝缘制品业	52	8.95	8.95	2.01	11.33	20055
蓄电池制造业	82	22.71	19.40	6.88	19.62	39080
干电池制造业	89	23.70	24.25	6.36	23.67	53538
其他电工器材制造业	56	5.31	6.03	2.17	5.79	15292
日用电器制造业	222	97.21	95.18	27.26	92.02	101699
洗衣机制造业	14	5.51	5.59	1.15	5.81	12240
吸尘器制造业	6	0.78	0.91	0.35	0.95	3183
电冰箱制造业	38	45.51	44.56	10.90	44.52	32436
电风扇制造业	37	14.91	13.59	5.85	12.86	23461

(续)

行　　业	企业单位数(个)	工业总产值(亿元) 1990年不变价	现价	工业增加值(亿元)	产品销售收入(亿元)	职工平均人数(人)
空调器制造业	23	19.34	19.24	5.18	15.93	10869
排油烟机制造业	5	1.80	2.12	0.37	2.15	1693
其他日用电器制造业	99	9.36	9.16	3.43	9.85	17817
照明器具制造业	274	31.78	31.29	9.64	33.60	131395
电光源制造业	121	19.99	20.31	6.16	20.80	95075
灯头、灯座制造业	14	1.07	1.13	0.22	1.10	4985
灯具制造业	86	3.76	3.91	1.18	5.30	14251
灯用电器附件制造业	32	1.47	1.46	0.57	1.34	4583
其他照明器具制造业	21	5.47	4.47	1.45	5.11	12501
电气机械修理业	64	0.34	0.36	0.20	0.43	2898
其他电气机械制造业	94	9.74	11.50	4.03	11.76	30620
电焊机制造业	45	5.35	6.62	2.48	6.38	13725
工业用电炉制造业	21	2.50	2.79	1.00	3.05	8154
其他类未包括的电气机械制造业	28	1.89	2.08	0.57	2.34	8741
仪器仪表及文化、办公用机械制造业	1046	155.87	157.40	48.61	162.13	602487
通用仪器仪表制造业	467	71.55	76.74	23.01	78.13	287793
工业自动化仪表制造业	131	20.87	22.18	6.23	23.79	72083
电工仪器、仪表制造业	103	19.94	21.39	6.00	22.19	65416
光学仪器制造业	79	17.08	18.12	7.05	17.34	86794
计时仪器制造业	10	0.27	0.27	0.09	0.28	2319
分析仪器制造业	30	1.58	1.68	−0.77	1.58	6921
试验机制造业	28	4.27	5.12	1.67	4.75	17439
实验室仪器及装置制造业	19	2.25	2.40	0.91	2.56	16109
通用仪器仪表元件、器件制造业	33	3.16	3.40	1.05	3.38	8577
其他通用仪器仪表制造业	34	2.15	2.19	0.80	2.28	12135
专用仪器仪表制造业	140	20.14	20.66	6.44	19.19	63631
环境保护仪器仪表制造业	10	0.88	0.88	0.28	0.62	1998
汽车仪器仪表制造业	9	0.91	0.80	0.32	0.73	2091
导航、制导仪器制造业	22	7.68	7.59	2.75	7.04	23745
农、林、牧、渔仪器、仪表制造业	8	0.23	0.25	0.09	0.24	1525
地质勘探、钻采、地震专用仪器制造业	13	5.33	6.12	1.32	5.89	15440
气象、海洋、水文、天文仪器制造业	10	0.46	0.70	0.26	0.60	4021
教学仪器制造业	52	1.76	1.75	0.68	1.75	7488
核子及核辐射测量仪器制造业	4	1.24	1.22	0.24	1.10	3124
专用仪器仪表元件、器件制造业	12	1.61	1.36	0.43	1.23	4199
电子测量仪器制造业	102	7.89	7.49	2.87	7.28	40695
计量器具制造业	97	8.11	10.47	4.02	10.45	37906
传递标准用计量仪器制造业	10	0.15	0.16	0.05	0.18	965
量具量仪制造业	38	4.29	5.03	2.28	4.91	20408
衡器制造业	49	3.64	5.26	1.73	5.38	16533
文化、办公用机械制造业	70	13.74	12.43	3.01	16.14	39054
电影机械制造业	17	1.17	1.21	0.43	1.23	6375
幻灯机及投影仪制造业	3	0.11	0.11	0.05	0.11	395
照相机及器材制造业	24	3.02	2.72	0.43	3.23	19316
复印机制造业	8	7.51	6.15	1.34	9.28	7410
打字机及油印机制造业	5	1.28	1.53	0.48	1.62	3607
其他文化、办公用机械制造业	13	0.62	0.67	0.27	0.66	1951
钟表制造业	108	31.43	26.38	8.45	26.73	117263
仪器仪表及文化、办公用机械修理业	9	0.30	0.32	0.07	0.32	692
其他仪器仪表制造业	53	2.76	2.95	0.73	3.85	15453

1993 年独立核算国有机械工业企业主要统计指标（二）

(单位：亿元)

行　　业	年末固定资产原价	年末固定资产净值	流动资产合计	利润总额	利税总额
金属制品业	127.78	88.35	199.26	7.32	16.84
金属结构制造业	10.68	7.40	18.67	0.70	1.52
铸铁管制造业	4.66	3.32	7.78	0.14	0.44
工具制造业	26.41	16.68	38.79	1.18	3.18
切削工具制造业	14.85	8.58	22.17	0.50	1.86
模具制造业	6.02	4.34	8.53	0.21	0.48
手工具制造业	4.72	3.25	7.05	0.34	0.67
其他工具制造业	0.80	0.55	1.06	0.10	0.16
集装箱和金属包装物品制造业	8.98	6.16	11.05	−0.26	0.21
集装箱制造业	1.01	0.70	0.59	−0.05	0.00
金属包装物品及容器制造业	7.92	5.45	10.44	−0.23	0.20
金属丝绳及其制品业	21.60	15.97	28.22	1.89	3.44
建筑用金属制品业	10.57	7.10	17.08	−0.01	0.71
建筑小五金制造业	0.87	0.56	1.67	−0.03	0.04
水暖管道零件制造业	3.81	2.39	4.97	−0.21	0.07
金属门窗制造业	5.41	3.82	9.50	0.20	0.54
其他建筑用金属制品业	0.49	0.29	0.90	0.03	0.06
金属表面处理及热处理业	2.86	1.91	2.78	0.05	0.23
日用金属制品业	27.72	19.21	49.56	−0.13	2.55
日用搪瓷制造业	7.14	4.89	15.04	−0.58	0.41
铝制品业	6.45	4.61	7.74	−0.15	0.48
不锈钢制品业	3.47	2.62	7.72	0.39	0.66
刀剪制造业	0.52	0.28	1.12	0.01	0.07
制锁业	2.19	1.36	4.51	−0.08	0.02
炊事用具制造业	2.40	1.60	4.73	0.11	0.40
燃气用具制造业	1.52	1.07	2.49	0.05	0.21
理发用具制造业	0.41	0.25	0.90	0.00	0.01
其他日用金属制品业	3.62	2.50	5.31	0.15	0.29
其他金属制品业	14.27	10.57	25.35	3.62	4.48
铁制小农具制造业	0.76	0.50	1.17	−0.01	0.05
焊条制造业	6.23	4.49	18.12	1.15	1.73
其他类未包括的金属制品业	7.27	5.54	6.03	2.52	2.71
普通机械制造业	643.07	411.59	935.38	34.21	73.97
锅炉及原动机制造业	162.38	103.72	276.52	11.15	21.19
锅炉制造业	32.21	19.07	76.24	1.39	3.16
内燃机制造业	74.08	49.23	121.82	7.53	12.39
汽轮机制造业	22.79	13.04	35.66	0.54	1.82
水轮机制造业	3.44	2.24	4.21	0.19	0.32
内燃机零部件及配件制造业	29.43	19.91	37.77	1.56	3.49
其他锅炉及原动机制造业	0.40	0.25	0.83	−0.04	−0.02
金属加工机械制造业	154.85	96.70	173.25	7.70	15.74
金属切削机床制造业	81.27	45.63	109.07	6.40	11.59
锻压设备制造业	16.43	10.38	24.36	1.98	3.14
铸造机械制造业	3.93	2.42	5.76	−0.08	0.15
机床附件制造业	4.58	3.05	5.86	0.38	0.73
其他金属加工机械制造业	48.66	35.18	28.18	−0.95	0.15
通用设备制造业	122.87	77.33	217.73	7.65	16.97

(续)

行　业	年末固定资产原价	年末固定资产净值	流动资产合　计	利润总额	利税总额
起重运输设备制造业	43.82	28.29	91.26	2.97	6.19
工矿车辆制造业	2.81	1.80	4.19	−0.03	0.14
泵制造业	21.51	13.69	33.55	1.20	2.96
风机制造业	9.88	5.42	14.64	0.28	0.94
气体压缩机及气体分离设备制造业	15.44	8.63	28.18	1.17	2.50
冷冻设备制造业	9.76	6.42	18.58	1.30	2.10
风动工具制造业	3.85	2.53	5.05	0.41	0.71
电动工具制造业	1.69	1.18	2.59	0.10	0.21
其他通用设备制造业	14.03	9.32	19.69	0.22	1.22
轴承、阀门制造业	74.81	47.21	110.82	3.51	9.14
轴承制造业	60.52	38.09	86.51	3.26	7.76
阀门制造业	14.30	9.09	24.29	0.26	1.36
其他通用零部件制造业	61.03	39.46	80.35	3.62	7.99
液压件及液力件制造业	17.17	11.05	22.26	1.58	2.78
气动元件制造业	2.31	1.71	3.25	0.17	0.30
密封件制造业	0.53	0.36	0.81	0.02	0.09
粉末冶金制品业	2.87	2.11	3.24	0.11	0.24
紧固件制造业	11.36	6.66	15.41	−0.01	1.24
弹簧制造业	1.08	0.77	1.45	0.23	0.30
链条制造业	2.35	1.59	4.14	0.17	0.37
齿轮制造业	12.06	7.84	13.96	0.94	1.62
其他类未包括的通用零部件制造业	11.27	7.40	15.84	0.38	1.03
铸锻件制造业	34.21	25.30	39.67	0.56	2.07
铸件制造业	24.35	18.40	25.99	0.09	1.26
锻件制造业	9.89	6.93	13.70	0.46	0.80
普通机械修理业	0.58	0.33	0.54	0.02	0.02
其他普通机械制造业	32.43	21.52	36.45	−0.03	0.84
专用设备制造业	515.25	318.09	749.48	15.51	44.23
机电工业专用设备制造业	141.51	80.79	187.42	−0.03	6.26
矿山设备制造业	71.79	42.39	98.91	−0.61	3.13
冶金工业专用设备制造业	52.10	26.48	66.92	0.75	2.42
电工专用设备制造业	5.07	3.11	6.94	−0.02	0.19
电子工业专用设备制造业	8.07	5.61	8.86	−0.28	0.03
其他机电工业专用设备制造业	4.43	3.20	5.79	0.09	0.48
石化及其他工业专用设备制造业	91.80	58.32	117.31	3.92	9.14
石油工业专用设备制造业	27.79	17.81	26.46	−0.03	0.99
化学工业专用设备制造业	20.75	13.17	26.48	−0.37	0.76
化学纤维工业专用设备制造业	0.22	0.12	1.02	0.16	0.26
橡胶工业专用设备制造业	4.43	2.19	6.43	0.19	0.56
塑料工业专用设备制造业	4.30	3.04	6.13	0.44	0.69
木材工业专用设备制造业	4.53	2.93	8.20	0.75	1.12
印刷工业专用设备制造业	8.24	5.35	9.84	1.34	2.07
制药工业专用设备制造业	2.21	1.38	3.28	0.19	0.34
建筑材料及其他制品专用设备制造业	19.35	12.33	29.41	1.19	2.34
轻纺工业专用设备制造业	94.47	61.49	146.99	6.61	13.31
食品、饮料、烟草工业专用设备制造业	13.82	9.14	24.69	1.94	2.98
粮油工业专用设备制造业	11.94	8.37	15.29	0.92	1.78
饲料工业专用设备制造业	1.60	1.11	2.68	0.17	0.29
包装工业专用设备制造业	3.28	2.47	4.86	0.71	1.02
纺织、服装、皮革工业专用设备制造业	54.01	34.45	84.68	2.55	6.15

(续)

行业	年末固定资产原价	年末固定资产净值	流动资产合计	利润总额	利税总额
电光源工业专用设备制造业	0.44	0.32	0.57	0.05	0.10
日用硅酸制品工业专用设备制造业	0.41	0.29	0.66	0.02	0.06
制浆、造纸工业专用设备制造业	7.74	4.58	11.19	0.26	0.76
日用化学工业专用设备制造业	1.18	0.78	2.37	0.02	0.19
农、林、牧、渔、水利业机械制造业	101.22	63.81	157.73	−2.10	2.38
拖拉机制造业	44.03	26.72	72.11	−1.67	−0.16
机械化农机具制造业	21.35	13.34	35.65	−0.85	0.28
营林机械制造业	1.11	0.69	1.14	−0.15	−0.11
畜牧机械制造业	1.60	1.11	1.75	0.01	0.08
渔业机械制造业	2.21	1.28	3.04	−0.16	−0.08
水利机械制造业	3.41	2.42	5.81	0.15	0.41
拖拉机配件制造业	16.37	10.65	21.97	−0.05	0.90
其他农、林、牧、渔、水利机械制造业	11.17	7.67	16.27	0.53	1.02
医疗器械制造业	11.42	7.62	19.84	0.43	1.43
手术器械制造业	2.07	1.33	2.58	0.04	0.21
医疗仪器、设备制造业	5.93	3.91	12.41	0.29	0.77
诊断用品制造业	0.65	0.46	0.84	−0.03	0.03
医用材料及医疗用品制造业	2.17	1.52	3.29	0.07	0.33
假肢、矫形器制造业	0.57	0.43	0.71	0.04	0.06
其他专用设备制造业	65.18	39.71	108.20	6.19	10.74
建筑机械制造业	38.88	22.04	70.64	4.37	7.16
地质专用设备制造业	6.39	4.28	9.01	0.82	1.39
畜牧兽医医疗器械制造业	0.00	0.00	0.00	0.00	0.00
商业、饮食业、服务业专用机械制造业	1.49	1.09	2.99	0.38	0.56
邮政机械及器材制造业	0.70	0.37	0.65	0.05	0.13
环境保护机械制造业	2.46	1.67	5.62	0.19	0.39
社会公共安全设备及器材制造业	1.34	0.86	2.83	0.27	0.39
其他类未包括的专用设备制造业	13.90	9.37	16.42	0.06	0.74
专用机械设备修理业	10.15	6.27	11.97	0.52	0.90
工业专用设备修理业	1.21	0.79	1.02	0.04	0.10
农、林、牧、渔、水利机械修理业	3.10	1.85	4.21	−0.06	0.07
医疗器械修理业	0.00	0.00	0.01	0.00	0.00
其他专用机械设备修理业	5.81	3.62	6.75	0.51	0.70
交通运输设备制造业	731.46	475.00	1167.40	66.49	116.21
铁路运输设备制造业	74.02	51.18	70.56	4.33	7.89
机车制造业	26.64	17.35	21.27	1.19	2.47
客车制造业	12.02	9.22	12.73	0.79	1.41
货车制造业	15.79	10.70	14.74	0.89	1.61
机车车辆配件制造业	7.08	4.85	6.32	0.28	0.48
铁路信号设备制造业	1.57	1.21	1.53	0.06	0.15
铁路专用设备制造业	3.06	2.38	4.38	0.42	0.65
铁路专用器材制造业	6.14	4.31	7.63	0.64	1.03
其他铁路运输设备制造业	1.68	1.20	2.02	0.02	0.06
汽车制造业	329.06	221.61	594.48	49.31	77.81
载重汽车制造业	169.02	107.12	326.03	32.86	49.44
客车制造业	23.85	18.13	47.81	2.81	4.35
小轿车制造业	0.19	0.17	0.25	0.01	0.02
微型汽车制造业	6.99	4.95	10.20	−0.42	−0.21
特种车辆及改装汽车制造业	35.53	25.41	66.97	3.16	5.81
汽车车身制造业	3.48	2.35	7.39	−0.04	0.24

(续)

行　　业	年末固定资产原价	年末固定资产净值	流动资产合　计	利润总额	利税总额
汽车零部件及配件制造业	90.05	63.53	135.80	10.95	18.16
摩托车制造业	15.77	11.57	31.48	2.25	3.73
摩托车整车制造业	10.10	7.34	23.31	1.55	2.43
摩托车零部件及配件制造业	5.68	4.23	8.16	0.74	1.29
自行车制造业	28.90	19.65	54.65	−0.73	5.08
电车制造业	0.06	0.04	0.12	−0.01	0.00
船舶制造业	67.81	38.09	156.41	3.05	5.65
海洋运输船制造业	40.26	20.43	116.42	2.82	4.33
内河船制造业	10.05	5.99	17.09	−0.32	0.15
渔轮制造业	3.77	2.33	4.43	0.09	0.18
船舶机械设备制造业	13.72	9.39	18.48	0.46	1.03
海洋石油平台制造业	0.00	0.00	0.00	0.00	0.00
航空航天器制造业	132.63	76.75	179.09	5.33	10.19
飞机制造业	110.34	63.37	144.30	5.56	10.05
其他航空航天器制造业	22.31	13.40	34.79	−0.23	0.13
交通运输设备修理业	82.90	55.84	79.95	2.90	5.79
铁路运输设备修理业	34.05	25.08	21.81	0.63	1.68
汽车修理业	18.80	12.49	26.77	1.62	2.82
摩托车修理业	0.02	0.02	0.06	0.00	0.00
电车修理业	0.00	0.00	0.01	0.00	0.00
船舶修理业	17.56	11.57	18.70	0.73	1.15
飞机修理业	10.53	5.35	10.08	−0.15	0.06
其他交通运输设备修理业	1.94	1.30	2.55	0.03	0.09
其他交通运输设备制造业	0.30	0.20	0.58	0.05	0.09
航标器材制造业	0.14	0.09	0.23	0.00	0.00
潜水装备制造业	0.12	0.09	0.23	0.05	0.07
公路标志制造业	0.02	0.01	0.12	0.00	0.00
电气机械及器材制造业	296.39	197.08	523.91	19.26	50.31
电机制造业	75.35	45.92	134.53	6.32	13.04
发电机制造业	23.55	13.49	44.87	2.42	4.35
电动机制造业	43.85	26.65	75.56	3.49	7.75
微电机制造业	7.91	5.80	14.10	0.38	0.90
输配电及控制设备制造业	74.16	48.60	129.60	5.92	11.67
变压器制造业	26.65	17.89	45.23	2.88	5.07
整流器制造业	1.15	0.75	4.39	0.17	0.36
电容器制造业	2.91	2.24	3.72	0.08	0.25
开关控制设备制造业	32.46	20.74	56.60	1.43	3.67
电器设备元件制造业	7.81	4.76	13.54	0.82	1.57
其他输配电及控制设备制造业	3.25	2.21	6.13	0.37	0.69
电工器材制造业	88.53	61.42	142.59	3.37	16.48
电线电缆制造业	60.38	42.69	99.23	2.32	12.34
绝缘制品业	6.14	3.92	8.64	−0.28	0.37
蓄电池制造业	11.32	7.39	16.39	1.15	2.49
干电池制造业	7.58	5.21	13.82	−0.06	0.80
其他电工器材制造业	3.18	2.20	4.52	0.18	0.44
日用电器制造业	33.76	25.09	76.54	3.08	6.26
洗衣机制造业	3.92	2.62	7.93	−0.43	−0.32
吸尘器制造业	1.01	0.83	1.27	0.01	0.04
电冰箱制造业	14.71	10.74	31.32	2.79	4.39
电风扇制造业	4.39	3.09	10.96	−0.17	0.47

(续)

行　　业	年末固定资产原价	年末固定资产净值	流动资产合　计	利润总额	利税总额
空调器制造业	5.11	4.06	16.02	0.47	0.82
排油烟机制造业	0.57	0.47	1.69	0.05	0.09
其他日用电器制造业	4.04	3.20	7.36	0.31	0.72
照明器具制造业	18.87	12.53	25.70	−0.18	1.59
电光源制造业	13.81	9.15	15.96	−0.28	0.95
灯头、灯座制造业	0.61	0.42	0.72	−0.08	−0.04
灯具制造业	1.85	1.23	3.68	0.10	0.29
灯用电器附件制造业	0.62	0.40	1.50	0.01	0.06
其他照明器具制造业	1.98	1.32	3.80	0.08	0.34
电气机械修理业	0.40	0.21	0.31	0.01	0.04
其他电气机械制造业	5.29	3.30	14.60	0.78	1.25
电焊机制造业	2.26	1.41	5.22	0.53	0.82
工业用电炉制造业	1.28	0.73	2.39	0.18	0.26
其他类未包括的电气机械制造业	1.73	1.19	7.01	0.05	0.19
仪器仪表及文化、办公用机械制造业	124.46	78.75	189.80	0.31	6.51
通用仪器仪表制造业	56.50	36.09	88.83	1.46	4.74
工业自动化仪表制造业	15.31	10.50	25.40	0.84	2.02
电工仪器、仪表制造业	11.68	7.43	19.93	0.32	1.08
光学仪器制造业	19.14	12.05	20.78	0.05	0.66
计时仪器制造业	0.45	0.19	0.38	−0.05	−0.04
分析仪器制造业	1.35	0.67	2.47	0.01	0.07
试验机制造业	3.53	1.95	12.78	0.22	0.47
实验室仪器及装置制造业	1.63	1.10	2.78	0.05	0.21
通用仪器仪表元件、器件制造业	1.51	0.92	2.24	0.13	0.28
其他通用仪器仪表制造业	1.89	1.30	2.04	−0.09	−0.03
专用仪器仪表制造业	19.74	13.91	24.11	0.06	0.74
环境保护仪器仪表制造业	0.35	0.26	1.32	0.06	0.10
汽车仪器仪表制造业	0.65	0.48	0.90	0.06	0.09
导航、制导仪器制造业	7.68	5.44	8.96	0.09	0.24
农、林、牧、渔仪器、仪表制造业	0.15	0.09	0.27	0.02	0.03
地质勘探、钻采、地震专用仪器制造业	7.53	5.62	8.16	−0.35	−0.15
气象、海洋、水文、天文仪器制造业	0.57	0.35	0.68	0.01	0.03
教学仪器制造业	1.12	0.67	1.84	0.06	0.15
核子及核辐射测量仪器制造业	1.09	0.67	1.05	0.07	0.13
专用仪器仪表元件、器件制造业	0.55	0.30	0.91	0.07	0.14
电子测量仪器制造业	6.38	3.70	10.50	−0.15	0.13
计量器具制造业	6.41	3.54	9.91	0.34	0.89
传递标准用计量仪器制造业	0.18	0.14	0.20	0.00	0.02
量具量仪制造业	3.97	2.01	5.18	0.18	0.52
衡器制造业	2.27	1.38	4.52	0.14	0.38
文化、办公用机械制造业	9.47	6.11	17.52	0.45	0.94
电影机械制造业	1.30	0.66	1.56	0.06	0.12
幻灯机及投影仪制造业	0.04	0.03	0.08	0.02	0.02
照相机及器材制造业	4.61	3.06	6.31	−0.22	−0.16
复印机制造业	2.76	1.85	7.77	0.46	0.75
打字机及油印机制造业	0.45	0.29	1.30	0.06	0.14
其他文化、办公用机械制造业	0.30	0.22	0.53	0.06	0.10
钟表制造业	23.53	13.71	35.15	−1.93	−1.26
仪器仪表及文化、办公用机械修理业	0.10	0.08	0.50	0.07	0.10
其他仪器仪表制造业	2.30	1.58	3.33	−0.03	0.16

1993年独立核算国有机械工业企业主要财务分析指标

行　业	资金利税率 (%)	产值利税率 (%)	百元销售收入实现的利润 (元)	百元固定资产实现的利税 (元)	工业增加值率 (%)
金属制品业	6.62	6.60	2.84	13.18	28.11
金属结构制造业	7.03	7.09	3.29	14.23	23.69
铸铁管制造业	4.93	4.43	1.36	9.44	20.42
工具制造业	6.43	8.40	3.06	12.04	36.12
切削工具制造业	6.69	8.72	2.37	12.53	40.24
模具制造业	4.50	7.73	2.88	7.97	36.39
手工具制造业	6.99	7.82	3.95	14.19	25.55
其他工具制造业	11.43	9.30	6.37	20.00	33.72
集装箱和金属包装物品制造业	1.27	1.56	−1.89	2.34	24.89
集装箱制造业	0.00	0.00	−4.13	0.00	27.59
金属包装物品及容器制造业	1.31	1.62	−1.83	2.53	24.53
金属丝绳及其制品业	8.76	6.15	3.25	15.93	18.88
建筑用金属制品业	3.20	3.40	−0.05	6.72	32.14
建筑小五金制造业	2.12	1.50	−1.15	4.60	30.71
水暖管道零件制造业	0.98	1.24	−3.65	1.84	26.06
金属门窗制造业	4.42	4.88	1.94	9.98	30.92
其他建筑用金属制品业	6.06	3.97	2.14	12.24	63.58
金属表面处理及热处理业	5.37	5.91	1.27	8.04	35.99
日用金属制品业	4.02	4.30	−0.22	9.20	31.57
日用搪瓷制造业	2.16	2.50	−4.10	5.74	36.14
铝制品业	3.95	5.40	−1.72	7.44	30.71
不锈钢制品业	7.10	7.27	4.08	19.02	40.64
刀剪制造业	6.14	6.03	0.75	13.46	32.76
制锁业	0.39	0.34	−1.31	0.91	20.64
炊事用具制造业	7.22	5.02	1.46	16.67	29.99
燃气用具制造业	7.05	6.52	1.32	13.82	19.57
理发用具制造业	0.92	1.43	0.00	2.44	37.14
其他日用金属制品业	4.09	4.83	1.92	8.01	24.63
其他金属制品业	15.71	13.87	11.28	31.39	31.38
铁制小农具制造业	3.23	3.57	−0.75	6.58	50.00
焊条制造业	10.47	8.26	5.60	27.77	23.58
其他类未包括的金属制品业	25.93	27.18	24.73	37.28	45.34
普通机械制造业	6.20	7.36	3.33	11.50	29.12
锅炉及原动机制造业	6.36	6.95	3.51	13.05	24.49
锅炉制造业	3.60	5.33	2.22	9.81	22.79
内燃机制造业	8.44	7.18	4.18	16.73	22.58
汽轮机制造业	4.36	7.48	2.17	7.99	25.62
水轮机制造业	5.59	9.25	5.29	9.30	35.26
内燃机零部件及配件制造业	6.94	7.82	3.43	11.86	32.37
其他锅炉及原动机制造业	−1.87	−3.08	−6.25	−5.00	36.92
金属加工机械制造业	6.35	8.83	4.35	10.16	33.45
金属切削机床制造业	8.35	9.79	5.93	14.26	38.39
锻压设备制造业	9.92	10.36	6.72	19.11	32.78
铸造机械制造业	1.99	2.47	−1.42	3.82	29.28
机床附件制造业	9.07	9.24	5.79	15.94	44.81
其他金属加工机械制造业	0.24	0.96	−3.47	0.31	−6.98
通用设备制造业	6.54	7.16	3.14	13.81	29.99

(续)

行业	资金利税率(%)	产值利税率(%)	百元销售收入实现的利润(元)	百元固定资产实现的利税(元)	工业增加值率(%)
起重运输设备制造业	5.94	6.04	2.77	14.13	27.13
工矿车辆制造业	2.57	3.50	−0.72	4.98	24.00
泵制造业	6.84	8.04	3.22	13.76	34.59
风机制造业	5.33	7.25	2.04	9.51	36.55
气体压缩机及气体分离设备制造业	7.79	8.78	4.03	16.19	31.23
冷冻设备制造业	9.80	10.42	6.10	21.52	27.28
风动工具制造业	10.94	12.26	7.01	18.44	32.12
电动工具制造业	6.65	7.19	3.58	12.43	30.48
其他通用设备制造业	4.75	5.21	0.98	8.70	32.46
轴承、阀门制造业	6.59	8.70	3.29	12.22	36.70
轴承制造业	7.11	9.32	3.91	12.82	37.87
阀门制造业	4.61	6.24	1.12	9.51	32.14
其他通用零部件制造业	7.52	9.03	4.14	13.09	31.03
液压件及液力件制造业	9.69	10.53	6.20	16.19	35.21
气动元件制造业	7.69	8.13	4.31	12.99	18.16
密封件制造业	8.82	11.39	2.50	16.98	−2.53
粉末冶金制品业	4.95	6.58	3.07	8.36	32.05
紧固件制造业	6.05	6.99	−0.06	10.92	28.37
弹簧制造业	11.86	15.31	9.58	27.78	35.71
链条制造业	7.41	7.46	3.33	15.74	26.21
齿轮制造业	8.42	9.65	5.66	13.43	32.72
其他类未包括的通用零部件制造业	5.00	8.22	3.26	9.14	30.49
铸锻件制造业	3.80	3.84	0.99	6.05	19.29
铸件制造业	3.47	3.46	0.24	5.17	19.14
锻件制造业	4.42	4.57	2.49	8.09	19.43
普通机械修理业	2.50	3.77	3.51	3.45	33.96
其他普通机械制造业	1.60	2.30	−0.08	2.59	29.18
专用设备制造业	4.56	5.39	1.84	8.58	27.62
机电工业专用设备制造业	2.54	3.84	−0.02	4.42	24.93
矿山设备制造业	2.38	3.74	−0.60	4.36	23.60
冶金工业专用设备制造业	2.86	4.36	1.23	4.64	25.37
电工专用设备制造业	2.02	2.45	−0.30	3.75	32.86
电子工业专用设备制造业	0.22	0.33	−3.11	0.37	24.64
其他机电工业专用设备制造业	6.68	7.03	1.45	10.84	28.99
石化及其他工业专用设备制造业	5.70	6.67	2.89	9.96	29.42
石油工业专用设备制造业	2.71	4.00	−0.12	3.56	30.02
化学工业专用设备制造业	1.98	2.89	−1.41	3.66	28.26
化学纤维工业专用设备制造业	15.20	21.67	8.21	118.18	27.50
橡胶工业专用设备制造业	6.76	7.54	2.41	12.64	30.96
塑料工业专用设备制造业	8.93	8.26	5.56	16.05	30.18
木材工业专用设备制造业	11.81	9.39	6.73	24.72	27.33
印刷工业专用设备制造业	14.37	14.38	10.32	25.12	35.37
制药工业专用设备制造业	8.06	9.47	5.86	15.38	36.49
建筑材料及其他制品专用设备制造业	5.87	5.98	3.06	12.09	27.10
轻纺工业专用设备制造业	6.97	8.41	4.19	14.09	30.11
食品、饮料、烟草工业专用设备制造业	9.72	12.58	8.08	21.56	34.11
粮油工业专用设备制造业	8.04	8.05	4.24	14.91	30.30
饲料工业专用设备制造业	8.17	6.44	4.21	18.12	24.00
包装工业专用设备制造业	15.25	15.67	12.75	31.10	32.10
纺织、服装、皮革工业专用设备制造业	5.68	7.11	2.93	11.39	29.20

(续)

行　业	资金利税率 (%)	产值利税率 (%)	百元销售收入实现的利润 (元)	百元固定资产实现的利税 (元)	工业增加值率 (%)
电光源工业专用设备制造业	13.89	14.93	7.81	22.73	40.30
日用硅酸制品工业专用设备制造业	6.25	5.88	2.13	14.63	22.55
制浆、造纸工业专用设备制造业	5.13	7.36	2.34	9.82	30.23
日用化学工业专用设备制造业	5.96	6.91	0.72	16.10	28.00
农、林、牧、渔、水利业机械制造业	1.17	1.25	−1.05	2.35	20.72
拖拉机制造业	−0.18	−0.17	−1.62	−0.36	15.76
机械化农机具制造业	0.59	0.82	−2.56	1.31	27.05
营林机械制造业	−6.01	−12.36	−15.00	−9.91	15.73
畜牧机械制造业	3.07	5.10	0.53	5.00	24.20
渔业机械制造业	−2.12	−3.96	−7.02	−3.62	26.73
水利机械制造业	5.46	7.31	2.72	12.02	27.99
拖拉机配件制造业	3.06	3.71	−0.20	5.50	29.85
其他农、林、牧、渔、水利机械制造业	4.89	3.41	1.83	9.13	19.49
医疗器械制造业	5.82	7.57	2.09	12.52	38.14
手术器械制造业	6.05	7.12	1.38	10.14	40.34
医疗仪器、设备制造业	5.32	7.65	2.54	12.98	39.76
诊断用品制造业	2.48	3.45	−3.41	4.62	45.98
医用材料及医疗用品制造业	7.32	7.47	1.47	15.21	30.54
假肢、矫形器制造业	6.32	10.71	6.06	10.53	37.50
其他专用设备制造业	8.37	7.73	4.69	16.48	33.42
建筑机械制造业	9.09	7.07	4.90	18.42	30.95
地质专用设备制造业	11.22	12.10	7.10	21.75	33.94
畜牧兽医医疗器械制造业	0.00	0.00	0.00	0.00	0.00
商业、饮食业、服务业专用机械制造业	14.85	12.39	9.82	37.58	66.59
邮政机械及器材制造业	14.44	10.32	3.91	18.57	34.92
环境保护机械制造业	5.65	7.69	3.85	15.85	29.19
社会公共安全设备及器材制造业	14.89	10.80	7.20	29.10	37.40
其他类未包括的专用设备制造业	3.23	3.76	0.35	5.32	37.03
专用机械设备修理业	5.30	6.59	3.92	8.87	35.75
工业专用设备修理业	6.13	7.87	3.33	8.26	35.43
农、林、牧、渔、水利机械修理业	1.24	1.57	−1.47	2.26	39.10
医疗器械修理业	0.00	0.00	0.00	0.00	0.00
其他专用机械设备修理业	7.28	8.86	6.43	12.05	34.05
交通运输设备制造业	8.14	7.45	4.11	15.89	26.46
铁路运输设备制造业	7.58	5.99	3.18	10.66	19.18
机车制造业	7.82	6.24	2.80	9.27	17.52
客车制造业	7.04	5.49	3.12	11.73	23.33
货车制造业	7.27	4.28	2.35	10.20	13.55
机车车辆配件制造业	4.91	6.43	3.58	6.78	27.58
铁路信号设备制造业	6.28	7.18	2.50	9.55	24.88
铁路专用设备制造业	11.75	10.73	6.53	21.24	21.78
铁路专用器材制造业	10.44	9.67	5.57	16.78	25.63
其他铁路运输设备制造业	2.11	2.33	0.78	3.57	22.18
汽车制造业	11.50	8.57	5.22	23.65	25.55
载重汽车制造业	14.22	9.50	5.81	29.25	26.19
客车制造业	7.62	7.10	4.82	18.24	24.82
小轿车制造业	5.00	6.06	3.45	10.53	21.21
微型汽车制造业	−1.62	−1.52	−3.03	−3.00	17.28
特种车辆及改装汽车制造业	7.22	5.57	3.23	16.35	21.56
汽车车身制造业	2.61	2.19	−0.35	6.90	17.58

(续)

行　　业	资金利税率(%)	产值利税率(%)	百元销售收入实现的利润(元)	百元固定资产实现的利税(元)	工业增加值率(%)
汽车零部件及配件制造业	10.76	9.25	5.51	20.17	27.24
摩托车制造业	10.86	8.59	4.45	23.65	26.65
摩托车整车制造业	9.90	7.06	4.27	24.06	23.63
摩托车零部件及配件制造业	13.16	14.24	5.19	22.71	37.75
自行车制造业	7.47	6.17	−0.84	17.58	22.79
电车制造业	0.00	0.00	−25.00	0.00	25.00
船舶制造业	2.97	4.60	2.47	8.33	22.13
海洋运输船制造业	3.20	5.35	3.61	10.76	20.40
内河船制造业	0.68	0.81	−1.65	1.49	21.22
渔轮制造业	2.46	3.01	1.22	4.77	29.26
船舶机械设备制造业	4.06	5.90	2.45	7.51	28.64
海洋石油平台制造业	0.00	0.00	0.00	0.00	0.00
航空航天器制造业	4.42	6.09	3.16	7.68	38.86
飞机制造业	5.41	6.88	3.71	9.11	39.63
其他航空航天器制造业	0.29	0.61	−1.22	0.58	33.49
交通运输设备修理业	4.69	5.56	2.72	6.98	31.61
铁路运输设备修理业	4.16	4.45	1.65	4.93	19.91
汽车修理业	7.77	8.20	4.47	15.00	39.19
摩托车修理业	0.00	0.00	0.00	0.00	25.00
电车修理业	0.00	0.00	0.00	0.00	0.00
船舶修理业	4.06	5.97	3.69	6.55	39.53
飞机修理业	0.40	0.61	−1.59	0.57	35.71
其他交通运输设备修理业	2.49	3.17	0.97	4.64	27.46
其他交通运输设备制造业	12.50	13.24	7.81	30.00	39.71
航标器材制造业	0.00	0.00	0.00	0.00	40.00
潜水装备制造业	23.33	21.21	17.24	58.33	45.45
公路标志制造业	0.00	0.00	0.00	0.00	21.43
电气机械及器材制造业	7.82	7.87	3.01	16.97	27.10
电机制造业	8.14	8.42	4.02	17.31	27.15
发电机制造业	8.24	10.60	5.81	18.47	27.23
电动机制造业	8.66	7.84	3.46	17.67	27.37
微电机制造业	5.03	6.00	2.57	11.38	25.35
输配电及控制设备制造业	7.50	7.68	3.90	15.74	28.89
变压器制造业	9.24	8.39	4.91	19.02	27.89
整流器制造业	9.94	10.14	4.38	31.30	31.83
电容器制造业	4.79	5.87	1.98	8.59	33.10
开关控制设备制造业	5.42	6.15	2.33	11.31	26.61
电器设备元件制造业	9.37	9.49	5.01	20.10	37.46
其他输配电及控制设备制造业	9.45	9.18	5.10	21.23	32.58
电工器材制造业	8.99	8.48	1.74	18.62	23.78
电线电缆制造业	9.78	9.09	1.74	20.44	21.22
绝缘制品业	3.07	4.13	−2.47	6.03	22.46
蓄电池制造业	11.50	12.84	5.86	22.00	35.46
干电池制造业	4.60	3.30	−0.25	10.55	26.23
其他电工器材制造业	7.37	7.30	3.11	13.84	35.99
日用电器制造业	6.61	6.58	3.35	18.54	28.64
洗衣机制造业	−3.25	−5.72	−7.40	−8.16	20.57
吸尘器制造业	2.01	4.40	1.05	3.96	38.46
电冰箱制造业	10.83	9.85	6.27	29.84	24.46
电风扇制造业	3.61	3.46	−1.32	10.71	43.05

(续)

行　　业	资金利税率(%)	产值利税率(%)	百元销售收入实现的利润(元)	百元固定资产实现的利税(元)	工业增加值率(%)
空调器制造业	4.43	4.26	2.95	16.05	26.92
排油烟机制造业	4.57	4.25	2.33	15.79	17.45
其他日用电器制造业	8.23	7.86	3.15	17.82	37.45
照明器具制造业	4.54	5.08	−0.54	8.43	30.81
电光源制造业	4.16	4.68	−1.35	6.88	30.33
灯头、灯座制造业	−3.60	−3.54	−7.27	−6.56	19.47
灯具制造业	6.46	7.42	1.89	15.68	30.18
灯用电器附件制造业	3.45	4.11	0.75	9.68	39.04
其他照明器具制造业	7.08	7.61	1.57	17.17	32.44
电气机械修理业	8.89	11.11	2.33	10.00	55.56
其他电气机械制造业	8.82	10.87	6.63	23.63	35.04
电焊机制造业	13.87	12.39	8.31	36.28	37.46
工业用电炉制造业	8.93	9.32	5.90	20.31	35.84
其他类未包括的电气机械制造业	3.52	9.13	2.14	10.98	27.40
仪器仪表及文化、办公用机械制造业	2.68	4.14	0.19	5.23	30.88
通用仪器仪表制造业	4.33	6.18	1.87	8.39	29.98
工业自动化仪表制造业	5.92	9.11	3.53	13.19	28.09
电工仪器、仪表制造业	4.29	5.05	1.44	9.25	28.05
光学仪器制造业	2.25	3.64	0.29	3.45	38.91
计时仪器制造业	−8.00	−14.81	−17.86	−8.89	33.33
分析仪器制造业	2.30	4.17	0.63	5.19	−45.83
试验机制造业	6.42	9.18	4.63	13.31	32.62
实验室仪器及装置制造业	5.80	8.75	1.95	12.88	37.92
通用仪器仪表元件、器件制造业	9.06	8.24	3.85	18.54	30.88
其他通用仪器仪表制造业	−0.92	−1.37	−3.95	−1.59	36.53
专用仪器仪表制造业	2.22	3.58	0.31	3.75	31.17
环境保护仪器仪表制造业	12.82	11.36	9.68	28.57	31.82
汽车仪器仪表制造业	7.14	11.25	8.22	13.85	40.00
导航、制导仪器制造业	2.15	3.16	1.28	3.13	36.23
农、林、牧、渔仪器、仪表制造业	8.57	12.00	8.33	20.00	36.00
地质勘探、钻采、地震专用仪器制造业	−1.10	−2.45	−5.94	−1.99	21.57
气象、海洋、水文、天文仪器制造业	3.30	4.29	1.67	5.26	37.14
教学仪器制造业	6.64	8.57	3.43	13.39	38.86
核子及核辐射测量仪器制造业	7.83	10.66	6.36	11.93	19.67
专用仪器仪表元件、器件制造业	10.77	10.29	5.69	25.45	31.62
电子测量仪器制造业	0.95	1.74	−2.06	2.04	38.32
计量器具制造业	7.39	8.50	3.25	13.88	38.40
传递标准用计量仪器制造业	6.06	12.50	0.00	11.11	31.25
量具量仪制造业	8.11	10.34	3.67	13.10	45.33
衡器制造业	7.13	7.22	2.60	16.74	32.89
文化、办公用机械制造业	4.30	7.56	2.79	9.93	24.22
电影机械制造业	5.69	9.92	4.88	9.23	35.54
幻灯机及投影仪制造业	16.67	18.18	18.18	50.00	45.45
照相机及器材制造业	−1.72	−5.88	−6.81	−3.47	15.81
复印机制造业	9.10	12.20	4.96	27.17	21.79
打字机及油印机制造业	10.07	9.15	3.70	31.11	31.37
其他文化、办公用机械制造业	14.49	14.93	9.09	33.33	40.30
钟表制造业	−2.66	−4.78	−7.22	−5.35	32.03
仪器仪表及文化、办公用机械修理业	16.39	31.25	21.88	100.00	21.88
其他仪器仪表制造业	3.43	5.42	−0.78	6.96	24.75

1993年独立核算乡办机械工业企业主要统计指标（一）

行　　业	企　业单位数(个)	工业总产值(亿元)		工　业增加值(亿元)	产品销售收　入(亿元)	职工平均人数(人)
		1990年不变价	现价			
金属制品业	12801	456.63	478.97	148.23	405.98	859266
金属结构制造业	556	37.98	40.38	12.54	35.16	53929
铸铁管制造业	642	18.62	21.76	8.13	17.09	49610
工具制造业	1051	45.37	45.79	13.18	37.28	93555
切削工具制造业	221	12.94	12.98	3.31	9.95	21132
模具制造业	355	12.52	12.44	3.74	9.91	23949
手工具制造业	383	15.12	15.63	4.46	13.82	38657
其他工具制造业	92	4.78	4.68	1.67	3.62	9817
集装箱和金属包装物品制造业	585	40.95	42.57	12.07	43.26	48878
集装箱制造业	17	4.72	4.63	1.21	3.09	2369
金属包装物品及容器制造业	568	36.23	37.95	10.87	40.17	46509
金属丝绳及其制品业	955	44.96	50.68	16.04	41.53	68682
建筑用金属制品业	2092	92.09	97.42	31.57	79.39	171230
建筑小五金制造业	302	6.91	7.20	2.12	6.13	16761
水暖管道零件制造业	585	27.41	29.42	11.10	22.20	66829
金属门窗制造业	1041	50.22	53.12	15.95	44.34	75868
其他建筑用金属制品业	164	7.54	7.68	2.39	6.74	11772
金属表面处理及热处理业	1059	47.46	49.53	15.79	43.29	86648
日用金属制品业	1877	82.43	81.53	24.03	71.05	154146
日用搪瓷制造业	100	7.13	7.18	2.29	9.01	14386
铝制品业	379	17.78	16.41	5.27	13.84	23480
不锈钢制品业	216	12.37	12.11	2.70	8.61	19041
刀剪制造业	60	1.45	1.42	0.30	1.16	5286
制锁业	161	12.65	12.31	3.77	10.89	26727
炊事用具制造业	385	6.82	7.15	2.60	5.94	18524
燃气用具制造业	97	9.89	10.28	2.47	9.66	10998
理发用具制造业	22	0.35	0.34	0.13	0.34	1112
其他日用金属制品业	457	13.96	14.31	4.46	11.62	34592
其他金属制品业	3984	46.73	49.29	14.82	37.91	132588
铁制小农具制造业	3289	21.70	22.49	7.83	16.23	86628
焊条制造业	93	7.03	8.73	2.19	7.46	7857
其他类未包括的金属制品业	602	18.01	18.05	4.79	14.23	38103
普通机械制造业	10368	434.42	444.81	141.77	368.13	934138
锅炉及原动机制造业	605	41.40	42.69	13.55	36.42	79612
锅炉制造业	262	21.30	22.15	6.82	18.78	35120
内燃机制造业	25	3.85	4.23	1.86	5.23	5741
汽轮机制造业	7	0.70	0.71	0.12	0.43	1067
水轮机制造业	1	0.00	0.00	0.00	0.00	10
内燃机零部件及配件制造业	264	14.02	14.00	4.08	10.67	34336
其他锅炉及原动机制造业	46	1.49	1.59	0.68	1.29	3338
金属加工机械制造业	794	35.55	36.04	10.46	30.29	73242
金属切削机床制造业	129	8.67	8.49	2.40	7.34	16647
锻压设备制造业	106	7.68	7.90	2.44	6.94	12495
铸造机械制造业	170	6.47	6.42	1.77	5.37	15915
机床附件制造业	84	3.28	3.33	0.97	2.79	6731
其他金属加工机械制造业	305	9.43	9.91	2.92	7.85	21454
通用设备制造业	1346	97.27	98.37	31.67	82.24	167680

(续)

行业	企业单位数(个)	工业总产值(亿元) 1990年不变价	现价	工业增加值(亿元)	产品销售收入(亿元)	职工平均人数(人)
起重运输设备制造业	241	22.27	23.22	6.23	21.45	34906
工矿车辆制造业	44	3.01	3.12	2.30	1.05	12121
泵制造业	463	25.21	25.25	8.72	18.61	51982
风机制造业	132	7.00	7.12	2.11	5.74	13412
气体压缩机及气体分离设备制造业	51	2.99	2.99	0.93	2.70	4930
冷冻设备制造业	89	15.19	15.26	5.59	13.36	16027
风动工具制造业	25	1.30	1.41	0.50	1.00	2876
电动工具制造业	46	4.95	4.03	1.03	3.58	5862
其他通用设备制造业	255	15.36	15.94	4.17	14.76	25564
轴承、阀门制造业	954	43.88	41.60	13.89	33.64	97045
轴承制造业	262	15.65	15.23	5.77	12.22	30652
阀门制造业	692	28.19	26.36	8.13	21.41	66393
其他通用零部件制造业	2226	87.61	86.32	27.09	73.56	203518
液压件及液力件制造业	213	11.87	11.71	3.93	11.00	32566
气动元件制造业	113	5.65	5.40	1.54	4.96	10738
密封件制造业	107	2.47	2.49	0.69	1.90	5950
粉末冶金制品业	137	9.66	7.68	2.05	7.08	17248
紧固件制造业	638	21.69	22.81	6.98	19.50	45017
弹簧制造业	182	5.66	5.66	1.57	4.66	12124
链条制造业	89	5.47	5.63	1.59	4.69	11336
齿轮制造业	109	7.92	8.02	2.61	6.67	23401
其他类未包括的通用零部件制造业	638	17.16	16.91	6.04	13.02	45138
铸锻件制造业	3954	120.54	131.40	41.93	105.35	287537
铸件制造业	3566	107.13	117.38	37.64	94.13	258746
锻件制造业	388	13.36	14.06	4.33	11.23	28791
普通机械修理业	243	2.24	2.20	0.82	1.77	7426
其他普通机械制造业	246	5.99	6.11	2.29	4.84	18078
专用设备制造业	7481	312.83	312.58	93.98	247.27	546481
机电工业专用设备制造业	460	27.14	26.16	7.27	22.38	44011
矿山设备制造业	236	8.36	8.54	2.76	6.94	17090
冶金工业专用设备制造业	40	4.29	4.47	1.39	3.67	4603
电工专用设备制造业	31	1.86	1.71	0.56	1.64	2858
电子工业专用设备制造业	52	4.16	3.36	0.97	2.38	8099
其他机电工业专用设备制造业	101	8.45	8.06	1.62	7.76	11361
石化及其他工业专用设备制造业	813	59.74	59.90	17.16	46.67	83143
石油工业专用设备制造业	83	4.10	3.97	1.23	2.75	6300
化学工业专用设备制造业	118	10.88	10.52	3.04	8.33	13635
化学纤维工业专用设备制造业	17	2.21	2.23	0.50	1.79	1960
橡胶工业专用设备制造业	40	3.56	4.01	0.87	3.38	4439
塑料工业专用设备制造业	107	8.92	8.99	2.42	7.35	10633
木材工业专用设备制造业	67	8.38	7.27	2.11	4.79	9033
印刷工业专用设备制造业	106	6.86	7.21	2.26	5.14	13514
制药工业专用设备制造业	26	0.61	0.64	0.20	0.66	2216
建筑材料及其他制品专用设备制造业	249	14.15	15.04	4.52	12.47	21413
轻纺工业专用设备制造业	1380	83.83	81.88	24.90	66.08	152472
食品、饮料、烟草工业专用设备制造业	167	8.52	8.67	2.98	7.11	21020
粮油工业专用设备制造业	170	8.90	9.49	3.05	7.07	16950
饲料工业专用设备制造业	25	0.51	0.53	0.27	0.38	1622
包装工业专用设备制造业	42	2.61	2.75	0.83	2.31	5067
纺织、服装、皮革工业专用设备制造业	828	53.79	51.35	15.09	41.89	91013

(续)

行　　业	企　业 单位数 (个)	工业总产值(亿元) 1990年 不变价	工业总产值(亿元) 现价	工　业 增加值 (亿元)	产品销售 收　入 (亿元)	职工平 均人数 (人)
电光源工业专用设备制造业	21	0.88	0.89	0.31	0.75	1870
日用硅酸制品工业专用设备制造业	12	0.85	0.87	0.15	0.77	1631
制浆、造纸工业专用设备制造业	87	6.87	6.34	1.93	4.85	11551
日用化学工业专用设备制造业	28	0.89	0.95	0.25	0.97	1748
农、林、牧、渔、水利业机械制造业	1818	60.33	60.70	18.47	44.55	115247
拖拉机制造业	27	5.64	5.70	1.30	4.39	3710
机械化农机具制造业	773	17.13	17.40	6.44	11.80	39476
营林机械制造业	6	0.10	0.10	0.01	0.06	202
畜牧机械制造业	18	0.71	0.78	0.27	0.53	1251
渔业机械制造业	39	1.56	1.62	0.44	1.23	2579
水利机械制造业	41	1.35	1.37	0.65	1.02	2390
拖拉机配件制造业	417	21.48	21.12	5.83	15.03	36711
其他农、林、牧、渔、水利机械制造业	497	12.36	12.64	3.55	10.47	28928
医疗器械制造业	309	17.06	16.80	5.06	14.47	34774
手术器械制造业	40	4.43	4.84	1.59	4.27	6708
医疗仪器、设备制造业	64	3.09	2.88	0.77	2.43	4717
诊断用品制造业	46	1.83	1.73	0.62	1.38	4525
医用材料及医疗用品制造业	155	7.59	7.19	2.07	6.24	18489
假肢、矫形器制造业	4	0.15	0.15	0.04	0.15	335
其他专用设备制造业	800	51.74	53.80	15.87	43.08	75735
建筑机械制造业	194	17.46	19.22	5.89	15.10	21014
地质专用设备制造业	12	0.63	0.64	0.22	0.28	866
畜牧兽医医疗器械制造业	8	0.35	0.22	0.09	0.19	472
商业、饮食业、服务业专用机械制造业	54	3.26	3.37	1.09	2.59	5485
邮政机械及器材制造业	8	0.32	0.33	0.09	0.29	793
环境保护机械制造业	223	14.41	14.29	3.95	12.13	20680
社会公共安全设备及器材制造业	131	5.41	5.58	1.67	4.53	10702
其他类未包括的专用设备制造业	170	9.86	10.14	2.83	7.95	15723
专用机械设备修理业	1901	13.02	13.35	5.15	10.04	41099
工业专用设备修理业	50	1.14	1.18	0.33	0.68	2568
农、林、牧、渔、水利机械修理业	1723	8.95	9.19	3.71	6.98	32329
医疗器械修理业	0	0.00	0.00	0.00	0.00	0
其他专用机械设备修理业	128	2.88	2.96	1.06	2.42	6202
交通运输设备制造业	4397	221.25	225.88	70.97	195.99	442974
铁路运输设备制造业	79	7.43	7.42	2.16	6.28	7599
机车制造业	0	0.00	0.00	0.00	0.00	0
客车制造业	5	3.32	3.28	0.58	3.00	2589
货车制造业	4	0.18	0.16	0.04	0.18	517
机车车辆配件制造业	44	2.81	2.83	1.17	2.09	2956
铁路信号设备制造业	3	0.05	0.04	0.02	0.04	124
铁路专用设备制造业	2	0.01	0.01	0.01	0.00	40
铁路专用器材制造业	12	0.28	0.27	0.11	0.22	712
其他铁路运输设备制造业	9	0.76	0.81	0.25	0.73	661
汽车制造业	1702	126.61	131.37	41.65	112.18	272977
载重汽车制造业	28	5.22	5.88	1.55	4.98	5971
客车制造业	19	5.27	5.24	1.45	5.06	3440
小轿车制造业	7	0.55	0.56	0.15	0.52	1316
微型汽车制造业	4	1.11	1.13	0.43	0.90	656
特种车辆及改装汽车制造业	99	34.34	36.09	9.72	33.19	76925
汽车车身制造业	33	3.40	3.81	1.42	2.67	10902

(续)

行业	企业单位数(个)	工业总产值(亿元) 1990年不变价	工业总产值(亿元) 现价	工业增加值(亿元)	产品销售收入(亿元)	职工平均人数(人)
汽车零部件及配件制造业	1512	76.72	78.62	26.92	64.79	173767
摩托车制造业	245	17.33	17.29	5.27	15.51	28063
摩托车整车制造业	34	8.05	8.15	2.39	8.15	4990
摩托车零部件及配件制造业	211	9.25	9.13	2.88	7.36	23073
自行车制造业	273	21.83	22.63	5.37	22.86	32497
电车制造业	4	0.15	0.16	0.04	0.08	436
船舶制造业	182	12.43	12.38	3.76	10.50	15319
海洋运输船制造业	4	0.45	0.45	0.10	0.35	423
内河船制造业	136	8.84	8.78	2.65	7.52	9319
渔轮制造业	13	0.94	0.92	0.45	0.63	1325
船舶机械设备制造业	29	2.18	2.19	0.56	1.99	4252
海洋石油平台制造业	0	0.00	0.00	0.00	0.00	0
航空航天器制造业	4	0.29	0.31	0.28	0.26	622
飞机制造业	2	0.04	0.04	0.02	0.03	356
其他航空航天器制造业	2	0.25	0.27	0.26	0.23	266
交通运输设备修理业	1899	34.23	33.34	12.11	27.45	84620
铁路运输设备修理业	4	0.14	0.15	0.03	0.10	284
汽车修理业	1495	24.60	24.01	8.59	20.26	64798
摩托车修理业	6	0.17	0.17	0.03	0.17	160
电车修理业	1	0.01	0.01	0.00	0.01	15
船舶修理业	175	7.63	7.23	2.72	5.56	14923
飞机修理业	0	0.00	0.00	0.00	0.00	0
其他交通运输设备修理业	218	1.64	1.70	0.72	1.33	4440
其他交通运输设备制造业	9	0.98	0.98	0.31	0.87	841
航标器材制造业	2	0.52	0.51	0.08	0.52	85
潜水装备制造业	0	0.00	0.00	0.00	0.00	0
公路标志制造业	7	0.46	0.47	0.23	0.35	756
电气机械及器材制造业	5532	422.66	419.03	116.19	358.32	533477
电机制造业	364	32.76	33.86	8.27	29.18	48076
发电机制造业	63	6.47	7.01	1.40	6.42	4685
电动机制造业	155	15.09	15.67	3.90	13.12	20820
微电机制造业	146	11.21	11.17	2.94	9.64	22571
输配电及控制设备制造业	1260	76.14	73.41	19.62	62.91	115739
变压器制造业	148	21.55	20.85	4.67	18.40	18994
整流器制造业	55	1.82	1.69	0.52	1.36	4002
电容器制造业	64	5.07	3.68	0.88	3.29	6083
开关控制设备制造业	486	25.13	25.35	7.60	21.50	44407
电器设备元件制造业	255	7.85	7.25	1.77	6.44	20436
其他输配电及控制设备制造业	252	14.72	14.57	4.21	11.93	21817
电工器材制造业	1724	161.76	157.84	46.58	128.91	146468
电线电缆制造业	1050	127.52	125.55	37.21	103.41	99862
绝缘制品业	144	9.15	8.57	1.97	7.28	10635
蓄电池制造业	248	9.94	8.88	3.06	7.08	15473
干电池制造业	51	4.46	4.35	1.47	2.38	5954
其他电工器材制造业	231	10.73	10.54	2.88	8.79	14544
日用电器制造业	821	102.76	106.09	27.07	98.16	115514
洗衣机制造业	19	3.13	3.11	0.86	2.92	3141
吸尘器制造业	17	0.66	0.70	0.24	0.47	2080
电冰箱制造业	49	9.40	9.26	2.58	7.72	8613
电风扇制造业	97	30.87	29.98	8.26	31.64	38019

(续)

行业	企业单位数(个)	工业总产值(亿元) 1990年不变价	工业总产值(亿元) 现价	工业增加值(亿元)	产品销售收入(亿元)	职工平均人数(人)
空调器制造业	104	26.36	28.37	6.03	22.38	16511
排油烟机制造业	15	1.67	1.66	0.41	1.46	1977
其他日用电器制造业	520	30.68	33.04	8.64	31.53	45173
照明器具制造业	1054	38.21	36.95	11.14	30.19	89560
电光源制造业	271	10.68	10.04	2.76	9.43	30067
灯头、灯座制造业	83	3.10	2.95	0.86	2.53	8282
灯具制造业	418	16.76	16.38	5.23	12.34	28426
灯用电器附件制造业	149	2.88	3.02	1.10	2.54	8470
其他照明器具制造业	133	4.74	4.56	1.13	3.34	14315
电气机械修理业	86	0.72	0.72	0.29	0.46	1712
其他电气机械制造业	223	10.22	10.13	3.26	8.42	16408
电焊机制造业	87	3.93	3.98	1.52	3.35	6849
工业用电炉制造业	40	2.51	2.52	0.71	2.04	3027
其他类未包括的电气机械制造业	96	3.75	3.62	1.03	3.04	6532
仪器仪表及文化、办公用机械制造业	1022	41.87	40.13	12.83	34.64	93156
通用仪器仪表制造业	421	20.00	18.96	6.17	16.98	44268
工业自动化仪表制造业	99	7.76	7.09	2.75	6.00	10484
电工仪器、仪表制造业	85	4.19	4.18	1.30	3.83	6874
光学仪器制造业	29	1.33	1.30	0.52	1.00	2854
计时仪器制造业	25	1.32	1.17	0.26	1.13	2854
分析仪器制造业	32	0.95	0.91	0.23	0.71	2299
试验机制造业	17	0.44	0.46	0.20	0.35	1172
实验室仪器及装置制造业	16	0.80	0.86	0.06	1.15	10538
通用仪器仪表元件、器件制造业	50	1.53	1.45	0.35	1.47	3249
其他通用仪器仪表制造业	68	1.65	1.52	0.47	1.27	3944
专用仪器仪表制造业	105	3.31	2.77	0.98	2.31	5822
环境保护仪器仪表制造业	9	0.64	0.64	0.21	0.50	473
汽车仪器仪表制造业	8	0.22	0.21	0.09	0.15	666
导航、制导仪器制造业	1	0.05	0.04	0.01	0.03	70
农、林、牧、渔仪器、仪表制造业	5	0.08	0.08	0.01	0.10	208
地质勘探、钻采、地震专用仪器制造业	19	0.32	0.36	0.14	0.25	900
气象、海洋、水文、天文仪器制造业	5	0.06	0.06	0.04	0.06	190
教学仪器制造业	17	0.69	0.37	0.06	0.38	759
核子及核辐射测量仪器制造业	0	0.00	0.00	0.00	0.00	0
专用仪器仪表元件、器件制造业	41	1.19	1.02	0.37	0.83	2556
电子测量仪器制造业	32	0.65	0.69	0.28	0.66	1324
计量器具制造业	150	5.69	5.81	1.96	5.09	16323
传递标准用计量仪器制造业	18	0.84	0.72	0.20	0.60	1146
量具量仪制造业	76	2.82	2.79	1.07	2.47	10895
衡器制造业	56	2.01	2.29	0.68	2.03	4282
文化、办公用机械制造业	51	3.06	2.87	0.72	2.36	6209
电影机械制造业	0	0.00	0.00	0.00	0.00	0
幻灯机及投影仪制造业	2	0.21	0.22	0.06	0.18	310
照相机及器材制造业	19	1.52	1.27	0.32	1.18	2441
复印机制造业	1	0.04	0.04	0.02	0.04	93
打字机及油印机制造业	13	0.54	0.59	0.16	0.41	1609
其他文化、办公用机械制造业	16	0.73	0.74	0.18	0.54	1756
钟表制造业	107	5.53	5.81	1.47	4.80	11129
仪器仪表及文化、办公用机械修理业	6	0.04	0.04	0.02	0.04	173
其他仪器仪表制造业	150	3.63	3.18	1.21	2.45	7908

1993年独立核算乡办机械工业
企业主要统计指标（二）

(单位：亿元)

行　业	年末固定资产原价	年末固定资产净值	流动资产合　计	利润总额	利税总额
金属制品业	116.30	88.04	193.43	19.65	34.90
金属结构制造业	8.50	6.56	16.16	1.98	3.42
铸铁管制造业	4.62	3.32	7.17	0.81	1.39
工具制造业	12.37	9.04	20.51	2.58	4.21
切削工具制造业	3.21	2.44	5.03	0.95	1.39
模具制造业	3.02	2.25	5.73	0.63	1.05
手工具制造业	4.79	3.35	7.87	0.71	1.37
其他工具制造业	1.33	1.01	1.84	0.24	0.41
集装箱和金属包装物品制造业	11.24	9.00	20.66	2.44	3.70
集装箱制造业	2.06	1.84	4.24	0.20	0.26
金属包装物品及容器制造业	9.17	7.15	16.44	2.24	3.44
金属丝绳及其制品业	11.31	8.44	18.04	1.51	2.79
建筑用金属制品业	20.70	16.00	39.11	3.75	6.73
建筑小五金制造业	1.83	1.38	2.93	0.22	0.47
水暖管道零件制造业	7.01	5.12	12.81	1.13	2.01
金属门窗制造业	10.32	8.23	20.27	2.09	3.69
其他建筑用金属制品业	1.53	1.26	3.07	0.26	0.49
金属表面处理及热处理业	12.21	8.77	15.72	1.90	3.30
日用金属制品业	23.01	17.95	38.43	2.76	6.06
日用搪瓷制造业	2.54	2.03	3.60	0.21	0.66
铝制品业	4.51	3.78	6.97	0.74	1.41
不锈钢制品业	3.77	3.19	7.71	0.36	0.70
刀剪制造业	0.46	0.32	0.53	0.04	0.10
制锁业	2.77	1.75	5.89	0.27	0.73
炊事用具制造业	1.70	1.34	2.86	0.27	0.59
燃气用具制造业	2.77	2.02	5.32	0.34	0.85
理发用具制造业	0.11	0.10	0.19	0.01	0.04
其他日用金属制品业	4.30	3.37	5.37	0.46	0.93
其他金属制品业	12.37	8.94	17.55	1.83	3.19
铁制小农具制造业	5.75	4.02	6.02	0.87	1.36
焊条制造业	1.71	1.27	3.15	0.29	0.56
其他类未包括的金属制品业	4.89	3.66	8.38	0.68	1.25
普通机械制造业	119.64	86.18	188.86	22.09	37.25
锅炉及原动机制造业	11.45	8.24	20.74	2.13	3.54
锅炉制造业	5.73	4.16	9.44	1.17	1.95
内燃机制造业	0.99	0.73	4.16	0.13	0.25
汽轮机制造业	0.13	0.10	0.22	0.03	0.06
水轮机制造业	0.00	0.00	0.00	0.00	0.00
内燃机零部件及配件制造业	4.20	2.96	6.22	0.66	1.09
其他锅炉及原动机制造业	0.39	0.27	0.69	0.10	0.17
金属加工机械制造业	10.26	7.24	16.11	1.62	2.98
金属切削机床制造业	2.64	1.90	4.62	0.46	0.79
锻压设备制造业	2.04	1.37	2.86	0.46	0.83
铸造机械制造业	1.87	1.24	2.71	0.22	0.43
机床附件制造业	1.00	0.75	1.51	0.20	0.29
其他金属加工机械制造业	2.69	1.97	4.36	0.28	0.59
通用设备制造业	24.54	17.54	44.93	6.31	9.87

(续)

行业	年末固定资产原价	年末固定资产净值	流动资产合计	利润总额	利税总额
起重运输设备制造业	5.56	3.95	9.72	1.13	1.98
工矿车辆制造业	0.36	0.24	0.63	0.03	0.08
泵制造业	6.26	4.37	12.24	1.56	2.43
风机制造业	1.84	1.32	3.20	0.35	0.60
气体压缩机及气体分离设备制造业	1.00	0.77	1.56	0.20	0.30
冷冻设备制造业	3.71	2.88	6.99	1.64	2.21
风动工具制造业	0.28	0.17	0.50	0.09	0.14
电动工具制造业	1.23	0.94	1.91	0.14	0.29
其他通用设备制造业	4.24	2.91	8.21	1.18	1.85
轴承、阀门制造业	13.21	9.46	19.93	2.48	4.18
轴承制造业	5.98	4.51	7.15	1.21	1.85
阀门制造业	7.26	4.94	12.74	1.19	2.30
其他通用零部件制造业	25.79	18.48	37.51	4.13	7.25
液压件及液力件制造业	3.14	2.27	5.23	0.78	1.21
气动元件制造业	1.46	1.07	2.55	0.30	0.52
密封件制造业	0.70	0.54	1.00	0.13	0.24
粉末冶金制品业	3.10	2.30	4.37	0.23	0.51
紧固件制造业	6.18	4.24	9.06	0.88	1.75
弹簧制造业	1.38	0.98	2.53	0.27	0.46
链条制造业	1.43	1.06	2.24	0.31	0.50
齿轮制造业	4.37	3.00	3.43	0.46	0.70
其他类未包括的通用零部件制造业	4.02	2.93	7.16	0.70	1.35
铸锻件制造业	31.97	23.57	46.09	5.05	8.78
铸件制造业	28.20	20.68	40.16	4.44	7.78
锻件制造业	3.77	2.91	5.94	0.61	1.00
普通机械修理业	0.62	0.44	0.74	0.09	0.15
其他普通机械制造业	1.78	1.21	2.79	0.20	0.43
专用设备制造业	78.04	56.57	123.52	15.03	25.05
机电工业专用设备制造业	6.28	4.59	10.70	1.23	2.24
矿山设备制造业	2.42	1.73	4.31	0.35	0.67
冶金工业专用设备制造业	1.12	0.83	1.55	0.34	0.50
电工专用设备制造业	0.35	0.26	0.62	0.12	0.19
电子工业专用设备制造业	0.75	0.62	1.09	0.11	0.21
其他机电工业专用设备制造业	1.62	1.16	3.15	0.29	0.60
石化及其他工业专用设备制造业	14.55	10.49	25.26	3.45	5.12
石油工业专用设备制造业	1.19	0.90	2.04	0.21	0.36
化学工业专用设备制造业	2.71	1.97	4.66	0.52	0.96
化学纤维工业专用设备制造业	0.36	0.23	1.04	0.09	0.18
橡胶工业专用设备制造业	0.99	0.66	1.60	0.13	0.25
塑料工业专用设备制造业	2.40	1.78	3.94	0.79	0.64
木材工业专用设备制造业	1.76	1.23	3.34	0.33	0.55
印刷工业专用设备制造业	1.93	1.35	2.58	0.50	0.76
制药工业专用设备制造业	0.22	0.15	0.34	0.05	0.08
建筑材料及其他制品专用设备制造业	3.04	2.15	5.73	0.78	1.34
轻纺工业专用设备制造业	24.01	17.36	35.44	3.84	6.81
食品、饮料、烟草工业专用设备制造业	2.68	1.99	4.20	0.45	0.74
粮油工业专用设备制造业	1.99	1.46	3.17	0.78	1.01
饲料工业专用设备制造业	0.15	0.10	0.17	0.03	0.03
包装工业专用设备制造业	0.76	0.55	1.35	0.15	0.27
纺织、服装、皮革工业专用设备制造业	15.57	11.32	22.82	1.87	3.79

(续)

行　业	年末固定资产原价	年末固定资产净值	流动资产合　计	利润总额	利税总额
电光源工业专用设备制造业	0.19	0.11	0.28	0.04	0.09
日用硅酸制品工业专用设备制造业	0.13	0.10	0.22	0.04	0.06
制浆、造纸工业专用设备制造业	2.28	1.58	2.79	0.40	0.65
日用化学工业专用设备制造业	0.22	0.15	0.41	0.03	0.06
农、林、牧、渔、水利业机械制造业	13.51	9.48	21.52	2.24	3.51
拖拉机制造业	0.70	0.54	1.63	0.16	0.23
机械化农机具制造业	4.27	2.99	6.88	0.59	0.91
营林机械制造业	0.02	0.01	0.04	0.00	0.01
畜牧机械制造业	0.21	0.15	0.25	0.03	0.05
渔业机械制造业	0.39	0.24	0.58	0.06	0.10
水利机械制造业	0.33	0.22	0.45	0.04	0.08
拖拉机配件制造业	4.54	3.18	7.32	0.85	1.31
其他农、林、牧、渔、水利机械制造业	3.00	2.15	4.34	0.44	0.83
医疗器械制造业	5.09	4.14	7.20	0.93	1.51
手术器械制造业	1.74	1.42	2.10	0.41	0.60
医疗仪器、设备制造业	0.78	0.65	1.23	0.22	0.33
诊断用品制造业	0.72	0.56	0.85	0.04	0.11
医用材料及医疗用品制造业	1.85	1.49	2.91	0.23	0.46
假肢、矫形器制造业	0.02	0.02	0.08	0.00	0.01
其他专用设备制造业	11.17	8.16	19.79	2.72	4.52
建筑机械制造业	3.24	2.34	5.44	1.05	1.67
地质专用设备制造业	0.21	0.14	0.27	0.01	0.02
畜牧兽医医疗器械制造业	0.14	0.13	0.10	0.02	0.02
商业、饮食业、服务业专用机械制造业	0.80	0.49	1.45	0.22	0.31
邮政机械及器材制造业	0.08	0.08	0.17	0.02	0.03
环境保护机械制造业	3.05	2.26	6.18	0.59	1.10
社会公共安全设备及器材制造业	1.36	1.00	2.68	0.14	0.36
其他类未包括的专用设备制造业	2.33	1.77	3.47	0.65	0.96
专用机械设备修理业	3.41	2.32	3.61	0.58	0.89
工业专用设备修理业	0.24	0.17	0.28	0.06	0.08
农、林、牧、渔、水利机械修理业	2.46	1.64	2.31	0.40	0.64
医疗器械修理业	0.00	0.00	0.00	0.00	0.00
其他专用机械设备修理业	0.74	0.50	1.02	0.08	0.16
交通运输设备制造业	54.65	41.00	89.43	11.54	20.15
铁路运输设备制造业	1.34	0.93	1.83	0.47	0.66
机车制造业	0.00	0.00	0.00	0.00	0.00
客车制造业	0.54	0.42	0.50	0.29	0.38
货车制造业	0.06	0.04	0.25	0.00	0.00
机车车辆配件制造业	0.37	0.20	0.70	0.10	0.17
铁路信号设备制造业	0.01	0.01	0.04	0.01	0.01
铁路专用设备制造业	0.00	0.00	0.00	0.00	0.00
铁路专用器材制造业	0.05	0.03	0.13	0.01	0.02
其他铁路运输设备制造业	0.28	0.22	0.21	0.06	0.07
汽车制造业	31.84	24.10	53.68	7.61	12.46
载重汽车制造业	0.99	0.82	2.24	0.05	0.24
客车制造业	0.80	0.67	2.05	0.69	0.91
小轿车制造业	0.36	0.31	0.50	0.07	0.08
微型汽车制造业	0.10	0.09	0.28	0.01	0.02
特种车辆及改装汽车制造业	5.30	3.91	10.39	1.42	2.60
汽车车身制造业	0.86	0.65	1.38	0.21	0.30

(续)

行　　业	年末固定资产原价	年末固定资产净值	流动资产合　计	利润总额	利税总额
汽车零部件及配件制造业	23.44	17.64	36.84	5.16	8.24
摩托车制造业	3.49	2.79	7.42	0.78	1.26
摩托车整车制造业	1.23	1.11	3.56	0.23	0.35
摩托车零部件及配件制造业	2.25	1.68	3.83	0.54	0.92
自行车制造业	5.55	3.94	9.77	0.63	1.42
电车制造业	0.01	0.01	0.02	0.01	0.01
船舶制造业	2.17	1.68	3.93	0.36	0.65
海洋运输船制造业	0.07	0.06	0.12	0.00	0.01
内河船制造业	1.46	1.17	2.02	0.17	0.36
渔轮制造业	0.18	0.13	0.36	0.01	0.04
船舶机械设备制造业	0.47	0.33	1.44	0.15	0.23
海洋石油平台制造业	0.00	0.00	0.00	0.00	0.00
航空航天器制造业	0.07	0.06	0.20	0.06	0.08
飞机制造业	0.01	0.01	0.02	0.00	0.00
其他航空航天器制造业	0.06	0.05	0.18	0.06	0.08
交通运输设备修理业	9.94	7.34	12.22	1.53	3.49
铁路运输设备修理业	0.04	0.03	0.06	0.00	0.01
汽车修理业	7.04	5.34	8.56	1.04	2.76
摩托车修理业	0.02	0.01	0.06	0.02	0.02
电车修理业	0.00	0.00	0.00	0.00	0.00
船舶修理业	2.18	1.46	2.79	0.43	0.57
飞机修理业	0.00	0.00	0.00	0.0	0.00
其他交通运输设备修理业	0.64	0.51	0.72	0.07	0.09
其他交通运输设备制造业	0.16	0.15	0.34	0.05	0.08
航标器材制造业	0.05	0.04	0.16	0.04	0.05
潜水装备制造业	0.00	0.00	0.00	0.00	0.00
公路标志制造业	0.11	0.11	0.18	0.02	0.03
电气机械及器材制造业	96.91	77.44	196.30	18.38	35.53
电机制造业	6.64	4.94	12.76	1.32	2.38
发电机制造业	1.09	0.76	1.90	0.22	0.38
电动机制造业	3.26	2.41	6.21	0.63	1.09
微电机制造业	2.27	1.76	4.64	0.44	0.89
输配电及控制设备制造业	15.48	12.28	32.49	4.47	7.29
变压器制造业	3.49	2.79	8.70	1.51	2.24
整流器制造业	0.40	0.27	0.83	0.04	0.10
电容器制造业	1.78	1.55	2.47	0.13	0.26
开关控制设备制造业	5.22	4.09	10.80	1.61	2.65
电器设备元件制造业	1.60	1.10	3.60	0.29	0.60
其他输配电及控制设备制造业	2.98	2.38	6.04	0.84	1.39
电工器材制造业	35.82	29.30	66.82	5.84	12.44
电线电缆制造业	28.29	23.47	53.62	4.74	10.34
绝缘制品业	1.96	1.45	3.24	0.23	0.50
蓄电池制造业	2.52	1.96	4.06	0.35	0.67
干电池制造业	0.61	0.46	1.08	0.12	0.22
其他电工器材制造业	2.44	1.95	4.84	0.34	0.70
日用电器制造业	27.86	22.29	63.65	5.23	10.14
洗衣机制造业	0.61	0.42	1.17	0.10	0.21
吸尘器制造业	0.12	0.10	0.21	0.03	0.03
电冰箱制造业	2.36	1.88	4.80	0.36	0.57
电风扇制造业	8.87	6.12	25.15	0.64	2.44

(续)

行　业	年末固定资产原价	年末固定资产净值	流动资产合　计	利润总额	利税总额
空调器制造业	7.74	7.16	14.01	2.59	3.95
排油烟机制造业	0.40	0.29	1.18	0.07	0.16
其他日用电器制造业	7.73	6.25	17.07	1.39	2.75
照明器具制造业	8.79	6.90	15.78	0.94	2.31
电光源制造业	3.20	2.52	4.70	0.14	0.59
灯头、灯座制造业	0.62	0.47	1.13	0.09	0.17
灯具制造业	3.17	2.49	6.95	0.49	1.07
灯用电器附件制造业	0.70	0.52	1.40	0.06	0.17
其他照明器具制造业	1.07	0.86	1.59	0.10	0.25
电气机械修理业	0.14	0.09	0.15	0.02	0.04
其他电气机械制造业	2.13	1.65	4.59	0.54	0.93
电焊机制造业	0.64	0.50	1.87	0.27	0.42
工业用电炉制造业	0.55	0.42	1.09	0.17	0.27
其他类未包括的电气机械制造业	0.91	0.71	1.61	0.09	0.20
仪器仪表及文化、办公用机械制造业	9.79	7.37	19.88	2.24	3.81
通用仪器仪表制造业	4.89	3.72	9.07	1.10	1.89
工业自动化仪表制造业	1.68	1.27	3.26	0.40	0.67
电工仪器、仪表制造业	0.80	0.64	1.63	0.28	0.42
光学仪器制造业	0.30	0.22	0.57	0.07	0.13
计时仪器制造业	0.24	0.16	0.59	0.07	0.13
分析仪器制造业	0.28	0.20	0.48	0.04	0.08
试验机制造业	0.15	0.11	0.20	0.03	0.04
实验室仪器及装置制造业	0.60	0.46	0.98	0.04	0.11
通用仪器仪表元件、器件制造业	0.33	0.23	0.69	0.07	0.12
其他通用仪器仪表制造业	0.46	0.37	0.66	0.08	0.14
专用仪器仪表制造业	0.54	0.38	1.14	0.07	0.19
环境保护仪器仪表制造业	0.07	0.05	0.11	0.00	0.02
汽车仪器仪表制造业	0.04	0.02	0.13	0.00	0.01
导航、制导仪器制造业	0.01	0.01	0.01	0.00	0.00
农、林、牧、渔仪器、仪表制造业	0.02	0.01	0.05	0.00	0.00
地质勘探、钻采、地震专用仪器制造业	0.10	0.08	0.16	0.02	0.02
气象、海洋、水文、天文仪器制造业	0.02	0.01	0.01	0.00	0.00
教学仪器制造业	0.06	0.05	0.11	0.04	0.06
核子及核辐射测量仪器制造业	0.00	0.00	0.00	0.00	0.00
专用仪器仪表元件、器件制造业	0.19	0.12	0.53	0.02	0.06
电子测量仪器制造业	0.18	0.12	0.45	0.07	0.11
计量器具制造业	1.21	0.88	3.18	0.33	0.56
传递标准用计量仪器制造业	0.09	0.08	0.46	0.01	0.03
量具量仪制造业	0.58	0.38	1.52	0.07	0.15
衡器制造业	0.50	0.42	1.23	0.23	0.34
文化、办公用机械制造业	0.71	0.54	1.82	0.16	0.24
电影机械制造业	0.00	0.00	0.00	0.00	0.00
幻灯机及投影仪制造业	0.05	0.04	0.06	0.02	0.02
照相机及器材制造业	0.36	0.27	0.98	0.07	0.09
复印机制造业	0.02	0.01	0.02	0.00	0.00
打字机及油印机制造业	0.13	0.09	0.33	0.03	0.05
其他文化、办公用机械制造业	0.15	0.11	0.43	0.06	0.07
钟表制造业	1.43	1.12	2.70	0.36	0.57
仪器仪表及文化、办公用机械修理业	0.00	0.00	0.01	0.00	0.00
其他仪器仪表制造业	0.74	0.57	1.47	0.10	0.22

1993年独立核算乡办机械工业企业主要财务分析指标

行　业	资金利税率(%)	产值利税率(%)	百元销售收入实现的利润(元)	百元固定资产实现的利税(元)	工业增加值率(%)
金属制品业	14.16	7.29	4.84	30.01	30.95
金属结构制造业	16.40	8.47	5.63	40.24	31.05
铸铁管制造业	13.61	6.39	4.74	30.09	37.36
工具制造业	17.40	9.19	6.92	34.03	28.78
切削工具制造业	23.76	10.71	9.55	43.30	25.50
模具制造业	15.63	8.44	6.36	34.77	30.06
手工具制造业	15.07	8.77	5.14	28.60	28.53
其他工具制造业	16.21	8.76	6.63	30.83	35.68
集装箱和金属包装物品制造业	14.64	8.69	5.64	32.92	28.35
集装箱制造业	4.65	5.62	6.47	12.62	26.13
金属包装物品及容器制造业	17.49	9.06	5.58	37.51	28.64
金属丝绳及其制品业	13.81	5.51	3.64	24.67	31.65
建筑用金属制品业	13.72	6.91	4.72	32.51	32.41
建筑小五金制造业	12.50	6.53	3.59	25.68	29.44
水暖管道零件制造业	12.60	6.83	5.09	28.67	37.73
金属门窗制造业	14.41	6.95	4.71	35.76	30.03
其他建筑用金属制品业	13.14	6.38	3.86	32.03	31.12
金属表面处理及热处理业	15.05	6.66	4.39	27.03	31.88
日用金属制品业	12.12	7.43	3.88	26.34	29.47
日用搪瓷制造业	14.19	9.19	2.33	25.98	31.89
铝制品业	14.84	8.59	5.35	31.26	32.11
不锈钢制品业	7.27	5.78	4.18	18.57	22.30
刀剪制造业	10.42	7.04	3.45	21.74	21.13
制锁业	11.77	5.93	2.48	26.35	30.63
炊事用具制造业	16.43	8.25	4.55	34.71	36.36
燃气用具制造业	12.07	8.27	3.52	30.69	24.03
理发用具制造业	16.00	11.76	2.94	36.36	38.24
其他日用金属制品业	11.44	6.50	3.96	21.63	31.17
其他金属制品业	13.36	6.47	4.83	25.79	30.07
铁制小农具制造业	14.61	6.05	5.36	23.65	34.82
焊条制造业	13.83	6.41	3.89	32.75	25.09
其他类未包括的金属制品业	11.96	6.93	4.78	25.56	26.54
普通机械制造业	15.42	8.37	6.00	31.14	31.87
锅炉及原动机制造业	14.51	8.29	5.85	30.92	31.74
锅炉制造业	15.65	8.80	6.23	34.03	30.79
内燃机制造业	9.73	5.91	2.49	25.25	43.97
汽轮机制造业	24.00	8.45	6.98	46.15	16.90
水轮机制造业	0.00	0.00	0.00	0.00	0.00
内燃机零部件及配件制造业	13.37	7.79	6.19	25.95	29.14
其他锅炉及原动机制造业	18.48	10.69	7.75	43.59	42.77
金属加工机械制造业	14.19	8.27	5.35	29.04	29.02
金属切削机床制造业	13.62	9.31	6.27	29.92	28.27
锻压设备制造业	20.75	10.51	6.63	40.69	30.89
铸造机械制造业	11.62	6.70	4.10	22.99	27.57
机床附件制造业	16.20	8.71	7.17	29.00	29.13
其他金属加工机械制造业	10.33	5.95	3.57	21.93	29.47
通用设备制造业	18.40	10.03	7.67	40.22	32.19

(续)

行业	资金利税率(%)	产值利税率(%)	百元销售收入实现的利润(元)	百元固定资产实现的利税(元)	工业增加值率(%)
起重运输设备制造业	16.56	8.53	5.27	35.61	26.83
工矿车辆制造业	10.96	2.56	2.86	22.22	73.72
泵制造业	16.30	9.62	8.38	38.82	34.53
风机制造业	14.46	8.43	6.10	32.61	29.63
气体压缩机及气体分离设备制造业	15.38	10.03	7.41	30.00	31.10
冷冻设备制造业	27.76	14.48	12.28	59.57	36.63
风动工具制造业	24.56	9.93	9.00	50.00	35.46
电动工具制造业	11.55	7.20	3.91	23.58	25.56
其他通用设备制造业	20.83	11.61	7.99	43.63	26.16
轴承、阀门制造业	16.06	10.05	7.37	31.64	33.39
轴承制造业	19.13	12.15	9.90	30.94	37.89
阀门制造业	14.08	8.73	5.56	31.68	30.84
其他通用零部件制造业	14.33	8.40	5.61	28.11	31.38
液压件及液力件制造业	18.36	10.33	7.09	38.54	33.56
气动元件制造业	16.67	9.63	6.05	35.62	28.52
密封件制造业	16.11	9.64	6.84	34.29	27.71
粉末冶金制品业	8.21	6.64	3.25	16.45	26.69
紧固件制造业	14.77	7.67	4.51	28.32	30.60
弹簧制造业	15.18	8.13	5.79	33.33	27.74
链条制造业	17.01	8.88	6.61	34.97	28.24
齿轮制造业	11.53	8.73	6.90	16.02	32.54
其他类未包括的通用零部件制造业	14.67	7.98	5.38	33.58	35.72
铸锻件制造业	14.33	6.68	4.79	27.46	31.91
铸件制造业	14.45	6.63	4.72	27.59	32.07
锻件制造业	13.44	7.11	5.43	26.53	30.80
普通机械修理业	14.15	6.82	5.08	24.19	37.27
其他普通机械制造业	11.81	7.04	4.13	24.16	37.48
专用设备制造业	15.70	8.01	6.08	32.10	30.07
机电工业专用设备制造业	16.33	8.56	5.50	35.67	27.79
矿山设备制造业	12.62	7.85	5.04	27.69	32.32
冶金工业专用设备制造业	21.83	11.19	9.26	44.64	31.10
电工专用设备制造业	24.68	11.11	7.32	54.29	32.75
电子工业专用设备制造业	15.00	6.25	4.62	28.00	28.87
其他机电工业专用设备制造业	15.04	7.44	3.74	37.04	20.10
石化及其他工业专用设备制造业	16.13	8.55	7.39	35.19	28.65
石油工业专用设备制造业	12.20	9.07	7.64	30.25	30.98
化学工业专用设备制造业	16.35	9.13	6.24	35.42	28.90
化学纤维工业专用设备制造业	20.45	8.07	5.03	50.00	22.42
橡胶工业专用设备制造业	12.38	6.23	3.85	25.25	21.70
塑料工业专用设备制造业	13.31	7.12	10.75	26.67	26.92
木材工业专用设备制造业	12.42	7.57	6.89	31.25	29.02
印刷工业专用设备制造业	23.90	10.54	9.73	39.38	31.35
制药工业专用设备制造业	21.05	12.50	7.58	36.36	31.25
建筑材料及其他制品专用设备制造业	18.72	8.91	6.26	44.08	30.05
轻纺工业专用设备制造业	14.59	8.32	5.81	28.36	30.41
食品、饮料、烟草工业专用设备制造业	14.71	8.54	6.33	27.61	34.37
粮油工业专用设备制造业	23.22	10.64	11.03	50.75	32.14
饲料工业专用设备制造业	11.54	5.66	7.89	20.00	50.94
包装工业专用设备制造业	15.79	9.82	6.49	35.53	30.18
纺织、服装、皮革工业专用设备制造业	12.59	7.38	4.46	24.34	29.39

(续)

行　　业	资金利税率(%)	产值利税率(%)	百元销售收入实现的利润(元)	百元固定资产实现的利税(元)	工业增加值率(%)
电光源工业专用设备制造业	28.13	10.11	5.33	47.37	34.83
日用硅酸制品工业专用设备制造业	20.69	6.90	5.19	46.15	17.24
制浆、造纸工业专用设备制造业	15.93	10.25	8.25	28.51	30.44
日用化学工业专用设备制造业	12.77	6.32	3.09	27.27	26.32
农、林、牧、渔、水利业机械制造业	12.63	5.78	5.03	25.98	30.43
拖拉机制造业	11.11	4.04	3.64	32.86	22.81
机械化农机具制造业	10.51	5.23	5.00	21.31	37.01
营林机械制造业	20.00	10.00	0.00	50.00	10.00
畜牧机械制造业	16.13	6.41	5.66	23.81	34.62
渔业机械制造业	13.33	6.17	4.88	25.64	27.16
水利机械制造业	13.11	5.84	3.92	24.24	47.45
拖拉机配件制造业	14.22	6.20	5.66	28.85	27.60
其他农、林、牧、渔、水利机械制造业	13.67	6.57	4.20	27.67	28.09
医疗器械制造业	16.67	8.99	6.43	29.67	30.12
手术器械制造业	23.17	12.40	9.60	34.48	32.85
医疗仪器、设备制造业	25.19	11.46	9.05	42.31	26.74
诊断用品制造业	8.46	6.36	2.90	15.28	35.84
医用材料及医疗用品制造业	12.37	6.40	3.69	24.86	28.79
假肢、矫形器制造业	11.11	6.67	0.00	50.00	26.67
其他专用设备制造业	18.17	8.40	6.31	40.47	29.50
建筑机械制造业	24.74	8.69	6.95	51.54	30.65
地质专用设备制造业	5.13	3.13	3.57	9.62	34.38
畜牧兽医医疗器械制造业	11.76	9.09	10.53	14.29	40.19
商业、饮食业、服务业专用机械制造业	16.76	9.20	8.49	38.75	32.34
邮政机械及器材制造业	20.00	9.09	6.90	37.50	27.27
环境保护机械制造业	14.55	7.70	4.86	36.07	27.64
社会公共安全设备及器材制造业	11.18	6.45	3.09	26.47	29.93
其他类未包括的专用设备制造业	19.96	9.47	8.18	41.20	27.91
专用机械设备修理业	15.67	6.67	5.78	26.10	38.58
工业专用设备修理业	17.78	6.78	8.82	33.33	27.97
农、林、牧、渔、水利机械修理业	16.98	6.96	5.73	26.02	40.37
医疗器械修理业	0.00	0.00	0.00	0.00	0.00
其他专用机械设备修理业	11.03	5.41	3.31	21.62	35.81
交通运输设备制造业	17.74	8.92	5.89	36.87	31.42
铁路运输设备制造业	28.33	8.89	7.48	49.25	29.11
机车制造业	0.00	0.00	0.00	0.00	0.00
客车制造业	60.32	11.59	9.67	70.37	17.68
货车制造业	0.00	0.00	0.00	0.00	25.00
机车车辆配件制造业	19.54	6.01	4.78	45.95	41.34
铁路信号设备制造业	20.00	25.00	25.00	100.00	50.00
铁路专用设备制造业	0.00	0.00	0.00	0.00	100.00
铁路专用器材制造业	13.33	7.41	4.55	40.00	40.74
其他铁路运输设备制造业	20.59	8.64	8.22	25.00	30.86
汽车制造业	18.69	9.48	6.78	39.13	31.70
载重汽车制造业	8.99	4.08	1.00	24.24	26.36
客车制造业	38.40	17.37	13.64	113.75	27.67
小轿车制造业	13.11	14.29	13.46	22.22	26.79
微型汽车制造业	5.88	1.77	1.11	20.00	38.05
特种车辆及改装汽车制造业	20.90	7.20	4.28	49.06	26.93
汽车车身制造业	15.54	7.87	7.87	34.88	37.27

(续)

行　业	资金利税率 (%)	产值利税率 (%)	百元销售收入实现的利润 (元)	百元固定资产实现的利税 (元)	工业增加值率 (%)
汽车零部件及配件制造业	17.82	10.48	7.96	35.15	34.24
摩托车制造业	14.72	7.29	5.03	36.10	30.48
摩托车整车制造业	9.14	4.29	2.82	28.46	29.33
摩托车零部件及配件制造业	19.33	10.08	7.34	40.89	31.54
自行车制造业	12.39	6.27	2.76	25.59	23.73
电车制造业	50.00	6.25	12.50	100.00	25.00
船舶制造业	12.92	5.25	3.43	29.95	30.37
海洋运输船制造业	6.67	2.22	0.00	14.29	22.22
内河船制造业	12.12	4.10	2.26	24.66	30.18
渔轮制造业	9.52	4.35	1.59	22.22	48.91
船舶机械设备制造业	15.13	10.50	7.54	48.94	25.57
海洋石油平台制造业	0.00	0.00	0.00	0.00	0.00
航空航天器制造业	33.33	25.81	23.08	114.29	90.32
飞机制造业	0.00	0.00	0.00	0.00	50.00
其他航空航天器制造业	36.36	29.63	26.09	133.33	96.30
交通运输设备修理业	18.62	10.47	5.57	35.11	36.32
铁路运输设备修理业	12.50	6.67	0.00	25.00	20.00
汽车修理业	21.72	11.50	5.13	39.20	35.78
摩托车修理业	33.33	11.76	11.76	100.00	17.65
电车修理业	0.00	0.00	0.00	0.00	0.00
船舶修理业	12.05	7.88	7.73	26.15	37.62
飞机修理业	0.00	0.00	0.00	0.00	0.00
其他交通运输设备修理业	7.83	5.29	5.26	14.06	42.35
其他交通运输设备制造业	17.78	8.16	5.75	50.00	31.63
航标器材制造业	26.32	9.80	7.69	100.00	15.69
潜水装备制造业	0.00	0.00	0.00	0.00	0.00
公路标志制造业	11.54	6.38	5.71	27.27	48.94
电气机械及器材制造业	14.54	8.48	5.13	36.66	27.73
电机制造业	14.06	7.03	4.52	35.84	24.42
发电机制造业	13.72	5.42	3.43	34.86	19.97
电动机制造业	13.42	6.96	4.80	33.44	24.89
微电机制造业	14.74	7.97	4.56	39.21	26.32
输配电及控制设备制造业	19.54	9.93	7.11	47.09	26.73
变压器制造业	27.12	10.74	8.21	64.18	22.40
整流器制造业	10.42	5.92	2.94	25.00	30.77
电容器制造业	7.37	7.07	3.95	14.61	23.91
开关控制设备制造业	21.02	10.45	7.49	50.77	29.98
电器设备元件制造业	13.64	8.28	4.50	37.50	24.41
其他输配电及控制设备制造业	18.63	9.54	7.04	46.64	28.89
电工器材制造业	14.74	7.88	4.53	34.73	29.51
电线电缆制造业	15.42	8.24	4.58	36.55	29.64
绝缘制品业	11.99	5.83	3.16	25.51	22.99
蓄电池制造业	12.20	7.55	4.94	26.59	34.46
干电池制造业	16.42	5.06	5.04	36.07	33.79
其他电工器材制造业	11.15	6.64	3.87	28.69	27.32
日用电器制造业	12.76	9.56	5.33	36.40	25.52
洗衣机制造业	13.73	6.75	3.42	34.43	27.65
吸尘器制造业	11.11	4.29	6.38	25.00	34.29
电冰箱制造业	8.61	6.16	4.66	24.15	27.86
电风扇制造业	7.66	8.14	2.02	27.51	27.55

(续)

行业	资金利税率(%)	产值利税率(%)	百元销售收入实现的利润(元)	百元固定资产实现的利税(元)	工业增加值率(%)
空调器制造业	25.00	13.92	11.57	51.03	21.25
排油烟机制造业	10.67	9.64	4.79	40.00	24.70
其他日用电器制造业	12.59	8.32	4.41	35.58	26.15
照明器具制造业	11.15	6.25	3.11	26.28	30.15
电光源制造业	8.94	5.88	1.48	18.44	27.49
灯头、灯座制造业	11.89	5.76	3.56	27.42	29.15
灯具制造业	12.17	6.53	3.97	33.75	31.93
灯用电器附件制造业	10.63	5.63	2.36	24.29	36.42
其他照明器具制造业	11.36	5.48	2.99	23.36	24.78
电气机械修理业	19.05	5.56	4.35	28.57	40.28
其他电气机械制造业	17.85	9.18	6.41	43.66	32.18
电焊机制造业	20.49	10.55	8.06	65.63	38.19
工业用电炉制造业	20.45	10.71	8.33	49.09	28.17
其他类未包括的电气机械制造业	11.05	5.52	2.96	21.98	28.45
仪器仪表及文化、办公用机械制造业	15.93	9.49	6.47	38.92	31.97
通用仪器仪表制造业	16.76	9.97	6.48	38.65	32.54
工业自动化仪表制造业	17.59	9.45	6.67	39.88	38.79
电工仪器、仪表制造业	21.43	10.05	7.31	52.50	31.10
光学仪器制造业	19.12	10.00	7.00	43.33	40.00
计时仪器制造业	18.84	11.11	6.19	54.17	22.22
分析仪器制造业	13.33	8.79	5.63	28.57	25.27
试验机制造业	13.79	8.70	8.57	26.67	43.48
实验室仪器及装置制造业	7.48	12.79	3.48	18.33	6.98
通用仪器仪表元件、器件制造业	16.00	8.28	4.76	36.36	24.14
其他通用仪器仪表制造业	15.73	9.21	6.30	30.43	30.92
专用仪器仪表制造业	13.97	6.86	3.03	35.19	35.38
环境保护仪器仪表制造业	16.67	3.13	0.00	28.57	32.81
汽车仪器仪表制造业	8.33	4.76	0.00	25.00	42.86
导航、制导仪器制造业	0.00	0.00	0.00	0.00	25.00
农、林、牧、渔仪器、仪表制造业	0.00	0.00	0.00	0.00	12.50
地质勘探、钻采、地震专用仪器制造业	9.52	5.56	8.00	20.00	38.89
气象、海洋、水文、天文仪器制造业	0.00	0.00	0.00	0.00	66.67
教学仪器制造业	35.29	16.22	10.53	100.00	16.22
核子及核辐射测量仪器制造业	0.00	0.00	0.00	0.00	0.00
专用仪器仪表元件、器件制造业	10.91	5.88	2.41	31.58	36.27
电子测量仪器制造业	20.75	15.94	10.61	61.11	40.58
计量器具制造业	16.18	9.64	6.48	46.28	33.73
传递标准用计量仪器制造业	7.50	4.17	1.67	33.33	27.78
量具量仪制造业	9.32	5.38	2.83	25.86	38.35
衡器制造业	24.46	14.85	11.33	68.00	29.69
文化、办公用机械制造业	12.37	8.36	6.78	33.80	25.09
电影机械制造业	0.00	0.00	0.00	0.00	0.00
幻灯机及投影仪制造业	20.00	9.09	11.11	40.00	27.27
照相机及器材制造业	8.65	7.09	5.93	25.00	25.20
复印机制造业	0.00	0.00	0.00	0.00	50.00
打字机及油印机制造业	12.50	8.47	7.32	38.46	27.12
其他文化、办公用机械制造业	18.92	9.46	11.11	46.67	24.32
钟表制造业	15.97	9.81	7.50	39.86	25.30
仪器仪表及文化、办公用机械修理业	0.00	0.00	0.00	0.00	50.00
其他仪器仪表制造业	12.79	6.92	4.08	29.73	38.05

主要统计指标说明

1. 工业总产值：是指以货币表现的工业企业在报告期内生产的工业产品总量。它是反映一定时间内工业生产总规模和总水平的重要指标，是计算工业生产发展速度和主要比例关系、计算工业产品销售率和其他经济指标的重要依据。工业总产值包括成品价值、工业性作业价值和自制半成品、在产品期末与期初差额价值。

计算工业总产值采用的价格有两种：不变价格和现行价格。

不变价格：是指在计算不同时期的总产值时，采用同一时期或同一时点的工业产品出厂价格。它又被称为"固定价格"。采用不变价格计算工业总产值，主要是用以消除不同时期价格变动的影响，以保证计算工业发展速度时可比。目前采用的是1990年不变价格。

现行价格：是指计算工业总产值时，采用报告期内的产品实际销售价格。它又被称为"当年价"。报告期内的产品销售价格前后有所变动，或同一种产品在同一时期有几种销售价格的，应分别按不同价格计算总产值。实际销售价格是指产品销售时的实际出厂价格。

2. 工业增加值：是指工业企业在报告期内以货币表现的工业生产活动的最终成果。工业增加值有两种计算方法：生产法和收入法。

生产法：

工业增加值＝工业总产出－工业中间投入价值

收入法(分配法)：

工业增加值＝固定资产折旧＋劳动者报酬＋生产税净额＋营业盈余

3. 工业销售产值：是以货币表现的工业企业在一定时期内销售的本企业生产的工业产品总量，包括已销售的成品、半成品价值，对外提供的工业性作业价值和对本企业基本建设部门、生活福利部门等提供的产品和工业性作业及自制设备的价值。

工业销售产值的计算范围和计算方法与工业总产值一致。工业销售产值分别按不变价格和现行价格计算。注意：工业销售产值计算的基础是产品销售总量，工业总产值计算的基础是工业产品生产总量。

4. 产品销售收入：是指企业销售产成品、自制半成品的销售收入和提供工业性劳务等主要经营业务取得的收入总额。

5. 产品销售税金及附加：是指企业销售产品、提供工业性劳务等应负担的产品税、增值税、营业税、城市维护建设税、资源税和教育费附加。

6. 利润总额：是企业在一定时期内实现的盈亏总额，包括营业利润、补贴收入、投资收益、营业外净收入等。亏损以"–"号表示。

7. 固定资产原价：是指企业在建造、购置、安装、改建、扩建、技术改造固定资产时所支付的全部货币总额，一般包括买价、包装费、运杂费和安装费等。也有用固定资产原值表示。

8. 固定资产净值期末数：是指固定资产原价减去历年所提折旧后的净额。

9. 固定资产净值平均余额：是指企业全部固定资产净值在报告期内的平均余额。计算方法为：

固定资产净值年平均余额＝1至12月各月月初、月末固定资产净值之和÷24

10. 流动资产合计（期末数）：是指可以在一年或超过一年的一个营业周期内变现或者耗用的资产，包括现金及各种存款、短期投资、应收及预付货款、存货等。流动资产的一个重要特点是它在参加生产经营时，其价值一次转移到产品成本或费用中去。

11. 流动资产平均余额：是指全部流动资产在报告期内的平均余额。计算公式为：

流动资产年平均余额＝1至12月各月月初、月末流动资产余额之和÷24

12. 流动负债：是指将在一年或者超过一年的一个营业周期内偿还的债务，包括短期借款、应付票据、应付帐款、预收货款、应付工资、应交税金、应付利润、其他应付款、预提费用等。

13. 流动负债平均余额：是指企业流动负债在报告期内的平均余额。计算方法为：

流动负债年平均余额＝1至12月各月月初、月末流动负债余额之和÷24

14. 所有者权益：是指企业投资人对企业净资产的所有权，包括企业所有者投入资金以及留存收益等。

15. 全员劳动生产率：是指报告期内工业企业平均每个职工创造的工业增加值，是反映工业活劳动投入的经济效益指标。计算公式为：

全员劳动生产率(元／人)

$$=\frac{\text{报告期累计工业增加值}}{\text{报告期全部职工平均人数}}$$

全员劳动生产率从1993年开始用工业增加值计算，但有的仍以工业净产值或工业总产值计算，请注意区别。

〔撰稿人：机械工业部生产与信息统计司统计二处 胡惠玲〕

〔责任编辑：申建丽〕

各地区机械工业统计资料(1993 年)

地区及行业	企业数(个)	职工平均人数(人)	工业总产值(1990 年不变价)	工业总产值(现价)	工业增加值	产品销售收入
全国机械工业合计	110284	19918117	8597.99	9582.88	2798.00	9282.50
金属制品业	28427	2928025	1158.16	1302.05	398.39	1190.75
普通机械制造业	25211	5008472	1723.23	1965.55	612.97	1907.95
专用设备制造业	19099	3788816	1348.28	1499.33	435.85	1448.99
交通运输设备制造业	15439	4007871	2191.04	2599.28	697.95	2608.16
电气机械及器材制造业	17133	3117718	1809.58	1850.93	530.58	1768.09
仪器仪表及文化、办公用机械制造业	4975	1067215	367.70	365.74	122.26	358.56
北京机械工业合计	2664	594433	279.15	314.77	104.10	340.30
金属制品业	573	81022	31.54	35.86	16.87	39.94
普通机械制造业	484	135192	55.84	64.87	17.43	75.37
专用设备制造业	452	89451	31.19	34.27	13.66	33.81
交通运输设备制造业	509	165949	111.06	126.66	38.26	134.00
电气机械及器材制造业	434	84690	38.04	40.87	13.64	39.23
仪器仪表及文化、办公用机械制造业	212	38129	11.48	12.24	4.24	17.95
天津机械工业合计	3838	612894	320.72	347.33	74.22	339.66
金属制品业	961	111240	50.66	63.51	12.03	57.66
普通机械制造业	795	96673	44.41	48.35	13.73	47.18
专用设备制造业	543	126958	54.48	57.66	13.59	55.74
交通运输设备制造业	658	127513	117.00	123.76	21.60	122.13
电气机械及器材制造业	656	91450	40.69	41.10	9.81	42.95
仪器仪表及文化、办公用机械制造业	225	59060	13.48	12.95	3.46	14.00
河北机械工业合计	5306	871142	276.88	316.30	97.24	297.55
金属制品业	1466	177389	51.17	62.78	18.15	54.90
普通机械制造业	1292	234477	61.25	68.84	22.54	65.38
专用设备制造业	920	201189	55.71	63.66	19.25	66.87
交通运输设备制造业	733	133047	50.70	58.72	17.23	54.90
电气机械及器材制造业	745	98069	50.97	54.40	17.91	48.13
仪器仪表及文化、办公用机械制造业	150	26971	7.08	7.90	2.16	7.37
山西机械工业合计	2418	483521	98.79	114.48	39.04	110.59
金属制品业	690	91440	17.43	20.49	9.16	17.73
普通机械制造业	644	150711	22.50	24.89	9.16	24.51
专用设备制造业	460	113236	25.87	30.15	10.28	30.63
交通运输设备制造业	302	66589	14.07	18.17	3.81	18.60
电气机械及器材制造业	265	48189	17.34	19.04	5.87	17.71
仪器仪表及文化、办公用机械制造业	57	13356	1.58	1.74	0.76	1.41
内蒙古机械工业合计	1529	178872	34.30	42.71	11.49	43.17
金属制品业	652	44359	8.56	12.80	3.72	10.67
普通机械制造业	322	53254	9.83	11.34	3.16	11.01
专用设备制造业	232	33104	4.46	5.29	0.71	7.79
交通运输设备制造业	163	22808	4.38	5.59	1.89	5.16
电气机械及器材制造业	143	23564	6.72	7.31	1.99	8.00
仪器仪表及文化、办公用机械制造业	17	1783	0.35	0.38	0.02	0.54
辽宁机械工业合计	9718	1830407	534.63	630.69	215.98	634.72
金属制品业	2131	242428	67.90	81.37	31.97	74.32
普通机械制造业	3045	571939	152.25	180.80	69.83	177.65
专用设备制造业	1388	335752	91.17	105.86	35.25	107.82
交通运输设备制造业	1166	323435	115.61	145.52	38.83	146.40
电气机械及器材制造业	1519	267021	91.06	99.69	33.18	111.03
仪器仪表及文化、办公用机械制造业	469	89832	16.64	17.45	6.92	17.50

1993年，全国乡及乡以上独立核算机械工业企业工业总产值8597.99亿元，产品销售收入9282.50亿元，利税总额790.03亿元，分别比上年增长35.37%、52.63%、40.26%。1993年各地区机械工业统计资料见下表。此表由国家统计局工业交通司提供。数据的范围为全部乡及乡以上独立核算工业企业，口径包括金属制品业、普通机械工业、专用设备制造业、交通运输设备制造业、电气机械及器材制造业、仪器仪表及文化、办公用机械制造业。全员劳动生产率按工业总产值(不变价)计算，单位为元／人·年。

(单位：亿元)

产品销售税金及附加	利润总额	利税总额	年末固定资产净值	流动资产合计	流动资产平均余额	资金利税率(%)	全员劳动生产率
373.36	416.64	790.03	2699.07	6792.75	5820.82	9.59	43167
46.37	44.90	91.27	322.74	747.68	649.66	9.69	39554
80.38	95.96	176.37	630.21	1526.26	1300.97	9.49	34406
56.46	52.74	109.16	472.56	1155.44	1014.64	7.57	35586
90.88	130.52	221.38	678.34	1746.81	1455.47	10.72	54668
83.99	78.22	162.26	469.23	1284.40	1111.60	10.62	58042
15.28	14.30	29.59	125.99	332.16	288.48	7.30	34454
13.66	17.05	30.70	122.47	263.09	237.38	8.82	46961
1.12	1.55	2.67	8.24	20.08	19.00	10.01	38928
3.18	3.71	6.89	49.21	67.39	61.60	6.61	41304
1.44	2.83	4.27	13.99	31.51	29.62	10.00	34868
5.59	4.13	9.72	33.82	83.84	75.02	9.19	66924
1.63	1.55	3.18	11.80	37.23	34.38	6.99	44917
0.70	3.28	3.97	5.41	23.04	17.76	17.19	30108
14.33	19.97	34.30	72.78	215.95	189.90	13.17	52329
1.98	2.96	4.94	13.47	37.21	33.03	10.95	45541
2.12	3.15	5.27	13.56	34.59	28.39	13.02	45938
2.21	2.33	4.54	14.72	39.38	35.36	9.39	42912
4.76	5.46	10.22	15.75	55.71	48.76	15.10	91755
2.52	5.68	8.20	11.11	35.66	31.56	19.45	44494
0.74	0.39	1.13	4.17	13.40	12.80	6.81	22824
10.43	12.93	23.36	114.38	228.18	201.42	7.72	31784
2.16	1.95	4.11	19.80	37.01	32.02	8.31	28846
2.35	2.61	4.96	27.19	56.38	48.54	6.76	26122
2.24	1.55	3.79	25.31	52.89	49.40	5.26	27690
1.32	3.09	4.41	24.30	39.71	34.87	7.92	38107
2.16	3.35	5.51	15.18	35.56	30.95	12.58	51974
0.20	0.38	0.58	2.60	6.63	5.64	7.13	26250
4.36	1.78	6.13	51.19	102.30	93.76	4.36	20431
0.68	0.36	1.04	6.50	13.95	12.97	5.51	19062
1.03	0.37	1.39	13.44	26.64	24.58	3.83	14929
1.27	0.58	1.85	12.66	30.63	27.96	4.49	22846
0.34	0.20	0.54	10.61	14.19	13.23	2.45	21130
0.97	0.33	1.31	6.62	14.94	13.02	6.90	35983
0.07	−0.06	0.00	1.36	1.95	2.00	0.00	11830
2.05	0.48	2.53	18.62	37.85	35.54	4.75	19176
0.48	0.13	0.60	3.83	7.47	7.03	5.75	19297
0.54	0.22	0.76	4.41	9.81	8.95	5.65	18459
0.29	0.00	0.29	3.94	7.51	7.46	2.61	13473
0.25	0.12	0.37	2.12	4.88	4.42	5.68	19204
0.46	0.00	0.47	4.11	7.79	7.28	4.18	28518
0.03	0.01	0.04	0.21	0.39	0.40	6.90	19630
28.47	21.96	50.45	237.47	557.58	511.47	7.01	29208
3.32	2.47	5.79	21.86	57.07	49.06	8.36	28008
8.46	7.97	16.43	63.21	152.04	137.92	8.45	26620
4.73	2.71	7.45	49.09	104.85	95.79	5.33	27154
5.42	6.02	11.44	48.82	129.10	121.47	6.95	35744
5.49	2.93	8.43	45.79	93.61	88.00	6.78	34102
1.05	−0.14	0.91	8.70	20.91	19.23	3.32	18523

地区及行业	企业数(个)	职工平均人数(人)	工业总产值(1990年不变价)	工业总产值(现价)	工 业增加值	产品销售收入
吉林机械工业合计	3344	621049	227.20	291.07	92.83	315.90
金属制品业	875	84973	14.54	18.43	5.82	18.04
普通机械制造业	720	106706	18.76	21.60	8.58	20.37
专用设备制造业	561	104303	19.87	22.80	6.81	26.75
交通运输设备制造业	679	236040	152.80	205.99	65.29	226.87
电气机械及器材制造业	396	59978	17.45	18.30	5.12	19.56
仪器仪表及文化、办公用机械制造业	113	29049	3.78	3.95	1.21	4.31
黑龙江机械工业合计	3992	762321	157.05	186.87	58.79	193.03
金属制品业	1097	122334	22.69	26.27	10.44	24.84
普通机械制造业	865	202086	48.10	55.78	18.91	54.68
专用设备制造业	856	177925	29.36	34.14	10.14	38.27
交通运输设备制造业	471	129886	29.74	40.76	9.15	43.20
电气机械及器材制造业	586	95498	21.75	23.73	7.73	25.72
仪器仪表及文化、办公用机械制造业	117	34592	5.41	6.19	2.42	6.32
上海机械工业合计	4013	1282628	804.27	896.71	261.82	934.83
金属制品业	889	179850	87.33	97.10	29.93	102.59
普通机械制造业	833	277362	132.69	167.18	54.75	182.68
专用设备制造业	605	230492	106.98	130.36	38.29	133.94
交通运输设备制造业	492	246488	261.01	275.51	72.32	278.50
电气机械及器材制造业	831	224162	167.75	173.96	48.63	180.59
仪器仪表及文化、办公用机械制造业	363	124274	48.51	52.60	17.90	56.53
江苏机械工业合计	11900	2125672	1350.24	1404.68	352.75	1304.25
金属制品业	2821	321487	203.86	213.23	55.53	190.45
普通机械制造业	2871	604252	329.04	354.40	91.98	334.87
专用设备制造业	2125	418994	232.60	241.04	59.58	220.19
交通运输设备制造业	1252	296069	227.29	253.34	59.18	244.38
电气机械及器材制造业	2265	370140	287.65	281.22	68.84	257.43
仪器仪表及文化、办公用机械制造业	566	114730	69.80	61.45	17.64	56.93
浙江机械工业合计	11802	1103667	610.87	637.71	167.66	617.87
金属制品业	2401	189816	91.46	97.06	22.36	93.79
普通机械制造业	3056	308647	145.26	153.49	43.19	146.40
专用设备制造业	1849	186726	89.40	97.44	27.44	93.35
交通运输设备制造业	1345	138101	88.55	99.48	25.30	101.26
电气机械及器材制造业	2391	213883	165.20	161.24	40.45	154.25
仪器仪表及文化、办公用机械制造业	760	66494	31.00	29.00	8.92	28.82
安徽机械工业合计	3963	523426	201.03	220.40	63.81	202.80
金属制品业	1091	75143	23.93	28.62	8.41	22.91
普通机械制造业	855	156336	47.79	53.61	17.46	47.81
专用设备制造业	784	96835	30.95	33.79	9.35	32.20
交通运输设备制造业	491	92436	39.83	45.66	11.59	42.60
电气机械及器材制造业	569	83838	53.29	53.48	14.92	52.78
仪器仪表及文化、办公用机械制造业	173	18838	5.24	5.24	2.08	4.50
福建机械工业合计	2420	266075	144.50	165.74	42.49	146.25
金属制品业	616	40687	19.55	20.88	4.57	16.71
普通机械制造业	559	65533	24.68	28.17	6.75	26.34
专用设备制造业	410	43466	19.23	25.63	6.62	23.63
交通运输设备制造业	343	49021	33.36	39.60	7.42	37.26
电气机械及器材制造业	359	54425	39.75	42.98	13.54	36.46
仪器仪表及文化、办公用机械制造业	133	12943	7.93	8.48	3.59	5.85
江西机械工业合计	2865	420277	129.74	151.55	45.11	140.86
金属制品业	745	47944	12.53	13.96	5.09	12.22
普通机械制造业	608	117324	26.65	29.96	9.46	28.60
专用设备制造业	579	78893	19.42	21.65	6.67	20.13
交通运输设备制造业	525	105872	46.58	60.77	15.85	57.53
电气机械及器材制造业	325	51415	21.31	21.94	6.73	19.49
仪器仪表及文化、办公用机械制造业	83	18829	3.25	3.27	1.31	2.89

(续)

产品销售税金及附加	利润总额	利税总额	年末固定资产净值	流动资产合计	流动资产平均余额	资金利税率(%)	全员劳动生产率
12.35	11.11	23.46	88.64	240.98	209.38	8.30	36583
0.84	0.47	1.30	6.29	15.92	14.83	6.39	17111
1.01	0.70	1.71	10.04	22.63	21.09	5.76	17581
0.95	−0.40	0.55	11.54	28.67	27.70	1.49	19050
8.32	10.26	18.58	50.61	143.46	123.28	11.36	64735
0.96	0.19	1.15	7.37	17.48	16.66	4.97	29094
0.27	−0.11	0.17	2.79	12.82	5.82	1.93	13013
9.77	−2.26	7.52	81.90	220.64	203.15	2.75	20602
1.33	0.55	1.88	7.20	22.11	19.72	7.13	18548
3.08	0.55	3.63	25.99	77.79	73.08	3.88	23802
1.53	−1.94	−0.41	19.13	48.65	45.68	−0.65	16501
1.65	−1.01	0.65	18.71	37.99	32.35	1.35	22897
1.77	−0.34	1.43	8.30	26.11	24.65	4.46	22775
0.41	−0.07	0.34	2.57	7.99	7.67	3.42	15639
34.97	65.99	100.96	197.98	692.99	585.59	13.24	62705
2.98	5.76	8.74	24.40	65.34	56.44	11.11	48557
7.52	13.72	21.24	44.24	151.29	122.78	13.22	47840
5.08	9.28	14.36	32.63	114.02	96.37	11.43	46414
10.47	24.97	35.44	50.14	181.52	152.65	18.03	105892
7.18	9.15	16.33	32.71	131.83	113.22	11.40	74834
1.74	3.11	4.85	13.86	48.99	44.13	8.43	39035
44.97	54.42	99.40	294.16	694.15	601.16	11.69	63521
6.49	6.96	13.46	37.81	88.41	77.94	12.25	63412
10.42	15.43	25.85	80.23	188.22	159.77	11.38	54454
7.52	8.88	16.40	51.71	118.50	104.97	10.98	55514
7.87	8.81	16.68	57.22	125.93	107.01	10.74	76769
10.14	10.47	20.61	54.39	138.73	122.01	12.25	77714
2.53	3.87	6.40	12.80	34.36	29.46	15.80	60838
29.77	31.28	61.05	135.63	359.29	307.34	14.22	55349
4.41	3.14	7.55	18.87	46.86	42.01	12.80	48184
7.32	8.87	16.19	38.63	93.08	79.36	13.96	47063
4.47	5.82	10.29	22.93	58.37	49.83	14.74	47878
4.51	5.10	9.61	19.76	53.11	41.06	16.86	64120
7.48	6.51	13.99	29.17	88.75	79.20	13.18	77238
1.58	1.84	3.42	6.27	19.12	15.88	15.87	46621
7.21	8.02	15.22	56.77	243.76	110.46	9.49	38407
0.80	0.68	1.48	5.66	18.29	10.51	9.44	31846
1.78	2.17	3.94	16.42	64.31	29.69	8.91	30569
0.90	0.80	1.69	10.51	44.92	19.63	6.03	31962
1.33	1.12	2.45	11.41	55.59	23.08	7.38	43089
2.23	3.12	5.36	11.14	52.63	23.74	15.79	63563
0.17	0.13	0.30	1.63	8.02	3.81	5.64	27816
5.01	8.82	13.83	36.49	95.08	81.79	12.07	54308
0.53	1.26	1.79	5.95	11.94	10.48	11.22	48050
1.01	1.45	2.47	6.68	16.93	14.43	12.00	37660
0.92	2.07	2.99	5.13	13.71	11.55	18.70	44241
0.99	1.46	2.44	7.26	22.89	20.20	9.05	68052
1.35	2.27	3.62	10.22	26.25	22.33	11.64	73036
0.21	0.31	0.52	1.25	3.36	2.80	13.00	61269
5.24	5.87	11.10	39.97	107.92	94.95	8.52	30870
0.52	0.45	0.96	3.68	7.49	6.85	9.18	26135
1.10	0.71	1.81	8.72	21.86	19.48	6.60	22715
0.79	0.57	1.36	5.43	16.47	14.13	7.07	24616
1.73	3.81	5.54	12.44	43.95	38.45	11.07	43997
0.97	0.35	1.32	6.35	15.29	13.44	6.83	41447
0.13	−0.02	0.11	3.35	2.86	2.60	2.87	17261

地区及行业	企业数(个)	职工平均人数(人)	工业总产值(1990 年不变价)	工业总产值(现价)	工 业增加值	产品销售收入
山东机械工业合计	5475	1194131	675.72	714.81	215.89	598.68
金属制品业	1421	209163	110.77	118.88	37.22	89.03
普通机械制造业	1299	325367	152.96	165.65	51.46	135.39
专用设备制造业	1121	257646	148.50	156.27	45.65	128.24
交通运输设备制造业	756	197136	126.99	135.73	40.75	127.38
电气机械及器材制造业	715	150087	119.48	121.61	35.95	103.99
仪器仪表及文化、办公用机械制造业	163	54732	17.02	16.67	4.86	14.65
河南机械工业合计	4197	906868	271.19	303.88	86.56	282.16
金属制品业	958	97778	25.00	28.33	8.01	24.86
普通机械制造业	962	256191	59.48	66.93	21.04	61.43
专用设备制造业	1120	292675	88.49	98.68	27.23	91.49
交通运输设备制造业	423	114425	40.32	48.44	13.37	47.64
电气机械及器材制造业	595	113059	51.28	54.37	14.21	49.29
仪器仪表及文化、办公用机械制造业	139	32740	6.62	7.13	2.70	7.45
湖北机械工业合计	4262	1013728	381.33	455.76	151.48	453.24
金属制品业	1189	138701	42.83	47.72	19.26	43.28
普通机械制造业	845	214877	52.34	58.90	19.90	56.53
专用设备制造业	750	150762	41.41	44.24	15.41	42.85
交通运输设备制造业	881	364718	192.48	252.21	76.12	261.96
电气机械及器材制造业	474	109806	44.68	45.06	17.56	39.74
仪器仪表及文化、办公用机械制造业	123	39864	7.59	7.63	3.23	8.88
湖南机械工业合计	4319	914051	229.07	263.89	71.27	264.42
金属制品业	1081	101215	23.77	29.11	8.48	27.00
普通机械制造业	1031	242137	51.18	60.56	17.49	60.00
专用设备制造业	701	147675	38.39	43.05	11.87	42.38
交通运输设备制造业	718	252196	64.96	77.76	18.75	79.30
电气机械及器材制造业	669	140082	46.24	48.76	13.42	50.60
仪器仪表及文化、办公用机械制造业	119	30746	4.53	4.65	1.26	5.14
广东机械工业合计	6199	1090529	906.84	977.80	283.41	930.86
金属制品业	1929	198693	148.09	156.96	44.64	151.08
普通机械制造业	796	170704	78.65	90.22	28.05	91.11
专用设备制造业	837	129080	73.93	85.01	25.32	83.87
交通运输设备制造业	856	159051	164.78	202.89	53.37	199.21
电气机械及器材制造业	1352	340821	374.49	376.99	111.25	349.55
仪器仪表及文化、办公用机械制造业	429	92180	66.90	65.73	20.78	56.04
广西机械工业合计	2000	263445	136.53	174.96	50.67	172.77
金属制品业	736	29305	11.73	13.70	5.19	12.67
普通机械制造业	366	79159	35.67	51.89	18.12	50.22
专用设备制造业	337	48013	20.47	23.77	7.49	24.51
交通运输设备制造业	302	58698	44.82	60.59	12.90	61.24
电气机械及器材制造业	217	40415	19.90	20.83	5.90	20.06
仪器仪表及文化、办公用机械制造业	42	7855	3.94	4.18	1.07	4.07
海南机械工业合计	221	17335	13.16	16.59	3.84	14.34
金属制品业	72	2874	1.63	1.90	0.56	1.58
普通机械制造业	21	1974	0.68	0.77	0.20	0.83
专用设备制造业	33	6171	1.00	1.13	0.27	1.02
交通运输设备制造业	56	4530	7.89	10.70	2.39	8.97
电气机械及器材制造业	33	1693	1.93	2.06	0.41	1.90
仪器仪表及文化、办公用机械制造业	6	93	0.03	0.03	0.01	0.04
四川机械工业合计	6393	1372953	412.02	485.12	156.88	475.99
金属制品业	1629	167674	49.49	60.34	21.76	54.77
普通机械制造业	1625	331911	99.69	118.28	37.73	121.09
专用设备制造业	951	208043	48.95	56.01	17.21	53.99
交通运输设备制造业	1215	336911	135.98	168.87	53.99	166.49
电气机械及器材制造业	737	264951	62.15	65.43	21.89	62.82
仪器仪表及文化、办公用机械制造业	236	63463	15.76	16.19	4.30	16.83

(续)

产品销售税金及附加	利润总额	利税总额	年末固定资产净值	流动资产合计	流动资产平均余额	资金利税率(%)	全员劳动生产率
23.49	24.52	48.01	180.41	398.77	351.73	9.40	56587
3.77	3.12	6.89	27.99	55.84	49.31	9.21	52959
5.55	6.48	12.03	44.11	96.76	83.68	9.86	47012
4.31	5.08	9.39	37.91	83.30	73.31	8.73	57637
4.02	5.38	9.40	35.28	77.64	63.93	10.02	64417
5.09	5.57	10.66	27.80	70.28	64.20	12.07	79607
0.75	−1.11	−0.36	7.32	14.95	17.30	−1.49	31097
11.60	11.80	23.40	101.65	223.28	205.00	7.89	29904
1.06	1.38	2.43	7.49	15.64	15.26	11.02	25568
2.47	2.45	4.93	28.86	58.31	54.41	6.10	23217
3.35	3.02	6.37	31.77	72.85	67.56	6.59	30235
1.87	2.46	4.33	15.52	32.02	27.45	10.46	35237
2.43	2.41	4.84	13.73	37.17	33.79	10.70	45357
0.42	0.08	0.50	4.28	7.29	6.53	4.82	20220
17.22	23.95	41.17	140.18	326.98	274.97	10.09	37617
1.53	1.20	2.73	13.83	33.52	26.50	6.78	32034
2.10	1.96	4.06	20.90	52.41	46.21	6.17	24358
1.68	1.73	3.41	16.58	34.86	33.27	6.79	27467
10.02	16.69	26.70	68.86	158.67	126.36	14.02	52775
1.60	2.27	3.88	15.56	37.05	33.95	7.98	40690
0.29	0.10	0.39	4.45	10.47	8.68	3.02	19040
11.24	7.60	18.84	76.34	181.83	161.18	7.79	25061
1.15	0.37	1.52	6.53	14.67	13.04	7.98	23485
2.43	1.29	3.72	19.15	48.15	43.00	5.89	21137
1.86	1.09	2.95	15.77	35.06	32.19	6.16	25996
2.82	3.14	5.96	20.08	44.02	38.39	9.57	25758
2.73	1.63	4.36	13.50	35.40	30.60	9.99	33009
0.25	0.08	0.33	1.31	4.53	3.96	5.80	14734
37.76	47.24	85.00	257.03	682.28	574.20	10.48	83156
5.71	6.79	12.50	49.74	103.13	87.96	9.35	74532
3.74	4.83	8.57	24.13	66.11	55.38	11.11	46074
3.51	4.44	7.94	23.67	60.85	52.72	10.71	57275
6.53	12.55	19.09	51.15	163.47	131.09	10.64	103602
17.03	15.84	32.87	92.29	245.72	210.62	11.17	109879
1.24	2.79	4.03	16.05	43.00	36.43	7.72	72575
6.57	12.09	18.67	38.32	104.47	87.59	15.21	51825
0.57	0.34	0.91	2.63	6.94	6.00	10.71	40027
2.43	7.47	9.91	12.17	34.95	27.92	25.64	45061
0.79	1.08	1.86	5.49	15.67	13.63	9.96	42634
1.54	2.60	4.14	10.57	26.98	22.92	12.58	76357
1.06	0.55	1.61	6.37	16.47	14.05	8.10	49239
0.18	0.05	0.24	1.09	3.46	3.07	5.76	50159
0.30	1.42	1.72	5.12	13.44	11.27	10.80	75916
0.02	0.04	0.06	0.95	1.03	0.80	3.73	56715
0.02	0.01	0.03	0.53	0.79	0.88	2.14	34448
0.01	0.01	0.02	0.50	1.10	1.06	1.29	16205
0.21	1.36	1.57	2.33	8.63	6.75	17.46	174172
0.04	0.00	0.04	0.79	1.87	1.76	1.71	113999
0.00	0.00	0.00	0.02	0.02	0.02	0.00	32258
20.33	21.18	41.50	152.50	355.32	300.49	9.53	30010
2.32	1.69	4.02	13.28	31.10	27.02	10.37	29516
5.52	6.53	12.05	40.16	93.11	81.94	10.36	30035
2.22	0.38	2.59	21.61	48.62	44.16	4.04	23529
5.30	10.37	15.66	47.61	113.22	86.89	12.09	40361
4.10	2.40	6.50	19.96	51.85	43.94	10.66	23457
0.87	−0.19	0.68	9.88	17.42	16.54	2.63	24833

地区及行业	企业数(个)	职工平均人数(人)	工业总产值(1990年不变价)	工业总产值(现价)	工业增加值	产品销售收入
贵州机械工业合计	897	241659	66.80	74.81	24.49	76.50
金属制品业	244	23609	4.96	7.68	2.26	8.09
普通机械制造业	192	52959	13.29	15.24	7.28	14.83
专用设备制造业	127	27826	6.78	7.69	3.23	7.55
交通运输设备制造业	221	102216	31.79	33.37	8.96	35.15
电气机械及器材制造业	85	21903	8.26	9.17	2.16	9.29
仪器仪表及文化、办公用机械制造业	28	13146	1.72	1.66	0.60	1.59
云南机械工业合计	949	199535	66.60	80.65	23.33	81.41
金属制品业	371	30725	7.52	9.44	3.42	9.22
普通机械制造业	104	35731	9.91	12.78	4.75	12.73
专用设备制造业	195	50546	14.77	16.71	5.54	17.93
交通运输设备制造业	174	47449	20.43	26.37	5.56	26.50
电气机械及器材制造业	82	24082	11.47	12.66	3.03	12.48
仪器仪表及文化、办公用机械制造业	23	11002	2.50	2.69	1.03	2.55
西藏机械工业合计	28	2302	0.33	0.31	0.22	0.40
金属制品业	5	91	0.01	0.01	0.01	0.01
普通机械制造业	0	0	0.00	0.00	0.00	0.00
专用设备制造业	12	371	0.04	0.04	0.03	0.03
交通运输设备制造业	10	1740	0.26	0.24	0.17	0.34
电气机械及器材制造业	1	100	0.02	0.02	0.01	0.02
仪器仪表及文化、办公用机械制造业	0	0	0.00	0.00	0.00	0.00
陕西机械工业合计	3027	578511	163.99	186.64	63.60	179.64
金属制品业	764	49978	12.84	15.27	5.89	13.07
普通机械制造业	648	105289	23.88	27.43	9.54	25.74
专用设备制造业	657	128431	31.55	36.51	11.84	34.85
交通运输设备制造业	336	161470	53.98	63.27	18.70	61.29
电气机械及器材制造业	449	88120	30.15	32.19	9.43	33.63
仪器仪表及文化、办公用机械制造业	173	45223	11.59	11.97	8.20	11.06
甘肃机械工业合计	1256	224428	53.65	61.97	21.87	62.31
金属制品业	544	35492	8.30	10.20	4.66	9.37
普通机械制造业	164	39380	9.40	11.11	3.73	11.63
专用设备制造业	257	55631	12.49	13.90	4.34	14.38
交通运输设备制造业	132	36531	5.67	7.39	2.65	7.47
电气机械及器材制造业	131	38624	15.29	16.73	5.53	15.73
仪器仪表及文化、办公用机械制造业	28	18770	2.50	2.64	0.96	3.73
青海机械工业合计	280	64946	12.54	15.48	4.68	16.03
金属制品业	85	7782	1.88	2.18	0.79	1.99
普通机械制造业	49	31644	5.95	7.72	2.25	8.45
专用设备制造业	65	8533	1.58	1.95	0.62	1.92
交通运输设备制造业	55	11072	1.92	2.39	0.59	2.44
电气机械及器材制造业	20	4028	0.77	0.82	0.24	0.83
仪器仪表及文化、办公用机械制造业	6	1887	0.44	0.42	0.19	0.40
宁夏机械工业合计	352	62616	15.82	19.42	5.38	21.49
金属制品业	131	8231	1.61	2.06	0.64	1.81
普通机械制造业	64	24755	7.54	10.09	3.03	10.67
专用设备制造业	68	17106	3.86	4.17	0.63	6.26
交通运输设备制造业	43	2469	0.40	0.44	0.18	0.42
电气机械及器材制造业	33	4179	1.44	1.41	0.47	1.24
仪器仪表及文化、办公用机械制造业	13	5876	0.97	1.25	0.43	1.09
新疆机械工业合计	657	94696	23.03	29.78	7.10	30.48
金属制品业	260	21602	4.58	5.91	1.55	6.15
普通机械制造业	96	15902	3.56	4.70	1.47	4.45
专用设备制造业	104	22983	5.38	6.46	1.53	6.60
交通运输设备制造业	132	24005	6.39	9.09	1.78	9.57
电气机械及器材制造业	56	9446	3.06	3.56	0.76	3.59
仪器仪表及文化、办公用机械制造业	9	758	0.06	0.06	0.01	0.12

(续)

产品销售税金及附加	利润总额	利税总额	年末固定资产净值	流动资产合计	流动资产平均余额	资金利税率(%)	全员劳动生产率
2.48	2.01	4.51	33.59	72.53	65.17	4.74	27642
0.23	0.22	0.46	2.60	5.61	4.71	6.79	21009
0.71	0.84	1.55	6.30	15.28	12.44	8.57	25095
0.36	0.28	0.64	3.56	7.36	6.70	6.45	24366
0.73	0.42	1.15	17.54	33.82	32.09	2.41	31101
0.39	0.40	0.79	2.50	7.91	6.95	8.42	37712
0.06	−0.15	−0.08	1.09	2.55	2.28	−2.34	13084
2.94	4.28	7.21	26.47	64.27	53.04	9.31	33378
0.36	0.38	0.74	2.70	5.39	4.82	10.18	24475
0.51	1.03	1.54	5.69	14.32	8.83	11.29	27735
0.60	1.17	1.76	7.00	16.59	15.63	7.92	29221
0.62	1.04	1.66	6.39	18.20	15.13	7.78	43057
0.75	0.52	1.27	3.31	7.53	6.74	13.00	47629
0.10	0.14	0.24	1.38	2.24	1.89	7.55	22723
0.01	0.01	0.02	0.54	0.52	0.63	1.85	14335
0.00	0.00	0.00	0.04	0.03	0.03	0.00	10989
0.00	0.00	0.00	0.00	0.00	0.00	0.00	0
0.00	0.00	0.00	0.06	0.05	0.03	0.00	10782
0.01	0.01	0.02	0.42	0.41	0.54	2.30	14943
0.00	0.00	0.00	0.02	0.03	0.03	0.00	20000
0.00	0.00	0.00	0.00	0.00	0.00	0.00	0
6.90	1.24	8.15	82.35	183.27	161.64	3.42	28347
0.59	0.26	0.85	5.26	11.87	10.40	5.52	25691
0.94	0.05	1.00	9.86	27.16	23.30	3.07	22680
1.41	−0.43	0.98	15.99	37.71	34.22	2.00	24566
1.80	1.46	3.27	30.57	59.33	51.55	4.11	33430
1.43	0.18	1.60	11.39	32.06	27.31	4.22	34215
0.73	−0.28	0.45	9.28	15.14	14.86	1.92	25629
7.24	0.87	8.11	26.42	62.15	53.27	10.85	23905
0.95	0.27	1.22	2.63	6.49	5.48	15.40	23386
1.99	0.31	2.30	5.39	12.42	12.02	14.03	23870
1.60	−0.06	1.54	7.01	17.31	11.72	9.41	22452
0.48	−0.29	0.19	4.90	7.86	7.29	1.63	15521
1.76	0.81	2.57	4.70	13.08	11.77	16.37	39587
0.46	−0.17	0.29	1.79	4.99	4.99	4.28	13319
0.82	−0.42	0.40	8.15	17.91	16.49	1.66	19308
0.15	−0.04	0.11	0.72	1.77	1.52	5.00	24158
0.49	−0.09	0.40	4.62	9.61	9.00	3.03	18803
0.05	−0.06	−0.01	1.22	2.25	1.90	−0.32	18516
0.07	−0.19	−0.12	0.97	2.63	2.63	−3.30	17341
0.04	−0.06	−0.02	0.39	1.21	1.06	−1.42	19116
0.02	0.02	0.04	0.23	0.44	0.38	7.14	23317
0.74	0.93	1.67	9.48	20.52	18.66	6.29	25265
0.10	0.06	0.16	0.63	1.34	1.24	8.74	19560
0.36	0.91	1.27	4.35	9.80	8.59	10.60	30458
0.13	−0.11	0.02	2.90	5.84	5.72	0.24	22565
0.02	0.01	0.02	0.19	0.31	0.29	4.17	16201
0.06	0.04	0.11	0.61	1.48	1.33	5.91	34458
0.07	0.02	0.09	0.80	1.75	1.49	4.15	16508
1.13	0.50	1.64	12.07	25.45	22.20	4.93	24320
0.22	0.13	0.36	2.16	4.16	3.68	6.30	21202
0.20	0.26	0.47	2.02	4.12	3.71	8.51	22387
0.24	0.04	0.28	2.80	5.94	5.37	3.49	23409
0.29	−0.03	0.25	2.99	7.73	6.32	2.85	26619
0.17	0.10	0.27	2.05	3.43	3.06	5.28	32395
0.01	0.00	0.01	0.05	0.07	0.06	9.09	7916

第七届全国“十佳”合资企业

(1993年度)

第七届全国十大最佳合资企业（生产型）评选于1994年5月份在京揭晓，11家企业（第十名并列）榜上有名。

据外经贸部最新统计，1979年至今，我国吸收外资协议金额3142亿美元，实际利用外资1378亿美元。其中，国外贷款协议金额858亿美元，实际使用718亿美元；全国累计批准外商直接投资项目17.4万余家，协议外资金额2219亿美元，实际投入外资618亿美元。截至1993年底止，全国已投入运营的外商投资企业达8.3万家。1993年，外商投资企业产值逾3000亿元人民币，进出口额达670亿美元，占全国进出口总额的1／3，在华外商投资企业的就业人员超过1000万人。

由经济日报社主办并邀请国家计委、国家经贸委、外经贸部、国家税务总局、国务院特区办多年主管利用外资工作的权威人士共同进行的全国十大最佳合资企业(生产型）评选工作已历7年。评选采用计算机数学模型统计和专家评判相结合的方式。计算机统计包括：投资利税率、人均利润率、全员劳动生产率、累计折旧率、人均投资额、外汇平衡度、成本产值率、出口率、研究开发投入率等9项指标，专家评判指标为技术等级、产业政策、社会贡献三个方面。“十佳”评选的计算机数学模型和统计数据均由国家权威部门编制和采集核准。

本届当选的“十佳”企业为1993年度合资企业生产经营中的佼佼者。与历届评选相一致，本届“十佳”合资企业的评选资格仍为投资额在1000万美元以上，当选企业的最高投资额超过2亿美元。1993年，这些合资企业在经营环境变动很大的情况下，仍然取得了良好的经营业绩。这些企业的投资利税率都超过70%，最高值达220%，与上年相比平均增长了17%；人均利润额平均值与上年持平，最高值达70.59%；劳动生产率平均增加21%，人均最高值达201.1万元；累计折旧率较上年下降，说明这些企业在上年度均较大地增加了固定资产的投入，资本额有了相当的扩大；在外汇平衡度方面，当选企业平均都实现了平衡有余，外汇平衡度最高值达211%，企业外汇状况明显好转；当选企业的出口率平均值较上年略有下降，但最高值也达到91%。

在“十佳”金榜中最为引人注目的企业是上海大众汽车有限公司、上海易初摩托车有限公司和中国迅达电梯有限公司，这三家公司在“十佳”评选中已是7次折桂；广州美特容器有限公司在时隔两年后重返“十佳”，江苏春兰制冷设备股份有限公司是第一次进入“十佳”行列。

第七届“十佳”合资企业排行榜

企业名称	投资外方
1. 西安杨森制药有限公司	比利时
2. 上海贝尔电话设备制造有限公司	比利时
3. 上海大众汽车有限公司	德国
4. 深圳康佳电子集团股份有限公司	香港
5. 深圳中华自行车集团股份有限公司	香港
6. 上海易初摩托车有限公司	泰国
7. 中国南玻集团股份有限公司	香港
8. 中国迅达电梯有限公司	瑞士、香港
9. 江苏春兰制冷设备股份有限公司	香港
10. 广州美特容器有限公司	美国、香港
10. 上海大江有限公司(并列第10名)	泰国

〔第Ⅵ部分责任编辑：申建丽〕

机械工业

1993年大事记

第Ⅶ部分

机械工业大事记 (1993年)

1月

1日 国家税则委员会决定，即日起调低3371个税目商品的关税税率，其中机械产品税率调低的有202个税目，占全部机械产品的27%，包含电工电器、重矿设备、石化通用设备、工程农机、仪器仪表、机械基础件、机床工具等。由机械电子工业部归口管理的机械产品的算术平均税率由28.1%降到了26.3%。此外，在这次调整中，还增设了10多个机械产品税目。

经国家计委、国家体改委、国务院经贸办批准，国家工商局核准，即日起，原中国第一拖拉机制造厂正式更名为中国第一拖拉机工程机械公司，原中国第一拖拉机工程机械联营公司正式更名为中国第一拖拉机工程机械集团。

7日 机械电子工业部召开第一次信息发布会。包叙定副部长主持会议，何光远部长发布了1993年机电工业产销形势预测，机电行业当前一些热门产品的引导信息和关于振兴特定基础机械和基础件的信息。首都各大新闻单位和部属新闻单位的记者出席了这次信息发布会并作了报道。

14日 江西汽车制造厂与日本五十铃自动车株式会社、伊藤忠商事株式会社三家合资生产新一代轻型卡车的江铃五十铃汽车有限公司在东京正式签约。

15日 国家计委批准，广东三星企业集团公司与海南汽车制造厂联合筹建中国南方汽车有限公司，生产多功能面包车。该项目列入国家"八五"计划重点项目，首期投资22亿元，建设规模首期为单班年产轻型面包车3万辆，发动机10万台。

27日 北京发那科机电有限公司正式成立。该公司是由日本发那科株式会社与北京机床研究所合资建立的，主要生产、销售及维修发那科数控系统及发那科交钥匙系统，其产品既能满足国内需要，又能配上主机，销售到世界各地。公司本部设在北京海淀区新技术产业开发实验区。

2月

6日 机械电子工业部召开专题信息发布会，向新闻界发布了食品机械和包装机械行业当前市场需求旺盛的部分重点产品，如瓦楞纸生产、制箱（盒）、印刷成套设备等经济信息，引导各地加速发展食品包装机械。陆燕荪副部长出席会议并讲话。

8～12日 中国船舶工业总公司第六次工作会议在北京市京西宾馆召开。

12日 国务院发出急电通知，要求各地区各部门严格控制审批轿车、轻型车项目。

13～16日 全国兵器工业工作会议在京召开。来金烈总经理在会上提出了兵器工业今年的奋斗目标和改革新措施，力争各项工作能有一个新的发展，为实现"八五"末期盈亏持平、略有盈余的目标奠定一个良好基础。

16～18日 1993年全国机电工业工作会议在京召开。这次会议的任务是：结合机电工业实际，进一步贯彻党的十四大精神，研究如何适应社会主义市场经济要求，加快改革开放步伐，振兴机械、电子、汽车工业的问题，动员全行业广大职工，充分认识机电工业的历史使命，为肩负起国民经济支柱产业的重任而奋斗。何光远部长向大会作了报告，分析新形势下机电工业的历史任务，提出了振兴机电工业的基本思路和目标，阐述了加快改革开放步伐，推进机电工业振兴的政策措施。曾培炎副部长在会议电子组讲了话，胡启立副部长作了会议总结。

19～21日 1993年全国汽车工业工作会议在北京举行。机械电子工业部部长何光远、国务院经贸办副主任李祥林、全国政协常委李刚等出席了会议。李祥林作了重要讲话，中国汽车工业总公司总经理蔡诗晴作了题为"同心协力，团结奋进，为实现支柱产业目标而奋斗"的工作报告。20日下午，国务院副总理邹家华到京西宾馆参加了部分企业厂长经理的座谈会。

25日 航空工业"军转民优秀企业家"表彰大会在人民大会堂举行。荣获"军转民优秀企业家"称号的13位企业家是：吴沈铎、陈立群、杨系维、张军、李万新、唐乾三、刘德馨、杨守文、刘喜田、王尔铮、张文儒、边万鹏、蔡维中。

26日 神龙汽车有限公司在湖北省武汉市沌口经济开发区举行开工典礼。神龙公司主要由武汉总装配厂和襄樊机加工厂组成。襄樊机加工厂于2月2日开始建设，武汉总装配厂也将破土动工，预计到1996年初，神龙公司将开始批量生产富康轿车。

3月

1日 机械电子工业部在京召开机械电子工业系统优秀工人技师表彰大会，会议向253名优秀工人技师颁发了证书。何光远部长、张德邻副部长、中华全国总工会书记处书记张富有、中国电子工业总公司副总经理吕新奎等出席会议，张德邻副部长发表了讲话。

3日 机械电子工业部召开大会，表彰一批优秀领导干部和国家级、部级有突出贡献的中青年专家。上海机械学院等24个单位的领导班子为1991年至1992年度部直属单位优秀领导班子，马九荣等73名同志为优秀领导干部。会上，何光远部长，陆燕荪、张德邻副部长还向陈玉祥等16名1992年度国家级有突出贡献的中青年专家、段积璋等1652名享受政府特殊津贴的专家、王方智等934名1991年度机械电子工业部部级有突出贡献的专家、刘耀辉等1827名1991年度部级优秀青年的代表颁发了证书。

“东风汽车迎接入关质量大拉练”拉开帷幕。参加这次大拉练的有东风140系列和东风8t平头柴油车、6t平头车以及神农·富康轿车等14辆东风系列车。这支车队将途经上海、深圳、南宁，入蜀道，经过南方13个省、区的31个城市，行程近万公里。通过大拉练，对东风车系列产品进行严格的科学试验，加速质量改进，以迎接入关的挑战。

6日 国家计委、国家体改委、国务院经贸办联合发出计规划〔1993〕331、332号文，同意第一重型机器厂、第二重型机器厂分别更名为中国第一重型机械集团公司和中国第二重型机械集团公司，并同意以一重集团公司和二重集团公司为核心企业分别组建中国第一重型机械集团和中国第二重型机械集团。

10日 何光远部长会见日本丰田通商株式会社社长江崎诚三一行。双方就汽车工业的发展与合作等问题进行了交谈。

11日 成立郑州日产汽车有限公司的合同在郑州正式签约。该合资企业是由中国郑州轻型汽车制造厂、中国工商银行河南省分行、中信集团中信兴业公司、泰国三友机器制造有限公司和日本日产自动车株式会社共同投资兴办，将生产日本日产汽车公司新一代皮卡轻型载货车、3t轻型载货车及其变型车、改装车。总投资额为人民币2.5亿元，其中含相当于7500万人民币的外资。

12日 机械电子工业部召开表彰大会，表彰1991年至1992年度部机关优秀领导班子和司处级优秀领导干部。共有8个单位和54名司处级干部获表彰，并晋升一级工资。何光远、胡启立、陆燕荪、张德邻、孙祖梅、曲维枝向受到表彰的单位和个人颁发了证书。

16日 经八届人大一次会议通过，陆燕荪副部长任八届人大财经委员会委员。

22日 第八届全国人民代表大会第一次会议审议批准了国务院提出的机构改革方案。该方案中包括撤销机械电子工业部，分别组建机械工业部、电子工业部的条目。

27日 南京汽车制造厂生产的跃进系列轻型车、得意依维柯系列汽车累计产销达50万辆。目前，南京汽车制造厂已形成年产10万辆汽车的能力。

29日 第八届全国人民代表大会第一次会议根据国务院总理李鹏的提名，通过无记名投票决定，何光远任机械工业部部长，胡启立任电子工业部部长。

30日 何光远部长在钓鱼台国宾馆会见德国联邦经济部部长莱克斯洛特一行。陆燕荪副部长及部有关司局的领导同志参加了会见。

我国仪表行业投资最大的合资企业——上海罗斯蒙特有限公司在上海浦东奠基。这家合资企业是由世界上规模最大的自动化仪表公司美国罗斯蒙特公司和国内仪表行业规模最大的上海自动化仪表公司合资经营的。第一期合作将投资1800万美元以生产制造目前国内尚属空白的高科技质量流量计、流程分析仪器、分散控制系统及各类自动化配套仪表。

国务院批准正式成立中国进口汽车贸易中心。中心由对外贸易经济合作部、国内贸易部和中国汽车工业总公司三家合股自主经营，是国家统一的进口汽车联合体。

中国汽车工业总公司发出《关于做好汽车安全带装备有关工作的通告》。通告指出：经与公安部商定，由中国汽车工业总公司负责统一对全国汽车安全带生产企业工厂条件和生产的安全带进行审查及鉴定认可，发放合格标记，并和公安部定期联合发布鉴定合格的汽车安全带生产企业、进口安全带经销单位以及产品目录。

4月

9日 根据中华人民共和国标准化法关于加强标准实施监督工作的有关规定，经中国汽车工业总公司批准，全国汽车车轮标准实施监督站长春分站在一汽车轮厂成立。

14日 1993年中国机电仪商品交易会在深圳国际展览中心隆重举行。机械工业部部长何光远、国务院机电产品出口办主任沈烈初、中国机电产品进出口商会会长唐仲文及深圳市市长厉有为等有关部门负责人参加了开幕式，并为大会剪彩。

19日 日本汽车界在中国最大的合资企业江铃五十铃汽车有限公司在南昌成立。

21日 中国船舶工业总公司万县地区的三线企业开始搬迁到重庆市组建重庆五洲电子仪器厂。

26日 中共中央军委副主席刘华清、总政治部主任于永波视察江南造船厂及建造中的军舰。

28日 菲律宾总统拉莫斯参观沪东造船厂。

29日 中华全国总工会在北京人民大会堂隆重举行庆祝五一国际劳动节大会。倪志福等向获得1993年“五一”劳动奖章、“五一”劳动奖状的1059名先进个人和336个先进集体颁奖，其中机电系统117人获“五一”劳动奖章、50个集体获“五一”劳动奖状。

30日 中共中央军委副主席刘华清在上海接见舰船柴油机

及动力装置研究所主要负责人和柴油机专家沈岳瑞，并为该所建所30周年题词："抓住机遇，发挥优势，开拓进取，利军利民"。

5月

5～21日 中国煤矿机械职工思想政治工作研讨会第二届二次理事会在福建省福州市召开，会议由张惠德会长主持。

7日 经国务院经贸委批准，中信公司在京成立中信汽车公司，注册资本为人民币1亿元，该公司是中国国际信托投资公司的全资子公司、具有法人资格的经济实体，主要任务是充分发挥中信公司的对外窗口作用，引导、吸收和运用国内外资金，吸引先进技术和管理经验，继续从事汽车工业投资业务和汽车经营业务，推动我国汽车工业发展。

8日 德国西门子公司向南京旭光仪器厂和扬州曙光仪器厂颁发了生产许可证，得到生产许可的是具有国际80年代末先进水平的两条生产线，将分别年产1000套机床数控装置和1000套交流伺服装置。国务院副总理邹家华亲切会见了西门子公司高级官员斯达赫。机械工业部部长何光远和中国北方工业总公司总经理张俊九会见时在座。

9日 东风汽车进出口公司成立十周年纪念日。曾在东风汽车公司工作过的中央政治局委员、国务院副总理李岚清和全国政协副主席、国务院台办主任王兆国为此题词致贺。李岚清的题词是："发挥工贸结合的优势，为进一步发展东风汽车对外贸易和经济技术合作作贡献"。王兆国的题词为："发展东风集团，振兴汽车工业"。

18日 中汽专用汽车有限公司在京成立。为更好贯彻国家产业政策，运用各种形式促进我国专用汽车产品的科技开发、生产经营以及技术咨询活动，加速专用汽车沿着高起点、高质量、专业化发展，由中国汽车工业总公司联合汉阳特种汽车制造公司、徐州专用汽车有限公司、贵州联合汽车集团公司、中国汽车技术研究中心、重庆汽车研究所等14家单位共同出资组建成立这一集科、工、贸于一体的股份制企业。

22日 国家副主席荣毅仁到南京汽车制造厂视察，并为该厂题词："为国家建设多做贡献"。

24日 电力工业部电力机械局开始进行"三项制度"改革。

28日 电力工业部在北京召开成立大会。

由广州造船厂为唯一发起人的广州广船国际股份有限公司正式宣告成立。

6月

3日 煤炭工业部在京宣告成立，邹家华副总理到会表示祝贺。

华北电力集团在京成立，所属的机械企业为集团紧密层企业。

6日 中国航天工业总公司在京宣告成立，中央军委副主席刘华清、国务委员宋健到会并讲话。

8日 中国纺织总会在京举行揭牌仪式。

中国轻工总会在京举行揭牌仪式。

中日合资的长安铃木汽车有限公司在重庆奠基。合资公司三方为中国长安汽车公司、日本铃木株式会社和日本日商岩井株式会社，4月15日在日本正式签署协议，三方投资比例分别为50%、35%和15%。

9日 重庆望江铃木摩托车有限公司成立，这是我国大排量摩托车行业的首家合资企业。合资公司以生产CN250系列摩托车为主，总投资额为5100万美元，注册资本为1700万美元。合资三方的投资比例为：望江机器制造总厂占50%，日本铃木株式会社占35%，日本日商岩井株式会社占15%。合资期限为30年。

12日 据《机电日报》载，国际银团向一汽—大众有限公司提供4.2亿美元贷款，支持该公司年产15万辆轿车项目的建设。贷款签字仪式，日前在北京人民大会堂举行。国务院副总理李岚清、机械工业部部长何光远出席签字仪式。

这笔外汇贷款适时到位，为15万辆轿车项目按期建成提供了保障。该公司从高起点出发，引进世界先进的冲压、焊装、油漆设备，发动机生产线等，已使捷达轿车成功地走向市场，受到广大用户的喜爱。

15日 中国汽车工业总公司汽车工业产品生产许可证办公室发出《关于汽车产品撤销生产许可证管理的通知》。通知说：为了使许可证制度适应社会主义市场经济的要求，国家经贸委和国家技术监督局经与有关部门协商，决定对实施发证的载货汽车、微型汽车、长途客车、城市客车、救护车、洒水车、吸粪车、垃圾车、畜禽防疫车和汽车挂车等10种汽车产品撤销生产许可证管理。

15～18日 电力工业部在北京密云召开部分电力机械企业厂长工作研讨会。

16日 根据煤炭工业部关于调整中国煤炭机械工业协会负责人的建议，经协会理事长会议选举张福元同志为中国煤炭机械工业协会理事长，增选了张志明同志为常务副理事长。

18日 被誉为"亚洲第一轨"的襄北火箭撬滑轨首次进行弹射试验获得成功。襄北火箭撬滑轨于1987年7月动工，1992年7月主体工程基本完成。中国是继美、英、俄、法之后拥有这种主要航空试验设备的第五个国家。

19日 济南第一机床厂厂长易炜里从挪威DNV公司工业部首席评审员范·闻宁先生手中，接过标志该厂质量体系通过国际权威认证机构按ISO9001评审的合格证书，这在我国机床行业中还是第一家。

21～26日 1993年上海国

际汽车工业展览会分别在上海国际展览中心和上海展览中心举行。中国、美国、日本、德国、法国、英国、奥地利、捷克以及香港、台湾等18个国家和地区的600余家汽车与零部件厂商参展。

22日 江南造船厂建造的我国最大的7.55万t浮式生产储油轮渤海明珠号完工交船。

23日 据《机电日报》载，黑龙江省齐齐哈尔第二机床厂与德国埃尔富特成形技术有限公司首次合作生产的变速杆机械压力机业已举行签字仪式。这次合作生产的压力机共两种类型、12台，总产值近1亿元人民币。这是我国机械压力机制造行业合作生产项目最大、一次成交额最高、技术水平最先进的项目。

26日 中国航空工业总公司正式成立并对外挂牌办公。这是根据第八届全国人大第一次会议批准的国务院机构改革方案，撤销航空航天工业部而组建的。朱育理任总经理，王昂、张洪、张彦仲任副总经理。

中国航空工业总公司总经理朱育理对外界宣布：中国航空工业决定实施“腾飞”计划。首先确定2000年前的目标，然后滚动发展，用10～15年时间完成“腾飞”计划。

27日 中国汽车进出口贸易中心在京正式成立。今后凡是国家安排供应市场的进口汽车，均由该中心统一进口、销售。

30日 江南造船厂为德国建造的第一艘4200m^3半冷半压式乙烯液化气船交工。

7月

13日 国家正式批准第一汽车集团公司为第一批实施国有资产授权经营企业集团，首批列入该授权范围内企业有集团母公司、全资子公司、控股子公司、分股子公司和持股公司共26家。

15日 中国轻工总会在京举行成立大会，李岚清副总理到会表示祝贺。

第一汽车制造厂建厂40周年，江泽民总书记为一汽题词：“建设现代化轿车工业基地”。

18日 太原重型机械集团成立，山西省副省长彭致圭参加了成立大会。

20日 广州广船国际股份有限公司1号船台由1.5万t扩建为3.5万t级竣工验收。

28日 国内贸易部在京举行成立大会，李岚清副总理到会表示祝贺。

中国第一重型机械集团在齐齐哈尔市富拉尔基召开成立大会，机械工业部何光远部长到会并讲话，该集团是以第一重型机械集团公司（原第一重型机器厂）为核心企业，以东北重型矿山机械联合企业集团、齐齐哈尔重型机械研究所、齐齐哈尔机床电气传动设备厂、富拉尔基电控设备厂4家为紧密层企业，以沈阳重型机器厂等9家为半紧密层企业和12家松散层企业组成的大型现代化工业企业集团。

8月

3日 中国汽车工业协会相关工业分会在北京成立。生产汽车塑料制品、橡胶制品、胶粘剂、摩擦材料、纺织制品、涂料的77家重点企业成为第一批会员。

一汽集团第二发动机厂建设工程全面竣工，通过验收。该工程于1987年开始建设，总投资为3.3亿元。此项目是引进美国克莱斯勒汽车公司具有80年代国际先进水平的产品、制造技术和关键配套设备的建设项目。设计纲领为第一期工程年产15万台发动机，第二期工程完成后达到年产30万台发动机。1991年7月15日主体工程基本完成，1992年边建设边生产。至此已累计生产1万台发动机，年生产能力达到10万台，国产化率已达到82%。

4日 我国最大的以内燃机产品为“龙头”的企业集团——北内集团在北京宣告成立。该集团以北京内燃机总厂为核心，由180家内燃机、汽车、农机、工程机械及其相关企业、经销部门和科研单位、大专院校组成，集技、工、贸和科研为一体的大型企业集团。该企业集团拥有紧密层企业14家、松散层企业160家，职工10万人，固定资产原值12亿元。陈希同、何光远、李其炎等前往祝贺。

5日 山海关船厂承修的载重26万t超级油轮完工，这是我国承修的最大吨位船舶。

10日 机械工业部孙昌基副部长主持召开机关司局长会议，传达朱镕基副总理在“关于中央六号文件落实情况及银行信贷问题的会议”及“全国转换企业经营机制工作会议”上的讲话精神，并提出落实的具体要求。

机械工业部举办了第一次信息发布会。会议由办公厅副主任王宝明主持，包叙定副部长发布了信息。到会的有首都新闻界、企业界、地区驻京办事处人员。包叙定同志发布了三方面的信息：一是机械工业企业推行规模经济的政策措施；二是机械工业重点产品调整改造发展指南；三是机械工业技术改造的工艺与装备技术政策。

12日 新组建的机械工业部举行挂牌仪式，何光远部长为新牌揭幕，陆燕荪副部长主持仪式，张德邻、包叙定、孙昌基副部长和中纪委驻机械工业部纪检组组长孙祖梅、总工程师李守仁出席。仪式后举行了记者新闻发布会。

16～29日 机械工业部陆燕荪副部长访问了印度尼西亚、马来西亚和新加坡三国，分别出席了CMIC向武吉、苏努尔、威查雅集团提供两套200MW燃煤机组供货合同签字仪式，CMEC与沙捞越电力供应公司关于两套50MW燃煤机组电站工程备忘录签字仪式，香港蒋氏工业慈善基金会举行的第二届国际机械制造科技会议筹委会会议，并先后拜会了印尼矿业和能源部长、国家电力局局长，马来西亚沙捞越州副首席部长黄顺开、州财政部长陈康南先生，新加坡经济发展局主席杨烈国、台湾原“经济部长”赵耀乐先生。

18日 中国第二重型机械集团在四川省德阳市成立。机械工业部孙昌基副部长到会祝贺。中国第二重型机械集团是以我国机械行业的特大型骨干企业——中国第二重型机械集团公司（原第二重型机器厂）为核心企业，由长沙重型机器厂、四川矿山机器厂、太原重型机器厂、洛阳矿山机器厂、大连起重机器厂、天津重型机器厂、机械工业部设计研究院等41家成员单位组成，是跨地区、跨部门、跨所有制、多层次、多功能的国有大型企业集团。

20日 大连造船新厂建造的我国最大的出口船——15万t散货轮“萨玛琳达”号命名并下水。

22日 沪东造船厂为上海海运（集团）公司建造的4艘巴拿马型原油船中最后一条完工交船。

24日 中共中央总书记、国家主席江泽民到广东三星企业集团股份有限公司视察，指出汽车工业一定要坚持“联合、高起点、大批量、专业化、优质量”的发展方针。

26日 机械工业政策研究工作会议在兰州召开。包叙定副部长到会作了重要讲话，甘肃省副省长郭琨到会表示祝贺。包副部长在讲话中要求政策研究部门要以建立社会主义市场经济为基点，把行业的发展放在国民经济的大环境中研究，既要研究国内的各项经济政策，同时还要加强对国际经贸政策、法规的研究。

经国家经济贸易委员会批准，中航技企业集团在北京成立。该集团隶属于中国航空工业总公司，共拥有各种企业130多家，资产60亿元人民币，在海外26个国家和地区设有39个子公司或代表机构。

28日 中共中央总书记、国家主席江泽民视察大连造船新厂及建造中的15万t散货轮，为该厂题词：“发扬创业精神，建设现代化的船舶总装厂”。

29日 泰国总理川·立派率政府代表团参观中华造船厂。

9月

1日 国家经贸委批准成立华盛昌有限责任公司。

3日 何光远部长会见韩国工商资源部部长一行。

天津发电设备成套联合公司成立。

4日 中共中央总书记、国家主席江泽民为华东船舶工业学院题写了校名。

6日 国家经贸委、外经贸部批准公布第十二批机电产品出口基地和扩大机电产品出口生产企业名单，其中机械行业企业分别有26家和47家。

国家经贸委批准成立珠峰数控设备有限公司，该公司由中国珠峰数控公司、北京计算机三厂、北京工业大学电子厂、北京机床研究所等单位共同出资组建。

7日 何光远部长、陆燕荪副部长会见罗马尼亚工业部部长一行。

南昌飞机制造公司总装出建厂以来第4000架飞机。南昌飞机制造公司曾制造了新中国第一架飞机。该公司生产的飞机总数占中国航空工业生产飞机总数近1/3。

10日 机械工业部、电力工业部联合发出《关于加强发电制造，安装管理工作的通知》。

13日 机械工业部办公厅召开学习贯彻中宣部、新闻出版署《关于加强新闻队伍职业道德建设，禁止“有偿新闻”的通知》座谈会，部属新闻单位及市机械系统有关人员参加了会议。与会者一致表示，要认真学习、贯彻《通知》精神，统一认识、从我做起，并结合本单位的实际情况制订出切实可行的贯彻措施。

14日 国家国有资产管理局批准一汽集团公司兼并星光机器厂。星光机器厂系中国航天工业总公司所属企业，一汽集团公司以承担债权债务方式接收星光机器厂的全部资产，其中划拨国有资产15939万元。兼并后，该厂成为一汽集团公司的全资子公司——中国第一汽车集团公司哈尔滨轻型车厂。

14～19日 由中国汽车工业总公司主办的北京国际汽车零部件展览会在北京国际贸易中心举行。参展的有美国、英国、德国、日本、新加坡、法国、意大利、比利时以及港、台地区的百余家公司。国内的一汽、重型汽车、北京、天津、北方、航天等几个汽车集团及其他零部件厂共200多家企业也参加展出，这是建国以来规模最大的一次汽车零部件展览，展出面积近1万m^2。

16日 何光远部长会见德国西马克公司董事长魏斯先生。

18日 机械工业部发出《对“七五”国家重大技术装备三大化工专项科技攻关人员进行表彰并颁发荣誉证书的通报》。对参加年产80万t加氢裂化、加氢精制装置，年产20万t合成氨装置，兰州、哈尔滨城市煤气工程及6000m钻机重大装备科研攻关工作并有一定贡献的工程技术人员、生产第一线工作人员和项目实施组织人员共328名同志进行表扬并颁发荣誉证书。

27日 机械工业部对1993年度机械工业统计报表工作先进单位进行了表彰，共评出130个先进单位。

10月

3日 李岚清副总理考察南汽，指出要整顿轿车工业，现在不能再开散件装配口子了，汽车工业终究会成为支柱产业，暂时的困难不会影响长远的发展，汽车工业的前景是乐观的。

9日 何光远部长、陆燕荪副部长会见马来西亚沙捞越州财政暨公共设施部部长陈康南一行。

13日 《机电产品进口管理暂行办法》出台。

17日 杭州齿轮箱厂与德国ZF齿轮集团在杭州正式签署

了建立合资企业的意向书，合资公司的总投资额为1亿美元，经营的主要产品有五大项：轻型、中型和重型载重汽车变速箱，轿车和大客车变速箱，工程机械变速箱（包括装载机、平路机、挖掘机、叉车、汽车吊车等动力换档变速箱），用于工程机械和大客车的桥（总成或部件）。

18日 西安重型机械研究所并入宝钢集团。

19日 朱镕基副总理召开资金调度会，明确指示发电设备储备款20亿元，用于清理发电设备拖欠款，请国家计委、国家经贸委、建行组织落实。这对缓解发电设备生产企业和有关重机企业当前资金紧张，受“三角债”困扰的矛盾，起到积极的作用。

22日 北京华日运输包装有限公司正式成立。

23日 机械工业部批准成立机械工业部科学技术委员会。

25～29日 1993年度国际煤炭技术交流及设备展览会在北京农业展馆举办。通过中外企业、公司广泛交流、洽谈，相互增进了了解和友谊，签署了合作合同或合资意向，取得了积极成果。

26日 国家体改委批准成立昆明机床股份有限公司。该公司是由昆明机床厂为唯一发起人，向昆明精华公司定向募集后设立的。

28日 李岚清副总理视察常州托利多电子衡器有限公司。

上海浦东外高桥造修船基地填海造地工程奠基。

29日 国家计委批准厦门叉车总厂与德国林德集团合资建设叉车生产项目建议书，原则同意厦门叉车总厂利用易地改造的机会与德国林德集团合资建设高起点、大规模的叉车生产企业，合资企业生产规模为15000台无轮搬运车辆，项目总投资为14.21亿元，该项目合资期限为50年。

31日 沪东造船厂建造的上海地区最大的出口船7万t散货轮完工交船。

11月

1～2日 中国煤炭机械工业协会第二届会员大会在安徽省淮南市召开。张福元理事长总结了第一届理事会四年来的工作，并对今后的工作提出了建议，会上还修改了协会章程，选举了新一届理事会，讨论了第三批接纳33个单位为协会会员。

5日 国家计委批准同意上海重型机器厂加入上海电气联合公司，成为紧密层企业，并在国家计划中实行单列。这对改善上海电站行业结构，增强上海大型电站制造基地的实力起到积极的促进作用。

16日 中国航空基金首批项目资金9660万美元落实到位。该基金是特定业务范围的国际信托投资。资金来源为国外投资者，投向是中国航空工业的民用产品制造业。这是迄今为止中国航空工业在民品方面引进外资数额最大的一次。

18日 国家工商行政管理局经审查予以核准成立中地装备工程集团。1994年3月21日正式成立中地装备工程集团。

25日 经国家经济贸易委员会批准组建的中矿机工程装备集团（简称中矿机集团），按国家工商行政管理局（93）工商企集字第30号（核准通知）同意将中国煤矿机械装备公司更名为中国煤矿工程机械装备集团公司进行登记注册，成员单位现有60家。

26～29日 中国航空工业总公司在北京召开科技工作会议。会议以“依靠科技，发展经济，振兴航空”为主题，部署了航空工业90年代科技工作，讨论了总公司党组《关于进一步加强科技工作的决定》。这是1978年以来召开的第二次全行业科技工作盛会。

12月

2日 红阳机械厂斯太尔柴油机的5条零部件生产线技术改造工程通过竣工验收。

17日 机械工业部举行第二次信息发布会。孙昌基副部长对1993年机械工业生产经济运行状况及1994年产销形势预测和工作任务进行了信息发布。

25日 历时5年，投资40410万元的北京吉普汽车有限公司“七五”技术改造项目，通过北京市经委组织的竣工验收。该项目是北京吉普汽车有限公司整体性技术改造项目，新增汽车生产能力3.5万辆，配套发动机生产能力3万台。在实施过程中，该公司共购买了839台（套）设备，其中引进国外高精尖设备278台（套），并对发动机、油漆、总装等15个子项进行新建、改建。

26日 由保定风帆蓄电池厂、香港灏福有限公司等3家合资组建的保定金风帆蓄电池有限公司正式成立。

26日 西安飞机工业公司研制的我国新一代支线客机运七−200A首飞获得成功。该机是运七系列飞机的最新改进型，换装了国外发动机、螺旋桨和一些电子设备。

31日 全国电力新装机投产12020MW。

〔第Ⅶ部分责任编辑：张友鹤〕

1993年公布的重要法规文件目录

序 号	法 规 文 件 名 称	发 布 机 关	时 间
1	银行外汇业务管理规定	国家外汇管理局	1.1
2	非银行金融机构外汇业务管理规定	国家外汇管理局	1.1
3	中华人民共和国产品质量法	国务院	2.22
4	国有企业职工待业保险规定	国务院	2.22
5	国有企业富余职工安置规定	国务院	4.20
6	国家公务员暂行条例	国务院	4.24
7	中华人民共和国企业劳动争议处理条例	国务院	6.11
8	外汇期货业务管理试行办法	中国人民银行	6.9
9	中华人民共和国自然科学奖励条例(第二次修订)	国务院	6.28
10	中华人民共和国发明奖励条例(第二次修订)	国务院	6.28
11	中华人民共和国科学技术进步奖励条例(修订)	国务院	6.28
12	长江三峡工程建设移民条例	国务院	6.29
13	证券交易所管理暂行办法	国务院证券委员会	7.7
14	中华人民共和国商标法实施细则(第二次修订)	国家工商行政管理局	7.15
15	定向募集股份有限公司内部职工持股管理规定	国家经济体制改革委员会	7.30
16	企业债券管理条例	国务院	8.2
17	中华人民共和国税收征收管理法实施细则	国务院	8.4
18	机电设备招标投标指南	国家经济贸易委员会	8月
19	中华人民共和国反不正当竞争法	国务院	9.2
20	禁止证券欺诈行为暂行办法	国务院证券管理委员会	9.2
21	中华人民共和国经济合同法(修正)	国务院	9.2
22	关于对台湾地区小额贸易的管理办法	对外贸易经济合作部 海关总署	9.25
23	机电产品进口管理暂行办法	国家经济贸易委员会 对外经济贸易合作部	10.7
24	中华人民共和国注册会计师法	国务院	10.31
25	中华人民共和国消费者权益保护法	国务院	10.31
26	中华人民共和国个人所得税法	国务院	10.31
27	中华人民共和国增值税暂行条例	国务院	11.26
28	中华人民共和国企业所得税暂行条例	国务院	11.26
29	中华人民共和国土地增值税暂行条例	国务院	11.26
30	中华人民共和国营业税暂行条例	国务院	11.26
31	中华人民共和国消费税暂行条例	国务院	11.26
32	中华人民共和国发票管理办法	财政部	12.12
33	中华人民共和国消费税暂行条例实施细则	财政部	12.25
34	中华人民共和国增值税暂行条例实施细则	财政部	12.25
35	中华人民共和国营业税暂行条例实施细则	财政部	12.25
36	关于消费税会计处理的规定	财政部	12.27
37	关于增值税会计处理的规定	财政部	12.27
38	一般商品进口配额管理暂行办法	国家计划委员会 对外贸易经济合作部	12.29
39	中华人民共和国公司法	国务院	12.29
40	中华人民共和国会计法	财政部	12.29

〔撰稿人：机械工业部政法体改司　田淑坤〕
〔责任编辑：申建丽〕

机械工业

企业介绍

第Ⅷ部分

目　录

北京天纬油泵油嘴股份有限公司(北京油泵油嘴厂)

地址：北京市丰台区程庄路3号　邮码：100071　电话：3811155-234　电挂：2623　电传：222209-234　BFIEF CN　传真：3812179　总经理：方立民　总工程师：涂维宁

简介：该公司于1993年4月在原北京油泵油嘴厂基础上改建创立，是生产各种柴油机用高压喷油泵、喷油器总成及精密偶件的国家大型骨干企业。现有主要生产设备1128台，其中引进高精专用设备及先进检测仪器200台，固定资产净值逾2亿元，并从德国博世（BOSCH）公司全套引进A型泵、S系列长型多孔式油嘴及下置弹簧喷油器制造技术。该公司现已形成了多品种、大批量生产能力，是国内规模最大的燃油喷射装置生产厂家之一。

主要产品有：A系列多缸喷油泵，VE型分配泵，喷油器总成，S系列、P系列喷油嘴及多种精密偶件。全部产品均采用国际标准，并按用户要求生产，品质优良。其产品广泛用于轻型、中型、重型汽车及工程机械、农业机械的各型柴油机，已为国内40余家柴油机厂配套，为全国500余家汽车、农机公司供应配件。该公司还开发生产30～250kW内燃发电机组、低噪音电源车，受到用户欢迎。

该公司产品适销对路，质量稳步提高，市场不断扩大，速度和效益连年以40%以上递增，1993年进入了北京市创利大户及“中国500家最大机械工业企业”行列。

西安机床厂

地址：西安市西郊团结中路43号　邮码：710077　电话：4241431、4241678、4242050　电挂：1643　传真：(029) 4241185　厂长：刘生友　总工程师：施林友

简介：该厂于1964年被机械工业部定为加工直径400mm车床定点生产厂。现有职工1331人，有各类专业技术职称人员270人，其中高、中级职称人员110人，拥有固定资产3500万元。主要生产设备300台，精密检测、计量仪器近百台（套），并建有恒温计量测试中心和计算机辅助设计中心。

目前该厂产品已发展为3大类、5个系列、40多个品种。主要产品有万能车床、数控车床、球面车床、中心加高马鞍车床、深孔钻床和组合专用机床。该厂与美国CUBIC公司合作生产的CT-5型高速精密机床，技术性能已达到国际90年代水平，并返销美国。1991年该厂被机械电子工业部定为国家数控车床定点生产厂，1992年被经贸部批准为有“进出口自营权”的外向型企业，产品远销东南亚、中东、西欧、北美等地区

西安压缩机厂

地址：西安市玉祥门外建华路21号　邮码：710082　电话：4244588、4244701、4264338　电挂：4799　厂长：许　斌　总工程师：郭洪祥

简介：该厂建于1966年，是国家在西北地区定点的压缩机生产厂，下辖压力容器、净化设备、电子设备、微型空压机4个分厂。现有职工近千人，中高级职称科技人员超过200人，固定资产逾千万元，年产值达2500万元。

目前该厂已开发研制出L系列、V系列等69种压缩机，50余种压缩空气净化装置，71种压力容器产品，14种压缩机自动保护控制产品。其中L2-10／8-Ⅰ型空气压缩机于1983年、1988年两度获得国优银质奖；压缩机空气净化装置1992年被国家科学技术委员会列为国家级火炬项目，其超滤产品技术性能已达到国外80年代水平，居国内领先地位。

天津市紧固件公司

地址：天津市北辰区丁字沽三号路千里堤外　邮码：300400　电话：(022)6374861—3、6370844　电挂：0955　经理：沈印超　总工程师：陈文奎

简介：该公司是在深化改革的形势下，于1993年5月18日由6个生产紧固件产品的厂家组建起来的，现有职工2600人，其中专业技术人员近百名。技术力量雄厚，产品质量可靠，检测手段齐全。该公司拥有固定资产2044.5万元，流动资金3397.9万元，实现利润250万元，系市机械工业管理局中型企业。

主要生产国标、德标、美标、日标以及各种非标异型的螺栓、螺母、螺钉、自攻螺钉、木螺钉、弹簧垫圈、焊接螺母、螺栓焊钉、网架螺栓等产品。此外，尚可生产紧固件专用设备、模具，产品广销国内，部分产品还远销欧美市场。

福建省龙溪轴承厂

地址：福建省漳州市延安北路　邮码：363000　电话：2034608（总机）　电挂：6519　传真：2025320　厂长：陈福胜

简介：该厂创建于1958年，是机械工业部重点企业、国家二级企业、关节轴承骨干厂。现有职工1300多人，其中工程技术人员和管理人员近200人。

主要生产关节轴承和深沟球轴承。企业技术力量雄厚，拥有全国唯一的漳州关节轴承研究所，其新产品开发和制造技术在国内处于领先地位。该厂开发的数百种新产品填补了国内的空白，经部、省鉴定达到国际80年代末同类产品的先进水平，其中GE50ES向心关节轴承荣获国优产品称号，GE20ES、GE25ES、GE30ES、GE40ES、GE50ES、GE60ES关节轴承和304、305、309深沟球轴承获省优产品称号。

北京起重机器厂

地址：北京市朝阳区广渠门外马圈 邮码：100021 电话：7722277 电挂：5641 传真：7717023 厂长：宋屏轩 总工程师：纪国立

简介：该厂是国家大型二档企业，北京市自营进出口企业，在全国500家最大机械工业企业中列第166位。该厂始建于1950年，现有职工3500人，占地23万m^2。该厂从1957年开始生产轮式起重机，到1993年已为国家经济建设和国防建设提供了28个品种51种规格的各种起重机13376台，在全国同行业中首家累计生产过万台，1993年产品产量达1080台，销售收入2.75亿元。

该厂是我国最早规划定点生产轮式起重机的专业厂。我国第一台机械传动的汽车起重机、第一台高压柱塞油泵、第一台液压汽车起重机、第一台轮胎起重机、第一台自行研制生产的全国最大吨位的100t汽车起重机，都是该厂研制成功并投入生产的。1982年，在改革开放的新形势下，该厂在同行业中率先以技贸结合、合作生产的方式引进了日本、美国、德国的先进技术；1991年在全国同行业中第一个通过了军工产品质量保证体系的考评；1993年在全国同行业中第一个达到了机械工业部规定的起始经济规模年产1000台起重机的标准。

目前，该厂的主要产品有8～50t汽车起重机，16～20t轮胎起重机，以及10t正面轮胎起重机，25t越野轮胎起重机和10t救援车等。其中，QY8E-8t、QY16B-16t汽车起重机为国优银质奖产品；QY50A-50t汽车起重机为优等品，并获国防博览会金奖。

广东省台山市机械厂（机械集团公司）

地址：广东省台山市台城镇环北大道2号 邮码：529200 电话：523440 电挂：6593 电传：527064 厂长：李国添 总工程师：朱健中

简介：该厂建于1957年，是国家中型企业和机电产品出口基地企业。占地面积11万m^2，建筑面积6万m^2，主要生产设备532台，各种生产自动线11条，职工总数1873人，其中工程技术人员120人，固定资产6418万元。该厂经营历史悠久，经济实力雄厚，设备齐全，工艺先进，管理及检测手段完善。按国际标准生产的QYG1.5t、1.8t、2t系列轮式液压千斤顶，取得德国TUV、美国ANSI等机构检测认证，并获广东省和对外经济贸易部优质产品称号，产销量雄居世界前茅；按国家标准生产的YSP-15液化石油气钢瓶，为全省行业首家荣获部优质产品称号，尤其外观质量居国内领先地位。

企业宗旨是：用户至上，竭诚服务。欢迎海内外人士惠顾。

唐山冶金厂山机械厂

地址：河北省唐山市缸窑路4号 邮码：063027 电话：(0315) 3272597 电挂：2894 电传：3272018 传真：3271038 厂长：张瑞祥 总工程师：李连仲

简介：该厂是机械工业部大型骨干企业。工厂占地面积47.32万m^2，生产建筑面积12.82万m^2。现有职工4000余人，固定资产原值1.0883亿元，净值0.7169亿元；主要生产设备901台(套)，年生产机械产品产量1.2万t以上，工业总产值1.2亿元以上。

主要产品：带式输送机（高强度和普通两个系列）、烧结系统成套设备、各种给料设备、硬齿面减速器和普通减速器、中小型轧钢成套设备、各种非标设备。主导产品获国优银牌1项、部优两项、省优4项。该厂40多年来，已为国内外用户提供了700多种、30多万t机械产品，其产品出口美国、日本、德国等20多个国家和地区，被国家授予外贸自主权。该厂先后获得了国家二级企业、计量一级企业、国家安全级企业、部质量管理奖企业、档案管理一级企业等称号，已成为一个具有科研、设计、试验、制造、安装和承包建设项目能力的大型企业。

山西省长治市矿山机械厂

地址：山西省长治市附城92号 邮码：046011 电话：(0355) 662616 电挂：0617 电传：662608 传真：662608 厂长：丁六斤 总工程师：郭振贵

简介：该厂是机械工业部唯一定点生产矿山装药机械的专业厂家。该厂生产的系列化装药机械，适用冶金、煤炭、有色金属、化工、建材等大中型露天矿山。

主要产品有15、8、6、4t乳化油，重铵油、铵油炸药现场混装车及20、50、100kg装药器等系列产品。该厂引进美国先进技术生产的装药车系部优产品，已用于德兴铜矿、南芬铁矿、准噶尔煤矿等国家重点项目中，填补了我国矿山装药机械的空白，并荣获国家重大技术装备二等奖和国家"七五"科技攻关奖。

徐州通域集团公司

地址：江苏省徐州市堤北 邮码：221007 电话：(0516) 7768511 电挂：0059 董事长兼总经理：王瑞铮

简介：该公司是于1993年12月由1956年建厂的徐州矿山设备制造厂为主体组建而成的，到1994年已有下属24个子公司和工厂。现有职工1760人，专业管理人员400余人，其中工程技术人员250人，占地面积14万m^2，是国有大中型企业和机械工业部重点企业。

公司主要产品有：矿山机械、空间结构、工程机械传动件、架空索道、清洗机、建设机械、电子电器、矿泉饮品共8大门类、130余种规格。公司一贯注重产品质量，获得国优银质奖产品1个、省优产品3个，1993年中国高新技术、新产品博览会金奖产品1个，并获得徐州市先进企业称号，连续13年获得市重合同守信用企业称号。

该公司的发展战略是：优化产品结构，追求产品的高技术、高质量；追求企业高水平、高效益；追求人才高素质、高技能。不断壮大集团经济规模，努力开拓国内外两个市场朝着多元化、多方位、综合性，国际化企业方向发展。

浙江矿山机械总厂

地址：浙江省义乌市义亭　邮码：322005　电话：531940、531243　电挂：2750　厂长：王松高　技术副厂长：胡衍虎

简介：该厂（原浙江义乌矿山机械厂）是国有大中型企业，机械工业部定点企业，省机械工业厅重点企业。专业生产矿山机械和重型锻压设备。

主要生产三川牌锤式破碎机、颚式破碎机、反击式破碎机、三辊弯板机、七辊校平机等5大系列、22个品种。其中PC88锤式破碎机荣获部优称号，PCK66、PC1010锤式破碎机以及PE25颚式破碎机荣获省优称号。

该厂技术力量雄厚，设备精良，工艺先进，理化检测设备齐全，产品质量可靠，深受用户欢迎。1993年全厂完成工业总产值3204万元，实现利税457万元。

平顶山煤矿机械厂

地址：河南省平顶山市南环路西段　邮码：467001　电话：(0375) 442152　电挂：8150　传真：(0375) 443795　厂长：孙国和　总工程师：寇德纯

简介：该厂始建于1968年（原名八一五厂），是中型一档国有企业，隶属中国煤矿工程机械装备集团公司。现有职工1296人，其中专业技术人员206人，厂区面积146500m^2，另备有0.2km^2发展用地，建筑面积38305m^2。拥有生产设备510台，其中大型精密设备26台。年产值4000万元。该厂技术力量雄厚、设备先进、检测手段完备，具备年产液压支架500架、乳化液泵200套、综采设备配件250t的生产能力。该厂是国家机械委确定的综采设备制造重点企业，产品达到国际80年代末水平。

该厂生产的国内第一套ZYZ液压支架和QY250-13／32型液压支架曾获煤炭工业部技术进步特等奖，QY320-13／32型液压支架获河南省优质产品奖，PRB6-125／31.5型乳化液泵获国际第14届采矿大会优秀新产品奖。产品覆盖全国18个矿务局，具备良好的企业信誉。

广西百色矿山机械厂

地址：广西壮族自治区百色市江凤路31号　邮码：533000　电话：225901　电挂：2750　传真：(0776) 225488　厂长：滕润才　总工程师：王平武

简介：该厂始建于1980年4月8日，占地面积45万m^2，全厂员工1820人，其中工程技术人员，管理人员550人。总厂下设6个分厂、两个公司，固定资产原值3586万元，年生产能力17000t，达到大型企业规模。工厂是全国两大螺旋输送机、斗式提升机生产基地之一。是外经贸部、物资部、机械工业部、建设部指定为螺旋、斗提输送机械出口、援外的制造供应厂。

主导产品是螺旋输送机、斗式提升机等系列产品，还生产汽车曲轴、汽车配件以及木地板等。主导产品螺旋输送机、斗式提升机连续多年荣获广西优质产品奖，产品畅销国内3000多家企业。

长春消防器材总厂

地址：长春市西郊路56号　邮码：130062　电话：(0431)7977274　电挂：2767　传真：7973348　厂长：吴顺明　总工程师：吴学斌

简介：该厂始建于1959年，现隶属公安部消防器材管理办公室，是定点生产消防车辆及其它消防器材的专业厂。占地面积16.04万m^2，现有职工千余人，固定资产1787万元。该厂生产历史悠久，设备齐全，技术力量雄厚，产品质量在国内享有盛誉。

该厂所生产的各类消防车主要采用解放141和东风140汽车底盘改制，年产量可达500余辆。其中生产的CP10CA型泡沫消防车具有80年代先进水平，获省优、部优称号。该厂还生产由奥迪、捷达轿车改制的火灾现场勘察车和消防指挥车。该厂研制生产的蛭石防火门达到了国际先进水平，并填补了国内空白，荣获公安部1993年科技进步一等奖。

上海消防器材总厂

地址：上海市松江五里塘三里桥　邮码：201613　电话：7830375、7823768　电挂：9130　厂长：孙运初　总工程师：马行俭

简介：该厂系公安部消防器材管理办公室直属企业，创建于1918年，是具有70余年生产消防车历史的专业工厂。

该厂目前生产的消防车品种有：东风140水罐消防车，东风140泡沫消防车，东风144水罐消防车，东风144泡沫消防车，火场照明消防车，抢险救援消防车和各类轿车改装的火场通讯指挥车，生产消防车数量为全国之最。

1984年，该厂从澳大利亚威武公司引进ZS系列自动喷水灭火系统先进技术，1990年产品经国家级检测获全国第一名，又被机械电子工业部批准为第七批技术先进产品。1991年ZSTP／15／68上海牌玻璃球普通型洒水喷头荣获国优银质奖、公安部优质品、上海市优质品称号。近来来该厂推出

的火场照明车、抢险救援消防车，填补了国内消防装备的空白，改变了消防设备"单一灭火"的产品结构。1993 年第四季度，该厂经国家技术监督局抽查被推荐为国家抽检合格产品单位。

震旦消防设备总厂

地址：上海市同嘉路 73 号　邮码：200080　电话：6663600　电挂：3106　传真：(0086-21) 3248077　厂长：杨江武　总工程师：佟常时

简介：该厂创建于 1917 年，是我国第一家从事消防设备研制的专业工厂，现为公安部直属企业、国家二级企业，也是国家机械委确定的骨干企业之一。建厂七十七年来，以生产鸡球牌消防设备而闻名遐迩，产品质量在行业中领先，经济效益在公安部部属企业中占首位。全厂现有职工 750 人，占地面积 23641m^2，建筑面积 21775m^2，拥有设备 401 台。总厂下设一个联营分厂和一个震晓消防设备工程成套公司。

该厂主要产品有重型消防车系列、手抬机动消防泵系列、各类陆用和船用泡沫灭火设备、船用干粉灭火装置和卤化烷"1301"自动灭火系统共 5 大类，并承接各类消防系统工程的设计、配套、安装调试、咨询服务。有 9 种规格产品获国家银质奖和部、市优质产品称号，18 种船用产品获船检局工厂和型式认可证书，有 16 项科研项目获部和市的二、三等科技成果奖。

1990 年该厂引进奥地利罗森宝亚国际消防公司重型消防车技术是我国消防行业"八五"技术改造重点项目，1994 年通过奥方验收并正式投产，并已把引进技术移植到国产黄河 PM65 型 SG65 型泡沫、水罐消防车上。1992 年开发的 PM120 型泡沫消防车于 1993 年通过部级鉴定，并开发斯太尔 SG120 水罐车，以适应市场和用户需要。

北京旅行车股份有限公司

地址：北京市大红门西路 26 号　邮码：100075　电话：7222233　电挂：5887　传真：7212045　总经理：王金权　总工程师：余启璋

简介：该公司成立于 1985 年 12 月 25 日，是经北京市政府批准的北京市第一家股份制工业企业，也是全国汽车工业第一家股份制企业，是国家计划内的中型汽车制造企业和机械工业部汽车行业重点企业。该公司在 1992 年全国 1000 家大中型企业评估中，名列第 603 位，在全国汽车工业按产销排序中列第 26 位，在北京市重点工业企业经济效益排序中列第 17 位。旅行车年产量 1992 年达到 6677 辆，旅行车市场占有率达到 17%，多年来一直是我国 6600 系列旅行车的最大生产厂家之一，已累计生产北京牌旅行车近 5 万辆。

八年多的股份制道路，给北旅公司带来了生机与活力。企业的股本金已由初建时的 3000 万元增加到 16008 万元，公司占地面积由当时的 7.2 万 m^2，扩大到 19 万 m^2，建筑面积 10.9 万 m^2，厂房建筑面积 4.9 万 m^2，现有职工 3000 人。1992 年，该公司被正式批准为定向募集股份有限公司，1993 年被批准为社会募集公司，并于 1994 年 3 月 27 日股票公开发行，4 月 25 日在上海异地上市。

该公司"七五"期间和"八五"初期投资 1 亿元，成功地引进了日本、德国先进的技术设备，建成了具有国内先进水平的冲压、油漆生产线，初步改造了焊接生产线，正在改造中的总装车间近期将正式投产。目前，该公司主导产品 6600 系列旅行车基本实现了底盘客车化、车身模具化、装饰档次化、产品系列化。在 1988 年全国乘用车展览会上，该公司送展的六部车获得了包括最高奖——"中华杯"奖在内的 7 种奖励，1992 年，产品又获得了"消费者信得过国产车金奖"。1993 年 2 月该公司从日本引进五十铃 BL／BE 中型旅行车的技术、生产工艺及设备。经过一年多的安装、调试、试生产。1994 年 2 月 21 日北京五十铃 BL／BE 中型旅行车终于成功下线。作为高档中型旅行车，从国外引进，北旅尚属首家。该车的批量投产，将增强北旅公司产品的竞争能力，并由此直接促进企业经济效益的提高。

该公司已确定并正在实施以旅行车生产一业为主，工、技、贸、资、服五位一体，多元化经营的现代企业而努力。

北京汽车摩托车联合制造公司

地址：北京市朝阳区东环中路 32 号　邮码：100020　电话：5003377　电挂：9729　电传：210094　BAW　CN　传真：5019179　经理：安庆衡

简介：该公司是一个有 50 多年历史的老企业，是我国生产轻型汽车和摩托车的大型国有骨干企业，是全国 500 家大型骨干企业之一（1992 年排行第 61 位），国家二级企业。该公司现有职工 12000 人，其中工程技术人员 899 人，固定资产 2.4117 亿元，占地面积 61.23 万 m^2，建筑面积 51.93 万 m^2，有各类生产设备 2057 台，年生产能力汽车 6.2 万辆，摩托车 3.5 万辆。

该公司现有 23 个专业厂，有汽车、摩托车、附件三个研究所，具备了较雄厚的研制开发和生产轻型汽车、轿车、摩托车及其系列产品和附配件的能力。主要产品分为汽车、摩托车和汽车附配件 3 大类：

1. 汽车产品 3 个系列（均是 1 吨级轻型汽车）：(1)BJ1021 系列：BJ1021A、BJ2032、BJ2023C；(2)BJ1022 系列：BJ1022、BJ1022A、BJ6450（主要性能技术指标达到 70 年代末 80 年代初国际先进水平）；(3) BJ1021AQ 系列：BJ1021AQ、BJ6460 等。

2. 摩托车产品：BM021A 正三轮摩托车。

3. 汽车、摩托车附配件产品：化油器、汽油泵、转向机、轴瓦、水箱、摩托车发动机。

该公司已和全国40个厂家、部分科研单位联合，组成了一个"高起点、大批量、专业化"的大型汽车、摩托车联合制造企业集团。

1992年生产汽车34394辆、摩托车20000辆，完成工业总产值93912万元，销售收入169270万元，实现利税13992万元，自营出口创汇348万美元。

北京轻型汽车有限公司

地址：北京市海淀区首都体育馆南路9号　邮码：100044　电话：8412816　传真：8416689　总经理：赵法奎

简介：该公司是由北京汽车工业总公司、中信汽车公司、香港肖特吉有限公司三方组建的中外合资企业，注册资本2亿元。现有员工6200人，占地面积98.8万m^2，具有年产轻型载货汽车8万辆的能力，是中国500家最大工业企业之一。

该公司前身是北京第二汽车制造厂，它是国内最早研制和生产北京130汽车的厂家。合资后，先后开发出吸收日本五十铃技术的BJ1041、BJ1045和BJ1061系列产品，目前已形成40多个品种。

该公司的BJ1040产品（北京130）被评为部优和市优产品，BJ1041和BJ1045产品分别荣获国家第四届、第五届双新博览会金奖。

北京吉普汽车有限公司

地址：北京市朝阳区广渠路36号　邮码：100022　电话：7712233　电挂：1933　传真：7711363　董事长：王　玫　副董事长：吴忠良、伍德森　总经理：克莱布斯　副总经理：李渊洙

简介：该公司由中美合资经营，开业于1984年1月15日，是中国目前最大的轻型越野汽车生产厂家，国家轿车工业重点企业之一。公司占地面积43万m^2，建筑面积22.5万m^2，固定资产原值7亿元。

目前主要产品包括：BJ2021汽车，即引进美国切诺基汽车，技术领先，性能优越，1993年底国产化率达到60%；BJ2020汽车，国内保有量50万台，合资后移植引进技术先后推出三轮改进产品，以物美价廉深受国内外用户青睐。

1984～1993年累计生产汽车36万辆，平均年递增12.4%；销售收入147亿元，平均年递增32.9%；上缴国家税费28亿元，实现利润10.7亿元，全员劳动生产率（按总产值计算）达到60万元/人·年。

西安锅炉总厂（西安特种汽车厂）

地址：西安市西郊红光路　邮码：710077　电话：4263778　电挂：3619　厂长：王建岗　总工程师：朱稼稷

简介：该厂始建于1956年，是机械工业部和劳动部定点生产工业锅炉、改装汽车和压力容器的重点企业。年生产能力为工业锅炉3000蒸吨，改装汽车400辆。

主要产品：(1) 改装汽车：黄河、东风、延安、解放、红岩底盘系列加（运）油车，奔驰、斯太尔底盘改装的中和清洗车、消防清洗车、大中型飞机加（运）油车；(2) 工业锅炉：SZL系列水管蒸汽、热水锅炉，循环流化床锅炉、燃油燃气锅炉。SZL4-1.25-P型锅炉获机械电子工业部节能产品称号；XAT5170GJY延安越野加油车获机械工业部优质产品称号、国家科技进步二等奖、国家经委新产品"金龙"奖。

北京市电机总厂

地址：北京市朝阳区酒仙桥北路7号　邮码：100015　电话：4361028　电挂：0002　传真：4362011　总厂厂长：崔大中　总工程师：林涛

简介：该厂建于1958年，是市属全民所有制生产电机的大型专业化企业，是机械工业部重点企业。占地面积30万m^2，固定资产原值7396万元，净值3517万元，现有职工3275人，其中工程技术人员305人，高级技术人员55人。该厂下设11个分厂，按专业化分工，年生产能力150万kW。

目前生产的主要产品有40多个系列1200多个规格，在全国中小型电机行业处于前列。作为全国第一个出口厂家，自1962年以来首创的PEM牌电机行销亚洲、美洲、欧洲和大洋洲20多个国家和地区，年创汇可达500万美元以上。

该厂先后获得国家二级企业、国家一级计量企业、全国机电产品出口先进企业、花园式工厂荣誉称号，获机械电子工业部质量管理奖，主要产品曾获国优银质奖。

北京重型电机厂

地址：北京市西郊吴家村　邮码：100039　电话：8219552　电挂：9649　电传：8214425　厂长：李巨宾

简介：该厂是中国大型火力发电设备和电动机制造厂之一，国家大型一档骨干企业。该厂建于1958年，占地面积150万m^2，建筑面积54万m^2，现有职工近8000名，其中工程技术人员1000余名，高级工程师200余名，拥有国有资产原值2.7亿元，技术装备1600余台（套）。

主要产品有大中型电站汽轮机和汽轮发电机，大中型交流电动机和直流励磁机，各种汽车改装车，航机移动电站，电器产品和服装机械等。产品以满足国内市场为主，遍布全国30个省、自治区、直辖市，并销往国外13个国家和地区。

该厂系列生产6～200MW汽轮发电机组，并

与英法 GEC—ALSTHOM 公司合作生产 330MW 机组，其中 25、100、200MW 机组为部优产品，在用户中均享有盛誉。

1993 年发电机和汽轮机产量均超过 100 万 kW，销售收入 3.8 亿元，实现利税和出口创汇均有较大增长。该厂先后荣获国家计量一级企业、国家二级企业、全国先进集体“五一”劳动奖状、全国电机行业优秀服务企业单位、全国现场管理先进单位等称号。

北京市微电机总厂

地址：北京市右安门外东滨河路　邮码：100054 电话：3291117　电挂：1250　传真：3292495　厂长：王智杰　总工程师：刘尤达

简介：该厂始建于 1962 年，是机械工业部重点企业，隶属于北京市仪器仪表工业总公司。该厂现有职工 1400 余人，其中工程技术人员 100 余人，企业占地面积 5.8 万 m^2，固定资产原值 2711 万元，生产各类小电机 300 余种，年生产量 50 万台。产品行销国内 26 个省 200 余个市，远销美国、德国及东南亚许多国家。1988 年该厂生产的 YJF 罩极电机获国家优质产品银质奖；1989 年经国家计量局验收，定为二级计量单位；1992 年经国家电工产品委员会认证通过分马力电机产品安全认证；1993 年被国家统计局工交司命名为中国 500 家最大电器机械及器材制造企业之一。

西安电机总厂

地址：西安市东郊金花北路 61 号　邮码：710032　电话：3232167　电挂：1466　传真：(029) 3235018　厂长：杨万福　总工程师：邢裕吉

简介：该厂始建于 1955 年，原名西安中兴电机厂，1962 年 8 月与上海迁来的建工部西安电机厂合并成现名。该厂是中国机械工业系统电机生产的大型骨干企业和电机出口基地，国家二级企业，列全国 500 家最大电器机械及器材制造企业第 291 位。全厂职工 23500 人，占地面积 24 万 m^2，生产能力达 125 万 kW，年产值 1.5 亿元，年销售额 2 亿元。

主要产品：Y 系列小型交流电机，JS、JR 中型交流电机；Z_2、Z_4 直流电机；ZTP 铁路专用直流电机，6kV 高压电机。产品多次获国优银质奖和部优称号。

山西省互感器厂

地址：山西省临汾市五一东路 66 号　邮码：041002　电话：214159、214688，　电挂：0062　厂长：相浩卿　总工程师：相浩卿

简介：该厂创建于 1966 年，是专门从事互感器和互感器校验仪生产的专业厂，机械工业部和山西省机电厅重点企业，现占地面积 7.7 万 m^2。

主要产品有 0.2～0.001 级多量程精密互感器、电流比较仪、手动与自动互感器校验仪及其整体检定装置、互感器负载箱和 35kV 及以下油浸式、干式和浇注式电力用互感器等，并且已开发出为电气化铁路配套的 27.5kV 互感器。其中，HEZ−1 型数显自平衡互感器校验仪和 HEG4 型互感器校验仪曾获机械电子工业部科技进步二等奖和优质产品奖。1992 年从德国引进一套环氧树脂真空浇注设备，使该厂技术水平居国内同行业领先地位。

北京第一低压电器厂

地址：北京市宣武门外老墙根新桥胡同 2 号　邮码：100053　电话：3031837　电挂：2110　厂长：何景端

简介：该厂始建于 1958 年，是机械工业部生产低压电器元件的定点企业之一，是北京市计量定级三级企业。该厂占地面积 30747m^2，建筑面积 10872m^2，现有职工 680 余人，其中工程技术人员 76 人。

该厂主要产品有 LW2、LW5 系列万能转换开关，HZ10 系列组合开关，HZ12 系列电源开关，JB−DY 系列手动消防报警装置，DW15 系列空气断路器，DZ20 系列塑壳式断路器及各种接线座和电控设备。上述 LW2 和 HZ10 系列产品已获国家机械委颁发的生产许可证，手动消防报警器装置通过了国家级质量检验。

北京电器元件厂

地址：北京市丰台区南苑镇李家庄 4 号　邮码：100076　电话：7091678、7092545　电挂：0588　传真：(01) 7092545　厂长：张士连　总工程师：呼　连

简介：该厂是国内生产塑壳断路器和有填料熔断器的定点专业化厂家，有 40 年历史，是机械工业部重点企业，国家二级计量单位。现有职工 700 余人，工程技术人员占职工总数 10%；固定资产原值 1004 万元，净值 612 万元。

主要产品：(1)塑壳断路器 DZ10、DZX10D、DZ20、DZ47 型 4 大系列（电流等级 5～1250A，最高分断 100kA），DZ20、DZ47 系列为更新换代产品；技术性能具有国际 80 年代水平，符合国际 IEC 标准，1250A 产品获国家科技成果三等奖；(2) 有填料管型熔断器 RS0、RS3、RT0、RT20 型 4 大系列，其产品用于输配电线路保护，其中 RT20 是更新换代产品，符合国际 IEC 标准和德国 VDE0639 标准；(3) 电磁式交流接触器 CJX2 系列（电流等级 9～80A），作远距离接通和分断电路之用，并适宜频繁起动及控制交流电动机。还有 JEC4 接触式继电器系列产品。上述产品均获机械工业部、国家技术监督局颁发的许可证。

1993 年完成工业总产值 3380 万元，利润 236 万元。1993 年该厂被市机械工业管理局评为明星企业。

天津市软线总厂

地址：天津市东丽区程林庄工业区 邮码：300163 电话：4370883 电挂：1674 厂长：冯浩然 总工程师：李仁夫

简介：该厂是机械工业部电线电缆专业定点生产厂，是天津市机械工业管理局所属中型全民企业，具有40多年的发展史。占地面积22313m^2，其中建筑面积12400m^2，固定资产原值1110万元，现有职工800名，其中科技人员147名。

企业主导产品：电气装备用电线电缆、电力电缆、通讯电缆3大类、7个系列、32个品种、3000多个规格。企业具有电线电缆从开发设计到全性能试验及大批量生产的能力。该厂以优良的产品质量，良好的产品信誉，跻身于国内外市场，多年来该厂产品不仅在国内拥有广阔市场，而且远销美国、澳大利亚、日本、新加坡、香港、台湾等国家和地区，深受国内外用户的信赖。该厂始终贯彻“质量第一”的宗旨，先后创出市优产品5个、部优产品1个、国优产品2个。

1990年该厂被授予“七五”立功先进企业，1991年晋升为国家二级企业，1992年名列天津市工业综合效益指数前100家企业之一，企业相继还获得“重合同，守信誉”单位、国家节约能源二级企业、国家档案管理二级企业等称号。

天津市蓄电池厂

地址：天津市河北区红星支路6号 邮码：300240 电话：6321628 电挂：0628 传真：(022) 6320817 厂长：董国才 总工程师：吴克明

简介：该厂始建于1937年，是生产铅酸蓄电池企业，是机械电子工业部重点企业、国家二级企业。年产能力达35万kVA·h、50万只蓄电池。

该厂生产的渤海牌铅酸蓄电池有起动型、蓄电池车型、固定型、摩托车型和小型阀控密闭型5大类、百余种规格，其中免维护起动用蓄电池已达国际当代水平。

该厂具有雄厚的技术力量和先进的生产工艺，引进了日本、加拿大技术、生产线和检测设备，具备生产符合日本JIS、美国SAE、德国DIN和国际蓄电池协会BCI标准多种蓄电池能力。生产各种规格蓄电池均具有容量大、寿命长、耐振动、耐低温等性能。该厂生产的蓄电池正广泛地配备在解放CA141、北京吉普、切诺基、金杯、夏利、大发、雁牌、三峰、北京轻型五十铃系列、黄河、斯太尔、奥拓、山东750等牌汽车上，同时还可为多种进口汽车所选用。小型阀控密闭蓄电池则用于摄录象机、通讯设备、测量仪器、家用电器、电动玩具和UPS电源等。渤海牌蓄电池还出口20多个国家和地区，在国际市场享有很高声誉。

主导产品渤海牌蓄电池，1983年获部优质产品奖，1985年获国家银质奖。该厂推行全面质量管理，1986年获机械工业部质量管理奖。

承德市自动化计量仪器厂

地址：河北省承德市水泉沟路1号 邮码：067000 电话：223915 电挂：4882 传真：223915 厂长：闫纪存 总工程师：王汉义

简介：该厂是国有中型二挡企业，是机械工业部重点企业、产品出口基地之一，省骨干企业。

该厂主要生产大型动态工业电子秤、生产线连续喂料称量设备、高精度负荷传感器、电工仪器仪表、机械产品等5大类、100多种规格产品。产品可以广泛服务于矿山、石油、化工、冶金、电力、建材、轻工、食品等领域。产品销售国内24个省、市、自治区，并且销往伊朗、巴基斯坦、马来西亚等国家。产品技术先进，质量可靠。连续称量设备是引进德国制造技术，为当代国际水平。轨道衡是国优、部优产品。

该厂信誉可靠，以用户满意为服务宗旨。

承德热河克罗尼仪表有限公司

地址：河北省承德市东兴路东22号 邮码：067000 电话：(0314) 230784 电挂：8221 传真：(0314) 228481 总经理：马保华 总工程师：王再江

简介：该公司是由承德热河仪器厂与德国科隆公司合资生产金属管浮子流量计的厂家。该公司于1991年7月开业，注册资本由开始的1625万元增至4300万元。

现主要生产经营H系列、DK系列金属管浮子流量计及配套产品，DW系列流量开关。产品部分返销德国。该公司生产的H27金属管浮子流量计获1990年河北省优质新产品一等奖，1992年又被列为国家级重点新产品。

企业开业两年多来取得了良好的经济效益，多项主要经济指标在同行业名列前茅，并多次受到省、市有关部门的表扬和奖励。

泊头市仪表总厂

地址：河北省泊头市南仓街461号 邮码：062150 电话：222212 电挂：5903 传真：(03439) 222822 厂长：沙润洲 总工程师：于宗淮

简介：该厂是1947年建厂的国有企业，现有职工810人，固定资产1400万元，是本地区建厂久、效益高的机械工业部所属重点企业，泊头市利税大户之一，各项经济指标在全国同行中名列前茅。

该厂主要产品有：蒸汽流量计、车用加热器、节流装置。近几年，该厂先后又开发出智能式流量计、食品流量计、涡街流量计、电机参数测试仪和新型加热器。蒸汽流量计曾获国家优秀新产品“金龙”奖，原国家经委两次向全国推广该节能产品。蒸汽流量计、节流装置和加热器都是河北省优质产品，1993年研制的新型加热器荣获河北省机电科技进步一等奖。

上海自动化仪表股份有限公司

地址：上海市北京西路1421号　邮码：200040　电话：2471057　电挂：81498　电传：2471680　董事长兼总经理：周永清　总工程师：汤振生

简介：该公司创立于1993年12月，是由原国家大型一档企业上海自动化仪表公司改制而成，并经政府批准向境内外公开发行人民币A种股票和B种股票。

该公司下属有20个分公司、厂及15个中外合资企业，目前有职工1.4万余人，具有中等专业以上学历的人员和具有各类专业技术职称的人员分别占职工总人数的37.24%和30.8%。

该公司是国内外著名的自动化仪表生产基地，经营规模列全国同行业首位，是中国和上海市500家最大工业企业之一，并列入中国大中型工业企业技术开发实力百强之一，1993年被命名为上海市高新技术企业和经国家经贸委批准获进出口自营权。

该公司主要生产经营工业过程自动化控制仪表及其系统装置、工控计算机、仪表元器件等，计有20个大类、150个系列、近3000余个品种，是上海市第三支柱产业电站设备的重要组成部分，并广泛应用于石油、化工、冶炼、轻纺等行业。

近三年来，公司先后获得19项上海市优秀产品奖，7项国家实用新型专利，13项国家级科技奖，54项国家、部、市级优质产品奖；为国内外50多个火电厂和核电厂共100余个机组（共2500万kW容量）提供了优质成套自动控制系统；公司其它产品还出口美洲、欧洲、东南亚、南亚、中东等国家及港、澳、台地区。

该公司推行ISO9000《质量管理和质量保证》系列标准，已获得核电站设备合格供应商的资格确认。

1993年，公司主营产品产值5.3亿元，实现利润5600万元。

上海福克斯波罗有限公司

地址：上海漕宝路161号　邮码：200233　电话：4701602　电挂：9962　电传：33135　传真：4700447　总经理：王震峰　总工程师：LAWRENCE H. RYAN

简介：该公司系我国第一家中美合资企业，总投资额为2500万美元，注册资本为1466.1万美元，主要经营工业过程自动化测量及控制仪表的制造、销售系统工程技术服务，并承担美国FOXBORO公司对中国经销总代理及上述有关进出口服务。

该公司自1983年4月开业以来，曾经两次被评为全国最大“十佳”合资企业，三次被评为全国500家最佳经济效益企业，仪表行业第一名；1989年以来连续被评为全国外商投资“双优”企业；还被选为全国300家最大合资企业之一，最近被评为1993年全国外商投资先进技术企业。

该公司还在1991年11月获得国际认证机构（DNV）颁发的ISO9001合格证书，成为全国第一家通过该机构认证的企业。

宁波水表厂

地址：浙江省宁波市新河路351号　邮码：315040　电话：（0574）7332931　电挂：3173　传真：（0574）7376630　厂长：张世豪　总工程师：叶显苍

简介：该厂建于1958年，是机械工业部重点骨干企业、国家二级企业、扩大机电产品出口企业、计量一级企业、全国水表行业中最大厂家，隶属宁波市机械局。现有职工1305人，其中专业技术人员120人，固定资产1254.75万元，厂区占地面积为5.8万m^2，其中建筑面积4.7万m^2。

生产的大口径和小口径水表分别获全国水表行业唯一的国优金质奖和银质奖，按国际标准生产的产品远销欧洲以及美国、泰国、香港等国家和地区。

1993年销售额为4630.8万元，创汇351万美元，产品质量及出口量都居全国同行业前列。

国营青岛计数器厂（中德合资青岛亨斯特勒自动化仪表有限公司）

地址：山东省青岛市台东八路50号　邮码：266021　电话：3836168、3833377　电挂：2250　传真：3836168　厂长：毕万里　常务副厂长兼总工程师：咸学才

简介：该厂是机械工业部重点企业，也是国内生产电磁计数器、计量器、报警器、编码器、接近开关等各种自动化器件的专业化厂。

该厂自1984年通过技术引进和在1993年与德国亨斯特勒公司合资生产经营后，已拥有60余台（套）世界先进水平的设备、工装和SMT电子生产线，其产品的品种、质量水平以及生产规模均居全国同行业领先地位，用户遍布全国各地。产品从1989年起已出口几十万只到美、德、澳和西欧、东南亚等国际市场，是国内唯一的计数器、计量器出口的厂家。

开封仪表厂

地址：河南省开封市汴京路　邮码：475002　电话：225988　电挂：0308　电传：470503KFF－CN　传真：225988－18877　厂长：王慕梁　总工程师：涂长哲

简介：该厂是全国最大的流量仪表生产专业厂，机械工业部骨干企业，河南省高技术企业。该厂设有国家水大流量计量站和机械工业部流量测试中心站及流量仪表研究所。其技术力量雄厚，拥有

职工 1889 人，工程技术人员占 30%以上。

通过研制、开发，目前该厂主导产品已发展为涡轮流量计、金属管转子流量计、电磁流量计、腰轮流量计等系列 90 多个品种、400 多个规格的工业自动化仪表。

近十年来先后从英国肯特公司和美国西屋公司引进电磁流量计和超声流量计的设计、制造技术，其主导产品质量达到 80 年代国际水平，有两项产品通过采用国际标准验收。获部、省优产品有 7 种，产品优质品率达 44%。产品广泛应用于石油、化工、冶金、能源及城市供水、供热等方面。

1993 年完成工业总产值 4509 万元，税利总额 678 万元。

武汉仪器仪表自动化工业（集团）公司

地址：武汉市前进四路 160 号　邮码：430014　电话：2831145　电挂：2244　传真：(027) 211454　总经理：宋金生　总工程师：饶培棠

简介：该公司（又名：武汉威科集团公司）是生产工业自动化仪表及装置和以复印机为代表产品的办公机械的主导厂家，国家大型一档企业，中国 500 家最大工业企业之一。

该公司拥有 1 个中央技术研究院，5 个专业研究所，10 个工厂，40 多个公司。有部分分公司和 156 家经营部及经销、代销点设立在除西藏、台湾以外的中国主要大中城市。

该公司现有职工 9579 人，占地面积 27 万 m^2，建筑面积 18 万 m^2，总资产 5.7 亿元。

该公司享有对外经济贸易部授予的外贸经营权，直接从事外贸进出口业务，1993 年创汇 82 万美元。

湖南仪器仪表总厂

地址：长沙市望城坡　邮码：410205　电话：8883941　电挂：0731　电传：8883948　传真：8883948　厂长兼总工程师：张晓东

简介：该厂（原湘西仪器仪表总厂）是国家机械工业大型重点骨干企业。总厂下设天平仪器厂、动力测试仪器厂、微型电机厂、离心机厂、探伤仪器厂、自动化仪表厂、仪表成套厂、汽车仪表厂、电子仪器厂等 9 个专业生产厂和长沙科学仪器研究所。全总厂现有职工 2987 人，各种专业技术人员约 1000 人。其中工程技术人员 368 人，高中级职称人员 370 人。

该厂积极开发和引进国内外先进技术和产品，生产各种机械、电子精密分析天平、水份测定仪器、颗粒测定仪器，动力机测试仪器，超速、高速、低速大容量及台式系列离心机，医疗仪器仪表，农用、工业用软 X 射线机及磁粉探伤机，各种微型电机、仪表电机，工业自动化仪表及仪表成套设备，汽车仪表，电子遥控仪器等 11 大类、400 多个品种规格的机电一体化产品。其中 15 项填补国家空白，42 项获国家奖，68 项获省、地、市科技成果奖，10 种产品获部优、省优称号。

机械工业部重庆工业自动化仪表研究所

地址：重庆市北碚区施家梁　邮码：630708　电话：8862981　电挂：01110　传真：8862414　所长：江志道

简介：该所是一所多学科、多专业、以应用技术为主的综合性工业自动化研究所，是国家仪器仪表行业技术归口研究所之一，也是机械工业部工业控制实时软件开发中心和机械工业部过程控制系统产品质量监督检测中心。1966 年由原第一机械工业部上海热工仪表研究所一分为二内迁重庆。现有职工 600 余人，其中高级工程师 70 余人、工程师 200 余人，科研人员约占 60%，拥有一批从事专业技术工作 20 年以上的技术人才。科研领域有新型检测仪表、电动仪表、气动仪表、智能式仪表、DDZ-S 系列仪表、数据采集处理系统、工业控制微型计算机系统、分散型控制系统、工业企业计算机管理系统、工业控制实时软件系统及工业自动化系统设计研究。建所近 30 年来，取得科研成果 2000 余项，获国家、部（委）、省（市）科技进步奖等 150 多项，是机械工业部、四川省优秀科研单位、重庆市文明单位。

西安仪表厂（集团）

地址：西安市劳动路北口　邮码：710082　电话：4261921　电挂：6644　电传：70009 XITMF CN　传真：4262563　厂长：施金昌　总工程师：顾永明

简介：该厂是“一五”期间由民主德国援建的国家重点工程。1954 年 6 月筹建，1960 年 4 月投产。现有职工 5641 人，主要生产石油、化工、电站、冶金、轻纺、食品、建材、机械、电子等工业部门和科研、军工单位以及出口成套项目所需要的检测、自动调节仪表与成套控制装置。厂区占地面积 34 万 m^2，建筑面积 26.5 万 m^2。厂下设 16 个分厂、2 个研究所、一个全国压力测试中心，还组建了 2 个合资企业、3 个经营性公司、7 个联营分厂。固定资产 1.54 亿元。系我国目前最大的综合性工业仪表与装置制造厂。

该厂经过“六五”、“七五”技术改造，先后从日本、美国三个公司引进 I 系列全电子控制装置、1151 电容式变送器、YS-80 单元数字控制系统、精密压力表、数字压力表、分散型综合控制系统(DCS)、444 温度变送器、μR-100F、1151Smart 等 9 个系列先进产品及生产线。该厂自行开发出数字组装仪表、小型控制装置等十余种具有国际 80 年代水平的新产品，部分进入当今最新水平。该厂先后创国优银质奖产品 4 种、省部优产品 15 种、一等品 21 种。产品技术水平、质量和系统成套率均居全国同行业首位。

该厂 1993 年首次荣获全国“五一”劳动奖状，

连续四年被国家统计中心评为全国500家利税最大工业企业之一，被评为机械工业相关十行业利税百强企业之一、全国质量效益型先进企业等。

鞍山自控仪表（集团）股份有限公司

地址：辽宁省鞍山市铁西区体育街20号　邮码：114012　电话：（0412）814354　电挂：6666　传真：（0412）814558　厂长：曲金凯　总工程师：欧光林

简介：该公司（鞍山热工仪表厂）是机械工业部重点企业，是国家定点生产执行器、调节器和定位器的专业厂，近几年又先后从日本、德国引进了阀门定位器、3610型电子执行机构和自力式压力、温度、流量调节阀等具有国际先进水平的产品，形成了质量可靠、性能先进、种类繁多、规格齐全的产品体系。

该公司具有30多年的生产历史，现有资产总额7300万元，职工900人，高中级工程技术人员50人。技术力量雄厚，有先进的经营管理手段和质量控制手段。主导产品气动薄膜单双座调节阀获同类产品唯一的国优银质奖，其他产品分别获省、部优质产品称号。1988年被评为国家二级企业。1989年以来该公司连续获省政府颁发的效益杯，经济效益始终保持良好的持续增长势头。

1993年实现销售收入6000万元，利税总额1500万元，人均利润超万元，主要经济技术指标均居全国调节阀行业首位。

丹东热工仪表厂

地址：辽宁省丹东市元宝区兴东街87号　邮码：118001　电话：444446　电挂：3583　电传：812009　传真：24764　厂长：柳忠安　总工程师：宋茂强

简介：该厂是机械工业部重点企业，是全国最大的生产煤气表专业厂家，国家一级计量企业。全厂占地面积2万m^2，拥有职工1100余人，固定资产原值2300万元。

主要生产两大系列、12个规格型号的家用、工业用煤气表，产品广泛应用于管道煤气、天然气和沼气的计量。该厂具有年产家用煤气表50万只的生产能力，产品水平达到国际80年代水平，符合国际法定计量组织颁布的QIML标准。该厂产品曾荣获省优、部优产品称号，并成为全国众多的煤气表产品中唯一被国家确定推广使用的节能产品，产品畅销全国，并出口罗马尼亚、俄罗斯等国家。

常州热工仪表总厂

地址：江苏省常州市竹林南路8号　邮码：213017　电话：8811301（总机）　电挂：1071　传真：（0086－519）8820729　厂长：殷忠富　技术副厂长：黄守宏

简介：该厂1957年建厂，是生产工业自动化温度、流量检测仪表的专业工厂，系机械工业部重点企业和省骨干企业。占地面积5.5万m^2，建筑面积2.9万m^2。主要设备（包括从德国引进的关键设备）164台（套），固定资产原值1539万元，净值1045万元。

主要产品：各种系列玻璃转子流量计（国优）、各种系列双金属温度计（部、省优）、系列数显调节仪表、玻璃温度计等4大类、12个系列、13000多种规格的自动化仪表；引进产品DK800型、VA／SA／FA10型和20型、GA24型玻璃转子流量计以及近年开发的自力式流量调节器、微电脑流量积算器、时间继电器、可调角双金属温度计、涡街流量计、金属转子流量计等。还生产耐腐蚀、防水、防震、报警等各种变型品种的流量、温度检测仪表。主要产品的市场占有率为25%以上，优质产品产值率为58%。

天津市中环电工仪器仪表公司

地址：天津市津南区咸水沽西大桥　邮码：300350　电话：8392161　电挂：4180　经理：宋长泰　总工程师：孟　寒

简介：该公司是机械工业部和天津市的重点企业，是中国电工仪器仪表主要生产厂家之一。其前身是建于1956年的公私合营电工仪表厂。1960年经国家投资扩建，更名为天津市电表厂。1987年组建的天津市中环电工仪器仪表公司。现有职工1005人，占地面积75000m^2，固定资产原值1473万元。

主要产品有以“腾马”为注册商标的精密电表、电度表、电工量变送器、直流仪器、数字电表、校验装置及远动装置等7大类。产品销往全国各地，其中具有过载能力大的磁推电度表还销往东南亚等地区。并有5个产品荣获部优、市优产品称号。

哈尔滨电表仪器厂

地址：哈尔滨市南岗区学府路1号　邮码：150080　电话：6662765　电挂：1717　电传：87121HEMIW CN　传真：（0451）6661332　厂长：关立民　总工程师：郭振修

简介：该厂位于哈尔滨市区西南部，距哈尔滨火车站5km，距哈尔滨航空港30km，交通便利。

该厂于1953年建厂，厂区占地面积12.2万m^2，厂区建筑面积7.8万m^2，职工人数5300名，工程技术人员556名。

目前生产电能计量仪表、电能监控装置、实验室电表、电子仪器及照相机5大类产品，年出口额数百万美元，是海内外知名的大型综合性仪器仪表企业，产品在国内外享有很高的信誉。

该厂于1993年与外商合作建立了生产条码技术装备的合资企业，建筑了面积为1.1万m^2的7层综合大楼，为兴办合资企业提供了新的有利条件。

上海电度表厂

地址：上海市宜山路829号　邮码：200233　电话：4369343　电挂：86051　传真：4700830　厂长：章敬德　总工程师：王涌泉

简介：该厂（原名和成电器厂）创建于1952年，是国内最早生产电度表的专业化厂，是机械工业部的重点企业，是上海市的新兴技术企业。现有职工850人，高、中级以上工程技术人员百余人，固定资产3650万元。

该厂主要产品有单、三相电度表，标准电度表，多功能电度表，特殊用途电度表，电度表校验装置5大系列产品，主导产品D86系列单、三相电度表获国家科技进步二等奖，其中2个品种获行业唯一的国优银质奖，9个品种获上海市名牌产品称号。

该厂与美国通用电气公司合作开发的DSD3型多功能电度表，是90年代国内外电力系统趋于使用的机电一体化高科技产品，是上海市名牌产品。多功能电度表系列化将成为该厂新的经济增长点。

1993年完成工业总产值8252万元，实现利税612万元。

上海第二电表厂

地址：上海市徐汇区宜山路825号　邮码：200233　电话：4369600　电挂：86035　传真：4704444　厂长：厉美云

简介：该厂已有30多年厂史，是机械工业部重点企业、国家二级企业。全厂职工807人，其中各类专业技术人员及专业管理人员占1/3以上。工厂建筑面积2.4万m^2，全部固定资产3000万元，地处漕河泾新兴技术开发区，属高新技术企业。

该厂主要生产精密电表、交直流标准电流电压源、动平衡试验机、转矩转速测量仪、钳形功率表、汽车计价器及其配套产品等测试仪器。产品遍销全国，部分产品销售国外。该厂连续十四年被评为全国电工仪器仪表行业经济指标优胜单位，荣获机械电子工业部质量管理奖、企业管理奖和工艺管理先进单位，1993年被列为全国500家最佳经济效益企业之一。

上海第四电表厂

地址：上海市武夷路155号　邮码：200050　电话：2525420　电挂：2707　传真：(021) 2520552　厂长：孔灶碗　技术副厂长：张锦龙

简介：该厂隶属上海市仪表集团公司，创建于1949年10月，为全民所有制企业，是机械工业部重点企业，国家二级企业。

该厂生产工艺先进，在国内仪表行业中首先采用单板机控制自动分选立体传送流水线生产作业。

星牌为该厂产品的注册商标。

该厂专业生产模拟式万用电表、数字万用表、数字面板表和磁性测量仪器。产品有3大类40余种，其中主要产品MF64型、MF368型、MF96cx型、500型万用电表等相继获得机械电子工业部优质产品及上海市优质产品称号。产品广泛用于工厂、学校、国防、科研等各个领域。

自1950年以来，该厂产品一直以万用电表品种多、规格齐、质量可靠而畅销市场，部分产品还销往港澳、东南亚、西欧及美国，出口量逐年递增。

该厂1988年被评为上海市质量管理先进单位，1989年获国家二级企业称号，1990年被评为机械电子工业部质量管理先进单位，1991年获机械电子工业部工业先进企业称号。

上海第五电表厂

地址：上海市吴中路126号　邮码：201103　电话：2428733（总机）　电挂：9048　传真：4386721　厂长：史伯效　总工程师：周曙明

简介：该厂建于1958年，是机械工业部重点企业。该厂毗邻虹桥开发区与漕河泾新兴电子工业区，占地面积1万m^2，固定资产800万元。

主要产品：精心牌D86系列单相、三相电能表，全国唯一配套电气列车用的机车电度表，带微机的电能表测试仪，光电一体化的多功能光电变换器，国内首创的多功能真空保鲜机。该厂是电度表行业中出口最早、批量最大、出口面最广的企业，产品远销35个国家和地区，累计创汇2800万美元。该厂1992年被评为局级出口优秀企业，1993年被国家定为自营出口企业。D86系列电能表1991年获市优产品证书，1993年被评为市名牌产品。真空保鲜机1992年及1993年获市优新产品奖和工业产品设计成果奖。

青岛电度表厂

地址：山东省青岛市雒口路34号　邮码：266021　电话：(0532) 3833297　电挂：1428　传真：(0532) 3833409　厂长：李国生　总工程师：王传藩

简介：该厂建于1958年，60年代研制生产D10系列电度表，80年代末开发D86系列电度表，1976年开始出口产品，1980年出口量达到40万只。现有职工1400人，其中工程技术人员100余人，厂区占地面积2万m^2，建筑面积2.3万m^2。该厂多年来是全国电度表行业的骨干企业，下设模具公司、电镀公司和物资公司，各自独立经营。该厂年生产能力达180万只。

主要产品有单相和三相电度表、复费率电度表、最大需量表、脉冲电度表、电力监控仪、定时开关钟等，已形成品种齐全的系列化产品。青表牌为其注册商标，获得中国社会调查事务所“中国公认名牌产品”证书和中国保护消费者基金会“1993年全国消费者信得过产品”证书等荣誉。

1993年销售收入8823万元。1994年被选定为青岛市有限责任公司试点单位之一。

湖北沙市市电工仪器仪表工业公司

地址：湖北省沙市市西区太岳路　邮码：434002　电话：(0716) 213166　电挂：5903　传真：(0716) 213166　经理：胡天德　总工程师：陈存勇

简介：该公司是我国汽车空调器、家用空调器制造业中具有较强实力的一支轻骑兵，产品具有广泛的覆盖面和市场占有时间的长远性。企业组建于70年代末，现有职工1000余人，拥有总资产2.9亿元。已分别从美国、日本、意大利等国引进了三条生产线及一条全自动检测装置，并同步引进了美国、日本先进的软件技术，已形成单班年产20万台（套）的生产规模。该公司在湖北省仪表行业中雄居第一，是全省机械行业30家重点企业之一，被列入机械工业部仪表行业150家重点企业之中，又是全国汽车行业零部件配套“小巨人”企业50家之一。企业在“九五”期间工业总产值将达到20亿元，成为国家规划最大的汽车空调加工基地和检测中心。

兰州长新电表厂

地址：兰州市安宁区长新路4号　邮码：730070　电话：7666441　电挂：3737　传真：7666201　厂长：李玉龙　总工程师：杨秉哲

简介：该厂是生产电能计量仪表和校验装置的定点专业工厂，是机械工业部和甘肃省重点企业，也是西北、西南地区最大的电能表生产企业。现有职工1200余人，工程技术人员200人，拥有固定资产1500万元。工厂技术先进，实力雄厚，能生产单、三相分时计度表，单、三相电力定量器及测试校验装置等8大系列、150多种规格产品，并具有年产120万台（套）的生产能力。产品生产运用了光电校验装置和计算机校验系统，产品质量稳定可靠，获得省优、部优产品称号。工厂管理基础雄厚，连续十年保持省级设备管理优秀单位称号。1989年获机械工业部颁发的设备“部优”称号。

上海雷磁仪器厂

地址：上海市安亭昌吉路149号　邮码：201805　电话：9567340　电挂：8037　传真：9529203　厂长：方培琦　总工程师：徐力言

简介：该厂创建于1953年，是我国第一家分析仪器生产厂，是国家二级企业。主要经济指标始终名列分析仪器行业的前茅，是上海市认定的高新技术企业。现有职工580人，各类专业技术人员270人，年生产能力3万台（件）。

其产品有电化学分析仪器、电站水质监测仪、红外气体分析仪等3个体系、14大系列、80余个品种。产品广泛应用于化工、冶金、轻工、环保、医药、科研、文教、纺织等行业。雷磁牌电化学分析仪器享誉全国。PHS-33C数字酸度计、PHS-2C精密酸度计为部优质产品。近年来，该厂重视技术引进和智能化分析仪器的开发和生产，提高了电化学分析仪器的水平。

长春第一光学仪器厂

地址：长春市南岭大街副6号　邮码：130022　电话：5684634、5683627　电挂：6331　传真：(0431) 5684371　厂长：李乃春　总工程师：杨文元

简介：该厂建厂已有30年的历史，占地面积4万m^2，现有职工689人，具有较强的综合生产能力，是机械工业部重点企业和全国唯一的部规划光电编码器专业生产厂家。

该厂主导产品光电编码器，1990年获第二届中国机床工具博览会“春燕”奖，并被国家列为火炬计划项目，1991年又获国家高新技术产品金奖。该厂被市政府认定为首批高新技术企业；1992年该厂又承担了4项国家“八五”重点攻关课题，被高新技术产业开发区定为10户重点有带动性企业之一；1993年又被长春市评为企业管理“十佳”单位之一。

上海光学仪器厂

地址：上海市黄兴路1545号　邮码：200093　电话：5433311　电挂：0308　传真：(021) 5434415　厂长：杨鸿峰　总工程师：陈宗锡

简介：该厂是国内首家研制与生产光学仪器的国家大型二档企业，并是产品开发、工艺制造、质量控制等手段完备实力雄厚的光学仪器制造企业。

该厂生产光学计量仪器、物理光学仪器、医疗光学仪器、光学测试仪器、显微镜和教学实验仪器等6大系列、80多个品种，以及生产精密光学镜头和元件、镀膜、光栅、精密研磨、精密工具和加工光学镜片的各种磨料及辅料。该厂近年来又致力于开发新型光电子产品：液晶显示器、精密电磁阀及智能化的光机电算结合产品。产品深受用户欢迎，畅销50多个国家和地区。

上海新沪玻璃厂

地址：上海嘉定区环城路720号　邮码：201800　电话：9530272　电挂：8007　传真：9528160　厂长：方旭东

简介：该厂创建于1958年，系大型二档全民企业，隶属上海轻工业局。占地面积85398m^2，建筑面积45507m^2，固定资产净值1038万元，职工1026人，各类专业技术和管理人员163名。该厂系我国特种玻璃研制和生产的基地之一。

主要产品有光学、石英、饰品等新型特种玻璃。产品门类齐全、应用广泛、质量优异、畅销全

国、出口海外。该厂拥有齐全的生产装备，完整的测试手段和较强的科技力量。历年来，有40项科技成果获奖，其中，01透明石英玻璃管荣获国家银质奖，EO_1超声延迟线玻璃获上海市创优产品奖。

长春试验机集团公司

地址：长春市宽城区天光路9号　邮码：130052　电话：2938791　电挂：2394　电传：83130　CCTMFC　传真：2938791　总经理：潘万周　总工程师：赵仁义

简介：该公司是国家大型企业之一。多年来一直以高科技、高质量、多品种向国内外用户供应8大系列主要产品，并承接特殊、大型、精密、尖端试验仪器的研制。

主要产品有：液压式万能试验机系列、液压式压力机、数显液压卧式拉力机、静重式力标准机、标准测力仪、电液伺服动静万能试验机、岩土力学试验机、三轴应力机、岩石剪切流变仪、冰川冻土试验设备等。还有微机伺服六面顶压机、试验仪器及附属装置、汽车发动机无触点分电器等系列。

济南试验机制造总公司（集团）

地址：济南市济微路24号　邮码：250022　电话：7964401（总机）　电挂：1952　电传：739162F ERJN CN　传真：(0531)7964160　厂长：李培三　总工程师：赵树立

简介：该公司（集团）是集科、教、工、贸一体化的大型国有企业，国家二级企业，拥有外贸自主权。其前身为济南试验机厂，始建于1952年，是机械工业部生产精密测试仪器的骨干企业，在全国试验机行业评比中，获得了“五连冠”，并在1993年成为试验机行业唯一进入仪器仪表行业前50名企业。

该厂自生产试验机以来，已能生产15个系列140多个品种，其中WE-60、WE-30型万能试验机分获国优和部优产品称号。该厂与日本岛津公司合作生产的WAW-Y500型万能试验机达到了世界先进水平，荣获了国家级新产品奖，产品不仅畅销国内，而且远销到世界30多个国家和地区。

天水红山试验机厂

地址：甘肃省天水市秦城区红山路2号　邮码：741001　电话：(0938) 212330　电挂：1395　传真：212201　厂长：刘　浚　经营厂长：梁长山　总工程师：牛政山

简介：该厂1966年由长春迁建天水，是机械工业部的大型骨干企业，现有职工2000余人，年生产能力2000台（套）。该厂主要生产金属、非金属材料试验机（电拉、液压万能、微机电液伺服万能、高频疲劳、低周疲劳、弯扭复合疲劳、结构疲劳、动平衡、轨枕静载等试验机），振动试验设备（模拟地震振动台），力学传递测量仪器（力标准机、仪、传感器），电子衡器（轨道衡、汽车衡、飞机称重衡、吊钩秤、平台秤、料斗秤），剪板机和特种铸造机械等。在现有8大类、17个系列、166个品种产品中，获国优金质奖产品1项，部优产品3项，省优产品10项，5种产品被列入技术先进产品，41种产品分别获得国家和部、省级科技进步奖。

吴忠材料试验机厂

地址：宁夏回族自治区吴忠市　邮码：751100　电话：212210　电挂：6060　传真：214080　厂长：赵文生　总工程师：孙壬荣

简介：该厂始建于1958年，是机械工业部仪器仪表生产的重点企业。现有职工1094名，占地面积16.45万m^2，主要生产设备319台。

该厂生产的金属及非金属材料物理性能检测设备有：硬度、冲击、蠕变及持久、杯突、万能、拉力及包装件试验机计8个系列、近百个品种，曾为我国冶金、机械、能源、化工、动力、科研、军工等企事业和部门提供了各种系列的材料试验机及其成套设备，产品出口25个国家和地区。主要获奖产品情况：JB-30A、JB-30B冲击试验机获部优；HR-150、HR-150D洛氏硬度计和GBS-60数显杯突试验机获区优；RD2-3高温蠕变试验机获部优产品，并于1990年获国家科技进步三等奖、国家重大技术装备二等奖。

营口仪器厂

地址：辽宁省营口市站前区辽河大街一段东郊里37号　邮码：115001　电话：(0417) 342722　电挂：1381　传真：(0417) 342722　厂长：王树林　总工程师：王衍彬

简介：该厂是我国无损检测仪器和大型成套自动化探伤设备的重要生产基地，机械工业部重点企业，市属全民中型企业。

该厂现有职工1037人，其中工程技术人员80名，工人平均技术等级6.7级。占地面积56564m^2，建筑面积25112m^2，厂房面积18636m^2。其固定资产462万元，拥有各种设备、仪器280台。

该厂主要生产超声波探伤仪、磁粉探伤机、漏磁探伤仪、涡流探伤仪、大型自动化成套探伤设备等5个系列、30余种工业用无损检测产品。同时还生产超声波硬度计和橡胶、塑料材料试验机。

该厂有9种科研成果获部、省、市科技成果奖。

“七五”期间，该厂被列为机械电子工业部重点技术改造企业，引进国外先进的超声波探伤技术。“八五”期间也将对本企业进行技术改造。为提高产品质量、增加品种创造了良好的条件。

甘肃光学仪器工业公司

地址：甘肃省临夏市民主西路49号　邮码：

731100　电话：212810　电挂：0342　传真：(0930) 214396　总经理：魏克忠　总工程师：李乃容

简介：该公司是机械工业部大型骨干企业，是全国照相机、电影放映机重点生产厂家。主要产品有照相机械、电影放映机械、制片设备、电教设备、磁记录器、光学镜头和家用机床等系列产品。具有较强的模具设计制造能力和较高的光机电磁塑等综合技术水平。该公司现有职工3614人，其中工程技术人员307人。主要生产设备1199台，固定资产原值9019万元，净值5569万元。

该公司下属兰州照相机厂、模具厂、机床设备制造厂，与省机械工业集团合股创办的深圳中西照相机厂等十几个生产经营单位。

该公司近来研制的PG系列潘太克斯—甘光全自动相机具有当前国际先进水平，荣获甘肃省优秀新产品一等奖，是一种具有市场竞争能力的产品。

天津市文化办公设备集团公司

地址：天津市解放南路西江道1号　邮码：300221　电话：(022) 2385022　电挂：2475　传真：2381412　董事长兼总经理：刘金星

简介：该集团公司系由天津市复印设备公司与机械工业部天津复印技术研究所于1993年联合组建的全民所有制经济实体。现有职工2700人，建筑面积10万m^2，拥有各种设备仪器1656台（含引进生产线5条，引进设备280台），具备单班年产2万台静电复印机、3万只感光鼓、200t墨粉的综合生产能力。年销售额2亿元，上缴利税2000万元。集团公司所属的复印所是隶属国家部委的行业所，所属的复印公司是享有出口自主权的大型二档企业、国家二级企业和中国500家最佳经济效益企业之一。

上海施乐复印机有限公司

地址：上海市闵行经济技术开发区南谷路46号　邮码：200240　电话：4300480　电挂：SHXSL　电传：3036 3 XOSL CN　传真：4302489　董事长：钱文铣　总工程师：J·Yonovich

简介：该公司成立于1987年11月4日。公司由著名静电复印技术之父美国施乐公司和上海申贝办公机械公司、交通银行上海分行共同投资3000万美元兴建，是迄今为止中国仪器仪表行业规模最大的中美合资企业，也是我国复印机行业唯一的一家机、鼓、粉生产制造一体化的合资企业。

公司经营六年来，产量、销售量逐年提高，在全国复印机行业中始终保持产量、销售量和市场占有率三个第一。

公司主要产品有1027E、1027A、1027S复印机和引进生产的双色5026复印机。1993年11月该公司与美国施乐公司联合设计、共同开发的第一个新产品——5416复印机正式投放国内外市场。

1993年中，硒鼓厂LTQ小组在利兹荣获全球施乐LTQ比赛优胜奖。

1993年1027系列复印机和5026双色复印机同时被授予“中国保护消费者基金会推荐产品”的光荣称号。公司生产的施乐复印机继1992年获得“金桥”奖后，1993年又获此殊荣。

该公司名列全国最大500家工业企业的第498位，并在全国最大“三资”企业中居第61位和全国500家最大的机械工业企业中居第31位。

苏州仪表元件厂

地址：江苏省苏州市养育巷99号　邮码：215002　电话：5226621～5226625　电挂：1713　传真：(0512) 5222335　厂长：蔡以真　技术副厂长：王国强

简介：该厂建于1958年，是机械工业部重点企业，国家二级企业，省高新技术企业，全国仪器仪表行业50家最佳经济效益企业之一，全国100家最大日用电器制造企业之一，全国100家电子元件百强企业之一，工商银行AAA级信誉单位。该厂有职工700余人，设有苏州接插元件研究所、特区企业——珠海星联实业有限公司。机械工业部仪器仪表元器件产品质监检测中心机电元件分中心、省自动化仪表检测站亦设于厂内。

主要产品：(1) 仪表元器件：各类仪表放大器、变流器；(2) 接插件：汽车仪表开关及接插件、仪表接插件、复印机开关、膜片键盘、键盘开关、柔性印制板（缆）器件；(3) 科教设备：语言学习系统；(4) 电子衡器：微机动态轨道衡、汽车衡。产品已远销10多个国家和地区。

苏州晶体元件厂

地址：江苏省苏州市南门外苏嘉公路3号　邮码：215007　电话：(0512) 5251668、5251669　电挂：0006　传真：(0512) 5252285　厂长：张有粱　总工程师：卢逸生

简介：该厂始建于1960年，属全民所有制企业，是机械工业部的重点企业，国内最大的人造宝石、仪表宝石轴承、特种晶体元件、金刚石工具及宝石加工专用机床的制造厂之一。

该厂已有30多年的生产史，产品品种多，质量优良，生产批量大而享誉同行业。刚玉球形轴承、刚玉锥形轴承两个主导产品荣获国优银质奖。目前该厂主要产品有刚玉球形轴承、刚玉锥形轴承、刚玉通孔轴承、玛瑙轴承、磁性元件、人造宝石、宝石表镜、宝石记录笔尖、金刚石工具、特种晶体元件等9大类、数百个规格，产品销往国内外。该厂还为朝鲜和罗马尼亚承建同类型的工厂，获得这些国家的好评。

〔第Ⅷ部分责任编辑：王亚水〕

机械工业

发展预测

第Ⅸ部分

发电设备行业发展预测

建国以后的40多年，装机平均每年增长11%，到1993年达18万MW以上，其中水电装机约占24%。电力发展速度是快的，但全国缺电局面至今仍没有得到扭转。20世纪90年代到21世纪初是我国经济发展的关键时期，充足的电力是我国进行社会主义物质文明和精神文明的基本保证。我国发电设备行业任重道远，要励精图治，不断改革进取，加速开发和生产高效、低污染、造价低廉的高新发电设备。

一、国外发电设备技术发展趋势

世界先进工业国家都十分重视电力工业的发展。由于世界煤的储量比较丰富，石油和天然气储量有限，而再生能源和新能源如太阳能、核聚变能等还有一个发展的过程，因此，今后火电仍将是世界电力的主要能源，煤电越来越占有突出的地位，尤其是先进的清洁煤燃烧技术的开发，高效、低能耗、低污染、低造价已成为各国开发电力装备最主要的目标。当前火电机组单机容量大多为600～800MW，超临界机组仍是美、俄、日、德等电力需求巨大国家肯定的高效机型，随着技术的进步，运行可靠性的提高，超临界参数机组经济性愈会显示其优越性。机组效率不断提高，大多能快速启停，有较好的调峰能力，自动化水平亦不断提高，并采用更为可靠、更为灵活的集散型微机处理控制系统。环境技术有重大发展，“三废”基本得到控制，燃烧技术不断完善，烧劣质煤的大型锅炉发展迅速，为解决缺水地区发电，直冷型空冷机组单机容量已达到665MW，间冷型空冷机组单机容量已达到686MW，为改变输煤为输电提供了重要手段。

各国都在探索新世纪合乎需要的电力工业发展模式，以对付面临全球环境问题的挑战，力求开发电力与环境相协调的新技术，并十分重视开发和使用新的高效的燃烧技术、煤气化技术、高温燃气轮机技术及常压、增压流化床技术和联合循环发电技术，即燃油及燃气联合循环、煤气化联合循环、增压流化床联合循环、常压流化床联合循环等。这些联合循环装置都已在或将在2000年以前投入商业运行，其供电效率会达到43%～55%。美国在1990～2000年的电力规划中，计划新增10万MW发电设备，根据报导其中燃气联合循环机组为4.5万MW；韩国规划在今后15年内建设14座燃气联合循环电站，其容量9730MW，为新增总容量的25%多；日本将对2840MW的老火电厂用燃气联合循环机组进行改造。采用燃气联合循环不但效率高，而且具有投资省（电站部分）、运行成本低、减轻环境污染等优点。

同时各国都高度重视新能源发电，在美国的电力规划中，到2010年要使用风力发电装机达到5万MW；丹麦2000年规划风力发电要达到总装机容量的8%；荷兰要达到10%。1991年全世界风力发电容量是2210MW，发电量370万MW·h，从1981年到1991年的十年间，风力发电平均每年以64.8%的速度在增加。太阳能发电和太阳能电池也以较快的速度在增长，是美国、日本今后发展的重点。

近年来国外水电设备的发展，一方面考虑到水资源的开发条件，较多的开发低水头中小容量贯流式机组以及抽水蓄能机组；另一方面又考虑到经济性问题，向高水头大容量化方面发展，积极改善机组性能和提高水电站自动化水平。水轮机向大型化方向发展，单机容量不断增大，尺寸和水头也不断增加，国外单机容量大多发展500～700MW机组。当今世界上已运行的单机容量最大的混流式水轮机是美国大古力电站的835MW水轮机，其转轮直径9.9m，也是世界上最大的转轮；混流式机型中使用水头最高的是奥地利豪斯灵水电站的180MW机组，其水头高达734m。世界上已运行的单机容量最大的转桨式水轮机是由哈尔滨电机厂和日本日立公司合作生产的安装在我国水口电站的204MW机组，其水头达47m。近年来灯泡贯流式机组的可靠性、成本和性能上的优点得到确认，如灯泡机组与相同容量的立式机组相比，整个机组重量可减轻约25%，转速可提高约20%，电站投资可减少20%～30%。目前，在20m水头以下，多采用灯泡贯流式机组。世界各国生产大型贯流式机组愈来愈多，单机容量和转轮尺寸增大，使用水头也不断提高，国外大型贯流式机组最大单机容量为65.8MW，最大转轮直径可达8.2m。为解决电力系统中的调峰调频问题，国外大力兴建抽水蓄能电站，估计世界抽水蓄能电站装机容量已逾10万MW。安装在美国巴斯康蒂电站单机容量为457MW机组，是世界最大容量的抽水蓄能机组，最高水头和扬程有的约达955m。

近年来，世界核电的发展正处于一个稳步、持续增长的上升阶段，到1992年底，核电总装机容量已达到30.65万MW。世界上已有29个国家和地区相继建造了核电站，其中法国、比利时和瑞典核电量已占其总发电量50%以上。亚洲国家及发展中国家正努力发展核电，这是当前世界核电发展的一个新趋势，约20个发展中国家正在运行、建造和计划发展核电，亚洲国家如日本、印度、韩国都在大力发展核电。截至1992年8月底止，日本核电机组投运43台，在建10台，计划13台；印度投运8台，在建9台，计划8台；韩国投运9台，在建5台，计划13台；我国台湾现已投运6台机组，最近台湾第四核电站进行了招标，拟建2台先进轻水堆机组。西方国家核能发电在最近几年中虽无较大发展，但都在致力于核电技术的发展。全世界400多套核电机组积累的5600多堆·年的运行经验，为先进堆的开发提供了技术基础。先进堆研究在目前已取得很大进展，着重发展轻水堆。先进堆电站正在逐步进入商用阶段。两台先进沸水堆（ABWR）核电机组正在日本柏崎建造，分别将于1996年和1997年投入商业运行。3台N4机组正在法国建造。此外，还有一些先进堆型系统，如80^{+}、SBWR、AP600在1995年可能会有定货。先进堆被广泛研究，表明核能界、工业界对核能前景看好，更安全、更经济的核电站将使核能在满足能源需求、控制环境污染、减少温室效应等方面发挥更加重要的作用，技术上的先进性也将有助于公众接受核能发电，为核能在下世纪的发展奠定基础。

二、我国发电设备技术发展趋势

我国火力发电设备研制从50年代中期6MW中压机组起步，历时40年，现已发展到设计制造600MW亚临界压力机组。电站锅炉及汽轮机的蒸汽参数从中压、高压发展到超高压、亚临界压力；汽轮发电机电压从6.3kV发展到20kV，冷却方式已掌握了空冷、氢冷、双水内冷、水氢氢冷等技术。近十年来，我国新建火电机组容量也从以100～200MW为主发展到以300～600MW为主。为尽快缩小与国外先进水平的差距，通过引进和嫁接国外先进技术，与国外厂商合资和合作生产，积极开展科技攻关，使300、600MW大型火电机组技术性能和可靠性水平有一定提高，研制水平跃上一个新台阶。引进型300MW和600MW汽轮机经过优化设计，采用905和1000mm末级长叶片，热耗达到国际先进水平；锅炉方面，主要改进炉膛设计和制粉系统，扩大煤种适应范围，开发能燃用无烟煤等难燃烧煤种的“W”型火焰锅炉以及能燃烧劣质煤的循环流化床锅炉；汽轮发电机方面，主要是优化发电机冷却系统，提高600MW机组出力，使锅炉、汽轮机、发电机容量匹配更加合理。考虑到我国“三北”多煤少水地区建设发展的需要，建设坑口电站，改输煤为输电，调整我国电力布局。我国目前正积极开发大型空冷机组，现已研制了200MW空冷机组6台，今后将开发研制300～600MW空冷机组。随着集中供热和化工、造纸行业的发展，大型热电联供机组需求将会增长，除25MW以下应为供热机组外，还要积极开发研制300MW供热机组，使50～300MW供热机组形成系列产品。开发燃气—蒸汽联合循环和增压流化床燃烧（PFBC）、整体煤气化联合循环装置（IGCC）等高效发电方式，提高火力发电环保水平。我国以两台燃气轮机配一台蒸汽轮机为方案，现已具备发展100MW等级联合循环发电机组的能力，同美国通用电气公司合作生产的36MW重型燃气轮机也已趋成熟。今后将在扩大对外合作的基础上开发100～200MW燃气轮机，使我国具备研制功率等级300～600MW联合循环电站的能力。PFBC在我国还处于试验研究阶段，还有待进一步开发。加快IGCC的研制，它能进一步提高效率和煤的清洁利用。我国是产煤大国，积极开展IGCC发电技术的研究开发，更具有重要意义。

我国对不同水头段、不同转速、不同型式的水轮发电机组的制造技术水平，近年来也有长足发展。通过与国外厂商的合作生产，在混流式和轴流式水轮机组的科研设计制造领域，日趋接近当代世界水平。葛洲坝水电站170MW和125MW轴流式水轮机，其转轮直径分别为11.3m和10.2m，总推力达3800t和3300t；我国与国外厂商合作制造成功的世界最大轴流转桨式水轮机——水口机组，其单机容量为204MW；自行研制生产的龙羊峡320MW机组及低水头混流式岩滩机组，其单机容量为302.5MW，转轮直径达8m；与国外厂商合作研制开发的鲁布革高水头150MW混流式机组，其水头达372m。根据我国水电开发的布局，今后将在黄河上游、长江干支流、红水河流域及澜沧江等建设一批大型水电站，长江三峡水电机组为重点将采用单机容量为500～800MW的更大型水电机组；开发低水头资源将成为水力资源一个支柱，将要规划研制开发5MW大型贯流式机组；为解决电力系统中的调峰调频问题，发展400～600m水头段，200～300MW的单级混流可逆式水泵水轮机等。这些高水头、更大容量混流式机组、大型贯流式机组和抽水蓄能机组，尚处在起步阶段，有很多设计、制造的难题要探索攻克，今后要在自行开发研制的同时，通过技术引进和合作生产方式，进一步缩小与国外的差距，使我国水电设备研制更上一个新的台阶。

核电方面通过秦山300MW核电站的建设投运，以及出口巴基斯坦300MW核电站的生产，证明我国已基本形成了300MW核电站成套设备的供应能力。秦山二期2套600MW核电站的初步设计已经完成，并通过审评，有关设备研制的科技攻关工作正在全面铺开，只待资金落实，工程将于2000年前后建成。以后600MW核电成套设备供应可以基本立足国内。发展1000MW级核电站，目前国内技术尚不成熟，为了加速核电事业的发展，其设备可以成套引进，也可以由国外厂商总承包，引进部分关键设备，利用国内现有条件，组织中外合作成套分交。通过建设几座核电站，从成套引进核电站设计、设备制造技术到部分引进关键设备，逐步掌握1000MW级核电技术，提高设备国产化水平。

三、积极推进成套发电设备的出口

随着改革开放不断深入，成套发电设备出口的形势，总的说来是好的，较过去有很大进展。据统计，自1980年到1993年底止，已向16个国家出口成套发电设备计204台（套）（含签约），总容量4070MW，创汇15亿美元，其中1993年对外正式签约的有8项19台（套）920MW，合3.5亿美元。在1985年向巴基斯坦古杜电站提供的首台210MW大型成套火力发电机组投运后，得到用户的好评。此后又在1991年～1993年间分别向巴基斯坦、孟加拉、印尼、叙利亚、越南出口或签约单机容量为210、320、125MW火电设备及105MW水电设备。

我国制造的水力发电设备成套项目自1980年至1993年底止，向14个国家出口（含1993年签约的）177台（套），总容量为1080MW，外汇金额约为2.7亿美元。这些水电设备出口，大部分都是通过国际投标而得到的。据世界能源会议1974年调查统计，全世界可能开发的水电总装机容量为226.1万MW，其中发展中国家为139万MW，占61%，全世界可能开发的水能资源为9.8×10^{12}kW·h／年，其中发展中国家为6.35×10^{12}kW·h／年，占全世界比重的64.8%。1980年亚非拉发展中国家水电装机容量为8.671万MW，年发电量3.718×10^{11}kW·h，仅占6.35×10^{12}kW·h电能的6%左右。由此可见，在发展中国家占世界水能资源的约60%的电能还未被开发。因此，我国水电设备出口的重点应在亚非拉的发展中国家。随着石油价格上涨，许多国家又重新重视开发小水电。一些工业发达国家，如美国、日本等都对本国的小水力资源重新做了普查，制定了发展规划。例如美国采用了在已建成的小水坝基础上建设小型水电站的方针，查明美国有5万余座已建成的水坝，其中只有不到1000座的水坝直接用于发电。因此，这是一个很大的潜在市场。近年来我国向美国出口的小水电设备已有50多套，为今后进一步开拓美国水电市场打下了基础。

我国近期利用国外贷款建设的一批大型水电站，都采用国际招标来采购水电设备。我国水电设备制造企业与国外著名厂商合作和今后的合资，为参加竞争创造了有利条件。同时引进了技术，大大缩小了与世界先进水平的差距，为出口水电设备打下了很好的基础。目前，我国小水电设备的品种发展较快，10MW以下的系列品种已生产了80多种，其中500kW以下的32个品种已定型。这些传统的轴流式、混流式、水斗室及斜击式机型，完全可以满足国际水电市场的需要。

我国制造的火电机组，自1980年至1993年底止，向7个国家出口（含1993年签约的）34台（套），总容量为2860MW，外汇金额约为12.42亿美元。除1987年以前出口菲律宾单机容量为6000kW的4台机组外，都是为交“钥匙工程”的成套出口。出口的这7个国家巴基斯坦、泰国、印尼、孟加拉、菲律宾、越南、叙利亚都是发展中国家。因此，火电机组出口的重点也应在亚非拉的发展中国家。

四、我国发电设备生产发展分析

改革开放十多年来，我国发电设备行业发生了很大的变化，有了蓬勃的发展。1993年底我国的发电装机容量已超过18万MW，到1995年装机容量将超过20万MW。“八五”的五年间，新增装机6.358万MW，平均每年装机1.3万MW以上。到2000年，按增长速度8%推算，装机将达到30万MW，平均每年新增装机2万MW。发电设备行业的前景将越来越宽阔，形势很好，任务十分艰巨。

我国发电设备的制造水平，经过80年代的技术引进，已经上了新的台阶。通过引进技术并经优化设计现在已能制造300MW和600MW火电机组、320MW水轮发电机组以及300MW核电机组，经过“七五”时期的技术改造，大中型发电设备年制造能力已达1万MW。通过与国外厂商的合资和国内进一步技术改造，到2000年前将能形成1.8～2万MW配套生产能力，并更多地生产大容量、高效、低污染、低造价的发电设备。火电方面要以供电煤耗要求在330克标煤以下的300、600MW机组为主，并要努力发展超临界机组、大型空冷机组、燃烧无烟煤“W”型火焰锅炉、联合循环机组，加速对高压机组和200MW机组的改造。

由于到“七五”末期才开始逐渐向300、600MW亚临界机组转化，火电设备的单机容量和年产量远不能满足用户的需要。1993年完成了发电设备制造任务为1.278万MW，其中600MW机组仅一套，300MW机组完成了15套。因此，必须采取措施，提高300、600MW机组的产量，以满足电力的需求。要进一步扩大对外合作，做好原引进技术合同的延伸与扩散工作，为“八五”以后的技术发展做准备，同时要做好与国际上著名发电设备制造公司的技术交流与合作，东方汽轮机厂和东方电机厂与日本日立公司合作生产邹县电厂的600MW汽轮机和发电机要按期完成，并加速消化吸收引进技术，尽快掌握设计制造技术，继续扩大生产。近几年各有关发电设备制造厂（公司）积极开展与国外厂商的合资洽谈。北京锅炉厂与美国巴威公司（B&W公司）合资组建了北京巴威公司，生产200、300MW容量等级的自然循环汽包炉，已取得成果，并要进一步巩固、提高和提供更多大容量电站锅炉；东方汽轮机厂与德国西门子公司签定意向性协议，在四川德阳合资组建汽轮机制造厂，按德国西门子技术生产大容量电站汽轮机；上海、哈尔滨、北京等地发电设备制造企业与美国西屋、GE公司和法国阿尔斯通公司合资协议谈判也要积极进行。目前，要抓住当前对外开放的有利时机，利用国外技术、资金，使我国大容量火电机组生产技术水平跃上一个新台阶。

在火电方面近期急需开发的重点项目主要有：

1. 为了开发燃用劣质煤锅炉，东方锅炉厂已与美国福斯特惠勒公司签定300～600MW燃烧无烟煤的“W”型火焰锅炉技术引进合同，要结合项目积极开发研制，并做好消化、吸收工作，以掌握设计制造技术。同时要抓紧开发燃烧劣质煤的循环流化床锅炉（100MW等级）。

2. 结合天津杨柳青电厂项目，与美国西屋公司合作生产300MW大型供热机组（汽轮机），使50～300MW供热机组很快形成系列产品。

3. 为满足我国"三北"多煤少水地区建设发展的需要，建设坑口电站，开发研制300～600MW大容量空冷机组，以改输煤为输电。

4. 开发燃气—蒸汽联合循环和增压流化床燃烧（PFBC）、整体煤气化联合循环装置（IGCC），要积极开展研究开发工作。

5. 为了提高热效率，降低煤耗，积极开发研制超临界机组。

水电方面要加快水电开发。争取到2000年水电开发程度达到20%左右。要实行大、中、小并举，以大型为主。结合三峡建设，加速对哈尔滨、东方电机厂、天津水电设备厂以及有关辅机厂的技术改造，达到4000～4800MW水电设备制造能力。大力研制高水头、大容量混流式机组。由于国内在抽水蓄能机组的设计制造方面缺乏经验，而国内蓄能电站的建设势头较猛，要积极研制抽水蓄能机组。抓住时机，与外商技术合作，以北京十三陵项目和浙江天荒坪6×300MW机组为研制工作的重点，尽快掌握抽水蓄能机组的设计制造技术。为适应低水头电站建设的需要，积极开发贯流式机组。认真总结四川安居、广东白垢等电站设备制造经验，结合广西长洲19台单机容量32MW机组、湖南凌津滩10台单机容量24MW机组的建设实践，完成单机容量24～32MW机组的设计制造。

核电方面通过秦山一期300MW核电站的设计、制造和投运，要积极做好出口巴基斯坦300MW核电站设备的制造，按期高质量供应成套设备。对秦山二期2×600MW核电站的设备要基本立足国内做好研制工作，按期按质提供成套设备，以加速我国核电事业的发展。

〔撰稿人：中国发电设备行业协会　陈宾墨　审稿人：机械工业部重大装备司司长　许连义〕

汽车工业发展预测

一、市场预测

1995年，汽车需求量为170万辆，其中轿车需求50万辆，同期汽车保有量约为1000万辆；到2000年，汽车需求量为300万辆，其中轿车需求量为140万辆，同期汽车保有量约为2000万辆；到2010年，汽车需求量为600万辆，其中轿车需求400万辆，同期汽车保有量为4800万辆。

根据市场需求并充分考虑我国汽车工业现有条件和发展的可能，国家规划汽车在2000年形成250～300万辆的生产能力（其中轿车125～150万辆），在2010年形成500～600万辆生产能力（其中轿车350～400万辆），可以基本满足国内市场需求，并初步使汽车工业成为我国国民经济的支柱产业。

二、汽车产品发展重点

根据我国汽车工业发展实际的需要及国家产业政策的要求，今后（2000年前）我国汽车产品发展重点为经济型轿车及关键零部件、大中型客车及专用底盘、专用车、新型发动机及摩托车。

经济型轿车：1995年到2000年为我国家用轿车发展的准备期，2000年到2010年，家用轿车将有较大发展，基本要求是质优、价廉、省油、舒适、实用。主要车型由排量1L左右的轿车逐步向排量1.3L左右扩展。

大中型客车：我国大中型客车现有生产能力为年产10万辆，可以满足市场需求。今后发展方向是优化存量，调整产品结构。要面向国际、国内两个市场，需发展适合高速公路中长途使用的大中型豪华型客车，开发高质量、经济型客车，支持大型企业集团开发和批量生产高水平、高质量、多品种的各类客车底盘及四类总成。

专用车：重点开发高水平、高可靠性、高适用性的专用底盘。品种由目前的700多种发展到2000多种，专用车与载货车的产量比例由目前的10%提高到40%。对一些社会需求量较大、技术比较简单的产品，则充分发挥市场调节作用，在市场竞争中形成经济规模。对技术含量高、难度大、主要依靠进口的专用车，国家将扶植有条件的企业，通过技术引进、技术开发，尽快生产出高技术、高附加值和国民经济急需的新产品。贯彻总成专业化的生产方针，推进专用车"上装"部分和相关总成及零部件的专业化、系列化、通用化生产，达到提高整车水平和提高经济效益的目的。

发动机：目前重点开发的应是具有高新技术的小型汽油机和先进的中小型柴油机。新建发动机项目建设规模，原则上排量在2500mL以下的汽油机项目，年产不低于15万台；排量在3500mL以下的柴油机项目，年产不低于10万台。发动机发展应适应产业政策对于油品的要求，项目应是国内空档或急待更新或急需扩大生产能力的产品。"九五"期间起动的发动机项目，应结合产业组织和产业结构调整，统筹考虑，以发动机为核心组成系列化整车产品。所有新起动的发动机项目，均要落实国内铸锻毛坯件的供应。

摩托车：100～250mL摩托车是大众型普及型车种，发展的重点是可靠性好、节能、低排放的高速高功率四冲程摩托车，对这一排量的二冲程摩托车，通过采用电控电喷射技术加以改造。开发400～700mL四冲程多缸多气门高速摩托车，满足警务、公务用车需要，填补我国空白。对出口市场较好的50mL的轻便摩托车将向豪华型和座椅式发展。

三、技术发展方向

节能、环保、安全是当代国防汽车工业的三大主题，也是我国汽车工业技术的发展方向。以节能降污为目的电控喷射、电子点火、涡轮增压、催化转换代用燃料、新型动力（如电动）及轻型材料研究技术；以安全为目的安全气囊、防控制动系统（ABS）、防滑系统（ASR）、自锁差速器系统（ASD）、智能报警系统、安全防盗技术以及以方便、舒适为目的无级变速（CTV）自动变速器（AT）、主动悬架、转向加力性能控制系统，巡航导航信息系统等技术在国外已得到越来越多的应用，在我国则刚刚起步。另外在生产方面，自动化生产、柔性生产、“精益”生产等管理技术也亟待大力发展，均需研究和学习、开发和推广。

四、技术政策

1. 实行规模经济，提高产品技术水平

汽车工业作为典型的规模经济产业，在国家产业政策的指导下，积极促进汽车工业的产业结构和产品结构的调整，对汽车、摩托车整车企业，重点扶植若干家使其迅速成长为具有相当实力的大型企业，并创造条件，通过联合、兼并，最终形成以大型骨干企业为核心、以资产为纽带、以规模效益为目的、具有国际竞争力的大型汽车企业集团。走出一条充分有效地利用我国汽车工业已有的基础，通过集中投资、联合发展，提高生产集中度的道路，真正发挥出专业化、大批量生产的竞争优势。

零部件工业是汽车工业的基础，对汽车、摩托车零部件行业实行统筹规则，分类指导，集中力量，重点扶持。重点支持70种汽车重点关键零部件和20种轿车关键零部件，鼓励零部件企业通过引进技术与国外有实力的企业进行合资、合作，提高其产品技术水平和企业管理水平，从而使一批企业真正按“高起点、专业化、大批量、优质量”的方向发展，尽快成为汽车零部件行业的“小型巨人”，使其具有国际竞争能力，以带动全行业产品水平的提高。

企业的项目建设要保证其产品的先进性，对原有产品的改进，其主要性能指标要达到国际80年代中后期水平，自我开发的产品要达到国际90年代初期水平，引进技术的产品要达到国际90年代同期水平。

2. 发展节能，低污染，安全可靠的产品

利用电控喷射、涡轮增压、电子点火等先进技术，提高燃油利用率，开发节能、低污染产品，研究开发和推广新型代用燃料及新型动力汽车，电动汽车研究已列入国家10大重点科技开发项目。根据国家产业政策，总质量不超过3.5t客车和载货车要逐步采用90号以上汽油作燃料，轿车用油推广使用无铅汽油，总质量超过5t的客车和载货车要逐步采用柴油作燃料。

3. 建立和培养提高自我开发能力，独立自主的汽车开发和生产体系

为了加快缩短我国汽车工业与先进国家的差距，一方面要继续引进技术，更重要的是在消化吸收引进技术的基础上，尽快掌握自主开发新产品的能力，重视培养自己的技术开发力量，建立独立自主的汽车开发和生产体系。

国家支持建设国家级汽车，摩托车和重点零部件研究、实验、检测机构，加强汽车基础技术、共性技术的研究，支持汽车工业企业与外国企业合资、合作建立技术研究开发公司。

〔撰稿人：机械工业部汽车工业司　姜　英〕

汽车工业振兴规划和产业政策

我国汽车工业从50年代初建设第一汽车制造厂开始，经过40年的发展，特别是改革开放以来，确立了汽车工业是国民经济支柱产业的地位，制订了重点发展民族轿车工业的战略方针，开创了汽车工业发展的新局面。

一、发展目标

1993年，全国汽车保有量830万辆，年产各类汽车131万辆，总产值1300亿元，无论是产品水平、品种、质量，还是社会效益，都取得了前所未有的长足进步。

据国民经济发展和社会需求预测，到2000年，我国汽车保有量约为2100万辆，其中，轿车保有量为450万辆；同期汽车年产量将达到300万辆，其中，轿车年产量150万辆。按1990年不变价估算，总产值将达到3500亿元，约占当年国内制造业产值的7%；汽车工业增加值将达到860亿元，约占当年国民生产总值的2%。展望2010年，我国汽车保有量约为4800万辆，其中：轿车保有量为2400万辆；同期汽车年产量将达到600万辆，其中：轿车年产量400万辆。按1990年不变价估算，总产值将达到6500亿元，约占当年国内制造业产值的8%；汽车工业增加值将达到2000亿元，约占当年国民生产总值的3%。

二、技术发展方向

当前，我国汽车工业发展正处在重大转变时期。面临建立社会主义市场经济体制和"复关"的新形势，国内、国际市场竞争会日趋激烈。我国现在达到的汽车保有量和年产量，相当于经济发达国家汽车工业30年前的水平，特别是近20年来，世界范围内汽车工业的技术进步日新月异，进一步拉大了我们同国际先进水平的距离。因此，降低油耗(节能)、减少环境污染（废气排放）、汽柴油电控喷射、空气安全囊、ABS（防抱死刹车）和机器人、电子计算机应用等等，都是我国汽车工业下一步技术发展的目标。

三、产业政策

党中央和国务院十分重视我国汽车工业的发展，明确指出："汽车工业是一个专业比较齐全、技术更新快、投资密集、竞争激烈的行业，它的发展可以带动其它若干行业的发展，这类产品必须由国家从宏观上统筹规划"。1993年夏季，在国务院领导同志亲自指导下，政府有关部门同汽车工业界的代表共同研讨制订了汽车工业的产业政策，以期引导汽车工业持续、快速、健康发展，重点解决轿车和轻型车的问题。

这个产业政策的总体构思：一是必须按照市场需求，企业要有一个合理的生产规模经济。为实现这个目标，要以轿车、轻型车为重点，零部件为基础，优化产品结构；以大集团为主体，促进联合重组，实现规模经济。选择若干个重点企业，在战略上、投资上集中，支持其纵向发展达到规模经济(按车型界定标准)，同时提倡其横向联合产权重组，使其成为具有国内外竞争实力的股份制大型企业集团("强强联合")，鼓励走集团化道路。二是发展高新技术，推动技术进步，在引进、消化、吸收的基础上提高、创新，形成符合中国国情和国际市场需要的自主开发的产品。首先要解决车身设计，以我为主，同国外联合开发新一代产品。三是鼓励零部件生产和国产化，以零部件国产化为基础，明确提出重点支持的轿车关键零部件目录；对资金投入大、技术水平高、技术含量大的重点引进项目，支持采取联合股份制方式先引进一个，快速实现国产化集中生产。

四、发展步骤及重点

按照汽车工业振兴规划和产业政策的总体构思，发展步骤分为三个阶段。

1994～1997年，是汽车工业振兴打基础的阶段。重点建设好八家企业的在建轿车项目和国家已批准的零部件项目。1995年底前国家不再批准新的轿车、轻型车整车项目，扶植已有的八家轿车生产企业实现国产化生产，达到设计纲领，进入良性循环生产，在取得规模经济效益的同时，降低轿车生产成本，提高国内市场占有率，开拓国际市场。

1998～2000年，是汽车工业振兴的攻坚阶段。发展经济型轻车，重点支持两三家汽车生产企业（企业集团）成为具有相当实力的大型企业，六七家汽车生产企业（企业集团）成为国内的骨干企业，并提高生产集中度，使同一类汽车产品产量居国内前三家企业的销售量在国内市场占有率达到70%以上；品种基本满足国内市场需求，轿车基本满足进入家庭的需要，轿车、主要总成和关键零部件以及模具等初步形成自主开发的科技体系。

2001～2010年，汽车工业基本形成国民经济支柱产业的阶段。进一步推进国有企业产权制度改革，完善现代企业制度，优化产业组织结构，引导大型企业与骨干企业"强强联合"，形成三四家具有一定国际竞争力的大型企业集团，实现自主开发、自主生产、自主销售、自主发展的汽车工业体系，使之基本形成国民经济的支柱产业，并带动其他相关产业迅速发展。

汽车工业重点发展六大类产品：1. 轿车关键零部件；2. 经济型轿车和大中型客车专用底盘；3. 专用汽车和新型发动机；4. 摩托车发动机；5. 模具；6. 铸锻毛坯件。

以科技能力为建设重点，调动各方面积极性，建立配置合理的科技体系。以企业集团和骨干企业（含重点零部件企业）技术中心为主的产品开发基地和制造技术研究基地；以研究所、大专院校为主的法规研究、基础研究、前期研究体系；以行业监测中心为主体，同地方质检所结合，形成产品认证、质量监测体系。

以人才教育培训为重点，加快人才培养，完善办学条件，提高办学能力，加强职工培训，建设培训基地，提高职工整体素质。

〔撰稿人：中国汽车工业协会　滕伯乐〕

包装食品机械行业发展预测

一、我国包装食品机械工业的发展情况

包装食品机械是机械工业的一个新兴行业。在我国，该行业起步于70年代末，发展于80年代，90年代实现高速发展，已成为机械工业的十大产业之一。

随着国民经济的发展和人民生活水平的不断提高，包装食品机械在国民经济中的地位和作用越来越重要。据了解，先进工业国家农业产值与经过机械加工的食品工业产值之比为1比4.5～5，台湾地区为1比2.8，而我国为1比0.48，可见差距之大。先进适用的包装食品机械，不仅在深度和广度上为生产力提供更高的附加值，而且能提供资源的利用和社会财富的节约。

进入90年代，我国包装食品机械行业实现高速发展，年平均增长率超过30%，能为包装工业、食品工业发展提供门类齐全、品种配套的各种设备，已经成为基本满足市场需求的独立发展的一个新兴行业。

1993年2月，机械电子工业部包装食品机械行业办公室向全行业发布经济形势信息，提出当前热门畅销的十类产品。它们是：瓦楞纸生产、制箱(盒)、印刷成套设备，袋成型—充填—封口包装设备，医药用包装机及包装材料生产设备，啤酒、饮料灌装机械成套设备，制罐生产成套设备，方便食品生产成套设备，果蔬保鲜成套设备，屠宰、肉类加工机械，糕点饼干生产成套设备，罐头加工机械，以及厨房设备、烟草机械、制糖机械等。

上述十类包装食品机械，在1993年保持旺盛的增长势头。据不完全统计，销售总额达53.46亿元，平均增长率为34.2%。其中瓦楞纸生产、制箱（盒）、印刷成套设备，医药用包装机及包装材料生产设备，中小型啤酒、饮料灌装机械成套设备，方便食品生产成套设备等，增长率超过40%。不少企业销售额增长50%以上。例如，肇庆包装机械厂增长率为80%，广州人民机器厂增长率为105%，青岛包装设备厂增长率为47%，其他如锦州包装机械厂、青岛机床厂、廊坊包装设备制造总公司、如皋食品机械厂等企业也都有较大幅度增长。

1993年，机械工业部为满足一些企业调整产品结构，扩大生产包装食品机械的要求，编制了《100种包装食品机械新产品开发和技术转让指南》。据初步了解，1993年全国又有近180家机械制造企业发展包装食品机械。到1993年底，全国已有近3100家生产包装食品机械的企业，工业总产值近110亿元。

今后，随着社会主义市场经济的建立，我国人民生活水平的不断提高，产品出口的不断增加，包装食品机械在国民经济中的地位和作用日益显著，发展前景十分广阔，发展速度将不断加快。初步预测，今后7年，年平均增长率不低于20%，到2000年，包装食品机械将成为机械工业的一个大行业，工业总产值达到400亿元左右。

二、包装食品机械的主要成就

1. 产品有40类，2700多种，为我国包装工业和食品工业发展起到了很大的推动作用。例如，我国现拥有700多条方便面生产线，除20多条是1986年以前进口的，其余均为国产设备。糕点、饼干成套设备，水产品加工设备，彻底改变了我国手工作坊式生产状况，基本实现了现代化生产。果蔬保鲜设备、自动化包装设备为贮存和运输包装提供了装备条件。屠宰加工机械促进了养殖业的迅速发展。

2. 形成了一批重点骨干企业。这些企业有较高的技术水平和装备条件，具有自主开发能力和一定规模经济，是装备我国包装工业和食品工业的骨干力量。如广州人民机器厂生产的方便面生产线占全国拥有量的70%，锦州包装机械厂的医药包装机占全国生产量60%～70%，其他还有青岛包装设备厂、青岛机床厂、廊坊包装设备制造总公司、昆明市机器厂、首都机械厂、肇庆包装机械厂、广东轻工机械厂、哈尔滨商业机械厂、陕西印刷机械厂等大型企业的涌现，标志着我国包装食品机械的发展达到一个新水平。

3. 有一批不仅满足国内市场需要，也能参与国际竞争的拳头产品。如瓦楞纸板生产线及制箱、印刷成套设备，啤酒及饮料灌装设备，医药包装设备，袋成型—充填—封口自动包装机，方便面生产线，全自动捆扎机，电阻焊三片罐生产线，液体软包装生产线，家禽屠宰生产线，烟草加工及卷接机组，塑料吹膜制袋机组，印刷装璜设备，饼干生产线等，畅销国内外。

4. 形成了以部属科研所为“龙头”、地方科研所为骨干、企业科技力量为基础的科技队伍和科技开发能力。在包装食品机械的高速发展中，科学技术起了重要作用。目前，全行业有130个科研单位，科技人员7000多人。

三、我国包装食品机械发展趋势

1. 为农副产品深加工的食品工业提供先进适用的装备。现代化的农业不再是满足于种植和收获，而重点在深加工。传统的机械工业为农业提供主要装备是种植和收获机械，现代机械工业主要为农副产品深加工提供各种装备。据了解，先进工业国家农业与食品工业之比为1∶4.5～5，美国农业机械（主要指种植、收获机械）与食品机械（主要指农副产品深加工机械、食品包装机械等）之比为1∶3。我国用现代工业技术加工的粮食仅占粮食总产量的30%，油料加工占油料总产量的20%，果品及饮料加工占果品总产量的8%。此外，家禽水产养殖业的深加工，果蔬保鲜、植物蛋白加工、淀粉加工等农副产品深加工领域有的机械化程度很低，有的还处于手工阶段，有的还是空白，亟待开发和应用先进适用的机械装备。据1990年统计，我国农副产品深加工因缺乏现代化加工装备，造成粮食损失10%，水果损失25%，蔬菜损失30%，水产品损失20%，植物蛋白损失50%～80%。

2. 为营养保健食品、婴儿食品的加工提供成套装备。我国有12亿人口，随着人民生活水平的不断提高，营养保健食品、婴儿食品成为食品工业中的一个重要分支，据了解，近年来营养保健食品、婴儿食品占食品工业的8%～10%，特别是到2000年前后，我国进入老龄社会，发展营养保健食品更显得重要。而且我国又是资源十分丰富的大国，中医保健学是人类文明宝库。开发以天然植物为主体的营养保健食品，亟需现代化机械装备。例如茶叶加工是我国茶叶能否成为国际市场畅销的世界饮料的关键。再如，婴儿食品大部分是进口的，或者进口设备加工的。今后，为营养保健食品，婴儿食品的现代化加工提供成套设备将是包装食品机械发展的重要组成部分。

3. 为适应我国社会生活逐渐加快节奏需要，发展方便食品加工和包装机械。将加快发展方便食品，包括方便面、方便米粉、挂面、空心面、方便米饭、方便粥、以及馒头、包子、饺子、馄饨等，这些都是中国的传统食品，但这些方便食品开始在中国市场的销售大都是从境外进口或进口设备加工的。现在，国内设备已基本能满足市场需求。今后要发展方便食品加工设备的系列、成套设备；发挥自主开发能力，开发新型方便食品设备，满足国内外市场需要。

4. 发展全自动包装、捆扎、裹包等包装机械设备，以适应包装工业向现代化发展的需要。此外，无菌包装，现场配制灌装是食品工业、饮料工业发展的新趋势，全自动制袋、充填、称量、封口、装箱、印字、码垛等成套设备是实现粉料、颗粒、粘稠物料现代化包装的必要装备条件。例如，医药包装机械中泡罩包装机，日本约70%的药片使用这种设备，而我国仅有5%左右，发展潜力很大。

5. 为扩大出口和促进销售的商品包装和运输包装亟待发展。包装已不仅是对产品和商品的保护，更重要的是增加附加值，这已被人们逐步认识。过去我国产品在国际市场上长期存在的“一等产品，二等包装，三等价格”问题正在逐步解决。特别是机电产品出口已成为我国第二大创汇产业，改进机电产品出口包装仍然是迫切任务。

6. 发展节能、节约原料的食品加工和包装机械。食品工业中的杀菌、浓缩、干燥、焙烤等设备都是高能耗设备，必需发展节能技术。酿造业中的废液回收，屠宰业中的综合利用，以及充分利用水产资源、粮食资源等提高产品的附加值，这都是今后发展包装食品机械的重要方向。

四、今后我国重点发展的产品

根据上述包装食品机械发展六个方面的趋势，今后需重点发展的产品有：

1. 瓦楞纸板生产、制箱（盒）、印刷成套设备

发展系列成套设备。重点发展2000mm以上的宽幅，5层、7层、9层及高强度等各种瓦楞纸生产设备和压痕、模切、制箱、印刷（包括彩印）成套设备，以及具有防潮、印刷、制箱等多功能设备。

2. 医药加工及包装机械和包装材料

发展各种中西药加工成套设备，特别是中药的现代化加工是个重要课题，解决中药切片、制片、针剂、膏、散、丸药的加工设备和保质问题。发展各种药品包装机械，特别是高速、自动化、多功能的包装机械，及其相应配套的复合包装材料。

3. 方便食品生产成套设备

主要发展以方便面、方便米粉、挂面、空心面、方便米饭、方便粥以及馒头、包子、饺子等机械为代表的方便食品加工成套设备；要重点开发传统食品加工，老年、婴儿食品加工设备。

4. 啤酒、饮料灌装成套设备

发展系列啤酒、饮料灌装成套设备。重点发展年产5万t以下的中小型啤酒、饮料灌装设备，适当发展年产10万t以上大型啤酒、饮料灌装成套设备，要发展高速、低损耗、计量精确、自动检测等多功能、全自动大型化设备。特别是适应饮料“集中生产主剂，分散灌装饮料”的发展方向，发展现场调配技术及设备。

5. 烟草加工及卷接、包装成套设备

要加强引进技术的消化吸收工作，提高国内自主开发能力，发展高速烟草卷接设备，发展集团化成套设备制造体系，参与国际竞争。

6. 制罐生产成套设备

发展无汞高速焊机，复合罐、异型罐、喷雾罐等各种制罐成套设备，及其相配套的缩颈、压盖印字等设备。

7. 糕点、饼干生产成套设备

发展各种传统糕点加工设备，中西糕点加工设备及饼干生产成套设备，满足国内大批糕点、饼干生产厂进行技术改造的需要。

8. 罐头加工机械

罐头加工机械包括制盖、切片、分级、预煮、装罐、圆边、翻边、封罐、打字、装箱等成套设备，要发展高效、全自动、无菌罐头加工成套设备。

9. 称量式充填设备

发展电子秤计量充填系列产品。发展可单独用于分装又可与各种成型—充填—封口机相配套的多功能设备，提高粉料、粒料的计量充填精度及速度。

10. 真空、换气包装设备及装置

发展适用于袋容量较大（1～10kg）的连续或半连续式真空包装设备、将多种气体按比例充入袋内的高效换气包装设备、与多功能包装机配套的包装过程中可除去容器中空气（或以其他气体置换）的真空或换气装置。

11. 无菌包装设备

发展液体、半流体食品的无菌包装系统及其配套设备，其中有的设备用于生产重量较小的一次性小包装产品，也有适于加工做分装用的较大型中间包装产品。

12. 袋成型—充填—封口设备

发展适用于不同状态物料、不同包装重量的系列包装设备，解决产品的适应性、配套性及可靠性，并向多功能、自动化、高速度发展，着重解决奶粉、洗衣粉、淀粉以及成品粮等物品的包装。

13. 自动、连续、多工位灌装设备

发展自动连续作业的多工位充填—封口设备，解决食用油等有一定粘度的液体物料包装、化妆品等粘稠物料的包装以及气溶胶等物料的喷雾包装。

14. 各种裹包设备

发展传动系统简单、自控程序较高的系列产品，并大力开发与之配套的各种辅助装置，如物品

整理分送装置等，以扩大主机功能。着重解决饼干、糕点、糖果、速冻食品等高速连续包装。发展不同规格长方体物品，如卷烟、香皂、磁带、小型装盒物品等进行折叠包装的设备，提高产品的外观装璜质量及防护性能。

15. 收缩包装设备

发展可连续自动完成物品传送、薄膜裹包封切、热收缩等工序的大型集装用收缩包装设备，解决玻璃瓶等易碎物品以及零散货物的集装运输，发展小型浅盘及大型托盘进行集装的设备。

16. 捆扎包装设备

发展小型台式和大型塑料带捆扎机及适应重物(如钢材等)捆扎包装的自动连续钢带捆扎机，开发小型纸带捆扎机。

17. 拆卸—集装设备

重点发展可对大型集装件进行拆卸并可完成对单位包装件进行码垛集装的多功能设备，以及开箱(盒)—充填—封口设备的系列产品，自动完成箱(盒)开启、装箱(盒)、封口等工序，以解决不同物品的单件或多件装箱(盒)包装。

18. 包装装璜印刷设备

发展用于塑料膜、纸箱、纸盒、金属板材表面印刷的多色、高速、高质量的装璜印刷机。

19. 果蔬保鲜设备

发展大幅度降低果蔬、粮食、肉类(水产品)、蛋类等食品原料损失，采用气调、Co60 辐射、流化床速冻等技术与装备，并开发新的储藏保鲜技术与装备。

发展果蔬分级技术与装备，高得率的榨汁技术与装备，节能的浓缩技术与装备。发展经洗净及挑选的袋装鲜菜、速冻菜及脱水菜的技术与装备。

20. 粮食加工设备

首先发展能提高大米、面粉得率、降低杂质含量的技术与装备。发展免洗米、强化米、各种等级粉与专用粉、杂粮精细加工的技术与装备，粮食小包装技术装备。在方便食品加工设备中要大力发展营养配比合理、满足不同档次消费需求的主食生产技术与装备。

21. 乳品加工设备

发展提高乳品质量，增加乳制品品种的技术与装备。

22. 植物蛋白加工设备

发展各种植物蛋白(大豆、花生、玉米、米糠及叶蛋白等)提取技术与设备，各种豆制品、各类豆奶、分离蛋白、组织蛋白生产技术与装备。

23. 畜禽屠宰加工设备

完善中、小型家禽屠宰设备，发展大型家禽屠宰设备，发展家畜屠宰设备。发展分部位分割畜禽肉为原料的各种精加工技术设备。

24. 水产品加工设备

发展鱼类废弃物洗净、分割、清除和虾类脱壳分级处理的技术与装备，与各类低能耗的快速或连续速冻设备配套组成的自动化生产线，促进水产品速冻小包装的生产设备，完善鱼糜加工机械的产品系列，发展高级鱼糜食品加工的技术与装备。

25. 废弃物综合利用设备

发展发酵酿造业、淀粉业、制糖业等废渣液以及畜、禽、水产品等屠宰的血、毛、皮、骨、下水等废弃物进行综合利用的技术与装备。

26. 节能设备

开发食品工业中杀菌、浓缩、干燥、焙烤等高能耗操作中的节能技术与装备。

在发展包装食品机械的工作中，要充分挖掘现有包装食品机械企业的生产潜力，增加品种，提高质量的同时，引导其他机械企业，兼产包装食品机械。要注意发展包装食品机械制造的乡镇企业，这既是解决就地发展农副产品深加工，增加农民就业机会，增加农民收入的重要途径之一，也是加强包装食品机械制造能力的一个有效途径。

〔撰稿人：机械工业部包装食品机械行业办公室 王建设　审稿人：机械工业部包装食品机械行业办公室　许占林〕

工业锅炉行业发展预测

工业锅炉是国民经济和人民生活中不可缺少的重要热能动力设备。它使用面广，需求量大。工业锅炉主要包括：蒸汽锅炉、热水锅炉、中小型热电联产锅炉和各种余热锅炉。目前，我国工业锅炉拥有量约 43 万台、98 万蒸吨。工业锅炉消耗的燃料以原煤为主，年消耗原煤约 3.5 亿 t，占我国原煤开采量的 1／3。

一、市场需求预测

工业锅炉市场需求量主要取决于：国民经济各部门的发展和投资的规模，这是国内的主要市场，约占工业锅炉总量的一半以上；其次是在用工业锅炉的正常折旧更新、对落后低效工业锅炉的淘汰改造；“三北”地区新建住房的采暖需要；第三产业、乡镇企业及个体经济的发展；少量的工业锅炉供出口外销。

根据近 20 年的统计表明，工业锅炉市场比较活跃，工业锅炉产品需求随着国民经济的发展和人民生活水平的提高而不断扩大。1971～1980 年的十年间，工业锅炉生产总产量为 31.5 万蒸吨；而 1981～1990 年的十年间，工业锅炉生产总产量达到 74.7 万蒸吨，为前十年的 2.37 倍。

根据中国经济的发展速度，工业锅炉市场需求量会有一定的增加。但在增加新锅炉的同时，也将进一步发挥在用工业锅炉的潜力，提高其利用率。因此，对未来各个阶段工业锅炉产品年需求量的预测为：1995年为8.5～10.0万蒸吨，2000年为10～12.5万蒸吨，2010年为13～16万蒸吨。

二、生产发展预测

中国工业锅炉行业具有D级以上生产许可证的企业有196家，估计现有生产工业锅炉产品能力15万蒸吨／年，如果包括E级生产许可证的353家企业，则总的生产能力可达20万蒸吨／年，在生产能力上将可满足市场未来的需求。但是，从工业锅炉产品的性能、质量水平，以及品种规格上还有不少差距，尚不能适应市场发展的需要。

1. 今后产品的发展方向

(1) 要求产品有更高的可靠性、使用寿命和高效率、低污染，以及合理的综合技术经济指标。(2) 根据我国工业锅炉以烧原煤为主，而且多煤种、质量多变的基本国情，首先要求产品有更强的对各种煤的适应性，同时要求减轻对环境的污染，为此要完善提高层状燃烧技术、沸腾燃烧技术，重点发展煤的清洁燃烧技术。(3) 随着改革开放深入，和国内油、气燃料生产的发展，对城市严格的环保要求，其燃油、燃气工业锅炉将会有一定比例的发展。并要求适宜的燃油、燃气燃烧器的开发。(4) 提高工业锅炉控制水平，首先在10t／h及以上容量的工业锅炉上采用微机控制。(5) 提高余热资源利用水平及相关技术。(6) 发展与工业锅炉性能质量相匹配的辅机，如泵、风机、阀门、水处理设备及除尘装置等。(7) 要求煤炭部门供应根据工业锅炉提出所需的经过优化的商品煤，如动力配煤、型煤、水浆煤等。

2. 锅炉制造工艺和装备的发展方向

(1) 提高工业锅炉备料的精度和效率，采用多头或数控切割、管子除锈、机械切管和倒角、校正弯曲机械、集箱顶压缩口等工艺和设备。(2) 改进管子制造工艺，采用双头或双面弯管，以及蛇形管、膜式壁、鳍片管制造工艺，发展膜式壁专业化生产。(3) 推广气体保护焊，提高自动化焊接的比例。(4) 提高各种层燃炉排的性能和制造质量，提倡采用精密铸造炉排片和耐热铸铁，以提高炉排的可靠性和使用寿命。(5) 加强测试手段，采用电子拉力机、电子天平、各种快速化学分析法，采用周向X光曝光机、X光工业电视和自动洗片机等先进高效设备。

三、技术发展趋势

工业锅炉产品技术的发展应满足国内外市场的需求，满足用户对产品安全、可靠、寿命、热效率、低污染方面的要求。

目前，国外重点开发燃煤的为循环流化床锅炉和燃油、燃气锅炉；而国内重点开发各种燃烧方式的燃煤锅炉，其次是燃油、燃气锅炉。主要是：

1. 重点发展组装、快装水管锅炉，完善组装、快装水火管锅炉。

2. 恢复发展铸铁锅炉，使在工业锅炉产品产量构成中占有一定比例，在1.4MW／h及以下容量的热水锅炉要逐步实现以铸铁锅炉为主。

3. 发展泡床、循环床沸腾锅炉。

4. 根据产品容量，按使用地区，发展采用不同等级水平的自控装置。

5. 大力发展余热利用的产品，各种余热锅炉及换热器。

6. 发展非常规燃料、非常规参数的各种特殊用途工业锅炉，如热油载体锅炉、油田注气锅炉和燃甘蔗渣、椰子壳、稻壳、木柴等锅炉，以及垃圾锅炉。

7. 发展各种中小型热电联产锅炉。

8. 开发各种参数的全自动燃油、燃气及燃油燃气两用锅炉。

四、重点产品开发预测

1. 使用多煤种的高效低污染流化床工业锅炉

容量为6～20t／h，燃烧效率为92%～95%，锅炉热效率＞80%，烟尘排放浓度＜250mg／标m^3，快装或组装锅炉，炉内脱硫率≥80%。

关键技术为解决流化床结构特性、试床燃烧、低倍率内循环床、燃烧及传热特性、炉内除尘及飞灰回燃再循环、上煤和出渣控制、燃烧控制、脱硫和降低NO_x的效果、辅机配套工程等问题。

预测年产量为2000～6000蒸吨。

2. 抛煤机链条炉排锅炉系列产品

该产品燃料适应性强，着火条件优越，负荷调节性能好。

容量为10、20、35、65t／h，锅炉热效率为76%～82%，当煤的灰分≤25%时，原始排尘浓度≤10g／标m^3，林格曼黑度低于一级，可靠性MTTF＞3000h，AF＞85%。

关键技术为解决炉膛的结构设计，二次风设计，链条炉排和抛煤机的设计，飞灰复燃技术等问题。

预测年产量为2500蒸吨。

3. 大容量链条炉排热水锅炉，供区域锅炉房集中供热

最大容量为58MW，供水温度150℃，回水温度90℃，锅炉热效率为82%，强制、自然循环两种方式。

关键技术为解决大型单副煤斗加正转链条炉排的设计，水循环设计技术，飞灰复燃装置，中温高效低阻力的飞灰捕集及有效的颗粒物料的输送技术等问题。

预测年产量为20台。

4. 角管式组装蒸汽、热水锅炉

该锅炉为引进技术消化吸收产品。其特点：自承式角管全焊接结构，全密封膜式水冷壁，风室采用等压大小风包结构，炉排精密铸造，二次风，炉内脱硫，全自动控制。

容量为 10（7MW）、20（14MW）、35

(29MW) t/h，锅炉热效率 82%，原始烟尘浓度 2300mg/标 m^3，可靠性 MTTF>3000h，AF85%～90%。

关键技术为解决填角焊缝无损探伤技术，膜式壁制造技术，二次风，炉内脱硫技术等问题。

预测年产量为 300 台。可部分供出口。

5. 燃油（气）及燃油、气两用锅炉

容量为 0.1～10t/h，锅炉热效率 86%～88%，可靠性 MTTF3500h，AF85%。

关键技术为解决燃烧器设计、制造及与锅炉的匹配技术，锅炉全自动控制技术等问题。

年需要量不低于 500 蒸吨。可部分出口或替代进口。

五、产品价格发展趋势

工业锅炉产品价格较早进入市场机制，价格已经放开，各制造厂根据各自的产品成本及市场需求来制订基本价格，然后由买卖双方谈判议定实际销售价。工业锅炉行业已于 1993 年底首次公布行业产品最低保护价。

工业锅炉产品成本一般由以下各项组成：

1. 原材料和辅助材料成本，一般占总成本的 50%～65%，这是主要的。

2. 燃料和动力成本较低，一般仅占 1.5%～3%。

3. 零部件外购及外协加工费用，一般占 8%～30%。

4. 大修理和设备折旧费用。

5. 劳动工资，一般占 4%～8%。

6. 车间及企业两级管理费用较高，一般占 8%～15%。

7. 贷款利息支出，主要用于流动资金贷款、技术改造贷款等的利息。目前这项费用也是十分可观的。

此外，中国工业锅炉产品成本还受各企业规模、生产产品批量大小，以及生产效率等因素而差异较大。

近几年来，由于原材料涨价、职工福利待遇不断提高、行政管理费用增加，尤其是一定规模的技术改造贷款提高利息，致使产品生产成本不断增加。因此，工业锅炉产品价格发展趋势，总的看来价格将会提高，幅度大小较难预测。

〔撰稿人：中国工业锅炉行业协会　陈纪龙〕

磨床行业发展预测

一、市场预测

1. 国内市场预测

据有关部门专家分析，90 年代我国国民经济将以 8%～9%的速度增长。作为向国民经济各产业部门提供先进技术装备的机械工业需适度超前于国民经济的发展。另据国内外咨询专家预测，国内对磨床的需求量将按每年 7%的速度增长。近年来的统计数据表明，国内用户对中高档数控磨床的需求量约在 50～60 台/年；对经济型数控磨床的需求量约在 200～300 台/年。预计在"九五"期间对数控磨床的需求量还将增长。

磨床是精密加工母机，各行各业对磨床的需求，无论在数量、品种上、还是在磨削精度、自动化程度乃至效率上都有新的要求。

(1) 汽车工业是一项大力发展的重点行业。据悉，1995 年汽车需求量将达 170 万辆，到 2000 年汽车需求量将增加到 300 万辆。"八五"期间，汽车工业投资达 1400 亿元，其中约 3/4 将用于购置设备。这对磨床行业来说，是一个十分巨大的市场。

(2) 轴承行业也是国家经济的重要行业之一。全国有重点轴承生产企业 52 家。"八五"期间虽已进行了部分规模的技术改造，但从国民经济建设各部门对轴承的品种、数量、质量的要求来看，我国的轴承工业还远远不能满足，轴承工业还将大力发展。预计到 2000 年轴承的产量将达到 12～13 亿套，开发新品种 1500 余种，特别是大型、专用、精密轴承。重点的轴承厂将要进行较全面的改造。轴承工业所需要的大量高精度和专用磨床，将要求磨床行业的专业生产厂尽快的开发、生产、提供。

(3) 电器、仪表、电机等行业的产品中的 70%以上的零件，塑料制品中的 80%～90%以及日用五金消费品的 60%～70%都是由模具来生产。而我国的模具行业远远不能满足这么大的市场需求，模具的质量与国外、与国内建设的需要间存在着很大的差距。其原因主要来源于加工模具的机床设备落后。"九五"期间对模具加工机床的需求量也非常之大，也将成为磨床行业的主要市场之一。

(4) 我国的能源、交通事业，近年来虽有了很大的发展和进步。但从国家对能源、交通的要求来看，还是比较落后的部门。从近年的实际情况来看，能源、交通的落后已严重地影响了国民经济建设的进展，"七五"期间也是国家建设的重点部门。能源、交通部门的发展、改造将是重型、大型、专用磨床的广阔市场。

(5) 农业是国民经济的基础，农业的出路是机械化。我国的农业机械化还相当落后。农业机械的制造和发展，需要磨床行业提供较多的通用和专用磨床来武装。

(6) 机床工具工业既是机床的生产工业，同时又是机床的主要市场之一。我国机床工具工业本身的加工设备，一般役龄都较长，六七十年的设备还在生产车间中应用，较多的设备都比较落后，急待更新。按专家们分析，若磨床更新周期按20年计算，则1995年就需更新1975年的产品。即使按全国磨床拥有量保持不变的标准计算，则每年需向市场提供各种类型磨床2万余台。

2. 国际市场预测分析

据世界银行和国外有关专家分析，90年代世界经济发展虽处在低速增长阶段，但亚太地区确还是空前活跃，将继续以较高的速度增长。又根据中国机床工具工业协会信息服务网及机床科技情报网所收集和提供的资料，我国磨床产品自1990年以来主要出口地区是：香港、美国、东南亚国家等。西欧的德国、意大利等国家也有一定的出口量。据上述情况分析，“九五”期间国际市场的特点是：

(1) 美国市场：许多美国制造厂商放弃了简易机床的生产，使这类机床的市场向我国打开。而档次较低，比较简易的机床正是我国当前机床生产的特点之一，故可乘此大好良机发展美国市场。

(2) 西欧市场：西欧地区是世界最大的机床市场之一。据1990年以来统计的我国磨床出口数量来看，德国都处于前五位。但由于西欧地区国家机床工业都比较发达，每年都有大量的精度机床、数控机床出口，我国的高档次磨床难以打入。“九五”期间向西欧市场出口的磨床产品，主要还是以合作生产的产品返销。

(3) 香港市场：香港市场是我国磨床产品出口的传统市场（实际上香港只是一个转口市场）。我国进入这个市场的产品大多数还是低档产品。“九五”期间，需要巩固和发展这一市场，并需将产品的档次逐步提高。

(4) 日本市场：日本虽是当前机床生产大国，但其生产的重点放在数控机床方面。国内中小企业需要的普通磨床产品产量很少。“九五”期间，我国的普通磨床产品可努力挤入，占领一定的日本市场。

(5) 拉美地区市场：拉美地区大多数国家工业都不算发达，国民经济都还比较落后。其国内企业都不可能（无力）购买先进的设备。其注意力只能转向性能可靠，价格比较便宜的中低档设备。我国的产品，目前正是以中低档见长，价格比较低，性能尚属稳定。所以，拉美地区的市场，我们必须去加以占领。而且我国的磨床产品在这一地区具有较强的竞争力。

(6) 东南亚地区市场：“九五”期间，这个地区的经济增长速度仍旧较高。我国的机床产品在这个市场上可以以价取胜（便宜）、以质取胜（质量性能较好，服务好）的优势占领这一市场。“八五”期间，我国在东南亚地区已出口了一定数量的普通机床，已经形成了一定的市场占有率。“九五”期间要加以巩固和扩大。

总之，在“九五”期间，磨床行业的国外目标市场可以定为：稳定发展美国市场，努力巩固东南亚市场，尽力挤进西欧市场，尽量满足东欧、拉美市场、注意探索日本市场。市场的目标仍以美国、欧洲、东南亚为主，并注意向西欧市场拓展。东南亚市场中，要重点抓住台湾地区、印尼、泰国和日本市场的开拓。

二、磨床行业适应市场需求的情况

我国的磨床行业经过几十年的发展，在品种开发、生产能力和满足国民经济建设的需求等方面都取得了较大的成绩，基本上已经形成我国自己的生产体系。目前在大多数中档次通用型和专用磨床的方面已形成较强的开发能力，产品的品种、规格日趋齐全，基本上能满足国民经济各部门的需求。而在高档次产品方面，无论是品种、产量、开发能力和市场满足度方面都还存在着较大的差距，特别在数控磨床（包括中、高档）的开发和生产方面，其差距就更大些。在“九五”期间急需投入较多的技术力量、财力和物资力量，加强试验研究，尽早开发出满足国民经济各支柱产业对高档产品的需求。

随着我国国民经济的发展，各部门对磨床，特别是高精度、高效、高自动化及数控磨床的需求量越来越大，对各类磨床技术性能的要求越来越高。这就要求磨床行业，在“九五”期间，发展新品种，提高磨床的技术档次，更好地满足国内市场对中、高档次磨床和数控磨床的需求，并在保证国内供应的基础上，不断开拓国际市场，参与国际竞争。

三、国内外技术发展趋势

1. 国外发展趋势

世界高新技术迅速发展，并与机械技术相互渗透，相互融合。以数控机床、工业机器人为代表的机电一体化技术成为不断开拓的领域。90年代将是机电一体化技术融合并兴起的时代。高精度磨床的工作情况将进一步提高，高速高效强力磨削磨床（深切缓进、深切快进）将大量应用于生产实践，生产中的磨床将为数控磨床、磨削中心替代，FMC和FMS将较多地被采用。

2. 国内发展趋势

党的十四次代表大会上，提出了要振兴机械电子、石油化工、汽车制造和建筑业，使它们成为国民经济的支柱产业。这给机械工业的发展创造了良好的国内环境。按照我国经济发展的长期战略目标，到2050年我国的机械工业要成为当代比较发达的机械工业，在某些产品领域应力争达到世界领先地位，机械工业应具有独立自主的技术开发能力。根据这一战略目标，磨床行业在“九五”期间，在技术发展上拟实行技术引进消化吸收和技术创新并举，大力发展和开发高精、高效磨床新品种，重点发展数控磨床（含经济型和普及型），以满足国民经济支柱行业的需求。在开发手段方面，推广CAD计算机辅助设计和模块化设计方法，提高设计质量，缩短开发周期。在磨削工艺方面，加强高效、高速、强力磨削工艺的试验研究，开展陶瓷材料以及各种非金属材料的磨削工艺试验。与此同时，还需对企业的工艺技术装备进行改造，更新役龄长，结构性能落后的装备以保证产品质量的稳定性和高、新技术产品的开发和研制。

为加速数控磨床的发展，提高高精度磨床的技术档次，必须对适用于磨床的数控系统的发展给予重视，必须开展围绕主机开发的辅助技术，如自动测量、精度补偿、自动分度、砂轮平衡、数控成形修整以及热变形控制与修正的研究。数控系统的发展，可在消化引进国外数控系统的基础上，研制开发我国自已的全功能数控系统。"九五"末期应有我国自行开发的全功能型的数控系统装备的数控磨床产品，并要达到批量生产的能力。

四、新产品开发的重点项目

1. 外圆磨床

(1) 稳定多功能数控端面外圆磨床的生产；

(2) 开发生产型宽砂轮外圆磨床，发展直径200mm×500mm高效超精密外圆磨床和直径800mm×5000mm以上大型外圆磨床等；

(3) 提高机电一体化产品比例，形成不同规格、不同品种的多功能数控外圆磨床、经济型数控外圆磨床的批量生产，直径500mm系列外圆磨床数控化，直径320、500mm系列外圆磨床应用CNC系统替代机一液进给系统。

(4) 发展直径630、800mm和以上规格的中、大型数控轧辊磨床；

(5) 开发磨削中心GC和磨削单元FMC。

2. 曲轴磨床

以引进和自行开发相结合的原则，进行多层次的开发。

(1) 消化Landis曲轴磨床引进技术，开发数控单砂轮、多砂轮曲轴连杆颈磨床，主轴颈磨床和曲轴端面外圆磨床，并逐步提高国产化率，降低成本，形成批量生产；

(2) 自行开发效率较低而通用性较强的数控单砂轮曲轴连杆颈、主轴颈及端面外圆磨床，形成批量生产能力；

(3) 继续完善目前生产的曲轴磨床的结构、性能，以满足小批量曲轴生产和维修工厂的需求。

3. 凸轮磨床

打破中、高档数控凸轮磨床基本依赖进口的局面。"九五"期间，完成单砂轮、多砂轮数控凸轮磨床及凸轮轴主轴颈磨床样机试制外，并形成一定的生产规模。

4. 平面磨床

(1) 完成二轴联动经济型数控修正装置，派生出数控成型平面磨床，以满足工具模具行业的需求；

(2) 开发500×3000二轴联动经济型数控大型平面磨床，并派生出成型车床导轨磨床；

(3) 完整数控双端面磨床的品种、规格，形成系列和一定的批量生产能力，满足汽车、轴承等行业的需求，并根据市场的需求派生出各种专用双端面磨床；

(4) 开发、发展数控缓进给成形磨床系列，满足模具、汽车、交通的需求；

(5) 开发发展各种非金属材料的磨床和高精度、超高精度平面磨床，以满足电子、特种加工工业的需求；

(6) 自行开发和消化引进技术，发展数控龙门式平面磨床及各种中、小型的数控导轨磨床；

(7) 在"九五"后期，开发平面磨削中心。

5. 内圆磨床及无心磨床类

为满足轴承行业的需求，发展轴承、内圆、无心三大类磨床，主要发展目标是以发展数控、高精度磨床为"龙头"，开发经济型数控、全功能型数控及高精度机床。

(1) 自适应数控轴承磨床，采用模块化结构和计算机自适应控制，具有高速恒线速磨削、主动测量及自诊断功能；

(2) 数控无心磨床，采用模块化结构，CNC4～6坐标控制；

(3) 数控内圆磨床，采用模块化结构，CNC3～4坐标控制；

(4) 高精度轴承、无心、内圆磨床，普遍采用模块化结构，精度（圆度）达0.5μm，表面粗糙度$Ra<0.1\mu$m；

(5) 开发内外圆磨削中心，CNC控制4～6轴，能实现三自由度机械手上下料；

(6) 开发市场适销的专用深孔内圆磨床，最大旋径达1200mm，深度1200mm。

6. 齿轮磨床

以自行开发为主，重点发展蜗杆砂轮磨齿机。将"八五"研制成功的磨齿机再提高一个档次，完成CNC技术+深切缓进功能的高效蜗杆砂轮磨齿机的研制，将磨削效率比普通磨齿机的效率提高2～3倍。"九五"期间还将开发直径630～800mm规格的数控蜗杆砂轮磨齿机。使国产磨齿机形成普通型、高效型、高精度型三种不同功能精度，多种不同规格的系列产品。并形成一定的生产能力，满足国内市场对高精度、高效率磨齿机的需求。

7. 螺纹磨床

(1) 在数控蜗杆砂轮磨齿机研制的基础上，移植数控技术（系统），开展数控螺纹磨床的研究开发工作；

(2) 提高、完善滚刀磨床、内螺纹磨床、螺杆磨床及八个系列的螺纹磨床的性能、规格，以满足国内市场的需求。

8. 花键磨床

根据国内市场的需求及数控系统开发的实际情况，"九五"初期将开发三轴二联动经济型数控的内定心花键轴磨床及经济型数控花键孔内侧面高效珩磨机，并形成批量生产能力。到"九五"中后期再致力于全功能型数控花键磨床的开发研究。

此外，"九五"期间还应发展数控工具磨床，并开发工具磨削中心和各种专用磨床及砂带磨床。

〔撰稿人：中国机床工具工业协会磨床分会 邓绍规、尧自中〕

模具行业发展预测

一、产品市场需求预测

随着工业的发展和工艺的改进，模具的应用将日益广泛。由于技术进步，模具的技术含量将进一步提高。就世界范围来说，1995年及未来几年内，模具需求在数量上将不会有大的增加，但在金额上将继续以较大幅度增长。国内，由于许多工业产品未达到经济规模，点多批量小，新产品不断涌现，所以模具数量与金额都将有较大幅度的增长，其增幅将高于整个机械工业增长率总水平。

由于汇率并轨，原来主要依靠进口的大型、精密、复杂模具，将有一部分转向国内市场，因此，高档模具的需求增幅将大于模具行业的平均增幅。由于产品批量小，对模具寿命的要求并不是越高越好，所以，从性能价格比出发，快速经济模具及结构简单和使用常规材料的模具需求量仍将有较大的增幅。塑料模具的需求增幅将高于冲压模具。

二、国内模具生产发展预测

模具厂的发展方向是小而专、少而精，模具行业将向着标准化、专业化、商品化方向不断迈进。1995年及以后，模具标准件生产和大型、精密、复杂模具及快速经济模具的生产将会有较大发展。例如模架，目前全国年产量约40万套，到“九五”末期，能力将增加一倍以上。再如汽车覆盖件模具、精密冲模、大型塑料模具、复杂压铸模及子午线橡胶轮胎模等，随着建设项目的完成和市场需求的增加，生产也必将有较大的发展。

目前，模具行业内部组织结构和产品结构都不太合理，随着现代化企业制度的逐步建立和结构的不断调整，模具生产发展前景会很好，但对于尚未走上专业化生产的模具厂来说，面临的困难和挑战仍十分严重。从事模具生产的乡镇及个体企业，在未来岁月中仍将蓬勃发展。“三资”模具企业将会比目前更快的速度发展。

三、国内外模具技术的发展趋势

1. 模具大型化。这一方面是由于用模具成形的零件日渐大型化所致，另一方面是由于高生产率要求而发展的一模多腔（现在有的已达到一模几百腔）所致。

2. 应用计算机。由于经工业造形后的零件形状日渐复杂，许多模具必须具有三维空间曲面，大部分模具又都是单件生产，因此，设计和加工工作量日益增大，有些已很难由手工设计和常规加工来完成模具制造的全过程，所以模具CAD/CAM（计算机辅助设计与制造）技术将更快发展。由于要求模具设计更具科学性和可靠性，因此模具CAE（计算机辅助分析）技术也将快速发展。模具设计制造一体化系统将越来越广泛地被应用于生产。个别工业发达国家，已开始研究无人操作自动生产模具的技术。

3. 热流道技术的应用。由于采用热流道技术的模具可提高制件的生产率和质量，并能大幅度节约制件的原材料，因此，热流道技术的应用在国外发展很快，已十分普遍，许多塑料模具厂所生产的塑料模具已有一半以上用上了热流道技术，有的厂甚至已达80%以上，效果十分明显。国内，热流道技术刚开始应用不久，由于无热流道的标准元件产品，技术尚不过关，因此应用还很少，但这无疑是一个技术发展趋势。

4. 激光技术的应用。激光扫描与测量、激光造型、激光加工、激光表面处理等在模具上的应用有广阔前景，特别是激光与计算机的配合使用，更具优越性。

5. 超精加工。随着零件微型化及精度要求的提高，有些模具的加工精度要求在1μm以下，这就要求发展超精加工。

6. 高速铣削。由于高速铣削可大幅度提高工效及改善工件表面粗糙度，因此已在国外模具加工上广为应用。高速铣削目前达到的指标是主轴转速6万r/min，进给速度25m/min，工件表面粗糙度$Ra \leqslant 1\mu m$。

7. 优质模具钢的应用及表面处理。在整个模具价格构成中，材料所占比重不大，一般在20%～30%之间，因此，选用优质钢材和应用相应的表面处理来提高模具的寿命就显得十分必要。模具价格增加不多，寿命可成倍增加，用户十分欢迎。

8. 模具的多工序化和自动化功能。由于精密、小型、形状复杂和多种材料构成的零件不断增多，且要求高效率自动化生产，因此，模具结构将越来越复杂，以满足多工序化和自动化的要求。

9. 快速经济模具。工业品多品种小批量时代已经到来，低熔点合金模具、喷涂成形模具、电铸模、精铸模、层叠模、陶瓷吸塑模、环氧树脂模具及光造形等快速经济模具将进一步发展。快换模架、快换冲头等也将日益发展。

四、开发重点预测

1995年及近几年内开发重点应围绕贯彻机械工业振兴规则纲要，一是模具标准件，二是大型、精密、复杂模具。主要有如下几个方面：

1. 模具标准件新品种开发。热流道元件、标准凸凹模、弹性元件、新型导向件等，并应形成批量。

2. 模具CAD/CAM/CAE软件开发与应用。

3. 大型、精密、复杂模具要作为重点开发，以减少进口。

4. 模具特种加工技术。

5. 模具及模具标准件加工专机、设备及专用工具、刃具、量具等。

五、模具价格发展趋势

长期以来，我国的模具价格一直偏低，价格与价值严重偏离。随着《模具计价办法参考手册》的试行，技术含量在模具价格上的体现，模具价格将逐渐达到它应有的水平。除体现技术因素价格上扬之外，模具价格还将随着人工费用的增加、原材料价格变化及税收和其他成本的增加而增加。由于乡镇及个体模具企业在模具行业中的地位已越来越显重要，因此，竞争加剧，模具价格在上扬的总趋势下也将受到抑制，特别是中低档模具，价格将不会大幅度上涨。

〔撰稿人：中国模具工业协会　周永泰　审稿人：中国模具工业协会　郭志坚〕

〔第Ⅸ部分责任编辑：王亚水〕

附录

附录一　世界机械和运输设备市场发展情况

对外经贸大学教授　童书兴

近年来世界机械及运输设备市场是在两大类因素影响下发展变化的，一类因素是世界科技的迅速发展产生的影响；另一类因素是世界经济周期性的衰退产生的影响。

一、科技变革条件下机械和运输设备市场发展特点

1. 机械和运输设备国际贸易的发展十分迅速

1991 年世界机械和运输设备国际贸易额为 12760 亿美元，占世界商品出口总额的 36.4%，占世界制成品出口额的 50.6%。在 1980～1991 年期间，机械和运输设备世界出口年平均增长率达 8.4%。这一增长率不仅大大高于世界经济的增长率，而且远远高于整个世界商品贸易增长率，仅次于出口额较小的服装和其他消费品的出口增长率。应当指出，机械和运输设备中的办公室设备和通信设备出口年均增长率，高达 13%，其增长率在国际贸易各类商品中是最高的。见表 1。

表 1　国际贸易各大类商品 1980～1991 年均增长率

名　称	金　额 (10 亿美元)		比　重 (%)		年平均增长 (%)	年增长 (%)	
	1980 年	1991 年	1980 年	1991 年	1980～1991 年	1990 年	1991 年
全部商品	2031	3506	100.0	100.0	5.1	12.8	1.7
初级产品	860	873	42.3	24.9	0.1	10.9	−2.5
制成品	1097	2522	54.0	71.9	7.9	13.6	3.6
机械和运输设备	525	1276	25.8	36.4	8.4	13.8	4.0
办公和通信设备	85	325	4.2	9.3	13.0	11.9	7.7
汽车产品	132	326	6.5	9.3	8.6	13.2	2.3
其他机器	308	624	15.2	17.8	6.6	15.1	3.0
纺织品	56	117	2.7	3.3	6.9	15.5	5.5
服装	41	122	2.0	3.5	10.5	16.2	8.6
其他消费品	120	324	5.9	9.2	9.5	16.6	2.9
化工品	142	309	7.0	8.8	7.3	12.9	3.6
其他半成品	137	269	6.8	7.7	6.3	14.8	1.3
铁和钢	77	105	3.8	3.0	2.8	0.0	−1.1

资料来源：GATT:《International Trade》1993 年，第 30 页。

当代机械和运输设备国际贸易的迅速增长是有其深刻背景的。工业化在全球的普及，以机械和运输设备为载体的先进技术在经济贸易发展及国际竞争当中的巨大作用，国际分工及生产专业化的加深，国外投资的增长，工业国在科技巨大变革条件下产业结构的加速改变，大幅度增加对机械制造业科技投入，加工制造业在广泛运用电子计算机及微加工技术基础上的自动化及机器人化，加强对环保及节约能源、节约原材料等技术和设备的开发、运用，这些都是机械和运输设备贸易迅速增长的背景。此外还要加上工业产品的经常更新，绝大多数机械产品生命周期急剧缩短，一些国家采取的加速折旧政策和对购买新机械产品的买主提供税收优惠，人为地引起精神磨损。对生产出口产品实行税收优惠、提供优惠信贷、对外国买主实行商品担保及提供金融信贷，所有这些都对机械产品的扩大出口起着促进作用。

2. 机械和运输设备国际贸易结构发生重大变化

在 70 和 80 年代，机械和运输设备国际贸易结构发生的最显著的变化，是技术含量大的机械产品的国际贸易迅速增长。其中高技术机械产品的进出口增长速度之快尤为引人注目。发展最快的高技术产品是办公机械和通信设备。这种趋势在 70 年代已经明显出现，如 1973 年数据加工设备及部件在世界机械和运输设备贸易当中占第 20 位，到了 1987 年已经上升到第 3 位，金额达 850 亿美元，所占份额为 3.6%。但一般机械和运输设备的贸易地位则出现了下降现象。见表2。

表2 1973～1987年期间各类机械和运输设备产品位次变化

产品名称	位次		金额(10亿美元)	比重(%)
	1973	1987	1987	1987
小轿车	4	2	125	5.4
办公室数据加工设备	20	3	85	3.6
汽车部件和附件	8	8	63	2.7
半导体，芯片	38	13	38	1.6
通信设备部件和附件	17	14	36	1.6
卡车，专门车辆	27	16	28	1.2
测量、控制工具	46	19	26	1.1
飞机	25	20	26	1.1
内燃活塞发动机	24	22	26	1.1
非电力机械部件及附件	29	26	24	1.0
电器	39	29	23	1.0
船舶	14	34	19	0.8
照相机，电影设备	45	40	16	0.7
金属切削机床	34	41	14	0.6
民用工程设备	40	42	14	0.6
其他发动机及电动机	23	43	13	0.6
热、冷加工设备	43	44	13	0.6
共计			588	25.0

资料来源：GATT：《International Trade》1993年，第94～95页。

到了80年代以后，机械和运输设备国际贸易向高技术产品倾斜趋势更加明显，这点从世界办公室机械和通信设备贸易和主要工业国这类商品进出口迅速发展就可看出。见表3、表4。

表3 世界办公室机械和通信设备贸易

项目	数量
金额(10亿美元)	325.0
占世界商品出口比重(%)	9.3
占世界制成品出口比重(%)	12.9
年均增长率(%)	
1980～1985	9.3
1985～1990	18.0
1980～1991	13.0
1991	7.7

资料来源：GATT：《International Trade》1993年，第49页。

世界机械和运输设备国际贸易结构发生显著变化最主要原因是科技的迅速发展。在70～80年代初发生的能源和原料危机影响下，一系列传统的工业部门生产效率下降，劳动生产率增长变慢。耗能、耗原材料大的部门，如冶金、运输机械、基本化学、机床制造及重型机械制造受的冲击最大，在这种情况下，工业国家开始大规模采用节约材料技术，在经济中进行结构性的改造。主要是加快科技进步，并把其成果运用到传统部门，也运用到新兴部门。工业国家大大增加了对机械制造业的科技投入，在这一部门推行自动化及机器人化。见表5。近年来科学技术突出变化是信息产业的快速发展。在美国，1991年工业时代让位于信息时代，从那时起，美国公司购买电脑及通信设备的支出已大于购买工业、矿山、及建筑用的机器。根据1994年4月4日《幸福》杂志报道，1992年美国信息业资本支出约有1350亿美元，而工业资本支出约有1100亿美元。

3. 国别、地区结构发生显著的变化

世界机械和运输设备贸易在国别、地区结构方面发生的显著变化，是经济、技术活力强的国家和地区所占市场份额迅速扩大，其他国家所占份额相对缩小。在工业发达国家当中，日本最为突出，它经过20年的努力，变成了世界上头号机械和运输设备出口国。日本机械和运输设备贸易的显著特点是，出口增长快，规模大，进口额相对较小。如1991年日本出口机械和运输设备价值达2230.9亿美元，而进口只有375.7亿美元，顺差达1855.2亿美元。而美国和西欧国家在世界机械和运输设备出口市场所占份额则相对下降。美国50年代和60年代在世界机械和运输设备市场上曾处于领先地位，当前虽然仍是世界机械和运输设备主要出口国之一，但它已成为世界上这类商品的最大进口国。在发展中国家和地区当中，最突出的是亚洲“四小龙”，现在它们已跨入世界机械和运输设备主要出口和进口商的行列。1991年它们出口机械和运输设备价值达1145亿美元，占世界机械和运输设备出口总额的9%。当前这些国家和地区不仅是向世界市场出口一般的劳动密集产品，而且出口高技术产品，在高技术产品市场上同发达国家进行竞争。亚洲“四小龙”已成为电子产品的主要出口国和地区，韩国和巴西已经跨入世界汽车生产国的行列。亚洲“四小龙”每年进口机械和运输设备的数量也很大，1991年，新加坡、香港、韩国这类产品的进口额，分别为309亿美元、292亿美元和275亿美元。

二、西方经济衰退的特点和影响

近年来世界经济的不景气及其不平衡的发展影响了世界机械和运输设备生产、消费和贸易增长，也影响价格变化。这次西方经济衰退的特点：

1. 衰退引起的经济下降虽然幅度小，但由于衰退持续时间长，其影响仍是广泛的

这次西方经济衰退首先于1990年10月从美国开始，然后波及到日本和西欧各国，至今已持续到第四个年头，才临近结束。衰退期间经济下降幅度较小。根据OECD出版的《基本经济指标》一书，经合组织成员国的国内生产总值（按1985年的价格及1985年的汇率计算），1993年增长

表 4　日本、美国、欧共体出口和进口机械和运输设备结构

(单位：10 亿美元)

类　　别	年 份	日　本		美　国		欧 共 体	
		出口	进口	出口	进口	出口	进口
总额	1989	193.67	28.11	165.95	210.81	423.39	376.12
	1990	202.93	36.05	182.60	213.26	517.96	464.71
	1991	223.09	37.57	200.09	215.52	518.49	489.88
发电机械	1989	3.11	1.59	9.91	6.41	16.34	14.07
	1990	3.49	1.79	10.13	7.56	20.92	17.28
	1991	4.04	1.78	11.35	7.92	21.27	17.94
其他非电力机械	1989	35.27	5.85	32.61	32.37	118.97	83.75
	1990	35.88	7.35	34.62	32.17	146.27	104.81
	1991	39.93	7.44	37.56	29.78	143.01	104.54
办公及通信设备	1989	65.00	9.93	47.38	63.20	69.65	96.90
	1990	67.01	11.26	51.66	63.37	82.97	115.91
	1991	73.66	12.81	55.49	68.64	84.96	120.80
电力机械及装置	1989	15.81	3.39	14.72	18.13	43.75	39.44
	1990	16.78	4.08	16.55	19.69	54.36	49.33
	1991	19.25	4.67	18.25	20.38	57.19	52.82
汽车产品	1989	63.07	4.83	30.85	78.76	128.70	105.26
	1990	66.23	7.32	32.55	78.51	158.38	130.45
	1991	79.53	6.44	35.14	75.94	158.52	138.26
其他运输设备	1989	11.41	2.50	30.47	11.94	44.01	36.69
	1990	13.54	4.26	37.09	11.97	52.71	46.93
	1991	15.68	4.42	42.39	12.86	60.93	55.50

资料来源：GATT：《International Trade》1993 年。

表 5　发达国家 1991 年每 10 万人拥有工业机器人数量

(单位：个)

国　　名	10 万人拥有工业机器人数量
日　本	2620
新加坡	692
瑞　典	479
德　国	429
意大利	254
瑞　士	251
芬　兰	191
奥地利	175
比利时–卢森堡	175
美　国	174
法　国	173
挪　威	130
英　国	125

资料来源：《Fortune April》4　1994 年。

1.17%，1992 年增长 1.74%，1991 年比 1990 年增长 0.5%。虽然从总体上只能说是经济增长率下降，但主要工业国家，如美国、德国、日本国等国的经济发生过或发生幅度不大的绝对下降。这些国家的工业生产，1993 年比 1992 年只下降 0.18%，1992 年比上年下降 0.7%。经济下降幅度小同衰退持续时间长，有紧密联系。经济衰退是一种经济调整，在经济下降幅度小的条件下，只有持续较长时间才能使经济调整过来。经济衰退虽然下降幅度小，但由于衰退持续时间长，加上工业国家的生产基数大，衰退产生的影响也是十分广泛的。衰退造成工业国家数以千万人的失业，到 1994 年 1 月份经合组织欧洲成员国的失业率仍处在 11%的高水平上，工商企业及居民购买力下降，造成市场需求疲软，国内外贸易的不景气和物价的低水平。相应地是出现工厂的低开工率。如日本工业开工率指数以 1985 年为 100，1993 年仅为 89.1。

2. 工业国家周期性经济衰退不同步的影响

美国经济进入经济衰退的时间比其它工业国家为早，回升开始的时间也早。美国工业生产在 1990 年 10 月开始下降，持续到 1991 年 4 月，此后的回升虽步履蹒跚，但趋势是回升。美国的 GDP（国内生产总值）1991 年比 1990 年下降 0.7%，1992 年增长 0.7%，1993 年增长 2.4%。美国的工业生产 1991 年比 1990 年下降 1.87%，1992

表 6　世界机械和运输设备主要进出口国情况

国家和地区	金　额 (10 亿美元)		占世界出口(进口) (%)		年平均增长%	年增长%		
	1980 年	1991 年	1980 年	1991 年	1980～1991 年	1989 年	1990 年	1991 年
出口国和地区								
1 日　本	75.9	223.1	14.5	17.0	10	4	5	10
2 美　国	88.7	200.1	16.9	15.3	8	12	10	10
3 德　国	85.4	197.1	16.3	15.0	8	7	18	0
4 法　国	36.8	83.0	7.0	6.3	8	8	27	6
5 英　国	39.5	77.0	7.5	5.9	6	9	22	2
6 意大利	25.3	63.7	4.6	4.9	9	13	22	1
7 加拿大	16.7	47.4	3.2	3.6	10	4	6	0
8 比利时–卢森堡	13.9	32.0	2.7	2.4	8	8	26	−1
9 荷　兰	12.6	31.2	2.4	2.4	9	6	27	2
10 中国台北	4.9	30.0	0.9	2.4	18	15	7	14
11 新加坡	5.2	29.9	1.0	2.3	17	17	19	13
12 韩　国	3.6	29.3	0.7	2.2	21	4	8	15
13 香　港	3.8	25.3	0.7	1.9	19	13	11	20
14 西班牙	5.5	24.7	1.0	1.9	15	18	35	14
15 瑞　典	12.3	23.6	2.3	1.8	6	2	13	−5
共计	430.0	1117.5	81.9	85.3	—	—	—	—
进口国和地区								
1 美　国	63.8	215.5	11.8	16.0	12	4	1	1
2 德　国	35.0	136.3	6.5	10.1	13	13	35	23
3 法　国	28.8	80.0	5.3	5.9	10	8	25	1
4 英　国	30.3	76.2	5.6	5.6	9	7	10	−10
5 加拿大	26.7	60.2	5.0	4.5	8	1	−2	3
6 意大利	20.1	56.6	3.7	4.2	10	9	24	4
7 荷　兰	15.2	40.0	2.8	3.0	9	8	24	3
8 比利时–卢森堡	16.1	38.3	3.0	2.8	8	9	29	2
9 日　本	8.4	37.6	1.6	2.8	15	21	28	4
10 西班牙	6.1	35.1	1.1	2.6	17	17	21	5
11 前苏联	23.4	35.1	4.3	2.6	4	1	24	−36
12 新加坡	7.2	30.9	1.3	2.3	14	15	24	14
13 香　港	5.0	29.2	0.9	2.2	17	9	15	27
14 韩　国	5.0	27.5	0.9	2.0	17	16	13	15
15 墨西哥	10.2	26.5	1.9	2.0	9	9	49	22
共计	301.2	925.0	55.8	68.5	—	—	—	—

注：在新加坡数字中包括出口和进口的转口。

资料来源：GATT:《International Trade》1993 年。

年比上年增长 2%，1993 年比上年增长 4%。在美国经济衰退时，日本和德国经济仍在较快地增长，从而缓和了美国经济的下降。当美国经济回升时，日本和西欧国家，特别是德国经济的恶化，又对美国经济的回升产生负面影响作用，使美国经济回升乏力，特别是影响美国出口的增长，但经济回升使美国进口较快的增长。其它工业国家经济衰退也影响了美国的出口。如 1993 年美国的出口仅比 1992 年增长 3.7%，但进口却增长 8.9%。其它遭受经济衰退的工业国，也都大力扩大出口以图摆脱困境。

日本工业生产总指数 1991 年比 1990 年增长 2%，1992 年比上年下降 5.5%，1993 年又下降 4.2%。欧洲经合组织成员国的工业生产 1992 年比

1991 年下降 1.7%，1993 年又下降 0.2%。1993 年 GDP 下降的西欧国家有奥地利、比利时、法国、德国、意大利、荷兰。另外瑞典、瑞士等北欧国家的 GDP 也发生了下降。德国经济下降最为引人注目，它是世界上一个经济大国，其经济下降产生的影响广泛。德国经济恶化的直接原因是未曾料到的统一的高昂代价，造成了巨大的财政赤字。为抑止通货膨胀，采取了高利率政策，在欧洲国家产生了一系列的连锁反应，其它欧洲国家不得不使本国货币贬值，以提高本国出口商品的竞争力。1993 年德国 GDP 比上年下降 2.1%，它的工业生产 1992 年下降 2%，1993 年下降 6.7%。

3. 价格、利率、及汇率的影响

战后情况表明，西方经济的每次衰退都和通货的变动有关。在经济的运行过程中，通常先是经济过热、物价上涨，然后是提高利率实行通货紧缩。通货紧缩直接导致经济衰退。不过这次通货膨胀和 70 年代及 80 年代的情况不同，它未明显表现在商品市场上，而是主要表现在美国、英国、北欧国家、澳大利亚和日本的房地产市场及其它资产市场上。资产价格的上涨在很大程度上是由于借债所致(如美国债务额至今仍占其 GDP 的 52%)，它是伴随家庭及公司债务剧烈上升而产生的。这种价格的上升最终会使传统价格指数中的通货膨涨率上升。通货膨涨和通货紧缩都和利率的变动密切相关。利率变动既受经济变动的制约，又是经济变动的杠杆。近年来西方各国利率基本走势是先高后低，如美国的短期利率从 1991 年的 5.83%下降至 1993 年的 3.17%，日本短期利率已从 1991 年的 7.38%下降至 1993 年的 2.98%；在同一期间，德国的短期利率从 9.25%下降至 7.29%。利率下降有利于走出衰退，使经济回升。在西方国家，汇率变化对有关国家的竞争力及贸易的影响十分显著，如已经有相当长的时间，日本大量贸易顺差和日美贸易摩擦引起日元大幅度升值，使日本出口商品竞争力下降，导致对外投资的急剧增长，1994 年 5 月 23 日美国《商业周刊》称："从 1994 年初，日元对美元升值 7%，无疑日本会加快转移从啤酒到轴承的所有生产到亚洲的进程"。如日本 Minebea 公司不久前宣布，将耗资 2200 万美元在上海建立新轴承厂，爱华公司将投资 4300 万美元把其在马来西亚工厂的产量提高一倍。近一年半以来美元对所有货币都发生了升值，但对日元除外，如美元对英镑升值 30%，也影响美国出口商品的国际竞争力。

4. 发展中国家的作用

在西方经济发生不景气的同时，发展中国家经济保持了较好的发展势头，这对西方经济衰退起了缓和作用。

在以往的经济衰退中，发展中国家的经济是随着西方经济的不景气而发生恶化的，但是这次却不相同。近两年来，发展中国家，尤其是东亚国家保持了较高的经济增长率。1993 年发展中国家经济增长率约为 5%，贸易额增长约 9%，而发达国家经济增长率略高于 1%，对外贸易值出现 1984 年以来的首次下降，出、进口量从上年均为 3%分别降至 0.8%和 1.2%。发展中国家经济的较快增长，对西方经济衰退起了缓和作用。

展望前景，由于西方经济衰退已历时三个年头，西方国家的低利率和低物价有利于消费和投资的增长，石油等初级产品价格已处于较低的水平，各国政府采取了调整经济结构的措施，预计美国经济在 1994 年增长率可能会达到 3%，会高于 1993 年，日本和西欧 1994 年会陆续走出衰退。1994 年世界经济的增长率可能会达到 2%以上，高于 1993 年。值得注意的是，随着西方经济衰退结束，世界市场需求将转向回升，价格因而会上扬。

三、工业发达国家机械和运输设备市场一般情况

发达国家是世界最主要的机械和运输设备的生产国、出口国、进口国。拥有以先进技术为基础的发达工业是形成这种状况的主要原因。发达国家生产的大部分机械产品用于出口。1992 年，工业国家出口机械和运输设备 11423.68 亿美元，占他们全部国际贸易额的 42.8%。1992 年这类产品占各主要工业国出口总额的比重：日本 71.6%，德国 49.6%，美国 47.3%，英国 40.9%，法国 39.3%，意大利 36.8%。1992 年和 1993 年，发达国家机器设备进出口贸易仍然受到经济衰退的影响，1992 年增长率虽比 1991 年高，但仍低于 1990 年的水平，并且各国情况有很大差别。一般来说，美国外贸增长比西欧和日本要好一些，特别是美国的进口增长要比出口增长的快，而西欧和日本的出口增长要比进口快。

1992 年和 1993 年，发达国家机械和运输设备市场特点是：

1. 这些国家的机械和运输设备的出口和进口虽然都受经济衰退的影响，但进口受的影响比出口大，而且在时间上反应早，因为衰退引起的需求下降首先反映在进口萎缩上，这时的出口甚至是扩大的。因为发生衰退的国家急于以扩大出口来弥补国内需求的不足。见表 7、表 8、表 9。

表 7 发达国家机械和运输设备出口增长动态

年 份	出口总金额(百万美元)	比上年增长%
1980	436320	—
1988	817140	—
1989	875893	7.1
1990	1021288	16.6
1991	1063217	4.0
1992	1142368	7.4

资料来源：联合国统计月报，1994年2月，第280页。

表 8　主要工业国家机械和运输设备出口增长动态

(单位：百万美元)

年份	日本		美国		德国		法国		英国		意大利	
	金额	比上年增长%	金额	比上年增长%	金额	比上年增长%	金额	比上年增长%	金额	比上年增长%	金额	比上年增长%
1980	75870	—	84512	—	85414	—	36831	—	39543	—	25271	—
1989	193669	—	148800	—	166005	—	61619	—	61793	—	51842	—
1990	202934	4.7	172522	16	196628	18	78378	27	74902	22	63233	22
1991	222713	9.7	187856	9	196907	1	82889	6	76919	10	63642	0.6
1992	243114	9.2	200933	7	313535	59	91218	10	77978	1	65698	3.2

资料来源：联合国统计月报，1994 年 2 月，第 280 页。

表 9　美国、西欧和日本从发达国家进口机械和运输设备增长动态

(单位：百万美元)

年份	美国		西欧国家		日本	
	金额	比上年增长%	金额	比上年增长%	金额	比上年增长%
1980	54558	—	187709	—	6159	—
1989	159955	—	417290	—	20120	—
1990	166444	4.0	502328	20.4	26488	31.6
1991	162979	−2.1	515455	2.6	25789	−2.6
1992	174214	6.9	538653	4.5	25101	−2.7

资料来源：联合国统计月报，1994年2月，第 280 页。

2. 经济衰退不同步及生产下降幅度不同对各工业国机械和运输设备的生产、消费、贸易，以及价格产生不同的影响。经济衰退严重的国家受的影响大，反之受的影响就小。近两年来，美国的经济情况相对来说，比日本和西欧要好一些，因此其机械和运输设备市场情况也要好一些。特别在进口方面表现得尤为明显。1992 年美国机械和运输设备进口比上年增长 6.9%，而西欧只增长 4.5%，日本机械和运输设备进口比上年下降 2.7%。

1993 年美国全部商品出口为 4648 亿美元，比 1992 年增长 3.7%，主要增长发生在资本货物出口和汽车产品的出口，资本货物出口按年率计算仍比上年增长 3.6%，1992 年美国资本货物外贸顺差 425 亿美元，1993 年顺差为 303 亿美元，美国制造业在价格及质量上已具有竞争性。1993 年美国资本货物进口按年率比上年增长 13.8%，汽车及零部件进口按年率增长 11.5%，其增长率大大高于出口。见表 10。

日本及欧洲因经济萧条减少了从美国进口，从而影响美国出口的增长。日本和西欧购买美国 1／3 的出口产品。西欧和日本经济萧条，尤其打击了美国的产品出口。1993 年美国高技术产品的出口只增长了 10 亿美元，达到了 1080 亿美元，但飞机发货有所增长。美国商品还是有竞争力的，

表 10　美国资本货物及汽车、汽车零部件进出口情况

(单位：10 亿美元，年率)

项目	出口金额	进口金额	差额
资本货物			
1992 年，年率	176.7	134.2	42.5
1993 年，年率	183.0	152.7	30.3
1993 年：Ⅰ	177.2	143.1	34.1
Ⅱ	183.0	151.3	31.7
Ⅲ	178.6	153.2	25.4
Ⅳ	193.0	163.3	29.7
汽车及零部件			
1992 年，年率	47.1	91.8	−44.7
1993 年，年率	51.7	102.4	−50.7
1993 年：Ⅰ	51.4	100.4	−49.0
Ⅱ	51.3	102.1	−50.8
Ⅲ	48.4	100.1	−51.7
Ⅳ	55.80	106.8	−51.0

资料来源：《Business America》. March 1994。

注：金额按 f.a.s（船边交货价）计算。

其他工业国家及东欧都需要美国的资本货物。不利因素是近一年半以来除日元以外，美元对所有货币都发生了升值，如美元对英镑升值 30%，这对美国的出口产生负面影响。当然也有利于美国出口商品的竞争力提高的因素，它们是投资的增长和较快提高劳动生产率以及缓慢的工资增长。投资率是国际竞争力消长的基础。在过去几年，美国投资占 GDP 的比率同日本和西欧的差距已经大大缩小，关键因素是 1993 年美国制造业劳动生产率增长高达 5.1%，1992 年为 4.2%。1992 年其他工业国制造业劳动生产率的增长；在日本为−5%，德国

0.5%，法国为2.9%。从1990年到1992年美国制造业单位劳动成本年平均增长1.7%，只相当任何一个主要欧洲国家劳动成本增长的一少半，比日本低13%。

近两年西欧经济不景气对其机械和运输设备市场的影响，虽然主要是表现在这类产品的生产及进口萎缩上面，但也影响他们的出口。值得注意的是，一些国家为了摆脱困境，使这类产品的出口甚至有较大增长。

在德国，萧条已经持续15个月，萧条影响了德国的经济和贸易。经济衰退使早已存在着的结构问题更加突出，德国工人挣的多（平均每小时25美元），工作时间短，每周只工作37.5小时，假期每年达40天，比其它工业国家都长。德国还有较高的社会保险福利待遇，这些都在不同程度上影响它的出口竞争力。德国制造商虽然以制造高质量的产品为传统，但是它也遇到了亚洲的强有力的竞争，亚洲竞争者同样可以制造出物美价廉的商品。这些因素加上过分严格的法律规定及政府支持的传统工业政策，结果德国在世界出口中所占份额从1987年的14%下降到10%。德国的工业结构调整缓慢，不能迅速从19世纪的工业——机械、汽车、化工，转变为发展21世纪的工业——电子、电脑、通信及生物工程。从1987年到1992年德国科学家在微电子方面注册的专利从290件下降为181件。而在同一期间，日本在这一领域的专利从17 408件上升到23 082件。在电脑领域，德国最大的公司——西门子NIXDORF在三年内亏损10亿美元之后继续发生赤字，在争夺国内市场份额中，NIXDORF跟在IBM之后只占4%。德国法律调整过严也束缚了工业的发展。

德国工业家在新形势下努力调整生产，寻找新市场及降低成本和价格。如年营业额达11亿美元的平板印刷机械制造商（offset printing press manufacturer），年收入下降40%，对企业进行了整顿，把各分部合并，任命新的领导，废除两级白领管理制度，引进日本和美国的经验。由于采取这些措施，新产品开发的时间从五年缩短为三年半。也有些公司削减开支，增加对R&D的支出。如Bosch公司管销售下降，但对R&D支出增加了一倍。这家的公司的经理说，技术创新是保护市场、应付日本竞争的头号问题。在Porse he具有年营业额11亿美元的汽车制造商为进行工业改造工程请了日本顾问，17个月以后，工厂的活力增强，差错减少了22%。

德国企业的努力带来了结果，据德意志银行的报告，1993年虽然德国的GDP下降了1.9%，但平均小时劳动生产率提高了7%，德国机械及设备协会主席Herbert kriegbaum说："国家像人一样，当减轻重量时，它们会感到好些"。

应当指出，虽然德国处于经济萧条之中，但国外的需求促进了经济的增长，1994年2月新订单增长3.1%，来自外国的手头订单增长3.8%，工业供货商、工业设备及消费品的外国订单都在增长，德国资本货物的制造商从美国工商业投资支出增长及南美和亚洲工业发展中受益最大，德国出口的稳定增长有助于德国制造业的尽早结束衰退。据IFO研究所1994年4月12日对352家公司的调查，1994年德国制造业生产将增长1.25%，而在1993年是下降6.9%，原因是，出口足以抵消私人支出的疲软。

法国机械工业提高国际竞争力的努力，使其机械部门的对外贸易出现顺差，价值从1992年的20亿法郎增加到50亿法郎。虽然如此，经济衰退仍导致1993年机械产品出口下降7%，进口下降12%。在经济不景气的形势下，法国对需求增长的市场大力开拓，以扩大出口，并取得了成果。1993年法国对美国出口增长14.2%，达到110亿法郎，对中国出口增长44%，达到290亿法郎，但是1993年法国向欧盟国家的出口下降了17%。法国机械工业联合会的领导人要求法国保险公司加强对出口提供担保，要求政府大幅度增加投资，并放松获得各种贷款的条件。

1993年意大利机械产品贸易如其整个外贸一样，特点是进口下降，出口大幅度增长。1993年机械行业盈余比1992年增长近一倍，出口额增长22.5%，进口却减少2.6%。运输工具行业虽然有逆差，但出口有所增长，进口明显减少。

日本是世界机械和运输设备的头号出口国。1992年机械和运输设备出口额高达2431亿美元。日本机械行业的特点是：（1）按订单进行生产，大部分机床及工业机械是用户订做的，即设计和结构均要根据用户提供的详细规格以满足专门的用途及操作要求；（2）它对商业周期十分敏感，机械设备属于资本货物，其发展变化与固定资本投资紧密相关，而固定资本投资又随商业周期发展变动。因此不能脱离商业周期及投资变化来估价机械设备的行情发展；（3）它多半是装配型的工业；（4）该行业虽有少数专门的制造商，但众多的小企业占主要地位。见表11。

近两年来，日本机械和运输设备的贸易受经济衰退和日元升值的双重影响，衰退和日元升值严重打击出口，也影响了它的进口，刺激增加海外投资。

四、西方经济不景气对汽车及机床市场的影响

西方经济不景气对世界机械和运输设备市场上的很多产品都有影响，但尤以对汽车和机床市场的影响为最大。近两年来这两种产品市场均处于严重不景气之中。小轿车属于耐用消费品，卡车和机床属于生产资料，它们对经济周期波动十分敏感，在所有机械和运输设备当中首当其冲。在汽车生产方面，除美国的情况较好以外，其他工业国家1993年的生产水平一般低于1992年，甚至低于1991年，详见表12。

西方国家汽车生产下降，主要是因为国内需求和出口的下降，据报道，仅1993年上半年西欧新车的销售量就减少130万辆，其滞销是近四年以来最为严重的。在德国这个欧洲最大的汽车市场，汽车销售量下降19.9%，西班牙下降29.3%。奔驰及菲亚特这两家欧洲最大的汽车制造公司的销售量分别下降22.1%及29.3%，在经济萧条的形势下，各汽车制造商纷纷采取措施，寻求出路；或者裁员，或者采用新技术、降低成本、开发新产品，或者大力开拓新市场。西欧国家的政府拟将所谓选择销售制度（即允许汽车制造商在欧洲销售自己的产品保持到1999年底），日本制造商因日元升值则是更多地把汽车零件的生产转移到海外。

表11　日本机械和运输设备出口和进口变化情况

产品类别	出口						进口					
	1991年		1992年		1993年1～8月		1991年		1992年		1993年1～8月	
	金额(百万美元)	比上年增长%	金额(百万美元)	比上年增长%	金额(百万美元)	比上年增长%	金额(百万美元)	比上年增长%	金额(百万美元)	比上年增长%	金额(百万美元)	比上年增长%
一般机械	69569	9.5	76373	9.8	53315	9.3	14417	2.7	14581	1.1	9807	0.6
电机	55540	14.3	59842	7.7	43383	12.6	13003	13.9	12763	−1.8	9779	18.0
运输机械	31311	6.8	35971	14.9	26601	16.0	5537	6.7	5457	−1.4	3784	0.1
家用电器	6218	16.2	6189	−0.5	3756	−7.2	1494	19.5	1715	14.8	1204	5.7
轿车	44713	8.1	48579	8.6	32035	1.0	5180	−16.3	4989	−3.7	3192	−5.0

资料来源：日本大藏省贸易统计。

表12　主要工业国家汽车生产情况　　(单位：万辆，月平均)

时间	日本		美国		德国		法国		意大利		英国	
	A	B	A	B	A	B	A	B	A	B	A	B
1986	65.09	37.15	62.63	28.28	35.61	1.49	22.77	3.85	13.77	1.49	8.49	1.91
1987	65.76	36.39	59.04	31.84	36.17	1.52	24.85	4.26	14.27	1.67	9.52	2.06
1988	68.33	37.62	59.21	34.34	35.91	1.63	26.15	4.60	15.70	1.92	10.22	2.65
1989	69.75	33.42	56.73	33.85	37.86	1.74	28.45	4.24	16.42	2.05	10.83	2.82
1990	82.90	29.58	50.43	31.00	38.48	2.91	24.69	3.95	15.61	2.17	10.80	2.28
1991	81.30	29.15	45.06	28.10	35.58	3.25	26.01	4.10	13.56	2.15	10.65	1.85
1992	78.10	25.9	47.4	33.7	40.55	3.04	27.7	3.6	…	…	10.8	2.1
1992 10月	79.5	26.9	52.9	41.1	45.7	3.07	31.9	3.8	—	—	11.8	2.0
11月	80.1	25.2	45.8	35.2	41.4	2.6	28.4	3.5	12.6	1.7	11.7	1.5
12月	73.0	23.6	46.4	36.4	32.4	2.3	22.1	3.0	8.3	1.4	9.5	1.5
1993 1月	67.4	22.0	44.0	342.0	30.4	1.7	—	—	10.7	1.2	10.9	1.9
2月	79.3	24.9	47.9	38.1	31.3	2.4	24.3	3.3	11.9	1.3	11.1	1.8
3月	88.7	27.6	59.6	46.7	41.7	2.8	28.8	4.2	13.0	1.4	14.4	2.2
4月	69.5	22.5	53.9	41.6	39.4	2.3	—	—	10.9	1.3	11.3	1.5
5月	65.2	21.4	54.5	41.3	31.1	2.4	—	—	10.3	1.7	13.0	1.5
6月	74.6	24.4	56.2	43.2	33.5	2.4	30.7	3.3	8.9	1.6	13.5	1.7
7月	76.0	25.3	30.5	24.0	24.4	2.2	27.6	2.8	8.2	0.5	11.8	1.2
8月	54.8	18.5	42.6	37.5	23.7	2.1	1.1	0.3	1.6	0 0	6.7	0.6
9月	75.0	24.4	45.9	41.9	36.0	2.5	25.6	2.8	—	—	11.6	1.8
10月	—	—	54.7	45.7	35.2	2.3	21.5	2.8	—	—	12.8	2.2
11月	—	—	—	—	35.6	2.1	—	—	—	—	8.7	1.1
12月	—	—	—	—	30.5	2.1	—	—	—	—	—	—

注：A系指轿车和作为轿车使用的乘客不超过9人的汽车。

B系指商用车辆：轻型和重型卡车，公共汽车，供货车等。

资料来源：联合国统计月报1994年3月。

表 13 机床的消费(国内生产减去出口加上进口)

国别和地区	金额(百万美元)		增长 %	人口 (万人)	人均消费 (元/人)
	1993	1992			
1 美国	4 765.0	3 733.7	27.6	248.71	19.2
2 日本	3 887.2	5 370.1	−27.6	124.40	31.3
3 中国	3 075.4	2 325.8	32.2	1 165.80	2.6
4 德国	2 966.1	4 848.1	−38.8	80.60	36.8
5 意大利	1 611.0	2 313.4	−30.4	58.00	27.8
6 韩国	1 212.9	1 432.8	−15.4	44.30	27.4
7 英国	1 007.6	1 246.5	−19.2	57.90	17.4
8 法国	954.0	1 666.7	−42.8	56.90	16.8
9 台湾	827.1	826.9	0.0	20.80	39.8
10 俄罗斯	640.0	830.0	−22.9	149.30	4.3
11 加拿大	633.0	568.9	11.3	27.40	23.1
12 乌克兰	563.6	780.0	−27.7	52.10	10.8
13 瑞士	372.4	573.2	−35.0	6.90	54.0
14 西班牙	349.3	726.8	−51.9	38.60	9.1
15 奥地利	339.8	498.9	−31.9	7.90	43.0
16 印度	324.0	367.4	−11.8	882.60	0.4
17 新加坡	296.8	269.9	10.0	2.80	106.0
18 墨西哥	287.0	513.0	−44.1	87.70	3.3
19 巴西	220.5	203.3	8.5	150.80	1.5
20 波兰	200.1	213.2	−6.1	38.40	5.2
21 荷兰	189.3	298.9	−36.7	15.20	12.5
22 瑞典	124.7	189.1	−34.1	8.70	14.3
23 捷克	116.0	124.0	−6.5	10.00	11.6
24 南斯拉夫	105.0	122.8	−14.5	10.00	10.5
25 澳大利亚	101.0	101.0	0.0	17.80	5.7
26 葡萄牙	76.8	135.7	−43.4	10.50	7.3
27 比利时	76.0	60.8	25.0	10.00	7.6
28 阿根廷	75.1	95.1	−21.0	33.10	2.3
29 斯洛伐克	61.0	86.0	−29.0	5.00	12.2
30 南非	45.8	57.9	−20.9	41.70	1.1
31 罗马尼亚	44.2	44.6	−0.9	23.20	1.9
32 芬兰	38.5	52.9	−27.3	5.00	7.7
33 克罗地亚	34.1	62.3	−45.3	4.60	7.4
34 丹麦	23.4	33.5	−30.1	5.20	4.5
35 匈牙利	6.7	12.5	−46.3	10.30	0.7
共计	25 650.4	30 785.6	−16.7	3 512.11	7.3

资料来源:《American Machinist》March 1994。

1993 年世界机床生产受西方经济不景气影响下降 17.1%，金额减少了 58 亿美元，现在其产值为 282 亿美元，这是进行这种调查以来历史上第二次最大的下降，下降幅度仅次于 1992 年的 19%。机床生产国对这种产品的消费几乎也是下降这么多，对非工业国家的出口下降了 20%，约占生产价值的 9%。

在西欧，销售额下降了 45 亿美元，或者说下降 28%，降到 116 亿美元，德国下降最多，下降了 25 亿美元，欧洲每一个国家都发生了下降。例如法国和西班牙下降的也很多，仅次于德国，东欧 1992 年下降 59%，1993 年又下降 22%，降到 15 亿美元。

在太平洋区域，中国、韩国、台湾的机床生产继续增长，但日本的产值下降了12亿美元，现产值为108亿美元。欧洲加上太平洋区域1992年占世界机床产值的82%，1993年占79%。

北美最先走出衰退，机床生产是增长的。美国的生产增长6.5%，加拿大增长14%，北美包括墨西哥在内产值为36亿美元，美国是世界上最大的机床消费国，它购买了世界机床的16.9%，日本处于第二位，占世界消费的13.8%，德国占第四位，占10.5%。

中国是世界机床第三大消费国。尽管能生产出符合世界标准的机床，它的出口也不多，但其生产和消费用本国货币衡量每年增长28%，它从1992年起购买世界生产机床的11%。

机床的消费见表13。世界机床的生产和贸易见表14。

表14 世界机床的生产和贸易 (单位: 百万美元)

国别和地区	1993 (估计值)					1992年 (修正值)				
	生产			贸易		生产			贸易	
	共计	切削机床	锻压机床	出口	进口	共计	切削机床	锻压机床	出口	进口
1 日本	7 153.5	5 578.8	1 574.7	3 644.2	377.9	8 355.2	6 562.1	1 793.1	3 531.7	546.6
2 德国	5 145.3	3 344.5	1 800.9	3 329.3	1 150.1	7 665.9	5 181.8	2 484.2	4 685.2	1 867.3
3 美国	3 275.0	2 225.0	1 050.0	1 010.0	2 500.0	3 073.7	1 999.7	1 074.0	1 214.0	1 874.0
4 意大利	2 365.6	1 585.5	780.0	1 391.3	636.8	3 091.5	2 077.2	1 014.3	1 541.7	763.6
5 中国	1 753.4	1 318.5	434.9	200.0	1 522.0	1 684.8	1 266.9	417.8	197.0	838.0
6 瑞士	1 354.3	1 015.7	338.6	1 185.0	203.1	1 713.8	1 314.2	399.7	1 470.6	330.0
7 台湾	1 073.7	715.8	357.9	687.9	441.4	1 029.6	692.6	337.0	659.6	456.9
8 英国	953.3	619.9	333.3	488.7	543.0	1 101.7	716.8	384.9	580.9	725.6
9 韩国	622.9	523.2	99.7	110.0	700.0	576.4	461.8	114.6	110.6	967.0
10 法国	618.3	459.3	159.0	300.3	636.0	950.4	676.3	274.2	490.8	1 207.0
11 俄罗斯	c615.0	c490.0	c125.0	c15.0	c40.0	800.0	640.0	160.0	u20.0	u50.0
12 乌克兰	c518.0	c420.0	c98.0	c12.0	c57.6	u740.0	u600.0	u140.0	u8.0	u48.0
13 西班牙	401.2	267.5	133.7	240.7	188.8	610.5	402.6	207.9	321.4	437.7
14 加拿大	339.8	200.6	139.2	218.0	511.3	297.4	173.7	123.7	206.4	478.0
15 巴西	325.5	261.8	63.7	196.2	91.2	305.8	255.0	50.8	188.6	86.1
16 奥地利	288.2	189.3	98.9	283.9	335.5	359.3	236.1	123.2	331.0	470.6
17 比利时	172.3	17.0	153.8	c308.8	c212.5	221.3	33.1	188.2	514.6	354.1
18 瑞典	167.1	84.8	82.2	183.8	141.4	208.6	105.6	103.0	207.3	187.8
19 捷克	165.0	150.0	15.0	123.0	74.0	159.0	144.0	15.0	15.5	80.0
20 印度	155.9	142.6	13.3	17.2	185.4	203.4	186.1	17.3	17.3	181.4
21 新加坡	151.6	92.9	58.7	189.3	334.5	143.4	89.2	54.2	234.3	360.7
22 波兰	149.1	96.9	52.2	42.0	93.0	135.6	88.1	47.5	63.5	141.1
23 南斯拉夫	105.0	79.0	26.0	0.0	0.0	148.8	112.5	36.3	u47.0	u21.0
24 荷兰	c69.9	c24.1	c45.8	c102.4	c221.9	u99.8	u34.4	u65.4	u170.7	369.8
25 芬兰	46.9	3.3	43.5	42.0	33.6	50.7	4.9	45.8	42.2	44.4
26 克罗地亚	44.2	44.2	0.0	25.1	15.0	66.5	66.5	0.0	19.2	15.0
27 罗马尼亚	43.2	39.2	4.0	28.0	29.0	63.8	58.5	5.3	49.5	30.3
28 丹麦	c40.6	c19.9	c20.7	c75.8	c58.7	58.0	28.5	29.6	108.5	84.0
29 斯洛伐克	30.0	20.0	10.0	33.0	64.0	44.0	26.0	18.0	23.0	65.0
30 墨西哥	c27.0	c18.0	c9.0	c15.0	x275.0	u27.0	u18.0	u9.0	u14.0	500.0
31 葡萄牙	24.8	4.3	20.5	c8.7	c60.7	32.5	6.4	26.1	17.2	120.3
32 阿根廷	23.5	17.2	6.3	6.7	58.3	31.0	21.9	9.9	7.9	71.2
33 澳大利亚	c17.0	c12.0	c5.0	c6.0	c90.0	u17.0	u12.0	u5.0	u6.0	u90.0
34 匈牙利	11.0	8.0	3.0	8.6	4.3	17.9	15.6	2.3	13.9	8.6
35 南非	1.0	0.5	0.5	3.6	48.4	3.5	1.8	1.8	1.8	56.1
总计	28 247.8	20 089.4	8 158.5	14 531.8	11 934.3	34 088.8	24 309.9	9 779.0	17 230.4	13 927.2

注：c＝粗略估计　　u＝未修正数字

资料来源：《American Machinist》。

五、俄罗斯机械产品的市场情况

出口下降是近年来俄罗斯机械产品市场的显著特点。还在苏联时期，俄国人就主张改变不利的出口商品结构，多出口工业机械，少出口原料和燃料产品，但是事情不但未得到改善，而是每况愈下。1990 年俄罗斯机械产品的出口只有 52 亿美元，占全部出口比重的 17.6%，1991 年其比重下降到 10.2%。1992 年俄罗斯机械产品的出口又比 1991 年下降 9.3%。据俄国经济专家预测，俄罗斯机械产品的出口规模在 1991～1995 年期间要缩减两倍。

俄罗斯机械产品的出口，除武器外，实际上没有其他限制，没有限额、没有许可证、没有出口关税的限制。俄罗斯机械产品出口的下降实际上是由于下述原因造成的：

第一，深层次的原因是旧体制的影响。在旧体制下国内市场的封闭性、科技落后和机器制造业中的 2／3 的生产能力用于军工，使俄罗斯出口的机械产品不符合世界市场的要求。

第二，俄罗斯进行的激进改革根本上改变了企业的经营条件，非常有限的原材料供应也得不到保证，大多数机械制造公司尚不能依靠扩大出口弥补国内投资及消费需求的下降。当前国家投资的萎缩及机械制造企业资金严重不足相交错，使俄国机械制造业生产发生严重下降。资金不足影响科技投入，使情况更加恶化。

第三，俄罗斯在政局改变后发展出口放弃意识形态因素，增加对工业国家的出口，削弱了它在东欧传统市场及发展中国家市场上的原有地位，就是对工业发达国家出口机械设备也因竞争力弱而受阻。

第四，从前苏联出口机械产品有 1／3 是通过对其他国家的技术经济援助进行的，俄罗斯在政局改变后，通过这种方式出口的机械产品急剧减少，国家把用于此项目的信贷也大幅度减少，缩减国家信贷对出口机械产品非常不利。此外在高通货膨胀条件下对出口企业经过一二个月才结汇，意味着对企业的征税，对出口产品增加值的退税也未安排。

第五，价格及对外贸易的自由化，使原材料的出口很具有吸引力。出口原料实际上不需要大的销售成本，而出口机械设备销售成本是很大的。在这种情况下，企业尽力出口原料而不是机械设备。

为制止机械产品出口下滑，俄罗斯对外经济关系部早在 1992 年已就鼓励出口工业品及发展面向出口的生产提出过具体建议，拟订了文件。鉴于该问题具有跨部门性质，俄国成立了跨部门的混合委员会，在有关部参加下共同拟定了一份完整的文件："1993～1995 年刺激俄罗斯工业品出口措施纲要"。该文件的主要内容包括：(1) 鼓励俄罗斯的企业及公民参加国际生产合作，对合作项目免征进出口关税，允许所得外汇收入不出售；(2) 建立进出口银行，对出口大的工业项目进行融资及信贷担保；(3) 在私有化过程中保证面向出口的生产的发展条件；(4) 通过刺激军—技合作来发展对外经济贸易；(5) 在对外进行大的工程项目时，国家对出口业务提供担保；(6) 支持许可业务，通过技术出口扩大设备出口；(7) 把外贸专业公司改造为股份公司；(8) 刺激劳务出口；(9) 对出口原料商品进行征税；(10) 降低出口关税并调整进口关税，以促进出口产品的生产和防止外国产品的竞争；(11) 把出口收入用于发展出口商品生产并鼓励利用外资；(12) 依靠国家订货制度发展有竞争力的面向出口的生产；(13) 加快有竞争力的生产的固定资本更新；(14) 建立非政府的发展出口基金；(15) 改善出口生产的基础设施。

〔责任编辑：白　萍〕

附录二　香港机电工业

机械工业部科技信息研究院　常淑荼

一、香港机电工业规模

1. 企业数

据《香港 1993》(英文版) 统计，截至 1992 年 9 月，香港机电工业共有企业 14045 家，占制造企业总数的 33.5%，比 1991 年同期又减少了 822 家。按 1991 年 3 月香港新的标准行业分类统计，香港机电工业企业较多的行业是机械、设备、仪器及零配件制造业，1992 年 9 月有企业 5831 家，占机电工业企业数的 41.5%，比 1991 年 9 月减少 91 家；其次是金属制品业，1992 年 9 月有企业 5621 家，占机电工业企业数的 40.0%，比 1991 年同期减少 471 家，是机电工业各行业中企业数减少最多的行业。各行业企业数详见表 1。

2. 雇员人数

据《香港 1993》(英文版) 统计，截至 1992 年 9 月，香港机电工业共有雇员 155716 人，占制造业雇员总数的 27.3%，比 1991 年同期减少了 23918 人。在机电工业各行业中，雇员人数最多的是金属制品行业，1992 年 9 月有雇员 39881 人，占该年机电工业雇员人数的 25.6%，比 1991 年同期减少 6119 人，其次是机械、设备、仪器及零配件制造业 (37548 人，占 24.1%) 和专业科学仪器以及摄影器材和光学器材制造业 (24188，占 15.5%)。香港机电工业中 95%的企业是雇员不足 50 人的中小企业 (其中 85%的企业雇员人数不足 20 人)。各行业雇员人数详见表 1。

表 1　香港机电工业企业数及雇员人数

行业名称	企业数 (个)		雇员人数 (人)	
	1992.9	1991.9	1992.9	1991.9
金属制品	5621	6092	39881	46000
其中：磨光、打磨、电镀	728	792	5433	6979
机械设备以外的金属制品	2610	2723	14081	15481
其他	2283	2577	20367	23540
办公机械及电子计算机	160	220	13508	17337
收音机、电视机、通讯设备及仪器	284	283	8487	10129
电子元器件	368	430	24141	25702
电器、家庭用品和电子玩具	302	296	7963	10318
其中：电器和家庭用品	252	241	6465	8303
电子玩具	50	55	1498	2016
机械、设备、仪器及零配件 (另列除外)	5831	5922	37548	41028
其中：特种工业机械及设备 (五金和木工机械除外)	1519	1550	9020	9623
工业机械和发电设备	200	170	2892	3272
非电动机械和设备 (另列除外)	3448	3572	14807	16340
电子产品 (另列除外)	131	119	2735	3482
其他	533	511	8094	8311
专业科学仪器 (另列除外)以及摄影器材和光学器材	1479	1624	24188	29120
其中：电子钟表	437	504	9720	12125
钟表壳及零件	815	906	6534	8552
其他	227	214	7934	8443
机电工业总计	14045	14867	155716	179634
制造业总计	41937	46276	571181	654662
机电工业／制造业 (%)	33.5	32.1	27.3	27.4

资料来源:《Hong kong 1993》。

3. 机电产品出口

据《香港海关统计年报》统计，1993 年，香港本地生产的机电产品出口额为 841.1 亿港元 (约合 107.8 亿美元)，比 1992 年下降 2.9%，占该年香港全部商品出口额的 37.7%。香港机电工业的强项是办公机械及计算机，视听通讯设备，电力机械、电器及配件，1993年上述三项出口额为531.9亿港元，占该年香港机电产品出口额的63.2%。详见表2。

表2 1993年香港机电产品出口统计

(单位：百万港元)

产品大类名称	1993年	1992年	增长%
金属制品	4639.3	4787.9	−3.1
动力机械及设备	1213.1	1354.3	−10.4
工业专用机械	3587.8	3224.8	11.3
金工机械	991.9	584.9	69.6
通用工业机械	2499.2	2482.6	0.7
办公机械及计算机	17246.5	20529.8	−16.0
视听通讯设备	13278.4	12983.4	2.3
电力机械、电器及配件	22668.0	20137.9	12.6
陆路车辆	22.9	17.3	32.4
船舶、飞机等其它运输设备	189.4	122.3	54.9
专业、科学及控制仪器	1720.1	1479.9	16.2
摄影器材、光学物品	16052.8	18878.8	−15.0
机电行业总计	84109.6	86583.9	−2.9
全部商品总计	223026.6	234123.3	−4.8
机电／全部商品(%)	37.7	37.0	—

资料来源：《香港海关统计年报》1993年12月。

二、机电工业主要行业概况

1. 机械业

香港的工业结构过去一直以轻纺为主，近年来其机械业亦有较大发展。香港机械制造厂大体可分为三类：(1) 生产各种零件及配件的机械零件厂；(2) 生产成套设备的工厂；(3) 以修理为主的机器修配厂。香港机械厂绝大多数是中小企业，平均每家工厂的雇员不足6人。

香港机械产品种类不少，尤以特殊工业机械设备和模具、工具最为突出。例如香港生产的高温整染机、梭机及针织机的质量已达国际先进水平，一些工厂生产的注塑机已运用微电脑控制，生产运行稳定，可靠性高。另外一些高技术产品和机械手已试制成功投入市场。

但是总的看，香港机械工业的进一步发展有以下不利条件：(1) 香港土地缺乏，地价昂贵限制了机械业的发展；(2) 机械业需大量投资，对多数小本经营的港商来说难以承担，且风险较大；(3) 缺乏相关工业亦限制了机械业的发展；(4) 机械业人才多投身于贸易部门，导致技术开发力量的缺乏。

虽有上述不利因素阻碍香港机械业的发展，但由于香港实行自由贸易政策，对机器不征任何税收，对外贸公司经营项目也无限制，因此香港机械市场万商云集，既有外国生产供应商，也有本地制造商，机械市场庞大且在不断扩展，近年香港进口留港销售的机械设备数值不断增加，香港机械产品贸易前景看好。

首先，香港要陆续动工几个大型工程，如投资1270亿港元的新机场、道路网和港口扩建。这些工程都需挖土填海，故对各类机械、运输设备需求大增；其次，港府明确宣布未来十年要耗资200亿港元用于环保工程，私人企业也要增加污染处理装置的投资；第三，香港工业结构正在向建立技术密集型产业调整，因此先进机器设备的投资增加；第四，由于邻近的亚洲国家经济发展加速，需求旺盛。香港作为工业机械转口贸易中心的地位加强。目前香港工业机械转口市场达100多个国家和地区，其中最大的市场是中国内地。

2. 电子业

香港电子业发展之初，仅有少数小厂商为跨国公司生产半导体收音机和装配廉价电子消费品。经过30年的奋斗，目前香港电子业年出口额超过2000亿港元（合256亿美元）。鉴于香港电子业从事大量劳动密集生产，目前总部设于香港的1500家电子公司中，约有90%通过附属公司、合资企业或承包协议，在国内生产。目前香港电子业是香港最大的出口工业，该业出口的四大类制成品是电子玩具、手表、收音机及电视机。1993年1～9月，香港电子产品出口额达1810亿港元，比1992年同期增长21%。

电子元器件的生产在香港电子业中占有很大比重，香港电子元器件的出口额约占电子产品出口总额的44%。香港生产的电子元器件有供电脑、电讯设备、收音机、电视机、盒式录音机用的元器件、印刷电路板和集成电路等。近年，由于市场对元器件的需求强劲，1992年香港电子元器件的出口增长了22%，1993年1～9月再增长28%。

1993年1～9月，香港的自产电子产品出口下跌了3%，但电子产品转口（多为港商在国内生产然后经港转销海外）却猛增了32%。这些占香港电子业总出口3／4的低成本产品转口，是香港电子业得以保持快速发展的主要原因。另外，由于世界经济复苏步伐缓慢，各地对低成本产品均出现前所未有的庞大需求。由于跨国企业相继进行合并及精简机构，这些企业转而依赖承包商供应廉价产品。即使过去标准实行纵向合并和进行内部生产的大型企业集团，现在也把生产工序迁往成本较低的亚洲进行，这个趋势，使香港电子公司受益匪浅。

香港电子业的发展并非单由大规模生产带动。电子科技日新月异，电子产品生产周期日益缩短，制造商必须不断改进产品系列。目前，部分港商采取的做法是通过推出新型产品及在旧型产品基础上添加额外功能来提高产品的增值，保持产品的竞争力。

3. 钟表业

香港钟表业是仅次于电子业的香港机电工业的支柱产业，是仅次于成衣和电子的香港第三大赚汇工业。按出口量而言，香港已跃居为全球最大的钟表出口地，而按出口额排列，也居全球第二位。1993年香港钟表出口额131.6亿港元，比1992年减少15%。香港各类钟表的出口情况详见表3。

1993年香港钟表出口的十大市场是美国(23.4%)、中国内地(22.8%)、日本(8.4%)、德国(6.4%)、瑞士(4.4%)、英国(2.7%)、法国(2.5%)、阿联酋(2.3%)、新加坡(2.0%)、巴拿马(1.9%)。

表3　1993年香港钟表出口统计　(单位: 百万港元)

名　　称	1993年	出口额	增长%
电池或蓄电池作动力的手表	7158.1	9215.9	−22.3
非电池或蓄电池作动力的手表	200.0	263.2	−24.0
怀表和其他表(手表除外)	37.9	41.2	−8.1
完整的或已装配的表芯、电池或蓄电池动力	674.9	815.8	−17.3
完整的或已装配的表芯，非电池或蓄电池动力	241.2	215.8	11.8
仪表板钟及用于车辆、航空器、航天器或船只用类似的钟	0.6	0.3	100.0
用表芯的钟，电池或蓄电池作动力	67.2	64.6	4.0
用表芯的钟，非电池或蓄电池作动力	1.2	0.5	140.0
闹钟，电池、蓄电池或电源作动力	63.8	76.1	−16.2
闹钟，非电池、蓄电池或电源作动力	1.9	2.9	−34.5
壁钟，电池或蓄电池或电源作动力	9.8	29.5	−66.8
壁钟，其他动力	0.2	0.1	100.0
电池、蓄电池或电源作动力的其他钟	91.6	107.4	−14.7
其他钟	0.7	0.5	40.0
钟壳及零件	915.4	936.4	−2.2
金属制表带、表镯及零件	949.7	992.2	−4.3
非金属表带、表镯及零件	432.7	381.1	13.5
按日记时器、及量度、记录或以其他方法指示时间间隔的器具	65.5	65.2	0.5
装有钟表芯或有同步电动机的定时开关	11.1	28.2	−60.6
完整的或已装配的钟芯	24.8	30.7	−19.2
钟壳及类似外壳及零件	25.4	18.7	35.8
未装配或已部分装配的完整钟或表芯(芯套件)，已装配的非完整钟或表芯，未加工的钟或表芯	251.2	330.5	−24.0
其他钟、表零件	1936.2	1858.9	4.2
总计	13161.0	15475.8	−15.0

资料来源: 同表2。

表4　1993年香港金属制品出口统计　(单位: 百万港元)

产品名称	1993年	1992年	增长%
建筑用五金材料及零件	219.6	140.0	56.40
储存及运输用金属容器	285.1	345.4	−17.5
金属线产品(不包括绝缘电线)	24.0	15.8	57.0
钢铁或铜制紧固件	230.5	233.5	−1.3
手用或机用工具	218.3	247.5	−11.8
刃具	526.6	531.1	−0.8
其他家用贱金属器具	1083.0	1299.7	−16.7
其他贱金属制品	2052.2	1974.1	4.0
合　计	4639.3	4787.9	−3.1

资料来源: 同表2。

4. 金属制品业

据统计香港金属制品1993年出口额为46.4亿

美元，占该年香港机电产品出口总额的5.5%。主要产品有建筑用大五金，包括钢筋、钢架、金属门帘等；五金制品包括铁皮、铜片等；小五金制品包括工具、配件及螺钉、螺帽等。1993年香港金属制品出口情况见表4。

三、香港与内地机电产品贸易情况

据香港海关统计，1993年香港对内地出口633.7亿港元，占该市香港本地出口额的28.4%，比1992年增长了2.3%，内地首次超过美国成为香港产品的第一大出口市场；1993年香港从内地进口4021.6亿港元，占香港进口总额的36.8%，比1992年增长13.5%，内地是香港进口的第一大货源地；内地还是香港转口的第一大市场和第一大货源地，1993年转口内地产品4740.1亿港元，转口到内地的产品为2745.6亿港元，分别占该年香港转口额的57.5%和33.3%。

1993年内地与香港机电产品进出口贸易情况详见表5。1993年我对香港出口59.5亿美元，进口额45.5亿美元（因今年海关按产销国统计，故与1992年数据不可比）。进出口较多的产品均是电工电子机械，占进口的42.8%，占出口的47.0%。

另据香港贸易署统计的1993年香港对内地出口、进口、转口机电产品情况详见表6～表10。

表5 1993内地与香港机电产品贸易情况

产品名称	出口额（万美元）	比重（%）	进口额（万美元）	比重（%）
金属制品	68995.8	11.6	27460.1	6.0
一般机械	85609.5	14.4	165715.7	36.4
电工电子机械	279829.3	47.0	194559.7	42.8
运输设备	45696.6	7.7	7653.8	1.7
仪器仪表	79085.9	13.3	52682.3	11.6
杂项制品	35570.7	6.0	6398.7	1.4
其他	588.4	0.1	513.6	0.1
机电产品合计	595376.2	100.0	454983.9	100.0
全部商品合计	2206391.0	—	1047265.0	—
机电产品／全部商品(%)	27.0	—	43.4	—

资料来源：我国海关统计。

表6 1993年香港对内地出口主要机电产品统计 （单位：百万港元）

产品名称	1993年	1992年
视听通讯设备	9656.9	8435.1
电力机械、电器及配件	5167.5	4755.2
摄影器材、光学物品及钟表	3455.9	4000.0
工业专用机械	2777.9	2498.0
全部商品	63366.8	61958.7

资料来源：香港贸易统计月报1993年12月。

注：1. 此表出口是指香港本地产品出口，不包含转口；2. 对机电产品的统计只是大类及主要出口产品，没有机电产品总数。表7～10亦同。

表7 1993年香港从内地进口主要机电产品统计 （单位：百万港元）

产品名称	1993年	1992年
视听通讯设备	38893.8	31554.2
电力机械、电器及配件	26234.9	21286.7
摄影器材、光学物品及钟表	15776.5	13474.5
办公机械及计算机	9156.6	7986.7
金属制品	8282.1	6761.1
全部商品	402160.9	354347.6

资料来源：同表6。

表 8　1993 年香港对内地转口主要机电产品统计　　(单位: 百万港元)

产　品　名　称	1993 年	1992 年
陆路车辆	26706.9	12404.2
电力机械、电器及配件	19645.5	15138.4
视听通讯设备	18301.9	9975.6
工业专用机械	16168.1	13404.9
通用工业机械	12786.3	8574.1
办公机械及计算机	9416.6	6620.4
摄影器材、光学物品及钟表	9066.1	6999.0
全部商品	274561.2	212105.4

资料来源: 同表 6。

表 9　1993 年香港转口内地主要机电产品统计　　(单位: 百万港元)

产　品　名　称	1993 年	1992 年
视听通讯设备	49790.1	39695.5
电力机械、电器及配件	31552.4	24154.1
摄影器材、光学物品及钟表	14679.0	11760.3
办公机械及计算机	14548.0	10089.1
金属制品	11233.9	9405.4
全部商品	474007.4	403782.1

资料来源: 同表 6。

表 10　1993 年内地产品经港转口去往地及转口主要机电产品 (单位: 百万港元)

转口去往地	产　品　名　称	1993 年	1992 年	增长%
全世界	全部商品	474007.4	403782.1	17.4
美　国	总计(全部商品,下同)	168331.3	139976.7	20.3
	视听通讯设备	15933.3	13618.7	17.0
	电力机械、电器及配件	11344.9	9658.1	17.5
德　国	总计	38636.0	30727.0	25.7
	视听通讯设备	5556.0	4259.2	30.4
	电力机械、电器及配件	3196.0	2088.5	53.0
日　本	总计	35667.5	28502.0	25.1
	视听通讯设备	2838.8	1472.1	92.8
英　国	总计	22900.9	19107.4	19.9
	视听通讯设备	2855.8	2661.1	7.3
	电力机械、电器及配件	1957.0	1519.8	28.8
内　地	总计	21837.3	20205.3	8.1
	电力机械、电器及配件	902.4	560.9	60.9
	视听通讯设备	720.2	792.1	−9.1
法　国	总计	12123.1	10179.0	19.9
	视听通讯设备	1762.9	1160.9	51.8
	电力机械、电器及配件	887.8	717.6	23.7

资料来源: 同表 6。

〔责任编辑: 白　苹〕

附录三　机械工业管理机构及领导人员

机械工业部

地址：北京市西城区三里河路46号

邮码：100823

电话：8594711、8594710（总值班室）、8594114（总机查询）

电挂：0102

电传：22341 MMEI CN

部　长：何光远

副部长：邵奇惠、张德邻、包叙定、孙昌基、吕福源

中纪委驻部纪检组组长：孙祖梅

总工程师：李守仁（副部级）

副总工程师：孟祥恩、汪建业（正局级）

办公厅

主　任：贾成炳

副主任：王宝明、沙先华

政策法规体改司

司　长：邢玉久

副司长：何大为、杨　桦

行业发展司

司　长：朱森弟

副司长：王荣泉、关建勋、蔡惟慈、何升韬

科技与质量监督司

司　长：练元坚

副司长：石坚中、依英奇、陈玉祥

经济调节与国有资产监督司

司　长：王希贤

副司长：梅振新

生产与信息统计司

司　长：薛德林

副司长：武铁舟、纪孝效

国际合作司

司　长：崔十信

副司长：陆仁琪、杨万胜

人事劳动司

司　长：陶立业

副司长：王永安、谷政协

教育司

司　长：涂仲华

副司长：沙彦世、郝广发

军工司

司　长：贾守志

副司长：王金德

汽车工业司

司　长：张小虞

副司长：苗　圩、蒋　雷

农业装备司

司　长：郝贵明

副司长：高　鹢

重大装备司

司　长：许连义

副司长：隋永滨、谷九如

机械基础装备司

司　长：张志英

副司长：于成廷、朱明凯

直属机关党委

书　记：岳书学

副书记：徐家富（兼直属机关纪委书记）

中纪委、监察部驻部纪检组、监察局

组　长：孙祖梅

副组长、监察局局长：杨淑云

监察局副局长、纪检组副局级检查员：王德义、董聿维

纪检组、监察局副局级检查员、监察专员：石永清

机关服务中心（机关服务局）

主　任（局长）：鲁恩琦

党委书记兼副主任（副局长）：邢　敏

党委副书记兼纪委书记：李文杰

副主任（副局长）：余　毅

老干部局

局长兼党委书记：张凤林

副局长兼党委副书记：罗国正

党委副书记兼纪委书记：吴军

副局长：孙树华

国家教委

地址：北京市西单大木仓胡同37号

邮码：100816

电话：6096873、6012801

电挂：2514

传真：(01) 6012801

电传：22014 SEDC CN

条件装备司

司　长：李英惠

副司长：王　富、李兴植

公安部消防器材生产管理办公室

地址：北京市东长安街14号

邮码：100741

电话：5121219

电挂：3194

传真：5121219

副主任：高五平

地质矿产部

地址：北京市西四阜内大街64号

邮码：100812

电话：6031144（总机）

电挂：0966

电传：22531 MGMRC CN

部　长：宋瑞祥

副部长：张文驹、张宏仁、张文岳

中国地质机械仪器工业总公司

地址：北京市朝阳区三元桥东三环北路2号旁门

邮码：100027

电话：4636031

传真：4636030

总经理：卢　环

副总经理：孟宪琛、崔桂祥、鲍道崇

建设部

地址：北京市阜外百万庄

邮码：100835

电话：8394114（总机）

电挂：2260

传真：8393333

部　长：侯　捷

副部长：叶如棠、谭庆琏、李振东、毛如柏

综合计划财务司

司　长：张耀儒

中国城市车辆总公司

地址：北京市百万庄建设部院内

邮码：100835

电话：8315541（办公室）

电挂：6686

传真：8315362

总经理：刘锡国

副总经理：李世豪

电力工业部

地址：北京市白广路二条1号
邮码：100761
电话：3273322（总机）
电挂：82081
电传：22466 MWREP CN
部　长：史大桢
副部长：赵希正、查克明、陆延昌、汪恕诚

电力机械局
局　长：王佩文
副局长：韩庆占、江自生、张体修、鲁廷印
总工程师：乔焕儒

煤炭工业部
地址：北京市和平里北街21号
邮码：100713
电话：4217766（总机）
电挂：3561
部　长：王森浩
副部长：韩　英、张宝明、范维唐、濮洪九

中国煤矿机械装备公司
地址：北京市和平里北街21号
邮码：100713
电话：4214847
电挂：3561
电传：210443 CNMCI CN
总经理：刘　刚
副总经理：张福元、薛际贵、宋文健、熊德昌

冶金工业部
地址：北京市东四西大街46号
邮码：100711
电话：5133322（总机）
电挂：3131
电传：222753 CMMI CN
部　长：刘　淇
副部长：徐大铨、殷瑞钰、毕　群、吴溪淳

生产协调司
司　长：张志勋
副司长：潘泳文、奚延珍、王兴洁

化学工业部
地址：北京市朝阳区亚运村安慧里4区16号楼
邮码：100723
电话：4914455
电挂：北京CNCCC（国外）
传真：4915721
部　长：顾秀莲
副部长：贺国强、谭竹洲、李子彬、李士忠、成思威

中国化工装备总公司
地址：北京市西城区六铺炕一区中街1号
邮码：100011
电话：2019933（总机）
电挂：3947
传真：2044373
总经理：王印海
副总经理：冯传丰、孙腾良、眭林轩、张祖康、朱有庭（总工程师）

铁道部
地址：北京市复兴路10号
邮码：100844
电话：3241150、3242150（总机）
电传：22483 MIRFA CN
部　长：韩杼滨
副部长：屠由瑞、孙永福、傅志寰、国　林
总工程师：沈之介

中国铁路机车车辆工业总公司（中车公司）
地址：北京市复兴路10号
邮码：100844
电话：3244055、3260830
电传：222218 LORIC CN
总经理：魏明海
副总经理：秦　刚、王志泉、杨安立、朱守礼
总工程师：贾玉申

交通部
地址：北京市复兴路10号
邮码：100845
电话：3265544（总机）
电挂：6663
电传：224624 COMCT CN
传真：3273943
部　长：黄镇东
副部长：刘松金、郑光迪、李居昌、刘　锷

科技司
司　长：张叔辉
副司长：吴德镇、陈锁祥

邮电部
地址：北京市西长安街13号
邮码：100804
电话：6014249
电挂：06752
部　长：吴基传
副部长：朱高峰、杨贤足、刘平源、林金泉

中国邮电工业总公司
地址：北京市新街口外大街28号
邮码：100088
电话：2021144（总机）
电挂：01562
传真：2025842
总经理：周泽和
副总经理：张庆忠、张延爱、李哲志

水利部
地址：北京市白广路二条1号
邮码：100761
电话：3273322（总机）
传真：3260410
电传：22466 MWREC CN
部　长：钮茂生
副部长：张春园、严克强、周文智、何　璟

机械局
地址：北京市西三环南路甲17号
邮码：100073
电话：3282383
传真：3264395
局　长：王佩文
副局长：韩庆占、江自生、张体修、鲁廷印

农业部
地址：北京市农展馆南里11号
邮码：100026
电话：5003366、5004624
电挂：1083、3346
传真：(01) 5002428
部　长：刘　江
副部长：关亦侠、洪绂曾、张延喜、万宝瑞、刘成军

农垦司
司　长：曾毓庄
副司长：魏克佳、刘传筑、郑学莉

中国林业机械总公司
地址：北京市和平里七区25楼
邮码：100013
电话：4214255
电挂：4642
电传：210456 CNFMC CN
传真：4214142
总经理：刘效林

副总经理：戈　成、王焕祥
总经济师：李洙一

国内贸易部

地址：北京市西城区月坛北街25号
邮码：100834
电话：8392353
电挂：9037
电传：20032 BFAMC CN
部　长：张皓若
副部长：白美清、陆　江、何济海、马毅民、马李胜

工业司
司　长：王瑞元
副司长：孙振儒、邓冶平

中国机械进出口总公司

地址：北京市西郊二里沟
邮码：100044
电话：8494114（查号台）
电挂：1188
电传：22328 CMIEC CN
总经理：罗开富
副总经理：李殿元、吴经延、周链华、梅浩林、刘德树

中国轻工总会

地址：北京市阜外大街乙22号
邮码：100833
电话：8396114（查号）
电挂：6535
电传：222717 LIGHTIND CN
会　长：于　珍
副会长：傅立民、潘蓓蕾、徐荣凯

中国轻工业机械总公司

地址：北京市西城区东斜街14号
邮码：100032
电话：6053832−7（总机）
传真：6018076
总经理：孙锡田
副总经理：张管生、阮方、王良涌、刘金良

中国纺织总会

地址：北京市东长安街12号
邮码：100742
电话：3081207（总值班室）
电挂：4791
电传：22661 MTI CN
会　长：吴文英
副会长：杜钰洲、刘　珩

技术装备部
主　任：凌宝银
副主任：柳仁德

国家技术监督局

地址：北京市海淀区知春路4号
邮码：100088
电话：2022288（总机）
电挂：1918
局　长：李传卿
副局长：李保国、李　瑞、李志民、王以铭

综合计划科学技术司
司　长：朱玉龙
副司长：肖德明、王轼铮

中国建材技术装备总公司

地址：北京市三里河路11号
邮码：1000831
电挂：0044（装备）
电传：22076 SABM CN
传真：8311353
总经理：廉级三
副总经理：袁光普、李朝宗

国家医药管理局

地址：北京市北礼士路甲38号
邮码：100810
电话：8313344（总机）
电挂：0531
电传：222901 CMIC CN
局　长：齐谋甲
主管副局长：石　岿

医疗器械行业办公室
主　任：王国立
常务副主任：徐　虹

国家海洋局

地址：北京市复兴门外大街1号
邮码：100860
电话：8532211（总机）
电挂：3189
电传：22536 NBO CN
局　长：严宏谟
副局长：陈炳鑫、杨文鹤、葛有信

科技司
司　长：陈英仪
副司长：孙志辉、戴儒光

国家地震局

地址：北京市复兴路63号
邮码：100036
电话：8215522（总机）
电挂：77777
电传：222351 SSB CN
局　长：方樟顺
副局长：陈章立、陈　颙、何永年、葛治洲

计划财务司
司　长：王国治
副司长：修纪刚、刘昌祥

中国航空工业总公司

地址：北京交道口南大街67号
邮码：100712
电话：4013322（总机）
传真：4013648
电传：211244 MAS CN
总经理：朱育理
副总经理：王　昂、张洪飙、张彦仲

办公厅
主　任：孙广运

综合计划部
主　任：张祥泰

生产企管部
主　任：刘　文

财务部
主　任：池耀宗

人事劳动部
主　任：关　敦

经贸发展部
主　任：袁育我

教育培训部
主　任：秦天放

试飞管理部
主　任：王士忠

技术质量监督部
主　任：王　炘

军机系统工程部
主　任：朱荣章

民机系统工程部
主　任：高占民

发动机系统工程部
主　任：陈　浚

机载设备系统工程部
主　任：杨燕生

科学技术部
主　任：周家骐

国际合作贸易部
主　任：刘国民

中国航天工业总公司（国家航天局）

地址：北京市阜成路8号
邮码：100830
电话：8370043
电挂：2902
传真：8370043
总经理（国家航天局局长）：刘纪原
副总经理（国家航天局副局

长）：王礼恒、栾恩杰、白拜尔、夏国洪
办公厅（国家航天局办公厅）
主　任：张汝谋
综合规划计划部
负责人：张新侠
科研生产部
负责人：曾庆来
科学技术部
负责人：张保乾
民品经营开发部
负责人：胡顺楠
质量技术监督部
负责人：邵锦成
财务经济调节部
负责人：李宝安
固定资产投资部
负责人：陆建中
行政后勤部
负责人：周长福
国际合作部（国家航天局外事司）
负责人：王秀亭
人事劳动教育部
负责人：李　波
政治部
负责人：王邦群
保卫部
负责人：吴仁堂
审计局
局　长：曾佩英

中国汽车工业总公司
地址：北京市复兴门外大街16号
邮码：100860
电话：3271946
电挂：6481
电传：22656
董事长：蔡诗晴
副董事长：顾尧天（兼）、夏德明
总经理：顾尧天
副总经理：陈须林、施雄伟、叶焱章、黄小平（兼）、郭伟帆

中国船舶工业总公司
地址：北京市月坛北街5号
邮码：100861
电话：8318833（总机）
电挂：0038
电传：22029
总经理：王荣生
副总经理：孟　辉、黄平涛、陈小津、鄞炳林
总工程师：张广钦
副总工程师：沈杏初
办公厅
主　任：柴梦熊
副主任：张光兴、周光霁
综合计划局
局　长：范有年
副局长：邱慧辉、赵景忠
生产经营局
局　长：陆俊岫
副局长：龙正才、郭长洲、张明华
配套设备局
局　长：沈杏初（兼）
副局长：朱华璋、山金明
科技局
局　长：王守道
副局长：兰荣波
军工局
局　长：王产良
副局长：李毓林、胡基政
财务局
局　长：严懿君
副局长：王树森、吉大千、问德强

中国石油化工总公司
地址：北京市朝阳区惠新东街甲6号
邮码：100029
电话：4225533（总机）
电挂：0029
总经理：盛华仁
副总经理：李毅中、阎三忠、吴协刚、黄冲萼

中国石油化工总公司物资装备公司
地址：北京市安定门外小关街24号
邮码：100029
电话：4266731（总机）
电挂：0053（供）
经　理：翟　齐
副经理：王廷俊、陆朱龙、刘泰琪
总经济师：韩连生

中国有色金属工业总公司
地址：北京市复兴路乙12号
邮码：100814
电话：8514477（总机）
电挂：5330
电传：22086 CNIEC CN
总经理：费子文
副总经理：吴建常、何伯泉、张　键、陈胜年
企业部
主　任：杨春明
副主任：袁彼德、王金斗、刘春泉、汤乃桃

中国石油天然气总公司
地址：北京市六铺炕
邮码：100724
电话：2095172
电挂：3111（重大办）
电传：22312 ICPRC CN
重大办
主　任：陈泽轩
副主任：张文学

中国核工业总公司
地址：北京市西城区三里河南三巷1号
邮码：100822
电话：8512211（总机）
电挂：8744
电传：222315 FACNC CN
总经理（正部级）：蒋心雄
副总经理（副部级）：陈肇博（常务）、赵宏、李定凡、昝云龙、李玉岺
计划与经营开发局
局　长：邱海福
副局长：郝东秦、王菁珩、钱福原

中国核仪器设备总公司
经理（正局级）：章宝骥
副经理（副局级）：陈格峰、容铁华、赵咸亨

北京市机械工业管理局
地址：北京市宣武区槐柏树街2号
邮码：100053
电话：3011021
传真：3012338
局　长：冒泽泉
副局长：居之良、刘庆桃、严　龙、李济生

北京市农业机械总公司
地址：北京市复兴路2号
邮码：100038
电话：3273336
传真：3466193
经　理：刘振山

副经理：周荣华、郭德昌

北京汽车工业总公司

地址：北京市宣武区南纬路31号

邮码：100050

电话：3043411（总机）

电挂：3086

电传：22093

传真：3012351

总经理：马守平

副总经理：王明先、马永山、夏连生、王玫

总工程师：陈道煦

北京市仪器仪表工业总公司

地址：北京市安定门外西滨河路25号

邮码：100011

电话：4218506（办公室）

电挂：1816

传真：4218506

总经理：薛荣康

副总经理：单英烈、卞援朝、骆俊明

天津市机械工业管理局

地址：天津市和平区锦州道2号

邮码：300020

电话：7305020（总机）

传真：7305886

局长：金纪元

副局长：常景州、王求志、张国增

河北省机械电子工业厅

地址：石家庄市合作路9号

邮码：050051

电话：7044441（总机）

电挂：1562

传真：7043313

厅长：杜书箱

副厅长：彭光育、冯银宝、

山西省机械电子工业厅

地址：太原市并州路143号

邮码：030001

电话：4040912～4040916

电挂：2864

厅长：牛建业

副厅长：张蓝田、郝敬明

总工程师：吴庆山

内蒙古自治区冶金机械工业厅

地址：呼和浩特市新华大街1号自治区政府大院5号楼

邮码：010055

电话：663949、663041

电挂：5261

传真：662664

厅长：张启生

副厅长：乔岐山、解双华、扎那、李德亮

辽宁省机械工业厅

地址：沈阳市和平区南四马路28号

邮码：110001

电话：3871987

传真：3865824

厅长：陈国清

副厅长：王恩全

沈阳市机械工业管理局

地址：沈阳市和平区文化路45号

邮码：110003

电话：3880715（办公室）

电挂：2625

传真：3880717

局长：徐有泮

副局长：王贵邦、张树棠、张嘉庆

沈阳市农机工业管理局

地址：沈阳市铁西区兴工北街67号

邮码：110025

电话：5878231（办公室）

电挂：5823

传真：5877440

局长：宋铁瑜

副局长：林桂元、张家宾、郭禹

大连市机械工业管理局

地址：大连市中山区人民路5号

邮码：116001

电话：2638280（办公室）

传真：2638811

局长：李学勤

副局长：姜心哲、曲世辉、孙武督

吉林省机械工业厅

地址：长春市建设街70-1号

邮码：130021

电话：5660606

传真：5660696

电挂：1116

厅长：陶长福

副厅长：付万成、刘振山、康立国

长春市机械工业管理局

地址：长春市斯大林大街51号

邮码：130051

电话：8925270

局长：何金亭

副局长：张卞、王可、刘松年

黑龙江省机械工业厅

地址：哈尔滨市动力区和平路76号

邮码：150040

电话：2623392～2624496（总机）

电挂：2078

厅长：杨殿军

副厅长：王鸿智、袁志友、刘柏常、成艾东

哈尔滨市机械工业局

地址：哈尔滨市道里区买卖街25号

邮码：150010

电话：4616464

传真：4610528

局长：张维德

副局长：沙巨大、王宝昌、武云鸿

哈尔滨市电子仪表工业总公司

地址：哈尔滨市道外区承德街253号

邮码：150020

电话：8676219(办公室)

传真：(0451)8676219

总经理：翟兴富

副总经理：王长斌、刘国彤

总工程师：朱景义

哈尔滨市汽车工业总公司

地址：哈尔滨市南岗区东大直街副2号

邮码：150009

电话：3647161(办公室)

电挂：2958

电传：87173 HAFT CN

传真：3648462

总经理：顾景春

副总经理：傅毓武、黄伟琨、孟令贵、王振杰

上海市机电工业管理局

地址：上海市四川中路110号

邮码：200002

电话：3215530

电挂：3395

传真：3216017

局长：夏毓灼

副局长：朱国梁、秦志良

局长助理：江秋霞

上海市仪表电讯工业局
地址：上海市延安中路816号
邮码：200041
电话：2536409
电挂：4893
电传：33261 SIEC CN
传真：2551760
局　长：张林俭
副局长：刘鸿超、魏怡华、杨宗秩、徐为熄、周永清、黄祥鹭(总工程师)

上海市郊县工业管理局
地址：上海市中山东一路14号3楼
邮码：200002
电话：3212793
电挂：0496
传真：3290891
局　长：周文玄
副局长：郎丰盈、谢淦怀、王昌法

上海汽车工业总公司
地址：上海市武康路 390 号
邮码：200031
电话：4336892
电挂：0912
电传：33146 CTAC CN
传真：4330518
总　裁：陆吉安
副总裁：叶　平、陈廷越、高明福、胡茂元

江苏省机械工业厅
地址：南京市中山北路32号
邮码：210008
电话：6635427、6631175
电挂：0658
传真：6635427
厅　长：许汉文
副厅长：宋秀芳、吴昌瑞、苏泽民、徐王全(总工程师)
注：吴昌瑞副厅长于1994年3月份调离

浙江省机械工业厅
地址：杭州市大学路高官弄9号
邮码：310009
电话：7048124（总机）
电挂：1111
传真：7046194
厅　长：金垒允
副厅长：黄星安、王鹏举

宁波市机械工业局
地址：宁波市解放南路78号
邮码：315000
电话：7364664
电挂：2035
传真：7301349
局　长：董文龙
副局长：朱蟾峰、茅国海、桑贤路

宁波市电子仪表局
地址：宁波市解放南路63号
邮码：315010
电话：7363962
电挂：2102
传真：7362158
局　长：何一江
副局长：陆　军
总工程师：戴崇尧

安徽省机械工业厅
地址：合肥市庐江路22号
邮码：230001
电话：2650291、2672161
电挂：4619
传真：2677323
电传：90022 CMECA CN
厅　长：许金和
副厅长：何兆祥、胡昭耀

福建省机械工业厅
地址：福州市省府路1号
邮码：350001
电话：7533387（值班室）、7552772（办公室）
电挂：8047
传真：(0591)7551141
厅　长：陈文钊
副厅长：胡敏生、林茂祺、凌玉章、吴大浩

厦门市经济委员会机械冶金工业处
地址：厦门市湖滨北路61号(市府大楼)
邮码：361012
电话：5061606
传真：(0592)5093109、(0592)5052409
处　长：关玉珠
副处长：谢益美

江西省机械工业厅
地址：南昌市北京西路50号
邮码：330046
电话：226768、226774
电挂：4164
厅　长：李立德
副厅长：徐世杰、孙一奎、李朔尧

山东省机械工业厅
地址：济南市解放路134号
邮码：250013
电话：6948991
电挂：6197
电传：39145 SDMJN CN
传真：6956410
厅　长：李燕潭
副厅长：赵启升、臧凤山、房世顺
总工程师：马信才

青岛市机械工业局
地址：青岛市湖南路37号
邮码：266001
电话：2870542、2868049
电挂：6814
传真：2870542
局　长：高志喜
副局长：陈德同、戴文治、郑明辉、曹伟

青岛仪表工业公司
地址：青岛市江苏路13号
邮码：266003
电话：2879170
电挂：4170
电传：32156 EIEME CN
经　理：宗　和
副经理：卜治怡、崔天祝、于立业、李良钧

河南省机械电子工业厅
地址：郑州市红旗路3号
邮码：450003
电话：5956787（总机）
电挂：2623
传真：5955344
厅　长：徐燊础
副厅长：孙贵寅、郭益民、杨　铎

湖北省机械工业厅
地址：武汉市武昌武珞路245号
邮码：430070
电话：7814430
电挂：6001
传真：7814181
厅　长：曹启佑（1993年9月前为马骏）
副厅长：应起彬、刘世焰、张春平

武汉市机械工业局
地址：武汉市江汉路102号
邮码：430020
电话：2833637

电挂：4444
传真：2818109
局　长：曾冠凡
副局长：叶向荣、胡际友、汤有元、李思苹

湖南省机械工业厅
地址：长沙市东茅街49号
邮码：410002
电话：4425374
电挂：2814
传真：4442264
厅　长：林国悌
副厅长：黄卯生、陈保民、冯居正

广东省机械工业厅
地址：广州市环市东路315号
邮码：510060
电话：3330629
电挂：1530
传真：3330629
厅　长：奚志伟
副厅长：李赐勋、陈善如、黄子强

广西壮族自治区机械工业厅
地址：南宁市民主路17号
邮码：530023
电话：(0771)563841
电挂：7806
传真：(0771)566568
厅　长：董世忠
副厅长：尤效贤、陈学明、袁　智、覃彦瑞
总工程师：宋德之

海南省机械工业局(总公司)
地址：海口市海秀大道17号
邮码：530006
电话：6796852、6772162
电挂：2750
传真：6772635
局　长：李春甲
副局长：郭上京、马占国、王　勇
总工程师：蔡九江

四川省机械工业厅
地址：成都市人民东路1号
邮码：610013
电话：6637965(总机)
电挂：2750
传真：(028)6634892
厅　长：张世银
副厅长：张荣跃、范中成、李成云

重庆市机械工业管理局
地址：重庆市江北区观音桥小苑二村1号
邮码：630020
电话：7852712
传真：(0811)3830774
局　长：高可纲
副局长：李为民、赵光星、袁兴邦、丁　权

贵州省机械工业厅
地址：贵州省贵阳市瑞金中路80号
邮码：550003
电话：523942
电挂：2623
电传：66050 GCMEC CN
传真：526720
厅　长：沈连生
副厅长：熊开周、张群山、张梓镜、张金桐
总工程师：梅庚安

云南省机械工业厅
地址：昆明市白塔路27号
邮码：650011
电话：3166968
电挂：昆明5101
传真：3163581、3166968
厅　长：杨树蔚
副厅长：臧　举、李文炳、杨永健

西藏自治区工业电力厅
地址：拉萨市林廓北路16号
邮码：850000
电话：22565（厅办）
电挂：0074
传真：26971
厅　长：多　吉
副厅长：杨海滨、米马顿珠、廖锡铭、娄俊、旺　姆

陕西省机械工业局
地址：西安市新城广场省政府大楼6层
邮码：710004
电话：7293410、7292802
电挂：1040
传真：7293065
局　长：杨希圣
副局长：王竹祥、杜克俊、贾　湘

西安市冶金机电工业局
地址：西安市北院门市政府院内
邮码：710003
电话：7295328、7272912
电挂：5630
传真：7272912
局　长：刘宏儒
副局长：金德浩、李永超

甘肃机械集团公司
地址：兰州市农民巷105号
邮码：730000
电话：8415001、8415144
电挂：0361
传真：（0931）8825849
总经理：李连维
副总经理：杨书昌、丁法斗

青海省机械工业厅
地址：西宁市西大街66号
邮码：810000
电话：42933
电挂：0363
电传：47832
厅　长：葛继义
副厅长：陈利恒、马晓凤、秦宝德

青海省农牧机械管理局
地址：西宁市同仁路加27号
邮码：810001
电话：34922、46461
局　长：秦金安
副局长：聂景文

宁夏回族自治区重工业厅
地址：银川市凤凰北街46号
邮码：750001
电话：543074、543641
电挂：1234
传真：543043
厅　长：陈德祥
副厅长：谭声迪、田哲文

新疆维吾尔自治区机械电子工业厅
地址：乌鲁木齐市光明路17号
邮码：830002
电话：219889
电挂：9159
传真：（0991）223912
厅　长：莫罕买提·马木提
副厅长：王士生、张惠恩、汪　铁

（责任编辑：王　如）

附录四　机械工业部系统行业协会名录

中国机械工业企业管理协会

会　长：陆燕荪

副会长：王　都、何大为、何泽民、迟建福、佘健明、张品乾、张存恩、张惠德、邱维纲、洪积明、洪福有、原道谋

秘书长：张品乾

地　址：北京市西城区月坛南街26号

邮　码：100825

电　话：8033551、8528261－2803

成立时间：1985年7月

分会数：8

会员数：1100

中国机械电子工业勘察设计协会

理 事 长：刘幼昌

副理事长：孟祥恩、闵德仁、宋知诚、程松光、刘存宏

秘 书 长：马祖康

地　址：北京市三里河路46号机械工业部院内

邮　码：100823

电　话：8595302

成立时间：1989年9月

分会数：2

会员数：94

中国农业机械工业协会

理 事 长：鹿中民（第一拖拉机集团董事长）

副理事长：尹家喜（第一拖拉机工程机械公司经理）、戈国文（常州拖拉机厂厂长）、赵国志（四平联合收割机厂厂长）、吴原林（苏州农业药械厂厂长）、李荣权（北方机械制造厂厂长）、冯丽珍（水利部机械局处长）、高景晖（国内贸易部对外经济技术合作公司副总经理）、林国威（农业部南京农业机械化研究所所长）、诸慎友（中国农业机械科学研究院副院长）、庐振洲（洛阳拖拉机研究所所长）、刘焕文（中国农业机械总公司副总经理）、毕殿昌（中国农牧业机械公司总经理）

秘 书 长：朱剑秋

地　址：北京市西城区月坛南街26号（573、574、575室）

邮　码：100825

电　话：8534358

成立时间：1991年8月14日

分会数：17

专业工作委员会数：8

会员数：1463

分会名单：

1. 拖拉机分会
2. 农用运输车分会
3. 齿轮及齿轮箱分会
4. 耕整种植机械分会
5. 旋耕机械分会
6. 植保机械分会
7. 排灌机械分会
8. 水利机械分会
9. 挂车及力车分会
10. 挂机挂桨分会
11. 收获及场上作业机械分会
12. 风力机械分会
13. 畜牧及饲料加工机械分会
14. 粮油机械分会
15. 农副产品加工机械分会
16. 种子加工及粮食处理设备分会
17. 淡水及滩涂养殖机械分会

专业工作委员会名单：

1. 地区工作委员会
2. 企业管理委员会
3. 质量管理委员会
4. 标准委员会
5. 劳动效率委员会
6. 产品宣传委员会
7. 铸造委员会
8. 拖拉机价格委员会

中国内燃机工业协会

理 事 长：刘洪林

副理事长：何春阳（中国汽车工业总公司）、黄志和（中国铁路机车车辆工业总公司）、黄枝新（北京内燃机总厂）、邹志明（大连船用柴油机厂）、蒋珍珍（上海柴油机厂）、薛祖兴（无锡威孚股份有限公司）、任　易（中国农业机械总公司）、王之麒（上海内燃机研究所）、迟龙秀（石家庄内燃机配件总厂）、朱延福（第一汽车制造厂发动机厂）、傅纯力（铁道部大连机车车辆工厂）、陈继熊（国营山西柴油机厂）

秘 书 长：郑　桂

地　址：北京市西城区月坛南街26号570室

邮　码：100825

电　话：8532003、8528261－2770

成立时间：1991年7月20日

分会数：16

会员单位数：1198（企业团体会员1125个，事业单位团体会员73个）

分会名单：

1. 单缸柴油机分会
2. 多缸小柴油机及气缸垫分会
3. 中等缸径柴油机及增压器分会
4. 中低速柴油机分会
5. 多缸汽油机及散热器分会
6. 小汽油机分会
7. 油泵油嘴分会
8. 滤清器分会
9. 冷却水泵机油泵分会
10. 缸套活塞环分会
11. 活塞活塞销分会
12. 轴瓦分会
13. 进排气机构分会
14. 电机电器分会
15. 化油器磁电机分会
16. 曲轴连杆及高强度螺栓分会

中国机床工具工业协会

名誉理事长：何光远、周建南
理 事 长：张连祥（武汉重型机床厂）
副理事长：巫昌邦（中国机床总公司副总经理）、刘国定（成都量具刃具总厂厂长）、张宝玮（济南第二机床厂厂长）、陈美福（上海机床厂厂长）、易炜里（济南第一机床厂厂长）、杨楚保（北京第一机床厂厂长）、郝延忠（第二砂轮厂厂长）、唐振悌（上海机床公司总经理）、黄铭亮（沈阳第一机床厂厂长）、吴柏林（北京机床研究所副所长）
总干事长：梁训瑄
副总干事长：程先保、廖秉瑛
秘 书 长：程先保（兼）
地 址：北京市西城区月坛南街26号
邮 码：100825
电 话：8031649、8033381
成立时间：1988年
分会数：24
会员数：1700

中国锻造协会

会 长：何光远
副会长：刘巽璋、孙玉鼎、李社钊、陈锡禄
秘书长：陈锡禄
地 址：北京市王府井大街277号
邮 码：100740
电 话：5245150
成立时间：1986年7月5日
分会数：13
会员数：343

中国铸造协会

会 长：陆燕荪
副会长：刘巽璋、缪 良、孙玉鼎、居之良、朱国梁、邹勇根、刘惠廷、姜希尚
秘书长：缪 良
地 址：北京市王府井大街277号
邮 码：100740
电 话：5126679
成立时间：1986年10月15日
分会数：3
会员数：586

中国模具工业协会

理 事 长：杨 铿
副理事长：于 珍、于 恒、石峰、孙玉鼎、刘传陆、吕新奎、李弘道、阮雪榆、吴吉祥、张仁琪、张志明、练元坚、姜燮生、高常荫、郭志坚
秘 书 长：郭志坚
地 址：北京市复兴门外大街16号
邮 码：100045
电 话：3273923
成立时间：1984年10月25日
分会数：无
专业委员会数：10
会员数：2300

中国通用机械工业协会

理 事 长：熊福元
副理事长：包洪枢（原机械工业部石化通用局副局长）、王昌庆（机械工业部合肥通用机械研究所所长）、卢沛锋（沈阳水泵厂厂长）、梁铁山（沈阳鼓风机厂党委书记）、张琴开（沈阳气体压缩机厂党委书记）、袁茂臻（开封高压阀门厂厂长）、赵文华（空分设备公司董事长）、于 溥（机械工业部沈阳真空技术研究所所长）、郑高升（上海化工机械厂厂长）、李 红（天津减速机厂厂长）
秘 书 长：闵国府
地 址：北京市西城区月坛南街26号
邮 码：100825
电 话：8539270
成立时间：1989年4月1日
分会数：9（包括泵、风机、压缩机、阀门、气体分离设备、真空设备、分离机械、减变速机、干燥设备行业分会）
会员数：882

中国制冷空调工业协会

理 事 长：张 和
副理事长：潘秋生、顾德录、张瑞敏、张明志、宣中光、韩高定、姜克勤、许兆栋、吴继忠、史美琅、陶建幸
秘 书 长：宋国强
地 址：北京市西直门外北礼士路77号
邮 码：100044
电 话：8343506
成立时间：1989年4月
分会数：8个专业委员会
会员数：257

中国机械通用零部件工业协会

会 长：李晓山
副会长：龚明基、李长海、范耀华、徐庆信、朱善祥、李文虎、项松年、周开礼、秦元文、刘元杰
秘书长：王安甫
地 址：北京市复兴门外大街16号
邮 码：100045
电 话：8596769
成立时间：1989年3月6日
分会数：5
会员数：850

中国液压气动密封件工业协会

理 事 长：张志英
副理事长：杨尔庄、王化雨、王文鼎、丛钊滋、齐雪楼、吴 筠、李荣生、李顺年、张保德、陈立群、鲍秀春
秘 书 长：杨尔庄
地 址：北京市西城区三里河46号（机械工业部院内418房间）
邮 码：100823
电 话：8595200
成立时间：1990年1月8日
分会数：6
会员数：330

中国轴承工业协会

理 事 长：杨乃燕
副理事长：辛长林
秘 书 长：辛长林
地 址：北京市复兴门外大街16号

邮　码：100045
电　话：3273925、8596771
成立时间：1988 年 11 月
分会数：无
会员数：224

中国重型机械工业协会
理 事 长：李甫康
副理事长：郭建煜、华涌欣、郁明山、李明长、沈克林
秘 书 长：马振华、高国栋
副秘书长：刘荫东、刘祥林
地　址：北京市公主坟复兴路甲23号（重机公司转）
邮　码：100036
电　话：8296074、8296155
成立时间：1990 年 7 月
分会数：5
专业委员会数：24
会员数：628

中国石油设备工业协会
理 事 长：赵明生
副理事长：葛衍增（常务）、唐振华、王廷俊、胡以晨、陈泽轩、赵志明、杨长城、罗志良、方华灿、冯　璧
秘 书 长：葛衍增（兼）
地　址：北京市西城区月坛南街26号
邮　码：100825
电　话：8532101、8532103
成立时间：1985 年 10 月 21 日
专业委员会数：4
会员数：309

中国塑料机械工业协会
理 事 长：王义丰（大连橡胶塑料机械厂厂长）
副理事长：耿雄虎（上海亿利达塑料机械有限公司副总经理）、王士范（山东橡胶塑料机械总厂厂长）、张静章（宁波海天机械制造有限公司总经理）
秘 书 长：尤仲林（大连塑料机械研究所副所长）
副秘书长：翟广树（机械工业部重大装备司处长）、陈伟大（上海亿利达塑料机械有限公司主任）
地　址：北京市西城区月坛南街26号
邮　码：100825
电　话：8528261-2617
成立时间：1993 年 6 月
分会数：无
会员数：198

中国工程机械工业协会
理 事 长：杨红旗
副理事长：张之强、韩庆占、刘效林、陆志昌、赵德沅、刘士福、朱章沅、徐善继、陈润余、宋屏轩、王志强、张　沛、高元秀、方崇平
秘 书 长：高永盛
副秘书长：张春育、孙庆瑞、茅仲文
地　址：北京市西城区三里河月坛南街 26 号
邮　码：100825
电　话：8537844、8528261-2765
成立时间：1993 年 3 月 5 日
分会数：10
会员数：813

分会名录：

工程起重机械分会
理 事 长：宋屏轩
副理事长：王清刚
秘 书 长：张义举
副秘书长：宋丽华
地　址：北京市新源里西九楼3门38号
邮　码：100027
电　话：4635799
成立时间：1990 年 10 月 20 日
会员数：53

机动工业车辆分会
理 事 长：徐善继
副理事长：姚复庆、曹正非、王振华
秘 书 长：苏恩一
地　址：北京市东城区雍和宫52号
邮　码：100007
电　话：4032277-2314
成立时间：1989 年 4 月 24 日
会员数：104

铲运工程机械分会
理 事 长：朱怀宇
副理事长：王建军、刘铸健、董宝田、江贯法
秘 书 长：陈凯运
副秘书长：茆洪连、陈　陆、邹祖圻
地　址：天津市丁字沽三号路
邮　码：300131
电　话：(022) 637 1753
成立时间：1989 年 7 月 25 日
会员数：61

工程挖掘机械分会
理 事 长：燕　棠
副理事长：方崇平、宋士元、蔡志轩、贾德升、曲　辰、田　旺、王守国、王思培等
秘 书 长：陈正利
副秘书长：卢寿彭、黄昌松
地　址：天津市丁字沽三号路
邮　码：300131
电　话：(022) 6370088转
成立时间：1993 年 7 月 3 日
会员数：63

凿岩机械气动工具分会
理 事 长：高元秀
副理事长：康聚庭、金长春、张玉成、邹兴明
秘 书 长：施世明
副秘书长：张　淮
地　址：南京市黄家圩61号
邮　码：210037
电　话：(025)5502041、5501418
成立时间：1989 年 3 月 25 日
会员数：53

工程机械专用配套件分会
理 事 长：朱章沅
副理事长：张保德、马品肃等
秘 书 长：马仿伟
副秘书长：刘文林、朱宝润
地　址：天津市丁字沽三号路
邮　码：300131
电　话：(022)6371753
成立时间：1993 年 5 月 6 日
会员数：137

电站专用工程机械分会
理 事 长：韩庆占
副理事长：乔占珊、吴冠中、薛军、南新旭
秘 书 长：王　昀
副秘书长：秦　臻、兰庆彬
地　址：杭州市教工三路8号
邮　码：310012
电　话：(0571)8064117、3273322-4471

成立时间：1990年4月13日
会员数：35

道路工程机械分会

理 事 长：张之强
副理事长：黄家德、宋德清、姬光才、杨锡金
秘 书 长：黄家德（兼）
地 址：北京市复兴路10号
邮 码：100845
电 话：3265544-2623
成立时间：1985年5月
会员数：156

工程机械维修分会

军工专用工程机械分会

中国食品和包装机械工业协会

会 长：张怀忠（已故）
副会长：韩怀志、郭献瑞、季铭、崔光炜、刘江、裴黎、唐自元、姜峻、白慈生、熊福元、张如生、张春贤、刘志田、杨建本、吴松寿、程耀钆、李铁颜、阎世法、张佰华、金祥佐
秘书长：张如生（兼）
地 址：北京市西城区月坛南街26号
邮 码：100825
电 话：8523242、8033077
成立时间：1989年3月
分会数：2（中国包协包装机械委员会、中国食协食品机械专业协会）
会员数：560

中国印刷及设备器材工业协会

会 长：范慕韩
副会长：李守仁、谭竹洲、高俊、于永湛、潘蓓蕾、朱谈林、鲁兵、武文祥
秘书长：王德茂
地 址：北京市建国门外郎家园北京印刷二厂内
电 话：5076422
传 真：(01) 5065592
成立时间：1985年12月28日
专业委员会及分会数：9
会员数：1041

中国环保机械行业协会

会 长：孟祥恩
常务副会长：何新韬
副会长：王安成、戈耀兴、汪祖应、赵志明、郭宝林、黄浙、徐成英
秘书长：郭宝林
地 址：北京市西城区三里河46号
邮 码：100832
电 话：8594943、8594846
成立时间：1994年4月1日（1993年4月9日业经民政部批准登记注册）
分会数：6
会员数：181

中国汽车工业协会

理 事 长：胡信民
副理事长：和泉山、陆吉安、纪学澂、夏德明、顾尧天、徐仁根、耿昭杰、马守平、马跃、何忠彬、郝振堃
秘 书 长：滕伯乐
地 址：北京市复兴门外大街16号
邮 码：100860
电 话：3263604、8596360
传 真：(01) 8596361
成立时间：1987年6月
分会数：29
会员数：816

中国工业锅炉行业协会

理 事 长：蔡乐仪
副理事长：程其耀、叶邦华、莫锦茂、张孝满、盘广正、华金荣、李惠民
秘 书 长：程其耀（兼）
常务副秘书长：陈纪龙
地 址：上海市耀华路121号
邮 码：200126
电 话：8745829、8836230
成立时间：1992年11月
会员数：230

中国发电设备行业协会

理 事 长：丁 一
副理事长：吴树辉（常务）、邬宗祥、宓麒廷、张春元、张增友、焦国成
秘 书 长：陈宾墨
副秘书长：黄宣杰、鲁贤德
地 址：北京市三里河月坛南街26号
邮 码：100825
电 话：8539438
成立时间：1989年5月15日
分会数：5
工作委员会数：2
会员数：213

中国电机工业协会

理 事 长：王少骏
副理事长：柯显祥、刘大椿、蒋福根、崔大中、吴凤仁
秘 书 长：李 辛
地 址：北京市西城区月坛南街26号
邮 码：100825
电 话：8539660
成立时间：1990年2月22日
分会数：5
会员数：646

中国输变电设备行业协会

理 事 长：冯炳阳
副理事长：丁志文、李连义、毛新生、张立事
秘 书 长：李如健
地 址：北京市翠微路2号院（北京197信箱）
邮 码：100036
电 话：8212342
成立时间：1990年9月
分会数：4
会员数：966

中国电器工业协会

理 事 长：尤大铮
副理事长：方居武、姚振康、周铁和、池耀田、邵俊、邬开发
秘 书 长：高智全
地 址：北京市西城区月坛南街26号
邮 码：100825
电 话：8528261-2752或2756
成立时间：1992年6月29日
分会数：11
会员数：1723

分会名录：

电控配电设备分会

理 事 长：方居武
副理事长：高通文（常务）、锦州开关厂、北京第二开关厂、南京电气控制设备厂
秘 书 长：李文孝
地 址：天津市津塘公路2号桥东（天津电气传动设计研究所）
邮 码：300180
电 话：4390521
成立时间：1991年10月

会员数：491

通用低压电器分会

理 事 长：邵 俊

副理事长：黄国泰（常务）、北京低压电器厂、上海人民电器厂

秘 书 长：黄国泰

地　址：上海市武宁路505号（上海电器科学研究所）

邮　码：200063

电　话：2574990

成立时间：1990年5月

会员数：315

电力电子分会

理 事 长：周铁和

副理事长：徐南屏（常务）、上海整流器厂、北京整流器厂、武汉通讯电源厂、柳州整流器厂、阜新市晶体管厂

秘 书 长：张志刚

地　址：西安市朱雀大街202号（西安电力电子技术研究所）

邮　码：710061

电　话：5254121

成立时间：1989年12月

会员数：174

防爆电器分会

理 事 长：欧阳铭

副理事长：沈阳电气传动研究所、煤炭科学研究院抚顺分院

秘 书 长：万绍珀

地　址：沈阳市铁西区兴工街64号（沈阳电气传动研究所）

邮　码：110025

电　话：5853773

成立时间：1991年10月

会员数：95

继电器及其装置分会

理 事 长：金 科

副理事长：许昌继电器厂、上海继电器厂、沈阳铁路信号厂、南京自动化设备厂、天义电工厂

秘 书 长：方文楷

地　址：河南省许昌市建设路183号（许昌继电器研究所）

邮　码：461000

电　话：334554

成立时间：1989年9月

会员数：59

日用电器分会

理 事 长：冯炳阳

副理事长：许士英（常务）、广州科龙电器股份有限公司、兰州长风机械厂、骆驼电器集团公司、台山电热器具厂

秘 书 长：戴慈伟

地　址：广州市新港西路204号（广州电器科学研究所）

邮　码：510302

电　话：4451171

成立时间：1988年11月

会员数：161

电器附件分会

理 事 长：戴慈伟

副理事长：杭州鸿雁电器公司、上海星火电器总厂、中国五金交电化工公司

秘 书 长：许亿棋

地　址：广州市新港西路204号（广州电器科学研究所）

邮　码：510302

电　话：4451171

成立时间：1991年9月

会员数：198

牵引电器设备分会

理 事 长：池耀田

副理事长：抚顺叉车厂、六盘水煤矿机械厂

秘 书 长：许 昌

地　址：湖南省湘潭市下摄司街300号（湘潭牵引电气设备研究所）

邮　码：411101

电　话：596228

成立时间：1991年8月

会员数：72

电炉及工业炉分会

理 事 长：邬开发

副理事长：睢学涌（常务）、西安电炉研究所、天津电炉制造总厂、哈尔滨松江电炉厂、长春电炉厂、西安重型电炉厂

秘 书 长：黎克仕

地　址：西安市朱雀大街南端222号（西安电炉研究所）

邮　码：710061

电　话：5265438

成立时间：1991年10月

会员数：160

电焊机分会

理 事 长：姚振康

副理事长：成都电焊机研究所、华东电焊机厂、成都电焊机厂

秘 书 长：郑思潜

地　址：成都市二环路一段29号（成都电焊机研究所）

邮　码：610051

电　话：3335253

成立时间：1990年5月

会员数：90

焊接材料分会

理 事 长：陈忠全

副理事长：王泽万（常务）、哈尔滨焊接研究所、上海电焊条总厂

秘 书 长：赵立三

地　址：哈尔滨市南岗区和兴路65号（哈尔滨焊接研究所）

邮　码：150080

电　话：6336693

成立时间：1991年9月

会员数：59

中国电工器材行业协会

理 事 长：曹亚琴

副理事长：刘凡成、刘伯宁、杜良衡、李民权、汪自强、张献明、陈福迎、黄兆纯

秘 书 长：陈福迎

地　址：北京市海淀区北洼路北京化工管理干部学院内

邮　码：100081

电　话：8416625

成立时间：1988年12月

分会数：6

会员数：592

中国焊接协会

理 事 长：张德邻

副理事长：王泽万、孙玉鼎、罗其荣、吕兆壁、易志华、安 珣、丁福保

秘 书 长：宋长义

地　址：哈尔滨市和兴路111号

邮　码：150080
电　话：6340850
成立时间：1987 年 5 月 10 日
分会数：11
会员数：604

中国仪器仪表行业协会

会　长：包叙定
副会长：臧公玉、马　珍、周永清、张大刚、万教明、奚家成
秘书长：杨文芹
地　址：北京市月坛南街26号
邮　码：100825
电　话：8523552
成立时间：1988 年 8 月
分会数：11(其中正筹备 3 个)
工作委员会数：4（其中正筹备 1 个）
会员数：776

分会名录：

工业自动化仪表分会

会　长：赵耀文
秘书长：黄关祥
地　址：上海市漕宝路103号
邮　码：200233
电　话：4365006

电工仪器仪表分会

会　长：关立民
秘书长：沈奎保
地　址：哈尔滨市哈平路一公里处
邮　码：150040
电　话：6664844

光学仪器分会

会　长：吴龙富
秘书长：张葆年
地　址：上海市长岭路115号
邮　码：200093
电　话：5435484

分析仪器分会

会　长：熊松安
秘书长：路致林
地　址：北京市海淀区温泉
邮　码：100095
电　话：2557772转

试验仪器分会

会　长：卢玺臣
秘书长：栾恩超
地　址：长春市解放大路104号
邮　码：130021
电　话：5657766

实验室仪器分会

会　长：张晓东
秘书长：岳明星
地　址：长沙市望城坡
邮　码：410205
电　话：8883941

传感器分会

会　长：郭志坚
秘书长：黄西培
地　址：沈阳市大东区北海街 242 号
邮　码：110043
电　话：8853979

测绘仪器分会

会　长：黄云康
秘书长：孙莉元
地　址：北京市百万庄国家测绘局内
邮　码：100830
电　话：8322014

仪表材料分会、仪器仪表元器件分会、气象海洋水文仪器分会均正在筹建

中国文化办公设备制造行业协会

理 事 长：陶亨咸
副理事长：臧公玉、乔世昆、刘金星、刘立喜、迟吉泰、苗　隽
秘 书 长：吕爱华
地　址：北京市月坛南街26号
邮　码：100825
电　话：8538552
成立时间：1990 年 10 月
分会数：4
会员数：185

中国机电一体化技术应用协会

理 事 长：唐仲文
副理事长：石定环、江旅安、朱森弟、李百煌、蔡宣三
秘 书 长：蔡福元
副秘书长：张月芳
地　址：北京市德外教场口1号
邮　码：100011
电　话：2042092、2032255-561
成立时间：1989 年 9 月
分会数：3
会员数：500

中国热处理行业协会

理 事 长：陆燕荪
常务副理事长：樊东黎（兼秘书长）
副理事长：朱森弟、孙玉鼎、于恒、宋炎炎、王在宣
常务副秘书长：王德文
副秘书长：包静佩
地　址：北京市海淀区学清路18号机械工业部机电研究所内
邮　码：100083
电　话：2017078、2017766-336
成立时间：1986 年
会员数：275

该协会下设六个工作委员会，其名称及负责人：
技术咨询部、北京中热技术开发部：樊东黎、王德文
工艺装备部：许长生
工艺材料部：郦振声
经营管理部：闵一麟
教育培训部：李瑞康
组织与对外联络：王德文

中国表面工程协会

理 事 长：沈烈初
副理事长：孙玉鼎、毕　顺、郭友中、石坚中、叶扬祥、秦宝兴
秘 书 长：叶扬祥
副秘书长：胡铁骑
地　址：武汉市宝丰二路182号
邮　码：430030
电　话：5836995、5854351转258
成立时间：1991 年
分会数：5
会员数：300

〔责任编辑：申建丽〕

(WFZ800-D)、上海光学仪器厂（753B1）、山东高密分析仪器厂（752）。

生物显微镜。太原光学仪器厂（XSP-5）、江南光学仪器厂（XSP-18A）、吉林省光明仪器厂（XSP-508）、山东光电仪器厂（XSP-301）、上海光学仪器厂（XSP-3）、江西光学仪器总厂（XSP-30）、广州光学仪器厂（L-201）、梧州光学仪器厂（XSZ-81A）、宁波光学仪器厂（XSP-109）、云南光学仪器厂（XSB-111）。衡阳光学仪器厂（XSG160-1）、新天精密光学仪器公司（XS1B）。

光学平板仪。西安光学测量仪器厂（PG3-X2）、陕西测绘仪器厂（P3）、连云港光学仪器厂（DP5-S）。

单回路调节器。大连仪表厂（W187MA-E）。

压力变送器。西安仪表厂[1151GP(0E)]、武汉热工仪表厂（412）、四川仪表七厂（DBY-1200）。

报警给定器。西安仪表厂（IKY-5252）。

比率给定器。西安仪表厂（IRO-5345）。

阻抗转换器。西安仪表厂（IBS-5352）。

加减器。西安仪表厂（ICN-5254）。

手操器。西安仪表厂（IML-5343）。

调节器。西安仪表厂（DTL-331）、大连仪表厂（DTZ-2100）。

计数器。西安仪表厂（UIC-5217）。

安全保持器。吉化公司仪表厂（DAB-3100）

差压变送器。北京电表厂〔1751DP（4E，5E)〕、武汉热工仪表厂（411）。

单回路双针指示表。四川仪表十二厂（DPO-215A）。

槽型指示表。四川仪表十二厂（DPF-139A、DPF-117A）。

可编程序控制器。天津自动化仪表厂（DJKS-86）。

配电器。四川仪表十八厂（DFP-2100）、西安仪表厂（SDBS-210）。

指示调节器。西安仪表厂（SLCD-181）。

记录仪。西安仪表厂（SRVD-110）。

温度变送器。西安仪表厂（STED-210）、上海自动化仪表一厂（DBW-4240）。

电源箱。吉化公司仪表厂（DDX-3010）。

模件组装仪表。西安仪表厂（MZ-L）。

电站过程控制装置。西安仪表厂（JKDT-1）。

功频电调装置。西安仪表厂（MT-Ⅲ）。

通过考核工作，各厂无论是产品质量、性能，还是企业管理上均有较大提高，能从质量保证体系着眼，加强和改进薄弱环节。

上海第三分析仪器厂重视对全员的质量管理、可靠性增长培训工作，全面质量管理普及教育率99%，深化教育率98%，专门邀请大学教授到厂讲授可靠性设计原理。该厂从1985年起就采用FMFA分析方法进行一系列可靠性摸底试验和验证试验，还通过售后服务取得质量信息作为改进可靠性设计，提高产品质量的依据。为了提高波长两端的稳定性，对关键元件——光电倍增管进行了外协件专项指标筛选，为元器件制造厂提供专用测试设备，既帮助协作厂稳定和提高产品质量，也使分光光度计整机产品提高了质量水平。该厂可靠性指标值年年提高，最近取得了较好的考核成绩，不仅产品质量提高到一个新水平，而且把企业质量管理和全厂人员素质提高到一个新水平。

泰州无线电仪器厂在生产组织管理、质量控制方面坚持高标准严要求，成立了工厂质量认证委员会，产品的外购件严格定点供应，元器件进厂后按内定标准筛选，加强整机老化消除早期故障等，该厂检验部门经常组织对产品可靠性摸底试验，掌握质量波动情况及时纠正，现产品已出口韩国、委内瑞拉及东南亚地区。

(4) 仪表行业8个国家级产品质检中心、24个部级质检中心和分中心已全部通过审查认可，均可面向全社会或全行业开展产品测试服务工作。

技术改造及技术引进　1993年共安排仪器仪表项目44个，总投资16560万元，其中技术改造项目33个，投资额13430万元，使用工商银行贷款10840万元。出口创汇及出口基地项目11个，投资额3130万元，使用贷款1790万元。

到1993年底已完成的项目共21个，完成计划投资额13750万元。1993年底在建与已完工项目共56个，完成投资额66377万元，占“八五”计划投资额77%。

技术改造限上项目共3个，西安仪表厂的项目于1993年开工，完成购入国外设备198万美元的签约工作，完成投资额2350万元。

四联仪表集团公司利用国家部分项目和地方项目的投资加紧对企业进行改造，已完成“建出口显微镜分厂”改造任务，投入2480万元，新增利税440万元。完成地方项目有交直流不间断电源、气动精小型调节阀等改造。1993年完成的基本建设项目有：精密印刷板电路、金属波纹管补偿器、宝石元件工程、计算机管理系统等。

“八五”期间已有部分限下项目完成并验收，它们是：

苏州第一光学仪器厂共完成投资额750万元。形成年产各种新型经纬仪等3350台的能力。当年工业总产值、产品产量、销售利润、人均利税、出口创汇等各项指标都比改造前提高30%～400%。

汕头超声所通过技术开发和改造，已形成CTS系列超声诊断仪六个系列，测厚仪、探伤仪、金属检测仪及铁路钢轨探伤车等5项新产品，创年经济效益3055万元，人均12万元以上。

南京仪表工业公司“八五”期间中央和地方共18个项目中，至1993年年底已有五个项目竣工验收。其中，南京仪表机械厂完成技术改造后，使工业总产值、利税指标较改造前分别提高385%和608%，达到了较好的经济效益。

江西光学仪器总厂“八五”期间的投资正在落实中，地方投资的小型项目，水准仪技术改造已完成，使测绘仪器产量达21878台，比上年增长136.4%，新产品DSZ-3自动安平水准仪出了样机；投资175万元的显微镜生产线技术改造项目竣工，已完成了MB-1塑料微型生物显微镜研制工作并出了样机，其它两种新产品XSP-30与XSP-04生物显微镜均达2000台以上批量生产，生产生物显微镜31182台。这两大类产品的销售收入达2116.4万元，比上年增长60.6%，上交利润达376万元，比上年增长106%。

技术引进和与外商合资情况。1993年积极主动地做好技术改造和基本建设的配套项目用汇，共完成国家计委下达的项目9项，用汇额650万美元，其中调剂外汇3项356万美元。使用国家经贸委下达的结转外汇6项，用汇额915万美元。1993年主要使用上述外汇的企业项目有鞍山热工仪表厂的自力式调节阀、天津自动化仪表六厂的无笔记录仪、开封仪表厂的Ⅲ型转子流量计、湛江仪表厂的双转子流量计、汕头超声仪器研究所的超声显像诊断仪、青岛计数器厂的新型计数器、上海自动化仪表七厂的高温高压调节阀、西安仪表厂的SMART智能变送器等。

1993年仪表行业对外合作和合资或外商独资项目共计完成42项，总投资额达13860万美元，其中外商投资4478万美元。其中江苏省11项、北京市8项、上海市5项、广东省3项，其余均少于2项。按投资规模，注册资本较大的公司有：佛山市精密合金有限公司（4166万美元）、上海·罗斯蒙特有限公司（1800万美元）、上海M·W·B互感器有限公司（1207万美元）、无锡威达电工仪表有限公司（500万美元）、苏州爱克逊电子有限公司（257万美元）、北京北分·泰纳仪器有限公司（100万美元）、广州华铭商业机械有限公司（100万美元）等。

部分省市对外合作的情况如下：

上海·罗斯蒙特有限公司是自动化行业最大的合资项目，总投资1800万美元中，外方占60%，中方占40%。

四川仪表集团公司与日本山武·霍尼韦尔公司在北京共同建立“北京川仪·山武软件有限公司”，共同开发和销售分散型控制系统应用软件。在上海建立“上海·山武川仪楼宇控制系统有限公司”，共同开发和经销楼层控制系统和配套仪表，双方投资70万美元。

南京仪器仪表公司，1993年全公司新办合资企业10家，已全部领取营业执照，比上年翻了一番。10家合资企业总投资638.42万美元，注册资金498万美元，其中外资275.22万美元。10家合资企业中，有5家属于主办企业是首次办合资企业。至此，全公司已有12家企业开办19家合资企业，总投资1612.37万美元，注册资金1201.7万美元，外方投资595.85万美元（其中到位300万美元）。1993年新办合资企业中已有6家开工（业），全公司累计已有12家合资企业开工（业）。

青岛计数器厂充分利用改革开放的好时机，吸引外资，发展外向型经济。一是经过努力，在与德国H公司多年合作的基础上，在1993年3月19日已与H公司正式成立了合资经营的“青岛亨斯特勒自动化仪表有限公司”，中德双方在技术、设备等方面各投资51%和49%，利用H公司先进的技术和设备以及管理，合作生产具有潜在国内外市场的891系列计时器。二是正式与H公司签订了联合开发和大规模生产具有90年代国际水平的电子计数器生产技术的引进合同，这是市和公司的重要项目之一，是该厂“八五”技改的重点。在1993年6月份往德国H公司考察，已正式签订了引进合同。引进成功后，对该厂的产品更新换代和产品结构调整起到促进作用，并将填补国内空白。

湖南仪器仪表总厂对外合作取得了较为实质性的进展。先后与香港合资，成立了三和特种仪表电器有限公司，共同生产特种气动仪表，并已正式投产；与意大利合资，共同成立了托欣格拉英公司，生产办公用胶印机、装订机。

市场及销售 1993年我国国民经济仍呈现高速发展局面，仪器仪表销售市场在能源，交通、运输、石化、轻纺等部门的拉动下，呈现了强劲高速发展的势态，创下了历史最高纪录。1993年通用仪器仪表工业销售额104.41亿元，比上年增长36.2%。根据海关统计资料1993年通用仪器仪表产品出口额为4.7159亿美元（包括珠江三角洲企业），进口额为15.35亿美元。其中：机械工业部系统的出口基地及扩大机电产品出口企业等19个主要企业的通用仪器仪表出口产值为3.58亿元，比上年增长49.8%，出口创汇5689万美元，比上年增长38.3%。

仪器仪表市场销售运行特点：（1）进一步强化市场销售运行机制，以适应社会主义市场经济。一是提高企业市场开发销售队伍素质。为适应激烈的市场竞争，各生产企业均进一步强化市场开发机构和销售机构，选派一批即具有技术水平高，又有实践经验的技术人员充实到市场开发部或销售部，提高销售队伍素质，产品技术水平愈高，技术人员所占比重愈高。如汕头超声波仪器研究所抽调有一定专长的技术人员参加市场开发工作，并分别派到北京、广州、上海、成都等分公司，1993年销售额比上年增长84%。二是进一步完善企业经营管理制度，促进销售人员积极性。随着改革开放逐步深入，仪器仪表行业中，一些量大面广产品企业多采用分地区承包或设立分公司的办法；一些多品种小批量的企业采取按产品分别承包的办法；文化办公机械产品则采用设立分公司或代理制；也有一些